第四届《安徽古籍叢書》編審委員會

主任委員

黄德寬

副主任委員

諸偉奇　丁　放　彭君華

委員（按姓氏筆畫順序）

卞　利　方錫球　牛繼清　王啓才

吴先伍　施立業　胡傳志　紀健生

陳　林　張玉才　曹小雲　曹天生

程德和　楊　軍　楊應芹　趙國華

鮑　恒　樊嘉禄

安徽古籍叢書萃編

古事比

上

清・方中德 撰
徐學林 校點

黄山書社

图书在版编目(CIP)数据

古事比(上下) / (清) 方中德撰；徐学林校点. —合肥：黄山书社, 2014.1
(安徽古籍丛书萃编)
ISBN 978-7-5461-4317-0

Ⅰ. ①古… Ⅱ. ①方…②徐… Ⅲ. ①历史事件-中国-古代 Ⅳ. ①K220.5

中国版本图书馆 CIP 数据核字(2014)第 005518 号

古事比(上下)

出 版 人　任耕耘
策　　划　任耕耘 赵国华 汤吟菲
执行策划　汤吟菲 徐娟娟
责任编辑　汤吟菲 徐娟娟 周挺启

装帧设计　未　氓
责任印制　戚　帅

出版发行　时代出版传媒股份有限公司(http://www.pressmart.com)
　　　　　黄山书社(http://www.hspress.cn)
　　　　　官方直营书店(http://hsssbook.taobao.com)
　　　　　营销部电话:0551-63533762 63533768
　　　　　(合肥市政务文化新区翡翠路1118号出版传媒广场7层 邮编:230071)
经　　销　新华书店
印　　制　安徽联众印刷有限公司

开本 880×1230 1/32　印张 39.75　字数 1100 千字
版次 2014 年 9 月第 1 版　2014 年 9 月第 1 次印刷
书号 978-7-5461-4317-0　定价 400.00 元(上下)

序

黄德寬

值此《安徽古籍叢書萃編》編輯出版之際，欣逢新時期安徽古籍整理出版工作步入而立之年！三十年來安徽的古籍整理出版工作，很值得認真地進行一番回顧總結。

一九八一年，中共中央發布《關於整理我國古籍的指示》，成立了以李一氓同志爲組長的國家古籍整理出版規劃領導小組，正式拉開了新時期古籍整理出版工作的序幕。一九八四年，中共安徽省委決定建立安徽省古籍整理出版領導小組，由時任省人大常委會副主任魏心一同志挂帥，聯合了省新聞出版局等政府部門和安徽大學等高等院校、研究單位，正式啓動安徽省古籍整理出版工作。同年，安徽專業古籍出版單位黄山書社也宣告成立。安徽古籍整理出版工作由此翻開了嶄新的一頁。

三十年間，安徽省古籍整理出版工作堅持初衷，克服困難，在政府部門的支持和社會賢達的關心下，經過學者們的艱辛努力，取得了豐碩成果，其最有代表性的成果就是《安徽古籍叢書》的編纂出版。

《安徽古籍叢書》凝結了當代安徽傳統文化研究領域衆多學者與專家的心血和汗水。以吴孟復先生爲代表，組成《安徽古籍叢書》第一屆編審委員會，賡續安徽先哲編刊地方叢書盛業，梳理文獻綫索，擬訂叢書子目，擘劃編纂體例。遵循嚴格的學術規範，《安徽古籍叢書》自一九八九年三月刊出第一種——《舊聞隨筆》，截至二〇一三年底，連同修訂再版，出版已突破百種，成爲我國當代古籍整理一個有影響力的品牌。

收入《安徽古籍叢書》的各類古籍，既有朱熹、戴震、俞正燮、凌廷堪、程瑶田、黄生、包世臣、楊仁山、吴汝綸等學術巨擘的著作，也有張孝祥、錢澄之、方苞、方文、施愚山、姚鼐、吴敬梓等文學名家的作品；此外，包拯、朱升、朱元璋、阮大鋮、姚瑩、方孝標、劉銘傳等皖籍著名歷史人物的著述也盡在其中。正是因爲歷代賢哲創造的精神財富，使得《安徽古籍叢書》一經出版即蜚聲海内外，産生了廣泛的社會影響。李一氓同志曾經撰文，欣喜地表示：

『現在有一個好現象，安徽要編印新的《安徽叢書》。』當代著名學者金克木、胡道静、張岱年、程千帆等先生稱道『這是安徽文化事業的一項盛舉』。法國漢學家戴廷傑也對《安徽古籍叢書》堅持嚴格的學術規範稱賞不已。

《安徽古籍叢書》的順利編輯出版，還因爲改革開放帶來的時代機遇。改革開放三十多年來，我國經濟文化繁榮昌盛，使得《安徽古籍叢書》能够得到有關方面的財力支持。上個世紀八十年代，《安徽古籍叢書》編纂在發軔之時，就不斷有項目入選國家古籍整理出版規劃，得到國家各方面的有力支持。最新公布的《二〇一一—二〇二〇年國家古籍整理出版規劃》中，包括《方以智全書》在内的新列《安徽古籍叢書》項目品種就多達四十八種。安徽古籍的整理編纂工作，正是在改革開放的大背景下，在全國古籍整理出版工作的大格局中，取得了突出的成就并展現着美好的未來。

《安徽古籍叢書》的編纂出版，安徽大學『省古籍整理出版辦公室』發揮了重要作用。古籍辦的同志們長期堅守在古籍整理出版崗位，甘於清苦，默默奉獻，辛勤耕耘，爲《安徽古籍叢書》的編纂和安徽古籍整理出版工作做出了突出的貢獻。二〇一〇年，在『全國專業古籍出版社社長年會暨全國優秀古籍圖書評獎會』上，時任國家新聞出版總署副署長鄔書林同志作題爲《無愧歷史　珍惜時代　出好精品》的講話，指出：『安徽是堅持地方古籍整理工作最好的省份。不少地方古籍辦幾乎都撤了，或名存實亡，安徽則堅持不輟，并做了大量工作。』

黨的『十八大』從戰略層面提出扎實推進社會主義文化强國建設，豐富人民精神文化生活，『建設優秀傳統文化傳承體系，弘揚中華優秀傳統文化』。《安徽古籍叢書》立足鄉邦文獻的整理編纂，因應了國家文化建設的宏偉規劃，是文化强省乃至文化强國建設事業的題中應有之義。這項事業遠非一兩代人所能完成，正如一九八一年中央三十七號文件所指出的，『整理古籍是一件大事，得搞上百年』。

《安徽古籍叢書》煌煌巨制，結構開放，歷時久遠。回顧過去，出版較早的圖書有些已經絶版；叢書版式、裝幀也屢經變更。爲適應集中展示、收藏和研究的需要，對已經出版的《安徽古籍叢書》進行階段性的集中梳理，適當遴選，統一版式，影印出版本套叢書是十分必要的。

作爲首套《安徽古籍叢書》選編本，我們希望通過這套書的出版發行，能使更多的讀者瞭解、認識和利用好《安徽古籍叢書》，有更多的皖籍、非皖籍專家學者參與到安徽地方歷史文獻的研究整理工作中來，讓《安徽古籍叢書》在未來不斷發展壯大。這是我們在新時期安徽古籍整理出版事業三十年之際的殷殷屬望！

二〇一四年六月

凡例

一、本編從二〇一〇年（包括二〇一〇年）以前出版的《安徽古籍叢書》中選取文獻資料價值大、校點整理質量上乘、學界仍有需求的圖書進行重印。

二、二〇一〇年以後出版者因市場上新書尚多，此次不復列入。早期所版《文學研究法》《舊聞隨筆》《桐城文學淵源考·撰述考》《桐城耆舊傳》《爾雅翼》等雖均爲叢書的中堅，因已有修訂新版，此次亦不復列入。《安徽古籍叢書附輯》整體不予列入。

三、所選圖書按初版時間先後順序編排。

四、采用原版掃描影印，不重新録排，儘量保存原書面貌。原書頁眉中的明顯編輯錯誤，逕改不出校；《竇山公家議校注》《康輶紀行 東槎紀略》兩種原書無頁眉，現統一補加。

五、重新設計製作封面，統一規格、工藝。一律采用大三十二開本，精裝。《説文假借義證》一書原版爲十六開，一個頁面放兩個中國頁，此次按統一開本重新排版，一個頁面放半個中國頁。

并新附《説文假借義證索引》於該書書末，以方便讀者檢索。《毛詩後箋》《吴汝綸全集》《田間詩學》《説文假借義證》等原書規模較大，爲方便讀者閲讀，現重新分册。另，《竇山公家議校注》保留原書西式裝訂方式。

六、收録叢書文獻由於各種原因，還存在這樣那樣的不足，請讀者批評指正。

第四届《安徽古籍叢書》編審委員會

二〇一四年六月

安徽古籍叢書

清·方中德 撰

古事比 上

徐學林 校點

黄山書社

安徽省古籍整理出版規劃委員會

顧　　問　丁繼哲　李廣濤　杜維佑　胡　坦　胡雲龍　侯　永　秦德文　陳基余　陶有法
　　　　　崔劍曉　張立一　傅大章　鄭　鋭　鄭淮舟　劉永年　潘鍔錞

主　　任　魏心一

副 主 任　王　坦　龔存玲

委　　員　汪石滿　余焰爐　周心田　徐東平　陳賢忠　黄書元　黄德寬　諸偉奇　黎　洪
　　　　　劉學鍇

安徽省古籍整理出版基金會

理 事 長　余焰爐

副理事長　方俊文　季昌清

常務理事　丁光濤　卞兆龍　仇貽壬　朱邦福　朱維芳　吴存心　郭化蘭　陳桂生　張世雲
　　　　　張振明　湯才欣　董學仁　趙敏生　鄭英保　錢　進　穆建科

安徽古籍叢書編審委員會

學術顧問　安平秋　任繼愈　吴小如　金克木　周一良　周紹良　祖保泉　胡道静　許逸民
　　　　　舒　蕪　傅璇琮　賈文昭　趙樸初

主任委員　劉學鍇

副主任委員　黄德寬　韓西山　嚴雲綬

委　　員　任弘毅　沙宗復　余國慶　胡金望　紀健生　夏秀流　孫文光　陶新民　蔣國保
　　　　　諸偉奇　鮑善淳

按姓氏筆畫排列

安徽古籍叢書編印緣起

我國歷史悠久，典籍豐富。我省地處南北之交，學術尤擅其盛。數千年來，哲學、史學、文學、藝術、語言、科技，作者輩出，著述如林，或自名一家，或蔚然成派，多為中華民族文化之菁華，有裨于社會主義文化之建設。允宜及時整理，以廣流傳。

粤自明清，以至近世，南北郡邑已有涇川叢書、龍眠叢書、貴池先哲遺書、南陵先哲遺書諸刻。一九三一年，復有安徽叢書之編刊，所收皆皖人著作，分期影印。出至第六期，以抗戰軍興而中止。盛業未竟，論者惜之。

今者，中央倡導整理古籍，我省領導對此尤為關心。省古籍整理出版規劃委員會幾經商討，決定編纂安徽古籍叢書。編纂宗旨是在歷史唯物主義指導下，批判繼承，古為今用，弘揚民族優秀傳統文化，為建設有中國特色的社會主義服務。最其體例，約有數端：一、所收皆為歷代皖人著作，時間一般以「五四」之前為限，根據內容，分類成輯。注意稿本、稀見本之搜輯與傳布。二、整理方式包括輯、校、標點和注釋、今譯。校勘，力求採用善本為底本，校以他書，或加補輯、編次。標點，採用新式標點。注釋，務求精確，但不作煩瑣考證。整理中，盡量吸收國內外研究的新成果。三、先秦、兩漢著作及文字、訓詁之書，皆用繁體字；其余則多用簡體字。版皆竪排，以期一律。四、凡熱心于本叢書編印及捐資助刊者，得于書內題名。

安徽古籍叢書編審委員會

一九九四年六月修訂

目次

上册

下 册

出版説明

《古事比》，五十二卷，清方中德輯撰。

方中德（一六三二——一七〇八?），字田伯，號依巖，清初安徽桐城鳳儀里（今樅陽縣浮山）人。方氏世代書香，其高祖方學漸、曾祖方大鎮、祖父方孔炤，皆以學識著名當時。其父方以智（一六一一——一六七一）是明末清初傑出的思想家、科學家。方以智早年為復社重要成員，為「明末四公子」之一。崇禎十三年（一六四〇）進士，官翰林院編修。明亡後，積極投入抗清斗争。曾易服為僧，法名弘智。晚年隱居江西青原山，潛心著述和講學，有《通雅》、《物理小識》、《東西均》、《藥地炮莊》、《醫學會通》、《浮山詩文集》等百餘種傳世。方中德與其弟中通、中履就是在這種家庭環境中成長起來的。他們對明亡之痛刻骨銘心，終身不仕，保持了崇高的節操；繼承和發展了先輩的治學傳統，專心于學術研究。兄弟三人，承其家學，各有所長：中通精研曆律象數、音韻方書之學；中履喜博雅，工考辨；中德則承繼乃父史學。在他的諸多著述中，代表作當推《古事比》。

《古事比》是方中德謹遵父命，「露抄雪纂」，長期精心撰寫而成。作者上下古今，馳騁百代，廣泛採輯經史及六十餘種類書，將歷史上在某一方面、某一情態上相同或相近的人、事，集在一起進行比較，以顯示善惡是非、興亡得失；間以按語點撥，説出意旨所在，以引人思考。全書以事為經，以人為緯，共分二百七十六門，其中四十二門又設子目，其征引資料十分豐富，範圍廣，選擇精，架構巧，觀點鮮明。它不同于僅僅按類蒐集相同史事的一般類書，作者在《自序》中明確宣稱，不「屑屑以同為能事」，而是着眼于一個「比」字，通過比較，從某種「同」的表象中透視出「異」的實質。他舉例：大禹、項羽、朱友敬皆重瞳，而仁暴异；孔光、謝弘皆以慎密著稱，但謝弘孝義端正，而孔光阿附權貴，人品全然不同。他説：「是同義不可不辨也……為徒泥其迹而視，幾何不使聖賢苦心，英雄處事，與夫僉壬之託名藉口，漫無厘辨，致是非名實汶汶于簡編中。斯亦學古者宜究心也。」本書正是基于這一辯證的歷史觀和實事求是的態度輯撰而成的。前人評價是書，「莫善乎舉一得十，因此而識彼，審同而辨异，溯流而窮源」（王梓《〈古事比〉序》），確是的論。該書容量弘大，意旨精微，不僅是一部特色鮮明的類書，也可視為一部獨具匠心的歷代典故辭典；該書「借鏡于古，實以垂範于今」，它不僅給讀者提供豐富的歷史知識，而且引導讀者透過現象看本質，正確地認識歷史，認識客觀世界。該書的價值和意義，吴孟復先生在《前言》中已精辟論及，兹不贅述。

《古事比》殺青後，由其門人郃陽（今陝西合陽縣）王梓助資，于康熙四十五年（一七〇六）用大字本校刊印行，版藏方氏書種齋。該書曾收入《四庫全書總目·子目·類書存目》。隨着文字獄興起，該書在很長一段時期內流傳甚罕，致使學界對之知之甚少，研究更告闕如。直至光緒十三年（一八八七）秋九月上海點石齋以巾箱本石印，才再次行世。之后陸續刊印的有光緒二十一年寶善書局本、清末及民國四年石竹山房本、民國十三年錦章書局和上海書局本等多種。由于康熙刻本在清末已屬罕見，故後出諸本皆以光緒十三年點石齋本為底本，連一九九〇年揚州廣陵古籍刻印社亦依此本影印。

為使山澤遺書，次第復出；先輩心血，不致淪亡，我省古籍整理出版規劃制定伊始，即將《古事比》列入計劃。本書由徐學林先生點校，徐先生公務之餘，遍訪公私所藏，于在首都圖書館善本部發現康熙初刻本，即以此本過録為點校底本，以光緒點石齋本為校本。光緒本脱誤嚴重，多處錯簡，往往令人無法卒讀。首圖康熙本自然精善得多，然亦有一些差錯，如缺頁。這次點校，也以光緒本校正了康熙本的若干錯誤，補出了康熙本的一些墨丁，增加了部分條目及方中通序和錢劻仍序。對底本、校本中同時出現的脱誤，則據方氏所注出處查核原書，再根據情況，或出校記，或徑改。

此書整理，自最初動議迄今業已八年。徐君為此書整理及書稿校對用力甚勤，七校往還，然至今猶有不如意處，古籍整理不易，此書點校尤不易，于斯可見矣。

安徽古籍叢書編輯部

一九九八年五月二十九日

前言

吴孟復

一

我謹向海内外學人——從大學生到各級幹部、各類專家鄭重推薦這部名著——方中德的《古事比》。

為什麼？大家都記得司馬遷在《史記·屈賈列傳》中對屈原學問的評價，衹是十二個大字：「博聞彊記，明于治亂，嫻于辭令。」

但是，一切讀書治學的人都會知道：要做到這十二個字，談何容易！何况我們又生活在屈原之後二千多年。這二千多年中，哲理之論析，軍政之機宜，立身處世之準則，名人名言之記述，其見載于圖書中者，比之屈原、司馬遷時又增加了千千萬倍，又何止汗牛充棟而已！故後人之為學遠遠難過屈原、司馬遷。

怎麽辦呢？

講到這裏，我着實佩服曹丕的聰明。如所周知，我國書史上第一部類書《皇覽》就是曹丕叫人編纂出來的。顧名思義，便知那是由一些文人把古今書籍中一些在他們看來是有價值、有用處的材料，分門别類，匯聚一起，以便于皇帝「萬機之暇」的閲讀或檢索。現在有人把類書視為工具書之一，就是從它的便于檢索而言的；事實上也確實如此，像《古事比》就是一部工具書。在清末，還有人把它縮印成袖珍本，以便應試的士子將其偷帶進考場，因為當時科舉的第三場考「策論」，那是要用到一些「博聞彊記，明于治亂」的朝章國故方面的資料的。直到現代，我們還將其作為工具書用。

但它與專供檢索的工具書又不盡同，即它並不止是工具書而已，它也供人閱讀。如北宋初所編成的《太平御覽》，原名《太平類編》。當時的皇帝宋太宗趙光義便「日覽三卷，一歲而周」，于是賜名《太平御覽》。但有些類書部頭太大，就不便閱讀了。我們介紹《古事比》還是因為它採輯很博，選擇很精，叙述很簡練，其可讀性尤强。梁任公、胡適之談到「整理國故」時皆指出：今人治學要以較短的時間，較小的氣力獲得更多的有用的材料這一特點，《古事比》恰合這一要求。不妨設想：《太平御覽》一千卷，宋太宗日閲三卷，三年便讀了一遍；《古事比》才五十二卷，假如我們兩天讀一卷，那衹要一百零四天便讀完了，再過一、二年，再看一遍，前後合起來也不過年把時間。這不是最巧妙、最合算的法子嗎？這部《古事比》採輯的古書很多卷首列有書目，特别是把《十七史》中許多治亂之由，得失之故，名人名言，撮要編列。不但有助于讀書、作文，且可作為施政、處事、立身、治學之龜鑒。

二

著者方中德是大學問家方以智之長子。方以智學問極博，以科技等傳于次子中通、三子中履，而以史學傳于中德。這部《古事比》就是方氏史學方面的傳書。從卷首《凡例》中就可看出：方氏父子是將其作為「一家之言」或「自成一子」的標準來寫此書的，與曹魏、唐、宋的館閣文士之編纂「類書」，目的根本不同：一、不是為了進供「御覽」；二、不是為便利士子對策；三、也不是為文人學士的操觚應制。正因如此，因而博而能約，特別着重于「比」——把同類之事，而因、果相同或相異的，放在一起，便于比較、研究，且于摘録故書之中，時加自己之評論，微言妙義，觸目皆是；苦口婆心，又多勸誡。卷首書序與《凡例》中，對此曾有説明；各卷中更不一而足，讀者自能察之，不待多言。

這裏，略舉幾點談談：

一書中有些類目，講鬼神因果之事，説「冥報灼然，可為骨寒毛竪」，乍一看來，似是迷信，是糟粕，其實，他却用心甚苦。他特別指出：「剥下益上，陰譴最重。」

又反復叮嚀「利不可與民争」，其用意十分顯明。對于那些貪官污吏，法之所不加，言之所不能勸，他秖有借鬼神以設教，以冀其稍微收斂，從而減輕人民負擔，可謂用心良苦。至于那些由「陰譴」而死者，他又點明：那是「其心自為祟也」。這又表明：作者並不迷信，且否定了鬼神報應之説。

二作者于書中尤詳于人生的立身處世之道。首先指出：「人，顧可無益于世哉？」卷三八即要求人生在世當有益于世；與此同時，又指出：人當嚴格要求自己，「學者自處，可稍恕乎？」卷四八但這與當時一些「偽君子」們的「非之無可非，譽之無可譽」的「鄉願」行徑又迥然不同。因此，他特地指出：「寧為有瑕璧，勿作無瑕石。」卷四六他還指出作偽亂真之害。他説：「凡似之亂真，未有不反為真害。」卷五一

三立身之道，尤表現在名利兩方面。他指出：「士懷耿介，不蔭惡木」，然「矯而好名，亦非中道」卷

四一；「小費不欲當人惠，正恐小人不可與作緣」卷四一。又指出：「凡真正直者，立心必厚；真淳厚者，自處必廉」卷三八；「非惡富也，恐失富也。是皆以廉持富者也。世知以少得為多得乎？其幾矣！」卷四一他還指出：「年之修短，位之崇下，禀命定矣。內熱何為？」卷四六他講「命定」是勸人不要熱中于富貴，以致失其節操。其用心也是極為明白的。

四在讀書治學方面，言之尤多。他說：「凡一技之擅長，皆得其獨以有成」卷四八，即指出專精的作用。他還說：「王仲任好博覽，而不宏章句；阮瞻讀書不甚研求，而默識其要；李賢略觀大指。此中有淺深，未便以淵明之『不求甚解』、武侯之『觀其大略』，藉口也。」卷三十他强調博學精研于此可見，與明末人簡率習氣自殊。他還說：「李邕自言讀書未遍，願一見秘書，固請，乃假直。李鎡以鄉里寡文籍，來京師讀所未見書。」卷三十指明讀書態度，尤為詳明。清代顧閻之樸學風尚，其實導自方以智、錢澄之，《四庫總目提要》已言及之。方中德以之樹的，明白標示，影響深遠，尤足注意。

五在婦女問題上，他也表現出他的進步思想。本書在涉及婦女諸卷中，强調女子才智與男子相同，甚至在軍事方面也有所表現，能文能武，與舊時「女子無才便是德」的觀念迥然不同。去年，在加拿大的一位女博士以「桐城學者論婦女」為題撰文，寄我請益，我即告以當參觀此書。

此書成于清初，他所面對的是明末清初的社會情況與學風、文風，其中有許多進步思想，書中勝義微言，不一而足，也有一些時代的局限，這裏不一一細說了。

三

方中德編纂此書，博採旁搜，去蕪取液，連類比附，融會貫通。如所述南朝之事，苟不見于《南史》，則必見于宋、齊諸書。援引既博，且大多原原本本，確有根據，比之其他類書之輾轉抄襲，任意竄改者不同。但亦取「引書用意」之法。在叙述中，有時換用數字，以便上下連貫。這樣一來，語氣自然，脈絡清晰，比之後來樸學家拘牽本文，生粘硬接，支離破碎，甚至文理不通者，顯然此勝于彼。至其鈎玄提要，取精用宏，而文理察密，渾若鑄成，則由其修辭功力，且兼才學之長。以故義豐詞約，言雅潔而能達意，這是十分難能而可貴的。

當然，他也採用了彼時流行的許多類書，且由于讀書太熟，亦往往彼此相混，而後來刻本甚多，輾轉之間，不免訛奪。如《寫書》類言王筠「《五經》、《左傳》凡三過五抄」，《南史》「過」作「遍」，字雖改動，語意並無影響，這不足為病。但卷四三《出處》類言：宋饒德操「投書于曾子宣，諭新法不合」，「諭」字顯為「論」字之誤。蓋按饒、曾名位祇宜如此稱也。此可以意改也。至卷三五《諂佞》：劉宗中之毒吴潛，熟于《宋史》者皆知「中」為「申」之誤；卷三九《權變》：「釋曇永不捶王華而訶津邏，疑而不免。」按《南史》卷二十三《王華傳》「永」字為「冰」字之誤。此類有時就必須檢驗原書。還有此頁末行誤置他頁之首；或此頁末行未完，實乃誤置他頁。此類尤須細心鈎稽，方能還其本來面目。

徐學林同志點校此書，十分認真。曾親往北京，就首都圖書館借閱康熙時初刊之本；又復取經史諸書，互相核校，一筆一畫，絲毫不苟。句讀之間，篇章之際，反復玩索，力求當心。然昔人有言：「校書如掃落葉。」徐君續落續掃，斯則望之讀者與後來矣。

然區區所願，尤望讀者諸君以一年半載之時間，盡讀此五十二卷，借此問津學海，必能多獲奇珍。此區區所以推薦此書之意。即以檢索而言，亦須事先約略看過，臨事方能想起用它。此吾多年來使用工具書之經驗，于讀書治學者或有萬一之補，用謹借此一談。

一九九四年秋

自序

方中德

嗟乎！家有四世之薪而弗克荷，芒然欲著書立説以求傳于世，豈非妄庸人所有事乎？雖然，不敢以此自解，而釋肩于先緒恐墜之日也。賤秉最愚，且少經喪亂，壯歷憂患，今也衰且老矣。既已時過，復苦善忘，安敢侈言學問，顧性眈簡畢，追溯疇昔，即不自量度，欲有所粹擷，而力弗逮也。隨杖之暇，老父偶論古人之事，因命之曰：「何不集而比之？」于是漁獵史傳，有一言一端之符合者，輒登諸策，菑畬不輟，阡途漸廣，猶未有成也。展卷而求古人之事類，既日益其未有，耳目所及，聞有書與比相資者，鋭然圖之，宛轉百方，必致之而後已。計數十年來，遠近所得，如《淵海》、《同書》、《駢志》、《事偶》、《偶記》、《談薈》、《備吹》、《問奇》諸編，不下二十餘種，合生平所弋獲記載，夫而後事比之，有匯歸也。

然豈徒屑屑以同為能事哉？大舜、項羽、朱友敬皆重瞳，而仁暴異；漢高、晉元、嵇康皆龍顔而貴賤異；晉文、張儀皆駢脅，而君、相異。是同而有不同者也。孔光阿附王氏，謝弘微孝義于家，而以慎密稱，則同；汲黯長揖大將軍，王祥不拜司馬公，一為戇，一為矯，而以不拜稱，則同。是同又不可以不辨也。竊見古人之事，積慮當局各有心術之正譎，時勢之變遷，成敗之本末，苟徒泥其迹而視，幾何不使聖賢苦心，英雄處事，與夫僉壬之托名藉口，漫無釐辨，致是非名實汶汶于簡編中，斯亦學古者宜究心也。自揣固陋，不足勝任。然于誦讀之際，循夙儒之成範，而充拓之、會通之。雖未必盡當，然其大略可得而觀也。

余因是慨然有感矣。曩與兩弟侍老父側，論及資性，諭以各取所近為業。仲愛質測；季喜考覈；而余惝然自失。謬陳其愚，欲管窺于史學之萬一。今仲之《數度衍》諸刻有成；季之《釋疑》當其未没即已授梓。獨余所輯《尚論》雖已屬稿盈尺，訖未卒業，僅先抄《事比》一編，特其中所搜羅多從史傳核正，微與《尚論》相為表裏。其亦史學之支流餘裔乎？露抄雪纂而底于成，亦完先訓之一端爾。惟是遲暮健忘，舉此遺彼，不能縱横左右，取携適懷。每抱卷而儲與志之所存，位置有未盡。杜弼有言：「近資愚鄙，私備忘闕，止于門内，貽厥童蒙。」斯足以目《事比》矣。

桐山方中德書于抱經草堂

答閻百詩徵君書

方中德

伏承手翰云：「《古事比》，奇書也。當就高明勝己之友求其嚴加彈射。有不善者，應時改定，勿遺後人以口實也。」諒哉！忠告。僕之獲益于良友也，多矣。世率以揄揚稱美相矜尚，求其出肺腑，進鍼砭之言，十恒無二三。足下乃肯慨然直教之，不少遜避，既素稔其虚懷，又惟恐著述之不盡善，其意良厚，敢不望風以謝。

僕少遭家國之難，流離瑣尾，壯而奔走謀衣食，遊于四方；其擩染于父師之訓，從而誦習。因是以追隨執友，講論文藝，聞見漸充。覥顔厠于志林之末，實未嘗窮究經籍，探賾索隱，如古人讀書十餘年不窺家園之久也。且四世家學，深慚荷薪，又資最駑下，馬齒既衰，尤苦昏忘，舉此遺彼，尋本失末，常用此自慨。祇因老而避迹，不復與聞世事，惟手一編消遣晨夕，隨時薈蕞，日益月增，復合素所類輯者而整理之，遂成《事比》一書。然鄙撰匡略，非有恢弘偉論，進退百家也；又非有瓌瑋連抃，衒奇好異也。不過就昔人之成事為之區別，使義例各就其倫，異同各有所辨，而淑慝臧否存乎其間，譬之樽俎，聊以備庖人之肴胾，師行聊以代軍中之樵採，用供詞林弋獲，如是而已。足下未盡見其書，若以為有異，徒令赧顔汗下，實乎乎耳。

惟恨先世所藏典籍，向經遷移散軼。其餘復罹煨燼，以此校訛正舛，少有所資。間從友人假借，倉卒抄録，輒多有亥豕。即涉獵之際，綱羅掇拾，不覺雷同。雖其中互見，各有所麗，顧為段成式之徵引，無叠則難；為王恭之善談，重出則易也。况分門别類，位置參差，斟酌取舍，審處多所未諧。其可指摘者，不待尋覽終篇，而知其挂一漏萬也。僕雖固陋，每就正勝友，討論商榷，務期于當，不敢自以為是。今復荷雅誨，尤于寸心躍然。因歎淹洽如足下，必不吝繩削。惜以山川暌越，不獲持奉塗乙，大為恨事。昔盱江鄧潛谷徵君著《函史》時，每一卷訖，緘奉南城張長卿先生為之評定。相傳為藝苑僅事。此何異沈隱侯商略于孔休源，蕭勱、張纘折衷于裴子野乎？勉成一業，考訂不厭再三，此宜爾也。

雖然，古著書立説而後之訾謷相承者有之：孟堅以子長為謬于聖人；蔚宗于《漢書》亦有眉睫之論。以《史記》為謬，而作《古史考》者，譙周也；即有以周為謬，而證不當者百二十三事之司馬彪。以《國語》為非，而作《非國語》者，柳宗元也；即有以宗元為非，而作《非非國語》之虞槃。著《左氏條義》難杜者，崔靈恩也；即有作《申杜難服》以答靈恩之虞僧誕。此其人皆當世號為大儒，猶且不免齮齕，况其下焉者乎？若夫服虔之駁何休，柳燦之著《析微》，吴縝之著《糾謬》。試尋其迹，則以攻擊為居勝得名之地，不盡出于宅心之公，持論之平也。然則古今之撰述者，慮無不以為引發之質的也，尚矣。矧淺見寡，聞如鯫生，安能寬于彈射乎？

且此書雖成，僕猶有不慊于志者。向游西嶽時，郃陽王子適庵見而嗜之，及再長武夷，慨然許為問世，數行相促至再。其汲汲好古之心，無偶也。尚有條記盈篋衍中，都不及載。即其中亦有甲乙待定，旁引欲删，援据需核之數端。急于應諾，遂不復重脱稿以郵，乃甫踰一春秋，而裒然盈尺之書為几席巨觀矣。于適庵為甚快，而僕則未免屏營也。仰企高明，有未當者，指以示我，不惜從而刊定。倘有識者，足下幸告之。

中德再拜

凡例

是書專在比事，本與類書不同。乃採討既久，散無統屬。苦于簡尋，不得不州次部居，分門列目，是亦一類書也。然類者，惟取乎多，比則精求其合；類者具其匡略，比則曲折相通；類則止于本事，比則羅其一端，因有數端；類者不過倫品名物之備于策，比則經權常變、成敗得失、是非臧否，凡人情事故，無不可條貫而析合之。此比與類之別也。故有一事也，曠世而吻合；一言也，異地而軌同。或一目而臚諸人之姓名；或一語而貫諸人之本末。間有一條，或附見而及，或相反而存者；亦有一節連篇累牘，引伸不盡，摘其肯綮而列者。要必有所取，非徒雷同獺祭，以多侈觀也。

凡編集之書，應分朝代。即一時，亦宜有前後。乃此書則以事為經，以人為緯，或並代即有比肩，或千載方逢合璧，惟取符契，時世難齊。

凡有姓名相同，其事各別者，自冠以某代于首。間有一人而稱名、稱字、稱爵與謚之不同，因就各書原文取裁引入，不復更定者多。然隨事可考，繙帙通本，亦可互證。

事取儷比而粗舉梗概，非略也。有以不詳為嫌者，間增注于其下。

事有互見，非複也。同一事也，而連引詳略各有賓主，取舍比喻，用亦殊途，不得不就其儔以為鶼翼。

事貴相合，不在鉤奇，間取隱僻，必令人見而易曉，庶資採擇。至于耳目淺近之事，非取配最工，奚容薈蕞？此編隨所讀而條記，蓋取材羣書而會歸。一則單辭標識而委折相宜，要使新豐之雞犬知歸，倩女之離魂忽合，為擊節神會也。

間有辭若長短不絜，而情甚相孚，深有所取，又不在櫛句比字矣。故各約其本事，或冠以片言，或束以一語，鱗甲不齊，又以點睛為要。

比事之意，原無成見。或就事而論，或旁有所感，偶以一語隱括之，間以議論叙事，特其一斑。且多有采摭諸書之原詞，未敢襲為己說。余另輯有《尚論參觀》一書，公是公非，專折衷于前人之言，亦不敢偏執臆斷也。

此編大歸以人事為主，諸如《象緯》、《輿地》、《草木》、《鳥獸》，各門非涉人事者，概不濫摭。顧人情紛賾，千變未易殫盡，不過比物醜類，觸而長之而已。所經目涉、筆録，待比各條盈篋衍中。若欲全收，涓涓靡止，故先就抄成五十二卷。其餘容俟續編。

集思廣益，有如萃腋成裘。前人評論，品貴狐白；時賢著述，羽重吉光，會同舉要不敢掩長掠美。仍表所輯之書于目，以示不没所自。且余之從事于此編也，門以内，與諸弟居常討論、商榷，既已有年。即稽覈校讎之役，子弟之在左右者，亦嘗分任其勞。至先後獲執友佽助，傾借藏書，轉謀秘笈者有之；參酌義例，刊定舛誤者有之；表褾攻苦，贊其問世者有之，均有裨于斯籍，非一端也。

家世所藏書籍，播遷喪失之餘，復罹煨燼。茲編所輯遺笈，敝簏而外，多從友人借閲，刻本差訛，十而四五；老學昏忘，未免承謬，加以易稿分抄，尤滋「帝虎」，博覽君子，自蒙審詳焉。

寒家近溯四世，自先高祖明善公，洎先曾祖廷尉公、王父中丞公，暨先君太史公，累葉著述甚富。小子自愧棗昏，弗克負荷，仰承家學，宣達方寓。近雖有數種次第行世，庋閣尚多，用是汲皇，勉思流布。至小子此編，特襞積之末技，寧足以傳久遠？亦曰：以是為薪火，不忘先訓云爾。學殖既荒，搜討未備，難免挂漏，惟識者有以教之。倘蒙糾其謬失，匡其不逮，尤所虛懷引領者也。

桐山依巖子識

古事比所採除經史外（書目）

通鑒總類　初學記　萬花谷
事文類聚　唐類函　合璧事類
太平御覽　册府元龜　白孔六帖
記纂淵海　示兒編　海録碎事
圖書編　山堂肆考　偶記
讀書鏡　古今史取　同書
事偶　駢志　談薈
傭吹録　三餘漫筆　弋説
千百年眼　金罍子　偶筆
偶論　瑯琊代醉編　焦氏類林
筆乘　史説萓蘇　類觸
談資　類山　省括編
尚友録　問奇類林　黔類
古事苑　筆叢　藝苑巵言

宛委餘編
鴻書
蜩笑偶言
説儲
容齋五筆
日知録
玉屑
大泌集
筆涉
談概
樵書
秘笈
二十一史識餘
餘冬序録
筆麈
叢談
通雅
智囊
日格子
説頤
古史談苑
十一翼
讀史漫録
讀史商語
史漁

古事比卷之一

象緯

見天門開者：馮跋也，夜見神光燭庭內。高洋也，洋從世祖，過遼陽山獨見。晉羊襲吉也，襲吉少見。其內雲霞澒洞，樓闕參差，光明下照山嶽，逡巡乃閉。陳武帝也，夢天開數丈，四人朱衣捧日而至，納之帝口。及覺，腹內猶熱。薛安都也，夢見天門開，孝武踐阼，封南鄉侯。劉雄飛也，四川制置，見天門開。王旦也。中有己姓名。《筆涉》

東漢鄧后嘗夢捫天如鐘乳狀，乃仰嗽飲之。占者謂：「堯夢攀天而上，湯夢及天而舐之，吉不可言。」而陶侃翼飛，韓琦手捧，亦并吉也。《叢談》

穆子夢天壓己，顧見黑而上傴，深目猳喙，號之曰「牛」。既歸，召庚宗所宿婦人之子，則所夢也。遂使為豎。漢文帝夢欲登天。有黃頭郎推之，顧見其衣裻帶後穿，覺而見鄧通。穆子卒以寵豎牛，鄧通卒因文帝寵，俱致餓死。《事偶》

河上見二日者，費昌也。夏桀時。見三日而得相者，裴冕也。金梁鳳謂冕：「一日向東京，一日人蜀川，一日來向朔方，此時公得相。果然。」夢己名炳然在月中，闞澤也。澤年十三，後封都鄉侯。見己形在日中，湯保衡也。

見月中人帶劍仗矛，晉尹思也。思字少龍，安定人。晉元康正月十五日見，當亂。見月中人騎而垂鞭，與己維肖，則宋吳曦也。揚鞭揖之，其人亦揖，異謀由是決。《事偶》

魏文帝夢日墜地，分為三分，己得一分，而納懷中。　陳文帝蒨。夢兩日鬥，一大，一小，大者墜地，帝三分取一，懷之。《天中記》

人有感星而生者：微子感牽牛星；顏淵感中臺星；張良感弧星；樊噲感狼星；老子感火星；蕭何稟昴星。　若夏馥為明晨，猶蘇軾為奎宿也。馥、軾，皆黨錮人。　星又有以人而名者：造父、王良、伯樂，豈以其相馬善御而號之耶？有周伯、老子、王蓬、絮國、皇温星，皆古高世不仕之人，其精為星；有軒轅、傳説、奚仲、社稷，皆人也，而名星。　然則鶉首、鶉尾之以鳥名星也；天狼、天狗之以獸名星也；箕、斗之以器名星也；三公、諸侯、將相之以官名星也，可參考也。《代醉编》

周伐殷，五星聚房。　齊桓將霸，五星聚箕。　漢高祖入秦，五星聚東井。　宋太祖重文，五星聚奎。

四星歲、熒、鎮、太。聚柳、張，光武應之。　四星聚觜、參，高歡興齊應之。　四星聚牛、女，晉元帝登位應之。　四星聚東井，宋武平關中應之。

永嘉南渡，四星聚牛、女，知吴越興王。　苻堅南寇，歲星鎮牛、女，知吴越福德。

四星聚于東井，肅宗復唐；聚于張，高祖代周。皆為有國之祥。故韓馥以四星會于箕尾，欲立劉虞為帝。　唐咸通十年，熒、惑填星太白，辰星會于畢、昴，詔王景崇披衮冕，軍府稱臣以厭之。　然慕容超之滅，四星聚奎、婁；姚泓之滅，四星聚東井；孫智永以四星聚斗，有災，勸南唐主巡東都；宋靖康元年，四星合于張；嘉熙元年，四星合斗，詔避殿減膳，以圖消弭。　則不可泥于一家之占者矣。《日知

録》

真西山奏：「漢之肇造，以寬仁得民，而不在五星之聚井。晉之却敵，以將相有人，而不在歲星之臨吴。」《困學紀聞》杜牧注《孫子》云：「歲為善星，不福無道；火為罰星，不罰有德。」斯足以知有德受慶，亡德受罰。五星皆大，其事亦大；皆小，其事亦小矣。

霍光典衣奴左車。忽見北斗第八星洞明，第九星隱。　元温湛婢忽見一嫗，向之流涕，無孔竅，化為虹。《備吹録》

宋景公時，熒、惑在心，有至德之言三而徙。　齊景公時，彗見齊分，修德十六日而彗星滅。一曰熒、惑守虚，行善政，三日而熒、惑遷。

漢哀帝時，熒、惑守火，息夫躬欲以厭應變。王嘉曰：「應天以實，不以文。上天神明而可欺乎？」齊武帝時，熒、惑逆行，入太微，有司請禳之。上曰：「應天以實，不以文。若災在我，禱之何益？」

要離刺慶忌，彗星襲月。　聶政刺韓傀，白虹貫日。　荆軻發後，太子見白虹貫日不徹。《備吹録》

秦舉長平，金精食昴。　楚攻鉅鹿，枉矢妖星。流膏。

熒、惑入南斗，梁武跣走以禳之。其應乃在魏孝武之西奔渡河。梁武曰：「某亦應天象耶？」苻堅母苟氏，夜竊如少子融營。太史令魏延云：「后妃星失明。」堅驚曰：「天道與人，何其不遠？」傅亮見長星曰：「天文驗矣。」苗訓睹重日，曰：「此天命也。」天象之應，不爽如是。

月犯心大星，而蜀先主殂。乃與月掩心大星，而魏宣武弒；月掩心星，而齊文宣殄。同一應驗。

類魏、秦之占，亦異哉。

流星入紫宮，而劉聰隕。　熒、惑守心，而石虎喪。　孛星、太微、大角、熒、惑、太白入東井，而苻生弑。　彗起箕尾，掃東井，而燕滅秦。　彗起奎、婁，掃虛、危，而慕容德有齊地。　太白犯虛、危，而燕亡。　熒、惑在匏瓜中，忽亡入東井，而姚秦亡。　熒、惑守心，而李勢亡。　熒、惑犯帝座，而呂隆滅。　彗星掃太微，而苻堅敗。　彗星見，而武成傳位。　彗星入虛、危，而齊亡。　太白犯軒轅，而周閔帝弑。　熒、惑入軒轅，而明帝弑。　星掩太微、上將，而宇文護誅。　熒、惑入太微，而武帝死。　若金時，則太白入太微，而海陵弑。　白氣貫紫微，而高琪殺胡沙虎。　彗星起大角，而哀帝滅。

星氣如宅舍之妖祥，主人當之；主人不在，則居者當之。《筆涉》

月犯少微星，而謝敷死。敷字慶緒，隱若耶山。時疑戴逵而敷死。會稽人嘲吳人曰：「吳中高士，求死不得。」　月蝕東壁，而張說亡。　星流營中，而諸葛亮卒。　星隕寢室，而令狐楚卒。　王凝疾甚，有大星墜于正寢。　吳澄卒，大星墜舍東北。　熒、惑、太白犯上將，而馬燧薨。

韓魏公卒，前一夕星隕州治所，櫪馬皆驚。　富鄭公將卒，大星隕于所居之還政堂，空中有甲馬聲，公登天光堂焚香再拜，乃卒。

妖星見豫分，祖逖曰：「為我矣。」　月蝕東壁，李泌曰：「吾當之矣。」　月掩畢口、大星，張希崇曰：「我其當之。」明年卒。　木冰，唐寧王憲官太尉。歎曰：「此樹稼也，必有大臣當之者。」憲果應之。

桑弘羊爵左庶長，而星孛。　杜周為廷尉，而雨雹。

中臺星拆，而張華少子韙勸華遜位，而華不從。　宇文護專政，庾季才以上臺有變，公宜歸政，而護沉吟。

人事感天：宋武欲受禪，而其夜長星竟天。傳亮拊髀歎曰：「我常不信天文。今始驗矣。」　晉王廣立為太子，而其夜烈風大雪。地震山崩，民舍壞，壓殺者百餘口。　臨淄王將誅韋氏，而二鼓天星散落如雪。劉幽求曰：「天道如此，時不可失。」　文宗以王守澄之言，召鄭注，而是夜彗出東方。　則荆軻為燕太子丹謀刺秦王，而白虹貫日。　衛先生為秦昭王畫長平之事，而太白食昴。　固理之所有。

星事多兇：淮南王安以客言彗星長竟天，兵當大起，謀為叛逆，而自剄，國除。　眭孟言當有匹夫為天子者，而以妖言誅。　趙廣漢問太史知星氣者，言今年當有戮死大臣，即上書言丞相罪，而身坐腰斬。　甘忠可推漢有再受命之運，而以罔上惑衆，下獄病死，弟子夏良賀等用其說以誅。　齊康侯知東郡有兵，私語門人，為王莽所殺。　卜者王況以劉氏復興，李氏為輔，為李焉作讖書，莽皆殺之。　劉秀女愔言宮中當有白衣會，乃以自殺。　西門君惠言國師公姓名，當為天子，謀劫莽事發，被誅。　王郎明星曆，嘗以河北有天子氣，而以僭位誅死。　襄楷言天文不利，黄門常侍當族滅，而卒陷王芬自殺。　劉焉聞董扶言益州有天子氣，求為益州牧，而以天火燒城，憂懼病卒，子璋降于昭烈。　孔熙先推宋文帝必以非道晏駕，禍由骨肉，江州當有天子，而卒與范曄等謀反棄市，並害彭城王。　郭黁言代吕者王，又言凉州分野有大兵，故舉事，先推王詳，後推王乞基，而卒之代吕隆者王尚。　又言滅秦者晉，遂南奔，秦人追而殺之。　劉靈助占爾朱當滅，又言：「三月末，我必入定州。」遂舉兵，以三月被擒，斬于定州。　苗昌裔言太祖後當再有天下，趙子崧習聞其説，靖康末起兵，檄文頗涉不遜，卒以貶死。占非不驗，而適以自禍其身。故占事知來之術，惟正人可以學。《筆涉》

匹夫而釐天象者，亦有之。如客星之掩帝座，漢武帝常微行，留宿夜與主婢卧。有一書生亦寄宿，善天文。忽見客星將掩帝座，儵呼，見有男子操刀將入，咄聲遂走，客星應時而退。帝異而問之，召集羽林禽走款服誅之。厚賜書生。客星之犯天子，嚴光與世祖俱受業長安。建武五年，徵光設樂陽明殿。暮留宿，光以足加帝腹。太史奏：「客星犯天子。」上曰：「昨與故人嚴子陵共卧耳。」(正史)客星之經帝座。爰延諫桓帝，以鄧萬世有龍潛之舊，封侯引見，與之對博，有虧尊嚴。至以吹笛止雨，周穆王時，連雨三月，王乃吹笛，其雨遂止。吹律暖谷，燕有谷地美而寒。鄒衍居之，吹笛，温氣至而穀生。今名黍谷。引氣飛雪，即席為炎。《拾遺記》：周靈王登昆昭之臺，忽見二人乘雲而至，一人先唱，引氣一噴，雲起雪飛，坐者凜然，宫中池水，堅冰可琢。王設狐腋、素裘、紫羆、文褥，坐者皆温。又一人唱，能使即席為炎，暄風入室，裘、褥皆棄。豈伎術亦可奪造化耶？

莊生請赦，以除星變。陶朱公中男殺人，囚楚。長男固請欲行，為書遺所善莊生。莊生見楚王，言某星宿某，害于楚，為德可除。長男以為赦，弟固當出，重千金虚棄，乃復見莊生。莊生知其意，曰：「若取金持去。」乃見楚王，曰：「道路皆言陶朱公子殺人。多持金錢賂王左右，赦乃以朱公子故。」王大怒，論殺朱公子。明日，下赦，長男竟持其弟喪歸。朱公笑曰：「吾固知必殺其弟也。」一行請赦，以禳星變。王姥兒犯殺人，求救一行。乃徙大瓮，選奴授以布囊。廢園潛伺至昏物來。數七，盡掩之而歸，詰朝，玄宗急召曰：「太史奏昨夜北斗不見。」曰：「天將大警，莫若赦。」從之。凡七日而復。《駢志》

彼苻生之謂太白為渴入井，晉孝武之勸長星一杯酒，皆不畏星變者。

漢之候風以綄。即候風扇，楚人謂之「五兩」。晉之相風以竿。車駕出，刻烏竿上。梁之相風以烏。長安𩙪𩙲遇千里風乃動。又粱長沙王懿孫儆獻相風烏。　唐之占風以鐸，唐岐王宫中，于竹林内懸碎玉片子，每夜聞相觸之聲，即知有風。相風以旌。五王宫中立長竿，挂五色旌，四垂綴以金鈴，有聲即視旌之所向，可知四方風候。

漢高帝作《大風歌》。　武帝作《秋風辭》。　唐明皇製《秋風曲》。

大風疾雨隨神女而過灌壇。武王之徵夢于太公，信矣。而嶺表之颶母，洛苑之封姨，並取名于女。豈風亦陰類耶？宜管公明之以少女、微風為雨祥也。《裴談》

黄帝之戰于涿鹿也，五色雲如金枝玉葉，止帝上。帝因作華蓋。　沛公之破項羽也，五彩雲如龍虎覆其上。范增所謂「天子氣也」。　唐崔希喬之轉馮翊也，五色雲遍于州郡。　宋韓琦之及第也，五色雲映帝庭。

東海黄公立成雲霧，蜀郡鄧公呼吸成霧。俱見《文選注》。乃知後漢張楷之五里霧，裴優之三里霧。當時誠有其術。

周饑，克殷而年豐。　衛旱，討邢而天雨。

每出巡，甘雨輒澍，徐州刺史百里嵩也；行春隨車致雨：淮陰一曰南陽。太守鄭弘也，宋知處州陳戩也；辨疑獄，活千人，甘雨滂沛，楚相袁安也；辨理五原冤獄，遂大雨，人呼「御史雨」，顔真卿也；禱雨名山即應，人曰「相公雨」，趙鼎也；鼎延汪應辰館塾，舉進士第一。歲旱，鼎命應辰禱雨即應，人曰「相公雨」。鼎曰：「乃狀元雨也。」遼陽旱，禱即雨，人謂「平章雨」，元王伯勝也。行中書省平章事。　蓋人事可挽天心，彼所臨必赤地，人號「旱母」，其人事可知已。《南史》：蕭推封南浦侯，歷淮南、晉陵、吴郡太守。　至以禱而不應，而毀祠掘塚，取舌鞭像，遷怒于神，而不免膺其咎，亦何為乎？齊文宣毀掘西門豹祠、塚；魏康生取西門豹舌，鞭石虎畫像；南安王元禎鞭石虎像，而康生二兒暴喪，身亦遇疾；元禎疽發背，薨。

人知蘇武齧雪，而不知段熲破羌，晝夜食雪，亦四十日。見《緯略》。

李愬乘雨雪入蔡，而元濟擒。　蘇定方乘大雪抵金牙山，而賀魯俘。　种世衡冒雪，而牛奴訛羌。降。世衡約至其帳。是日雪深三尺，冒雪而往，蹴起之。奴訛羅拜，感激心服。

立雪事往往稱程門游楊，特門外雪深耳。　如霍光朝謁時，大雪，立班行不移。　後周長孫儉詣闕奏事，立雪中待報，自旦達暮。　蕭至忠與友人期街中，立雪尺餘。　郭元振與烏質勒突厥首領。立帳前，雪深風凍，質年老不勝寒苦，會罷而死。　韋斌朝會，大雪幾至没靴，亦不失恭。　元太祖嘗失利，大雪，卧草澤中，木華黎與博爾木張裘氈立雪中，障蔽太祖，乃真立雪也。趙飛燕居貧，與妹合德通鄰人羽林射雕者，夜雪，期于舍旁。燕露立，體無軫粟，射雕者以為神仙。　達摩面壁，僧神光事之，夜雪，堅立不動。積雪過膝，取利刀斷左臂。二者一褻，一忍也。《事偶》

雪中高卧：袁安也，洛陽令令人除雪，入户，見僵卧于床。　胡定也。字元安。時雪滿其室，縣令排雪問定，已絶穀，妻子已僵。

雪深至牛目。梁襄王葬梁惠王時。　雪甚看馬耳。《示兒編》：王晉之與霍辨對談，雪盈尺。霍曰：「看北堂馬耳何如？」左右曰：「有兩尖在。」

漢武帝作承露銅盤。上有仙人掌，擎玉杯，以取雲表之露。　魏明帝鑄承露銅盤。于芳林園，甘露乃降。

救雷公夾樹：狄仁傑也，葉遷韶也。

北斗為星，七人至西市酒肆飲酒，李淳風知之。　太白杖藜，四人至成都酒家飲酒，孫思邈知之。

《備吹録》

時序

洛陽人家，正旦，造絲雞、蠟燕、粉荔枝；正月十五日，造火蛾兒，食玉粱糕；寒食，粧萬花輿，煮楊花粥；端午，朮羹、艾酒，以花絲樓閣插鬢，贈遺辟瘟扇；七夕乞巧，使蜘蛛結萬字，造明星酒，裝同心膾；重九，迎涼脯、羊肝餅，佩瘿木符；冬至，煎餳、綵珠，戴一陽巾；除夜，銅刀刻門，埋小兒硯，點水盆燈；臘日，造脂花餤。此風俗因歲時而見者。　王武子好馬，非馬不行。正月，則柳葉金障泥；上元，則滿月韉；清明，則剪水鞭；重陽，則籠嬌韉；中秋，則玉籠總絡頭；重九，則蟬兒韂；春秋社，則塗金韉；冬至，則嘶風鐙；除日，則藥王鞍。每節飼馬，以明沙豆、薔薇草。此嗜癖，因歲時而別者。

節日可改：張説上《大衍曆序》，宋璟上《千秋表》，并以八月五日為端午。　唐文宗開成元年，詔曰：「去年重陽取十九，今上巳改十三。」　東坡在海南，以十一月望日，與客泛菊，作重九。　閩王審知以五月五日卒，是日罷節事，相沿以初四為節日。　貞元五年，詔漢崇上巳，晉紀重陽，今以二月一日為中和節，以代正月晦日，備三令節。

軍中端午走馬，謂之「躪柳」。　立秋日習戰陣之儀，名曰「貙劉」。

范文正公古鏡背具十二時，如博棋子，每至此時，則博棋中明如月。　又市人蔣家十二鐘，能應時自鳴。　季雁山公、宋宗眉，皆各見一爐，幕上有十二孔，應時出香。

廬山東林蓮花漏，青城山六時灑泉，以代晷漏。　宋燕肅字穆之。知梓州，作蓮花漏，晨昏分刻不差，立石載其法。

秦阿房宮，正月一日，賜羣臣橘。　唐蓬萊殿，六月九日，賜羣臣橘。　宋高后賜大臣社飯。

謝安食白粥之辰，東方朔割賜肉之日，伏日也。

武陵蠻以稻紀年。　歐粤山以蠡紀曆。　畢勒國以蟲候日。　突厥不知年曆，惟以草青為記。

魏用未社土臘。　漢社用丙午。　晉則孟月酉日。

周舉之還溫食。太原舊俗，以介子推焚骸，有龍忌之禁。至其月，一家寒食，歲多死者。舉刺并州，作書置子推廟，祇禁烟三日，宣示愚民，使還溫食。風俗頓革。　束晢之對流觴。摯虞曰：「漢徐肇三女至，三日俱亡。一村相携水濱盥洗。」晢曰：「周公城洛邑，因流水泛酒。」逸詩云：「羽觴隨波。」又秦昭王以三日置酒河曲，見金人奉水心之劍，曰：「令君制有西夏。」因此立為曲水帝，大悦。

長安探春之宴。春時鬥花，皆以千金市名花，植于庭中。正月走馬適郊野，為探春之宴。　河朔避暑之飲。袁紹與劉松盛夏飲酒避暑。又魏正始中，鄭公慤三伏之際，率賓僚避暑，取荷葉盛酒，以簪刺葉，與大柄通，傳翕之，名「碧筩酒」。

動植之物報時者：　裴耀卿「知更雀」。耀卿夜看案牘，晝決詞訟。常養一雀，每夜至初更時，有聲，至五更急鳴。耀卿目為「知更雀」。　高太素「報時猿」。商山隱士。每至一時，即有猿一詣庭前而啼，不易其候。因目之。　影娥池北「司夜雞」。隨鼓節而鳴，一更一聲，五更五聲。　燕昭王時，長春樹花。春色碧，春盡則落；夏色赤，夏盡則凋；秋色白，秋殘則萎；冬色紫，遇雪則謝。　洱河上似桂樹花。白色，每朵十二瓣，遇閏多一瓣。　又有段成式字柯古。之片鐵。置之密室，時窺之，則有「金吉」二字，報十二時。　唐文宗之十二玉棋。按十二時字，置水中，逐時浮出不爽。　唐内庫之黃盤。元和中，偶用之，覺逐時物像變更。如辰時，花草間皆戲龍；轉巳為蛇；轉午為馬。　明皇之獅負。猫睛石，一名「獅負仙女」，上獅負二枚。明皇藏于牡丹鈿盒中，以驗時。　周益公所見之《岳州圖》。茶店紙畫譙樓十二時神，能時時自换。

輿地

荆楚削弱，王翦渡江；高齊荒蕩，周師入鄴。是善用關西，以併南國也。　赫連屈强，魏武克朔方；孫皓淫虐，王濬入金陵。是善用河北，以併西南也。　章邯輕敵，項王渡河；姚泓玩寇，宋武入關。是善用江南，以併西北也。　魏太祖起河北；周武帝本關西；宋高祖興江南。此三方之地利可興也。　商受暴虐，黄河無固；胡亥愚蒙，秦關洞開；叔寶荒淫，長江失險。此三方之地利難恃也。《圖書編》

長淮為江浙之藩籬；襄漢為荆湖之唇齒；漢中為巴蜀之門户。　陳宣帝失淮甸之地，而致隋人之禍；南唐罷把淺之師，而啟周師之釁。　蓋棄淮守江，則江左亦難自立矣。　吴人不得襄陽，杜預得以成江陵之捷；苻秦會師淮北，而朱序必欲以嚴城中之守。　蓋棄襄守荆，則荆湖必不能自固矣。　曹操既破漢中，故蜀人皆無自固之志；姜維退保漢、樂二城，故鍾會如履無人之墟。　蓋棄漢中，則巴蜀必不能自存矣。　晉人能守合肥、壽陽，故劉、石終不能踰淮以圖晉；陶侃使元宣鎮襄陽，故趙人不能越漢沔以取荆；蜀以魏延鎮漢中，故魏人不能踰南鄭以謀蜀。　昔祖逖自淮陰進兵以復河南，到彥之自漢入泗以平司兗，則在淮之形勢為可用也。　桓温自江陵以趨霸上，柳元景自襄陽以克潼關，則在荆襄形勢為可用也。　漢高祖自南鄭以克三秦，諸葛亮自漢中以鎮關隴，則漢中之形勢為可用也。同前。

睢陽保障江淮，所謂要害，果在于睢陽乎？亦有賴于巡、遠也。　魏太武長驅江淮，而臧質乃固守盱眙。宋泗州。　齊神武掃國西下，而韋孝寬乃固守玉壁。城在稷山縣西。　蕭梁初，元英提山東數十萬衆，乘勝而南，江淮震駭，而昌義之乃以三千兵固守鍾離。宋濠州。　黄巢訌亂，而趙犨乃固守宛邱。宋陳州。　以至隗囂保冀，李憲阻舒，吴守濡須塢，魏争滑臺城，吴大義竊咸陽，王成德僭真定，當時宜若險固，而前此未聞也。同前。

屈完曰：「楚方城以為城，漢水以為池。」　辛孔曰：「晉景、霍以為城，汾、河、涑、澮以為淵。」

楚漢之分鴻溝，猶袁、曹之争官渡也。岸上有陳橋驛。　唐宣帝復河湟，周世宗取瀛莫，猶宋之熙河燕雲，既得遄失耳。

賈誼曰：「高祖起布衣，而服九州；陛下伏九州，而不行于匈奴。」　杜牧之曰：「神堯以一旅取天下；後世不能以天下取河北。」呂大防言：「太祖用姚内斌、董遵誨守環、慶，西人不敢入侵。　昔以二州之力禦敵而有餘。今以九州之大奉邊而不足。」

憲宗欲平藩鎮，張弘靖以為先淮、蔡，而後恒、冀。　世宗欲平天下，王朴以為先江南，而後河東。

北漢據太原，至宋乃下，太原乃唐始基之地。　西夏據靈武，至元乃亡。靈武，乃唐中興之邦。

魏武困于居巢；　曹丕困于濡須；　拓跋困于瓜洲；　苻堅困于淝水。皆江南也。

決汾以灌晉陽。其後或決絳以灌安邑；或堰淝以灌合肥；梁武作浮山堰，堰淮以灌壽陽。　咸祖其事。楚昭王時，吴通漳水，灌紀南。

王賁引水灌大梁，而魏降。　曹操引沂、泗灌下邳，而吕布降。　蒙遜攻燉煌，築堤壅水以灌之，而李恂降。　劉曜攻石生，決千金堰以灌之。　東魏劉豐生建策：堰洧水以灌潁川。　梁命蕭淵明堰泗水，以灌彭城。　宋嶷教侯景引玄武湖水，以灌臺城。　陳吴明徹堰淝水，以灌壽陽。

韓信囊濰水，以破龍且。　秦王世民壅洺水，以敗黑闥。

劍門關皆石，無寸土；　潼關皆土，無拳石。二關皆稱天險。而姜維不能為蜀守劍門；　哥舒翰不能為唐守潼關。孰云險足恃哉？《説儲》

國有大邑不利：　鄭叔段以京患莊公，鄭幾不封。　櫟人實使鄭人不得其位。　衛蒲戚實出獻公。　宋蕭亳實殺昭公。　魯弁費實弱襄公。　齊渠丘實殺無知。　晉曲沃實納齊師。　秦彭衙實難桓公。《談薈》

河、湟復，而唐衰。　燕、代割，而遼熾。

主屯先零之説者，魏相也。　主棄珠崖之説者，于定國也。　狄仁傑請棄四鎮。曰：「昔漢元納賈捐之之謀，而罷珠崖之郡；宣帝用魏相之策，而棄車師之田。」　牛僧孺議棄維州。曰：「比來修好，中國守信為上。」詔以城歸吐蓄。然維州為唐故壤，棄之非是。與宋之靈州得失不相遠。甚而石晉之棄十六州，與王安石之無故棄分水嶺地七百里，啟後割地求和之漸，則大謬也。《史漁》

王安石主王韶取洮河。　章惇主王瞻夷青、唐。　蔡京主王厚復湟、鄯。

河水凍合：光武之滹沱河。王霸曰：「冰堅可渡。」渡畢，冰解。　唐莊宗之南伐。訨河冰合，曰：「限一水不得渡，今天贊我。」亟如魏州，視河冰已堅，引騎渡，進攻。楊劉攻之。　王方翼之葉河。方翼西征，次葉河，無舟，冰一夕合。　安禄山之靈昌渡河。以絙約敗，船及草木橫絶河流。一夕冰合，遂陷靈昌郡。　什翼犍之擊劉衛辰。以茾絙約流澌，俄而冰合，共乘以渡。衛辰奔秦。　張承業之離合河。求援于鳳翔。自離石渡河，春冰方泮，因禱河神，夜夢神人，謂以無患。既寤，河冰合會，凌晨躡冰而濟，旋踵，冰解。　周太祖之澶州凌橋。乾祐中北征，河冰已解。夜風烈，凝凍，踐冰而行。衆謂之「凌橋」。

石勒擊劉曜，赴金墉，至延津，冰泮得濟，濟畢，流澌大至，命曰「靈昌津」。　慕容德徙滑臺，至黎陽津，冰合得濟，改為「天橋津」。魏師至而冰解。

慕容皝自昌黎踐冰三百餘里，海凍。　趣平郭擒慕容仁。皝母弟也。　此冰合之利。　慕容寶燒船夜遁，暴風冰合，拓拔珪追破之。　此冰合之害。

李廣利在貳師城，刺山得泉。　耿恭在疏勒城，亦拜井湧泉。刺山得泉，又有句將山下之乞人。出《荆州記》。

河清之應：漢延熹九年，濟北、平原河水清，而靈帝以解瀆亭侯入繼。　北齊河清元年，河濟清；

十餘歲，隋有天下。　大業三年，武陽郡河清；十二年，龍門河清；後二歲，唐受禪。　金衛紹王大安元年，徐、沛黃河清；後四年，宣宗立。

蜀青城有味江。蜀王征番，野人獻壺酒，投之江中，三軍飲之皆醉。　若耶溪旁有沉釀川。鄭弘赴洛，親友送之，以錢投川，依價量水，各醉而去，因名。《事偶》　紹興城東有投醪河。句踐以獻簞瓢者，投之上流，與士卒共飲，戰氣百倍。

方域之表于圖記者：裴秀之《方丈圖》。以晉天下大圖用縑八十疋，省視既難，事又不審。乃裁減為方丈圖，以一分為一里，一寸為百里，備載名山、都邑。　謝莊之《方寸圖》。分《左氏經傳》，隨國立篇，製木方丈，圖山川土地，各有分理。離之，則州郡殊別；合之，則寓內為一。

韋執誼畏見《嶺南圖》，觀所坐堂《厓州圖》輒悸。　沂王竑指宮壁《瓊崖州圖》，曰：「他日當置史彌遠于此。」

山川之見于謠讖者：「潁水濁，灌氏族」，兆于羣兒之歌。　「淮水竭，王氏滅」，見于郭景純之卜。

高柔謂鄉里曰：「陳留，四戰之地，願與諸君避之。」以為曹將軍未能安坐兗州，張邈先得志于陳留，變乘間作。　荀彧謂父老曰：「潁川，四戰之地，宜亟去之。」後李傕出關，所過擄掠，至潁川、陳留而還。鄉人留者，多見殺掠。　袁紹遣迎和洽，洽以冀州四戰之地，遂南從劉表。又以表不可近，南渡武陵。　司馬朗以河內四分五裂，戰爭之地，不如舉家東到黎陽。父老戀舊，莫有從者。惟同縣趙咨將家屬與朗俱往。　楊俊以河內處四達之衢，必為戰場。乃扶持老弱，詣京密山間。　魯肅命其屬曰：「寇賊橫暴，淮泗間非遺種之地，江東可以避害。」乃使細弱在前，强壯在後，男女三百餘人渡江。　高瞻蓨人。曰：「兵革雲擾，此郡沃壤，必為寇庭。」乃與叔父隱率數千家北徙幽州。　陽休之南奔至青州，知將有變，時葛榮亂河北，流民多湊青郡。謂族叔伯彥曰：「宜潛歸京師之。」不從。俄為士民殺。

蕭引避難宦迹之地。侯景之亂，引曰：「吾家再世為始興郡，遺愛在民，正可南行以存家門。」與弟彤及宗親百餘人奔嶺表。　劉昆為令教授之處。舉孝廉不行，遂逃，教授于江陵。光武即除為江陵令。　劉巨敖著籍為令之邑。為晉陽令，樂其土俗，遂著籍太原之陽曲。曰：「自我為此邑人，可也。何必彭城。」

因官而家者：荀卿為蘭臺令，因家焉。　盧懷慎其先家河陽，祖悊為靈昌令，因家焉。　田偉，燕人，授江陵尉，因家焉。　岑文本，其先鄧州人，祖善方仕楚，遂家江陵。　張翥，襄陵人，父為杭鈔庫使，因家焉。　竇成為頓丘太守，因家焉。

疏水利者：史起鑿漳河。　鄭國為秦鑿涇水為渠。　趙中大夫白公引涇經渭。名白公渠。　西門豹令鄴，引漳水鑿十二渠。　兒寬築六輔渠。　長孫恕鑿河中十石渠。　晉薛胄決令沂、泗西注陂澤。盡為良田，號「豐兗渠」。　李聽引光禄渠。溉塞下田。　刁雍鑿高渠。　賈逵刺豫州，鑿石通運。二百餘里，父老頌曰「賈侯渠」。　蘇軾、白居易興杭州水利。　夏侯惇于濟陽。　于頔于湖州。　三國鄭運于肅、江二縣界。　李冰鑿離堆，穿二江于成都。　番系引汾水于蒲坂。　鄭莊通漕渠于長安。　莊熊鑿龍首于馮翊。　後漢廬江太守王景修孫叔敖芍陂。　鄧晨修汝南鴻郤陂。　鄧文開楚州白水陂。　召信臣造南州穰縣鉗盧陂。　張禹通徐縣蒲陽陂。　姜師度派朝邑、河西二縣閼河，灌通靈陂。　李吉甫淮南築富人固本塘。　馬臻守會稽，築鑑湖塘。　張闓立晉陵曲阿新豐塘。　唐李襲美引揚州雷陂水築句城塘。　傅其造滎陽流菜堰。

造河橋者：杜預于富平津。　李晟于趙郡。　李昭德于洛。　謝安築召伯埭。　蔡襄于晉陵。

銅柱分界者：漢馬援于交阯。唐馬總于其處立二柱，以繼伏波之跡。　吴程普、蜀關羽于衡州。　唐御史唐九徵于點蒼之湍溪。　五代晉溪州刺史彭士然與楚馬希範于辰州。

晉孫興公《遊天臺賦序》：「天臺者，蓋山嶽之神秀也。」　陳張種《與沈炯書》：「虎丘者，吴之神秀也。」

蔡中郎訪鬼谷所居山五曲，每一曲，制一弄。琴也。三年曲成，以呈。馬融、王允等異之。　郄僧施泛青溪，一曲，一詩。謝益壽曰：「青溪中曲，復何窮盡？」

左太冲訪張載岷、邛之事。思欲作《三都賦》，乃訪著作郎張載。　羅友默記蜀之城闕。友字宅仁，從桓温平蜀，按行城闕、觀宇，內外道陌廣狹，種植果竹多少，皆默記之。　吴道子記嘉陵之山水。唐明皇忽思嘉陵江山水，假道子驛遞往觀，遺于大同殿圖之。

山川險易，方隅物産，兵戎衆寡，無不詳，鄭虔也。　遼東奉使還，奏山川道里，賈曾也。　天下山川夷阻，必究知，賈躭也。　奔宇文氏，山川形便，皆默記之，逃歸，慕容皝大喜者，慕容翰也。　使突厥，作《西征記》以獻者，唐韋弘機也。　使陝西，繪《西域圖》以獻者，宋盛度也。《史漁》

東方朔知秦獄地，以告漢武。過長平坂，有蟲盤而覆地，色如生肝，以酒灑之立消。　蘇綽知漢倉地，以告周文。

「西山」、「南浦」，王子安為洪州，賦之。　黄魯直為夔州，誌之。

魏明帝天淵池南，設流杯古溝。　晉海西鍾山後，設流杯曲水。

秣陵以栖霞為勝，而栖霞寺之建，始于明僧紹。南齊時人，隱居攝山。　潤州以北固為勝，而北固之名改于梁武。山路廣于蕭正義，帝登望久之，曰：「北嶺不足，須『固』字，然京口實乃壯觀。」乃改「北顧」。

嬴秦時，漁人入桃源。　苻秦時，李班入瓜穴。　人知避秦有桃源，不知有順昌山人，嘉祐末，卜居，不復出。但知有熙寧紀年。及榴花洞、唐永泰中，樵者藍起逐白鹿，渡水入石門，有雞犬人家。主翁曰：「吾避秦人也。」與榴花一枝而出。在閩縣東山。樵貴谷、黟樵者入山，行至一穴，豁然清曠，中有十餘家。云是秦人避地，或謂小桃源。李白詩：「地多靈草木，人尚古衣冠。」指此。玉笥山。有何君石。十人避秦，九人仙去。

山以人重：崆峒以廣成；箕山以許由；富春以子陵；華山以希夷；商山以「四皓」；首陽以夷齊。

其不足為山重，而反污山者：北山之周彦倫；終南之盧藏用；少室之李渤；哀壑之覃山人。

管寧適遼東；杜甫竄成都；李白遊夜郎。所居之地，千載豔稱之。　汲荆州之井，而懷仲宣；憩桃榔之庵，而高蘇軾；蘭亭也，而以序傳；赤壁也，而以賦傳。皆地以人重。其不為山川之幸乎？

徐鉉答馮謐曰：「後湖，主上不惜。但恨無知章耳。」　重素上人曰：「桃花巖不難作，但少一李白耳。」

《筆涉》

孟亭以浩然名；孟瀆以簡名。浩然從張曲江遊玉泉，則為孟港；王右丞于刺史亭畫其像，則為孟亭。初名浩然亭。刺史鄭成謂：「賢者名，不可斥。」改今名。

蜀有彭老山，東坡生則童；東坡死復青。　吉有龍潭水，文山生則竭；文山没復盈。
支遁愛山，錢買沃嶺。　知章嗜水，疏乞鑒湖。
文中子講道于白牛之溪。　鄭元素隱居于青牛之谷。
李渤隱白鹿洞。　高懌夢道士持素書，聘為白鹿洞主。　郡吏姚祖經衡山，望巖下數少年作鳥跡書。　仙人方回居嵩山，有石室名「謨觴」，讀仙書于其內。
「白石清泉，樂天自成夙約」「丹巖緑壑，太白不敢寒盟」。皆匡廬誓也。以上《備吹》。
廣州有貪泉，飲者輒貪；日南有淫泉，飲者輒淫。又一國有狂泉，飲者無不狂。今此三泉幾遍宇內。《偶記》
地有因事而名者：聖應、唐楊朝晟過吐蕃，師次方渠，水乏。有青蛇乘高下走。視其跡，水從而流。晟築防環之，遂為停淵，詔命泉曰「聖應」。　昭應、老君見于驪山。鑾輿幸其地，因改會昌縣為昭應。　詔息湖、錢塘去邑十里，秦始皇經途暫憩，因以為名。　聞喜、漢武帝將幸緱山，至左邑桐鄉，聞南越破，以為「聞喜」。　獲嘉、至汲新中，得吕嘉首，以為「獲嘉」。　烏傷、顔烏父亡，負土築墓，羣烏啣土助之。其吻皆傷，因以名縣。今為「義烏」。　靈石、隋開皇時，開道得靈石于汾水濱，以為瑞，置縣。　慈溪、董黯因母疾，思飲此溪，遂築室溪遊，以便汲，故名。　平陸、天寶中，以三河道險，鑿石為月河，匠得古鐵鏟，長三尺，上有「平陸」篆文二字，遂改河北縣為「平陸」。　茶城、在徐州。楚、漢會茶之所。　酒城、在蘇州。夫差祭伍胥勸酒處。　回洛城、河陰之戰，万俟洛一軍不動，西人畏而去。高祖因名其地。　省冤谷、在高平，即趙卒受坑處，哲呼「殺谷」。唐玄宗過此致祭，改名「省冤」。　當湖、王莽改海鹽縣為「展武」，後陷為此湖。　秦望山、始皇嘗登此望海。　武擔山、武都山精化為女子，蜀王納為妃。卒，王遣五丁于武都山擔土為冢，故名。　威平洞、韓琦擒方臘于青溪洞，改名。　烏通山。譯語，首曰「烏」，立曰「通」。謂如人翹首而立。

地有因人而名者：烏程、秦時人。烏巾與程林，以醖美酒得名。縣名本此。武夷山、嘗有神降此，自稱「武夷君」。《列仙傳》：籛鏗二子，長曰「武」，次曰「夷」。匡廬、周時，匡俗兄弟七人結廬隱此。猗氏、秦因猗頓名縣。餘姚、舜後支庶封此，以舜姓姚，故名。上虞、舜封支庶于越，號為「上虞」。晉江、晉南渡，衣冠士族避地者，皆沿江以居，故名。任丘、中郎將任丘繕城，遂以名名縣。程鄉、程旼所居里，因以名縣。不韋、滇縣。徙呂嘉為不韋後，因名。千童城、在鹽山縣，即卯兮城。徐福築，以居童男女。五公城、在滿城縣河北。滇王譚不從王莽，與五子避難于此。光武皆封為侯，因名。官奴城、寧波城東。光武戰敗，因耕田奴獲脱。後議賞，問奴所欲，云欲得鄮縣令，故名。鄭公鄉、孔融為鄭玄特立一鄉云。高陽里、荀淑苍里，名西濠。潁陰令以其有才子八人，改曰「高陽」。棲賢山、進賢，唐撫州刺史戴叔倫携家居此，因名。郎官湖、李白遷夜郎。尚書郎張謂觴之湖上，曰：「子為我標以佳名。」白舉酒酹水號之。郎君谷、王起子龜。侍父河中，廬中條山，朔望一歸省，人號云。司空山、湖廣攸縣，舊名麒麟山。南齊司空張岊隱此，改今名。僕射陂、後魏孝文帝以賜李冲，因名。功曹澗、崔恕鞭撥泉湧。使君林、歷城北。鄭公愨避暑于此，取荷葉盛酒，名碧筒。范公泉、仲淹青州惠政，泉湧。庶子泉、呂公泉、呂大防調永壽令，縣無井，遠汲于淵。近境得二泉，用考功水地置泉之法準之，疏為渠，民賴之，因號焉。房公湖、琯罷相後，刺漢州所鑿。御史灘、嵩縣。前臨大溪，條佐有人望者，即水中灘出。牛僧孺為尉，忽報灘出，左右曰：「若是西臺，當有鸂鶒一雙至。」未幾，雙鸂鶒飛下，果拜西臺。召伯埭、謝安鎮廣陵，水没民田。安築埭蓄洩，歲熟。民以召伯呼之。子貢陂、王尊字子貢，為鄭令。浴陂溉田，民食其利，因號。聖人窟、傅説隱處。東北十餘里巔軨坂，説止息于此。聖人崖、太行山。武德二年有聲，俗謂「聖聲」。君子津、桓帝西幸洛陽，大賈隨帝。後行大道，投津長，卒死，津長子封埋之。其人尋求父喪，資貨一無所損。其子與之，不受。事聞。帝曰：「君子也。」即名其津。君子鄉。鄉里號王烈所居。

君臣

知晉公子之必霸者，以其從者三士，狐偃、趙衰、賈佗。足以上人。知宋壽王真宗初封。之必帝者，以其左右二人，張旻、楊崇勳。終至將相。

齊桓公曰：「寡人之有仲父，猶飛鴻之有羽翼。」《管子》　先主曰：「孤之有孔明，猶魚之有水。」《蜀志》

傅説未遇，而發夢殷高宗，象形果肖，神其有先合者乎？杜如晦、薛收既没，而見夢唐太宗，宛若平生，神其有不亡者乎？君臣之交，可謂善始善終。

漢高祖聞丞相何逃，如失左右手。　隋高祖謂薛道衡曰：「爾之去，朕如斷一臂。」　周太祖謂李遠曰：「孤之有卿，若身體有手臂之用，豈可暫輟于身？」

董仲舒在家，朝廷有大議，使使者就其家問之。　建武初，憲章多缺，每有疑義，輒以訪張純。

桓帝以劉淑宗室之賢，每有疑事，常密咨訪之。　闞澤，每朝廷大議，經典所疑，輒咨訪之。　陶貞白，梁武每征討大事，輒先咨訪。　樊深乞骸骨，朝廷有疑議，常召問焉。　唐曹憲，太宗讀書，有奇難字，遣使問憲，具為音注，援驗詳複，帝咨尚之。　宋晏殊，真宗問以方寸小紙細書，有對，並稿封上。

漢趙充國老歸第，朝廷每有大議，常與參共，謀問籌策。　李揆之，景珍，狄道人。朝廷大典多咨訪焉。南北朝。

楊孚彈糾不避，權貴毁之。睿宗曰：「鷹搏狡兔，須急救之。不爾，必反為所噬。」御史繩奸佞，苟非人主保護之，則亦為奸佞所噬矣。　崔日知貪暴，李傑將糾之，日知反搆傑罪，楊瑒曰：「使糾彈之司，奸人得而恐愒，則御史臺可廢矣。」明皇遽命傑視事，而貶日知。糾權貴，而上必保護；糾貪暴，而下必不受恐愒。臣主果若此，直臣其吐氣乎？

有舉孝廉而為人主者，魏武、吴大帝也。　狀元及第，而為人主者，夏主李遵勖也。《宛委編》

周亞夫在軍，不聞天子詔；段志玄在軍，不受夜中敕。漢、唐主皆以為真將軍。君、臣兩難得矣。

齊世宗前驅，為崔暹赤棒所擊，世宗回馬避之，亦足稱也。

隋文下詔曰：「使官盡王伽，民皆李參，流囚如期而至。刑厝其何遠哉？」　魏主使工頌羣臣，曰：「智如崔浩，廉若道生。」

楚求和于漢，高帝許之；張良不許。　吴求成于越，句踐許之；范蠡不許。

神武不貴慕容紹宗，而遺之子。　唐太宗暫出李世勣，而貽之子。其以市道用人乎？紹宗之釋景也，世勣之附塋也，有是君，故有是臣。　宋藝祖不貴張齊賢，亦同。《偶記》

高帝使鄭君名項籍，不奉詔，而帝逐之也；吕布使袁渙駡昭烈，不許，而布慚而止也。高帝于是不及布矣。前。

曹洪謂魏武：「天下可無洪，不可無君。」　謝晦謂宋武：「天下不可無公，晦死何有？」　王洪軌謂齊高：「天下不可無公，無洪軌何有？」　傅虎以馬授曜曰：「天下可無虎，不可無大王。」　姚襄馬中流矢，弟甚下馬授之，曰：「天下可無我，不可無兄。」　西涼後主與蒙遜戰于蓼泉，辛深以馬援主而身死。　范武子光輔五君；文、襄、靈、武、景。　裴度歷事四朝。憲、穆、敬、文。　其心一。　叔孫通所事十主；通使征魯諸生三十餘人，有兩生不肯行。曰：「公所事者且十主，皆面諛親貴，公所為不合古，吾不行。」馮道所事十君；道少能矯行，以取稱于世。及為大臣，尤務持重以鎮物，事四姓十君。耶律德光誚之。對曰：「無材無德，癡頑老子。」鄭韜事十一君。自襁褓至懸車，事真偽十一君，凡七十載。晚年背傴，人曰「鄭傴」。　其心何如乎？

麥丘丈人祝齊桓公：「無獲罪羣臣。」　虎會對趙簡子：「君侮臣之禍甚于臣侮君。」

楚屠羊曰：「君返國，臣亦返吾羊肆。」　楚漁父曰：「君返國，臣亦返吾漁所。」

唐高呼寂為裴三；明皇呼濟為宋五；德宗呼贄為陸九。　親之乎？抑狎之乎？

姜皎薦姚元之為河東總管，上曰：「此張説之意。」皎叩頭首服。　竇參欲其弟申為吏部侍郎，諷董晉以聞，帝怒曰：「毋乃參迫卿為之耶？」晉謝，道所以然。

張昭稱疾不朝，土塞其門，昭又益土。火燒其門，昭更閉户。　蔡謨除司徒，三年不就職。詔書屢下，終不受。　穆帝臨軒，遣侍中徵之。自旦至申，使者十餘返，不至。公卿奏「傲違上命」，免為庶人。　王安石辭《起居注》，齎敕付之，拒不受；吏隨而拜之，則避于廁；置敕于案而去，又追還之。可謂有君臣之禮也哉。《偶記》

「可輔，輔之；不可，則自取之。」此一言也，漢昭烈、晉簡文、魏文帝一轍，何也？昭烈于孔明，至誠之心也；魏文于元禧，至公之慮也；簡文于桓溫，不得已之情也。　孫策之謂張昭，亦有「仲謀不能任事，卿自取之」之語，昭與武侯之心，庶幾仿佛。若元禧者，不思顧命之言，乃以逆受誅。殆有甚于溫哉。前。

田蚡之于漢武，虞世基于煬帝，樊豐、周廣于孝安，朱异于梁武，裴延齡、盧杞、韋渠牟于德宗，王安石于神宗。得君甚專，而覆餗亦易。

李光弼一不勤王，田神功即不復稟畏。李懷光一負朝廷，石演芬即密行告變。

張湯以罪受誅，上惜湯，進其子安世，安世忠正，可大用不疑，而武帝乃以父湯故耳。盧杞以公議不容，譴逐致死，帝念之不忘，擢叙其子元輔，元輔能紹其祖之忠，而德宗乃以父杞故耳。且武帝之世，不幸而誅者，如莊助、朱買臣、吾丘壽、王考終；如汲黯、鄭莊、董仲舒、卜式，未嘗恤其孤。德宗相，如崔祐甫、李泌、陸贄，身没則已；而獨于湯、杞惓惓如此，是可歎也。《問奇》

各為其主者：辛俞曰：「臣世隸欒氏，故不敢不行。」《國語》　魯朱家見滕公曰：「季布何罪？臣各為其主用職耳。」　蒯通曰：「跖之犬吠堯，非其主也。」《史記》　魏勃曰：「非貴跖而賤堯，狗自吠非其主也。」《春秋後語》　關羽殺顔良，拜書辭操。操曰：「彼各為其主，勿追也。」　什翼犍嘗討西部，獲射者，邵臣曰：「彼各為其主鬥耳。」釋之。《晉海西公記》　姜讓誚慕容垂，垂曰：「彼各為其主耳。」禮而歸之。　蕭道成赦袁粲省事莫嗣祖，曰：「彼各為其主。」　王慧龍釋呂玄伯，曰：「各為其主耳。」

忠非其主者：王莽之唐尊，金源之汪、王二氏。

文王不欲動衆以移疾。周文王寢疾，五日而地動。羣臣曰：「興事動衆，以增國城，其可以移之乎？」曰：「天之見妖，以罰有罪，興事動衆，是重吾罪也。請改行重善以移。」無幾，疾止。

邾文公不惜遺己以愛民。《左傳》：邾文公卜遷于繹。史曰：「利于民，不利于君。」邾子曰：「苟利于民，孤之利也。死之短長，時也。民苟利矣，遷也，吉莫如之。」遂遷于繹。五月，邾文公卒。君子曰：「知命。」　宋景公不欲殺民以自活。《呂覽》：宋景公時，熒、惑在心。子韋曰：「天罰也。禍當于君。雖然，可移于相。」曰：「相所與治國家也。」曰：「可移于民。」曰：「民死，寡人將誰為君？」曰：「可移于歲。」曰：「歲害，則民饑。饑必死，為人君而殺其民以自活，其誰以為君？」曰：「君有至德之言三，天必三賞。」是夕，熒、惑果徙三舍。　楊阜因問后宮人數，杖吏，阜欲省宮人，召吏問數。吏對：「禁密不得宣露。」阜怒，杖吏曰：「國家不與九卿為密，反與小吏為密乎？」而魏明帝憚之。房玄齡、高士廉問北門有何營造，而唐太宗怒之。曰：「君但知南牙，北門小小營造，何預君事？」玄齡等拜謝。　不逮遠矣。

禪繼

堯禪舜，共工、鯀諫之而罹誅；武滅殷，管、蔡興之而受戮。此之兇人，彼之忠臣乎？

湯滅夏而死者，務光也；武滅殷而死者，夷齊也。二代之忠臣何少也？雖然，血流漂杵，殷之死事者衆矣。

伐密，而作程邑也；伐崇，而作豐邑也。聖人不以細行廢至計也。今以取劉璋病先主，則文王非耶？

《采薇之歌》，恥周也；《麥秀之歌》，傷殷也。彼異姓而死之，此同姓而臣之。理無兩是。

為操成簒者，荀彧也；董昭九錫之議，則佯異之。為昪成簒者，宋齊丘也；周宗禪代之議，則佯嫉之。恥策非己，小人哉。死者宜矣。

王祥之附晉，心也，佯不拜以飾之。馮道之附周，心也，佯受拜以掩之。人遂不罪其賣國矣。巧哉！

劉裕取天下于桓玄，而托之晉禪也；李淵取天下于羣盜，而托之隋禪也。無識哉！

呂不韋取邯鄲姬，有身而獻之子楚，以代秦；黃歇納李園妹，有娠而獻之考烈，以代楚。然皆以是自族。果何益哉？

王莽、曹操將簒漢，楊堅將簒周，皆先以女為后，女皆知其父之非。

新莽欲簒漢也，其子宇以為不可。朱温欲簒唐也，其兄昱以為不可。以上《偶記》。

晉明帝問王導：「晉所以得天下。」導為陳宣帝創業之始，及文帝弒高貴鄉公事，明帝以面覆床，曰：「若如公言，晉祚復安得長？」齊明帝遣華伯茂殺巴陵王子倫，子倫曰：「昔高皇帝殘害劉氏，今日之事，理固當然。」不仁而得者，雖其子孫不能無憾于好還也。《史漁》

昭烈即位，而費詩諫以大敵未克。琅琊王即位，而周嵩諫以宜先雪大恥。李存勗即位，而張承業諫以朱温未滅。前。

古事比卷之二

父子

尹之摯也，旦之禽也，奭之虎也，子以父重者也。　回之路也，參之晳也，僑之國也，父以子重者也。

若乃父子、祖孫交相重者，以世德，則石氏之奮也，建也，慶也；陳氏之寔也，紀也，諶也，羣也；荀氏之淑也，爽也，彧也。　以世業，則隨氏之會也，匄也；王氏之羲之也，徽之也，獻之也。　以世經術，則韋氏之賢也，玄成也；劉氏之向也，歆也。　以世風節，則班氏之彪也，超也；嵇氏之康也，紹也。　以世文藝，則徐氏之摛也，陵也；庾氏之肩吾也，信也；杜氏之審言也，甫也；蘇氏之洵也，軾也，轍也。　以世勳業，則韓氏之億也，絳與維也，縝也；韓氏之琦也，忠彦也；范氏之仲淹也，純仁也。　以世武功，則曹氏之彬也，瑋也；高氏之瓊也，繼勳也。　以世隱，則翟氏之湯也，莊也，矯也，法賜也。

王溥為相，父祚家居。公卿至，溥朝服趨侍，坐客不安。祚曰：「豚犬耳。勿煩諸公起。」陳堯佐兄弟二人皆貴。父省華無恙，賓客至，堯佐及仲季侍立，坐客不安。省華曰：「兒子輩耳。」噫！古人風哉。《偶記》

顔延之諸子：竣得其筆，測得其文，奂得其義，躍得其酒。　宋令文諸子：之問得其文，之悌得其勇，之悉得其書。　范仲淹諸子：純仁得其忠，純禮得其静，純粹得其略，范氏盛矣。《偶記》

十三子各守一藝，鄧禹也。　七子七業俱興者，五子各授一經，一子授太史公，一子授《漢書》。劉殷也。

九子各通一經者，馮奉世也。　九子各授一經，俱登第，宋田關也。

「吾不及吉甫，汝不及伯奇」，曾子之言也。　「我不及曾參，子不如華元」，王駿之言也。　管寧妻卒，曰：「每省曾子、王駿之言，意常嘉之。」

竹林七賢，各有雋子。阮籍子渾，嵇康子紹，山濤子簡，阮咸子瞻，瞻弟孚，向秀子純悌，王戎子萬。惟劉伶子無聞。

「大曆十才子」，惟盧綸有子。子簡能、簡辭、弘正、簡求，皆登進士。　能為父賦，歐陽棐也。歐陽公為《鳴蟬賦》，他兒皆一視而過，少子棐守之不去。公曰：「此兒必能為我賦也。」因以與之。棐字叔弼。　拜讀父書，吴顧悌也。每得父書，則灑掃几筵，舒書于上，拜跪讀之。

求增父秩，孫逖也。逖遷中書舍人，父嘉之八十，猶為令。逖求降外官，增父秩。帝嘉之，拜宋州司馬，聽致仕。　乞擬母封，趙槩也。會郊祀，當進階封康靖公，乞以封母。宰相曰：「方為學士，擬封不久矣。」公曰：「母年八十，願及今以為榮。」許之。

羞掩父德而問者，桓温青山同載。温遊青山歸，命袁宏同載。問曰：「《東征賦》多稱先賢，何以不及家君？」宏曰：「尊公稱謂，非下官敢專。因未呈啟，不敢顯之耳。」曰：「欲為何辭？」即答曰：「風鑒散朗，或搜或引，身雖可亡，道不可隕。宣城之節，信義為允。」温泫然而止。　陶胡奴曲室抽刀。範，侃第十子，字道則，小字胡奴。嘗于曲室抽刀問宏曰：「家君勳績如此，君賦何相忽略？」宏窘急曰：「我已盛述。」因曰：「精金百煉，在割能斷。功則濟時，職思靖亂。長沙之勳，為史所贊。」胡奴乃止。

求顯父名于史者，甄逢有友移書史館。逢以父濟不屈禄山之節，不得在國史為恨。逢與元稹善。稹移書于史館修撰韓愈，由是父子俱得顯名。

微名可邀也，則有坎子，以為孝：郭巨也，郭世通也。厚禄可啗也，則有飪子以為忠：易牙也，樂羊也。大權可竊也，則有僇子以為威：王莽也，武則天也。

以張湯為父而有安世；以許敬宗為祖而有遠。克蓋前愆。以劉中壘為父而有歆；以韓魏公為祖而有侂胄。盡墜門户。盧奕仗節死義，顔魯公舐其面血，而子杞傾國，反害魯公。蘇文忠文章氣節偃蹇一時，而子過事梁師成，為其妻持服。朱晦翁百代儒宗，側目奸邪，而曾孫浚諂附賈似道，稱「某萬拜覆」。可為家戒。若李世勣與許敬宗阿附武后，而子敬業起義討武，卒以誅滅。雖能蓋愆，亦見天道。

吕文靖夷簡。為相，非無一疵可議，子為名相，公著。而揚其父之美。史直翁浩。為相，非無一善可稱，子為權臣，彌遠。而掩其父之美。《易》曰：「有子考無咎。」

嵇康死非命，子紹靖居杜門矣，後竟仕而死蕩陰；杜讓能死非命，子曉幅巾自廢矣，後竟仕而死亂兵。二子遜偉元王裒字。矣。《偶記》

李信情若居喪；李敏渡海，不知所終。子信追求不得，遂情若居喪而不娶。徐邈勸之，生胤而絶房室。王華布蔬不交游。華以父存没不知，布蔬不交游十餘年。宋武欲收其才用，乃發父廞喪。以不知父之存没也。皇甫無逸知父之必死；王章女知父之先死。知父之生平也。若漢末王叔漢，聞父死汝南，發哀，而子方從蒼梧還；鄭從易母亡嶺外，歲餘訃聞，則又至性太疏所致矣。

遭亂失父母，而後求得者：魏郡龐儉也，因亂失父，鑿井得錢千萬，行求蒼頭，乃父也。時語曰：「掘井得銅，買奴得翁。」申喜也，乞人歌于門而悲之。與語，蓋其母也。杜羔也，羔父河南尉，卒。母非嫡，經亂不知所之。會堂兄兼為澤潞判官，嘗鞫獄，有老婦辯對，見羔竊語曰：「此少年狀類吾夫。」訊之，故羔母也。高力士也，嶺南節度于潘州求其母麥氏，送長安。孫禮也，同郡馬台求得，禮推家財。東漢步遊張也，汝南人。少孤，母抬麥相失。後為取慮令，按行高年里，遇病嫗，乃其母也。呂宣問也，六歲失母。調池陽録事，有仙井兵楊復報曰：「母韓氏尚在。」乃棄官如荆門，果得母，已七十矣。庾道愍，生母漂流交州。愍長，求為廣州綏寧府佐，負擔冒險而進，經年棄官尋母。母在交州。朱壽昌。父巽守雍，嫡母妬，出其母劉氏嫁民間。相別五十年，棄官求母。

漢高朝太公，太公擁篲迎門，帝大驚，下扶之。霍去病至平陽，遣吏迎父中孺，中孺趨入拜謁，將軍迎拜，中孺扶服叩頭。父而為子屈，非禮也。張仲子以子興世衛從甚多，令減撤，似矣；天子鼓角，田舍老公行田，欲送一部吹之，非禮也。畢世敬代父元賓刺兗州，父呼世敬「使君」。每聽政，乘板輿至，先敕不聽，起趨庭而問政，何所不可？子不為父起，非禮也。彼王導之不行棋；伏滔之矜先問；崔挹之挾子威，何足污人唇吻乎？《商語》

魏静帝以父亶為大司馬；周世宗以父守禮為光禄卿；宋恭帝以祖父與芮為浙東安撫使。擁篲且成萬古之嗤，乃列父祖于品秩，不知登對何所稱謂？石晉齊王重貴于其本生父敬儒臣而名之。

父有不能得之于子者：漢陳萬年之子咸，不受教詔。萬年召咸，教戒床下，語至半夜，咸睡，頭觸屏風，怒之，謝曰：「具曉所言，大要教咸諂也。」

崔烈之子鈞，嫌其銅臭。烈入錢五百萬為司徒。問其子鈞：「外議云何？」曰：「論者嫌其銅臭。」 顏延之之子竣殺其寵姬。姬蹬顏墜床，子竣殺之。延之哭曰：「貴人殺汝。」又見竣鹵簿曰：「吾平生不喜見要人。」 王懋之子瑩不可托吏。瑩為義興守。謝超宗去郡，托其父懋以一吏屬瑩。曰：「丈人如以湯沃雪耳。」瑩答曰：「以公吏不可。」懋對謝，面赤。 崔挹之子湜事多違拒。挹性貪，致仕。子湜為中書令，以事干湜，湜多違拒。

以子議父：荀粲、常評其父彧不如從兄攸。 韋伯陽。對父訣曰：「伯陽不肖，誠如尊教。尊亦正值軟抵耳。」

子而抑其父以從己者：郄超毀父愔箋。見《不嗣》。 劉敬文往謝劉湛。湛方傾殷景仁。湛黨劉敬文父成未悟其機，詣景仁求郡。敬文遽往謝湛，曰：「老父悖耄。」遂就殷鐵干祿，由敬文闇淺，上負生成，合門慚懼，無地自處。

見其子，不見其父：阮籍過王戎。籍與渾友。渾子戎少籍二十歲，而籍每過渾，俄傾輒去，過戎良久，然後出。謂渾曰：「共卿言，不若共阿戎言。」 薛勤造陳仲舉。仲舉年十五，為父齋書詣功曹薛勤，勤明日造焉。父出迓，勤曰：「足下有不凡子，吾來候之，不從卿也。」言議盡日。 王儉過柳世隆。柳琰與兄悅齊名。儉嘗過宅，世隆謂：「為詣己。」及至門，惟求悅。及見琰，曰：「賢子俱有盛才，一日見顧，今故報禮。」

莽有臨；禄山有慶緒；思明有朝義；溫有友珪。天報亂臣以賊子如一轍，奇矣。《偶記》

張信假子五百。 安禄山假子八百。 曹操假子有何晏、秦朗。晏收養宮中，服飾擬太子。文帝憎之，謂之「假子」。 李希烈養子千餘。

假子而報恩者：有周薈之文育；文育，義興人。本姓項，薈養為子。薈拒白水蠻，戰死。文育馳取其尸，賊不敢逼，身被九創。創愈，還葬。葛從周之謝彥章。許州謝彥章事從周為養父，授以兵法，後歷節度。從周卒，臨喪行服，躬預葬事。

假子而反為害者：田令孜之王建，建殺令孜。趙王鎔之張文禮，文禮使親平殺鎔。猶董卓之呂布也。

杜荀鶴，杜牧之棄妾兒也。孫覿，蘇子瞻棄妾兒也。

田濬謂寧宗非光宗子。文帝謂順帝非明宗子。

梁豫章王，綜。乃東昏之子。林一飛，乃秦檜之子。韓侂胄，乃王宣子之子。楊國忠，乃張昌宗遺體。梁師成，乃蘇子瞻遺體。

慈愛者：張禹曰：「臣四兒一女，愛女甚于愛男。」王述抱坦之置膝上。荀羨，父嘗置膝上。

偏愛者：王導愛悅而惡恬。劉表愛琮而惡琦。

宋戴碩之子。法興、延壽，善㐂好學。山陰有陳載者，家富。人云：「戴碩兒子敵陳載三千萬錢。」劉航之子。温公誌呂獻可墓。河南監牧使劉航自請㐂石。既見其文，遲回不敢㐂。航子安世曰：「成吾父之名可乎？」代㐂之。

蔡攸諷父京致政。王溥諷父祚致而受杖。陳萬年父咸、崔鈞父烈，則皆以諷將杖而止。

李林甫子岫，頗以滿盈為懼。張華少子韙，因三台星折而勸避位。

羅隱之子羅適翁。薛收之子薛稷。字嗣通。

趙明誠，德甫，宰相挺之子。李易安，清照，禮部員外郎格非女。格非，記洛陽園者。

老而得子：漢陳留富翁年九十生子；梁荆州張元始年九十七生子；唐桂陽曹泰年八十五生子。皆日中無影。

元微之五十八歲生道保。　白香山五十八歲生阿崔。崔夭。

遺腹之子：趙武、朔為屠岸賈攻滅。程嬰匿之，是為文子。　李陵、父當户。　鄭小同、元孫。　杜衍、父早卒，遺腹生公。其母改適，前母二子以匿財，索之不得，引劍斫之，乃歸其母。繼父不容。　范百常、鎮兄鎡子。體有四乳如父。　殷濬、元素孫。　陳友、揖遺腹子。　唐王少玄、聊城人。十歲問父所在，母告，即哀泣。求尸復葬。　魯淑、肅遺腹子，吴昭武將軍。　柳周七、子厚卒，乃生。　李暠。小字長生，父昶遺腹而誕，為梁武昭王。

生于父任：唐杜亞任桂管觀察使，子畋台文。生于桂州。小字桂兒。　宋李夔謫華亭尉，生子綱。王益為臨江判，子荆公生此。《松溪志》載，夔、益曾任邑尉，生二公于縣廨，尚有劍峰堂故蹟。未知孰是？王梓記。　洪公弼為寧海主簿，適荷花、桃實、竹幹有連理之瑞，生子适，建「三瑞堂」。　司馬池為光山令，生温公于此，故名光。　歐陽觀為成都郡推，子修生此。　韓國華知泉州，生琦。　汪穀令晉江，生藻。　朱松尉尤溪，子熹生此。　楊億祖文逸嘗作玉山令，夢懷玉山人來訪，覺而生億。

官良吏之子：以董宣子并為郎中。宣字少平，陳留人。七十四卒官。上曰：「董宣廉潔，死乃知之。」賜艾綬，官其子。　以王涣子為郎中。鄧太后曰：「涣秉清修之節，不幸早折。」乃下南陽，求其長子。　拜郭丹子宇常州太守。顯宗問劉匡，言丹出典州郡，人為三公，家無遺産，子孫困乏。　拜陸康子雋郎中。袁術攻康，死于蕲春，朝廷嘉其節。　唐中宗訪崔敬嗣，已卒，授其子官。　唐宣宗問令狐楚，官其子綯。

録忠臣之後：貞元中，官張巡他子去疾，許遠子峴也。　求名臣之裔，魏求鍾繇後，詔曰：「楚思子文，若敖氏。　漢録臧宣，楚封孫叔敖子。」封于寢丘。

父隱子仕：龐德公子山民，魏黄門郎；子渙，字世文。晉牂牁守。　韋敻逍遥不仕，子世康為荆州總管。　管寧不仕，子貌為郎中。　宗測長子賓宦在都，知父旨，便干禄，為南郡丞。付以家事，齎《老》、《莊》自隨，往廬山，止祖舊宅。　陶籍，字文海。弘景子。歷餘杭、錢塘令。

父仕子隱：袁閎、父賀，彭城相八年，卒。閎潛身于土室。　法真、父雄，交阯太守。真在《逸民傳》。　褚賁、父淵。齊封侯，賁讓爵，退處墓下。　王龜。父起，節度河中。龜居中條山谷。

隨任：張載父收為蜀郡守，載省父，經劍閣作銘。　文彦博舞象之年，侍尊人監税閬郡，道士何守貞見而異之。　漢張酺每一遷職，父輒一詣京師。　宋庠、宋祁，雍丘人，父杞為應山令，庠、祁因游學安陸。　趙曦倅，瑞安郡迎父清獻公就養，因名「戲綵堂」。　法雄守交阯，子真省父，助求孝廉，真察得胡廣。　長孫紹遠，父承業作牧壽春，時年十三，誦《月令》一遍，誦之若流。　阮孝緒隨父為湖州從事，不書官紙，以成親之清白。　羊欣父不疑令烏程。獻之入縣，書欣裙。

附　多子

陳成子男百餘人。《史記》一云七十餘人。　田常子七十餘人。　田嬰子四十餘人。　漢中山王勝子百二十餘人。　趙王彭祖子七十二人。　漢張蒼子百人。　史丹子二十人。九為侍中，四人封侯，餘皆大夫。　晉桓豁子二十人。後以石為姓。　姚弋仲子四十二人。　吐谷渾子六十餘人。　梁鄱陽忠烈王恢男女百人。　王冲陳僕射，歷仕二梁。子三十人。　陳宣帝四十二男。太子則後主，封王者三十三人。除始興誅逆，岳陽死隋難，餘令終。　王琳十七子。　陳顥達有子十餘人。　後周李遷哲男女六十九人。　王僧衍仕陳。子三十人。皆為達官。　唐棣王琰子五十五人；榮王琬子五十八人；延王玢子三十六人。皆明皇之孫，而明皇亦有子三十人。　郭子儀七子八婿。　宋張耆子四十二人。　馮行己子二十二人。　陵陽子仲服遠志二十年。有子二十七人。　杜子微服天門冬。八十，日行三百里。子一百四十人。　若宋胡藩子六十人。多不遵法度，坐罪，徙遠州。　唐李林甫子女各二十五人，與淮南程幹等耳。幹本富人。為水火焚蕩俱盡，妻茅氏連八年孿生十六子，相持行乞于市。出《南部新書》。

附無子

人有稱林逋五世孫者，不知逋未娶也。　温公言萊公奢侈，子孫丐于海上，不知萊公無子也。

乏嗣者：叔向、語晏子曰：「肸之宗十一族，唯羊舌氏在。」肸又無子。　孟嘗君、無後。　吕公、曳護故人，無子。　太倉令淳于意、有女緹縈。　朱博、有一女，無男。　趙孝、無子。拜弟禮兩子為郎。　祭遵、兄午以妾送之，不受。　蔡邕、女文姬。　王粲、二子被法誅。曹操在漢中，歎曰：「孤若在彼，不使仲宣無後。」羊祜、將進爵土，乞以賜舅子蔡襲。德按，襲亦係繼嗣。　鄧攸、字伯道。棄子攜侄，過江，納妾，乃攸之甥。攸不復畜妾，遂無子。　戴顒、字仲若，無子。　顧協、少聘舅息女，母亡不復娶。年六十餘，此女猶未他適。協義而迎之，卒無胤。　周續之、字道祖。　蕭眎素、取王儉女。久與別居，遂無子，卒。　謝惠連、三十七卒。　張種、字士苗，永從孫。王僧辯以種年老無子，賜以妾，及居處之具。　何點、老娶魯國孔嗣女。　李神雋、晚年無子，語邢邵曰：「昨見崔㥄兒，使人神傷。」王晞、宣旨賜妾，妻終不言，晞拊胸而退。　唐孟東野、名郊，武康人。連產三子，不數日數失之。

白樂天、以從孫阿新為後。崔覲、以田宅分給奴婢。崔祐甫、以從孫為後。宋黄山谷、王文穆、欽若夫人悍妬。楊文公億戲言改作「四畏堂」，王以為恨。卒無嗣。俾婿張環主祀。包拯、仁宗朝，乞預建太子，曰：「臣年七十，且無子，非邀後福者。」富弼、王曾、程顥、羅從彦。

宋弘不易妻而乏嗣。李象不再娶而無後。

母子

親導母輿，崔邠也。拜太常，始視事，大閱四部樂。都人縱觀，邠自第去帽，親導母輿，公卿見者皆避道。親為母執轡，張遂清也。為淄州刺史，迎其母及郊，行數十里。母至出迎，所督將吏皆羅拜者，張遼也。時屯合肥。父至京師，公卿罷朝，奉酒上壽，張醋也。每遷職，父輒一詣京師。適會歲，公卿上壽。立養堂于家，王導以下皆拜其母，虞潭也。母孫氏。潭有功，拜武昌侯，太夫人加金章紫綬。母至，孫權親拜其母，大臣畢會，顧雍也。迎母于吴。

升堂拜母：若孔奮之于梁統。馬實之于王暢。范式之于張邵。盛憲之于孔融。孫嵩之于趙岐。王惠陽于王朗。孫策之于張昭。周瑜、魯肅之于吕蒙。桑虞之于符彤。荀崧之于王濟。何劭、任昉之于到洽。

徐庶為母詣操；庶母為曹操獲，庶辭劉備曰：「本欲為將軍共圖王伯之業，以此方寸地也。今方寸亂矣，請從此別。」遂詣操。周虓為母降堅。虓固守涪城，遣步騎送母妻趣江陵，朱彤邀而獲之。虓遂降苻堅，曰：「老母見獲，失節于此。」遂不仕。然庶終不謀蜀；虓終不仕秦。　若王陵之不歸項；宇文護之不伏齊；趙保吉之不伏宋。　雖各有所為，其于至性，究有虧也。　彼吳起齧臂而盟；出衙郭門，與母訣曰：「起不為卿相，不復入衙門。」　溫嶠絕裾而往。嶠欲詣建康，母崔固止之，絕裾而往。母亡，阻亂不得奔喪。　又豈足效乎？《史漁》

東漢司徒馮勤，母八十，每朝會，光武敕勿拜，令御者扶上殿，謂諸王曰：「使勤貴者，此母也。」宋張齊賢母孫氏八十餘，封晉國夫人，太宗賜手詔存問。　賈黃中拜參知政事，太宗召見其母，王賜坐，與語曰：「教子如此，真今之孟母也。」因賦詩美之。

漢雋不疑尹京兆，行縣録囚。　聞多所平反，母喜笑異它時；或無所出，母怒不為食。　隋鄭善果刺沂州，母崔氏于屏後聽果處決。　當理，則喜；否則引至榻下切責之。

敬姜不哭文伯；文伯死，據床不哭，謂其多曠禮于相友諸臣也。君子以為賢母。　李母不哭日月；李日月從朱泚敗死。母見其尸，不哭而罵曰：「奚奴，國家何負汝而反？死已晚矣。」母得不坐。　嚴母數責延年；延年治河南，號「屠伯」，母數責之，曰：「天地神明，人不可枉殺。我不意當老見壯子被刑戮也。行矣，去汝東歸，掃除墓地耳。」王母讓琚。琚為中書侍郎。母自洛陽來京師，讓曰：「汝無攻戰勞，徒以諂媚取容，海内切齒。吾恐汝家墳墓無人。」皆賢母也。

魏夫人之箠撻；《顏氏家訓》：「王大將軍在湓城時，為三千人將。年踰四十，魏夫人少不如意，猶箠撻之。」李景讓母之褫衣撻背；景讓觀察浙西，杖斃牙將，軍中將為變。母立景讓于庭，命左右褫其衣，將撻其背。將佐力請乃釋，軍心遂安。　陳堯咨母之杖碎金魚。守荊州回，對母以弓矢為樂。母曰：「汝不務行仁化，而專恃一夫之勇，豈汝父之志耶？」杖之，碎其金魚。皆嚴母也。　魏孝文不知所生而感馮后；宋仁宗不知所生而感劉后。孝文、仁宗生后皆姓李。

庶母有子：趙襄子、姑布子。卿見曰：「此真將軍。」簡子曰：「此母賤翟婢也。」曰：「天之所授，雖賤必貴。」周顗及弟嵩謨、母李氏，字絡秀。嘗曰：「我屈節為汝家妾。」裴秀、母賤。嫡母宣氏不之禮，使進饌于客，見者皆起。陶侃、母湛氏為妾，生侃。崔道固、諸兄逼所生母致酒炙于客前。道固儵起，客感拜其母。母命曰：「汝宜答拜。」阮孚、母即姑婢也。王符。安定俗鄙庶孽，而符無外家。

附　後母

閻纘、薛包、王祥、王延之母，始虐而終仁，仁以子故。魏孟陽氏女程穆姜，始逆而卒順，順以母故。

後母之子甚賢，而全其孝慈者，如王覽，母撻前母子祥，覽輒抱持涕泣；韋嗣立母笞前母子承慶，嗣立輒解衣求代。又李銓之于前母兄；銓始五歲，衣服勝兄即不著。其母遂不得偏。于是雍睦。陸景融之于象先；景融為象先後母弟。象先被笞，融諫不入則自楚，母為損威。楊厚統子。之于搏。母與前母子搏不相安。厚托疾不言，不食肉，而母改意。

後母之賢者：翟方進母、隨至長安，織屨以給其受經。羊祜母、前母子發與承病，祜母專養發，而承遂不起。郭丹母。少卿。事母孝，母為治裝從師，又為鬻衣裝，買產業。

後母之不慈者：漢李曇繼母，酷烈，曇能奉之謹。唐馮豹、衍子。後母欲毒之，而豹事愈謹。崔衍母、倫子。繼母李氏不慈，衍事益謹。杜畿母。繼母苦之，畿以孝聞。

孝事後母者：曾參、後母遇參無恩，供養不衰。其妻蒸梨不熟，因出之。閔子騫、為後母所苦。冬月，以蘆花衣之以代絮。其後母亦改悔。鮑永、君長，宣子。事後母孝。妻嘗于母前叱狗，即出之。樊儵、宏子。事後母孝。陳萬年、丙吉稱其事後母孝。胡廣、年八十，繼母在堂，言不稱老。蔡覽、事繼母孝。父名之曰徵，字希祥。姜肱、事後母恪勤。母既年少，又嚴厲；肱兄弟同寢，不入私室，以慰母心。郭世通、養繼母痤男，居山陰獨楓里。韋叡、杜陵人。事繼母以孝聞。江夢孫、事繼母甚謹。顏詡、真卿後。少孤，事繼母以孝聞。杜暹、事繼母孝。劉珙、子羽長子。事繼母禮敬飾備。柳公綽、事繼親薛氏三十年。姻戚不知公綽非薛氏所生。劉審禮、事繼母平壽縣主，稱疾，憂形于色。歸登、事繼母孝。裴子餘、孝繼母。元孫瑾、吮繼母唐癰。傅咸、出刺冀州，繼母杜不能隨，咸自表解職。五代翟光業。事繼母以孝聞。又司馬鍠、李光弼、宋思禮。

繼嗣

盧邁再娶無子，或勸畜媵。答曰：「兄弟之子，猶吾子也。可以主後。」以從弟子紀為嗣。　元德秀少孤，親亡不肯婚，人以為不宜絕嗣。答曰：「兄有子，可以祀先。」

晉謝弘微繼叔父峻襲爵，國祿不受，惟受圖書千卷；梁阮孝緒繼伯父胤之，遺財百萬，一無所受。此廉于為人後者也。　矍相之圃不入，蓋惡其利人也。

伏黯以兄子恭為嗣。恭字叔高，湛兄子。湛弟黯，字稚文，位至光祿。　王戎以從弟愔之子為嗣。戎子方早卒。庶子興，戎不齒。　戴胄以兄子至德為後。　杜正倫以兄子志静為後。　殷嶠以弟子元為後。

皇甫謐出後叔父。　褚蓁出繼伯父。蓁，淵次子。　王延之父昇之。出繼伯父。粲之。　張冲思納，父東。出繼伯侍中景裔。　王奐祖僧朗，父粹。出繼從祖中書令球。故字彥孫。　袁聿修叔德翻子。出後叔父躍。　梁操孟德，士彥子。出繼伯父。　薛收道衡子。衡五子，收最知名。出繼族父孺。孺與道衡偏相友愛。收養于孺宅，成長始能識本生。　白香山以從孫阿新為後。　黃山谷以小德為嗣。

為人後襲爵者：劉蔚祖、懷慎子。慎弟懷肅卒，慎以蔚祖嗣封。　劉湛、字弘仁，祖躭，父柳。出繼伯父淡，襲封安衆縣男。　范曄、泰少子。出繼伯父弘之，襲封武興縣男。　張纘、父策，從父兄弘籍無子，策以第三子纘嗣，封利亭侯。　宋弁、字義和，廣平列人。祖愔，廣平太守，封列人子。愔卒，弁伯父世顯襲。世顯無子，養弁為後。　李侃晞、興祖兄安祖之子。興祖無子，侃晞為後，襲封南陽郡王。　孔崇弼。緯無子，弼以猶子入繼承蔭，授畿尉。

人為之立後者：何點、宗人以點從弟耿之子遡任為嗣。　李神雋、從弟延度以第三子容兒後之。　劉懌、弟廞，以子俊為懌後。　崔正勉。弟宣度，以子龍子後之。

朝廷為之立嗣者：劉廙、廙卒，文帝以廙弟子阜嗣。　徐奕、文帝思奕，詔以奕族子統奉奕後。　羊祜、無子。武帝以祜兄子暨為嗣。暨以父没不得為人後。帝又令暨弟伊為祜後，又不奉詔，並收免之。　江愻。明帝初，敩出繼從叔愻，為從祖淳後。王儉啟：「禮無從小宗之文。未有既孤之後，出繼宗族也。江忠簡胄嗣所寄，惟敩一人。若不欲愻絶後，可以敩小兒繼愻為孫。」尚書參議：「荀顗無子立孫，墜禮之始。」詔自茲立後。

表立為後者：于忠、臨甍，上表，乞立弟子永超為子。　崔祐甫。植字公修，祐甫從父孫，廬江令嬰甫之子。祐甫寢疾，謂妻曰：「當以廬江次子主吾祀。」以上聞，德宗遣召植淮南。

出繼而又無子者，崔孝演。出繼伯父。孝演無子，弟孝直又以子士遊為後。

以甥為後者：陳矯、本劉氏子，出嗣舅氏。　朱然、字義封，朱治之姊子。本姓施氏，治以為嗣。　司空圖。為御史所劾，昭宗不責。 以外孫為後者，韓謐。韓蒨子。賈充以為後。

以異姓為後者：蜀郡張君子養衛繼為子。繼，漢嘉嚴道人。父為縣功曹。繼隨父戲庭寺中。縣長蜀郡張君子甚憐愛之，因語功曹，遂養為子。時禁異姓為後，復為衛氏。 梁將霍存養霍彥威為子。得于村落，從存征戍，愛其爽邁，遂養為己子。 王處直養王都為子。本姓劉，小字雲郎，中山陘邑人。李應之得于村落，養為己子。應之醫定帥王處直，應之進都，因為處直之子。 秦檜以妻兄王煥孽子熺為後。

有子而不廢先為嗣者，豆盧寧。養弟永恩子勣為嗣。及生讚，曰：「兄弟之子猶子也。」以勣為世子。

後還本生者：諸葛舉、舉父喬，字伯松，瑾第三子，本字冲慎。亮未有子，求喬為後，瑾啟吳主遣之。喬生子舉。亮後自有子，舉還復為瑾後。羊伊、羊祜，詔弟子伊為子，後還本生。皇甫謐、出繼叔父。叔父有子，謐喪本生，遂還其父。賀率、晉賀喬乞兄羣小息率于孩抱中，字之，喬妾生子。顧榮曰：「喬已有男，宜使率還。」羣亡，率求還。表于朝，許之。鄭譯。後周鄭譯，從祖文寬無子，太祖令譯從之。文寬後誕二子，譯復歸本生。

為本生服重者，柳慶。出後第四叔。叔亡，遭父喪，慶為服重。

附 嗣立

宋宣公讓位弟穆公而卒有與夷之弒；吳諸樊讓位弟餘祭而卒有僚之弒。三代而下，不以傳嫡者，是禍本也。 讓而善全者：漢東海王疆；唐宋王成器。《偶記》

齊妻后致位演，而孝琬百年殄；宋杜后致位光義，而廷美、德昭殲。故曰：「牝晨家索。」

晉申生、衛伋急子之賢而不免。其天道乎？獻烝于齊姜生申生；宣烝于夷姜生急子。荀息之死奚齊，不如留侯之翼太子。俱《偶記》。

叔孫通曰：「本一搖，天下震動。」狄仁傑曰：「本一搖，天下危矣。」

漢武、秦皇，皆果于殺者也。故其子如扶蘇之仁，寧死而不請。如戾太子之悍，寧反而不訴，知訴之必不察也。蘇論　泰伯、夷齊、季札，遐乎邈矣。聞其風而興起者，若丁鴻、劉愷、韋玄成、鄧彪、郭賀，皆是也。丁鴻不得遂其讓者也。我知其心缺然也，而世人賢其悔過。劉愷得遂其讓者也。我知其心快然也，而世人皆其遂非。丁鴻讓國于弟盛，鮑駿諫而就國。玄成讓爵于兄弘，因有司劾而受爵。《偶記》

唐宣宗曰：「若一立太子，則朕便為閒人。」後唐明宗曰：「羣臣請立太子，朕當歸老太原舊第耳。」宋太宗曰：「人心遂屬太子，欲置朕何地？」人甚愛者子，子復有足忌者哉？後世之請建儲貳，輒以天命人心邀其必從，則益中其忌矣。《史漁》

高歡不死，以有洋也。　克用不亡，以有存勖也。

漢明帝取宮人賈氏子，命馬皇后養之為子；唐玄宗取楊良媛子，命王皇后養之為子；宋真宗劉皇后取李宸妃子為子。旋皆正位儲宮，而三宮妃壓于嫡母之下，未嘗加進位號。

趙襄子無恤。為伯魯不立，不肯立子，必傳位伯魯子代成君。及其蚤死，復取代成君子浣立為太子。　元魏河南王平原卒，長子和出家為僧，捨其子顯以爵讓弟鑒，鑒後以顯年壯，復遜爵歸之。此之所為，即漢明帝有愧色焉，而趙光義無論已。

袁紹欲捨譚而立尚。　劉表欲捨琦而立琮。

唐太宗廢太子承乾，幽魏王泰，而立晉王治。其意亦效孫權之廢和，殺霸，而立亮。《史漁》

楚密埋璧于太室之庭。楚共王有寵子五人。曰：「當璧而拜者，神所立。」乃與巴姬埋璧，使五人齋而入：康王跨之；靈王肘加焉；子干、子晳皆遠之；平王弱，抱而入。再拜，皆厭紐。　趙私藏符于常山之上。趙簡子曰：「吾藏寶符于恒山中，往得者，立為後。」諸子競往，無所得。無恤曰：「恒山臨代，代可取也。」簡子曰：「是知符矣。」遂立之。　而北魏則以鑄像。爾朱榮發晉陽，猶疑所立。乃以銅鑄孝文及咸陽王禧等五王子孫。像成者，當奉為主。惟莊帝獨就。

自古創業之君俱不利長子：高辛氏，顓頊長子。帝摯不善崩，弟堯代立。　堯長子丹朱不得立，立舜。　舜長子商均不得立，立禹。　湯長子太丁未立而卒。　周太王長子泰伯、文王長子伯邑考，皆不得立。　秦始皇長子扶蘇不得立，立胡亥。　漢高帝長子惠帝立而絕，文帝繼立。　光武長子東海王不得立，立明帝。　魏武長子曹昂戰没，立文帝。　孫堅長子策無後，立權。　權長子和不得立，立休。　司馬懿長子師無子，立昭。　宋武長子義符廢，立文帝。　劉淵長子和廢，四子聰代。　劉曜長子胤前没鹵，止為王。　苻健長子廢，立次子代。　石勒長子弘為虎廢，石虎長子邃宣俱前戮。　慕容儁前子死，次子暐立。　慕容垂長子令被殺，次子寶立。　齊太祖長子武帝立一世而絕，從子繼之。　梁武帝長子昭明早逝，次子簡文代。　陳武帝長子死于江，從子蒨立。　北齊神武長子澄弒，次子洋立。　周文長子安定公卒而廢，少子武帝立。　隋高祖長子勇廢，次子廣立。　唐高祖長子建成戮，次子世民立。　朱梁太祖晃長子友文墜馬死，少子友貞立。　後唐太祖克用長子落陣亡，少子存勖立。　明帝長子從榮戮，從厚立。　吴王楊行密長子渥廢，次子隆演立。　南唐徐温長子知訓以亂死，義子知誥立。　蜀主王建長子元膺戮，次子衍立。　南漢劉隱、閩王潮子，俱不立，立弟。　後蜀孟知祥公主子在唐不得立，立昶。　宋太祖長子德昭自殺，弟太宗立。太宗亦作創始，長子元佐不得立，立真宗。　契丹阿保機子東丹王不得立，立次子德光。　金阿骨打子蒲盧虎不得立，立弟吴乞買。　元太祖長子先没，立次子憲宗。　世祖長子真金與義先没。　然則嫡長子而得傳位及後人者，僅禹子啟也。《談薈》

古事比卷之三

訓誡

向朗之誡子也，曰：「年與時馳，意與歲去。」 諸葛亮之誡子也，曰：「動得所求，静得所安。」

馬援書誡兄子嚴敦曰：「龍伯高，述。吾愛之，重之，願汝曹效之；杜季良，保。吾愛之，重之，不願汝曹效也。」 王昶文舒。名其兄子曰「默沉」，名其子曰「渾」、「深」，書誡之曰：「潁川郭伯益，名奕，嘉子。吾親之，暱之，不願兒子為之；北海徐偉長，吾敬之，重之，願兒子師之；東平劉公幹，吾愛之，重之，不願兒子慕之；樂安、任昭先，嘏，任旐子。吾友之，善之，願兒子遵之。」

漢宣愛淮南憲王，而不忍廢太子，乃以韋玄成為淮陽中尉，以其曾讓爵于兄，欲感諭也。齊高從弟季敞，性頗豪縱，嘗語之曰：「可數詣王思遠，以其立身簡潔也。」皆善擇人以教子弟。

淵明《責子篇》有「不好紙筆」語，山谷以為不欲其仕宋，故作詩自污。此苦心也。東坡《生子詩》有「願愚魯」語。此不平也。邵堯夫《生男詩》有「願成大賢」，不知天意語。夫四十五生子，而願以大賢，聽之天意，有淵明之苦心，無子瞻之不平矣。

李勣疾篤，召弟弼列諸子姪曰：「子孫有不勵言行，交非類者，急撾殺，毋令後世笑吾，猶吾笑房、杜也。」　包孝肅《家訓》云：「子孫世宦犯贓，不得放歸本家，没後不得葬于大塋。」　姚崇分其田園，令子姪各守，仍為遺令曰：「子孫失廕，多至貧寒，斗尺之間，參差是競。」　陸賈、石苞，皆古之賢達也。所有預為定分，將以杜後争。

唐介語子曰：「吾備位政府，桃李未培，而荆棘則甚多矣。汝等自勉而已。」　宋遊道誡子士幼、士慎。曰：「吾執法太剛，數遭屯蹇，子孫不足以師之。」諸子奉父言，柔和謙遜。

《符讀書城南》一章，韓文公以訓其子，使之腹有詩書，其意美矣。然謂：「不見公與相，起身自耕鉏。」乃覬覦富貴也。杜牧之寄姪阿宜，亦云：「願爾出門去，取官如驅羊。」意與韓類也。父兄祇以此教子弟耶？

陳顯達誡子：「勿以富貴凌人。」　房玄齡誡子：「不可以地望凌人。」　周顗謂王志謂弟寂曰：「汝膏粱年少，何患不達？不鎮之以静，將恐貽譏。」寂欲獻《中興頌》，乃止。　王騫儉子。謂諸子曰：「吾家門户本素族，自然隨流可進，不須苟求也。」

子捨曰：「汝不患不富貴，但當將之以道德。」

後唐劉贊父玭自食肉，而别以蔬食食贊于床下，曰：「肉食，君之禄也。爾宜勤學以干禄。」　宋賈黄中五歲，父玭每旦令正立，展書卷比之，謂之「等身書」。嘗令蔬食，曰：「俟業成，乃得食肉。」後贊累遷刑部侍郎，黄中舉進士，亦有以激勵之也。

阮籍不拘禮教。及誡其子渾，則曰：「仲容已預吾此流，汝不得復爾。」豈亦厲者之舉燭視子耶？

元延祚棄官 每灌園採薪 以為有生之役盡此。及誡其子元次山，則曰：「兒遭逢世故，不得自安山林，勉勵名節，無近羞辱。」二公訓却正。

「重華無嚴父，放勳無令子。」王僧虔誡子，云云，以謂亦各已耳。「丹朱不應乏教，甯越不聞被捶。」王裕之未嘗教子孫學問，各隨所欲。人或問之，云云。二王之言如一。然僧虔誡子，正激使自勵。若裕之直付之不教矣。

「樂有賢父兄」之謂何？

班固不教學，諸子多不遵法度。馬廖不訓諸子，曰：「皎皎素絲，在所染也。」謝太傅、安石。劉太尉子真。不教兒。左思父雍不甚教其書學。彭乘不訓子弟。范宗翰責之。不受教，如劉寔諸子。或曰：「子行高一世，而諸子不能遵。」寔曰：「吾之所行，是所鬥見，不相祖習，豈復教誨之所得乎？」虧庭訓，如劉贊子弟。雖童年稚齒，便能侮易驕人。

安德王延宗為文宣所養，年十二猶騎置腹上，令溺己臍中。後為周武帝見擒，誣反，以椒塞口而死。北齊。宣和間，芒山有盜臨刑求吮母乳，嚙斷乳頭，母死。盜曰：「少盜一菜、一薪，母見喜之，以有今日，故恨殺之。」教安可不自嬰孩始乎？世之姑息其子者，未有不敗也。

母能教其子者：曾母、母以殺彘給其子。曾子曰：「嬰兒非與戲也。」遂烹彘。孟母。以殺猪給其子，既而曰：「是教之不信也。」遂買鄰猪肉噉之。王義方之母，欲比王陵之母；蘇子瞻之母，欲比范孟博之母。賢母也。公叔文子退朝，其母方績；鄭善果襲封縣公，母崔氏恒紡績。皆有誡子惰業之言。雋不疑為京兆尹，每録囚還，多所平反，母喜笑異他時；或無所出，怒為不食，故不疑嚴而不殘。嚴延年母到雒陽，適見報囚，母數責延年：「不意當老見壯子被戮。」遂去。歲餘，果敗。二母之慈則同，而教有行，有不行，則遭有幸，有不幸也。　李景讓觀察陝西，母鄭褫衣，庭杖之。景讓杖殺一押衙，軍中憤怒將變。母召景讓于庭，將撻其背。將吏請釋，軍中遂安。　陳堯咨節度河南，母馮金魚脱地，杖之。堯咨守荆南，對母問異政，曰：「州當孔道，客以善射歎服。」母以杖擊之，金魚墜地。　除諫官，而母勉以報國，劉安世也，鄒浩也。安世母曰：「汝當捐身以報國恩。得罪流放，無問遠近，吾當從汝所之。」浩母張氏曰：「兒能報國，無愧公論。吾顧何憂？」二子後皆以直諫得貶，蓋所以成母志也。　諸母能教養其娣姒之子：羊叔子有伯母；蔡叔母辛；杜征南有叔母嚴；皇甫士安有所後叔母任。

名裔

正人之後：韋宙、上讀《元和實録》，問韋丹後。周墀言：「其子宙，見任判官。」奏為侍御史。　裴諗、度子。為學士，加承旨，以御盤果實賜之。　宋衡、璟八子。謫居沙州，土番入寇，曰：「衡父，昔賢相也。其可留乎？」盡室獲歸。　陶潛曽孫、梁蕭秀刺江州。初至，問前官取陶潛曽孫為里司，歎曰：「陶潛之德，豈可不及後裔乎？」即日辟為西曹。　魏嚴、鄭公裔孫。所藏魏公像，有免車牛狀一紙。本縣判云：「魏公，唐室勳賢，簪纓之後，車牛特免。」　張元吉、九齡九世孫。真宗朝，詣闕獻明皇墨跡，并《張公寫真告身》。詔以為韶州文學。　段亮、秀實孫。祥符中，以為三班借職。　段文西、秀實八世孫。元豐中，以為隨州助教。　狄國賓、仁傑裔孫。慶曆中，以為華州助教。　郭元亨、子儀裔孫。慶曆中，以為永興軍助教。　宋立。神宗夜讀《宋璟傳》，詔訪其後。有裔孫立，已投軍矣。與一武官，不願。

知子

知子弟之賢者：賈逵祖習。襄陵人。逵為兒童戲弄，嘗設部伍，習異之，口授以兵法。陳羣祖寔。曰：「此兒必興吾宗。」王鎮惡祖猛。曰：「此兒亦將興吾門。」索綝父靖。曰：「綝，宗廟之器。州縣之任，不足汚吾兒也。」衛玠父瓘。曰：「此兒有異于衆。」謝徵字玄度。父景。異之，曰：「此兒非常器，所憂者壽。」江革父柔之。深加賞器，曰：「節兒必興吾門。」高緒字叔宗。父謙之。曰：「興吾門者，當是此兒。」高昂父翼。曰：「此兒不滅我族，當大吾門，不直為州豪也。」于仲文父寔。異之曰：「此兒必興吾族。」梁彦光父顯。曰：「此兒有風骨，當興吾宗。」李周父矩。曰：「當以平旅之事興我門族。」

龐統從父德公。知從子統。統十八，見司馬德操，與語，歎曰：「德公誠知人。」顧和字君孝。族叔榮。字彦先，雅重之。曰：「此吾家麒麟。興吾宗者，必此子。」時宗人球亦有令聞，榮謂曰：「卿速步，君孝超卿矣。」荀崧字景猷，顗子。族曾祖顗。見而奇之，以為必興顗門。王惠字令明。叔父謐。為所知。王玄謨世父蕤。曰：「此兒氣概高亮，有太尉彦雲之風。」劉懷珍小字道玉。伯父奉伯。隨奉伯南頓守，獨逃不視刺史獵，奉伯曰：「此兒方興吾家。」垣崇祖伯父護之。曰：「此兒必大成吾門。」劉孺叔父瑱。為義興守，携之官。嘗置座側，曰：「此兒吾家之明珠。」蕭琛字彦瑜。從伯惠開。撫其背曰：「必興吾宗。」王瞻字思範。從父僧達。從師受業，有妓經門，瞻獨不視。僧達異之，曰：「大宗不墜，寄之此子。」周弘正叔父捨。為捨所養。捨曰：「後世知名，當出吾右。」李琰之字景珍。從父仲雅。曰：「興吾宗者，其此子乎？」楊愔字遵彦。季父暐，曰：「此兒恬裕，有我家風。」及從父兄昱。曰：「此兒駒齒未落，已是我家龍文。」楊素字處道。從叔祖寬。異之。王珪叔父顯。曰：「門户所寄，惟此兒。」柳公綽字子寬。伯父子華。始生三日，子華曰：「興吾門者，必此子也。」　蕭復伯父華。生于戚里，衣澣濯之衣，習學不倦，非詞人儒士不與之遊。華曰：「興吾家者，必此子也。」　陸暉從兄機。稱之曰：「我家世不乏公侯。」　房士達族兄景光。曰：「此兒倜儻，終當大其門户。」　李冲字思順。長兄承。冲，燉煌公寶少子。承言：「此兒器岦非常，方為門户所寄。」

謝弘微叔父混。　宗炳于兄子愍。出「乘風破浪」之語，曰：「汝若不富貴，必破我門户。」

吕文穆薦姪夷簡，曰：「宰相才。」　范蜀公器姪祖禹，曰：「天下士。」

能世其學而父兄稱之者：　如盧辯兄景裕謂曰：「昔侍中注《小戴》，今汝注《大戴》，庶纘前修矣。」　韋叔夏，孝寬曾孫，博涉經史，叔父琨曰：「汝能如是，可以繼承相業矣。」　袁彖小字史公，父覬與兄書曰：「史公才識可嘉，足懋先基矣。」　謝莊嘗游土山，使子朏命篇，攬筆便就，莊撫其背曰：「真吾家千金。」　沈約指其子謂陸杳曰：「此吾愛子，好讀書，因以青箱名之。」　王福時嘗誇其子，勔、勮(二)、勃、助、勸。　韓彦思戲曰：「武子有馬癖，君有譽兒癖。」　崔液尤工五言，父湜嗟賞之，曰：「海子，液小字。我家之神駒。」　丘遲八歲，善屬文，父靈鞠曰：「氣骨似我。」　劉虬謂子之遴必以文興吾宗，謂諸子曰：「若比顔氏，之遴得吾言語。」　杜工部亦譽其子宗文、宗武。　吴恢因諫寫書，撫子祐背曰：「吴氏世不乏季子矣。」　蘇震未冠，有老成人風，伯頊異之，曰：「吾家有子。」　蘇詵十餘歲，有成人風，頲曰：「吾家有子。」　王澄與人書，稱其兒微，第四子。曰：「風氣日上，足散人懷。」

衆不識，而獨異之：　鍾離牧、緒之子。童齔時，號為迟鈍。從兄駰與謝贊、顧譚齊名，曰：「牧必勝我。」後假節鉞，守武陵。王湛、初有隱德，兄弟宗族皆以為癡。父昶獨異焉。陽裕、士倫少孤，宗族無能識者。惟叔父耽幼而奇之，曰：「此兒非惟吾門之標秀，乃佐時良器也。」韋叡、伯父祖征視之如子，時叡內兄王憕、姨弟杜惲並有盛名，祖征曰：「汝文章小減，然幹國家，成功業，皆莫汝逮也。」任瓌。早孤。伯父蠻奴愛之。曰：「吾子弟雖多，傭保耳。門户所寄，惟此子。」

母賤，為諸兄所輕，而父知之：崔道固、輯子，賤出。兄攸之等輕之。輯曰：「此兒姿識，或能興門户。」資給，令其征南。李訢、崇子，母賤，為諸兄所輕。崇曰：「此子相者言貴。」遂使入都。裴秀。母賤。嫡母宣氏不之禮。嘗使進饌于客，客皆為之起，遂止。

以古人擬之者：張緒，叔父鏡謂曰：「此兒，舍之樂廣。」李士謙，事母孝。伯父瑒曰：「此兒，吾家曾子。」庾太尉亮。常器弟冰，曰：「吾家晏平仲。」劉瓛孝祖母孔氏，孔氏曰：「阿稱瓛小字。便是今世曾子也。」能不愧于父祖之所期者，始足貴也。

知子弟之不才者：丙吉于子顯。謂夫人曰：「亡吾爵者，必顯。」後為奸利，帝以吉舊恩，止免官奪邑。薛宣于子惠。為彭城令。宣過其縣，不問以吏事。諸葛瑾于子恪。常嫌其非保家之子。羊玄保于子戎。有才少行，玄保常嫌其輕脱。曰：「此兒必亡我家。」與王僧達謗議朝政，賜死。玄保謝世祖曰：「臣無日磾之明。」徐陶仁于子文景。多不法。陶仁謂終當滅門。仍移家避之。賜死，陶仁不哭。北魏中山王英于子熙。慮非保家之子。後果坐誅。宋弁于二子維、紀。言：「維性疏險，紀識慧不足，終必敗吾業。」果然。房謨于子子遠。謨前妻子，險薄，不以為子。後果謀殺神武，事發。李勣于子敬業。每曰：「此兒將赤吾族。」又折像，諸子衰劣，像散金帛資產。曰：「世衰，子又不才，不仁而富，謂之不幸。」及晁錯之父。曰：「劉氏安，晁氏危矣。」陳敏之父。曰：「滅我門者，必此兒。」

令狐邵于族子愚。邵以不修德而願大，必滅我宗。愚仕進有名稱，激邵曰：「凼謂愚不繼，今竟云何？」邵熟視不答，果誅。

劉鎮之于從子毅。以毅貴顯，閒居京口，未嘗應召。謂毅：「汝破吾家。」范晏于弟曄。嘗云：「此兒進利，終破門户。」王景文于兄子蘊。蘊小字阿益，楷子。楷兄劣，故蘊不為羣從所禮。嘗懷恥慨，感激為將，景文甚不悦。曰：「阿益，汝必破我門户。」果斬于李陵市。秣穆于兄子稹。知非保家之子，勸兄遠除之，不用。及遠臨刑，泣謂穆曰：「不用汝言，至此。」劉山伯于弟武周。曰：「汝不擇交遊，終滅吾族。」數罵辱之。崔安潛于從子胤。慎由子。與崔昭緯相結故相，季父安潛曰：「吾父兄刻苦以立門户，終為緇郎所壞。」

知其不可任，而密啟：鍾毓于弟會。遣會征蜀。毓密啟不可專任。會果謀反，所養兄子邕、迪當誅，故宥。祖納于弟約。異母兄納，密言于帝：「假其權勢，將為亂階。」時謂異生忌其寵貴。及約謀逆，歎納有鑒裁。宇文述于子智及。疾篤，曰：「臣死後，智及不可久留。」楊岳于兄子玄感。嘗密表必為逆亂。及玄感誅，岳子弘禮等遂免。

預料子孫休咎者，王弘也。集會，任子孫戲。僧達跳地作虎子；僧綽采蠟燭珠為鳳凰；僧虔累十二棋，既不墜落，亦不重作。弘曰：「僧達俊爽，恐終危吾家；僧綽當以名義見美；僧虔位至公台。」已而皆如其言。分別子弟優劣者，謝混也。嘗云：「阿遠剛躁負氣；阿客博而無檢；曜恃才而操持不篤；晦自知納善而不用。至于微子，吾無間然。」瞻字宣遠；靈運小字阿客；微子弘微。自言兄弟志性者，周嵩也。對母絡秀曰：「伯仁志大而才短，名重而識暗，好乘人之敝，此非自全之道。嵩性抗直，亦不容于世。惟阿奴碌碌，當在阿母目下耳。」阿奴，謨小字也。

漢高祖謂吳王濞曰：「若狀有反相。」遼興宗謂涅羅古曰：「此子目有反相。」又遼太祖以燕寢、採薪辨諸子優劣，洞若觀火。所謂知子莫若父，信矣。第知之不早諭教，與不知子惡者何異？《遼史》：太祖嘗觀諸子寢：李胡縮項卧内。曰：「是必在諸子下。」又嘗大寒，命三子採薪。太宗不擇而取，最先至；人皇王取其乾者，束而歸，後至；李胡取少而棄多，既至，袖手而立。太祖曰：「長巧而次成，少不及。」

不知子之賢：山濤不知子簡。簡曰：「年幾三十，而不為家公所知。」謝方明不知子惠連。靈運曰：「阿連才悟如此，而尊以常兒遇之。」蘇頲、瓌處頲于馬厩，客視乃詠《崑崙奴詩》，瓌召詠兔，愈加愛恤。段文昌不知其子成式。因獵，送從事各兔一雙。其中徵引典故，無一事重叠者，乃知其藝文該洽。裴潛不為父茂所禮。自感折節，清省格然。其家教有類于石奮，魏興以來少及者。魏衡不知兄子舒。使守水碓。

象賢

楊弘禮素弟，岳子。征遼，所向摧靡。太宗謂許敬宗曰：「越公兒郎，故有家風。」漢靈帝謂楊奇震孫。曰：「卿强項，真楊震子孫。」狄仁傑孫兼謨有祖風，帝曰：「卿，狄梁公後，當嗣家聲。」員俶九歲升座，詞辯注射，帝異之，曰：「員半千孫，固當然。」魏謨，徵之裔孫，唐文宗奇之。房啟為鳳翔府參軍，人吏望見，曰：「真房太尉家子孫。」

周文見高洋軍容，曰：「高歡不死矣。」朱温見存勖軍容，曰：「克用不亡矣。」魏武于孫仲謀亦然。

光武謂鮑昱永子。曰：「欲令天下知忠臣子復為司隸。」唐鄭餘慶子涵為補闕，敢言。憲宗謂餘慶曰：「卿令子，朕直臣也。」楊恭仁，隋觀王雄子，刺甘州。文帝謂雄曰：「匪惟朕得人，乃卿善教子矣。」荀顗，太尉彧第六子。黄初末，宣帝輔政，異之，曰：「顗，令君之子也。」李穆拔軹關柏崖山鎮，命盧愷作露布，魏帝讀之，大悦，曰：「盧愷文章大進。荀景倩，故是令君之子。」令狐整隨軍征討，太祖謂曰：「卿遠祖立忠而去，卿今立忠而來，可謂世濟其美。」遠祖遊不屈于莽。其子稱避地河右云。　李昶，彪孫。太祖曰：「操尚貞固，不墜家風。」　趙道興遷左武侯，太宗曰：「卿父為隋武侯將軍，今克紹弓冶，可謂不墜家聲。」　李固，司徒郃子。四方士歎曰：「是復為李公矣。」　梁武開五館，袁憲入室豎義，到溉曰：「袁君正，憲父。其有後矣。」　丁固字子賤，覽子。虞翻與覽一見友善，終成顯名。與同僚書曰：「丁子賤堂構克舉，令德之後，惟此君嘉耳。」　魏隱與弟過總角，詣謝奉，奉與語，大悅之。曰：「大宗雖衰，魏氏已復有人。」　隋陸夷開明。九歲，日誦二千餘言。楊愔見而異之，曰：「陸氏代有人焉。」　宋廣平璟。每見韋安石子陟，歎曰：「盛德遺範，盡在是矣。」　柳宗元年少已成人，衆謂：「柳氏有子矣。」　裴讓之與楊愔相遇，則清談竟日。愔每云：「此人風流警拔。　裴文季為不亡矣。」　王儉謂謝幾卿曰：「超宗為不死矣。」幾卿，超宗子。　袁粲見謝莊子朏，曰：「謝令不死矣。」　劉瓛嘗過丹陽，袁粲指廳事前柳，謂曰：「此是劉尹謂其祖惔。手植。每想高風，今復見卿，清德不衰矣。」　王司徒儉。少便不凡，袁司徒粲。歎曰：「宰相之門，栝柏豫章。雖小，已是棟梁器。」

虞荔母喪遭亂，情禮不申，由是終身蔬食、布衣，不聽音樂。之後有世南；房彥謙俸祿皆以周恤親友，家無餘財。車服、器用，務存素儉，一言一行，未嘗涉私。之後有玄齡。所謂仁者必有後，豈虛哉？

袁憲之子，有承家、承序。太宗問梁、陳名臣子弟。岑文本曰：「昔陳亡，百司奔散。袁憲朝服立後主傍，白刃不避。王世充篡隋，羣臣表勸進，而憲子承家稱疾不肯署。今其少子承序風操清亮，無愧先烈。」帝乃召拜為晉王友。　楊隆禮之子有謹矜、謹餘、謹名。隆禮卒，明皇訪其子可代父任者，宰相以謹矜等皆得父清白。帝喜，俱擢用之。

幹蠱

有禹，故鯀得以郊。有蔡仲，故蔡叔得以世祀。有安世、延年，故張湯、杜周不列于酷吏。沈充，叛臣也，其子勁以死節著。李義甫，奸臣也，其少子湛以忠義聞。徐世勣而有敬業為之孫。許敬宗而有遠為之曾孫。盧杞而有元輔為之子。褚淵而有賁為之子。其氣，類橋、梓也；其志念，則荃、蕙之于蕭艾也。《筆涉》

鄧艾下蜀，禪議降，子諶諫，不用而死。劉裕入關，泓議降，子佛念諫，不用而死。噫！姚氏不足道矣。使諶嗣漢，豈遂亡諸？

岑晊父豫為南郡太守，以貪誅，而晊列名黨人。史弼父敞，順帝時以佞辯至郡守，而弼篤學。崔篆以兄發佞巧，幸于莽，慚愧漢朝，遂辭歸不仕。褚賁、愧父附齊，退處墓下。桓彝之温，郗愔之超，不如沈充之有勁。

楊涉之兒有凝式。式病父失節，托疾佯狂不仕。邢恕之子有惇夫。

不嗣

張良計招「四皓」以安太子，而辟疆用諸吕以危漢。房玄齡為屏風教子，而遺愛以反誅。杜如晦，蕭曹之勳，而子構坐弟荷謀逆，徙嶺表。宋璟為開元賢相，而子尚、渾、恕、華、衡並以贓敗流貶。狄仁傑刺相州，民立生祠，而子景暉為魏州參軍，人患貪暴，遂毁其像。王導之孫謐，乃授璽于桓玄。謝安之孫澹，乃持册于劉裕。王氏擅國，劉向上封事極諫，而子歆倡導在位，褒揚功德，安漢宰衡之名，皆所共謀，馴致攝篡，卒之，身亦不免。魏陳矯事曹氏，三世盡忠；炎篡，而矯之子騫用佐命，勳位極公輔。郄愔忠于王室，而子超黨于桓氏，為温建廢立之謀。愔遣桓温箋，欲共奬王室，請督所部出河上，子超取視，寸寸毁裂，乃更作愔箋，自陳非將帥才，勸温并領己所統。賈似道柄國，浙漕朱浚字深源，晦翁曾孫。每有劄子白事，必稱「某萬拜」。名父之子，大儒之後，靦顔若是，能不刺心？如孔列君之子光，顔延之之子竣，盧弈之子杞，李泌之子繁，韓愈之子昶，張説之子垍。又陳寔之後有羣；荀淑之孫有彧；敬暉之孫有翔；柳公綽之孫有璨；張柬之之子有漪。恃父立功，每見諸少長不以禮接待。亦何異懷慎之杞，琦之侂胄乎？蘇東坡子過，范淳夫子温，皆出入梁師成門，以父事之，亦是名裔辱事。

顧昌玄父亡，無異常人。父法秀，宋泰始中，北征死亡。屍骸不返，而昌玄晏樂嬉遊，無異常人。有司請加清議。謝况母喪，無異吉人。以諂佞事巴陵王休若。居母喪，聲樂酣飲，不異吉人。衣冠既無殊異。常自稱孤子，衆乃駭愕。

陸慎餘居喪，飲酒、食肉于坊市。庭之子。與兄博文居喪，衣華服，飲酒食肉，為京兆所奏，詔各決四十。夏侯史居喪，醇醪肥鮮不離口。道遷子。父時田園貨賣略盡。馬希聲居喪，頓食雞肫數盤。潘起曰：「昔阮籍居喪，食蒸肫，何代無賢？」

宋劉炳與弟焕，皆官侍從，而親喪不葬，坐奪職罷郡。内殿崇班鄭從易，母、兄俱亡嶺外，歲餘訃聞，請行服，特除名勒停。神宗曰：「父母在遠，當朝夕為念，至年餘不知存亡耶？」時奸黨恣行，而清議尚立乃爾。

朱緒之母思菰羹而不奉。母病，忽思菰羹。緒妻市菰為羹。緒曰：「病復安能食？」先嘗之，食盡。母怒曰：「天若有知，當令汝哽死。」緒便利（痢）血，明日死。　崔和之母思堇而不買。和巨富，惜錢。子軌盜錢百萬，背和亡走。　崔貽孫之子問甘旨而莫知。貶官塞北，三子争于晳業。甘旨、醫藥，咸莫知之。貽孫以書責之，曰：「生有明君、真宰，死有天曹、地府。」

張植母老分違。母出家為尼。既老，身又長嫡，刺瀛州，妻子隨去，分違數載。論者譏焉。　鄭譯與母別居。為憲司所劾，賜以《孝經》，令其熟讀。仍遣與母同居。

不能紹其家學：若平恒博通經籍，而三子並不修父業。恒嘗忿其世衰，植杖巡舍側堋而哭。　王方慶聚書不減秘閣，諸子莫能守其業。卒後，尋並散亡。　盧淵文禮為世所推，而子孫多非法。度世卒，淵、昶等並修文風，頹閨門之禮。淵兄弟既亡，家門衰損。　邢邵文章獨步當時，而孽子大德、大道，略不識字。嫡子大寶有文情。劉贊父、祖皆以文學稱，而獨不知書。刺宣州，惟以剛猛立威。　亦安能免徐之才之歎哉！長子林字少卿，次子字同卿，以其無學術，歎云：「終恐同《廣陵散》矣。」

魏徵之後，在宋不識字，耕田。　宋璟之後，在宋不識字，從軍矣。

顏延之曰：「竣尚不念老父，何有陛下？」　王季文曰：「肅既近忘墳柏，寧遠憶有臣。」

王瑜詭代父位。杜重威鎮東平，父欽祚為副使。及重威鎮常山，瑜詭計干重威，奏己成德軍副使，竟代父位。　後贊不欲父來。母本倡家，父往來生贊。贊既長，疑其所生。及為内職，不欲父之來。父直抵其第，不得已奉之。

自揚其家醜者：欒盈曰：「陪臣書能輸力于王室，其子黶不能保任其父之勞。」　宋華耦曰：「君之先臣督得罪于宋殤公，名在諸侯之策。」

韓皋從弟曄以皋不能事新貴之言告王叔文。故以左丞出為武昌節度。　李紳族子虞盡以紳密論李逢吉之疏告逢吉。　呂公弼族孫嘉問密以公弼欲論王介甫之疏告介甫。

晁錯之父，曰：「劉氏安，而晁氏危。」遂飲藥死。　非不若孫性之父，性私賦民錢市衣，以進其父。父曰：「寧寒死，不願衣若衣。」而錯故違父教，自取滅亡。　嚴延年之母，曰：「天道神明，人不可獨殺。」非不若田子之母，得金奉母，母曰：「非吾欲也。」而延年不率母教，身陷大辟。　雖有賢父母，亦且奈何哉？

祖孫

子孫多，不能盡識：郭子儀也，諸孫數十人，每問安不盡辨，頷之而已。　李遷哲也。男女六十九人，子孫參見，或忘其年名，披簿以齊之。

宋卿家之九代祖。如小兒在雞窠中，不飲不食，不知年歲。子孫朔、望羅拜，垂頭下視。　太原王仁裕之遠祖母。約二百歲，形纔三四尺。飲啖甚少，往來無迹。惟床頭有柳箱，誡子弟勿啟。一日，無賴孫醉啟之，惟一鐵篦，自此竟不回。　池州村之祖翁、媼二人。各長三尺，綿衾擁體，坐佛龕中。兩眼能動，蘸酒口中，亦能舐之，皮皆黏骨，不知年歲。　金城人家之七代祖姑。胡項寓金城，人家有七代祖姑，為魅。內鐵檻中，伺間得出，飛走竊食。　人也，而妖矣。

蕭儆喜有曾孫。蕭愿，梁宰相傾之子。曾祖儆，唐僖宗朝入相。愿為兒童，戲效儔呼之聲。儆語客曰：「不敢以得位為喜。

所幸者蒔考。今又有曾孫在吾目前。」韓愈見其三世。撰《少監馬墓誌》云：「拜北平王燧于馬前，退見少傅，即其子暢。姆抱幼子，稱其家兒，即殿中少監繼祖也。」

宗少文之孫有慤；种放之孫有師道。非素業也。

陶侃運甓惜陰；陶峴敲甓記歲。陶侃，海山使者稱異；陶峴，崑崙摩訶稱奇。真祖孫也。

外祖孫

讀外祖書而顯名博覽者：漢楊惲也，惲字子幼。讀外祖太史公《史記》，頗為春秋，以才能稱。又云遷死，惲祖述其書，遂宣布焉。唐蔣乂也。乂字德源，常州人。幼從外祖家學，得其書，遂博覽强記。

為外祖所稱賞者：袁湛也，少有雅操，為外祖謝安所知，以姪玄女妻之。荀勖也，少依舅氏。十餘歲能屬文，從外祖魏太傅曰：「此兒當及其曾祖。」楊嗣復也，楊於陵生子嗣復，外祖韓滉撫其背曰：「名與位皆踰其父。此楊氏之慶也。」因字曰「慶門」。陸倕也，少為外祖張岱所異。謂諸子曰：「此汝家陽元。」王褒也，外祖袁昂愛之。顧協也。從外祖張永自少異之。張率之薦，亦其外家也。

為之解忿，樊重也。外孫何氏兄弟爭財，重恥之。以田二頃解其忿訟。勸其緝歡，劉成也。蕭思話少子惠開意趣與人不同。為秘書郎，其著作並名家。年少，蕭與比肩，三年未嘗共語。外祖劉成誡之曰：「汝恩戚家子，止應緝內外之歡，無少傷多異，以取天下之疾。」誡其棄滯廣咨，諸葛亮也。誡外孫曰：「丈夫之志，當存高遠，慕先賢，棄凝滯，廣咨問。」

王濟以荀崧方其外祖袁侃。謂侃弟奥曰：「近見荀監子清虛名理，當不及父。德性純粹，是賢兄輩人也。」崧父名頵。

沈約以王筠似其外祖袁粲。謂張稷曰：「王郎非惟額類袁公，風韻都亦相似。」稷曰：「袁公見人輒矜嚴，王郎見人必娛笑，惟此一條不能酷似。」

鞠于外家者：周翼也，喪亂饑餒，郗鑒含飯吐與兄子及甥翼。魏舒也，少孤，為外家甯氏所養。隋皇甫績也，三歲而孤，為外祖韋孝寬所鞠。嘗與諸外兄博弈，孝寬督以嚴訓，績命左右自杖，孝寬對之流涕。由是博涉經史。司馬樸也，丞相光之兄，里之孫。少育于外祖范純仁。父宏坐中書論辯得罪，純仁亦坐救黨人謫永州，目疾失明。客至，令樸導以見。後以純仁遺恩補官。周敦頤也。少孤，養外家。用舅鄭公向奏，試將作監主簿。

作《征西長史孟府君傳》，陶潛也。君諱嘉，字萬年。淵明先親君第四女也。「凱風」「寒泉」之思，實鍾厥心，謹採行事，撰為此傳。 記程公遺事，蘇子瞻也。在惠州讀淵明所作《孟嘉傳》，乃記外祖之事，以遺程氏。 記祝公遺事，朱晦庵也。晦庵外祖祝確，字永叔。淳厚孝謹，書此以遺康國，使藏于家。

羊祜為蔡邕外孫。 潘孟陽為劉晏外孫。 溫造為李勣外孫。造字簡輿。上問家世及年，對曰：「臣五世祖大雅，外五世祖李勣。臣犬馬之齒三十有六。」

顏延之于范岫，以為中外之寶。 韓滉之于楊嗣復，以為楊氏之慶。

兄弟

元方難為兄，季方難為弟，陳紀、陳諶也。紀子羣，諶子忠，争論父功德，祖寔云。 法護非不佳，僧彌珉小字。名出珣右。 難為兄，時語。 王珣、王珉也。 太沖無兄，孝端無弟。李知本父孝端與族弟太沖俱有世閥，而太沖官婚最高，語云。

虞世基、世南兄弟同受學于顧野王。 裴休字子美。兄弟同學于濟源別墅。經年不出墅門。 劉景禮與弟延景為聞友。 江革與弟觀相訓勖。少孤，旁無師友。

郭泰謂王叔優、柔。季道澤。曰：「皆二千石才。叔優當以仕宦顯；季道宜以經術進。」 孔融與二章父端。書曰：「元將康。濟世之器；仲將誕。保家之主。」 齊武帝謂劉虯二子曰：「之遴必以文章顯；之亨當以功名終。」 孔注以直亮稱；弟安國亦以儒學顯。羣從兄弟並乏才名。惟注與安國少厲孤貧之操。

盧勇字季禮。與從兄景裕俱學，父、叔稱之，曰：「白頭景裕小字。必以文通；季禮當以武達。」 嚴氏皆有吏才。延年兄弟五人皆至大官。東海號其母曰「萬石嚴嫗」。 陸氏皆有士行。象先，元方子。弟景倩、景融、景獻、景裔。僧一行曰：「陸氏兄弟，古之荀、陳，無以加也。」

文學則有：《竇氏聯珠集》、羣兄常、牟，弟庠、鞏，皆為郎，工詞章，為《聯珠集》，行于時。取昆弟若五星然。《李氏花萼集》。乂與兄尚一、尚貞，文章同為一集。 政事則有：賈氏「棠棣碑」、敦頤為洛州司馬，人為刻碑市旁。弟敦實又為長史，人復為立碑其側，號「棠棣碑」。 韓氏「杖華堂」。柳溪韓絡、韓縝兄弟相繼守太原建。 家法則推韓、穆。韓休家訓子姪至嚴。穆甯常撰《家令》。子四人，世以珍味目之。 學業則稱韋、趙。韋述與弟逌、迪，學業相亞。述、逌封為學士，與迪並為禮官。時趙冬曦兄弟亦有美名。張說謂人曰：「韋、趙兄弟，人之杞梓。」

謝有覽、舉，瀹子。 王有養、筠小字，揖子。 矩。泰小字，慈子。沈約云。 盧家千里，釋奴、龍子。盧昌衡，小字龍子；從弟思道，小字釋奴。宗中俱稱英妙。幽州語云。

張氏前有敷、演、鏡、暢，後有充、融、卷、稷。

洛中「三嘏」。晉劉宏字終嘏；兄粹字純嘏；弟演字冲嘏，并在中朝。世語曰：「洛中雅，雅有『三嘏』。」　鉅下「二卿」。馬戢字威卿；弟敦字孺卿。　雲間「二陸」。機、雲。　兖州「三陸」。慧曉三子：倢、任、倕。初授慧曉兖州。三子依次各作一讓表，辭並雄麗。　韋氏「三君」。清河太守韋文高三子：順字叔文；豹字季明；義字季節。時號云。　韋氏「三義」。太尉掾韋子才三子：權字孔衡；瓚字孔玉；矩字孔規。一病，兄弟相慕；賊至，俱死。時稱之。　劉公榮之評「三夏」。武周見其三子：陵、韶、茂。公榮曰：「皆國士也。元夏最優，有輔國之才；叔夏、季夏，不減常伯、納言也。」　明帝之論「二荀」。王廙以闓才明過邃。帝語庾亮曰：「邃貞粹之地，亦闓所不及。」由是莫能定其優劣。

以龍鳳稱者：漢許虔、子政。許劭，子將。謝子微稱為「平輿二龍」。　柳世隆子悅、惔，王儉稱為「二龍」。　又劉岱、劉繇，梁謝覽、謝舉，南唐徐鉉、徐鍇，皆號「二龍」。　烏承玭與族兄承恩，皆為平盧先鋒，號「轅門二龍」。　蜀李劭兄弟號「三龍」。　唐李修子亮、訓、述、秀，皆為牧守；又房諶子豫、垣、邃、熙，皆號「四龍」。

公沙穆五子：紹、子起。孚、允茲。恪、允讓。逵、義則。樊。義超。　晉辛攀兄賢曠、弟寶迅。皆以才識知名。　張裕子演、鏡、永、辯、岱。　汝南周燕子子興、重合令，居宋里。子羽、櫟陽令，居東觀里。子仲、居宜唐里，東海太守。子明、居西南里，兖州刺史。子楊，居與里，潁陽令。各居一里。　宋竇禹鈞子儀、儼、侃、偁、僖，俱號「五龍」。　卞粹壺父。兄弟六人，并登宰輔。　温恭羨之父。兄弟六人；李密令伯。六子，俱號「六龍」。　崔徽、陸微兄弟，俱號「七龍」。　漢荀淑八子：儉、緄、靖、燾、汪、爽、肅、旉，號「八龍」。　唐崔頲八子：琯、珙、瑨、璪、璵、玠、球、珣；宋韓忠獻億。八子：綱、緫、繹、緯、縝、維、紘、絳，又宋臨湘徐偉八子；賀德仁兄弟；劉知幾兄弟；伏義兄弟，俱亦號「八龍」。　北齊王昕與弟暉、昭、晞、晧等號

「王氏九龍」。　後魏崔長愉子樞等，亦號「九龍」。　張魯十子，號「十龍」。

北齊崔㥄及弟仲文，同日受拜。賈思伯、思仲，隋魏餉子景義、景禮，宋謝洪武宜人。與弟澤，俱稱「二鳳」。　唐河東薛元敬與從兄德音、從弟收，何粟與兄棠、弟榘，稱「三鳳」。　宋永康人謝發五子：固、田、因、圓、困，迭魁太學，號「西州五鳳」。

劉正兄弟稱「兩驥」。　賈彪兄弟、陸曄兄弟，俱號「三豹」。　河東呼裴宣明二子：景鸞為「驥子」，景鴻為「龍文」。

以金玉比譽者：王銓、王錫也，琳子銓，雖學不及錫，而孝行齊焉。時謂「玉昆金友」。辛攀兄弟也，見《前秦雍語》曰：「五龍一門，金友玉昆。」荀靖、荀爽也，許章曰：「二荀皆玉也。慈明外朗，叔明內潤。」蕭道成、道度也，齊宣帝問二子學業于雷次宗。曰：「其兄外朗，其弟內潤。皆良璞也。」魏陸暐與弟恭之也。暐字道暉，恭之字季順，並有時譽。洛陽令見之曰：「僕已年老，更睹雙璧。」　韋康、韋誕，孟昶、孟覬，俱號「雙珠」，而王勃與弟勮、勔，杜易簡稱為「三珠樹」。

兄弟多，而最知名：漢馬良字季常，弟謖字幼常。兄弟五人並有才名。諺曰：「馬氏『五常』，白眉最良。」　齊馬子廉、子尚、子結兄弟三人皆涉文學，陽休之稱曰：「『三馬』皆白眉。」　荀氏「八龍」，「慈明無雙」，謂爽也。　卞氏「六龍」，「玄仁無雙」，謂粹也。　荀顥再世，而事曹氏矣。　卞隱再世，而著忠孝矣。《偶記》

仇覽三子，少子玄最知名。　馬嚴七子，續融知名。　程祗六子，皆作令，士基特雋逸。　張氏

「五龍」，演鏡名最高。　薛暉六子，子建、子尚最知名。　岑善方七子，之元、之利、之象最知名。

魏陳思王于文帝前，七步成《煮豆詩》；北魏彭城王勰于孝文前，十步成《松林詩》。二事相類，而二曹相尤，不及孝文、彭城遠甚。《偶記》

被辟舉，而因其兄弟未仕，遂陽瘖不出，及兄弟得舉而後仕者：魯恭也，憐弟平小，欲就其名，托疾不仕。封觀也，托疾不言，火起觀屋，徐出避之，忍而不告，兄得舉乃仕。　童恢之弟翊也，田威都之弟叔都也。四子之高義，何其類也。前。

父欲傳爵少子，父終還鄉結草為廬，陽瘖待弟襲爵，始為博士祭酒者，晉長樂馮淑之兄馮恢也。

以二兄未顯，不受公府辟者，鍾皓也。　以弟奇明經當仕，上病去官者，孔奮也。

張嘉貞乞弟內徙。嘉貞自陳少孤，與弟嘉祐相恃以長。今為鄯州別駕，願內徙使少相近。帝為徙忻州刺史。　岑文本憂弟外遷。弟文昭任校書郎，多交輕薄。帝將出之，文本曰：「母所鍾愛者弟，若出外必憂。無此弟，是無母也。」泣下嗚咽，帝愍其意，讓責免出。

同省「三宿」，韋叔諧、庫部郎中。　叔謙、吏部郎中。　季武也。主爵郎中。　並居兩省，劉褘之、左史。　懿之給事中。　也。　代為八座，閻立德、立本也。立本代兄為工部尚書。　相代舍人，韋嗣立代兄承慶也。　交換節度，李愬、李愿也。愬自鳳翔代兄愿武寧軍。

同日拜命，北齊崔㥄、仲文也。㥄字長孺，為侍郎；弟仲文，銀青光禄大夫。　雙舉進士，張越石、楚金也。楚金年十七，與兄越石同舉進士。所司以兄弟不可兩收。李勣曰：「國家本求才行，何妨雙舉？」遂俱擢第。　同為幕官，楊分掌書記，盧簡能、夏州。收、楊嚴也。唐西川杜暻辟收為節度判官；弟嚴為觀察判官。兄弟同幕。未幾，同為御史。簡詞、河孟。弘正、昭義。簡求鄂州。也。時無其比。

分仕各國：張孟談欲使四國互疑，則分遣其子各事一國。衛人欲伐邢，禮至曰：「不得其守，國不可得也，請以昆弟仕焉。」及師至，二禮從國子巡城，掖以赴外殺之，遂滅邢。或始仕而終叛，或先彼而後此。惟諸葛氏分仕三國，而各忠其主，千古罕見。

梁琛仕燕，梁奕仕秦。　皇甫真仕燕，兄典及從子奮覆仕秦。　李濤相晉，弟澣為契丹用。　李邴字漢老，即濤五世孫。仕宋，弟鄴為女直用。　若文天祥死，而弟璧附元。號文溪。　張世傑為宋拒元，張弘範為元伐宋。乃千古僅有之奇。文山子道生、佛生死亡。命以弟子陞為後。復仕元為集賢學士，奉使贛州道卒。

孿生者：晉惠公之梁嬴在梁，梁伯妻之。孕過期。卜云：「將生一男一女，男為人臣，女為人妾。」故名男曰「圉」，名女曰「妾」。僖十七。　霍光《答孿生兄弟書》：「昔殷王祖甲一產二男，卯日生嚚，巳日生良，以嚚為兄。」　許釐莊公一產二女，曰「妹」，曰「伎」。　楚大夫唐勒一產二子，一男一女，男曰「貞夫」，女曰「瓊華」。　近代鄭昌時、文長蒨一生二男，滕文一生二女，李黎生一男一女，並以前生為長。史稱：「光不學無術，廢立大事，伊訓明徵。乃問古有如此，不至此[illegible]，又近似該博老儒，何也？」　李易安《賀人孿生子啟》：「無午、未二時之分，有伯、仲兩稽戛。之秀。既繫臂而繫足，實難弟而難兄。」任文二子孿生。德卿生于午，道卿生于未。張伯稽、仲稽兄弟形狀無二。白汲兄弟，母不能辨，以五綵繩，一繫于臂，一繫于足。　崔光韶與弟光伯雙生。操業相侔。

友愛

友愛不忍暫離，雖各有室，常同卧起者：吴劉基、漢姜肱、梁張弘策、韋放兄弟也。若唐陽城字亢宗，弟堦域。兄弟三人不婚娶，没齒同衾裯。有妹夫死他縣，三人相别不得，遂同往，元稹作詩詠之。《偶記》

友睦踰常者，又有傅映、字微遠，有文才。褚彦、回屈與子貢遊處，欲令仕，須兄昭仕，乃就官。令烏程，俸禄悉歸于兄。後昭守臨海，陸倕餞之，曰：「昏不反，映自往迎候同乘同歸。」兄弟並已斑白，時人美而服之。江革、為建安王記室。與弟觀少長共居，不忍離别，苦求同行，乃以觀為參平。房景先、兄景伯，諸弟宗之如事嚴親。鄉里語曰：「有義，有禮，房家兄弟。」晨昏參省，側立移時，兄亦危坐，相敬如對賓客。兄嘗寢疾，景先侍湯藥，衣冠不解。

老而彌篤者：如楊津之事兄椿。椿弟津相事如父子。椿年老醉歸，津扶持還室。椿每進出，日斜不至，津不先飯。司馬光之事兄旦。伯康年八十，光奉之如嚴君，保之如嬰兒。甘美分遺，孔奮也。奮弟寄在洛陽。分俸禄以給之，四時送衣，下至脂燭。所食有甘美，輒分減遺寄。佳果附寄，楊椿也。弟津宦泗州，椿在京府，每四時佳果輒使附之。若或未寄，不先入口。嚴事者：蔡廓也，奉兄軌如父，家事大小皆咨而後行。劉璡也，兄瓛隔壁夜呼，下床束帶，然後應。瓛怪其遲，璡曰：「向束帶未竟。」趙弘智也。事兄弘安同于事父，禄俸未嘗入私室。

兄不愛，而事愈謹：高光也，兄誕放率不倫，與光異操，謂光小節。嘗輕侮之，而光事誕愈謹。謝述也。景仁愛弟虓而憎述。嘗設饌請高祖，命虓豫坐，而高祖召述。述知景仁夙意，又慮高祖命之，請急不從。及景仁有疾，盡心營視，景仁深懷感愧。

犯而能容者：周顗也，從弟穆，亦有美譽。欲凌折顗，顗陶然弗與之較。蘇味道也，與弟味玄友愛。玄若請托不諧，輒面加凌折，味道怡然對之，不以為忤。王鉷也，與弟銲友愛。銲疾，鉷宦達，常忿慢鉷，終不異情。牛弘也，字里仁，鶉觚人。弟弼酗酒，醉射殺兄駕車，牛弘無所怪，讀書不輟。王魏公旦。也。有弟，傲不可訓。冬至祠家廟，列百壺于堂，弟皆擊破之。公自外來，攝衣步入。弟後感悟為善。

離而相思者：虞茘也，第二弟寄寓閩中，依陳寶應，每言之輒流涕。文帝敕，應求寄不遣。茘因感疾，寄與兄隔絕，亦感疾。每得茘書，氣輒奔劇。李濤也。弟澣陷敵，每見人來，濤必對之慟哭。離而相識者：夏靜也，馥為中官所忌，詔下捕。乃剪髮變形，入林慮山。弟靜載縑帛追餉之，不受。後靜在涅陽市中遇馥不識，聞其聲，乃拜之。吳文章也。兄伯武，相失二十年。後會于下邳，爭市計共鬥。文章欲報擊之，愴悽手不能舉，投杖相問，乃其兄也。分而復合者：李充也，充兄弟六人，貧無擔石。其妻曰：「我有私財，可異居。」充乃集宗族白母曰：「此婦令充異居，可叱之出門。」竟去婦。繆肜也，兄弟四人同財。及各娶，兄弟求分異。肜乃掩戶自撾，曰：「修身謹行，學聖人法，將以齊整風俗，奈何不能正家？」諸婦聞之，叩頭謝過，更為敦睦之門。田真也，真弟慶廣欲分財。堂前紫荆花葉茂盛，夜議析分為三，曉即憔悴。真歎曰：「樹本同株，聞分析尚如此。人何不如也？」遂不復分。又周景式《孝子傳》：「古有兄弟欲分，出見一荆，同根接葉連陰，歎而相與雍和。」李冲也，兄弟六人，四母所出，頗相忿鬩。及冲貴，封禄、恩賜，皆共之。同居二十餘年，更相友愛。劉君良也。四世同居。大業末，荒饉，妻勸異居，易置庭樹鳥雛。後知，去妻。為賊所得，而兄弟爭死者：趙孝、趙禮也，弟禮為賊得。孝自縛詣賊曰：「禮久餓羸瘦，不如孝肥。」賊並放之。淳于恭也，字孟孫，兄崇將為盜烹。請代，得與俱免。王琳也，弟季將為赤眉所餔。琳自縛請死，賊矜而放遣。兒萌、子明，齊國人。車成子咸，梁郡人。也，二人兄弟，並見執于赤眉。萌、成乞以身代，賊亦哀而兩釋。王遇、王遐也，常州民。廣德中，為海賊擒。兄弟相讓以死。賊義俱釋之。姜肱與弟季江也。遇盜，兄弟爭死。賊兩釋焉。

匿人爭死，人知有孔褒、融之匿張儉，而不知唐陸南金、趙璧之匿盧崇〔二〕道。然褒坐而陸宥，則漢靈明蔽煬竈，唐玄法斷柄阿，所遇幸，不幸耳。

兄弟争罪，又有舒仲膺、兄伯膺親友為人所殺，仲膺為報怨。事覺，兄弟争死，得免。蔣恭、晉陵蔣崇平為劫見擒，云與蔣恭妻弟吴晞張為侣。晞張妻息避水恭舍時，收恭及兄協抵罪。恭列是婦之親，求免兄協。協列是户主，求免弟恭。兄弟争受，州議並不合罪。孫棘、弟薩坐發丁逬期，棘詣郡辭列乞代。薩又辭列自引。孝武特原罪。張悌、建康張悌抵死，兄松以弟景俱前母子，後母惟生悌，景又争。母云：「悌應坐。」悌亦自引。帝特降死。苟蔣之、弟胡之婦為曾口寺沙門所淫，蔣之夜殺之。兄弟争死，袁象議免。冷平、與弟安國殺盗其寡嫂之沙門僧智，兄弟争引，慕容超赦之。郎方貴。從父弟雙貴毆擊船人致死，兄弟争為坐首。帝特原其罪。

有罪乞代：吴隱之、兄坦之為袁真功曹。將及禍，隱之詣桓温，乞代兄命，矜而釋之。吴欣之、弟慰之隨王誕起義，見執。欣之詣華欽，乞代弟命，皆見釋。劉繪。劉悛坐事，將誅，弟繪伏闕請代，免之。而李洪則乞代而飲酖。弟殺人。洪自劾乞代，便飲酖，弟得全。

乞以子代姪有：李穆、兄子植謀害宇文護，誅。植弟基當從戮，穆求以子惇、怡代死。護矜之，免基。張鮠。子陵，及弟子戫為賊所得。直詣賊，請二子。賊以陵還。鮠請以陵易戫，賊悉還之。

鄧攸擔其子及弟子避賊也，度不能兩全，遂棄其子，而攸竟絶嗣。羊祜前母兄發與同母兄承病也，祜母度不能兩全，遂專養發，而承竟不起。孰謂天道哉？

為賊掠，而以子易姪，江都王延年也；棄子抱姪，魯義姑也；引母妹並孤姪避水，而擱子于樹，陳王元規也；抱幼弟而棄己子，劉廷讓也；抱季女，而棄己子，劉平也。嘻！以女視子，不有間乎？平也過矣。

規戒者：鄭均之諫兄受遺也。均字仲虞，任城人。兄為縣吏，頗受禮遺，均諫不從。乃為庸得錢帛與兄，曰：「物盡可復得，為吏受贓，終身捐棄。」兄感其言，遂為廉潔。

孔顗之怒弟營產也。顗字思遠。弟道存與從弟徽，請假東歸，輜重十餘船，皆綿絹、紙席之類。正色曰：「汝輩忝為士流，何至東還作賈客耶？」命燒盡而去。

蘇子由之誡兄擇交也。東坡泛愛天下，弟子由少許可，嘗誡兄擇交。

李景讓因弟受撻。唐李景莊老于場屋。每被黜，母必撻其兄景讓。宰相謂主司曰：「李景莊今歲不可不收。可憐彼兄每歲受撻。」由是始得及第。

韋嗣立代兄受笞。嗣立與兄承慶異母。母笞承慶，嗣立解衣求代，不聽。即遣奴自笞，母感悟，均愛。時比王祥、王覽。

耕田使弟遊學，陳平伯兄也。嫂嘲平食糠覈，伯出逐婦，棄之。

兄為業，而弟遵母命從學，樊遜也。兄仲以造氈為業，遜欲作同業。母馮氏曰：「汝欲謹小行，忽上進耶？」遂專心典籍。

營丐成弟志業，李造也。知弟遜建賢，後致休顯。

臨急難，而相拯者：陶子鏘之披訴。兄尚被繫，子鏘公私披訴，流血稽顙，行路嗟傷。逢謝超宗詣建康，令勞彥遠言之，得釋。

陸澄之叩頭。弟鮮得罪，當死，澄于路見王道隆，叩頭流血，以此見原。

不以利害易者：温大雅含笑入地之言。大雅將改葬祖父。筮者曰：「當害兄而福弟。」曰：「若得家弟永康，我當含笑入地。」葬歲餘，果卒。弟彥博也。

王僧虔九泉羽化之泣。元凶劭收殺王僧綽，所親咸勸之逃。僧虔泣曰：「若得同歸九泉，猶羽化也。」

其視疾也，如庾衮之獨留不去。大疫，衮二兄俱亡。次兄毗復危殆，父母俱出次于外，衮獨留不去，親自扶持，毗病得瘥，衮亦無恙。

謝述之盡心營視。兄景行愛翫而憎述。及有疾，述盡心營視，不解帶，不巾櫛者累旬。景行深懷感愧。

杜曉之未嘗少怠。兄光人，有心疹，厥候每作，或溢喙縱詬，或揮挺追撲。曉事之，未嘗一日少怠。

孫晷之扶侍經年。兄篤

疾經年。躬自扶持，侍藥石。　顏含之侍養十三年。兄畿疾死復活，飲食所須，托之以夢。含絕棄人事，躬親侍養，足不出户者十有三年。　張文慰之撫視三十年。弟濟美得心恙，撫視殆三十年。　張仁愿之十餘年。兄仁穎中風恙。十餘年，仁愿事之如嚴父。　杜牧之棄官。分司東都，因弟顗病，棄官。　范純仁之辭召。兄純祐久病，公侍湯藥如孝子之事嚴父。賈文元守北都，辟掌機密，朝廷召編校秘閣書籍，皆以兄病辭不赴。

喪而悲慟者：劉紆、哭同產弟平，嘔血死。　王徽之、兄弟俱病。術人曰：「應終而有生人樂代，則死者可生。」徽之曰：「吾才不如弟，請代之。」術人曰：「筭俱盡，何可代？」獻之卒，徽之直上靈床，取琴彈之，久而不調。曰：「子敬人琴俱亡。」因一慟而絕。　顏相時、兄師古亡，不勝哀慕而卒。　陸卬、遭母喪，毀悴伏枕，弟博遇疾，臨終誡不使知。至于祖載，始告之，一慟便絕。　闞康之、弟雙之病卒。過哀，因得虛勞病，寢頓二十餘年。　李瑒、弟謐物故，慟哭絕氣，久而方蘇。期年中，形骸毀悴。　楊愔、從兄幼卿以直言忤旨見誅。哭之，悲惻，哀感發疾。　王徽、弟僧謙疾，徽躬自處治。而僧謙服藥失度，遂卒。徽深自咎恨，發病不復自治。僧謙卒後四旬，徽終。　謝弘微、居身清約，而滋味豐美。兄曜卒，蔬食積時，服雖除，猶不噉魚肉。　何點、兄求卒，菜食，不飲酒，迄于三年，腰帶減半。　傅映、兄昭卒，映年踰七十。哀戚過禮，服制雖除，言輒感慟。　劉秀之、兄欽之隨齡石敗沒，哀戚不歡宴者十年。　陸凱、兄琇陷罪，凱痛兄之死，目幾失明，訴冤不已。宣武復琇官爵，凱大喜，曰：「願畢矣。」遂以是年卒。　房景遠、兄景先亡，期年哭臨。　裴修、字元寄。弟矜早喪，哀傷之感于行路。　孫紹、兄世元早卒。世元善彈箏，紹後哭箏聲，便涕泗嗚咽。　宋世景、兄道輿死，哭之哀感行路。　李岳、李庶訴魏收為史不直，為楊愔所譖，死于臨漳獄中。庶兄岳痛之，終身不歷臨漳縣門。　杜式方、佑子。弟從郁多病，躬自煎調藥饍。及從郁夭喪，經年號泣。　王起。居兄，璠喪，號毀過禮。

没而尤篤者：杜林之載喪；推鹿車，載弟喪。　公孫僧達之販貼。以伯弟亡，無以葬。身販貼與鄰里共斂送之貲。兄姊未婚嫁，乃自賣為之成禮。　徐苗之含癰；弟亡，臨殯，口中有癰膿，苗含去之。　陳業之灑骨；兄渡海，同死六十人。業剖臂流血，以灑骨上，而後能別。　薛膺之馳赴；弟齊佐李絳幕府，中飛矢墜城下。岫雖不及請，馳馬赴之，與弟褒皆屏居外野，布巾終喪。 孫成之往視。為洛陽令。兄宿刺華州，因悸病痞。成請告往視，不待報輒行。

不睦

共叔段之不義也，鄭莊公厚其罪也。 梁孝王之不共也，漢景帝驕其志也。 楚有蚡冒、熊通；齊有小白、子糾；魯有隱、桓；唐有建成、世民；宋有理、濟。豈人倫之幸乎？

輕兄之文章者，韓溥也。嘗輕兄洎，曰：「吾兄文如繩樞草舍。予文是造五鳳樓手。」 排兄不得齒叙，許劭也。靖與從弟劭不協。劭為郡功曹，排擯靖不得齒叙，以馬磨自給。

志趣不同，而疾之，周嶠于弟朗。嶠志氣怯懦；朗少而愛奇，雅有風氣。嶠甚疾之。 升沉不同，而搆恨，劉仁相于兄仁軌。仁軌既宦達，弟仁相在鄉曲，遂搆嫌恨，與兄異籍。

嫡庶爭愛而訴列，薛懷徹兄弟也。懷徹，真度嫡子。庶子懷直、懷朴、懷景、懷雋，其母非一。同產相朋，因有爭愛，遂致訴列，顯在公府，發揚疵釁，時人恥焉。 異生不協而免禍，王愷兄弟也。王恭討國寶，愷與弟愉以與國寶異生，又素不協，故得免禍。

絶毋復入門，主父偃也。偃遍召昆弟，散五百金，數之曰：「貧時不我衣食，今迎我千里。吾與諸君絶矣。毋復入偃之門。」 非節歲不入門，江智淵也。夷弟子。夷子湛，父子貴達。父僧安少無名問，湛禮敬甚簡。智淵自非節歲，不入湛門。

王濟與從弟佑不平，出為河南尹。濟父僕射渾，主者處事或不當，濟性峻厲，明法繩之。佑黨謂濟不能顧其父。由是長同異之言。出為河南尹。陳興與叔父稚不睦，出為河南守。陳寔弟稚，與其子輿忿争，遂説寔子女穢行。後輿坐不睦，出守。

不協者：薛宣也，宣弟明修，後母從修居官。宣為丞相，迎母，不遣。後母死，修去官持服。宣謂：「三年之喪，少能行者。」兄弟相駁，由是不和。夏侯楙也，惇子，妻清河公主。楙多畜伎妾，與主不和。其後羣弟不遵禮度，楙數切責。弟惼，見治，共搆楙以誹謗，令主奏之。詔推問，為公主表者，果弟所搆。陶稱也，侃子。恃性虓勇，與諸弟不協。後魏陸暐也，與弟恭之並有時譽。晚不和睦，為時所鄙。酈道元也，字善長。弟兄不睦，又多嫌忌，時論薄之。和嶠也。同母弟郁，嶠輕侮之。

劉岳羣從不調。後唐劉岳少孤。以先人官卑，羣從之間最不調。李琪從兄厭薄。堂兄光符宰宜都。嘗厭薄之。尋登廊廟，宜都之子彬羈旅渚宫，因省相國，乃數厥父之短而遣之。

謝琰瑗度。與從兄淡，雖比居不相往來。蕭子雲兄弟不睦，乃至吉凶不相問。

賤出而為兄弟所輕者：高遵、父濟陰太守。遵賤出，兄矯等嘗欺侮之。父亡，不令在喪位。崔道固、李訢、裴秀。見《兄弟》。

校記

〔一〕 勔：原作「勵」，據《新唐書》、《舊唐書》之《王勃傳》改。

〔二〕 盧崇道：「崇」，原作「從」，據《新唐書》、《舊唐書》之《陸南金傳》改。

古事比卷之四

叔姪

齊名者：王忱與族子恭也。相善，齊聲見稱。　裴徽與姪秀也。客詣徽，出則過秀。　張充與從叔稷也。為竹林之遊，阮咸與叔籍也。　為烏衣之遊，謝混與族子靈運、瞻、晦、曜也。　勵羣從子弟以儒業，嚴續也。可求子。自以少貴，倦學。　書座右銘貽之，王僧虔于姪儉也。曰：「不患此兒無名，政恐名太甚。」　命作《定命論》者，顧覬之也。命弟子愿。　著書者，孔琦與姪嘉也。琦弟奇作《春秋左氏刪》；琦晚有子嘉，作《左氏說》。　傳業者：馬融族子日磾也，少傳融業。　賀瑒弟子琛也，范滂從子端臣也，胡憲于從父安國也，伏恭于叔黯也。　墳籍盡與者，陸從典也。從父瑜賞愛，命家中墳籍盡與之。從典集瑜文為十卷。　問無疑滯，韋載也。十二，隨叔稜見劉顯。顯問《漢書》十事，應無疑滯。　談《易》者，殷融洪達。　與兄子浩也。有時而屈，退而著書；融更居長。　作賦答從子，庾子嵩于亮也。作《鵡賦》。　與兄子書，陳暄于秀也。秀憂暄飲酒過多，致書何胥，冀其諷諫。暄與秀書，有云：「晉阮籍、阮咸，同游竹林。」暄子不明斯言，王湛知玄言巧騎，武子呼為「癡叔」。何陳留之風不嗣，太原之氣歇然？其醒可及，其醉不可及。」　聞言而心形俱肅，遂留共語，累夜彌日，王濟于叔湛也。歎曰：「家有名士，三十年而不知。」　生日獨獻《范蠡遊五湖圖》，而即日納節，陳執中于姪世修也。執中判亳州。

中分其財産，漢薛包于弟子也。弟子求出，包不能止，乃分財産。奴婢，引其老病者；田廬，取其荒頓者；器物，取其朽敗者。推田宅與伯父，東漢張禹也。字伯達。推家業與兄子：張堪也，高鳳也，樊梵也，樊準也，梵，宏孫。準，宏族曾孫。何伯瑜也。衣錢分供諸兄弟子，沈道虔也。冬月無複衣，戴顒為作衣服，并錢一萬，道虔分供。經理生業，謝弘微也。從叔混重之。混死，弘微為之經理。一錢尺帛，皆有文簿。

敬叔者，柳仲郢。事叔公權如父。為京兆尹，出遇公權，下馬端笏而立。養伯父母者，南北朝文門愛。以孝謹出。

愛姪者：桓冲于玄。每目己座曰：「靈寶成人，當以此座還。」鞠愛過于所生。苻堅于朗。曰：「吾家千里駒。」楊暐于愔。厲(勵)諸子曰：「但如遵彦謹慎，自得竹林別室銅盤、重肉之食。」又蔡邕之叔。車則對坐，食則比豆，邕年三十，撫之如童。

知姪者：龐德公于統。字士元。年少未有識者，惟德公知之。顧榮于和。榮，和從叔。和字君孝。宗人俠亦含譽。榮語俠曰：「君速步，君孝超卿。」王球于景文。少與謝莊齊名，為從叔球所知。垣護之于崇祖。護之弟子。柳子華公綽伯父。于公綽。周捨于弟子弘正。曰：「後世知名，當出吾右。」魏琛于舒。琛，舒叔父。宗炳于慤。炳問兄子所志。慤曰：「願乘長風，破萬里浪。」炳曰：「汝若不富貴，必破我門户。」任忠于瓌。曰：「吾子雖多，庸保爾。所以寄門户者，惟瓌。」伯叔于張緒。少知名。從伯敷、叔父鏡暢並貴，異之。阮武于籍。見族子籍而偉之，以為勝己。王景玄微。于僧祐。撫背曰：「兒神明意用，當不作率爾人。」馬援于嚴。與兄子嚴常與計議，委以家事。王廙、王敦于羲之。少朗拔，為叔父廙所賞。敦語曰：「汝是我佳子弟，不減阮光禄。」

撫姪者：漢鄭均、養兄子甚篤。已冠娶，出令別居，并門盡推財與之，使得一尊其母。宋謝幾卿、兄子孤幼，撫育獎訓。

徐彥伯、撫諸姪同己生。韋夏卿、撫諸姪恩踰己子。唐趙宏智、撫兄子，慈均所生。岑文本、撫弟姪，篤恩義。孔虔孫、兄子奐孤，為所養。元德秀。兄子襁褓喪親，乃自乳之，數日湩流，至于能食乃止。

相繼為三公，趙典及兄子謙，謙弟温也。一門三相：崔鉉、子沆、叔父元式也。俱為宰相：唐杜元穎及姪審權，宋呂蒙正及姪夷簡也。俱執政者：宋胡文恭與姪修簡，林文簡與姪彥振，史僉樞與姪浩也。封掌誥命，唐封舜卿，中書舍人。及從子德昭也。為翰林。第分南北，鄭餘慶與從父絪也。家昭國坊。絪第在南，慶第在北。時謂：「南鄭相、北鄭相。」同時乞歸者：漢疏廣及兄子受也，宋張鑄與姪盟也。並以光祿卿致仕。攜姪之官，劉瑱也。為義興郡。嘗置儁座側，曰：「吾家明珠也。」欲祿，與叔書，張融也。家貧，欲祿，與從父永書：「求丞不得，所以求郡；郡不可得，亦復可求丞。」指使無位貌之異，盧邁也。休沐過家，與子弟均指使。

以叔未仕，絕州郡之命，後漢劉矩也。叔遼為朱寵辟，乃舉孝廉。拒兄子求官，呂僧珍也。曰：「汝自有常分，但當速歸葱肆耳。」止兄子舉進士，王旦也。兄子睦。請封兄子，叔慈。魏徵也。以定五禮，當封一子孫男。徵請封姪，許之。乞封叔父之子，喬。魏王基也。求封關內侯爵，以報叔父。乞贈叔官，歐陽修也，少孤。叔父養之，乞以一官回贈。王曾也。幼孤，叔父母育之。乞贈叔宗元官。

有急難之義者：棄子全姪，有魏張範、子陵及弟子戩為賊得，以陵還。範請以易戩，賊義之，悉以還範。晉鄧攸，永嘉亂，走，擔兒及弟子綏。度不能兩全，繫子于樹，而存其弟子。及孔嚴所褒武康之民。一云餘杭婦人。又後漢劉平，弟仲為賊殺，遺腹女一歲，平抱女，棄其子。夏侯淵。饑乏，棄其子而活亡弟孤女。代姪乞命，有許荆。武之孫。兄子世嘗報仇殺人，怨家攻之。荆長跪曰：「兄惟一子，願代之。」怨家遂委去。救伯免難，有杜兼。祿山亂，兼幼，逃終南山。伯存立為賊執，兼號呼，願為奴以贖。遂皆免。變產饋叔，有許紹先。叔肇坐獄，紹先饋餉七年，變產充之。肇得釋。皆世所僅見。

若曾受害于叔，而後救之于死，如杜楚客尤難。杜如晦叔淹嘗譖如晦兄，殺之，及因其弟楚客。及洛陽平，淹當死，楚客涕泣，請如晦救之。可謂仁矣。 又如為叔憂悴之楊元感；楊約坐事免官。煬帝謂元感曰：「公比憂悴，得非為叔乎？」元感再拜，帝徵入朝。 姪病，廢寢食之王僧虔。兄子儉中途得病，僧虔為廢寢食，曰：「若此兒不救，便當辭職。」抑亦情邁流俗矣。

賈循從子隱林。答德宗問家世，曰：「循，臣從父也。」 李栖筠族子華。每稱有王佐才。因請舉進士，俄擢高第。

杜牧姪阿宜。 韓愈姪阿買。

慕而通譜者，羅威。遣使賂遺羅隱，推為叔父。威酷嗜其詩，目己所為曰《偷江東集》。 誣而搆人者，何妥。云省中呼王頒為侍子，李同和為叔。言二人如蘇威子弟也。

論子弟者：謝玄有「芝蘭」、「玉樹」之對。答謝公曰：「如芝蘭、玉樹，欲使生于階庭耳。」 袁粲有「栝栢」、「豫章」之言。粲見僧虔弟儉曰：「宰相之門，栝栢、豫章，雖小，已有棟梁氣。」 王僧虔有「龍虎」之喻。「王氏門中，優者為「龍鳳」；劣者為「虎豹」。正應各自努力耳。」 王導有「虎㹠」、「虎犢」之歎。歎子弟不令，云：「「虎㹠」、「虎犢」，還其不如。」虎㹠，彭之小字；虎犢，彪之小字。

具飯而杖之，陸納于姪俶也。謝安詣納，俶下精飯，杖俶四十。曰：「穢我家風。」 完藩而拔之，范丹于姪愷也。為丹完藩。丹怒，拔柴截還之。 戒不覺寤，而上書退之，竇武于兄子紹也。性疏簡奢侈。武求退紹位，自責不能訓迪。由是不敢違犯。 好佩紫羅香囊，而因戲賭焚之，謝安于姪玄也。患之，不欲傷其意。 衣刺文袴，諸父責而自改者，謝尚也。 孤幼不如法，自捶以感悟之，淳于恭也。 好臧否人物，而裁抑之，謝混于姪靈運也。命瞻與巫運共車，便商較人物。瞻曰：「秘書早亡，談者亦互有異同。」巫運默然衰止。

王朗學華歆蜡日集子弟晏飲，張華曰：「去之更遠。」　謝安問：「李平陽重。何如樂令？」李弘度曰：「恐難相比。」流涕曰：「趙王篡逆，樂令親授璽綬，亡伯恥處亂朝，遂至仰藥，恐難相比。」

韋祖征以王愷、杜惲，問弟子叡。問：「自謂何如王、杜？」叡不敢對。祖征曰：「文章或小減，學識當過之，然功業皆莫汝逮。」　客以甘羅、楊烏比桓烏弟子驎。驎十二，即應聲答詩，末云：「仰慚二子，俯愧過言。」

程璜使人告以請托下獄，減死，髡鉗朔方，蔡邕及叔質衛尉。也。　懼禍，與從子逃避，趙岐及戢也。

不幸，而李紳有虞，族子虞，以紳疏告李逢吉。　呂寶臣有嘉問，族子，以呂疏告王介甫。　以及韋黯之歎驊騮；黯為太僕卿，而兄子粲為左衛率。黯常怏怏曰：「韋粲已落驊騮前，朝廷是能用才。」識者頗以此窺之。　劉璠之呼「黑面」；劉秀之為丹陽。族子璠與親故書曰：「吾家黑面阿秀，遂居劉安衆處。朝廷不為多士。」甚之，隗囂之告季父。崔義，俱為更始誅。

穆壽之遇諸父。如僕隸。　骨肉間尚堪問乎？

姊妹

聶政之勇，非其姊不彰。　杞梁之妻之烈，非其妹不顯。《中華古今注》有《杞梁妻歌》，乃其妹朝日所作。

因姊妹而致貴者：石奮也，姊能鼓琴，高祖召為美人。　衛青也，子夫之弟。　李貳師、廣利也，竇廣國也，楊釗也，改名國忠。　賈似道也。姊入宮為貴妃，有寵于理宗。

楊貴妃姊妹三人，皆有色。　宋若昭姊妹五人，劉孝綽三妹，皆有才。

姊妹同在宮闈。趙飛燕、合德，梁貴人姊妹，後漢二張后，晉武二楊后，劉殷四女，魏孝文二馮后。

先後同適一人：劉敞、再娶皆倫氏，御史程之女。　唐拱。再娶皆崔氏，仁翼之女。

抱弟聽讀，賈逵姊也。逵五歲，鄰家讀書，姊抱逵就籬聽之。十歲，乃暗誦六經。　匿弟免難，李燮姊也。李固死獄中。文姬告父門生王成，將弟燮變姓名，為酒家傭。十餘年，冀誅，還鄉，姊弟相見，悲感旁人。

事姊甚謹：蘇頲也，事寡姊有禮。　楊謹矜兄弟也，事姊如母。　裴守真也，養寡姊甚謹。永淳初，關中旱，悉以廩祿奉姊及甥，身及妻子粗糲不充，而無倦色。　李元素也，少孤，事長姊甚謹。姊卒，悲痛成疾，辭職。　穆甯也，事寡姊以悌聞。　韋覬也，事姊稱恭孝。　高士廉也。妹適長孫晟，生子無忌，女即文德皇后也。晟卒，迎妹及甥于家。坐事謫交阯朱鳶主簿，行貲不給，貿大宅，買小宅以處妹。

輟饌餉姊，庾約也。約為河南兵曹，有寡姊在家，庾常于公堂輟己饌，以餉其姊。同官嘉歎。　作粥進姊，李勣也。姊嘗病，勣親為作粥，風回，爇其鬚鬢。

劉孝標三妹。一嫁琅琊王叔英；一嫁吳郡張嵊；一嫁東海徐悱，並有文才。而悱妻字令嫻尤清拔。悱卒，令嫻為祭文，辭甚悲愴。父勉欲為哀辭，見之擱筆。　袁彥道二妹。一適殷深源；一適謝仁祖。

知弟有禍，魯秉姒也。謂弟秉子皮曰：「內不習禮，外不達人事，誠相一國，猶掩目而別黑白也。」未期年被誅。　論弟無行，義縱姊也。縱少與張次翁攻剽為盜。縱姊以醫幸王太后，問：「兄弟欲官乎？」姊曰：「有弟無行，不可。」太后告上，拜縱為郎。

隨弟之官，郭奕姊也。奕遷雍州刺史，穿姊隨奕之官。姊僮僕多有奸犯。奕曰：「豈可以老姊求名？」遣而不問。

處姊薄恩，朱脩之也。姊在鄉里饑寒，脩之為荆州刺史，未嘗供贍。一日，往姊家，設菜炎粗飯啖之，脩之曰：「貧家好食。」進之致飽。

趙襄子以姊而並代。約代王遇于句注之塞。令工人作金斗，長其尾，可以擊人。與代王飲酒，使厨人反斗以擊殺之。其姊聞之，磨笄自刺。　梁車薪刖姊而失官。車薪為鄴令，姊往見之。暮至門閉，因踰郭入，車薪刖其足。趙成侯以為不慈，奪璽而逐之。

過姊飯而留錢：范丹也，以姊夫不德。郝子廉也。

憂妹饑寒，後魏崔亮也。家貧，傭書自業。時李冲當朝，亮從兄光往依之。謂亮曰：「何不往就李氏？彼家饒書。」亮曰：「弟妹饑寒，豈可獨飽？自可觀書于市，安能看人眉睫乎？」　稱妹慈惠，馮左藏也。娶開封張顒女，早世，臨終曰：「吾妹慈惠，可撫諸孤。」遂娶之。

郭林宗貸姊夫錢。林宗家貧，遊學無資。就姊夫貸五千錢，乃遠至成皋，從師授業，併日而食，衣不蔽形，常以蓋幅自障。人則護前，出則掩後。　郗超修黃老術。為臨海太守，與妹夫王羲之遁世修黃老之術。

疏其妹夫，崔昂也。北齊鄭元禮，崔昂婦弟；魏收，昂妹夫。昂持元禮數詩示盧思道曰：「不減魏收。」思道曰：「未覺元禮賢于魏收，且知妹夫疏于婦弟。」　疏其婦兄，趙岐也。岐娶馬融從妹，嘗至其家宴飲。岐與友書：「季長雖有名當世，而不持士節。三輔亮士未曾以華裾蔽其門。」

姊憂，去官，陳重。　姊喪，卒，徐伯陽。　陶潛以妹喪，去官。

附 姑姨

棄子存姪，義姑也。齊軍至，棄所生而抱兄子。齊軍曰：「魯婦人猶持節行。」遂回軍不伐。怒姪棄軍，呂氏婁也。呂祿時出遊獵，過其姑呂氏婁，曰：「若為將而棄軍，呂氏今無處矣。」乃悉出珠玉、寶器散堂上，曰：「毋為他人守也。」

却姑祠具，桓曄也。曄姑為楊賜夫人。父焉卒，姑赴哀。將至，止于傳舍，整飭使者而後入。曄心非之，賜遣吏，因縣發取祠具，曄拒不受。後至京師，未嘗食楊氏。為姑作《誌》，柳宗元也。陳甚謂宗元：「子之姑，吾無以報，願以為《誌》，無恨。」

苻承祖之從母，內外號為「癡姨」。魏宦者苻承祖方用事，親姻爭附。其從母楊氏，為姚氏婦獨否，與之衣食多不受。承祖遣車迎之，不肯起，强使抱車上，則大哭。由是號為「癡姨」。及承祖敗，魏主咄姚氏貧弊，特赦之。狄仁傑之從母，一子不事女主。有盧氏堂姨，居午橋南別墅。仁傑候姨，見表弟挾弓矢，携雉兔歸，啟姨曰：「某今為相，表弟有何願？悉如其言。」姨曰：「相自為貴，老姨止此一子，不欲令事女主。」仁傑慚而退。何叔度奉姨若所生。姨適沛郡劉璩。母卒，奉姨，姨亡，朔、望必往致哀。荀晞養從母甚厚。

附 娣姒

以家事相推者，李氏之娣姒也。李光進弟光顔先娶，母委以家事。及光進娶，母已亡，弟婦籍資財，納管鑰于姒。光進命返之，曰：「娣逮事姑。」因相持泣，乃如初。

以禮法見稱者，王氏之鍾、郝也。王渾妻鍾氏，字琰，與弟湛妻郝氏皆有德行。琰雖門高，與郝氏相親重，郝不以賤下鍾，鍾不以貴淩郗。時稱：「鍾夫人之禮，郗夫人之法。」以姊妹為妯娌：盧氏之女也，盧尚之以長女妻崔愍，休弟子也。休又為子悛求尚之次女，同日成婚。郭氏之女也。郭逸長女妻崔浩；次女復妻其弟。

嫂叔

奉嫂甚謹者：趙弘智也，事兄弘安如父。王珪也，奉寡嫂，家事必咨而後行。徐伯彥也，事寡嫂謹。嚴綬也，材器不逾常品，事兄嫂過謹，為人所稱。韓靈敏也。與兄靈珍並有孝行。珍亡，無子。妻卓氏守節，敏事之如母。鄭仲虞則恩禮甚篤。顏弘都則端肅致感。含字弘都。嫂老失明，須蚺蛇膽為藥。含求不得，有童子授青囊，開視，乃膽也。出户化為青鳥，嫂疾便愈。馬援則其見必冠。援敬事寡嫂，不冠不入廬。孔伋則哭之為位。見《檀弓》。以上出魏徵《定服制議》。

幼依于嫂，東方朔也。少失父母，依于兄嫂。幼鞠于嫂，韓愈也。嫂鄭氏視愈如子。愈有《祭嫂文》，服期報之。傭耕養嫂，第五訪也。淡人，字子謀。少孤，傭耕以養嫂。

王僧達與兄不協，嫂以書讓之。僧達兄錫，嫂范氏。王平子諫嫂，捉裙將杖之。王夷甫妻郭氏貪鄙，令婢路上擔糞。平子諫之，郭怒曰：「夫人臨終，以小郎囑新婦，不以新婦囑小郎。」急捉衣裙，將與杖，平子爭得脱，踰窗而走。

厭叔轑釜，漢高丘嫂也。高祖微時，與賓客過丘嫂食。嫂厭叔，佯為羹盡，轑釜。客去，視釜有羹，由是怨嫂。後封其子信為羹頡侯。羹頡，山名，借以遂其怨也。嘲叔食糠，陳平嫂也。或謂平何食而肥？嫂曰：「食糠覈耳。」伯出逐婦。

為小郎解圍，謝道韞也。王凝之弟獻之與客談論，詞理將屈。凝之妻謝道韞遣婢白獻之，欲為小郎解圍。乃施青綾，步障自蔽。申獻之前議，客不能屈。　譽嫂詞情慷慨，謝安石也。謝朗父據早卒。朗總角時，病新起，于叔父安前與支遁講論，遂至相苦。安嫂王氏出云：「新婦少遭艱難，一生所寄，惟在此兒。」因流涕携朗去。安謂座客曰：「家嫂詞情慷慨，恨不使朝士見之。」

甥舅

晉李譫神情朗俊，邢晏曰：「宅相之寄，良在三甥。」　魏舒為外家甯氏所養，甯氏起宅，相者曰：「當出貴甥。」舒曰：「當為外氏成此宅相。」　王褒子淵。七歲，外祖袁昂愛之，曰：「此兒當成吾宅相。」《北史》

見愛于舅者：江總也，七歲依外氏，為舅蕭勵所鍾愛。曰：「爾神采英拔，後來知名，當出吾右。」王悦也。悦字元達。舅范甯曰：「卿風流俊望，後來之秀。」悦曰：「不有此舅，焉有此甥。」衛玠也，舅王濟曰：「珠玉在側，覺我形穢。」徐湛之也，丹陽人。素為彭城王義康所愛。雖為舅甥，恩過子弟。封倫也，年方少，舅盧思道曰：「是兒識略過人，當自致卿相。」王凇也，李晟甥，閑騎射。晟在師，凇無不從。晟視凇與子弟等。李靖也，舅韓擒虎每與論兵，歎曰：「可與語孫吳者，非斯人尚誰哉？」韓充也，舅李元，河陽節度，署充為牙將。曰：「我知君𥐻矣。吾兒不才，二女方幼，以為托。」元歿，充為嫁。應詹也。劉弘，應詹祖舅。請詹為長史，謂曰：「君器識弘深，後當代老子于荊南矣。」

甥舅齊名：李順胤子。與甥邢喬、馮蓀也。　魏劭少與舅氏陸續也。

甥舅同官，汲黯、司馬安也。黯與姊子安，同為太子洗馬。　甥舅同達，郝處俊、許圉師也。處俊與舅圉師同里宦達。　甥舅同將，衛青、霍去病也。去病，青姊子。

名著當時者：晉則郭奕之甥；晉劉璵字慶孫，弟琨字越石，奕甥也。京師語曰：「洛中奕奕，慶孫、越石。」宋則盧綸之子。宋趙璘之姑適綸，生四子，並及第。時謂：「趙氏出甥。」

酷似其舅者：何無忌也，桓玄聞義兵起，懼曰：「劉裕一世之雄；劉毅一擲百萬；何無忌，劉牢之外甥，酷似其舅，共舉大事，何謂無成？」桓豹奴也，嗣小字，冲之子，是王丹陽外甥。形似其舅，桓甚諱之。宣武云：「不恒相似，時似耳。桓似是形，時似是神。」桓愈不悦。陸杲也。舅張融有高名。杲風韻舉止頗類。時稱曰：「無對日下，惟舅與甥。」

為甥立家產，姚崇也。甥任奕、任异，少養于崇家。乃為之立家產，命與其子同名。給甥廩禄，裴守貞也。因關中旱，悉以廩禄奉姊及諸甥。負甥出入，陽城也。寡姊依城居。其子四十餘，癡，不知入城，嘗負以出入。以別墅乞甥，謝安也。安與姪玄賭別墅，謂甥羊曇曰：「以墅乞爾，與也。」以鄠莊賜舅，唐宣宗也。以雲陽鄠縣莊賜元舅鄭光。

送甥而詠顏遠詩，殷浩也。韓伯隨舅至東陽徙所。歲餘，還都。浩送至渚側，詠曹顏遠詩：「富貴他人合，貧賤親戚離。」因而泣下。哭舅而詠曹子建詩，羊曇也。舅謝安薨後，輟樂經年。嘗醉，不覺路經西州門，以馬策叩扉，詠：「生存華屋處，零落歸山丘。」慟哭而去。

甥中選而坐貶，王涯也。涯居翰林，甥皇甫湜中選。考覈之際，不先言上，坐貶。以官與甥而被劾，張克勤也。大將軍張克勤有詔賜一子五品官，推與其甥。裴夷直劾其虧有司法，引庇他族，開賈鬻之端。詔聽。

范甯勸出王國寶；國寶以諂佞，有寵于道子。舅范甯疾其阿諛，勸帝出之。國寶遂與道子譖甯，出為豫章太守。范滂不召李頌。滂甥頌無行，唐衡屬宗資用為吏，滂寢而不召。知其甥之惡也，而滂終以忤宦官；甯即以其甥之譖而出。險巇之在于至戚，為可傷也。

甥無禮于其舅者：王獻之、獻之見郗愔，甚修甥舅之禮。乃超死，而忽之。愔曰：「使嘉賓在，鼠子敢爾耶？」謝重、字景重。謝絢、重子，字宣英。重是王胡之外甥，與舅不協。絢又戲其舅袁湛，湛曰：「汝父輕舅，汝今復無禮，可謂世無渭陽情。」劉毅、鄭鮮之外甥。因與武帝摴蒱。先鄭，得雉，帝得盧。鮮之徒跣繞床大叫。毅甚不平，曰：「此鄭公何為者？無復甥舅之敬。」蓋王以世味，謝、劉以習性也。又有王衍、衍論事清辨，舅羊祜不然之，衍拂衣去。祜曰：「夷甫當以盛名處大位，然敗俗傷化，必此人也。」及攻江陵，祜以軍法將斬王戎。戎，衍從弟也，故併憾之云。王會、會與蕭遥欣競侮劉季連，從甥也。陸杲、彈從舅張稷。皇甫松。牛奇章公之甥。怨公不薦，作謗詩，有「夜人真珠室」之句。真珠，公侍妾。而其甚者，為唐李子慎。誣告其舅，獲五品官。母見其著緋衫，泣曰：「此是汝舅血染者耶。」若王師範，則求解而不得，又當別論。舅醉殺人。師範厚賂訴者，不置，乃抵罪。母恚，不見三年，拜省户外。

斬甥者：竇軌、以甥為腹心。嘗夜出呼甥，不時至，斬之。劉昌。寧陵之圍，令守陴，「内顧者斬」。昌孤甥張俊守西北，未嘗内顧，命下斬之。士有死志，史臣以無罪非之。

内外兄弟

元行冲稱韋述。述父景駿，景駿姑子元行冲，常載書數車。述入其室觀書，不知寢食，行冲與語前世事，詳諦如指掌。屬文，受紙輒就。行冲曰：「外家之寶也。」虞世南歎孔若思。若思，陳亡客居鄂，勵志于學。外兄虞世南曰：「本朝淪覆，吾分湮滅，有弟若此，知不亡矣。」孔稚珪好文詠，與外兄張融情趣相得。蔣琬與外弟劉敏俱知名。

周捨舉外弟徐摛。梁為晉安王選侍讀。捨舉摛，曰：「形質陋小，若不勝衣，而堪充此選。」員俶奏舅子李泌。開元中，召能言佛老者，相答難禁中。員俶九歲升坐，詞辯注射。帝因問：「童子，豈有類若者？」俶跪奏：「臣舅子李泌。」即馳召之至，帝方與張説奕，使賦方圓動静。説因賀得奇童。　羊祜讓舅子蔡襲。祜進爵，乞封其舅子。

以情自安，而不餞梁柳者，皇甫謐也。柳，謐從姑子。為城陽太守。之官，有勸謐餞之。謐曰：「柳為布衣，送迎不出門，食不過鹽菜。今作郡而送之，是貴陽城太守，而賤柳也。豈中古之人情，非吾所安也。」　以禮太卑，而答薛郎中者，劉禹錫也。「論卝儀，我與子當内外屬，當為伯仲。其抵我卝，執禮太卑。」

以不平而譖殺，王鉷于楊慎矜。慎矜與鉷父，中表兄弟也，故引鉷入臺。及鉷遷中丞，慎矜猶名之，鉷意不平。後譖殺慎矜。

以侮慢而致憾，崔彦昭于王凝。彦昭與凝，外昆弟也。凝先顯，彦昭未仕，凝慢言曰：「不若從明經舉。」彦昭憾之。至凝為兵部侍郎，彦昭為相，彦昭母教婢多製履襪，曰：「王氏妹必與子偕逐，吾將共行。」彦昭泣且拜曰：「不敢怨。」凝遂得免。

鼓琴無忤色，阮瞻也。瞻讀卝不甚研，而默識其要。内兄潘岳每令彈琴，終日達夜無忤色，不可得而榮辱。　覆醬匿不見，阮孝緒也。王晏外弟，阮孝緒知晏必敗。晏屢至其門，逃匿不見。嘗食醬美，問知得于晏家，吐而覆之。

婚　姻

成周之時，王朝所為婚者，不過齊、宋、陳、杞，當時稱異姓大國曰「伯舅」，小國曰「叔舅」，其世為婚姻可知。至于列國，各自為甥舅之國。　後世如晉之王、謝，唐之崔、盧，及潘、楊之睦，朱、陳之好，皆世為婚媾。

虞翻《與弟書》：「長子容當為求婦，遠求小姓，足使生子。天其福人，不在貴族。芝草無根，醴泉無源。」王導初至江左，欲結名胄，請婚陸太尉，玩曰：「培塿無松柏，薰蕕不同器。吾雖不才，義不為亂倫之始。」意各有重，見亦自別。

唐太宗之刊正姓氏，欲易其俗也。以山東崔、盧、李、鄭，世家衰微，猶負世望。婚姻之間，多邀錢幣。販鬻松檟，人謂「賣婚」。命高士廉刊正其姓氏。張説必求四姓，猶囿所見也。説好求山東婚姻。與張氏親者，皆為甲門四姓：鄭氏不離滎陽，岡頭盧，澤底李，土門崔，皆為顯族。

世為婚姻之載于傳記者：如《詩》之尹、姞；《左傳》之劉、范；西漢之鄭、王；崇，高密大族，世與王家相娶。文中子所論之任、薛、王、劉、崔、盧，曰：「任、薛出黃帝；王、劉出舜；崔、盧出帝嚳。婚非古也。」皆是也。

中表為婚，則有鍾瑾、瑾母，李膺姑也。膺祖太尉修言：「瑾似我家性。」以膺妹妻之。袁湛、湛與弟豹，俱為外祖謝安所知。安以玄女妻湛。溫嶠、以玉鏡臺聘姑女。沈驎、字廷元，少有高名。从陸稠以女妻之。顧協、聘从息女。王仙客、劉振之甥。振妻呼仙客為「王郎」。程之才、老蘇女。適其从程濬子之才。呂榮公，夫人乃待制張昷女。待制夫人，即榮公母申國夫人之姊也。猶之秦女事晉，秦以懷嬴妻圉。劉女適費，劉琫妻，乃以觀族姑。琫又以女妻觀。姪從其姑也。晉獻公筮嫁伯姬于秦。

同姓為婚，則有晉侯、四姬。魯昭公、娶于吳，為孟子。盧癸、娶慶舍女，同宗也。陳矯、劉頌嫁女臨淮陳矯。矯本劉氏子，出嗣从氏，而婚本族。王基子、司空陳萊、王基，為子納司空王沉女，以姓同源異。王莽、娶王咸女，以為源異。李光進父。母李氏。

幼而婚者，傅咸也。咸六歲，依母省外祖母嚴氏，嚴氏以其妹之子妻之。

老而婚者：鍾繇也，老而納正室。何點也，祖尚之強為娶任氏，涕泣求執本志。既老，又娶魯國孔嗣女。雖婚，亦不與妻相見。顧協也，少聘舅息女，未婚而協母亡。免喪後不復娶。年六十餘，此女猶未他適。協義而迎之。陳嶠也，字景山，暮年娶第，鄉里以儒家女妻之，時近耳順矣。盧象也，晚娶崔氏，崔有詞翰，賦詩述懷為戲。陳覎也，閩人。五十方娶。甄琛也。梁劉晰死，家屬入洛。有女年未二十，琛已六十餘矣，乃納晰女為妻。婚日，詔給厨費。

以殤婚者，始曹操。操幼子蒼舒卒，邴原有女早亡，操求與合葬，不與，竟求甄氏女合葬。踵之者，魏明帝、幼女淑卒，取甄后從孫黄與之合葬，追封黄列侯。韋后、為其弟洵與蕭至忠殤女冥婚。及韋氏敗，至忠遽發洵墓，持女柩歸。梁武帝。一女死，鑄金為聟，合葬之。又唐建寧王倓，與興信公主第十四女張氏冥婚；懿德太子重潤，中宗為聘裴粹亡女冥婚。

報德而婚：季芊也，楚昭奔鄭，楚大夫鍾建負季芊以從。王將嫁季芊，季芊曰：「鍾建負我矣。」以妻建。賀瓌也，辟和凝為從事。瓌與唐莊戰于胡柳，一騎追瓌幾及，凝射殺之。瓌得免，因妻以女。盧度世也。坐崔浩事，亡命，匿鄭羆家。羆子不言而死。度世後為其弟娶羆妹。

慕勢而婚：荀緄也，中常侍唐衡欲以女妻汝南傅公明，不娶。荀彧父緄慕衡勢，誡彧娶之。裴松之以蔣詡娶于王氏無損清高為比。宇文翃也，竇璠年近耳順，謀繼室。翃以其兄諫議，遂妻以女。盧損也。納李琪眇妹，遂致仕進。

强而為婚：公孫黑也，徐吾犯妹美，公孫楚聘之。公孫黑又使强委禽焉，卒適楚。孫堅也，吳景姊才貌，吳氏親戚將拒焉。夫人曰：「何惜一女以取禍乎？」于頔也。嘗怒判官薛正倫，奏貶。中悔，奏復故職。正倫死，以兵圍其居，强使孽子婚呢。

辭婚者：宋弘之言曰：「糟糠之妻不下堂。」尉遲敬德之言曰：「貧不易妻。」皆不肯妻公主，則聽之。楊喬則固辭而不聽，以此死一大臣，真異事。桓帝欲妻喬以公主，固辭不聽，遂不食死。又有雋不疑、劉德、俱辭大司馬霍光女。張範、字公儀，袁隗欲妻以女，辭不受。傅公明、唐衡以女妻，不娶。王謙、何進欲與長史王謙為婚，見其二子，使擇，謙不許。王衍、鄭豫、楊駿欲以女妻衍，衍恥之，陽狂自免。又欲以妻鄭默子豫，豫辭之，駿深以為恨。焦華、逍子。乞伏乾歸欲以女妻之，辭非所願。左慶延。辭秦檜妻以女。

不許婚者：鄭公子忽于齊。曰：「齊大，非吾偶也。」叔向于母黨。叔向娶申公巫臣女。其母欲娶其黨，向曰：「吾母多而庶鮮，吾懲舅氏矣。」諸葛恢于謝裒。恢大女適庾會。會被蘇峻害，其女改適江虨；次女適羊楷；子衡娶鄧攸女。于時，謝尚書求婚小女，乃云：「羊、鄧是平婚；江家，我顧伊；庾家，伊顧我；我不能與謝裒兒婚。」王秀之于褚淵。秀之字伯奮，瓚之子，不與淵婚。盧義僖于李神軌。神軌得幸于胡太后。嘗求婚，義僖不許。王誦曰：「昔人不以一女易衆男，豈易之耶？」曰：「所以不從，正為此耳。」女遂適他族。婚夕，宣敕停，義僖夷然自若。江蒨于徐勉。勉因蒨門生翟景求婚，不答。再言之，杖景四十。張延賞于李晟。晟為子請婚不許。曰：「武夫性快，非如文士，外雖和解，內蓄憾如故。」白敏中于侯温。妻盧氏曰：「已既姓白，以侯為婿，必為人呼作白侯耳。」乃止。乃王懷祖，己不許桓婚，王坦之為桓温長史。温為子求婚，坦之因言温意，述曰：「汝詎可以女妻兵耶？」後桓女竟嫁文度兒，應此時藍田不在矣。

因不許婚而隙者：荀勖為中子求華廙女，不許為恨，後因袁毅事，密啟免廙官。公孫表為子求封愷從女，不許，啣之，後證愷罪，誅之。

既婚而離：王珣兄弟也，皆謝氏婿，以猜嫌致隙太傅，遂與珣兄弟離婚。王獻之也。疾，家人為上章，法應首過，惟與郗家離婚。獻之前妻，郗曇女。

悔婚者：呂布也，袁術為子索呂布女，布怨術，女已在途，追還絶婚。王裒也。與管彦約男女為婚。彦死，子葬父洛陽，裒遂別嫁其女。

亡而義不負者：范雲于江祏。初，祏求雲女，巾箱取剪刀與雲。祏貴，雲還之。及祏敗，妻子流離，雲為經理。韋放于張率。故字元直，與率指孕為婚。各産男女而率亡。有貴族求婚者，曰：「吾不失信故友。」以岐娶率女，以女適率子。一以存交道，一以全信。頹俗中可多見乎？

終身不娶：周續之也，遁跡廬山。林逋也，結廬孤山三十年。郭文也，字文舉，軹人。父母服畢，不娶。陶淡也，字處靜，年十五六，服食不娶。陶弘景也，母夢青龍無尾，果不娶。漢矯慎也，七十不娶。陽城也，隱中條山，與弟不肯娶，年七十。种放也，陳摶為卜上世葬地于豹林谷下，後世當出名將。放不娶，世衡為將帥，有聲。公孫永也，隱平郭南山，不娶妻妾。石垣也，居無定所，不娶妻妾。徐則也，入天台山。劉歊也，不娶，不仕。許散愁也，白首不娶。孫法宗也。求父尸不得，縗絰終身。又元紫芝。生六十年，未嘗見女色。又有俞紫芝，字秀老。得《浮屠心法》，王荆公居鍾山，數相往來。紫芝有弟澹，字清老。亦不娶。陽孝本。字行先。居虔州城西一圃，學博行高。東坡謫惠州，過而愛之，為留月餘，號曰「玉巖居士」，故坡詩曰：「衆謂元德秀，自稱陽道州。」

長而不娶者，楊軻也。天水人。行年七十，而尚無妻：牧犢子也，鹿門稷也。

兄為聘妻而逃，劉挈之弟訏也。父為娶，婦入前門，從後門出，褚伯玉也。祖為娶，而涕泣求執本志，何尚之之孫點也。父母豫為娶妻，暫過拜親，不宿而去，還京師，戴封也。至倉梧丙以妻讓兄，娶妻而美，讓與其兄。非禮之讓也。敞無存以室與弟，父將室之，以與其弟，曰：「返必娶于高國。」欲娶卿相之女也。

不再娶者：曾子、人問之曰：「以華元善也。」曰：「吾上不及高宗，下不及吉甫，庸知免于非乎？」王駿、曰：「德非曾參，子非華元，亦何敢娶？」朱暉、楊秉喪夫人，不復娶。曰「三不惑」。管寧、曰：「每念曾參、王駿之言，意常嘉之。豈自遣之而逝本心哉？」何尚之、妻亡不娶，又無姬妾。李珏、早喪妻，不置妾。王維、陳化、徐伯珍、不重娶。丁公著。唐校書郎，歷觀察。四十四喪室，終身無妓妾、聲樂之好。而李象無子，尤難。

再娶者：羊道、前娶孔融女，後娶蔡邕女。衛玠、前娶樂廣女，後娶山簡女。孫承、字仲嗣，再娶諸葛瑾女。盧邁、再娶，無子。劉原父。再婚，歐公以詩戲之。而晉悼公、少姜卒，齊使晏嬰請繼室于晉。宋劉曄、娶趙晃女，早亡。有二妹，曄曰：「非敢有擇，但七姨骨相寒薄。」遂娶九姨，後生七子，几、忱皆至大官。崔浩、娶郭逸女亡，以少女繼婚。李行修、娶王仲舒女亡，繼納小妹。歐陽修。與王拱辰同為薛簡肅公婿。再娶其妹，故文忠有「舊女婿作新女婿，大姨夫作小姨夫」之戲。乃皆娶其妻之妹。

再適者：諸葛恢女，父奪之也。女適庾會，既寡，不復出嫁。恢既許江虨，乃移家近之，誑女移徙，獨留女在後。江暮來，女哭罵彌甚，積日漸歇。江瞑而入宿，但在對床。江乃詐魘，聲氣轉急。女乃呼婢云：「喚江郎覺。」江躍就之，女默然而慚。自是情好遂篤。聲伯妹，兄奪之也。聲伯之母出嫁于齊管于奚，生二子而寡，以歸。聲伯嫁其外妹于施孝叔。郤犨求婦于聲伯，奪施氏婦以與之。生二子，郤氏亡，歸施氏。沈其二子，遂誓施氏。若李鰲姊以請活姑命；嫁陳詵。遭亂，請活姑命。賊遂掠去。詵再娶戩，後鰲得姊，歸詵。徐孝克妻臧氏悉以養母。侯景亂，孝克欲賣以養母，臧氏不許。景將孔景行奪之，臧氏所得穀帛，悉以養母。孝克為沙門，乞食以免。景行死，臧氏伺孝克于路，曰：「往日非相負，今當歸養。」孝克于是還俗為夫婦。不得概以失身律之。子思之母嫁于衛；明道之婦嬪于王；杜祁公太夫人改適河陽；范文正太夫人改適長山。豈無家範，勢不行矣。范文正義田賙族，而有再嫁之恤，禮不能禁，而仁之所哀也。

婚姻至于相欺而為之，抑末矣。其人則孫綽、王坦之弟，小字阿智，年長昏愚，無肯與為婚者。孫綽曰：「我有一女，不惡。」坦之白父，然喜。及成婚，女之頑僻，過于阿智。祖無擇、晚娶徐氏。徐氏欲相其人，無擇貌寢，同舍馮京姿美，諭媒妁，俟過徐居曰：「此祖學士也。」成婚始悟其非，竟離婚。諸葛恢。詎女改適江霦。見前比。

既貴而娶：白敏中也，敏中始娶，已朱紫矣。嘗戲其妻曰「接脚夫人」。袁筠也，娶蕭安女，言定未幾，擢進士第。維隱以詩贈之。李象也，進士及第。劉煦以猶女妻之。富弼也。嘗謂邵伯温曰：「吾年二十八登第，方娶。」

未第而娶，王沂公曾。也。初就殿試時，李文靖求婿，舉公姓名，曰：「此人今此不第，後亦當為公輔。」是時，吕文穆家亦求婚，曾曰：「李公知我。」遂從李氏，唱名果中第一。聘後登第，杜祁公衍。也。少客濟源。令能相人，厚遇之。召縣大姓相里氏議婚，祁公未成婚赴試登科。後以兩郊禮，奏異恩任相里之弟員外郎。

戴良以練裳遺嫁；後漢戴良五女。家貧，練裳、布被、竹笥、木屐而遣之。庾衮以篚器訓女；衮孤兄女芳將嫁。美服既備，衮乃刈荆苕為箕帚，曰：「灑掃，婦道也。故賜汝篚器之為美。」吴隱之寶犬遺嫁；隱之將嫁女。謝石知其貧素，乃令移厨帳，助其經營。使者至，見婢牽犬賣。此外，蕭然無辦。王敬弘烏羊繫車。孔淳之與王敬弘為人外之交。敬弘以女適淳之子，以烏羊繫所乘車轅，提壺為禮。至則盡歡，迄暮而歸。答人曰：「此亦農夫、田父之禮也。」古人之風，邈不可及。范文正斥去羅幔。子純仁娶婦。或傳婦以羅為幔者，公聞之不悦，曰：「若持至，當火于庭。」司馬温公不論資裝。正以婚姻論財之敝俗，不可不自君子維之也。

向子平男女婚嫁畢，遂恣意遊五嶽名山。　謝靈運謂子尚曰：「男娶女嫁畢，敕斷家事，勿復相關。」　蕭惠開須婚嫁畢，欲歸老舊廬。

甯戚應齊召，而先欲室；桓公使管仲求甯戚，戚應之。曰：「浩浩乎？」管仲不知，婢子曰：「詩有之『浩浩者水，育育者魚，未有室家，而安召我居？』甯子其欲室乎？」馮驩為薛客，而慮無家。藉二子不為室家計，必不出為齊、薛用

也。《説儲》

虎媒事，甚奇。亳州人娶舅氏女，《原化記》載之；僕射裴冕子越客娶尚書張鎬女，《集異》載之。皆月下虎負。盧造女歸鄭元方，亦虎媒。見《傭吹録》。

種玉得妻。陽雍伯嘗設漿給行旅。有一人就飲訖，懷中取石子一升與之。曰：「種此生美玉，并得好婦。」如言種之，有徐氏女極美，求之。徐曰：「得白璧一雙即可。」乃于所種得璧，娶之。投卷得妻。唐盧儲投卷謁李翺。翺女尋繹數四，曰：「此人必為狀頭。」李納為婿。來年，果及第，作催妝詩曰：「昔年將去玉京遊，第一仙人許狀頭。今日已成秦晉會，早教鸞鳳下妝樓。」見詩得妻。王氏女作《詠懷詩》云：「白藕作花風已秋，不堪殘睡更回頭。晚雲帶雨歸飛急，去作西窗一夜愁。」趙德麟方鰥居，見詩，遂求婚。

女妻孝子。劉殷字長盛。張宣子以女妻之。誡其女曰：「劉殷至孝，冥感終必達到。汝謹事之。」女妻貧士。白厚，貧士也。娶富室劉純才女，送烏瑠十事，敷紙為帔，劉大笑，答以真珠一升，紫䳘千頭。又使家僮撒燭花盈路，厚大慚。女妻老儒。李迪以弟女嫁孫明復。

附 擇婿

善擇婿者：吕公于沛公。張負于陳平。甘公于陶謙。謙年十四，猶綴帛為幡，乘竹馬而戲。甘公許妻以女，夫人怒。曰：「彼有奇表，長必成材。」後封溧陽侯。虞世基于徐陵。曰：「當今潘、陸。」魏元同于裴之先。還為婿，後徙嶺表，北歸荆門，則裴賫裝以迎。李至遠于蘇頲。蕭穎士于柳談。權德輿于獨孤郁。郁最為德輿所稱。憲宗歎曰：「德輿有此佳婿。」苗晉卿于張延賞。嘉貞子。晉卿見而奇之。姚合于李頻。合有詩名。頻走千里，丐其品題，大加獎挹，以女妻之。司空圖于姚顗。顗少鈍，不修容止。圖一見，以為奇。彭思永于程顥。明道先生十二三，羣居庠序中如老成人。户部侍郎彭思永一見異之，許娶以女。李迪于孫明復。明復先生居泰山之陽，鬚髯皓白，家貧不娶。李文定迪見之，歎曰：「先生年五十，一室獨居。吾弟之女賢，可奉箕帚。」固辭不可，遂妻之。而鄉人劉放之于張華；華牧羊，故以女妻之。邑人劉氏之于呂範；範字子衡。劉氏家富女美，範求之，母嫌欲勿與。劉氏曰：「觀呂子衡寧久貧賤耶？」里人程楚賓之于呂諲；諲少孤，不能自振。程富于財，遂娶其女。楚賓與子震重其才，給其所欲。至天寶初，舉進士。揚州富商之于王琚；琚謀刺武三思事洩，亡命。自傭于商家。商識其非庸人，以女妻之。徐州酒家之于李燮。父固誅，姊文姬告父門人王成將入徐州，為酒家傭。酒家知非恒人，以女妻之。則其物色出自庸衆，人為難能也。

韓滉之擇也，曰：「無如楊主簿。」楊於陵以屬吏謁，滉奇之，謂妻柳氏曰：「吾閱人多矣，無如楊主簿者。」以女妻之，生嗣復。杜衍之擇也，曰：「無如蘇舜欽。」舜欽字子美，耆子，易簡孫。衍有女，夫人必求佳婿。衍曰：「文章器業，天下第一，無如蘇舜欽。」以女妻之。

人代為之擇者：王當之婿姚元崇。當刺陳州，集州縣文武官，令袁天綱為擇婿，曰：「惟果毅姚某有貴子。」乃元崇也。晏殊之婿富弼。范希文權掌西監，晏元獻謂曰：「吾有女及笄，君為我擇婿。」范曰：「監中有二舉子：富皋、張為善。富修謹，張疏俊。」晏即取富，後改名，即鄭公也。為善後亦更名方平。

王珣謂袁崧曰：「莫近禁臠。」晉元帝為晉陵公主求婿，曰：「但似劉真長、王子敬便足。如王處仲、桓元子誠可，纔小富貴，便與人家事。」王珣對曰：「謝混雖不及真長，不減子敬。」未幾，帝崩，袁崧欲以女娶混。珣曰：「卿莫近禁臠。」初，元帝鎮建業，公私窘罄，得一㹠，以為珍美，項上一臠，群下未敢食，時呼「禁臠」，故珣因以為戲。混尚主，錫父爵。侯高將嫁其女，曰：「不與凡子。」唐處士侯高曰：「吾一女憐之，必嫁官人，不與凡子。」嫁王適，適婿姚挺。

以女妻門人者：摯恂擇馬融。恂教授，隱南山，名重關西。融從遊學，恂奇融才，以女妻之。桓少君父擇鮑宣。宣嘗就少君父學。父奇其清苦，以女妻之，裝送甚盛。宣不悦，少君乃更著短布裳，與宣共挽鹿車歸鄉里。拜姑畢，提甕出汲，修行婦道。宣子永，永子昱。郭瑀擇劉延明。昞字延明，年十四就博士郭瑀學。瑀别設一席，曰：「吾有一女，欲覓快婿。誰坐此者？」延明斂衣坐曰：「昞，其人也。」遂妻之。范宣擇戴逵。師事術士范宣于豫章。宣異之，以兄女妻焉。韓愈擇李漢。漢少事愈，愈知最厚，愈以兄女妻之。朱晦翁擇黄榦。受業，遂以其子妻榦。病革，以深衣及所著書授榦。

以女妻所屬者：劉道于小吏公孫瓚。瓚言事辯慧，太守劉道奇其才。令狐彰于書記齊映。疾甚，令草遺表。映説請代，令子建歸京師，彰妻以女。辛果于偏裨王諤。諤毬，向天呵氣高數丈。果曰：「此極貴相。」以女妻之。常誅于參軍裴寬。誅為刺史，見其瘞鹿。劉景以女妻廐卒杜廣。執手曰：「久負賢者。」謂妻曰：「三十年不見廐中有騏驎。」劉金以女妻廐卒姚景，見有蛇入朶竅。尤奇。

高祖射竇氏之屏。竇毅女有奇相，因畫二孔雀于屏間，陰約中目則得之。高祖最後射，各中一目，遂歸之。郭元振牽張氏之絲。元振少美，張嘉貞欲納為婿，使五女各持一線，幔前使牽之。元振牽一紅絲線，第三女果有姿色。竇窗自選，則瀆矣。李林甫有六女，門第之家求之不允。廳事壁間開一窗，飾以雜寶，蒙以絳紗。每貴族子弟入謁，使女于窗中自選可意者事之。

女之善自擇婿者，為孟光、擇對不嫁，至年三十。父母問故，女曰：「欲得賢如梁伯鸞者。」鴻聞而聘之。徐邈女、刺史燕國徐邈大會佐吏，令女于内視之，女指王濬，遂妻之。陳不識女、姜宇字子居，少孤貧，為河北陳不識家牧羊。年十五，每夜讀書不止，不識將妻以女。妻不聽，乃置酒引宇，令女潛覩之，遂妻之。後仕苻堅，歷御史中丞。婁氏、名昭君，内干之女。强族聘之，并不肯行。及見高歡在城上執役，驚曰：「此真吾夫也。」乃使婢通意，又致私財，使聘己。辛氏、史思明少賤。大豪辛氏有女窺思明，告親曰：「必嫁我思明。」後思明自稱應天皇帝，辛為后。柴三禮女、唐莊宗嬪御。明宗遣歸其家，止逆旅。有一丈夫過其門，女見之，媼曰：「此何人？」主人曰：「馬鋪卒吏郭雀兒也。」后謂父母曰：「此人貴不可言。」遂成婚禮于逆旅中。後為周太祖。李尚書翺女，李牧江淮日，進士盧儲投卷來謁。長女及笄，見文卷，尋繹數四，謂小青衣曰：「此人必為狀頭。」李聞之，深異其語，乃納為婿。來年，果及第。晉賈儀二女。元妃曰：「我終不為凡人妻。」季妃曰：「我亦不為庸人婦。」鄰人笑之。後慕容垂稱燕王，納元妃為繼室，范陽王聘季妃。

翁婿

樂廣與衛玠，時有「冰清玉潤」之評。廣字彥輔，時號「冰鏡」；玠字叔寶，時號「玉人」。故曰：「婦翁冰清，女婿玉潤。」　韓昌黎得李漢，後有「文振」、「道大」之論。《臨川集》：「昌黎為唐儒宗，得兄之婿李漢，然後其文益振，其道益大。漢編昌黎文，仍為之序。」

梅福婿嚴光，其趨同也。　鮑玄婿葛洪，其道同也。

俱登膴仕者：郭子儀、趙縱也，子儀七婿皆貴顯朝廷，縱其一也。鄭天休、王禹玉、鄭達夫也。宣徽鄭天休婿王禹玉，後為丞相。禹玉婿鄭達夫，亦為樞相。此猶多其匹。　若韋皋之竟替西川；持節替張延賞。封德彝之果為僕射。楊素為僕射，撫其座，謂封德彝曰：「封郎必居此座。」後果如其言。實屬僅事。

其名位、風節，往往相似：如趙昌言、王旦、韓億也，趙參政婿為王文正。文正婿為韓忠獻。呂公弼、韓忠彥也，呂惠穆婿為韓文定。李虛己、晏殊、富弼、楊察、馮京也，李侍郎婿為晏元獻。元獻婿為富文忠與楊尚書。富婿為馮宣徽。陳堯咨、賈昌朝、曾公亮也。陳康肅婿為賈文元與曾宣靖。在有宋為多人，前代所不及也。

得翁之圖籍者，楊玠。玠娶博陵崔季讓女。崔富圖籍，玠遊其書齋，告人曰：「崔氏書被人盜盡。」崔遽令檢之。玠捫腹曰：「已藏之經笥矣。」

得翁之詩法者，黄庭堅。謝師厚見黄山谷詩，曰：「得婿如此，足矣。」庭堅往求之，然卒從謝公得句法。故山谷詩：「自往見謝公，論詩得津梁。」

宇文泰以諸婿為心膂。諸子皆幼。唐儉倩婿作文奏。崔行功在北齊，終鉅鹿太守，少好學。唐儉愛其才，妻以女。因倩作文奏。

性氣酷似乃翁：吕公著婿范祖禹。吕希哲婿趙演。

求為婿者，王適也。曰：「吾求婦氏久矣。惟此翁可人意。」夢為婿者，王子立也。東坡云：「予為密州，子立未嘗相識。」忽告同舍生，夢為密州婿。已而果以子由之子妻之。

婿之還貸錢者，裴頠也；王戎女適頠，貸錢數萬，久而未還。戎色不悦，女遽還值，戎然後乃歡。歸財産者，張孝基也；許昌士人張孝基娶同里富人女。富人子不肖，斥逐之。富人病且死，盡以家財付孝基。久之，其子丐于途，孝基見之惻然。漸次試以灌園、管庫。知能自新，以財産悉歸之。誇珍玩者，張垍也；垍尚公主。在翰林，常以珍玩誇于同列。張涉曰：「此乃婦翁與婿，非天子賜學士者也。」還贈物者，韋皋也。皋字城武，京兆人。張延賞選婿，妻苗氏賢而知人，特選韋皋，以女妻之。皋性疏曠，不拘細行，延賞竊悔。皋因辭東遊，延賞幸其去，以七馱物為贈。皋悉歸之。而孝基不可及矣。

翁抑其婿：盧毓也，華廙有才，妻父盧毓典選，廙年三十五，不得調。劉弘也，弘牧荆州，朝廷以弘婿夏侯陵為襄陽守。弘曰：「若必臣至親，然後可用，則荆州十郡，安得十婿耶？」周行逢也。行逢為武平節度，婿唐德求補吏。行逢曰：「汝才不堪為吏，吾不敢以法貸汝。」與耕牛、農具，遣之。

見薄于翁，而報之有異。若張彧之遂附他人；張彧，李晟婿。晟在鳳翔，又以一女嫁幕客崔樞。禮重之過于彧。

或怒，遂附張延賞。韋皋之杖死輕慢。延賞僕婢頗輕慢皐，惟苗氏待之益厚。皐後五年持節西川代延賞，改姓名韓翊。至大回驛，有報曰：「代者韋皐。」延賞惭㤨，自西門潛遁。皐入見苗，禮奉過布衣之日。求前輕慢者，皆杖死之。不若崔圓之力救李娣也。李彦允薄其婿崔圓。後圓救李娣死。

無禮于翁者：陳涉、涉既為王，妻父往依，涉長揖不拜。父怒，不辭而去。謝萬、妻父王述為揚州刺史，萬嘗衣白綸巾，乘平肩輿，徑至廳事前，謂述曰：「人言君侯癡，君侯信自癡。」述曰：「非無此論，但晚合耳。」王國寶。坦之子，謝安婿。安惡其為人，抑而不用。國寶乃譖安于道子，使離間于帝。而謝朓、王敬則婿，告敬則反。女嘗懷刃欲報，朓不敢見。臨誅，歎曰：「我雖不殺王公，王公由我而死。」柳勣，杜有鄰婿，飛書告鄰不法，賜自盡。尤乖。

婿無禮于翁，而翁仍救其患者，杜黄裳于韋執誼。黄裳初不為執誼所禮，及執誼敗，黄裳悉力營救。情同朋好，未嘗備婿之禮，睦夷于鉅鹿魏攀。

婿黨于翁者，王介甫婿蔡卞。紹興初，上疏乞祀王配享先師。

婿不黨翁者：吕吉甫婿余中。元祐初，上疏乞誅吕，以謝天下。王安石婿吴安持。充子。雖娶王安石女，數言新法不變。晏殊婿富弼。

為婦翁而敗：王文康坐寇萊公。蘇子美坐杜祁公。吕温卒，道、衡二州哭之。為裴延齡婿。崔無詖死禄山之難。為蕭至忠婿。因歎婚媾之家，未必盡臭味相投。蔣詡娶于王氏，原無損清高也。

郗鑒使門生求佳婿于王導，而羲之坦腹東床。郭瑀設席，欲覓一快婿，而劉延明奮衣坐席。

翁婿知己之難也：陶謙得之于甘公，而不能得之甘之妻。韋皋得之于苗氏，而不能得之張延賞。其翁居權位，而其婿反退遺跡者，有韓滉之楊於陵。滉節制金陵，異主簿楊於陵，以女妻之。比滉執政，於陵隱居山中。滉没，始出，累官僕射。宇文護之蘇威。護强威以女妻之。威恐禍及己，屏居山中，專以諷讀為娱。劉晏之潘炎。晏方任權。炎，其婿也。雖書疏報答，未嘗輒開。時稱炎有古人之節。權德輿之獨孤郁。德輿為相，婿翰林學士獨孤郁以嫌，自白去内職。憲宗歎曰：「德輿乃有佳婿，我反不及耶。」詔宰相高選世族，故杜悰尚岐陽公主。

附 僚婿

俱娶桓女，李膺、黄憲也。一作黄尚。又有孫雋同娶桓太尉焉女。時謂「兩婿俱乘龍」。桓字元叔。俱娶韓女，李漢、蔣係也。漢字南紀，韓愈門人，與係俱為愈子婿。俱娶盧女，唐光、韓愈也。盧貽府君。同為牛婿，謝愔、張洙、張希復、鄧叔也。牛僧孺長女適愔，次洙，次希復，次鄧叔。四人為友婿。同為滕婿，張恕、何洵直、王涣之也。張方平子恕娶滕達道第五女，與洵直、涣之為友婿。同為李婿，范仲淹、鄭戩也。皆自小官、布衣，選配李參政昌齡女，為連袂。同為程婿，席延年、李正臣也。俱娶程珦女。同為李婿，王樂、滕元發也。李晉卿二女。兄弟同為盧婿，崔愍、崔悛也。北魏崔休弟之子愍，字長謙，濟州刺史盧尚之欲以長女妻之，休又為子悛求尚之次女。曰：「家道多由婦人，欲命姊妹為妯娌。」尚之感其義，同日成婚。兄弟同為郭婿，崔浩兄弟也。郭逸長女妻崔浩；次女復妻其弟。

裴秀與賈充為僚婿。皆娶郭配女。配字仲南，淮弟也。　蕭嵩與陸象先為僚婿。夏榮善相，曰：「陸郎十年，位極人臣，不及蕭郎一門盡貴。」

友婿而不相得者：謝晦與庾登之也。同娶于曹。晦為荆州刺史，請登之為長史，意甚不愜。故到任箋，初無感謝之言。

王拱辰與歐陽修也。同為薛簡肅公婿。拱辰擬拜僕射，歐曰：「拱辰非任宰相者。」蓋王主吕文靖，歐主范文正，其黨不同云。

嚴助受辱友婿。願為會稽太守。　湛賁見輕妻族。妻與彭伉妻兄弟也。妻族薄伉，獨飯賁于後閤。自是力學，擢上第。伉方過橋，聞之，失聲墜驢。

晉公子重耳奔狄，狄人伐廧咎如，獲其二女：叔隗、季隗。公子取季隗，以叔隗妻趙衰。　孫策攻皖，得喬公二女，策自納大喬，周瑜納小喬。　則亦猶哀侯、息侯皆娶于陳也。

親戚

以僚佐而期望者，劉弘于應詹。詹為祖舅劉弘長史。弘謂曰：「君器識宏深，當代老子于荆南矣。」　以親戚而遠嫌者：楊於陵于韓滉；蘇威于宇文護；潘炎于劉晏；獨孤郁于權德輿。見《翁婿》。　先遠嫌而後為婚姻者，王義方于魏徵。徵欲妻以姪女，辭。徵卒乃娶，曰：「初避宰相，今感知己。」

因親戚而得遷除：裴頠、從母夫賈充表頠襲爵。　段廣、張卲、以楊駿甥居近侍之職。　穆建、妻爾朱榮妹，除鎮東將軍。　王翊、結婚元乂，超拜左將軍。　郭逸、以一女妻崔浩；一女妻浩弟恬，拜徐州刺史。　鄭羲、為中山王傅，歷年不轉。及李冲貴寵，與爲姻好，就家徵爲中書令。元熙、中山王英子，于忠婿也。忠執政，故歲中驟遷光祿勳。朱漢賓、結托安重誨，得爲婚家，除潞州節度。唐休璟。宮人賀婁氏用事，休璟爲男娶其養女，因以自達，拜太子少師。

因親戚而受累：漢許紺，晉裴楷、卞粹，唐張文琮、韋安石、韋待價、楊炎、王佖、郭映；宋王文康、蘇子美。以上俱詳《譴累》。

以資相助：王嶷于崔休。嶷爲長子聘崔休姊，贍以財貨，由是少振。孝文納休姊爲嬪，頻遷兼給事黄門侍郎。宗連于趙元淑。元淑授驃騎將軍，無以自給。富人宗連女，元淑聘爲妻，縑帛、綿綺、金寶、珍玩，元淑遂爲富人。程楚賓于呂諲。楚賓家富，諲娶其女。楚賓與子震重其才，給其所欲，舉進士。

以貧相薄：崔浩于劉芳。芳以父邕同劉義宣之事，身死彭城。芳寓北魏，以祖母爲崔浩之姑，崔浩薄其流播，拒不之見。芳後至太常卿。張彝于宗戚。彝既貴，頗侮其疏宗舊戚，不甚存紀。

以親戚而救：王誕于桓循。循，誕甥。元顯討玄，欲悉誅桓氏。循後救誕于玄。言循等得免之由。王僧朗于殷叡。朗，叡外曾祖。叡祖元素坐梁太初事誅。叡從坐，亦當從戮。僧朗啟孝武，救免之。霍諝于宋光。有誣諝引宋光于梁商者，坐繫詔獄，拷掠困極。諝年十五，奏記于商，商高諝才志，即爲奏原。

婚姻而不平：劉湛也，尚之女適湛子黯，而湛與尚之意好不篤。崔浩也，浩弟娶李順妹，弟子娶順女，浩頗輕順，由是潛相猜忌。裴楷也，子瓚娶楊駿女，與瓚不平。楊素也。爲子玄縱娶崔儦女。令騎邀儦，儦故敞衣冠騎驢而至，色輕禮倨，言又不遜，素忿然拂衣而起。

至戚反致相害：謝安爲婿王國寶搆。安惡國寶爲人，每抑制之。及孝武末年，嗜酒好内，道子昏醟尤甚，國寶諂諛稍行。王相之間，以安功名盛極，而搆會之。王鉷告楊慎矜。慎矜與鉷父中表兄弟，故引鉷入臺。及鉷遷中丞，慎矜猶名之，鉷意不平。林甫知其有隙，誘使圖之。鉷遣人飛語告慎矜，隋煬帝孫，謀復祖業。上大怒，兄弟皆賜死。柳勣告杜有鄰。有鄰與婿不相葉。勣飛書告有鄰不法，賜自盡。歐陽公為婦弟薛宗儒辱。有憾于修，造為「帷箔不根」之語，摧辱之。彭思永告蔣之奇，之奇即劾修。帝詰思永、之奇從來，辭窮，坐黜。

不黨其姻者：黃實乃章惇之甥，不附惇，而甘老于外吏。方軫乃蔡京之姻，首論京，而樂竄于遠方。全中乃呂吉甫婿。元祐初，上疏乞誅呂以謝天下。孟忠厚為秦檜僚婿，以不親附而罷。吳充子安持，雖娶安石女，而充數言新法不便。常安民妻孫氏，蔡確妻之兄弟，召對，首發蔡京奸，竄籍流落二十餘年。葉確與朱宗，皆蔡京內姻，知其必敗，未嘗一詣其門。又可謂不蔭惡木者矣。又母為丁謂妹，謂欲授以官而不赴者，陳之奇虞卿。也。為史彌遠之甥，而不附之者，陳塤也。

劉弘不用其婿。朝廷以弘婿夏侯陵為襄陽守，弘不從。陳執中不與婿差遣。曰：「官職是朝廷的，非臥房籠篋中物。婿安得有之？」周行逢不補婿吏。為武平節度。婿唐德求補吏，行逢不從。

歷代外戚之賢者：漢則竇長君廣國、退讓君子。馮野王、行能天下第一。史丹、至誠犯顏，卒成太子安母后之位。傅喜、太后欲與政事，喜數諫。欲稱尊號，喜終不順，遂策免。樊宏、謙柔畏慎。樊儵、不與諸王交結。陰興，固讓印綬。晉則羊琇、畫策武帝，儲位遂定。庾亮、讓中書監。褚裒，讓中書令。唐則吳溆、宣慰朱泚被殺。郭釗，太后兄密上箋，止稱制。宋則曹佾、彬孫，光憲后弟。退朝語不及公事。李用和、宸妃弟。列位將相，小心靜默。李遵勖、議時政，補助居多。諸子端懿、端愿、端愍，神宗曰：「近世賢戚也。」杜審琦、審瓊、昭憲后兄弟，世以積善聞。楊次山、能避權勢，不預國事。韓同卿。不敢干政，天下皆知侂胄為后族，不知同卿為后父。

外戚之擅權者：漢則上官桀、竇憲、梁冀，晉則楊駿，唐則楊國忠，宋則韓侂胄、賈似道。至以外戚而竟致社屋鼎移者，則又等于賊矣。

漢亡于王莽、何進，晉亡于賈謐，唐幾亡于楊國忠，石晉亡于馮、王，宋亦亡于韓、賈。外戚秉政，未或不亡。

外戚而被難者：漢竇武、何進，宋王景文，唐王同皎。若霍禹、梁冀之自致誅戮者，勢使然矣。

馬防兄弟大起第觀，賓客奔凑，刺史、守、令，多出其家。竇憲與弟篤、景、瓌四家競修第宅，窮極工匠，刺史、守、令，多出其門。安有顓權怙勢，争尚侈靡，而能保家不圮者？

古事比卷之五

夫婦

耨而妻饁之，相見如賓，冀缺也。　耕而妻餉之，相見如賓，魏常林也。　耕于隴上，而妻子耘于前，夫妻相敬如賓，龐德公也。　夫耕于前，妻鋤于後，陶潛也。　「二南」風哉，缺以此而得仕于晉。許州富人亦得以免其死。萇從簡欲富人玉帶，遣二卒刺之。見其夫婦相敬，以告使其速獻。

妻子事之若嚴君，有過免冠自責，妻子庭謝思過，必俟冠乃敢升堂，仇香也。　遇妻子若嚴君，張湛子孝。也。　遇妻子如君臣，馮良也。　婦希見其面者：朱博子元。也，劉基也。　妻希見其面，有疾而妻省之，命左右扶起，冠幘加襲者，顧悌愷。也。　見妻子必正衣冠者，唐臨也。　夫妻正衣冠相見，再拜上酒，酬酢畢便出，一歲如此，不過再三，何曾也。　不與妻相見，別築室以處之者，何點也。　獨處一室，妻子希見其面，闞康之也。　每出見婦人，則隱翳須去乃出，焦先也。　去婦人數步，猶聞其臭，經御婦人，衣不更著者，蕭畬也。　平居不內返，人內閣為犬所吠者，邢子才也。　三不惑得其一矣。以上《偶記》。

漢周澤為太常，卧病齋宮，妻闚問所苦，周以為干犯齋禁，大怒，收送詔獄。　晉劉毅嘗散齋而疾，其妻省之，毅便奏加妻罪，而請解齋。　矯而不近人情。　其去偽也幾何？

貴不易妻，知有宋弘，不知尉遲敬德。 又皆不妻公主。 夫妻共挽鹿車，鮑宣也。 裝送甚盛，妻悉歸之，夫妻共乘蒲一作薄。笨車，劉凝之也。 妻郭銓梁州刺史。女，遣送豐麗，凝之散之屬親。

張博望持節匈奴，而單于與妻且攜之歸。 蘇子卿仗節匈奴，而亦娶妻生子。名通國。 然吾不為簪惜也。《偶記》

《後漢書》：樊英有疾，妻遣奴婢拜問，英下床答拜，其恭謹若是。《吴書》：諸葛瑾妻死，不改娶，有愛妾生子不舉，其篤慎如此。 噫！與奴婢拜，辱矣；不舉妾子，忍矣。 反謂恭謹、篤慎，何無識也？前。

陶淵明感「孺仲賢妻」之言。 孫興公感「於陵賢妻」之言。

落葉題詩，天合者，唐于祐與韓氏以紅葉詩為媒，蜀侯繼圖與任氏以桐葉詩為媒。 紅葉事亦云盧渥、李茵。 又明皇時顧況，貞元中賈全虛。 軍士于短袍中得宮人詩，玄宗即以嫁兵士。 神策軍馬真于袍中得金鎖一枝，詩一首，僖宗即以賜真。

夫婦幽明之合，有死者取生者，俱死而為夫婦。 如晉梁山伯于祝英臺，宋南徐士子于華山客舍女也。《參寥子》 有生者哭死者，復生人間而合者。 如秦王道平于唐叔偕女，《搜神記》 晉梁國女子于其婿也。《晉五行志》 有死之魂與生人生子而合。 如盧充于崔氏女，《孔氏志怪》 鄭畋父亞于其母也。《中朝故事》有死者之靈托生後身而合。如韋皋于玉簫，《雲溪友議》長葛尉劉立于其妻也。有生非識面，死托啟棺而合。如馮馬子于北海徐玄方女，《法苑珠林》高廣子于劉長史女，劉乙子于張果女也。俱《廣異記》。天女配合生子：魏聖武帝于山澤見天女，受命相偶。契丹祖與天女遇木葉山，生八子。董永遇婦曰：「我，天之織女也。」則帝以其孝，配之。謝端遇婦曰：「我，天漢中白水素女也。」則帝以其謹，助之。

天臺劉晨、阮肇遇二仙女。赤城袁相、狼碩遇二仙女。柳毅娶龍女。成都令柳子華亦娶龍女。

人為之娶者：阮修四十無妻，王敦等斂錢為婚，時流慕之者，求入錢而不得。劉瓛四十無室，齊太祖與褚淵等為娶王氏，椓壁挂履，土落母床，而遂去之。阮傷于貧，而劉之遲暮篤于孝耳。

人為之更娶者：汝南應順字華仲。為同郡許敬去妻家貧，親老無子。更娶。南昌何湯字仲弓。為桓榮字春卿。去妻更娶，生三子。

娶瞽女者：《北史》李翼也，崔巨倫有姊明惠，因患眇一目。巨倫姑趙國李叔允之妻曰：「吾兄盛德，不幸早世，肯令此女屈事卑族？」乃為子翼納之。唐孫泰也，泰姨老，以二女為托，曰：「長女損一目，汝可妻其女弟。」泰卒娶其姊，曰：「人有殘疾，非泰何適？」宋劉庭式也，鄰翁有女，約與為婚。登第後，女因病雙瞽，必娶之。坡公高其義。周恭叔也，初議母黨之女。登第，其女雙瞽，遂娶之。呂華陰也，生五男，皆舉進士。其一則丞相汲公。張永錫也，字孝純，微時依吉氏，許妻以女。登第後，娶吉氏，無何卒。有妹雙瞽，永錫曰：「非某娶，則終無人娶矣。」生二子，皆顯。賀仁傑也，娶妻而瞽，相敬如賓。宋周世南也。

祁陽人。聘董氏女，未婚失明。世南既第，成婚。士論高之。

娶啞女者，宋鄭叔通也。初定夏氏女。登第後，女已啞，竟娶之。

崔顥娶美，顥字亭伯。娶妻惟擇美者，俄又棄之。凡四五娶。不若孔明之娶醜。蜀沔黃承彥，沔南名士。謂孔明曰：「聞君擇婦，家有醜女，才堪相配。」孔明許婚，即載送之，諺曰：「莫學孔明擇婦，正得阿承醜女。」醜如梁鴻之妻，許允之婦，豈易得者哉？

最篤者：如張敞之畫眉；敞字子高，平陽人。守京兆，罷朝，走馬章臺街，使御吏驅，自以便面拊馬。嘗為婦畫眉，長安中傳「京兆眉嫵」。荀奉倩之熨體；粲字奉倩，與妾至篤。冬月，婦病熱，乃出庭中，自取冷，還以身熨之。婦亡，粲後少時亦卒。裴澤之不能暫離；妻鉅鹿魏氏。恩好不能暫離。陸東美之寸步不離；海鹽人。妻朱氏有容止，寸步不相離。妻卒，美不食死。冢上生梓樹，同根相抱。孫權封其里曰「比肩」，墓曰「雙梓」。子弘妻蘇氏，又呼為「小比肩」。沈文季之竟日對飲；文季能飲酒五斗，妻王氏亦至三斗。守吳興，對飲竟日，而視事不廢。高柔之眷戀不捨。柔婚泰山胡氏，姿色清惠，近是上流婦人。既罷官，嘗宅伏川，愛玩賢妻，有終焉之志。何充取為參軍，僶俛應命，眷戀綢繆，不能暫捨。相贈詩十，清婉辛切。此直是兒女子情耳。《筆涉》

秦嘉妻徐淑，夢嘉說往津卿亭病亡。書至，如夢，毀形不嫁。　封卓妻劉氏成婚一夕，卓官京師，劉忽夢已死。問至，遂憤痛死。

夫不愜意者：謝奕之女。道韞適王凝之，還，甚不愜。曰：「一門叔父，則有阿大、中郎；羣從兄弟，則有封、胡、遏、末，不意天壤之間，乃有王郎。」　祖無擇之妻。無擇晚娶徐氏，徐氏必欲相其人。無擇貌寢，恐不得當。同舍馮京豐姿秀美，乃諭媒妁俟馮出局，經過徐居，曰：「此祖學士也。」徐竊窺喜甚。成婚始悟其非，竟以反目離婚。

晉王歡家貧，妻焚書而改嫁，後成通儒。　宋徐廣家貧好學，不營產業，妻中山劉謐女。忿而離之，後位秘書監。　千載而下，不獨唾太公妻、太公少婦馬氏，老而見去。後封侯于齊，道遇前妻，再拜求合。公曰：「若言離更合，覆水定難收。」遂抱恨而死。　買臣婦朱買臣嘗貢薪樵，行且誦書，妻羞之，求去。及買臣為會稽太守，入界見故妻，夫妻治道，呼令後車載到太守舍，給食居一月，妻自經死。也。　楊志堅嗜學而貧，妻求離，堅以詩送之，妻持詩詣州請牒，顏魯公案之，時為臨川內史。曰：「王歡之廩既虛，豈遵黃卷？朱叟之妻必去，寧見錦衣？」

堯君素射妻，忠也。見《忠義》。　朱浮刺妻，逃難也。彭寵反，浮走，刺其妻，城降于寵。　至劉琰履搏妻面；妻胡氏入賀太后，經月乃出。琰疑與後主有私，呼卒伍以撾胡，以履搏面，而後棄遣之。琰竟棄市。　桓範刀傷妻胎。範牧冀州，屬將軍呂昭不為屈。妻曰：「前在東座欲擅斬徐州，衆謂君難為下；今羞為呂屈，難為上。」範怒，以刀環築妻，傷胎死。　非憤則愎矣。

夢接有身：咸和初，徐精遠行，夢與妻寢，有身。　楊國忠出使，妻夢與交，有孕。

妻之悍者：專諸鬥敵萬人，妻一呼即還，謂子胥曰：「屈于一人之下。」蘇季子才傾六氏，不能起機中荆布。桓征西，一代梟雄，駕馭不行其內人。謝安、王導、王衍，晉世名流，兩不敢違其妬，一不能改其貪。霍子孟忠樸有餘，以顯赤族。梁冀跋扈，孫壽實制之。牝晨之戒，從古已然。

李嶽之訟王舉正，曰：「妻悍不能制，如謀國何？」　楊弘武謝唐高宗曰：「臣妻剛悍，所囑不敢違也。」

王衍托言于李陽。衍妻郭貪愎，時大俠李陽為其所畏。衍曰：「李陽以為不可。」郭因之少損。　劉孝綽自比于馮衍。孝綽曰：「衍有忌妻，自操井臼；予亦有忌室，家道轗軻。」

謝安之暫見作伎；安夫人劉氏幃諸婢，使在前作伎。太傅暫見便下幃。太傅索更開，夫人云：「恐傷盛德。」柳玭之留目坐妓。梁柳玭甚重其婦，頗成畏憚。性愛音樂，略不敢窺。張稷為玭妻所敬，玭候稷至奏妓，因得留目。均可謂無丈夫氣矣。

陳慥為妻柳所辱。慥字季常。陳烈為妻林所訟。烈居親喪，勺飲不入。歐陽修薦，仁宗召為直講。王陶言烈為妻訟，因詆為貪詐，司馬光力救之。俱宋。

董叔紡于庭槐。董叔將娶于范氏，曰：「欲為繫援焉。」他日，董祁愬于范獻子曰：「不吾敬也。」獻子執而紡于庭之槐。叔向過之，曰：「盍為我請？」曰：「求繫既繫矣。求援既援矣。又何請焉？」王偃縛諸庭槐。偃尚宋武第二女，常裸偃縛諸庭槐。夜雪噤凍，偃兄恢排閤詬主，乃免。《駢志》

以妾為妻者：楚司馬子期也，欲以妾為內子，訪左史倚相，曰：「吾妾願欲笄之。」注：內子，服衡笄。許敬宗也，嬖其婢，因以繼室，假姓虞。李齊運也，晚以妾為妻，具冕服行禮，士人唾之。竇懷貞也，納韋后乳媪莒國夫人為繼室，故蠻婢也。世謂媪婿為阿奢。懷貞每謁，自署皇后阿奢。人或謂為國奢，軒然不慚。李伊衡也，日知少子。杜佑也。治行無缺，惟晚年以妾李氏封密國夫人，有所蔽云。

再合者：黄昌也，昌婦歸寧，遇賊，被獲，流轉入蜀。昌為太守，其子犯事，詣昌自訟。昌疑問所由，對曰：「餘姚戴次公女，州佐黄昌妻。」昌左足心有黑子，昌出足示之，相持悲泣，還為夫婦。陳詵也，詵娶李鑾姊。遭亂，請活姑命，賊遂掠去。詵再娶戚，後鑾得姊，歸詵。徐孝克也，妻臧氏伺于路，曰：「往日非相負，今當歸養。」還為夫婦。李德武也，妻裴氏。德武坐徙嶺南，父矩表離婚，欲嫁之，斷髮不食。德武娶爾朱氏，聞其全節，乃遣後妻，為夫婦如初。徐德言也。妻陳樂昌公主，破鏡各分其半。陳亡，為楊素得，賣鏡題詩，素知，召還其妻。若董氏之署髮，賈直言坐事貶嶺南，妻董氏引繩束髮，封以帛，使直言署曰：「非君手不解。」二十年還，湯沐，髮墮無餘。裴氏之斷髮。事見上。則尤以節完其身為難。

棄婦寄詩復合，則竇滔妻蘇若蘭。唐南楚材妻薛媛；唐嚴灌夫妻慎三史，亦因詩有感而復為夫婦。

兩妻者：賈充左右夫人、王毛仲、有兩妻，一上所賜，皆有國色。五代安重榮、二妻，高祖因之並加封冊。陸定國、娶河東柳氏。後納范陽盧度世女。二室俱為茂族，嫡妾不分。魏收。娶引氏崔氏昂妹，無子。太常劉芳孫女，中書崔肇師女。夫家坐事，并賜收為妻。後病甚，乃殺二姬。疾瘳，追憶，作《懷離賦》。

賢媛

楚莊王好獵，而樊姬不食鳥獸之肉。秦穆公好淫聲，而華陽后不聽鄭、衛之音。齊桓公好淫樂，衛姬不聽鄭、衛之聲。

宋共姬待傅至，而死于火，待姆也。楚貞姬待符至，而死于水，待君也。《問奇》

王莽女為平后。及篡，欲嫁之，更號「黃皇室主」。后稱疾不起。莽誅，自投火死。曹操中女名節。為獻后。魏篡，求璽綬，后抵軒下，涕泣橫流。楊堅女為周天元宣帝。后。及禪，憤惋，改封「樂平公主」，欲奪其志，誓不許，乃止。李昪即徐知誥。女為吳讓皇溥太子璉妃。昪既篡吳，改封「永興公主」，妃聞人呼公主，悲咽流涕而辭。諸女之事略同，可畏而仰。彼為其父者，安所置愧乎？又竇毅女聞隋受襌，自投堂下，撫膺曰：「恨不為男，救舅氏之患。」及長，適李淵，以唐滅隋，得以雪其憤。視諸女，其志較然，事之有成；不成，則天也。

王陵母對使者，語陵善事漢王，遂伏劍；馮異從光武，母囑其盡忠，遂自縊。陵與異，後何以報其母也？

女子之有識也，邁乎丈夫：嬰母知廢。東陽少年欲立陳嬰為王。母曰：「不如有所屬。事成，封侯；不成，非世所指名也。」陵母知興。項羽取王陵母置軍中，陵使至，母曰：「語陵善事漢王，毋以妾故持二心。」遂伏劍。趙母知敗。趙欲以括為將。母曰：「父子異志，願王勿遣。即有不稱，妾得無坐。」兵敗，身死。柴母知勝。克宏，再用子。母表有父風，可為將。使救常州，大破吳越兵。若嚴延年、潘岳、劉琨之母，皆可云知廢。

崔氏小女之登車；吉懋為男項娶崔敬女，脅而許之。花車至門，女堅卧不起。小女曰：「父有急難，為婢尚不合辭。姊若不可，兒自當之。」遂登車而去。項後貴至拜相。李氏絡秀之屈節。周浚出獵，止秀家，因求為妾，父兄不許。秀曰：「門户單寒，何惜一女，焉知非福？」已歸浚，生顗、嵩、謨，已并貴顯。謂曰：「我屈節為汝家妾，計門户耳。不與我家為親者，吾亦何惜餘年？」二女絶無一毫巾幗之氣，彼亦未嘗以巾幗自待也。

患之將及，從其言而免者：羊琇母辛憲英也，弟敞為曹爽參軍。司馬懿謀誅爽，或呼敞同赴爽，敞難之。憲英曰：「安可不出？若夫死難，則親昵之任也，汝從衆而已。」敞嘆曰：「吾不謀諸姊，幾不獲于義。」鍾會請其子琇為參軍，憲英謂曰：「軍旅之間，惟仁恕可以濟。」會至蜀，果反；琇守其誡，竟全歸。唐侯敏妻董氏也，敏事來俊臣。妻曰：「俊臣，國賊也。一朝事壞，奸黨先遭，君可敬而遠之。」敏稍稍退，俊臣怒，出為武隆令。敏欲棄官，妻曰：「但去，莫求住。」遂行至州，投刺參州將，錯題一張紙。州將展看，尾後有字，怒曰：「修名不立，何以為令？」不放上，敏憂悶，妻曰：「但住，莫求去。」停五十日，忠州賊破，武隆殺舊令。敏以不許上獲全。後俊臣黨流嶺南，敏又獲免。許允妻阮氏也，允為吏部，多用其鄉里，明帝收之。婦阮氏跣出，曰：「明主可以理奪，難以情求。」及至，對曰：「臣之鄉人，臣所知也。若不稱職，臣受其罪。」即檢較，皆得人，乃釋允。李衡妻習氏也。衡以事侵琅邪王休。妻習氏諫不聽。及即位，衡憂懼。妻曰：「王好善慕名，終不以私嫌殺君。宜自囚詣獄，明求受罪，當逆見優饒，非止活也。」從之，遣衡還郡。

違其言，而不免者：晉伯宗妻也，每朝必誡之。曰：「盗憎主人，民惡其上，子好直言，必及于難。」張谷妓李新聲也。劉從諫襲封，谷佐其事。新聲曰：「從諫以不法而得，亦宜以不法而終。公不幸為其屬，不折其肘臂，則宜脱旅西去。丈夫勿顧一飯恩，以骨肉腥健兒衣食。」言畢，悲泣不已。谷不決，竟從逆死。

叔魚之生也，其母視之，知其必以賄死。揚食我之生也，叔向之母聞其號，知其必滅宗。宋元兇劭之生也，母袁后見其貌，知其必破國亡家。《偶記》

陳嬰母曰：「素貧賤，猝富貴，不祥。」鄧元起母曰：「貧賤家兒，忽得富貴，詎可久保？」嬰從母言而陳氏寧。元起不念母言而死于獄。

邑人攘羊，而遺羊舌子，不受。叔姬叔魚之母。曰：「不如受而埋之。」羊舌子曰：「何不餉肸與鮒。」曰：「童子也。隨夫人而化，不可食以不義之肉。」樂羊子行路，得遺金，妻曰：「志士不飲盗泉之水，廉士不受嗟來之食。況拾遺求利，以污其行乎？」羊子慚，捐金于野。一捐遺金，不以污其夫；一埋攘羊，不以敗其子。二婦賢且介矣。劉愚懷白金歸，而妻怒之，與樂羊妻同。求之士人中，不多見也。

子寄鮓，責而還之者：雷池司馬孟仁一名宗，即哭竹生笋者。之母，魚梁吏陶侃之母也。侃以坩鮓餉母。

坩，土器也。

曹修古終于官，吏民出錢帛數十萬賻其家，女始笄，泣語其母曰：「先人不幸以直言謫死，安可受此以浼先德？」固謝遣之。　蔡君山卒，縣人以錢二百千為之賻，妻程氏曰：「吾家素以廉為吏，不可以污吾夫。」拒不受。《偶記》

婦人能以義斷恩，以智決策，斡旋大事，則幾于烈丈夫矣。　有齊王孫賈之母，謂賈曰：「事主不知王處，汝尚何歸？」賈乃入市，呼市人攻殺淖齒，求王子立之，卒以復國。　姜叙、趙月之母，馬超叛漢，楊阜見叙，議討賊。叙母曰：「當速發，勿復顧我。」叙乃與趙昂合，超取昂子月為質。昂妻王氏曰：「雪君父之恥，喪元不足為重，況一子哉！」超襲歷城，得叙母，母罵，殺之，月亦死。　卞壺之妻，壺拒蘇峻，二子亦亡。其母拊尸哭曰：「父為忠臣，子為孝子，夫何恨乎？」孟昶之妻，劉裕起兵，昶謂妻周氏離絕。周曰：「君建非常之謀，事之不成，義無歸志。」遂傾貲以給之。　何無忌之母，劉牢之姊。無忌夜草檄文，母密窺，泣曰：「汝能如此，吾復何恨？」因言事必有成。　李克用之妻，克用困于上原驛，脱歸者以汴人為變告劉氏。劉氏神色不動，立斬之。陰召大將謀保軍以還。克用歸，欲攻汴，劉曰：「當訴于朝廷。若擅相攻，孰辨曲直？」克用乃止。　劉仁贍之妻，幼子崇諫，夜泛舟渡淮北，仁贍命斬之，監軍使求救于夫人。夫人曰：「非不愛也。然軍法不可私。若貸之，則劉氏為不忠之門矣。」趣命斬之，然後成喪。　朱友謙之妻，友謙為景進等搆死。莊宗命赤其族。友謙妻張氏曰：「婢僕無罪，請疏其名籍百餘人，以骨肉百口歸法。」苻堅之妻，堅將伐晉，所幸張夫人引禹稷、湯武事以諫，曰：「朝野之人皆言晉不可伐。」不聽。　竇建德之妻，曹氏勸乘唐國之虛，西抄關中，唐必還師自救。建德曰：「此非女子所知。」黄巢之姬妻，僖宗宣問：「何為從賊？」居首者對曰：「以不能拒賊，責一女子，置公卿將帥于何地？」戮于市，姬妻獨神色肅然。　劉守光之二妻。守光悲法，哀祈不已。李氏、祝氏譙之，請先死。　與其夫若子并傳者，尚已；其夫有不足齒者，而烈尤可傳也。

晉公子桑下密謀，蠶妾聞，而姜氏殺之。《左傳》晉宣帝病中誤起，一婢見，而張氏殺之。宣帝辭魏武命，托以風痺。嘗暴書遇雨。不覺起收之，家惟一婢見，張后恐事泄致禍，手殺以滅口，而親自持爨。帝由是重之。婦人之慧而黠者，寧減男子？《説儲》

孫翊妻徐氏，薰香沐浴，而殺嬀覽。翊被殺，覽入軍府，取翊嬪妾，欲復取徐。徐紿之曰：「須晦日除服乃可。」潛使人語舊將孫高、傅嬰，至日設祭除服、薰香沐浴。先呼高、嬰與諸婢維列户内。覽入，徐即大呼，高、嬰俱出，共殺覽，就外殺戴員。徐還縗絰，奉覽、員首以祭翊。竇良女桂娘帛染含桃，而誅李希烈父子。希烈入汴，强取參軍竇良女。女顧父曰：「我能滅賊。」叫陳仙奇忠勇，勸希烈任之。叫其妻亦竇姓，願與通家往來，以結其心。及希烈有疾，女乘間謂仙奇妻：「賊雖强，必敗。」妻以告仙奇。仙奇悟，路醫毒殺之。希烈已死，子欲悉誅諸將而自立。適有獻桃者，女請分遺諸將，以示暇。因染帛裹絮如桃狀，而藏書信其中。仙奇妻剖桃始知。仙奇率兵，并梟希烈一門，獻諸天子。詔拜淮西節度。

有知人之鑒者：淮陰之漂母，韓信遇漂母，進食。後為楚王，召賜千金。上蔡之老嫗，唐南中丞卓遊上蔡。惟城南齋飯老嫗待之無厭色。後十七年為蔡牧，為飯奠嫗。草澤之老嫗。劉道真嘗漁草澤，嫗識其非常人，殺豚進之。道真食盡，不謝。又進一豚。後為吏部郎，嫗兒為令史，道真超用之。此與僖負羈之妻，晉公子重耳過曹，乃饋盤飧。後入曹，令無入僖負羈之宫，報施也。亭長之妻，《水經注》：漢武帝微行柏谷，遇辱。竇門亭長妻識而饋之。既返，賜以河津，令其齋渡。今竇津是也。具眼何以異？

僖負羈之妻窺見重耳，知其必霸；山公之妻窺見嵇、阮，達旦忘歸；桓玄之妻知劉裕不為人下；何無忌之母知劉裕舉事必成；韓康伯之母能識吴隱之；王珪之母能識房、杜；張延賞之妻鑒拔韋皋；潘孟陽夫人知杜黄裳為有名卿相。及鍾琰知兵家之子，地寒壽促；元世祖后識趙孟頫為小頭書

生。婦人、女子能具人倫之鑒不爽，亦奇矣哉。《問奇》

長林公主救李宣古之窘；杜悰欲㫻辱宣古。公主疾救之，曰：「尚書不念諸子學文，擬陪李秀才研席，豈在飲筵，而舉人細過乎？」遣人扶起，赴坐，得韻賦詩，杜公大賞之。于會昌三年上第，而杜公二子裔休、儒休亦得進士登第。贊皇母氏釋吳武陵之誚。李吉甫刺信州，因吳武陵唐突微誚焉。贊皇母氏曰：「小兒方求成人，何得與舉子忤？」與米二百斛，後竟釋憾。倘二公之「晨牝」為戒，幾買怨而階之禍矣。

節烈，女子所最重，然史籍班班可考，今比其尤異者：以女子而終其身，衛夫人。齊侯女嫁于衛。至城門而衛君死，入持三年之喪，終其身。而後有刁思遵妻魯氏。《北史》：始笄，聘未踰月，而思遵亡。其家許嫁，魯以死誓。唐汴女李，不嫁，養母。山陽女趙，截耳侍父，不嫁。俱《唐書》。梁陳孝女，博羅，陳志女。志年八十卒，女矢志不嫁，營葬，以宅為寺，尋卒。廣州刺史蕭譽立祠。唐歙縣葉氏女。親没，鞠于叔父母。叔母疾，刲股進之，遂愈。自是不嫁。又馮氏，唐穆宗時，養母不嫁。母病，刲股；母死，廬墓。元曹處女。母没，葬母。五十不嫁。自誓死作處女塚。至正間，錢塘喪亂，閉户三日餓死。以上俱《亘史》。

刑耳自誓者：漢劉長卿妻桓，鸞女。夫卒，刑耳自誓。沛相奏顯門閭，號「行義桓嫠」。魏浦妻房，刀割左耳，投浦棺中。《北史》隋鄭誠妻清河崔氏。誠戰死，崔年二十。父母欲奪其志，乃抱子善果，截髮割耳以明節。割鼻者，梁之節婦。夫死，梁王聘焉。持刀割鼻，王旌之，曰：「高行。」斷髮不食，唐李德武妻裴氏。束髮封帛，唐賈直言妻董氏。事詳《夫婦再合者》。死孝者：晉陳孝女，永嘉中，父為盜掠，攜之丐食。李知事，東平人，與陳為友。仲春拜掃母墓，凹李氏將同北歸，何日可再至？呼號仆地。視之，腸斷死矣。隋田翼妻，翼母疾，翼與妻俱一慟而絶。盧元禮妻。《北史》：李叔允女。母死，號慟遂絶。自沉而得父尸者：曹娥、上虞人，父盱迎神逆濤，為水所淹。娥年十四，投江，經五日，抱父尸出。

叔先雄。犍為人。父尼和墮水，雄投水，弟賢夢雄告後六日，當與父同出。至期，果浮水上。　自沉而得夫尸者，黄帛。唐張真娶樊道黄氏女帛。真渡江，舟溺。真自沉，越十四日，抱夫尸出灘下，如生。　以死殉父者，饒娥。樂平人。父溺沉其尸。娥十四，哭水上三日，不食死。　以死殉夫者：漢秦嘉妻徐淑，《北史》封卓妻劉，俱見前。　後漢陰瑜妻荀采，爽女。瑜卒，爽許郭奕。詐病召采。既到郭氏，掩户自縊，書扉「尸還陰氏」。　史映周妻耿。映周卒，因葬哀哭而殞。《北史》　以死脱父兄者：宋金谿縣民葛祐唐二女。寶曆間，冶銀，礦絶，賦不給，官責其額，破家。二女躍入冶中，化為銀。事聞，詔蠲金銀賦。　又蕪湖詹氏。賊欲加刃父兄，趨拜願執巾帚贖父兄。行數里，躍入水死。　以死脱夫者：宋歐陽希文妻廖，臨江人。盜過，以身蔽姑，使希文負之逃，廖被害。　王袤妻趙，金人縛夫婦，趙宛轉解袤。金人怒殺趙。　王貞婦梁。元兵至，夫婦被掠，紿歸夫，而拒罵被殺。後十七年，復為王婦，詢其生與婦死年月同。　以死拒寇者：漢河南樂羊子妻，盜劫姑，妻刎頸而死。太守捕盜，以禮葬之。　晉愍懷太子妃。王衍女，名惠風。劉曜以賜將，妃拔劍受殺。　又賈渾妻宗，不屈喬晞，被殺。　隋趙元楷妻崔。紿賊解縛，而後取賊刀，賊射殺。　死兵與賊，而迹不磨者：宋永新譚氏婦趙、為元兵殺，血人磚為婦人與嬰兒狀，磨之不滅，煅以熾炭愈顯。　王貞婦、元兵執，行至嵊縣清風嶺，嚙指血書石上，投崖死。其血漬石。　劍州小常村民婦。遇賊不屈死。尸所枕藉，每雨不濕。晴則濕，削去復見，溺以他土愈明。　刲股以愈姑病者，安福朱雲孫妻劉。姑病，雲孫刲股而愈。復病，劉刲股，又愈。　以愈父病者，吕仲洙女。名良子，晉江人。　拽虎尾，而虎釋大母，鄞女童八娜也。　拔刀斫虎奪父還，彭列女也。俱《宋史》。　號呼搏虎棄去，母獲免，唐歙縣章頂二女也。母程氏。刺史劉贊表之，韓滉奏贊治有異行，詔褒焉。《亘史》

石崇以《明妃曲》教緑珠，而緑珠為崇死；喬知之以《緑珠詞》寄碧玉，而碧玉為知之死；趙象以緑珠、碧玉事調非煙，而非煙為象死。妾婦有情，遞相感激，能以死自見如此。

妓以節見者：青娥于趙嘏。段東美于薛宜僚。盼盼于張建封。楊倡于嶺表帥。長沙倡于秦少游。李妹于同州節度。韓香于薛氏子。

陶明女嬰之《黃鵠歌》，以拒魯人也。韓憑妻何氏以《烏鵲歌》，以拒楚王也。而何氏卒投青陵臺以死，烈哉！

才女

女子通經史者：伏勝之女代傳父書；文帝求治《尚書》者，伏生年九十餘，詔使晁錯往受之，得二十九篇。伏生老，言不可曉，使其女傳言教錯。班彪之女踵成兄史；昭字惠，彪女，曹壽妻。兄固著《漢書·八表》及《天文志》，未竟而卒。和帝詔昭就東觀踵成之。召入宮，令皇后師事之，號曰「曹大家」。時《漢書》始出，多未能通者，南郡馬融伏于閣下，從昭受讀。徐孝德女擬《離騷》；徐惠妃，八歲能屬文。孝德嘗使擬騷，為《小山篇》。太宗聞之，召為才人。晉王肅女識文義；女于文義過目則識。祖司徒異之，曰：「興吾家者，必此女。惜不為男耳。」後為文明皇后。韋温女續《女訓》。歸薛家，續曹大家《女訓》。笄褘也，而儒矣。

崔駰曾祖母師氏通《孝經》百家言，王莽賜號「義成夫人」。韋逞母宋氏通《周官》音義，苻堅賜號「宣文君」。惜其賜之非時也。盧虔後妻元氏升堂講老子《道德經》。

婦人長文筆者：蔡琰也，邕女。蕭后也。琰没于單于，曹操贖之而歸；后没于突厥，唐滅之而歸。又有鮑昭之妹，令暉。昭答武帝曰：「臣妹才自亞于左芬，臣才不及太冲耳。」闞圖之妹，常修妻也。國語人曰：「有一進士，所恨不櫛耳。」王荆公之妹，張奎妻，能詩。李公擇之妹，能臨竹石畫。王獻之之保母。李意如，善為文，能草書。

女侍中，則魏元人妻胡氏、齊高岳母山氏、趙彥深母傅氏，及南漢盧瓊仙。女學士，則南唐高越妻，盧元進女。隋孔貴嬪、袁大捨等，唐德宗朝貝州宋氏五女：若莘、若昭、若荀、若倫、若憲。女博士，則宋孝武朝韓蘭英。女狀元，則黃崇嘏。女進士，則林妙玉。女校書，則薛濤。女記室，則紅線。薛嵩婢。又隨子作《東征賦》，曹大家也。子穀為陳留長，大家隨之官。隨夫作《南征賦》，唐宋庭瑜妻魏氏也。庭瑜自司農少卿左遷涪州別駕。魏氏隨夫之任。

竇滔妻蘇蕙彭城令，蘇道質女。作迴文詩八百四十字。范陽盧母王氏撰《天寶迴文詩》八百十二字。東平薛太守上之，高適代為之表。班昭卒，上疏遺令十六篇，子婦丁氏又作《大家讚》。

織錦作五言《太平頌》以獻者，新羅女金德真也。繡迴文詩作龜形詣闕進之者，張暌妻侯氏也。

母以詩書教子者：崔寔母、博覽書傳，寔守五原善績，母有力焉。王昕母清河崔氏、學識訓九子，并風流醞籍。何承天母、徐廣姊，博學。承天幼漸訓義。謝貞母王、貞字元止，母授以《論語》。八歲為《春日詩》，從舅王筠奇之，至「風定花猶落」，乃追步惠連矣。牛僧孺母、僧孺祖仕交廣，罷秩還，為山賊剽掠。惟僧孺母子獲存，止于盧陵禾川。長為母訓，遂習先業。李景讓母、自教之。元稹母鄭、稹八歲喪父，母自授書以教之。楊收母長孫夫人、收七歲喪父，母親自教授。歐陽通母徐、通，詢子，少孤。母教其父書，遂亞于詢。李紳母、紳六歲而孤，母盧氏教以經義。房景伯母崔、授子景伯、景先《九經》。楊憑母、憑父早亡。其母訓教有方。長擅文詞，與弟凝、凌皆有名。孔若思母褚、孤，母自教訓。薛播伯母林、授經子彥輔、彥國、彥偉、彥雲，及播兄據總，并舉進士。蘇軾母程、博習經史，課二子甚嚴。歐陽公母、畫荻。虞集母、口授《左傳》、歐、蘇文。耶律楚材母楊、三歲而孤，母教之學。遼邢抱朴母陳。抱朴與弟抱質幼孤，受經于母，以儒術顯。又鄧嗣母耿、養豹子。嗣為閣後，教之書學。王融母謝。惠宣女。教融書學。

婦以詩書相夫者：高柔妻胡氏、應命參軍，不能暫舍，相贈詩書，清婉辛切。秦嘉妻徐淑、嘉作詩贈別，淑作書答之。趙明誠妻李易安、趙子昂妻管夫人、漢皇甫規繼妻、能草書，為規答書記，人怪其工。元稹妻裴柔之、答夫詩。彭伉妻張氏、寄夫詩。元載妻王韞秀。忠嗣女。載家貧，勸游學，偕行到京。後貴，以詩諫載，不聽。寄詩而夫還者：郭紹蘭也，適巨商任宗。宗賈湘數年，郭以詩繫燕足，宗次年歸。薛媛也。南楚材妻，寫真并詩寄夫，遂還，終老。留詩復聚者，嚴瓘夫慎三史也。無嗣，欲出之。留詩為別，復聚如初。

誄其夫者：柳下惠妻也，謚夫以惠。黔婁妻也，謚夫以康。司馬相如妻也，曹誣妻也，劉參妻也，銘夫。張愈妻蒲氏也。為文以祭，徐悱妻劉孝綽妹。也。

知兵

女子而知兵者：王廞起兵，以顧琛母孔氏為軍司馬，復以己女為真烈將軍。唐節度使許叔冀以衛州女子侯氏、滑州女子唐氏、青州女子王氏，歃血赴義，奏授果毅。陳州女將白頸鴉，為契丹懷化將軍。

梓潼太守之妻登城拒戰；荀金龍妻劉氏。梁人攻圍，會金龍病，劉遂登城拒戰。百餘日，城中絕水，劉號叫訴天，俄而澍雨，梁人乃退。魏任城王之母勒兵登陴；澄太妃孟氏。澄為揚州出討，賊帥姜慶真襲陷羅城，孟勒兵登陴，激勵文武，卒以全城。睢陽女子代父從軍。；唐木蘭飾為男子從征。荀崧小女潰圍救父。；崧女灌，年十三，潰圍求救。周訪、石覽，以解杜曾之圍。蘄王夫人身援枹鼓。；韓世忠妻，破兀朮。繡旗女將力敵李全。全襲東平，遇金將幹不答，旁有女將，馳槍突門，而全幾不免。可不謂巾幗勝兜鍪乎？至呂母、自稱將軍，殺縣宰，祭子冢。徵側、浈交阯女子。徵弍、徵側反，掠嶺外六十餘城。陳碩真唐睦州女子。反，破睦、歙二州。之為賊者，不足道矣。

為右大將妻，而使說烏就屠即烏孫王。降漢者，烏孫公主侍者，馮夫人嫽也。錦車持節。善用兵，破走李遷仕，拒敵歐陽紇，共敗王仲宣，而封譙國太夫人者，梁馮寶妻冼氏也。錦繖寶幰以臨戎。號「娘子軍」，而舉義者，柴紹妻平陽公主也。唐高祖女。初，舉義兵司竹園。段綸妻，亦淵女，能兵。築夫人城，而守襄陽者，朱序母也。

晉劉遐為石季龍圍，妻邵氏續女。單騎拔出之。李蕩與雄為羅尚所攻，母羅氏演妹。擐甲拒戰，而救免之。崔甯入朝，成都為楊子琳襲據，甯妾任氏募勇士，自將以逼之。子琳自潰。李毅死，寧州文武推其女秀領州事，茹草炙鼠，伺夷怠而掩破之。

楊大眼妻潘氏。每逢戰獵，與大眼並鑣齊驅。李謹行妻劉氏。守代奴城。李侃妻楊氏。同夫守項城，禦李希烈，城得完。鄒保英妻奚氏。固守平州，退賊。古玄應妻。守飛狐。虞潭母孫氏。盡遣家僮從軍，鬻環珮以給軍資。謂潭：「舍生取義，勿以吾老為慮。」

姬御

唐申王冬月，使宮妓密圍禦寒，呼為「妓圍」。　楊國忠冬月，選婢妾肥大者，列前遮風，謂之「肉障」。　五代孫晟每食，使衆妓各執一器環侍，號「肉臺盤」。

漢高疏呂后，而擁戚姬。　司馬仲達厭張妃，而昵桓氏。

王平仲餉祖士言以兩婢。　桓征西賞顧長康以二婢。

見詩贈姬者：崔郊題詩，而于連帥命婢同歸。郊寓居汝上，與姑婢通。每有阮咸之縱。姑貧，鬻婢于連帥。其婢因寒食出，值郊立于柳蔭馬上，連泣，誓若山河。郊贈以詩曰：「公子王孫逐後塵，綠珠垂淚滴羅巾。侯門一入深如海，從此蕭郎是路人。」嫉郊者寫詩于座，于促召崔生，命婢同歸。　戎昱賦詩，而于頔見即還姬。昱詩：「寶鈿香娥翡翠裙，妝成掩泣欲行雲。殷勤好取襄王意，莫向陽臺夢使君。」　昱又一姬，為韓公滉所奪，即歸之。幸矣。　劉禹錫賦詩，而一贈一奪。禹錫以集賢學士過李司空紳，出名姬佐酒。禹錫賦詩，有「司空見慣渾閒事，惱亂蘇州刺史腸。」李即以姬贈之。劉後分司還洛，有姬甚美，李司空逢吉以計邀而奪之。劉賦《四愁》以投李，李但含笑而已。一禹錫，而李司空者，一贈姬，一奪之。不知所贈之姬，即所奪者否？　較王晉卿之恨不可得；晉卿貶筠州，姬侍盡逐。有一歌者囀春鶯，後道許昌，叫泣聲，恨不可得。　杜牧之之朗吟而起；牧之以御史分司過留守宴，問美姬紫雲，而欲得之。朗吟而起，有「醉發狂言驚滿座，兩行紅粉一時回」之句。其人亦李司空聽也。　趙嘏之歸而復隕。嘏嘗惑一浙姬，為浙帥所留。嘏及第，以一絶箴之。浙帥送歸，逢于橫水驛，姬抱嘏慟哭而卒。　微有間矣。《史漁》

韓翃姬柳氏為番將沙吒利所劫，虞候將許俊詐取，得之，以授韓。　韋洵美所寵素娥，羅昭威求之，美夜渡河，宿一寺，行者三更擲一皮囊，貯娥至。

能道舊事，樊通德也。乃趙飛燕女史，能道飛燕姊妹事。伶玄曰：「其人俱灰滅矣。」通德拖袖視燭影，以手擁髻，淒然泣下。

能為新聲，紀瞻妾也。周顗于衆中欲通其妾，面無怍色。有司奏免顗官，詔特原之。

雪兒之歌。李密愛姬。每賓朋文章奇麗者，即付雪兒協律歌之。　金縷之唱。杜秋娘，金陵女，李錡妾。嘗唱詞云：「勸君莫惜金縷衣。」錡叛，没入宫，又放歸。　樊素之歌，小蠻之舞。白樂天二妾。有詩：「櫻桃樊素口，楊柳小蠻腰。」　脩桃之詩。寇萊公侍兒。因見贈歌者束綾呈詩。　薛瑤英之詩書。元載妾。能詩書。載處以金絲帳，却塵褥，衣以龍綃。惟賈至、楊公南得見其歌舞。　韋氏之書記。韋陟以五彩箋，使侍妾裁答，授意而已，陟惟署名。所書「陟」字若五朵雲。

隋有司花之女，袁寶兒。又鶴林紅裳女，謂殷七七。曰：「妾久司此花。」殿脚之女。　唐有部頭之娼。

不悦女伎者，蔡謨也。王導作女伎，謨不悦而去，導亦不止之。　不視人伎者，王琨也。齊王琨性謹慎。顏師伯豪貴，設女樂邀琨，傳酒，行炙皆命伎。每行至琨，琨令置床上，回面避之，然後取。　不以伎示人者，郭子儀也。盧杞鬼面藍色。子儀病，杞問疾，子儀屏姬侍，隱几而待。曰：「杞外陋而内險，婦人見之必笑，使此人得志，吾族無遺類矣。」　盧植不窺馬融之伎。　彭宣不窺張禹之伎。　夏統不窺賈充之伎。　郭文不窺王茂弘之伎。

以妾易馬者，鮑生、鮑生多畜聲妓。外弟韋生好乘駿馬。一日相遇，乃以女妓善四絃者換紫叱撥。　蘇公。東坡謫黄州。有蔣運使餞公，公命春娘勸酒，問知還母家。欲以白馬易之，春娘下階，觸槐而死。　以妓易帶者，嚴續。嚴續歌姬，唐鎬給事通犀帶，皆一代尤物。唐慕姬，嚴欲帶，因呼盧出妓，解帶較勝負。唐彩大勝，酌酒，令美人歌一曲而別。　以婢賭馬者，爾朱文略。見《豪爽》。

老不能遣：齊張環也，位光禄大夫，或譏其衰暮畜妓。環曰：「少好音律，老而方解。平生嗜欲，無一復存。惟未能遣此耳。」宋張先也。字子野，八十五買妾。蘇東坡作詩，全篇多用張姓事。暮年不留：白樂天也，既老，欲放樊素。泣下，不忍去。宜城也，顧况有《宜城放琴客詩》，曰：「琴客，宜城之愛妾。宜城請老，愛妾出嫁。」韓魏公也。家有女樂二十餘輩。及崔夫人亡，盡厚遣之。

袁盎以侍兒賜從吏，而脱于吴。盎為吴相時，從吏私盗侍兒，盎遂賜之。及使吴，見守，從吏為校尉司馬，置二石醇醪，士卒醉卧，司馬夜引盎起，馳去。張説以侍婢與書生，而免于難。生通婢，即以與生。忽來言，公為姚相搆，指所寳雞林郡夜明簾。夜見九公主，為上言得解。葛周以寵姬妻侍卒，而拒唐師。周與寵姬飲，侍卒目視不輟，周竟妻之。後拒唐師，亦勇凱旋。种世衡以姬遺慕恩，而克諸羌。世衡知環州，酋慕恩部落最强。世衡撫而用之。嘗與慕恩飲，出侍姬佐酒。世衡起，入内，恩竊與姬戲。世衡出，掩之，慚恐，請罪，即遺之。由是得其死力。挾寵願封，劉從諫妾也。妾韋挾寵，願封夫人。詔至，妻裴毁詔不與。嬖妓得封，王景也。妓侯小師，後封楚國夫人。

玉簫遺環。韋皐事，别見。翾風别玉。石季倫妾。妙别玉聲，能觀金色。言西北方玉聲沉重，而性温潤，佩服令人性靈。東南方玉聲輕柔，而性清凉，佩服利人精神。最以文詞擅愛，年至三十，為房老。為妓殺人，韓令坤也。嬖妓楊氏，為殺陸孟俊。為詞殺妾，杜大中也。大中自行伍為將。雖妻有過，亦以公杖杖之。有妾才色俱美，大中箋奏皆妾所為。一日書《臨江仙》一闋，有「彩鳳隨鴉」之語，大中掌其面，至項折而斃。開閣驅出，王敦。姬侍盡逐，王晉卿。詵貶筠州，姬侍盡逐。有一歌者號囀春鶯，不知流落何所。二年内徙，過許昌市旁小樓，聞泣聲甚怨，問之，乃鶯也。不可復得。善文表進，李晟。太尉李晟晚得一青衣，字曰「女寳」。曰：「今老矣，家藏一女寶，曾不問，非臣所宜。如得善文者，希一表進之，吾無恨矣。」

韓熙載以歌姬還人。嚴續請韓熙載撰其父可求神道碑，以珍寶歌姬為潤筆之贈。文即成，但取譜系品秩略，不道事業。續封還，尚冀改竄。熙載直以所贈及歌姬悉還之。　杜牧之以妊妾嫁人。以嫁州人杜筠。後生子，即荀鶴。

甚矣，情欲之難制也。　項王喑啞叱咤，當是粗豪男子，而眷戀虞姬，臨亡不捨。　蘇子卿吞氈嚙雪，視死如歸，而娶胡婦生子。　關雲長忠肝義膽，可對天日，而啟曹公求秦宜禄妻，曹又疑而自取之。　趙閱道為鐵面御史，乃悦一營妓，令老兵召之。　范文正守鄱陽，屬意小妓，既去，乃以詩寄魏介而取之。

甚矣，聲色之移人也。王旦初無姬侍，上呼二直省官，責限為相公買妾，公難逆上意。初沈倫家破，子鬻銀器，皆錢氏遺中朝將相者，家人以銀易之。其後姬妾既具，問昔沈氏什器見在，公喜用之如素。　杜祁公清儉，娼妓不許升廳。再帥長安，筵會或至夜分，自索歌舞，或繫紅囊肚勒帛。以是觀之，退之中秋夜琵琶事，見于張籍之詩。　范文正慶朔堂花，著于鄱陽之石刻者。　概其平生，其可弗信矣乎？

美婦

有仍之髮，光可以鑒。　昌容之仙，隔窗見骨。　條塗之三。　赤烏之二。　妹喜遷夏。　妲己傾殷。　褒姒覆周。　驪姬傾晉。　孔父嘉。之室，美而稱艷。　巫臣之姬，雞皮三少。　南威人晋，（文公。）三日不朝。　夷光歸吴，蘇臺為沼。　婁、（邾。）顔（夫人。）之婦，國色見稱。　吴廣之女，顔若苕榮。　鄭袖擅楚。　陰、（后。）江（姬。）争趙。　敬君以畫自媒。　女環以計求進。　韓憑有婦。（何氏。）羅敷有夫。（秦氏。）　息嬀（楚。）不言。　如皋不笑。（賈大夫妻，射雉始笑。）　至于宓妃、（洛神，伏羲女。）青琴、（神女。六朝詩，歌唱青琴女。）毛嬙、（即夷光。）鄭旦、（即修明。）先施、阳文、（楚工。）吴娃、（趙武靈王吴姚。）傅予、白台、閭須、旋娟、提謨、（燕昭王。廣延國獻舞女旋娟，提謨。）閭諏、（梁惠王。）子奢，雖事蹟鮮聞，時地莫考，而名標載籍，不可厚誣。　自漢而降，則戚夫人之翹袖、折腰。　李夫人（延年妹。）之絶世獨立。　阿嬌貯之金屋。　鈎弋擘拳自開。　麗娟（漢武宫人。）吹氣勝蘭。　昭君光動左右。　飛燕掌上可舞。　合德膚滑不濡。　文君眉若遠山。　麗華（陰。）名動人主。　女瑩朝霞和雪。　「二喬」（大、小。）獨步江東。　夜來鍼絶。（薛靈芸。）莫瓊樹鬢蟬。（魏文宫人。）　宋臘清歌，絳樹妙舞。（魏文帝《與繁欽書》：「今之妙舞，莫巧于絳樹；清歌，莫激于宋臘。」）甄氏驚鴻之姿。　甘后亂玉之質。（劉先主。）　莫愁抱腰，江水不流。　麗雲一曲，醉者頓醒。　劉惔以冶容見疑。（蜀。）　東美以比肩傳子。（陸。）　潘以愁而惑人。　張既死而不舍。　荀婦、賈女，俱云絶倫。　朝姝、洛珍，（孫亮四姬：朝姝、麗居、洛珍、潔華。）同時擅寵。　劉聰六后。　天錫二姬。（閻，薛。）　金谷墜樓之人。（緑珠。）　香塵輕軀之媛。（石。）　翔風以春華見美。（房老。）　宋禕以吹笛擅聲。　桃葉以渡江興歌。（王。）　絡秀以門户屈節。（李。）　徐月華歌聲入雲。　孫荆玉（羊侃妾。）反腰帖地。　武康阮公之溪。章浦蓮花之瑞。　陳則麗華、（張。）貴嬪，（孔。）隋則寶兒、（袁。）絳仙。（陳。）　玉兒步步蓮花。（東昏潘妃名玉奴。）　小憐生死一處。（北齊後主馮小憐。）　太真姊妹，脂粉不施。　浙東舞女，蘭氣融冶。　梅妃寵奪上陽。江采蘋，明皇戲名梅妃。後娥情深來夢。喬知之身殉碧玉。何恢掌失耀華。仙娥時充使典。素娥獨避正人；武。盈盈達奚。姿艷，冠絶于時。真真未諧，柳將軍妓，以贈鄭還古。扼腕千古。薛瑶英香肌玉骨。元載妾。余媚娘沫墨劈箋。倩娘端妍絶倫。紫雲名不虛得。李。杜牧之湖州。尋春較遲。羅虬之比紅已晚。窅娘李後主宮嬪。新月凌雲。保儀華麗冠絶。蜀之花蕊，色藝俱工。劉氏瓊仙，丰神獨擅。侯君集之飲乳不飯。白樂天之細口、纖腰。韓氏之園桃、巷柳。蘇家之琴操、朝雲。奇章、真珠之室。玉堂、翠翹之伎。鏡兒絶代之姿。張紅記曲之捷。韋青妓。召入宜春院，宮中號「記曲娘子」，尋為才人。畢諴所獻，令狐綯不受。相國驚魂。韓弘所載，三軍奪目。至于鶯鶯、燕燕、張祜妾。盼盼、關。師師、李。青青、乞代翟素死，并殺。紅紅、張大歷才人。小小、蘇。愛愛、楊，錢塘人。為金陵少年張逵所調。後傳張逵已死，愛愛感念而卒。好好、張。端端；姓李，崔徽、張祜題詩嘲之。端端往見，再請，于是賓客競臻其户。李娃惑鄭；小玉殉李；韋娘斷刺史之腸；柳姬感章臺之咏；非煙、紅拂，不甘非偶；琴客、宜城之愛妾。宋態，老而失身；解愁幸遇大樞；素娥韋洵美。終辭洵美；史鳳迷香之洞；鸞兒袖裏之春。若而人者，艷質一時，香骨千古矣。王元美謂酸士所獲，不堪上駟。吾以為不然，通合有時，愛憎有命。然讀「彩鳳同鴉」之語，傷世有暗投之珠。詠紫鸞舞鏡之詩，恨時無報仇之劍。薄命如許，虛名何用乎？《談薈》

薛瓊瓊、開元宮妓。狂生崔懷寶竊窺瓊瓊，夜之供奉。楊羔潛邸待之，羔令崔作小詞，方得見。崔後為河南司録，瓊瓊理箏，為吏所詰，收赴闕。明皇因以贈之。皎皎、妓何軟産一女，求小名于樂天。可名曰「皎皎」，有名士見呼，始悟樂天之戲，取古詩「皎皎河漢女」也。 東東、竇鞏《吊妓詩》：「惟有側輪車上鐸，耳邊常似叫東東。」轉轉。燕帥劉仁恭使幕客馬彧聘于鎮州。王鎔使書記韓定辭接于公館。有妓轉轉，韓之所眷，或頻目之。韓曰：「願垂一詠，但得奉之。」或即援筆作賦。

西施、夷光。鄭旦，修明。並見幸于吴；《拾遺記》：越謀滅吴，得美女二人：夷光、修明，以貢于吴。吴王妖惑忘政。緑珠、翔風並有寵于石。緑珠善吹笛。緑珠弟子宋緯善吹篇。後人晉明帝宮中。季倫愛婢翔風，特以恣態見美。而西施、緑珠獨著，美有所掩也。

西子入市，願見者先輸金錢。《孟子注疏》：輸金錢一文。 楊妃遺襪，傳玩者每出百錢。妃死于馬嵬梨樹下。店媪得錦襪一隻，過客傳玩，每出百錢，由此致富。

婢妾之惑人喪家。 如原碧亂王；莽。 櫻桃惑石；虎之佞。 雷尚書奸政于始興；馮成母敗度于崔悛；悛妾馮淫狡。假其威勢，恣情取受。 奇章以真珠喪譽；牛僧孺甥。皇甫松有謗詩。 范温元賓。以紅鸞捐軀；薛荔能惑三頭；武翊皇以狀頭，宏詞敕頭，冠絶一代，惑婢薛荔。 紫光卒敗元湛。湛逰宋遊道，竊去，大致紛紜。

妬婦

婦妬之奇者：后妃，則若吕氏之人彘；趙氏姊妹之啄皇孫；晉胡芳之將種；賈氏之弑姑、殺子；梁郗氏之死為巨蟒；隋獨孤氏之選宮人，惟擇肥大；唐武曌之奪嫡篡位；韋庶人之襲武風軌；宋李后之因齊殺嬪。 又若楚鄭袖教新人之掩鼻；春申君之妾傷身以視君；袁紹之妻僵尸未殯，五妾駢首；閩王延翰之妻縛練盡赤，木掌摑人，身盭雷斧，稍快人意。 縉紳，則若叔向之母，遺戒龍蛇；敬通之妻親操井臼；袁紹之婦絞妾懸梁；賈充之妻甘兒絶乳；弱翁見窘于廣漢；龐參見按于祝良；王丞相九錫之嘲；謝太傅《關雎》之諷；桓宣武膽落老奴；車武子釁起絳衣；李相福一事無成，而虐咽兒溺；任瓌妻拜賜藥酒，而立飲不疑；劉孝標家道轗軻，自比馮衍；裴談甘心崇奉，譬之魔母；宜城公主刵耳劓鼻；房孺復妻刻眉灼眼；柳氏截舌斷指；祖約身被刑戮；勞彦遠面有傷痕；金媚娘肢解名姬；蘇若蘭捶辱舞伎；魚玄機以疑殺婢；蕭鑒女以妬受譴；玄齡夫人奉敕慷慨，不辭飲酖；杜業之妻血涕申言，恐誤任使；崔鉉之見侮家僮；楊文公之取嘲「四畏」；陳龍丘「獅子一吼，拄杖落地」；諸葛元直見捉跽跗，面無人色；沈存中常被夏楚，血肉狼籍。　又其猥者：京邑之婦縄繫夫脚；陳覺之妻事婢若姑；「鐵面嚴霜」之歌，衡陽三女之厄；仲端忍饑于香團；康凝貽嗤于黑鳳，慎言胭脂之虎；義方黑心之符。　以功封者，哭其貴而見忘；算本利者，恐其多而娶妾。荀婦庾氏，無鬚之人不得入門；武歷陽女桃花艷質，横被摧折；劉休之妻親賣皂莢，恬不知改；扈載撚香滴水，令嚴五申；李大壯綰髻安燈，體如枯木。若此者，廉恥喪盡矣。　夫人之難割者，愛也。武后欲傾王后，則忍于殺己女；湖倅見夫狎妓，肢解所生之兒。　人之所愛者，生也。段氏因夫誦《洛神賦》，而即夜自沉；范寺丞見夫衾有妓鞋，而閤門自縊。　至于介推之妹廟前清泉千尺，婦人靚粧必致雷雨。　吴興桑乞之妻死，而因夫再娶，白日現形，操刀割勢。　蜀功臣家富聲伎，妻在，不敢屬目；妻死之後，方欲召幸，大聲霹靂起于床簀，驚怖得病，竟殞其軀。鄭尉李寒納姬楚賓，死而别婚，見其投藥浴中，筋骨皆散。華亭衛寬夫妻死再娶，形見堂中，生子為祟，竟致不育。死而不改其性。哀哉！《談薈》

制夫者：楊弘武妻、嘗除一人官，曰：「婦韋性悍，見屬不從，恐有患。」高宗笑遣之。裴談妻、談進《迴波詞》，韋后厚賜。潘妃。東昏侯畏妃呵杖，不敢忤意，乃敕虎賁不得進大荆子。

房玄齡妻盧氏妬，太宗賜之美女，已飲之酖，一飲便盡。帝曰：「我尚畏見，何况玄齡？」任瓌妻柳氏妬，莊宗賜之宫女，已飲之酖，一飲便盡。帝曰：「朕亦當畏之！」何其類也？玄齡妻以剔目著信，終以妬稱。人固不可量哉。

魏劉曄年十三，以母戒，殺父侍人也；唐嚴武年八歲，以母言，殺父妾也。二子奇矣。母則未免妬耳。

阮宣妻武氏因其夫愛桃花，即伐其樹；劉先主有四玉人，宫中即妬玉人于似之者而猶若此。斯不必美女入室矣。

并州有妬女泉，靚粧者至，必興雲雨；臨津有妬婦津，盛飾過，必興風波。異哉。并州妬女，一云介推妹。

吕后囚戚夫人，髡鉗令舂粱。　郄后使丁貴嬪日舂五斛，即簡文母也。

賈充之妻欲後其甥，而趣殺其子于乳母之懷。子黎民三歲，見充喜笑，就而拊之。充妻謂充私乳母，殺之。黎民戀念而死。　秦檜之妻欲後其姪，而故出其子于孕母之腹。德按史，檜立妻兄王喚孽子熺為後。其孫塤，熺子也。則秦氏世絶于檜久矣。然史又載：檜曾孫鉅判蘄州，與子浚、濬俱死金人之難。蓋秦後三世史官，安知其不為偽也。他書所載林一飛者，卒未叫 其復姓也。

妖治

薛靈芸初被選，與父母別，以玉壺承淚，至京師，壺中淚凝如血。　楊太真初承恩，與父母別，泣涕登車時，天寒，淚結為紅冰。《偶記》

夏姬年逾七十，而雞皮三少，猶與巫臣生女，後嫁叔向。　《北史》：胡后年踰不惑，而妖蠱若二八。　武則天年七十，而盛自拂拭，不覺衰耗。　魏程曉《女典》所謂「蘭形棘心，玉曜瓦質，在邦必危，在家必亡」者也。前。

褒姒育于戎，幽王為之死于戎；貴妃生于蜀，明皇為之幸蜀。女禍之應如此哉。

孫氏興江東，有喬氏。　李氏失江南，亦有喬氏。

李德裕云：「自古得伐國之女以為妃后，未有不致危亡。」晉之驪姬，楚之夏姬、息嬀，苻堅之清河公主，侯景之溧陽公主，隋文帝之陳夫人。　史蘇所謂：「我以男戎勝彼，彼必以女戎勝我。」《隋書》曰：「興門之男，衰門之女。」信矣。

唐孟媪詐為丈夫，奏兼御史大夫。嫁張詧。詧為郭汾陽所任。媪酷類詧。詧卒，遂名為詧弟，續事汾陽。亚中累奏兼御史大夫。忽嫁潘老，生二子。　宋東陽女子婁逞詐為丈夫，仕至揚州議曹從事。　王蜀女子黃崇嘏作詩上蜀相周庠，庠首薦之，攝縣令，事精敏。《偶記》

蜀有兩花蕊夫人，俱姓徐。　一王建妾，一孟昶妾。　俱亡國尤物也。孟之花蕊夫人入宋，太祖亦惑之，為太宗射死。又妓有兩盼盼：一唐，一宋；兩楚楚：一宋，一元；兩蘇小小：一南齊，一宋；兩愛愛：一宋，一元。前。

衛子夫之為后也，天下歌曰：「生男無喜，生女無怨，獨不見衛子夫霸天下。」楊貴妃之擅寵也，天下歌曰：「男不封侯女作妃，君有女却作門楣。」一云：「生男勿喜女勿悲，君今看女作門楣。」

女寵之禍，何代無之？甚矣，女禍之易于襲也。繼之者皆弗終：魯之兩姜氏也，前文，後哀。魏之兩馮氏也，前文明后，後孝文后。唐之兩武氏也。前曌，後惠。姜之弒，馮之淫，武之殺子，若一轍焉。然姜戮于齊；馮誅于魏；武折于唐。均弗若前之成也。夫馮之後，有靈也；武之後，有韋也。成矣，而弗能享也。信天道之弗可載也。

諫寵董賢曰：「私恩微妾。」諫則天，曰：「男妾太多。」

「一雌復一雄，雙飛入紫宮。」李延年與李夫人，漢武時歌；清河公主與慕容冲，苻堅時歌。

瀆亂

魏楊華為胡后所寵，遂有《楊白花曲》。齊楊旻為何后所寵，遂有《楊叛兒曲》。《偶記》

齊桓之姑姊妹。衛宣公之宣姜。晉文之辰嬴。漢高之肥母。昭烈之吴后。晉惠帝之謝才人。玖。宋孝武之殷淑儀。唐文皇之楊妃。高宗之武才人。

呂后以魯元公主女張氏為惠帝后，是母舅下婚女甥。孝昭后上官氏，霍光外女孫也。宣后，光女，昭于宣為祖行，甥女為祖姑，諸母為孫婦。棄禮瀆倫如此。　蔡興宗以女適外甥袁覬子彖，是以舅祖之女為妻矣。亦大乖倫序。

唐郭曖尚代宗女昇平公主，而女為憲宗后，是配姑祖之女；曖子鏦尚順宗女漢陽公主，是以女配姑祖之子。　竇希瑊，玄宗之舅，瑊子鍔尚玄宗女永昌公主，是以表弟為婿矣。《史漁》

韓國夫人得幸于高宗，武后之姊也。　韓國夫人得幸于明皇，楊妃之妹也。

齊武成令胡后與和士開握槊。　唐中宗為韋后與武三思點籌。　馬澄與鬱林何妃鬥腕。《偶記》

趙后詐為有娠，以篚載少年入宮。　賈后詐為有娠，以篚載少年入宮。

霍光愛幸監奴馮子都，其妻顯寡居。即與子都名殷。亂。　梁冀愛幸監奴秦宮，其妻壽即與宮私。《偶記》

館陶公主私董偃；蓋長公主私丁外人。　漢禮法替也。

南寶寺女家人與村民石生通，生鄭注。　龜溪有夫婦胡浣衣，與賈涉通，生似道。

易內者，齊慶封。好田，嗜酒，以其內實遷于盧蒲嫳氏，易內而飲。　不禁內者：北齊徐之才、妻與男子私，走避曰：「恐妨少年嬉笑。」南唐韓熙載、妓、妾不禁出入。　裴光庭之夫人、武三思女，常私李林甫。　司馬德戡母。德戡幼，以屠家自給。桑門釋粲通德戡母和氏，遂撫教之，因解丱計。

子通父妾：畢昭、義雲孽子。與侍婢通，搒掠無數。　魏清河王通珪妾萬人、道武被弒。　張蚝、張平養子。通平妾，事苻堅封侯。　許昂、敬宗侍妾，有姿色，子昂通之。敬宗奏昂不孝，流之嶺表。　高澄。

元魏馮后淫兇弒逆，竊國大柄，而獲考終。天網有時而漏也。胡氏效尤，則不免于沉河矣。唐武后腥穢人紀，冒干歷數，而享壽考。天道有時而爽也。韋氏繼軌，則不免于授首矣。孰謂不善可稔乎！《偶記》

天子稱主翁。武帝姑館陶公主號「竇太主」，堂邑侯陳午尚之。午死，主年五十餘矣，近幸董偃。上嘗從主飲，曰：「願謁主人翁。」偃綠幘傅韝伏殿下，稱「館陶公主庖人」，詔賜衣冠。　公主立面首。山陰公主謂廢帝曰：「俱托體先帝，陛下後宮數百，妾惟駙馬一人。」帝為立面首，左右三十人。《駢志》

出妻

出妻，為供養蒸梨不熟者，曾子也。後母遇之無恩，供養不衰。妻蒸梨不熟，因出之，終身不娶。為叱狗者，鮑永也。永養後母至孝，妻嘗于母前叱狗，即去其妻。為取水者，姜詩也。母好飲江水。妻嘗泝流而汲，值風不得還，母渴，詩責而遣之。為椓壁挂履土落母床者，劉瓛也。為罵媵婢，母聞不樂者，唐李迥秀也。曰：「娶婦欲以事姑，苟逆顏色，何可留也。」其出也，以欲孝于親。

為兄病不調而退遣者，孫謙也。從兄靈慶病，曰：「向飲，冷熱不調，即時獨渴。」謙退，遣其妻。為嘲弟食糠者，陳平伯兄也。或曰：「平何食而肥？」其嫂疾平不視生產，曰：「亦食糠覈耳。有叔如此，不如無有。」伯聞，逐婦。為教異居者：李充也，充字大遜，兄弟六人，貧無擔石之儲。妻曰：「我有私財，可分異獨居。」充跪白其母，曰：「此婦無狀，不可以承宗祀。」叱而遣之。劉君良也。四世同居門內，斗粟尺帛無所私。大業末，荒饉，妻勸異居。因易置庭樹，鳥雛合鬥且鳴，家人怪之。

月餘，君良密知其計，因白去其妻。其出也，以欲友于兄弟。

為取東家棗者，王吉也。東家棗樹垂吉庭中，吉婦取啖之。吉知，怒婦，出之。東家聞之，伐其樹，鄉鄰勸吉還婦。其出也，以欲廉于己。

若夫遣妻別婚之黃允；袁隗為從女求婚。見允歎曰：「得婿如此，足矣。」允聞，乃遣其妻夏侯氏。氏乞一會親屬。于是大集賓客，婦攘袂數允隱匿穢惡十五事。言畢，登車而去。允以此廢于時。棄妻別娶之竇玄、漢竇玄以形貌絕異，天子以公主妻之，舊妻與玄書別。王獻之、以奉詔尚餘姚公主，而離郗家婚。嘗有書遺故婦，辭甚楚。王肅、先仕齊日，聘謝女為妻。及至魏，復尚公主。謝作詩贈，有「本為箔上蠶」之句。崔模、魏崔模在南，妻張氏有二子：仲智、季柔。神䴥中，歸降，至京師，賜妻金氏，生子幼度。陳元康；北齊盧道虞女為郭瓊子婦。瓊以死罪沒官，高祖啟賜元康為妻。元康乃棄故婦李氏。溺姬侍而出妻之李元素；娶石泉公王方慶孫女。前妻子皆不肖，而元素溺姬侍，王不見答。元素久疾，益昏惑，遂出之。王訴于朝，免元素官。納奸婦而逐妻之薛瑊；東平王元康妾張氏，瑊初與奸通。後納以為婦，逐前妻于氏，不認其子。寵妾棄妻之鍾繇、會母寵于繇，繇出其夫人，文帝詔復之。繇憤恚，餐椒市噤乃止。齊濬。納劉戒女為妾，不答其妻。李林甫惡其行，擠而廢之。均不免于趨勢與薄倖矣。

古事比卷之六

宗族

推族大者：齊之高國與田也。楚之昭、屈、景也。晉之欒、郤也。漢之金、張、許、史與袁、楊也。西京呂、霍、上官、趙、丁、傅、王，七族；東京二竇，及鄧、閻、梁、何，六姓，則專屬外戚。吳之張、朱、陸、顧。四姓，苍目張文、朱武、陸忠、顧厚。河北之崔、盧。江南之王、謝。山東之六族。高宗朝，以太原王，范陽盧，滎陽鄭，清河、博陵二崔，趙郡、隴西二李，為望族。宋山西之种、姚二家，至今艷稱之。

族以地著：王有臨沂、太原兩派。王舒後有融，二子：祥、覽；覽從兄雄生二子：渾、乂；渾生戎；乂生衍；覽長子裁，生導；四子正，生曠；曠生羲之。此琅琊臨沂王氏也。王澤後有昶，四子：渾、深、淪、湛；渾四子：尚、濟、澄、汶；湛子承；承子述；述子坦之。此晉陽太原王氏也。裴有燕、涼、河東「三眷」。裴氏自晉魏以來，居燕者，號「東眷」，有居、道、休、徹、垍、冕、度；居涼者，號「西眷」，有寂、矩；居河東者，號「中眷」，有光庭、遵、度、樞、炎。又裴遵從光武平蜀，曾孫茂二子：長輯，號「東眷」；次徽，號「西眷」；徽曾孫天明，號「中眷」。

族以支分：崔、殷子雙為「東祖」；邯為「西祖」；寓為「南祖」，亦號「中祖」。李、楷徙居常山，五子：輯、冕、芳、勁、叡；叡子勔兄弟居巷東，勁子盛兄弟居巷西，故叡為「東祖」；芳、勁共稱「西祖」；輯，冕稱「南祖」。鄭、溫子曄為「北祖」；簡為「南祖」；恬為「中祖」。薛懿三子：該，號「北祖」；雕，「南祖」；興，「西祖」。分「三祖」；韋分二眷。穆，號「東眷」；有逍遙公敻、鄖公孝寬，濟號「西眷」；有平秦公瑱、固安公法保，稱「四公」韋氏，凡九房，以敻後為逍遙公房；以嗣立後為小逍遙公房。猶越東施、西施；晉南阮、北阮；咸與叔籍居道南；諸阮居道北。北阮富，南阮貧。唐東楊、西楊；憑與弟凝分東西里而居。憑子孫冠服鮮潔；凝子孫冠服鄙陋。人謂：「東楊樸，西楊華。」南鄭、北鄭也。餘慶與從父絪家昭國坊。絪第南，餘慶第北。世謂：「南鄭相，北鄭相。」

婚姻終重六族。李義府為子求婚不獲，勸高宗詔山東六族，不得自為婚姻。然終不能禁，反自強禁，婚家益增厚價。題名皆以姓望。柳宗元與劉禹錫同登第，題名慈恩寺塔。談元茂秉筆題名，皆以姓望，而辛南容適不在，柳曰：「東海人。」元茂曰：「争得知？」曰：「東海之大，何所不容。」辛至曰：「渤海衆。」大笑。

屈平溯于高陽。司馬遷系于重黎。韋孟基于豕韋。揚雄臚于姬周。班固序傳，爰推子文。河汾作系，粤稽王建。

蘇氏出于高陽。味道刺眉州，卒官，一子留眉。歐陽氏出于夏禹。無疆之子蹄，封烏程歐餘山之陽，為歐陽亭侯。其後，子孫遂以為氏。

漢，士會之後。士會有子留于秦，為劉氏。秦滅魏，徙大梁，生竫；徙沛，生仁，號豐公；生煓，字執嘉，生四子：伯、仲、邦、交。陳，太丘之後。齊、梁，蕭何之後。隋，關西太尉之後。宋，趙廣漢之後。馬援為重合侯通之後。通，莽何羅之弟。孟康注：本姓馬，明德后惡其先有反者，易姓莽。曹操為夏侯之後。操父嵩，為曹騰養子。有以讖緯進者云：「漢以來官盡言曹，吏亦言屬曹，卒言侍曹，此非天意乎？」因此不復姓。杜少陵自云陶唐之後。贈族弟唐十八使君詩。宋賀鑄自言知章之後。且推本其初出。王澈自言王吉之後。奏漢昌邑中尉是遠祖，請改名。

陰識，管仲之後。　法雄，齊王法章之後。　第五倫，齊諸田之後。　段熲，共叔段之後。　种嵩，仲山甫之後。　顧榮，越王勾踐之後。支庶，封于顧邑。　温太真，郤至之後。

能言吾祖：剡子見師，不識其先，籍談見誚。周景王謂談曰：「爾祖司晉之典籍，故曰『籍氏』，汝何故忘之？」晁錯父曰：「劉氏安，晁氏危矣。」《漢書》　苗傅黨張逵曰：「趙氏安，苗氏危矣。」　李旺歎曰：「呂氏安，趙氏危矣。」羣言高達可援襄陽。似道曰：「用達如呂氏何？」

劉向上封事，曰：「王氏與劉氏勢不兩立。」宜援近宗室，黜遠外戚。如不行此策，田氏復見于今，六卿必起于漢。」

魏任瑕先世皆早成，時語云：「蔣氏翁，任氏童。」　晉麴允，金城人，與游氏世為豪族，西州語曰：「麴與游，牛羊不數頭。南同朱門，北望青樓。」　貴如郝、許，郝處俊與弟許圉師，同里宦達。　富如彭、田。時鄉人彭氏、田氏，以高貲顯，故江淮間語云。

《田單傳》：鐵籠以脱宗人；燕師長驅，單令其宗人盡斷車軸。末傅：「鐵籠安，平城壞，齊人争走塗。」惟單宗人得脱。樊宏作營壘，以保親屬；與宗家親屬作營壘自守。歸之者千餘家。　虞延嬰甲胄，以衛親族；莽末大亂，延擁衛親族，扞禦鈔盜。　孫堪嘗力戰，以護宗族。緱氏人。莽末，兵革，在營堡間。嘗力戰陷敵，宗族賴之。　數子者，其葛藟之庇本根乎？

恤族者，則劉般、收恤九族，行義尤著。　任隗、阿陵侯光子。所得俸秩賑恤宗族，收養孤寡。　毛玠、雖居顯位，嘗布衣蔬食，撫育孤兄子。貲賜以賑施貧族。　韋孝寬、早喪父母，事兄嫂甚謹。親族有孤遺者，必加賑贍。　寇雋、期功之中孤幼者，衣食豐約，並與同之。　盧邁。范陽人。為叔弘崔祐甫所親重，以叔父、兄弟、姊妹悉在江介。屬歲饑，懇求江南上佐，授滁州刺史。婚嫁甥姪之孤遺者。

撫孤者：則范廣養隆；廣，隆疏族。隆幼孤，廣愍而養之。隆好學修謹，事廣如父。崔浩撫寬；初歸世祖，浩原存撫之。浩誅，以疏族不坐，遂家武城。以一子繼浩弟覽，妻封氏，相奉如親。高允為遵營官路；遵歸從祖兄允。允為遵父舉哀，為營官路。遵感成益之恩，事允如諸父。獨孤永業為羅買田宅。信為宇文護誅，子羅無以自給。永業為買田宅，遺以資畜。又高慎、字孝甫。撫育孤兄子五人。何英嘉其行，以女妻焉。高柔六代祖。檀憑之、從兄子韶兄弟五人，皆稚弱而孤。憑之接養若己所生。謝幾卿、兄才卿早卒，子藻幼孤。幾卿撫養甚至，後歷清官，皆幾卿獎訓之力。邢卲、事寡嫂甚謹，養孤子恕，慈愛特深。陸瑁。從父績亡，二男一女，皆數歲。瑁迎養之。皆盡心于孤稚者。

以同宗相深遇者：漢劉陶、同宗劉愷以雅德知名，獨深器陶。楊弘武、高宗惻見親，委后母榮國夫人以與同宗。又稱薦之。張九齡、遷司勳員外郎。張說為中書令，序為昭、穆，尤親重之。劉三復、劉禹錫重其才，贈序稱為從弟。元載、李輔國妻元氏，載之諸宗，因是相昵狎。關播、神策軍使王駕鶴妻關氏以播與同宗，深遇之。陳少遊、升座問難，所引文句，悉兼他義。甚為陳希烈所賞。又以同宗，遇之甚厚。王鍔。附太原王翃為從子，以婚閥自炫。

何壽于何武，以其同姓故厚。壽為太守，知郡吏何武有宰相器。黃庭堅于黃渥，復以兄弟合宗。會稽黃渥與庭堅皆出婺州，以年相望，與渥相近，復以合宗。

劉焯與河間劉炫為友；崔模與崔頤相親。皆同姓也。

不肯假廕，李懷遠也。少孤。宗人欲其藉高廕，曰：「因人之勢，高士之恥。假廕而官，豈吾志耶？」謝還告身，狄青也。有持梁公畫像及告身詣獻。青謝曰：「一時遭際，安敢自比梁公？」厚贈而還之。比之郭崇韜哭子儀之墓，所得多矣。恥與逆同宗，而賜姓，李抱玉也。本姓安，名重璋。上言世占涼州，恥與逆臣共宗。詔賜姓李。自醜冒姓，而乞宗籍，李叔明也。本姓戢，少養外家。冒姓鮮于，初不知意，醜之，乞宗姓列屬籍。托以為先者：王莽稱王子喬為皇祖叔父。唐高祖稱老子為皇祖。馬希範自謂伏波之後。黠戛斯自以為李陵子孫。吐蕃徐舍人語俘道人曰：「我乃司空英公裔孫也。」豈非何昌寓所笑「遥遥華胄」、有姓閔求官者，昌寓問是誰後？對曰：「閔子騫。」昌寓掩口而笑，曰：「遥遥華胄。」高儉所歎「悠悠世祚者哉」！《譜録》都廢，言李悉出隴西，言劉悉出彭城。悠悠世祚，迄無考按。冠冕、皂隸，混為一區。認宗而不終：袁翻于袁濟；翻父宣，隨沈文秀入國。劉昶每提引之，言是其外祖淑之近親。令與參軍袁濟為宗。宣時孤寒，甚相依附。及翻兄弟官顯，與濟子洸、演，遂各陵競。洸等乃經公府，以相排斥。李崇德于李義府。義府既貴，給事中李崇德初與同譜。及義府出為普州，即除之。義府復相，誣搆其罪，下獄自殺。世不乏翻、德輩也，亦世情也。冒以相親：尊義府為父兄；義府已貴，乃言系出趙郡，與諸李序昭、穆。嗜進者，尊為父兄。呼羅隱為叔父；羅威賦詠，甚有情致。錢塘羅隱有詩名。威遣使賄遺，自叙宗姪。郭崇韜以汾陽為從祖；豆盧革曰：「汾陽，本太原人。公家雁門，豈其枝派耶？」崇韜曰：「𠜂先人言，距汾陽四世。」革曰：「然則固從祖也。」韋嗣立附籍韋后。與后屬疏，特詔附屬籍。甚而陳孔範與孔貴嬪結為兄妹；江總養陳良姊為女；趙彦昭以女巫趙五娘。為姑；趙氏出入禁掖，認為同宗。其得宰相巫之力也。崔亮托劉騰為妻族。宦官劉騰擅權，亮托妻劉氏為騰一族，以致名位赫顯。寡廉鮮恥，何所不至！

李密書叙唐祖，曰：「與兄派流雖異，根系本同。」抗也。而蔡嶷改稱叔祖，則媚矣。拜蔡京為叔，京命攸修出，亟云：「向者大誤，公乃叔祖。二尊乃諸父行也。」遂得首選。甫解褐，即除秘書正字，未踰一年，至侍從。王鉷不肯認族，倨也。□□□□，而劉后唐莊宗后。不認其父，則悖矣。父劉山人上謁，后爭寵，以門望相高。怒曰：「此田舍翁。」笞于公門。

薛宗起以不預郡姓，而碎戟以爭之。衆議柳氏為河東茂族。帝曰：「蜀也。」宗起曰：「先世仕蜀，復歸河東。今不預郡姓，何以生為？」碎戟于地，乃入郡姓。帝曰：「君非宗起，乃起宗也。」 杜正倫以不許同譜，而鑿川以害之。正倫與城南諸杜昭、穆素遠。求與同譜，不許，銜之。諸杜所居號「杜固」，地有旺氣，故世多衣冠。正倫執政，建言鑿杜固以通水利，川流如血。自是南杜遂不振。

以疏族不坐：令狐華之于愚。愚與王凌謀廢立誅。邵子華，以疏屬得不坐。 崔模、崔頤之于浩。浩、模、頤三人別祖，而模、頤為親，浩恃其家世，嘗侮模。模曰：「桃簡正可欺我，何合輕我家周兒？」周太武聞之，故浩誅，二家獲免。桃簡，浩小字；周兒，頤小字。

當代禪而懿親弗願者：有魏之陳思王植；初封臨菑侯，聞魏氏代漢，發服悲哭，文帝恨之。 晉之習陽亭侯順；字子忠，宣帝第五弟通之子。及武帝受禪，歎曰：「事乖唐虞而假為禪名。」遂悲泣。由是廢黜，徙姑臧縣。雖流放，守意不移，卒。 隋之滕王瓚；隋高祖母弟。周宣帝崩，高祖入禁中，將總朝政。瓚聞召，不從。 從梁之廣王全昱。全忠兄。全忠稱帝，與宗戚飲博。昱忽以投瓊擊盆中，睨帝曰：「朱三，汝本碭山一民，天子用汝為四鎮節度，奈何滅唐社稷，行當族滅。」帝不懌而罷。 賢于裸將之士，勸進之臣矣。《日知録》

晉石苞曾孫樸没于寇。石勒以與同姓，引為宗室，位至司徒。《晉書》侯景以侯瑱同姓，托為宗族，待之甚厚。《南史》此以殊族，而附中國也。 晉孫旂子弼及弟子髦、輔、琰四人，並有吏材，稱于當世，遂與孫秀合族。《晉書》周弘正諂附王偉，與周石珍建康之厮隸也。為梁制局監，降侯景。合族。《南史》李義甫既貴，自言本出趙郡，始與諸李叙昭、穆。無賴之徒拜伏為兄叔者，甚衆。李揆，山東甲族，見李輔國執子

弟之禮，謂之五父。《舊唐書》此以名門而附小人也。《日知録》

通譜系：如宋王仲德于王愉。北土重同姓，遠相投者，莫不營贍。仲德出愉在江南，是太原人，乃往依之。愉禮之甚薄。　魏崔寬于崔浩。自隴右通款，浩與相齒敘。浩誅，以疏族不坐，遂家武城，以一子繼浩弟覽，妻封氏，相奉如親。　魏杜銓于杜超。初密太后杜氏，父豹家在濮陽。太武欲令迎葬于鄴，欲取杜一人為宗正令，營護凶事。崔浩曰：「杜銓是杜預後，為諸杜最。」召為令。與杜超子道生送豹喪葬鄴南。銓遂與超如親。超曰：「既是宗正，何緣僑居趙郡？」乃延引同屬魏郡。　隋韋鼎于韋世康。鼎，陳亡入隋。時韋世康兄弟顯貴。文帝謂鼎曰：「世康與公遠近？」曰：「宗族南徙，昭、穆非臣所知。」帝曰：「卿百代卿族，豈亡本也。」命官給酒餚，遣世康請鼎還杜陵。鼎乃自楚太傅孟以下二十餘世，並考論昭、穆，作《韋氏譜》七卷示之。歡飲十餘日，乃還。

同居

同居：如漢蔡邕、樊重，魏楊播，宋奉新胡仲堯外，若唐博陵崔倕，晉郎方貴，俱三世同居。　宋太原太守顧訓之、徐州彭程，四世同居。　后漢顧訓家有百口，五世同居。　襄州張巨源、劉芳、兗州童升、陳州樊可行、京兆元守全、平定軍段德、潭州瞿景鴻、温州陳侶、江陵褚彦逢，俱五世同居。　陝州張文裕，六世同居。　建昌洪文撫，自其祖諤，六世義居。　麟州楊榮、隰州趙友、開封李居正、潁州張可象、衛州張珪、滄州崔諒，並七世同居。　宋俞舉慶、阜城李罕澄，七世同居。　江州許祚，長幼七百八十一口。　廬州趙廣、順安軍鄭彦圭、信州俞雋、池州方綱、莫州高珪、永定軍朱仁貴、潞州邢濬、相州趙祚，並八世同居。　唐張公藝，九世同居。　宋上虞劉承詔、京兆惠從順、貝州田祚、保定軍孫浦、襄州常元紹、蔡州黄美、解州董孝章，並十世同居。　河陽陳芳，十四世同居。　信州李琳，十五世同居。　會稽袁承詢，十九世同居。　宋河陰王世、大名李宗祐、陳州劉閏、宣州汪政、潭州李耕，俱聚居至七百口。　元張閏，八世不異爨。

二代同居：唐單父劉九江、有慈烏巢于庭户。鄉里名其鄉曰「邕睦」，里曰「同居」。　華陰韓思訥。

三世同財：封延伯、僑居東海。　樊重。三世未分貲財，篋笥並無封鎖，欲用者取之。

四世同居：零陵譚鴻寶、義興陳玄子、户口一百七人。　衡陽何弘華、華陽黑頭人。　天水趙令安、孟蘭强、太山劉業興。

五世同居：東海徐生、武陵范安祖、李聖伯、范道根。　又唐澧陽張仁興、澤州雍仙、桑虞、苻朗嘗詣虞家，升堂拜母。　溧陽陳班、五代同爨。　虢州閻豐、涇縣萬晏。自高祖頵至仲芳五代。

六世同爨：《南史》邵榮興、文獻叔，並武陵人。

九世同居：江州陳兢，犬亦同牢，一犬不至，羣犬不食。

七世同居：博陵李幾家二十二房，一百九十八口也。　南唐江州陳氏七百口也。

百口同爨，魏楊播也。　八院相對，唐裴寬也。寬兄弟八人，子姓二百餘口，堂設一鼓，每擊鼓會食。　一宅同居，崔倕也。倕六子：邠、酆、郾、郇、鄯、鄲，兄弟自始仕至貴達，同居光德里一宅。　七世同居，犬豕共乳，烏鵲同巢，郭雋也。字弘文，太原人。家門雍穆，犬豕共乳，烏鵲同巢。時人以為異感，州上其事，遣平原公宇文弼勞問之。　七世同居，兒無常父，衣無常主，范毓也。字稚春，奕世儒業，客居青州。逮毓七世，人號其家云。

四代同居，六畜皆異母共乳，唐吕元簡也。北海人。

兄弟同居：崔騊也，家貧，同居數十年，鄉邑化之。寇治也，兄弟白首同居。甄琛也，與弟僧林誓同居以没齒。張烈也，辭老還鄉里，兄弟同居怡怡然，為親類所慕。吴悉達也，昆弟同居四十餘載，閨門和睦，讓逸競勞。朱敬則也。與三從昆弟，居四十餘年，貲産無異。再從同居，劉審禮也。家無異爨，合門二百餘口，人無間言。再世孝友，江華子德操也，許荆也。

異姓同居，鹿泉人李處恭與張義貞，同居三代，百餘年。崔隱甫奏請旌表。

家世

四世者，金日磾，磾子安上，安上子敞，敞子涉，世名忠孝、明經、節儉。六世者，桓榮子郁，郁孫鸞，曾孫彬，郁中子焉，孫典，鸞孫曄，郁孫麟，父子兄弟代作帝師。周舉子勰，自曾祖父揚至勰孫恂，六世，一身皆知名。

七世通顯：漢應順子壘，壘子彬，彬子奉，奉子邵，邵子郇，郇子瑒。中興初，應嫗生四子，見神光照社，探之得黄金。自是諸子並有才名。

五世盛德：魏王昶子湛，湛子承，承子述，述子坦之，世號「太原王」。杜畿，畿子恕，恕子預，預子錫，錫子乂，世號「京兆杜」。

石氏建慶隆貴，時萬石君尚無恙，未再傳而孝謹衰。　太丘聲譽如雷，公慚卿，卿慚長，位益高，名益下，德渥于前，而薄于後也。　韋孟至賢，一經始振鄒魯，少子為相，玄成。殊又不及乃翁。　河汾家世時傳《中説》，勃名文章，成就堇堇耳，耳食于昔者未深，而今尤淺也。

論世胄者：贊皇之譽，固出感憤。李德裕云：「顯官須公卿子弟為之。蓋少習其事，臺閣之儀，不教而自成。」藝祖之薄，亦豈無因？太祖曰：「資蔭子弟，但能彈琵琶，弄絲竹。」至讀太沖、樂天諸詩，左《詠史詩》：「鬱鬱澗底松，離離山上苗。以彼徑寸莖，蔭此百尺條。」又云：「世胄躡高位，英俊沈下僚。」白《悲哉行》：「沈沈朱門宅，中有乳臭兒。」又云：「山苗與澗松，地勢隨高卑。」與顔延之之訓，士大夫子弟，射，既不能穿；札筆，則纔記姓名。未嘗不慨然也。大都鼎貴韋布，互相雄皆，而鳳毛神駒，與醴泉芝草，未可畸重，要在自樹耳。

昭烈子禪昏懦面縛；孫諶乃欲背城一戰，殺妻子以見先帝。謝玄子瑍不慧；孫靈運文藻為詞流宗。韓愈子昶金銀莫辨；而孫承狀元及第，為時聞人。楊用修《題名考》作衮。父子不相及，而祖孫酷肖乃爾。《間奇》

《嘉話録》：武后朝宰相石泉公王方慶，進其家自右軍以下至僧虔、智永禪師二十五人，各書帖一卷，命崔融作序，謂之《寶章集》，亦曰《王氏世寶》。　《梁書》：劉孝綽兄弟及羣從諸子姪，當時有七十人，並能屬文，三妹並有才學。　晉王祥弟覽、孫導至十一世褒，歷兩晉、宋、齊、梁、陳、后周，凡七十餘人，皆有列傳。　如羲之、獻之、徽之、弘、僧達、曇首、僧綽、僧虔、儉皆有孫裔。　及河東裴氏十代有傳，王禹玉歷仁宗、英宗、神宗，並為翰林學士。其家自太平興國至元豐十榜，皆有人登科。　《隋唐嘉話》

載：朱正諫敬則，代著孝義，自宇文周至國家，並令旌表，門標六闕。

《江左文苑》：儒林，若伏曼容、丘靈鞠、祖冲之，三世具載列傳。然伏氏分為三，而中孚、靈鞠不盡親子孫，惟王筠稱「七葉重光」。沈約亦曰：「未有王氏之盛者。」

崔逞之冠。魏孝文嘗閱故府，得舊冠，題曰：「南部尚書崔逞制。」謂休曰：「此卿家舊事也。」　魏徵之笏。魏謨，徵孫。唐文宗問：「有舊詔書否？」對曰：「比多失墜，惟簪笏存。」上命進來。鄭覃曰：「在人，不在笏。」上曰：「此甘棠之義。」嘗贊謨：「議論挺挺，有祖烈風。」　李靖之筆與帶。衛公五世孫。彥芳獻衛公佩筆。其舊物有靖破蕭銑時所賜于闐玉帶，悉留禁中。　任圜之笏。任謂持先世任圜笏。　賈耽之笏。賈種民持先世賈耽笏。

顏見遠死節于蕭齊，其孫之儀盡忠于宇文周。則常山、平原之節義，有自來矣。　馬援孫璘嘗讀《援傳》，至「大丈夫當死邊。」慨然曰：「使吾祖勳業墜地下乎？」卒為中興名將。

郭賀先有清節。洛陽人。祖堅、伯游君，並修清節，不事莽。　陳球歷世著名。子瑀，瑀弟琮，弟子珪，珪子登。

劉馥世不曠名。子靖，靖子熙，熙弟弘。自馥至弘，世不曠名，而有政事才。　伏湛世傳經學。琅邪東武人。九世祖勝。湛封陽侯，二子隆翕嗣爵，子光，光子晨，晨子無忌，忌子質，質子完。自伏生以後，世傳經學，清淨無競。故東州號為「伏不鬥」。　鄭渾世為名儒。開封人。高祖衆，衆父興，皆為名儒。　羊祜九世清德。泰山人。世吏二千石，至祜九世，以清德聞。祖續，父道。　楊準七世名德。楊銓期，震之後。曾祖準。自震至準，七世有名德。　牛僧孺子孫皆賢。僧孺二子：蔚、藂，俱節度至尚書。蔚子徽，藂子嶠，亦顯。蔚歷條初政，宣宗謂：「牛氏有子。」宰相請廣諫員，宣宗曰：「張符、趙璘、牛藂，三人足矣。」徽典選，杜請謁，扶父病過蜀，盜稱孝子。張濬伐太原，引之不起，濬果敗。請聽李茂貞討楊復恭，果有功。茂貞偃蹇，請勿封，果敗。　崔胤忌其正，致仕歸樊川。則僧孺之子若孫，皆賢矣哉。

蘇武忠貫日月，而子元與淮南謀逆；張説大名蓋代，而子均、垍為安禄山丞相；盧奕為唐死節，而子杞奸邪誤國；曹植志扶魏室，而子志為司馬祭酒。此變忠義之胄為不肖也。沈充與王敦謀反，而子勁死洛陽；譙氏與李雄據蜀，而子登復仇死國；褚淵挈國璽授齊，而子賁恥不受偽命；李懷光以臣逼君，而子璀以謀告朝廷。此化凶族為忠義也。豈盡貽謀使然耶？故君子貴自樹。（問奇）

家法

韋氏《宗會法》。謝昌國云：「人家每有族人遠來，則為一會，以合族。古人有《花樹韋家宗會法》，可取也。」　崔氏《家法》。唐貞元以來，言《家法》者，以博陵崔倕為首。倕六子：邠、酆、郾、郇、鄯、鄲，同居光德里一宅。宣宗歎曰：「崔鄯家一門孝友，可為士族法。」鄯搆小齋，題「德星堂」字賜之。

杜恕字務伯。著《家誡》。　夏侯湛作《兄弟誥》。弟淳、琬、瑫、謨、總、瞻等拜手稽首。　陶潛，《命子詩》。　張融，《門律》。臨卒，又誡其子，讀父書，不墮家聲。　謝混，《韻語》。以獎勸族子靈運等，並有誡勵之言，惟弘微獨盡褒美。　王褒，子淵。《幼訓》。以誡諸子。（北史）　刁雍著《教誡》。二十餘篇。　魏收，《枕中篇》。以子姪少年，申以誡勵。　顔延之為《庭誥》之文。　顔之推撰《家訓》。二十篇。　任昉，《家誡》。甚有條貫。　甄琛，《家誨》。二十篇。　穆崇，《家令》。　張烈，《家誡》。千餘言，自叙志行及所歷官。　作《八務》、《七戒〔二〕》、《六恐〔三〕》、《五懼》，皆有條章，誡勵諸子弟者，諸葛亮也。　集古今聖賢《誡子》，書于屏風者，房玄齡也。

載籍所稱家法，則石奮、不言而躬行。　鄧禹、修整閨門，教養子孫。　仇覽、妻子有過，輒免冠自責。妻子庭謝，候覽冠乃敢升堂。司馬防、養志閭里，閉門自守。父子之間肅如也。何曾、閨門整肅。庾亮、閨門之内，不肅而威。時以為夏侯、太初、陳長文之倫。孫盛、性方嚴，有軌憲。雖子孫斑白，而庭訓愈峻。楊椿、孝友。百口同爨，庭無間言。穆崇、言家法者，以寧為嚴訓。柳靖、子弟奉之若嚴君。有過，靖必下帷自責，長幼相率拜謝庭下請，然後見之。鄭受益、餘慶曾孫。家與清儉，中朝禮法，以鄭氏為甲。裴潛。為郡守。羣弟之田廬，常步行其家，上下相奉，有似石奮。

李守通之父。居家如官廷。　樊重子孫朝夕禮敬，常若公家。　華歆遇子弟甚整，雖閨室之内，嚴若朝典。　宋推治家如官府。　柳敏治家如官。　崔弘度治家如官。　張湛遇妻子若嚴君。　馮良遇妻子如君臣。　李和諸子趨事若奉嚴君。　李勣閨門之内，肅若嚴君。　李巽雖在私室，亦置案牘、簿書，勾檢公署焉。

廣漢王敬伯太母性嚴重，子孫見，官二千石猶杖之。　張承業治家嚴，姪為磁州副使，以其殺河西賣羊客，立捕，斬之。　李景讓母鄭氏性嚴明，景讓宦達，髮已斑白，小有過，不免捶楚。

華歆遇子弟甚整；陳元方兄弟恣柔愛。而二門兩不失雍熙之軌。《世説》

優劣

優劣之别于門内者：霍光子禹，張安世子千秋，隨范明友擊烏桓還。光問千秋方略形勢，千秋口對兵事，畫地成圖；禹不能記。光歎曰：「霍氏世衰，張氏興矣。」　唐中宗問蘇瓌，李嶠子語所通書，蘇曰：「木從繩，則正。」李曰：「斫朝涉之脛。」上曰：「蘇瓌有子，李嶠無兒。」嶠有子暢，明皇以為虔州刺史，令嶠隨暢之官。此又一子耶？　蘇威子夔，楊素甚奇之。每戲威云：「楊素無兒，蘇夔無父。」

杜襲嘗歎：「孝懿子李恢子豐。殆無家；君謀子郭智子沖。足繼業。」後豐為司馬師殺；沖為代郡太守。　來濟以學行稱，虞昶無才。許敬宗曰：「護兒，兒作相；護兒子濟。世南，男作匠。」世南子昶，官匠作少監。　陳喬、張佖之子，秋晚並游玄武湖，羣鷗浮泛，佖子曰：「一輪活水瀟湘浦。」喬子俄顧吏卒曰：「白色水禽，可作脯否？」人謂：「佖子，半莖鳳毛；喬子，一堆牛糞。」

楊淮以子喬、髦見裴頠、樂廣，裴愛喬，樂愛髦。淮笑曰：「二兒之優劣，乃裴、樂之優劣。」　邢子才賞服沈約，而輕任昉；魏收愛慕任昉，而輕沈約。祖孝徵曰：「任、沈之是非，乃邢、魏之優劣。」

李遵子渾、繪、緯，俱為聘使，鄴下語曰：「學則渾、繪、緯；口則繪、緯、渾。」　裴讓之、諏之，及皇甫和、和弟亮，并知名，洛下時語曰：「諏勝于讓；和不如亮。」

温顔二家兄弟，温大雅在隋，與顔思魯俱在東宮；弟彦博與思魯弟愍楚同直內史省；弟彦將又與愍楚弟遊秦典校秘閣。各為一時人物之選。少時學業，顔氏為優，其後職位，温氏為盛。　貞元中，楊氏、穆氏兄弟，人物概不相下。或云：「楊氏賓客皆同，穆氏兄弟皆殊。」以此優劣之。　楊氏，憑後。袁氏，安後。俱為東京名族。然袁氏車服奢僭，不及楊氏能守家風，為世所貴。

謝安以言分王氏兄弟之優劣。獻之與兄徽之、操之，俱詣安。二兄多言俗事，獻之寒暄而已。客問優劣？安曰：「少者佳。吉人之辭寡。」　王曇首以戲分子孫之優劣。見《知子》。

諸葛喬伯松。才不及兄恪，元遜。而學業過之。　陸雲文章不及兄機，而持論過之。　温大有彦將。

才學亞于二昆，大雅、彦博。而篤行過之。　馮定與兄宿有文學，而定過之。　蘇綽文章稍不逮從兄亮，至于經書進趣，亮又減之。

兄弟出使，而拜異者：李義琰使高麗，王據榻召見，義琰不拜，王為加禮；義琛再使，亦坐召之，匍匐拜伏。由是見優劣。兄弟居官而政異者：黄穆為山陽守，有德政；及弟奂為武陵守，貪穢無行。諺曰：「天有冬、夏，人有『二黄』。」《襄陽耆舊傳》兄弟各有所進，而高下懸殊者：張九齡當明皇千秋節，獨上《金鑑録》。九皋公季也，為嶺南節度，以所獻楊貴妃精靡，加三品。愧乃昆矣。

沈懷文三子：淡、冲、深，仕齊，並歷御史中丞，名譽有優劣，世號「腰鼓兄弟」。　周弘正、弘讓、弘直，俱為伯父捨所養，或問：「孰賢？」人曰：「若蜂腰矣。」

太丘長陳寔子鴻臚卿紀，紀子司空羣，羣子泰，四世仕于漢、魏、晉，而德漸減。時語曰：「公慚卿，卿慚長。」　李載山，燕代豪士，不肯仕，生子栖筠，為御史大夫，筠生吉甫，任相國。時曰：「公慚卿，卿慚長。」　晉王昶至湛、承，世有高名，論者以為祖不及孫，孫不及父。

優劣之别于評品者：謝萬作《八賢論序》。漁父、屈原、季主、賈誼、楚老、龔勝、孫登、嵇康為「四隱」、「四顯」，以處者為優，出者為劣。　范喬著《劉揚優劣論》。季銓謂：「揚雄才學優于劉向，喬以向正羣籍，使雄當之，故非所長。」　王延之、阮韜，俱劉湛外甥。劉甚愛之，曰：「韜第一，延之其次。」延之不平。後為江州，致餉下都，韜與朝士同列。高祖《與延之書》，韜云：「卿未嘗有别意，當由劉家月旦耶？」　殷顗、庾恒並謝尚外孫。尚長女僧要適庾和，次女僧韶適殷顗。少而率悟，庾每不推。嘗俱詣謝公，公熟視殷，曰：「阿巢故似鎮西。」巢，顗小字。　華、王優劣。華歆、王朗，俱乘船避難。有一人欲附，歆難之。後賊至，朗欲捨所攜人，歆攜拯如初。世以此定之。

董、費優劣。許靖喪子，董允白父和，請車，遣鹿車給之，允有難色。費禕便前先上。及至，諸貴人車乘甚鮮，允神色未泰，禕晏然自若。和知之，謂允曰：「常疑汝于文禕優劣未別，自是吾意了矣。」

祖、阮得失。祖約好財，阮孚好屐。人有詣祖，見料視財物。客至，屏當未盡，餘兩小簏，傾身障之，意未能平。或有詣阮，見自吹火蠟屐，曰：「未知一生當著幾量屐？」神色閒暢。于是勝負始分。

王、謝優劣。桓公伏甲，廣延朝士。王坦之倒持手版，汗流霑衣。安神姿舉動，不異于常。王、謝舊齊名，于是始判優劣。

桓、劉之問。桓玄問劉太常瑾：「我何如謝太傅？」曰：「公高，太傅深。」曰：「何如賢舅子敬？」曰：「楂、梨、橘、柚，各有其美。」瑾字仲璋。

趙、李、程之問。唐趙子餘事繼母，以孝聞。李朝隱、程得湛以文法稱。或問優劣于陳崇業，答曰：「蘭、菊異芬，胡有廢者？」

異趨

劉元城師事温公，温公深排佛，而元城愛看佛書。温公頗非孟，而元城喜讀《孟子》。意見之不同也，師弟且然。温公之子康篤孝也，抑謂《孟子》書最醇正。意見之不同也，父子且然。

太史談綜諸子，尚道家；太史遷述《六經》，本《春秋》。劉向受《穀梁》、《春秋》；其子歆乃好《左傳》。歆以丘明親見夫子，而公穀七十子後傳聞之。于親見詳略不同。班彪與從兄嗣遊學，嗣貴老莊；叔皮惟聖人之道，然後盡心。學尚之不同也，父子、兄弟有然。

郗愔事天師道，而其子超奉佛；愔好聚斂，超獨好施。可謂賢于其父。然愔恬而忠；超競而逆。

李鄘恥由吐突承璀固辭相位，而孫溪以貪相位被殺。晉安帝時，謂道子為「東録」，元顯為「西録」，西府車騎填湊，東第門可張羅。蔡京與子攸互有朋黨。朱勔與子汝賢、汝功各立門户。是父子而有異也。

兄弟彘鹿而獨不食，裴休也。字公美。兄儔、弟俅彘鹿，召休食。休曰：「窮生菜食不充，今日食肉，異日何繼？」無由改饌，獨不食。兄廣營田業，而意不同，宋王惠也。謂兄鑒曰：「何用田為？」鑒怒曰：「無田何由得食？」惠曰：「亦復何用食為？」其標寄如此。戴良兄弟母喪，伯鸞居廬啜粥，非禮不行；叔鸞良字。食肉，飲酒，哀至乃哭。崔邪利、崔模入魏，邪利子遺妻蔬布如居喪禮；模子雖居處變節，不廢婚宦。崔元孫使魏，魏人凹之，曰：「王尊驅驥，王陽回車，欲使臣子兩遂，忠孝並弘。」王安禮斥王安石之佞人；趙子固洗趙子昂之穢座。劉粹族兄毅貳于武帝；粹不與毅，而盡心。杜欽兄緩子業正言詆王氏植黨顓政之咎，而欽事王氏不遺餘力。是兄弟而有異也。王處仲親為叛逆；其弟竺法深超然獨游于方外。王荊公創為新法，而弟安國非之；韓絳附會安石，制置三司條例，以得宰相。而弟維争之。曾布當元符、靖國時，陰禍善類，而弟肇遺書力勸之。邪正相反，判若參、商。又戴安道兄弟，安道既厲操東山，而其兄欲建式遏之功。謝太傅曰：「兄弟志業，何其太殊？」戴曰：「家兄不堪其憂，下官不改其樂。」殷覬兄弟；字伯道，與從弟仲堪俱知名。仲堪欲起兵，邀覬不同，覬即去官。司馬昭篡魏，其叔孚自謂「貞士」；朱全忠篡唐，其兄昱厲聲謂其「赤族」；王莽篡漢，而有閎；武氏代唐，而有攸緒。又史彌遠之家，而有守之；徐敬業，而有思文。敬業起兵，勣子思文不與謀，密表上凹。敬業囚于軍中，後亦流嶺南。是門内而有異也。

公沙孚與荀爽約不事貴勢，爽當董卓時，仕至司空，後相見，以爽違約，割席而坐。管寧與華歆同席讀書，歆出看乘軒，寧割席分坐。是朋友而有異也。

比干死，箕子、微子不死；孔父、仇牧死，晏嬰不死；龔勝死，揚雄不死；南唐陳喬死，張泊不死；宋袁天與死，謝昌元、趙孟頫不死。死賢于生矣。若杵臼死，程嬰不死；趙午等死，貫高不死，而終以死相報。不死更難于生矣。是生死而有異也。

同學而異趨者，仇覽、苻融同在太學，融賓客盈室，而香常自守。同事而異趨者，趙禹意在奉公獨立，而張湯智以御下。同師而異趨者，翼奉（少君。）與蕭望之同師治詩，望之施之事，而奉惇學不仕。守約于家庭貴盛之時，不苟同也，人自以異目之：何充位居宰相，權傾人主，而第五弟準散帶衡門，不及世事。皇甫謐族從皆累世富貴，獨守寒素。虞世基貴盛，妻妾被服擬王者，而世南雖同居，躬貧約，一不改。楊椿六子弱冠咸縻王爵，而長子遁惟澹退，年近三十，方為鎮西府主簿。孟覬兄昶貴盛，覬不就徵辟，昶死後，起家為東陽守。徐孝肅宗族多以豪侈相尚，而肅性儉約。郭曜諸弟争飾池、館，盛其車、服；曜以儉樸自處。蕭復羣從兄弟競飾輿馬，以侈靡相尚；復衣浣濯之衣，獨居一室，習學不倦。竇懷貞少有名譽，時兄弟宗族以輿馬為事；懷貞獨折節自修，衣服儉素。竇維鍌宗族咸崇飾輿馬，鍌獨清儉自守。

出處不同：南陽翟道淵與汝南周子南也。（少相友，共隱潯陽。庾太尉説周以當世之務，周遂仕。翟秉志彌堅。後周詣翟，翟不與語。）孔子建（僖曾祖。）與崔篆也。（建與篆善。及篆仕莽，建曰：「吾有布衣之心，子有衮冕之志。道既乖矣，請從此辭。」）鄭敬與同郡郅惲也。（隱弋陽山中。惲志在從政。敬曰：「吾足矣。」）鄧粲與劉驎之、劉尚公也。（同志不應辟命。桓冲請為别駕，粲起應召，答二劉曰：「朝亦可隱，市亦可隱。初在我，不在于物。」　徐廣謂謝晦也。曰：「君為宋朝佐命，身是晉室遺老，悲歡之事，固不可同。」

各行其志：伍員謂申包胥曰：「我必覆楚。」包胥曰：「我必復之。」　韓熙載奔江南，謂李穀曰：「江左相吾，當長驅以定中原。」穀曰：「中國相吾，取江南如反掌耳。」亦胥各伸其志，穀志試而未竟，熙載托空言矣。　蕭衍謂任昉曰：「我登三府，當以卿為記室。」昉曰：「我登三事，當以卿為騎兵。」後衍符其言。《偶記》　袁徽從兄涣曰：「擾攘將安之，惟强而有禮可以庇身。」徽曰：「兵甲既興，外患必重，遠迹山海，以求免身。」亂作，各行其志。　蔡興宗謂袁顗曰：「汝欲在外求全。我欲居中免禍。各行其志，不亦善乎？」

異趨而同名：唐丘為，官至庶子，八十始致仕。縣令謁之，候門磬折，令坐乃拜。經縣署，下馬而趨。員半千。舉童子高第，官至弘文館學士，出刺三州。嘗請得天下英才五千，與角所長，有一居先，請伏死都市。兩人遜順豪邁不同如此，而皆以詩名，以壽名。

倫變

田千秋訟太子冤，曰：「子弄父兵，罪當笞。天子子過，誤殺人，當何罪？」《南史》：巴東王子響殺僚佐，武帝使戴僧静兵向江陵，面啟曰：「王年少，長史司馬太急，忿不思難耳。天子兒過，誤殺人，有何大罪？」

漢武感千秋之言，作思子宮；晉惠感閻纘之言，立思子臺。何嗟及矣。　叔孫相魯，豎牛讒而殺子壬。春申柄楚，妾余讒而殺子申。申生祭曲沃，獻胙于獻公。驪姬寘毒，而申生自縊。蜀侯惲祭山川，獻饋于秦孝文王，後母加毒，而惲自裁。父子至情，乃為讒間，而偏寵者往往獲禍。　顏之推曰：「共叔之死，母實為之；趙王之戮，父實使之；劉表之傾宗覆族；袁紹之地裂兵亡。可明鑒也。」如賈詡、崔琰之露版，豈惟魏文忠臣？直是臨淄大德。

漢武為太子立博望苑，卒成「巫蠱」之禍。「巫蠱」事，由江充至太子宮掘得木人。持太子急，太子遂從石德計，斬充。詔捕反者，太子兵敗自經。　梁武為太子立慧義殿，遂有「蠟鵝」之災。太子統葬丁貴嬪，道士云：「不利長子。」乃為蠟鵝諸物埋墓側。鮑邈之密啟：「太子厭禱。」誅道士，太子終無以自別。

周之東也，以父子之變。東而又東也，以兄弟之事。

石碏之殺石厚也。大義滅親。　叔向之戮叔魚也。

劉子晳母王為父所殺。　陶通明父貞為妾所害。

處人倫之變：有楚之棄疾。子南肆惡于楚。楚王將討之，以告其子棄疾。對曰：「父戮子居，君焉用之？」王遂殺子南于朝，棄疾請尸。既葬，自縊。《春秋》非之。　唐之李璀。知父懷光必反，密告于上。懷光平，自殺。曰：「父負君，不忍不告。君殺父，不忍不死。」衆皆賢之。　漢之趙苞。守遼西，鮮卑劫苞母為質。苞泣語母曰：「義不得顧私恩。」母曰：「毋以我故虧忠義。」苞遂戰，而母被害。苞歸葬訖，曰：「〔背〕食禄避難，非忠；殺母全義，非孝。」遂泣死。　周之縮高。安陵人。縮高之子仕秦，信陵君攻之不下，召高為大夫，使攻管。辭曰：「見臣而下，是倍王也。父教子倍，亦非君之所喜。」信陵君使安陵君生致之，高之使者舍刎死。　晉之狐突。子毛及偃從重耳如秦。懷公執突曰：「子來則免。」對曰：「子之能事，父教之忠。若有召之，教之貳也。」卒就死。　楚之申鳴。白公為亂。申鳴往敵，白公往取其父。申鳴流涕曰：「吾不得為父之孝子。」援桴鼓之，遂殺白公。其父亦死。楚王賞之，申鳴自殺。　楚之石奢。相楚。其父殺人，縱之，乃自刎死。　若石珪、本徂徠守道裔孫。聚兵山東，與宋為敵，歸款于元，棄其妻子，皆沉于淮，因降元。與金戰，被擒不屈，蒸殺于市。　李彥珣，為范延光守城。楊光遠遣人之邢，取其母招之。彥珣射殺之，身從賊而手殺母。　皆非忠，非孝，而賊也。　烏震，張文禮執震母、妻招震，不顧，皆斷手足，縱至符習軍。震攻破鎮州。　假手于敵，一間耳。　李忠之母、妻，僅而完，幸也。馬寵開門納王郎，將收忠母、妻，寵弟從忠為校尉，忠殺之。

王章女知父必先死。章上封事，妻子皆收繫。小女年可十二，夜哭曰：「平日獄上呼囚，數常至九。今八而止，我君素剛，先死者必君。」果死。　皇甫無逸知父誕必盡節。漢王諒反并州。誕抗節為所殺，子無逸時在長安，聞諒反，即同居喪禮，泣曰：「大人必無苟免。」尋，凶問果至。

漢武帝不能察江充之奸，而戾園經于泉鳩。　遼太宗不能辨乙辛之詐，而梁王濬。死于圜堵。　後雖感悟，悔恨亦何及矣。

劉曄以母命，殺父侍人。曄父普，母修，產渙及曄。母病，臨終誡以「普之侍人必亂家，長大能除之，則吾無恨矣」。曄年十三，殺侍者，徑出拜墓。普追曄還，拜謝曰：「亡母顧命之言，敢受不請擅行之罰。」普心異之，不責。　嚴武以母語，殺父寵妾。武母不為父挺之所容，獨厚妾英。武始八歲，怪問，母語之故。武奮然以鐵鎚就英寢，碎其首。左右驚白挺之，曰：「郎戲殺英。」武曰：「安有大臣厚妾而薄妻者，兒故殺之，非戲也。」父奇之，曰：「真嚴挺之之子。」

鄭叔段之惡也，或勸莊公殺之，而公曰：「將自及，隱太子之變也。」　長孫無忌等勸秦王先决，王曰：「俟其發，而以義討之。」吁母為戎首，釁殺機以窺天倫也。忍乎？

骨肉相賊：魏文帝毒弟任城王。忌任城王。因在卞太后所，共圍棋啖棗，帝毒棗蒂中。王既中毒，太后索水救之。帝預敕破器，太后自趨井，不能汲，遂卒。王敦激王如殺從弟稜。如敗歸敦，敦從弟稜請配己麾下。如與敦角射鬥爭，稜杖之。如深以為恥。敦有不臣之迹，稜諫之，敦怒使人激發如。因宴舞劍，直前害稜。敦出而陽驚，捕如誅之。李渾遣子善衡殺李筠，而瞿曇坐斬。瞿曇，穆孫，筠從弟。穆薨，以嫡孫筠襲爵。筠叔父渾，忿其悋嗇，陰遣子善衡賊殺之。求盜不獲，高祖大怒，禁其親族。初，筠與弟瞿曇有隙，渾遂證瞿曇殺之。曇坐斬，而衡獲免。朱瑾偽降，擒從兄瓊。梁令朱友恭攻瑾，瑾從兄瓊以齊州降。瑾偽持帛幣，願得兄來。伏擒斬首，投于城外，梁乃班師。劉守光擒兄守文。光囚父仁恭于大安別室。守文素蓄奸謀，自討光，以迎父為名，戰敗，見擒。文子延祚、賓佐、孫鶴，呂兗推為滄帥，光攜文攻圍累月，祚力窮，以城降。

晉之「八王」。楚王瑋殺汝南王亮；瑋為賈后殺；趙王倫殺賈后，齊王冏、河間王顒、成都王穎，討殺倫；長沙王乂殺冏；東海王越殺乂；穎為范陽王虓長史劉輿殺；顒為南陽王模殺。北齊之「三高」。文宣殺永安王浚；武成湛殺樂陵王百年；後主緯殺琅琊王儼。

師弟

以文學從遊數百人者：邊韶也，劉昆也，桓典也。從學營業三百餘人者，姜岐也。不應州郡命，講授大澤中，弟子千餘人，陳留楊倫也。免官居白鹿山，四方受業嘗數千百人，馬嘉運也。越王東閤祭酒，自免。宋纖居酒泉南山，弟子受業三十餘人。盧鴻廬嵩山，聚徒五百人。牟長學者千餘人。張興弟子萬人。穎容明、左氏徒千餘人。蔡玄通五經，門徒千人。晉祈嘉教授，拜床下者二千人。 漢董春字紀陽，餘姚人。立精舍，遠方來學者數百人。 魏應弟子，遠方至數千人。

立精舍教授者：有包咸、劉淑、檀敷、周磐、張奂。

教授所居成市：張楷也，隱居弘農山中，學者隨之華陰，遂有公超市。楊震也，華陰西北谷有槐市。沈麟士也，隱吴羌山，學士從者數十百人，各營居宇，依止其側。時語曰：「羌山中有賢士，開門教授居成市。」張霸也。博覽五經，諸生孫林、劉國、段著等慕之，市宅其旁以就學。

以子弟而受業：胡憲受學于從父安國。康侯憲字仁中，號「籍溪先生」，朱松屬子熹受學。 何炯年十五。從從兄胤受業。一期并通五經章句。 唐韋丹事從父熊。入紫閣山，通五經登科。 賀琛伯父瑒授其經業。一聞便通義理，瑒異之，曰：「兒當以明經致貴。」 伏恭傳叔黯學。

以宗人而受業：沈峻士嵩，武康人。于麟士。世農夫，至峻好學。初事宗人麟士。麟士卒，出郡遍遊講肆，遂博通五經。 司空頲于圖。貝州人。不第，之中條山依圖，以宗姓指授，為文刀尺。 夏侯勝于始昌。勝先都尉傅《尚書》于族子始昌，始昌傳勝。

以甥師舅，杜鄴于張竦。杜鄴母張敞女。鄴從敞子吉學，得其家書。吉子竦，鄴子林，從竦受學。

令弟子傳授：馬融令弟子代為傳授；楊宣令入室弟子遞相宣授。皆不親教，亦若董仲舒下帷講誦，弟子久次相授也。

宋立四學，徵雷次宗至建康，為開館雞籠山，使聚徒教授，令以巾構侍講。 梁置五經博士，選學生往雲門山從何裔受業，命裔選經明行修者以聞。

桓榮為「五更東面几杖」。顯宗幸太常，親自執業。　王祥為「三老南面几杖」。魏帝拜太常，北面乞言。　周武帝于於謹。謹為「三老」，武帝北面立而訪道。　漢章帝于張酺。帝幸東郡，先備弟子之儀，使酺講《尚書》一篇，然後修君臣之禮。　魏孝文以尉元為「三老」，游明根為五更親袒割牲，執爵而饋。

絳紗帳前授生徒，後列女樂，馬南郡融也。　生徒隔絳紗帳受業，韋逞母宋氏也。　盧植學于馬融，不窺融後列女樂。　彭宣學于張禹，不見禹後堂優伶。

李膺性簡亢，惟以荀淑、陳寔為師友。　王烈以陳寔為師，二子為友。時荀慈明、賈偉節、李元禮、韓元長，皆就太丘學。見烈器業過人，歎服相親。　張浚問楊用中以梁洋人士，答曰：「楊冲遠可以為師；雍退翁冲。可以為友。」

漢河南太守吳公，與李斯同邑，嘗師事焉。　唐寇豹、謝觀同在馬裔孫門下，以才藻知名，賦五色。王彥師事關朗。彥，王通祖。朗著《易傳》，稱為「彥筮得夬之革」，遂決百年內，當有達人出，修洙泗之教。中歷數周、齊、陳、隋事，而意實寓河汾。非唐初福時輩拮據陳迹，以耀其先。則宋阮逸偽撰，以證佐文中者。逸字天隱，胡瑗門士，有《易筌》六卷，每爻必以古事系之。　李白師事趙蕤。蕤，梓州人，博學韜鈐，長于經世。夫婦俱隱，不應徵召。

郝原師陳南韓子功。送別一飲。　陸德明受學于周弘正。　宋璟年少時，師事鄉人李元愷。　向朗師事司馬德操。

劉屏山，紫陽師之。　李屏山，楚材師之。耶律楚材覽《道鳴集》，感泣累日。

荀淑見黄憲曰：「子，吾之師表也。」　郭泰拜仇香曰：「君，泰之師，非泰之友也。」　朱晦翁見蔡季通曰：「君，吾之老友，不當在弟子之列。」

楊迪侍中立，而遊伊、雒；蔡沈隨季通，而事考亭。猶聖門之路、回、點、參也。

田何謂門人曰：「《易》已東矣。」何授《易》于丁寬，寬東歸。　馬融謂門人曰：「鄭生今去，吾道東矣。」鄭玄在融門下三年，不得見。使高業弟子傳授于玄。玄辭歸，融云云。　宗少文與張敷談《繫象》，曰：「吾道東矣。」

程明道曰：「吾道南矣。」楊時字中立，從學明道。及歸，送之。

劉歆謂門人曰：「吾已從君魚受道矣。」孫夼字君魚，少從歆受《左氏傳》，歆稱之云。　睦孟曰：「《春秋》之學在二子矣。」嚴彭祖與顏安樂，俱事孟。孟弟子百餘人，惟二子能質問疑義，孟云。

利漕民郭恩有才學，管輅就恩讀《易》。未一年，恩反從輅問《易》及天文事。　李謐師孔璠，數年後，璠還就謐請業。　尹知章夢人鑿心納劑，思志開徹，諸生常講授者，更北面受大義。　鄭衆從父興受《左氏春秋》，精思通達其旨，同學者，皆師之。《事偶》

韓非之師黄老。　李斯之師蘭陵。　(張)儀、(蘇)秦之師鬼谷。

王通授六經。通字仲淹，講道河、汾。北面受學者，皆各受一經。子福時云：「先君門人，布在廊廟。」　許商號「四科」。商從周堪受《尚書》，著《五行論》，號其門人唐林、子高為「德行」；吴章、偉君為「言語」；王吉、少音為「政事」；炔欽、幼卿為「文學」。如「孔門四科」，亦妄矣。又如譙周門人，以陳壽、李虔為游夏；羅憲為子貢；文立為顏回。向栩有弟子名為顏淵、子貢、季路、冉有之輩，皆以培塿比泰岱也。　常爽立勸罰。常爽，温水之右門徒七百餘人，立勸罰之科，魏之儒風始振。高允曰：「文翁柔克，先生剛克，立教雖殊，成人一也。」號「儒林先生」。　胡瑗置經義治事。瑗字翼之，海陵人，號「安定先生」。時尚詞賦，而瑗獨置經義齋以教實學，擇疏通有器局者居之。有治事齋，人各治一事，又兼一事，如邊防、水利之類。

漢何休大作講舍。任城樊人，質樸訥口，雅有心思，精研六經。除北新城長，大作講舍，聚生徒數百，朝夕勸講，儒化大行。

晉虞溥廣招學徒。字允源。大修庠序，廣招學徒，謂：「學之染人，甚于丹青。」何尚之立學聚徒。東海徐秀、廬江何曇黃、潁川荀子華、太原徐宗昌、王延秀、魯郡孔惠宣，并慕道來遊，謂之「南學」。王球嘗云：「尚之，西河之風不墜。」故韓昌黎作《師說》；收召後學，因抗顏而為師。韋表微著《師譜》；以學者薄師道，不如聲樂賤工能尊其師，乃著《九經師授譜》，以詆其違。柳宗元作《師友箴》。

李固從師，負笈千里；郃子。嘗易姓名，杖策，驅驢負笈。孫期授徒，執經壟畔。家貧，牧豕澤中，遠人從學者，皆執經壟畔以追之。魏照求事郭泰；供給灑掃。泰曰：「當精意講習，何來相近？」照曰：「經師易獲，人師難逢。欲以素絲之質，附近朱藍。」邴原遠詣孫崧；崧曰：「君鄉鄭君舍之，躡屐千里，以鄭為東家丘也。」原曰：「人各有志。有登山而採玉者，有入海而採珠者，君謂僕以鄭為東家丘，則以僕為西家之愚夫耶？」崧辭謝。獻粟來學于賈逵；門徒不遠萬里，獻粟盈倉。或曰：「逵乃舌耕。」裹糧受業于周勳。《宋紀》：詔勳于東陵立學，裹糧受業者，百有餘人。學不可以地限也。

先達而北面，王孝逸也。賈瓊曰：「夫子十五歲為人師。陳留王孝逸，先達之傲者也，然白首北面，豈以年乎？」夫子，指文中子。同遊而師禮：呂希哲也，始與程頤同遊學，察其學問淵源，非他人比，首以師禮事之。崔日用也。與武甄言《春秋》疑義，甄條舉無留，語日用曰：「吾請北面。」學不可以齒讓也。

太守稱弟子，鄭康成也。應劭嘗自贊于鄭玄，曰：「故泰山太守應仲遠，北面稱弟子何如？」玄笑曰：「仲尼之徒，考以四科；回賜之徒，不稱官閥。」劭有慚色。帝王稱弟子，張後裔也。以經授秦王。後即位，賜燕月池。太宗從容曰：「今日弟子何如？」裔曰：「昔孔子門人三千，達者無子男之位。臣贊一人，乃王天下。計臣之功，過于先聖。」帝為之笑。諸侯請列弟子，鄒衍也。燕昭王擁彗先驅，請列弟子之禮，築碣石宮，往師之。學不可以位遜也。

問師病而拜床下：魏文之于荀攸。魏文在東宮時，太祖謂曰：「公達，人之師表，汝當盡禮敬之。」攸嘗病，魏文獨拜床下。　姚泓之于淳于岐。泓為太子時，受經于岐。岐病，泓親詣省，拜于床下。　進粥致呵，魏德公也。郭林宗止于陳。童子魏德公求近。林宗體不佳，夜中命作粥。林宗一啜，怒而呵之，以杯擲地。三進三呵，無變容。林宗曰：「始見子之面，今乃知子之心。」遂友善之。　受《易》頻呵，李之才也。師穆修。修性卞嚴。雖之才亦頻在呵怒中，事之益謹，卒能受《易》。

李德裕薦其師胡震。「博通六經，華皓一志。臣童幼從震受業，位列三公，雖自君恩，亦由儒訓。」　鍾興讓其師丁恭。興從恭受《春秋》。明帝詔授太子、諸王，封關内侯。興辭無功，讓于師，封恭侯。　劉彝稱其師胡瑗。曰：「明體用之學，以為政教之本，皆臣師之功也。」　若韓侂胄之引其師陳自强，則不特非其人矣。

為師詣闕：貫械上書救師者，王調也。梁冀誣李固下獄，調貫械上書，太后詔赦之。　詣闕上書，郭亮也。左提章鉞，右秉鐵鑕，乞收李固尸。　貫箭救師者，楊政也。政從范升受《易》。范為出妻告繫獄。政以箭貫耳，抱升子伏道側，訟冤出升。　求代師死，禮震也。大司徒歐陽歙下獄，諸生守闕千餘人，震年十七，求代不許。

為師保孤者：王成保李固之孤燮，後拜安樂侯；　胡騰護竇武之孫輔，後至尚書。　善人信有後哉。

為師營葬者：揚雄死，侯芭負土成墳。　朱普死，桓榮負土成墳。　王吉死，桓典棄官負土成墳。　猶有築室獨居之遺風。

為師行服者：魏王朗于楊賜。棄官行服。　郭禹于郭荷。服斬居廬。　許孜為孔冲制服三年。　龔勝門人縗經治喪者百人。　鄭玄常受業者，縗經赴者千餘人。　馮胄、郭瑀，服皆三年。　王肅門生縗經者以百數。　宋黃幹喪朱子，服加喪制，如深衣用冠經。　王柏喪師何基，服深衣加帶經。　胡澹庵為師制服。　李諮為師緦麻。　金履祥服加絰。　張耒為蘇軾舉哀行服。言者以為非，貶房州。

胡騰為竇武行服。

為舉主奔喪行服：　陸康于李肅。康字季甯。太守李肅察孝廉。肅誅，康斂尸送喪，還潁川行服。　桓鸞沛郡人。于向苗。太守苗舉孝廉，遷膠東令，始到官，而苗卒，即去職奔喪。　傅燮于郡將。再舉孝廉，聞所舉郡將喪，棄官行服。　董翊于舉將。為須昌令，聞舉將喪，棄官歸。　荀爽于袁逢。逢舉有道不應，逢卒，制服三年。　張紘于趙昱。昱舉紘孝廉，昱為笮融殺，紘力不能討，遣主簿至琅琊設祭，奉宗中五歲男奉祀。

為舉主制服，又有吳匡于黃瓊；皆孟直于鄧伯條。太尉《日知録》

殯斂送喪者：　云敞斂吳章。章坐莽子宇腰斬，門人盡更名他師。敞自劾章弟子，抱尸歸，斂之。　牽招斂樂隱。招從同縣樂隱受學。值京邸亂，隱見害。招與史路觸蹈鋒刃，殯隱，送喪還安平。　廉範斂薛漢。漢坐楚王事誅，範收斂之。明帝詰責，對曰：「不勝師資之情。」帝怒稍解。　戴封送申君。年十五，師鄧令申君。申君卒，封送喪到東海。

殺辱師者，夏侯惇。年十四。

弟子多至公卿：　申公弟子為博士者，十餘人。　孔安國為臨淮太守；周霸、夏寬為內史；魯陽至東海太守；　繆生，內史；　徐偃，中尉。　桓郁門人楊震、朱寵，皆至「三公」。　桓焉弟子黃瓊、楊賜，最顯貴。　丁鴻門下劉愷、巴茂、朱倀，皆至公卿。　樊儵弟子李修、夏勤，皆為公卿。　張遐門人諸葛瞻、陸遜，皆貴。　鄭玄門人郗慮至御史大夫；　王基、崔琰著名于世；　國淵、任嘏，稱為國器。　皇甫謐門人摯虞、張軌、牛綜、席純，皆為晉名臣。　文中子門人竇威、賈瓊、姚義，受禮；溫彥博、杜如晦、陳叔達，受樂；杜淹、房喬、魏徵，受書；李靖、薛方、裴晞、王珪，受詩；叔恬受《元經》；董常、仇章、薛收、程元，備聞六經之義。　王仁裕門生王溥、和凝、范質，皆至宰相。　宋戚同文築室聚徒，登第者六十人。

胡安定弟子多至大官。

譙天授定。之學，得于郭曩氏彝族。郭曩氏世居南平。始祖在漢為嚴君平師。　袁道潔溉。之學，得于富順監賣香薛翁。故曰：「學無常師。」程頤遊成都，見治篾箍桶者，指未濟男之窮，曰：「三陽失位。」後閩人袁滋問《易》，頤曰：「易學在蜀。」滋入蜀見賣醬薛翁于眉、邛間，與語，大有所得。

學非一師：司馬談也，學天官于唐都；受《易》于楊何；習道論于黃子。　夏侯勝也，始從始昌受《尚書》，後事簡卿。又從歐陽氏問為學。　任末也，學無常師。　張士衡也，從父友劉軌思受《詩》、《易》、《禮》。又從熊安生及劉焯受《禮》。　賈徽也，逵父。從劉歆受《左氏春秋》。又受《尚書》于徐揮，《毛詩》于謝曼卿。　劉晝也，字孔昭。受「三禮」于李寶鼎，《服氏春秋》于馬敬德，覽書五千卷于宋世良家。　王通也，受《書》于李育，學《詩》于夏琠，問《禮》于關子明，正《樂》于霍汲，考《易》于族父仲華。　孫惠蔚也，十八，師董道季講《易》；十九，師程玄講《禮》經。　李鉉也。從李周仁受《毛詩》、《尚書》，劉子猛受《禮記》，房虯受《周官》、《儀禮》，鮮于靈馥受《左氏春秋》。

謝遣生徒：徐則也，受業周弘正，精于議論，聲擅都邑。策杖入縉雲山，後學數百人，苦請教授，則謝而遣之。　庾大翼也，隱白鹿山，徙林慮山茱萸澗，請業者自遠而至。後憚其煩，逃五臺山。　王嘉也。石季龍末，棄徒(三)眾，潛隱終南山。門人復隨之，乃遷倒獸山。

請為師，不受：樓望也，望習《嚴氏春秋》。趙節、王栩聞其高名，遣使齎玉帛，請以為師。望不受。　劉巴也。先主欲遣周不疑就巴學。巴曰：「乃欲令賢甥摧鸞凰之翼，遊燕雀之宇，將何以啟明之哉？」

求為門徒，不受，李膺于樊陵也。陵後阿宦官。

不肯往教：閔子也，孟嘗君請學于閔子，使車往迎。閔子曰：「禮有來學，無往教。」孟嘗君明日祛衣請業。孫寶也，漢張忠欲令子授經。乃為除舍，寶遂去。亦引無往教之文。包咸也。太守黃讜欲召授其子，咸曰：「禮無往教。」遂遣子師之。不教生徒，董遇也。善《左傳》，更為作朱墨、別墨。有從學者不肯教，曰：「必先讀百遍而意自見。」

為王通之房、杜。房、杜因師王通，與長孫無忌有隙，遂不一言。及通至，使後人謂通《中說》，借唐初名臣以自重。有愧陳亮之喻南彊。字無彊，義烏人。當路欲排善類，推亮為根，門人噤不敢出。南彊誚責同門，走見葉適，適作數書持去，申訟公卿間，亮寃遂白。

孔光自為尚書，則止不教授；陳寵自任樞機，輒謝遣門人。蓋勢權所集，茅靡波流，恐以執經之名，幻處囊之實耳。黃瓊教授于家；徐穉咨訪大義，及貴，絕不復交；劉安世于温公問訊不絕，及公登政府，未嘗有書。願今之先達，寧為孔、陳，後進當為徐、劉。

輕其師者：徐曠也，唐沈重講學授徒，曠從之數日，辭歸。曰：「先生所說，紙上語耳。」邊韶弟子也。韶字孝先，教授數百人。嘗晝卧，弟子私嘲之，曰：「邊孝先腹便便，懶讀書，但欲眠。」應聲答曰：「邊為姓，孝為字，腹便便，五經笥，但欲眠，思經事。師而可嘲，出何典記？」

學而不卒業者：徐曠、見前。劉焯、受《詩》于劉軌思；受《左傳》于郭懋；問《禮》于熊安生。皆不卒業而去。徐遵明。師屯留王聰，詣燕、趙，師張吾貴，就范陽孫買德，每不終業。曰：「今知真師所在。」指心曰：「在于此。」

賈思伯與弟思仲，同師北海陰鳳，業竟，無資酬之，鳳遂質其衣物。後思伯刺青州，送縑百疋，具車馬迎鳳，夙慚，不往。　徐遵明與劉獻之、張吾貴，河北聚徒教授，懸納絲、粟，留衣服以待之，名曰「影質」。師而至此，黷然市販矣。　豈若邴原泣過書舍，而師不受資以教之；師曰：「子苟有志，我不求貨也。」尹知章之貧匱，受業盡其家財，以衣食之哉。

仲弓之後，有荀卿；端木之後，有莊子。道不必其相承也。　曾子之門，有吴起；母死不奔喪，又殺妻求將。荀卿之門，有李斯；程純公之門，有邢恕。愈趨而愈變矣。

逢蒙學射于羿，而殺羿。紀昌學射于飛衛，而殺衛。此弟子之欺其師者。　馬融忌鄭康成，敕追，既而罷。此又師之欺其弟子者。

師弟之義，敦在三者，固盈傳記，乃亦有反害者，不獨一逢蒙也。　北朝陽詮之子衡。為門生所害。少著才名，辟司徒參軍。　謝遐見滅于仇玄達。遐先娶妾，妻鄒氏怨懟，貽書告絶。遐疑其門下生仇，玄達為作見斥，玄達遂投賊孫恩，滅之。　袁粲兒抱首于狄靈慶。粲父子死齊兵，小兒數歲，乳母投門生狄靈慶。慶曰：「吾聞出郎君者，有厚賞。」遂抱以首。　王永先斃謝超宗子于獄中。超宗以罪賜盡。門人王永先告其子才卿死罪二十餘條，以辯誣見原。永先竟于獄中斃之。　陸超之為門生斬于座上。超之為晉安王子懋所知。王敗，超之端坐待命。其門生周姓者，謂殺陸當得賞。自後斬之，頭墜而身不僵。嗚呼！犬噬行路，何至噬其師哉！然靈慶即死于䍧狗。忽見一狗，走入其家，遇靈慶噬殺之，妻子皆没。此狗即袁郎所嘗騎也。　周生隨壓于陸棺。周助舉棺，未出户，棺墜，正壓其頭折，即死。天道赫矣。

校記

〔一〕七戒：原作「七識」，據《三國志·蜀志·諸葛亮傳》「咸得其要云」裴松之注引《魏氏春秋》改。

〔二〕六恐：原作「六怒」，據《三國志·蜀志·諸葛亮傳》注引《魏氏春秋》改。

〔三〕棄徒：原作「葉徒」，據《晉書·王嘉傳》改。

古事比卷之七

朋友

孔子兄事子産。　陳餘父事張耳。　張蒼父事王陵。　曹爽父事司馬懿。　袁盎兄事季心，而弟畜灌夫籍孺子。　張湯兄事趙禹。　杜真兄事翟酺。　許靖兄事陳紀。　司馬德操兄事龐德公。　王猛兄事李威。　韓愈兄事竇牟。少十九歲，始師事，終兄事。　李華兄事元德秀，而友蕭穎士。劉迅作《三賢論》。　寇準兄事張洎。

郭泰適陳留，則交符偉明；遊太學，師仇季智；之陳國，親龐德公；入汝南，友黄叔度。　邴原至陳，則師韓子助；潁川，則宗陳仲弓；汝南，則交范孟博；涿郡，則親盧子幹。

吴祐與公沙穆，定交于杵臼之間。　胡毋輔之等與王澄、傅暢、荀邃、裴遐嚮羊酒。　與王尼，共坐于馬廐之下。

張温聘蜀，與諸葛亮結金蘭之契。　李孝貞與從兄騷、李節、崔子武、盧詢祖，為斷金之契。　于忠惟與章初瓌、楊保元為斷金之契，而不交勝己，無足取也。　豈可倫于戴洪正之金蘭簿乎？

交有不同，有文詞之交：于休烈與會稽賀朝萬、齊融、延陵包融也；徐伯陽與李爽、張正見、賀徹、阮卓也；遊宴賦詩，動成卷軸。謝安與王羲之、孫綽、李充、許詢也；文義冠世，共相友昵。王維、崔顥、盧象與韋陟也；嘗與唱和遊處。柳公綽與錢徽、蔣乂、杜元穎、薛存誠也。文雅相知，交情款密。有經史討論之交：沈儼與徐伯珍也；伯珍積學十年，儼造膝談論，申以素交。孫惠蔚與封軌也；蔚曰：「封生于經義，標明綱格，統括大歸。吾所不如者多矣。」楊纂與顏師古、令狐德棻也。友善，尤明史事。

有奔走之交：袁紹與張孟卓、邈。何伯求、顒。吳子卿、口。許子遠、口。伍德瑜口。也；高歡與司馬子如、劉貴、賈顯智也。有莫逆之交：何點、謝瀹、張融、孔稚圭也；李平、劉懋也；崔瞻、李概也；張眺與樂安孫樹仁也；黎景希與范陽盧道源也；柳弘與楊素也；杜淹與同郡車福嗣也。

有人外之交：王敬弘與孔淳之也。李泌流放江南。與柳渾、顧況也。吟咏自適。

有忘年之交：如盛孝章憲。之于孔融。憲為臺郎，逢一童子，問是魯國孔融，年十餘歲，下車執手結為兄弟。孔融之于禰衡。衡年二十，融已五十，為爾汝之交。張鎰之于陸贄。鎰有重名。贄十八，請為忘年交。虞翻、龐統之于陸績。時翻皆齒名盛；統，荆州令士，年亦差長，皆與績友善。裴子野之于張纘。子野性曠達。自云：「出世不復詣人。」初未與纘遇，便虚相推重，因為忘年交。庾仲容、張率之于韋粲。粲為外兵參軍，時潁川庾仲容、吳郡張率，前輩才名，與粲同府，忘年交好。范雲之于何遜。遜弱冠舉秀才。范雲見其對策，大相稱賞，因結忘年交友。張纘、王筠、劉之遴之于江總。總少有名。纘等雅相推重，為忘年友。李神儁之于邢邵。邵未二十，名動衣冠。神儁引為忘年交。辛術、李繪、李構、崔瞻之于裴讞之。讞之雖年少，不妄交遊。惟于隴西辛術、趙郡李繪、頓邱李構、清河崔瞻，為忘年友。邢邵、王昕之于封孝琬。邵、昕並先達高才，與孝琬年位懸絕。晚相遭遇，分好遂深。李璨、盧誕之于裴尼。尼有器局。璨、誕並有高名于世，與尼結忘年之交。孫萬壽之于孔紹安。山陰人。以文詞知名，徙居鄠縣。閉門讀誦，有詞人孫萬壽與紹安篤忘年之好。薛道衡、崔祖濬之于高士廉。士廉少有器局。道衡、祖濬並稱先達，與士廉結忘年之好。孫萬壽、李百藥于劉胤之。王琚于周景、張仲之、孔北海，呼太史慈為「少友」。張曲江呼李長源為「小友」；又呼皇甫冉為「小友」。

有生死之交：宋遊道與李獎一面便定死交。獎為元孚殺，游道為訟冤，得雪。孫嵩以趙岐為死友。岐亡命，賣餅北海市。嵩歸白母，得死友，藏岐複壁中。猶張邵以范式為死友。

有貧賤之交：范丹與尹苞出入共一單衣，到人門外易衣。張軌與孫樹仁，每易衣而出。

有患難之交：户文子、叔愆子，其思革子，同入楚，道乏糧，度不俱生，并衣糧于革子，而二子凍死。左伯桃、羊角哀，同入楚，道乏糧，度不俱生，并衣食于哀，而桃餓死。若劉翊道逢知故之困，則與俱餓死。皆可以為難矣。

交有始終：如嚴畯、避亂江東，與諸葛瑾、步隲友善。其于人物，忠告善道，志存補益。盧義僖、不妄交款，與魏子建情好尤篤，言無所隱。吴範、為人剛直，頗好自稱。然與親故交接有終始。張九齡、與嚴挺之、袁仁敬、梁昇卿、盧怡交善，皆有才幹，而終始不渝。韓愈。性弘通，與人友，榮悴不易。與孟郊、張籍友善，二人名位未立，愈不避寒暑，稱薦于公卿間。

共為山澤之遊者：到溉兄沼弟洽，任昉守義興，要溉、洽之郡，為山澤之遊。謝靈運與族弟惠連、東海何長瑜、潁水荀雍、泰山羊璿之，以文章賞會，共為山澤之遊，時謂「四友」。劉孝孫與虞世南、蔡君和、孔德紹、庾自直、劉斌，登山臨水，結為交友。劉昫初隱大寧山，與呂夢奇、張麟結庵共處，以吟誦自娱。

浦陽月泉之社，吴渭主之。主考謝翱，以《春日》、《田園》、《雜興》為題，選中第一名羅公福，至六十名，賞縑、布、筆、墨有差。

玉山草堂之社，顧德輝主之。吴中饒介之，以《醉樵歌》試諸名士，獨張孟簡第一，得黄金一挺；高季迪次之，得白金三斤；各有差。

詩文相贈：梁鴻東遊，思高恢，作詩。陸倕與任昉友善，為感知己，賦贈昉，昉因此名以報之。謝微與裴子野、劉顯同官友善，子野嘗為《寒夜直宿賦》以贈微，微為《感友賦》以酬之。相慕而交，有顏、王，延之既廢于家，王球名公子，延之慕焉。球亦愛其才，情好遂款。柳、張。柳世隆、張緒、王延之、沈琰，雅相欽慕，以為君子之交。若貴遊之夜造霍原，貴遊子弟，以霍原而重之，以其名微，不欲晝往，乃夜共造焉。大異羊酒之坐廡下也。胡毋輔之等語王尼。彼墮苦海，皮光業。受艾炷韓熙載。者，下矣。

所交皆知名之士：張皓叔明。遊學京師，與廣漢鐔深、漢中李郃、蜀郡張霸共結為友。北海逢萌與同郡徐房、平原李子雲、王君公相友善。許靖與陳郡袁渙、平原蕭歆、東海王朗等親善。靖入蜀，歆、朗等為魏公輔，咸與靖書，申陳舊好，情意款至。王符好學，有志操。與馬融、竇章、張衡、崔瑗等友善。裴子野與沛國劉顯、南陽劉之遴、陳郡殷芸、陳留阮孝緒、吴郡顧協、京兆韋稜，皆博學，深心賞好，顯尤推服之。薛慎與同郡裴叔逸、裴諏之、柳蚪、范陽盧柔、隴西李璨友善。房彦謙少與太原王邵、北海高構、蓨縣李綱、河東柳彧、薛孺，皆一時知名雅淡之士，彦謙并與為友，雖冠蓋成列，而門無雜賓。任昉為中丞，劉孝綽、劉苞、劉孺、陸倕、張率、殷芸、劉顯、到溉、到洽，車軌日至，號曰「蘭臺聚」。崔休舉秀才入京城，與宋弁、邢巒雅相知友。　太原王仲舒嗜學工文，不就鄉舉。交友必一時高名者，與楊項、梁肅、裴樞，為忘形之契。　陸餘慶與知名之士陳子昂、宋之問、盧藏用、道士司馬承禎、道人汪成等交遊，雖才學不逮子昂等，而風流强辯過之。

齊名者：崔駰與班固、傅毅也。　劉允濟與王勃也。　薛登與徐堅、劉子立也。　王龔、王沉也。　薛道衡與盧思道、李德林也。　荀羡弱冠，與王洽也。

廉范與雒陽慶鴻為刎頸交，時稱曰：「前有管、鮑；後有慶、廉。」　陳重舉孝廉，以讓雷義，刺史不聽。一云義讓重，不聽，遂佯狂走，不應命。　時語曰：「膠漆自謂堅，不如陳與雷。」　郄純與殷寅、顏真卿、柳芳、陸據、蕭穎士、李華、邵軫、趙驊，同志友善。天寶中語曰：「殷、顏、柳、陸、蕭、李、邵、趙。」以其重行誼，敦友道也。　楊憑與穆質、許孟容、李鄘、王仲舒為友，時稱「楊、穆、許、李」之友。

同志操而友：鄧粲以高潔著名，與劉驎之、劉尚公善。　杜京産不就徵，孔道徽守志不仕。　元巖以名節自許，與高熲、王韶善。　張彝性公彊，與盧淵、李安仁結為親友。　李叔虎有識度，為鄉閭所稱，與崔光、邢巒並相親友。　邢臧有藻思，與裴敬憲、盧觀兄弟結交友。　向柳有學藝，與袁淑、徐湛之、顏峻友善。　孔逷好典故，與王儉至交。　辛紹先有識量，與廣平游明根、范陽盧度世、同郡李承昭等友善。　謝淡、任達仗氣，不營當世，與順陽范泰為雲霞之交。　韋敻高尚不仕，與族人處立，及安定梁曠，為放逸之友。　許邁不務仕進，王羲之與為世外交。　意合者，傾身交結，不問窮賤，乖其志好者，雖王公大人不屈從，漢張升也。　好尚或殊，富貴不求合，情趣苟同，貧賤不易志，晉劉陶也。

同門而友善：傅喜與鄭崇弟立同門學。　王烈師陳太邱，時荀慈明、賈偉節、李元禮、韓元長，皆就太邱學，見烈歎服相親。　丁鴻與九江鮑駿同事桓榮。　盧植事馬融，與鄭玄同門相友。　員半千與何彥先同師王義方。名餘慶。義方曰：「五百年一賢，足下當之矣。」遂改名半千。

重業行而談論相得者：尹敏與班彪也。相遇日旴忘食，自以為鍾期、伯牙，莊周、惠施之相得。　周黨與閔仲叔也。性不飲酒，恒簞食瓢飲，清談極日。　孫盛與殷浩也。談論食冷而復暖者數四。每共含菽水飲。　周弘正造韋敻也。談讌盡日，恨相遇之晚。　盧辯重寇儁也。待以師友之禮。每有閒暇，輒詣儁宴語彌日。嘗曰：「不見西安君，煩憂不遣。」寇儁封縣男。　薛道衡重房彥謙也。深加友敬。及為襄州總管，辭翰往來，交錯道路。轉拔蕃州，路經彥謙所，留連數日，流涕而別。　猶龐士元之師事司馬德操；往見共談桑下，移日忘餐。　郭林宗之詣黃憲也。彌日信宿，夜分不寢。

操異而交親：陳遵放誕，張竦儉守，操行異而友善。　武侯與法正好尚不同，而以公義相取，每奇正之智術。　溫嶠喜慢語，卞壺以禮法自居，而各相得。　宋王觀恃才放誕，陸子履慎默，于事無可否，觀常少之，然二人極相善。　太和中，高祖賓禮舊老，畢衆敬與高允，雖文武奢儉好尚不同，然與允相敬愛，接膝談款，有若平生。　可見古人相資不在迹也。　若蘇軾喜諧戲，程頤以禮法自持。　軾每加玩侮，以致成隙立黨，交章互詆，則過矣。　高座道人在丞相座，恒偃卧，見卞壺肅然改容，曰：「彼是禮法人。　壺不賢于頤也，而能以禮法使人見重。」　劉整恃才縱誕，嘗遇蔡子尼，充。終席不自安。　整不賢于東坡也，而能以禮法重人。

始疏而後合：馬武于楊政。政嘗過，武稱疾；見政，對几據床，欲令政拜。政入户把武臂責之，曰：「卿蒙恩稱藩臣，不思求賢報國，而驕天下英俊。」會信陽侯至，責數武，乃合為朋友。王暢于馬實。往存，暢不肯見。實日日往，謂從者曰：「如凶于路，哭之，以為死友。」暢出，執手揖入見母，飲宴定好而別。劉惔于張憑。憑詣惔，處之下座，神氣不接。頃之，諸賢畢集清言。客主有不通處，憑遥于末座判之，言約旨遠，足暢彼此之懷，一座皆驚。惔延之上座，留宿至曉，俾教見張孝廉船。即同載入京，撫軍薦用之。蕭惠開于檀超。超為州佐，與别駕蕭惠開相抗禮。惠開自以地位居前，稍相凌辱，而超舉動言笑，以地勢推之。謂曰：「我與卿俱是國家微賤時外戚耳。何足以一爵高人？」惠開欣然，便為刎頸之交。若魯肅于吕蒙：肅過蒙屯下，意尚輕蒙，因為肅畫五策，肅拊其背曰：「吾不知卿才略至此。」遂拜蒙母，結友而别。程普于周瑜。普以年長，數侮瑜。後敬服之，告人曰：「若飲醇醪，不覺自醉。」則心折而益親矣。

慎交而不與：無私賓客，傅賢也。不接賓客，陳蕃也。不與流俗交，陸龜蒙也。袁紹居洛陽西北隅，非海内知名不得相見。袁粲，陳郡人，文士過，見不過一兩人。張遼求友胡文德，文德不許。孫秀求友杜世嘏，世嘏不許。王丹未許侯霸，謂霸子昱曰：「君房有是言，丹未之許。」又不交陳遵。張霸不答鄧隲。井大春不肯見梁松。宗世林不交魏王。曰：「松柏之志具存。」解系少連。不拜荀勖。王喬宗曾祐。不交王思遠。庾詵彦實。拒柳渾。睦夷拒李順。同郡，願與之交，不納。許邵不往陳寔、陳蕃。王球獨不與殷景仁、劉湛往來。

寡合而獨契：王僧虔少交接，惟與袁淑、謝莊善。蕭勱少交結，惟與河東裴子野、范陽張纘善。

封肅不妄交遊，惟崔勱及勱從兄鴻，尤相親善。　謝混少所交納，與劉敬宣相遇便盡歡。曰：「人之相知，豈可以一途限？孔文舉禮太史子義，天下豈有非之者耶？」

相知之深：王機令明。慕王澄為人，澄亦雅知之，以為己亞。任昉與王僧孺詩，曰：「惟子見知，惟余知子。」劉惔嘗稱王濛性至通而自然有節。濛云：「劉君知我，勝我自知。」若華子魚以司徒讓管幼安；山巨源以選曹讓嵇叔夜。不謂之知二子不可也；謂之知二子不可也。

彼不相能而並交之：荀爽、賈彪不相能，李燮並交二子，情無適莫。鍾會、裴秀居勢爭權，山濤并中款昵，各得其所而俱無恨。白樂天與牛僧孺、元稹相厚善，而不黨于牛、元。樂天與楊虞卿為姻家，而不累于虞卿。為裴晉公所雅重，而不因晉公以進。李文饒素不樂，而不為文饒所深害。交有道哉。他如五侯不相能，而樓護皆與之善。田蚡、竇嬰不相能，而籍福居其間。劉湛、殷景仁不相能，獨庾炳之往來兩人之門。則有間矣。

又有皆美，而處其間者：如劉繪與張融、周顒也。繪為後進領袖，融言辭辯捷，顒彌為清綺，而繪音采不贍，麗雅有風，則時語曰：「三人共宅夾清漳，張周南北劉中央。」言其處二人間也。　聶友字文悌，豫章人。與顧子嘿、子真也。時論謂子嘿、子真，其間無所復容。諸葛恪欲以友居其間，由是知名。　盧懷仁有行簡，善與人交。與王衍、李壽之也。情好相得。嘗云：「昔太邱道廣，許劭知而不顧；嵇生峭立，鍾會過而絕言。吾處季孟之間，去其太甚。」衍以為然。

忘位下交：陳矯為功曹，泰山守薛悌異之，結為親友。戲曰：「鄰國君屈從陪臣游，不亦可乎？」張嶷為從事，郡人龔祿、姚伷位二千石，皆與嶷友善。

父黨下交：蕭允與蔡景歷善，子徵修父黨之敬。　蔡廓與北地傅隆善，廓子興宗修父友之敬。張楷治《嚴氏春秋》，父黨宿儒皆造門。　班嗣家有賜書，父黨揚子雲造門。　陳蕃父友薛勤泰祖。來候。　陳羣紀子。所交，皆父黨。　孔融才高倨傲，年在紀、羣之間，先與紀友，後與羣交，更為紀拜。阮籍素與王渾為友，渾子戎年十五，少籍二十歲，而籍與之交。　范雲本劉繪友，及與孝綽申伯季，乃命孝才拜孝綽。雲父抗為郢府參軍，雲隨父在郢時，吴興沈約、新野庾杲之與抗同府，見而友之。郄士美字和夫，純子。父友顔真卿、蕭穎士輩，嘗與之討論經傳，應對如流，既而相謂曰：「吾曹異日當交二郄之間矣。」　又王儉造柳悦兄弟。一日造世隆，謂為詣己。及至，惟求悦、惔，謂世隆曰：「賢子俱有盛才。一日見顧，今敢報禮。若仍相造，便非本意，恐年少窺人。」

父友：如文潞公于李稷；稷父絢，公門下士。出稷慢韓魏公，將庭訓之。　韓魏公于尹構。師魯子。有過舉，挂師魯像哭之。皆可教而善，以不負故人。若歐公幸而遇申公之二子，吕申公二子謁公潁上，人見納拜。出歎：「前輩不可及。」不待教而善。馬伏波，不幸而遇梁氏之子，梁松來候拜床下，援不答。松懷不平，遂因事陷之。教而不善。故古難一死一生，尤難是父是子。或以援挾長與松挾貴並訾，是猶以成敗論豪傑也。

世交：何劭、袁毅也。有累世之交。　伍舉、聲子也。伍參與蔡太師子朝友。其子伍舉與子朝之子相善也。及舉奔晉，聲子遇于鄭郊，班荆相與食。時言復故。　虞駿與桓彝，俱為吏部郎，彝遣子温拜駿，駿遣子谷拜彝。　孔僖曾祖子建，少遊長安，與崔篆友善，僖與篆孫駰，復相友善。　陳郡袁霸，渙弟，與同郡何夔並知名于時，而霸子亮、夔子曾、渙子侃，復齊聲友善。

千里命駕，不爽期者：范式于張邵。范式謂河南張邵曰：「後二年，當過拜尊親。」至期，邵白母設饌，以候之。母曰：「千里結言，何期之審耶？」是日果至。　卓恕于諸葛恪。恕從建康還會稽，辭諸葛恪，言：「某日，當復至省覲。」至日，恪不飲食以須，皆曰：「相去千里，豈得如期？」俄，恕至，一座盡驚。

流寓而相友者：索敞在涼州日，與鄉人陰世隆文學相友。世隆至京師被罪，從和龍留上谷，困不前達。士人徐能抑掠為奴。敞至上谷，遇見對泣，而別為訴理，得免。　權皋移家洪州渡江東，如李華、柳識兄弟，仰皋之德而友善。　崔造與韓會、盧東美、張正則為友，皆僑寓上元。

交道之隙末者：孫臏與龐涓俱學兵法，涓為魏擊齊也，以臏為怯，卒死于臏。　龐煖與劇辛善，辛為燕擊趙也，以煖為易與，卒死于煖。　杜恕總角與李豐相善，而後為豐所不善。豐砥礪名行，以要世譽。而恕誕節直意，與豐殊趣。或以豐為名過其實，而恕披褐懷玉。由是為豐所不善。恕任其自然，豐已顯仕，恕猶家居。明帝以恕大臣子，擢為散騎侍郎。　張裔少與楊洪善，而後情好有損。裔流放在吴。洪臨裔郡，裔子郁給郡吏，微過受罰，不特原假，裔還聞之，深以為恨。　王仲舒于楊憑。仲舒與憑善。及憑得罪，仲舒横議之。　顔竣于向柳。與竣善。竣貴而柳不推先，范璩誡之。柳曰：「士遜心期，豈以勢利處之？」及義宣事連，竣竟不助之。　許劭于李逵。逵有高義。劭初善之，而後為隙。　李彪于李冲。冲初薦彪，彪自以結知人主，不復藉冲。惟公座斂袵而已，無復宗敬之意。冲劾之，除名。　王弼于王黎、荀融。弼初與善，黎奪其黄門郎。于是恨黎與融，亦不終好。　張猛于邯鄲商。同歲，每相戲侮。及之官，同道，更相責望。商欲誅猛，猛遂勒兵殺商。

交情之離合者：陰興與同郡張宗、上谷鮮于裒不相能，猶稱所長，而達不失其厚。　與張汎、杜禽厚善，以為華而少實，但私之以財，亦不為言。　此亦非矯。　若范丹以王奂欲到前亭而拂衣，未免過自矜高，非中道也。丹與奐親善。奐為考城令，境接外黃，屢遣書請丹，不至。及遷漢陽守，丹與弟協步齎麥酒于道側，設壇以待之。奐識其聲，即下車揖奐，欲共到前亭。丹曰：「如其相追，將有慕貴之譏。」拂衣而去。

胡翼之、瑗，學者稱「安定先生」。孫明復，復，學者稱「泰山先生」。同為直講，孫教養不及胡，而治經過之。然二人論見多不合，常相避不見。同讀書泰山，同出范文正門下，及同在太學。四方士多歸胡，禮部得士，胡弟子常居四五。

虞集、元明善二人初相得，及至京師不相下。董士選解之，歡好如初。　徐宣與陳矯齊名，而私好不協。

許慈、胡潛並為博士，而更相忿。書籍有無，不相通借。

酈況賣友。酈商子寄字況，與呂祿善。高后崩，大臣欲誅諸呂，使人劫，商令子寄紿呂祿出遊，周勃得入北軍，遂誅諸呂。天下稱況賣友。　甄邵賣友。潁川甄邵，諂附梁冀，為鄴令。同歲生得罪于冀，奔邵，邵陰告冀，殺之。當遷郡守，會母亡，埋尸馬屋，先受封，然後發喪。邵至洛陽，李燮使卒投車于溝下，笞捶亂下，署帛于背曰：「諂貴賣友，貪官埋母。」

朱穆有《與劉伯宗絶交論》。　袁喬有《與褚將軍解交書》。　嵇康有《與呂長悌絶交書》。康與長悌，雖出處殊途，而歡愛不衰，並與長悌弟阿都交善。都與悌忤，欲擧阿都。康以為言。悌許康，且以子艾六人為誓。後復密表擧都，康遂與長悌絶。　嗚呼！兄弟、朋友之間，難言之矣。　康《與山巨源絶交書》及劉峻《廣絶交論》，不在此例。

交誼

躬推鹿車載友人董奉德喪，洛陽病亡。至其墓所者，任末也。　躬推革車送王子居同在太學。喪，歸鄉里者，中屠蟠也。

狄仁傑以同僚鄭崇質母老，請代之使絶域。柳宗元以劉禹錫母老，願以柳州易禹錫播州。韋綬以楊凝母老，甘讓進士于凝，以為母榮。《問奇》

徐大玄以同僚張惠母老，甘分受贓過，以安其母心。坐免官。李敬玄廉，知之，擢鄭州司功。

夏侯淵代引重罪；太祖居家，曾有縣官事，淵代罪。太祖營救之，得免。雷義默表同僚取罪；有同時郎坐罪，義默自表取其罪，以論司寇。同臺郎覺之。委位自上，乞贖義罪。順帝詔，皆除刑。魏梁習代同舍被收；王惠與梁習俱為內史。惠白事失旨，將加重辟。時惠近出，習代被收。惠乃馳還，自陳己罪。太祖歎曰：「丣中有義士二人。」竇參代同舍被貶；參為萬年尉。同舍當夕直者，𦳋親疾，惶遽。參為代之。會失囚，京兆按直簿劾其人，參坐貶江夏尉。人皆義之。裴佶代曹尉城奉天。時命畿內諸尉城奉天。嚴郢為京兆，峻暴，急如風雨。本曹尉韋重規，其妻方娠而疾，不敢以事祈免。藍田尉佶請代之。趨利避害，惟恐相及者，世之情盡然也。乃不畏譴累而代人受過，抑何義耶！

張籍在他鎮幕府，鄆帥李師古又以書幣辟之，籍却而不納，作《節婦吟》寄之。陳無己為潁州教授，東坡領郡，陳賦《妾薄命》篇，為曾南豐作。無己前官彭城，蘇由翰林出守杭。無己越境見之于宋都，坐是免歸。《薄命》擬況，蓋不忍師死，而遂倍之。可謂金石不渝矣。王起欲令白敏中絶賀拔惎，而敏中終不輕負為尤難。起再主文柄，欲以敏中為狀元。病其與惎友，密令通意，使與惎絶。既而惎果造敏中，左右給以他適。俄頃，敏中躍出，悉以實告，曰：「一第何門不可致，奈何輕棄至交？」相與歡醉而寢，起曰：「我比只得白敏中，今當更取賀拔惎矣。」

蔡興宗獨詣別周朗。廬江内史周朗以直言得罪，鎖付寧州。《晉書》王回歛錢為鄒浩治裝。浩論立劉后南遷，人莫敢顧。回獨歛交遊錢與治裝，邏者以𦳋，下獄，居之晏如。班肅獨餞皇甫鎛于野。鎛貶，肅以同僚獨餞。崔貞慎八人餞魏元忠于郊外，與徐晦之送楊憑侔矣。

劉燁餞王曙。曙坐寇準貶官，在朝無敢見。燁往餞之，經宿而還。　鮮于侁往見蘇軾。軾自湖州赴獄，親朋皆絶，侁獨往見。或曰：「往來書文宜焚之。」侁曰：「以忠義分譴，願也。」

友而古道者，貴反疏之，而廢復親之：韋正于王僧孺。友善。及僧孺參掌大選，賓友莫不傾意，正獨澹然。及僧孺擯廢之後，正復篤，素分有踰曩日。　范雲于江祏。初祏求雲女，巾箱中取剪刀與雲。至祏貴，雲以剪刀還之。及祏敗，妻子流離，雲為經理。　睦夷于崔浩。少為莫逆交。浩奏徵為中郎。州郡逼遣，不得已人京都，與浩相見。惟飲酒談序(叙)平生。夷時乘一騾，浩内(納)之廐中，冀相維縶。夷遂謬為鄉人御車出關。浩經年送騾，並遺乘馬，為書謝之，更不受，亦不復書。及浩誅，為素服，受鄉人弔唁。歎曰：「崔公既死，誰能相容？」遂作《朋友篇》。

不以其淪落而替者：朱异、劉之遴、張綰于到溉。溉不好交遊。惟與异、遴、綰同志友密。及卧疾于家，門可羅雀。三人每歲嘗鳴騶枉道存問，置酒叙平生而去。　袁聿修于趙彦深。同為水部郎中。彦深後被沙汰，門生藜藿。聿修猶以故情，音問往來。　楊戲于韓儼、黎韜。童幼相親厚。後儼痼疾廢頓，韜無行見損，戲經紀賑恤，恩好如故。

義之尤可傳者：灌夫不負竇嬰于擯棄之時。　任安不負衛青于衰落之日。　徐晦越鄉而別臨賀。　陳後山出境而見東坡。　若劉元城之事司馬公，當其在朝，書問削(二)迹；及其閒居，問無虚月。此又高矣。　至于巢谷年逾七十，徒步萬里，訪「二蘇」于瘴、海之上，死而不悔。節士也。至新興病亡。　又卓契順蘇州定惠院學佛者。至惠州，東坡為書《歸去來辭》以貽之。順曰：「蔡明遠，鄱陽一校耳。顔魯公憐其意，遺以尺書，至今知有明遠。」

彼薄，而待之以厚：馬援以舊恩卑侮朱勃，勃愈身自親。後為援訟冤。　宋弁議以寒地處李彪，彪知，不恨。彪與弁結管、鮑之交。弁為中正，與孝文私議，猶以寒地處之。弁卒，彪為之哀誄，備盡辛酸。

不畏忌譴，周旋遷謫之人：蘇軾貶儋耳，姜唐佐日從之游。蘇轍編管海康，吳國鑒築室館之，已而坐罪，略不介意。俞若著守宜州，黃庭堅謫居時，黨禁甚嚴，士大〔二〕夫皆削札掃跡，若著為黃葺舍館，遣二子執經帳下，物論高之。又蔣湋日陪杖屨，庭堅疾革，湋為棺斂，具舟送歸。李泰發光。貶，瓊州守王彥恭周饋甚至。檜聞，貶彥恭辰陽；陸升之，泰發姪婿，告訐泰發，得删定官。檜死，彥恭復官，升之貶雷州，胡澹庵謫嶺南，士大夫多凌蔑之，否則畏避之。方滋字務本，亦檜黨。待之獨有加禮。檜死，澹庵語王梅溪，由此遂晉用。李德裕在朱崖，友黨無敢通問，姚崇曾孫勖數饋餉，表弟某侍郎遣人餉以衣物。趙忠簡謫朱崖，張淵道為廣西帥。遣兵校持書，及藥、食、酒、麵為饋。

漢末黨錮，巴肅被收，縣令欲解印綬與俱去，肅不可。范滂在征羌，詔下急捕，督郵吳導至縣，抱詔書閉傳舍，伏床而泣，縣令郭揖出解印綬，引與俱亡。滂曰：「滂死則禍塞。何敢以罪累君？」張儉亡命，止李篤家，外黄令毛欽到門，篤謂：「寧忍執之？」欽曰：「蘧伯玉恥獨為君子。」歎息而去。數君子之賢，東漢尚名節之驗也。

友亡，而贍其家者：鍾繇于荀攸。攸亡，子幼。繇經紀其門户，欲嫁其妾阿鶩。曰：「曾使朱建平相曰：『荀君當以後事付鍾君。』吾啁之云：『惟當嫁卿阿鶩耳。』何以戲言遂驗。」紀瞻于陸機。機誅。瞻恤其家，嫁機女，資送同于所生。王衍于竺皝。故人皝于西兖州為仲遠害。衍贍恤其妻子。王思遠于顧暠之。暠之卒後，迎其妻子，賙恤甚至。崔廓于李士謙。士謙死，廓慟，為作《傳》。士謙妻盧氏，每有家事，輒令人咨廓取定。劉仁之于馮元興。元興死後，營視其家。

盧藏用于陳子昂、趙貞固。少與陳、趙友善。卒後，厚撫其子。**劉贊于竇夢徵。**鄭居，同年友善。夢徵卒，贊與同年楊凝式緦麻而哭，恤其孀稚。**江總于歐陽紇子詢。**紇為陳廣州刺史，反誅，詢獲免。總與紇有舊，收養之，教以書計。

友亡，而恤其孤者：華歆于鄭泰子袤。歆素與泰善。袤隨叔渾依歆，歆撫若己子。**張普惠于侯堅固子長愉。**少與堅固共遊學。早終，子長愉，普惠給其衣食，為啟解褐。**許鴻卿**敬，汝南人。**于周伯靈之子。**伯靈早逝，鴻卿育養其子。**朱震于陳蕃之孤逸。**後為魯相。**張裔于楊恭之子。**恭死，遺孤未數歲，分屋而居。事恭母如母，為恭子娶婦，買田宅，使立門户。**崔琰于公孫方之子。**方早卒，琰撫息若己子。

篤故舊之誼于既没者：如柳仲郢之與祿助祭。仲郢先為僧孺辟，李德裕奏為京尹。大中朝，仲郢方領鹽鐵，取衛公兄子從質為推官，令以祿利贍南宅，令狐綯不悅。仲郢與書曰：「任安不去，嘗自愧于昔人。吳詠自裁，亦何施于今日？李太尉受責既久，其家已空，遂絕蒸嘗，誠可痛惻。」綯深歎美。**郭仲翔之囊骨負歸。**仲翔，元振弟。元振以托姚州都督李蒙，表為判官。仲翔又薦同里吳保安為書記。後蒙與姚巂蠻戰没，仲翔被執。蠻人求千縑，會元振物故，保安居貨十年，都督楊安助之，得仲翔歸。後保安客死，仲翔服縗絰，發骨徒跣負歸。廬墓三年，為嵐州長史，迎保安子，為之娶，而讓以官。**曹真之乞分食邑。**少與宗人曹遵、鄉人朱讚，并事太祖。二人早亡，真乞分所食邑與二人子。詔褒美之。

故舊

少原婦之不忘著簪：孔子遊于少原之野，婦人哭，問焉。曰：「刈薪而忘著簪。」「何悲？」曰：「非傷亡簪，所以悲，不忘故也。」**楚昭王之不棄踦屨。**楚與吳戰敗，王忘其踦屨。已行，返取之。曰：「吾悲其與俱出，而不與之俱返。」于是楚俗無相棄者。

故者，無失其為故也。

高賀以脱粟，怨故人；公孫弘為丞相，食故人高賀以脱粟飯，覆以布被。賀怒而去。語人曰：「弘身服貂蟬，外衣麻胎，內廚五鼎，外膳一肴。其儉，詐也。」弘聞之，慚曰：「寧逢惡賓，無逢故人。」鄒長倩以撲滿戒故人。長倩，公孫弘之故人也。贈弘生芻一束，素絲一襚，撲滿一枚，遺之書曰：「撲滿，蓄錢之具，滿則撲之。士有聚而不散者，將有撲滿之敗。可不戒乎？」鄒踰于高矣。

引嚴子陵與共卧，光武也。足加帝腹，太史奏客星犯御座。上笑曰：「朕與故人嚴子陵共卧耳。」光固謝去。引丘和靖入卧內，唐高祖也。和靖與高祖有舊。後入朝，引入卧內，奏九部樂饗之。又引貴臣與共榻。劉文靜諫不可。高祖曰：「宿昔之好，何可忘耶？」引入華林，梁武帝也。與何點有舊。詔以鹿皮巾召之。故人不聽求官，唐裴垍也。有故人求京兆尹判司。垍曰：「公才不稱此官，不敢以故人之私，傷朝廷至公。」故人不輕授官，唐太宗也。王顒與太宗有舊。每掣裩為戲，將帽為歡。及即位，召其三子皆授五品官，顒獨不及。曰：「無貴相，非為卿惜。」顒曰：「朝貴而夕死，可矣。」與之三品，取紫袍、金帶錫之。其夜卒。

雖羈賤，必與均禮，唐岑文本也。文本于生平故人。雖貴顯，接故舊如布衣時，劉仁軌也。雖庸下，必與携手笑語，韋表微也。表微篤故舊。

樓護養呂公。護有故人呂公無子，歸護，護身與呂公，妻與呂嫗同食，妻子頗厭。護流涕曰：「呂公故舊，窮老托我，義所當奉。」遂養終身。樊英收鄰子。英有鄰人子止英家，每醉呴呼，弟子陳寔問之，英曰：「其父臨死，以相委屬，故收養之。」

朱勃能終。勃嘗候馬援兄況，方領矩步，辭言嫺雅。援聞之自失，況酌酒慰援。及援為將軍封侯，而勃不過縣令。援嘗以舊恩卑侮之，勃愈身自親。及援遇讒，惟勃能終，後為援訟冤。楊戲如初。戲與巴西韓儼、黎韜童幼相親厚。儼因疾廢頓，韜無行見損，戲經紀賑恤，恩好如初。久要不忘，可以愧頹俗矣。

嫁故人女：嚴挺之也，挺之重交遊，生死不易。嫁故人孤女數十人。宋吴奎也，與鄉人王彭年善。彭年客死京師，奎使長子主喪事，周恤其家，嫁其二女。紀瞻也，嫁陸機女。韓弘也，嫁李元二女。劉晏也，嫁鄧景山孤女。柳公綽也。外兄倅宫早卒。一女，綽為配張毅，資送甚于己子。

薦故人子：朱暉也，與同郡陳揖善。揖卒，有遺腹子友，南陽守桓虞召暉子駢為吏。暉辭駢而薦友。時稱義烈。韓琦也，少善尹師魯。師魯貶死，子樸長，琦出于朝，命之官。山濤也，謂武帝曰：「父子罪不相及。嵇紹賢侔郤缺，請為秘書郎。」帝曰：「如卿所言，乃堪為丞，何但郎也。」劉瞻、高璩也。李德裕貶逐，劉鄴無所依。瞻、璩以故人子，薦為左拾遺。

多擢舊交，何晏也。晏主選曹，宿與有舊者多擢用之。囑薦故人，嚴助也。朱買臣與助同邑相善。助已貴，謂曰：「吾幸先貴，而故人猶寒如舊。負約之罪，鳴鼓難貸矣。」乃囑吾丘壽、王同薦于武帝。

曹顔遠有《感舊》之詩。有云：「富貴他人合，貧賤親戚離。廉、藺門易軌，田、竇相奪移。」向子期秀字。有《思舊》之賦。經其舊廬，鄰人有吹笛者，追思曩日遊宴之好，感音而歎，作《思舊賦》。

漢宣之封彭祖：張安世兄賀，幸于衛太子。太子敗，安世為賀上書，得下蠶室。後為掖廷令，視養曾孫甚密。及即位，賀已死，子安世，小男彭祖，少與帝同席硯，帝追思賀恩，封彭祖陽都侯。賀孤孫霸七歲，賜爵關内侯。李大亮之迴爵張弼。隋末，大亮為賊所獲。賊帥張弼獨釋與語，定交幕下。大亮既貴，每懷弼恩。弼自匿不言，大亮遇諸途，待弼而泣，言于太宗，曰：「臣有今日之榮貴，張弼之力也。乞迴臣爵以授之。」太宗即以弼為中郎。俄遷都督。追舊德也。

范延光之奏李崧。崧始辟延光管記。及延光入代安重誨，奏崧為學士。王峻之奏張義。奏為監察御史，賜緋魚笏。峻嘗事義父延朗，故有是請。不忘所自，庶幾近之。至翟公下邳人。署門絕友。方進為廷尉，賓客填門。及廢，門可設雀羅。後復為廷尉，客欲往，公大署其門曰：「一死，一生，乃知交情；一富，一貧，乃知交態；一貴，一賤，交情乃見。」公孫述陳陛延友。馬援與述啻同里閈相善。以為既見，當握手歡如平生，而述盛陳陛衛以延入。陳勝怒斬故人。陳勝既王，嘗與傭耕者遮道而呼。載歸後宮，怒斬之。顏竣勢處故人。向柳與竣善。竣貴，柳猶以貧自守。不推先之，竣誡柳曰：「名位不同，禮有異數。卿何得作竣時意耶？」柳曰：「我與士遜心期久矣。豈可一旦以勢利處之。」及柳以義宣事敗，繫獄，密請竣相申救，竣竟不助之。柳竟伏法。過矣。

父友矜其葛帔。任昉子：東里、西華、南容、北叟，並無學術，墜其家聲。西華冬月葛帔、練裙，道逢劉孝標，泫然矜之，乃著《廣絕交論》，譏其啻友。到溉見其論，抵几于地，終身恨之。父友憐其牧豕。陳祐年二十，家貧，牧豕于長垣澤。其父之友謂曰：「二千石子牧豕，縱子無恥，奈何先君？」

叔向泣撫司馬侯之子；曰：「自此父之死，吾蔑與事君也。」優孟言封孫叔敖之子。叔敖知孟賢，善待之。叔敖死，其子窮困負薪，往見孟，孟即為叔敖衣冠，抵掌談論。莊王以為叔敖復生，欲以為相。曰：「楚相不足為，孫叔敖盡忠，子無立錐之地，負薪以自給衣食。」于是召叔敖子，封之寢丘。公孫弘曰：「寧逢惡賓，莫逢故人。」《西京雜記》辛冉曰：「故人相見，不吉當凶。」《華陽國志》是無樂乎故知之逢也。

校記

〔一〕削迹：此處作「逍」，擬作「削」，後作「削札」可證，徑改。

〔二〕 士大夫：此處作「士夫」，擬為「士大夫」，後段作「士大夫」可證，徑加。

古事比卷之八

賓客

每五日洗沐，置驛馬，請謝賓客，夜以繼日，鄭當時也。　退朝之後，必宴集園池，預在賓筵，皆屬文之士，楊師道也。　折節下士，門無留客，皇甫嵩也。　接引疏遠，門無停客，陶侃也。　好樂人倫，四方人士，或言議而去，或結厚而別，風聲流聞，遠近稱之，顧邵孝則。也。　好交結士友，得其延譽者，率多升擢，衣冠貴遊，莫不爭與交好，任昉也。　舉止風流，招致名士，美景佳辰，未嘗虚棄，賦詩奏伎，畢盡歡洽。　雖草萊之士，粗關文藝，多引入賓館，與同欣賞，貧躓者亦時有乞遺，北齊僕射段孝言也。　每會賓客，合榻促席，量敵選對，或博奕摴蒲，投壺弓彈，部別類分，于是甘果繼進，清酒徐行，風流觀覽，終日不倦，諸葛融瑾次子。也。　愛好賓遊，食必方丈，旦輒為十人饌，未嘗獨餐，劉穆之也。　愛賓客，食必列鼎，庾敻也。　庭院穿築，極林泉之致，賓客填門，軒蓋不絶，孫瑒也。　愛士養客，無貴賤，與之抗禮，輜軿柴轂，填接街陌，袁紹也。　所在好為山池，松竹交植，盛餚膳以接賓客，將迎不倦，鄭祖述也。　大起園池，植列蔬果，延致秀彦，時往遊適，國秩專供酒饌，夏侯道也。　好賓客，盛修餚饌，殫極滋味，崔瑗也。　招引賓客，一席之費，動至萬錢，韓晉明軌子。也。　不飲酒，而好觀人酣興，恐客歸，每敕中厨，别進異饌，長孫澄也。　不飲酒，而喜以酒飲人：源懷也，羊侃也，裴漢也。淡字仲霄。　調飾供饌，客早來者得佳設，日晏漸罄，羊曼也。在丹陽。　宴客雖晚，必盛具，羊固也。衆謂固之豐華，不如曼之真率。

馮元興家素貧約，食客嘗數十人，同其饑飽；翟光鄴家無餘財，賓朋至，則貰酒延之，略無倦厭。此又貧而好客者也。

田蚡寵盛，竇嬰客盡事蚡，獨灌夫不去。　霍去病貴，衛青之客，獨任安不肯去。　王巖叟字彦霖。為韓琦辟，後韓絳代琦，欲留巖叟，曰：「巖叟魏公之客，不出他門。」

廉頗為趙將，賓客盡至；及其免歸，賓客盡去；復為將，客又至。頗曰：「客退矣。」客曰：「君有勢，我即從；君無勢，我即去。此其理也。」孟嘗君為齊相，賓客盡至；及其廢黜，賓客盡去；後復為相，客又至。曰：「客何面目見文乎？」客曰：「富貴多士，貧賤寡友，事之固然。」二人之言，可以告客人者，可以告客于人者。又孟嘗君客曰：「市，朝則滿，夕則虚。非朝愛而夕憎之，求存，故往；亡，故去。」　客之無益人也，孟嘗君、廉頗、翟公悔之。　悔之者，非也，馮驩之謝孟嘗，趙客之吁廉頗，朱穆之短翟公是也。　有仇之者：魏其、灌夫，賓客衰，引繩批根。生平慕之，後棄之者，卒以俱禍。仇之者，非也。　有懲之者，公孫弘開東閣為「翹才欽賢館」延客，而公孫賀、劉屈氂壞為馬廐、奴婢室。懲之，亦非也，失在慕好客之名，無知客之實耳。

謁見

魏勃以掃門，得見曹參。諸生以門卒當車白事，而自達于韓延壽。不遇知而求知，固如此哉。又王適踵門見李將軍。

倒屣者：蔡邕于王粲。皇甫規于王符。何晏于王弼。李德裕于劉三復。以所業文詣謁。德裕閲其文，倒屣迎之。李谿于李琪。琪十八九，袖賦一軸謁谿，覽賦驚異，倒屣迎門。李膺有疾不通客，惟陳仲弓來，乘輿出迎之。

未嘗修刺候人，井丹也。書一刺，懷之，至于刺字漫滅而無所通，禰衡也。或曰：「何不從陳長文、司馬達耶？」衡曰：「卿欲使從屠沽輩耶？」

王旦以兩及門，抑張師德；旦曰：「吾累于上前説張師德名家子，不意兩及吾門。榮進素定，但當浄以待之耳。」馮京以不見，重韓公。韓琦語富弼。弼，京婦翁也。使往見之，京曰：「不妄詣，所以重公，豈傲哉？」京高于師德，王高于韓矣。

造請不避寒暑：張湯也，唐李敬之也。風格高峻，然造請。隨從不避風雨，朱博也。性多造請，後魏酈約也。千謁乞丐，多為人所笑弄，不免饑寒。造請不報，張禹也。不耐造請，張敷也。

刺史崔喜請見而不詣，王續也。答曰：「奈何坐致嚴君平耶？」王商勸與州尊相見而不應，秦宓也。答曰：「誦顔氏之『簞瓢』，詠原憲之『蓬户』，何困苦之有？」

郭奕之送羊祜；為野王令。祜常過之，遂送祜出境，坐此免官。曹暠之追趙咨。咨拜東海相，道經滎陽，令曹暠迎路候謁。咨不為留，送至亭次，望塵不及。曰：「趙君名重，今過界不見，必為天下笑。」即棄印綬，追至東海，謁畢歸家。其慕深也。

韓愈三及相門；上宰相書。張師德兩詣相門。王文正曰：「師德名家子，不意兩及吾門。」其損均也。

暴勝之請與相見，而雋不疑盛服至門。不疑冠進賢冠，帶櫑具劍，佩環玦，褒衣博帶，上謁。勝之開閤延請，躧履起迎。李賀名重京華，而韓愈、皇甫湜連騎求見；賀總角荷衣而出，面賦《高軒過》。樓護免官家居，而王商雨中住車閭巷。主簿諫，將軍至尊，不宜入閭巷，不聽。護家狹小，官屬立車下，久住移時。其重同也。

呂安詣嵇康，不見其兄；喜出户，延之不見。虞翻兄客不見其弟。喜欣「凡鳥」之題，安題門上，作「鳳」字而去。而翻有「腐芥」、「曲鍼」之喻。其識異也。客不過翻，翻與書曰：「琥珀不取腐芥，磁石不受曲鍼。」

謝安之忍俄頃，未免枉道。安與王文度共詣郄超，日旰未得前。文度欲去，安曰：「不能為性命忍俄頃耶？」范汪之視瘞兒，實是違心。初為温長史，後為安北將軍。北伐失期，免為庶人。至姑孰，見温，時方起屈滯，謂汪詣己，汪恐以趣時致損，乃曰：「亡兒瘞此，來視之。」温殊失望而止。

初不肯見，而後與語大悦者：宗慈于岑晊。晊候同郡宗慈，以非良家子，不肯見。晊留數日，晚乃引入。與語，大奇之，與俱至雒陽。張華于陶侃。華初以遠人不甚接遇。侃每往，神無忤色。華後與語，異之。張鎰于陸贄。東歸省母，路由壽州，刺史張鎰有時名。贄往謁之，初不甚知。留三日，再見與語，遂大稱善。

高彪從馬融，欲訪大義，融疾，不獲見，乃覆刺遺書，融慚追彪，逝而不顧。趙壹候皇甫規，門者不即通，壹遂遁去，規追書謝之。

桓玄常詣王忱，通人未出，乘輿直進，忱對玄便鞭門幹，玄怒，去之，忱亦不留。　時苗為壽春令，初謁治中蔣濟，會其醉不能見。苗恨，刻木為人，書曰「酒徒蔣濟」，旦夕射之。　于嶠往見趙鳳，辭以沐髮，嶠詬直吏，又溺于從者，直廬而去。吁！何其甚也。

世不乏劉綜之使者，漫罵田奴。綜欲候司馬徽，先使左右問其存亡。徽方鋤園，曰：「我是徽。」使者罵之，刷頭飾服而出，叩頭謝之。　高肇之門者，目輕王子。肇，帝舅也。權重天下。任城王澄子順懷刺詣門。門者云：「在座有大賓客。」順叱之。及見，直往登床，捧手抗禮。澄咄之，杖順。　潘炎之閽者，遺縑後見。京兆尹候炎不得見，遺閽者縑三百。妻劉氏勸炎避位。　而黃居難自比樂天。每過，名刺稱「鄉貢進士」。黃居難字樂地。欲自比白傅。　梁何思澄所賫名刺，一束必盡。每宿昔作名刺一束，侵曉命駕朝賢，無不狎處，人方之樓護。　楊光遠顏厚千重鐵甲，不識忌諱，遊謁干索。未嘗自足，常遭撻辱，人多鄙之。　不為少減，又何怪劉魯風之詠「名紙毛生」，為典謁者所阻，賦詩有：「無錢乞與韓知客，名紙毛生不為通」句。　呂蒙正、李觀之詠「朱門不開」，俱有「十謁朱門九不開」句。　李清臣之詠「白衣老吏」謁魏公姪，吏報：「大祝方寢。」清臣題壁，有「白衣老吏慢寒儒」句。哉。　若裴之禮之杖僕，僮僕拒客，對賓杖之。　胡存齋之榜門。懸一牌于門，曰：「胡存齋在家。」難其人矣。

齊太祖鎮東府，虞玩之猶躡屐造席。　齊高宗録尚書，蔡景搊名約，興宗子。猶躡屐不改。

叔孫通之見漢王，短衣楚製。通儒服，憎之；服短衣楚製，漢王喜。　婁敬之謁高祖，衣褐衣謁見。虞將軍欲與鮮衣，敬曰：「衣帛衣帛見，衣褐衣褐見。」

許劭不造陳寔、陳蕃。曰：「太邱道廣，廣則難周。仲舉性峻，峻則少通。」故不造也。　范丹不見賈彪、郭泰。

郭林宗造袁奉高，車不停軌，鸞不輟軛；詣黄叔度，乃獨信宿。

趙壹柴車草屏延羊陟。造陟，不見，許通尚卧。壹入臨之。明日，車騎造壹，壹柴車草屏，坐車下極歔，曰：「良璞不剖，必有泣血相明者。」　李元忠露車濁酒迎神武。齊神武東出，元忠乘露車，載素箏濁酒奉迎。未即見，下車獨酌，擘脯食之。曰：「國士到門，不能吐哺輟洗，其人可知。還吾刺，勿復通。」神武遽見之。

吴武陵投謁李吉甫。吉甫父微時，以詩一絶投宋甄，殊無接引意。吉甫節判青州，武陵投謁不禮，遂書前語以獻。吉甫厚賂之。　賈同往謁蔡齊。同與公同州，累往謁公，值飲酣不得見。同因留詩一絶，公因此戒酒。

晉文公以沐，辭竪頭須。致有圖及之誚。　文潞公以沐髮，忘見汪輔之。輔之密劾潞公。神宗批付潞云：「侍中哲德，故煩卧護北門。輔之小臣，敢爾無禮，别有處置。」

孫惠詭姓名，稱：「南嶽逸士秦秘之。」以書干東海王越。有云：「控馬鵠立，計日俟命。」　高道穆奏記元匡，有云：「雄才不世，無藉朽株之資；求人屠釣，不牽幽投之誚。」柏耆以書干裴度。王承宗再叛，朝廷思用恩澤，耆願為是行。承宗果請質二男獻兩郡。

朋黨

崔、陳分黨，晏子獨從平公。　牛、李分黨，韓愈不入其内。

恥不與黨人：皇甫規、黨人皆天下名士，將罪規恥不得與，乃自陳黨列，朝廷竟不問。　景毅。李膺門生故吏，並被禁錮，毅子顧不及于譴。毅曰：「本謂膺賢，遣子師之。豈可脱漏名籍，苟安而已？」遂自表免歸。　願為黨人，王質。范希文貶饒州，朝廷方治朋黨，莫敢送。王侍制獨扶病出餞，或讓之。王曰：「得為范公黨人，公之賜質厚矣。」

漢之朋黨，始于甘陵二部相譏；成于太學諸生相訾。其終也，以節義。桓帝受學甘陵、周福。時同郡房植有名，二家賓客互相譏詆，各樹朋黨。由是有甘陵南北部，而黨人之議始此。成瑨誅張汎，劉瓆誅趙津，張儉破侯覽冢宅，黄浮誅徐宣，李膺殺張成，宦官教成弟子牢修，告膺等部黨謗訕。帝怒，逮捕黨人，禁錮終身。膺等雖廢，更相標榜，有「三君」、「顧厨」、「俊及」之號。靈帝時，竇武、陳蕃欲誅曹節等，反矯詔殺武、蕃。復奏鈎黨竇武、陳蕃、劉淑，為「三君」，一世所宗也；郭泰、范滂、尹勛、巴肅、宗慈、夏馥、蔡衍、羊陟為「八顧」，能以德行引人也；度尚、張邈、王孝、劉儒、胡母、班秦、周蕃嚮、王章，為「八厨」，能以財救人也；李膺、荀昱、杜密、王暢、劉祐、魏朗、趙典、朱寓，為「八俊」；言人之英也。張儉、翟超、岑晊、范康、劉表、陳翔、孔昱、檀敷，為「八及」，能導人追宗也。

唐之朋黨，始于對策，成于貢舉。其争也，惟勢利。李德裕恨李宗閔對策，譏切其父吉甫。又宗閔以婿關節得第，被貶，遂各分朋黨。牛僧孺為相，德裕八年不遷，以為李逢吉排己，引僧孺。由是牛、李之怨益深，更相傾軋，垂四十年。

宋之朋黨，黨論之始倡。蔡襄「賢不肖」之詩激之也。黨論之再作，石介之「一夔」、「一契」之詩激之也。其後，諸賢相繼斥逐。又歐陽公「邪正之論」激之也。此言慶曆時之黨。

洛黨，程頤為首，朱光庭等輔之；蜀黨，蘇軾為首，吕陶等佐之；朔黨，劉摯為首，佐之尤衆。惟吕大防、范祖禹、司馬光，不立黨。唐長慶、大和之有黨也，始于李宗閔、李逢吉、牛僧孺惡李德裕、李紳，而排之。宋慶曆之有黨也，始于賈昌朝、陳執中、王拱辰、錢明逸惡范仲淹、富弼等，而排之。若程、蘇以言論不合，賈易、朱光庭等劾軾，胡宗愈、孔文仲、顧臨等劾頤，洛、蜀交攻，遂分二黨。初不出争若新法，怨若牛、李也。章惇、蔡京專國，貶竄接踣，端門之碑，姓名並列。頤、軾之争，不關臧否，而黨議即興。劉摯、梁燾、王巖叟、劉安世等超然評論，亦稱朔黨，與之鼎立。始以相争者為黨，既則不争者亦為黨。小人之害君

子，惟恐其黨名之不著，黨勢之不成也。張奭東《論》

石顯與中書僕射牢梁、少府五鹿充宗，結為黨友。 漢朱博、陳咸相為腹心，背公死黨。 任愷與賈充各有所附，為朋黨。充與荀顗、荀勖、馮紞為黨友。充卒，譖愷廢于家。 崔隱甫、宇文融與張説各為朋黨。明皇惡之。

諸葛誕、鄧颺等相與結為朋友，更相題表。以夏侯玄等為「四總」，諸葛誕等為「八達」。劉放子熙、孫資子密、衛臻子烈，為「三豫」。合黨連辟，互相褒歎。

賈謐二十四友：渤海歐陽建、滎陽潘岳、吳國陸機弟雲、蘭陵繆徵、京兆杜斌、摯虞、琅琊諸葛詮、弘農王粹、襄城杜育、南陽鄒捷、齊國左思、清河崔基、沛國劉讓、汝南和郁、周恢、安平牽秀、潁川陳眕、太原郭鄣、高陽許猛、彭城劉訥、中山劉輿、劉琨、石崇。

李逢吉之「八關」、「十六子」：姜洽、李虞、張又新、李仲言、後改名訓，逢吉從子。李續之、劉栖楚、張權輿、程昔範八人，而傅會者又八人，劉堅、陸洿。

王叔文之「八司馬」：劉禹錫、程异、陳諫、柳宗元、韓泰、韓曄、凌準、韋執誼。

以小人攻君子，則小人勝，石、史之于蕭望之，惇、卞之于元祐諸賢。 以小人攻小人，則兩不相下，如惇、京之于曾、布。

北齊「三佞」。胡長仁與酈孝裕、陸仁惠、盧元亮，厚相結托，時號「三佞」。長仁私遊仄密，處處追尋。

梁之「四凶」。西豐侯正德、樂山侯正則、萓當門邏、南岸夏侯洪。「四凶」為百姓巨蠹。 陳之「五佞」。施文慶、沈客卿、陽慧朗、徐析、暨慧景也。

武三思之「五狗」。周利用、冉祖雍、李俊、宋之遜、姚紹之。　南唐之「五鬼」。馮延巳、馮延魯、陳覺、魏岑、查文徽。　宋之「五鬼」、王欽若、丁謂、陳彭年、劉承珪、林特。「六賊」、梁師成、李彥、朱勔、王黼、童貫、蔡京。「四凶」、黃履、蔡確、章惇、邢恕。確、惇有所嫌惡，使恕道風旨，履即排擊之。「三凶」、梁成大與莫澤、李知孝。「四木」、趙汝術、薛極、胡榘、聶子述，附彌遠如「三凶」。「王門十哲」。張商英、章惇、鄧綰、曾布、蔡京、邢恕、林希、呂惠卿、李清臣、呂嘉問。

秦門十客。曹冠以塾師為門客。王會以婦弟為親客。吳益以愛婿為婚客。施全以剚刀為刺客。李季以設醮為羽客。龔釜以治産為莊客。丁禩以通家為狎客。曹詠以獻計取林一飛還作子，為説客。郭知運以離婚為逐客。檜既死，葬建康，有蜀人史叔夜懷雞黍生芻，號慟墓前，于是謂之吊客，以足十客。

胥門十哲。金胥持國擅政，張復亨等十人趨持國門，俱為寵官。

芳林十哲。咸通中，郭薰及沈雲翔輩，凡十人，皆交通中貴。芳林，門名，由此入內也。

宦寺

宦官用權，為國家患。東漢之衰，最名驕橫，然未有劫脅廢置如唐者也。所以然者，漢不握兵，唐握兵故也。如巷伯之疾惡；寺人披之事君；鄭衆之辭賞；呂彊之直諫；良賀之清儉；曹日升之救患；馬存亮之弭亂；楊復光之討賊；嚴遵美之避權；張承業之竭忠。其中豈無賢才？顧人主不當與謀政事耳。乃欲草薙而擒獮之。能無亂乎？　袁紹行之于前，而董卓弱漢；崔昌遐襲之于後，而朱氏篡唐。其害，豈不益多哉？　明代王振、劉瑾、馮保、魏忠賢之廣肆貪婪，紊亂朝政，更横于漢，而勝于唐矣。

劉蕡對策，極論閹宦：「無腹心之寄，有廢立之權；陷先帝不得正其終，致陛下不得正其始。」又曰：「樊噲排闥而血涕，袁盎當車以抗辭；京房發憤以殞身，竇武不顧而畢命。」張子韶對策曰：「閹寺聞名，國之不祥；豎刁聞于齊而齊亂；伊戾聞于宋而宋危。」

相如遇主，由宦者楊得意。　商鞅之進，由閹人景監。　王安石之得君，由宦者藍元震。

晉侯以勃鞮用趙衰。　趙王以繆賢得藺相如。

鄭衆謀竇憲，單超等謀梁冀，則成中人也。　竇武謀曹節、王甫，何進謀張讓、趙忠，則敗外戚也。

《急就》作于史游；《史記》成于司馬遷；蔡倫造紙；李巡白靈帝刻《石經》。皆閹也。

相如生以繆賢得官；杜少陵死，以紐憐得謚。皆士大夫之辱也。此何以為辱？辱其士大夫之不知人耳。

宦寺亦有妻：漢丞相、御史條奏石顯惡，免官。與妻子徙歸故郡。王甫磔于夏城門，妻子徙比景。在交阯地。唐高力士娶呂玄晤妹；李輔國娶元擢女；王承休有妻。宋太后陰敕中人梁惟簡妻，製十歲兒黃袍；梁師成妻死，蘇叔黨范温臨哭。　宦官亦有子：張讓得罪，向子婦叩頭，請于太后；趙雋文為劉騰養息；京兆尹崔元略以諸父事内侍崔潭峻；河間王琛廢于家，求為劉騰養息；馬植與中尉馬元贄叙宗姪，贄以上賜寶帶遺植，宣宗識之，不可隱，明日罷相。

東漢欒巴，初為宦官，後陽氣通暢。白上乞退，歷官以忠節稱，子賀官至太守。元魏中官高菩薩，與馮后私亂。西漢李延年坐法腐，給事宫中。久之，浸與宫人亂。宋内侍林億年，別業養娼女。陳源貶死，與妓濫。童貫頷下有鬚長尺餘。可見，此屬之不可信。

東漢宦者，如鄭衆一心王宫；吕强清忠奉公。唐末，如張承業盡心不懈；張居翰易詔書一字，而免千餘人死。莊宗詔誅王衍一行，居翰改「行」字為「家」字，諸蜀人隨衍降者，俱免。貂璫中有此，可不謂賢乎哉？然中官用權，實自鄭衆始。唐之高力士，亦可謂小心謹慎者矣。

唐嚴遵美之退隱；歷平容使。嘗歎曰：「以袴衫給事，今執笏過矣。」後從昭宗還鳳翔，求致仕，隱青城山，八十餘卒。宋李舜舉之死賊。轄嘉州團練，與沈括議城永樂。被圍，急斷衣襟，作奏曰：「臣死無所恨，願朝廷弗輕此賊。」尋死之，謚「忠敏」。宋士大夫聞其言，見其行，有不動心者乎？

僕隸

卓王孫家僮千餘人。程鄭、折象、石崇，俱八百人。袁廣漢九百人。王氏五侯、刁逵、楊素，各數千人。高陽王雍六千人。郭邠陽三千人。吕不韋、糜竺萬人。張彭祖七百人。

漢宣賜霍光奴，前後百七十人。唐李大亮，以功賜奴婢百口。陳平遺陸賈奴婢百人。以交歡太尉之言。

衛青起于平陽家奴。熊翹起于石崇家奴。

同一奴也，有彭寵之奴，殺主覓侯；有許貢之奴，捨生報怨。

李善字次孫，淯陽人。乳李元之孤續。王安祖遜胡奴。匿祖遜之庶子道重。十歲為沙門，石氏亡，復歸江南。義哉！如盧懷慎死，惟一老蒼頭，請鬻身以辦喪事，亦足取矣。又王隴德之忠于王藏仁；本仁蒼頭。仁父母未葬，既而物故。德並葬之，廬墓負土，有白雉飛鳴墳土。趙延嗣之忠于趙鄰幾。

陶淵明遣一力遺子，曰：「此亦人子也。」楊誠齋作粥，遍飲奴婢禦寒。曰：「此亦人子也。」晉鄭默千僮豎厮養，不加聲色。劉寬恐奴自殺。奴市酒大醉還，客罵畜産，寬恐奴死。

權同休之僕，役則見奇。許宣平之婢，杖而驚異。《傭吹》梁冀奴名秦宮。北齊王元景名典琴。咸陽郭氏霍光奴名殷，即子都。又還車。見北斗九星者。奴名捧劍。每遭箠撻，忽題詩曰：「青鳥啣葡萄，飛上金井欄。美人恐驚去，不收捲簾看。」遂稍容之。韓昌黎奴名奴星。蕭穎士奴名杜亮。事穎士十餘年，笞楚嚴慘，或勸其去。曰：「非不欲去，愛其博奥耳。」柳公權奴名海鷗。即竊銀杯者。

吴大帝奴名谷利。泛船風盛，拔刃令舵工取樊口。權不復名之，常呼曰「谷」。唐周邯奴名水精。善于探水。後人汴州八角井，為龍所拏。陶峴奴名摩訶。善泅水，至西塞山下入江，肢體磔裂。哥舒翰奴名左車。杜工部奴名阿段、獠奴。陽城奴名都兒。公孫志節奴名餘地。年七十二。王褒漢字子泉。髯奴名便了。

琅琊王僕名宋典。爾朱兆蒼頭陳山。兆命提斬己首，不忍。張志和奴曰「漁童」，婢曰「樵青」。漁童使捧釣收綸，蘆中鼓枻。樵青使蘇蘭薪桂，竹裏煎茶。顔峴家僮銀鹿，後事魯公，終其身。又有小鬟青衣，名曰「剪綵」。「春草」，唐明皇宫婢。「秋水」，宋真宗宫婢。

竇參婢「上清」。李錡婢「杜秋」。司空圖女家人「鸞臺」。布衣鳩杖，出則以自隨。

兩家奴争道，霍氏奴入御史府，欲踏大夫門。此霍氏之所以亡也。 奴從賓客漿酒藿肉。此董賢之所以敗也。

謝鯤東海王越聘女。坐家僮取官稿而除名。 班固因奴醉罵洛令而捕繫。奴醉，罵洛陽令种兢，後兢捕繫固。

高敖曹因奴持帶指示而被追。敖曹伏橋下，魏追兵見其從奴持金帶，問之，奴指示，遂斬。 趙縱為奴告而坐繫。張鎰曰：「頃者，長安令李濟以奴得罪，萬年令霍晏因婢坐譴，悖慢之風，漸不可長。」

訴主藏中者，馬曙奴王慶也，魏謨引律論死之。沈洵將戮私侍兒之奴，反結牙將夜攻洵，何異子密哉？

為儀同而訴朱异。侯景以朱异奴為儀同三司。奴訴异。 因謀禪而殺高澄。澄謀受禪，膳奴蘭京殺之，並殺陳元康。

言竇憲有惡謀，奴王當也；證竇憲無惡言，奴郭扈也。竇氏有事，當亡捕得，因言憲有惡謀，扈自出證。 告唐景思與淮南李景交通，景思，旭也；願下獄明景思不反，僕王知權也。史洪肇斬告奴而擇景思。

僕告主而被誅：王稷之家奴。告稷改父鍔遺表，匿所獻家財。裴度諫憲宗，杖殺二奴。 李嶼之僕夫。僕夫葛延遇為嶼販鬻，多所欺匿，督負甚急，告嶼謀反，嶼誅。後周徐台符、王峻白于太祖，誅延遇。

竇建德為王軌斬逆奴。奴殺軌，奔建德，斬之。 張詠、柳開為士人斬叛僕。

李孝壽如舉子戲牒，判罪僕。孝壽尹開封。有舉子為僕所凌，效尹旹判决杖，僕持詣府告主。孝壽曰：「所判正合。」如數决杖，而謝舉子。

宋元獻為舉子罪僕夫。守洛，舉子裝有失稅物，為僕夫告，公曰：「應舉，誰無所携？告主風胡可長。」送院倍稅，治其奴罪而遣之。

微賤

太公起屠釣，為周師。傅説去版築，為殷相。胡廣累世農夫，致位公相。黄憲，牛醫之子，名重京師。沈約云。卜式拔于芻牧。弘羊擢于賈豎。衛青奮于奴僕。日磾出于降人。《公孫弘傳》魏元忠《封事》云：「陳湯、吕蒙、馬隆、孟觀，悉出貧賤，而勳伐世高。」蔡邕《疏》曰：「韓安國起自徒中，朱買臣出于幽賤，並以才宜守本邦。」

將相起于微賤：蕭曹起于刀筆。韓信起于賤隸。《梅福傳》云：「拔于行陣。」陳平起于亡命。周勃起于吹簫。叔孫通起于枹鼓。英布起于黥徒。彭越起于狗盜。樊噲起于屠狗。灌嬰起于販繒。夏侯嬰起于廐御。酈商起于農夫。吴芮起于江湖。黄霸起于卒史。薛宣奮于書佐。朱邑選于嗇夫。邴吉出于獄吏。

由郡縣吏顯者：漢，則路溫舒、獄小吏。于公、縣獄吏。龔勝、郡吏。魏相、郡卒吏。趙廣漢、河間郡吏。尹翁歸、河東獄吏。張敞、太守令史。王尊、涿郡吏佐。漢雍奴侯寇恂、起家刀筆吏。竇廣國、兄弟兩人，所出微。陳寔。出于單微。唐，則白志貞、嘗從雜類，出自微賤。張玄素、孫伏伽、俱出令史。魏知古、本起小吏。姚崇薦引以至同相。崇意輕之。㑽□即其父，嘗為縣卒。故常忌不呼鈐下伍伯，而呼其姓名。陳敬瑄、素微賤，節制西川，報至，蜀人皆驚，莫知為誰。侯思止、賣餅兒，以告密進用。吴少誠、本官健。韓全義。家世寒，史失其先世。宋，則狄青、起家汾州冊書。汪聖錫、出身弓手。陳恕、為縣吏，折節讀書，歷官參政。晏元獻父、撫州弓手。凌策。侍郎。其父曾為鎮所，由父携拜安鴻漸，乞名。鴻漸滑稽，命之曰「教之」。蓋言所由生也。策後長立，啣之。

起于微賤而不自諱：王諶、少貧，常自紡績。通貴後，每說之。孫伏伽、嘗為令史。及貴，一無所隱。呂僧珍。以販葱為業。速貴，兄子求官，曰：「速歸葱市。」

衛后，子夫。平陽主家謳者。趙后，飛燕。陽阿主家歌舞者。漢孝武王太后，金王孫之婦也。

晉簡文鄭太后，渤海田氏之妻也。

王符、到洽無外家。陸羽為僧所養。鄭注姓石，通寺女家人所生。為客僧姓鄭所乞。五代漢後贊、母本倡家，父往來其家，生贊。韓子熙、與寡嫗李氏奸合，生三子，不穆，迭相告言，歷年不罷。子熙慚恨，發病卒。黃相、山谷子，字子德。生母出于微賤。高遵、崔祖固、皆賤出。王琨、父懌，不辨菽麥，人無肯與婚。家以獠婢恭心侍之，遂生琨。阮孚、母即胡婢。魏仲同、收賤生，弟先未齒録。因崔悛以收父老，合解官，將加彈劾。因此上籍，遣還扶持。楊國忠。張易之承恩武后，每歸第，詔居樓上。母恐絶嗣，令女奴蠙珠上樓，遂生國忠。更云：易之甥也。用事時，奏復昌宗兄弟官爵。

劉子輿稱成帝「下妻子」。唐王鉷、傅璿，「側出子」也。皆謂婢、妾所生。

齊威王罵周烈王，曰：「爾母，婢也。」馮王罵趙王遷，云：「其母，倡也。」

漢高帝之洛陽戍卒「新城三老」；武帝之「壺關三老」；趙王歇之厮養卒；丙丞相之馭吏；龔渤海之議曹；醉生韓馮翊之府門卒，皆忠言至計，出于下僚，異應奇聞，探于微者，固不必高議雲臺之上也。《涖史億》

義氣之所激，顧出于工伎小人：唐有雷海清、禄山宴凝碧池。海清擲樂器于地，肢解之。安金藏。剖腹，明皇嗣不返。黄巢時三伎人：巧工劉萬餘，貢策備禦，巢悦。築城，米竭不就，萬餘出投河陽，病卒。樂工鄧慢兒，不肯彈琵琶，被殺。摘星胡弟米生不肯射官平，被殺。也。宋長安石工安民。《元祐黨碑》，乞免鐫名石末，恐得罪後世。

古事比卷之九

身體

形之同者：堯眉八彩，魯僖、司馬長卿，亦眉八彩；世祖日角，唐高祖亦日角；竇憲鳶肩，馬周、駱賓王亦鳶肩；班定遠虎頭燕頷，包拯亦虎頭燕頷；司馬懿狼顧，周嵩亦狼顧。皮相者其可以論人乎？大舜、項籍、朱友敬重瞳同，而仁暴異；大禹、勾踐、臯陶長頸烏喙同，而德詐異；孔子、陽貨蒙倛同，而聖狂異；漢高祖、晉元帝、嵇康龍顏同，而貴賤異；晉文、張儀駢脅同，而君相異；揚食我、班仲升虎頭同，而廢興異；王戎、劉炫、蔡京視日不眩同，而貪鄙、博涉、奸宄異；馬良、劉曜白眉同，而才暴異；孔子駢脅同晉文，手垂膝同昭烈，而不得位則異。固不可因異而怪同也。

表之異者：漢高祖隆準龍顏；唐太宗虬鬚；武后龍瞳鳳頸。　垂手過膝，回顧見耳者：劉先主也，王衍也，均為蜀主，奇矣。又梁宣帝、慕容垂、李昇、宇文泰。　目重瞳者：虞舜、顏回、項羽、王莽、朱友孜、劉崇、李煜、後梁呂光、夏明玉珍、隋魚俱羅、沈約左目。　四目者，蒼頡也。　四乳者：文王也，王敬則也，唐高祖也，宋范鎡父子也。　若郭汾陽子儀。之面長二寸。每遷官則然。　趙南仲葵。之高低兩眼。嘉定間，為淮閫。兩眼高低，一眼觀天，一眼觀地。　賈耽之半面啼笑。夢鬼易其頭，遂能半面笑，半面啼。

九真女子趙嫗之乳長數尺。　馮寶妻洗氏之乳長二尺。暑則擔于肩。　李光弼母之鬚數十莖。尤目所罕覯。

方口者：老子、漢高祖、婁師德也。　大口者，虞舜也。　方頤大口，孫權也。　生而有文在手者：文王也，有文在手，曰「昌」。叔虞也，唐叔生，文在其手，曰「虞」。周昭王庶子也，左手文曰「公」，右手文曰「羽」，遂賜姓翁氏。魯桓公母也，宋仲子，文曰「魯夫人」。成季也，季友生，有文在手，曰「友」。劉淵也，生而右手有文，曰「淵」。梁武帝也，文在右手，曰「武」。隋高祖也。文在手，曰「王」。

舜手握「褒」字。　孔子足履「度」字。　若甄尋手理有「天子」字；作符命，言：「黄皇室主為尋妻。」莽怒，戮死。晉營兵陳瀆女臺，有文在足，曰「天下之母」。有司收繫，俄亡去。則不僅文，無祥也。

苻堅背有赤文隱起成字，曰「草付臣」，又「土王」。　呂光左臂肉脈隱起成字，曰「巨霸」。

安祿山為張韓公仁愿。洗脚，竊窺龜文黑子，而言己雙足俱有文。黑而加大，韓公約為義兒。渾瑊為郭子儀洗足，捧玩黑子，而言瑊足亦有之。　唐吴行魯為西門軍容洗足，見足下文理，而言己亦有之。脱殿呈中尉。歎曰：「我為汝成之。」後除西川節度。　胡紹見太守許荆蹠下而笑曰：「明府蹠下有黑子，紹亦有之。」令紹學，後為九真守。　相之貴一也，汾陽最矣：阿犖、軍容，何以稱焉。

言夫左足心有黑子，而還為夫婦者，黄昌妻也。　竊言堂上母為婦，足下有黑子，腋下有赤痣，而遂為夫婦者，龐儉父也。　言我兒脚心有黑子，而父子如初者，蜀姜太師父也。

晉成恭杜皇后長猶無齒，及帝納彩，一夜而齒盡生。　梁丁貴嬪生有赤痣在左臂，又體多疣，及武帝納以金環，無何而盡失所在。　宋理宗后甫聘而膚若蛻。　宋謝后病疹而瑩白。　漢薄太后有貴徵，初父死，納之魏王，魏王虜死；漢王幸之，而生文帝。　王莽姑政君有貴相，初許嫁，夫輒死；獻之趙王，王又薨；元帝幸之，而生成帝。　或既貴而異見，或未貴而有徵。　相為之乎？天為之乎？

孫臏臏于魏而為齊帥。　司馬喜臏于宋而為中山相。　黥布刑而王。　章昭達眇而貴。　狄青亦黥而後貴。　羊叔子鑿墓折臂而得「三公」。相墓者言：「有帝王氣，鑿之，則無後。」祜掘斷地勢，相者曰：「猶出折臂三公。」祜墮馬折臂。　劉之遴墮車折臂而得太守。　鉗徒相衛青，以人奴而官封侯。　乙弗禮相薛大鼎，以人奴而任方岳。　金粱鳳相裴冕，以兵起得相。以祿山亂，勸進靈武，為平章。　呂諲以大驚得相。以榜驛長，幾中兩矢，踰牆免。明年參知。

貌美者：潘岳少時，挾彈出洛陽道，婦人連手縈繞，投之以果。　王濛帽敗，自入市買之，嫗悅其美，遺以新帽。　玉人，裴叔則也。　璧人，衛叔寶也。　連璧，潘安仁、夏侯湛也。　宋武目為兩玉人：謝混、謝晦也。　王彧、謝莊為「一雙」；阮韜、何晏為「一雙」。　庾杲之為蟬冕所照，更生風采。　蕭穎胄輕朱被身，覺其趨進轉美。　王夷甫捉玉柄麈尾，與手無別。　梁簡文捉玉如意，與手無辨。　潘岳美而諂，王恭美而叛，夷甫美而流禍中原。　趙子昂膚如玉脂，而仕為承旨。　試湯餅者，何晏。

貌陋者：左太冲思。貌醜，每遊，則羣嫗共亂唾之。　張孟陽載。貌醜，每行，則小兒以瓦石擲之。　華元悍目皤腹，貽譏謳人。　蔡澤曷鼻魋顏，見誚朝士。　揚子雲祿位、容貌不能動人。　劉子珪衣裳、容髪，有足駭者。　周燮生而欽頤、折額，其父以為聖賢多有異狀。　李松小字「大醜」，父謂宗人鏻曰：「大醜奇形異氣，前途應不居徒勞之地，賴君誨激之。」後果至公輔。　柴高貌惡而知名。

子羽狀惡而行修。

又梁宗如周、面狹長，蕭督戲之。　祖廣、字淵度，范陽人。每行常縮頭。桓南郡曰：「祖參軍如從屋漏中來。」古弼、頭尖，太武常名之曰「筆頭」，時呼「筆公」。　唐崔善為、短而傴，武德中尚書左丞。諸曹惡其聰察，嘲之曰：「崔子曲如鈎，隨例得封侯。髆上全無項，胸前別有頭。」裴佶、朱泚亂，佶與衣冠數人，佯為奴求出城，自稱甘草。門兵曰：「此數子必非人奴，如甘草不疑也。」姚元之、張元一、左拾遺魏先乘品題朝士：丞相姚元之長大行急，目為「趁蛇鶴」，坐此貶左司郎中。張元一腹粗脚短，項縮、眼尖，吉項目為「逆流蝦蟆」。　袁應中、紹聖間，蔡元度引之得對。袁鳶肩，上短下漏。哲宗一見，連稱「大陋」，不得陳述而退。縉紳目為「奉敕陋」。　習鑿齒、有蹇疾。苻堅謂之「半人」。　桑維翰、身短面長。後登第，同榜四人，陳保極戲曰：「今歲有三個半人及第。」以桑短，謂之「半人」。　羅隱。鄭畋少女好隱詩，常欲委身。一日隱謁畋，女窺其寢陋，遂終身不讀江東篇什。

敦洽、韓麋，陳之醜人也。　鍾離春、無鹽，齊之醜女也。

承宮自知貌醜，單于使至，以魏應代。　曹操自嫌形陋，單于使至，以崔季珪代，而自捉刀。　宋孝武鎮彭城，魏使李孝伯至，以張暢代，而自改服，惟王商坐未央宮，單于仰視遷延却退。　韋藝總管營州，獨坐滿一榻，番人莫敢仰視。《北史》　韓擒虎厲色而顧，突厥惶恐不敢仰視，乃真英雄。　諸葛瑾面似驢。　斛律光面似馬。　何尚之、顏延之、宋遊道、歐陽詢，面似獼猴。

越王長頸烏喙；范蠡《遺文種書》：「越王長頸、烏喙，可與共患難，不可與共安樂。」文種稱病，或讒種。越王使種劍，曰：

「子教寡人伐吴七術，寡人用其三而敗吴。其四在子，子其為我從先王試之。」種遂自殺。　**秦王長目鷙膺。**尉繚説秦王，王與之抗禮，飲食、衣服與之齊。繚曰：「秦王龍準長目，鷙膺豺聲，少恩，虎視，狼心。居約易以下人，得志亦輕視人，不可與交遊。」乃亡去。

王彌豺聲豹視。隱者董仲道曰：「君豺聲豹視，好亂樂禍，天下騷擾，不作士大夫矣。」此如越椒熊虎之狀，而豺狼之聲；叔魚虎目、豕喙、鳶肩、牛腹，一見而知其不善也。　黃門侍郎相王莽，曰：「所謂鴟目、虎吻，豺狼之聲者也。故能食人，亦當為人所食。」　潘滔目王敦曰：「蜂目已露，豺聲未振。若不噬人，亦當為人所噬。」潘滔語。　識侯景者曰：「下視低眠，屢顧聲散，此謂豺狼之聲。故能食人，亦當為人所食。」

宋藝祖謂陶穀「一雙鬼眼」；神宗亦以目杜常。穀不足稱；常實端士。常折節學問，無戚里氣。河陽久旱，下車而甘雨隨。值州河決，及坐而横流止。可與穀同日道哉？

相有不利于人國者，或戒之，或歎之，而終莫之能易者，天也。　漢高祖立濞為吴王于沛，相之，曰：「若狀有反相。」因拊其背曰：「漢後五十年，東南有亂，豈若耶？」　皇甫玉謂高歸彦曰：「位極人臣，但莫反，公有反骨。」《北史》　孝文觀臺宿有逆謀氣，言于咸陽王禧曰：「玄象變，汝終為謀逆，會無所成。」果如言。　袁粲曰：「褚淵眼多白，亡宋者終此人也。」　李師中曰：「王安石眼多白，亂宋者必此人也。」王敦眼多白，張允仲眸子多白，性暴，燕人號「白眼相公」。

王衍面白亂晉。　王安石面黑，亦禍宋。　又盧杞面藍而亂唐。　丁大全面藍而亂宋。

「黑王相公」，德用也。　「謹避黑面大王」，目尹繼倫也。

何平叔晏。性自喜動，粉白不去手，行步顧影，其山雞之愛羽毛乎？山雞愛其羽毛，映水則舞。　夏侯元讓悙。惡其偏盲，每照鏡恚怒，撲于地，其犀之惡影乎？犀牛自惡其影，不欲照見，常飲濁水。蜀張裕覽鏡，輒撲于地，以其相當刑也。齊高祖拔白髮，遂投鏡鑷，以其為人曾祖也。鎮東府時，問廢帝：「兒言我誰？」答曰：「太翁。」因笑曰：「豈有為人曾祖，而拔白髮者乎？」

梁陰子春脚數年一洗，每洗則失財、敗事。在梁州，以洗足致梁州敗。陳武帝章后爪長五寸，每有期功之喪，則一爪先折。周文帝項有瘤疾，不欲人見，故常著帽。帽垂裙，故也。漢元帝額有壯髮，疑即蒜髮。不欲人見，乃始進幘。

短舌者：宋南郡王義宣，舌短，澁于言論。盧携。貌不揚，語又不正，呼其名「携」為「惠」。鄭偉口吃，怒牧豎言亦吃。為效己。見《廢疾》。杜臺卿耳聾，見口動，謂自陳。為尚書左丞，下辭不得理者，大罵之。見其口動，謂為自陳，往往乖越。

口臭者：刁存、桓帝侍中。口臭，賜雞舌香，存疑是酖，賴僚友解之。宋之問、武后不許為北門學士，宋作《明河篇》見志。后謂崔融曰：「非不知之問奇才，恨有口過耳。」謂口臭也。勾踐。為吴王嘗糞，而口臭。范蠡令左右食岑草，以亂其氣。補唇者：魏詠之、生而唇缺，就殷荊州帳下醫割補，百日不得笑語，惟食薄粥。方干。缺唇，連應十餘舉不售。隱居鑑湖，至遇醫療補，已老矣。

裴俠嵩和。七歲不能言。洛城見羣鳥蔽天，指之而言。楊元琰温卿。數歲未能言。相者曰：「語遲者神定。」楊億數歲不能言。家人抱之登樓，觸其首，即吟詩。有「不敢高聲語，恐驚天上人」之句。

神武杖文襄，常山君尉景妻，神武姊。泣救之，尉景曰：「小兒不可慣，何須乾啼溼哭耶？」文宣崩，魏收掩涕失聲，陽休之嚬眉而已，答楊愔曰：「天保之世，魏侯知遇甚深。鄙夫以衆人見待，佞哀詐泣，實非本懷。」

鬚髮早白者，多由于憂患。韋仲將題凌霄觀榜，而一夕髮白。還謂子弟曰：「宜絶楷書法。」周興嗣次《千字文》，而一夕髮白。梁武帝取鍾、王真迹，令選不重複者千字，韻而文之。謝超宗、下廷尉，一宿髮白。謝幾卿、下獄，髮白。劉㧑、字茂謙。有愛伎陳玉珠，明帝逼奪之，令有司誣奏㧑罪。入獄數宿，鬚鬢皆白。齊徐羨祖，繫獄。旦日原之，而髮白。對曰：「臣思愆于內，髮變于外。」則以罪繫。李日知、神龍初，為給事中。母病，取急調侍，數日鬚髮輒白。睦夷、二十，父喪，鬚髮故白。柳敏、遭母喪，旬日間，鬚髮半白。宋張景憲，母卒，一夕鬚髮盡白。則以憂戚。又伍子胥之度昭關，北齊司馬子如之受賄在獄，皆一宿髮白。

王彪之年二十，鬚白，人號「王白鬚」。謝石患面瘡，夜有物來舐，遂白，人號「謝白面」。曰「碧眼兒」，異之也。孫權生而眼碧。曰「黃鬚兒」，奇之也。任城王彰破軻比能過鄴，歸功諸將。太祖持彰鬚，稱之。曰「黃頷兒」，藐之也。崔倰竊言：「黃頷小兒，堪重任否？」崔暹外兄李慎以告暹，暹啟文襄，倰拜道左，文襄怒曰：「黃頷兒何足拜？」曰「黃面兒」，斥之也。唐賈餗會曲江。故事尹自門步入，揖御史。餗騎而入，御史楊儉、蘇特固争，餗曰：「黃面兒，敢爾。」曰「白面兒」，輕之也。末帝遣使者監督劉鄩平。鄩曰：「主上居禁中，與『白面兒』謀，必敗人事。」宋沈慶之不肯北伐，亦曰：「陛下與『白面書生』謀事，何由濟師？」

崔蕘鬚鬢為軍吏髡，為陝虢觀察。俄，軍吏執之。再拜祈免，乃得去。許惇美鬚為文宣截，惇鬚下垂至帶，省中號「長鬚公」。文宣因酒截其半，只留一握。惇懼，不敢復言，人號為「齊鬚公」。李緯因稱好髭，而改刺史；太宗問京師來者，曰：「房玄齡聞緯拜尚書如何？」「但聞惟稱好髭鬚，更無他語。」太宗遽改洛州刺史。令狐綯因問鬚父，而知制誥。宣宗謂白敏中曰：「憲宗葬道遇風雨。獨見頎而髯者奉梓宮不去，誰耶？」曰：「山陵使令狐楚。」上曰：「有子乎？」即召綯。是髯亦有遇，有不遇也。

婦人生髭鬚者：揚州女道士康紫雲。宋都城酒肆豐樂樓酒保朱氏子妻，詔為女道士。李光弼母。宣和初，朱節妻。

心可鑿也，則有尹知章。夢人持巨鑿剖其心，納若劑焉。遂明《六經》。心可剖也，則有鄭玄。夢人持斧剖其心。鼻可易也，則有徐筠。夢神人携竹籃人鼻，視徐曰：「吾與若易之。」先劓徐鼻，擇一鼻安之，亦覺痛楚。神笑曰：「好一正郎鼻。」歷官祠部郎中。眼可换也，則有陶穀。少夢數吏奉符換眼，附耳求錢。穀不應，即以二彈丸納眼中。後有善相陳紫陽曰：「好貴人骨氣，奈一雙鬼眼。」竟不致大位。頭可易也，則有賈弼。為琅琊府參軍。夜夢一人面痘皰甚多鬚，大鼻瞯目，曰：「愛君之貌，欲易頭，可乎？」不許。又夢，許之。明日朝起，人悉驚走。坐自陳說，良久方信。後能半面笑，半面啼。兩手各執一筆並書，辭意皆美。鬚可作也，則有周必大。夢至一所，殿上語曰：「貌雖陋，以帝鬚與之。」既覺而頤痒，遂生美鬚，竟居台鼎。相者莫知所貴，良久曰：「帝王鬚也。」腦骨可易也，則有楊堅。微時，夢人易其腦骨。自爾骨痛。一僧云：「若草飲之愈。」由是人競採擷。曰：「窮《春秋》，演《河圖》，不如載茗一車。」至吕僧珍勸攻郢州，而額骨夜生。侯君集通謀太子，而威骨夢取。僧珍夜忽頭痛。及明，額骨益大。君集夢見一人，高冠奮髯，叱取威骨。數人操刀，開腦及右臂，各取一骨片，狀如魚尾。自是心悸力耗，欲自首，不決而敗。所謂表因裏變矣。

桑維翰身短面長，常臨鏡自奇，曰：「七尺之軀，不如一尺之面。」北齊賈子儒曰：「七尺之形，不如一尺之面；一尺之面，不如一寸之眼。大將軍謂文襄。臉薄眄速，非帝王相也。」衛靈公臣公孫吕，身長七尺，面長三尺，名動天下。　賈景興不拜葛榮，捫膝曰：「吾不負汝。」　喻汝礪不拜張邦昌，捫膝曰：「此豈易屈？」　田承嗣謂郭子儀使者曰：「此膝不屈于人久矣，今為公拜。」

梅詢顧脚曰：「使我不至三公，此中有鬼也。」　錢穆公撩撥章惇，遭斥，愀然曰：「鬼劈口矣。」《儒吹録》

劉瑀與顔竣書云：「朱循之三世叛兵，一旦居荊州青油幕下，遂作謝宣明面向人。」　朱异于酒席厲色，韋粲云：「何得已作領軍面向人？」《駢志》

張巡調真源令，士多豪猾，大吏華南金樹威恣肆，邑中語曰：「南金口，明府手。」巡下車，誅之。

初吏部詮品枉撓，裴光庭任門下省主事，閻璘之裁定，光庭輒然可，語曰：「璘之口，光庭手。」

曹孟德以頭濡酒槃中。　張長史旭以頭搵水墨中。　子公食指動。以示子家曰：「必嘗異味。」及入，宰人將解黿，相視而笑。公問，子家以告。及食，召子公，而弗與。子公怒，染指于鼎，嘗之而出。　張融搖食指。豫章王大會賓僚，食炙始行。行炙人去，融欲求鹽蒜，口終不言，方搖食指，半日乃息。

鄭灼以瓜鎮心。　申王肉疾，以冷蛇圍腰。

唐太宗剪髮，以療徐勣，敕秦叔寶：「使朕肉可食，割以啖爾。」　若徐勣則真割股肉以啖單雄信矣。平王世充獲雄信。勣請以官爵贖之，不許。將戮，對之號慟，割肉啖之。曰：「此肉同歸于土。」仍收養其子。

王敬弘形狀短小，而坐起端方，桓玄謂之「彈棋人勢」。

趙光逢動守規簡，見者肅然，識者器之為「玉界尺」。

慕裴叔則之美者，曰：「粗服亂頭皆好。」 歎王景文之姿者，云：「哺啜亦復可觀。」

短小，則郭解，精悍。少時陰賊，以軀借交報讎，藏命作奸，剽攻不休及鑄錢掘冢。適有天幸，窘急常得脫。 嚴延年、精悍，敏捷于事。 樓護、精辨論議，常依名節。聽之者皆竦。與谷永俱為五侯上客。 李紳。眇小精悍，能為歌詩。鄉賦之年，諷誦多在人口。 桑維翰身短面長。 符雄頭大足短。

賈長頭、逵。在太學，不通人間事。諸儒語曰：「問事不休賈長頭。」范長頭、岫。多識故事。范雲謂人曰：「諸君進止威儀，當問范長頭。」趙疵面、孟。補尚書郎令史，善于清談。其面有疵黯。諸事不決，皆言：「當問『疵面』。」秦長脚。檜。在太學。

膽定，吳朱然也。 膽守，吕蒙薦朱然也。 膽決，吳孫峻也。 膽幹，虞譚也。 膽烈，侯景也。

姜維死時，膽大如斗。 侯景剖李膽膽，視膽如升。

溫序無令鬚污土。序為隗囂將苟宇所拘劫。序怒，以節撾殺數人。宇曰：「義士，可賜一劍。」序銜鬚于口云。 曹光無令土污鬚。劉聰以讒誅光，光舉止自若。謂刑者曰：「取席斂之，無令土污鬚。」身于何有，而鬚是惜。 然足以徵其神之定也。

古人多以鏤身為飾者，蓋文身雕題之舊習也。 越人習水，以此避蛟龍之患。 日南裸人刺胸前作花。 南中有繡面老子。 蜀小將韋少卿，表微堂兄，少不喜書。嗜好劄青。胸刺張燕公詩。挽鏡寒鴉集。 荆州街子葛清自頸以下遍刺白舍人詩，段成式與陳至呼觀之，能暗記，反手指其處，陳至呼為「白舍人行詩圖」。 又蜀市人趙高滿背鏤毗沙門天王；段成式門下騶路神通，亦背刺天王，自言得神力。 此皆以親之肢，供兒戲已，詎非異俗耶？ 但一道士為郭威刺于項，右作雀，左作穀粟。 刺馮暉以臍，作瓮，中作雁數隻，誡曰：「他日雀銜粟，雁出瓮，則爾曹亨日也。」後郭祖秉髦，雀、穀稍近，比登極，雀遂銜穀。而馮之雁，亦自瓮中累累出矣。馮是時亦秉髦。微時之雕刺，却寄先徵，奇哉。人呼郭祖為「郭雀兒」。

岳武穆以背字示忠。何鑄鞫之，飛裂裳以背示鑄，有「盡忠報國」四字，深入膚理中。　李鈁孫以文身被黜。鈁試之日，露索懷挾。鈁孫少時戲雕股間。索者視之，戲曰：「此文身者。」事聞，被黜。

肉屏風、肉陣者，楊國忠，又杜馴。杭州別駕，有肉屏風。　肉腰刀者，李林甫。　肉臺盤者，孫晟。肉疾者，申王。　肉飛仙者，沈光。　肉几者，黄駉兒。　肉磨，晉宦者。　肉翅，魏鈴下卒。　肉譜，李守素。

指人之腹而問曰：「此中何所有者？」周伯仁答王丞相曰：「此中空洞無物，但容卿輩數百人。」顧和答伯仁曰：「此中最是難測地。」安禄山對明皇曰：「止有赤心。」　蘇子瞻指章子厚曰：「此中都是謀反的家事。」朝雲答子瞻曰：「學士一肚皮不合時宜。」同一問也，而周語夷，蘇語狎，朝雲語雋巧，顧語玄遠，禄山語諂佞，最為下矣。

圖畫形像：有周盛時，褒賞功德，獨周公繪像于明堂之牖。　漢宣帝圖畫功臣于麒麟閣。惟霍光不名，曰：「大司馬、大將軍、博陸侯，姓霍氏。」其次，張安世、韓增、趙充國、魏相、丙吉、杜延年、劉德、梁邱賀、蕭望之、蘇武，凡十一人。成帝追美充國，召揚雄頌之。　唐功臣皆圖形凌煙閣。趙公長孫無忌、趙郡元王孝恭、英成公杜如晦、鄭文貞公魏徵、梁公房玄齡、申公高士廉、鄂公尉遲敬德、衛公李靖、宋公蕭瑀、褒忠壯公段志元、夔公劉弘基、蔣忠公屈突通、鄖節公殷開山、譙襄公柴紹、邳襄公長孫順德、鄖公張亮、陳公侯君集、郯襄公張公謹、盧公程知節、永興文懿公虞世南、渝襄公劉正會、莒公唐儉、英公李世勣、胡壯公秦叔寶，二十四人。一作戢武閣，豈先名耶？　唐玄宗圖十八學士于含象亭。張說、徐堅、李述、趙點、賀知章、趙曦、馮德選、庾子元、侯行果、毋照、張會真、成季宣、李子訓、東方顥、陸去泰、孫季良、余欽、呂向。　宋高宗圖功臣十六人于景靈宮。趙普、曹彬、薛居正、石熙載、潘美、李沆、王旦、王曾、李繼隆、呂夷簡、曹瑋、韓琦、富弼、曾公亮、司馬光、韓忠彥。　昭勳崇德閣二十四人。增呂頤浩、趙鼎、韓世忠、張俊、陳康伯、史浩、葛邲、趙汝愚，圖形其上。

董榮益州刺史。圖譙周像于州學。命從事李通頌之。　申徽畫楊震像于寢以自戒。《北史》

陳元方至德絶俗，刺史表上尚書，畫像百城，以勵風俗。　光武表李景之廬，圖畫形像。　漢靈帝畫胡廣像于省内。　梁武帝圖張緬像于臺省。

漢桓帝使工圖姜肱。　靈帝詔東觀畫高彪像。　宋明帝使陸探微畫嵇叔夜像，賜伏曼容。以方叔夜。　楊宣畫宋纖像于閣上，出入視之。見《栖逸》。　王秀之令陸探微畫宗測與己相對。曰：「古人有圖畫備札，輕以相方耳。」　延篤卒，鄉里圖其形于屈原廟。　鄭雲叟，高祖賜號「逍遥先生」。有越千里外使畫工潛寫其形容，列于屏障。　桓康，江南圖其形以禁瘧。　檀道濟，北人圖其形以禳鬼。

指劉韞形問韞。韞使善畫者，圖其出行鹵簿羽儀，常自披玩。以示蔡興宗，佯若不解。指韞者曰：「此何人？」韞曰：「政是我。」　圖康絢形問絢。絢雖居顯職，猶習武藝。帝幸德陽殿，敕絢馬射，撫弦貫的，觀者悦之。上使圖絢形，遣中使持問曰：「卿識此圖不？」

至性相感：朱修之母乳汁忽出。曰：「我老，非有乳汁時，兒必殁矣。」報至，其日為安頡擒。太武不殺。　封卓妻忽夢夫死。後魏封卓妻劉氏，成婚一夕，卓官京師，以事伏法。劉忽夢卓已死。經旬，凶問果至，遂憤歎而死。時比之秦嘉妻。

顏杲卿髮若動。杲卿被殺。有張湊者得其髮，持謁上皇。是夕見夢，上寤為祭。後湊歸髮于其妻，妻疑之，髮若動云。

徐庶泣別先主曰：「方寸亂矣。」　劉善明泣語崔祖思曰：「方寸亂矣。」

周青血流極標；《搜神記》：于公辨東海孝婦冤，天大雨。相傳孝婦名周青，青將死，車載十丈竹竿，以懸五幡。立誓于衆曰：「青欲有罪，願煞血當順下。青若枉死，血當逆流。」既行刑，其血青黃，緣幡竹而上，極標又懸幡而下。　淳于伯血流上柱；《晉書》：建興中，丞相府斬督運令史淳于伯，血著柱，遂逆上終極柱末二丈三尺。旋復下流四尺五寸。伯息忠訴詞稱枉。　陳顯達血湧濺籬。《齊書》：陳顯達為官軍所敗。趙潭注矟落馬，斬之籬側，血湧濺籬，似淳于伯之被刑也。　劉宣明尸行百步。《洛陽伽藍記》：河間劉宣明，神龜年中，以直諫忤旨，斬于都市訖。目不瞑，尸行百步。　並以淋漓殘敗之血肉，能自白其枉。故君子懼所以用刑者。

以貌取人：宣帝內輕龔遂。召見，形貌短小，帝心內輕焉。　武帝望奇江充。充魁岸。帝望見，曰：「燕、趙多奇士。」　劉遵考不選沈攸之。攸之詣遵考，求補。謂其形陋不堪。歎曰：「孟嘗身長六尺，為齊相。今求士，取肥大者哉！」後封真陽縣公，謂遵考曰：「形陋之人何如？」　壽皇欲相周必大。以長瘦，歎其福薄。老璿云：「曾見司馬光畫像，如必大清臞。」未幾，入相。　高仙芝不納封常清。清素瘠脚跛，求從仙芝出軍，不納。曰：「以貌取人，恐失子羽。」不得已，寘名傔中。後為范陽節度。　故李勣之選將：必狀貌豐厚者，曰：「薄命之人，不足與成功名。」楊愔之典選，時謗云：「似貧人買瓜，惟取大者。」謬矣。　以羸弱為薄命，宋韋叡非羸不任鞍馬者乎？　他文士，如王粲、徐摛、荀士遜輩之才名也，可勝指哉？　唐趙崇標質堂堂，不為文章，號「無字碑」；　梁安叔千狀貌堂堂，而不通文字，號「没字碑」；後唐丞相崔協不識文字，而虛有儀表，亦號「没字碑」。　皮相者將慶得人乎？

不以貌取人：孫叔敖突禿長左，而以楚霸；　葉公子高微小短瘠，而誅白公，定楚國。　晏子短而相齊，蔡義小而佐漢；崔浩之胸中；魏主指浩曰：「此人尫纖懦弱，不能彎弓持矛。其胸中所懷，乃過于甲兵。」李㩉之膽決；㩉長不盈五尺。敵人見之，皆云：「避此小兒。」周文歎曰：「但問膽決，何須八尺之軀也。」侯景之謀算；景右足偏短，弓馬非其長，而多謀算。孟業之決斷；齊孟業為法曹。王岳見其容貌短小，笑而不言。及尋決斷之處，謂曰：「卿可謂有過軀之用。」虞世南之抗烈；若不勝衣，而中抗烈。魏徵之膽氣；體貌不揚，而有膽氣。徐摛之堪選。周捨舉外弟徐摛，曰：「形質短小，若不勝衣，而堪此選。」太史公以為留侯魁梧奇偉，至見其圖，狀如婦人女子。趙人曰：「始以薛公為魁梧也，今視之，渺小丈夫耳。」唐高祖曰：「歐陽詢，高麗睹其迹，固謂其形魁梧耶？」此足以徵矣。

要離迎風偃背風仆；技劍不舉臂，上車不登足，而刺萬乘之君，如刺匹夫。崔浩尫羸；稱其有甲兵。杜預纖羸；稱武庫。韋叡清臞；周尚文面瘦；桑維翰形短腰長；徐成不滿四尺；郅君章不滿三尺；韓魏公聲雌；文潞公步碎，而長才偉略，名震典籍。取人豈獨在貌乎？

眇而文者，殷仲堪；眇而王者，李克用；跛而文者，習鑿齒；跛而相者，婁師德；吃而文者：韓非、揚雄；吃而將相者：周昌、鄧艾；短而俠者，郭解；短而相者，晏嬰；重聽而中書者，裴伯茂；折臂而三公者，羊叔子。皆以其人，不以其相。

鄧通相當餓死，漢文不能富；尉興慶相當無官，神武不能貴；穀子豐下，叔興知其有後；衛青方額，黥徒明其富貴；亞夫縱理，許負見其餓死；羊鮒聲豺，叔姬鑒其滅族。相固有不可逃者，然梁都督褚蘿面甚尖危，縱理入口，而竟保衣食以終。庾實狀貌豐美，家富于財，及魏克江陵，卒餓死；朱子左臉具斗文，而桓温面有七星。是相又未足盡憑也。

鹽之戰，魯射長狄之眉見軾。　會稽之敗，吴得防風之骨專車。　漢武時，東郡巨靈之長七寸。光武時，潁川張仲師之身一尺二寸，長短大小，真若楹莛。

張蒼家世長而後漸短。　馮偃七兄長而己特短。

駢拇枝指，此有餘于數者；曾子宣家男女皆少指端一節，襄陽魏道輔家世少指一節，此不足于數者。

肥瘦相形：庾亮、周顗，周曰：「君何所欣而忽肥？」庾曰：「君何憂而忽瘦？」周曰：「直是清虚日來，塵滓日去耳。」沈昭略、王約，遇約曰：「汝是王約耶？何乃肥而癡？」約曰：「汝沈昭略耶？何乃瘦而狂？」王淇、張亢，同在南京晏元獻幕。張肥大，王以太牢目之；王瘦小，張以獼猴目之。盛度、丁謂，盛文肅豐肌大腹。丁晉公疏瘦如削。又梅詢性愛焚香。竇文賓經年不浴。時語曰：「盛肥，丁瘦，梅香，竇臭。」曹真、朱鑠。見《詆毀》。

漢昭帝時，夏陽男子成方遂詐為衛太子；靖康中，女巫詐為柔福公主。皆以貌似也。《偶記》

虎賁卒似蔡中郎，尚有典型。　桓宣武似劉司空，無所不恨。温得劉琨妓，曰：「甚似。」温大悦，云：「面甚似，恨薄；眼甚似，恨小；鬚甚似，恨赤；形甚似，恨短；聲甚似，恨雌。」温褫衣解帶，不怡者累日。

殷顗頰似鎮西。謝公曰：「阿巢頰似鎮西。」鎮西，其外祖也。阿巢，顗小字。　王筠額類袁粲。見《外祖孫》。　源乾曜類蕭至忠。

楊國忠類裴寬。李林甫夢人皙而髯逼己，寤而物色，得裴寬，類所夢。曰：「寬欲代我。」因李遇之黨逐之。其後，楊國忠代林甫，貌類寬云。　王定國遇異人，刺字為裴晉公，丁公言：謂。「遇異人，曰『君貌類李贊皇』。」

唐王奐常稱柏良器額似臨淮王，面似顏平原。後以功封平原王，圖形凌煙閣。 幹離不形貌與藝祖相類。 伯顏與周世宗像分毫無異。

兄弟貌類者：陳國張伯偕、仲偕也。《風俗通》 白汲與其弟也。宋伯象《暌車志》 任德卿、道卿也。 崔光韶、光伯也。

貌類父者：陸緬也，父倕。一看殆不能別。 王敬倫也，桓公望之，曰：「大奴固自有鳳毛。」韓皋也，滉子，字仲聞。既孤，不復視鏡。 韓忠彥也，琦子。 路隋也，杜羔也。

夫婦貌類者，張督也。

傲惰之容，不可有，而禍亦隨之。 晉厲公視遠步高，單襄公知其有亂。曰：「目不在體，而足不步目，目體不相從，何以能久？」後二年，晉人殺厲公。 周單子視下言徐，叔向知其將死。曰：「視不登帶，言不過步，貌不道容，而言不昭矣。」十二月，單成公卒。 蔡景侯受享不敬，鄭子產知其不免。歸自晉，鄭伯享之，不敬。子產曰：「其過此也，君使子展往勞而傲。今還受享而惰，若不免，必由其子。」為世子般所殺。 楚令尹見無威儀，衛文子知其不終。北宮文子見楚令尹圍之儀，言于衛侯曰：「令尹似君矣，將有他志。雖獲其志，弗能終也。」 晉郤錡乞師不敬，孟獻子知其將亡。晉使錡乞師于魯，將事不敬。獻子曰：「禮，身之幹也；敬，身之基也。郤子無基，不亡何待？」十七年，郤氏亡。 成肅公受脤不敬，劉康公知其不反。諸侯從劉康公伐秦。成肅公受脤于社，不敬。劉子曰：「祀有執膰，戎有受脤，神之大節也。今成子惰，棄其命矣。其不反乎？」五日，成肅公卒。 苦成叔享衛而傲，甯惠子知其取禍。甯惠子曰：「古之為享，食也。以觀威儀，省禍福也。今夫子傲，取禍之道也。」後三年，苦成家亡。 衛孫子聘魯而僭，叔孫知其必亡。孫文子聘于魯，君登亦登。叔孫、穆子進曰：「吾子不後寡君。孫子亡，辭亦無悛容。」穆子曰：「孫子必亡。」十四年，孫子逐其君而外叛。 晉侯受玉，惰，則内史過知其無後。曰：「王賜之命，而惰于受瑞，先自棄也。其何繼之有？」楚子執幣傲，則叔仲、惠伯知其滅宗。越椒來聘惠伯，曰：「是必滅若傲氏之宗。傲其先君，神弗福也。」是以莫敖舉趾高，鬬伯比謂必敗。心不固矣。

曹髦受璽惰，舉趾高，景帝憂之。

古事比卷之十

神宇

澹臺子羽賫千金文璧渡河。陽侯波起，兩蛟夾船。子羽曰：「吾可以義取，不可以威劫。」操劍斬蛟而波休。荆佽飛得寶劍渡江，陽侯波起，兩蛟夾船，佽飛曰：「吾可以仁義之禮説，不可以劫而奪也。」刺蛟斷頭而波除。《偶記》

隱嫚恒之，神色恬然，晉庾會也。庾亮子會，妙歲天性雅重。温嶠隱嫚恒之，神色恬然，曰：「君侯何以為此？」踐裾試之，曾不顧盼，梁柳遐也。遐年十二，進止詳雅。謁州鎮蕭藻，藻遣左右踐其衣裾，徐步稍前，曾不顧盼。《駢志》

蘇文忠在獄中，神宗微覘，酣寢鼻息如雷。寇忠愍在軍中，真宗微覘，酣寢鼻息如雷。

更始汗于盛陳之郎衛。劉行恭懒于自有之旌節。

何充為劉惔所貴，每云見次道飲，令人欲傾家釀。言其能温克也。程普曰：「與周公瑾交，如飲醇醪，不覺自醉。」

夏侯玄倚柱讀書，雷破柱而色不變。諸葛誕倚柱讀書，雷震柱而誕自若。一云陪列拜陵，松柏下雷震樹。

滕放撫文石枕卧，雷破枕，而放自如。《偶記》劉曜八歲，雷震樹傍，而曜神色自若。南唐常州刺史睦昭符坐廳事，電光如金蛇繞案，而昭符叱之，得鐵索重百斤。猝然不驚，足以當之。

齊神武道逢雷雨，前有浮圖震燒，使薛孤延視之，大聲喝殺，繞浮圖走，火遂滅。元陳子桱作《通鑒續編》，書宋太祖廢周王為鄭王，雷忽震其几，厲聲曰：「打折陳桱之臂，亦不換。」

王子敬室常發火，子猷遽走，不遑取履；子敬神色怡然，徐喚左右，扶憑而出。褚彦回宅常失火，左右驚擾；彦回神色怡然，徐索輿而去。《偶記》

劉文饒夫人欲試公令恚，伺當朝會，使侍婢奉肉羹翻污朝衣。公神色不異，徐曰：「羹爛汝手？」吕文靖夫人欲試四子，使小鬟擎四寶器，貯茶而往，故跌碎之。三子皆失聲走告，獨公著凝然不動。《偶記》　梁蕭勵左右常將羹至胸前翻之。顏色不異，徐呼更衣。北魏孝文帝進食者曾以熱羹覆帝手，帝笑而恕之。《事偶》

石季龍于楊軻，密以美女動之而不顧，以羯士臨之而不言，發被露形而無驚恐之狀。賈充于夏統，耀以文武鹵簿、妓女襹袿繞其床三匝，而危坐如故，曰：「是木人石心。」二子可謂有守矣。

徐有功為索元禮所誣，將死，泰然不憂。俄，敕赦之，亦無喜色。魏元忠為來俊臣所排，將就刑，神色不動。及赦免死，亦不改容。

王坦之倒執手版，而謝太傅以量勝。同列縮頭流汗，而韓魏公以膽勝。

奏薦不用，至三奏，太祖碎奏擲地；跪拾補綴舊紙，復奏如初，趙普也。疏名使朔方不用，而三以其人對，上怒投奏，而搢笏拾書，徐懷而下，吕蒙正也。公私或不一揆，而休休蹇蹇，足以齊美。蔡樽奏王筠為殿中郎，武帝推白牒于香橙地下，樽俯身拾牒，捧牒直出。

司馬懿將誅曹爽，與子師潛畫。將發之夕，乃告昭，師寢如常，而昭不能安席。　謝晦將廢義符，夜邀檀道濟同宿。晦悚動不得眠，道濟就寢便熟。　許侍中、璪。顧司空，和。俱作丞相從事。嘗夜至，戲歡極，丞相使入己帳眠，顧至曉回轉，許上床便咍臺大鼾。　趙師旦知康州，與儂智高戰，時馬貴惶擾不能食，師旦獨飽如平時。至夜，貴卧不能著寤，師旦大鼾，比明後寤。

魏軍至，費褘率衆往禦；來敏至，求共圍棊。于時人馬擐甲，褘與敏對戲，色無厭倦。敏曰：「聊試君耳，君必能辦賊。」褘行，賊遂退。　秦兵次淮、淝，謝玄入問計，謝安命駕遊山墅，親朋畢集，與玄圍棋，果敗苻堅。　宋真宗還澶淵行宮，留寇準居北城上，使人視準，方與楊億飲博歌謔。帝喜曰：「吾復何憂？」　金兀朮去汴京密邇，僚屬入問計，宗澤對客圍棋，笑曰：「何事張皇？」乃選精鋭，伏其歸路，與劉衍夾〔二〕擊，金果敗。《問奇》

張奂為中郎將，烏桓叛，燒軍門；奂講論安若無事。　孔融為北海相，袁譚攻矢雨集，融隱几讀書自若。此以鎮定辦賊者也。　謝滈為吏部尚書，明帝廢鬱林王，領兵上殿，滈與客圍棋，每下子，云其當有意，竟局乃還，高卧不問外事。　阮蘭為開封令，縣側劫賊，吏報劫急，阮方圍棋，云棋上有劫亦甚急，則耽樂忘國者也。

梁賊宋子僊破會稽，得庾肩吾，將加刃焉。命庾作詩，庾操筆便成，賊釋之。　齊獠賊執封溪令張融，將殺之，神色不動。方作《洛生詠》，賊異之而不害。　漢赤眉于東海得包咸，拘執十餘日，咸晨夜誦經，賊異而遣之。　唐李涉皖口遇盜，索詩而去。

齊明帝使茹法亮殺子倫，子倫正衣冠受詔。舉酒謂亮曰：「此酒非勸酬之爵。」因仰之而死。　宋明帝賜王景文死，敕至，方與客棋，爭劫竟，斂子納奩畢，徐言奉敕賜死。舉酖謂客曰：「此酒不可相勸。」遂仰飲而死。《事偶》

公沙穆居建城山中，獨宿。時暴風震雷，有聲于外，呼穆者三，有頃自牖而入，音狀甚怪，穆誦經自若。　阮德如嘗于厠見鬼長丈餘，著皂單衣，平上幘。德如笑曰：「人言鬼可憎，果然。」鬼赧愧而退。　嵇中散燈下彈琴，有一人入室，初時面甚小，斯須轉大，遂長丈餘。嵇吹火滅曰：「恥與魑魅爭光。」《事偶》

楚莊王謀事而當，羣臣莫及也，退而有憂色。　魏武侯謀事而當，羣臣莫及也，退而有喜色。

海鹽丞謁主人迭睡，不交一言。　范忠宣命客子對眠，靳出一語。　顧子敦就慎伯筠尊對酌，不問，亦不與語。　董卓誅，蔡邕失聲歎咤。　劉稹破，牛僧孺失聲歎咤。　殷深源被放後，恒書空曰「咄咄」。　范彦龍徘徊壽光閤外，但云「咄咄」。

産異

唐堯、漢昭十四月而生，而後蜀李雄亦十四月生。　劉聰十五月生。

寤生者：鄭莊公也，蒲洪也，禿髮氏祖壽闐也，慕容德也，李泌也。

唐太宗在孕，語聲達外。　宋張暢妻懷孕，啼聲聞于外。　徐坦妻懷孕，啼聲聞于外。　闞澤在母胞八月，叱聲震外。　王曇逸母娠，聞腹中啼聲。　温磐石母娠三年，墮地便坐而笑。

漢竇武母產武及一蛇、一鶴。母卒，蛇至喪所，以頭擊柩。　晉抱罕令嚴根妓產一龍、一女、一鵝。　劉毅妻郭氏美，没于桓玄。玄敗，郭還。產一兒、一鼠。毅殺兒，鼠入枯荓中。妻死，鼠忽來，跳入棺内。所產固為武，毅凶終兆。

劉聰后劉氏產一蛇、一虎。　又有足指生珠。唐大順中，資州王全義妻孕而漸下，入股至足大拇指，折而生珠，漸長大如杯。　產子指大。宋潮州婦人產子如指大，五體皆具者百餘枚。　兒穿額瘡之異者。晉安帝義熙中，魏興李宣妻樊氏懷妊，過期不孕，而額上有瘡，兒穿之以出。長為將，名胡兒。　伊尹生于空桑；見《呂覽》。孔子亦生于空桑。《春秋孔演圖》云。又干寶云：「顏氏生孔子空桑之地。今名空竇，在魯南山，竇中無水。當祭時，灑掃以告，輒有清泉自石門出，足以周用。祭訖，泉枯。」今俗名女陵山。　空桑，地名，非樹也。　乃亦有生于樹者：王梵志、不可罕是也。　隋王德祖家有林樹生癭，大如斗。經三年，其癭朽爛，撤其皮，遂見一孩兒。因收養之，長名梵志。　元畏兀兒之地有和林山，二水出焉：曰「禿忽剌」，曰「薛靈哥」。先時，有神光降于樹，在兩河間，人即其所候之，樹生癭若妊狀。越九月又十日，癭裂得嬰兒五。土人收而畜之，其最稚者曰不可罕。既壯，遂君長其地。　又有得于水邊，陸羽是也。竟陵僧于水濱得嬰兒，育為弟子。稍長，因筮得「鴻漸于陸」，遂以為姓。　三兒之生，可謂水源木本。

秉異

虹流而庖犧降。　龍遇而扶嘉生。　張説，燕飛。　張九齡，鶴集。　楊大年，胎垂毳毛。　邵康節，母因猿感。

肅宗為儋耳龍。　郭璞、□□、王蒙、□□為黿。　歸登為龜。每浴，必屏左右。或窺之，乃龜也。　杜預、在荆州，醉吐，人見大蛇垂頭。　李紳、嘗晝寢，僧見黑蛇食丹奈。　明皇、微時，至崔日知宅，設饌未熟，因寢。日知見巨蛇食藤花。　蔡君謨、鼓角將見大蛇盤鼓上。　魚周詢、醉而假寐，園吏見大蛇垂于欄楯。　王建子元膺、張惡子神，乃五丁拔蛇之所。元膺蛇眼而黑色，以作逆伏誅。其夕，廟祝夢惡子言：「我往西川方歸。」由是，知元膺為廟蛇精。　高歡、龐蒼鷹夜覘歡，惟赤蛇蟠床上。　姚景，為劉金廄卒。金見景晝瞑，有二赤蛇悠揚景面，少頃，入鼻竅而寤，以女妻之。　為蛇。　宋武帝、醉臥逆旅，王謐門生見一物如蛟龍。　陳武帝、被酒張燈而卧，李總見是大龍。　唐太宗、夢入池飲水。劉文瀞見白龍飲池中。　唐玄宗，臨潞州。景龍二年，在廳事假寐，白鴒觀道士宋大辨等見白龍據案。　為龍。　韓世忠為虎。夫人先是見一虎蹲卧，起問姓名，約為夫婦。　辛棄疾為兕。僧義端謂曰：「我見君真相，乃青兕也。」　鄭愚、醉眠，左右見一白猪。　安禄山、醉卧，化為一猪而龍首。　明皇識為猪龍。　崔鉉，崔魏公醉眠，左右見一白猪，蓋杜南地。　為猪。　錢武肅鏐。　為蜥蜴。夢飲麻膏，而老吏見大蜥蜴據燈油缸嗡之。　楊戩為蝦蟆。獨寢，盗入，見床上一蝦蟆大盈床，復變為人。　米芾為蟒。詰鼓吏不叫鼓聲。吏言：「有白蛇繞鼓。」　史思明為烏。翮烏之精，脅生兩羽。　楊貴妃為鸜。指爪純赤。　侯弘實為虹。寐于檐下，虹自河飲水。俄貫于弘實口。蜀僧相之曰：「蛻龍。」　黄巢為黄腰獸。巢凌劫州縣，有太白山人奏掘破牛山自敗。掘之，見一石桶，置劍其上，桶中有黄腰獸，撲劍而死。是秋，中原平。

武勇

奉璧入秦，怒髮衝冠，相如也。　奉璧入秦，瞋目裂血，朱亥也。

秦武王好力，竟以舉鼎絶臏死。　廣陵王好勇，竟以猛獸陷腦死。　虞延力能扛鼎。　梁崇義力能卷金舒鉤。

張飛敵萬人。　苻秦張蚝亦敵萬人。　薛仁杲舉子。號「萬人敵」。　李晟號「萬人敵」。

關羽躍馬刺顔良于萬衆中；薛安都躍馬刺宋將魯爽于萬衆中。時以相方。《偶記》

破臂刮骨，而割炙飲酒，言笑自若者，關壯繆也。　開肉鋸骨，而言笑自若者，南史長孫子彦也。子彦末年，舉體生瘡。于南山得蛇，以股餵之，痛楚號叫，俄而腫死。文帝哭曰：「失我良將。」　炙艾圍將二寸，手足十餘處，一時俱下，而言笑自若者，李洪之也。　破面鑿骨出鏃，而奏伎進膳不輟者，高開道也。　鑿骨出鏃，而言笑自若者，萇從簡也。　破骨出鏃，流血數升，而神色自若者，宋張瓊也。　足有炙瘡痛，解衣割瘡至骨，談笑如常時，劉遇也。

「一身是膽」：昭烈之歎趙雲；周武之歎王雅；趙葵之歎王景宋。《偶記》

晉蔡裔聲若震雷，嘗拊床一呼而殞二盜；孫休時，烏程人能響言聞十數里外；後趙汲桑，平陽人，年二十餘，呼聞數里；魚俱羅聲氣雄壯，言聞數百步。異哉，聲乎！

程靈洗、史弘、蘭欽，日行二百里。　虞翻步行，日三百里。　麥鐵杖日行五百里。　五代王進走及奔馬。　杜子微、黃法𣰋音「俱」。日行三百里。　趙陀子日行五百里。　大宛山青精先生日行五百里。　白石先生日行三四百里。　遼婦人為賊帥，號「白頸鵶」，日行二百里。　神僧萬回，三千里致書，朝往暮歸。　晉燉煌沙門單道開日行七百里。

藺相如叱秦皇，目眥出血；唐高祖謂侍臣云。胡景略一怒，自嚙其齒，齒皆流血；《南史》張睢陽每與賊戰，大呼誓師，皆裂血流，齒牙皆碎；王君廓往擊竇建德，出戰，李靖遏之，君廓發憤大呼，目及鼻、耳一時流血。夫雎陽氣欲滅賊，相如氣欲抗秦，彼其血溢目眥，詎非忠義之氣所激而流哉！若景略、君廓，不過血氣之勇耳。

秦烏獲、孟育能舉千鈞。　殷費仲、惡來足走千里。

孟賁拔牛角。　曹彰曳虎尾。　辛讜力折牛角。

北魏盧曹之稍，諸將莫能舉。北魏盧曹長九尺餘，嘗以海馬脛骨為馬矟。　唐秦叔寶之槍，數十人拔之不動。叔寶所持槍，重越常制，圍王世充，頓之城下，數十人拔之不動。叔寶馳馬舉之以還。

宋令文、鄧弼折方門之牛。禪定寺有牛觸，令文袒裼接兩角，拔之，應手而倒，頸骨皆折。又元人鄧弼，鄰牛方門，拳其脊折仆地。

彭博通曳正走之車。牛惌車正走，倒曳牛尾，却行數步。

魏文帝鑄萬鈞鐘，力士百人引之不動，任城王負之而趨。　渭橋石獅重千鈞，數十人不能動，汪節提而擲之，復致故地。　市門石鼓，十人舁弗能舉，鄧弼字伯翊，元人，泰定時。兩手持之。魏孝文十歲餘，能以指彈碎羊髆。　執石人相擊，羊侃也。泗橋石人長八丈，大十圍。侃執而對擊之，俱碎。　挾石獅子踰牆，東魏孝靜帝也。

手格猛獸：吳彥字士則。也，乙環也，環，代人。募化入貢，世祖留之。爾朱兆也。從榮遊獵，窮巖絕澗，人所不能升降者，兆必先之。　擒熊者，于栗磾也。道武畋白登山，見熊領數子，栗磾擒之。　好射虎，發無不中，張敬兒也。南陽冠軍人。　聞虎輒自圍捕，往無不得，沈攸之也。　見奔虎逐之，一箭而倒者，夏侯稱也。稱，淵子。

彎弓三百斤：蓋延也，祭肜也。　彎弓三百斤，左右馳射，傅永之子叔偉也。　彎弓一百五十斤，左右馳射，矢無虛發，張士貴也。　善擊劍，左右騎射，喬軌也。　雙帶兩鞬，左右馳射：董卓也，綦運猛也。　開四斛弓者，齊魚復侯子嚮也。　能反手于背，彎五斛弓者，齊董僧慧也。　反手彎弓，晉安王子懋也。　弓長八尺，把中尺二寸，箭箙如長笛，會集文武乃用，卒射猶有餘力，奚康生也。

角力而勝者，晉武帝時，有西域健胡，趫捷莫敢與較，惟庾東應選，遂撲殺之。　梁使聘齊，云有武藝，訪北人相角。　文襄遣綦運猛接之，梁人引弓兩張，人皆三石。　猛遂併取四張，疊而抗之過度，梁使嗟服。　唐彭博通與魏弘哲、宋令文、馮師本角力，博通堅卧，三人奪其枕，三人力極，床脚盡折，而枕不動。

漢武帝上甘泉，風雨，車不得行，解蓋授之而輒御者，上官桀也。少為羽林騎門郎。從上甘泉，桀蓋雖風，嘗屬車，雨下蓋輒御。　牙門旗長大，人莫能勝，以一手建之，典韋也。　從征丁零，大風，諸軍旌皆偃仆。獨于馬上為中軍執幢，初不傾倒，韓茂也。　臨河騎奔，矢下如雨，左手舉鞍蔽操，右手泝船乃得渡，許褚也。　能手持鞍橋，倒立馳騁，傅永也。

馬超陰欲突前捉〔一〕操，疑從騎是許褚，乃問虎侯，褚瞋目盼超，超不敢動。　張繡迎降，典韋舉斧目繡，繡莫敢仰視。　戴僧静戰退魏軍，追斬三級，時天寒甚，乃脱衣，口銜三頭，拍浮而還。　江東反，楊素遣麥鐵杖頭戴草束，夜浮渡江，覘賊中消息，具知還報。　莊宗與梁軍對壘，隔河立寨，募能水游破賊者，馮萬兄弟潛行入南寨。　又助燒船，汴軍斫船走而解圍。

張敬兒遇風，船覆，二小吏没船下，敬兒兩掖挾之，隨船覆仰，行數十里，方得迎接。　周文育能反覆遊水中數里。

王彌，青土號為「飛豹」。弓馬迅捷。　張燕，軍中號「飛燕」。捷速過人。　沈光號「肉飛僊」。　韓果號「著翅人」。窮討稽明，明悍果勁勇趫捷，號為「著翅人」。周文笑曰：「著翅之名，寧減飛將？」　柴紹弟號「壁飛」。蔡祐號「鐵猛獸」。蔡祐與神武遇于芒山。祐著明光鐵鎧，所向無敵。齊人咸曰：「此鐵猛獸也。」避之。

崔弘度登樓上三層，去地四五丈，忽然擲下，至地無損。　沈光同直上幡竿十餘丈，透空而下，以掌拓地，倒行十餘步。

走及奔鹿，唐彬。　走及奔馬：慶忌、陳安、伊馥、代人。　麥鐵杖、高開道、趙持滿、史弘、王進。五代。

達奚震從獵渭北，射兔馬倒，因步走射之，矢發中兔，顧馬纔起，遂迴身騰上。震，武子。太祖曰：「非此父，不生此子。」　賀若敦從獵甘泉，躍馬馳鹿，鹿上東山，敦棄馬步逐，至山半便掣之而下。敦，統子。

披甲上馬，據鞍顧盼者，馬援也。　披甲上馬，以示可用，廉頗也。　據鞍執矟，源懷也。

李廣為羌騎所得，置兩馬間，絡而盛卧，廣佯死，睨其旁有一騎善馬，廣騰而上，墮兒取弓，鞭馬南馳，騎數百追之，取弓射殺追騎，以故得脱。　李弼從周文與齊神武戰河橋，身被七創，遂為所獲，陽隕絶于地，睨其旁有馬，因躍上，得免。　段志玄馬跌，為賊擒，兩騎夾持其髻，將度洛，忽騰而上，二人墮，奪其馬馳歸。

府州證康祖其夕在京。劉康祖膂力絶人。每犯法，為郡縣所録，輒越屋踰牆，莫之能擒。夜入人家，為有司所囧，突囧去，莫敢追。因夜還京口，半夕便至。明旦，守門詣府州要職。俄而建康移書録之，府州執事者並證康祖其夕在京，遂得無恙。　朝士見鐵杖，每旦恒在。麥鐵杖有膂力，日行五百里。陳太建中為盜。廣州刺史歐陽頠俘之以獻，没官配執御繖。每罷朝行百餘里，夜至南徐州，踰城而入，行光火劫盜。旦還，及時執繖。如此十餘度，物主識之，州以狀奏。朝士見鐵杖每旦恒在，弗之信。後南徐州數告變，蔡徵曰：「此可驗矣。」于仗下時，購以百金，求人送詔書與南徐州刺史。鐵杖出應募，齎敕而往，明旦返奏事。帝曰：「信為盜矣。」惜其勇捷，誡而釋之。

錢乘夢食熇筋；孫權時，曾夢卧。見一老公，食以熇筋，遂以力聞。　陶法通夢啖筋。夢人遺三駃，啖一駃。　皆母呼覺，乃神授以力也。《樵書》

北齊彭樂與周文決戰，被刺腸出，納之不盡，截去復戰。　隋張定和，敵刺之中頸，定和以草塞創而戰，神氣自若。　杜伏威與陳稜戰，射中伏威額，怒曰：「不殺汝，箭不拔。」馳入稜陣，獲所射將，使拔箭已，斬之。

漢豫章守賈雍討賊，為賊殺，失頭，上馬還營，遂死。　朱遵與公孫述戰死，絆馬訖，以手摸頭，始知失首。　南齊成買拒北魏而死，首斷還軍。　花卿，字敬定，從崔光遠討段子璋有功。至德中平寇，單騎鏖戰，已喪元，猶騎馬荷戈。至鎮下馬沃盥，適浣紗女云：「無頭，何以盥為？」遂仆。　廖中兄弟糾義兵敵黄巢，賊斷其首，猶躍馬七里與戰。　南唐王子邳獨與寇戰，首雖斷，猶跨馬走五里許，乃仆，賊駭去。

郤克流血及屨，伏發嘔血，鼓音不衰；　祭遵中弩，舉袖流血，呵進不止；　吴漢墮馬被傷，裹瘡起戰；銚期從擊王郎中額，攝幘復戰；張宗襲赤眉，中眸貫脾，又攻營堡，為流矢所中。皆至于死。羌寇三輔，梁愷臨陣被創，不顧，連破走之。段志玄之馳屈突通也，中流矢，奮擊自如。毛寶之擊祖約也，中流矢，貫髀徹鞍，血流滿靴，使人蹋鞍拔箭，還破走之。渾瑊之拒朱泚于奉天也，中流矢，自握去，被血而戰愈厲。耿弇與張步戰，飛矢中股，以佩劍截之，左右無知者。後魏傅永事同。王方翼拒咽麪兵，飛矢著臂，引佩刀斷去，左右不知。王難得方戰，麾下士失馬，難得馳救，矢著眉，拔膚郭目，乃拔箭斷膚，殊死前鬥，血𧖴面不已。金人犯境，劉子羽築壁壘于潭毒山，身坐壘口，曰：「吾今日死此。」金人聞之，遁去。趙立與金人轉戰，箭貫兩頰，口不能言，以手指揮諸軍，㥂定，方拔出之。

夢寐

夢而為徵也：素王母夢蒼龍而生。孔子將生之夕，有二蒼龍自天降，徵在因夢龍而生。有神女擎露，五老列庭，麟吐玉芒，曰：「水精之子，系衰周而為素王。」孟子母夢神人而生。母夢神人採雲，攀龍、鳳，自泰山來，將止于嶧。母臥視久之，忽片雲墮而寤。陶隱居母夢日精在懷。隱居名弘景。趙葵鄰人夢南嶽神降其家。葵父為蒲圻尉。鄰人夢神降，乃生葵。范祖禹母夢金甲人至寢。母夢一丈夫，曰：「吾漢將鄧禹也。」祖禹是日生。母夢雷電燭身，宗澤也。母夢長庚星而生，李白也。母夢吞星，黃亢也。亢母夢星隕于懷，掬而吞之，遂孕亢。父夢積笏，母夢玉象，宋章得象也。得象父奐。夢家庭積笏如山，母夢神人授以玉象，因孕得象。夢五色雲化鳳而誕者，徐陵。

陵母臧氏夢雲化凪，集左肩上。　夢五色旗懸鈴而生者，任昉。昉母裴氏，夢五色彩旗，四角懸鈴，一鈴落懷中，生昉。夢綃衣神人駕紅龍，授紫函，孕十四月而生者，儷女崔少玄也。　夢大星墜懷，孕二十四月而生者，黄滔也。　見一石，夢人謂是浮磬之精，寶持生子者，高琳母也。隋高琳母嘗祓禊水濱，見一石光彩朗潤，遂持以歸。夜夢人衣冠若仙，謂之曰：「石是浮磬之精。若能寶持，必生令子。」寤而有娠。　夢神人授玉筋，食羹一杯而生子，邵康節母李也。　夢異人授五色珠而生，樂史母也。宜黄樂史母夢異人授珠而生。力學有文，舉南唐進士第一。　夢遺錦衣一篋而生，薛夏母也。　夢明珠有孕，西施母也。夢明珠射體，因而有孕。　夢神人授珠，吞之，寇珹母也。因而生珹。　張説母夢玉燕飛入懷中。孕時夢。　張九齡母夢九鶴飛集于庭。因生九齡。　雷機母夢黑熊行天。　苻健母夢大熊據户。健母羌氏夢而孕健。　張志和母夢楓生腹上。遂産志和。　李雄母夢大蛇繞身。遂生雄。　孝昭后母桓夢吞玉勝。南齊孝昭劉后母桓氏，夢吞玉勝，孕而生后。　夢人鋪金席生兒，范邁母也。范邁母夢人鋪金席與己生兒，兒生，席色昭晰。後生兒，名邁，為林邑王。　夢神授金錢一枚，吞之，遂孕，楊廉夫母也。

夢而登天者：陶侃、夢生八翼搏天。漢文帝、夢欲上天，一黄頭郎推之。宇文泰母王氏、夢抱子升天，不至而止。劉穆之、夢合兩舟為船，施華蓋升天，後為僕射。宋神宗。侍英宗，居慶寧宫，夢神人捧之升天。　捫天者，後漢和熹皇后。后嘗夢捫天，舐之，味如鐘乳。占者曰：「堯夢攀天而上，湯夢及天而舐之。吉不可言。」　捧天者，韓琦。知泰州，夢以手捧天者再，後輔英宗于藩邸，神宗于東宫。　乘龍上天者：光武、夢乘赤龍登天。孫奉伯、夢蕭道成乘龍上天，于下捉龍脚不得。趙汝愚。夢孝宗授以湯鼎，背負白龍升天。後翊理宗以素服即位。　日化為龍，宣武帝高夫人。夢為日所逐，避床下，日化為龍，繞以數匝，有孕，生帝。捧日，宋太宗母。昭憲皇后王氏夢神人捧日授己，有孕，生帝。登山捧日：程昱、本名立。夢上大山，兩手捧日，操乃加「日」為「昱」。楊炎。未仕時，夢陟山巔，仰見瑞日咫尺，因舉手捧之，後登相國。以裾承日：李賢妃、宋太宗賢妃李氏夢日輪逼己，以裾承之，然寤，遂生真宗。仁宗母。章懿皇后夢二日在天。其一墜，后以衣裾承之。以裾承月中兒，范純仁母。李氏夢兒墮月中，承以衣裾，生純仁。以手承日，寧宗母。慈懿皇后李氏夢日墜于庭，以手承之，生帝。抱日：梁武帝母、張氏夢抱日，產武帝。闞英。後魏闞英夢日墜所居黃山水中，抱戴而歸，至散騎常侍。吞日者：帝嚳妃、鄒屠氏夢吞日則生一子。凡八夢，生八子。漢景帝、帝夢神女取日授王夫人吞之，十四月生武帝。陳霸先、夢天開數丈，有四人朱衣捧日至，開口納焉。及覺，腹中猶熱。偽吳毛貞輔。貞輔後得赤烏場官。夢日墜地，三分得一：魏文帝、夢日墜地，分為三，己得一分而納懷中。陳文帝。夢兩日鬥，一大、一小。小者光滅墮地，色正黃。其大如斗，帝三分取一，懷之。日月入懷：孫堅夫人、夢月入懷，生策；夢日入懷，生權。漢元帝后母、李氏夢月入其懷而生后。劉聰母、夢日入懷，十五月而生。梁元帝母、石氏夢月入懷，孕元帝。神武婁后。高歡常夢履衆星而行，婁氏生二女，皆夢月入懷，而女為魏之二后。日墜身上：世祖、出守海陵。夢日墜身上，尋召典機密。宋李愍孫、夢日墜身上，終典機密。賈隱林、夢日墜，以手承之，遂糾察行在。遼太祖母。太祖耶律億母蕭氏夢日墜懷中，有孕，生億。雙日照庭，宋范應旂。方孕，大父夢雙日照庭。歷大理少卿。車載日月者，唐鄭光。夢御大車，載日月行中衢，至平盧節度使。乘舟月中，夏禹。未遇時，夢乘舟月中過。天門開，宋薛安都。夢仰頭視天，正見天門開。此又夢天、龍、日、月，而著休徵者也。

許遜母夢金鳳銜珠墜掌中而孕；王曇逸母夢雲鳳而孕；唐王知遠父曇逸，母晝寢，夢雲鳳集身，因有孕。《浮屠寶誌》曰：「生子當為方士。」後壽百二十歲。張鷟父夢大鳥飛庭前而名；鷟父夢一大鳥，紫色五彩成文，飛下庭前不去。祖父曰：「紫者，鸑鷟也。此鳥為鳳凰之佐，汝當為帝輔。」遂名鷟。段少連母夢鳳而生。宋段少連母夢鳳止于家庭而生，官至學士。孫氏夢雙鳳集拳，而宋董以為大凶。《集異記》：有孫氏求官，夢雙鳳集其兩拳。占者宋董曰：「鳳凰非梧桐不棲，非竹實不食，卿當大凶。非苴杖，即削杖。」果遭母喪。同一夢鳳也，而吉凶異。丁固夢松生腹上；曰：「後十八歲，吾其為公乎？」何祇夢桑生井中；趙直占曰：「桑，非井中之物。『桑』字四十八，君壽恐不過此。」年四十八卒。齊世祖夢桑屐行殿上。南齊世祖夢著桑屐行太極殿上。庾溫曰：「屐者，應運木也。又『桑』字四十二點。」世祖年過此，即帝位。廣陽王夢衮衣倚槐樹而立；元淵北討葛榮，夜夢衮衣倚槐樹而立，以為吉。楊元慎退告人曰：「『槐』字，『木』旁鬼，亡後得三公耳。」果為榮所殺，追贈司空。拓跋順夢槐下脱衣冠而卧；解之曰：「『槐』字『木』旁鬼，亡後乃得三公贈耳。」柳宗元夢柳仆地；宗元自永州司馬召至京。詣卜者曰：「余，柳姓，夢柳仆地，其不祥乎？」卜者曰：「生則柳樹，仆則柳木，君其牧柳州乎？」張尋夢竹生庭。尋夢庭生一竹節，問竺法度云：「當暴貴而不得久。」夢相同也，而占之者異。《談薈》

占夢者：有卞忌、韓泉、周宣、趙直、索紞。

袁郭之立北斗下；郭初應舉，夢立北斗下。果第七人及第。張鷟之慶雲履身；鷟舉進士，夢慶雲覆其身。其年對策，考功第一。張亮之山上挂絲；後魏薛琡夢張亮于山上挂絲。覺而告亮，且占之曰：「山上絲，是『幽』字，君為幽州乎？」宋王之河水乾；《玉海》：宋王有疾，夜夢河水乾，憂形于色。占者曰：「河無水，可也。當痊痾耳。」唐高祖之床下蛆；高祖起義，後夢身墜床下，為羣蛆所食。智滿禪師曰：「床下者，陛下也。羣蛆食者，所謂羣生共仰一人活也。」費絢之衣錦井中；《茅亭客話》：費絢應舉，夢衣錦在井中。覺，自喜曰：「及第，衣錦還鄉井。」沈慶之之鹵簿入厠；慶之嘗夢引鹵簿入厠中。占者曰：「君必大貴。但未在旦夕。鹵簿，是富貴容；厠中，是后帝，不在今上也。」蔣琬之牛頭流血；琬夢一牛頭在門流血滂沱。趙直曰：「牛頭及鼻，『公』字之象；血者，事明也。君當至三公。」陽休之蓮花銅柱；夢登大塚，見銅柱列蓮花形，以手捉柱，柱轉三匝，後至三公。陳安平之十二月養蠶；陳安平年滿赴選，夢十二月養蠶。李仙藥曰：「冬絲，君必選東司。」果選吏部。李元忠之炬入墓中；李元忠將仕，夢執炬火入父墓中。師曰：「此謂光照前人。」劉仁蘗之幡飛指上；仁蘗微時，夢佛幡于手指上飛出。或曰：「君年四十九，必有旌幢之貴。」王敬則之五色獅子；敬則夢騎五色獅子。明帝以為「直閤將軍」。鄧攸之猛獸鞶囊；攸夢行水邊，見女子、猛獸，自後斷其鞶囊。占者曰：「水邊女，『汝』字；斷鞶囊，新獸首代故獸首。」果遷汝陰守。李迪之剃髭；迪御試先一夕，夢人剃其髭髯。解者曰：「省元是劉滋，已替滋矣。」果第一。曹確之剃髮。確夢剃髮為僧。占者曰：「出家號『剃度』，公替杜相矣。」杜出鎮，曹果相。此占夢之祥者也。

桀夢黑風破其宮；紂夢大雷擊其首；何晏，青蠅；夢青蠅數十頭來鼻上，驅之不去，尋伏誅。王敦，白犬；夢白犬自天下，噬之，俄死。劉禎，蛇生四足；禎以不敬，伏誅。周宣傳以禎夢為當殺女子而作賊者。始安王，蛇緣四城；齊始安王遙光舉事四日而敗，城內外人夢羣蛇緣城四出。隋文，洪水沒城；隋文夢，而應在唐高祖之名。黃平，馬舞舍中；黃平夢舍中馬舞，而火作。周緒，牛奔水中；緒夢一牛二尾奔水中，而舟覆，僅以身免。晉安王，龍無頭；晉安王子勛夢乘龍無頭，而為沈攸之所誅。苻生，魚食蒲；苻生夢大魚食蒲，為堅殺。郭瑀，龍止屋；瑀夢乘青龍上天，至屋而止。曰：「龍飛止屋，吾其死也。」楊國寶，蛇有冠；滎陽楊國寶夢一蛇首有冠，謂之「喪門」，一家十數口俱卒。張文表，龍出頷；文表作亂，小校夢文表龍出頷下。及敗，梟首朗陵。魏延夢生角；趙直曰：「『角』之為字，刀下用也。頭上用刀，凶甚矣。」後誅。崔湜，座下鏡；湜夢講座下聽法，而照鏡。占者曰：「座下聽講法，從上來也。『鏡』字，『金』旁『竟』，其竟于今日乎？」尋有敕賜自盡。張瞻，臼中炊；瞻夢炊臼中。王生曰：「君歸不見妻矣。臼中炊無釜，『婦』同音也。」李虛中，泰山裂流；李虛中夢泰山裂，流出赤黃物如金，而疽發于背，潰死。鄧艾，山上流水；艾伐蜀。夢坐山上，有水流。袁邵曰：「往必克蜀，其不還乎？」王戎，七枚椹；戎夢人以七枚椹子與之。占曰：「椹，桑子也。」自後，男女凡七喪。沈慶之，兩疋絹；慶之年八十，夢人以兩疋絹與之。曰：「今年不免。」兩疋，八十尺也。衛中行，乘驢墮水；中行為中書舍人。有故舊子弟赴選，投術論囑，衛欣許之。其人夢乘驢渡水，掀墮水中，登岸而靴不溼。秘書郎韓泉曰：「公事不諧矣。據夢，衛生相負，足下不沾。」榜發，果駁出。沈彬，衣錦貼月；彬夢錦衣貼月以飛，人謂：「不入月，不能及第。」果然。王校書，戴帽行雨。王校書與徐判官各求邑宰。王夢戴帽雨中行，葉光遠曰：「戴帽雨中行，恩澤未霑濡耳。」此占夢之不祥者也。

顧悰夢母體而免獄。悰繫獄，夢見母下體，愈懼。解者曰：「太夫人下體是足下生路。」明日，奏免，後至宰相。酈範夢毛拂踝而得州。後魏酈範夢陰毛拂踝。占者曰：「豪盛于齊下也。」果青州刺史。張偉康夢得大象，萬雅以為當得大郡而不善。後為吳郡，為沈充殺。薛令伯夢射雁，楊元慎謂當得大夫。俄除諫議。許超夢羊入獄，元慎謂當得陽城。後封陽城侯。孫權夢人以筆點其額，熊循賀曰：「王必為主。」高洋夢人以筆點其額，王曇哲賀曰：「王當作主。」

高宗之得傅說以夢。文王之遇臧丈人以夢。黃帝之相風后以夢。明皇之相姚崇、宋璟也，亦以夢。夢二龍銜符，自紅霧中來。上隸「姚崇、宋璟」四字。

夢之以文著者：李白少時，夢所用筆頭上生花，自是才思贍逸。和凝夢人以五色筆一束與之，自是才思敏贍。紀少瑜夢陸倕以一束青鏤筆管授之，文因遒進。李嶠夢人以雙筆相贈，自是文日有名。王珣為桓溫掾，嘗夢人以大筆如椽與之，既覺曰：「此當有大手筆。」俄而，武帝崩，哀册謚議，皆珣所草。《元史》：楊奐母夢東南日光射其身，傍一神以筆授之，已而生奐。范質母張氏夢人授五色筆而生，九歲善屬文。今人但知江淹夢筆耳。石晉丞相趙瑩布衣時，禱于華嶽廟，夢神遺以一筆二劍，既而一疏廊廟，再擁旌節。　馬裔孫夢神授筆二枝，後入中書，吏奉二筆，大小如夢中所授者。又王勃夢人遺以丸墨盈袖，自是文思日進。　張迴少年苦吟，未有所得，夢五色雲從天而下，取一團吞之，遂精雅道。　鄭玄學于馬融，夢一老父以刃開其心，傾墨汁著心內，于是精通典籍。　尹知章夢人持巨鑿破其心，內若劑焉，乃明《六經》。　陳繼達本武夫，不知書，夢人以墨水升餘飲之，遂能識字。宋璟夢大鳥銜書吐口中而吞咽之，乘而直上，自後藻思日深。　王肅注《易》東齋，中夜夢有女子從地中出，贈墨一丸，旦用此墨，便覺才思開敏。　虞世南夢吞筆，覺後若在胸臆。

夢吞臆丹篆而才思日進者，韓愈也。　夢吞金龜而大有文思者，劉贊也。　夢林花如錦，摘食之，見天下文詞，遂無不知曉者，馬融也。　夢飲西江水浣腸胃，及睹水中沙石皆篆文，吞之，而文性陡高者，王仁裕也。　夢人授繡紙百番，又夢裁錦，而文思大進者，蕭穎士也。　夢彩文鳥入口中，而藻思日新者，羅含也。　夢蛟龍入懷，而作《春秋繁露》者，董仲舒也。　若江淹夢張景陽寄錦取還，文章日躓，又嘗夢郭景純索舊筆還，為詩才盡。豈衰至之徵耶？　劉贊夢吞金龜，大有文思，一日夢吐金龜投水中，尋卒。

五代王處訥夢人持巨鑑，星宿粲然滿中，剖腹納之，因究星曆、占候之學。　進士謝諤為兒時，夢人以珠一器遺之，吞其細者六十餘顆，及長，善為詩。　僖宗幼不曉棋，夢人以《棋經》三卷焚而吞之，及覺觀棋，指畫皆出人意表。　王積薪夢青龍吐《棋經》幾部授己，其藝頓精。

夢之入于山川者：唐明皇夢入灊嶽。見紫翠間有井，少憩亭上，遣內官王越賓謝井，錫名「應夢」。　唐代宗夢遊琅琊。李幼卿為僧法琛建寺琅琊山中，列圖將進。其夜，天子夢遊一山寺，覽圖如契。　宋理宗夢遊雪竇。理宗嘗夢遊一山，按諸圖而得之。　梁武帝女夢入浮槎。帝第五女夢入一山為尼。取《名山圖》，得此山，遂祝髮。　陸羽夢遊廬山。後抵此，品第諸水，以谷簾泉為第一。　安鼎夢遊上方山。鼎為安吉令。經縣西上方山，與夢無異，遂建亭名「真賞」。　沈括夢遊京口。元祐初，道京口，即夢中所遊處，築室居焉。因以夢名其溪，著《筆談》。

夢任調作相而相張鎰，反語也。　夢項安節作相而相吴充，病項也。

校記

〔一〕夾擊：原作「夾擊」，據《宋史·張浚傳》改。

〔二〕欲突前捉：原作「欲突厥」，據《三國志·蜀書·馬超傳》「陰欲突前捉曹公，曹公左右將許褚瞋目盼之，超乃不敢動」改。

古事比卷之十一

前後身

前身：如鮑静為李家兒。五歲，告父母，本是曲陽李家兒。九歲，墮井死。訪問皆符。　羊祜為李氏子。三歲，乳母抱行。令于桑樹孔得金環。東鄰曰：「吾兒七歲墮井死，曾弄金環，失其處。」　王練本于沙門。珉生一子，始能言，便解外國語。及珠貝未見，即識其名。　王十朋本為嚴伯威。　韓滉為仲由。

後身：如張平子為蔡中郎；徐陵為什一作智。　威；郭子儀為道悟；武侯為韋皋；鄒陽十三世為蘇軾；琅琊僧為張方平；五臺僧為馮京；張車騎飛為張睢陽；五戒僧為子瞻；鄧禹為范淳夫；故名祖禹。　李德裕為趙鼎。才名功業頗足相當。　至許玄度為蕭𧦬；永師為房琯；李白為郭祥正；母夢白，而生祥正。　謝靈運為邊鎬；小字康樂。　馬北平燧為馬仁裕；顏延之為僧祐；牛僧孺為劉沆；武夷君為楊億；王京為王素也。自墮落一層。　劉公幹為昏愚小吏；圓澤公為浣衣婦人子。又何懸絶也。

崔慎由子，長安院僧。手有「綱僧」二字。　錢光玉妻，賢穆之子，為玉仙知觀道士。　史彌遠為覺長老。　蔡元度乃木乂後身。　孟知祥，五臺山靈。

徽宗生，神宗夢李後主來謁。　高宗生，徽宗夢錢王乞還兩浙。

幹離不形貌與藝祖相類。　伯顏形貌與周世宗無異。

韋臯之玉簫，十二年再為侍妾。　長葛尉劉立妻楊氏卒，為趙長史女，自言前身，復歸于立。　柳子昇妻鄭氏無疾而終，曰：「後十八年更與君為親。」子昇年七十再娶崔氏，多省前身之事，産一男。《說儲》

顧况子非熊再生况家。　又圓澤、李源與圓澤同遊峨眉山。圓澤托生再會。　武十三、與李源同適穀熟橋，十三托生再會。　趙子和、復生。曰：「我，李貞也。」張弘義。復生。曰：「我，李簡也。」

白樂天，海中山主；宋晁迥，静居天主；陳堯咨，南庵主；張方平，山藏院知藏；歐陽修，神清洞主；韓琦，紫府真人；富弼，崑崙真人；王曾，青草堂和尚；真西山，本草庵和尚。皆生而知前身者。

蔣濟為南山伯；荀顗為泰山君；劉聰，遮須國王；韓擒虎、蔡襄，並閻羅王。皆死而知後身者。

文澹之香囊。五歲，在杏林中得之。乃澹前生數歲落井，今再生也。　何靖女之刀。一女數歲亡，病時弄小刀。母奪傷手，後産一女。四歲，問母前刀，取數刀試之，取先者。　房次律入廢寺，掘地得瓶中前世所藏婁師德書。　張方平至僧舍，開樓見前世為琅琊山僧所寫《楞伽經》蹟。

許詢異世為岳陽王。　裴休異世為于闐王。　齊文宣帝是羅刹王。　王萬年副都統是萬年鬼王。

顧總前身，劉楨。　荆公前身，秦王。　張無盡前身，李長者。　梁武前身，蚯蚓。　隋煬帝前身，鼠。　崔彦武、陳秀遠、黄山谷前身，皆婦人。

梅聖俞是李白後身。　王曾，曾子後身。　夏忠靖是三閭後身。　林蔀齋是誌公後身。　韓滉是仲由後身。

疾病

秦繆公病七日而寤，曰：「我之帝所，甚樂。帝告我，晉國五世不安。」公孫支書而藏之，後其事皆驗。　趙簡子五日不知人，居二日半寤，曰：「我之帝所，甚樂。帝告我，晉國七世而亡。」董安于書藏之，後其事皆驗。《事偶》

伯牛病癩。　長卿消渴。　趙岐卧蓐七年。　杜篤目疾二十年。　朱超道歲晚沉痾。　玄晏善病至老。　盧照鄰惡疾餌玄明膏，嘔之而疾。不愈，至投水死。　李華以風痺終楚。　杜臺卿襲廢。　祖珽、胡旦瞽廢。　杜少陵三年瘧疾，一鬼不消。　陸續、李廞為病所苦。　張應之唾血至老。歐公在洛陽與同遊。後老而唾如故。

莊宗曹太后在魏，劉太妃在興唐，以別成疾。　海陵永寧宫在中京，永壽宫在上京，亦以別成疾也。

張嶷得疾困篤，而廣漢守何祇療之。嶷宿與疏闊，自輿詣祇，托以治疾。祇傾財醫療，數年除愈。　祝恬公車得疾，而應融療之。過友郟令謝著，拒不與通。汲令應融躬御止傳中，强健酣宴，乃別。　張奉舉家得病，而王修親隱恤之。遊學南陽，止奉舍。病愈，乃去。

秦觀得《輞川圖》愈疾，猶曹公得陳琳檄已風也。《儋吹》

王文康苦淋疾，為樞密使，疾自平。　安厚卿苦糊疾，至登科後，疾良愈。

趙普之疾，禱于上清太平宫，而神語以為冤累。普力疾，冠帶出中庭，受神言，是夕卒。　秦檜之疾，禱于天臺桐柏觀，而士人以為徒勞。士人謂主醮者曰：「『此徒勞耳。』數年間，張德遠當自樞府再相。劉信叔當總大兵捍邊。若太師不死，安有是事耶？」醮之明日，檜卒。　所謂「獲罪于天，無所禱也」。

張敬夫奇疾，身亮如水晶死。　吕夏卿奇疾，身縮如小兒亡。　天寶中，有李生左乳痛苦，癰腫旬餘，癰潰，一雉中突而出。　崔堯封甥李言吉左目上瘡，漸大如鴨卵，堯封令醉剖去之，有黄雀鳴噪而去。《事偶》　病聰聞床下蟻鬥如牛。　怪響代人索負，數千里外如空中神語。《儋吹》

盧懷慎入冥，見張燕公横財爐。　陳秀公入冥，見元厚之魚飯甕。

衛玠從豫章至都下，觀者如堵，玠體不堪勞，遂病死，人謂之：「看殺衛玠。」　蘇子瞻自海外歸毘陵，時病暑，著小冠，披半臂，坐船上，夾運河半萬人觀之，子瞻顧坐客曰：「莫看殺我。」無何亦竟卒。

桓階初勸魏王正位，夏侯惇以為宜先平定二方，後遵舜、禹之軌。及操卒，惇追恨前言，發病死。　梁武九錫之書，范雲欲預盛禮，病召醫求速愈，果即起，後二年死。　惇死，以恨不能早勸曹操之篡；雲死，以願及見蕭衍篡也。　死生亦大矣。　以此死，甘心乎？

張鍔秘書丞。　嗜酒而得疾。中身而分，左苦寒，右苦熱。　元載疾去而飲酒。不飲，人以針挑鼻尖，出一小蟲。曰：「此酒魔也。」由是日飲一斗。

文筆可以愈疾：王延壽夢賦却鬼。年二十，得惡夢，作賦云：「夜寢見鬼，與戰，得東方朔與臣，作罵鬼之書。」遂作賦，序夢。後人夢者，誦讀以却鬼。 王褒誦讀奇文，虞侍太子。太子體不安。宣帝詔褒等虞侍誦讀奇文，及所自作，疾平復，乃歸。 劉壯輿文愈疾。蘇東坡云：「得頭風病，取劉文讀之，失疾所在。曹公所云，信非虛語。」 又蒲延昌獅子愈瘧。延昌，師訓養子，畫得師法。畫獅子進王昭遠公。公有嬖妾產痁，懸于卧内，其疾頓減。昌云：「宋展氏子虔于金陵延祚寺，佛殿畫二獅子，患人坐壁下，有愈者。」梁昭明太子偶患風恙，吴興太守張僧繇模二獅子，密懸寢室，應夕而愈。有此神驗久矣。 李陽冰篆字可禦魑魅。鄂州江夏治内。 顧光寶畫獅子愈陸溉瘧。中夜聞户外窸窣聲。明日看獅子口臆，有血淋灕。溉病乃愈。 輞川畫愈疾。秦太虚云：「予卧病，高符仲携摩詰《輞川圖》示予，恍然若入輞川，數日，疾愈。」以上俱《樵書》。

附 廢疾

聘國之使，婦人笑于房；晉却克。 行汲之客，美人笑于樓。平原君客。 其躄同也。他如半丁鑿齒，習。 一爵王歟，王導辟之，曰：「茂弘乃欲以一爵加人。」 割申留贊，斬黄巾賊，一足被創，以刀自割，申之。凌統薦用立功。 拊詈梅詢，拊足而詈曰：「令我不至兩府。」 舁坐鍾繇，繇有膝疾，載輿上殿，虎賁舁就坐。 籃輿元亮，脚疾，一門生、二兒舉輿。 從軍封常清，脚跛，求從高仙芝出軍。 脚疾何澄，固讓僕射。 並以跛躄見于書。 接木致讒捍匕，趙武安君李牧臂短接木，狀如振捆，王賜死。 中寒幸詔毋拜。陳湯挐郅支，中寒，兩臂不詘。 其廢同也。 他如三公之羊祜，太守之劉之遴，墮車折臂，右手不得屈伸。 並以折廢見于書。 期期不奉易儲，周昌。 鄧艾故是一鳳。答晉文云：「鳳兮，鳳兮，故是一鳳。」其吃同也。 他如著書韓非，屬文相如，《草玄》揚雄，焦遂醉後，醉後酬對如注射。 孫晟坐定，坐定談論風生。崔思海作雞鳴，表弟杜延業以穀戲問，答云「穀穀」。丁稜作箏聲，及第，謁宰相曰：「稜等登，稜等登。」友戲曰：「箏聲。」鄭偉射效己，逐鹿問牧豎。牧豎亦吃，怒其效己，射之。並以口吃見于書。越王嘗溲惡，嘗吳王便，遂口臭。刁存含雞舌，則以口過。方干遭抑，唇缺，後醫補。魏詠之禁語，兔缺，醫令百日不語。皆以兔缺。一淚生嗔于其祖，苻健第三子生，祖洪戲之刺血。半粧興怒于其妃。梁元帝妃。其眇同也。他如丁儀失妻，曹操欲妻以女，五官將云：「目不便。」褚照辭仕，以眇不拜國博。殷仲堪拭淚，父病，藥手拭淚，遂眇。章昭達中矢，相者謂貌虧則貴。後從陳文帝封侯。珠代之崔嘏，失一目，以珠代。木代之周寶，擊毬，鐵鉤所摘，賜木睛以代。並以眇見于書。冲卿在前，吳充字。宋神宗時相應項安節之神語。穎叔在後。蔣之奇。其瘻同也。而將有杜預，相有王欽若、樗里子、王德儉，瘻而善揣事。詩囊齊己，南唐僧。長頭賈逵，並以瘻瘤見于書。若夫丞老何妨重聽，黃覇許丞稱「聾丞」。又諸葛亮以杜微為主簿，先已稱「聾簿」矣。師材尚可司火，□□□□不足為疾，略而不書。《事偶》

聾，則隋崔儦、以聾常得無事。宋洪炎、對上曰：「世人皆聾于心，臣獨聾于耳。」龐安常。善醫而聾，以手畫字示之，深會人意。東坡戲之曰：「人以手易口，君以眼為耳。」

失明：左丘明、竇公、漢孝文時，得魏文侯樂人竇公，年百八十歲。自云：「十三失明，父母教鼓琴。」祖珽、武成怒，欲撲殺之。配光州別駕張奉禮，希大臣意，為深坑桎梏之，夜以蕪菁子燭薫眼，因失明。周興嗣、一夕成千字文，兩目俱喪，鬢髮皆白。徐晦、嗜酒太過，晚年失明。房乘、琯長子。自少兩目盲。盧太翼、以手摸書，而知其字。楊希閔、克讓子，生而失明。令諸弟讀經史，一歷耳輒不忘。所著文集三十卷，教三子成進士。范純仁、因疾失明，安置永州。曾安止、著《禾譜》。東坡惜其不譜農器，時已喪明，不暇為也。後姪孫之謹續之。胡旦、晉廢。徐世譜、光禄大夫，尋以疾失明。黃正叔。

女子失明：漢石奮母、顏巉妻、哭夫喪明。漢文帝竇后。病失明。

瞽而復明者：北周張元祖、祖喪明，元祈祐，夜夢一老公，以金篦治其祖目，果明。北齊陳蕭、屯白人，瞀目十年。執紼葬母，雙目頓開。南北朝閻元明、安邑人。以違親養，哭泣喪明。許歸養。一見其母，目復明。張籍。文昌。

忌諱

拘執陰陽家：張竦行避反支；莽敗，客北地，知有賊當去。會反支日不去，因為賊殺。陳伯敬出辟往亡，入避歸忌。

郭后以子午忌不得立。桓帝時人。呵叱狗馬，終不言死。目有所見，不食其肉。後坐婿亡吏，太守邵夔殺之。皆不免于隕身。固哉！鄧禹以窮日得治軍。王匡以癸亥六甲窮日不出。禹得治軍，與戰，敗之。彼有所托，此幸其拘也。

周宣帝不聽高大之稱。自稱天元皇帝，不聽人有高大之稱，改「高」姓為「姜」，「曾祖」為「長祖」，凡謂「上」者，改為「長」。

宋明帝多忌疑似之言。晚年多猜忌。文書有「禍」、「敗」、「凶」、「喪」疑似之言，應迴避者，數千百品。有犯必戮，改「騧」字為「䯄」，以其似「禍」字也。梁元帝特多禁忌。牆壁崩倒，屋宇傾頹，年月不便，終不修改。魏高祖不見沙門。北魏有術士，言：「亡高者，黑衣。」故高祖每出不欲見。王恭表讓軍號。都督以北為號者，累有不祥。故桓冲、王坦之、刁彝，不受「鎮北」之號。以恭為平北將軍，表讓軍號。又不拜安北。

紀元有當避忌：如桓玄之大亨。識者以為二月了，而玄敗實在仲春。蕭琮之廣運。江陵父老曰：「運之為字，軍走也。」北周武帝之宣政。蕭歸離合其字為「宇文亡日」。隋煬帝之大業。識者離合為「大苦末」也。

始皇諱死，而「明年祖龍死」，使者得從關中來，奏之；諱亡，而「亡秦者胡」，盧生得自海上，還奏
之。曾未有後世之甚者。

「正」字以「一止」為文，前代多諱之：如齊太子文宣太子般。之字「正道」，邢子才所取，帝曰：「正，一止也。
吾兒其替乎？」梁武陵王紀。之改元「天正」，永豐侯蕭撝以「正」為「一止」，果一年而敗。魏齊王芳。之改元「正
始」，高貴鄉公之改元「正元」。竟俱不祥。蕭棟改元「天正」，亦一年敗；蕭正德改元「正平」，不逾
時亦敗。又金煬帝有「正元」、「正隆」之號；金哀宗亡于「正大」；元順帝終于「至正」。豈盡偶然哉？
《通雅》

禮三不諱，雅音無避。後世諱名太泥，隔代猶避之，謬矣。《通雅》：秦皇名政，發正月之聲，「正
言」為「端言」；漢高名邦，改「國」；呂雉，改「野雞」；文帝名恒，改「常山」；景帝，「啟」改「微子開」；
武帝，「徹」改「通」；宣帝，「詢」改「孫卿」；元帝名奭，改為「盛」；光武，「秀」改「茂才」；明帝，「莊」改
「嚴」；殤帝，「隆」改「林慮」；安帝父清河王，「慶」改「賀」；杜伯度名操，同魏武而以字行；吴太子和，
改「嘉禾」為「嘉興」；晉以司馬師，改「保傅」「京都」；晉文名昭，改「韶穆」；明君以「韋昭」為「韋曜」；
愍帝，「業」改「建康」；簡文鄭后名阿春，改「陽秋」、「富陽」，田子春為「子泰」；梁武名阿練，呼為
「絹」；隋文父名忠，「郎中」去「中」字，「中書」為「內史」，「忠」皆謂「誠」；隋煬名廣，「廣陵」為「江都」；
唐高祖之祖名虎，改「武」，父名昞，凡「丙」改「景」；高祖名淵，改「泉」；太宗改「世」為「代」，「民」為
「人」，「民部」為「户部」；高宗名治，改「理」；玄宗名隆基，改「基」為「其」，改「隆州」為「閬中」；代宗名

豫，「豫章」改「鍾陵」；宋英宗名曙，「薯蕷」改「山藥」；唐德宗名适，「括州」改「處州」；石晉敬瑭析「敬」為「文氏」、「苟氏」；孝元后父名禁，改「禁中」為「省中」；劉安父名長，改「修」；晉東海王越世子毗，「毗陵」改「晉陵」；武后名曌，以「詔書」為「制書」，鮑照為「鮑昭」，后父名華，改「華州」為「太州」；石虎時，號「虎」為「王猛」；朱全忠時，號「鐘」為「大聖銅」；李甘家號「柑子」為「金輪藏」；楊虞卿家號「魚」為「水花」；羊陸先家號「牛」為「鈍公子」；李栖筠家號「犀」為「獨筍牛」。俱以避諱故也。劉臻性好食蜆，因父名顯，呼「扁螺」；臧逢世稱「嚴」必泣；父嚴，箋啟有稱「嚴寒」者，對之必流涕。韋翼諱「樂」，不歡；韋翼生平不飲酒，不務歡。為家諱「樂」也。袁德師父名高，九日出糕啖客，袁獨淒然不食；錢鏐改「石榴」為「金櫻」，劉氏改「金氏」；楊行密時，呼「荇溪」為「菱溪」，呼「蜜」為「蜂糖」；賈曾以父名至中，不拜中書舍人；李賀父名晉肅，元稹譏之不赴進士；柳公綽以祖諱，不拜禮部尚書；李涵為太子少傅，呂滑劾其不避父名；劉溫叟以父諱「岳」，不聽絲竹；桓氏以王忱呼「溫酒」，流涕嗚咽；劉道隆索鳳毛；謝超宗徒跣還內。由是論之，當法孔子「二名不偏諱」、「言徵不言在」是也。孔安國、鄭氏曰：「讀書正言，其音毋有所諱。」文王名昌，《詩雝》曰「克昌厥後」，《書》曰「使修其行，而邦其昌」，《周禮》曰「昌本之菹」；武王名發，《詩噫嘻》曰「駿發爾私」，《商頌》曰「長發」，《豳風》曰「觱發」；成王名誦，而《崧高》曰「吉甫作誦」；厲王名胡，而《宣王詩》曰：「胡不相畏？」「胡為虺蜴？」后稷名棄，《書·大誥》曰「弗棄基」；莊公名同，《書》曰「同盟」；僖公名申，而《書》「戊申」；定公名宋，而《書》「宋仲幾」；孔子父叔梁紇，而書「臧孫紇」；獻、武廢二山，而「具」、「敖」亦錯見《左傳》也。《詩》、《書》不諱，臨文不諱，廟中不諱，卒哭乃諱。如子滿之不當臨哭呼滅，周人不得斥言文王昌、武王發耳。曹植子奏議云：「幹植不强。」是不諱「植」也。《三國志》：「功以權成。」是直斥吴主名也。《杜詩》：「翩翩戲蝶過閑幔。」是不諱「閑」也。

周人以諱事神，若泛用則不諱：穆王名滿，後有王孫滿。襄王名鄭，諸侯亦有衛侯鄭。

有避諱者：李班避葉亦愚名，止稱「門生班」，而去其姓。屠節避賈秋壑，止稱「知春陵」，而改其州，秋壑大怒。朝士不敢稱「固始」，而單稱「固縣」，晏元獻大怒。晏父名固，欲避故犯。以謟而蒙嗔矣。安惇于章惇前稱安享。蔡經臣于蔡京相日，改名蔡純臣。又薛昂之批頰。戒家人避蔡元長名，或自犯，則自批其頰。寧和末，朝士買一婢侑客，客語及「京」字，遽請罰酒。詢之，則薛太尉家婢也。余深、林攄之笞責。舉家為「京」諱，誤及輒加笞責。李彦古之書刺。王彦父名師古。嘗自諱「硯」為「墨池」，「鼓」為「皮棚」。彦古往謁，刺云：「永州司户參軍李墨池皮棚謹祗候參。」彦大喜曰：「奉人當如此矣。」毛穆之之屢更。字憲祖，小字武生，名犯靖王后諱，故行字。後又以桓温母名憲及，更稱小字。

有無諱者，吏諱、家諱：杜衍曰：「無所諱，但諱取枉法贓。」吏請家諱，包拯曰：「吾無所諱，惟諱吏有贓惡者。」正由品同。

有犯諱者：盧志問遜、抗于陸機。機曰：「如君于盧毓、志祖。盧珽，志父。雲之死，志與有力焉。」《唐摭言》載：杜甫嘗醉後厲聲問嚴武，曰：「公是嚴挺之子？」武變色曰：「君乃杜審言兒？」考新舊《唐書》並云「甫登武床瞪視」，曰：「嚴挺之乃有此兒。」《舊（唐）書》謂：「武雖急暴，不以為忤。」《新（唐）書》則謂：「武中銜之。一日欲殺甫。將出冠鉤于簾三。左右白其母，奔救得止。」然則甫亦危矣哉。 余謂為人子孫，當以杜祁公、包孝肅無家諱為法；對人子孫，當以陸士衡觸家諱為鑒。

有家諱者：司馬遷父談，故以張孟談為「張孟同」；趙談為「趙同」，「同」子參乘之類。 范曄父泰，以郭泰為「太」，鄭公泰為「鄭太」。 王羲之祖正，書「正月」為「初月」，或「一月」，餘用「政」字。 李翺父楚金，凡「今」，用「茲」字。 蘇軾祖序，凡「序」，用「敘」字。 謝弘微以字行。叔父峻無後，以為嗣。本名密，犯所係內諱，故以字行。 王琨避諱過甚。父名懌，母名恭心，並不得犯，時謂「矯枉過正」。

避祖諱而改名者，王昭吉。奏漢昌邑中尉王吉是臣遠祖，請改名澈，從之。 魯以獻、武廢具、敖二山。獻公名具，武公名敖，更以其鄉名其山。 孫權避祖諱，改蔣山。立蔣子文廟于鍾山，因改。

因諱而不受官者：孔安國、父名愉，安國除侍中，表以黃門郎王愉名犯私諱，不得連署，求解。有司議云：「《禮》云君所無私諱，大夫之所有公諱，無私諱。」又云：「《詩》、《書》不諱，臨文不諱，豈非公義奪私情，公制屈家禮哉？」唐臨、除永州刺史，以犯曾祖諱，改潮州。 蔣儼、除太僕卿，以父名卿，改授右衛副率。 源乾曜、遷太子少師，以曾祖名師，乃拜少傅。 裴胄、除京兆尹，以父名，不拜，換國子司業。 馮宿、除華州刺史，以父名子華，改佐散騎。 陳觀、諫議大夫，以祖名義，改授給事中。 張鑄、光祿卿，以與祖名同，改秘書監。 呂希純。以父名公著，辭著作郎。

為之改地與官之名與文例者：王舒也，父名會，舒授會稽內史。舒陳音雖異，而字同，于是改「會」為「鄶」，舒不得已而行。 蕭復也。舒王誼以復為統軍長史，以復父名衡，故更「行」為「統」。 避諱而改擢司門，李涵也。呂渭言：涵父名小康，乃改。

授官避諱固辭，而朝議以禮不諱嫌者：范曄辭太子詹事；父名泰。 賈曾辭中書以父名忠。

也。　蔡京父名準，改「平準務」為「平貨務」。　曾□父名會，改文字「勘會」為「勘當」。　至五代之改「弘文館」為「崇文館」，則是盧革等因郭崇韜父名「弘」，而改以諂之也。　因遺愛而不忍斥，荆州名屋室，皆以「門」；改「户曹」為「辭曹」，為羊祜也。　蜀人德之，刻石鑱去其文以諱之，為韋暢父皋也。　賢者名不可斥：鄭諴改「浩然亭」為「孟亭」也；王維初過郢州，畫孟浩然像于刺史亭，因名其亭。　陳蕃子逸為魯相，國人改蕃縣為「皮」。

坐客充滿，皆為避諱，徐勉也。　日對千人，不犯一人諱：王弘也，劉湛也。　與故舊欵接，一座未嘗犯其祖父名諱，文潞公也。

朱子謂：「古人不諱字，故子思稱夫子為仲尼；諸弟子記事亦稱仲尼。」　程明道云「余十四從周茂叔學」；伊川亦嘗呼「明道」表德。　又吕后微時，嘗字高祖曰「季」；袁種字其叔父曰「絲」；王丹與侯霸子語，稱「霸」為「君房」。　江南至今不諱字也。

姓名

唐太宗之刊定氏族；高士廉以崔民幹為第一，太宗曰：「齊據河北，陳據江南，故以崔、盧、王、謝為重。今天下為一，何容納賂哲門，仍以貲婚為榮乎？」于是以皇族為首，外戚次之，降崔民幹為第三。退新門，進哲望，合九百三十二姓，千六百五十一家為九等。　張垍之怒新族；孔至明等撰《百家類例》，以張説等為近世新族，剟去之。説子垍方有寵，曰：「天下族姓，何預若等而妄紛紛耶？」　許敬宗之尊后族。高宗時，改《氏族志》為《姓字録》。許敬宗等以不叙武氏本望，奏改以后族為第一，餘以官品高下為準，士卒以平功豫士流，時謂「勳格」。欲以譜牒別流品也，而恚者、諛者即因之。

譜牒之學，六朝最盛。如王弘日對千賓，不犯一諱；梁武書成千卷，僅紀數朝。

唐李守素王府倉曹。精譜學，號為「肉譜」。《舊唐書》作「行譜」。又虞世南謂之「人物志」。

宋韓溥詳練臺閣故事。多知唐朝代族，號為近世「肉譜」。

以史為氏。周有佚，齊有嚚，魏有起，楚有狎皇，衛有鰌、狗、朝，而蘇、黯、鼂、趙、墨，晉居其五。　慕容因冠而氏。《載記》：燕代多冠步搖冠，莫護跋見而好之，乃斂髮襲冠，諸部因呼之為「步搖」。其後音訛，遂為慕容。　禿髮因被而氏。初壽闐之在孕母，母胡掖氏因寢而產于被中，鮮卑謂「髮」為「禿髮」。　以鐵為氏。《載記》：赫連勃勃下書曰：「帝王者，係天為子，是為徽赫，實與天連。今改姓曰『赫連氏』。其非正統，皆以鐵為氏。朕宗族子孫剛銳如鐵，皆堪伐人。」　以石為氏。桓豁叫苻堅國中有謠云：「誰謂爾堅石打碎。」有子二十人，皆以石為姓，以應之。

姓有因所居而增者：諸葛，則諸縣之葛。　申屠，則屠原之申。　毋胡，則毋丘之胡。　閭丘，則頓丘之閭。

姓有以事改者：田千秋乘小車，改為車；謝服出征，改射氏；儀以民無上，改為是；劉凝之以忠諫比伍員，改為員。員半千之先。　姓有以字改者：棘為朿；疏為束；仲為种；槩為暨；熊為能；鄷為曾；慎為真；劉為金。　姓有以罪改者：漢馬何羅作逆，改為莽氏；南齊巴陵王子響抗命，改蛸氏；梁豫章世子直以父綜逃魏，改悖氏；武陵王紀以僭，改饕餮氏；隋楊玄感以反，改梟氏；唐越王貞、紀王慎，以不從武后，改虺氏；孫權別孫匡為丁氏；孫皓追改孫秀為厲氏；武后改宗室千里為蝮氏。

改姓者：知果別族為輔氏。伍員寄子為王孫氏。京房本姓李，吹律自定為京氏。又胡廣、本姓黃。五日生，父棄之。胡公見而舉之。嵇康、其先姓奚，避怨徙浙，家于嵇山之側。种暠、其先仲山甫，因避難改姓。束皙、本疏廣之後。曾孫孟達避王莽亂，徙涉鹿山西。束據、本棘子成之後。賀純。本姓慶。

冒姓者：張孟、為灌嬰舍人。蒙姓灌。衛青、父鄭季。給事陽信公主家，與衛媼通，生青，冒姓衛。夏侯嬰、隨母養外家，冒姓孫。曹操、本姓夏侯。父嵩，為曹騰養子。秦熺、檜取妻兄王渙孽子，養之。鄭注、本姓魚，時號「魚鄭」。及用事，號「水族」。李元亮。本姓安。少為駱奉先養子。

復姓者：范仲淹、二歲孤，隨母適長山朱氏，冒姓朱，名說。登第後，奏復姓。謝啟：「志在投秦，入境，遂稱于張祿；名非霸越，乘舟乃效于陶朱。」范禹偁、幼孤，隨母適張氏，冒姓張，名諤。登第後，奏復。楊業。本漢劉繼業。宋太宗召見，復姓。

不復姓者：灌夫不復為張。衛青不復為鄭。胡廣不復為黃。嵇康不復為奚。文彥博不復為敬。真西山不復為慎。曹操不復為夏侯。金履祥不復為劉。

賜姓者：項伯不同項羽，漢高賜姓劉氏。秦真父能死難，魏武賜姓曹氏。尉崇不從尉迥，隋文賜姓楊氏。

又漢之劉敬、本姓婁。金日磾，本休屠王子。吳之孫韶，本姓俞，賜姓孫。北魏之宿石，祖若根，賜姓宿。唐之李世勣、本姓徐。李元紘，本姓丙。皆賜之以姓。若李抱玉，本姓安。則恥與逆臣同姓而請于唐。趙良嗣，本馬植，童貫易姓名曰李良嗣，載歸。則以約金攻遼而賜于宋者也。宋又有俞龍琦，熙河番酋。舉衆內附，乞賜姓包。凷中丞，朝廷忠臣。

有姓而人未之考：楚狂接輿，姓陸。《高士傳》：陸通字接輿，楚人。見楚政無常，佯狂不仕，時謂「楚狂」。　東方曼倩，姓金。　道猷，姓帛。　佛圖澄，姓溫，亦桑門之榜花也。

有以風月景，山水名子者，謝莊五子也。颸、朏、顥、悰、瀟。　以五行名子者，宋子虛五子也。鑫、森、淼、燚、垚。

另製字以名子者，孫休四男也；䨻音「灣」，字莔，音「迄」；𩅦音「觥」，字羿，音「賢」；柜音「莽」，字昷，音「舉」；𡨪音「褒」，字𧺆，音「擁」。　武后自製「曌」音「照」。　字為名；劉巖自製「龑」，音「儼」。　字為名。梁四公子，武帝時人，皆托名耳。一𧡧闖，二𦤞杰，三𣂈鯺，四仉脊。

元魏高祖名子恂、愉、悅、懌。　崔光名子劭、勖、勉，對曰：「所謂君子勞心，小人勞力。」　陳文帝謂宣帝曰：「我名子以伯，汝宜以叔。」　范宗韓言：「王氏琪、珪、玘、瓘，器重璠、璵，皆玉；韓氏綜、絳、縝、維，才俱經、緯，以絲。」

今人命名，兄弟多取偏旁相近，複名或同一字。若祖父、子孫，則深其似，此于事制宜，然稽之古人，未嘗拘也。如商巫咸子巫賢；西漢陳遵，而祖曰「遂」；東漢馮勤之父曰「伉」，而伉父偃；黃瓊之孫琬；張綱之子續；王禁字稚君，子根字稚卿；鄭衆曾祖公業，而衆曾孫泰，亦字公業；班彪字叔皮，而子固字孟堅，超字仲升；陳球之兄子珪；劉瑜之子琬；任文公之父文孫；魏杜畿字伯侯，子恕字務伯，寬字務叔，皆未嘗避也。　惟晉王導三子曰：悅、恬、協；王洽二子：珣、珉；王謐三子：瓘、珍、琇；毛穆之六子：珍、璩、球、璠、瑾、瑗；謝安二子：琰、瑤；卞壼四子：眕、盱、瞻、眈；謝述三子：

綜、約、緯。疑起自晉、宋而不盡然。如晉王昶父澤，字季道，而昶名其兄子曰「沈」，字處道，其子曰「渾」、曰「深」，而渾又名其子曰「濟」；王羲之子曰：悦之、徽之、獻之，而徽之子曰「禎之」；顧愷之父曰「悦之」；皇甫謐之父叔侯，而祖父曰「叔獻」；衛覬字伯儒，而子瓘字伯玉；孫瑍字仲寶，玠字叔寶；謝玄從弟曰「琰」，而玄子曰「瑍」；孫纂二子曰「統」，曰「綽」；陸玩祖父曰「瑁」；郭璞之父曰「瑗」；孔愉之父曰「恬」；袁湛弟豹，而豹之子曰「洵」，曰「淑」；唐裴肅三子：儔、休、俅，而肅父曰「修」；裴儆子瑾，即柳子厚姊夫，父子名同音；杜鴻漸父名鵬舉；吕渭之子名温；竇牟字貽周，子名周餘。則又未嘗避也。

又漢杜安字伯夷，子根字伯堅；蔡稜字伯直，子邕字伯喈，稜父携字叔業；王裒祖修，父儀。偏傍同。

名與字同者：孔安國、孟浩然、郭子儀、殷仲文、戚同文、蔡興宗、江德藻、革子。張巡、楊燕奇、任孝恭、《南史》師覺授、《南史》劉孝綽、初名冉。王僧孺、高崇文。又歐陽公《歸田録》載：晉安帝德宗、恭帝德文、會稽王道子、顔見遠、庾仲容、北齊慕容紹宗、後周王思政、辛慶之、崔彦穆、史起宗、洛中士人。馮子琮、魏蘭根、唐辛京杲、戴休顔、張孝忠、尚有孤、田承嗣、張嘉貞、宇文審、李嗣業，皆以名為字。又《蕭鎮傳》：田緒字緒。劉濟字濟。此起家卒伍，未曾立字。如李載義辭未有字之比。

稱其字為名者：尉遲名恭，字敬德。薛名禮，字仁貴。今率不知其名。

避諱而以字行：魏杜伯度、本名操。晉王仲德、本名懿。兄元德、本名叡。高朝如、王敬弘、本名裕。王景文、本名彧。謝景仁，本名裕。北朝如蕭世怡、本名泰，犯周文諱。李元操、本名孝貞，犯廟諱。宋褚叔茂、張叔茂、名與太和諱同。唐席建侯、名豫，避代宗諱。韋貫之。淳。避憲宗諱。

以字行者：名。孫伯樂、陽。韋仲將、誕。謝弘微、密。韋孝寬、叔裕。劉孝標、峻。高季輔、馮。房玄齡、喬。姚思廉、簡。劉子玄、知幾。高士廉、儉。嚴挺之、浚。王方慶、綝。徐有功、弘敏。封德彝、倫。北齊趙彥深、隱。賈顯智、智。李神儁、挺。王元景、昕。胡僧敬、虔。高敖曹、昂。高仲密、慎，敖曹兄。高道穆、恭之。楊遵彥、愔。邢子才、邵。源文宗、彪。蘇珍之、瓊。韋法保、裕。衛文昇、玄。徐文遠、曠。陸德明、元朗。秦叔寶、瓊。殷開山、嶠。郭元振、震。嚴善思、譔。徐彥伯、珙。張道源、河。元行冲、澹。武平一、甄。宋魏了翁。本名華甫。

賜名者：路嗣恭、始名劍客，徙神烏、姑臧二令，考最。明皇以為可嗣漢魯恭，賜名嗣恭，字懿範。王忠嗣、父與吐蕃戰没，子訓九歲。玄宗曰：「羽林孤也。」賜今名，養禁中。劉玄佐、本名洽。因敗李希烈，德宗欲尊寵之。程日華、始名華。德宗以其有功改。陸象先、始名景初。睿宗曰：「子能紹先，是謂『象賢』。」乃賜今名。陸堅、初名悌。玄宗喜其剛正。汪應辰、本名洋。宋紹興五年進士第一，賜名。李顯忠。本名世輔。父永奇，金陷延安，密戒世輔歸宋。嘉其忠義，賜名。

賜姓名者：李寶臣、本張鎖高假子，名忠志。史思明死，開土門納王師，名其軍曰「成德」，即拜節度，賜姓名。李國昌、本朱邪赤心，克用父。從破龐勛，拜振武節度，賜姓名。李元忠、北庭都護曹令忠，代宗賜姓名。李繼昭、本孫德昭。唐昭宗賜姓名。李紹榮、本姓元，名行欽。李茂貞、本宋文通，僖宗賜名。趙保忠。本李繼捧。

改名者：程立加「日」為「昱」。夢兩手捧日，魏武加為「昱」。蔣武改「乂」，進「偃武」之諷。時討王承宗，方儺。柳載改「渾」，有偃武之言。言臣名向為賊污，且截于文，從「戈」，非「偃武」所宜。种放先名英，蘇易簡初名冠，皆盧相客。宋郊之改庠也，以讒。有讒公姓符國號，名應郊天。因請更名。答葉清臣詩云：「莫驚昔録題臣向，便是當年劉更生。」趙嘉之改岐也，邊允之改章也，韓約之改遂也，以避難。若陸質、韋處厚、韋貫之，以憲宗諱淳改。以避諱。

變姓名者：范睢稱張禄。秦先時有張禄，乃孟嘗君為昔寄之秦王。睢冒其名以誑。楊愔稱劉士安。虞綽稱吴卓。范蠡稱陶朱。第五倫稱王伯齊。梁鴻稱運期曜。李密稱劉智遠。文信公稱劉洙。若夏馥入隆慮山，匿姓名為冶家傭；李燮入徐州，變姓名為酒家傭。並所變者亦不著。

其有姓名似兩人而實係一人者：蔦臘艾即孫叔敖。棼冒勃蘇即申包胥。郵無恤即趙王良。士會即范武子。三國馬忠即狐篤。晉李辰即張昌。劉尼即丘沈。唐楊守亮即訾亮。成汭即郭禹。宋陶穀即唐彦謙。遼耶律顯忠即宋王繼忠。白玉蟾乃葛長庚。藍采和即陳陶。張氳即洪匡先生。鄒訢注《參同契》即朱文公。蜀才即范長生。魏蕭纘即梁蕭綜。

本無姓名而有姓名者：陸羽以占「鴻漸于陸」而得姓名。鍾隱，天臺人，以隱于鍾山，而得姓名。隱，南唐人。善畫棘鷂。

姓名不著：鬼谷子，周時豪士、隱者，失姓名。一曰姓王，名詡。來鵠，一名鬼谷子。「不遇黄子君，須逢鬼谷子」，蓋指李泌也。北郭騷之友，荆軻所待之客。張良椎秦之力士，惜失姓名。史籀以善史稱，無姓。蕭史以善史稱，無名。文翁、名黨，字仲翁。趙中大夫白公、吴公、楊王孫，名貴。

史皆無名。　關尹喜無姓。　魯兩生，無姓名。　楊朱，姓名也。　墨翟，姓翟，名烏。　箕子名胥餘，比干名胥餘；王名箕子，宦者名比干。　百里奚字井伯；師曠字子野；叔敖名饒。　陸機薦剡之盜為戴若思；李涉贈詩之盜為韋思明。　中山造千日酒者，狄希。　飲千日酒者，劉玄石。　武陵太守，劉歆也。　武陵遇桃源漁者，黃道真。

竇夫人，即陳竇也。　丁夫人，越人，丁姓夫人，名為方祠。　馮婦，徐夫人七國時徐夫人匕首。　丈夫也。　太公曾孫癸公，實名慈母。　漢世有陳君夫，善相馬，非婦人也。

當時無名，而後世有名：文翁、名黨，字仲翁。鄭子真、名樸。嚴君平、名遵。介子推、王光號。徐偃王。名誕。　壺關三老。荀悅《漢紀》：名令狐茂。　為明皇致楊太真，臨卬道士王舟。　與東坡同遊赤壁，吹洞簫者，綿竹道士楊世昌。　毀即墨及譽阿大夫者，為周破胡。　巨靈大人劈華山者，為秦供海。　又莊周字子休。　杜康字仲宣。　商山四皓。東園公，姓唐，名宣；夏黃公，姓崔，名秉綺；里季，姓朱，名元暉；角里先生，姓周，名術。

姓有各從其稱者：曹大家名昭，字惠姬，曹世叔之妻，稱從夫姓。　衛夫人名鑠，字茂漪，李矩之妻，稱以父姓。

有類姓而非者：丹陽弘憲《跋輞川圖》，弘憲，乃李吉甫字，非姓弘也。　洪昌、洪果參知政事，乃劉龔之子，非姓洪也。

姓有不幸而同者：宋建炎初，權臣誤國，六軍萬姓欲得而甘心者，黃潛善也；倉卒御舟南渡，而司農卿黄謌之頭刎于江上。以姓同也。　紹興中，奸人附和秦檜，殺岳武穆者，張俊也。今人率曰張浚，不幸而姓同。其名，文字皆疑也。

名有欲與人同者：蔡邕以名與顧。謂曰：「卿必成名，今以吾名與卿。」又嘗學琴，為邕所歎，故字元歎。　張玄名亞于謝。時稱「南北玄」。

名有不欲與人同者：高肇以游肇同己，欲令改，不許，游以孝文所賜。銜之。北魏。　盛度、丁度，並為學士，遂著姓以別之。《宋史》　武后欲相張嘉貞，而忘其名。　中宗超拜崔敬嗣，而誤與其同名。宋李絢之被禍，以同名。

不類名字：馮野王、習鑿齒、劉牢之、劉黑闥、張開地、張良大父。殷開山、李百藥、劉大真、吴武陵、宗楚客、牛仙客、東郭咸陽，名咸陽，漢武帝時人。不類名也。　竇嬰字王孫；嚴彭祖字公子；朱買臣字翁子；趙充國字翁孫；杜茂字諸公；張宗字諸君；施延字君子；徐穉字孺子；石冲字幼子；胡常字少子；羊祜字叔子；張興字君上；李宗字尊祖；劉祐字伯祖；李密字令伯；裴光庭字連城；薛平字坦塗；獨孤郁字古風；斛律光字明月；李靖字藥師；蕭瑀字時文；柳公權字誠懸；王維字摩詰；何曾字潁秀；裴頠字逸民；傅嘏字蘭石；牛僧孺字思黯；賈島字浪仙。不類名字也。

丁鴻字孝公；陳寵字昭公；劉昆字桓公；陳重字景公；伏湛字惠公；吕岱、耿夔，俱字定公；竇融字周公；袁安字邵公。直類古之諸侯耳。　若浩生、不害、吾丘壽王，不類姓名也。　馮異字公孫；劉平字公子；橋玄字公祖；崔逞字叔祖；樓望字次子；竇固字孟孫；羅企生字宗伯。又不類字也。

同姓而事復相類者：蜀張飛稱「萬人敵」，張蚝亦稱「萬人敵」。楊傑號「無為子」，楊繪亦號「無為子」。〈南史〉分身之葛，前有玄，後有從周。〈清異録〉草太玄之楊，前有雄，後有泉。〈意林〉遇仙之王，前有質，後有積薪，皆觀棋也。去婦之王，前有歡，後有季友，皆勤學也。沈瘦事，前有約，後有昭略。望塵之潘，前有岳，後有岳。立銅柱之馬，前有援，後有總。作銅埒之王，前有濟，後有元寶。書紅葉之鄭，前有虔，後有谷。致水鱗之王，前有祥，後有延。又有楚僚。射石之李，前有廣，後有遠。種玉之陽，前有洛陽雍伯，後有盧龍翁伯。采薪讀書之劉，前有貞素，後有仁軌。閉户讀書之劉，前有孔昭，後有士元。百藥、藥師，二李同竊楊素之姬。士龍、士衡，二陸互見王弼之鬼。吊客驢鳴之王，前有粲，後有濟。善畫婦人，而帝殺之毛，前有延壽，後有惠遠。怖小兒之麻胡，前有秋，後有祐。又有劉胡，及鬼懼曰「麻胡」，吹笳使胡流涕之劉，前有琨，後有王喬。見人主詢其所作，終身不用之孟，前有貫，後有浩然。封汾陽之郭，前有淮，後有子儀。寄怨詩之妻之竇，前有玄，後有滔。

韓信為吕后殺，韓通為杜后殺，韓侂胄為楊后殺，韓震為謝后殺。「四韓」皆將相，皆死于婦人手，異矣。「四韓」惟侂胄之死稱快。韓震曾任殿帥，詹港潰師後，主遷避之策。時丞相陳宜中主圖守，不合，奉太后旨殺之。

逃儒入釋，梁劉勰。彦和。逃釋入儒，唐劉軻。希仁。六事并舉，宋劉穆之。五事并舉，隋劉光伯。炫。孫武、孫臏并善兵著書，並曰《孫子》，而孫綽書亦曰《孫子》。鄒奭、鄒衍并善辨（辯）著

書，並曰《鄒子》，而鄒陽書亦曰《鄒子》。《筆叢》

古今「兩鮑、謝」：宋鮑昭、謝朓；唐鮑防、謝良弼也。　「四李杜」：漢李膺、杜密，李固、杜喬，李雲、杜衆，唐李白、杜甫也。　「兩蘇李」：漢蘇武、李陵，唐蘇味道、李嶠也。　「七李杜」：李嶠、杜審言，李藩、杜黄裳，李紳、杜鴻漸，李沆、杜衍，李羣玉、杜荀鶴，李泌、杜佑，李商隱、杜牧之。　魯有「二曹」。劌、沫。　楚有「二胥」。伍、申。　宋有「二宋」。郊、祁。又綬與敏求，皆宋初。　又畫有「二宋」。公達，道字；復古，迪字。

有一字字者：若項籍字羽。　袁盎字絲。　睦弘字孟。　朱雲字游。　蕭咸字仲。　劉邦字季。　顔之推字介。　顔之僕字叔。　任不齊字選。聖門多一字。

有三字字者：若張天錫字公純嘏，崔弘度字摩訶衍。　至慕容廆字奕洛環，高歡字賀六渾，斛律金字阿六敦。　則皆譯音，不可以為常也。

古人自稱字：匡衡與貢禹書，上言：「衡敬報」，下言：「匡鼎白」。衡，少時字鼎。　陶弘景《人間書札》即以隱居代名。自號華陽隱居。　王右軍《敬謝帖》云：「王逸少書《廬山遠公集》。」　盧循與遠書云：「范陽盧子先叩首。」　柳少師《與弟帖》云：「誠懸呈。」　唐權德輿《答楊湖南書》稱：「載之再拜。」　柳冕《答鄭衢州書》稱：「敬叔頓首。」　白居易《與元九書》稱：「樂天再拜。」　宋陳摶《謁高公詩》稱：「道門弟子圖南上。」　至唐張謂《長沙風土碑銘》有：「唐八葉元聖六載，正言待理。」　湖東張洗濟《瀆廟祭器幣物銘》：「濯纓不才，謬領兹邑。」　元稹作《白氏長慶集序》，自書曰：「微之序。」乃是作文自稱其字。「家父吉甫」、「寺人孟子」之詩，已先之矣。

魏王昕對汝南王悦，自稱「元景」。　齊祖珽對長廣王湛，自稱「孝徵」。　隋崔頤《答豫章王啟》，自稱「祖濬」。　王貞《答齊王暕啟》，自稱《孝逸》。　而唐太宗時，如封倫、房喬、高儉、尉遲恭、顔籀，並以字為名。　蓋因天子常稱臣子之字，故爾。

人主呼人臣字：漢高稱子房。張良字。　景帝呼王孫。竇嬰字。　唐文宗論前代文章，裴舍人數稱陳拾遺名，柳舍人璟目之，裴不覺，上顧柳曰：「他字伯玉，亦應呼陳伯玉。」

表稱祖字：范雲表稱乃祖玄平。范汪字。　魏江式表稱亡祖文威。式祖强，字文威。父母稱子之字：漢趙苞母呼威豪。苞字。　郄超父呼嘉賓。

古事比卷之十二

同名

人同姓名，梁元帝録之詳矣。　名同古哲，顔之推誚之是矣。　蕭子顯録有九張良，五韓信，四王敦，二王莽，三董卓。　羅泌曰：「公孫弘、王褒，俱十有一，張良九，張敞、王吉皆八，未能悉考。今則辨其似，而列其同者。」

介之推年十五而相荆，非晉之介子推也。　咎犯伸左臂，詘五指而諫晉平公，非文公之咎犯也。

南曾參殺人見捕，人以告北曾參母，致慈母之投杼；野人毛遂墜井而死，或指為抗秦之毛遂，致平原之興嗟；後知非平原君客。杜陵秋胡將婚翟氏，或斥為失禮之魯秋胡，嘗游宦歸，而挑其婦于桑間。致翟公之絶婚。姓名相埒，而傳聞易眩。此可一二數哉。

蘇子卿外國生子，名通國，而《漢史》書之。　宋司馬樸外國生子，亦名通國，而《宋史》諱之。

揚子雲子小字童烏；王景文子亦小字童烏。　揚子名信，王子名絢，并慧而先父卒。

宋有蔡京；唐亦有蔡京。咸通三年，嶺南節度使，以貪虐誅。此奸臣名氏之同者。　吴有桓彝；孫綝廢亮，罪狀班告，彝不肯署名，綝殺之。晉亦有桓彝。蘇峻亂，為韓晃害。此忠臣名氏之同者。

東方朔，細君。　江都王建女嫁烏孫王昆莫，亦名細君。

江漢先生趙復，姚樞生之。　宋汝為變姓名曰趙復，楊企道舍之。

晁補之字無咎，蘇子瞻客也。　王無咎字補之，王介甫客也。

有論賈充之父通經，漢獵之人非諂，則以兩賈逵、一漢儒，字景伯，號「長頭」；一魏豫州刺史，字梁道。兩陳咸，一汶人，見《陳寵傳》；一相人，萬年子。為一矣。　王羲之之仕苻健，張華之佐慕容德，皆其類也。

《涉史》曰：「古有庸成氏，而黃帝臣亦曰『庸成』。」　伏羲曰「蒼牙」，而天雷之吏亦曰「蒼牙」。羲臣曰「巫咸」，而來乂商家；帝臣曰「朱宣」，而為唐刺濮。　離婁事黃帝，則論彼商臣；張若事黃帝，則指夫秦士。　趙隱仕商國，而亟舉魏賢。　馮夷友費昌，而竟談河伯。　睹商均，而思稷子。《山海經》：商均曰「叔均」。　見習朋而思齊臣。　贊風后而為軒師。禹時，有風后。　疑伍胥為楚族。黃帝臣有伍胥。　謂赤松為炎帝諸侯。王初平亦號「赤松」。　季連謂柳惠等伍。陸終之子曰「季連」。又季克之子亦名。　仲衍為戲之弟。紂兄亦曰「仲衍」。　孔甲謂孔子之孫。孔子八世孫名鮒。　帝嚳之臣，有窮之君，俱曰「羿」，以射名。　少昊之子，魯國之士，皆曰「般」，以巧著。

榮啟期「三樂」，孔子泰山所遇老父也。　榮子期贈雩婁伯者，孔子七十子之一人也。

前、後漢有兩王吉，前漢，字子陽；後漢，王甫養子。　而在後者，為酷吏。　有兩王霸，而避莽者，逸民。

周、唐皆有大顛，而在唐者為名僧。　晉、唐皆有李密，而在晉者有孝德。　上谷太守王次仲，非秦上谷王次仲。　河上丈人安期生；蒯通善齊人安期生。食棗如瓜，真有其人。　戴逵，與後周命禪師書者，非晉譙國戴逵也。　陸修静，與北齊曇顯師角者，非晉廬山陸修静也。　懷素字藏真，唐僧也；張懷素，宋號「戴花和尚」，以左道誅死。　魏文鴦名俶，以勇絶人；晉段匹磾弟亦名文鴦，以勇聞。　董鑾賜名仲舒；青城山隱士曰「董仲舒」。　韓退之所交賈島，進士，為僧，號無本，一號佛印；而佛印禪師姓賈，實進士。是兩賈進士佛印，交韓、蘇兩文人。　《北史》：堯暄本名鍾葵，字辟邪；于勁字鍾葵；宗慤妹名鍾葵。

陸龜蒙《雜説》：郜侯姜女之生子也，始棄之。宋芮司徒之生女也，始棄之。俱名之曰「棄」。郜棄為稷官，蒸民賴之；宋棄美而生佐，幾移宋國。名之同也，奚傷？

後漢張温以車騎將軍出討；破北宫伯玉于美陽。吴張温以輔義中郎出使。至蜀，諸葛亮甚貴其才。　漢張衡不自驕尚；作《二京賦》、《四愁詩》。隋張衡頗自驕貴。以煬帝藩邸舊恩。　漢張綱埋車輪；字文紀。宋張綱修攻具。宋武北討慕容超，超尚書郎張綱乞師姚興，申宣執送帝，修攻具，城上人曰：「汝不得張綱，何能為？」乃示之，城内莫不失色。又一張綱，能不合蔡、秦。字彦正，丹陽人，與蔡京不合，不與秦檜通，謚「常簡」。　吴嚴武，以圍棋知名；字子卿，畯再從子。唐嚴武，以門蔭策名。挺之子。

堯時羿；射十日。有窮后羿。皆善射。　舜臣伯夷；姜姓。孤竹君子伯夷。姓墨，名允，字公信。伯，長也；夷，謚也。　齊管夷吾；晉侯，夷吾。　周有南公适；《君奭篇》文王臣。仲尼弟子南宫适。即南宫縚。　紂有左師觸龍；《荀子·議兵篇》趙亦有左師觸龍。　春秋時，晉有趙括；六國時，趙亦有趙括。　晉，士燮；三國吴，士燮。　春秋時，魯有兩公子偃：一非成子庶子；一是也。　鄭有兩公孫揮，皆字子羽，一非行人子羽；一是也。　晉趙朔子武，謚「武子」，稱「趙孟」；武子成，成子鞅，又名吉父，謚「簡子」，亦稱「趙孟」；鞅子無恤，謚「襄子」，亦稱「趙孟」。

漢人草《明堂儀》者，為公玉帶。　《呂覽》載：齊湣王時，有公玉丹。

東漢薊子訓、許子勳，疑是一人。

匡俗，古仙人；又唐太僕卿鮮于匡俗。　奴買得，立券者也；男買得，救父殺力人者也。　青箱，沈約兒名；又鍾輻女僕名。

向平一曰「尚平」。　范丹一曰「范冉」。

同時并稱：如梁武帝時，藺相如為父報仇，殺降人劉季連，自縛請罪，帝壯而釋之。有廉頗為別將，立功淮上，後戰死，有風雨之異，祀為神。是兩廉、藺，最奇。

杜欽、杜鄴，俱字子夏，時呼欽為「盲子夏」。欽惡，以疾見詆，乃為小冠，由是更「小冠杜子夏」。　夏侯淵、夏侯惇，俱為將軍，時呼惇為「盲夏侯」。從征呂布，流矢中左目。　江泌，一為兖州治中；一事母，以闕養不忍食鮭，以生意不忍食菜心，人謂「孝子江泌」。

羅泌曰：「漢兩龔遂，俱為郡太守；兩京房，俱明易災異。」

王生：有為張廷尉結襪，為梁孝王盡策，教龔渤海長者之言，與蓋寬饒書四人。

同時同名：慶忌、一王僚子；一夫差將。德按，山澤鬼善走，曰「慶忌」，呼其名，可使千里徑報，故人取名。　莊蹻、一楚莊王時大盜；一莊王裔孫，平滇自王者。　王孫賈、一衛大夫；一齊大夫。　咎犯、一晉文公時；一晉平公時。　王烈、一字彥方，化盜；一有道術，謂嵇康不遇者。太宰嚭、《説儲》：陳太宰嚭，鄭玄《檀弓注》云：「太宰，主之子，博學强識，多有所言。」兩太宰嚭，何名號同，而忠佞星淵哉？張遼、一漢兖州刺史；一魏征東將軍。漢有兩韓信、太史公以韓王信别之。兩王莽、一右將軍，天水人，字雅叔；一新都侯，字巨君，篡漢。二張禹、一封安昌侯，代王商為丞相；一安帝時，封安鄉侯。二宋弘、一哀帝中常侍；一東漢大司空。二陳咸、一漢太尉，字子康，相人萬年子；一成、哀間尚書。二貢禹、一漢高中謁者；一元帝時諫大夫。三王商、一代匡衡為丞相，封樂昌侯；一為大司馬，封成都侯；一與秦宓同郡，為嚴君平、李弘立祠。二嚴遵、一君平，一子陵，皆易姓。二鄭弘、一宣帝南陽太守；一章帝太尉。二徐邈。一魏稱「中聖人」者；一晉答會稽王道子，以節儉清修為暢者。

晉有二周撫、一彭城内史；一見《王敦傳》。二張華、一字茂先，封「壯武郡公」；一慕容超遣僕射張華送樂使于姚興，延華入宴。二成公綏。一中書郎，作《孝烏賦》，張華歎服；一太史令，對慕容超而大赦。

唐有三李益、君虞，以禮部尚書致仕，揆族子，時稱「妬癡」，為李益疾；有宗人庶子同名，俱出姑臧公。時謂尚書為「文章李益」，庶子為「門户李益」。又有太子舍人李益。二韓翃、一字君平，南陽人，俄以駕部郎中知制誥。時又一韓翃，為刺史。宰相請孰與？德宗曰：「與詩人韓翃。」二李光進、俱代宗朝，一為光弼弟，一為光顔兄，俱番將賜姓，節度使，封公。二李繼昭、俱昭宗時，一為孫德昭，一為符道昭。俱賜姓名，降朱梁為使相。二張昌宗、一高帝初，修文館學士；一則天時，春官侍郎。二少室山人。一李筌，一李渤。

後周有兩宇文貴。　唐有兩裴巽，俱尚主。

宋有兩王俁、《山陰亭匾》，乃靖康中箕山王俁書。全楚卿為蘭亭書院，其匾乃廉訪分司王俁書之。二百年同姓名，可謂異矣。《癸辛雜識》兩李定、一彈蘇子美；一彈蘇子瞻。兩葉夢得、一吴興人，位執政，見《宋史》；一松江人，官至尚書，見《一統志》。皆號「石林居士」，又皆徙湖州。兩張子野、一永叔同幕，一子瞻所贈詩者。兩蘇子美、一丞相胤子，一子瞻所挽章者。兩楊時。一程門弟子，一徽宗祭酒。

同時、同姓名、同事，而成敗相反者：齊莊公時，有兩賈舉。一為侍人，與崔子同弑公者；一為勇士，死于崔子之難者。漢昭帝時，有兩杜延年。一為謁者，與上官桀同謀者；一為杜周子，諫議大夫，誅上官桀者。王莽時，有兩王匡。一為莽將，安新公以兵攻更始者；一為更始將定國上公，即為安新公所執者。《山志》而上書之趙騰：一為安帝時，一為順帝時，皆言時政，皆為人主所怒，皆有大臣救解，一生，一死。安帝時，楊震疏救，不省。順帝時，張皓疏諫，減死。

祖孫、父子同名：自幕至于瞽瞍，而舜後虞思亦名幕。太公望名牙，而靈公子亦名牙。湯名乙，玄孫之孫亦名乙。蔡文侯名申，昭侯亦名申。周厲王名胡，而釐王亦名胡。衛穆公名遫，而成侯亦名遫。鄭灌夫之祖武公名掘突，而厲公名突。隋處士羅靖，父亦名靖。魏大將安童父名屈，子亦名屈。林邑王范陽邁死，太子咄立，慕父之德，亦名陽邁。唐陸元初，子名景初。若商巫咸之子名賢，則不諱嫌名也。

羅泌曰：虞仲之孫，實曰「虞仲」。周章之弟。漢趙王曰「如意」，而廣宗又名之。唐義成曰「琮」，而奉天又名之。鬱林曰「恪」，而建王又名之。以王氏而有兩渾、濟父、戎父。兩愷、茂仁、君夫。兩綏、愉子、戎子。兩父、緒父、衍父。兩澄、濟弟、衍弟。兩處仲、敦、湛。兩安期。含子、湛子。它族又不足言矣。

君臣同名：周襄王名鄭，衛成公亦名鄭。晉定公名午，而邯鄲大夫亦名午。宋向戌、衛石惡，皆與君同名。宋武帝名裕，謝景仁、張茂度，皆名裕；褚叔度、王敬弘，皆名裕之。宋明帝名彧，王景文亦名彧。

男女同名號：開明、蜀王名。王莽小妻亦名。昭君、王嬙字。莽時方士亦名昭君。孟光。梁鴻妻。蜀先主時有孟光。

仙人同名：洪崖先生、一伶倫，三皇時得仙；一唐張氳，晉州神山人，隱姑射山。鉅靈、一劈華山為二者。又《漢武內傳》：東都送一小人，長七寸，東方朔謂為「鉅靈」。又《洞冥記》：一女人愛悅于帝，名鉅靈，旁有青珉唾壺，鉅靈乍出入其中，東方朔目之，化青雀飛去。吳剛。月中斫桂人名。玉門子亦名。淮南子有八公，李鄴侯亦有八公。

五王喬、一周時，吹笙；一漢明帝時，飛舄；一蜀人，食肉芝；一犍為人，居縑山仙人庵，《史記》注云：為柏人令，于此得仙；一魏王基求賜叔父子喬爵。三召平、一秦東陵侯；一為陳勝徇廣陵者；一為齊王相。九王褒、一漢武時作《聖主得賢臣頌》者，字子淵；一漢元時僕射；一魏黄初時都尉，字偉元，獻石膽二十斤；一周開府儀同，字子淵，避高祖諱，改子深；一漢成帝時鄭通里男子，帶劍入北司馬門；一作《雲陽記》者；一漢鑄上見孝成鼎；一真人，字子登，陵七世孫。又《漢郊祀志》有王褒。四王澄、一晉，字道深，濟弟；一晉，字平子，衍弟；一梁都官郎；一褒中侯，堅兄。四朱買臣、一漢武時會稽太守；一梁元帝武昌太守。又梁宜猛將軍，密告豫章王棟者。又幽人按劍請誅宗黄者。六公孫弘、一在齊，為孟嘗君見秦昭王；一在中山，為參乘，言司馬喜相求；一在越，斷髮為王騎；一漢平津侯；一明帝時幽州從事，交通楚王英，見《虞延傳》；一北齊蔓澤縣公。七張敞、一漢京兆；一漢令史，與胡騰共匿竇武、孫輔者；一東漢張溫弟，南陽人；一漢末，朱登饋盤者；一監軍使者，張敞承宦官旨，奏馮緄將傅婢二人戎服自隨；一晉恭帝時郎中令張禕父，為吳國內史；一劉宋張裕、張邵之父敞，廷尉卿。七張衡、一東漢，字平子；一張魯父；一漢順時太史令；一作《靈憲經》者；一晉從趙王倫被斬；一隋御史大夫；一《博物志》載：張衡、王肅、馬均、冒霧行。四張華、一漢議郎；一晉，字茂先；一慕容德臣；一晉(二)安北將軍。六張忠、一更始將；一漢請孫寶教子者；一晉人，道士；一南陽太守；一宋澶州總管，字聖毘，開封人。又宋儂智高圍廣州，手拉賊帥，馬陷被害，亦開封人，名忠。四王猛、一從齊侯伐晉；一苻秦，字景略；一劉宋王清子，為晉陵守；一隋文帝謂辛防曰：「猛懷其哲主，即是我之誠臣。保守一方，又是我之功臣。」二魏舒、一晉國臣(二)；一晉司徒。二王良、一御趙簡子，即郵無恤；一字仲子，漢司徒。三趙高、一秦丞相；一漢清河太守；一蜀市人，背鍥天王。二公孫述、一秦昭王時；一漢光武時。二王衍、一晉王夷甫；五代時，蜀王建子。二王羲之。一晉王逸少；一仕前秦苻健。

六李通、一東漢固始侯；一三國江夏平春人，汝南太守；一漢末陽平都尉。又魏武時都亭侯。又益州刺史，使從事李通頌譙周像；一金參知政事。四李廣、一漢飛將軍；一東漢琴亭侯純子；一妖巫維紀弟子李廣，為馬援斬；一齊文宣時掌書記。四李陵、一漢降匈奴者；一後漢益州從事史，朱輔遣送白狼王；一唐姚州録事參軍，為蠻所殺。又南宋太常少卿李陵。三張說、一漢安丘侯，擊項羽者；一唐燕公；一宋承旨。三姚崇、一秦將，姚興遣救薛勃；一唐相，本名元崇，避號改名崇；一後漢《律曆志》有待詔姚崇。二張良、一漢成信侯；一石勒右僕射。二孔安國、一孔子十一世孫，漢武帝博士；一晉孔愉子。二張載、一晉人，貌醜；一宋橫渠先生。六張俊、一後漢尚書郎；一宋將循王；一南燕尚書，降劉裕；一劉昌甥。又孟珙《檄張俊復郢州》，史奕曰：「又一張俊。」又李庭芝梟張俊。三李密、一晉，字令伯，以祖母老辭官；一後魏李元忠族弟，母老習醫；一隋蒲山公。三李定、一漢固始侯，李音子；一宋彈蘇子美；一宋彈蘇子瞻。五劉晏、一南齊人，與兄渢及江祐、江祀詣謝元暉；一唐人，字士安，曹州人；一遼進士，字平甫，戩州人，歸宋擊李進，戚方圍宣城往援，為所害；一金幹離不遣來者，術士殺于都亭驛。宋又一劉晏，劉正彦用其計平丁進。五劉弘、一漢司空，字子高，安衆人；一晉沛國相人，荆州刺史。又京兆劉弘，使人殺張寔。又《隋書》：泉州王國慶殺刺史劉弘；一字孺孫，成武侯順之叔父，起義兵卒。二謝安、一後漢下邳人；一晉安、石。二趙普、一漢趙孝父；一宋相。三劉毅、一漢北海敬王子，平望侯；一東萊掖人，晉武時劾何曾者；一沛人，同起兵討桓玄者。三劉惔、一蜀人，字威碩；一晉，字真長，沛國相人；一字大操，彭城人，勔子。三陸通、一楚狂接輿；一齊宣王少子，名通，封于平原陸鄉，遂以地為姓；一後周文帝時吴郡人，字仲明，討趙青雀有功，賜姓部六孤氏。四李膺、一漢，字元禮；一梁人，字公胤，與羅研俱蜀士，以文達者；一新昌侯蕭藻主簿，為蜀使，至郡，有「今逢堯、舜」之對。又漢有作《蜀記》之李膺。二李綱。一唐臣；一宋相。二任安、一術將軍舍人；一廣漢人，秦宓稱于諸葛亮。二李充、一漢殤帝時人，字大遜，兄弟同衣遞食，徵為博士；一晉時人，字弘度，善隷書，妙參鍾索，褚裒引為參軍。三王沉、一字處道，高貴鄉公號為「文籍先生」；一字彦伯，作《釋時論》以「東野丈人」自寓；一劉聰時有王沉。二王承、一字安期，湛子；一睐子，東陽守。四張昭、一吴人，字子布；一南北時，吴郡人，字德明，與弟乾俱孝；一事王師範，義不臣梁；一周世宗兵部尚書，降宋。二李繁、一唐李泌子；一宋，字清叔，判綿州，歲活十萬人。二張賓、一石勒右侯；一隋與劉佑、劉輝定曆。三王融、一王祥父；一王奂子，與劉祥同載；一字元長，為《曲水序》。三周訪、一漢周舉父；一晉人，字士達。又時有同姓名者，而吏誤收訪，訪奮擊之。二楊震、一漢，字伯起；一宋代州人，字子發，守麟州建寧砦戰没，惟子存中免。二鄭衆、一字仲師，從父興授《左氏春秋》，明帝遣使匈奴，不拜；一字季序，宦者。俱漢人。二江革、一漢，字次翁，中郎將；一梁，字休映，御史中丞。二陳買、一見孟子；一宋孝宗御史，請禁道學。三張儉、一漢山陽人，字元節；一唐，字師約，太宗時征高麗；一遼狀元，宛平人。二徐幹、一班超司馬；一曹操掾。三賈逵、一漢，字景伯，號「長頭」；一字梁道，魏充父，豫州刺史；一宋狄青將，蒿城人。二王珪、一唐相；一宋「三旨宰相」。二李渤。一唐人，與兄涉隱少室山；一宋嘉祐進士，郡號「李夫子」。

兩智永、梁僧，本名法極，右軍徽之後，安西成王咨議彦祖之孫，廬陵王胄昱之子，謝少卿外孫也。與兄少賓俱出家。當梁時，歷陳閲隋，年百餘乃終。宋智永見鄧椿公《壽畫繼》，成都僧也。兩辨才、并高僧。一唐，藏《蘭亭序》者；一宋，隱天竺。二參寥。一唐道士，見《孟浩然集》；一宋杭州僧。

漢成帝趙后名飛燕。又漢武載愛姬趙飛燕于屬車豹尾中。見《晉志》。而唐寶曆間，浙東貢舞女，亦曰「飛燕」。漢武欲以金屋貯阿嬌，而宋主亦命以金屋藏「飛燕」。　東坡妾名朝雲，而元魏河間王琛有婢名朝雲。《古樂府》：王仁妻秦羅敷，而唐脂妻張氏亦名羅敷。　蜀王建小徐妃，號花蕊夫人，而孟昶夫人費氏，亦號花蕊夫人。孟之花蕊，宋太祖亦惑之，為太宗射死。

唐柳將軍愛妓名真真。又與韓真卿通者，謝真真；與鄭述古通者，沈真真。　與元稹私者，崔鶯鶯；與張浩然私者，李鶯鶯。　唐關盼盼，張建封妾；宋費盼盼，黄山谷贈以詩。　唐妓盈盈；又天寶中，貴人妾名盈盈。　唐大曆中，才人薛瓊瓊；宋南渡時，有妓馬瓊瓊。　又妓有兩楚楚：一宋，一元。　兩蘇小小：一南齊，一宋。　兩愛愛：一宋，一元。

魏文帝姬名夜來，而周皓與高將軍郎君所争妓，亦名夜來。　項羽有虞姬；先有齊威公姬，勸戮周破胡者為虞姬。　劉尚書震婢名采蘋。又劉奉郎安行厨婢亦名采蘋。　光武后陰麗華；齊潘淑妃、陳張貴妃，俱名麗華。又周宣帝后名殷，劉女娥字，俱同麗華。

同名同字：鄭公子歸生、魯公孫歸父、蔡公孫歸生、楚仲歸、齊析歸父，皆字子家。　楚成嘉、鄭公子嘉，皆字子孔。　鄭公孫段、印段、宋褚師段，皆字子石。　鄭公子嘉、宋樂嘉，皆字子罕。　楚公子黑肱、鄭公孫黑、孔子弟子狄黑，皆字子皙。　郲子克、楚鬬克、周王子克、宋司馬之臣克，皆字曰「儀」。言偃、晉籍偃、荀偃、鄭公子偃，皆字曰「游」。　晉羊舌赤、魯公西赤，皆字曰「華」。　楚公子側、魯孟之側，皆字曰「反」。　魯冉耕、宋司馬耕，皆字曰「牛」。　顔無繇、仲由，皆字曰「路」。　楚鬬宜申、公子申、曾申，皆字子西。鄭公孫夏，字子西。　鄭公孫揮、魯公子翬，皆字子羽。衛有行人子羽。

同字：冉雍、陳寔同字仲弓。　端木賜、漢王尊、吾丘壽王，同字子貢。　仲由、漢爰胄，同字子路。　卜商與漢杜欽、杜鄴、孔光，同字子夏。　宓不齊、伏勝，皆字子賤。　鄭子産、唐杜甫、宋蘇舜欽，皆字子美。　谷永、終軍、揚雄，皆字子雲。　韋賢、汲黯、韓安國，皆字長孺。　東方朔、雋不疑、于定國，皆字曼倩。　司馬相如、薛廣德、施讎，皆字長卿。　李陵、任安、丙吉，皆字少卿。　石顯、毋將隆、侯霸，俱字君房。　司馬遷、李尋，俱字子長。　陳湯、田廣明，俱字子公。　車胤、王濟，同字武子。　枚乘、嵇康，同字叔夜。　邊韶、毛玠，同字孝先。　顧榮、賀循，同字彦先。　荀闓、蔡謨、諸葛恢，同字道明。　丁潭、孔愉，同字世康；張茂字偉康，號「會稽三康」。　班固、賈琮，同字孟堅。　宰予、闞止，同字子我。　周有季子、魯公子友、晉却至、吴季札、衛子路、戰國蘇秦，皆為季子。　管仲、高傒、陳公子完，同字敬仲。　孔白、公西與闞勃、駟帶，同字子上。　孔伋、原憲、燕伋、平當，同字子思。　孔最、冉季、公孫僑，同字子産。　澹臺滅明、公孫揮、知罃、公子翬，同字子羽。　巫馬期、叔仲會，同字子期。　公孫兹、秦非，同字之子。　顓孫師、公孫黑肱、叔孫輒、豐卷，同字子張。《示兒編》

第五倫字伯魚；傅毅字武仲；耿恭、王龔，俱字伯宗。　崔瑗字子玉。

又襲古人之字與名而非所慕者：漢衛颯字子産；杜安字伯夷。　唐檀字子産；伏無忌、晨子。　杜欽、杜鄴，俱字子夏；唐有柳子夏。柳子厚侍御墓版，曾王父徐州刺史，諱子夏。　宋潘良貴字子賤；蔡齊字子思。　又漢有陳専諸、浮子。　劉箕子；晉有王彭祖。

又孫權女孫魯班，宋翟馬周、黄庭堅弟叔向，皆掩古之姓名。　魯直弟字叔度，豈龍池生壁虱，虎子養溪魚者耶？是漢、宋兩黄叔度矣。　阮籍呼王戎為阿戎；王晏謂王思遠小字阿戎。

慕古人者：如司馬長卿慕藺相如而改名。　唐李瑗慕張綱而改名。　傅幼起慕南容，更字南容。　酈食其慕衛司馬食其，更名。　又權皋字士繇，慕咎繇。　劉損字子騫，慕閔子騫。　何憲字子思，慕子思。　王維字摩詰，慕維摩詰。　范啟字榮期，慕榮啟期。　顔之推字介，慕介之推。　顧野王字希馮，慕馮野王。　庾鴻字伯鸞，慕梁伯鸞。　元彧字文若，慕荀文若。　袁粲初名愍孫，後名粲，字景倩，慕荀奉倩。　范仲淹字希文，慕文中子。　北魏李預字元凱，慕杜預。　昌化章氏子長翃，字景韓，次詡，字景虞，一慕韓翃，一慕虞詡。《癸辛雜識》

蜀張雲自比朱雲。　曹平慕曾參，改名為曾。

慕而同者，人皆賢之。至西漢有何比干；東漢有朱張，字孫卿；許暹，字顔回；梁有庾晏嬰、庾黔婁、祖孫登。連古人姓名為名字，不惟誕妄，亦鄙才也。　劉湛嘗慕汲黯、崔琰為人，故名長子曰黯，字長孺，次子多琰，字季珪，而末年狂悖，乃至謀弑。　梁張稷弑東昏，後為陸杲所彈，内慚口實，乃名其子伊字懷尹；霍字希光。名實相乖，徒滋譏刺。

名同先賢，而復同其字：褚淵字彦回；司馬伋字季思；至宋齊丘，字超回；胡旦字周父辛。　以太公為名：周太祖賜伊婁穆為伊尹；唐劉軻父夢孟子造門而生，因以為名。伏几襲裳，非誕則妄耳。

名字犯古聖王諱：秦將軍孔子；胡熟侯劉聖人；更始劉聖公；于闐國王李聖天；北齊將軍劉乾字天。皆以為異事。　不獨德宗之諭，諭陸贄曰：「苗晉卿有不臣之言，諸子皆與古帝王同名，不欲明行斥逐，各宜降外官。」持曰：「譖愬初非信實，乞勿聽。」汪台符之書，貽宋齊丘曰：「足下齊先聖以立名，超亞聖而稱字，宋改為子嵩，使人誘台符沉石城下。」嫌其僭也。乃陳蔡景歷妻兄名劉裕；隋梁士彥子名操，字孟德，都不忌諱。不知何所取也？

又漢有平原楊太伯、馬嚴從講學者。宋有兩李泰伯：一名覯，南城人；一名安期，建寧人，作《表忠詩》吊岳飛者。東坡因樂天以為號；東坡、西坡，皆白文公故跡。古善醫名扁鵲，秦越人因名為扁鵲。古善御者王良，漢文帝名來宣為王良。王良，又字伯樂，見《漢書·王褒傳》註。

與古人同字，而行相懸絶者：有宋賈偉節、開封人。造巨船二千四百艘，供花石，拜户部侍郎。强淵明。字隱季，錢塘人。父至以太學受知韓琦，與兄浚明及葉夢得締蔡京為死交。上元祐籍分三等，皆三人所建。資政殿學士。又孟蜀將有趙季札，為蜀王斬。宋小臣有方仲弓，請立劉氏七廟，魯宗道言，乃止。丁謂使侍禁王仲宣，押李文定如衡州。

稱號相同：謝安號東山；何點弟求亦號東山；李太白慕謝安，亦號東山。世知杜之為拾遺，而不知李亦拾遺也。世以草堂專屬杜，而不知李亦號「草堂」也。李卒後，代宗徵拜左拾遺，見《范傳正碑》。太白晚依宗人李陽冰，終于紫極宮。少陵將歸襄陽，終潭、岳間。采石固謬，耒陽亦未可憑。先主號關羽美髯公。東魏許惇，省中號長髯公。許慎遷尚書，鬚下至帶，號長鬚公。太白贈參寥子，高士也。子瞻贈參寥子，高僧也。與山谷冷齋夜話。唐高彥自號參寥子。西湖浮屠道濟，自號參寥子。張鷟稱浮丘子。張舜民稱浮丘先生。

北齊韋敻以高隱，封逍遥公。　唐韋嗣立以媚韋后，亦封逍遥公。　鄭遨以逍遥公賜號。

吕祖謙字伯恭。號東萊。　祖本中字居仁。先號東萊。

周陸通、唐陸羽，俱號接輿。　唐白樂天、宋郭祥正，俱號醉吟先生。　唐邊鎬、宋洪皓，俱號佛子。

杜綰號雲林。　黄長睿、倪鎮、危太樸，俱號雲林。

稱西山先生：李郁、蔡元定、字季通。真德秀。

稱白雲先生：陳摶、周世宗稱。郭雍、忠恕子。許謙。

武安君，有秦白起、賜劍死。趙李牧、賜劍死。蘇秦。刺死。德按，沛公初亦封武安君。　宋大觀三年，加封漢壽亭侯為武安王。按，延岑先號武安王。　武信君：武臣、項梁同。

平原君，有趙公子勝。又漢朱建。又漢武帝王后母臧兒。　項羽號西楚霸王。薛舉號西秦霸王。

黄巢建元王霸。

伏波將軍，有路博德破南越；馬援平交阯。

校　記

〔一〕一晉安北將軍：原缺「晉」字，據《晉書》補。

〔二〕一晉國臣：原缺「晉」字，據《左傳·定公元年》補。

古事比卷之十三

德行

趙清獻公事必可對天知。司馬温公事必可對人言。陸九韶晝之言行，夜必書之。劉甲摯子，東光人。晝之所為，夜必書之。名曰《日監》。金楊伯雄對海陵曰：「白日所為，暮夜書之。不可書者，不可為也。」元許謙晝之所為，夜必書之；其不可書者，則不為也。有《自省編》。宇文公諒晝有所為，夜則書之；其不可書，則不敢為。檢飭之嚴如此，豈得復有大過哉？《問奇》

不苟于色者：無子買妾，問為趙太守女而送還，并傾橐以贈者，五代鄞人袁昇也，次年生韶。立券償錢，問為父綱運欠折，遂遣還，不索錢者，馮商也，生子京。字當世。詢知父卒不克還葬，送歸不責原直，馬從政也。生子以涓名。買妾而問之，知其賣償折運，遂還之者，王安石也。買妾而詢為范復初女，召其母，令擇婿，具奩遣送者，元沈仲説也。納鬟不肯私，具貲嫁之者，錢伯全也。買婢得一婦，詢知張貢士女，輟女奩嫁之，宋陳規也。

不從亂命而嫁父妾者：陳乾昔子尊已也。魏武子子顆也。《偶記》嫁女而先嫁婢，婢皆大家者：趙仁美、南唐鍾離瑾、彭城劉元溥也。

潭州席上舞柘枝者，詰為韋中丞女，遂于賓榻中選士人嫁之，李翱也。　玉堂設宴，歌妓中微操閩音，詢為真西山後，擇小史娶之，姚燧也。

不苟于財者：婦人遺玉帶，候而還之者：裴度也，白敏中也。相者皆知其種德。　吏失金釵，候而付之者，彭思永也。　延壽寺拾得金銀，候物主還之者，竇禹鈞也。　得人所遺金珠，呼主還之，趙柔也。　還人遺囊，張處威也。

葬逆旅諸生，而不取其遺金者：鮑子都也，道遇諸生，猝得心痛而卒，不知姓字，有《素書》一卷，銀十餅。即賣一餅資殯，餘以枕之；《素書》著腹上，埋之。遇一關內候宿，驚為吾兒，使迎喪，開棺如言，而薦辟公府。　王忳也，忳遊學京師空舍，遇一生病困，曰：「當到洛陽，而命在須臾，橐中金十斤，願相贈，乞殯我。」忳為營殮，餘置棺下。後署大度亭長，忽風飄一繡被，又馬突入亭中，後乘馬到雒縣，馬奔走入他舍。主人問所由，及葬書生事，驚曰：「吾子姓金，名彥。」遂與共迎喪，餘金封識如故。　陳翼也，字子初。到覽鄉，馬傍一人病，呼曰：「我，長安魏少公。」翼迎歸，養之，有金十餅，素二十疋。既死，翼買棺衾，以金置棺下，騎馬出入。遇其兄長公，告吏捕翼。翼具言，長公叩頭。謝金十餅，翼送長安還之。　李勉也。葬逆旅諸生，置餘金棺下。後其家共啟墓，出金付之。

葬商胡海賈，而不取其珠者：李約也，約即勉子，遇商胡托以二女，又與一珠而死。約財賨悉籍其數送官，而二女求配，即以珠含殮。胡後親戚來理資財，夜光果在。　崔樞也。樞葬海賈能蹈水火之珠于柩中，後番婦開棺得珠。明年登第。

歐陽頠還袁曇緩之金：頠在嶺南，交州刺史袁曇緩以金五百兩，令以百兩還合浦太守龔蒍，四百兩付兒智炬。頠尋為蕭勃所破，惟所寄金獨存。緩尋卒，頠并依信還之。　辛穆還陳敬文之綾：穆字叔宗，初隨父在下邳，與陳敬文善。文弟敬武為沙門，從師遠學。敬文臨卒，以雜綾二十疋托穆與武。經二十年，于洛陽見武，以物還之，封識如故。　閻敞還第五常之錢：敞字子張，平輿人，為五官掾。太守第五常被徵，有俸錢百三十萬，留付敞。敞埋著堂上，常舉門遭疫，病困，謂九歲孤孫曰：「吾寄閻敞錢三十萬。」孫長，步擔至汝南。敞發錢與之。孫曰：「亡祖止言三十萬。」敞曰：「府君病困，謬誤耳。」趙允逢還女冠之金。寄黃金一鎰，屬離亂，女冠委化。後二十年，納于河南尹張全義，笞封尚在。所謂死者復生，生者不愧。

李景讓唐荆西觀察使。母鄭，因牆覆得錢盈船，鄭注香祝天云：「願諸孤學問有成，此不敢取。」命掩而築之；蘇子瞻僦宅于眉，婢足忽陷地，有板覆大甕，人謂下有宿藏物。子瞻母亟命以土塞之。豈惟笄幃而繞阿堵者遠遜，即冠屨而執牙籌者，亦當愧心。

直不疑償同舍郎金。陳重償同舍郎袴。徐孝節賣衣償借書人册中金葉。桑虞償同宿人脯。元蕭斢取家釵，償婦人之釵。後得釵，愧謝。

陰德活人者，何比干，敞六世祖。為汝陰縣決曹掾，平活數千人。老嫗避雨，曰：「公有陰德，天賜君策。」因懷中出策九百九十九枚。曰：「子孫佩印如此算。」袁安治楚王獄，所申理者，四百餘家。李訓、王涯等誅，親屬從坐者，皆在囚繫。裴度上疏，全活者數十家。鄧訓為使者，修石臼河，歲活數千人。

于公曰：「我治獄有陰德，子弟必有興者。」子定國為丞相；永，御史大夫，封侯傳世。鄧禹曰：「吾將百萬之衆，未嘗妄殺一人，後代必有興者。」自中興後，累世寵貴。曹彬伐金陵，焚香誓衆城下，曰：「不得妄殺一人。」其後貴盛。虞詡祖父經曰：「吾決獄六十年，雖不及于公。其庶幾乎？」字其，孫詡曰「升卿」，後果至尚書令。梁商曾祖統安集涼州，商曰：「先人全濟河西，所活不可勝數。若慶流子孫，倘興此女乎？」女即順烈皇后。陸元方曰：「吾陰德于人多矣。其後庶幾福不衰？」則天時，為相，將有遷除。每先以訪之，必密封以進。臨終，取前後章焚之，云云。

太平公主支黨多人，時方窮治。陸象先，元方子。密為申理，所全甚多。越王貞支黨當籍没者五千口。狄仁傑密奏，而特原之，皆流豐州。淮西之役，所獲敗卒九千人，魏仁浦白以隸軍。元劭弒立，時三方興義，將佐家在都者，悉欲誅之。何尚之誘説百端，並得全免。爾朱榮于河陰屠害卿士，時盧道虔兄弟劉靈助以其州里衛護之，相隨免害者數十人。靈助後僭王。

不吝其所有者：與大簟而自坐薦上者，王恭也。棄蠶而與人箔者，司馬徽也。聞人不敢借車，遂自焚車者，阮裕也。問外無假驢者然後出，王昭素也。四子在孔門，何減子路？《偶記》

不肯損人者：賣宅，而告以無出水處，陳元方也；賣宅，而告以宅污下者，北齊皇甫亮也；賣牛，而告以蹄漏者，明山賓也；鬻牛，而謂不堪驅策，利己誤人，歸直取牛者，遼蕭韓家奴也；賣陶器，而告以器不行者，曾叔卿也；馬不利主，而不肯鬻，恐遺害于人者，庾亮也；馬蹄齧傷人，既賣而取馬償直，陳堯咨也；賣馬，云此馬夏有肺病，司馬温公也。均足激薄停澆矣。前。

從者竊禾飼馬，以縑三丈置禾束下而返，鹿悆也。為彭城王館客。從者路得一羊，行三里知之，令送還本處，趙琰也。東鄰桑椹落其家，悉拾還其主；馬逸暴人禾，駐馬訪主，酬直而去，趙軌也。公沙穆《淵海》作朱穆。鬻病猪，以半賈還買者，而買者竟不受錢；孟信兄子鬻老牛，信以老病告買者，而買者苦請之。吾又兩高之矣。《偶記》

恕以待盜：遇盜奪財物，餘七縑，賊不知處，乃追以與之者，戴封也；恐驚母，先至門迎盜，盜慚奔出，追以物與之不及者，趙咨也；逢掠追呼，令取三疋絹者，范却也；見人盜魚，追以魚遺之者，陳囂也；追以錢與盜，盜不受，遂棄之而去者，姜肱也。見人刈禾，而避之者：淳于恭也，沈勳也。見人竊麥，而避之者，張文詡也。見人竊蔬，而退走，母問之不肯言盜之名，范元琰也。見人盜菜，而轉身者，徐孝也。望見刈黍而默避者，李士謙也。盜樹而匿退者，陽城也。臘夕盜砍其樹，有告者，陽不問，范喬也。盜蔬而避之者，宋羅可也。有攘雞者，可移壺就之，呼其妻孥盡醉，人自是相戒無犯。有盜食牛，事覺來謝，曰：「餘肉可共啖之。」王舒也。人竊其稻引還，為設酒食，以米送之者，吳國夫也。人刈其稻，避之，既而自刈送與，孫晷也。見人盜衣而不言，有人擒盜，乃以衣與盜者，何點也。有門生盜其衣，遇見，謂曰：「可密藏之，勿使人見。」門生慚而去之，褚淵也。除道以通盜瓜者，桑虞也。立橋以渡盜筍：宋郭原平也，梁范元琰也。製橋以通盜蔬者：孔牧也，袁卞也。人盜筍，更買大筍送之者，沈道虔也。見人盜筍，挈履徐步而歸者，何隨也。諸子可謂厚矣！豈中道乎？以之示德，則可；以之為法，則不可。前。

損己以利人：鄰牛犯稼，刈芻納其門，相諭莫犯，漢羅威也。牛犯其田，牽至涼處，飼之過于牛主者：管寧也，李士謙也。持芻送主者，晉朱冲也。種桑，以枝陰妨他地，遷界數尺，鄰復侵之，輒更改種，韓係伯也。襄陽人。夜竊籓，其地自益，而密拔籓，多以地與之，陳囂之于紀伯也。漢承宮，有人認其蒙陰山中臨熟黍，便推與而去。吳鍾離牧，有人認其居永興臨熟稻，即以與之。其人後慚，送稻還牧，牧閉門不受，其人輸至道旁，莫有取者。魏任嘏，有擅耕其田而云「借之」，慚謝還地。晉郭翻欲墾荒田，先立表題，經年無主，作稻將熟，有認之者，悉推與之。晉鄭明子長翔墾田，立表經年，逮熟，人認，乃皆與之。　庾詵載米百五十石，有人寄載三十石，至室，其人曰：「君三十斛，我百五十石。」恣其所取。　又卓茂之馬，劉寬、劉虞之牛，司馬徽、何隨季業。之猪，曹萌元偉，鄭認其豕。之家，沈麟士之屐，俱為人誤認，而後送還。　還而竟不受者：朱冲、王延之犢，劉凝之之屐。然過矣。前。

漢伏湛守平原，歲祲，謂妻曰：「一穀不登，國君撤饍。今百姓皆饑，奈何獨飽？」悉捐俸以賑老弱，郡賴以全。　三國會稽駱統，逢歲饑，為減食。姊巨富，問其故。答曰：「士大夫糟糠不足，我何心獨飽？」姊助粟若干，統一宿散盡。　孔奐守晉陵，富人殷綺見其儉素，饋以氈衣，奐謝曰：「太守何為不能辦此？但百姓未周，豈容獨享温飽？」　隋辛公義刺牟州，有應禁者，公義即外宿，曰：「忍禁人在獄，而我獨安寢乎？」

宋劉善明家食饘，積粟以救鄉里，百姓呼其田為「續命田」。　漢鄭產為永州白上鄉嗇夫，代民出舉子口錢。事聞，錢因得免，改其鄉曰「更生鄉」。《叢談》

李光弼鎮涇原，出俸錢贖質賣子還其家。　李德裕鎮西川，著《鄉約》，歸贖鬻女于其父母。　曹彬克成都，獲婦女閉一室，密衛之。事平，訪還其家，無家者備禮嫁之。　臨湘徐偉，歲荒不能舉子者，皆賑給之。人舉子者，皆以徐名。　宋顧琛母孔氏，歲荒散家糧以賑。邑里生子，皆以孔名。

恕而不以尤人：　隋盧景衡乘馬為牛觸死，牛主陳謝，景衡曰：「六畜相觸，君何謝焉？」李士謙奴為鄰人董震因醉角力而斃，震惶懼請罪。士謙曰：「本無殺心，何為相謝？」漢宋則子與蒼頭習弩，誤中而死，則察而恕之。韓滉幼子為弟洄失手墮死，滉戒妻勿哭，恐傷小郎意。四事皆人所難。令史私馳馬，馬蹶鞍壞，懼逃。招還，不罪，裴行儉也。家僮笞折馬足不責，歸登也。

不歸過于人：殽之戰，百里孟明敗歸，秦伯嚮師而哭曰：「孤之過也，大夫何罪？」李廣曰：「諸校尉無罪，乃我自失道。」漢先主曰：「孤負黄權，權不負孤也。」劉弘謀事有成，則曰：「某人之功。」如有負敗，則曰：「老子之罪。」

恕以容人：黄霸不去許丞。許丞病聵，督郵白欲去之。太守黄霸曰：「重聽何傷？且善助之，毋失賢者意。」馬宫不責陳遵。遵日出醉歸，曹事數廢。西曹請斥，大司徒馬宫曰：「此人大度士，奈何以小文責之。」

仁以及物：田子方出，見老馬于野，曰：「少盡其力，而老棄其身，仁者不為。」後周孟信一老牛，從子賣供薪粟，信曰：「少用其力，老則賣之，豈仁人耶？」

隱人之惡：曹參見人有過，掩匿覆蓋之。韓魏公不為畦畛峭塹，見文字有攻人隱惡者，必手封之，人未嘗見。柳霞弘獎名教，未嘗論人之短。王友貞口不言人過。阮籍不臧否人物。賈耽不喜臧否人物。

衛玠常以人有不及，可以情恕，非意相干，可以理遣。姚察一善可録，無不賞薦，非分相干，咸以理遣。

自處從厚：陳表于暨豔。豔遇罪，時人咸自營護，信厚言薄，表獨不然。士以此重之。班肅于皇甫鎛。鎛專權，班行中多親附。及得罪後，憎嫉如讎。惟肅始終如一，獨送出城。　羊祜于夏侯氏。妻夏侯霸女。及霸降蜀，姻親多告絶。祜獨安其室，恩禮有加。

唐陽城之葬妹夫。寡妹依城居。其子四十餘，癡不知人，嘗負以出入。又千里負其妹夫歸葬。　宋樂京之嫁妻妹。布衣時，妻張氏家絶，挾女弟自隨。京未嘗見面。妻死，京寢食于外，嫁之。　均末俗所難。

德化

漢陳寔，里人有争訟者，輒聽曲直。每曰：「寧為刑罰所加，勿為陳君所短。」　王烈，時有盜牛者，曰：「刑戮自甘，乞不使王彦方知。」後守老父遺劍。　周柳靖，時有不善者，恐柳廣德知。　漢董正，字伯和，番禺人。鄉閭有過，相誡曰：「伯和得無入耳？」

《南史》：沈道虔，以捃拾自資，同拾者争穟，悉以所得與之。後愧，每争輒云：「勿令居士知之。」　宋後生相誡曰：「毋為不善，恐為司馬端明所知。」于邵先生亦然。　東坡每與人戲，必祝曰：「勿令范十三知。」戲謔稍過，祖禹必誡之。

司馬均，字少賓。鄉人有所訐争，均不直者，終無敢言。　李戡隱陽羡里，民有争，不之官，而詣戡以辯。　陽城隱中條山，里閈有争訟，不詣官，而詣城決之。　汝南蔡衍，鄉里有争訟者，輒詣衍決之。

劉虞，東海郯人。鄉曲有所訴訟，以情理論判，皆小大敬從。　壽張吕顯，鄉人争者，皆就質。　徐孝肅雖在幼齒，宗族有争訟，平論之，為肅所知者，無不引咎而退。　蕭道賜居鄉，有争訟者，專賴平之。

又周其疾、急，鄉里號曰「墟王」。　任嘏，邑中爭訟，皆詣質之，然後意厭，子弟有不順者，父兄竊數之，曰：「豈可令任君知？」　歐慶，乾德人。鄉里有訟者，多就君決曲直，得一言遂不復爭。

宋王昭素，鄉人服其德。凡爭訟者，競決之。有盜其椽木者，自擲于外，盜慚而去，以致無盜。

管寧與人子言，教以孝；與人弟言，訓以悌；與人臣言，誨以忠。　嚴君平依龜筮為言，與人子言，依于孝；與人弟言，依于順；與人臣言，依于忠。

管寧避地遼東，左右無鬥訟之聲，禮讓移于海表。　王扶客居不其縣，所止聚落化其德。　桓曄避地會稽，越人化其節，至閭里不爭訟。　甄濟隱居青巖山，環山之人服其操行，約不畋漁。　胡昭居陸渾山中，部落二百里，無相侵暴者。　逢萌居勞山，人皆化其德。太守致禮不答，捕之。吏叩頭曰：「子康大賢，人敬如父。往不必獲。」守怒繫獄，更遣他吏，人相率以兵弩捍禦，吏傷奔還。　周黨敕身修志，州里稱其高行。　朱冲南安人。以禮讓為訓，邑里化之，路不拾遺，村無凶人，毒蟲、猛獸，皆不為害。　孫期，里落化其仁讓。　范叔孫，錢塘人。鄉里貴其義行，莫有呼其名者。　卓茂，鄉黨故舊，雖行能與茂不同，皆愛慕焉。　虞寄，或言誓為約者，但指寄，便不欺。　李仲元弘。居成都圭里，里人化之。頒白不負戴，男女不錯行。　南陽劉驎之居陽岐積年，衣食有無，常與村人共。值己匱乏，人亦如之。

仇覽免冠自責，以悟妻子。　柳靖下帷自責，以悟弟子。　淳于恭自箠，以教兄子。　繆肜自撾，以悟家人。　長孫儉自杖，以化縣令。　若蘇世長之自撻，不勝痛而走，適貽笑耳。《偶記》

仇季智為陽遂亭長，一作蒲亭長。以《孝經》感陳元，母子相泣。　韋景駿為貴鄉令，以《孝經》感縣人，母子改悔。

房景伯母能化部民。母崔氏通經，有明識。貝丘婦人列其子不孝，乃召其母與之對榻共食，使其子侍立堂下，觀景伯供食。其子涕泣，乞還。梁彥先能化焦通。彥先刺相州。塗陽人焦通酗酒，事親禮缺，為從弟所訟。彥先將至孔子廟，觀韓伯瑜泣杖之像，通感悟改過，卒成善士。

韓延壽為左馮翊，有兄弟訟田。延壽傷曰：「是教化不至。」乃閉户思過，訟者相責不争。吴祐為膠東相，有民相争訟。祐閉閤自責。許荆守桂陽，有兄弟争財。荆曰：「教化不行，責在太守。」上書陳狀，兄弟感泣，各求受罰。蘇瓊守清河，乙普明兄弟争田，各相援據，及至百人。瓊召普明兄弟諭之，因而下淚，諸證人莫不灑淚。普明兄弟分異十年，遂還同住。又晉夏方令高山，百姓有過，向之流涕，大小莫敢犯。

李宗偘、孝衡，感李尼之言，以争田為閒田。張倪、吴慶，感王志之德，以争田為閒田。中牟人許伯争田，魯恭至，為平理曲直，皆輟耕相讓。文王之化虞芮，豈異哉？至元文遥，初以北魏宗室被侮，有倡侵其田者，即以與之。及貴，其人逃去，文遥加以慰撫。其人愧而不受，遂為閒田。此文遥之過厚矣。

閻憲為綿竹令，行者得遺賄以還，曰：「縣有明君，何敢負也？」吴祐為膠東相，嗇夫孫性以私錢市衣進其父。父怒曰：「有君如是，何忍欺之？」《偶記》

爰延外黄人。為鄉嗇夫，仁化本鄉，人但知嗇夫，不知郡、縣。許劭為郡功曹，太守徐陽甚敬之，府中聞子將劭字。為吏，莫不改操飭行。

魯恭令中牟，亭長借人牛不還。恭解印綬欲去，亭長慚而還牛。　孔嵩辟公府，宿下亭，盜竊其馬。尋問知為嵩，于是送馬謝之。　徐穉，閭里服其德化，有失物者，懸以相還。

陳寔以絹二疋貽梁上君子，一邑無復竊盜。　王烈以布一疋勸盜牛者，其人後為老父代擔，又守遺劍。　隋趙煚刺冀州，以蒿一車賜盜蒿者，盜感泣，過于嚴刑。

唐許圉師刺襄陽，但賜受贓者以《清白箴》，後皆自愧為廉吏。　李栖筠使常州，學校堂上畫《孝友傳》，以賜諸生，人皆知勸治行。

魏公子終席謙讓，平原君不敢言獻五城。　尹翁歸不可私干，于定國不敢見其邑子。　崔諶赴吊李德林，父亡，嚴寒，徒跣返葬。車服甚盛，比至門，纔留五騎，云：「不得令李生怪人薰灼。」楊綰拜相，京尹黎幹為減騶從。　袁淑德候李僧伽，先減僕從，然後入門。　袁紹為濮陽長，棄官還，副車從騎將入郡界，曰：「輿服豈可使許子將見。」時為郡功曹。　遂單車歸。　李師古以錢數千緡，並氈車子一乘，亦近千緡，將貽杜黄裳。見夫人樸素，二從婢青衣襤褸，不敢通賄。　盛德之士，望之令人消其鄙吝。　此之謂「身化」。

陽城奴都兒化其德，亦方介自持。　司馬温公守園僕廉不受貲。園子吕直曰：「只端明不愛錢。」十許日，新創一井亭，乃前不受十千所創也。　許衡客姚樞齋中，有果熟爛墮地，童子過之，亦不睨視而去。　家人化之如此。　若桓曄心非楊賜夫人，後至京師，未嘗舍宿楊氏。　賓客從者，皆祇其志行，一飡不受于人，亦漸染于貞介也。

蜀廖立之泣武侯；立為長水校尉，自以才名宜與亮貳，後廢徙汶山，聞亮死，垂泣曰：「吾終于左衽矣。」宋祝尚賢之哭蔣允濟。允濟歷郡邑以清白稱，嘗按南平令尚賢奪職。允濟卒，尚賢哭曰：「罪在我耳。如公之賢，安得不哭？」非心折，安能不怨而且感。

仲尼不逆互鄉。　郭泰許進賈淑。

舜一徙成邑，再徙成都，三徙成國。　老萊子徙江南，從家者，一年成落，三年成聚。

田疇入徐無山，百姓歸之至五千餘家。　邴原至遼東，從居者數百家。　姜岐隱居，百姓就而居者數千家。　孟嘗去郡，隱居窮澤，身自料傭，鄰縣士民慕德，就居止者百餘家。　此亦管幼安依公孫度于遼東，避難者就之，旬月成邑之風也。

盜賊不犯其閭：姜詩、赤眉過其里，弛兵不犯，曰：「驚大孝，必觸鬼神。」比落蒙以安全。　鄭玄、玄還高密，黃巾賊不入縣境。　周黨、莽時，杜門。賊至廣武，過城不入。　荀恁、太原人。北狄不入荀氏廬。　袁閎、誦經不移，黃巾相約，不入其廬。　徐稺、稺子。隱居不仕。寇賊相約，不犯其閭。　孫期、黃巾不犯孫先生舍。　任旐、字子旟，樂安博昌人。黃巾不入其鄉。　魏胡昭、居陸渾山，寇不犯其村落。　馬樞、每居之處，盜賊不入。　隋華秋、盜不犯其鄉。　唐司空圖、居中條山，寇獨不入河中。士人依圖避難，獲全者甚衆。　劉宋張進之、永嘉人。賊相約不犯其門。　唐李知本、盜賊過閭，不入。往依者五百餘舍，皆免。　張志寬、居父喪，哀毀。王君廓略地，不暴其廬。倚全者百許姓。　黃璞、號霧居子，移莆田。黃巢入閩，至璞居，曰：「此儒者家。」戒令滅炬。　蘇東坡。紹興三年，虔寇謝達陷惠州，焚蕩無遺，獨留東坡白鶴故居，並葺六如亭，烹羊致奠而去。次年，海寇黎盛犯潮州，縱火至吳子野近居，曰：「是蘇內翰藏圖書處。」麾兵救之。　又東漢趙咨、盜夜劫之，至門，迎盜。設食謝曰：「老母八十，乞少置衣糧，妻子餘物，一無所請。」盜皆跪，歎曰：「干暴賢者。」言畢奔走。**五代黃晟。**鄞人。盜誡毋犯公境。江東儒者多依之，號其里曰「措大營」。

盜賊不犯其境：漢韓韶、為嬴長。賊聞其賢，相誡不入境。**宋查道。**守果州，洞賊作亂，相誡：「查使君行仁義。」抵城而還。

賊感化而降：清河山賊于房景伯。郡民劉簡虎常無禮，署其子為掾，令諭山賊。賊以景伯不念宿惡，相率出降。**張子林于彭修。**子林作亂，聞其恩信，即降。曰：「自為彭君故降，不為太守服也。」

忠義

魯之臧保母，以子代公子稱之死，與召公同。召公以子代太子，太子立為宣王。伯御攻殺懿公，而求稱。臧衣其子以稱之衣，臥于稱處，伯御殺之。**抱稱以匿，而後得立，又在嬰、杵先。**程嬰、公孫杵臼保趙朔之孤武。

漢蘇武使單于，十九年不屈。始以强壯出，及還，鬚髮盡白。**魏于什門使燕，二十二年不屈。**魏謁者使燕，見馮跋不拜，怒留不遣。什門于衆中背跋，披袴後襠辱之。乃幽執，欲降之，不屈。至跋稱蕃，送還平城，魏主下詔褒稱，以比蘇武。**宋洪皓使金，十五年乃還。**粘罕迫使仕劉豫，不肯，乃流遞冷山，后以金主生子赦，使人還歸。**元郝經使宋，十六年送歸。**經使宋時，賈似道以却敵為功，恐經至，謀泄，竟館經真州，居十六年。伯顏奉詔南伐，問執行人之罪。宋懼，送歸。拘宋所著書，凡數百卷。經在真州手書尺帛，繫雁足，虞人獲之苑中，遂進師。

陶潛不稱義熙年號，以宋將興也。自永初以來，甲子而已。**楊盛不改義熙年號，以晉猶在也。**聞晉亡，謂世子玄曰：「吾老矣，終為晉臣。」

明帝使孔琇之殺晉熙王，琇之不食死。　宋武封藥酒使張禕弑晉恭帝，禕自飲而卒。　稱盲，而不仕莽者，高詡父子也。　托青盲，而不受公孫述之徵者：任永也，馮信也。　自瞽其目，而不為吴曦用者，史次秦也。　漆身，而避述者，費貽也。　棄冠帶，絶交宦，不仕莽者，王霸也。儒仲。　焚莽所賜衣，逃東海，迹捕不得者，郭憲也。　稱病不仕莽者：龔勝、不食十四日死。卓茂、病免。崔篆、稱疾。蔡茂、病免。宣秉。　不屈于莽者：楊寶、蔡勳、孔休、嘔血。劉宣。子高，崇從弟。變姓名，抱經書，隱避林藪。　不屈隗囂者：杜林、任延。　不就劉淵者，崔遊。年七十，淵命為御史大夫，固辭不就。　不就劉曜者，楊軻。徵拜太常，固辭不起。　不屈李雄者：吴喬、壹之孫。没李雄軍中三十年，不為屈。譙秀。周孫。李雄徵，不應。桓温平蜀，表薦之。　不受高季昌辟署者，梁震。終身止稱「前進士」，李昌重之，呼曰「先輩」。　拒朱温者，李敬義。德裕孫。徵命，拒而不應，退居衛州。　不仕禄山者：甄濟、封刀不屈。蘇源明、稱病，不受偽署。崔倫。不污偽官。　龔穎不屈于譙縱。毛璩從事。璩為縱殺，穎獨不屈節。收穎付獄，脅以兵刃，執志彌堅。　龔壯不臣于李壽。壯，巴西人。父、叔為李特害，説壽討，期以報讎。壯欲其歸朝，以明臣節。壽不從，遂稱聾，手不制物，終身不復至成都。　楊愔不屈于葛榮。逼以偽職，愔密含牛血，衆中吐之。仍佯瘖不語，乃止。

賀循之辭陳敏也，服寒食散，露髪袒身。敏詐稱詔，以循為丹陽内史。循辭以脚疾，手不制筆。又服藥，示不可用。是時，州内豪傑惟循與朱誕不與。　陸德明之拒王世充也，服巴豆散，卧東壁下。充僭號，令子玄恕就其家行束脩禮，入跪床前。德明對之遊痾，竟不與語。虞寄之遠陳寶應也，為居士服，僞稱脚疾。寶應燒所卧屋，安卧不動。及寶應擒，寄以先識免禍。

諸葛靚終身不向朝廷而坐。父誕為魏文帝誅，晉武與有舊，遍見之。流涕曰：「不能漆身皮面，復睹聖顔。」以為侍中，固辭。　王裒終身未嘗西向坐。以父儀為文王監殺，三徵七聘，皆不就。

南岳慟哭，朱荷光諸人也。　西臺慟哭，謝翱羽諸人也。

軍破，獨高揖者，袁涣也。與陳羣父子皆在吕布軍中。布破，羣父子見太祖皆拜，涣獨高揖，太祖嚴憚之。　被擄不拜者，賈景興也。冀州陷，為葛榮擄，稱疾不拜。每捫膝曰：「吾不負汝。」以不拜葛榮故也。

不受晉爵，石偉也。字公操。吴平後，武帝詔加秩，偉佯狂及盲，不受晉爵。　不就周徵，房豹也。齊滅，還鄉園。頻徵，辭疾。　示不臣劉，韓延之也。劉裕密書招司馬休之，録事韓延之復書曰：「以平西之至德，寧可無授命之臣乎？假令天長喪亂，當與臧洪遊地下耳。」裕歎息曰：「事人當如此矣。」延之以裕父名翹，字顯宗，乃更字顯宗，名子曰「翹」，以示不臣劉氏。休之嘗為平西將軍。

貫高能以不死白王，高祖賢其然諾。　戴就不忍以臣謗其君，薛安感其壯節。

顔魯公使，希烈、鄭叔則止之，公曰：「君命也。」　韓文公使，王廷湊、元稹止之，公曰：「止，君之仁；必往，臣之義也。」可謂不避難矣。

雪怨而守所志，成之襲壯，見前。　猶漢之田疇。疇痛劉虞死于公孫瓚，北歸不仕；忿烏桓賊殺冠蓋，引曹操討平之。誓死泣辭官爵。

忠義强直之人，不畏死而反得不死：齊從、呂纂攻廣夏門，從抽劍砍纂，中額。纂即位，謂從：「何甚？」從泣曰：「隱王，先帝所立，陛下雖應天順時，而微心未達。惟恐陛下不死。」纂嘉其忠，善遇之。魏徵、秦王責徵曰：「爾鬩我兄弟。」答曰：「太子早信徵言，不死今日之難。」王器其直。馮立、解兵請罪，太宗數之。對曰：「屈身事主。其于效命，當戰之。」曰：「無所顧憚。」太宗宥之。蘇長、高祖責其後服。長曰：「豈有獲鹿之後，忿同獵之徒，問争肉之罪也？」高祖與之有舊，笑而釋之。屈突仲通、高祖曰：「何見之晚？」泣曰：「不能盡人臣之節，于此奉見，為本朝之羞。」高祖曰：「忠臣也。」盧絳、宋平金陵，絳獨不順。太祖問：「何久不降？」曰：「臣知事李氏而已。」劉茂中、仕南唐，對宋太祖曰：「結髮事主，惟忠勇是奈。雖陛下親征，臣亦隕身不顧。」太祖壯之。張洎。太祖責之曰：「汝教煜不降。」出帛書示之，乃洎所草召救兵蠟丸書。曰：「此特其一耳，他尚多有。」上壯而釋之。

《樵書》

古今死節之臣：伏湛子隆；諸葛亮子瞻；陸抗子晏、景；嵇康子紹；陶桓公子瞻；周訪孫虓；謝安子琰，孫肇、峻；袁湛從孫粲；郭汾陽子旰；顏杲卿弟真卿；盧懷慎子奕；曹彬孫友聞；王文正孫倫；司馬温公從子樸；朱文公孫浚；曾子開孫悟；曾子固孫克；孫浚孫鏜；陳文龍從子瓚。不墜父兄之風，孝而忠者也。沈充子勁；許敬宗孫遠；秦檜孫鉅，曾孫浚、渾；呂文德弟文信。克蓋前愆，忠而孝者也。

金日磾捽莽何羅。上誅江充黨羽，何羅懼及，遂謀逆。日磾疑之，陰察其動静。上行幸林光宮，未起。日磾奏厠心動。何羅袖白刃從東廂上，見日磾色變，走趨卧内欲入，行觸寶瑟僵，日磾得抱何羅，捽胡投殿下，得擒縛之。胡，頸也。許褚擊徐他。褚從討袁紹。時常從士徐他等謀為逆，褚至下舍心動。即還侍，他等不知，入帳見褚大驚，褚即擊殺他等，太祖益親信之。

衛弘演報使于肝。翟人攻殺衛懿公，盡食其肉，獨捨其肝。演至，報使于肝，因自殺。出其腹，實納懿公之肝。齊桓公聞之，復立衛于楚丘。 欒布還奏頭下。布使齊，漢誅彭越，梟首洛陽。布還，奏事越頭下，祠而哭之。吏捕以聞。上趣烹之，布曰：「方上困彭城，敗滎陽、成皋間，項王不能西，以彭王居梁地也。且垓下之會，微彭王，項氏不亡，天下已定，一徵兵不行而疑以為反，臣恐功臣人人自危。」上乃釋布。

神武謂綦連猛：「事人當如此。」猛為神武親信。爾朱文暢將為逆，猛曰：「昔事其父兄，寧今日受死，不忍告而殺之。」神武聞曰：「事人當如此。」捨其罪，而益親之。 周武謂傅伏：「為臣當如此。」周克并州，伏聞後主被獲，率衆哭，然後降。周武曰：「何不早降？」伏涕泣曰：「臣三世衣食齊家，革命不能自死，羞見天地。」周武執手曰：「為臣當若此。朕平齊，惟見公一人。」

劉裕以韓延之復書示將佐，曰：「事人當如此。」見前。

蘇峻攻清溪，卞壼拒之，二子眕、盱隨之赴敵，俱死。其母哭曰：「父為忠臣，子為孝子。夫何恨乎？」 蕭道成弒蒼梧，袁粲討之，子最以身衛粲被斫。粲曰：「我不失為忠臣，汝不失為孝子。」 王經死，母曰：「為子則孝，為臣則忠。何負吾耶？」 王文操與賊戰，二子鳳、賢以身蔽父，父得全，而二子死。霍王元軌上其事，旌禮其閭。

俞縱不負桓侯。桓彝使縱守蘭石。蘇峻將韓晃攻之，將敗，左右勸退亚，縱曰：「吾之不可負桓侯，猶桓侯之不負國也。」遂力戰而死。 張悌巨先。不負諸葛瑾，悌逆晉兵牛渚大敗，諸葛靚欲遁，親往牽之，悌流涕曰：「兒童時，便為卿家丞相所拔，常恐負名賢知顧。今以身殉社稷，復何所遁。」遂為晉亚所殺。 猶孫丞不負二陸也。

白公之難，莊喜赴之，比至公門，三廢車中，僕曰：「子懼矣，何不返？」曰：「懼者，私也；死義，公也。」遂刎頸而死。 崔杼之難，陳不占赴之，上車失軾，御者曰：「怯如是，去有益乎？」曰：「死君，義也；無勇，私也。」遂震駭而死。

崔杼弒齊莊，邢蒯聵使晉而返，《左傳》作申蒯侍漁者。驅車入死。僕曰：「人有亂君，人猶死之；我有治長，可無死乎？」乃結轡自刎車上。孟玖將殺孫拯，拯門人費慈詣獄明冤，答拯曰：「君既不負二陸，謂機、雲。僕又安可負君？」玖又殺之。臧洪請救舊主張超之難于袁紹，不許，遂絶紹。紹攻東郡，殺洪。洪邑人陳容在紹坐，曰：「將軍舉大事，先除忠義，今日寧與臧洪同日而死，不願與將軍同日而生。」遂見殺。邊榮為沈攸之守江陵，張敬兒襲破，命斬之，泰山程邕之曰：「君入人國，先戮義士，三楚之人寧蹈江漢而死，不願與將軍同日而生。」并見殺。漢李雲痛言宦官，下獄，杜衆願與雲同日死，亦死獄中。

臨難而不顧其私：堯君素射妻；拒唐兵于河東，其妻至城下勸降，引弓射之，應弦而倒。屈突通射子；唐將竇琮追及于稠桑，縱通子壽往諭，通命左右射之。李忠不救母、妻；王郎攻信都，大姓馬寵開門納之，收忠母、妻。時寵弟從忠，忠殺之。世祖遣歸救母、妻，忠竟辭。烏震不顧母、妻；震少事趙王鎔。鎔為張文禮殺。震從苻習討文禮。而家在趙，文禮執母、妻招，烏震(一)不顧。皆斷手、鼻，縱習軍中。震卒破鎮州。程畿不顧子；漢昌長。巴西守龐義有謗于劉璋者，懼謀自守，遣畿子郁索兵自助。畿不從，曰：「雖欲災子，吾必飲之。」義知畿必不為己，陳謝于璋，以致無咎。臧洪、張巡，皆殺愛妾以食將士；許遠殺僮奴；張伾請鬻女。田悦攻臨洺，伾飾愛女出拜將士，曰：「請鬻此女，為一日之費。」衆皆哭，願盡死力。李抱貞告急，詔馬燧、李晟討悦，破之。忠義奮激，氣足感人。

守節之士，出于天資，非關居位貴賤，受恩深淺也。莽移漢祚，劉歆以宗室之雋，導之為逆；孔光以宰相輔成其事；而龔勝以故大夫守誼以死；郭欽、蔣詡以刺史、郡守，粟融、禽慶、曹竟、蘇章以儒生，皆去官不仕；陳咸之家，至不用王氏臘。　蕭道成篡宋，褚淵、王儉身為帝甥，從臾滅劉；而死節者，乃王藴、卜伯興、黄回、任侯伯之輩耳。　安禄山、朱泚之變，陳希烈、張均、張垍、喬琳、李忠臣，皆以宰相世臣為之丞弼；而甄濟、權皋、劉海賓、段秀實，或以幕府小吏，或以廢斥列卿，捐身立節，名震海内。賢不肖，相去何如也。

以義相激：蘇峻之亂，陶侃欲西歸。温嶠曰：「公若違衆獨反，義旗將回指于公矣。」侃遂留飼嶠軍。　侯景之亂，韋粲入援，共推柳仲禮為都督，裴之高恥居其下。粲曰：「豫州必欲立異，鋒鏑便有所歸。」之高泣謝，遂推仲禮。　金人至金牛鎮，劉子羽遺吴玠書與訣，玠未有行意，楊政大呼曰：「節使不可負劉待制；政輩亦捨節使去矣。」玠乃間道會子羽。

田横不從漢高，與其徒五百人入海島，横死，五百人皆自殺。盧曹不從神武，與其徒五百人入海島，曹死，五百人皆服斬衰。可謂能得士矣。俱不能有為，何也？《偶記》　又諸葛誕死，麾下數百人不肯降。　袁紹圍臧洪，男女七八千人莫有離叛。　夏侯端行至譙州，糧盡，二千人不忍委去。　貴鄉長魏德深，民愛之如父母，所領兵，或勸之降密，皆泣曰：「我與明府同來，何忍棄去。」　又仲德五百餘軍士從死。　高思好神武從子。驍勇，後反，投水死。麾下二千人終不降，以至盡。北齊。　後唐張彦卿、鄭昭業，固守楚州，戰死。所部千餘人，至死無一人降者。《通鑑》　唐郭英傑戰没于陣，其下精鋭六千人，仍與賊苦戰，以英傑首示之，竟不降，盡為賊所殺。上。　南宋蘇緘，邕州城陷，自焚死。城中人感緘之義，無一從賊者。孟珙入蔡州，忽斜虎赴汝水死，將士皆曰：「相公能死，吾輩獨不能耶？」參政孛朮魯等及軍士五百餘人，皆從死。

忠于所事：劉恭、鮑永于更始。更始降赤眉，為謝祿殺。侍中恭夜往收其尸。後殺祿，永路經更始墓下拜，從事止之，曰：「北面事人，何忍車過其墓？」盡哀而去。永至扶風，又椎牛上苟諫冢。陶升于袁紹。故外黄小吏。黑山賊覆鄴城，升在賊中，獨將衆踰西城，以車載袁紹家及諸衣冠，身自捍衛，送至斥丘。田疇于劉虞、袁尚。虞為公孫瓚殺。疇于墓哭泣而去。遼東斬送袁尚首，疇往吊祭。龐淯于商令徐揖。淯字子異。張猛殺邯鄲商令，淯棄官奔走，號哭喪所，衷匕首欲殺猛。猛義之，敕遣不殺。酒泉守徐揖，請為主簿。黄昂反，城陷。淯斂揖送還本郡，行服三年。韓珩于袁紹。珩為紹別駕。及焦觸、張南背袁向曹，各以次歃。珩不能，觸曰：「可卒珩志，以勵事君。」樂恢于張恂。郡户曹。太守張恂坐法誅，恢獨奔喪行服，坐以抵罪歸。虞翻于王朗。為朗功曹。孫策征會稽，朗戰敗，浮海。翻追隨營護。到侯官，閉門不受，翻說後納。張佖于李後主。主葬北邙。佖後官洛陽，清明親拜其墓。牽招于袁尚。遼東送尚首，懸馬市，招祭頭下，太祖義之。

篤于故主之義：又有劉表之文聘，琮降，乃詣太祖，欷歔流涕。太祖愴然，厚待之。劉璋之王連，梓潼令。先主進平，閉城不降。先主義之。袁譚之管統。統以樂安不從，太祖命取統首。王脩以統亡國之忠臣，解其縛，使詣太祖，悦而赦之。又有送長沙王乂喪之劉祐；乂為張方殺。祐獨送之，步持喪車，哀感路人。載成都王穎棺之汲桑；每事啟靈以行平令。桑敗，棄棺故井中，故臣收葬洛陽[二]。晉平王休祐。之虞悰；休祐葬，雪厚三尺。惟悰一人來赴。晉安王子懋。之陸超之；子懋為于琳之害。人勸超之逃，曰：「恐田横客笑人。」為門生周姓者斬。董僧惠；徐玄慶執僧惠，惠曰：「主人斂畢，退就湯鑊。雖死猶生。」明帝乃配東冶，懋子昭基以方寸絹為書，遺錢五百，僧惠慟卒。清河王懌之陽固；懌被害。從事固獨詣喪所慟哭。游肇曰：「雖欒布、王修，何以尚？」豫章王嶷之樂靄。嶷主簿。後為治中。嶷薨，解官赴喪。

葬故主者：戴顒葬吴廢帝亮。晉太康中，顒迎喪葬之賴鄉。韓階葬譙王承。承為魏乂執送武昌，階與武延等親營殯殮，送還都，葬畢，乃還。王思遠葬建平王景素。手種松柏，何昌寓為王理冤。李綱瘞齊王憲。憲遇害。惟綱撫棺號哭，躬自埋瘞。

義不避難：裴瑜送史弼。弼殺侯覽門生。檻車徵，瑜送到崤、澠之間。張邵送王誕。為誕功曹。桓玄徙誕廣州，親故離棄，惟邵流涕追送。饑饉，又饋送其妻子。中徽獨送元邃。元顥敗，邃被檻車送雒陽。故吏賓客委去，惟主簿徽送之。淳于晏從霍彦威。自彦威為小校，晏寄食門下，彦威嘗因兵敗獨脱。惟晏伏劍從之，徒步草莽。成公英從韓遂。遂破走湟中，部黨散，惟英獨從。

郡吏變姓名，衛侍太守，廉范于鄧融也。融為州所案，下獄。范代獄卒，衛侍左右。及死，將車送喪。詐稱侍卒御車，公孫瓚于太守也。令支人，為郡小吏。太守劉君坐檻車徵，瓚改容服，詐稱侍卒，御車到雒陽。賂減太守罪者，朱儁〔三〕也。會稽人，太守尹端署主簿。端坐討賊失利，應棄市。儁羸服間行，齎數百金賂主章吏，（遂得）刊定州奏，端（得）輸左校，心喜于降免，而不知其由。儁終無所言。繫而理刺史，郭舒也。夏侯含辟西曹，含坐事。舒自縶，理刺史事，得釋。

吏護都尉者：王隆、東郡人，為功曹。遇賊以身衛全都尉，遂死于難。姜冏。維父，為郡功曹。羌戎叛亂，身衛郡將，没于戰場。

吏救太守者：周嘉、汝陽人。從太守何敞討賊，為流矢中。白刃交集，嘉以身扞之，請以死贖君命。因仰天號泣，賊給車馬遣送之。索盧放、東郡人。太守有事當刑。放願以身代，使者義而赦之。劉茂、太原郡掾。赤眉殺長吏，茂負太守孫福踰牆得免。劉平、為郡守孫萌吏。龐萌攻，敗萌，平冒白刃，伏萌身上，被七創，號泣願以身代府君。萌竟死，平裹創扶喪，至其本縣。彭修、子陽，毘陵人。張子林作亂，修以身障太守，中流矢死，太守得全。即殺弩傷修者，悉降。曰：「自為彭君故降，不為太守服也。」易雄、為主簿。張昌亂，執太守萬嗣，將斬之。雄與賊争論，賊叱斬雄，呼問者三，乃捨之，嗣獲免。常忠。平陽山羌破郡，太守陳楚携子出走，射中三創，功曹常忠伏楚捍之。曰：「願以身代。」亦遭五矢，賊捨之，忠負楚歸。

屬吏送喪者：李恂安定人。于李鴻。太守李鴻署功曹，未到州辟從事。會鴻卒，恂不應州事，送鴻喪，起冢，持服三年。繆彤于梁湛。太守梁湛召為決曹吏。湛病卒，彤送喪還隴西。會羌叛，彤獨留為起墳冢，潛穿井旁，晝則隱竄，夜則負土。妻子意彤已死，還見大驚。鄭紹叔于蕭誕。為治中。刺史蕭誕以弟諶誅，收兵猝至。紹叔獨馳赴，誕死，送喪到京師。徐孝嗣見而異之，曰：「祖逖之流。」邢顒于故將。以故將喪，棄官。有司舉正，太祖曰：「顒篤于事君，一致之節，勿問也。」

故吏收葬者：趙戩于王允。允為傕、汜害，戩令平陵，棄官營葬。尾敦于劉虞。虞為公孫瓚殺。敦路劫虞首，歸葬。皇甫晏于王經。經死，刑及其母，晏以家財收葬。向雄于鍾會。雄初為主簿。太守王經死，哭之盡哀。雄以譴繫獄，會于獄中，辟為從事。會死，雄葬之。文帝召，責雄曰：「先王掩骼埋胔，豈先卜其功罪？王誅，既加于法已備。感義收葬，教亦無闕。何必使雄迹生背死，以立于時？」與宴而遣之。劉繇于衛瓘。瓘主簿。瓘被害，繇冒難收葬之。閻纘于楊駿。駿誅，纘獨以家財葬駿，成墓而去。孔祇于周禮。祇字承祖，禮功曹。禮為沈充害，祇冒刃號哭，親行殯禮，送喪還義興。馬隆于令狐愚。隆字孝興。刺史愚誅。隆以故吏托稱過客，殯葬服喪三年，列植松柏。俞僉于司馬逸之。永嘉人，為郡吏。孫恩亂，太守逸之被害，妻子並死，僉斂六喪，送還葬。朱超石于桓謙。為謙參軍。謙死，收謙身首，躬營殯葬。龔穎刺史毛璩辟為從事。于毛璩。璩為譙縱殺。穎號哭奔赴，送以禮。夏侯恭叔于桓崇祖。崇祖誅。主簿恭叔以家財殯。周捨于王亮。亮辟主簿。亮得罪歸家。捨獨敦恩舊。及卒，身營殯葬。庾黔婁于鄧元起。元起死蜀，長史黔婁身營殯殮，持喪歸里。

冒難乞喪：楊匡陳留人。乞李固、杜喬之骸骨。喬、固暴尸城北，匡著故赤幘，托為亭吏，守衛馳護蠅蟲十二日。從事執之，太后義而不罪。帶鐵鑕詣闕上書，乞二公骸骨。太后許之。又有守尸送喪之董班。班守固尸十日不去，送喪漢中。

詣闕上書之郭亮。左提章鉞，右秉鐵鑕。詣闕上書，乞收固尸。　王修乞葬袁譚。詣魏太祖。　桓階詣劉表，乞孫堅喪。階字伯緒，堅舉孝廉。會堅擊表戰死。階冒難詣表，表異而與之。　臧均臨淮人。乞葬諸葛恪。恪為孫峻殺。均表乞收葬。有云：「天日之威，不可經日浹辰。帝王之怒，不宜訖情盡意。恪父子三首懸市，積日觀者數萬，詈聲成風。」于是聽恪故吏斂葬。　荀闓請葬齊王冏。闓辟冏掾。冏暴尸三日，闓與李述、嵇含等露板請葬，朝議聽之。　司馬暠求還江陵，改葬太子。為梁太子庶子。江陵陷，梁室屠戮。暠抗表周朝，求還改葬。即敕荆州以禮安厝。　許亨請收葬王僧辯。僧辯誅，從事亨抗表請葬。凡七柩，皆改窆焉。　朱瑒王綝故吏。致書徐陵，求王琳首。琳為陳將吴明徹殺。傳首建業，還于淮南。尋有茅智勝密送喪達鄴。　梁崇義請葬朱瑱。瑱誅，授崇義節度。疏請收葬，為瑱立祠，不居瑱廳視事。

冒難哭葬：荀勖赴曹爽。爽誅，掾勖獨臨赴。　脂習元升。撫孔融尸痛哭。　何無忌中尉。痛哭東海王彦章。元顯子。桓玄害于市。　蔡興宗痛哭王僧綽。為元凶誅。興宗獨臨哭，盡哀。　王份哭袁粲。粲誅，獨往致慟。　甯嘉最永和縣丞。哭太子重俊。重俊以誅，武三思敗，遇害。嘉最解衣裹俊首，號哭。　孔車汝人。葬主父偃。武帝以為長者。　束晳迎衛瓘喪。與瓘善。瓘遇禍，晳自本郡送喪。　蔡興宗斂范義。義同竟陵王誕誅。興宗致喪還豫章晳墓。　趙善葬爾朱天光。天光拒神武見殺。善請收葬，義而許之。　宋遊道收葬温子昇。文襄縶子昇獄，食敝襦而死。棄尸路隅，遊道收葬，并集其文。文襄曰：「卿是重哲節義人。」　曹景宗殯張道門。道門，敬兒少子。既伏法，景宗遣收殯殮。　趙貴收葬賀拔岳。岳為侯莫、陳悦害。貴曰：「朱伯厚王叔治，感意氣微恩，尚能蹈履名節，况國士之遇乎？」乃詐降，收葬。　隋陳智深斂蕭摩訶。為摩訶騎士。摩訶與漢王諒同逆，誅。智深手自殯殮，哀感行路。　徐世勣葬李密。表求改葬，服縗絰，葬密于黎山。　王方翼葬趙持滿。持滿為許敬宗誣與長孫無忌反，被誅。方翼具禮葬之，高宗不罪。　裴冕瘞王鉷。鉷得罪李林甫，伏法。賓從數百，不敢窺鉷門。冕獨收瘞近郊。　段秀實葬李嗣業。被流矢卒。秀實遣白孝德卋,令護喪送河内。秀寳傾財舉葬事。 裴胄護李栖筠喪。栖筠與元載不平。及卒,支使胄護輿歸洛陽。衆危之,胄坦然無所顧。

殷亮葬朱瑱。貨所乘驢,以備棺衾,夜葬瑱。 于頎葬史翽。翽為亂兵所殺。頎挺身出,收葬遺骸。

斂送友喪:: 楊暘于崔寔。寔卒,無以殯。暘與袁逢、段頍,為備棺槨、葬具。 戴封于石敬。同學石敬溫病卒。封送喪到家更斂,見敬平時卋物皆在棺中,乃大異之。 張融于顧凱之、卞展。融與凱之有恩好。凱之卒,融身負墳土。與交阯守卞展有舊,展為人殺,融挺身奔赴。 馬八龍于尹靈哲。友人靈哲在兵喪亡。八龍奔赴負尸而歸殯葬,制緦服,撫孤。 荀或于何顒。或素與顒善。顒為卓收,自殺。或迎叔父爽喪,并顒夾葬冢旁。 王義方于張皎。張亮誅,坐貶儋州。亮兄子皎配流崖州,依義方。卒,臨終托以妻子。義方使奴負柩,令皎妻抱子,乘義方馬,身獨徒步,葬皎祭亮,送皎妻子歸家。義方為亮累,而能如此。尢人情所難。

同行而瘗送者:: 褚亮于潘徽。亮、徽俱以楊玄感遷降,同行至隴山。徽遇害終。亮斂瘗路側,題詩隴樹。 張河道源。 于友人。與友人客遊,中宵病卒。河恐驚擾主人,共尸安卧達曙方哭,親步營送至其鄉。 歐陽頠于蘭欽。與欽善。欽征交阯,頠同行。欽疾終。頠除臨賀内史,啟送欽喪還都,然後之任。 裴羽于陸崇。使閩,風飄,誤適兩浙。越人以兵守之,崇没,羽得歸朝。繆附表明宗悦,復通朝貢。羽護崇柩及資金,毫末無缺,悉付其家。

尚義而殯亡者:: 原涉、所知母喪,涉截棺物至家畢葬。 孔融、為北海相。遊士有死亡者,皆為棺具而斂葬之。 石幼安、居京師,有客死者,輒棺斂之。 徐苗、淳于人。鄉鄰有死者,輟耕助營棺槨,門生亡于家,即斂于講堂。 范叔孫、錢塘人。同里范法先兄弟七人同時疫死。叔孫悉為殯埋。又殯施淵夫父母、范苗父子。又殯葬范叔宗家内二人,躬恤病者,得全。鄉人莫有呼其名者。 嚴世期、山陰人。同里張邁三人各生子,歲饑欲棄,世期馳往,分食解衣,并得成長。同縣俞陽妻莊九十,莊女七十,老病無依,衣飴之二十餘年。宗親嚴弘、鄉人潘伯,十五人饑死,買棺殯埋,存育孩幼。 張安祖。元承貴為河陽令,赴選。逢寒凍死,一子幼，安祖手自營作斂殯，周給。

仰義而托以後事者：江泌瘞吏。參平募吏得病，扶杖投泌死，為買棺埋之。劉驎之子驥。殯孤姥。百里外有孤嫗，病將死。曰：「惟有劉長史當埋我耳。」子驥親往候之，值終，為治棺殯。孫謙殯劉融。行乞病篤，求人送謙舍，謙以禮殯葬之。陸瑁子璋。受托遺書。遜族弟。同郡徐原，素不相識。原臨死遺書，托以孤弱。瑁為起墳，收養其子。又從父績早亡，一子、一女，皆數歲，瑁迎養至長，乃別。范式營護送喪。陳平子在太學，未與式相見。病謂妻曰：「吾聞山陽范巨卿烈士。」裂素為書，以遺式。省書揮哭，以為死友。乃營護妻兒，身自送喪于臨湘。

營守令喪：石文德、中山蒲陰人。縣令黄宣亡，無期親，文德祖父苗殯葬持服三年，奉宣妻二十餘載。自苗逮文德，刺史、守、令卒官者，制服送之。杜纂、常山凡門人。縣令齊雒亡，以私財殯葬。石祖興。常山凡門人。太守田文彪、縣令和真亡，祖興出絹二百餘疋營喪事。

義不亡故：趙惠文王欲與樂毅謀伐燕，毅泣曰：「臣昔事燕昭王，猶今日之事大王也。若復得罪在他國，終身不敢謀趙。」乃止。吕布使袁涣作書駡劉備，涣曰：「他日之事劉將軍，猶今日之事將軍也。如一旦去此，復駡將軍，可乎？」布慚，乃止。別駕宗敞送王尚還，傉檀曰：「吾得涼州，情之所寄，惟卿一人，奈何捨我去？」敞曰：「今送舊君，所以忠于殿下也。」晉王存勗。欲求高行周，密使人以官禄啗之。辭曰：「代州嗣源。養壯士，亦為大王爾。行周事代州，亦猶事大王也。」念舊之語，足以感人。

朱齡石于桓氏：從至江乘戰，曰：「世受桓氏厚恩，不容以兵刃相向。乞在軍後。」高祖義許之。徐晦于楊臨賀。答權德輿曰：「晦自布衣時，楊臨賀知我厚，方兹流播，寧忍無言而別？有如公異時為奸佞譖斥，晦敢自同于路人乎？」德輿歎其長厚。此亦鄭君不肯名籍之意乎？

誓死不從敵教：晉國解揚、晉令誑楚，令宋毋降。鄭執而獻楚，楚令反其言約而致晉君之命，楚將殺，赦之。漢路中大夫、三國圍齊，齊使路中大夫告天子，還報三國與盟，曰：「若反言，漢已破矣。」至城下，曰：「漢已發兵百萬，使亞夫擊破吳、楚，齊必堅守無下。」三國誅路大夫。鄭豫、為諸葛恪得，使呼大軍已還雒。豫更大呼：「大軍近在圍外。」賊以刀築其口而死。松贇、北海人。為賊楊厚得。至城下大呼：「官軍大來。」賊以刀築贇口。田泓、苻堅將彭超攻戴逯于彭城，謝玄率何謙次泗口，欲報逯知救至。泓請行，為賊獲，使云「南軍已敗」。泓告城中云：「南軍垂至，我單行來報，為賊所得，勉之！」遂遇害。閻溫、字伯儉。馬超解其縛，令謂城中：「東方無救。」溫向城大呼：「軍不過三日至。」超殺之。唐劉感、涇州守將。為薛仁杲擒，令語城中出降。及到城下，大呼曰：「秦王率十萬衆，城中勿憂。」仁杲埋感脚至膝，射而殺之。許欽寂、契丹入寇，欽寂被擒，令說城未下者，謂裴玄珪曰：「狂賊滅在旦夕，公但勵兵。」賊害之。許欽明、默啜執欽明至靈州城下，令說早降。欽明大呼：「賊中都無飲食，乞城中美醬、粱米及墨。」城中無悟其旨者，遇害，兄弟同死王事。北周柳檜。黄衆寶反，進圍東梁州，縛檜至城下，令誘説城中。檜大呼：「賊食已罄，各宜勉之。」衆寶害檜。又梁霍俊、侯景擒至城下，使言邵陵王綸為亂兵殺。俊獨曰：「王已全軍還京口，城中但堅守。」正德殺之。裴政、岳陽王督鎖至城下，使言：「僧辯已帝，王琳不來。」政乃言：「援兵大至。」蔡大業諫釋之。宋趙淮、葵子。被元執，使招李庭芝。及至揚州城下，大呼曰：「李庭芝，爾為男子，死則死耳，毋降也。」遂被害。魏胡小虎。為梁擒，使説利安令降。小虎曰：「努力堅守，援兵已至。」梁殺之。

校　記

〔一〕烏震：原作「文禮」，據上下文意改。

〔二〕「每事」至「洛陽」，據《晉書·成都王穎傳》補。

〔三〕朱儁：原作「朱雋」，據《後漢書·朱儁傳》改。

古事比卷之十四

孝誼

華寶以不及父在而冠，遂終身不冠；元德秀以不及親在而娶，遂終身不娶；宋劉温叟父名岳，終身不聽樂，不遊嵩、岱；徐積仲車。父名石，平生不用石器，遇石不敢踐；袁昂以父亡不以理，終身不聽樂；何求兄弟感家禍，無復仕宦，而黜至于絶婚對；韋有翼父樂，平生不飲酒，不務歡笑；劉瓛幼為外祖臧質所養，質富盛，恒有音樂，質亡，瓛每聞絲竹之聲，未嘗不流涕。此皆天性惻怛，事雖難以律人，而不忍忘親之心則篤也。彼有謂盡孝不在哭泣者，然則阮籍之嘔血數升，毁瘠骨立；劉濳之一慟而絶，俱嗜酒而母死。將以不勝喪罪之乎？

戴伯鸞死孝；叔鸞生孝。戴遵子良字叔鸞，毋喪。兄伯鸞居廬啜粥，非禮不行。叔鸞飲酒食肉，哀至乃哭，俱有毁容，時謂云。

和嶠生孝；王戎死孝。王戎丁母憂，飲酒食肉，或觀奕棋，而容貌毁悴，杖而後起。和嶠亦居父喪，量米而食，而哀不踰于戎。武帝謂劉毅曰：「和嶠毁順過禮，使人憂之。」毅曰：「嶠雖寢苫食粥，生孝耳。王戎所謂死孝，當先憂之。」

韋彪骨立異形。父母卒，哀毁三年，不出廬寢。醫療數年乃起。　鮑昂抱負乃行。父德喪，毁瘠三年，濳于墓次。以哀父母而至于死者，可謂死孝。　劉濳，定陶人。母死，一慟遂絶，妻哭濳而絶。　李釗父毅死于李雄之叛，釗聞父難，棄官至滇，一慟而絕。　北周天水公廣，母李氏以廣病憂而成疾致没，廣遂以毁薨，世稱：「慈孝萃于一門。」　隋田翼母憂，與妻俱一慟而絕。

卞莊子三戰三北，管仲三戰三走，皆以老母故也。《偶記》

周磐之解韋，誦詩至《汝墳》末章，慨然興嘆，乃解韋帶，就孝廉之舉。及母没，公府三辟，皆不應。毛義之捧檄，家貧，以孝行稱，府檄以為安陽令。義捧檄而入，喜動顏色，張奉薄之。後母亡，遂不仕。奉嘆曰：「往日之喜，乃為親也。」許康佐之求官，母老，求為知院官。人譏其不擇。及母喪除，辟命皆不答，乃知其為親屈。　為養母也。

為養親而埋子者：漢河内郭巨。　劉宋會稽郭世通。　扇枕温席者：羅威、黄香、王延、前趙毛延壽。《偶記》

晉王祥字休徵。周劉祥事嫡母以孝聞，其伯父名之曰「祥」，字休徵；陳蔡覽事繼母以孝聞，其父名之曰「徵」，字希祥。《偶記》

郭雋弘文，太原人。七世同居，犬豕同乳，烏鵲同巢。　汜毓稚春。客居青州，逮毓七世，人號其家「兒無常父，衣無常主」。同居另比。　汲江水：孝子隗通也，孝子姜詩妻龐氏也。

為親浣衣，石建也。建每五日洗沐，歸謁親。入子舍，取中裙，厠牏身自浣滌。　為母炊爨，祖納也。王平北聞其名，以兩婢餉之，因取為中郎。人戲之曰：「奴價倍婢。」祖云：「百里奚何必輕于五羖之皮耶？」　為親滌器，黄山谷也。奉母安康君。　為母行傭，江革也。遭王莽亂，以母老不欲摇動，自在轅中挽車，不用牛馬。轉客下邳，行傭供母，人稱「江巨孝」。

棄官求母，庾道愍也。冰玄孫，仕齊，位射聲校尉。　母在交州，雨中負薪，朱壽昌也。字叔康，天長人。父巽守雍時，為嫡母妬。出其母劉氏嫁民間。相別五十年，壽昌棄官入秦。母在同州，雨中負薪，尋得迎歸。

父有罪，乞代，而得免者：斯敦也，父偉，吴赤烏間廷尉。失儀，當死。敦叩闕，當以身代。吴主赦偉，仍表其閭。長孫慮也，慮，代人。母因飲酒，父真訶之，誤擊殺，坐重辟。慮列辭尚書，云：「弟妹五人並幼，父若就刑，交墜溝壑。身居長，年十五，乞代父命。」詔免真死。吉翂也。翂，蓮勺人，居襄陽。父原鄉令，為吏所誣，當辟。翂十五，撾登聞鼓，乞代父命。乃宥其父。　父坐事，而雪冤者，岑文本也。父之象，邯鄲令。坐事不得申。文本年十四，詣司隸稱冤，其父竟雪。　父得罪，而號哭哀赦者，樂恢也。恢父為縣吏，得罪將殺。恢晝夜號哭，令哀而赦父，年十一。　父在獄，而詣臺得免者，沈瑀也。父昶坐建平王景素反事。　父得罪，而伏門外凍地泣，而令赦其父，鮑恢也。扶風人，年十三。　父自繫言宦官，而舉幡叩血言枉，虞顗也。中常侍張防請托。翊自繫廷尉上書，子顗與門生百餘，舉幡候高梵車，叩血言枉，防徙邊。　父被貶，而奔赴闕庭，覆問得雪者，穆贊也。父甯任和州刺史，貶司户參軍。詔曰：「令子申父之冤，憲臣奉君之命，楚劍不衡于牛斗，秦臺自洗于塵埃。」　父坐事賜鴆，代飲，毒潰而減死，俱流嶺表者，賈直言也。直言父道冲以藝待詔，坐事賜酖。直言給取代飲。明日毒潰足而出，夕乃蘇。帝憐之，減父死，俱流嶺表。直言由是遂躄。　請代父罪，弗許，投河死，而父得出者，蔡定也。定，山陰人。父革依獄吏傭書舞文事連議罪，年七十餘，定請代，弗許。乃懷訴牒投河死。太守亟命出其父。

為父訟冤，又有裴敬彝。裴智周為内黄令，為部人所訟。子敬彝年十四，詣巡察使唐臨，論其冤事，得釋。

庾黔婁父病，嘗糞。　尹萃、杜佑，亦然。　李士謙母病，嘗母嘔吐。　焦懷肅嘗母唾。　蔡順嘗母嘔吐。　田翼嘗母痢惡。　孫希賢、卜勝榮，嘗母痢血。　柳遐吮母乳疽。　張士巖吮母癰。　顏術掬父矢。　元孫瑾吮繼母唐癰。　楚僚亦然。　雍儵長魚。吮母癰。

殷仲堪父師病積年，衣不解帶，躬學醫術，究其精妙。李元忠母多病，專心醫藥，遂善方伎。李密母患積年，精習經方，母疾得除。隋許智藏祖道幼，以母疾究極醫方，誡諸子曰：「為人子者，不知方術，豈謂孝乎？」《文中子》銅川夫人好藥，子始求方。王勃謂：「人子不可不知醫。」從長安曹元游，盡得其秘術。甄權以母病，與弟立言究習方書，權至百歲，太宗幸其舍，視飲食。王燾母有疾，從高醫游，遂窮其術。李逢吉父顏有痼疾，自料醫劑，遂通方書。杜鵬舉母疾，與崔沔同授醫蕭亮，遂窮其術。康王壽母病，學醫，因作書行世。宋高若訥母病，遂兼通醫書，考訂張仲景、孫思邈方書。此以醫為孝者也。　宋李虛己母喪明，己旦日舐睛不懈，二年，母目復明。李行簡父患癱，行簡吮其敗膏，不唾于地，疾尋平。此以孝為醫者也。

陳遺母憂子失明；母好食鍋底飯，遺每餐輒録其焦以遺母。孫恩之亂，聚得數升，及竄，以此得活。母晝夜泣，目為失明。遺還，號咽而目旋豁。　閻元明母念子失明；為郡守，逆養。元明歸養，而目頓開。母失明，慟哭幾絶，而忽豁然者，晉盛彦一作彦之。也。母王氏失明，不應辟召，躬自侍養。婢伺彦他適，取蠐螬炙飴之。母食美，疑是異物。彦見，抱母痛哭幾絶，母忽豁然。以此目疾遂愈。　祖喪明，夢老人以金鎞治目復明者，北周張元也。　父失明，夢神人與藥，銜左腕搥骨取髓調藥立愈者，宋安陽民段簡在也。　母喪明，而以舐復明者，吴楓橋里人丁祥也。

曾子從仲尼在楚，而心動辭歸。母曰：「思爾齧指。」蔡順嘗出求薪，客猝至，母噬其指，順即心動，棄薪馳歸。母曰：「客至，吾噬指以悟汝耳。」鄭子產聘晉，中道心痛，遣人還家問母，母曰：「忽心體不調，憶汝耳。」余齊仁晉陵人。為邑書吏，曰：「比者肉痛心煩，必有異故。」已乃父亡，信至，一慟而絶。《宋書》鄱陽王恢鎮蜀，所生母費太妃于都不豫，恢夢還侍疾，俄而信至，已瘳。《梁書》臧盾隨父宿直廷尉，左右中指痛，及曉，家報其母暴亡。南陽宗元卿為祖母所養，祖母病，元卿在遠輒心痛。《齊書》庾黔婁從孱陵令，時父易在道遘疾，黔婁忽心驚，即日棄官歸視，父病幾不濟。《齊書》阮孝緒于鍾山聽講，母忽有疾，兄弟欲召之，母曰：「必當自到。」果心驚而返。《梁書》劉璠隨蕭曄在淮南，母建康遘疾。璠忽一日舉身痛楚，家信至，即號泣歸。當身痛之辰，即母死之日。裴訥之以平原公至并州，母留鄴，得心痛，訥之是日心亦驚痛，乃請急而還。《北史》齊王宇文憲或東西從役，每心驚，母必有疾。後周。裴敬彝在長安，或泣涕不食。曰：「大人每有痛處，吾即不安。今日心痛，得無戚乎？」急歸，果聞父智周。喪。《唐書》張志寬為里尹，忽稱母疾，曰：「母嘗有所苦，志寬亦有所苦。向患心痛，知母有疾。」馳驗如言。崔渾母病，祈神，請以身代，覺病從十指入，俄而遍身，母遂安。司馬池將試殿廷，心動不能寐，自恐其母有疾，因語其友，友告以疾，遂號慟而歸。《宋史》賈魯一日覺心悸，尋得父書，書勢顫縮，即辭歸，比至家，父已有風疾。夫蜀山、洛鐘，應無或爽。誠孝所寄，天地、鬼神且為所動，況血氣實禀，為我生者乎？《餘冬序録》

高士廉謫朱鳶簿，晝寢，夢母與言。既覺，涕泗横集，明日果得母訊。《搜神記》：周暢母欲呼之，自齧其手，暢即覺身痛而至。宋唐伯虎，字長孺，父游瀘南，伯虎夜就弟庚，曰：「夢叔父書，得『亟來』二字。」走洪川至瀘南，父果病甚。是日少間，具舟侍父歸，卒于家。

曾晳嗜羊棗，而曾子不忍食羊棗。　桓任後母生時不食猪羊肉，終身不入口。後漢。　狼偶二親病時不能食肉，偶終身不食。　刁少雍祖紹先嗜羊肝，嘗呼共食，及紹先卒，少雍終身不食肝。（後魏書）　庾沙彌嫡母劉好食甘蔗，及亡，沙彌終身不食蔗。　任昉父遥本性重檳榔，臨終不得，昉終身不食。　陳叔達母患口乾，求葡萄不得，執而不食。　石玄度因病殺所養白狗以供湯，不救，恨殺此狗，弟法度終身不食狗。　徐孝克生母患病，欲粳米為粥，不能常辦。母亡，遂噉麥，終身不食粳米。（陳書）　鮮于文宗七歲，父以種芋時亡。明年芋時，對之嗚咽，如此終身。（南史）　朱百年家貧，母以冬月亡，衣並無絮，自是不衣綿絮。（宋書）　陶子鏘母嗜蓴，母没後，常以供奠，後一冬不得，痛哭，遂斷蓴味。（梁書）　薛天生母遭艱菜食，天生亦菜食，母未免喪而死，天生終身不食魚、肉。　江泌母亡後，以生缺供養，遇鮭不忍食。　江子一家貧苦，供養多缺，因終身蔬食。（梁書）　張根父病蠱，戒鹽，根為食淡，母嗜河豚及蟹。母終，恨不復食。母方病，至鷄鳴則少蘇，後不忍聞鷄聲。　趙善應父終肺疾，每膳不以猪肺為饍；母生歲卯，終身不食兔。父没，而不能讀父之書；母没，而桮棬不能飲焉。此固人子之情也。

張敷母亡，得母一扇，每至感思，輒開笥流涕。　張譏母亡，得母綵錯經帕，每對之，哽噎不勝。　齊高以纏髮繩賜河東王鉉，以寶函盛之，歲時開函，流涕。鉉，人才甚凡，而有此一至。　漢明帝每視陰太后鏡匳物，悲涕。

古初長沙人。父喪，未葬，鄰人失火，伏棺扞火，火為之滅。　蔡順汝南人。母喪，未葬，里中火逼，伏棺號哭，火亦為滅。　晉何琦母喪，鄰火煙焰已交，而撫棺慟哭，風止，堂屋免燒。　劉殷曾祖母喪，西鄰失火，夫婦叩殯號哭，遂越燒東家。　若火逼而伏棺不去，鄰人救免者，有傅琰、徐普濟。臨湘人。《偶記》

廉范十五，奉父喪葭萌，載舟觸石破没，范抱柩俱沉，衆鈎求得之，僅免于死。　謝述奉兄純喪還都，至西塞暴風，喪舫流漂，述乘小舟，冒浪呼號，獲免。　袁昂母喪，江路風濤，昂縛衣著棺，誓同溺，風止，惟昂船獲全。

曹娥父盱五日泝濤覆溺。娥年十四，投江而死，抱父尸出。　饒娥父勣漁江舟覆。娥年十四，哭水上三日，不食死。俄大震電，父尸浮出。《唐書》　犍為叔先雄父泥和墮水，雄于父墮處投水死，弟賢夢雄告曰：「後六日當同父出。」至期，果浮巴江上。後漢。　唐沈季詮侍母渡江，遇風溺死。詮投江，援母臂而出。　唐張真溺死，妻黄氏名帛，遂自沉。越十四日，抱夫尸出灘。

吳興孫法宗，十六，沿海尋求父尸。見枯骸則割肉灌血十餘年，臂脛無完膚，血脈枯竭，終不能逢。遂縗絰終身不娶。《宋書》會稽陳業兄渡海傾命，業流血灑骨收葬。　唐聊城人王少玄，遺腹生，十歲問父所在，母泣告。即哀泣求尸。　鑱膚滲血，父胔獲葬。　然法宗苦矣。梁豫章王綜母吴淑妃告之，發東昏侯墓，出骨瀝血，而信為父子。

其親畏雷，每聞雷則伏墓而泣者：蔡順也，輒圜冢泣曰：「順在此。」王裒也，輒到墓曰：「裒在此。」竺彌也，趙善應也，唐徐仲源也。《偶記》

讀詩，而門人學者廢《蓼莪》：王偉元裒。也，顧景怡歡。也，孟元方也。前。

梁文貞廬墓，不言笑者三十年。《唐書》　崔善沖侍母疾，不脱冠帶者三十年。

親喪三年，未嘗見齒：子羔也，晉劉殷也。

王裒攀柏枝，葉為之枯。《晉書》　裴子野每之墓，草為之枯。《南史》

隋劉士雋母喪，勺飲不入口七日。　段秀實母疾，水漿不入口七日。疾有間，然後飲食。

因親所傷，而不忍者：陸襄吳郡人。惟以掐摘供厨；以父閑被刑，終身布衣、蔬食。雖茹菜有切割者，皆不忍食。姚子篤江陵人。終身不忍噉炙；母以燒死。　熊康豫章人。終身不嘗酒。父以醉而為奴所殺。　禮緣人情，恩由義斷。假如親以噎死，遂可絶食耶？

痛父之死于鋒鏑者：張武、父業遇盜戰死。武後詣太學受業。嘗持父遺劍至父亡處祭泣。太守第五倫舉為孝廉。　韓思復、十歲，母語父亡狀，感咽幾絶。　路隋、父泌從渾瑊，為吐蕃執死焉。隋恩授八品官，逮長知父死吐蕃，日夜號泣。　鄭善果、父誠戰死，善果方九歲，以死事襲爵，家人弗告也。及受詔，號慟。　王忠嗣。父海賓戰死，忠嗣時九歲，授尚輦奉御。見帝，伏地號泣。　至性所激也。

以生貌類父，父没，終身不引鏡：韓臯也，路隋也。

劉孝綽自以書似父，乃變為別體；宋李含光善書，或曰：「子迹過其父。」含光聞言，終身不書。　異乎拭除父之題壁者矣。王羲之往都，臨行題壁。子敬密拭除之，輒書易其處。羲之見之，乃歎曰：「吾去時，真大醉也。」子敬乃慚。

戴顒與兄勃俱受琴于父。父没，所傳之聲不忍復奏，各造新弄。　柳渾父世隆彈琴第一，每奏父曲，常動感思，乃為變體。

對遺蹟而興感者：曹休之見畫像；休祖父嘗為吴郡太守。休後至郡舍，見壁上祖父畫像，下榻涕泣。鄭述祖之對石銘；述祖父為兖州，于城南起齋亭。及述祖為刺史，往尋舊蹟，得破石有銘，曰：「中岳先生鄭道昭之白雲堂。」述祖對之嗚咽。元順之見坐榻；順為僕射，上省登階見榻。徐仵起曰：「曾經先王坐。」順對之涕泗交流。薛元超之泣磐石；為中書舍人。省中有一磐石，祖道衡為内史侍郎，嘗據而草制，元超見則泫然。韋虚心之對庭柳；父維為户部郎中，嘗蒔柳于庭。及虚心兄弟居省，對之輒為斂容。盧汝弼之不向亭壁。父簡求節制太原。嘗手書詩一章在龍泉亭西壁，後弼為亞帥，每晏集，未嘗西向。儼然如音容之在前也。

年十三，隨諸母入宛城，道遇賊，拔劍而前，賊曰：「童子納刀。」捨之而去者，朱暉也。 年十五，與父道為盗所劫，乃拔佩刀而前，盗曰「童子，義士也，不宜逼之」者，彭修也。

遇盗，請代而釋者：李安期也，李百藥貶桂州，遇盗，加刃，子安期方七歲，跪泣請代，盗釋之。高郢也。郢父伯祥為好時尉。安禄山陷京師，將殺之。郢尚幼，解衣請代，貰之。 叩頭乞代，以身蔽刃而俱殺者，梁江從簡及子兼也。從簡位司徒從事中郎。侯景亂，為任約所害。子兼叩頭流血乞代，以身蔽刃，遂俱見殺。 抱頸求代，以身蔽刃而俱害者，陸閑及子絳也。閑為揚州别駕。遥光作亂，崔平攻陷城被收。徐孝嗣啟閑不與逆謀。未及報，徐世標命殺之，子絳抱頸求代。行刑者俱害之。

被戮，而門内從死數人：沈慶之、文叔、昭明也，宋昱既殺慶之，或勸子文叔逃避。叔飲藥自殺。叔子昭明位秘書郎，曰：「何忍獨生？」自縊死。沈昭略、昭光、曇亮也。齊東昏殺沈昭略，或勸其弟昭光避去，不忍捨母，遂見殺。昭光子曇亮已得逃，聞光死，曰：「家門屠滅，獨生何為？」又絶吭而死。

劉平弟仲為賊殺，平抱仲女而棄其子。夏侯淵遭亂饑乏，棄其子而活亡弟孤女。張範子陵，及範弟承子戩為賊所得，賊以陵還範，範請以陵易戩，賊悉還之。元劉廷讓兵起疾驅，棄己子而抱幼弟。割情舉義，不獨鄧伯道矣。然伯道哺姪，而繫子樹間；王元規避水渡姪，而留子女三人于樹杪。未免忍而過也。

劉平再就賊，以賊憐其母也；趙孝再就賊，以賊矜其弟也。二子非立信于然諾，蓋孝弟之極思也。王琳汝甯。請代弟哺；淳于恭盜烹兄崇，俱免。願代兄烹；兒萌、齊國。車成，梁郡。亦以遇赤眉賊，而兄弟乞代，並蒙哀釋。而魏譚為其同輩十餘人，亦以哀請，事大過情。豈譚真謹厚，故出此耶？抑見夷長公可以義動，而特為俠烈之舉耶？魏譚事見《盜賊》。

孝感

剖冰，而雙鯉躍出者：王祥、崔志女。叩凌，而一魚踴出者，王延。卧冰，而童子送鯉者，楚僚。泣禱河神，而冰開得尺許鱖者，查道。舟中躍魚者：高登、龐遵。獺獻魚者：胡光遠、張士嚴。母病。舍側躍鯉者，姜詩。宅後生魚者，陸政。《偶記》

又焦華冬月得瓜，以愈父病；夢黃冠與瓜。王薦雪中得瓜，以止母渴。冬月，母病思瓜，薦至深嶺，仰天而哭，忽見巖石門青莚，有二瓜，摘歸以進，母渴遂止。孝思所感，動植之類，且以非時應之。彼季夏思凍魚膾，仲冬思生地黃者，即以南面之尊切責有司，至加刑辟，而猶不得。慕容熙因苻后思食，故必欲致之。益信孝感之神，則有劉殷之堇；曾祖母盛冬思堇，殷九歲，哭澤中，忽得斛餘。滕曇恭之瓜；五歲，母楊患熱，思瓜。土所不產，俄遇一桑門，分一瓜相遺，尋訪不知所在。陸襄之粟漿；母卒，患心痛。忽有老人貨粟漿，服之，即愈。解叔謙一作仲恭。之藤；母患風疾，夜禱，空中語云：「得丁公藤為酒即瘥。」訪至宜都山中，遇老公以四段與之，並示漬酒法，果瘥。蕭叡明之石函；母病，晝夜祈禱，忽有以小石函授之。函有三寸絹，丹書「日」、「月」二字，服之即平。梁彥先之石；得紫石于園中，愈親病。羊叔緯之白石；母疾，中夜祈禱，忽見一人自稱枯桑君。曰：「若人無患，今泄氣，在家西南求白石鎮之。」言訖不見，如言疾愈。阮孝緒之葠；母疾，需人葠。緒于鍾山隨一鹿至一所，忽滅，果獲，遂愈。劉靈哲之藥；母病，夢黃衣老公與藥，得之枕間而愈。丘傑之丸；烏程丘傑夢母曰：「汝啖生藥，遇蝦蟆毒。靈床前有藥三丸。」服之，下蝌蚪數升。宋瓊之瓜。母病，秋月思瓜，瓊夢見之，求而遂獲。俱《偶記》。

楊範採椹進母，忽于地中得米十斛，上有字云：「賜孝子楊範。」劉殷夢人謂：「西籬下有粟。」掘得十五鍾，石銘曰：「七年粟百石，以賜孝子劉殷。」

水漬蓮華不萎者，齊晉安王子懋也。母阮淑媛病篤，請僧行道。有獻蓮華供佛者，子懋流涕禮佛，曰：「若使阿姨因此和勝，願竟齋。」不萎七日，花更鮮紅。竹燈枝葉大茂者，齊南海王子罕也。母樂容華寢疾，子罕晝夜祈禱，以竹為燈纘照夜。此纘宿昔枝葉大茂，母病亦愈。

母亡經日，奔還號叫而即蘇，國昕也。字令先，廬陵人。隱金華山，服食不與世人交。捧母乳癰，悲泣而即覺小寬，因而漸愈，魯康祚也。扶風人。

烏銜土成墳者：顏烏也，張元也。獸銜土成墳，徐仲原也。《偶記》羣烏數千，銜土成墳：文讓也，李陶也。　墳自成，生松、竹，宗承也。

鹿犯其墓，而鹿死松下者，許孜也。　鹿犯其墓，柏泣而鹿不復觸者，褚無量也。《偶記》

陶侃丁母憂，有雙鶴來吊。二客來，即化雙鶴去。　吴隱之母喪，每哭，雙鶴警叫；兄坦之母葬之夕，設九飯，每臨一祭，號慟斷絶，至七祭，吐血死。　梁庾域母好鶴唳，一日雙鶴來下。　劉霽廬墓，哀慟，常有雙白鶴循翔廬側。

負土，而白鹿游墓者，方儲也。　負土，而赤烏巢門，犍為吴叔和順。也。　負土，而二白鵲棲廬，成都沈汝琢也。　白烏巢冢，裴子通也。　二慈烏來集廬樹，蕭放也。　雙鳩巢喪舟，又栖廬側，庾子輿也。　羣烏數千，候哭而來，哭止而去，北魏宗懍也。　白鳩巢廬：甄恬也，韓懷明也。　喪致白鳩巢户側，舉為孝廉，稱「白鳩郎」，徐憲也。　趙琦母喪，有雙梟白鳩見人即去，見琦則留。　丁密父艱，雙梟游廬旁小池，後母喪故，雙梟復游池中。《廣州先賢傳》　魏南陽程謀甫堅。母喪，哀號，櫪下馬亦淚出。　伍襲廬父墓，一鹿每哭輒至悲鳴。　程袁師負土改葬，有白狼、黄蛇馴墓，每哭，羣鳥鳴翔。《北史》：紐因廬父母墓，廬前生麻一株，高丈許，圍之合拱，冬夏恒青，有鳥栖上，因舉聲哭，鳥即悲鳴。又翟普林廬墓不衣繒絮，惟著單襖，家有烏犬，隨其在墓，普林哀臨，犬亦悲號，有二鵲巢其廬前，入廬馴狎。　廬墓，有白兔馴擾，木生連理，蔡邕也。　母喪，紫芝産座側，白雀巢家樹；父喪，庭木連理，張九齡也。　親喪，有甘露、嘉禾、芝草、連理、白兔之祥，許法謹也。　父喪廬墓，有紫芝、白雀之祥，楊炎也。　憂毀，芝草生所居堂，鄭縣丞崔希喬也。　母喪，芝生壞樹，趙燝也。　母喪，白鵲馴擾，狄仁傑也。　父喪，廬燕更巢共乳，崔玄暐也。

疾病著床，忽有人問疾而尋愈，王虚之也。十三喪父，三十三喪母，二十五年鹽酢不入口，疾病著床。忽一人來，謂曰：「君病尋瘥。」每夜所居，有光如燭。　病目，空中見聖僧下針，而豁然開朗者，齊鄱陽王恢也。嘗以孝愈母疾。後恢病目，道人慧龍得療眼術，恢請之。及至見僧，咸謂誠感。　目盲哭父血出，妹舐左目即開，永興概中里王氏女也。宋、齊間，王氏女五歲目盲。年二十哭父，眼開。時稱孝感。

義俠

侯生以朱亥進信陵，而自刎也，懼魏王之誅也。　田光以荆軻進燕丹，而自刎也，欲不與其成敗也。《偶記》

吴全柔使子琮賫米數千斛到吴，琮散以賑贍，空船而返。　宋范仲淹使子堯夫運麥五百斛過丹陽，堯夫盡以助石曼卿喪，單騎至家。　東坡受梁吉老十絹百絲，盡贈四喪未舉之李廌。憲仲子。　柳仲塗以二百千與乞葬者。　郭元振為太學生，家送資錢四十萬，盡以與五世未葬之縗服者；楊虞卿抵淮南，委婚幣以助陳商葬其先。　然元振為通泉尉掠賣部中口，以餉遺賓客，百姓厭苦；虞卿為牛、李黨中魁傑，俠同蘇、范，而異趨也。　又宋查道之傾囊，尤人所難及。貧不能赴試。親戚裒三萬錢遺之。過滑州父友吕翁家，吕翁將鬻女以葬母及兄。道即傾囊錢與之，又嫁其女。

韓魏公在延安，刺客夜入，授之首，而不取也。　張魏公在秀州，刺客夜入，授之首，而不取也。

又鉏麑釋趙盾；梁刺客釋袁盎；隗囂刺客楊賢釋杜林；劉平刺客釋昭烈；葛從簡刺客釋富翁；梁冀刺客釋崔琦；程璜女夫陽球刺客釋蔡邕；劉裕刺客沐謙釋司馬楚之；唐太子承乾刺客張師政、紇干承基釋于志甯；吳張顥刺客釋嚴可求。其人豈但刺客乎？　至高漸離之鉛筑，無恤厨人之銅斗，其具同，而所以用之之心則相遠矣。

市偷為子發竊齊將軍之簪；紅線為薛嵩竊田承嗣之金盒。懾其心矣。《偶記》

為人殺負心僕者：皆欲娶主人之女。張詠也，柳開字仲塗。也。開殺其人而烹之，召同舍共啖，大似虬髯客。前。

為人報讎者：郅惲為友人董子張殺父讎，子張見而氣絶。　何顒伯求。為友人虞偉高報父讎，以頭醊其墓。俱後漢人。　典韋為襄邑劉氏報讎。劉氏與睢陽李禮為讎，禮備怨甚謹，韋乘車載雞酒，偽托候者。門開，懷匕首入，殺禮並妻。　張繡為縣令報讎。繡，武威祖厲人。麴勝殺令劉雋，繡刺殺勝。

廉范奔赴敬陵，肅宗。　盧江掾嚴麟會于路，小車塗深馬死，范令從騎下馬與之，不告而去。　潁陰劉翊子相。　行河南界，遇陳國張季禮遠赴師喪，寒冰車毀，翊下車與之，不告姓名，策馬而去。後漢人。翊又見一士病亡途次，以馬易棺，脱衣治斂。又逢故知困乏，毀所御牛，徒步枵腹而歸。　王義方詣京師，客有徒步，疲于道，父病往省，困不能前，義方解所乘馬以遺，不告姓名而去。　潼關之敗，王思禮馬中矢，有騎卒張光晟下馬授之，不告姓名。光晟後以從逆誅。　茨克舉孝廉，之京師，同侶馬死，克合車持馬，還往相迎。

范雲起宅新成，而王畡移尸外入；雲與畡善。雲宅成，移家始畢，畡亡于官舍。雲以東廂給之，移尸外入，躬自營斂。

時以為難。周仁榮築室落成，而楊公道輿疾造門。曰：「願假君新宅以死。」仁榮讓正寢居之。俄死，篋中遺金，自平陽呼其子來付之。此足以省頹俗矣。

心許于生前，而終踐之：徐君之劍。吴季子過徐，徐君愛其劍。季子心知，許之。使還，徐君已没，遂解劍懸其墓而去。

郈成子之宅。自魯聘晉過衛。右宰穀臣止而觴之。陳樂送璧，成子曰：「觴我，親我也；陳樂不作，告我哀也；送我以璧，托我也。」行三十里，而衛難作，穀臣死之。成子于是迎其妻子還，隔宅而居之。朱暉之穀帛。同縣張堪把暉臂曰：「欲以妻子托朱生。」堪後物故，南陽饑，暉往賑急之，歲送穀五十斛，帛五疋以為常。

周旋人患難：賈淑、鄉里有憂患者，輒傾身營救。祖瑩、士有窮厄，以命歸之，必見存拯。韋祐。法寶，人有急難投之，皆保存之。朱博于陳咸。咸坐漏泄省中語下獄，掠治困篤。博詐為醫，見咸，又變姓名，卒免咸罪。裴瑜、魏劭于史弼。太守弼殺侯覽門生。檻車徵，惟瑜送到崤、澠之間，下獄當棄市。魏劭與同郡人賫郡邸行賂，得減死。庾詵于鄰人。被誣為盜妄欵。詵以書質錢二萬，代之酬備，獲免。

身在患，而猶能恤人：趙憙、為赤眉圍，踰屋亡走。既入丹水，遇更始親屬饑困，憙所裝縑帛、資糧，悉以與之。王朗、為孫策執，雖流移窮困，而收恤親舊，分多割少，行義甚著。許靖、許貢、王朗素與靖有舊，故往保焉。靖收恤親理，經紀賑贍。孫策渡江，皆走交州以避。靖身坐岸邊，先載附從，疏親悉發，乃從後去。楊俊、兵亂，詣京密山間。同行百餘家，俊賑恤貧乏，通共有無。族故為人掠作奴僕者，傾財贖之。祖逖、率親黨數百人，避地淮、泗。以車馬載，同行老疾，躬自徒步，藥物、衣糧，與衆共之。崔巨倫、叔楷為殷州，巨倫為長史。在州陷賊，斂恤亡存，為賊所義。劉璠、為達奚武執，時南鄭拒守，武請屠之。太祖惟令全璠一家。璠泣而固請，城竟獲全。顏泉明。杲卿子。為史思明擄，得歸，求父尸東京，並袁履謙尸，棺斂以歸。杲卿姊妹子及泉明之子皆流落河北。泉明號泣求訪，詣親故乞索贖之。先姑姊妹，而後其子；遇父時將吏妻子流落五十餘家，均減資糧，一如親戚。真卿悉加贍給，隨其所適而資送之。

避亂同居，趙儼。伯然，陽翟人。避亂荆州，與杜襲、繁欽通財同計，合為一家。

同遊相濟：陸瑁、遜弟。陳國陳融、陳留濮陽逸、沛郡蔣纂、廣陵袁迪，皆單貧有志，就瑁遊處，瑁割少分甘，與同豐約。　應詹。韋泓喪亂，客遊雒陽，素聞詹名，依托之。詹分甘共苦，情若弟兄，置宅與居，為營伉儷，薦為顯官。泓後祭詹終身。

義在救人而危及其身：杜真以救翟酺繫獄。酺被繫，真上章救酺，繫獄笞六百，竟免酺難。　孟詡以藏劉愷受誅。義宣反，其子愷着婦人衣，乘問訊車投詡于寢室，為地窟藏之。事覺，詡伏誅。　郭舒坐擅放司馬彪，繫廷尉。世多義之。　劉休坐匿謝儼，繫尚方。儼同義宣反，休匿之，繫七年乃出。　黃顯勸李守詣闕，而後并殺。守子通，從光武起兵，欲亡歸。顯曰：「君狀貌非凡，將安之？不如詣闕自歸。」莽繫于獄，後并為莽殺。　北海太守憤捕逢萌，吏爭之，受繫。　上邽太守怒收姜岐，督郵諫之，得杖。

妾之棄酒也，能解夫妻之毒，而不免于笞：《國策》：有遠為吏者，妻私人，夫且歸，婦為藥酒以待，使妾奉巵酒進。進之則殺主父，言之則逐主母，乃陽僵棄酒。主人怒而笞之。　申漸高之飲鴆也，能解君相之毒，而不免于死。南唐周本有威望。烈祖因宴引鴆酒賜本，本覺，均酒之半以進，曰：「以此上千萬壽。」烈祖失色，優人申漸高托俳戲，並飲之。烈祖密使人持藥解，不及，腦裂死。　一時機策，即以俠名之也可。一作徐知誥召知詢，酌以金鍾。

身被考掠，不改者：繆彤、召陵人。仕縣主簿。時令被章見考，吏皆畏懼自誣，而彤獨證據其事。掠考苦毒，體生蟲蛆，因復傳換五獄，踰涉四年，令卒免。　陳禪、刺史。為人上受賂，及至笞掠無算，五毒畢加。禪辭對無變，事遂散釋。　朱震、為陳蕃友。蕃被殺，震為銍令，棄官收葬，匿其子逸于甘陵。事覺繫獄，合門桎梏，震受考掠，誓死不言。故逸得免。　褚冕、南康王子會理之引。會理欲圖侯景，事敗。冕亦囚于省，問事所起，拷掠千計，終無所言。會理遇害，冕竟以不服，赦之。　劉侯仁、豫州人。郡人白早生殺刺史司馬悦。悦息朏走投侯仁。賊雖重加購募，又毆其捶楚，侯仁終無漏泄，朏遂免。 張元。為獄卒。斛斯徵下獄，元佩刀穿獄牆出之。元卒被考而終無所言，徵遇赦免。

功曹陸續備受五毒，以白刺史尹興之不反。興辟為從事。楚王英謀反，陰疏天下善士，有興名，徵詣廷尉。惟續與梁宏、史駟勳，掠考五毒備至，肌肉消爛，終無異辭，遂赦。 倉曹戴就備受五毒，以明太守成公浮之受誣。刺史歐陽參奏公浮臧罪，收就于錢塘獄。薛安燒鋘斧，彭考百備，以馬通薰之，安壯而釋之，浮亦免。

王嚴秀匿蕭業兄弟，收獄考掠，至死不言。蕭懿之難，子業及二弟藻、象匿王嚴秀家。東昏收秀付建康獄，考掠以鉗拔手爪。 鄭羆匿盧度世，吏囚羆子，火爇其體而死不言。魏中書學生盧度世坐崔浩事亡命，匿高陽鄭羆家。吏囚羆子，羆誡勿言。子奉父命，火爇其體而死。後度世赦，為中書侍郎，為其弟娶羆妹。

救患

逢丑父與公易位，以脱公難。鞌之戰，齊師敗。逢丑父面目、衣服與頃公相似，使公下車取飲，佚而不反。 楚子期為王與吴，而楚子得免。子期似王，逃王而己為王。 齊孟陽代君居床，以待賊。逢稱、管至父作亂，入殺孟陽。曰：「非君也。」見公足户下，遂弑。 《漢紀》：信乘黄屋以誑楚。楚圍滎陽急，信乘王之車，黄屋左纛，曰：「食盡，漢王降。」王得遁去。 鴻門之役，高祖幾不免，賴樊噲排闥直入，張良玉玦留謝，得脱虎口之厄。 當陽之役，先主幾不免，賴張飛據水斷橋，趙雲、關羽船會，得解長坂之危。

漢宣帝與巫蠱之難，而獲養于丙吉。 猶周宣王與奔彘之難，而獲養于召公。召公以子代太子，太子得脱。

漢王敗遁，道逢孝惠、魯元。王急推墮，滕公常下收載，得免。 高歡圖杜洛周，不果而逃。子澄及女魏永熙后皆幼，彎弓將射之，段榮透下取之，以免。梁武帝起義，為郡所繫，桓康裝擔，一頭貯穆后，一頭貯文惠太子，及竟陵王子良，負置山中，與蕭欣祖破獄出武帝。

王衛尉言，而赦相國。蕭何請上林苑空地，高帝械繫之。衛尉曰：「陛下距楚數歲，豨、布反，陛下自將而往。當是時，相國守關中，不以此時為利，今乃利賈人金乎？」太后言而赦絳侯。人告周勃欲反，下廷尉逮捕。太后曰：「絳侯誅諸吕，綰皇帝璽，將兵北軍，不以此時反，今居一小縣，顧欲反耶？」

人危在呼吸，而力救之：馮魴救申屠季；湖陽大姓虞長卿與同縣申屠季有仇，欲執季。魴叱曰：「士窮相歸，當以死任之。」季曰：「有牛馬財物，願獻之。」魴作色，季乃不敢復言。祝公道救賈逵；郭援攻河東，逵堅守絳邑不下。既潰，逵不肯拜，閉土窖中，以車輪蓋上方，將殺之。公道憐其守正，夜往引出，折械遣去，不語名姓。臧霸救徐翕、毛暉；翕、暉亡命投霸。魏太祖令送二人首。霸曰：「所以能立，以不為此。王霸之君，可以義告。」太祖以翕、暉為郡守。郭憲擁護韓約；約失衆依憲，衆欲取以邀功。憲擁護之。後約病死，田樂、陽達斬送約頭，欲疏憲名，不肯。張嶷救縣長夫人；山寇攻縣，縣長捐家逃亡。功曹嶷冒白刃，攜負夫人，得免。高岱孔文。為盛憲求救；許貢鎮郡，岱將憲避難許昭家，求救于陶謙，憔悴泣血，水漿不入口，謙以告與貢。孫鑠馳詣石苞；會苞遣輕平襲苞。鑠馳詣春，為苞畫計獲免。華譚移近周馥；劉陶收譚，馥理而出之。及甘卓討馥，謂譚已去，譚更移近馥，馥曰：「吾嘗謂華令思是臧子源之儔。今果效矣。」卓嘗為東海王越所捕，投譚而免，遣人求之，譚答不知。遺絹二疋，强求之，譚已亡矣。王午保全李績；父產仕石氏，績隨午奔鄧口。鄧嘗謂：「績父降燕，在此為患。」午恐為嘗所害，乃資遣之。王昕身蔽邢卲；昕守東萊，卲擧室就之。衆人以邢杲從弟，欲執之。昕以身蔽，呼曰：「當先殺我？」乃免。鞏榮貴矜楊愔；愔父津為行臺，邯鄲人。楊寬求從，納之。俄，孝莊被幽，愔還都。過寬，寬執見劉誕，誕付慕容白澤，遣榮貴送都。愔欲自縊，榮貴矜感，遂與俱逃。雷五安哭求王思政；河橋之戰，被創悶絕。帳下督五安于戰處哭求相得，割衣裹創，扶思政上馬，夜久乃還。王雄誕負杜伏威。伏威為李子通所襲，重創墮馬。雄誕負之，逃葭蘆中。又為來整破，部將西門君儀妻王氏勇決多力，負伏威走。雄誕還禦追卒。此其人皆植仁扶義，足以恤人之難。皇皇援之，恐後倘少緩，須臾則勢窮徑絕，故足記也。若夫躬蹈水火，如斯敦請代吉翂撾鼓以救父；楊政貫箭，王調貫械以救師；政師范升，調師李固。蔡文姬徒跣以救夫；再嫁董祀。桓氏號哭以救翁。將戮庾友，友子婦為桓宣武弟豁女，突入號哭，宣武為原玉臺一門。則血性捐軀，不同于他人之焚溺也。

免人于危殆者：王愷作坑，欲害劉琨兄弟，石崇救之。王僧達作坑，欲埋從子確，從弟僧虔呵禁之。鬱林密令殺李元履，而王廣之擁護之。廣之先為元履父安人所厚。會鬱林敗死，元履拜謝曰：「二十二載，父母之年。自此以外，丈人之賜也。」王珪當配流，而李安遠營護之。大業初，珪坐叔頍，當配流，營護獲免。陶謙拘執張昭，而趙昱營救之。謙舉昭茂才，不應。謙以輕己，遂見拘執，昱傾身營救，得免。崔琰幽于囹圄，而陳琳營救之。袁紹二子爭欲得琰，稱疾固辭。幽于囹圄，賴陰夔、陳琳得免。齊囚王瑜，而楊愔存護之。瑜，琳弟。與袁憲使齊，齊以琳故囚之，危殆數矣。愔每存護之，還陳。何晏欲害傅嘏，以荀顗營救得免。大帝欲殺虞翻，醉酒犯忤。以劉基諫諍得免。路嗣恭欲害李泌，以王綽救解獲免。

同郡周生謀害宣帝，而胡昭救之；涉險邀于崤、澠之間，泣而結誠，生感其義，因斫棗樹共盟而別，口終不言。石勒將殺鄧攸，而門幹救之；攸為郎時，幹識攸。攸求紙筆作辭，幹候勒和悅致之，勒重其辭，乃命勿殺。王玄謨諸將請殺張暢，而張興世救之；以袍覆暢而坐之，以免。侯景陷郢，欲殺顏之推，而王則救之；賴則送建業。溫子昇為葛榮得，而和雒興送之。以數十騎潛送達冀州。皆救之于鋒刃。

秦璩救陳訓；陳敏作亂，遣弟宏為歷陽守。訓謂邑人：「不久當滅。」宏將斬之。璩謂宏：「參平訓善風角，可試之。不中，斬未晚。」乃救之。何稠救耿詢。蜀王秀廢，當誅。稠曰：「詢巧思有神異，為朝廷惜之。」特原。二人則以術藝見救。惜郭璞、華佗之無其人也。

人有急難而能脱之：趙岐之孫嵩。藏複壁中數年，諸唐死，因赦，乃出。第五種之孫斌。中常侍單超兄子康守濟陰，種按其罪，陷種徙朔方。斌叫超謀，晨夜追種，格殺送吏，下馬與種一日夜行四百里，遂脱歸。張儉之李篤。儉亡命東萊，止李篤家。外黄令毛欽操兵到門，篤引欽就席，曰：「若儕在此，明廷寧宜執之。」欽起曰：「蘧伯玉耻獨為君子，足下如何專取仁義？」篤曰：「今欲分之，明廷截半去矣。」欽歎息而去。因送出塞而去。中山王熙弟略之司馬始賓。熙討元乂，不克死。傳首至洛，親故莫敢視，刁整獨收藏之。熙弟略亡，抵故人司馬始賓，與略轉依西河太守刁雙。經年，固求南奔。雙乃使從子昌送略渡江歸梁。薛昭之房光庭。昭坐流放，投光庭，匿之。既露，執政詰之。光庭曰：「與昭有舊。途窮而歸光庭，得不納之？若擒以送官，居廟堂者何以見待？」執政義之，出為磁州刺史。李燮之徐州酒家。酒家知非常人，以女妻之。杜根之宜城酒家。知其賢，厚待之十五年。蔡邕之泰山羊氏。往來十二年。華温琪之田父。黄巢敗，至夜胙縣界，田父見非常人，遂匿于家。刁雍之故吏。劉裕以嫌故，先誅刁氏；雍為父暢故吏，匿，後奔長安。爾朱敞之長孫媼。遁入一村，見媼再拜，求哀愍之。藏複壁三年。孫搴之王元景。時崔祖螭反，搴預焉。逃元景家，遇赦出。虞綽之辛大德。坐楊玄感徙，亡抵信安令天水辛大德，舍之。歲餘，與人争田，告斬。馬燧之徐遇。禄山反，脱身走，西山隱者徐遇匿之踰月，間行歸平原。慕容德之呼延年。超，德之兄納之子。苻昌收納妻于獄，掾呼延平，德故吏，將段氏逃而生超。汝南王子義之裴楷。亮被害，子義八歲。楷竊之以逃，一夜八遷得免。戴僧静之齊高。為歐陽成所得，繫獄。齊高遣薛淵餉酒食，以刀子置魚腹中，與獄吏飲醉，以刀刻械折鎖，發屋而出。齊高匿之齋内。樊深之張曜。深初仕後魏。孝武西遷，樊、王二姓舉義，為東魏所誅。深改易姓名，游學汾晉間，後為人告，送河東。曜重其儒學，延深至家，因是更得逃隱。　**沈勁之錢舉**。皆武康人。勁坐父克當誅，舉匿之，得免。

又崔岳匿劉曜。初，曜有罪，與曹恂奔劉綏。綏匿之書櫃，載送王忠。忠送之朝鮮，變姓名，為縣卒。岳為朝鮮令，見而異之。推問所由，叩頭自首。岳曰：「卿謂崔元嵩不如孫賓碩乎？此縣幽僻，縱有大急，不過解印綬，與卿俱去爾。」恩顧甚厚。　**楊猛上雒人。藏二王**。元顒入洛，范陽王誨脱身投猛，猛保藏之。俄，廣陵王恭偽瘖疾，復來歸，猛亦保護之。　**紀生救史圭**。生，圭食客。秘瓊之亂，圭家財一夕盡焉。生白刃中負圭以行，獲免其害。　**李周救盧岳**。河朔羣盗充斥，岳携妻子㝵㝥，逆旅相對流涕，周援送以歸，賊夜于林麓射岳中馬。周大呼，賊叫其聲，相謂曰：「李君至此矣。」即時散走。

王朗匿劉陽之子；陽初欲除魏太祖。太祖貴，求其嗣甚急，朗納受積年。又數開解太祖，久乃赦之。　**高悝匿華軼之子**；軼敗，悝匿其二子及妻。崎嶇經年，遇赦。　**汲固抱李式之子**；刺史李式被收，子憲生始滿月。從事固抱憲逃，遇赦始歸。憲常呼固夫婦為郎婆。　**李震保王鎔之子**；鎔為張文禮害。次子昭誨為平人携出，置地穴，髠髮，被僧衣以托㞍。㞍置之茶褚中，令依南嶽寺僧。年長，賫送而還。鎔故將苻習為汴州節度，表授司農少卿，因以女妻之。　**趙玉救吕衮之子**；劉守光擒吕衮。衮子琦為吏追攝。玉久游于衮門下，紿監者曰：「此某之同氣。」監者信之，即俱去。琦困于徒步，玉負之而行，數百里乞食于路，乃免其禍。　**張守素匿馮賨之兒**；賨死，惟三歲小兒。故吏守素匿之，獲全。　**高允保竇遵之母**。竇瑾誅。瑾子遵亡在草澤。遵母焦没入縣官，以老免。允保護在家六年，遵始蒙赦。　**皆無異魯、朱家矣**。

祁奚乘驛見宣子，而免叔向。范宣子殺羊舌虎，因叔向。祁奚説而免之。　**趙文子固請于楚，而免叔孫豹**。曰：「善人在患，弗救不祥。」　**李固奏記梁商，而釋王龔**。引「善人在患，饑不及餐」語。宦官誣奏，商即言于順帝。

辛慶忌叩頭流血救朱雲；雲請斬張禹。成帝怒，欲殺之。慶忌免冠，叩頭流血，然後得已。　**又上書救劉輔**；成帝將立趙飛燕為后，輔直諫，囚之掖廷。慶忌上書救輔，遂得減死。兩事可與汲黯、王章同科，班史不載。甘寧叩頭流血救蘇飛；寧初依黃祖，蘇飛薦之。寧歸吳，吳破祖，寧下席叩頭，血涕交流，特從將軍乞其首領。吳範叩頭救魏騰；範、騰同邑友善。騰常有罪，大帝責怒，範髡頭自縛，突入叩頭流血，言與涕並。良久，帝意釋，乃免。王晏叩頭救王煥；王普曜深德王煥。煥從弟蘊反，世祖疑煥，欲具啟聞。普曜子晏叩頭，保無異志，乃止。哥舒翰叩頭救王忠嗣；翰為忠嗣衙將。忠嗣下獄，敕翰方代之。諸將請以金帛行救，翰惟一單橐行，盛言救忠嗣。玄宗起，入禁中。翰叩頭而前，言詞慷慨，聲泪俱下。帝感而寬之。鍾離意解衣就格，而明帝貰郎之笞；上使冠而貰郎，上嘗撞樂崧。惟意敢諫。郭舒招鼻炙眉，而王澄免宗厥之棒。厥因酒忤澄。澄叱左右棒厥。舒厲色曰：「使君過醉。」澄恚曰：「別駕誑言我醉。」因招其鼻，炙其眉頭，舒跪而受之。澄意少釋，厥得免。皆不惜其身以為救。

鮑德救陳寵；竇憲恨寵，欲因過責之。德說憲弟瓌曰：「寵奉事先帝，深見納任。今計幾微之故，誠傷輔政，容貸之。」德故得出，為泰山守。彭伯救盧植；卓將誅植，伯諫曰：「盧尚書海內大儒。害之，天下震怖。」乃止，免官。陳羣救劉廙；坐弟與魏諷謀反，當誅。羣言于太祖。太祖曰：「廙名臣，吾亦欲赦之。」荀羨救蔡謨。謨固讓司徒不起，殷浩欲加大辟。羨曰：「蔡公今日事危，明日必有桓文之舉。」乃止。救之以大義也。又有孫鄰之謂潘濬捨舒燮；燮有罪下獄，濬欲寘之于法。鄰曰：「舒伯膺兄弟爭死，海內義之。仲膺又有奉國舊恩。今君殺其子弟，天下問仲膺繼嗣，答曰『潘承明殺燮』，于事何為？」濬意即解。孫琰之說賈謐釋江統。愍懷太子廢，江統等冒禁拜辭悲泣，收付洛陽獄。琰說謐曰：「東宮故臣不顧重辟，更彰太子之德。不如釋之。」皆免。亦然。

周馥之理華譚也，以素善。刺史劉陶因法收譚下獄，馥理而出之。許紹之免李靖，以惜才。遣靖安輯江嶺，阻蕭銑不得前。高祖陰敕紹斬之。紹惜其才，為之請命，獲免。陳元康之救崔㥄也，竊言「黃頷小兒」，文襄鎖赴晉陽。曰：「崔悛合死，朝野莫不知。誠能以寬濟猛，則仁德彌著，天下歸心。」乃捨之。元巖之救樂運也，運輿櫬陳周宣帝八失，將戮之。曰：「樂運欲取後世之名，不如勞而遣之，以廣聖度。」因獲免。則動之以所樂受也。齊文宣昏縱，裴謁之切諫，將殺之，辭色不變。楊愔曰：「彼望陛下殺之，以取後世名。」帝投刀曰：「小子！我終不成爾名。」則投之以所忌也。

以勸殺為救，張承業之免盧質也。質輕傲，常呼晉王諸弟為豚犬，王啣之。承業恐其及禍，請殺之。王曰：「方招納賢才，以就功業，七哥何言之過？」承業賀曰：「王能如此，何憂不得天下。」質由是獲免。以不屑為救，杜襲之言許攸也。攸有慢言，太祖欲殺之。襲曰：「千鈞之弩，不為鼷鼠發機；萬石之鐘，不以尺梃起音；區區許攸，何足勞神武？」太祖曰：「善。」

以不救為救：申屠蟠于馮雍。黃琬〔一〕欲殺雍。或勸救之，曰：「黃子琰為吾故耶？未必合罪。如不用吾言，雖往何益？」琬聞，免雍。諸葛瑾于殷謨。謨罪不測，羣下多為之言。惟瑾默然，問之，對曰：「在流隸之中，不能躬相督厲，致負恩惠，謝過不暇。」大帝愴然曰：「特為君赦之。」邴原于孔融人。融有所愛一人，後欲殺之。吏皆請，原獨不請。對曰：「愛之，則引而方之于子；憎之，則推之欲危其身。」融笑曰：「吾但戲爾。」原曰：「安有殺人而可戲者哉？」以助而免者：蓋寓、李克用或以非罪怒將吏。寓必陽助之怒，嘗釋之。長孫皇后。太宗或以非罪譴宮人，后亦陽怒，請自推鞫。俟怒息，徐為申理。以諷得免者，李忠臣于辛京杲。京杲杖殺部曲。有司劾奏，忠臣奏京杲合死久矣。問之，對曰：「渠伯叔兄弟戰死，渠獨不死。」帝亦憫然，不令加罪。以哭得原者，沈慶之于申坦。坦坐事，將刑。慶之入市，抱坦慟哭。曰：「卿無罪，為朝廷所枉，我入市亦當不久。」市官以聞，孝武原之。

不相識而救：益州太守欲殺劉巴，而主簿曰：「此非常人。」請自送之。至州見劉璋。璋父焉昔為巴父祥所舉，見巴懲喜。宮前持弩者，將射嵇紹，冏誅，奔散。而蕭隆疑非凡人，超前拔箭得免。

詔殺而奏免者：杜佑執奏免李藩死。杜兼誣奏藩，德宗密詔佑殺之。佑百口保藩，得免。李勉停詔，免王晬死。晬為權幸所誣，有詔處死。即停詔拘晬，飛表上訟，獲免。如滕公于韓信，王陵于張蒼，暴勝之于王訢，秦王于李靖，李白于郭子儀，宗澤于岳飛，皆臨刑而為當代留有用之才。獨張守珪釋安禄山，貽禍宗社，為可恨也。

先毁之，治之，而後救之者：袁盎于周勃。盎言勃非社稷臣。絳侯望曰：「吾與爾兄善，今廷毁我。」及人告勃反，惟盎明絳侯無罪，得釋。勃乃與盎結交。張酺河南尹。于竇氏。數以法治竇景，及竇氏敗，而請宥陽夏侯竇瓌。

見救于人，而不謝者：有范滂于霍諝。滂為郡功曹。繫獄，諝理之得免。到京師候而不謝。曰：「未訟羊舌有謝恩之辭，祁奚有自矜之色。」崔光弼于樊子鵠。元弼誣光韶子通與賊連。樊子鵠理出之。人勸陳謝，光韶曰：「羊舌大夫已有成事，何勞往也？」子鵠亦歎尚之。古之人各以心期則然。若既脱水火，而遂忘援手之仁，未可以此藉口也。

夫善救人者，必先解其怒，而示之以所樂聞，然後其言不勸而自行也。任座「君仁臣直」之言。魏文侯問：「寡人何如君？」羣臣皆曰：「仁君。」翟璜曰：「君伐中山，不封君之弟，而封君之子，非仁君也。」文侯怒，璜出。任座曰：「仁君也。君仁則臣直。璜之言直。」乃復召璜。張猛「主聖臣直」之對。因薛廣德諫元帝乘船。彭修「明君忠臣」之解。宰寵以鍾離意爭諫，使收縛意。修排閤直入，曰：「慶明府為明君，主簿為忠臣。」遂原意。盧毓「君明臣直」之語。高堂隆因星孛上疏，魏主叡不悦。毓曰：「臣聞君明則臣直。此臣等所以不及隆也。」乃解。長孫后「主明臣直」之賀。唐太宗罷朝，怒曰：「會須殺此田舍翁。」后問為誰？曰：「魏徵每廷辱我。」后具朝服，賀曰：「主明臣直，魏徵直，由陛下之明故也。」上悦。

秦人「適遇明君」之説。秦王與中期争論不勝，怒。中期徐行去，人為説王，曰：「此悍人也。適遇明君故也。遇桀、紂必殺之矣。」王因弗罪。

子高「功大未以罪戮」之喻。韓氏城新城，期十五日而成。有一縣後二日，司空段喬執其吏，囚之。封人子高見喬，自扶而上城，曰：「美矣城。此大功矣。子有賞矣。自古及今，功若此其大，而未以罪戮者，未之有也。」子高出，喬夜解其吏之囚者而出之。

杜延年「無守擅召」之奏。霍光下王平、徐仁獄，丞相車千秋坐之。延年奏記言：「丞相素無守持，而為好言于下，至擅召二千石，甚無狀。愚以為丞相故用事，不可棄。」光于是不及千秋。

李逢吉「不恭有母」之言。唐崔發毆拽中人繫獄。逢吉曰：「發，誠大不恭。然其母年八十，陛下方以孝治天下，所宜矜念。」穆宗愍然曰：「諫者但言發冤，不言不恭，及有老母，如卿所言，何為不赦之？」

裴度「方侍太后」之諷。憲宗貶劉禹錫播州。柳宗元請以柳州換，不許。曰：「但與惡郡，豈繫母在？」度曰：「陛下方侍太后，不合發此言。」上曰：「裴度愛我終切。」遂改連州。

若此者，非夫善救人者耶？ 呂伯恭云：「若正怒之而救者，却以為是，是激之也。」田蚡正怒灌夫，而竇嬰乃言「名冠三軍」；夫罪繫至族。嬰上書武帝，言：「夫名冠三軍，非有大惡，不當誅。」而蚡盛毀夫橫恣。嬰因言蚡短，上使薄責嬰，悉論灌夫支屬，嬰棄市。宣帝正怒蓋寬饒，而鄭昌乃引金張、許史。宣帝以寬饒怨謗下吏議，鄭昌上書訟曰：「寬饒進有憂國之心，退有死義之節，上無許史之屬，下無金張之托，直道而行，多讎少與。」上不聽，寬饒自剄北闕下。故二人卒不免死。孫權疾張溫名盛，而駱越驟言其美。溫被斥，統表理曰：「溫洪雅之素，英秀之德，文章之采，議論之辨，卓躒冠羣，偉曄曜世，人未有及者。論才可惜，言罪可恕。」權不納。裴松之以為何異燎之方盛，又擣膏以熾之。如豫王旦。之申理劉禕之；禕之下獄，上疏申理，親友皆賀，禕之曰：「此乃所以速吾死也。」張安道之上書救蘇東坡。子由以為名高，與朝廷爭勝。安道乃云：「天下之奇材。」使子恕至登聞鼓，徘徊不敢投。皆不善救人者。

漢武帝時，兒寬罪繫，韓説諫曰：「前吾丘壽王死，陛下至今恨之，今殺寬，後將復大恨矣。」遂貰復用之。

宣帝嘗欲誅張安世，趙充國以為安世事武帝數十年，見其忠謹，宜全度之，得免。

身得免害，而全一城：練氏也，王延政大將妻，部將當斬，惜其才，妻使謂急逃投江南，隸查文徽麾下。城將陷，諭全練氏，誓不獨生。為之戢兵，一城獲全。劉璠也。南鄭拒守。達奚武請屠之。太祖惟令全璠一家，璠泣而固請，城竟獲全。

校記

〔一〕黄琬：原作「黄碗」，據《後漢書·黄琬傳》改。

古事比卷之十五

訟冤

朱穆輸左校，案驗趙忠葬父，僭為玉匣。太學生劉陶等數千人詣闕上書，訟之；帝覽奏，赦。徐璜陷皇甫規，太學生張鳳等三百人詣闕訟之。會赦。史弼平原相。徵下詔獄，平原吏人詣闕訟之；歐陽歙下獄，諸生求哀千餘人；至有自髡剔者。嵇康臨刑，太學生三千人請以為師，不許。直道足徵矣。

公乘興訟王章，復以為徐州刺史。孫寶刺益州，坐失死罪免。遣盜歸田里。益州吏民多言寶功效，復以為冀州。

耿育訟陳湯。書奏還湯燉煌，卒于長安。董晉訟元琇。琇為韓滉排笮得罪。滉勢振朝廷，晉見宰相，訟琇非罪。士大夫壯其節。竇憲陷郅壽，僕射。何敞上疏理之，減死。單超陷第五種，種逃匿數年。臧旻上書訟之，會赦。段恭上書訟龐參，詔遣視疾。馬融上書訟梁慬，有詔原刑。陽城王仲舒伏闕雪陸贄。崔元亮叩殿理宋申錫。

杜欽追訟馮奉世。言：「奉世誅莎車王，議以矯制。今甘延壽以誅郅支封侯，功同賞異。」朱勃追訟馬援。「北出塞漠，南渡江海，觸犯害氣，佪死軍事，葬不歸墓。臣竊傷之。」帝意稍解。陳元追訟歐陽歙。帝賜棺木、印綬，縑三千疋。

崔鴻上疏追訟，以雪常山王壽興。壽興以公事杖王顯。顯後有寵于宣武。中尉奏壽興誹謗。顯因帝極飲奏其事，命帝注：「可賜死。」靈太后臨朝，鴻上疏，詔追雪，贈謚。　韓潭讓官，以雪崔寧。奏讓禮部尚書制命，以雪寧罪，許崔寧家收葬。蓋曾為寧將校也。

朱寵肉袒輿櫬上書，追訟鄧隲。安帝頗悟，乃葬隲等。　閻纘輿棺詣闕上書，理愍懷太子之冤。

劉谿執黃幡，言衛瓘冤而榮晦族。撾登聞鼓，言瓘父子九人被害實由榮晦。乞加族誅，從之。　趙謙訟謝弼而曹紹斬。中常侍曹節從子紹守東郡，收弼掠死獄中。謙訟弼忠節，求報其怨。乃收紹斬之。

王澄為敦害。故吏桓稚上表，理澄；段浩廢卒。故吏顧悦之上疏訟浩。皆詔復本官。　周札王敦使人告，殺之。故吏詣闕訟冤，追贈衛尉。　李獎故吏宋游道上書理冤，詔贈將軍。　崔悦、盧諶奏理劉琨、温嶠，又上疏理之，乃下詔吊祭贈謚。　劉鄴三復子。中李德裕之冤，復其官爵。

欒詳九十餘。上書訟杜畿遺蹟。程喜劾杜恕。以父畿勤事水死，免為庶人，徙章武郡，卒于徙所。　詔封恕子預為豐樂亭侯。　段灼字休然。追理鄧艾，樊建自陳曾為艾將。又流涕言艾之忠，以艾孫朗為定陵令。

為父訟冤者：高崧、父悝封建昌伯，以納妾致訟，被黜。及終，崧自縶廷尉訟冤，停喪不葬，表數十上，帝哀之。詔：「事已久判。」崧求直無已，聽復伯爵。　刁彝、王敦平，刁協以出奔不在顯贈例，子彝上疏訟之。蔡謨與庾冰書，于是追贈本官。　楊佀、楊播以借民田為王基劾，削除，卒于家。子佀停柩不葬，披訴積年，乃復其爵。　敬讓。暉流嶺南，武三思使周利貞殺之。至讓為魏州長史，利貞為辰州長史，讓訴利貞枉殺臣父。玄宗貶利貞邕州刺史。

為兄訟冤：周謨也，王敦死後，詔贈未及周顗。弟謨上疏，然後追贈顗官。　陸顗也。為兄琇訴冤，復爵。

為師訟冤，有鄭弘為焦貺。貺因楚王英被收，病于道，没，妻子被繫，諸生故人皆變名逃禍。弘髡頭負鈇鑕，詣闕上章。帝即赦其家。　何融、趙收為樂恢。恢剌舉無所避。竇憲風厲，州郡迫脅飲藥死。憲誅，融等上書，陳恢忠節，除子己為郎中。　崔瑗上書自訟。杜喬以臧罪奏徵，詣廷尉自訟，得理出。　楊漢公知進撾鼓稱冤。楊虞卿以家人出妖言，事上御史臺按鞫。弟漢公並男知進等八人撾登聞鼓稱冤，放歸私第。　虞顗舉幡，為父詡叩血言枉。中常侍張防請托，詡自繫廷尉而上書。孫程知其忠，言上，得出。顗與門生百餘舉幡，候高梵車，叩血言枉。防徙邊，詡遷僕射。　王咸舉幡，為師鮑宣減死。宣以逢孔光，使吏鉤止，没入車馬，坐摧辱宰相，下廷尉。弟子王咸舉幡太學下，曰：「欲救鮑司隸者，會此。」會者千餘人，乃減死，髡鉗。

伏闕上書，乞竄李沐者，楊宏中等六人也。韓侂胄欲逐趙汝愚，以李沐有怨于汝愚，使奏：「同姓居相位，將不利于社稷。」遂竄汝愚永州。宏中乃與周端朝、張道林、仲麟、蔣傅、徐範等伏闕上書，乞竄李沐以謝天下。侂胄怒，送太平州編管，稱「慶元六君子」。　上書極言丁大全之奸者，陳宜中等六人也。理宗寶祐中，大全恣横。太學生陳宜中、黄鏞、林則祖、曾唯、劉黼、陳宗上書攻之，編管遠州，士論號「六君子」。　伏闕上書，乞斬湯思退者，張觀等七十二人也。論湯思退及王之望等三人奸邪誤國，乞斬以謝天下，并竄其黨洪适、晁公武，而用陳康伯、胡銓、陳良翰、王十朋、金安節、虞允文、張栻等。

讓産

臨財毋苟得，難矣；推所有以予人而不受，尤難。楊惲、受父財五百萬，皆以分宗族。後母無子，財亦數百萬，復分後母昆弟。　馬援、有牛、馬、羊數千頭，穀萬斛，盡散昆弟、故舊。　鮑永、為揚州牧，遭母憂去官。悉以財産與弟子孫。　蔡邕、與叔父、從弟同居，三世不分財。　徐苗、兄弟早亡，撫孤慈愛，田宅、奴婢，盡推與之。　韓子熙、少孤。為叔顯宗撫養。顯宗卒，子伯華幼，子熙友愛等于同生，車馬資財，隨其資用，未嘗見于顏色。郭曜、子儀長子。子儀薨，命以四朝所賜名馬、重資上獻。德宗復賜之，乃散諸昆季。庾袞、撫諸孤，以田宅與其長兄子庭喬。董陽、西陽人。五世同財。封延伯、僑居東海，三世同財。盧袒、父母亡後，同居共財，自祖至孫，家内百口，饑年豐儉同。崔挺、三世同居，饑年始分析。挺與弟振，推讓田宅舊資，惟守墓田而已。蕭瑀。關内産業先給勳人，至是特還其田宅。瑀皆分給子弟，惟留廟堂一所，以奉蒸嘗。

兄弟分財，惟取圖書：王曇首也，弘弟。幼有素尚。南齊褚淵也。父卒，推財與弟，惟取書數千卷。不私一錢、寸帛，唐崔孝暐也。奉兄孝芬恭順。錢、帛不私，吉凶所須，坐待分給。諸婦亦相愛，有無共之。惟恣所須，沈攸之也。攸之性恡。惟恣弟雍之所須，輒取。齋中服飾分與親舊。纖毫無間，隋李知本也。元氏人。弟知隱雍睦，子孫百餘口，財物、僮僕，纖毫無間。盗賊相誡：「無犯義門。」出入一無所問：岑文本也，當塗任事，賞賜稠疊，凡有財物出入，皆季弟文昭，一無所問。周王珽也。字世美，鄭州人。所置田宅、物産，皆弟廷規主之，一無所詢。

推田宅者：卜式也，有弟既壯，式獨取羊百餘口，田宅、財物皆與弟。牧羊十餘年，置田宅。弟産破，復分與弟。王商也，商為侯，推財與異母諸弟，身無所受。陰慶也，興子，為鮦陽侯。弟員、丹皆為郎，慶推其居第、田園、奴婢與二弟。但佩印而已。李孟元也，與叔子就同居。就有痼疾，孟元推所有田園，悉以讓就。夫婦紡績，日給而已。許武也，陽羨人。以弟晏、普未顯，欲令成名，乃請別居。剖財，自取肥羊、廣宅，二弟所得悉劣。鄉人稱弟克讓，晏、普並得選舉。武乃會宗親，泣曰：「吾為兄不肖，盗聲竊位，所以分財成弟名譽。今理産所增三倍于前，願悉以與弟，一無所留。」郭昌也，光武后父。讓田宅、財産數百萬，與其異母弟。韓稜也，推父餘財數萬，與從昆弟。張堪也，字君游，宛人。讓父餘財數百萬與兄弟。裴楷也，嘗營別宅，從兄衍悦之，即以與衍。韋世康也，以諸弟位並隆貴，獨季弟世約官途不達，共推父時田宅，盡以與之。元褒也，少孤。為諸兄所鞠養。兄欲別居，褒泣諫不得。家素富，多金貲，褒無所受，脱身而出。宋陳卓也。咸寧人。有田五千，兄田止一千，願合户而同之。兄子康民登進士。

推財與兄弟之子：薛包也，弟子求分財異居，不能止。乃中分其財，奴婢取老弱者，曰：「與我共事久也。」田園取其荒者，曰：「吾少時所理，意所戀也。」器物取其朽敗者，曰：「吾素所服食，身口所安也。」樊梵也，字文高，宏孫。推財物三十餘萬與孤兄子。樊準也，以父產業數百萬讓孤兄子。何伯璵也，孤兄子及長為婚，推家業盡與之，而貧悴枯槁，誨人不倦。裴修也。弟矜早喪，愛育孤姪同子。及將異居，奴婢、田宅悉推與之。

推與伯父，張禹也。後漢張歆子。以田宅推與伯父，身自寄止。

好施

好施：如馮緄、巴郡宕渠人。家富好施賑，為州里所歸。李士謙、趙郡平棘人。家富于財，躬處節儉，每以賑施為務。李軌、字處則，姑臧人。家富于財，賑窮濟乏。李進、太僕竝子。家素豐，贍于交友，能賙貧拯急。皆以富。

梁商、字伯夏。嘗曰：「多藏厚己為子孫累。」所得租、奉、賞賜，未嘗入藏，悉分與昆弟中外。崔鄲、不藏貲。有輒周急親舊。李冲、南部尚書，賞賜千萬，積而能散。近自姻族，逮于鄉閭，莫不分及。楊愔、前後賞賜巨萬，散之九族，架篋之中，惟書數千卷。畢義雲、累世本州刺史，匱乏者多所拯濟。梁康絢，每見省官，有襤縷者，輒遺以襦衣。皆以貴。

若韋彪、為大鴻臚。清儉好施。祿賜分與宗族，家無餘財。桓鸞、字如春。推財孤寡，分賄朋友，泰于待賢，狹于養己。嘗著大布緼袍，粗食醋餐。管寧、親知有困窮者，家儲雖不盈擔石，必分以贍救之。沈道虔、冬月無複衣，戴顒為作，並與錢一萬。及還，衣錢悉供諸兄弟子無衣者。文帝賜錢三萬，米三百斛，悉供孤兄子嫁娶。吳悉達，雖于儉年糊饘不繼，賓客經過，必傾所有。

鄰人困乏者，莫不解衣輟粒，以相賑恤。以貧而好施為難。

若宣秉、俸祿牧養宗族，孤弱者分與田地，自無擔石之儲。張奮、純子，嗣富平侯。嘗捐租俸賑恤宗親，雖至傾匱，而施與不怠。袁渙、前後得賜甚多，皆散盡之。乏則取之于人，不為皦察之行。全琮、中州人。避亂而南，依琮居者以百數。琮傾家給濟，與共有無。嚴畯、祿賜散親戚知故，家常不充。王衍、父平北將軍卒，送故甚厚。親識借貸，因以捨之。數年，家貲罄盡，出就雒城西田園而居。齊褚炫、罷郡，得錢十七萬，于石頭並分與親族。病無以市藥，表自陳辭。范述曾、生平得俸祿，皆以分施。及老，遂壁立，無所資。原結、衣服、車馬纔具，妻子內困，專以賑施貧窮。徐陵、清簡，無所營樹。祿俸與親族共之。建昌邑户送米至水次，親戚有貧困者，皆令取之，數日便盡，陵家尋致乏絕。云：「我車、牛、衣裳可貸。」唐瑾、祿賜散之宗族。尤貧者，又割膏腴田宅以賑之。所留遺子孫者，至墝埆之地。房彥謙、資產素殷，居官所得俸祿，皆以周恤親友。車、服、器用，務存儉素。雖致屢空，怡然自得。嘗笑謂子玄齡曰：「人皆因祿富。我獨以官貧，所遺子孫，在于清白。」張巡、人有乏，必傾產以給。李玄、父卒，家富于財。吊者乃挈去不禁，愈務散施。不數年以貧。樊宗師、家饒于財，悉散姻舊、賓客；妻子告不給，笑而不答。則又因施而致乏絕矣。

俸賜悉贍親族：朱邑、祿賜以供九族鄉黨。蘇武、賞賜盡以施予昆弟、故人。寇恂、所得祿賜施朋友。曰：「吾因士大夫以致此，其可獨享之乎？」宋弘、租俸分贍九族，家無資產。郭伋、賜宅一區，及帷帳、錢穀，輒散與宗親九族。朱穆、祿仕數十載，布衣、蔬菜，家無餘貲。毛玠、賞賜賑施貧族，家無所餘。山濤、祿賜俸秩，散之親故。劉寔、雖處榮寵，居無第宅，所得俸祿，贍恤親故。盧欽、歷宰州郡，祿俸散之親故，不營資產。韋孝寬、敦睦宗族，所得俸祿，不入私室。梁韋叡、祿賜皆散親故，家無餘財。張稷、俸祿頒親故，家無餘財。李勣、與其父蓋皆喜施貸，所周洽無親疏之間。李元紘、俸物賙急親族。盧邁、所得廩賜，皆賑姻舊之乏。薛戎、悉俸廩賙濟內外親。李勉、俸賜悉遺親黨。盧懷慎、不營貲產。俸賜隨散親舊，所居不蔽風雨。楊綰、儉約，未嘗問生事。祿廩分姻舊，隨多寡輒盡。蕭昕素、高祖賜錢八萬，昕素一朝散之親友。裴何。宰相遵度子。內外支屬百餘人，所得禄俸，必同其貲。及領外任，亦挈而隨之。

每得賞賜，散與諸生之貧者：鴻臚包咸、明帝以咸有師傅恩，而素清苦。嘗賞賜珍玩、束帛、俸禄，咸散貧者。太常趙典。字仲經，成都人。

散財者：樓護、過齊上先人塚，會宗族故人，各以親疏與束帛。一日散百家之貲。郇越、臣仲，太原人。散先人貲千餘萬，分施九族。种暠、字景伯，父為定陶令。有財三十萬，悉以賑宗族。折像、父國有貲財二億。像感多藏厚亡之義，乃散金帛，周施親疏。或諫像，像曰：「鬬子文有言，我乃逃禍，非避富也。今世將衰，子又不才，牆隟而高，其隟必疾。」鄧綝、散千金之產，分兄弟甥舅族親，各有差品。荀恁、貲財千萬，父越卒，悉散與九族。温恢、字曼基，太原人。父恕，涿郡太守。恢十五喪父，内足于財。曰：「世方亂，安以富為？」一朝盡散。州里比之郇越。魯肅、臨淮東城人。生而失父，與祖母居。肅大散財貨，摽賣田地，以賑窮結士。居巢長周瑜將數百人過肅求貲糧。肅家有兩囷米，各三千斛。指一囷與瑜。瑜遂定僑札之分。肅位橫海將軍。郄超、父愔積錢數千萬。嘗開庫任超所取。超一日散與親故都盡。崔慰祖、父慶緒，梁州刺史。貲財千萬，散與宗族。漆器題為「日」字，「日」字之器，流乎遠近。氾騰、散家財五十萬。曰：「生于亂世，貴而能貧，乃可以免。」沈輔。字伯禽，山陰人。父服闋，推讓祖考財產、田宅與親貧不足者。

王騫、有莊墅六十餘頃，與諸宅及故莊共佃之。嘗曰：「我不如鄭公業，有田四百頃而食常不周，以此為愧。」鄧元起、好賑施。嘗在其西沮田舍，有沙門造乞，問田人有稻二千斛，悉以施之。祖逖、兄該、納，並有才幹。逖每至諸田舍，輒稱兄意，散穀、帛，以賙貧乏。符稚、稚樂施，乞人填門。嘗曰：「一日不施，則意不泰。」何點、崔慧景圍城，人間無薪。點悉伐園樹，以贍親黨。朱漢賓、亳州人。致仕東還，見鄉莊親戚淪没者，塋兆未辦，給以棺殯；婚嫁未畢，助以資幣。孫晷、富春人。見人饑寒，并周贍之。有窮老數人，嘗往來告索，人多厭慢之，晷寒與同衾，食與同器，或解衣推被以恤之。高允、獻文平青、齊，徙其族望于代，流移饑寒，多允姻媾。徒步造門，允散財竭覽，以相贍賑。唐休璟、以絹數千疋分散親族。又以家財數十萬，大開塋域，備禮葬五服之親。李大亮、討吐谷渾功賜物九百段，奴婢一百五十人。悉分遺親戚，仍收葬五葉宗族無後者三十餘家。大亮死，服之如父者十有五人。李穀。河南人。以所居置蘭若，餘立垣屋。凡族人可任官者，皆致于祿仕；不可任官者，分田以居之。

以人遺者遺人：梁竦、叔敬，統子。性好施，長嫂舞陰公主特敬重竦。雖衣食、器物，必有加異，竦悉分與親舊。田疇、將其家屬及宗人三百餘家居鄴。太祖賜車、馬、穀、帛，皆散之宗族知舊。范雲、初為郡廉潔，及居貴重，頗通饋遺。然家無蓄積，隨散之親友。何點、遠近致遺，一無所逆，隨復散焉。劉歊、周人之急，人或遺之，亦不拒也。堯雄、豫州刺史。每受人物，多所施與；賓客往來，禮遺甚厚。劉德威、嘗經管隷者，頗懷其惠。所得財貨，多以分贍宗親。劉凝之、年饑，衡陽王義季慮凝之餒斃，餉錢十萬。凝之大喜，將錢至市門，觀有饑色者，悉分與之，頃刻而盡。司空圖、為王重榮作碑，贈絹素千疋。圖致虞鄉市中，人得取之，一日都盡。陸法和。文宣賜奴婢、錢帛，法和所得奴婢，盡免之。錢、帛散施，一日便盡。

焚券者：馮驩、為孟嘗君焚薛之券。樊重、臨終，焚削文契。債家慚，爭償之，諸子竟不受。顧覬之、子綽。私財甚豐，鄉里多負其債，覬之禁不能止。及為本郡，誘出券書一大櫥，宣語：「負三郎債，皆不須還。」王弘、王珣財物布在人間。及薨，子弘悉燔券書，舊業悉委諸弟。崔慰祖、得父慶緒梁州特假貫文疏，謂族子紘曰：「彼有自當見還。」悉火燒之。李元忠、家素富，在鄉多有出貸。元忠焚券免債。邵君仲、臨終，貸人錢物書券，自焚之。曰：「吾不能以德教子孫，不欲復以賄利累之。」李士謙、值年不登，召債家設酒食，對之焚出粟之券。盧義僖。先有穀數萬石貸民，以年穀不熟，乃燔其契。

賑荒者：梁商、年兇，以牛致米四城外，乞貧民。童仲玉、恢父，姑幕人。兇荒，傾家賑恤九族。伏湛、謂妻子曰：「今民皆饑，奈何獨飽？」乃共食粗糲，悉分俸禄以賑鄉里。朱暉、南陽大饑，米石千餘，暉悉散其家貲，以分宗里。張儉、饑荒，儉貲計差温，乃傾財產與邑里共之，賴其存者百數。廖扶、明天文、讖緯，逆知歲荒。乃聚穀數千斛，悉用給宗親。任俊、中牟人。饑荒之際，收恤其友孤，中外貧宗，周急繼乏。常林、避地上黨，耕種山阿。當時旱蝗，林獨豐收，盡呼比鄰，升斗分之。徐耕、延陵人。大旱民饑，耕詣縣陳辭，以千斛助官為勸，願掘水揚塵，以益山海。詔書褒美，酬以縣令。嚴成、東海人。王道、東莞人。東土饑旱，成等各以穀五百斛助官賑恤。劉善明、青州饑荒，善明家有積粟，躬食饘粥，開倉以救鄉里。百姓呼其家田為「續命田」。吳明徹、有粟、麥三千餘斛。鄰里饑餒，乃白諸兄計日平分，同其豐儉，賴以存者甚衆。盧文偉。積稻穀于范陽城。時經荒儉，多所賑贍。

賑粥者：房景遠、叔遐。歲兇，于通衢食餓者。韋朏、尊顯。歲儉，發家粟造粥，以飼饑人。李士謙、大饑，罄竭家資，為之糜粥，全活萬計。張烈、兇儉，為粥以食饑人，蒙濟甚衆。王晉、吳郡內史。年饑，出私財為百姓饘粥，全活甚衆。任昉。守義興，歲饑，散私俸以米、豆為粥，活三千餘人。

為人償負者：朱雋、會稽人。同郡周規辟公府，假郡庫錢百萬以為冠幘費。倉卒督責，雋乃竊母繒帛為規解對。蕭惠開。參平劉希微負債百萬，為債主所制。惠開有馬六十四，悉給希微償債。

贖人者：甄密、鄉人蘇良沒于賊，密盡私財以贖之。趙驊、祿山陷陳留，有京兆韋氏陷賊為婢，蓋韋俔兄弟也。驊贖之，置別院，供衣食，訪其親戚歸之。張萬福、時魏州饑，萬福令兄子將米百車往饋之。于汴口求魏人自賣者，給車牛贖而遣之。吳達之。貨田十畝，以贖從祖伯敬伯。

置逆旅以供人：周揚、修逆旅以供過客，而不受其報。崔敬玄、置逆旅于蕭然山南大路之北，設食以供行者。劉驎之、居于陽岐，在官道之側。人物來往，莫不投之。驎之躬自供給，是亦與好施同矣。吳悉達。儉年賓客經過，必傾所有。

周恤親舊：如甄濟之周贍朋友。盧鈞之減俸營歸。廣州節度。管內流竄者子孫貧困未歸。鈞減俸俾營大事者數百家。沈傳師之問餉姻家故人。鄧弘之恤父友。父所厚王臨年老貧乏，與衣裘車馬。庾袞之恤甥。

孤甥郭秀，比諸子姪以哲宅與其長兄子䆫翕。翕卒，撫棺長號，哀感行路。 范廣仲將。之不棄姊孫。姊適孫氏，早亡。有孫名遐，雖盜賊艱急，終不棄之。 盧度世之恤中表。房崇母傅氏，度世繼外祖母兄之子婦也。申纂妻賈氏，崇姑女也。皆亡破平途，老病憔悴，度世致其恭恤。青州既陷，諸崔墜落，多所收贖。 許詔先之賣衣殯舅。伯舅夫妻疫死，賣衣物以營殯葬。舅三子幼，贍護成長。 吳達之自賣殯姨。姨亡，無以葬。自賣為士大夫客，以營冢槨。 欒運之傭保贖親屬。隨例遷長安，親屬多被籍没。運為傭保以贖之。

好生

江泌食菜，不食心，以有生意。 曹彬冬月不修葺牆壁，恐傷蟲蟄。 陳文惠公見物動，必戒左右勿殺；器服壞，隨輒補之，曰：「無使不全以見棄。」 司馬公獨樂園，草妨步，則薙之；木礙冠，則芟之；其他各欲遂其生。

邯鄲之民，以正旦獻鳩于簡子。厚賞之，曰：「放生有恩。」客曰：「民知君之放也，競而捕之，死者衆矣。不如禁民勿捕。」 北使李諧至南，梁武與遊放生處，曰：「彼國亦放生乎？」答曰：「不取，亦不放。」帝大慚。

虞繹以決獄平，而其孫有九卿之蔭；詡以殺降，而其家二十年不增一口。 曹彬攻金陵，誓不妄殺一人，子孫貴盛不絕；曹翰克江州，忿其久不下，屠戮無遺，不三十年，子孫有乞丐海上者。

毛寶軍人以臨危而脱難；孔愉以微職而封侯；屈師縱鯉于元村，壽增一紀；隋侯濟蛇于齊野，珠報千金；拯已溺之蠅，酒匠之死刑免矣；捨將烹之鱉，厨婢之篤疾瘳焉；孫良嗣解矰繳之危，卜葬而羽蟲交助；潘縣令設江湖之禁，去任而水族悲號；信老免愚民之牲，祥符甘雨；曹溪守獵人之網，道播神州；雀解銜環報恩；狐能臨井授術。乃至殘軀得命，垂白璧以聞經；難地求生，現黃衣而入夢。施皆有報，事豈無徵？

感應

神之所感，王尊建節，河堤不溢。河決金堤。尊沉白馬祀水神，請身填堤，立不動，水波隨足而止。王霸精誠，滹沱不流。冰合，渡而即解。梁山壅河，三日不逝，晉景公縞素哭之而水流。大水江溢堤壞，始興王憺冒雨築之而堤立。衆恐，請避。憺刑白馬祭江神，以身請命，言訖而水退堤立。河溢埽決，陳希亮宋知房州。堅臥不動而水去。人比王尊。河決埽潰，杜常徙處埽上而水止。溢至常坐而止。

志之所伸：王閎渡錢塘，遭風，船欲覆。斫水罵胥，而凶濤獲濟；索勱斷濱河，列陣刺射，而狂波迴減；將兵至樓蘭屯田，横斷注濱河。河斷之日，水奔勢激，勱躬禱祠，水猶未減。乃列陣被仗，且刺且射，大戰三日，水乃迴減，灌浸沃衍。陳茂涉海拔劍，呵罵水神，而風止船渡；茂為交阯別駕。刺史周敞涉海，遇風船欲覆。文翁拔劍擊江神，而迴復水名。遂平；武肅命强弩射海濤，濤頭竟趨西陵；白沃史君以鞭指當湖，而東南一隅，水至不没。人之精誠足迴狂瀾。異哉！

張禹厲言鼓楫。建初中，拜揚州刺史。嘗過江，部民以子胥之神難于濟涉。固請，禹厲言曰：「子胥知我志在理察枉訟，豈危我哉？」鼓楫而過。　王義方風濤開霽。坐張亮免為儋州吉安丞，行至南海，酌水而祭，時風濤蒸毒，既而開霽。　歸崇敬波濤免害。充册新羅使。至海波濤船壞，舟人請以小艇避禍。敬曰：「舟人數百，我何獨濟？」逡巡稍息，竟免為害。　段希堯風濤利涉。使吴越泛海，風濤暴起，僕從相顧失色。希堯曰：「平生不欺暗室。但以吾為托，必當無害。」言訖風止，乃獲利濟。

劉裕討盧循，將濟江，風急。裕曰：「若天命助國，風當自息。不然，覆舟何害？」舟移而風止。

王僧辯討侯景，發雀頭中江而風浪。僧辯告天曰：「社稷中興，當使風息。若鼎命中淪，請從此逝。」言訖而風止。　張世傑在海上遇颶風。曰：「若天不欲存趙氏，則大風覆我舟，天也。」《偶記》

王晙討突厥，風雪失期，乃仰天設誓，遂止雪迴風，以濟戎事。　張守珪節度瓜州，砂礫少水，營繕絀乏，乃設祭禮禱，經宿而山水湧至，材木塞澗，百事乃濟。

川流暴起，齊世祖為廣興相時也。嶺南積旱水涸，商旅不通。上部伍既至，川流暴起，遂得利涉。　津令縮水，爾朱兆從河梁西涉，掩襲京邑也。先是河邊人夢神謂己曰：「爾朱家欲渡河，用爾作灅波津令，為之縮水脈。」月餘，夢者死，及兆至，有行人自言知水淺處，表插而導，忽失所在。

拜井而得水者：漢耿弇于疏勒。北狄來攻，城中穿井。弇整衣冠再拜，禱之，水泉奔出，揚水示之，引去。　北齊平鑒于懷州。西魏楊標來攻，有井隨即竭。鑒具衣冠，俯井而祝。至旦，井水涌溢，合城取足，揚示敵人，勇氣自立。　又趙郡王叡督朔州。禱掘出泉，至今名趙郡王泉。　李渾于海州。賊共圍城，城内一池旱涸。渾齋戒朝服而祈，天雨泉溢，賊應時駭散。　唐李嗣業于疏勒。泉涸，嗣業禱而復出。　後梁牛存節守鄆州。困于朱友謙，鑿十八井，衣冠拜之而泉出。　鮑陋鎮白帝。為譙道福圍急，無水，忽鑿石得泉，以生魚遺道福，圍乃解。　裴識于靈武。斥鹵無井，誓神而鑿之，果得

泉。《偶記》

泉湧者：漢姜詩妻，篤孝。其姑舍側忽有湧泉，味如江水。劉宋王彭兄弟，直瀆人。營葬作磚，需水而旱，去淮五里，荷擔不周。彭號天積日。一日大霧，磚竈前忽生泉，葬竟，泉竭。宋鄒浩。竄昭州。江水不可飲，所居嶺下忽湧泉。及歸，而泉涸。

雨降者：袁安為楚相，遣繫囚而雨。顏清臣為御史，決平原冤獄而雨。周暢尹河南，葬客骸而雨。北魏宋世良以御史使河北，還過汲郡，見城旁骸骨，移文州郡，悉令收瘞，夜即甘雨滂沱。北周賀蘭祥鎮荆州，因旱親行郡内，命守令收葬冢墓之掘發者，即日澍雨。戴封，西華令。張悳，平輿令。皆以大旱禱請無應，積薪自焚，火起而雨大至。諒輔五官掾。因太守祈雨不降，輔聚茭茅以自環，未日中而澍雨。

東海孝婦冤死，大旱三年，于公請太守祭其冢，乃雨。上虞孝婦冤死，大旱三年，孟嘗請太守殷丹祭其冢，乃雨。陝孝婦冤死，大旱經年，太守呼延謨祭其冢，而雨。《偶記》

鵠亭之鬼，梧丘之冤，能感人夢寐。見《鬼神》。燕之賤臣，鄒衍六月飛霜。齊之庶女，姑女誣告，寡婦告天，雷電下擊齊臺。能以精神動天地。

趙朔妻置兒袴中，祝曰：「天未亡趙，若無聲。」而卒免于難。北魏平文皇后匿昭成帝即什翼犍。袴中，祝曰：「若天祚未終，汝無聲。」而久不啼。《偶記》

李善哺李續，元德秀養兄子，乳皆生湩，誠感尤異。宋畢構丁繼母憂，親乳其兩妹，乳為之出。前。

武王伐殷，丁侯不朝，尚父畫丁侯，三旬射之，丁侯病，遣使請臣。拔箭而丁侯愈。夫畫形可射，精固有注之者矣。　趙襄子使持衣與豫讓，拔劍三躍擊之，衣盡出血，襄子迴輪未周而亡。夫擊衣可斃，氣固有懾之者矣。　徐秋夫為射陽令，有鬼腰痛請療，秋夫為芻人，按孔穴鍼之。夫芻人可鍼，神固有入之者矣。《說儲》

三擲三盧，如慕容寶；五擲五盧，如李安人。皆以為前途富貴之兆。王思政一擲成盧；周文帝樗蒱為樂。思政斂容曰：「羈旅歸，方願盡心圖報。此念頗實，願一擲為盧。若中懷不誠，便當殺身以謝所奉。」即拔刀橫膝上，而一擲已盧矣。劉信一擲，六子皆赤。見徐温，與博，斂骰子，厲聲祝曰：「劉信背吳，願為惡彩。苟無二心，當成渾花。」一擲六子皆赤，温慚，然終疑之。　藉朽骨以旌心，雖然偶得奇彩，終屬僥倖。　許楊下獄遣歸，夜行陰晦，有火光照之。復立鴻卻陂。豪右譖楊取賂。太守鄧晨收楊下獄，而械輒自解。獄吏遽白晨，即夜遣歸，時天陰晦，道中若有火光。　管寧浮海還郡，夜風晦冥，望見火光趨之。遇暴風，船皆没。惟寧乘船自若。時夜風晦冥，望見火光，趨之得島。

唐張開刺荆州，至界，見紫衣甲冑數十人自雲中而下，曰：「某荆州內外所主之神，仰使君令名，來相迎耳。」　劉器之謫嶺外，而山蛇來迎，村民羅拜，曰：「蛇，吾山之神，見官喜相迎耳。」　滕修刺廣州，有五人騎五羊來迎。

嫂疾，青衣童子授蛇膽，藥成疾愈，顔含也。嫂樊因疾失明，含盡心奉養。醫須蚺蛇膽，忽青衣童子青囊授含，乃蛇膽也。　患痢，夢道人授丸一掬，服之而瘥，何點也。

兄卒求棺，而江中流至，韋鼎也。侯景之亂，兄昂卒，負尸求棺，哀憤痛哭。忽見江中物流至，乃新棺也，因以充斂。

告河伯，而毛寶死尸立出，戴洋也。郗城陷，寶尸沉江不出。洋移告河伯。　責江神，而二緡上浮，韓滉也。滉鎮浙西，進錢船為傍瀉所溺。篙工舟人漉出，兩艛不得，衆捐錢足其數。滉視非水波得者，乃投詞責江神，俄二緡浮出波上。為民祈福者，「聖壽延長」四字聲聞空中。唐天寶四年，撰黄素文于内道場，為民祈福。其文自飛上天，空中云云。為親祈代者，「神道許」三字蹟留焚後。駙馬都尉鄭潛曜，開元中母寢疾，曜刺血書奏章，請以身代。及焚章，獨「神道許」三字不化，明日母疾間。　甚哉！仁孝之感，捷若桴鼓。《問奇》

政致甘露，沈豊也。字聖達，守零陵。詞訟初不歷獄，決斷于口，鞭杖不舉，市無刑戮。到官一年，甘露降，芝草生。　政致甘泉，房豹也。字仲幹，守樂陵。風教修理，郡瀕海，水味鹹苦，豹鑿一井，遂得甘泉。謝歸，復鹹。

韓娥之齊鬻歌，聲哀一里，老幼悲怨；復為長歌，老幼喜忭。《列子》　榮啟期一彈，而孔子三日樂，感于和；鄒忌一徽，而威王終夕悲，感于憂。《淮南子》

誠足以感物者：陳弇之黄雀。弇以尚書教授，躬自耕種，常有黄雀隨弇翱翔。　羅含之白雀。在官舍，有一白雀棲集堂宇。及致仕還家，階庭忽蘭菊叢生。　江泌之蝨。衣敝蝨饑死，復取置衣，數日間，終身無復蝨。　顧歡之鳥。每旦出户，山鳥集其掌，取食。　謝昌寓之鵠。常養一鵠，昌寓疾二旬，而鵠二旬不食。寓亡，鵠遂飛去。　盧度之鳥獸。始興人，有道術。隨張永北征。永敗，追急，阻淮水。度心誓曰：「若得免死，從今不復殺生。」須臾，兩楯流來。接之，得免。隱西昌三顧山，鳥獸隨之。　何胤之鹿與鶴。嘗禁殺。有虞人逐鹿，鹿趨何，伏而不動。又有異鳥如鶴集構堂，馴狎如禽獸。　王固之羊。聘于西魏。宴饗之際，請停殺一羊，于固前跪拜。　文水郭儁之犬、豕、烏、鵲。七葉同居。犬、豕共乳，烏、鵲同巢，時稱異感。　江州陳兢之犬。九世同居。犬亦同牢，一犬不食，羣犬不食。　王隴德之雉。德本王藏仁蒼頭，葬藏仁並其父母，每有雉悲鳴墳上。　李康成之大魚。釣于桑乾赤欄橋側，以酒禱曰：「若有幽州節度分，則獲大魚。」俄得鯉，果鎮幽州。

周徐台符之馬。台符乘馬，性好嘶鳴。及自鹵中回，嘗露宿草中，馬若箝其口；然行及漢地，即嘶鳴如故。時以積善所感。

魏元忠微時，猿為種火。　高太素隱嵩山，猿為報時。

有虎開口向之，見有橫骨，手為取去，晉郭文也。　鹿中射投之，創愈乃去，齊高道徽父祐也。隱四明山。　鴿飛入懷，崔光也。老尤信佛。　犢牛馴雉，李操妹也。《北史》：尼名法行。嘗逢屠牽牛，即脱衣求贖。雉兔馴狎，入其山居房室。　雙鴻隨肩而舞，日南守虞國也。

孟嘗為合浦守，去珠復還；俗皆採珠易米。時二千石貪穢，積以自入，珠忽徙去，餓死盈路。孟嘗化行一年，珠還。五代馬植都護安南，廢池珠復生；虞愿為晉安守，蚺蛇還復故處。蛇膽可為藥。有餉者放之，復還者再三。是可以觀吏矣。貪，則無知之物能辟其境；義，則有生之類共效其命。

后夔附石而獸舞；伯牙鼓琴而魚喁；師曠援琴而鶴集；子喬吹笙而鳳鳴。積和之所感也。逢萌撫弓而豹嗥；養由矯矢而猿哭；蒲蘆縈繳而鳥下；更羸控弦而雁落。積威之所劫也。

草木各物，仰遵朝旨：光武下令，河北井傾水溢。光武狥師河北，三軍渴甚，遇井苦無汲具，令手扳之，井忽傾倒。

晉穆筆破山形兩斷。冉閔僭位，晉穆帝使人圖其山水觀之，以筆破其山脊，山遂兩斷，閔為燕滅。　則天宣詔，上苑花發。則天遣使宣詔，明晨名花、瑞草皆發。羣臣咸服其異。　明皇羯鼓一曲，柳、杏皆發。玄宗管絃必造其妙，尤愛羯鼓。常遇宿雨初晴，小殿内庭柳、杏將吐，取羯鼓，縱擊一曲，及顧柳、杏，皆已發拆。　中宗拋石不落。廢于房陵，因拋一石于雲中，祝之曰：「我當為帝，此石不落。」遂為樹枝閡之。　真宗舉筆引水。王欽若代郊祀回，問知祖墳佳，令圖以進。真宗舉筆引水出墳前，曰：「水何不從此去。」明年水決，遂蹤相。又風雷轉折檜枝。寢殿側一古檜，橫礙殿簷。真皇意欲去之。一夕風雷折其枝。裕陵筆點柏枝復榮。元豐間，闕嶺有秦時柏。質幹不枯，而枝葉略無。裕陵披圖，御筆點其枝，忽復再榮。又臨歎銀杏遂花。太清樅有銀杏，未嘗有花。裕陵臨觀而歎，明年一枝遂花，而結實至十餘。命宴賞之。光宗大書神泉。皇甫履賜隱廬山，但水差遠。因書「神泉」二字賜之，歸穿一井，方施畚鍤，而泉已湧。清河槐枝下垂。清河縣西，有古槐一枝，下垂若龍爪。太祖微時避暑其下，解衣覆其上，性遂下生，有利其材，斧斤方加，疾作而止。俱《樵書》。

高介

使李元禮而見容于漢，則遣子師事者，常耳；景侍御不獨賢也。使金汝吉而肯事于元，則築室延居者，常耳；唐德之不必傳也。

乖其志好者，雖王公大人，終不行不合己者，雖貴不與交，欒恢也。信陽侯陰就數致禮請恢，恢絶不答。非其同志，雖貴游造門，亦不相見，屈從，張升也。字彥貞，博學而任情不羈。意相合者，則傾身與交，不問貧賤。杜安不見周紆。洛陽令周紆自往候安，安謝不見。貴戚遺書，悉壁藏之。後捕案賓客，開壁出書，印封如故。長孫儉也。性不妄交。氾騰不見張閎。燉煌人。太守張閎造之，閉門不見。臧嚴不就徐勉。勉欲識之，終不詣。杜黃裳不造王叔文。

李藩不就王紹。紹邀一見，終不就。王仲舒、韋成季、吕洞輩强致同會，不得已一至。後召不去，數人果敗。韋貫之不詣李實。蔡衍不見梁冀。冀恨之。王承、王穉、褚翔不至朱异門。陳矯辭孫策、袁術之命。為操辟。　韋忠不就張華之辟。裴頠言于張華。華辟，辭疾不起。曰：「裴嘗有心托我，恐洪濤蕩岳，餘波見漂。況可臨尾閭而窺沃焦哉！」　虞翻拒曹公之辟。曰：「盜跖欲以餘財污良家耶？」　裴諏之不受高乾之署。復言不受署。

雖族人亦不往：許邵于從祖敬；敬子訓，訓子相，並為三公，數遣請邵，邵惡其薄行，終不候之。　崔謙于族弟暹；暹當時寵要。謙與之哲僚同門，非吉凶，未嘗造請。　何之元于宗人敬容。敬容勢位隆重，頻相顧訪，之元終不造。　雖親戚，亦不往：趙岐于馬融；岐娶扶風馬敦女宗姜。敦兄子融，外戚豪家，岐嘗鄙之，不與相見。　顏延之于劉穆之；妹適東莞劉憲之。憲之，穆之子。穆之將仕，欲相見，終不往。　袁淑于劉湛；從母兄劉湛欲其附己，淑不為改意，由是乖失。　裴子野于任昉；昉有盛名。游其門者昉必薦達。子野與昉為從中表，獨不至，昉亦恨焉。　阮孝緒于鄱陽王；姊鄱陽王妃。王嘗命駕欲就之，鑿垣而走。　諸葛靚于武帝；靚父誕，為晉文帝誅。奔吳，吳平，逃竄。武帝與有舊，靚妹又為琅琊王妃，常因就見，靚逃于廁，又逼見之。　江子一于朱异。姑夫朱异權要當路。子一未嘗造門，以家貧闕養，蔬食終身。　雖同州縣，亦不往：崔珽于趙修；修得幸宣武，珽雖同州壤，未嘗詣門。　夏馥于高蔡。同縣高氏、蔡氏富殖，馥不與交通，為豪姓所仇。

恨之而愈遠，楊津于馮誕。誕與津少結交游。津見其貴，每相招，辭疾不往。誕以為恨，津愈遠焉。　嘗來而不往，崔慰祖于江祏。少與祏款密。及祏貴，嘗來候之，而慰祖不往。　豈若鄧康之益重竇章。康，珍子，禹孫。欲與竇章交，不許，康益重焉。　爾朱榮之矯意禮穆紹。紹見榮不拜，矯意禮之。曰：「穆紹不虛大家兒。」哉。

恬退

司空圖「三宜休」。致仕歸中條，作休休亭。量才，一；揣分，二；老而聵，三。　孔戣「二宜去」。年，一宜去；為左右丞不能進郎官，二宜去。　若李若拙、自作《五知先生傳》，謂：「知時、知難、知命、知退、知足也。」任布，拜樞密歸，有「五知堂」，謂：「知思、知道、知命、知足、知守。」則非恬退也。　李子繹以久任外職怏怏，任應之以魚，周詢論惝歸洛。

崔彥玄二子外任，和士開擅朝，世冑多處京官。惟彥玄二子外任。弟廓之從容言曰：「拱與擴幸不凡，何為不在省府？」彥玄曰：「吾立身以來，耻以一言自達。今若進兒，與身何異？」何幼道不及世事。何驃騎第五弟準，字幼道，高情避世。驃騎勸之仕。答曰：「第五之名何必減，驃騎充位宰相，而準散帶衡門，不一及世事？」夫父而彥玄，弟而次道，可免競進狗比矣。

陸遜不遺子要榮。《吳志》：先是，二宮並闕，中外職司，多遣子弟給侍。全琮報遜，遜云：「子弟苟有才，不憂不用。不宜私出以要榮利。若其不佳，終為取禍。且聞二宮勢敵，（必）有彼此。此古人之厚忌也。」　袁君正不為兒買第。《南史》：時生徒對策，多行賄賂。岑文豪謂袁憲父君正具束修。君正曰：「吾豈能用錢為兒買第耶？」

唐畢諴欲為渭陽罷伍伯而不從。畢相諴家本寒微。其渭陽為太湖縣伍伯，相國耻之。屢俾罷役，為除一官，至屬邑令楊載，為落籍。伍伯曰：「其下賤，豈有外甥為宰相耶？某歲享公税事例錢六十緡。苟無敗闕，終身優渥。不審相公欲為致何官？」竟不能奪。　宋庾公素欲為郎史除長馬而不捨。《蜀相庾公傳》：素與從弟擬績，曾宰相蜀州，深念其郎史楊會。洎叅秉蜀政，欲為會除長馬以償之。會曰：「某吏役，遠近皆知。忝冒為官，寧揚人口？豈可將數千人供待，博一虛名長馬乎？」除檢校官，竟不捨縣役。亦畢刓之次也。其識遠矣。

張霸曰：「知止不辱。」守會稽三年，遂上病。　程昱曰：「知足不辱。」屢立功，及天下漸平，自表歸兵，闔門不出。

虞寄曰：「知足不辱。」前後歷官，未嘗秩滿，便求解退。　虞玩之曰：「知足不辱。」年老請退，曰：「四十仕進，七十懸車，壯即馳驅，老宜休息。」

羊祜與弟琇書：「既定邊事，當角巾東歸故里。以白士而居重位，何能不以盛滿受責乎？」　王秀之守晉平，期年，曰：「吾山資已足，豈可久留，以妨賢路？」時謂王晉平恐富求歸。

江淹謂子弟曰：「吾本寒素，不求貴富。今之忝竊，遂至于此。功名既立，正欲歸身草萊耳。」裴宣謂親賓曰：「吾本閭閻之士，直隨牒推移，遂至于此。瞻言往哲，可以言歸矣。」求解不許，乃作《懷田賦》。

邴漢兄子曼容為官，不肯過六百石，輒自免去。虞寄居官，未嘗秩滿，期月便求解退。《陳書》孔若思歷庫部郎中，曰：「仕至郎中足矣。」座右置止水一石。《唐書》陶季直守建安，嘗稱：「仕至二千石，始願畢矣。無為久預人間事。」羊敬元仕至二千石便還。止足也。今求一知足引身者，難哉。

岑文本拜中書令，還家有憂色。文本曰：「位高責重，所以憂懼。」有賀者曰：「今受吊，不受賀也。」

陳顥達每遷官，嘗有愧懼之色。

王晞辭侍郎。曰：「非不愛熱官，但思之爛熟耳。」孔温業求外官。白敏中曰：「我輩須自檢點。孔吏部不肯居朝廷矣。」

韋澳辭户部。宣宗不悦。甥柳玭尤之曰：「主上不與，宰輔僉議，人謂我以他歧得之。」出鎮河陽。謂兄子儉曰：「汝行登三事，我若復有此授，是一門有二臺司。」

王僧虔辭開府。

顏淵曰：「有郭外之田五十畝，足以給饘粥；郭内之田十畝，足以為綫麻。鼓琴足以自娱，所學于夫子者，足以自樂也。回不欲仕。」《莊子》

北宫子衣其短褐，有貂狐之温；進其茙菽，有稻粱之味；庇其蓬室，若廣厦之蔭；乘其篳輅，若文軺之適。終身逌然。《列子》

顏蠋曰：「安步以當車，晚食以當肉。」《國策》

張嘉貞不市田宅。曰：「貴為將相，何憂饑寒？比見朝士，廣占良田，身没之日，適足為無賴子弟酒食之資。吾不取也。」

岑文本不言產業。曰：「無汗馬之勞，以文墨致位中書，亦極矣。何得更言產業乎？」 李日知不事產業。致仕歸，曰：「書生至此，已過本分。」 田豫曰：「年過七十而居位，譬猶鐘鳴漏盡，而夜行不休。」 元延祖元結父。調春陵丞，棄官去，曰：「衣食可適溫飽，不宜復有所需。」

叔敖辭次壤之封；蕭何就窮僻之鄉；唐瑾留墝埆之地。是能為子孫計長久者。

大臣休致，固是難事，而勸人休官尤難。陳振獻《鷗賦》于崔湜，湜雖稱善，而心不悅。 魏仲先上王文正詩，「從來輔相皆頻出，君在中書十五秋。西祀東封今已畢，此回好伴赤松遊。」公得書大喜，以酒、茗、藥物為答，然終不能用。 寇萊公再入中書，魏亦貽以詩，「好去上天辭富貴，却從平地作神仙。」公亦不能從。 惟陳恭公判亳州，壽日，從子世修獻《范蠡五湖圖》，《贊》曰：「賢哉！陶朱，霸越平吳，名遂身退，扁舟五湖。」公得之大喜，即日納節。 韓持國晚年守許，崔子厚為倅，值生辰，獨上詩，「衣錦榮名雖烜赫，挂冠高節莫因循。」公嘆詠久之，曰：「非君，誰與我言？」遂致位。 嗚呼！出處之際，人所難言；炎涼之態，人所易動。如張正甫、蘇易簡，足以觀矣。 唐張正甫與門人崔咸議欲休致，崔力贊之。既歸，門庭冷落，悔謂人曰：「後有大事，慎勿與少年議之。」蘇易簡罷知政事，不勝閒冷，謂親舊曰：「退位菩薩難做。」未幾而卒。

蕭嵩曰：「陛下未厭臣，故臣得從容引去。若已厭臣，首領且不保，安能自遂？」然嵩與韓休並罷，非善退也。 必如宋龐壯敏籍知定州，屢請老，或謂：「上方注意，且精力克壯，何堅引去？」公曰：「必待筋力不支，明主厭棄，然後乃去，是不得已。豈止足之謂？」歐陽文忠在蔡屢乞致仕，門生蔡承禧言：「朝方倚重，且未及引年，豈容遽去？」公曰：「修平生名節，為後生描畫盡，惟有早退以全晚節，豈可更俟驅逐？」大臣立朝，而皆恐厭棄于明主，恥描畫于後生。廉恥其有興乎！

謝安居會稽。以山水、文籍自娛。　王奂灌園。恥交勢利。　沈慶之徙居婁湖。車馬率素，人不知其為公。先有四宅，又有園舍在婁湖。一夕徙居，以四宅輸官。

唐歐陽彬守嘉州，不久調。曰：「青山緑水中，為二千石。賦詩、飲酒，作風月主人，亦過分矣。」江淹令浦城，以風雅化俗，民不忍欺。嘗言：「碧水丹山，平生所酷好。何嫌作吏僻遠也！」

謙抑

翟湯答庾亮，曰：「公敬枯木朽株耳。」　鍾離産曰：「公以編户之民，受珪璧之敬。」

為中丞，引御史坐與論議，鄭餘慶也。　為參軍，偃仰，召會退居僚末，王綸之也。袁粲歎曰：「格外之官，便今日為重貴。遊居此位者，遂不以掌文記為高。」　雖登公輔，誘進後進，謙若布衣，陸玩也。由是，縉紳之徒莫不廕其德字。

雖備位方伯，而心猶昔時一尉，陽嶠也。嶠嘗以此語人。　謙恭遇人，長幼如一，陽城也。

謙飭若不在勢位者，路巖也。　謙遜下士，遇知識步行必下，從者輿載送之，韋玄成也。

范氏門徒路逢乞兒馬醫，弗敢辱也，必下車而揖之。《列子》　岑文本生平故人，雖羈賤必鈞禮。

劉仁軌雖貴顯，不自矜居，接故舊如布衣時。　于定國，雖卑賤皆與鈞禮。　袁紹，士無貴賤，與之抗禮。

魏世子拜荀公達休于床下。魏文帝在東宮，太祖謂曰：「荀公達，人之師表。汝當盡禮敬之。」攸曾病，世子問病，獨拜床下。　蜀丞相拜龐公于床下。龐德公，襄陽人。孔明每至其家，獨拜床下。

李懌不肯作式；五代張文寶知貢舉，下學士院作詩、賦，為貢舉格，命李懌為之。懌曰：「登科偶然，假令復試，未必不落。安能為英俊作式？」聞者多其知體。　裴坦辭歸肄業。及第，自以舉業未精，辭歸鄠縣。到墅三年，肄業不入城。文格變，始到京，舉朝稱之，後為名相。　世之詭遇侈得，安有「吾斯未信」若二公也者。

桓榮在太學，辨明經義，每以禮讓相厭，不以辭長勝人。　班固在蘭臺，寬和容衆，不以才能高人。

王褒不以己能責人不能，其殆能恕乎？

杜預使王濬先入石頭，避其親受節制。　裴度為韓弘已為都統，遂不自稱招討。

賈復，每論功伐，未嘗有言。光武曰：「賈君之功，我自知之。」　蔡祐每戰還，論功，終無所言。宇文泰歎曰：「承先口不言勳，我當代其論叙。」諸將相争論功，獨屏大樹下，馮異也。諸將論功，獨默然者，馮道根也。軍中稱異「大樹將軍」，沈約亦稱道根「比大樹將軍」。　唐王仁裕稱「枯松太保」。王建平東川，諸將莫不争功。獨仁裕立孤松下。

衛綰不與他將争，有功常遜他將。　唐彬稱疾遲留，以示不兢。與王濬共伐吴，彬知皓將降，未至建鄴二百里稱疾。　高熲不争平陳之功，隋高祖命與賀若弼論平陳事，熲曰：「臣文吏耳，焉敢與大將争功？」

國子尼不以討封内之寇為有功。國淵破田銀、蘇伯于河間。及上首級，如其實數。魏太祖問故，曰：「河間，封内之地，雖克敵有功，淵竊耻之。」　孔明不以得漢氏之民為可賀。出祁山，而南安、天水、安定歸降。蜀人皆賀，孔明蹙容曰：

「普天之下，莫非淡民，以此為賀，能不為愧？」 則唐室平藩鎮之逆，又果足以形于歌咏乎？

蘇子容曰：「歐公不言文章，而喜談政事。君謨不言政事，而喜論文章。各不矜其所能也。」

古事比卷之十六

方正

平、勃之誅諸吕，倖也；吾取王安國。陵。　安、玄之敗苻堅，倖也；吾取桓宣穆。冲。《偶記》

漢武令巫詛仲舒，巫者忽死；唐太宗令僧呪傅奕，僧亦死。邪不勝正也。前。

不肯事權貴者：三國魏中書監劉放、令孫資，大臣莫不交好，而辛毗不與往來。子敞諫之，毗曰：「吾之立身，自有本末，就與不平，不過不作三公而已。」　陳蕭引字升休。不附宦官李善度、蔡脱兒，族子密諫之，引曰：「吾之立身，自有本末，亦安能為李、蔡改行？就與不平，不過解職耳。」免官。　顧覬之不附戴法興、戴明寶、巢尚之三人。蔡興宗嫌其太峻，覬之曰：「辛毗有言，不過使吾不為三公耳。」

客勸王僧虔宜加禮接阮佃夫，虔曰：「我立身有素，豈能曲意此輩？彼若見惡，當拂衣去耳。」免官。

嚴挺之寧不作相，拒宰相，不見李林甫；崔隱甫寧不作相，違詔不見牛仙客；韋肇不見元載。可謂唐三偉人。　宋李僅字舜工。不謁丁謂，明道中又不謁執政，曰：「我若昔謁丁崖州，則乾興初已為學士矣。」　范縝曰：「使縝賣論取官，已至令僕矣。」宋王球亦不奉詔令與徐瑗交坐。是皆不得相，然亦伸其志。

徐、羨之。傅亮。當朝，王敬弘裕之。不與往來；子瓚之未嘗詣一朝貴。江湛、何偃謂為「朝隱」。柳元景、顏師伯貴要，瓚之竟不候之；孫秀之又不與王儉欵接，三世不事權貴。 唐韋肇為中書舍人，元載曰：「若過我，當擇善地處之。」終不肯詣。子貫之遷長安丞，或薦之京兆李實，實曰：「與我同里，願識之。」貫之不往。子澳字子斐。第進士，十年不調。御史高元裕與其兄温善，諷澳詣己。温歸告澳。澳曰：「恐無呈身御史。」亦三世不交權貴。然貫之卒至宰相；代宗欲相肇，會肇卒；宣宗欲相澳，會帝崩。不然三世俱相矣。豈真權近為政哉？彼接軫旦開槐柳並列者，可以省矣。〈事偶〉

王懷祖深折桓温「欲移鐘簴」之言，坦之特毀桓温「居攝」之詔。王忱每裁抑桓玄于荆州，王氏三世處桓氏父子，正色不撓如此。 蔡興宗被顧命徵還京，王道隆任參國政，躡履到前，不敢就席，興宗竟不呼座。興宗子約仕齊，蕭鸞輔政，百僚脱屐到席，約躡履不改。父子世直矣。

申屠嘉欲斬鄧通，文帝馳召救之，乃免。 宋璟欲斬張昌宗，武后馳召救之，乃免。 權懷恩遷尚乘奉御，馭人安畢羅為高宗所寵，見帝不恭，恩退杖羅四十。然申屠困通，廣平困張，猶以宰相；懷恩奉御耳，並能行之帝寵，不怒且罪，反為遷官，足稱令主。 他如何師薛懷義。批頰，南衙戒行；女巫斬首，禱寺屏息；良嗣囚璫，橫闖棄竹；許孟容抗詔，驕將償錢；韋澳擊吏，帝舅鄭光。輸税。皆大快人意事。往往于唐代見之。〈事偶〉

葉子昂叱責梁俊彦。孝宗時，近習梁俊彦，請税兩淮沙田，子昂奏罷之。退至中書，逮俊彦叱責之，惶汗免冠謝罪。頗有申屠嘉困辱鄧通，韓魏公以頭子勾任守忠之遺意。

鄭餘慶叱主書滑渙：渙久司中書簿籍，與內官劉光琦相倚為奸，四方書弊貫貸，充集其門。弟泳官至刺史。及餘慶再入，與同僚集議，渙指陳是非，餘慶怒叱之。未幾，愢為太子賓客。渙贓發，賜死。憲宗以餘慶叱渙事，復拜僕射。 韋處厚逐小胥湯銖。其所掌謂之孔目房，宰相休假，有內狀出，召銖至延英門付之。由是廣納財賄，處厚惡之。曰：「此是半裝滑渙矣。」乃以事逐之。夫身為大臣而有甘臨之憂，係遯之疾，則今之君子有愧唐賢多矣。《日知録》

陳後主移宴洪範宮，衆人咸從，惟蔡凝與袁憲不行。曰：「長樂尊嚴，非酒後所過。」 唐中宗宴侍臣，令為《迴波詞》，衆皆為佞悅之語，李景伯獨寓規諷。蕭至忠曰：「此真諫官。」

宋中書舍人弘興宗為文帝愛遇，稱旨就王球席，王球舉扇曰：「君不得爾。」宦者張僧胤候羊侃，都官尚書。侃曰：「我床非閹人所坐。」竟不前之。 李峴為相，元載于政事堂置榻，邀宣使中官坐，峴至，叱左右去榻。 魏董昭嘗枕蘇則膝卧，則字文師，拜侍中，與昭同官。推之曰：「蘇則之膝，非佞人之枕。」狄當、周赳詣張敷，字景胤。以中書郎同省詣之，敷呼左右曰：「移我床坐遠客。」當等失色而退。《南史》紀僧真詣江斅，斅顧左右曰：「移吾床遠客。」真喪氣而退。 蘇合蜣丸，千古異器。 又王僧達焚路太后弟所坐床。《事偶》

任安、田仁為舍人，衛將軍過平陽公主，令與騎奴同席而食，安拔刀劍斫席別坐。 楊仁辟桓虞府，有宋章貪奢，仁不與交言同席。 後漢許敬字鴻卿，其鄉吏有誣告者，會于縣令座，敬拔刀斷席，曰：「不忍與惡人同席。」 公沙孚允慈。與荀爽約不事貴勢。爽當董卓時，脱巾未百日，位至司空。後相見，割席而坐。 華歆廢書出看軒冕，而管寧割席分坐，曰：「非吾友也。」 劉璡與孔逷同舟，逷目送塘上女子，璡曰：「非吾友也。」解裳自隔，不與同坐。

江蒨、王規與徐勉抗禮。僕射徐勉權重，惟蒨與規不為之屈。　司馬膺之與楊愔抗禮。同為黄門郎。愔為尚書令，抗禮如初。路逢于樹下，避之。曰：「我自避赤棒，本不避卿。」　庾炳之與謝晦抗禮。兄登之為晦長史。晦位高權重，炳之獨與抗禮。

郅都長揖條侯。　汲黯長揖田蚡、衛青。　蓋勳長揖董卓。　王祥長揖司馬昭。　王衍長揖齊王。　高允長揖宗愛。　慕容儼長揖潘相樂。曰：「行望人拜，豈能拜人？」　趙壹長揖袁逢。逢下堂執手曰：「此漢陽趙元叔也。」　裴粲長揖高肇。　宋遊道長揖臨淮王彧。　李愚長揖衡王。　李幼廉高揖和士開。　尉聿長揖元乂。

蕭育之不詣曹。為茂陵令。課第六，而漆令郭舜殿見，責問，育為之請。扶風怒曰：「君課自脱，何暇為左右言。」及出，傳詣後曹，當以職事對。育按佩刀，曰：「蕭育，杜陵男子，何詣曹也。」遂趨出。明旦，詔拜司隸校尉。

陶謙之不轉舞，為紆令。太守張磐同郡，與謙父交親，而謙耻為之屈。嘗舞，屬謙不起；强之，又不轉。曰：「轉則勝人。」同列且難堪，而行之上官，漢時長吏，能自樹立可見。《日知録》　又宋司馬池挽令偶坐。永寧主簿。以公事謁令。令南向倨坐不起。池挽令西向，偶坐論事，不為少屈。

卜者李士寧招權，惟王旦一人無書尺。　宦官童貫納賄，惟宇文粹中一人無姓名。

不肯為齊王冏操琴，嵇紹也。紹曰：「不可以先王法服，為伶人業。」　對武陵王晞使者破琴，戴逵也。逵曰：「戴安道不能為王門伶人。」

不肯為竟陵王子良彈琴，王僧祐也。　不為宋高圍棋，王涣之也。　不與始安王遥光對棋，崔慰祖也。（遥光好棋。數召對戲，慰祖輒辭拙。）　張尚不為孫皓操琴。　范曄不為宋主彈琵琶。（必待宋主歌，乃彈；歌止，彈亦止。）　不肯以昭應墅，奉宰相王縉取右職，蕭復也。　不以廄與宰相廣第者，楊損也。（損與路巖第相接，巖欲易其廄以廣第。損曰：「尺寸土皆先人舊貲，安可輕奉權臣乎？」）　不以宅為桓玄作營，謝混也。　不肯以隙地市楊收成舞榭，李子訥也。（曰：「先人舊廬，肯為權貴優笑地耶？」）

不可干以私，尹翁歸也。（翁歸拜東海太守，于定國欲屬托邑子兩人，終日不敢見。曰：「此賢將，汝不任事也。」）　公廉不發私書，問遺無所受，請寄無所聽，郅都也。　未嘗以私托人，而人亦不敢謁以私，鄭珣瑜也。　雖宿貴前望，造詣不敢干以私，裴垍也。

周亞夫争廢栗太子，又以后兄王信封侯非約，又不肯封匈奴王、徐盧等六人侯。景帝曰：「丞相議不可用。」乃悉侯之，而亞夫謝病。明皇欲以張守珪為侍中，張九齡不可；欲假其名，又不可；又不肯以牛僊客為尚書。明皇不聽，而九齡罷。兩人之不阿，一以太后之衔，一以林甫之譖。俱不竟其用，甚矣。守正之非易也。

漢劉祐為郡主簿，郡守子付錢，令買果實，祐悉買筆、墨、書具與之；吴包咸為郡主簿，太守出行春，咸留守郡，郎君緣樓探雀卵，咸責之，曰：「春月不宜破卵。」杖之三十。此事難矣。

宋璟不與内侍交語，明皇深加歎獎。　杜悰不從監軍請選宮女入宮，武宗知其有宰相才。

李大亮密表：「使者求鷹，豈陛下意耶？」或言：「晉州出佳鷂。」帝曰：「劉齊賢，豈捕鷂人耶？」

杜佺不肯賀九月之梨花；王求禮不肯賀三月之雪。能正言以争惑，國之瑞也。

管寧嘗坐一榻，當膝處皆穿。　向栩嘗坐板床，有膝踝足指之處。　蕭藻獨處一室，床有膝痕。張無垢窗下石有雙趺跡。　蘇端明寢卧就枕，不復翻動，至于終夕。　劉元城暗室端坐，略無欹欠，至于終日。《偶記》

「元祐奸黨碑」，不忍刻司馬公名者，石工安民也；不忍刻蘇、黄名者，九江碑工李仲寧也。　士大夫能無厚顔。《偶記》

鄭興曰：「臣不為讖。」桓譚曰：「臣不讀讖。」皆攖光武之怒，而後以惶恐叩頭得解。　然則彊華之雲集龍門，華奉《赤伏符》曰：「劉秀發兵捕不道，四夷雲集龍門野，四七之際火為王。」《后漢帝紀》曰：「初，道士西門君惠、李守等亦云劉秀當為天子。」直陳勝之魚書、狐鳴等耳。　丹書帛曰：「陳勝王。」置人所罾魚腹中。　又令次所旁叢祠中夜構火，狐鳴曰：「大楚興。」

章惇謁張安道，謝曰：「素不相識，不敢受謁。」惇慚怍而退。　孔道輔謁馮拯，拯曰：「天子用君作諫官，豈宜私謝執政？」道輔慚伏而退。　非安道不能謝章惇，非道輔不能伏馮拯。《間奇》

蔡襄不肯書温成張貴妃卒，追謚「温成皇后」。碑。　仁宗《御製元舅隴西王碑》文，詔襄書之。　其後命學士撰温成皇后碑文，又勅公書，辭不肯。　曰：「待詔職。」　鄒浩不肯撰樂語。　鄒志完，潁昌教授。　范純仁屬撰樂語，曰：「翰林學士亦為之。」浩曰：「翰林學士則可，祭酒、司業則不可。」　楊大年億。不作明肅册文。　真宗欲立明肅后劉氏。　丁謂諭旨大年，令作册文。云：「不憂不富貴。」答曰：「如此富貴，亦不願得。」　蔡文忠襄。不作《景德寺記》。太后修寺，詔蔡為記，終不以進。

朱敬則固辭圖像。張易之繪武三思、李嶠、蘇味道、李迥秀、王紹宗等十八人像，以為圖，欲引敬則，固辭不與。世潔其為人。

衛次公不復鼓琴。善琴。未顯時，京兆尹李齊運請授之法，次公拒絶，因終身不復鼓。

不欲以呈身得御史：韋澳、見前。王巖叟、宋熙寧中，詔舉御史。舉者意屬巖叟，而未識，或謂可一往見。笑曰：「是所謂呈身御史也。」陳橐。呂頤浩欲援為御史，約先一見。橐曰：「宰相用人，乃使之呈身耶？」不往。御史，美官也。不欲以呈身得之，知身重于官也。

陸德明佯給遺痢；王世充僭號，封其子為漢王，署德明為師，就其家行束脩禮。德明恥之，因服巴豆散，臥東壁下。充子入跪床下，德明佯給遺痢，竟不與語。宋璟遽稱腹痛。王毛仲嫁女請客。玄宗曰：「知汝不能致者一人，必宋璟也。」明日，詔宰相詣其第。日中，璟方至，先執酒向西拜謝，飲不盡巵，遽稱腹痛歸。二事想見二公之為人。

桓彬未嘗與劉歆、左丞。杜希、右丞。馮方，曹節婿，亦為郎。共酒食之會。方怨之，章言彬等為酒黨。陳良佑不至張說家。說奏置酒延衆，中使以上尊珍膳至，表謝附奏。良佑不至，是違聖意。夜半，忽報中批良佑為諫議大夫，憮然而罷。

異人欲授以化金方而不受者：楊偕也，竇舜卿也，張詠也。不受其方，並不受其所遺金者，胡宿也。

道士獻丹藥，曰：「煉此丹于葤門。」而沉之于江，柳公綽也。曰：「來于賊臣，雖驗何益？」時朱克融方叛。

范仲淹受煉銀者之托，後出其方與金授之其子，封識宛然。張乖崖試煅汞者之術，既成，尋送大慈寺。

彼有願見水銀一錢與知制誥一日無恨者。右拾遺夏侯嘉正。視二公何啻徑庭。

不信鬼神：如范縝為正，夷陽有五相廟、唐淡三神廟、胡里神廟，縝下教斷不祠，竟陵王子良精信釋，而縝盛稱無佛。而毛循之為貪。所至必焚除房廟。時蔣山廟中有佳牛好馬，並奪取之。　裴粲、刺膠州。亢旱，士民勸禱海神。粲為祈請，直據胡床，舉杯而言曰：「僕白君。」卒不肯拜。　蕭琛吴興郡有項羽廟，靈驗。遂于廳事為神座，公私請禱，避居他室。琛至，移神還廟，處之不疑。　為正，而阮瞻、作《無鬼論》，有客言：「僕是鬼。」歲餘病卒。　阮修論無鬼，伐社樹。為誕。

不信釋教：　如衛元嵩上疏極論。　高謙之稱佛是九流之一家。修《涼書》。　張敷不奉旨載沙門。義恭求一學義沙門，敷還江陵。太祖謂：「可以後輪處之。」不奉旨，帝不悦。　傅奕請除釋教。云梁武、齊襄，足為明鑒。　韓愈諫迎佛骨，要為持正而過，非偏見也。

祛邪

臺城內每夜昏，或見人著衣冠從井中出，居民多死亡。　徐孝先代周確，便即居之，妖變皆息。　安成郡府舍，昏旦聞人鬼相觸，住者鮮以吉終。　傅昭為內史，有人夜見甲兵出，曰：「傅公善人，不可侵犯。」自是無患。　李杲令洛陽，有進士劉兼聞户外語，曰：「李令正人，可于他邑求血食。」啟户視之，寂無影響。　王旦知平江，官舍舊為山怪所據。旦將至，守吏聞鬼呼云：「相公至矣，當避去。」《事偶》

河南官舍多妖，樂廣獨自若，掘牆得狸，殺之而妖絶。　謝鯤夜宿豫章東亭，有黄衣人呼其字，令開户，鯤淡然不懼，窗中度手牽之而胛斷，乃鹿也，遂無怪。　公沙穆居建成山中獨宿，忽風雷暴至，有呼之者三。　俄呼者自牖入，音狀甚怪。　穆誦經自若，竟無異。　北周京兆官舍多怪，盧光入居之，已而馬升廳事登床，食器無故自破。　光不以介懷，亦卒無事。《叢談》

西門豹之投巫嫗；狄惟謙晉陽令。之沉天師；巫郭天師。宋公之娶公嫗于巫家；唐、后二山，衆巫咸取民家男女為公嫗。宋均令娶之巫家，勿擾良民，後遂絶。狄仁傑、李德裕之毁淫祠千餘所。狄毁一千七百所；李毁一千一百所。並有許大識力者。

毁淫祠：狄道有董卓祠，唐高適始議毁之；蔡州有吴元濟祠，宋王濟始議毁之。二子之識卓矣。二賊之初得祠也，何居？《偶記》魏漢、匡衡罷二世之祠于南山。王朗廢始皇之配食于禹廟。温嶠去王敦之像于武昌。北魏蘭根廢董卓之祠于常山。伐其祠柏。唐薛伯高斥毁有鼻之祠于道州。狄仁傑檄毁項羽之廟于會稽。宋劉隨請毁王欽若之像于茅山。程大中投歐希範之神于虁州。劉領去英布、吴芮之廟于桂陽。晦庵移去秦檜之祠于温。申屠子迪檄毁曹操之廟于夷陽。

京師民訛言帽妖至，真宗時，訛言有物如席帽，夜飛入人家，變犬狼傷人。達旦叫噪。知應天府王曾，令夜開里門，有倡言者，即捕之，妖亦不興。張詠知成都，訛言有白頭老翁過食男女，詠使訪市肆中，有大言其事者，但立證解來，命戮于市，即日帖然。錢元懿牧新定，閭里數火起，有巫楊媪曰：「某所復當火。」皆如其言，民競禱之。元懿曰：「火如巫言，巫為火也。」斬媪，遂息。隋妖賊宋子賢潛謀作亂，以兵捕之，所居但見火坑，不敢進。郎將曰：「止妖妄耳。」乃進，無復火矣，遂擒斬之。賀齊討山賊，賊中有善禁者，刀劍得擊。賀曰：「必不能禁無刃之器。」乃作勁木、白棓，選健卒先登擊之，禁者果不復行，擊殺萬計。

見怪不怪：有桂陽太守韋叔堅，少為從事，家有狗如人行。叔堅曰：「彼見人行，效之何傷？」又戴其冠而走，曰：「誤鬬冠纓挂之耳。」狗又于灶前畜火，曰：「兒輩皆在田中，狗畜火，可不煩鄰里。」數日狗暴死，叔堅終享大任。　廬陵尉程珦郡君。廨中多怪。一日家人忽告郡君，有鬼執扇。郡君曰：「天熱故爾。」又一日報鬼鳴鼓。郡君曰：「與之桴。」自是家人不復言，怪亦絶。　唐魏元忠，未達時，家獨一婢，有猿為吹火。婢懲白公。公曰：「猿愍我無僕，為執爨耳。」又犬為代呼蒼頭。公曰：「孝順狗也，能代我勞。」又夜半有婦女立竹床前，公曰：「能徙吾床堂下乎？」羣女竟徙堂下。曰：「可復徙堂中乎？」又復移故所。公曰：「能徙至街中乎？」羣女再拜而去。曰：「此寬厚長者，可同常人玩之哉。」　張莊簡公悦。元旦拜灶，有家犬坐灶上。公具冠服拜如故，犬下灶遂死。子孫詫問，公曰：「見怪不怪，其怪自敗。」

西門豹沉巫，不若宋均之令娶巫家也。　孫子秀火水僊廬，不若程伯淳之令石佛放光，取首以觀也。　班超在于闐，亦有斬巫事。

孔道輔擊天慶觀蛇，斃之；程伯淳茅山觀龍，脯之；胡穎之殺蛇、毁寺，與孔道輔之擊蛇，陳文忠之戮鰐，同功矣。

亳州以聖水愈疾，而裴晉公所在禁塞；淛西以聖水獲利，而李文韶致妖者敗露。先輩豈不欲濟人？誠杜其煽惑之原也。亳州浮屠詭言水可愈疾。齊永明中，有沙門自北齎火色赤，療疾多驗，咸云「聖火」。見《南史》。

嫉惡

周馥謀除上官巳。清河王覃令與巳合軍，馥以巳縱暴，終為國賊。謀除之，為所襲，走免。後巳為張方所敗。　正誼欲擊朝士。宇文護執政，閔帝拱默。有朝士不恭，誼勃然將擊之，其人請罪，乃止。自是無敢不肅。

應詹不見諸葛玫。玫委長沙王乂奔鄴，盛稱乂之非。玫有才辯，臨漳人士無不詣之。詹與有舊，歎曰：「諸葛仁林何與樂毅相詭乎？」卒不見之。玫聞甚愧。　范甯勸黜王國寶。甯甥也。嫉其阿諛，勸孝武帝黜之。　權德輿請斥李繁。繁與梁肅友善。肅卒，繁亂其配，無不歎駭。德輿奏請斥之。　韋倫切言不可用盧杞。德宗幸奉天，盧杞貶官。及用杞為荆州刺史，倫上表切言不可。　朱震奏逮中常侍。奏濟陰守單康贓罪，並逮康兄中常侍詣獄。諺曰：「車如雞栖馬如狗，疾惡如風朱伯厚。」　王允為郡吏。捕殺小黄門。趙津為一縣巨患，允捕殺之。太守劉瓆以此下獄死。　閻纘以車轢冢。轢趙王倫冢。　盧奂以碑記惡。奂歷任大郡，治奸惡。既斷罪文，以所犯刻石，書其門。時謂之「記惡碑」。

張奂不受董卓遺縑。百疋。　蓋勳遺令勿受董卓賻贈。　嫉其人，故却其物，不僅廉也。

何曾欲擯阮籍。居喪無禮。　古成詵欲刃韋高。高慕阮籍，母喪，彈琴飲酒。詵曰：「當刃之，以崇風教。」持劍求高，高匿不敢見。　韓伯折周勰。勰居喪廢禮，伯折之。議者謂裁世所不能裁。

韋元素欲殺鄭注。元素惡注，李弘楚説殺之。召注至，蠖屈鼠伏，佞辭泉湧。元素不覺執手欵曲，以金帛厚遺之。

趙郡王叡面數和士開。胡太后觴朝貴于前殿，叡面數士開受納貨賂，穢亂宮掖之罪。　張廷珪奏周利貞。利貞貶刺涪州。未幾，授黔州都督。廷珪奏還制書，曰：「利貞附會三思，傾危朝廷。何往日罰之，而今日又賞之耶？」乃止。　王義方彈李義府。善柔成性，佞媚為心。昔事馬周，分桃見寵；後交劉洎，割袖承恩，生其羽翼，長其光價。　王覿論張璪。王覿、吕陶、上官均等連疏言璪奸邪便佞，善窺上意，以危機陷人，深交舒亶，敗起大獄。

袁高論執盧杞之用。用杞為饒州刺史，高堅執不下，乃改澧州別駕，卒于澧。　陳琰預沮丁謂之復。天聖五年，南郊，中外以丁謂復還。琰疏請勿原赦。曰：「李德裕止因朋黨，不獲生還。盧多遜曲事王溥，卒無牽復。」仁宗然之。

不撓

吴競撰《武后實録》，直書張昌宗誘張説事，説為相，以情求改，不從也。孔至撰《百家類例》，以張説為近代新門，駙馬垍求改，不得也。説父子宰相，尚主之貴，不能撓直筆，可畏哉。

司馬温公不改《通鑑》。光作《鑑》至唐太宗之世。忽有衣黄者曰：「先生善䛕。」公曰：「陛下穢德多矣。頭可取，筆不可奪。」范文正不改碑銘。銘及一貴人陰事，夢貴人求易。公謝曰：「隱公此事，則某當受惡名。我非誣人者，不可改也。」

「南山可移，此判不可動。」李元紘判碾磑與寺僧也。「日知不離刑曹，此囚終無死法。」李日知與胡元禮争論一囚也。

韓侂胄築南園，屬楊萬里為記，許以掖垣。萬里曰：「官可棄，記不可作也。」胄恚，改命他人。唐裴鈞之子持萬縑請韋貫之撰先銘。答曰：「吾寧餓死，豈能為是哉！」趙孟頫為羅司徒致鈔百錠于胡汲仲，請為乃父墓銘。汲仲怒曰：「吾豈為宦官作墓銘者。」是日正絶糧，其子以情白座客，咸勸之，汲仲却愈堅。若是，其皦皦不污，嶢嶢不缺者乎？《事偶》

世祖以丁邯為郎，托疾不就。曰：「恥以孝廉為令史耳。」世祖怒，杖之，問：「欲為郎否？」曰：「能殺臣者，陛下；不能為郎者，愚臣。」詔出，不為郎。魏愷辭青州長史，齊文宣大怒，對曰：「能殺臣者，陛下；不受長史者，愚臣。」帝曰：「何患無人？」因放還。

鄭衆不拜單于。李義琰不拜高麗王。

崔隱甫不肯見牛僊客，明皇强之不從；李珏不肯見鄭注，文宗强之不從。與稱旨就席者弘興宗于王球。不侔。與奉詔交公者漢章帝謂竇憲曰：「公愛班固，而忽崔駰，此葉公好龍也。」憲謂駰曰：「吾受詔交公。」亦異。

漢桓時，詔舉鉤黨，郡、國所奏連及，獨平原相史弼無所上。曰：「五郡自有，平原自無。」　宋鮮于侁為利州轉運副使，部民不請青苗錢，安石遣詰之。侁曰：「青苗之法願取則與，民自不願，豈能强之？」蘇軾稱其上不害法，中不廢親，下不傷民，以為「三難」。

王嘉數言不宜封董賢，詔詣廷尉。掾吏涕泣和藥進，嘉引藥盃擊地，曰：「備位三公，負國伏刑都市，以示萬衆，豈兒女子耶？」　王允下獄，諸從事流涕奉藥而進，允厲聲曰：「人臣獲罪于君，當伏大辟以謝天下，豈有乳藥求死乎？」投杯而起。

樊英之對順帝。帝徵英，曰：「能生、能殺、能貴、能賤、能富、能貧君。」英曰：「焉能殺臣、貴臣、賤臣、貧臣、富臣？」　傅縡之對後主。曰：「臣心如面，面可改，臣心不改。」

高汝勵不取扇，奏事紫宸殿。宣宗所御涼扇忽墮案下，汝勵以非職不取以進。上謂宰臣曰：「可謂知體。」劉行本不與筆。周武時，為掌朝士夫典筆硯，故事，持至御座，承御欲取之。抗聲云：「臣既不佩承御刀，承御亦焉取臣筆？」昔韓昭侯醉而寐，典冠者加衣。其罪典衣，以為失其事也；罪典冠，以為越其職也。可鑒矣。

宋熙寧時，方尊王氏之學。神宗問黃隱學術，以司馬光對，上嘉其不撓。　林預常為蘇軾薦，後軾下獄，林適賜對，神宗問：「誰所薦？」曰：「蘇軾。」　韓侂胄禁偽學，撫州推官柴中行獨云：「幼習程氏《易》。」　秦檜當國，程氏學廢，陸九齡獨尊其說。

嘉祐間，尚西崑體，而歐陽修取古文。　紹聖後，宗王氏説，而陳瓘取史學。　尹焞不對策議。紹聖初，應舉策有誅元祐諸臣議。焞不對而出，聚徒洛中。欽宗賜號「和靖」。　劉宰不納試狀。見後。

高獲冠鐵冠，帶鐵鑕，詣闕，請師歐陽歙，上欲用為吏，謂改常性，曰：「受性于父母，不可改之于陛下。」　任延對光武曰：「善事上官，不敢奉詔。有守者，君亦不可得之于臣。」

柳仲郢先為牛公辟，後李衛公奏為京兆。曰：「仰報盛德，敢不如奇章公？」衛公深歎其無苟同。楊綰在位，天下之士多以敝衣為儉求合，惟武元衡素好鮮美，不改所為，綰甚重之。周受禪，貴公子競習弓馬，被服多為軍容，李禮成雖精騎射，而從容儒服，不失素望。大丈夫不將、不迎、不詭、不隨，自斷于心，足矣。依阿附會，以取憐于世者，非婦人則佞客耳。

中立其間，若徐邈于崔琰、毛玠；武元衡于鄭餘慶。議論未嘗苟從，車服不改其常。

使邑有蔣沇，則郭中令且求蔬飯而過其軍；邑有何易干，則裴刺史休。不敢盛車騎而入其界。在人有以自立耳。

樂正子春曰：「臣亦愛臣之信。」《韓非子》：齊索饞鼎，魯以其贋往。齊曰：「使樂正子春來。」魯君請子春。子春曰：「胡不以其真往？」君曰：「我愛之。」答云。　柳下季曰：「臣難破臣之國。」《吕覽》：齊求岑鼎，載他鼎以往。曰：「柳下季以為是，受之。」魯君請于季。答曰：「君之賂，以免國也；臣亦有國于此。破臣之國，以免君之國，臣之所難也。」魯君于是以真鼎往。

劉綜不附中宫近屬；真宗語曰：「卿與中宫近屬，已擬差遣。」變色曰：「臣本是河中府人，不曾有親戚在宫中。」未幾，出知廬州。　劉摯不識安石。神宗問：「從王安石學耶？」對曰：「臣北人，不識安石。」古人不攀附貴戚津路也，如此。

高馮為監察，彈治不避權要。　崔縱為中丞，彈治不避權倖。　竇憲使門生齎書僕射郅壽，有所請托，而壽送詔獄；梁冀以賓客托宛令吴樹，而樹到縣誅冀客數十人。可謂不畏强禦矣。

光武出獵夜還，郅惲拒關不開，乃從中東門入。明日上書「賜布百疋」。　明帝微行夜還開陽門，何湯閉門不納，更從中東門入。　羊祜常欲夜出畋獵，徐胤執戟當營門，曰：「胤死，此門乃開。」祜謝之。　姚興好畋，昏還，城門校尉王滿一作王滿聰。閉門拒之，乃從朝門入，明日進位二等。　石勒嘗夜微行，齎金銀貽門者求出，永昌門候王假欲收捕之，從者至，乃止，旦以為都尉。　宋主畋遊夜還，謝莊居守，須墨敕乃開。宋主曰：「卿欲效郅君章耶？」　宋刺史王彧一作丘德玄。夜驅，傅寂之不肯開門，彧于車中為教，然後開。　文宣嘗近出，令張曜居守，帝夜還，曜須火至識面，獨出見帝，乃開門。帝曰：「卿欲效郅君章也。」賜以金綵。　錢鏐嘗微行，北城門吏曰：「雖大王來，亦不可啟。」乃從它門入。　吕元膺鄂岳觀察。嘗夜登城，守者不開門。曰：「雖中丞亦不可。」乃還。

為王傅而不撓者：　董仲舒于江都、膠西。凡事兩驕王，皆敬重善待之。　何敞于濟南。諫雖不從，然重敞。　張衡為河間相，王驕奢，衡到，治之肅然。　蘇良嗣為周王司馬，王年少舉事不法，良嗣正色匡諫，甚見敬憚。　河間王箕踞，而沈景不為禮，奏按奸人，王改過自新。　邢顒為平原侯植家丞，防閑以禮，無所屈撓。　又田叔暴坐。魯王好獵，相出暴坐，待王苑外，王不出獵。　公沙穆苦諫。繒侯敞不法，穆遷繒相，苦辭諫，敞涕泣謝，從其所規。　謝舉正色。邵陵王綸酒後好裂衆賓冠，投之唾壺。舉正色言，拂衣而退。　王尊不屈。為東平王相，王不奉法。尊曰：「王安得勇，如尊乃勇耳。」「王欲誣相，拔刀向王耶？」王情得，遂為尊屈。

朱零違宗資不用李頌。范滂甥李頌素無行。唐衡以屬宗資。資用為吏，滂寢而不召。資怒，捶書吏朱零。零曰：「范滂清裁，今日寧受笞而死，滂不可違。」楊震拒耿寶帝舅。辟李閏。中常侍李閏兄寶薦求官，震不從。蓋勳不肯從蹇碩用高望子。太子因碩屬望子進為孝廉，勳不用。或曰：「太子副主，望其所愛；碩，帝之寵臣而違之。所謂三怨成府。」勳曰：「死亦何悔？」

殿中夜驚，霍光召符璽郎，郎按劍曰：「頭可得，璽不可得。」先主留霍峻守葭萌，張魯誘之，峻曰：「頭可得，城不可得。」元魏于烈對咸陽王禧曰：「烈頭可得，羽林不可得。」禧求羽林虎賁。李輔國諷裴冕薦己為相，冕曰：「吾臂可斷，宰相不可得。」柳渾對張延賞親厚，謂渾慎言于朝，則重位可得。曰：「頭可得，舌不可禁。」黄巢陷廣州，脅李迢草表，迢曰：「吾腕可斷，表不可為。」被殺。韋貽範母喪，詔還位，學士使馬從皓逼韓渥草制。渥曰：「腕可斷，麻不可草。」宋徐鹿卿守建昌，督府横取米五千斛，争之曰：「守可去，米不可得。」卒争以免。詔仕者：「不讀周敦頤、程頤等書，才得考試。」劉宰字平國。曰：「平生所學者何？首可斷，此狀不可得。」劉整叛，召許彪孫草降元文。曰：「腕可斷，筆不可書。」元孛羅使張翥草詔，討擴廓帖木兒，翥曰：「臂可斷，筆不能操。」成遵議河故道不可復，或云有人任其責，遵曰：「腕可斷，議不可易。」諒哉！疾風知勁草矣。

質直

劉苞與人交，面折其非，退稱其美。　崔洪少以清厲顯名，骨鯁不同于物，面折人過，退無後言。　劉子翼，隋秘書監。朋友有過，常面責之。　李百藥嘗稱：「劉四雖復罵人，人終不恨。」　孔融聞人之善，若出諸己，言有可採，必演而成之，面告其短，而退稱所長。　李密犍為人。每與人交，公議其得失而切責之。嘗言：「獨立不懼，以無彼此于人。」　祖逖曰：「陶侃上勳簿，非實録。」　山濤曰：「羊祜忠篤，然不長理劇。」古人不黨如此。　諸葛亮欲用張裔為長史，楊洪曰：「恐不可專任。」長于治劇，性不公平。或疑洪自欲作，後裔與岑述不和，至于忿恨。亮與裔書，論者由是明洪無私。　岳飛詣張浚議事，言王德、酈瓊素不相下；呂祉不習軍旅；張浚暴而寡謀；楊沂中視德等耳。浚艴然曰：「固知非太尉不可。」飛曰：「都督問飛，不敢不盡其愚，豈以得軍為念？」與浚忤，解兵柄，及酈瓊叛，浚始悔不用飛言。　周勃厚重少文。　衛綰忠實無他腸。　李栖筠莊重寡言。　元德秀實厚少緣飾。　吴漢質厚少文，造次不能以辭自達。　絳侯、東陽侯稱為長者，言事曾不能出口。　李將軍恂恂如凡人，口不能出辭。　孫紹恭每上封事，意主懇切，不憚犯忤，但天性疏脱，言乍高下，時人輕之，不見採納。　隋馬光與張仲讓、孔範、竇士榮、張黑奴、祖仁，時號「六儒」，然皆鄙野無儀範，朝廷不之責也。

夏侯勝簡易無威儀，見時謂帝為君。　譙周體貌素樸，初見諸葛亮，左右皆笑。有司請推笑者，亮曰：「吾尚不能忍，況左右乎？」

皇甫亮實對病酒；三日不上省。文宣親詰其故。亮曰：「一日雨，一日醉，一日病酒。」以其實，優容之。　魯宗道實對肆中飲酒；居側有酒肆，易服微行，飲于其中。一日，真宗急召，中使約以何事為對，曰：「但以實告。」上問：「何故私入酒家？」曰：「臣家貧，酒肆百物俱備，適有鄉親遠來，遂與之飲。臣既易服，市人亦無識臣者。」自此奇公。　晏殊實對貧不燕遊。以下御試，一見試題曰：「十日前已作此賦，乞命別題。」上極愛其不隱。一日選東宮官，中批晏殊。上諭曰：「館閣臣僚，無不宴賞。惟殊杜門與兄弟讀書。」對曰：「臣非不樂燕遊，貧無可為之具。臣若有錢，亦須往耳。」上益嘉其誠實。　魯、晏一燕飲實對迄，被殊眷。亮以質樸，遇文宣奇顛，亦得優容。益信事君以不欺為本。

司馬朗十二試明經童子郎，或疑匿年。曰：「損年求成，非所為也。」寇準十九舉進士，或勸增年，曰：「吾方進取，可欺君耶？」今之登進者，有不改易年齒者哉？宋有官年、實年之分。《偶記》

以不欺而邀上之知者：張湯奏事，上善之。曰：「臣非知為此奏，乃監掾史兒寬所為。」　趙廣漢為二千石，推功善歸之于下，曰：「某掾、卿所為，非二千石所及。」　龔遂對上如王生言，「皆聖主之德，非小臣之力。」天子曰：「安得此長者之言？」遂曰：「臣非知此，議曹教戒臣也。」　光武問竇融所上章奏，誰與參之，對曰：「皆從事班彪所為。」因召見彪。　馬周為常何條上得失，唐太宗怪問，何曰：「此非臣所能，家客馬周教臣言之。」　張循憲命張嘉貞草奏，皆意所未及，武后以為能，循憲奏皆嘉貞所為。

李揆為李璆作《上尊號表》，拜左拾遺，至令狐楚作太原書記，德宗能辨其所為，又不待舉而後知。

周惠達言蘇綽。宇文泰與惠達論事，請出議之。蘇綽為之區處，泰稱善。曰：「誰與卿為此？」以綽對。陳寵言王渙、譚顯。寵入為司農，和帝(問)：「何以治郡？」曰：「任功曹王渙以選賢，主簿譚顯以補闕，臣奉宣詔書而已。」王堂任陳蕃、應嗣。堂守汝南。簡覈才職，任功曹陳蕃；拾遺補闕，任主簿應嗣。

古事比卷之十七

審己

魯君問伐齊于柳下惠，惠歸而有憂色，曰：「此言何為至于我哉？」馮懷問百僚降禮王導于顏含，含退而告人曰：「向馮祖思問佞于我，我豈有邪德乎？」范純仁言退，安石不聽，求罷。執事諭以已除制誥。純仁曰：「此言何為至于我哉？」甄豐舉崔篆為步兵校尉，辭曰：「吾聞伐國不問仁人，戰陣不訪儒士。此舉奚為至哉？」遂投劾歸。袁術欲令何夔說下蘄陽。夔曰：「伐國不問仁人，斯言何為至于我哉？」

陸玩曰：「以我為三公，是天下無人矣。」鄭綮曰：「鄭五作宰相，時事可知矣。」蔡謨曰：「我若為司徒，將為後代所哂。」《偶記》

宋襄欲以「不鼓不成列」愚楚，而宋敗。宋弱于楚也。荀吳以「不受叛，不納降」愚鼓，而鼓克，鼓小于晉也。不然鳶鞮再叛，聽之已矣。使師偽雜負甲以息襲鼓而滅之，又豈堂堂之陣，正正之旗哉？前。

項王謂漢王曰：「天下洶洶數歲者，徒以吾兩人耳。」曹操謂昭烈曰：「今天下英雄，惟孤與君

耳。」《偶記》

管仲曰：「辟土藝粟，盡地力之利，臣不如甯戚；登降揖讓，進退閒習，臣不如隰朋；進諫必忠，不樂富貴，臣不如東郭牙；鼓之，而三軍之士視死如歸，臣不如王子城父；決獄折衷，不誣無罪，臣不如賓須無。君欲霸王，則夷吾在。」范蠡曰：「四封之内，百姓之事，蠡不如種；四封之外，敵國之制，立斷之事，種亦不如蠡。」宋義曰：「被堅執鋭，義不如公；坐而運策，公不如我。」陳平謂王陵：「面折廷争，臣不如君；安劉氏後，君亦不如臣。」讓周勃位曰：「高帝時，勃功不如臣；乃誅諸吕，臣功不如勃。」田仁曰：「提桴鼓，立軍門，使士大夫樂死戰鬥，仁不及任安。」安曰：「決嫌疑，定是非，辨治官，使百姓無怨心，安不及仁。」陳蕃讓太尉代楊秉，曰：「不愆不忘，率由舊章，臣不如太尉胡廣；齊七政，訓五典，臣不如議郎王暢；聰明亮達，文武兼資，臣不如弛刑李膺。」司馬光疏曰：「臣先見不如吕誨公；直不如范純仁、程顥；敢言不如蘇軾、孔文仲；勇決不如范鎮。」王珪對太宗曰：「孜孜奉國，知無不為，臣不如玄齡；才兼文武，出將入相，臣不如李靖；敷奏詳明，出納惟允，臣不如温彦博；處劇理繁，衆務必舉，臣不如戴胄；以諫諍為心，恥君不及堯舜，臣不如魏徵。至如激濁揚清，嫉惡好善，臣亦有一日之長。」諸葛恪對大帝曰：「登階躡履，臣不如滕胤；運籌轉策，胤不如臣。」孫策謂弟權曰：「舉江東之衆，決機于兩陣之間，與天下争衡，卿不如我；舉賢任能，以保江東，我不如卿。」龐士元答顧劭曰：「陶冶世族，與時浮沉，吾不如子；論王霸之餘策，覽倚伏之要害，吾似有一日之長。」謝鯤曰：「端委廟堂，使百僚準則，則鯤不如亮。一丘一壑，自謂過之。」孫興公答撫軍簡文先為此官。曰：「下官才能，悉不如諸賢，至于斟酌時宜，籠罩當世，亦多所不及。然肅條高奇，不與時務經懷，自謂此心無所與讓也。」　李渾謂魏收曰：「雕蟲小技，我不如卿；國典朝章，卿不如我。」　李密謂楊玄感曰：「決兩陣之勝，噫嗚咄嗟，足以讋敵，我不如公；擥天下之英雄，馭之使遠近歸屬，公不如我。」　李光弼謂韋陟曰：「辨朝廷之禮，我不如公；軍旅勝負，公不如我。」　鄭覃曰：「論邊事安危，臣不如李珏；嫉惡，則珏不如臣。」　曹利用曰：「以片文遇主，臣不如李迪；捐軀不測，迪不逮臣。」　陳亮曰：「研窮義理之精微，辨析古今之同異，于諸儒誠有愧。指朱熹、吕祖謙。　至于推倒一世之智勇，拓開萬古之心胸，自謂差有一日之長。」　張詠嘗云：「吾榜得人最多，謹厚雅望無如李沆；深沉有德，無如王旦；面折廷争，無如寇準；當方面之任，詠不敢辭。」

張竦謂陳遵曰：「子而為，我亦不能。吾而為，子亦殆矣。」

袁淑謂謝莊曰：「江東無我，卿當獨秀；我若無卿，亦一時之傑。」

庾龢曰：「思理倫和，我敬韓康伯；志力强正，我愧王文度。坦之。　自此以還，吾皆百之矣。」　陳元龍曰：「閨門雍穆，有德有行，吾敬陳元方；兄弟淵清玉潔，有禮有法，吾敬華子魚；清修疾惡，有識有義，吾敬趙元達；博聞强記，奇逸卓犖，吾敬孔文舉；雄姿傑出，有王霸之略，吾敬劉玄德。餘子瑣瑣，亦安足録哉？」

鬻熊年九十，文王曰：「老矣。」熊曰：「使臣捕獸逐麋，已老矣；使坐策國事，尚少也。」文王師之。

楚邱先生年七十，孟嘗君曰：「先生老矣。」曰：「使逐獸麋而搏虎豹，吾已死矣；使出正詞而當諸侯，决嫌疑而定猶豫，吾始壯矣。」君有愧顏。　漢太尉楊賜每拜，歎陳寔大位未登，愧于先之也。黨禁解，何進、袁隗欲特表以不次之位。寔謝曰：「久絶人事，飾巾待盡而已。」陳蕃為三公，歎：「黄叔度若在，吾不敢先佩印綬也。」晉司空王導既拜，歎：「裴道期、邵。劉王喬畯。在，吾不得獨登此位也。」劉芳見李謐，歎曰：「君若遇高祖，侍中太常非僕有也。」士人當以此立節，三公當以此尊賢。

何邵謂鄉人王銓曰：「僕雖名位過幸，少無可書之事，惟與夏侯長容諫授博士，可傳史册耳。」

蘇源明嘗語人曰：「吾不幸生當衰俗，所不恥者，識元紫芝也。」

魏武曰：「老而好學，惟吾與袁伯業耳。」　陳暄曰：「老而彌篤于酒，惟吾與張季舒耳。」

郭大業曰：「羊叔子何必減郭大業？」　庾子嵩曰：「郭子玄何必減庾子嵩？」

蘇秦自以為賢不如張儀。　龐涓自以為能不及孫臏。　絳侯自知能不如陳平。　盧懷慎自以才不及姚崇。　李夷簡自揣敷奏之辭，細略之才，不能踰裴度。　董允歎費禕才力非所及。　趙廣漢自以不及雋不疑。不疑後廣漢為京兆尹。廣漢以禁止奸邪行于吏民，至于朝廷事，不及不疑甚遠。　温子昇自以不修容止，乃推睦操。嘗詣梁使館受國書，自以不修容止。曰：「詩章易作，通峭難為。」有客曰：「諸人當貿推，子昇合陳辭。」子昇忸怩，乃推操。

孔臧遷御史大夫，辭曰：「臣代以經學為家，乞為太常，專修家業。」漢武遂用之。　楊賜出為廷尉，自以代非法家，固辭。

屈突通徵拜刑部，自以不習文法，固辭。　薛融自諫議遷中書舍人，自以文學非優，不敢拜命，復為諫議。　崔沂知制誥，自以疏淺不足任詞翰之職，移為諫議。同舍顏蕘、錢珝贍速草制數十如飛，無妨談笑，而沂久未成文，殊愧。翌日，謁國相云云。　李鄘徵拜平章，曰：「宰相之任，非吾所長。」以疾辭。　司馬温公辭兼制誥。曰：「臣不諳『四六』。」　寇萊公曰：「予不能為唐時宰相。」辛相奏請多用「四六」。　唐李建知制誥，自以思遲，不願當其任。　袁粲與蕭惠開、周朗同車，惠開取鏡自照，曰：「無年可仕。」朗執鏡良久，曰：「視死如歸。」粲最後曰：「當至三公而不終也。」　韋珍與盧淵為齊將所敗，免歸。臨別，謂淵曰：「主上志吞吳會，若有事荆楚，老夫復不得停耳。」後征楚，起珍。

仇季知省過，惟一搏牛。飯牛不食。　管幼安思僭，曾如厠不冠。

附　自處

「既不以禮自處，又不以禮處人。」劉湛謂義真之言也。　「我性惡人無禮，不容不以禮處人。」陸慧曉之言也。慧曉為晉景王長史，僚佐造請，咸起送之，或謂長史貴重，不宜謙屈，慧曉答之。

「君殺友，則違君。」左儒之為杜順死。　「友叛君，則從君。」陳霸先之誅王僧辯。

衛青曰：「招賢、絀不肖，人主之柄也。人臣奉法，何與招士？」　戴至德曰：「威福者，人主之柄。人臣安得盜取？」

酇侯之買田宅，亦王翦請田宅之意。翦既至關，使使還請善田者五輩，曰：「秦王怚而不信人。今空秦國甲士，而專委于我，我不多請田宅為子孫業，以自堅。顧令秦王坐而疑我矣。」　趙普欲自穢，以隙地易尚食蔬圃而廣其居，亦梁睿大受金賄之意。《北史》：梁睿初平王謙，自以威名太盛，恐為時所忌，遂大受金賄以自穢。

王濬平吴之後，人以其奢侈無度，不知朝貴多忌，王渾愧忿，以此自污，乃善處功名者，與酇侯、汾陽同意。　後如韓世忠之晚謝賓客，仿佛衛青「何與招士」之言；尉遲恭之「餌雲母粉」，庶幾留侯辟穀之迹。

阮嗣宗未嘗有臧否之言。　嵇叔夜未嘗見喜愠之色。

勝則官不加大，不捷則棄百全之功，古人所以喻蛇足也。　通則名不益高，不合便喪十年所守，古人所以勸麈尾也。卞止支公不往謝。

史鰌善用三反。不仕而敬上；不祀而敬鬼；直能曲于人。　李諧善用三短。因瘦而舉頤；因跛而緩步；因吝而徐言。

柳僕射之婢中風而仆；仲賢嘗怒一婢，鬻于大校蓋巨源宅。一日，呼鬻縑者，手揣厚薄，酬酢可否，婢窺見，因作中風而仆，送還女儈。曰：「某曾為柳家婢，安能事賣絹牙郎乎？」令狐相公之伶人撲檀而詬。唐昭宗時，伶人石潨工琵琶，為令狐相國所賞。亂後入蜀。一日，酒間奏伎，會都頭非別音者，諠譁不傾聽。詬曰：「某曾為中朝宰相供事，今日為健兒，諠而不我聽。」　婢子、伶人，微賤弗齒。然事非其主，猶切恥之，時無知己，不能無恨。為士君子者，宜何如？

張良辟穀，太后曰：「人生如白駒過隙，何自苦如此？」文叔妻割耳，誓不嫁，家人曰：「人生如輕塵棲弱草，何自苦爾爾？」陸龜蒙文：「非無好事之家，擧鮮為具以飽君，獨閉關不出，空腸貯古聖道德言語，何自苦遂如此？」然自處終不可易也。

韜晦

吴顧雍拜陽遂鄉侯還，而家人不知也。唐孫伏伽拜御史還，而子弟不知也。向敏中拜僕射還，而厨傅不設也。子文之仕無喜色，未足稱矣。《偶記》

趙孝田禾將平子。從長安還，亭長灑掃待之。孝既至，白衣步擔止郵亭。長不納，問田禾將平子，曰：「尋即到矣。」不白名而去。劉寵出京師，亭吏灑掃待之。寵既至，吏不肯納，寵無言而去。韓康乘柴車，亭長奪其牛治道。使者至，曰：「即徵君也。」

趙清獻為青城山逆旅所慢。為成都轉運，遇雪，舍逆旅。或慢狎之，公頹然鼓琴，不問。富韓公為水南巡檢蓋中官也。前卒所呵。致政歸西都，嘗跨驢出郊，逢卒呵下。公舉鞭稱名曰：「弼。」其將悟，下馬伏謁。

父為彭城相，往省。變姓名，徒行無旅。既至連日，吏不為通。阿母出見，入白夫人，乃密呼見。辭去返郡界無知者，袁閎也。賀子。每到太學，密入公府，定省父母，不令同業知是郃子，李固也。李昉中途逢前騶，不知其為公子。父文正秉政時，出入與寒士無辨。逢父前騶，呵辱之。范正平徒步往來，不知為丞相子。忠宣當國時，操履甚于貧儒，與外氏子弟結課覡林氏。

徐羨之頗工奕棋，觀戲常若未解；韓滉善丹青，以繪事非急務，自晦其能。而鮑昭多累句；世祖好為文章，昭為文多鄙言累句，時謂才盡，實不然也。王僧虔多拙筆。宋孝武欲擅書名，僧虔不敢顯迹。嘗用拙筆書，以此見容。善于門劣矣。

不以著作示人者：李士謙、隋有天下，畢志不仕。平生為詠懷詩，輒毀棄其本，不以示人。楊綰、藻思清贍，含光晦用。每屬文，恥于自白，非知己不可得而見。崔棁、著文章最多。有借本傳寫者，曰：「有前賢，有來者，奚用此為？」晉劉捷卿。續《詩》、《書》、《禮》、《樂》、《春秋》五説。語人曰：「天下滔滔，知我者稀。」終不以示人。閻修者，不同于自矜也。

高文宣之佯愚；文襄疑之，崔暹對以實癡。帝後鎖暹，暹陳對文襄之言，帝悟曰：「我免禍，乃暹之力。」廣陵王恭之佯啞。正光中，見元乂秉權，遂佯不語。莊宗疑恭奸詐，夜遣人盗掠衣物，拔刀殺之。恭張口以手指舌，竟乃不言。至世隆將謀廢立，王遂答曰：「天何言哉？」藏器以待時也。

賈復、鄭禹之敦儒學；并剽甲兵，敦儒學，光武深然之。尉遲敬德之譚延年修池臺；末年，嘗奏清商樂一部。厚自奉養，不與外人交。高賓之鑿池沼；初仕東魏，後棄家歸太祖。明帝賜田園，賓羈旅歸國。嘗慮見疑，乃盛搆堂宇，鑿池沼，有終焉之志。韓蘄王之跨驢西湖。號清凉居士，知幾以遠禍也。

托疾而遠害，楊彪稱脚攣。見漢祚將終，稱疾不復行。王衍陽狂斫婢。素輕趙王倫。倫篡，陽狂自免。潘尼稱疾篤。倫篡，稱疾。桑冲稱疾。知顒必敗，就司馬職，一旬稱疾。劉喬脚疾。知王敦不臣，托疾不視事。忤敦，出守豫章，辭以脚疾。田弘正假風痺。田季安不恤軍務，弘正從容規諷，軍中甚賴之。安以人心歸附，欲害之。正以痺請炙灼滿身。安謂其無能為。顧覬之脚疾。義康秉權，乃辭疾免歸。每夜于床上行脚。義康徙廢，覬之竟免。

酣醉而遠禍：阮籍、以疾辭曹爽參軍。爽誅，武帝欲婚于籍，醉六十日，不得言而止。顧榮、齊王冏擅權，榮懼及禍，終日昏酣不綜府事。為中書侍郎，不復飲。或曰：「何前醉而後醒？」榮懼罪，乃更飲。羊曼、王敦長史。知敦不臣，終日酣醉。阮裕、敦主簿。知敦不臣，終日酣觴。謝瀹、兄朏指瀹口，曰：「此中惟宜飲酒。」瀹為吏部，專以長酣為事，與劉瑱、沈昭略交飲，各至数斗。王世績、見隋文忌刻，功臣多獲罪。由是縱酒，不與執政言及時事。高澄。高肇當朝，猜忌貿戚，澄常恐不全，乃終日酣飲，以示荒敗。

參佐善射而鍾毓不知。舒為毓長史，初不知其善射。毓偶試之，容飾閑雅，發無不中，莫有敵者。叔父善騎而王濟不知。濟問湛：「好騎否？」曰：「亦好之。」因乘濟馬，姿容既妙，回策如縈，善騎者，無以過之。

仲長統或謂之狂。敢直言不矜小節，命召不就，語默無常。幸靈人以為癡。建昌人，性少言。與小人群居，見侵辱而無愠色，雖父母、兄弟亦以為癡。

北海王衮讓陳其美。譲房輔之具表，稱陳其美，曰：「修身自守，常人之事。乃以上聞，適所以增其負累也。」隋蔡王智積五男，止教《論語》、《孝經》。恐諸子有才，能以致禍。

蜀彭王宗鼎固辭軍使。但營舍，植松竹。李豐閉門斷客。年十八，有清名，父恢使閉門斷客。

齊侯敗于晉，七年不酒、不肉；越王困于吳，二十年填土側席。此豈須臾能得耶？

崔巨倫陷賊賦詩。陷葛榮，聞其才名，欲用之。五月五日命賦詩，作「狗呀，牛吐」之句，以自晦獲免。索紞詭言虚說。紞善術數，知將亂，避世歸鄉。人問吉凶，紞曰：「多事多患。」遂詭言虚說無驗，乃止。柳遠縱聞不解。季雲每出行返家。或問：「有何消息？」答云：「無所聞。」縱聞亦不解。

謝鯤自處若穢。動不累高。敦有不臣之迹，知不可以道規正，乃優游寄通，不屑政事。直不疑惟恐人知。所臨為官，惟恐人知。其為吏跡，不好立名稱。

韜晦之至，忍人所不能忍：任永、馮信之青盲也，以避公孫述。永妻淫于前，匿情不言；見子入井，忍而不救。信侍婢亦對信奸通。及述誅，盥洗更視，曰：「世通平，目即清。」廣陵王恭之佯啞也，以避元乂。見前。封觀、托疾不言。火起，徐出避之，忍而不告。兄得舉，乃仕。田煇窮夜獨處，衣裳被奪，矯情如觀。之陽瘖也，以讓兄舉。

慎　密

微而足以感動者：齊莊避搏輪之螳螂，而壯士皆歸；田子方贖棄野之老馬，而窮士咸集；越勾踐式在道之怒蛙，而軍士樂死；信陵君濟窮鳩，而義士歸心。托物感人，人即效死。況夫仁聲善教，又何如哉？

微之不可不慎者：吴、楚舉兵，由于争桑之蠶女；季、郈構怨，始于鬥雞之芥羽金距；虞氏滅家，由于飛鳶之腐鼠；曹、劉共搆，地分于匕箸之間；蘇、史滅宗，忿起于笑談之頃。故曰：「小不忍，則亂大謀。」

漢文欲相竇廣國，恐天下以為私才且不相，況不如廣國者乎？以此詔來世，而來世猶有金匱符命之變。　顯宗圖畫功臣，馬援以椒房故不與，功且不與，況不如援者乎？以此示後嗣，而後嗣猶罹跋扈將軍之禍。　又元帝不用馮野王為御史大夫，恐後世謂私後宫親屬。

棠磎公與韓昭侯謀，每夜獨寢，恐夢寐之言漏于妻妾也。曰：「言泄左右，亦如土巵置酒。」孔光不對温室之樹，恐内言之泄于左右也。或問：「温室省中樹，皆何木？」光嘿不應。呂公著不答語次嘉問之問，懼言論意指之窺測于門客、子弟也。或言「嘉問敗壞家法」，不答。或言：「尚容吕惠卿，何況族黨？」又不答。子弟問二客之言，又不答。魏劉曄入贊伐蜀，出曰：「不可。」叡責之。曄曰：「伐國大謀，恐眯夢漏泄，敢向人言？」是以密于機者，既慎噂𠴲之辭，寧忽屬垣之耳。

石建事有可言，屏人恣言極切；至廷諫，如不能言者。人主以是親之。　劉殷每議政事，吶然無所是非。羣臣出，殷獨留，敷暢條理，商榷事宜。劉聰未嘗不從之。　李晟在朝，上有所顧問，必謇謇盡大臣之節，而性沉密未嘗露于人。　董晉重慎，所言于上前者，未嘗泄于人。　謀謨帷幄，時莫知所言，荀攸也。姑子辛韶問取冀州事。曰：「王師自往平之，吾何知焉？」　參與機密，有所對必以稿進，亦不洩者，晏殊也。真宗有所咨訪，多以方寸小紙細書，問之。其後，閲真宗閣中遺書，得公所進稿，類為八十卷，藏之禁中。

北魏張元六歲時，其祖以夏熱，欲將元就井浴，不從，杖之。元曰：「不能褻其體于白日之下。」五代許堅每沐浴，不脱衣就谿間，出而熯之，曰：「天象昭布，人自昧之。其可裸裎乎？」彼以天地為棟宇，屋室為褌衣者，雖達，奚取焉？

郭林宗所過却掃；第五伯魚所過糞除。即小節而見其不遺于物。

漢孔光沐日歸休。兄弟、妻子晏語，終不及朝政。　唐學士胡楚賓，高宗命作文，嘗以金銀杯飲之，出，未嘗語禁中事。　陰識輔導太子，人雖極言正議，及與賓客語，未嘗及國事。　禁省中事未嘗漏泄，徐勉也。　進食，人問上所御，不答，以餘語酬之，謝弘微也。　時目為兼天子，然縝密未嘗言禁中事，梁孔休源也。　未嘗語禁中事，人及其醉問之，亦熟視不答：元萬頃也，苗神客也。　未嘗語禁省事，唐侍中楊師道也。　談謔終日，而無一語漏泄機事，周捨也。　石慶審謹無他。慶為丞相，文深審謹，無他大略。　衛綰醇謹無他。孝景為太子時，召上左右飲，綰稱病不行。文帝屬孝景曰：「綰長者，善遇之。」景帝立歲餘，不執何綰。綰曰：「以謹力。」

霍子孟出入禁闥二十餘年，小心謹慎，未嘗有過。　金日磾事孝武數十年，未嘗有過。　唐阿史那忠事文皇四十八年，無有纖隙。　苗晉卿小心畏慎，未嘗有忤。秉鈞衡，未嘗忤人意，修身守位，以智自全。議者比漢之胡廣。　張延師典羽林三十年，未嘗有過。《淵海》

游明根歷官内外五十餘年，處身以仁和，接物以禮敬，為時所貴。　高允歷事五帝，出入三省五十餘年，初無譴咎。

石奮為萬石君，入里門不趨。　張湛為馮翊，望里門則步，主簿謂不宜自輕，湛曰：「父母之國，所宜盡禮。」　唐苗晉卿為太守，望縣門輒步，或問之，答曰：「公門當下，況父母之邦乎？」　王師範平盧節度，在青州，每具威儀謁新令，遣吏挾坐拜庭中乃出，或諫不可。曰：「吾恭先世，示不忘本也。」《叢談》

帝問車幾馬？石慶以策數馬而後對，曰：「六馬。」　楊琳同十餘人謁見，隋帝問首立為誰？張虔威下殿就視，而後對曰：「淮南守楊琳。」

謝晦每以密事語兄瞻，瞻說：「向親舊以絶其言。」　謝弘微口不言人短，見兄曜臧否人物，嘗亂以他語。

立朝進止有常，不失尺寸：漢霍光、唐魏元忠。

馬文淵不冠不入嫂之廬。　劉子璥瓛。束帶未竟，不應兄之問。

羊祜凡所進達，人皆不知，其婿常勸祜有所營置，令有歸戴者，默然不應。退告諸子曰：「人臣樹私則背公，是大惑也。汝宜識吾此意。」宋王曾每薦用人，不求人知；尹師魯言盍少收門下士，曾曰：「恩自己出，怨使誰當？」二公公爾忘私，其心一也。　晉荀勖婿武統説勖宜有所營置，令有歸戴者，勖默然不應。退語諸子曰：「人臣樹私，則背公，是惑也。汝宜識吾此意。」勖與祜忠邪天淵，而慎密一事乃相類。

徐知誥引宋齊丘置大爐相向坐，不言，以鐵筯畫灰為字，隨滅去。冉璡、冉璞，留居余玠別館無言，以堊畫地為山川、城郭之形，起則墁去。屏人見玠，言徙合州城。此密以謀事。袁盎密啟景帝曰：「不可令人臣聞。」晁錯屏去蕭坦之，耳語鬱林曰：「不可令人聞。」阿奴暫去。阿奴，何后小字。此密以謀人。

焚削草稿者：孔光、典樞機十餘年。時有所言，輒削草稿。樊宏、所上便宜及陳得失，輒手自寫，毀草稿。公朝訪逮，不敢衆對。皇甫嵩、前後上表五百餘事，皆手書，毀草，不宣于外。陳羣、每上封事，輒削其稿。正始中，詔撰《名臣奏議》，乃見羣諫草。任嘏、每納忠諫，輒手書，壞本。荀彧、以書陳事。臨薨，焚其草，故奇策秘謀，不得盡聞。羊祜、嘉謀論議，皆焚其草。或謂慎密太過。曰：「入則造膝，出則詭辭，君臣不密之戒。吾惟懼其不及。」謝弘微、每獻替陳事，必手書，焚草，人莫之知。周捨、每有表奏，輒焚其稿，與人言終日，竟不漏泄機事。徐勉、每有表奏，輒焚草稿。謝述、表貸張邵死，謂子綜曰：「此迹宜布，則為侵奪主恩。」使綜焚之。封隆之、奇謀、異算，密以啟聞，上書削稿。周就、素重慎，上封事削稿。李孝伯、朝廷事有不足，手書再三陳諫，削滅草稿。唐韋處厚、路隨、數上諫書而外不之知。戴冑、奏已即削稿，秘外莫知。帝曰：「冑于我非肺腑親，然事之機切，無不聞。惟其忠概所激耳。」傅奕、以職在占候，所奏災異，悉焚稿。高士廉、拜僕射，多所表奏，成輒焚稿，人莫知之。馬周、臨終索表草一帙，焚之。曰：「管、晏彰君之過，求身後名。吾弗為也。」高郢、在中書九年，家無制草，焚之。曰：「王言不可存于私室。」陸元方、則天將有遷除，必密封以進，未嘗洩其私恩。臨終，取前後草奏，悉焚之。田錫、為侍御史。凡五十三奏，悉焚之。曰：「直諫，臣職。豈可藏副以賣直？」許衡。見世祖多陳奏。及退，皆削其草。

夫焚諫草，美事也。乃有因而得罪者：韓魏公每事不盡削其草；蔡京偽鄒浩之草；浩自新州召人，帝詢諫草安在？曰：「已焚之。」陳瓘曰：「禍其在此乎？異時奸人妄出一緘，則不可辯矣。」蔡京用事，乃使其黨偽浩疏，有「劉氏殺卓氏，奪其子為己出，欺人可也。詎可以欺天乎」語，帝詔暴其事，遂竄浩昭州。夏竦學石介之字。介奏記富弼，勸以行伊周之事。夏竦惡介斥己，乃使女奴陰習介書，改「伊周」為「伊霍」。又偽作「介」為「弼」，撰《廢立詔草》，飛語上聞，皆坐貶。皆足明鑒。嘗考陳忠肅瓘。之語謝聖藻；赴召至闕，聞有中旨，令三省繳進，前後臣僚章疏之降出者，公謂聖藻曰：「此必有奸人圖蓋己愆，而為此謀者。異時是非變亂，省官何以自明？」因舉蔡京上疏，請滅劉摯等家族，及妄言擕劍入內，欲斬王珪等數事。謝然悚，即白時宰，録副本于省中。其後，京黨欺誣，蓋抹之說不能盡行。由有此迹，不可泯也。歐陽文忠之救蔡襄。初，上入為皇子，傳有異議，指蔡襄。即位後，韓曾及文忠力言曾見文字，猶須辨真偽。幸則為襄，不幸則為浩，焚草以為名高者，可悚然矣。曾子固以為小諒，誠哉！

韓魏公集其諫草七十餘章，曰：「焚之無以見人主從諫之美。」温公三上書言事不納，以付范景仁，曰：「若奏而不通，又復焚草，則與不言何異？」夫人臣欲效忠于君，不在避名。

智有知于至微者：齊桓公謀伐衛，而衛姬知之。曰：「君之入也，足高氣彊，有伐國之志也。見妾而色動，伐衛也。」舍衛，而管仲知之。曰：「見臣而有慚色。」謀伐莒，而東郭垂知之。曰：「君子善謀，小人善意。君在臺上，勃然充滿，此兵革之色；君吁而不吟，所言者，莒也；舉臂而指所當者，莒也。竊意未服者，惟莒，故言之。」隰斯彌與田成子登臺南望，樹蔽而伐之，斧離數創而止之。曰：「田子將有事，事大而我示之知微，我必危矣。不伐樹，未有罪也。知人之所不言，其罪大矣。」

荆許救宋，而臧孫子有憂色。齊攻宋，求救于荆。荆王大悦，許救之。臧孫子憂而返，曰：「救小而患于大。此人所憂，而荆王悦，必以堅我也。我堅而齊敝，荆之所利也。」齊拔五城于宋，而荆救不至。　智伯遺衛馬璧，而南文子有憂色。曰：「無功之賞，不可不察。」衛君以告邊境，智伯起兵而返。

附 誠信

期二年過拜尊親，而至日果到者，范式之于張劭也。　約復至省覲而如期者，上虞卓恕之于太傅諸葛恪也。　約七月望日者，弟子小道人之于會稽舜山棄道人也。

范式夢張劭玄冕、垂纓、屣履而呼，素車、白馬，號慟奔喪，執紼引柩，喪乃得前。　吴興沈萇夢吴郡陸憑顔色憔悴，曰：「遊永嘉苦疾相困。」又贈《浮雲詩》一篇，萇如期，而憑喪船至，撫孤而慟，賻贈倍禮。

心折

許劭有高名，袁紹為濮陽長，棄官還，副車從騎將入郡界，曰：「輿服豈可令許子將見。」遂單車歸。

高平劉整有雋才，而車服奢麗，謂人曰：「紗縠，人常服耳。」遇蔡子尼在座，終日不自安。蔡充，陳留人。

袁淑德候李僧伽，先減僕從，然後入門，曰：「見此賢令，吾羞對軒冕。」　隋崔湛僕射之兄車服甚盛，將詣李德林赴吊，從者稍稍減留，比至，纔餘五騎。云：「不得令李生怪人薰灼。」　楊愔之紫羅袍、金縷、大帶，恥見李庶。謂庶曰：「此衣都是內裁。既見子將，不能無愧。」愔蓋尚主。　毛玠以儉率人，一時貴寵，輿服不敢過度，長吏垢面，羸衣；軍吏朝服，徒行。　楊綰以貞廉入相，而崔中丞寬寧弟。即日潛毀池館、臺榭。　郭子儀音節頓減五分之四，黎京兆翰騾損騶御，止留十騎。　賀循為軍咨祭酒，張廷尉闓初于家私作都門，至是毀之。闓將奪左右近宅，私作都門。早閉晏開，人多患之。會循出，連名詣循質之。闓出，毀門。　此如公儀休為相無所變更，百官自正，食祿者，不敢與百姓爭利也。儉德正色，風人之速如此。而古人相成，自有深意。

魏徵引文宣之屈從。徵曰：「文宣狂暴，然人與之争，事理屈，則從之。」　杜淹言封德彝之得體。淹對太宗曰：「封德彝所言直，得大體，臣誠心服，不敢遂非。」

翟方進遣諸生問大義，而胡嘗遂相親善。嘗與方進同經。嘗為先進，名譽出方進下，心害其能，論議不若方進。方進遣諸生問大義，嘗知讓己，遂相親善。　辛彦之論議而沈重避席。彦之撰新禮，重名為碩學。彦之與重論議，重不能抗，避席謝之，曰：「辛君所謂金城湯池，無可攻之勢。」

諸葛冲服何攀。以攀蜀士，輕之。及斷疑獄，冲始歎服。　蕭琛服范縝。琛，縝外弟，縝好危言高論，不為士友所安。惟琛服縝簡詣。　鍾繇咨葛攸。云每有所行，自謂無以易，及咨公達，輒復過人意。　謝安咨王彪之。安歎曰：「朝廷大事，以咨王公，無不立決。」

陳蕃謝郭泰。范滂執公儀詣蕃，蕃不止之，投版棄官。泰讓蕃曰：「范孟博豈宜以公禮格之？」蕃乃謝焉。　劉遐謝温嶠。遐追王含至淮南，頗放兵擄掠。嶠曰：「不可因亂為亂。」遐深自陳謝。

王澄歎小吏。行次陳留，吕豫遣吏迎之。澄問此郡人士，曰：「有蔡子尼、江應元。」澄以居大位者姓名問吏，曰：「向謂君侯問人，不謂問位。」澄謂豫曰：「昔名此郡有風俗，小吏亦知如此。」　謝萬呼荀崧。萬疲于親朋相送，卧在室，崧竟造之，為序刑政之要數百言。萬遂呼崧小字，曰：「阿鄙故有才具耶！」

陳蕃、周舉嘗相謂曰：「期月之間，不見黄生，則鄙吝之萌復見于心。」　陸象先嘗謂人曰：「季貞賀知章字。清譚風流，吾一日不見，則鄙吝生矣。」

禰衡詆訾朝士，及南見趙戩而歎，有干將、莫邪之比。　戴良少所推服，見汝南黄憲，悵然自失。郭奕少所推先，見阮咸心醉，不覺歎焉。　謝混少所交納，與劉敬宣遇，便盡禮。　謝子微才高識遠，見許劭時，便自推服。　楊素負才藝，多所憑藉，惟于封倫降禮賞接。　田巴見魯仲連，終身不譚。劉孝綽無所與讓，惟服謝朓，以謝詩置几案間，動輒諷詠。　彭羕字永年。多所輕忽，惟敬秦宓，子勑。薦于太守許靖。　鄧芝于人少所敬貴，惟器姜維。　庾和少所推服，嘗稱韓康伯、王坦之，而有敬愧之語。　柳顧博學，少所推仰，見虞世基曰：「海内共推此一人。」　王融自謂當世無對，見任昉之文，悦然自失。

董允代費禕尚書令，旬日已多淹滯，歎曰：「人才相遠如此，非吾所及也。」　隋獻皇后崩，牛弘以吏尚定《儀注》，斯須悉備。楊素歎曰：「衣冠、禮、樂，盡在此矣。非吾所及也。」　唐鳳閣侍郎陸元方見納言韋安石，奏張易之所引蜀商宋霸于賤類，不當戲博殿上。　自以為不及渾瑊，見馬燧挺身披心于長春宮城下，説降賊將徐廷光等，歎曰：「嘗疑馬公能窘田悦，今觀其刺敵，有過人者。吾不逮遠矣。」　宋王旦知制誥，錢若水與同列。每曰：「王君凌霄聳壑，棟梁之才，非吾所及也。」

王衍不與庾敳交，因「卿」之而奇。敳曰：「卿自君我，我自卿卿。我自用我家法。卿自用卿家法。」衍甚奇之。　崔湜輕張嘉貞，因議事而驚。湜曰：「乃我輩人，此終是其坐處。」　王灣之「海日生殘夜，江春入舊年」，《遊北固山詩》張説揭之政事堂。　柳惲之「亭皋木葉下，隴首秋雲飛」，王元長書之齋壁。　何思澄《遊廬山詩》，沈隱侯書于齋閣壁上。　歐陽以「露蓮泣」、「清鷗邁」之句賞梅聖俞。

古事比卷之十八

言語

晏子一言，而齊侯之刑省。言：「屨賤踊貴。」　朱敬則一言，而羅織之獄衰。上疏宜絶告密。　穎考叔一言，而全人之母子。　狄仁傑一言，而全人之社稷。　新城三老一言，而漢高為義帝發喪。　壺關三老一言，而漢武為戾太子悔過。

一言踰于十萬師，《北史》魏釗之入進南城中說降也。魏世祖南伐。　一言勝數萬兵，王虔朗也。為王逵說符彦通去王號，逵稱之。　一言賢于十萬衆，魏徵之諭馮盎遣子入侍也。　一紙書賢于十萬師，漢文帝之諭尉佗也。　一紙書賢于十部從事，劉弘之丁寧守相也。　魯仲連書下聊城，抱朴子謂是分毫之力過百萬之衆。　荀勖與孫皓書，晉帝謂使吳思順，勝十萬之衆。　鄭元璹折責突厥，唐帝稱其口伐可汗。

晉文公城濮反，賞雍季，曰：「雍季之言，百代之利也；咎犯之言，一時之利也。」　鄂千秋曰：「曹參一時之事；戰功。蕭何萬世之功。」全關中。　劉表延蒯良、蒯越而謀曰：「子柔之言，雍季之論也。異度之計，咎犯之謀也。」　孔緯曰：「陛下所言，一時之體也；張濬所言，萬世之利也。」濬請討李克用，昭宗以有興復大功。

太公封齊，聞逆旅「時難得而易失」之言，云：「客寢甚安，非就國者也。」乃夜衣而行，至則萊侯與之爭營丘。　鄭桓侯封鄭，聞逆旅「時難得而易失」之言，云：「今客寢甚安，殆非封也。」乃自駕而行，至則犫何與之爭封。《偶記》

「喑聾之徒，真世之有道者。」尹敏之言。　「生為人所不知，死為人所不惜，喑聾之徒，天下之有道者。」皇甫謐之言。

李固言口吃，接賓客頗蹇緩，每議論人主前，乃更詳辯。　桓彥範居若不能言，及議論帝前，雖被詰讓而爭辯愈切。　孫晟口吃，遇人不能道寒暄，已而坐定，談辯鋒生，聽者忘倦。　魏權會懦弱，似不能言，臨機答難，酬報如響。　高閭在私室，言裁聞耳。及廣衆之中，則談論鋒起，人莫能敵。　陸法和言若不出口，時有所論，則雄辯無敵。　唐焦遂口吃，對客不能一言，醉後酬答如注射。人目為酒吃。　又周弘正口吃而能談。

馬援善述前事，皇子、諸王，聞者屬耳忘倦。　裴楷善宣吐，左右屬目，聽者忘倦。　岑文本稱馬周曰：「馬君論事，援引事類，商榷古今，舉要刪煩，會文切理，無一言可損益，聽之纚纚，令人忘倦。」　李德裕謀議，援古為質，滚滚可喜。

光武賜竇融璽書，河中咸驚，以為天子明見萬里之外。　房玄齡在秦府表奏，高祖曰：「每為我兒陳事，必會人心，千里之外，猶對面譚。」　宋真宗曰：「詔下，當令中外易曉。」如以老子為柱史，永安為洛汭，非也。

造次語足感人：楚昭王曰：「父老返矣。何患無君？」遭吳闔廬之禍，父老送之，王云云。父老相與從之，竟以復國。唐玄宗避禄山之亂，諭士卒曰：「倉卒從朕，不得別父母、妻子，朕甚愧之。」至扶風，士卒頗懷去就，召入諭之。皆哭曰：「死生從陛下。」河北四凶稱王，李抱貞使賈林説王武俊，托天子語曰：「朕前事誠誤，朋友失意尚可謝，況朕為四海之主乎？」武俊遂首倡從化。乃知漢文帝山東布詔令，民雖老羸、癃疾，扶杖往聽。陸贄勸德宗痛自咎悔，制書所下，武夫悍卒無不感動流涕。皆異代而同符也。

叔詹辭順，晉文原其死。晉伐鄭，曰：「予我詹而師還。」詹往，將烹之。詹曰：「尊明勝患，知也；殺身贖國，忠也。」據鼎耳而號曰：「自今以往，知忠以事君者，與詹同。」乃弗殺，厚為之禮，歸之。蒯通言直，漢祖赦其誅。欲烹之，通曰：「狗吠非其主。且秦失其鹿，天下共逐之，欲為陛下所為，顧力不能，可殫誅耶？」乃赦之。

伊籍機捷。使吳。孫權欲逆折以辭。籍適入拜。權曰：「勞拜無道之君乎？」籍即對曰：「一拜一起，未足為勞。」其機捷類此。

秦宓才辯。吳張溫聘蜀，問宓曰：「天有頭乎？」曰：「乃眷西顧。」「天有耳乎？」曰：「鶴鳴于九皋，聲聞于天。」「天有足乎？」曰：「天步艱難。」「天有姓乎？」曰：「姓劉，天子姓劉。」溫大敬服。宓才辯類此。

謝真、邊讓並喜談論。《汝南先賢傳》云，俱有名。郗超、支遁清談著名。于時風流勝貴，莫不宗敬。裴僕射，談理有雅致。諸名士洛水戲還，樂令問王夷甫，王曰：「裴僕射善談名理，混混有雅致；張茂先論漢史，靡靡可聽；我與王安豐説延陵子房，亦超超玄著。」劉士章繪。言吐有頓挫。齊永明末，京邑人士盛為文章談義。時張思光音旨緩韻；周彥倫辭致綺捷；劉士章言吐有頓挫，有風氣。人曰：「劉繪貼宅，別開一門。」

沈友謐衆。所至，衆人皆默，因號云。董扶談止。發辭抗論，益部少雙。善談者遇之則止，故號。裴頠言談林藪。　張憑理窟。與劉真長談。真長稱勃崒為理窟。

談辭如雲，符融也。融師事李膺。膺每見偉明，輒不聽他客前。聽其言論，幅巾奮袖，談辭如雲。膺常捧手歎美。　飛談捲霧，韓伯也。伯字康伯，殷浩甥。勝氣籠霄，飛談捲霧。　判冰、掃葉，嵇含也。含與二陸談，詞少理暢，言約事舉，莫不豁然。若春日之判薄冰，秋風之掃枯葉。　冷若琴瑟，裴遐也。遐善言玄理，音辭清暢，泠然若琴瑟。嘗與河南郭象談論，一座嗟服。　如木屑，胡毋輔之也。王澄曰：「彥國吐佳言，如鋸木屑，霏霏不絕。」　粲花，李白也。白與人談論，皆成句讀，如春葩麗藻，粲于牙齒之下，時號「粲花論」。　懸河瀉水，郭象也。王衍曰：「象語如懸河瀉水，久而不竭。」　下坂走丸，張九齡也。每與賓客議論，滔滔不竭，有如下坂之走丸。

董恢詣，而董允解驂停出。允與費禕等共期遊宴。恢詣允修敬，允停出，曰：「捨此之談，就彼之宴，非所謂也。」　謝萬來，而簡文移日共談。萬詣簡文，來無衣幘可前，簡文曰：「不須衣幘。」共談移日方出。

范玄平談屈，非拔山之力所能助。玄平在簡文座，談欲屈，引長史王仲祖曰：「助我。」王云云。　林公小屈，如著敝絮行荆棘中。王文度與林法師講，林公理每小屈，孫興公云云。

荀或比屋夜聞，而謂杜畿為國士。畿至許，見耿紀語終夜，或聞異之。謂紀曰：「有國士而不進，何以居位？」既見，如舊相識，進之于朝。　顏延之胡床坐聽，而歎鄰居彼有人。張鏡與延之鄰居。顏談義飲酒不絕，鏡靜嘿無言。後鏡與客談，延之從籬邊坐聽，辭義清玄。延之曰：「彼有人焉。」由是不復叫呼。　戴昌竊聽共談，而父子俱屈。昌與潘京共談。京假借之，昌以為不如己。令其子若思與談。京方極其言論，昌竊聽，歎服，曰：「才不可强。」遂父子俱屈。

劉寬曰：「臣不敢醉。」寬嘗于座，被酒醉伏。帝問：「太尉醉耶？」曰：「臣不敢醉，但任重責大，憂心如醉。」

虞嘯父曰：「醉未及亂。」晉孝武好與嘯父飲酒，醉拜不能起，帝呼人扶。答曰：「臣位未及扶，醉未及亂，非分之賜，所不敢當。」帝美之，敕疏取語。語未嘗誤，謝安也。每與客共語，退後序説向言，皆有次第。語未嘗妄，何遠也。每語人曰：「能得我一妄語，謝卿以一縑。」言無煩舛，陶弘景也。弘景心如明鏡，遇物便了。言無煩舛，有亦隨覺。

生公答「日中即食」。生公住虎丘講經。宋文帝大會沙門。食至，衆疑。僧律曰：「過中即不食。」帝曰：「始可中耳。」生公曰：「白日麗天，天始言中，何得非中？」即舉箸而食。衆莫不服其機辯。僧鍾答「過中不餐」。魏李道固聘，帝以鍾有辯才，敕令酬對，日影少晚，鍾不食。曰：「古法過中不餐。」道固曰：「何為聲凹耶？」答應以：「聲凹得度者，故現聲凹。」當時以為名對。

竺法深「朱門」、「蓬户」之答。劉尹問道人：「何以遊朱門？」答曰：「君自見其朱門，貧道如遊蓬户。」衡陽王鈞「朱門」、「紫闥」之答。會稽孔珪家列植桐柳，多搆山泉，鈞往遊。珪曰：「殿下處朱門，遊紫闥，詎得為山人交？」答曰：「身處朱門而心遊江海，形入紫闥而意在青雲。」珪善之。

蕭引署名，有「假其羽毛」之言。引法道逸，陳宣帝指其署名曰：「此字筆勢翩翩，似鳥之欲飛。」引曰：「此乃陛下假其羽毛。」武陵射中，得「仰藉天威」之解。武帝呼武陵王曄使射，屢發命中。顧四座曰：「手何如？」上神色甚怪。豫章王嶷曰：「阿五常日不爾，今可謂仰藉天威。」帝意乃釋。

唐之君曰：「去河北賊易；去朝中朋黨難。」唐之臣曰：「兵事不理止山東；中人暴横亂都下。」皆激語，皆至言也。

驪姬夜半之泣，書之《國語》。飛燕憤恚之辭，筆之班書。明皇妃子比翼連枝之誓，見諸詩歌。

和嶠見太子不令，因侍帝座曰：「恐不了陛下家事。」及惠帝即位，問之曰：「曾有斯言，言之不效，國之福也。」　庾冰兄弟謀立康帝，何充曰：「懼非長策。」及立，謂冰、充曰：「二君之力。」充曰：「若如臣議，不睹升平之世。」《事偶》

衛瓘托醉撫床。晉武帝太子闇弱，瓘因會宴凌雲臺，托醉跪帝床前，曰：「臣欲有所言。」問之，欲言中止者三，第以手撫床。曰：「此座可惜。」賈后由是怨瓘。　王軌因宴捋鬚。周武帝太子昏暴。軌因内宴捋帝鬚，曰：「可愛好老公，但恨後嗣弱。」宣帝由是怨軌。

齊敗，賂晉，晉曰：「必以蕭同叔子為質。」齊曰：「寡君之母，則亦晉君之母也。」　漢軍廣武，楚食少，告漢：「若不急下，吾烹太公。」王曰：「吾翁即若翁。」《事偶》

王猛捫蝨而談。　邢邵擇虱而談。　顧和搏虱而談。

《折柳》，小戲也，而諫之，此桐葉必封之意也。　《避蛾曲》，愛也，而稱之，此易牛可王之説也。

北阮七月七日，晒衣服錦綺。阮咸以竿挂布犢鼻于庭，曰：「未能免俗，聊復爾耳。」此達士語也。

慕容紹宗臨戎，自云：「有水厄。」投水禳曰：「未能免俗，為復爾耳。」令人齒冷。

後之視今，猶今之視前，此《京房傳》語。　後之視今，亦猶今之視昔，此《蘭亭序》語。　後人之譏今，猶今之譏古，此高允謂崔浩語。

陸士龍始與荀鳴鶴遇，陸自稱云：「雲間陸士龍。」荀云：「日下荀鳴鶴。」　釋道安與習鑿齒相見，道安曰：「彌天釋道安。」習曰：「四海習鑿齒。」

慕容德登高宴羣臣語。云：「齊魯固多君子，當昔全盛之時，慎接巴生、淳于、鄒田之徒，蔭修檐，臨清沼，馳朱輪，佩長劍，恣非馬之雄辭，奮談天之逸辯，指麾則紅紫成章，俛仰則丘陵生韻。至于今日，荒草頹墳，氣消煙滅，永言千載，能不依依？」曹景宗既貴，謂所親語。云：「我昔在鄉里，騎快馬如龍，與少年輩數十騎，拓弓弦作霹靂聲，箭如餓鴟叫平澤中，逐麞數肋射之，渴飲其血，饑食其胃，甜如甘露漿，覺耳後風生，鼻端火出。此樂使人忘死。今來揚州作貴人，動轉不得，路行開車幔，小人輒言不可。閉置車中，如三日新婦，邑邑使人氣盡。」二人之言，雖小愧大雅，殊亦奇爽。

善于進言者：諸葛瑾未嘗切諤；與孫權說諫，粗陳指歸。如有未合，則捨而及他。徐復托事造端，以物類相求。于是權意往往而釋。劉曄乃設遠言。見曹操設遠言以動操，適知便止。若是者三，其旨趣以為獨見，以盡其機，不宜于猥坐說也。操探見其心，授以腹心之任。然瑾以誠，而曄詐術，故終以兩端見疏。或惡曄于丕曰：「試反意而問之。若與所問相反者，是與意合也。復每問皆同者，曄之情必無逃矣。」如言以驗之，果得其情，從此疏焉。

以辯論而取勝者：管輅于單子春。輅父為琅琊即丘長，時年十五，太守單子春欲見輅。輅請先飲三升清酒，于是唱大論之端，子春及衆士互相攻劫，論難鋒起，而輅人人答對，言皆有餘。子春曰：「聽其言論，正似司馬犬子《游獵之賦》。」曹植于邯鄲淳。淳，潁川人。植與評說羲皇以來賢聖、名臣、烈士優劣，次頌古今文章，及當官、行兵，坐席無與抗者，及暮停，還對其所知，歎為天人。

梁肾公仉肾四公之一，音掌啟。于崔敏。敏字長謙，武城人。魏遣聘梁，百僚與談，多屈于敏。四公曰：「臣肾敵之。」始自經、史，終于老、釋，凡十餘日，互為主客，立談絶倒。然敏詞氣沮于肾，輿疾北歸，未達而卒。

殷、孫揮麈。殷浩惟孫盛得與抗論，對食奮擲麈尾，毛悉落飯中，食冷復煖者數四。米、賀抵掌。米芾、賀鑄二人相遇，瞋目抵掌，論辯鋒起，終日各不能屈。鄭玄依方辯對。袁紹大會賓客，競設異端，百家互起。玄依方辯對，咸出意表。

袁憲酬對閒敏。年十四，父遣候周弘正。弘正將登講座，授以麈尾，令憲竪義。時謝岐、何妥在座，競起義端，深極理致。憲酬對閒，敏辯論有餘。弘正起數難，終不能屈。　**王斌撫機問難。**初為道人，能唱導，而不修儀容。嘗敝衣聽雲師講《成實論》。坐僧正慧超空席座側。超罵曰：「那得此道人禄蔌似隊父？」斌曰：「既有叙勳僧正，那得無隊父道人？」撫機問難，辭理清舉，四座屬目。　**道猷乘機挫鋭。**宋文帝延生公弟子道猷入宫内，大集義僧，時競辯之徒闗責互起。猷既積思參玄，又宗源有本，乘機挫鋭，往必摧鋒。帝撫几稱快。　**員俶詞辯注射。**開元中，召能言佛、道、孔子者，相答禁中。俶九歲升座，詞辯注射，座人皆屈，帝異之，曰：「半千孫，固應爾。」　**趙弘智酬應如響。**唐高宗令于百福殿講《孝經》。弘智演暢微言，學士等難問相繼，弘智酬應如響。　**白居易辭辯泉湧。**文宗召居易，與僧惟澄、道士趙常盈，對衙講論于麟德殿。居易論難鋒起，辭辯泉湧。　**韋渠牟捷口水注。**德宗誕日，御麟德殿，召徐岱、趙需、許孟容與韋渠牟，及道士萬參成、沙門譚延等講論三教。渠牟枝詞游説，捷口水注，上謂其講耨有素，聽之意動。　**杜弼問難莫屈。**弼，昇師子座，僧達修、道順，并緇林之英，問難往復，莫有能屈。

考異同而能抗者，朱雲。五鹿充宗，為梁邱易，元帝欲考其異同，諸儒莫能抗。有薦朱雲者，登堂抗首，音動左右。諸儒語曰：「五鹿嶽嶽，朱雲折其角。」　**參考同異而弗如者，鄭玄。**玄往從馬融。時涿郡盧植為門人冠，融不解剖裂七事，玄思得五，植得三。融謂植曰：「吾與汝，弗如也。」

支道林增新理于郭、向二家之外。白馬寺中語及《逍遥遊》。　**裴冀州**徽。**釋傅、荀二家之義。**傅嘏善言虚勝，荀粲談尚玄遠，每争而不相喻，徽通彼、我之懷，使兩情皆得。

效各方之言：衛侯效吴言。哀公十二年，會于郧。吴人藩衛侯之舍，衛侯歸效吴言。公孫彌牟曰：「君必不免，執焉而又悦其言。」後出，公輒果死于越。　**由余，其先晉人，亡入戎，能晉言。**　**晉王導吴語。**劉真長始見，盛暑月，丞相以腹熨彈棋局。曰：「何乃渹？」吴人以冷為渹。劉既出，曰：「止能作吴語。」　**郝隆蠻語。**三月三日會作詩。隆攬筆云：「娵隅躍清池。」桓公曰：「何以作蠻語？」隆曰：「千里投公，始得蠻府參軍，那得不作蠻語？」陸機吴語。吴人吅之，皆有思歸。桓玄重吴聲。羊孚曰：「當以其妖而浮。」吴音不變。宋世，東南貴達者：會稽孔季恭、吴興江深之、吴郡顧琛，吴音不變。王伭楚能齊言悉隨。淡高封子肥為齊王。賀公惟吴語。杜甫云，謂知章也。煬帝多效吴言。因有儂語。王伭楚語，又能吴語。上所褻狎。支謙善諸國語。字恭明，號智嶷。高歡號令將士，常鮮卑語。高敖曹在列，則為之華言。蠕蠕公主一生不肯華言。阿那瓌女，神武娶。長孫儉見蕭詧，使為鮮卑語，遣人傳譯。祖珽解四譯語。漢田恭犍為郡掾。頗曉莋都夷言，刺史朱輔令譯其辭語。

辯方音：宋祖累葉江南，楚言未變；長沙王道憐宋武弟。素無才能，言音甚楚；《世説》王大將軍，舊有田舍名，語音亦楚；《北史》丹陽王劉昶呵駡僮僕，音雜夷、夏；劉真長云，王丞相惟聞作吴語；支道林謂王子猷兄弟烏聲；答人曰：「見一羣白項烏，但吅喚啞啞聲。」惟北齊楊愔稱裴讞之兄弟全無鄉音。讞之，河東人。至著書作文，尤忌俚俗：《公羊》多齊言；《淮南》多楚語；《荀子》每言「案」；《楚辭》每言「羌」；張茂才論韻，謂陸士衡多楚；是以孫詳、蔣顯，曾習《周官》而音乖楚、夏，左思《魏都賦》蓋音有楚、夏者，土風之乖也。則學徒不至；《梁書·儒林傳》陸倕云。李業興學問深博，而舊音不改，則為梁人所笑；《北史》本傳。鄴下人士音辭鄙陋，風操蚩拙，則顔之推不願以為兒師。《家訓》是君子能通天下之志，必自發言始。《日知録》

別國語：後魏教習國語；初定中原，軍容號令皆本國語。後染華俗，多不能通，故録其本言，相傳教習，謂之國語。孝文命譯《孝經》；命侯伏、侯可、悉陵以國語譯《孝經》之旨，謂之《國語孝經》，並《隋書·經籍志》。歷考《魏》、《齊》二書，若孟威以明解北人語，敕在著作，以備推訪；孫搴以能通鮮卑語，宣傳號令；祖珽以解鮮卑語，免罪，復參相府；劉世清以能通四裔語，為當時第一，後主命作突厥語翻《涅槃經》以遺突厥，並見遇時主。然官名、制度，無一不用漢語。　孝文詔不得以北俗之語言于朝廷，違者免官。　契丹始以本國之言為官名，號令。　《遼史》創立《國語解》一篇，自是金、元多循之。　後唐康福善諸蕃言。明帝咨訪時事，即以蕃語奏之。

後魏平陽公丕雅愛士風。改官制服，禁絶䜲言，皆所不願。帝亦不逼之。但誘示大理，令其不生同異。

言之不善者：盧從史寖恣不道，能辯給，粉澤其非。孔戡等屢以直言争刺，初唯唯，後益不從。　楊虞卿以口語軒輊事機，時號「黨魁」。虞卿父寧，談辯可喜。　王世充習法舞文，人或辯駁，世充以口舌緣飾，衆知其非，亦不能屈。　張宿誕譎敢言，鄭雲逵亦然。

真宗封禪之議决于丁謂「大計有餘」之一言；天書之降成于王欽若「神道設教」之一語。旦、準二公曾無異議。惟孫奭一人，極言其非。天何言哉？足以破人主之惑矣。

言有出之甚决，而得失懸殊。如賜元昊之詔，曰：「嫌隙朝除，則封册暮下，此于西北為兩得。」元昊與契丹有隙，請絶其封。張方平曰：「得新附之小羌，失久和之强敵，非計也。宜賜詔，使之齊處。」　若梁武之答鄴人書，有「貞陽旦至，侯景夕返」之語，而景遂反矣。侯景叛魏歸梁。魏相高澄忽遣議和。傅岐曰：「必設間以疑侯景，景不安，必圖禍亂。」帝惑朱异言。景凷未信，乃僞作鄴人書，求以貞陽侯换景。答書，遂反。

王渾妻鍾氏、琰共坐，子濟趨庭而過，渾曰：「生子如此，足慰人心。」琰曰：「若使新婦得配參軍，生子當不啻如是。」參軍，渾弟湛也。出語亂倫如此，名在《列女傳》。　王凝之妻謝氏，字道韞，適凝之，甚不樂。曰：「一門叔父則有阿大、中郎，羣從兄弟則有封、胡、羯、末。不意天壤之間，乃有王郎！」自矜其才知傲夫，而亦以列女稱。　君子曰：「漢之有蔡琰，晉之有鍾、謝，列女之辱也。」《問奇》

戇直而不顧忌諱：馬嚴之言竇氏。竇固誤先帝出兵西域，竇勳受誅。其家不宜親近京師。是時勳女為后，側聽者以告竇憲兄弟，由是失權貴心。　孔季彥之言貴臣后黨。雨雹，詔陳災異。季彥對曰：「此陰乘陽之徵，今貴臣擅權，皇后黨盛，宜修聖德。慮此二者。」安帝默然。　吳良止太守勿受王望觴。為郡吏。歲旦入賀，望舉觴諂稱太守功德。良于下座進曰：「望欺諂，願勿受其觴。」太守斂容而止。　唐檀止太守不言芝草瑞。豫章郡有芝草生，太守劉祇欲上言之。檀曰：「方今外戚豪盛，陽道微弱，豈嘉瑞乎？」乃止。　封孚不為改容。慕容超政出權嬖，多違舊章。孚屢裨救不納。後謂孚：「百王可方誰？」對曰：「桀、紂之主。」超大慚怒。孚徐步而出，不為改容。　鄭鮮之難必切至。宋高祖為相時，言論人或依違，鮮之難必切至，須高祖辭窮理屈，然後置之。時謂「格佞」。

元凶劭。召顏延之示以檄文，曰：「竣尚不顧老臣，何能為陛下？」　或傳裴之悌斬侯景，元帝使黃羅漢報其兄，之高曰：「賊自殺賊，非之高所聞。」

李邈讓先主曰：「振威璋也。以宗室，委以討賊，將軍之取鄙州，甚為不宜。」有司將殺之，亮請得免。　姚弋仲數石季龍曰：「汝病久，所立兒小，宜憂此，不煩憂賊。」弋仲無尊卑皆「汝」之，季龍恕而不責。

議論

舜伐三苗，禹以為可，益以為不可。　周公東征，廷臣以為不可，十夫以為可。　王恢、韓安國之論征伐，張湯、汲黯之同朝議，封倫、魏徵之論法度，韓、范之論西事，皆各有所見，未嘗矯異以為同。

漢以災異策賢，而董仲舒以為無任刑，寧任教。　宋以刑賞策士，而蘇軾以為寧過仁，無過義。

昔師丹之説行，則董宏坐其罪；董宏之論勝，則師丹廢于家。　吕誨謂歐陽修第一狀也；滕怙没于丁零，子羡仕宦不廢。　鄭鮮之議通滕者，以無譏為證；塞滕者，以隱處為美。

柳子厚言封建之非，而胡寅仲以為封建不可非。　區博言井田難行，而張子厚以為必可行。

蘇潁濱，歐陽公門下士也，而其解《周頌》，則極駁《時世論》之非。　蔡九峰傳書，朱子所命也，而其辨正朔，則明與周七八月，夏五六月相左。　從經籍起見，非有所齮齕而然，故兩持之説，各傳千古。

韓昌黎與李翺。持論常與韓角。　朱文公與龍川、東萊、象山，亦然。各持其説。

王弼言有無。弼幼而察惠，好老氏，通辯能言父業。未弱冠，往造裴徽，徽曰：「無者，聖人莫肯言，而老子申之無已，何也？」弼曰：「聖人體無，（無）又不可訓，老子是有者也，故恒言所不足。」　裴頠言有無。頠深危時俗，不尊儒術，何晏、阮籍口談浮虚，王衍不以物務自嬰，遂相仿效，風教陵夷，乃著《崇有論》，以釋其蔽。

徐偉長有所是非，則托古人以見意。　凉茂伯方。論議，常據經典以處是非。　竇威每論政事得失，必陳古為論，郝處俊秉政，在帝前議論諄諄，必傳經義。　史孝章性修謹，稱道皆詩書。　宋子奢能劇談，以經誼緣飾。六帖。　宗懍少聰敏，語輒引古事，鄉里呼為「小兒學士」。

陳餘遺章邯書：「有功亦誅，無功亦誅。」　《國語》曰：「誅亦失，不誅亦失。」　樓緩言：「秦割河東三城而講，講亦悔，不講亦悔。」　晁錯言：「七國削亦反，不削亦反。」　薛文遇言石敬瑭：「河東移亦反，不移亦反。」　何栗言：「金人，三鎮割亦來，不割亦來。」

棄珠崖，賈捐之也，陳萬年以為當擊，而于定國是賈議。　議棄維州，牛僧孺也，李德裕請，而牛沮之。　請棄車師，田魏相也，宣帝用之。　請棄四鎮，狄仁傑也，而識者是之。

言詘而心服：魏嚴幹善《公羊》，鍾繇能好《左氏》，謂《左氏》為大官，《公羊》為賣餅家；幹口訥，屈無以應。繇曰：「公羊高竟為左邱明服矣。」幹曰：「直故吏為明使君服耳。公羊未肯也。」　趙括常與其父言兵事，奢不能難，然不謂善。　汲黯曰：「臣雖不能以言語屈陛下，而心猶以為非。」

議武昭不宜稱始祖者，唐張齊賢也。　議藝祖不宜稱皇伯者，宋張齊賢也。

漢武以十事難平津侯弘，弘不能對。　隋文以十二律駁奇章公弘，弘不能對。

嚴助曰：「秦舉咸陽而棄之，何但越也。」　何尚之曰：「孫吴亦無取于堯、舜之道，豈惟釋教而已。」　桓生曰：「盡其瑟失之，何能膠柱而調乎？」此亦「皮之不存，毛將安附」之意。

蔡謨議褚裒經營分表。　王羲之議殷浩求之分外。

附 確論

漢武帝拜田千秋為相，匈奴聞而笑之。　宋神宗相王安石行《青苗助役法》，交阯至書之露布以詆其罪。　金使劉祹曰：「江南忠臣善用兵止有岳飛。今殺之，所謂有一范增不能用，所以為我擒。」胡忠簡《乞斬秦檜書》，金以千金求其書，曰：「南朝有人，蓋破其陰遺檜歸之謀。」乾道初，使來，猶問：「胡銓今安在？」

若鞮曰：「先單于受漢宣帝恩，今天子非宣帝子孫，何得立？」斥新莽也。　默啜曰：「突厥世受李氏恩，我女嫁李氏，是武姓子何為婚。」却則天也。武后詔武延秀聘默啜女，因發兵入寇。

父老留劉裕曰：「長安十陵，是公家墳墓；咸陽宮殿，是公家室宅。捨此欲何之乎？」　父老留玄宗曰：「宮闕，陛下家居；陵寢，陛下墳墓。今捨此欲何之？」

漢高時，新城三老説發義帝喪。　武帝時，壺關三老辨太子冤。

「未聞姪為天子，而祔姑于廟。」李昭德為武則天言。　「未聞有莘之國，立太姒之廟。」北魏詔為明元密后言。后杜氏，鄴人。生太武，立廟于鄴，刺史高閭請修廟，詔云云。㮯祀。

謀 畫

田疇為討烏丸之嚮導。曹公征烏丸殺其郡冠蓋。魏太祖北征，辟疇嚮導，上徐無山，出盧龍，歷平岡，登白狼堆，去柳城二百餘里，蹋頓始覺，追奔至柳城。論功行封，疇固讓。　韓褒為定宇文之去留。賀拔岳為侯莫陳悅害，諸將遣迎。周太祖時刺凉州，問去留之計。褒曰：「雖寇委身而托使君，若據有關中，此天授也。且陳悅不取平凉，反屯雒水，往必擒之。」

宋高祖欲于山陰，時討孫恩。建義討桓玄，孔季泰以去京路遠，不如待其篡逆事彰，徐于京口圖之。

孝武在藩，問計于宇文顥和，和具陳宜杜門晦迹，相時而動。

羊衜計救公孫淵。淵叫魏將討，復稱臣于吴乞救。衜曰：「若魏不克，我兵遠赴，恩結遐裔。若兵還不解，虜其旁郡，亦足以報雪曩事。」　張兖勸乘劉顯。道武在代時，劉顯地廣兵强。兖曰：「顯希冀非望，可告慕容垂，東西俱舉，勢必擒之。此千載一時。」　李先討敗姚興。道武討興于柴壁。先曰：「遣奇兵先邀大渡，柴壁左右嚴設伏兵，可不戰而取。」興果敗歸。　虞叔武勸討關西。曰：「宜立重鎮于平陽，與彼蒲州相對，如出兵求戰，我不應之。彼若退軍，即乘其敝。不過三年，彼自破矣。」

任環說于梁山船濟，直指韓城。至龍門謁見高祖，云云。　薛大鼎說勿攻河東，從龍門，直指永豐倉。傳檄遠近，亦拊背扼喉之計。

魏舒為相國參軍。碎務未嘗見是非，至廢興大事，徐為籌之，多出衆議之表。　申永為咨議參軍。宋高祖誅劉毅，領荆州。問永：「何施而可？」永曰：「除其宿釁，倍其惠澤，貫叙門次，顯擢才能，如此而已。」

故秦東陵侯召平為蕭何計。召平吊曰：「上暴露于外，而益君封置衛，有疑君心，原君讓封勿受，悉以家財佐軍。」何從其計，上悦。　故楚令尹薛公為滕公計。黥布反，滕公要召故令尹薛公問之，言之上。公言：「布必出下計，上乃自將兵而東。」布果如薛公言。

劉琦與諸葛亮升樓去梯，謀自安之術。謂曰：「今日上不至天，下不至地，言出子口而入吾耳。可以言未？」曰：「君不叫申生居内而危，重耳居外而安乎？」琦求代黄祖。　武三思與鄭愔登樓，問自安之策。愔見三思哭，既而大笑，曰：「始哀王將戮；後喜王之得悟也。」與崔湜為三思謀主。

史彌遠與鄭清之登閣，謀廢立皇子之事。皇子竑不平楊后與史彌遠，嘗書几上曰：「彌遠當配八千里。」彌遠大懼，與清之屏人語，乃以清之兼魏府教授。後廢竑，立貴誠，改名昀，是為理宗。

范雎說秦王遠交而近攻。雎初見，先言外事，曰：「穰侯越韓、魏而攻齊綱壽，非計也，不如遠交而近攻，得寸則王之寸，得尺則王之尺。」　封德彝請唐宗遠交而近攻。《唐書》：統葉護可汗來請婚，帝與羣臣謀：「西突厥去我遠，緩急不可仗，可與婚乎？」德彝曰：「計今之便，莫若遠交而近攻。請聽婚而怖北狄。」

陳平六出奇計，世莫得聞。自初從至天下大定後，凡六出奇計，頗秘。　荀攸十二奇計，世不盡問。鍾繇言：「每有所行，反覆思維。自謂無以易，以咨公達，輒復過人意。公達前後畫奇策十二，惟繇知之。」繇撰集未就，會薨，故不盡聞。

嚴尤治戎有上、中、下三策。　賈讓治河，有上、中、下三策。　劉放說王松附曹操。與松俱至。操曰：「昔班彪依竇融而有河西之功，何相似也？」　田豫勸鮮于輔歸命曹氏。公孫瓚敗，輔為國人所推。豫曰：「定天下者，曹氏也。」輔從其計。　馮魴勸張軌翼戴晉室。　高詡勸慕容廆遣使江東。

其不從者：曹穆、盧南史勸田緒歸命朝廷。　龔壯勸李壽稱藩于晉。　辛叔重諷冉閔歸身于朝。

唐之藩鎮，不知有主，然順逆成敗，必資謀畫于幕中。　如賈直言于淄青，譚忠于幽州，皆以片言轉逆為順。

應侯以三千金鬥天下之士；　尉繚以三十萬金盡諸侯。　陳平因之。

宋華元善于楚嬰齊；　晉欒書欲合二國之戍；　宋向戌善于晉趙武、楚屈建，欲弭諸侯之兵。　此蘇秦之所祖也。

趙高勸李斯立二世，説以為相久，結怨于天下；又與太子有隙，不如立少子為長久計。宇文述、楊素，其言不差一字。已試之陳言，猶足以為奇策，患失之念，有以深入其肺腑也。禍敗亦略相似。

聽言 不聽附

趙奢用許歷之言而却秦。歷請先據北山，秦師後至，争山不得。奢縱兵擊之，秦師大敗，解閼與而還。周亞夫聽趙涉之計而破吴。涉遮説曰：「將軍何不走藍田，出武關，抵洛陽，直入武庫，諸侯以為將軍從天而降。」太尉如其計。

趙簡子無過而納諫，曰：「吾將以來諫者。」皇甫德參上書忤旨，魏徵進言，太宗曰：「朕罪此人，誰復敢言者！」《問奇》

魏相感丙吉之言，而霽威嚴。翟方進感胡常之言，而弛威權。

漢高因朱家之言，而赦季布。周武帝因趙照之諫，而赦斛律徵。

賈誼上疏文帝，曰：「生為明帝，没為明神，使顧成之廟稱為太宗，雖有愚幼不肖之嗣，猶得蒙業而安。」又云：「萬年之後，傳之老母。」于生前談死事，又目其嗣為愚幼不肖，可為指斥，而帝不以為過，誼不以為疑；劉向上書成帝，曰：「王氏與劉氏不並立，陛下令國祚移于外親，降為皁隸。」又曰：「天命所受，非獨一姓。」于國存時説亡語，而帝不以為過，向不以為疑。兩人皆出忠誠盡言，觸忌諱而不覺。文帝以寬待下，聖德固爾，而成帝亦能容之，後世難及也。《容齋隨筆》

公孫戍納劍于未進言之先，而孟嘗君以其忠言，略其貪心而不疑。楚遺孟嘗君象床，登徒直送，不欲行。謂戍能使無行，有賨劍願獻。戍人見，不受；趨出，召而返之，以賨告君。乃署版曰：「有能止文之過，私得賨于外者，疾入。」公息忌為組于言，既行之後，而郗君遽探其私心，而廢其忠言。公息忌説郗君，以組為甲。郗君知忌家多為組後，令官以帛為甲。夫忌之組則頓于家；而用組之利，亦廢于國。

龔遂用王生「歸德天子」之言，而獲長者之譽。趙充國不聽浩星賜「歸功他將」之勸，而自陳降羌之績。

齊桓聞郭亡之言于野人，忘載其人，管仲詰之。晉文聞郭亡之言于老夫，忘載其老，趙衰諫之。「鍾離尚書若在，則德陽之殿不成。」明帝幸其不諫也。「魏徵若在，則遼之役不行。」太宗思諫之心也。

同一言也，而聽與不聽異者：蕭何為民請苑，而高祖怒下何獄；貢禹為民請苑，而元帝納貢之請。禹非過于何也。《北史》：劉行本諫隋文帝不聽，置笏于地上，斂容謝之；褚遂良諫高宗不聽，置笏殿階，上怒命引出之。行本非優于遂良也。高宗欲立武后，韓瑗諫之而立；明皇欲立武惠妃，潘好禮諫而不立。好禮非過于瑗也。若婁敬諫冒頓不可擊，高祖械繫之，困于白登，後赦敬曰：「吾不用公言。」田豐諫曹公不可輕，袁紹械繫之，敗于官渡，曰：「吾不用豐言，果為所笑。」遂殺之。趙染不用魯徽言，敗于索綝，反殺徽。言不納而禍及身，真不幸而中矣。

樊噲諫漢高宜還軍霸上，不聽，而聽張良；婁敬説漢高宜都關中，不聽，而聽張良。諫同，而諫之人不同也。

漢元帝欲御樓船，薛廣德諫之不從；張猛諫之而從。帝祭宗廟，出便門。廣德免冠曰：「宜從橋，不聽，臣自刎，以血污車輪。」上不悦。猛曰：「臣聞主聖臣直。乘船危，就橋安，聖主不乘危。」上曰：「曉人不當如是耶？」唐穆宗欲幸東都，張權輿諫之不止，裴度諫之而止。度曰：「國家本設兩都以備巡幸，多難以來，兹事遂廢。宫闕、廨舍，率已荒弛。倘欲行幸，宜命有司完葺，然後可往。」上曰：「言者皆云不當往，如卿所言，不往亦可。」諫固有術哉。彼幸江都者，崔民象諫不宜巡幸，則先解其頤而斬之；王愛仁請還西京，則斬之而行。愎固不可以輕入也。

列禦寇不受鄭子陽之粟也，曰：「以人言而粟我，其罪我也，亦且以人言。」公孫鞅之對公孫痤也，曰：「君不能用子之言任臣，又安能用子之言殺臣乎？」

李泌諫罷宣索，德宗宣索，勅勿令宰相知；錢徽諫罷貢獻，憲宗貢獻，戒毋入右臺門，以避學士。猶之不聽也。

陳轅頗出奔鄭，其族轅咺進稻、醴、粱、糗、脯，曰：「何不吾諫？」曰：「懼先行。」郭君出亡，欲飲，御者進酒；欲食，進乾脯、粱糗。曰：「儲之久矣。為君之出亡。」曰：「何不以諫？」曰：「臣欲進諫，將先郭亡。」秦二世望夷之變，一宦者不去，二世曰：「何不早告？」曰：「使臣早言，皆已誅。安得至今？」

虞不用宫之奇，而晉并之。《說苑·臣子猛》萊不用子馬，而齊并之。《荀子·堯問》

吴王濞不聽田禄伯之言。呂布不聽陳宫之言。

彭寵、妻勸不受徵，遂反漁陽。李師道，妻魏氏。以聽婦言而敗。慕容垂婦段氏。苻堅、妾張氏。竇建德，凌敬勸濟河，取懷州，循汾、晉，趨滏、津，而鄭囧自解。建德妻曰：「祭酒之言，不可違也。」不聽。以不用婦言而敗。

若法孝直説先主取劉璋，而不聽；劉穆之説宋祖取劉毅，而不聽。英雄舉動自殊。

王商勸劉璋拒絶馬超，而從其言。黄權勸璋閉境待先主，而不聽。

古事比卷之十九

諫說

周舉勸順帝去貪佞，曰：「素有直言者，忠貞也；阿諛苟容者，佞邪也。」　貞觀中，有請去佞臣者，曰：「執理不屈者，直臣也；畏威順旨者，佞臣也。」

汲黯之戇，不如右尹子華之婉。　朱雲之折檻，不如左師觸讋之諷。　三老之悟武帝，不如田千秋之一言。　五王之復唐，不如王方慶之一對。

辛慶忌救朱雲，曰：「使其言是，不可誅；其言非，固當容之。」　孔僖上書肅宗，曰：「假使所非實是，固應悛改；儻其不當，亦宜含容。」　杜襲謂曹操，怒許攸。曰：「計是耶，方助殿下成之；計非耶，雖成宜改之。」

明帝按行尚書，而陳矯諫之。曰：「此自臣職分，非陛下所宜臨。」　孔明自校簿書，而楊顒諫之。曰：「為治有體，上下不可相侵。」　唐德宗親擇令長賢，而柳渾不賀。

魏法，軍亡，考竟妻子，而亡猶不息；操欲並及父母兄弟，高柔啟宜貸其妻子，以誘還心。　魏將徙邊多逋亡，乃制闔門充役；崔挺諫不可以一人而延及闔門。仁人之言哉！

王珪論祖孝孫教女樂，太宗怒之。珪曰：「責以忠孝，疑臣以私，是陛下負臣，臣不負陛下。」李絳論宦官、方鎮，憲宗怒之。絳曰：「愛身不言，臣負陛下；因而獲罪，乃陛下負臣。」韓嵩勸劉表附曹操，强之至許。還，勸遣子入侍。表將斬之，嵩徐曰：「將軍負嵩，嵩不負將軍。」表乃囚之。

柳公權以筆諫穆宗。有心正則筆正之對。柳公綽以醫諫憲宗。進《大醫箴》。宋呂誨以病喻國家，亦此意。

「唐太宗遣使凉州，諷李大亮獻其名鷹，大亮不可，太宗深嘉之。明皇遣使江南採鵁鶄，汴州刺史倪若水論之，為返其使。又令益州織半臂琵琶、捍撥、鏤牙合子等，蘇許公不奉詔。李德裕在浙西，詔造銀盝子粧具二十事，織綾二千疋。德裕上疏極論，亦為罷之。」此蘇長公《諫買燈疏》語也。高宗朝，萬言令楊德幹擒杖放鷂宦官。崇寧間，御札至成都，令織戲龍羅繡旗，何常奏不奉詔，惟供御服，詔奬為減四之三。

鄭莊因考叔遺羹之言而迎姜氏；始皇因茅焦就烹之語而復太后。焦雖戰國之奇士，亦考叔之罪人也。

晉平公出畋，虎伏不動，公自以為霸王之兆，而師曠曰：「君驂駁馬，虎畏駁也。」出朝有鳥環而不去，又自以為霸王之兆，而師曠曰：「君衣狐裘，鳥名諫珂者，愛狐也。」管仲于桓公亦云駁馬。《偶記》

燕太后不肯令公子質齊，陳翠以愛少子之說進，不愛丈夫子。而命為公子行具。趙太后不肯以長安君質齊，左師觸讋以愛少子之說進，而為長安約車質齊。《偶記》

以兩全説者：朱建説閎孺言出辟陽侯。曰：「辟陽侯誅，太后含怒亦誅君，何不言帝出辟陽侯？太后大歡，兩主俱幸君，君富貴亦倍矣。」果出辟陽侯。鄒陽説長君言毋竟梁事。見長君曰：「今袁盎事，即窮竟，梁王恐誅，則太后切齒側目于貴臣矣。誠為言之，毋竟梁事。太后厚德長君，而長君之弟幸于兩宮，金城之固也。」果得不治。以田弋之説説曹伯，曹伯從之，卒背晉奸宋，旋至亡國者，公孫彊也；以矰繳之説説楚頃襄，頃襄戰慄，卒保境善鄰，差為無事者，莊辛也。借弋為喻同，而治亂之效異，在人主裁擇之耳。嗚呼！公孫彊之徒至先發夢于人主，惡機所感，豈偶然哉？

附　直諍

馮唐謂漢文帝：「雖有頗牧，不能用。」杜坦謂宋文帝：「日磾假生今世，養馬不暇，豈辦見知。」直哉！唐為魏尚言，而坦自為言，一用並擢，一默然，兩文帝大徑庭矣。周昌比漢高于桀、紂；劉毅以晉武為桓、靈；封孚對慕容超以桀、紂。俱不之罪。周墀對唐文宗堯、舜之主；薛子方堯、舜之對。有不侔矣。

晉平公出言不當；飲酣，歎曰：「莫樂為人君。惟其言而莫之違。」師曠舉琴撞之敗壁，平公為之不塗壁；魏文侯出言不當；起舞曰：「使我言而無見違。」師經舉琴撞之潰旒，文侯為之不補旒。嘻，引裾折檻可也，君而可撞，罪豈止甃磬哉？吾取其君，不取其臣。《偶記》

心忠而事逆者：鬻拳之兵諫也；强諫，楚子不從；臨之以兵，懼而從之。拳遂自刖。葆申之笞王也。《吕覽》：

葆申諫荆文王罪當笞，束細荆五十，跪而加之王背，殺茹黄之狗，析宛路之矰，放丹之姬。 心逆而事逆者：張顥、徐温之
兵諫也。實作俑于趙鞅晉陽之甲。
諫而引裾者：辛毗見笞于魏文。諫徙冀州士卒，不答。入内，隨引其裾，乃徙其半。 寇準被嘉于太宗。奏事
不合，帝怒起。準引帝衣，請復坐，事決乃退。帝嘉之，曰：「朕得寇準，猶文皇之魏徵也。」 陳禾見謫于宋徽。禾引徽宗裾落，
内侍請易衣。帝曰：「留之以旌直臣。」 陳傅良痛哭于光宗。引光宗裾，痛哭于庭。因謝深甫言而往朝重華宫。李后挽留，天
寒飲酒。 伏蒲涕泣願死，史丹也。元帝寢疾，數問景帝時立膠東王故事。丹直入卧内，伏青蒲上涕泣，曰：「道路流言，太子
有動摇之意。臣願先賜死，以示羣臣。」帝感悟。 拔刀斷鞦，郭憲也。光武將征隗囂。憲言：「東方初定，車駕不宜遠征。」
血污車輪，薛廣德也。諫御樓船。 額叩龍墀，劉栖楚也。穆宗視朝晏。進言，額叩見，血不已，命中使宣慰，令歸。
置笏在陛，崔玄亮也。鄭注搆宋申錫，逮捕倉卒，玄亮置笏曰：「殺一凡庶，當稽典律，况欲誅宰相乎？」 置笏于地，劉行
本也。諫隋文怒笞郎。 置笏殿階，褚遂良也。諫立武昭儀，曰：「還陛下笏。」 拊銅鐶大呼，孔道輔也。諫廢郭
后。

唐德宗將相裴延齡，而欲壞白麻者，陽城也；文宗將相鄭注，而欲壞白麻者，李甘也；景福中，以
李磎為相，抱麻而哭之者，劉崇魯也；乃授少師。 批敕塗詔者，李藩也；藩為給事，制敕有不可，遂于黄敕後批之。
及為相，密詔王鍔可兼宰相。藩遽取筆塗「宰相」字，署其左曰：「不可。」權德輿失色。藩曰：「事迫矣，出今日便不可止。」既而事得
寢。 焚詔者，李沆也。仁宗一夕手詔，欲以劉氏為貴妃。沆引燭焚詔，附奏曰：「臣沆以為不可。」其議遂寢。 嗚呼！宰相而
至于塗詔，焚詔，臺諫而至于裂麻，哭麻，世道何如哉？事君在勿欺，而犯至此，則天下事去過半矣。
劉元城安世。面折廷争，至雷霆之怒，執簡却立，復前極論，觀者汗縮竦聽，時以「殿上虎」目之。

王懿敏素。嘗與同列奏事上前，事有不合，衆皆引去。公方論列是非，俟得旨乃退。議者目公為「獨擊鶻」。

潘良貴廷叱向子諲。陳良翰曰：「當委曲為上言之。殿陛間，厲聲一叱，似近乎訐，豈事君體？」唐坰面劾王安石。目安石近御座聽札子，大聲宣讀，至詆為李林甫、盧杞，並劾曾布、王珪、元絳、薛向、陳繹、張琥、李定、張商英。上屢止之，慷慨自若。讀已下殿，再拜而退。坰始附以自售，終劾以自新。君子惡其始，而恕其終。

宋明帝以故第為湘宮寺，虞愿曰：「此皆百姓賣兒貼婦錢所為。」兖王假山成，請宮僚觀之，姚坦熟視曰：「此血山耳。」開寶塔成，田錫曰：「衆以為金壁熒煌，臣以為塗膏釁血。」懿哉言乎？〈問奇〉

王衛尉言李斯何足法？漢高祖曰：「李斯有善歸主，有惡自予。今相國請吾苑，以自媚于民。」衛尉曰：「秦以不聞其過亡，斯之分過又何足法？」魏徵言隋高祖不可法。唐太宗曰：「隋諸王一品以下，皆不免躓頓。」徵曰：「隋高祖寵縱諸子，尋皆罪黜，不可為法。」前。

因元封歲旱，請烹弘羊。旱求雨，卜式曰：「縣官當食租衣稅而已。今弘羊坐市列，販物求利，烹弘羊，天乃雨。」因太和夏旱，請斬鄭注。上以久旱，詔求致雨之方。李中敏曰：「莫若斬鄭注，而雪宋申錫。」

漢文帝謂馮唐辱我。唐言：「雖有頗、牧不能用。」上怒起，入禁中，召唐讓曰：「公衆辱我。」曰：「臣大父言牧為趙將軍，市租皆自用，賞賜不從中覆。今魏尚為雲中守，軍市租盡給士卒，上功幕府，一言不相應，文吏以法繩之。尚坐上功，首虜差六級，陛下下之吏。由此言之，雖得頗、牧，不能用也。」令唐持節赦尚，復以為雲中守。唐德宗謂蕭復輕朕。盧杞阿諛順旨，復正色，曰：「盧杞之言不正。」德宗愕然，退謂左右曰：「蕭復頗輕朕。」

封還詞頭：唐有白居易、長慶元年，為中書舍人，繳還獨孤朗、温造、李肇、王鎰四人除刺史詞頭，曰：「臣未敢誤進。」鄭餘慶、醫工崔懷，自淮南小將為黄州司馬，敕至南省。餘慶以為散將無故受正員五品官，執詔書封還。許孟容、裴肅既以進奉得進，判官齊總掌後刻剥又過之。詔擢衢州刺史，孟容封還。蕭倣，以金吾李燧為節度，倣封還制。宋有富弼、知制誥，封還遂國夫人詞頭。胡宿。知制誥，封還楊懷敏詞頭。封還内降，宋有杜衍。積詔至十數，輒納帝前。仁宗謂歐陽修曰：「凡有求于朕，以衍不可告之而止者，皆所封還也。」不草制，唐有袁高、給事中，不草盧杞制。韓渥。韋貽範于鳳翔圍城中，挾李茂貞起，復作相。渥當草制，抗疏論其不可。茂貞曰：「與反何異？」昭宗曰：「卿薦貽範，朕不拒；渥不草制，朕亦不拒。」姚洎草制貽範，即視事。

漢文帝在霸陵，欲馳下峻坂，袁盎諫曰：「陛下縱自輕，奈高廟何？」景帝入上林，欲自如厠救賈姬，郅都諫曰：「陛下縱自輕，奈宗廟、太后何？」

張釋之争族盗廟中環者。張安世争斬磨劍陵上者。

張良曰：「陛下拜大將，如呼小兒。」耶律楚材曰：「陛下輕易反覆，如戲小兒。」

李集諫，高洋笑曰：「天下有如此癡人？」太宰易將軍數諫，劉聰笑曰：「是兒輩為元達所引，遂成癡也。」

尸諫不獨史魚，又有公孫弘、謂子曰：「陛下微行不已，社稷必危。吾雖不及史魚，冀萬一以尸諫。」因自殺。上聞而悲之，自為誄。陳洙。嘉祐間御史，字思道。上疏極陳東漢建儲不早之弊：「杜喬、李固徒取誅戮，無益于事。莫若殺臣之身，用臣之言。」遂仰藥死，奏下，大計遂定。又邵疇自殺，而太守獲免。孫皓時，太守郭誕以不白妖言被收。功曹邵疇自殺以證之。臨亡置辭，愆出于疇，誕遂獲免。司馬直自殺，而修宫錢暫絶。張讓、趙忠説帝斂天下田，每畝十錢以修宫室。太守司馬

直上皆吞藥。《樵書》

房玄齡疾篤，諫伐高麗。　張文瓘輿疾，諫伐新羅。

附諷諫

有獻不死之藥于荆王，中射之士奪而食之。王怒，欲殺之，中射之士曰：「臣食之而王殺臣，是死藥也。王殺無罪之臣，而明人之欺王。」王乃不殺。　武帝得君山不死之酒，東方朔奪而飲之，帝欲殺之，朔曰：「殺臣若死，是為無驗。以其有驗，殺亦不死。」乃赦之。　有言不死之道于燕君而不捷者，將被誅，宰臣諫曰：「彼自喪其生，安能令君不死也。」乃不誅。《偶記》

齊景公欲葬走狗，得晏子之規，而烹狗會朝屬；楚莊王欲葬愛馬，得優孟之諷，而以馬屬大官。此即薄物細故哉，而轉圜一時，吾于二君有取。

齊景公使人養所愛馬，馬死，公怒令殺之；晏子數以三罪，而公赦之。使燭鄒主鳥而亡，公怒欲殺之；晏子數以三罪，而公赦之。晉平公使豎襄搏所射鴳而失，拘將殺之；叔向勸以速殺，而公赦之。漢武時，有殺上林鹿者，下有司殺之；東方朔數以三罪，而帝赦之。然晏子一事而兩記耳。《韓詩外傳》又作顔鄧聚，而晏子數以四罪。《偶記》

哀公東益宅，孔子對以五不祥；欲西益宅，宰折睢對以「三不祥」。此亦一事耳。齊景公出獵。晏子以有賢不知，知而不用，用而不任，為「三不祥」。然則不親賢而事遊獵，公之不祥大矣。哀公欲西益宅，宰折睢曰：「天下有三不祥，而益宅不與焉。不行禮義，嗜欲無止，不聽强諫。」哀公愀然自反，遂不取西益宅。前。

漢武乳母犯罪，東方朔曰：「帝豈復憶乳哺時也。」即敕免。　韓晉公乳母犯法，顧況曰：「公今為侯伯，乳母焉用？宜殺。」公遽舍之。

辛京杲以私杖殺部曲，當死，李忠臣曰：「諸父兄弟皆戰死，獨杲尚存，當死久矣。」上憫然，左遷京杲。　唐莊宗獵，踐中牟民田，縣令切諫，將殺之，敬新磨追責之曰：「汝獨不知吾天子好獵耶？」莊宗大笑乃免。　桓道規自帶絳綿繩，桓南郡問何為？曰：「公獵好縛人。雙甄所指，不避陵壑，麐兔騰逸，參佐無不被緊束。手不能堪芒也。」自此小差。

宋諸君子諫光宗曰：「太上皇思見陛下。」祖李唐之諷肅宗曰「太上皇亦應思陛下」云。一阻張后，一阻李后。

楚莊欲以棺椁大夫禮葬馬，優孟入哭以禮葬之薄，于是以馬屬大官。始皇欲大苑囿，優旃曰：「寇從東方來，麋鹿觸之足矣。」遂止。秦二世欲漆其城，優旃曰：「寇來易為漆耳，顧難為蔭室。」笑而止。先主時旱，禁私釀，吏欲罰有釀具者，簡雍以男女行道有其具而止。唐高宗出獵遇雨，問谷那律油衣若為不漏？對以瓦為之必不漏，而不復出獵。南唐關税尤煩屬。近甸旱，烈祖問都城不雨，申漸高曰：「雨懼抽税。」即除額外。五代李茂貞下令榷油，因禁松明，有優者請禁月明，禁遂止。談言微中，有辭不費而勝于嬰鱗者。

晉文公欲伐衛，公子鉏對以送妻道見桑婦，悦而與言，顧視其妻，亦有招之者。乃止。《列子》　趙

簡子伐齊，申獲對以夫妻之田，見桑中女，追之不得，其妻怒而去之。簡子曰：「伐國失國，是吾曠也。」還師而歸。《説苑》

箴規

召公弭謗之對。曰：「天子聽政，使公卿至于列士獻言；瞽獻典，史獻書，師箴瞍賦，矇誦，百工諫，庶人傳語，近臣盡規，親戚補察，瞽、史教誨，耆艾修之，而後王斟酌。是以事行而不悖。」　衛武儆戒之言。在輿有旅賁之規，位宁有官師之典，倚几有誦訓之諫，居處有暬御之箴，臨事有瞽、史之道，宴居有師工之誦，史不失書，矇不失誦，于是乎作《懿戒》。　賈山王制之言。聖王之制，史在前書過失，工誦箴諫，瞽誦詩陳，公卿比諫，士傳言諫過，庶人謗于道，商旅議于市，然後君得聞其過失也。」

太子傅太子發，發嗜鮑魚，公弗與，曰：「《禮》，鮑魚不登于俎。」　北齊邢峙以經授太子，厨宰進食，菜有邪蒿，峙去之，曰：「此菜有不正之名。」

吕岱謂諸葛恪：「世方多難，子每事當十思。」　憲宗謂羣臣曰：「卿須十論。」　王昶曰：「行事加九思，吾復何憂？」　周于漢曰：「三思而言，九慮而行。」

聞詆訶臧否之益者，崔瞻之于李槩。貽書云：「仗節使酒，我之常弊。詆訶指切，在卿尤甚。足下告歸，吾于何聞過？」　薛道衡之于李文博。恒令文博在聽事帷幄中，披簡書史，察己行事。若遇善事，即抄撰記録；如選用疏謬，即委之臧否。道衡每得其語，莫不欣然從之。

吴起曰：「若君不修德，舟中之人，皆敵國也。」　舟人曰：「君若出入無度，我舟中之人，與欒枝之子無異。」晉范獻子殺欒枝之子報也。問舟人，舟人云。顧孟著頭。為周伯仁顗。移酒勸杜而語，怒曰：「詎可便作棟梁自遇？」陸玩拜司空，有人詣之，索酒，自起瀉著梁柱間，祝曰：「當今乏才，以爾為柱石之用，莫傾人棟梁。」玩笑曰：「戢卿良箴。」丘靈鞠詣褚彥回，彥回不起，曰：「脚疾，不能起。」鞠曰：「脚疾亦是大事，公為一代鼎臣，不可覆為覆餗。」《事偶》

「潛龍以不見為德。」管寧以箴邴原。「全身以待時。」杜襲以箴繁欽。

處士以虛名被徵，為世所譏者，漢王良之復徵也，滎陽友人責之。不有忠言奇謀而取大位，何其往來屑屑不憚煩也。樊英之徵也，張楷以書責之。出輿處也，子恐進退無據矣。唐田游巖之仕也，蔣儼以書責之。言：「太子春秋鼎盛，而唯唯無一談，何以塞調護之寄。」宋种放之匿情求名也，杜鎬誦《北山移文》譏之。

李固遺黃瓊書：「觀聽望深，聲名太盛，願弘此遠謨，無令人言處士盜虛聲也。」李勣誡劉延祐有吏能治第一。曰：「春秋少而有美名，宜稍自抑，無為出人上。」

齊高宴羣臣，使各效伎藝：褚淵彈琵琶；王僧虔、柳世隆彈琴；沈文季歌《子夜》；張敬兒舞；王敬則拍張。王儉曰：「臣無所解，惟知誦書。」因跪誦相如《封禪書》。上曰：「此盛德事，吾何以堪之！」將相而執俳優，見于開業之始，且儉所誦，亦昔人諛佞之文也。唐中宗宴羣臣，詔遍為伎：張錫為《談容娘舞》；宗晉卿為《渾脱舞》；張洽為《黃麞舞》；杜元琰誦《婆羅門呪》；李行言唱《車駕西河曲》；盧藏用效道士上章。郭山惲曰：「臣無所解，惟知誦詩。」乃誦《鹿鳴》、《蟋蟀》二篇，未畢，李嶠以詩近規諷，止之。詔褒賜衣一稱。然山惲他日與欽明議韋后助天子祭天地，與誦詩意何刺謬哉？二君狎臣，無論彼諸文士者，過摩詰之舞衣，比祝欽明之掃地矣。《偶記》

毀譽

韓昌黎曰：「動而得譽，謗亦隨之。」又曰：「名之所存，謗之所歸。」　蘇東坡曰：「平生以言語文字見知于世，亦以是取嫉于人。」　歐陽公銘尹師魯云：「所以見稱于世者，亦所以取嫉于人。」　何尚之當朝，時親故一無薦舉，以此致怨，亦以此見稱。

曾丹曰：「以一言善我，必以一言罪我。」　季布曰：「以一人譽召臣，以一人毀去臣。」　魏徵《十漸》曰：「以衆賢舉而用，以一人毀而棄。」

陳壽謂丁儀、丁廙：「子覓千斛米，當為尊公作佳傳。」不與，竟不為立傳。　魏收修國史，得陽休之助，因曰：「當為卿作佳傳。」休父守北平，以貪虐為李平彈，收書乃云：「甚有惠政。」且云：「李平深相敬重。」爾朱榮于魏為賊，收以高氏出自爾朱，且納榮子金，故減惡而增善。論云此操毀譽以為市者也。《偶記》

張率作賦頌二千餘首，虞納見而詆之，率焚毀。更為詩示，托之沈約，納便句句嗟稱。率曰：「吾作也。」納慚而退。

李邕嘗不許蕭誠書，乃詐作古帖持示，曰：「此右軍真蹟。」邕稱善。以實告之，復取視曰：「細看亦未能好。」然則臧否安有定評乎？

陳壽父為馬謖參軍，被髠，諸葛瞻又輕己。壽言亮將略非長，瞻言過其實。沈約撰《宋書》，稱裴松之之後無聞，而松之子子野更撰《宋略》云：「劉淮南太守沈璞，以其不從義師故也。」約徒跣謝請兩釋。是以私相報，何言信史？

清慎如盧懷慎，而世有「伴食」之誚。忠勤如李文靖，沆。而世有「無口匏」之譏。

韓為柳銘，白為元誌，皆不能掩其惡。

史之得失：陳承祚《三國志》，張華、王通俱善其書，但以魏為《紀》，而抑蜀、吴曰《傳》，又不《傳》儀、廙，而毁亮、瞻，人以此少之。歐陽公《五代史》，人稱其可並孟堅、子政，而失則帝朱温，不立《韓通傳》，又不載吴越王弘佐復税之政。温公乃記之。

史之褒貶：漢末之董承、耿紀；晉初之諸葛、毌丘；齊興而有劉秉、袁粲；周滅而有王謙、尉迥。斯皆破家殉國，視死如歸，史反貶之。宋弘自投橋下，以拒赤眉，而曾為王莽之共工；王祥愛人以禮，長揖不拜，而後為晉之太尉；嵇紹蕩陰登車，血濺帝衣，而先為趙王倫之侍中，史反褒之。

吕好問受僞命，而東萊為孫；張浚喪國師，而南軒為子。故紫陽庇之。

子雲見嘲劉歆，而桓譚、侯芭謂其必傳；堯夫見嫉于秦玠、鄭夬，而司馬君實以兄事于洛中。有獨契也。

皇甫能重《三都》于左思。太尉終不能重《揚都》于庾仲初。亮以親族之懷，為其名價，人人競寫。謝太傅曰：「此是屋下架屋耳。事事排學，不免險狹。」

或問顧愷之：長康。「君《箏賦》何如嵇康《琴賦》？」答曰：「不賞者以後出相遺；深識者亦以高奇見賞。」　魏佛助收小字。盛譽盧思道，以詢祖為不及。詢祖曰：「見未能高飛者，借其羽毛；知逸勢沖天者，剪其翅翮。」

「六郎似蓮花，蓮花似六郎。」奸人之諂張昌宗。「文樹似獼猴，獼猴似文樹。」同僚之戲劉侍中。

附　名譽

「得黃金百，不如得季布諾。」「得黃金一鈞，不如為柳伯騫琮。所識。」琮所薦拔，皆至牧守。皆諺語也。「不用封萬户侯，但願一識韓荊州。」李白書與韓朝宗。習鑿齒為桓溫主簿，時語曰：「三十年看儒書，不如一詣習主簿。」陸滋經史無不覽讀，咸謂「經年讀，不如與陸先生一日語」。宋劉安世，市井細民以為：「若過南京不見劉待制，如過泗水不見大聖。」蘇源明語人曰：「不幸生衰俗，所不恥者，識元紫芝也。」名為人所重者，如此。

范丹嘗以錢售姊飯，姊追送之，里中芻蕘童相怒曰：「汝清高，豈范史雲耶？」丹遂棄錢而去。歎曰：「吾之微志，乃在僮豎之口。」韓康賣藥長安市，口不二價，買藥女子怒曰：「汝是韓伯休耶？」康歎曰：「我本避名，今女子皆知有我。」康遂逃入灞陵山中。又諸嫗共漂，更相呼食，或不食者，曰：「汝非程謀甫，何不食人食？」堅字謀甫，清潔居貧。兵人作食，先熟者呼使食，答曰：「否也。」曰：「汝欲作沐德信耶？」名並。嘗

過姊，設食不留。斯皆不出閭巷間，而千里外誦之者乎！《偶記》

郭林宗遇雨，巾角折，人遂為折角巾；獨孤信馳馬帽微側，詰旦吏民咸側帽；王導素著穿角履，人多毀新履效之；王茂弘制練布單衣，人競服之，練遂踊貴；謝安石捉蒲葵扇，士庶競市，價增數倍；王儉作解散幘，斜插簪，朝野仿之；蘇子瞻戴長簷帽，一時效之。皆以名高移俗也。若雲定興為宇文述作缺角馬韉，又作袂頭巾深柏耳，人競效之，為「許公柏勢」；長孫無忌以羊毛為渾脱帽，時目為「趙公渾脱」；裴冕豪侈，自製巾工甚，人競效之；夏侯孜常著桂管布衫，文宗亦效，滿朝皆效，布之為貴。則無取矣。《偶記》

漢以人李膺門為「登龍門」。梁以人袁昂門為「登龍門」。以與任昉宴為「龍門遊」。沙門有升慧持之堂者，號「龍門」。王衍談老、莊為事，朝野翕然，謂「一世龍門」。唐皇甫湜與韓愈為一代所宗，號為「一代龍門」，有能接見者，名「登龍門」。

劉子玄非真能史，其論史即班、馬不能難。嚴羽非真能詩，其論詩即李、杜莫能如。談者固不必有用；用者固不必有談，則孫、吴能言兵而不能用兵。無足怪也。前。

梁武帝美袁昂，曰：「士固不妄有名。」隋陸昂美李孝貞，曰：「士固不妄有名。」魏祖歎王修，曰：「士不妄有名。」

「北州人豪」，張奂也。「西州豪傑」，皇甫規也。「南陽人傑」，鄒湛也。司馬徽稱龐統「南州冠冕」。范述稱龔祈「荆楚仙人」。郭林宗謂徐穉「南州高士」。晉人號張翰「江東步兵」。崔浩目裴駿「三河領袖」。　賀知章號李白為「謫仙」。　周必大稱李壁為「謫仙」。

王夷甫如珠玉在瓦石間；嵇紹如野鶴在鷄羣。　喻出類也。

明山賓薦朱异曰：「金山萬丈，玉海千尋。」馬岌銘石壁曰：「丹崖百丈，青壁萬尋。」以不得見宋纖也。异與纖，真不啻相去千萬。

盧藏用謂李邕為干將、鏌鋣。語邕曰：「君如干將、鏌鋣，難與争鋒，然終虞缺折耳。」邕不能用。　禰衡于趙戬亦云。

晉人稱顧衆「南金」，虞譚「東箭」。　沈約謂張率、陸倕曰：「二子後進，才秀皆南金也。」　謝尚稱羅含「湘中琳琊」。或曰：「君章可謂荆楚之杞梓。」桓大司馬曰：「此江左之秀，豈惟荆楚？」

裴令公目鍾士季：會。「如觀武庫，但睹矛戟。」　周弼稱裴逸民：「若武庫，五兵縱横。」　杜預號「杜武庫」。　魏主指揮崔浩以示高車渠師，曰：「此人纖尪懦弱，不能彎弓持矛，然其胸中所懷乃過于兵甲。」　范仲淹代范雍，夏兵相誡，曰：「小范老子腹中有數萬甲兵，不比大范老子可欺也。」

龐士元每所稱述，多過其才，曰：「不美其譚，即聲名不足企慕。今拔十得五，猶得其半。崇邁世教，使有志者自勵，不亦可乎？」劉貢父曰：「富彦國往往獎予太過。其人恃此傲慢，反以致禍。」譽人者，不可不聞龐士元此言；見譽于人者，不可不聞劉貢父此言。

孔闓粗有才華，未為時所知。　孔珪嘗令草讓表，以示謝朓，朓手自折簡寫之：「此子聲名未立，應共獎成，無惜齒牙餘論。」　秦少儀初為詩不甚工，以所業見山谷，山谷贈以詩。當時以為許與太過，然少儀緣此詩思大發，遂與少游齊名。

趙曄著《詩細歷神淵》〔二〕，蔡邕傳之京師。邕以為長于《論衡》，還京師傳之。學者咸誦習焉。　楊方為文，賀循稱之京師。方有異才，虞喜兄弟為之延譽。諸葛恢嘗遺為文薦郡功曹，主簿虞預稱美之，以示循，循稱方京師。

陳琳稱張紘《柟榴枕賦》，紘美琳《武庫賦》。琳答紘曰：「此間易為雄伯，足下與子布在，所謂小巫見大巫，神氣盡矣。」　沈約示王筠《郊居賦》，筠擊節稱贊。筠為詩呈約，約報書實為麗則。有「夔牙接響，孔翠羣翔」之語。

劉之儀獻《神州頌》，梁元帝手敕曰：「枚乘二葉，俱得游梁；應貞兩世，並稱文學。」　李華作《含元殿賦》，蕭穎士曰：「《景福》之上，《靈光》之下。」

劉禹錫稱柳子厚：「芒寒色正。」　李漢稱韓退之：「日光玉潔。」

郭林宗稱：「黄叔度如千頃陂。」曰：「奉高之器，譬諸泛濫，雖清而易挹。叔度汪汪如千頃陂，澄之不清，淆之不濁，不可量也。」　荀伯子稱：「王郎如萬頃陂。」謝靈運辭義鋒起，王惠時然後言。荀伯子退而告人曰：「靈運固自篇散直上，王郎有如萬頃陂焉。」

王敬和積雪望王仲祖下車，曰：「此不復似世中人。」　孟彥達昶。微雪窺王孝伯登車，曰：「此真神仙中人。」　王右軍見杜乂曰：「此神仙中人。」

「《河圖》、《洛書》，盡在是矣。」目王仲淹也。　「衣冠、禮樂，盡在是矣。」目王仲實也。　崔湜至經院，歎曰：「清流盡在此矣。」　程顥至僧院，歎曰：「三代威儀，盡在是矣。」

曹操稱荀文若之進善，不進不休。荀公達之去惡，不去不止。

座無車公胤字武子，南平人。不樂，謝安輒開筵待之。　沈警美風調吟詠，為梁常侍。每公卿宴集，必致騎邀之。時語曰：「玄機在席，傾倒賓客。」

陳蕃、周舉相謂曰：「時日之間不見黃生，叔度。則鄙吝之萌復存于心。」　房琯每見元德秀，歎曰：「見紫芝眉宇，使人名利之心俱盡。」

晏子之僕言北郭騷：「此齊之賢者，其義不臣于天子，不友乎諸侯。」　漢太原王霸曰：「天子有所不臣，諸侯有所不友。」　范滂謂郭林宗：「天子不得臣，諸侯不得友。」　盧毓稱張玠：「所謂上不事天子，下不友諸侯。」語王僧祐者云：「亭然獨立，自天子至侯伯，未嘗與一人遊。」亦譽辭也。　至隗囂出令曰：「杜伯山，天子所不能臣，諸侯所不能友，且從師友之位。」而杜林終不屈節。　若鍾會庭論嵇康，以「上不臣天子，下不事王侯」，則直以輕時傲世而殺之矣。

「非此母，不生此子。」漢武謂張湯母；湯死，母載以牛車。　范逵謂陶侃母；宋太宗謂蘇易簡母。召入禁中，問：「何以教子？」曰：「幼，則束于禮讓；長，則教以《詩》、《書》。」　「非此父，不生此子。」周父謂達奚武子震。驍勇，步走射兔。　「無是父，無是子；無是子，無是父。」楊子言石奮、石建也。　若婁太后杖高洋曰：「如此父生如此兒。」則恨之至矣。

宋末，陳文龍知興化，被執不屈；送杭州，不食死。其母送尼寺中，病甚，無醫藥，左右為泣下，母曰：「吾與兒同死，又何恨？」亦死。衆曰：「有是母，宜有是兒。」

名重于一時者：劉孝綽每作一篇，朝成暮遍，好事者咸諷誦傳寫，流聞絕域。河朔亭苑、柱壁，莫不題之。　符蒙經亭、榭、祠、廟，皆削柹音拂。染翰，題詩而去。人愛其速成，往往傳誦。　謝康樂每一詩至都下，貴賤傳寫，宿昔間，士庶皆遍。　謝康樂作殷淑儀《哀策文》，都下傳寫，紙墨為貴。　徐陵一文出手，好事者已傳寫成誦。　邢邵每一文出，京師紙貴，諷誦俄遍遠近。　大曆中，賣一女子，索價甚高，云能誦白學士《長恨歌》。　元稹《連昌宮詞》百餘篇，宮人咸歌之，號「元才子」。　稹與樂天詩，禁省、觀寺、郵堠、牆壁之間，皆傳焉。　王昌齡、王渙之、高適微服酒樓，諸名妓次第而歌，咸是其詩，因歡娛竟日。　李賀樂府數十首流播管絃。李益與賀齊名，每一篇出，樂人輒以重賂購之。　唐崔涯、張祐題詩娼肆。譽之，則車馬盈門；毁之，則杯盤失措。　張説携麗正文章謁友生，友焚宮中媚香，號化腰臺以待公，公置所作文章于上，曰：「享此香無忝。」　李白登華山落雁峰，曰：「恨不携謝朓驚人詩來。」　柳宗元得韓愈詩，先以薔薇露浣手，玉蕤香薰之，然後發讀。　左太冲《三都賦》成，競相傳寫，都城為之紙貴。　蔣凝《應宏詞賦》止四韻，頃刻播于人口。　當時言詩者稱元、白，自衣冠士子，至閭閻下俚，悉傳諷之，號為「元和體」。　徐摛士秀。為侍讀，文體既別，春坊盡學之，謂之「宮體」。

《談薈》

名傳于遠域者：梁傳標使至吐谷渾，見床頭數卷，乃《温子昇集》。又云《劉孝綽集》。　唐源寂使新羅，見國人傳寫，乃馮定《黑水碑》、《畫鶴記》。　元和中，雞林賈人鬻元、白詩，云：「東國宰相以百金易一篇，偽者輒能辨。」元豐中，契丹使人俱能誦蘇子瞻文。　天后朝，新羅、日本、西番重用金寶購張鷟文；杜正藏常著文章體式，時號「文軌」，遠至雞林，亦相傳習。　大曆中，暹羅國上書，乞蕭夫子穎士為師。大中四年，馮涓登第，新羅國新起高樓，厚齎金帛，奏請涓為撰記。柳誠懸善書，外國人貢者，皆別署貨具，曰：「此購柳書。」西南夷織梅都官詩于弓衣；西番館寫馮定《商山記》于屏帳。聲重當時，譽馳域外，亦文士之遇也。《事偶》

蕭子雲守東陽，百濟國使人至渚，望舟拜，前求書，為書三十紙，獲金寶數百萬。與外國之購柳，見前。高麗之購歐，嘗遣使求詢書。皆書法之播殊域者。

名傳于後世者：德宗貞元中，白樂天應宏詞科考落，時登科者賦並無聞，而白賦竟傳于天下。賦見《文苑英華》。文宗太和初，劉蕡對賢良策下第，時登科者二十二人。策並無聞，而劉策竟傳于近今。載《舊唐書》本傳。士亦在有其實耳，一時成敗利鈍，何足為士重輕？

賞識

李生奇賈復為將相器。陳留高士張公奇王導為將相器。

曹操見孫權軍伍整肅，歎曰：「生子當如孫仲謀。劉景升兒子，豚犬耳。」李存勖破梁夾寨，朱温歎曰：「生子當如李亞子，至如吾兒，豚犬耳。」

褚淵嘗謂任昉父遥曰：「聞卿有令子，相為喜之，所謂『百不為多，一不為少』。」梁陸瓊伯玉。從祖襄歎曰：「此兒必荷門基，所謂『一不為少。』」張融風止詭越，齊高帝曰：「此人不可無一，不可有二。」程致道贊米元章：「是千載人，不可無一。」

桓彝稱徐寧于庾亮，庾闞溫見佳吏部。曰：「人所應有，不必有；人所應無，不必無。」《南史》：沈懷文稱江智深，曰：「人所應有，其盡有；人所應無，其盡無。」《駢志》

以己之位期人：劉弘謂陶侃曰：「吾昔為羊公參軍，謂：『吾後當居其處。』今觀卿，必繼老夫矣。」王丞相導。以麈尾指座，呼何次道共坐，曰：「此是君座。」楊素拊床謂李靖曰：「終當坐此。」又撫座謂婿封德彝曰：「封郎必居此座。」尚書左丞殷彌謂沈瑀曰：「觀卿才幹，當居吾此職。」王儉指北堂謂袁昂曰：「卿必居此。」劉沔捉刀堂下，節度范希朝奇之，曰：「後日必居吾座。」盧齊卿引張守珪共榻坐，曰：「不十年，當節度是州。」崔湜與張嘉正議事，正出其上，湜驚曰：「此終其座。」李義琰為雍州長史，顧聽事謂蘇珦曰：「此公座也。」陳顯達謂呂僧珍曰：「卿有貴相，當不見減。」呂文穆蒙正。見富言子十餘歲，驚曰：「此兒他日名位與吾相似，勳業遠過于吾。」即鄭公也。杜祁公謂蘇頌曰：「知子異日必為此官，非以自矜也。」後至宰相，大略相似。拔于未達，驗于不爽，非塵埃物色而何？

宋曾致堯見晏殊，熟視之，曰：「晏奉禮它日貴，但老夫不及見其為相耳。」呂夷簡為相，接文彥博曰：「太博去此十年，當踐其位。」夏竦守黄州，謂龐籍曰：「龐司理它日富貴遠過于我。」古云：「貴人多識貴人。」信有之也。

陶謙幼綴帛為旛，騎竹馬為兒戲，而甘公妻之以女；石虎馳獵善彈，而其母以為快犢必能破車。俱以不羇識奇。

袁宏少孤，運租至牛渚，月夜誦詩，而謝尚迎舟與談。高閭早孤，送租至平城詣崔浩，而浩與談，明日駐馬呼閭，車工皆驚。

田歆謂外甥王湛，助求孝廉，湛異种暠于門史（吏）。歆為河南尹，湛名知人。謂曰：「今當舉孝廉，欲用一名士以報國家。」湛送客，遥見暠，異之，白歆「得洛陽門下吏」，且曰：「山澤不必有異士，異士不必在山澤。」歆召暠，舉孝廉。法雄敕子真助求孝廉，真指胡廣于諸吏。交阯太守法雄，子真，省父。真頗知人，會歲終應舉，雄敕真助求其才。真自牖間占察之，指廣。

歐陽永叔知貢舉，得子瞻之文，以為有孟軻、韓愈之風，必眉山氏也，拔置第二。吕東萊為讀卷官，得子静之策，以為必江西小陸氏也，拔置第一。

識拔于人所輕忽者：杜密異鄭玄于鄉佐。第五倫奇鄭弘于嗇夫。虞忠字世方，翻第五子。造吴郡陸機于童齔之年，稱：「上虞魏遷于無名之初，交同縣王岐于孤宦之族。」顧劭拔錢塘丁諝于役伍，陽羨張秉于庶民，烏程吴粲、雲陽殷禮于微賤而友之。郭泰知張孝仲于芻牧之中。范特祖于郵置之役，召公子許偉康並出屠沽。司馬子威拔自卒伍，及同郡六十人，皆以知名。又閻忠異賈詡。詡少時人莫之知。惟漢陽閻忠異之，謂「有良平之奇」。王乂助魏舒。舒少不為鄉親所知，惟太原王乂謂：「終為臺輔。」助其營養妻子，舒亦不辭。丁重觀于琮。謂：「如百斛重器，所貯尚空其半。安得不益禄位？」後果登臺鉉。韋宙識盧攜。貌寢，韋氏子弟多侮之。宙曰：「觀其文章有首尾，異日必貴。」如言。

郭玄信謂：「鄧艾、石苞，當至卿相。」南皮以艾、苞給玄信為御，信謂云云。艾、苞曰：「御隸也，何卿相乎？」後苞販鐵鄴市，趙元儒歎苞當至公輔，與結交。父老謂柳元景位至三公。元景以為戲己，曰：「人生免饑寒，幸甚。豈望富貴？」父老曰：「後當相憶。」此與鉗奴相衛青封侯奚異？

窮賤、侯門之士有善，皆為延譽者，張華也。　士子聲名未立，當共獎成，無惜齒牙餘論者，謝朓之于會稽孔闓也。　遇司馬懿于十六七，而知為非常人；遇王象十七八于僕隸而贖之；拔同郡審固、陳留衛恂于兵伍，咸作佳士者，楊俊也。　識高柔于弱冠，異王基于幼童者，王修也。　拔樊子昭于幘肆；出虞永賢于牧豎；召李叔才于鄉閭；擢郭子愉于鞍吏；援楊孝祖，舉和陽士者，許劭也。

歎賞于英才繼起者：荀彧歎孫資曰：「此州賢智零落，今復見孫彥龍。」　張華謂褚陶曰：「二陸龍躍于江、漢；彥先鳳鳴于朝陽。自此以來，嘗恐南金已盡，而復得之于吾子。故知延州之德不孤，淵岱之寶不盡。」　汝南賁泰見同郡周顗，歎曰：「汝、潁固多賢士。自頃凌遲，雅道殆衰，今復見伯仁，將祛舊風，清我邦族矣。」　沈約見王筠文，歎曰：「謝朓諸賢零落，平生意好殆絶，不謂遲暮，復逢于君。」　廣陵劉頌見同郡華譚，歎曰：「不悟鄉里，乃有如此才。」　范雲一見孔休源，深加褒賞，曰：「不期忽遘清顔，頓祛鄙吝，觀天披霧，驗之今日。」　裴獻稱薛道衡，字立卿，汾陰人。曰：「自鼎遷河、朔，吾謂關西夫子，罕見其人。今復見薛君矣。」　唐昭宗覽陸扆和賦曰：「朕聞貞元時，陸贄、吴通玄兄弟能作内庭文書，後來絶不相繼。今我得卿，斯文不墜矣。」　謝舉稱柳遐曰：「江、漢英靈，見于此矣。」　蔡大寶見柳莊曰：「襄陽水鏡，復在于兹。」

沈約謂王筠曰：「伯喈書籍悉與仲宣，僕雖不敏，請附斯言。」　劉顯與孔奐曰：「昔伯喈墳索，悉與仲宣，吾當希彼蔡君。足下無愧王氏所保書籍，尋以相付。」

杜栖京產子。從劉瓛受學，周顒與京產書：「賢子學業清標，後來之秀。」　賀瑒少傳家學，祖道力善《三禮》。劉瓛指瑒謂張融曰：「此生將來，當為儒者宗。」

郭祚謂子景尚曰：「封軌、高綽並幹國之才，每薦此二公，非直為國進賢，亦為汝等將來之津梁也。」　劉岱同郡霍原之父友，將舉之未果，而病篤。臨終，敕其子沈曰：「霍原方成奇器，汝後必薦之。」　李彪奇其子志，字鴻道。謂崔鴻曰：「子宜與鴻道為『二鴻』于洛陽。」鴻遂與志交款往來。　寇儁少為崔光所知，光命其子勵與儁結友。

愛才成就，命與子同學：有李德裕于劉鄴。鄴父三復，為德裕掌書記。鄴六七歲能賦詩，德裕憐之，與諸子同硯席學。後鄴以德裕貶死珠崖，子燁又貶死柳州。奏還遺骨，從之。　呂文穆蒙正。于富弼。言子。　許子章于王育。給以衣食，使與其子同學。

徐勉賞異蔡大寶。令與其子游處，所有墳籍，盡以給之。　萬嗣長沙守。過廬江，見陶侃。曰：「子終當有大名。」命其子結交而去。

叔向以一言取士。鬷蔑立于堂下，一言而善。叔向曰：「必鬷蔑也。」執其手。　山簡以一字拔人。簡與琅琊王衍書曰：「蔡子尼，今之正人。」衍以書示衆云。

知人

謝玄禦秦，郗超以其使才，雖屐履間，亦得其任，知必立勳；桓溫伐蜀，劉惔以其蒱博，不得則不為，知其必克；劉毅復晉，桓玄以其摴蒱一擲百萬，知其成功。　樊伷叛吴，潘濬以其設饌十餘起，知其易擒；殷浩罷鎮，桓温以其少時取所騎竹馬，知其出我下。　材分雖繇天授，古之人因小知大，固如此其不爽。非有心人，恐亦未易語此。

賊初發，孔融曰：「能冒難來，惟王修耳。」　宋元凶弒逆，孝武發尋陽，沈慶之曰：「王僧達必來赴義。」　梁王僧辯東討，元帝曰：「朝士孰當先來？」僧辯曰：「其周弘正乎？弘正智不後機，體能濟勝。」俄至。　正如張超之知臧洪相符。超為曹操所圍。超曰：「臧子源，天下義士，必不背主，當來救我。」　又昭烈之信趙雲。曰：「子龍不棄我去。」　唐德宗之知崔縱。帝幸梁州，左右短縱素善懷光，殆不至。帝曰：「知縱者，朕也。」數日果至。　逢紀言審配必不以二子為不義。紀、配不睦，配子為操擒，紀答袁紹云云。　王弘知劉粹無私。宋遣粹襲謝晦。晦素與粹善。又其子曠之為參平，宋主疑之。弘曰：「粹無私，必無憂也。」及受命西討，一無所顧。

相知之深：劉惔嘗稱王濛性至通而自然有節。濛曰：「劉君知我，勝我自知。」　范雲答蕭衍曰：「公今知約，不異約今知公。」　王僧孺出為錢塘令，任昉贈詩有云：「惟子見知，惟余知子。」　檀道濟曰：「入關十策，晦有其九，然未嘗孤軍決勝。臣悉晦智，晦悉臣勇。」　裴瓚字國寶。為王綬所重，綬對父戎曰：「國寶雖不知綬，綬自知國寶。」

隋文帝曰：「蘇威不值我，無以措其言；我不得蘇威，何以行其道？」　權德輿稱沈傅師于許孟容。孟容謂之曰：「如子可使我急賢詣子，不可使子因舊見我。」孟容，故人子。　遂擢第。

浩孟異以百口保孫仲謀，遣子入侍；郗超以百口保桓温于簡文；裴度以百口保魏博；盧杞以百口保李希烈；一作朱泚。張説以百口保不虞減兵而招寇；吳璘以百口保破敵；姚崇以百口保內外官無反者；杜佑以百口保李藩；李泌以百口保韓滉；王祐以百口保符彥卿。古人不愛家族，保人于天子之前，可謂忠矣；諸人往往不負，獨希烈不然，德宗不責保人，亦惑矣。

高孝基知房玄齡、杜如晦，而托以子孫。　裴行儉見王勮、蘇味道，而托以弱息。　張堪見朱暉曰：「欲以妻子托朱生。」　唐韓思彥在蜀，引鄧惲右座，曰：「願以妻子諉公。」

托後者：又有閔鴻、薛兼于紀瞻。閔鴻、薛兼、褚沈、章遼、武蝦，並與瞻素疏，臨終托後于瞻。瞻悉營護其家，為起居宅。　趙贛于薛宣。曰：「贛君至丞相，我兩子亦中丞相史。」宣後除兩子為史。贛君，宣字。　宗敞于禿髮傉檀。執手曰：「命世之傑也。以子敞兄弟為托，後稱涼王，敞聘涼，曰：「天王存念先人，雖朱暉眄張堪之孤，叔向撫汝齊之子，無以加也。」傉檀曰：「卿魯子敬之儔，恨不與共成大業耳。」　徐原于陸瑁。素不相識。臨死，遺書托以孤弱。瑁為起墳墓，教導其子。　謝貞于姚察。與友善。貞病篤，曰：「弱兒靖以為托。」察後啟後主，長給衣糧。　徐思邈于盧齊卿。曰：「後五十年，位登方伯。吾孫當為屬吏。」後齊卿刺徐州，思邈孫溥果為蕭縣丞。　王恭于故吏戴耆之。恭見執，遇耆之為姑孰令。恭私告之曰：「有庶兒在乳母家，為我送寄桓南郡。」耆之送之夏口，玄撫養之。

百里奚以飯牛，受知秦穆公；卜式以牧羊，金日磾以監馬，受知漢武帝。人之才固隨用而見，亦難乎其識之者也。

晉潘京舉秀才到洛，樂廣深歎其才：「恨不學耳；學必為一代談宗。」　唐李白隱岷山，州舉有道不應，蘇頲見而異之，曰：「是子天才英特，少益以學，可比司馬相如。」《太泌集》

謂人不易知耶？僖負羈之妻窺見重耳，知其必霸；山公之妻見嵇、阮，達旦忘歸；桓玄之妻知劉裕不為人下；王珪之母能識房、杜；張延賞之妻鑒拔韋皋；潘孟陽夫人知杜黄裳為有名卿相；鍾琰知兵家之子地寒壽促；元世祖后識趙孟頫為小頭書生。婦人也，而亦知之。以公孫弘而能知郭解、卜式之奸；以楊國忠而能决安禄山之必反；以蔡京而能奏林靈素之妄誕。僉人也，亦能知之。謂人果易知耶？季子之學不為父母所容；王湛之賢不為宗族所識；謝惠連才悟，方明待以常兒；衛青少時，諸兄不以為弟；韋皋不禮于婦翁；蘇頲常奴于其父；山簡三十之年，不為吏部所知。《談薈》

《國語》謂陽子華而不實。韋忠曰：「張茂先華而不實。」裴頠欲而無厭，棄典禮而附賊。后裴常有心托：「我常恐洪波蕩嶽，餘波見漂，况可臨尾閭而窺沃焦哉？」虞俊曰：「張惠恕才多智少，華而不實，怨之所聚，有覆家之禍。」諸葛亮意未信，及温放黜，乃歎俊先見。岀温敗，思之數日，曰：「其人于清濁太明，善惡太分。」

北海邴春少立志操，鄉邑以為邴原復生。王偉元以為無成，後春果以行廢學也。沛國戴晞少有才智，時人許以遠致。嵇延祖以為無成，後晞果以無行被斥也。《偶記》符融以黄允、晉文經為小道破義。郭林宗惜謝甄、邊讓，以並未入道。又評史叔賓墻高基下；黄允守道不篤；譙周以陳壽才學終被損折。王雅論王恭、殷仲堪皆峻狹自是，幹略不長，無事足以守職，有事必為亂階。以上諸人衡品，可謂灼見。

裴俠辨孫暠、張建。梁竟陵守孫暠、鄮城守張建並降。俠曰：「暠目動言肆，輕于去就者也。建神情審定，當無異言。」後皆如言。

李僧伽知鄭子默。行不通道，文勝其質，郭林宗所謂「墻高基下」，竟如言。

附不知人

刁逵不識劉裕。宋祖微時，嘗負逵杜錢三萬，被逵執之。王謐密以己錢代償，得釋。桓玄以逵鎮歷陽。宋祖起義，為下執斬。

慕容法不識慕容超。悅蒨謂法曰：「北海王子神爽高邁，始知天族多奇。」法曰：「成方遂詐稱太子，此復天族乎？」

麻祥不識神武。神武微時為函使，每給使于祥，祥嘗以肉啗神武。神武性不立食，坐而進之。祥以為慢，笞四十。

劉表不重王粲。粲以西京擾亂，之荊州依表，表以貌寢、體弱通脫，不甚重也。

隆昌令史失姓名。不知光逸。胡毋輔之詣令，望見逸曰：「彼似奇才。」便呼上車，與談良久。令怒斥遣之。

劉遵考不識沈攸之。元嘉中，發三吳民丁。攸之求補白丁隊主。遵考曰：「君形陋不堪。」因隨沈慶之，後為右將軍。

黃祖以凡人蓄甘寧。留依三年。

王恭以部曲將遇劉牢之。恭以為爪牙，但以部曲遇之。牢之深懷恥恨。

于頔以門客遇牛僧孺。僧孺詣襄陽求知，以門客遇之。牛怒而去，命小校齎絹五百疋，追之。牛不敢封而回。

盧杞之奸，人皆知之，而德宗不知。

王安石之奸，李師中知之，吕誨、吴奎、唐介、孫固亦知之，獨韓維、吕公著不知。

歐陽公不知王安石之奸；寇公不知丁謂之奸；張公、趙公不知秦檜之奸。皆力薦引，卒以見禍。

漢成帝知惡石顯，而不知王鳳即顯也。

唐憲宗知惡王叔文，而不知皇甫鎛即叔文也。

王渾以劉元海為長者。孔珣、楊珧言劉元海：「平吳之後，恐其不復北渡。」齊王攸曰：「不除元海，恐并州不得久寧。」王渾曰：「元海長者，為君王保之。」　李愬以鄭注為奇才。王守澄以平情患注白愬。愬曰：「奇才也。」令謁守澄，延坐與語，盡中其意。自是出入守澄之門。俾注援李訓，訓相，守澄賜酖。

秦王興令舉賢，梁喜曰：「未得其人，可謂世之乏才。」興曰：「卿自識拔不明，豈得遠誣四海乎？」　唐太宗令封德彝舉賢，曰：「非不盡心，但于今未有奇才。」上曰：「但患己不能知，安可誣一世之人？」　趙閱道而目不識茂叔，久乃知之。　陳了翁而耳不聞伯淳，問乃得之。

范文正謂王荊公長于知君子，短于知小人。　蘇雲卿謂張魏公長于知君子，短于知小人。

校　記

〔一〕《詩細歷神淵》：原作《詩細》，據《後漢書·趙曄傳》改。

古事比卷之二十

評品

李克對魏文侯「五視」：居，視其所親；富，視其所與；達，視其所舉；窮，視其所不爲；貧，視其所不取。莊子「九徵」：遠使之，而觀其忠；近使之，而觀其敬；煩使之，而觀其能；卒然問焉，而觀其知；急與之期，而觀其信；委之以財，而觀其仁；告之以危，而觀其節；醉之以酒，而觀其則；雜之以處，而觀其色。呂覽「八觀」、「六驗」：通，則觀其所禮；貴，則觀其所進；富，則觀其所養；聽，則觀其所行；止，則觀其所好；習，則觀其所言；窮，則觀其所不受；賤，則觀其所不爲。喜之，以驗其守；樂之，以驗其僻；怒之，以驗其節；懼之，以驗其持；哀之，以驗其人；苦之，以驗其志。劉邵《人物志》「九徵」、「八觀」：平陂之質在于神；明暗之實在于精；勇怯之勢在于筋；强弱之勢在于骨；躁静之决在于氣；慘懌之情在于色；衰正之形在于儀；態度之動在于容；緩急之狀在于言。觀其奪救，以明間雜；觀其感變，以審常度；觀其志質，以知其名；觀其所由，以辨依似；觀其愛敬，以知通塞；觀其情機，以辨恕惑；觀其所短，以知其常；觀其聰明，以知其達。《六韜》「八徵」。問之以言，以觀其詳；窮之以辭，以觀其變；與之間諜，以觀其誠；明白顯問，以觀其德；使之以財，以觀其廉；試之以色，以觀其貞；告之以難，以觀其勇；醉之以酒，以觀其態。《說苑》、貴，視其可舉；富，視其所與；貧，視其所不爲。《列子》、窮，觀其所爲；達，觀其所與。此賢主之所以觀人也。《杜欽傳》達，觀其所舉；富，觀其所與；窮，觀其所不爲；貧，觀其所不取；近，觀其所爲；遠，觀其所主。亦有之。

又蘇東坡論觀人。委之以利，以觀其節；乘之以猝，以觀其壯；伺之以獨，以觀其守；懼之以敵，以觀其器。故晉文以壺餐得趙衰，郭林宗以破甑得孟敏。夫與人同功而謂之仁，則公孫之布被，與子路之縕袍何異？陳仲子之螬李與顏淵之簞瓢何辨？

「上主，以師為佐；危主，以隸為佐。」《韓詩外傳》之語也。「智如泉源，可以為表儀者，人師也；智可以砥行，可以為輔弼者，人友也；據法守職而不敢為非者，人吏也；當前快意，一呼再喏者，人隸也。故上主，以師為佐；危亡之主，以隸為佐。」「帝者，與師處；王者，與友處；霸者，與臣處；亡國，與役處。」郭隗之言也。詘指而事之，北面而受學，則百己者至；先趨而後息，先問而後默，則什己者至；人趨則若己者至；憑几而據杖，盼視指使，則厮役之人至；若恣睢奮擊，呴籍叱咄，則徒隸之人至矣。此古服道致士之法也。「王者，官人六等：師、友、大臣、左右、侍御、厮役。」賈誼《新書》之言也。智足以為源泉，行足以為表儀，謂之「師」；智足以為礲礪，行足以為輔助，謂之「友」；智足以謀國事，行足以為民率，謂之「大臣」；修身正行，不潛于鄉曲左右也；事君不敢有二心，侍御者也；惟言之聽以事君者，厮役也。

王逸少曰：「推人正自難。」江仲凱曰：「人自量，固為難。」

王孫圉對趙簡子之問也，舉觀射父、左史、倚相；楚昭奚恤對秦使之問也，舉子西、太宰子方、葉公子高、司馬子反。孟獻子對晉宣公之問也，舉顏回、兹無靈；魏太子對徑侯之問也，舉徒師治郗、辛芒卯；齊威王對魏惠王之問也，舉檀子、盼子、黔夫、種首。真以人為實者哉。《偶記》

唐睿宗問蜀士于蘇頲，對曰：「李白文章，趙蕤術數。」宋英宗問蜀士于歐陽修，對曰：「文章蘇洵，經術黎淳。」

蔡邕共論桓彬過人者四：「夙智早成，學優才麗，仕不苟禄，辭隆就窊。」夏侯湛贊東方朔：「出不休顯，賤不憂戚。」　管輅憎己不仇，愛己不褒。　諸葛亮温不增華，寒不改葉。　謝混稱弘微異不傷物，同不害正。　范滂美袁閎：「貞不絶俗，隱不違親。」　柳玭貞不近禍，廉不沽名。　殷景仁學不為文，敏有思致；口不談義，深通玄理。　陶弘景心如明鏡，遇物便了，言無煩舛，有亦輒覺。

兼美者：王導謂虞駿曰：「孔愉有公才，而無公望；丁潭有公望，而無公才；兼之者，其在卿乎？」王暕數歲有成人之度，賓客曰：「公才、公望，復在此矣。」謝元暉善為詩，任彦昇工于筆，沈約兼而有之，然不能過。魏知古諫罷玉貞觀工，宋璟曰：「叔向，古遺直；子産，古遺愛；兼之者，其魏公乎？」來護兒刺瀛州，以善政聞。帝曰：「卿昔為名將，今為良二千石，可謂兼美矣。」任昉序王儉曰：「毛玠之清公，李重之識會，兼之者，公也。」梁元帝謂蕭大圜曰：「昔河間好學，臨淄好文，爾今兼之。」然得東平好善，彌高千載。」謝弘微與王惠、王球，並以簡淡稱，沈約曰：「令明惠。簡，倩玉球。淡，弘微簡而無失，淡而不流。」何炯美容貌，從兄求曰：「叔寶神清，杜乂膚清，今觀此子，復見衛、杜在目。」張耒稱劉焕文章似司馬遷，談而遷、談無其氣節；風節似疏廣、受，而廣、受無其文學。　孔北海大志直節，東漢名流，而與「建安七子」並稱。　駱賓王勁詞忠憤，唐之義士，而與「垂拱四傑」為列。　以文章之末技，而掩其身之大閑，可惜也。

《問奇》

陳仲子立節而餓死；接輿逃楚聘而易姓名；申徒狄浮石而沉于河；鮑焦棄蔬而立槁。此潔志待而忘功名者也。　顔涿聚梁父大盜，為齊忠臣；段干木，晉國大駔，為文侯師；孟卯娶其嫂，有五子焉，相魏以寧其危而解其難；景王淫酒被髮而御婦人，威服諸侯。此屈小節而伸大略者也。故守己欲嚴，而用人欲廣。前。

漢先主謂諸葛亮曰：「君才十倍曹丕，必能安國。」姚弋仲謂子萇曰：「汝才十倍冉閔。若不梟禽以來，不必復見我。」褚淵曰：「從弟炫廉慎獨立，十倍于我。」歐陽永叔心服韓魏公，曰：「累百歐陽修，何敢望韓公！」齊文宣曰：「唐邕强幹，一人當千。」梁周帝謂周捨曰：「柳惲分其才藝，足了十人。」魏太武曰：「朕有一李孝伯，足理天下。何用多為？」

何蕃弱不勝衣，而退之傳其勇。范景仁循循如不勝衣，而迂叟論其勇。梁高祖謂羊侃曰：「吾聞仁者有勇，今見勇者有仁。」《北史》：韓陵之戰，楊愔每陣先登，朋僚怪歎曰：「楊氏儒生，遂為武士。仁者必勇，定非虛論。」

張安世小心謹慎，故足以回張湯之奸。杜延年持平合和，故足以消杜周之酷。梁竦不當議復肉刑，故至冀而族滅。陳子昂咏樂羊「食子」、奉春「放麑」二事，而自乃不免射洪之獄。何耶？《日知録》

晉簡文非不知書，宣武之逼，則書無補于大計。陳叔寶非不能文，賀若弼之來，則文不足以却敵。

隋煬帝非不能詩，海内紛如，則詩何益于敗？宋明帝非不能書，王僧虔之事，則貽譏于後世也。

周勃、霍光雖有勳伐，而不知儒術；枚皋、嚴忌善為文章，而不至巖廊；鄭亞《一品集序》劉、柳無稱于事業；姚、宋不見于文章。歐陽公。乃知世間事不兩立也。

申屠嘉以蹶張武夫為相，能辱鄧通；張禹以經術儒者為帝師，而諂奉董賢；留夢炎以狀元宰相降元；丁好學以小吏至公卿死節。人品無定分至此。

韓信無行，不得推擇為吏；陳湯無節，不為州里所稱；主父偃學縱横，諸儒排擯不容；李陵降單于，隴西士大夫以為媿。秦漢之後，鄉黨清議猶嚴也。

邢恕初從温公伊川遊，號為「善士」，後入紹聖黨，為凶人；張商英初入紹聖黨，至崇、觀間，反得時譽。善惡非有定也，在人而已。

張惠恕才多智少；嵇叔夜才多識少；諸葛孔明慮多決少；丁晉公動多静少，猶漢武肉多精少也。

《庸吹》

謝安謂王坦之：「見之，不使人厭；出户去，不復使人思。」人謂蘇純：「見桓公，純字。患其教責；久不見，又思之。」李珪之曰：「見王思遠終日匡坐，不妄言笑，簪帽衣領無不整潔，使憶丘明士；見明士蓬頭散帶，終日酣醉，吐論縱横，唐突卿宰，使復憶見王思遠。」孫興公、許玄度皆一時名流，或重許高情，則鄙孫穢行；或愛孫才藻而無取于許。劉輪在西川為童貫所知，及以忠死，論者不復短其前失。李定，史稱其于宗族有恩，得任子先及兄息，死之日，諸子皆布衣，徒以附王安石，驟得美官；又陷蘇軾。公論惡之，而不孝之名遂著。張詵性孝友，平生不殖田業，既建拓瀘夷地，被進用。後雖有善言可紀，終不能逭清議。林栗之强學雄辯，時鮮及者，以妄劾朱子，至得罪後世。此君子所以録悔過，絶變節也。

京房以忠憤死，以為不度深淺，危言譏刺；晁錯以忠謀死，以為知小謀大，禍發如機；翟義倡義討賊，以為不量力以隕其宗；于王章則曰：「不量輕重，以陷刑獄。」于王嘉、何武則曰：「區區以一簣障江河。」然則必如無口匏，立仗馬，不鳴雁，乃為明哲歟？羅泌云。

或謂江左諸人優劣，顏光禄曰：「周伯仁之正，鄧伯道之清，卞望之之節，餘則吾不知。」時人道：「阮思曠骨氣不及右軍；羲之。簡秀不如真長；劉惔。韶潤不如仲祖；王濛。思致不如深源。殷浩。而兼有諸人之美。」 晉簡文云：「謝安南奉。清令不如其弟；聘。學藝不及孔巖，居然自勝。」 梁元帝曰：「余于僧重琰法師，隱士重陶真白，士大夫重周弘正。」 楊愔曰：「後生清俊，莫過盧思道；文章成就，莫過樊孝謙；遜字。几案斷割，莫過崔成之。」

王濟對武帝論叔湛曰：「山濤以下，魏舒以上。」 王珣對元帝曰：「謝混不及真長，不減子敬。」 桓彝見謝安曰：「此兒後當不減王東海。」 世祖目送庾曼倩，謂劉之遴曰：「荆南信多君子，雖美歸田鳳，清屬桓階，賞德標奇，未過此子。」

陳蕃論徐穉。漢帝問徐穉、袁宏：「蕃以袁生公族，不鈹自雕；穉傑出薄城，故宜為先。」 陸喜論薛瑩。孫皓無道，吴士濳而勿用，第一；避尊居卑，第二；侃然執政不惧，第三；斟酌時宜，時獻微益，第四；修慎，不為諂首，第五。瑩其四五之間。 丘遲論到洽。「正清過于沆，文章不減溉。加以清言，殆將難及。」

顏杲卿駡安禄山；顏真卿抗李希烈；段秀實擊朱泚。此以死為輕也，而人重之。 王衍拜石

勒；哥舒翰拜安禄山；李元平拜李希烈。此以死為重也，而人輕之。《示兒編》

杜如晦謂薛元敬：「小記室不可得而親，亦不可得而疏。」薛收與房、杜處心腹之寄。薛元敬謹畏，未嘗申欵昵。　李裔、王密稱華表，曰：「若此人者，不可得而貴，不可得而賤，不可得而親，不可得而疏。」　郗鑒曰：「樂彥輔處傾危之朝，不可得而親疏。」　杜祁公謂蘇頌曰：「如君，真所謂不可得而親疏者。」

唐太宗稱李百藥：「何身老而才之壯，齒宿而意之新？」時作《帝京篇》。　調蘇世長：「何名長而意之短，口正而心之邪？」　魏文成歎陸俟：「身乃短，慮何長？」

陳壽謂武侯短將略；吴璘謂信叔劉錡。乏英概。余謂功蓋「三分」，名成「八陣」，武侯于將略不短矣。夏人以怖兒啼，錡與夏人戰，屢勝。夏人兒啼，輒怖之，曰：「劉都護來。」金人莫言名姓，金主亮下令：「有敢言劉錡姓名者，罪不赦。」信叔之英概不乏矣。《説儲》

管仲鏤簋而朱紘，旅樹而反坫，山節而藻棁，賢大夫也，而難為上。　晏平仲祀其先人，豚肩不掩豆，賢大夫也，而難為下。　君子上不僭上，下不偪下。《禮記》　管仲父出，朱蓋、青衣，置鼓而歸，庭有陳鼎，家有三歸，良大夫也，其侈偪上。　孫叔敖相楚，棧車牝馬，糲餅菜羹，枯魚之膳，冬羔裘，夏葛衣，面有饑色，良大夫也，其儉偪下。

沈麟士之履，取予任人；戴至德之牒，笑歸老嫗。此細行而可觀其量也。　陳平之解衣刺船；賈詡之詭詞懼羌。此危地而可觀其智也。　張乖崖之下馬山呼，而攬轡以行；韓忠獻之抱帝入簾，而就位以哭。此遇變而可觀其才也。　景毅聞李膺之難，而自表免歸；朱震痛陳蕃之亡，而棄官收葬。此臨難而可觀其義也。

嗣宗聞母死，請終棋局而嘔血毀瘠；殷深源廢後，夷情委命，而書空咄咄，後至竟達空函；謝安石聞捷書至而不言，不覺屐齒之折。皆一時矯情而終露本色。

霍光之用楊敞，盧植之用闞播，一也。　新都之于孔光，伾文之于杜佑，一也。

王質曰：「曲廉細謹，其賢不過為張禹、孔光。而不肖者，乃至于蘇循、趙涉。　洩冶之危言，訛而為狐喧之哭國，而皆忠之訛。豫讓之報讎，訛而荊軻之擊刺，而皆義之訛。」

洪景盧在史館，見蘇東坡老吏，曰：「蘇敏不過公，但不揀書耳。」　桓宣武入蜀，見武侯老吏，曰：「未見其長，但每事停當耳。」

評之臧者：潘岳、夏侯湛號「連璧」，以容貌也。　獨孤信、韋孝寬號「連璧」，以政術也。　又王敬則、王儉同拜儀同，徐孝嗣稱為「連璧」。

晉有「三張」：載也，協也，亢也，以文章名。　唐有「三張」：廷珪也，九齡也，休也，以政事名。

「二陸」：機也，雲也。　「三陸」，慧曉三子：僚、任、倕也。

劉孝儀、孝威並工屬文，號曰「三筆六詩」。　王彬、王志並習篆隸，號「三真六草」。　韓愈，退之，能古文。　孟郊，東野，長于詩。　時號「孟詩韓筆」。　李百藥工詩，而謝偃善賦，時稱「李詩謝賦」。

「一臺二妙」：晉衛瓘、索靖也。俱善草書。　唐韋維字紀紀。善部判；宋之問工詩也。　「一臺二絶」：伏曼容、袁粲也。會談玄理。　「寺中二紀」：宋世軌、蘇瓊也。為大理，執獄寬平。　李邕《嶽麓寺碑》、道卿臺下文字，稱「二絶」。　謝靈運撰《晉書》，手自寫之，宋文帝歎為「二寶」。　梁元武「三絶」：書也，畫也，《宣尼贊》也。荆州起宣尼廟，自圖聖像，為贊書之。　唐德宗「三絶」：如意騮也，神智驄也，瑞鞭也。　顧愷之字長康，小字虎頭。「三絶」：才也，畫也，癡也。　鄭虔「三絶」：書也，詩也，畫也。自寫詩並畫山水以獻玄宗，大書其尾曰：「鄭虔『三絶』」。　宋令文「三絶」：文辭也，書也，力也。　李揆「三絶」：門第也，人物也，文章也。　吴趙夫人「三絶」：針也，機也，絲也。　馮吉「三絶」：詩也，琵琶也，舞也。

沈友「三妙」：筆也，舌也，刀也。　王瞻「三術」：射也，棋也，酒也。　梁宣城王于東府起齋，令顧野王畫古賢，令王褒書贊，人謂「三絶」。　羊曇善唱樂，桓伊挽歌，袁山松醉歌《行路難》，時謂「三絶」。

蒲州司户韋屬善判，司工李亘善書，司兵徐洪善屬詞，號「河東三絶」。　荆州陟屺寺張璪畫松，符載贊之，衛象詠之，時稱「三絶」。　謝瞻作《喜霽詩》，靈運寫之，王琨詠之，王弘以為「三絶」。　韋嗣立拜中書令，蘇瓌署官誥，頲為之詞，薛稷書，時謂「三絶」。　魏《受禪碑》，王朗文，梁鵠書，鍾繇鐫字，謂之「三絶」。　明皇封泰山，迴車過金橋，召吴道玄等製《金橋》，圖聖容及照夜白馬，陳閎主之；橋梁、山水、車輿、人物、草樹、鷹鳥、器仗、帷幕，吴道玄主之；狗、馬、驢、騾、牛、羊、橐駝、獮猴、貓四足之屬，韋無忝主之，時謂「三絶」。　隋田、楊二君與鄭法士于光明寺畫小塔，鄭圖東壁，田西南壁，楊外四面，稱「三絶」。　王右丞慈恩寺與畢庶子、鄭廣文各畫一小壁，號「三絶」。　《元魯山墓碑》，李華文，顏真卿書，李陽冰篆，時謂「四絶」。　虞世南「五絶」：德行也，忠直也，博學也，文詞也，書翰也。　李邕「六絶」：義烈也，英厲也，正直也，詞辨也，文章也，書翰也。　張氏「五絶」，武后稱知謇兄弟五人也。

吳「八絶」，謂菰城鄭嫗善相，劉惇善星，吳範善候風氣，趙達善算，嚴武善棋，宋壽善占夢，皇象善書，曹不興善畫也。　錢塘「五絶」，宋文帝云。謂杜道鞠彈棋，花悦詩，褚欣遠摸書，褚胤圍棋，徐道度療病也。

唐閩縣「三絶」：鄭誠長章，林海長辭賦，詹雄長詩也。　唐祁陽中興「三絶」碑：元次山文，顔魯公書，並刻也。　南京鍾山「三絶」碑：張僧繇畫大士像，李白贊，顔魯公書也。　武昌怡亭殊亭之右。「三絶」碑：裴虬銘，李陽冰篆額，李莒書丹也。　揚州關廟「三絶」碑：蘇昌齡起句，馬子振脱草，趙子昂書也。　東昌文廟「三絶」碑：金王去非文，張懷英篆額，王廷筠書丹也。　袁州府學「三絶」碑：盱江李觀記，京兆張友直篆額，河南柳淇書丹也。　儀真東園「三絶」碑：皇祐中發運使施昌言、許元建園，歐陽修記，蔡君謨書也。　西京「三絶」碑：韓擇木八分書也。

唐李陽冰篆書「四絶」碑：福州《般若臺記》也，《處州新驛記》也，《縉雲城隍記》也，《麗水忘歸臺銘》也。　元魯山墓「四絶」碑：李華文，顔真卿書丹，李陽冰篆額，並魯山為四也。　宋文與可「四絶」：楚詞、草書、畫也。　唐秘書省中「四絶」：落星石也，薛少保稷畫鶴也，賀監軍書，郎餘令畫鳳也。後因韓公武彈中雀一目，謂之「五絶」。此乃惡客殺風景事，何得反增一絶耶？　南唐「四絶」：澄心堂紙，李廷珪墨，龍尾石硯，毛元鋭筆也。　永平府泉「四絶」：石龜峪泉、五里塔泉、白望泉、杜臺泉也。

漢求仲、羊仲，號「二仲」。　周穉、都孫子穉，號「二穉」。　馬威卿、孺卿，號「二卿」。伏波兄子也。晉謝玄、張玄之，號「南北二玄」。　梁顧協、顔協，號「二協」。　漢皇甫規威明，張奐然明，段熲紀明，號「涼州三明」。　金尚元休、尚不屈于袁術，為術害。後天子嘉尚忠烈，拜子瑋郎中。第五巡文休、韋端甫文休，號「京兆三休」。　晉孔愉敬康、張茂偉康、丁潭世康，號「會稽三康」。　劉粹純嘏、劉宏終嘏、劉漢沖嘏，號「洛中三嘏」。　韋孟達、公孫伯達、魏仲達，號「三達」。　晉諸葛恢、荀闓、蔡謨，俱字道明，號「中興三明」。　魏崔徽伯、房徽叔、張徽仲，號「青州三徽」。　漢鄭彪字智伯，與同郡張武伯、翟敬伯、陳綏伯、張弟伯，稱「南陽五伯」。　州里稱陳留阮放為宏伯，高平郗鑒為方伯，泰山胡毋輔之為達伯，濟陰卞壺為裁伯，陳留蔡謨為朗伯，阮孚為誕伯，高平劉綏為委伯，羊曼為黠伯，號「兖州八伯」。　晉司馬朗懿、孚馗、恂進、通敏，及董昶、王澄、阮瞻、胡毋輔之、謝鯤、庾凱、沙門于法龍、光逸，俱號「八達」。又諸葛誕等有「四聰八達」之稱。

晉薛兼、紀瞻、閔鴻、顧榮、賀循，號「五雋」。　魏高齊、邢穎、李熙、游雅，號「北朝四雋」。　又「六朝兩雋」：何妥、蕭眘也。　唐「三雋」：李紳、李德裕、元稹也。　唐崔浩、韓會、盧東美、張正則，皆自謂「王佐才」，皆僑寓上元，號「四夔」。　《北史》：魏收與温子昇、邢子才為「三才」。　元柳貫與虞集、揭傒斯、黃溍，號「四傑」。　宋楊億、王鼎、王綽，文豪號「江東三虎」。　宋杜默字師雄，豪于歌，石曼卿豪于詩，歐陽永叔豪于文，號「三豪」。　洪覺範奇于詩，鄒元佐奇于命，彭淵材奇于樂，號「新昌三奇」。　宋高懌、張光、薛勃，號「南山三友」。凹种放隱終南山，懌亦築室豹林谷。　彭齊文章，楊丕清操，蕭定基政事，宋仁宗題殿柱云。號「江西三瑞」。　漢高以蕭何、張良、韓信為「三傑」。　魏傅幹稱諸葛亮、關羽、張飛為「三傑」。　唐明皇詩以宋璟、張説、源乾曜為「三傑」。　程靈洗陳武佐命。與周文育、侯安都為「三傑」。富嘉謨、晉陽尉。吴少微、晉陽尉。魏谷倚，太原主簿。時稱「北京三傑」。文詞知名。宋朱光庭、萬年主簿。程顥、鄠主簿。張山甫，武功主簿。稱「關中三傑」。皆有才名。西漢為最，季漢次之，唐以下非其倫矣。

應曜與「四皓」俱徵，獨不至，時人語曰：「商山四皓，不如淮陽一老。」衛玠天韻標令，謝幼輿敬以亞父之禮，論者以為出王眉子、平子、武子之右，謂：「諸王三子，不如衛家一兒。」《南史》：「二傅、沈、劉，不如一丘。」謂傅琰父子、沈憲、劉玄明、丘仲孚也。相繼宰山陰，有政聲。丘後為山陰令，百姓謡云。以政事言。「二崔、二張，不如一康。」謂崔暹、崔昂、張亮、張徽、陳元康也。以寵遇言。文襄輔政任用。

評之否者：賈謐之黨，號「二十四友」，而劉琨在其中。李逢吉之黨，號「北關十六子」，而劉栖楚在其中，栖楚小人耳。

孔子答子路曰：「范中行氏尊賢而不能用，賤不肖而不能去也。」野人曰：「郭氏善善而不能行，惡惡而不能去，是以墟也。」

支道林謂會稽王「有遠體而無遠神」。仲公理謂高幹「有雄志而無雄才」。諸葛亮謂張惠恕：「其人于清濁太分，善惡太明。」

時論以大鴻臚陳留江泉能食，為「穀伯」。豫章太守史疇大肥，為「笨伯」。散騎郎高平張嶷狡妄，為「滑伯」。羊聃狠戾，為「瑣伯」。晉羊曼、唐常袞，俱號「黯伯」。

向秀曰：「巢、許，狷介之士，不足多慕。」孫盛曰：「莊周是其次者，故慕耳。」

叔孫通為秦二世博士，以巧言面諛見賞，而卒為漢儒宗。孔穎達為王世充博士，以草儀禪代見親，而卒為唐儒宗。皆小人儒也。二代所以無真儒也。《偶記》

班孟堅以楊王孫賢于秦始皇。歐陽永叔以折臂婦人可愧馮丞相。

善有不可以人掩者：盧杞請食虢州為害之官豕，而有「同州亦陛下百姓」之言。德宗歎為宰相材，遂有意柄用。王欽若在亳幕，時以歲旱放稅，有飛語，而欽若獨乞全放。真宗謂為大臣節，自後進用兩人，皆唐、宋小人，然有仁人長者之言，片善遇主，亦其幸耳。劉栖楚阿宰相李逢吉，為盡力迮裴度，而自為拾遺，乃能諫敬宗之晏朝數遊。楊虞卿恃宰相李宗閔、牛僧孺為奸利，而拜監察御史，乃能諫穆宗之逸遊拒諫。何躬市人行而口烈丈夫也哉？宋文帝欲窮兵北伐，而王玄謨以狼居胥啟其行；袁淑以封禪導其欲。是亦諂諛之徒矣，然玄謨當廢帝失道，而能冒履不測，傾心輔弼，可謂忘身殉國；淑于逆劭行殺之日，投軀殉主，直與春秋孔父之節異世爭輝。人固不可以一眚掩也。丁南湖論。

唐明皇西幸而不焚左藏，不焚便橋；後唐廢帝子重美，晉兵至而不焚宮室。皆瀕危而有君人之心。

「王獨坐」，閎也。遷冀部，乘傳到州，彈治貪猾，不發私书，不交豪族，號「王獨坐」。「華獨坐」，歆也。大會，座上論難喧嘩，江南謂云。「孔獨誦」，休源也。為尚书諸曹郎，每訪前事，休源以所誦記，決斷如流，人稱之云。「獨立使君」，裴俠也。嘗與諸牧守謁太祖，命俠別立。曰：「清慎奉公，有如俠者，可與俱立。」衆莫敢應，朝野號之。以下官評。

桓典，「驄馬御史」。趙抃，「鐵面御史」。錢顗，「鐵肝御史」。楊子美，王休字。「鐵面少府」。

薛大鼎、滄州。賈敦頤、瀛州。鄭德本，曹州。河北稱「鐺脚刺史」。　魯宗道，「魚頭參政」。　甄宇，「瘦羊博士」。 臘日詔賜取最瘦者。 陳衆，「白馬從事」。　伏湛，「白虎生」。　龐德，「白馬將軍」。 每戰常乘白馬。 王志愔，「皂雕御史」。 執法剛正，如雕鶚之視燕雀。

張鷟，號「青錢學士」。 員半文稱其文猶青銅錢，萬選萬中。 庾肩吾等，號「高齋學士」。 為晉安王國常侍，與劉伯威等十人抄撰衆籍，豐其果饌。 李程，號「八磚學士」。

潁川四長。 荀淑，當塗長；韓韶，嬴長；陳寔，太丘長；鍾皓，林慮長。俱潁人。 河朔三令。 南宮令劉摯；信都令李仲；清河令黃華。 河東三絶。 徐彦伯調蒲州參軍，時司户韋高善判事，李亘善書，而彦伯善屬詞。

陶真白隱茅山，梁武每征討，輒先咨訪，人謂「山中宰相」。　沙門惠琳，文帝與議朝政，權侔宰輔，孔顗曰：「遂有黑衣宰相。」　令狐綯執政，其子滈招權受賄，時號「白衣宰相」。　姚崇謂齊澣曰：「余為相，何如管、晏？」澣曰：「如不及也，可謂救時宰相。」　盧懷慎，「伴食宰相」。　蘇味道，「模稜宰相」。　王方慶遷右丞，但不許令史驢入臺門，時號「驅驢宰相」。　王珪自執政至相，凡十六年，無所建白，當時目為「三旨宰相」。 進呈云：「取聖旨，可否？」訖云：「領聖旨。」退諭稟事者云：「已得聖旨。」 五代廢帝時，馬裔孫號「三不開宰相」。 入朝不開印；視事見客不開口；議論歸宅不開門接見。 鄭畋，號「三九相公」。 十九赴舉，凡十九年登第，又十九年入相。 崔胤號「麻膏相公」。 拜相，權傾天下。其父慎由，人改呼油為「麻膏」。 蔡京當國，童貫領樞密，時稱京為「公相」，貫為「媪相」，王欽若「癭相」， 項有附疣。 梁師成「隱相」，楊存中「髯閹」。　周顗嘗經三日不醒，時謂「三日僕射」。　平陽王子元欽，號「黑面僕射」。　鄭均，號「白衣尚書」。　梁何胤隱若耶山，號「白衣尚書」。　王導妾姓雷，預政事，葉公謂之「雷尚書」。　蕭炅，「伏獵侍郎」。讀「伏臘」為「伏獵」。　趙叔問肥而喜睡，又厭賓客，呼為「三覺侍郎」。謂朝回、飯後、歸第也。　范覺民作相方三十二歲。旦起與裹頭帶巾必覽鏡，時謂「三照相公」。　侯思正，號「縮葱御史」。以告變得官，食籠餅必食縮葱加肉。　嚴昇期，「金牛御史」。武后時御史。嗜牛肉而多受金。　王弘義，「白兔御史」。賤時，求瓜不與，狀言鄰園有白兔。縣官捕逐，園苗立盡。內史李昭德曰：「昔聞蒼鷹獄吏，今見白兔御史。」　趙沛祈禱請禁鵝鴨，胡致堂曰：「可謂鵝鴨諫議。」　唐陽滔，「斫窗舍人」。在中書時，命制勘甚急，令史持庫鑰它適，乃斫窗取制敕合本，人號云。　阮宣子，修。號「三語椽」。王戎問聖人、老、莊同異，對以將無同。戎辟之。一作阮瞻。　裴聿，號「八榻將軍」。諫滕王。王令擱榻人計訴。帝問聿前後八榻，即遷八階。人皆云。　魏侍中元暉與盧昶侍寵貪縱，時為「餓虎將軍」、「饑鷹侍中」。　丁謂，「拂鬚參政」。嘗會食，炎污寇準鬚，謂起拂之。準笑曰：「大臣乃為長官拂鬚耶？」謂慚恨，遂隙。　許及之，「由竇尚書」。為吏部，諂事韓侂胄，流涕屈膝，改同知樞密。嘗值生辰，及之後至，閽人掩關拒之，閒未及閉，遂俯僂而入。當時有「由竇尚書」、「屈膝執政」之語。

崔遠文才清麗，風神峻整，當時目為「釘坐梨」。　裴敬彝，號「甘露頂」。　馮玆明，神龍中敕旌其門為「忠臣門」，見者，莫不歎美，號為「凌霄花」。　宋城主簿祝天貺，勵己如冰，百姓百呼為「裹頭冰」。　隋梁彥光柔軟無比，百姓呼為「戴帽餳」。彥光請復刺相州，豪猾潛竄。　魏田承嗣僉治文案如流水，吏人稱為「旋風筆」。　裴琰之積案數百，省決一日都畢，號「霹靂手」。以下《品目》。

晉王綦比「朱絲繩」。方正亮直，公然不羣。　五代趙元逢謂「玉界尺」。稱其方直溫潤。

世稱庾元康為「豐年玉」；王稚恭為「荒年穀」。　劉孝標稱劉訏、劉歊，皆「儉歲之粱稷，寒年之纖纊」。　何點稱：「陸慧曉如明鏡；王思遠如懷冰。」　魏太武呼古弼為「筆公」。　韓休頭鋭，稱「筆頭公」。　唐太宗呼魏徵為「羊鼻公」。　宋仁宗呼魯宗道為「魚頭公」。　王彦章，號「王鐵槍」。見《五代史》。　王珪，號「王鐵鞭」。《宋史》：珪為涇原勇將，戰死好水川。　王繼勳，號「王三鐵」。有武勇，在軍陣用鐵鞭、鐵槊、鐵檛，軍中目為「三鐵」。

稱而目之以聖：劉臻，「漢聖」；唐董貝，魏大經，「《易》聖」；張旭，「草聖」；楊子華，「畫聖」；阮簡、嚴子卿、馬浮明，「棋聖」；張芝、鍾繇、衛協、張墨、王志，「書聖」；張衡、馬忠，「木聖」；李白，「醉聖」。

稱以「水鏡」者：龐德公于司馬德操；衛瓘于樂廣；一作冰鑒。蔡大寶于柳莊。

號「智囊」者：周樗里子、漢晁錯、魯匡、恭之祖。吴支謙、晉杜預、魏桓範、唐王德儉。許敬宗甥。

蔡邕于郭林宗，常璩于景漢伯，皆目以「有道」。

荀淑八子皆才，人號其里曰「高陽」。　劉子玄兄弟六人皆有名，人號其鄉曰「高陽」。

「五老榜」：唐王希羽、劉景、柯衆、鄭希聲、曹松也。　「三忠榜」：宋文天祥、謝枋得、陸秀夫也。

稱「千里駒」者：漢劉德、魏曹休、晉傅咸、劉曜、符朗、宋張敷、梁蕭映、王規叔陳稱之。　劉杳、王茂、祖深稱之。　任昉、齊丘仲孚、從祖靈鞠稱。　袁昂、北魏李孝伯、袁曜、兄翻稱。　北齊馮翊、王潤、崔昂、伯孝分稱。元文遥、後周杜杲、隋張乾茂、世父嵩之稱。　唐李暠、成王千里、宋顧和、李琨。

徐庶謂先主稱孔明「卧龍」。　苻堅亦以王景略為「卧龍」，並謚武侯。　鍾會以舊憾叔夜，言于文帝曰：「康，卧龍也，不可起。」讚適稱之。　庾亮薦翟湯主簿，張玄曰：「此君卧龍，不可動也。」　中郎有「醉龍之目」。

華歆、管寧、邴原，時號「一龍」。楊用修曰：「管寧為龍頭，邴原為龍腹，華歆為龍尾。」　唐賈會有高節，里中號「一龍」。　崔寔、許受，號「二龍」。　索靖與鄉人氾衷、張彪、索紾、索永，俱詣太學，稱「燉煌五龍」。

濟北氾昭、戴祈、徐晏、夏隱、劉郴，俱神童，號「濟北五龍」。　宋白、賈黄中、李奎、吕蒙正、蘇易簡，太宗時五人同入翰林，時號「五鳳同飛」。　崔悛與弟仲文同日受拜，時號「兩鳳聯飛」。　蔡邕、崔寔號「並鳳」；又同許受號「三鳳」。　程明道以吕晦叔、司馬君實為「二龍」。

馬岌歎宋纖為：「人中龍。」纖字令艾，燉煌人。　王安石歎蘇軾為：「人中之龍。」　陳同父自贊為：「人中之龍，文中之虎。」　羅鄴，人謂：「詩中之虎。」

田巴奇，魯連子云：「乃飛兔也。豈真千里駒哉?」　徐孝嗣歎宗人勉為「人中騏驥。」　劉繪以文義見禮，功曹王綱以史能自進，豫章王嶷稱為：「閣下二驥。」

龐德公目龐士元為「鳳雛」；桓温稱王劭為「鳳雛」；鄧士載為「伏鸞」；陸士龍為「隱鵠」。　閔鴻見陸雲小時曰：「若非龍駒，即是鳳雛。」

《漢書》謂：「杜喬為太尉，如孤鳳立衆梟中。」　或謂王戎曰：「昨于稠人中始見嵇紹，『昂昂然如野鶴之在雞羣。』」戎曰：「君復未見其父耳。」　《北史》：高思孝，文宣悦其驍勇，謂曰：「爾擊賊如鶻人鴉羣，宜思好事。」故改名「思好」。

杜景儉，「鶴鳴雞樹」，惜之也。　王及善，「鳩集鳳池」，羞之也。

丁謂，「鶴相」，以令威之裔好言仙鶴，故以此呼之。　猶李逢吉呼牛僧孺為「丑座」；德裕嘗斥僧孺為犢子，又目為太牢公。　王安石，「鱉相」。

目于頔為「節度襄樣」。襄有樣器，天下以為法。于頔驕蹇，故方鎮不法者，號「襄樣節度」。　目徐堅為「鳳閣舍人樣」。

唐明皇目盧從愿「多田翁」。　唐懿宗呼韋宙「足穀翁」，呼王守約父堯臣為「粉父」，呼韓嘉彦兄忠彦為「粉昆」。宋世以駙馬都尉為「粉侯」，遂呼都尉兄為「粉昆」。

趙韓王，「有耳鐺」。　李文靖，「無口瓠」。　張方回，時人呼為「癡漢子拾遺」。　戴至德，老婦呼為「不解事僕射」。

「進士貢中有小吏」，汪遵也。　「中書堂内坐將軍」，令狐綯也。　漢趙后號「飛燕」，以體輕也；賊張燕號「飛燕」，以悍捷也。

楊信，時號「瘖將軍」。　狄青，時號「涅使相」。

齊已呼為「瘦齊」；祖可呼為「癩可」。皆詩僧。

鮑孤雁、當。　邵半江、梅河豚、聖俞。　趙倚樓、嘏。　崔鴛鴦、珏。　鄭鷓鴣、谷。　謝蝴蝶，逸。　皆以詠物詩著名。

魏收名「驚蛺蝶」；輕薄。姚洎號「白鷴鵡」。韓渥與敕使棋，敕使不勝，洎壞之。渥呼云。若號諸葛穎為「治葛謡」；吴淵為「蜈蚣」；竇申，號「喜鵲」；參族子。參每除授多語參，申泄之以受賂。劉在，號「鵂鶹」；李義府，柔而害物。李德柔，便佞忌刻。俱號「李猫」；蔡確，號「倒懸蛤蜊」；一名殺菜故也。李振，時謂「鴟梟」。唐有羅鉗、希奭。吉網溫。之謡。俱以鍛鍊為酷吏。宋有滕屠、鄭沽之誚。目滕甫達道、鄭獬毅夫之為文耳。

世目李元禮「謖謖如松下風」。周孟玉「瀏瀏如松下風」。朱公叔「飂飂如行松柏下」。庾敳歎和嶠「森森如千丈松」。周彦倫目慧隆道人「若霜下之松竹」。王恭「濯濯如春月柳」。武帝植蜀柳，曰：「楊柳風流可愛，似張緒當年。」

劉孝標評：劉歊「矯矯越俗如雲中白鶴」；劉訏「超超如半天朱霞」。時人謂謝望蔡混。「肅肅如寒風振松」；謝康樂「凛凛如霜臺籠日」。

裴令公目王安豐「明光爛爛如巖下電」。王夷甫目裴令公「雙眸閃閃如巖下電」。時人目夏侯太初「朗朗如日月之入懷」，李安國豐。「頹唐如玉山之將崩」。山公曰：「嵇叔夜之為人，巖巖若孤松之獨立；其醉也，巍峨若玉山之將崩。」

古事比卷之二十一

比擬

吴質比徐幹于司馬長卿。　桓彝、温嶠比王導于管夷吾。　桓温比譙秀元彦。于園綺、管寧。游雅比高允于卓子康、茂。　劉文饒，寬。　林公許、王胡之于二謝。曰：「固當攀安提萬。」　魏濟陰王暉業。比温子昇于顏、謝、沈、任。云：「江左文人，宋有顏、謝，梁有沈、任，今我家有子昇。」是以凌顏，轢謝，含沈，吐任。　虞世基比徐陵于潘、陸。一見奇之，曰：「當今潘、陸。」以女妻之。　劉表、禰衡見趙戬，歎曰：「所謂劍則干將、莫邪，人則顏、冉、仲弓。」　毋丘儉薦裴秀于曹爽，曰：「非徒子奇、甘羅之儔，並包游、夏、顏、冉之美。」

張華見左思《三都賦》，曰：「班、張之流。」　昌黎評子厚文似子長，崔、蔡不足多。　山谷目蘇子美，潘、陸不足吞。

蔡邕見趙曄《詩細》，以為長于《論衡》。　劉查以足疾解廷尉，著《林庭賦》。王僧孺歎曰：「《郊居》以後，無復此作。」　徐孝嗣見孔休源《舉秀才策》，謂同座曰：「董仲舒、華令思，何以尚此？」　張纘經途，讀陸雲公《太伯廟碑》，曰：「今之蔡伯喈也。」《裟談》

時方孫伏伽于顧雍，方人比王穎導弟。于溫太真，比袁廓于王裒。父景倩以罪誅，足不出門，亦不臣宋。張文瓘于石慶。

劉惔謂桓溫：「仲謀，宣王之流亞也。」 李穆謂徐鉉、徐鍇曰：「伯仲，今之二陸也。」 韓琦謂孫洙曰：「今之賈誼也。」 虞翻稱闞澤曰：「嬌傑，蓋蜀之揚雄；德行，亦今之仲舒也。」 諸葛亮見殷禮，歎：「東吳菰蘆中，乃有此人。」作書與兄瑾曰：「殷德嗣，今之僑肸也。」 虞寄上《瑞雨頌》，武帝謂寄弟荔曰：「此頌，典裁清拔，卿之士龍也。」 令狐楚稱賞元稹，以為：「今代之鮑、謝也。」 吳競，世謂：「今之董狐。」競與劉知幾撰《武后實録》，叙張昌宗誘張說誣魏元忠事，説祈改數字，不許，世謂「董狐」。 韓琦薦歐陽修曰：「今之韓愈。」 「後來王粲」，唐蘇晉也。晉，珦子。數歲知為文。房穎叔、王紹宗歎曰：「後來之王粲。」 「再世希夷」，陳濟也。宋陳濟字元德。不仕，晚樂希夷之道，故云。

世號「小鍾」，唐鍾紹京也。繇十代孫，工草書。 「小杜」，杜牧之也。牧之詩情豪邁，人號「小杜」，以別杜甫云。 「小東坡」，趙逵也。資州人。高宗以其文章似蘇軾，人號為「小東坡」，有《棲雲集》。 「小由基」，陳堯咨也。善射。

人呼何戢為「小褚公」。動止慕淵。 楊掞為「小子房」。孟珙辟于幕，嘗用其策。 人比「二陸」：虞世基、世南也。孔奐歎曰：「南金之貴，屬在斯人。」 人比「二疏」：宋李受、李東之也；告老，英宗命士賦詩送之。 朱昂、朱協也。請老時，號「渚宮二疏」，賜宴玉津園。

世祖詠「兩到」以「雙丁」。到茂灌與弟茂沼，皆有文才。世祖贈詩曰：「魏世重雙丁，晉朝稱二陸。何如今兩到，復似凌雲竹。」簡文詠「二劉」以「兩杜」。漢杜周二子夾河為郡守，梁簡文餞臨海太守劉孝儀、蜀郡太守劉孝勝詩曰：「兩杜昔夾河，二龍今出守。」

北魏主謂任城王澄曰：「吾之子房。」　晉元帝謂王導曰：「吾之蕭何。」　蕭衍留鄧紹叔守潯陽，謂曰：「卿，吾之蕭何、寇恂也。」　真宗稱田錫曰：「朕之汲黯。」　仁宗稱文彦博曰：「朕之裴度。」

齊太祖謂長沙威公晃曰：「此我家任城。」晉從駕以馬稍刺道遊枯蘗，上令數人引之，銀纏皆卷聚而稍不出。令晃拔之，應手便出。魏任城王彰有勇力。　梁高祖嘆廬陵威王續曰：「此我之任城。」

曹操以荀文若為「吾之子房」，毛玠為「我之周昌」，許褚為「吾之樊噲」。　周文帝以宇文深為「吾家陳平」，以高琳為「我之韓白」，以劉道德為「孤之孔明」。賜名亮，并賜侯莫陳氏。　唐肅宗以杜鴻漸為「吾之蕭何」。　宋高宗以楊沂中為「朕之子儀」。　漢光武以伏隆比酈生。　元魏孝文以李彪比汲黯。

曹操與袁紹相持，鍾繇送馬給軍，操與書以比蕭何。　又以杜畿守河東，運餉漢中，操以比蕭何、寇恂。　晉元帝呼王導為仲父，以比蕭何。　孫權以魯肅比鄧禹；以吕範比吴漢。

隋楊注為周冀王侍講，王以為：「孤之穆生。」　唐盧照鄰為鄧王典籤，王謂：「吾之相如。」

劉孝標自比馮衍者三。敬通雄才冠世，志剛金石；余雖不及之，而節亮慷慨，一同。敬通值中興明君，終不試用；余逢命世英主，亦擯斥當年，二同。敬通有忌妻，至于身操井臼；余有悍室，亦令家道轗軻，三同。敬通當更始之世，手握兵符，躍馬食肉；余自少迄長，戚戚無歡，一異。敬通有一子仲文，官成名立；余禍同伯道，永無血胤，二異。敬通膂力方剛，老而益壯；余有犬馬之疾，溘死無時，三異。敬通雖芝殘蕙焚，終填溝壑，而為名賢所慕，久而彌盛；余聲塵寂寞，世不吾知，魂魄一去，將同秋草，四異。　劉子玄自比揚雄者四。雄好雕蟲小技，老而為悔；吾幼喜詩賦，而壯不為，期以述者自名。雄準《易》作經，當時笑之；吾作《史通》，俗以為愚。雄著書見尤于人，作《解嘲》；吾亦作《釋蒙》。雄少為范逡、劉歆所器，及出作經以為必覆醬瓶；吾始以文章得譽，晚談史傳，由是減價。《偶記》

人比管、晏，元魏長孫道生也。　自比管、晏，諸葛亮也。　自比管、葛，劉湛也。不為文章，不喜談論，幼年即有宰物之志。　自比張良：荀彧也，張賓也，謂昆弟曰：「吾智策識鑒不後張子房。但不遇高祖耳。」崔浩也。長于謀計，自比張良，謂稽古過之。　自比汲黯，李彪也。　自比謝安，王儉也。　自比謝安、裴度，唐張濬也。希風班、陸，不謝二疏，王羲之也：云：「欲與親知，時共歡宴。」嘗依陸賈、班嗣、楊王孫之處世，甚欲希風數子。又與人書云：「迎集中表親戚略盡，實望投老得盡田裏骨肉之歡。此一條欲不謝二疏。」欲與光武爭中原者，石勒也；恨不與劉、項爭中原者，劉毅也。知諒難哉！

司馬相如慕藺相如，因以為名；傅燮慕南容，因以為字。然司馬無行，傅燮刑戮不免，愧二人矣。《偶記》

正始中，人以「五荀」方「五陳」。荀淑方陳寔，荀靖方陳諶，荀爽方陳紀，荀彧方陳羣，荀顗方陳泰。　裴、王二族盛于魏晉，時以「八裴」比「八王」。徽比王祥，楷比王衍，康比王綏，綽比王澄，瓚比王敦，遐比王導，頠比王戎，邈比王玄。

時以甘羅、揚烏比桓驎；以項槖、揚烏比士龍。　張茂先言成公簡清靜，比子雲；默識比張安世。

梅陶謂：「陶公侃。機神明鑒似魏武，忠順勤勞似孔明。」　裴子野言阮孝緒：「志行類管幼安；文章似皇甫謐。」　劉文靜謂秦王：世民。「豁達類漢高，神武同魏祖。」　徐應卿謂范應鈴：「經術似兒寬，決獄似雋不疑，治民似龔遂，風采似范滂，理財似劉晏，而正大過之。」　劉禹錫序韋處厚之辭曰：

「薦賢能，其氣似孔文舉；論經學，其博似劉子駿；摧言利者，其辯似管夷吾。」　蘇長公序歐陽子之文曰：「論大道，似韓愈；論事，似陸贄；記事，似司馬遷；詩賦，似李白。」

崔浩曰：「王猛之治國，苻堅之管仲也。慕容恪之輔幼主，慕容暐之霍光也。劉裕之平禍亂，司馬德宗之曹操也。」　時謂康樂之有王籍，如仲尼之有丘明，老聃之有嚴周。《三國志》：陸績于楊玄亦云然。

比而誅之，忘其過者：孔光以周公比王莽；胡廣以周公比梁冀也。　比而斥之，不以為嫌者：李師中以王安石似王敦；元順指徐紇為魏之宰嚭。　時比崔光于張禹、胡廣。　陸贄數裴延齡誣罔之罪，可謂「堯代之共工，魯邦之少卯」。　梁毗《上封事》曰：「陛下若以楊素為阿衡，臣恐其心未必伊尹也。」

慕李白者，李碧；慕樂天者，黃居難。　李碧字太碧，居難字樂地，尤足鼓掌。又有慕李白之李赤，為厠鬼所殺。宋有李白。　蜀王昭遠自比諸葛亮，兵敗流涕，曰：「運去英雄不自繇也。」　宋郭倪自比諸葛亮，兵敗流涕，客曰：「此帶汁諸葛亮也。」可笑殊類。

以聖人比稱者，妄也。西漢以揚雄為「東道夫子」。　東漢以楊震為「關西夫子」。　裴獻謂：「薛道衡為關西孔子復見。」　宋蔡用之天禧中上萬言書，上以為「江南夫子」。　陳元康也，目以孔子；王起也，而「當世仲尼」。　朱穆亦有「明君仲尼」之言。為郡督郵，迎新太守，曰：「瞻望如仲尼，非顏回不敢以逆也。」

即以賢人比稱者，亦過也。　荀淑對袁閎稱黃憲，曰：「子國有顏子。」人稱謝尚：「一座之顏回。」尚曰：「座無尼父，焉別顏回？」稱張華為「當今顏子」，稱羊祜為「今日顏子」，稱宋穆為「督郵顏回」。　周續之通

《五經》、《緯候》，亦號「顏子」。周浚謂陸士龍「當今顏子」。梁王以伏挺為「顏子」。陳忠雲法師以徐陵為「顏子」。《北史》：李璠稱其從子士謙為「吾家顏子」。一曰「曾子」。漢人稱張霸為「張曾子」。王儉稱滕曇恭為「滕曾子」。隋人稱裴叔卿為「裴曾子」。宗元卿，鄉里號「宗曾子」。蔡曇智，鄉里號「蔡曾子」。海東王義慈，時號「海東曾子」。賈會，時號「關中曾子」。夫人之立身，當學為聖賢而已；隆然奉之，與儼然當之者，夢寐亦難以自安也。至王衍自比子貢，許暹字曰「顏回」。而向栩弟子，名為顏淵，子貢、季路、冉有之輩。譙周門人稱羅憲為「子貢」，文立為「顏回」。陳壽、李密為「游夏」。多見其不知量也。

齊武改董巒為「董仲舒」，曰：「今日仲舒，何如昔日仲舒？」對曰：「昔日仲舒出自私庭，今日仲舒降自天帝。」梁武謂李膺：「何如昔李膺？」對曰：「昔事桓、靈之主，今逢堯、舜之君。」此足資噱耳。又周太祖賜伊婁名「伊尹」，更可笑。

比擬而兼諷者：鄭康成笑應劭曰：「由、賜之徒，不稱官閥。」王逸少譏許詢曰：「令巢、許遇稷、契，當無此言。」

「寧為袁粲死，不作褚淵生。」百姓哀粲之謠也。「寧為王陵死，不作賈充生。」沈攸之憤語也。「寧為高貴鄉公死，不作常道鄉公生。」魏主子攸之憤語也。

嵇康曰：「遠慚柳下，近愧孫登。」孔璋曰：「遠思劇孟，近取李邕。」王子敬曰：「遠慚荀奉倩，近愧劉真長。」

袁宏讚虞翻曰：「歎過孫陽，放同賈屈。」　兖州陳留並圖蔡中郎形像，為之目曰：「文同三閭，孝齊參、騫。」東國宗敬中郎，不言名，咸稱蔡君。　唐太宗答蕭德言詔：「濟南伏生，重在于兹日；關西夫子，故顯于當今。」

郗嘉賓得人以己比苻堅，大喜。　王羲之得人以己比石崇，大喜。

馬文淵一見光武，曰：「同符高祖。」　温太真一見王導，曰：「江左夷吾。」

王充博覽好論説，謝夷吾薦之，曰：「前世孟軻、孫卿，近漢揚雄、劉向、司馬遷不能過。」

晉干寶撰《搜神記》，劉惔曰：「卿可謂鬼之董狐。」　魏李騫入梁，見佛寺旁執板筆者，曰：「此僧之董狐。」　又六朝人撰《酒經》，時謂「酒之南董」。　黄長睿號「書之董狐」。《筆叢》

王阮嘗曰：「聽王景文賓。談，如讀酈道元《水經注》，名川、支渠，貫串周匝，無有間斷。」　單子春謂管公明：「聽其言，似司馬《大人》、《游獵賦》，何其磊落雄壯，英神雋茂。」

稱謂

司馬朗年九歲，有人道其父字者，朗曰：「慢人親者，不敬其親者也。」客謝之。　常林年七歲，有父黨造門，林曰：「臨子字父，何拜之有？」咸共嘉之。　字人之父，固不可耶？古者名終則諱之，字乃可以為氏。　吕后嘗字漢高為「季」；袁種字其叔父曰「絲」；王丹與侯霸子語字霸，為「君房」。　魏鶴山云：「古者稱字者，最不輕。　孔子弟子多稱夫子為仲尼；游夏之門人，皆字其師；漢初，惟子房一人得稱字。觀此，非特不當諱之而已。」

管夷吾稱仲父也，秦始皇謂呂不韋「仲父」；晉元帝謂王導「仲父」；唐肅宗謂李輔國「仲父」。太公稱「尚父」也，代宗謂郭子儀「尚父」；昭宗謂王行瑜「尚父」；梁太祖謂錢鏐「尚父」。嗚呼！臣父乎？齊東野人之陋也；父臣乎？則漢靈帝「張常侍我父，趙常侍我母」，唐僖宗「田令孜阿父」之悖也。

韓歆性剛直，岑彭常對光武稱為「南陽大人」。蘇竟祖純，字桓公，性强固，而持毁譽，三輔號為「大人」。

子稱父字，屈原之言「朕皇考曰伯庸」，是也。孫稱祖字，子思之言「仲尼祖述堯、舜」，是也。

郯子曰：「我高祖少皞摯之立。」則以始祖為高祖。《左〈傳〉・昭公十七年》王謂籍談曰：「昔而高祖孫伯黶司晉之典籍。」則謂其九世祖為高祖。昭公十五年。《日知録》

以父母而字其子：趙苞母謂苞「英豪，人各有命」；陳太丘謂「元方、季方」；何叔度謂子「何彦德」；齊斛律金稱子光羡曰「明月豐樂」；曹操與人書，稱丕曰「子桓」；郗愔稱超曰「嘉賓」；右軍謂「子敬飛白大有勢」。是已。若晁錯之父恐諸侯多怨，呼錯為「公」；蔡京罷相位，失措，呼攸亦曰「公」；魏畢衆敬呼子元賓為「使君」；子為本州。太公呼漢高為「帝」；霍去病父自謂「老臣」。則過矣。

至以子而字其父，如胡毋謙之見父輔之酣飲，曰：「彦國年老，不得為爾！令我尻背東壁。」見搖扇汗下視事，曰：「彦國何為自貽伊戚？」王濛美姿容，嘗攬鏡呼曰：「王文開生如此兒耶？」此則放蕩之習耳。

又有從子字其叔父者，袁種謂盎：「絲能日飲亡何，說王毋反而已。」　以臣字其君者，宗室諸母相謂曰：「文叔少時謹信，與人不欸曲，今乃能如此。」

張九齡，天下稱曰「曲江公」。　顏文忠，天下稱曰「魯公」。　李德裕，天下稱曰「贊皇公」。　孔融敬鄭玄，融以稱公為重。為玄立一鄉，曰：「昔太史司馬公、廷尉于公、謁者鄧公、四皓東園公、夏黃公，皆稱公，今宜曰『鄭公鄉』。」　何偃呼顏延之，延之以稱公為輕。延之曰：「身非三公，又非田舍之公，又非君家阿公，何以見呼？」偃慚。

王爽怒呼「小子」。會稽王道子醉呼爽為「小子」。爽曰：「亡祖長史與簡文帝為布衣之交；亡姑、亡姊，伉儷二宮。何小子之有？」　王邑謙稱「賤子」。邑父商，商故，人皆敬事邑，惟樓護自安如舊節，邑父事之，稱「賤子上壽」。

以行次相稱：唐高祖呼裴寂為裴三。又呼裴監而不名。　明皇呼王琚為王十一；呼姜皎為姜七。親之也。又呼宋濟為宋五。　德宗呼陸贄為陸九。重之也。　豫章王嶷呼劉繪為劉四；張稷為張五。禮接未嘗呼名也。　晉王呼張承業為七哥。親之也。乃劉逖以呼劉二為憾。楊愔戲呼逖，逖後摘其文，奏誹謗先朝，武成鞭之。逖喜復前憾。　少游以喚蘇二為輕薄；山谷詩稱蘇亦少游云。　則東坡之呼黃九，云：「黃九怎得不窮？」見山谷《茶詩》。　劉原父之呼歐九。曰：「歐九可惜不甚讀書。」謂永叔。　豈有嫌乎？　劉禹錫猶曰：「韓十八直是太輕薄，何昌黎尚不免此耶？」　至唐臣呼張昌宗為「六郎」；鄭杲稱張易之為「五郎」；祿山謂李林甫為「十郎」；陳少遊呼中官董秀為「七郎」；宦官稱李輔國為「五郎」；軍中呼程元振為「十郎」。諂焉而已。　可愕者，李揆亦稱輔國為「五父」也。

王霸之徵也，稱名不稱臣；劉凝之之答臨川王義慶。也，頓首稱「僕」。不為百姓禮，人或譏之。答曰：「昔老萊向楚王稱『僕』；嚴陵亦抗禮光武；未聞巢、許稱臣堯、舜。」時戴顒于衡陽王義季。亦稱「僕」。

東方朔稱「糞土愚臣」。　管寧于魏稱「草莽臣」。　孫綝亦稱「草莽臣」。　秦宓稱「小草民」。曹丕辭禪位，遣少府「糞土臣毛宗」。　皇甫謐稱「草莽臣」。　顧歡稱「山谷臣」。齊高徵至。　李彪野服，稱「草茅臣」。《北史》　隋伐高麗，王元上表稱「遼東糞土臣」，遂罷兵。　張説起復，稱「草土臣」。陳子昂稱「草莽愚臣」。　李觀稱「草莽賤臣」。　若侯贊稱「草澤臣」，誕矣。顯德二年，冒胾獻策，詞理甚鄙，語多不遜。帝怒，杖脊，配役。

馬良與孔明書，稱「尊兄」。　關羽呼徐晃為「大兄」。　應璩休璉。謂曹長思為「大弟」。　呂蒙稱魯肅為「大兄」，肅稱蒙為「大弟」。　王褒致周弘讓書，稱「賢兄」，復書稱褒為「弟」。　祖洪勳與陽休之書，謂「陽生大弟」。　元文遥呼盧思道為「弟」。　崔罔謂李德林為「弟」。　李奐謂宋遊道為「弟」。　李翱于韓退之為「姪婿」，祭文稱退之為「兄」。

韓滉呼劉玄佐為「弟」。滉過汴，與約為兄弟。酒半曰：「弟何日入朝？」送錢備行裝，留三日同入朝。　李晟對李泌稱「兄」。妖僧李軟奴作亂，詔捕送内侍省推，晟僊仆曰：「晟新罹謗毀，中外家人，若有一人在其中，則兄亦不能救矣。」泌請付臺推，遂無連及者。

蕭彦時來往蕭寶寅，致敬稱名，呼之為「尊」。　韓昌黎稱劉正夫父為「賢尊給事」。名伯芻。

吴人自稱曰「儂」；陳後主喜稱「儂」；隋煬亦自稱「儂」。非美名也。　唐明皇自稱「阿瞞」。亦近于言妖矣。　周天元居天臺，不稱「朕」，稱「天」；武則天不稱「后」，稱「天后」，又稱「朕」。皆妖也。

梁武帝，臣下上書，稱「皇帝菩薩」。　隋文帝敕律師靈藏曰：「弟子是俗人天子，律師是道人天子。」　孛木魯翀語聳真吃刺思曰：「帝師，天下僧人師；予，天下儒人師。」此言不易。　漢人碑首稱「神漢」；天漢，漢年號也。　唐人碑，首稱「聖唐」。　前晉名「典午」。　北魏號「推寅」。宣、獻二帝，人並號曰「推寅」。　王莽竊位，稱「新室」。　公孫述稱「成家」。　袁術自稱「仲家」。

唐僖宗自稱「毬狀元」。　宋孝宗賜吴偉「畫狀元印」。　唐道徽自題「鈍榜狀元印」。　盧仝自號「癖王」。　陸龜蒙自號「怪魁」。

韓持國知潁州，時彦判州事，每稱「狀元」，持國怒曰：「狀元無官耶？」自是改呼僉判，彦終身啣之。馬涓判秦州，亦呼「狀元」，吕晉伯曰：「狀元者，及第未除也。既為判官，則勿稱之矣。」涓愧謝。厲聲而叱之故怨；平心以道之故悦。《讀書鏡》

司馬光自稱「程秀才」。　朱熹自稱「鄒處士」。

温公少號「迂叟」。　魏公晚稱「戇叟」。　潞公號「伊叟」。　陸龜蒙自稱「散人」。　元次山自稱「漫叟」。

「華陽隱居」，陶弘景道號；「華陽真逸」，顧况道號也。　李後主亦稱「鍾峰隱居」。　隱居華陽川，則李虞，小人也。

鄭儋太原尹。自號「白雲翁」；司馬承禎自號「白雲先生」；令狐楚自號「白雲孺子」。則媚也。楚為僭從事，有表奏千卷，自號「孺子」，名以媚僭。　又周世宗稱陳摶「白雲先生」。郭雍、忠恕子。許謙、韋旻，俱有「白雲先生」之稱。

韋逍遥，賀以高隱嗣立，以媚后。盧眉娘亦賜號「逍遥」；張直號「逍遥先生」；鄭遨賜號「逍遥公」；漢先主封范寂「逍遥公」。　蘇子瞻也，文與可稱「子平」；陸務觀稱「毘陵先生」。禁蘇氏學，故也。　柳少師《與弟帖》，末云：「誠懸呈。」　逸少《敬謝帖》云：「王逸少白。」　盧循《與盧山遠公書》，自云：「范陽盧子先叩頭。」　匡衡與貢禹書，上言：「衡敬報。」下言：「臣鼎白。」　如陳文惠書前云「堯佐」，而後云：「希元再拜。」前名，後字，其仿此乎？

蘇子由《與兄書》，稱「子瞻兄」。　陳了齋師事龜山。簡稱「中立先生」。

刺譏

竇威不問家事，沉酣典籍，諸兄詆曰「書癡」。　傅迪好讀書而不解其義。　劉柳惟讀《老子》，柳云：「卿讀書雖多，而無所解，可謂書簏。」　宋陸澄讀《易》三年，不解文義；欲撰《宋書》，竟不成。王儉戲之曰：「陸公，書厨也。」　李善淹貫古今，不能屬詞，人號「書簏」。　劉臻、胡克讓、陸爽並以文章為太子所親。劉行本怒其不能調護，謂曰：「卿等止解讀書、為文。」　有所托以刺時，賈誼之《旱雲賦》，指絳灌也。　韓昌黎之《訟風伯》，指裴延齡、李齊運也。　蕭穎士之《櫻桃賦》，刺李林甫也。　崔琦之《白鵠賦》，諷梁冀也。作《外戚箴》誡冀，不從；復作賦，後為冀殺。　江從簡之《採荷調》，刺何敬容也。敬容不覺，惟嘆其工。　李太白《蜀道難》，刺嚴武也。　盧仝《月蝕詩》，譏元和逆黨也。

潘岳題閣道為謠。山濤、王濟、裴楷為武帝親遇，岳内非之，為謡曰：「閣道東，有大牛，王濟鞅，裴楷鞧，和嶠刺促不得休。」

劉禹錫過玄都觀作詩。既貶還，作看花詩，當路不喜，出刺播州，入為主客郎，復作《遊玄都觀詩》，且言：「始謫十年還京師，道士植桃盛若霞。又十四年過之，無復一存，惟兔葵、燕麥，動摇春風。」以詆權近。

柳子厚謂《淮西碑》有「帽子習」；楊大年謂杜子美為「村夫子」；子美謂太白欠縝密；太白謂子美困瑀鐫；秦少游謂醉翁亭用「賦體」；尹師魯以岳陽樓用「傳奇體」；《傳奇》，唐裴硎所著小説也。邢劭謂魏收之文剽竊任昉；收亦謂邵賦剽竊沈約；劉原父嘗謂歐九不甚讀書；歐亦謂劉文章未佳。古人各以其短相箴規，其長自見耳。

楊璠「金山」之句，王平甫目為「莊宅牙人」。　處默「白塔」之章，陳后山目為「分界堠子」。

王文公見東坡《醉白堂記》，曰：「乃是韓、白優劣論。」東坡聞之，曰：「不若介甫《處州學記》，乃學校策耳。」

孝武問顏延之曰：「謝莊《月賦》何如？」曰：「始知『隔千里兮共明月。』」帝語莊，莊曰：「延之作《秋胡詩》，始知『生為久別離，死為長不歸。』」　崔融美《昌宗詩》，有「昔遇浮丘伯，今同丁令威」之句，後誚蘇味道曰：「所以不及相公者，因無銀花合故耳。」蘇有「火樹銀花合」句。　蘇云：「子雖無銀花合，還有金銅釘。」指令威句。　張祜《柘枝詩》云：「鴛鴦細帶飄何處，孔雀羅衫屬阿誰？」樂天每呼為「問頭」，祜曰：「明公亦有《目連經》。《長恨歌》云：『上窮碧落下黄泉，兩處茫茫皆不見。』此不是目連訪母耶？」

《事偶》虞翻笑鄭玄不識古文。古文「卯」，本「柳」字。後借為「辰卯」之「卯」。「北」本別字，後借為「南北」之「北」。韓愈譏王羲之：「俗書趁姿媚。」右軍多不講偏旁。于此見字學自是難事。

「翹關負米」，以誚崔湜。「靴帶繫錢」，以譏鄭愔也。

「一斗粟，尚可舂；一尺布，尚可縫。」「一尺繒，好童童；一升粟，飽蓬蓬。」皆謡，兄弟不相容也。

殷中軍比劉爰之為「羊叔子鶴」。桓大將軍比袁虎為「劉景升牛」。

司馬懿笑王凌曰：「君非折簡可致。」唐高祖笑李密曰：「密非折簡可致。」

賈彪不納岑晊，曰：「要君致釁，自貽其咎。」夏馥嘆張儉曰：「孽自己作，空污良善。」

盧懷慎，「伴食相」；自以吏道不及姚崇，每事推讓之，時謂「伴食宰相」。李愚，「粥飯僧」；唐愍帝即位，有意于治。嘗謂宰相曰：「此粥飯僧爾。」五季軍頭非有戰功，皆號「伴食指揮使」。將、相若此，國何賴焉？

范曄作《和香方序》曰：「麝本多忌，過分必害；比庾仲文。沈實易和，盈斤無傷；沈實自况。零藿虚燥，比何尚之。詹唐黏濕；比沈演之。甘松蘇合，比慧琳。安息鬱金，奈多和羅之屬，被珍外國，無取中土。」又「棗膏昏鈍，比羊玄保。甲煎淺俗。比徐湛之。非惟無助于馨烈，乃當彌增于尤疾也。」所言悉以比類朝士。卞彬為《禽獸決録》，云：「羊性淫而狠；謂吕文顯。猪性卑而率；謂朱隆之。鵝性頑而傲；謂潘敞。狗性險而出。」謂吕文度。又《蝦蟆賦》云：「紆青拖紫，名為蛤魚。」比令僕也。「蝌蚪唯唯，羣浮闇水。」為令史也。諸葛勖作《雲中賦》。為國子生作賦，指祭酒以下，皆有形似之目。何長瑜韻語。為義慶參軍，《序臨川府僚佐》云：「陸展染鬢髮，欲以媚側室。」輕薄少年演而廣之。凡厥人士，並為題目，加劇言苦句。義慶怒，白除增城令。韋琳作《鮰表》。以刺時人，曰：「伏睹除書，以臣為櫓缶將軍、油蒸校尉、臛州刺史。臣凹高沙白媪，非有意于綺孊；白鮪女兒，豈留心于珠翠？常恐騄駮之譏，懼貽鱉蝨之誚。」高沙、白鮪，皆江陵地名。其中多魚。「鮰」與「鱓」同。

排調

孫皓作《爾汝歌》，勸晉武觴，曰：「昔與汝為鄰，今與汝為臣。上汝一杯酒，令汝壽萬春。」　宋王歆之作《爾汝歌》答劉邕，曰：「昔為汝作臣，今與汝比肩。既不勸汝酒，亦不願汝年。」歆之嘗為南康相，素輕邕。後歆之與邕，俱與元會並坐。邕謂曰：「卿昔見臣，今能見勸一杯酒不？」歆之因效孫皓歌。《偶記》

「有犬為獨，無犬為蜀；橫目勾身，蟲入其腹。」「無口為天，有口為吴；君臨萬邦，天子之都。」吴薛綜對張奉之言也。見《本傳》。　「有水者濁，無水者蜀；橫目勾身，蟲入其腹。」「無口者天，有口者吴；下臨滄海，天子帝都。」吴諸葛恪對費禕之言也。見《江表傳》。前。

庾爰客翼子。謂孫放盛子。曰：「諸孫太盛。」放曰：「未若諸庾翼翼。」既而謂人曰：「我故得重呼奴父也。」　蔡約興宗子。謂王慈僧虔子。曰：「衆僧今日可謂虔虔。」慈曰：「卿如此，何以興蔡氏之宗？」謝超宗謂慈曰：「卿書何如虔公？」慈曰：「如雞比鳳。」何勖謂殷孚曰：「益殷尊羹。」孚曰：「何無忌諱？」謝瀹與劉惔飲，惔曰：「謝莊兒不可云不能飲。」瀹曰：「苟得其人，自可流湎千日。」惔，勔子。　李平子謂徐之才曰：「卿嗜熊白生否？」之才父名雄。之才曰：「卿此言于理平否？」諧遽避之。各用父名為謔，悖哉！　超宗嘗以劉道隆觸其父諱，徒跣入内矣。此又挑王慈，何也？前。

楊素戲柳機、柳昂曰：「二柳俱摧，孤楊獨聳。」歷顯要，及此並為外職。素方用事，戲之云。又戲柳調昂子。曰：「柳條通體弱，獨搖不須風。」調正色曰：「調信無取，公不當以為侍御；信有可取，不應發此言。」又戲其父，又戲其子，調正色之對，素寧無慚？前。

張蒼梧鎮，字義遠。謂其子曰：「我不如汝有佳兒。」其孫憑曰：「阿翁奈何以子戲父？」　謝玄亦曰：「我尚生奐，奐那得不生靈運？」　許敬宗謂子昂曰：「我子不如汝子。」昂曰：「渠父寧如昂父？」前。

劉祥字休徵。嘲褚淵以腰扇障面，祥從側過，曰：「作如此舉止，羞面見人，扇障何益？」淵曰：「寒士不遜。」曰：「不能殺袁、劉，安得免寒士？」淵又嘗怒謝超宗曰：「寒士不遜。」逆湘州刺史王僧虔，閣道壞，墜水。超宗先在僧虔舫，抗聲曰：「投畀河伯，河伯不受。」超宗曰：「不能賣袁、劉得富貴，焉免寒士？」笑甚于詈，賣甚于殺。《北史》張緒謂杜杲：「寒士不遜。」緒于新渝侯宅，因酒後訴京兆杜杲，劉璠厲聲曰：「此坐誰非寒士？」

鍾繇調州泰曰：「君釋褐登宰府，三十六日，擁麾蓋，守兵馬郡，乞兒乘小車，一何駛乎？」泰曰：「君名公之子，少有文采，故守吏職。獼猴騎土牛，又何遲也？」　楊洪為蜀郡太守，舉書佐何祗為吏。數年，為廣漢太守。朝會，祗次洪座，嘲祗曰：「君馬何駛？」祗曰：「明府未著鞭耳。」　何偃為吏部尚書，劉瑀圖侍中不得，同從郊祀，偃乘車在前，瑀蹋馬及之，偃曰：「何不著鞭？」曰：「一蹴自造青雲，何至與駑馬爭路？」

張裕一言不遜，而致芳蘭之鋤。先主與劉璋會涪，時張裕侍坐。先主嘲之曰：「昔吾居涿郡，特多毛姓，東西南北，皆諸毛也。涿令稱曰：「諸毛繞涿居乎？」」裕即答曰：「昔有潞長，遷為涿令，去官還家。時人與書，欲署潞則先涿，欲屬涿則先潞，乃署曰『潞涿君』。」先主無鬚，故裕及之。主啣其不遜，後誅之。　劉攽貢父。一言，而劉恕道原。詬罵不解。同在館中。問恕：「雨中往州西？」」曰：「丁君閒冷，無人過從。」曰：「得非有所請耶？」」恕勃然大怒。　黃魯直一言，而趙挺之啣之切骨。黃意輕趙，趙嘗曰：「鄉中最重潤筆，每一文成，太平車載以贈。」黃曰：「想俱是蘿蔔、瓜、虀。」趙啣之，排擠不遺餘力，卒致宜州之貶。

臧洪《復陳琳書》曰：「子謂余身死而名滅，僕亦笑子生而無聞。」　沈昭略見王約曰：「汝是王約也，何以肥而癡？」王約曰：「汝是沈昭略也，何乃瘦而狂？」

刁、韓相嘲。刁彝于桓公座嘲韓博曰：「君是韓盧後？」博誤應曰：「君是韓盧後。」桓公笑曰：「刁以君姓韓，故相問耳。」博曰：「明公未之思耳。短尾者則為刁耳。」　麥、竇相嘲。竇威嘲麥鐵杖曰：「麥是何姓？」應聲曰：「麥、豆不殊，何忽見怪？」威赧然無以應。

唐太宗笑李大亮為「五娘子」。　宋真宗戲呼王子德文為「五秀才」。

晉元帝皇子生，普賜羣臣。殷洪喬曰：「臣無勳焉，而猥頒厚賚。」元帝笑曰：「此事豈可使卿有勳耶？」　南唐宫中嘗賜洗兒果，近臣謝表有云：「猥蒙寵數，深愧無功。」李主曰：「此事卿安得有功？」《北史》：秦孝王妃生男，文帝大加頒賜。李文博家道屢空，人謂其悦賞。乃云：「賞罰之設，功過所歸。今王妃生男，于羣官何事？乃妄受賞也。」

梁孫謙以老徵為光禄大夫。帝嘉其清潔，甚禮異焉，猶請劇職自效。帝笑曰：「當使卿智，不使卿力。」　《北史》：宋遊道為尚書令，臨淮王彧譴責，遊道乃執版長揖。曰：「下官謝王瞋，不謝王理。」

梅聖俞受敕修《唐書》，語妻刁氏曰：「吾之修書，可謂猢猻入布袋。」妻曰：「君于仕宦，何異鮎魚上竹竿？」聖俞以詩知名三十年，終不得一館職。晚年與修《唐書》，書成，未奏而卒。

詆毀

張纘兄謐、聿並凡愚，時定襄侯祇、衡山侯恭亦無學術。皇太子愛之，嘗戲纘曰：「丈人謐、聿何在？」對曰：「纘有謐、聿，亦殿下之衡、定。」魏收欺忽其叔季景，季景本有文學。季庶謂收曰：「霸朝便有二。」魏收曰：「以從叔見比，便是邪輸之比卿。」邪輸，庶之叔，殊凡愚。柳津對梁武帝曰：「陛下有邵陵，綸。臣有仲禮，津子。不忠不孝，賊何由平？」

宋廬陵王禕，初封東海王，廢帝目禕似驢，明帝遂以其音相類改封，號曰「驢王」。北魏咸陽郡王坦凶狠，從叔安豐王延明亦號曰「驢王」。又廢帝以湘東王彧肥壯，號曰「猪王」，裸納泥中，以木槽盛食。

廢帝自以不見愛于父，常罵孝武為「齇奴」。崔浩弟婿慧龍王氏世齇鼻，江東謂之「齇王」。陸驗本無藝業而貌醜，先是外國獻生犀形陋，故驗號「生犀」。唐杜悰尚岐陽公主，未嘗延接寒素，甘食竊位，人號「禿角犀」。

朱方劉甲，《駢志》作劉在。人與之話，必立遭禍難，奔避如鬼，人號「鵂鶹」。盧嬰，人與之交，必遭橫禍。夏侯孜，時人號「不利市秀才」，後登將、相。

史疾謂楚王曰：「任官置吏，必曰廉潔勝，自今盜賊公行而弗能禁，此可不曰烏不為烏，鵲不為鵲也。」《國策》　龜茲王樂漢衣服、制度，歸國，治宮室，出入傳呼，撞鐘鼓，聲如漢家儀。外國皆云：「驢非驢，馬非馬，若龜茲王所謂贏也。」　彭羕呼先主為「老革」。先主聽孔明言，左遷羕為江陽太守。馬超問之，羕曰：「老革荒悖，可復道耶？」　謝奕呼桓溫為「老兵」。奕逼溫飲，走入南康主門避之。奕就引一兵帥共飲，曰：「失一老兵，得一老兵。」

《太玄》既草，以劉歆而猶欲覆醬瓶。歆謂雄曰：「學者尚不能明《易》，又如玄何？恐後人用覆醬瓶也。」　《左賦》未出，以士衡而猶欲覆酒甕。士衡曰：「有一傖父，欲作《三都賦》，須其成，以覆酒甕耳。」

隗禧曰：「《左氏》直相斫書耳。」鍾繇曰：「公羊賣餅家耳。」王荆公目《春秋》斷爛朝報。敢于侮經，其學之必蔽于亂也。　顏延之薄湯惠休，曰：「惠休制作，委巷中歌謡耳。」崔浩謂《道德經》必非老子所作，韓生所謂「家人筐篋中物」。　陸卬稱李德林文章：「浩浩如長河注，比來見後生制作，乃涓澮之流耳。」柳宗元答嚴厚輿曰：「馬融、鄭玄，章句師耳。」抑人者必自矜，往往而是。

武帝欲痛罵王武子。然後爵之，曰：「知愧不？」武子曰：「尺布斗粟之謡，常為陛下恥之。他人能令疏親，臣不能使親疏，以此愧陛下。」　武陵王曄無寵于帝。嘗侍宴，醉伏地，貂抄肉柈。帝笑曰：「肉汙貂。」對曰：「陛下愛羽毛而疏骨肉。」曄輕財好施，故無蓄積。名後堂山曰「首陽」，蓋怨貧薄也。

語不擇音：惠莊聞朱雲折五鹿充宗之角，歎曰：「栗犢反能爾耶？」　更始見趙憙曰：「繭栗犢，豈能致遠乎？」　太后謂王舜曰：「而屬不顧恩義，狗猪不食其餘？」　桓範謂曹爽弟義、訓、彥曰：

「曹子丹，真。佳人，生汝兄弟豘犢耳。」　曹操曰：「劉景升兒子，豚犬耳。」　吳薛綜謂孫權曰：「日南男女裸體，可謂蟲豸。」　五代盧程罵任圜曰：「爾何蟲豸？」　秦王堅曰：「董龍是何雞狗？而令國士與之言乎？」　孫晟素輕馮延巳，曰：「金杯玉盤，乃貯狗矢乎？」　苻朗過江，王忱與兄國寶詣之，沙門曰：「是王吏部兄弟？」朗曰：「非一狗面人心，及一人面狗心者耶？」忱醜而有才、國寶美而狠毒，故也。　苗晉卿數薦元載，李揆輕載體寒，曰：「龍章鳳姿士，不見用；麞頭鼠目子，乃求官耶？」載聞啣之。　曹操呼孫策為「猘兒」。　關羽罵孫權為「貉子」。　蔣濟目曹爽曰：「駑馬戀棧豆，必不能用也。」　許德勳目馬殷曰：「羣駒争皁棧，乃可圖耳？」

周行逢號「酒囊飯袋」。　禰衡曰：「荀彧可言，餘皆酒甕飯囊。」　孔融謂袁公路：「冢中枯骨，何足介意？」　李勝謂司馬公：「尸居餘氣。」懿詐疾而勝不知。

陶侃曰：「殺方州，即為方州；殺宰相，便為宰相乎？」　李光弼曰：「宣中丞，即斬中丞；拜宰相，即斬宰相矣。」

盧蒲嫳惡子尾、子雅之為人，曰：「二子，禽獸也。吾寢處之矣。」　州綽薄殖綽、郭最之非勇，曰：「二子者，辟之禽獸，臣食其肉而寢處其皮矣。」

晉武帝調王汝南濟。曰：「卿家癡叔死未？」湛有隱德。　宋太宗語薛居正妻曰：「不肖子安在？頗改行否？」居正子惟吉。　楊元素問滕元發曰：「令弟賊漢在否？」目滕申。

賈充與庾純相譏。充宴朝士，純後至。充曰：「君行常居人前，今何以後？」純曰：「有小市井事，不了。」世言純先嘗有伍伯者，充先有市魁者。以此相譏。　羊烈與畢義雲相譏。與爭兗州大中正。義雲云：「我累世本州刺史，卿世為我家故吏。」烈曰：「自畢軌被誅，寂無人物，豈若我漢家河南尹，晉朝太傅，百代儔美，且男清女貞，足以相冠？」蓋譏義雲帷簿焉。　何妥、蘇威相詆訶。威勃然曰：「無何妥，不慮無博士。」妥應聲曰：「無蘇威，亦何憂無執事？」由是有隙。

呼崔元欽為「癩刺史」。魏崔暹字元欽，刺瀛州，貪暴。嘗出獵，單騎至民村。有汲水婦人，暹令飲馬。因問：「崔瀛州何如？」答曰：「百姓何罪？得如此癩兒刺史。」暹默然而去。　叱楊再思為「癡宰相」。再思阿匼取容。或曰：「公位尊，何自屈折？」答曰：「世路孔艱，不爾，豈全吾軀？」于時水沴，閉坊門以禳。有車陷于濘，叱牛不前，恚曰：「癡宰相不能和陰陽，而閉坊門，遣我艱于行。」再思遣謂曰：「汝牛自弱，不得獨責宰相。」　憎聲，《世説》：支道林入東，見王子猷兄弟還。人問：「見諸王何如？」曰：「見一羣白頸烏，但聞唤啞啞聲。」憎眼。蘇峻時，孔羣在横塘，為匡術所逼。王丞相保存術。因衆坐戲語，令術勸羣酒，以釋横塘之憾。羣答曰：「德非孔子，厄同匡人，雖陽和布氣，鷹化為鳩。至于識者，猶憎其眼。」

劉祥比令僕于驢。祥與王奂子融同載，見路人驅驢。祥曰：「驢，汝好為之，如汝人才，皆已令僕。」　卞彬比令僕于蝦蟆。彬《蝦蟆賦》云：「紆青拖紫，名為蛤魚。」世謂比令僕也。

費旭不識其父。　殷澐飄颻其母。《家訓》梁费旭詩云：「不知是耶非？」殷澐詩云：「飄颻云母舟。」簡文曰：「旭既不識其父，澐又飄颻其母。此雖悉古事，不可用也。」　陳思方父于蟲。　潘岳匹婦于考。陳思王《武帝誄》：「遂深永蟄之思。」潘岳《悼亡賦》：「乃愴手澤之遺。」是方父于蟲，匹婦于考也。

歐陽公一代偉人，而小人蔑以房帷之醜；文信公百代人傑，而讒夫誣以匿服之罪。　哆侈之成南箕，奚怪其然？《偶言》

灌夫罵臨汝侯與程不識耳語。夫行酒至田蚡，蚡不肯。次至臨汝侯灌賢，賢方與程不識耳語，夫乃罵賢曰：「平生毁程不識不值一錢，今日長者為壽，乃效兒女子呫囁耳語。」**崔咸罰裴度與劉栖楚耳語。**栖楚，李吉甫黨也。十餘人怒肩排裴度，而朝士持兩端者，日擁度門。一日，度留客，栖楚矯求度之歡，曲躬附裴耳而語，咸嫉其矯，舉爵罰度，曰：「丞相不當許所由官囁耳語。」度笑而飲之，栖楚不自安，趨出。坐客皆壯之。

曹真罵座。詔會吳質所，時真肥，朱鑠瘦。質諷優說肥瘦，真恥見戲，遂罵座。質按劍曰：「曹子丹，汝並屠机上肉，吳質吞爾不摇喉，咀爾不摇牙，何敢恃勢驕耶？」鑠起曰：「陛下使吾等來樂卿，乃至此耶？」質叱之，鑠拔劍斫地，遂罷。**庾純罵座。**賈充與純不平。充宴朝士，純行酒，充不時飲。純曰：「長者為壽，何敢爾也？」充曰：「父老不歸供養，將何言也？」純怒曰：「賈充，天下洶洶，由爾一人？」充曰：「輔佐二世，蕩平巴、蜀，何為洶洶？」曰：「高貴鄉公何在？」充慚怒，上表解職。純懼，自劾，免官。

石勒與李陽相毆，争麻池。陽，武鄉人。勒微時與陽鄰居。**崔康拳擊甄琛，墜床下。**康，參平帶無極令，琛為長史。因公事言，競以拳擊琛，琛以本縣長笑而不論。

因酒而相忿争，又有沈文季于褚淵。文季為侍中，淵以門户裁之，不為屈。世祖宴朝臣，文季數舉酒勸淵，淵甚不平。淵因言及文季將略，足委遐事。文季諱稱將門，怒啟曰：「褚淵自謂忠臣，未知死日，何面目見宋明帝？」世祖笑曰：「沈率醉也。」**虞慶則于楊素。**高祖置酒，因曰：「高熲平江南，虞慶則降突厥，可謂茂功？」素曰：「至尊威德所被。」虞曰：「楊素出兵武牢，若非至尊威德，亦無克理。」遂相長短。**史弘肇于蘇逢吉。**王章于第酒酣，為手勢，令閻晉卿坐，次教之。逢吉戲曰：「近坐有姓閻人，何憂罰爵？」弘肇妾閻，本酒妓也。大怒，醜語逢吉，欲毆之。逢吉策馬去，肇索劍欲追。自是將相不協。

讒　險

「三言成虎」，龐恭之言也。恭與魏太子質于趙。謂魏王曰：「三人言而成市虎。今邯鄲遠于市，議臣者過三人，願王察之。」及反，讒口果至，遂不得見。

「三至投杼」，甘茂之喻也。甘茂伐韓宜陽，以曾參殺人為喻，盟于息壤。

逢紀讒田豐于袁紹，憚之也。憚豐亮直，數讒之。敗于官渡，紀復曰：「豐聞敗，拊手大笑，喜其言之中。」紹于是害豐。

崔季舒譖高隆之于文宣，報之也。文宣即位，隆之啟害季舒等。季舒乃譖隆之。隆之又與元昶酒酣，語人密言。文宣大怒。

趙高之毀蒙氏也，欲除舊人而專政也。日夜毀短，求其罪過，殺毅，恬呑藥死。

郭開之毀廉頗也，恐其復用于趙也。遣使者金，言：「廉將軍老，尚健飯。然與臣坐，頃之三遺矢矣。」

宰嚭讒伍員，以怨望。曰：「不見用，常鞅鞅怨望。」吳王乃賜屬鏤劍。

盧志讒陸機，以凌君。曰：「自比管、樂，比君闇主，未有臣凌其君而可濟事者。」

袁盎毀周勃，以驕主。曰：「功臣非社稷臣，丞相有驕主色。陛下謙讓，臣主失禮。」

上官大夫之譖屈平，以憲令。平屬草稿未定，大夫見而欲奪之，不與。因讒之王。王怒，疏平。

虞預之謗王隱，以《晉書》。預私撰《晉書》，不知中朝事，訪于隱，並借所著書竊寫之。後更疾隱，隱竟以謗黜。

皇甫鎛之譖崔羣，以議號。憲宗議上尊號。鎛欲加「孝德」字，羣曰：「言德，則孝在其中。」鎛譖：「羣于陛下惜『孝德』二字。」上怒，出羣。

高力士之讒李白，以《清平調》。力士以脱靴為恥，謂以飛燕比妃子。上欲命白官，卒為宮中所捍。

宰相之貶白居易，以《新井篇》。居易為贊善，宰相不悦。有言居易母墜井死，而賦《新井篇》，謂浮華無實行，貶江州司馬。

絳、灌共短賈誼。曰：「洛陽年少，紛亂諸事。」天子後亦疏之，以為長沙王傅。

詭、勝共惡鄒陽。公孫詭、羊勝嫉陽，惡之。梁孝王怒，下之吏。

樊、周共譖楊震。樊豐、周廣、謝惲等傾搖朝廷。震上疏言切，豐等譖震鄧氏故吏，有恚恨，心策收印綬。至夕陽亭，飲酖卒。

弘恭、石顯共奏蕭望之。望之與史高恭、顯忤。恭、顯奏望之毀離親戚，欲以專權。召致廷尉，飲酖自殺。

譖人而代其位：孟岱于審配。官渡之敗，配二子為操擒，岱與配有隙，因言配二子在南，必懷反叛。紹遂以岱代配守郡。

嚴舒于馬隆。隆威信振隴右，舒與楊駿通親，毀隆年老。于是以舒代鎮。 王華于張邵。太祖政事委邵。華不欲人在己前。邵性豪，常引采轂；華乘牽車以矯之。常逢邵，曰：「此鹵簿甚盛，必是殿下出。」至道側，邵至，乃懲。邵白服，為華所糾，代為司馬。

蔡確于熊本、元絳。劾本附文彥博，黜之，代為知制誥。又劾元絳，代為參知政事。

以譽而巧中之：朱异間徐摛，以愛泉石。摛寵遇日隆，异忌之。乘間白帝：「摛年老愛泉石。」武帝謂：「摛真欲之，乃謂新安大好山水，卿為我臥治此郡。」 王欽若譽趙安仁，以不忘舊德。真宗議立劉德妃為后，安仁以家世寒微，不如沈才人出于相門。他日上與欽若論長者，欽若曰：「無若安仁。安仁昔為沈義倫所知，常思欲報之。」上默然，始有意斥安仁。 段徊稱張憲。徊不欲憲在朝。會選北京留守，徊曰：「北門國家根本，非憲不可。」乃授副留守。 公孫弘稱汲黯。言：「右內史界部中多貴人宗室，非素重臣不能任。」徙汲黯。 賈充薦任愷。充欲解愷近職，乃薦愷忠貞，宜在東宮；愷亦薦充都督秦、雍。用荀勖計復留。 盧杞稱李揆、顏真卿。言揆入蕃曰：「非諳練故事者不可。」真卿使，李希烈曰：「真卿三朝舊臣。」

劉仁軌忿李敬玄，乃稱其將才，而表求代己。卒敗事。 姜皎為張說薦姚元之為河東總管。

以輕侮被譖，張瓊也。瓊嘗以身蔽宋太祖，中弩，死而復蘇。宋祖即位，史珪、石漢卿得幸，瓊挾功輕侮之。二人譖瓊養部曲百人。召訊不服，上怒，令擊之，瓊自殺。 以剛勁被讒，楊億也。億以文擅名，剛勁寡合，惡者譖之。在學士院，真宗忽夜召見，出文稿數篋示曰：「皆朕起草，未嘗命臣下代作。」億惶恐不知所對。知為人譖，佯狂奔于陽翟。

諸葛穎，煬帝甚見親幸，穎因間隙，多所譖毀，時謂之「冶葛」。 晉高祖鎮太原，任廷浩出入無間，多言外事，左右甚憚之。

閽乞肉，而夷射姑杖敲閽，以瓶水沃廷，誣以旋，而邾莊執之。門者請餘瀝，而夷射叱去。門者捐

水門畱類溺者狀，而齊王殺夷射。一事兩載耳。《事偶》

豎牛讒而殺壬。《韓非子》：叔孫有子曰「壬」，豎牛妬而欲殺之，因與壬遊魯君所。君賜之玉環，壬不敢佩，使牛請之。欺之曰：「已請。」因謂叔孫。叔孫召壬見之，怒而殺壬。壬兄曰：「丙，叔孫為丙鑄鐘，丙不敢擊。」牛又欺曰：「已請。」叔孫曰：「不請而擊。」怒而逐之。一年，叔孫使牛召之。曰：「怒不肯來。」叔孫使人殺之。二子已死，叔孫病，牛去，左右不納人。因不食而死。牛徙其重寶，奔齊。夫聽所信之言，而子父為人僇。此不參之患也。

妾余讒而殺甲。春申君有愛妾曰「余」，正妻有子曰「甲」。余欲君之棄其妻也，自傷其身而泣曰：「二主勢不俱適，不若賜死君前。」君為棄正妻。余又欲殺甲，因自裂其衣而泣曰：「甲欲强戲余，余與争之，至裂余之衣。」君怒而殺甲。故妻以妾余之詐棄，而子以之死。《駢志》

漢宣知蓋寬饒忠直，而寬饒上書，有云：「五帝官天下，三王家天下。」讒人乃謂：「寬饒欲求禪位。」宣帝不察，寬饒自剄北闕下。唐太宗信用劉洎，比之魏文正公。太宗征遼，患癰，洎泣曰：「聖體不康，甚可憂懼。」讒人乃謂：「洎欲行伊霍之事。」太宗不察，賜洎自盡。受知明主而以語言、文字得禍。傷哉！

子胥殺而吴亡；李斯誅而秦滅；伍尚死而楚昭奔；屈原放而懷王囚。知佞之讒人，不知佞之讒國。此唐沈顔語。吴既亡而宰嚭沉；秦未滅而趙高族；楚昭奔而無極誅；懷王囚而靳尚刺。知佞之讒國，不知佞之自讒也。

孫策欲與高岱講《左傳》，或令岱言「不知」，策以為輕己，殺之。薛文傑與吴英隙，英病言頭痛，而文傑使妖巫言：「入北廟，見英金鎚擊其首。」閩王即收英。《事偶》

犀首與張壽為怨，陳需不善首，微殺壽，魏王以為首，而誅之。　季辛與爰騫相怨，司馬喜惡辛，微殺騫，中山君以為辛，因殺之。前。

鄭袖紿美人之掩鼻，而楚王劓之。　江充令太子紙蔽獄鼻，而漢武怒之。前。

宰人上炙，而髮繞之，魯哀公召譙，宰人請死罪三，而譙堂下。　黃門進食，以髮貫炙，光武令斬大官陳正，正請死罪三，乃罪黃門。前。

僖侯浴中之礫。僖侯詰之。對曰：「尚浴黜，則臣得代之，是以置礫湯中。」　孫亮蜜中之鼠矢。一則以求蜜不與，一則以求莞席不與。

或譖王通于楊素，通曰：「使公可慢，則僕得矣；不可慢，則僕失矣。得失在僕，公可預焉？」素待之如初。　武后謂狄仁傑曰：「卿在汝南，有譖卿者，欲知之乎？」曰：「陛下以為過，臣當改之；以為無過，臣之幸也。譖者名不願知。」　王昶誡子曰：「人或毀己，當退而求之于身。若己有可毀，則彼言當矣。若無可毀，則彼言妄矣。當則無怨于彼，妄則無害于身。」

漢文甚禮周勃，乃袁盎「適會成功，非社稷臣」之言進，遂有廷尉之繫；真宗待寇準極厚，乃王欽若以澶淵之役，是「盟于城下」之言進，旋有海康之貶；絳萊功揭日月，以從容一言，移兩明主意。吁！讒可畏哉！

祖珽以謠中斛律。　張權輿以謠中晉公。

褚河南之譖劉洎；陸敬輿之陷竇參；李忠定之殺齊愈。皆不可解。

推惡嫁禍：公孫敖無功還，因曰：「捕得生口，言李陵教單于馬兵以備漢軍，故臣無所得。」上于是族陵家。 桓温伐燕不利，深耻喪敗，乃歸罪于袁真，奏免真為庶人。《海西公紀》

龐晃等短高熲，帝曰：「獨孤公猶鏡也，每被磨瑩，皎然益明。」 張紘言虞仲翔：「為論者所侵，美玉瑚磨益光，不足以損。」

不信讒者：扈瓌間陶侃，而劉弘非之。 瓌言侃于陳敏：「鄉里脱有異志，則荆州無東門。」弘曰：「侃之忠能，吾得之已久。豈有是乎？」侃遣子洪、兄子臻詣弘，弘引為參軍，資而遣之。 卞彬自作童謡中褚淵，而宋祖覺之。 彬引謡云：「可憐可念尸著服，孝子不在日代哭。列管暂鳴死滅族。」尸著服，褚字边，衣也。「孝」除「子」以「日」代者，謂褚淵也；列管，簫也。太祖笑曰：「彬自作此。」 仇騰、席寶數譖毁王猛，而苻堅黜之。 前後上下，莫敢有言。 竇璡表陳皇甫無逸，而唐高祖黜之。 有告無逸交通蕭銑者。璡與無逸不協，因表陳之。詔温彥博按之，無狀，遂斬告者而黜璡。勞無逸曰：「比多譖毁，但以正直為佞人憎耳。」 屈突通、殷開山言殺尉遲敬德，而秦王釋之。 尋相叛，諸將囚敬德。秦王引見卧内，曰：「丈夫以意氣相許，小嫌不足置胸中。我終不以讒害良士。」 楊表告劉師立欲反，以自云「眼有赤光」，姓氏又當符讖。而太宗諭之。 曰：「人言卿欲反，此妄言耳。」引入卧内，賜帛六十疋，慰諭之。 武承嗣恨短李昭德，昭德諫：「承嗣已王，不宜典機衡。」而武后拒之。 曰：「吾任昭德而獲安枕，足代吾勞。」 李逢吉百計毁裴度，而敬宗察之。 悉其誣謗，待度益厚。

鄭顥數毁白敏中，而宣宗以書授之。 初萬壽公主選婿，敏中薦顥。顥已約婚盧氏，甚啣之。敏中出鎮，言于上，上取小檉函授。曰：「此鄭郎譖卿書也。朕若信之，豈任卿至今日？」 曹吏嘲崔善為，而唐高祖勞之。 善為還右丞清察。曹吏以其短而傴，嘲曰：「曲如鈎，例封侯。」帝聞，勉之曰：「昔齊末奸吏歌斛律明月，而高緯不察，至滅其家。」因下令求謗者，謗乃止。

竇參譖吴湊，謗陸贄，而德宗察之。 參以私憾，言湊病風。召至京師，使之步以察之，知參之誣，以湊代參薦李巽為陝虢觀察。又與吳通玄等共謗贄貢舉不實。帝知其毀贄，並貶之。

蜀先主之信趙雲。當陽初敗，有言雲已北去者，昭烈以手戟擿之，曰：「子龍不棄我走也。」 吳王之信潘濬。濬姨兄蔣琬為諸葛亮長史。衛旍奏濬遣密使與琬相聞。權曰：「承明不為此也。」 魏明帝之信陳矯。曰：「劉曄搆君，朕心已了。」 隋高祖之信高熲。龐晃等短熲，上怒黜之，曰：「公猶鏡也。每被磨瑩，皎然益明。」 宋太祖之信郭進。有軍校訟進，送進，令殺之。進貰其罪，令掩敵致捷，以聞。 唐太宗之信李世勣。曰：「公往不負李密，豈負朕哉？」 憲宗之信李絳。曰：「朕信李絳不如是。」 張奂之信延叔堅。曰：「吾與叔堅剖心相知，豈以流言相猜耶？」 宋仁宗詔王德用。曰：「有傷卿者，朕不聽。」 劉裕謂劉敬宣。曰：「阿壽故為不負我也。」 李夷簡謂徐晦。「君不負楊臨賀，豈負國乎？」 漢光武于馮異。報曰：「將軍之于國家，義為君臣，恩猶父子，何嫌何疑而有懼意？」 魏文成于源賀。有奸人石華告其與沙門道可謀反。文成曰：「賀保無此。」

楊國忠謗鄭侯《詠柳》含譏，明皇曰：「賦柳為譏卿，賦李為譏朕乎？」 或謗東坡《詠檜》怨誹，神宗曰：「渠自詠檜，何預朕事？」

誣搆

韓玫誣烏昭遇，同使也。同使吳越。玫恃安重誨之勢，醉以馬箠擊昭遇，謬欲奏之。昭遇祈而止。及復命，翻誣昭遇，賜自盡。

陳茂奏柳莊，同官也。茂與莊同官，不能降意。莊嘗據法執奏罪人，忤旨。俄上方進丸藥，不稱旨。茂因奏莊不親監臨，帝怒。

張宿以朋黨誣搆韋貫之。宿以利口得幸，裴度欲為請章服，貫之言，遂寢。宿誣以朋黨，出為湖南觀察。又出韋顗、李正辭、薛公幹、李寬、韋處厚、崔韶，皆搆以貫之之黨也。何妥以朋黨誣搆蘇威。妥與威子夔議樂，各有所持。遂奏威與盧愷、薛道衡、王弘、李同和共為朋黨，省中呼王弘為「侍子」，李同和為「叔」，言二人如威子弟也。妥又以黨搆房恭懿。奏尉迥之黨蘇威、宇文愷，曲相舉薦。配房嶺南，徵還，卒。

誣吴育貸息錢。宋仁宗欲大用育。或誣在河南嘗貸民出息錢，遂命出帥延州。誣蘇軾販蘇木。神宗欲用軾。王安石曰：「軾遭父喪，韓琦等送金帛不受，却販數船蘇木入川。驟用此人，士何由知好惡所在？」乃不用。

令狐建惡棄其妻，而誣與郭士倫通。士倫傭教建家。建妻李賨臣女，惡棄之，誣與倫通，召倫榜殺之，因返其妻。及三司訊之，被誣明白。建乃自引，會赦免。顧玭之因聘張率父伎，不願，遂為尼。而誣與率奸。嘗因齊會率宅，玭之飛書，言伎與率奸，高祖惜其才，猶致時論。王棱因劉暾子婦拜墓，而誣欲投王彌。棱輕暾。暾每欲繩之，棱以為怨。暾子更生初婚，當拜墓，攜賓客、親屬數十乘。棱告暾與彌鄉親，欲投之。傅宣明其不然。暾聞之，未至墓而返。

竊奔被獲，而誣人使己，邢魚也。裴憲二子挹、毅，仕石虎，與魚有隙。魚竊乘毅馬奔段遼，為人所獲。魚誣毅使己，以虎襲鮮卑，告之為備。虎適謀伐遼，遂誅毅、挹。徼倖上變，而誣人陰遣，皇甫希仁也。皇甫無逸撫蜀，希仁見無逸專制方面，上變言無逸陰遣與王世充相知。仁被斬。

于昌潤誣搆崔河圖。觀察嚴礪奏昌潤，狀云：「河圖使奴詆百姓妻，抑壓家中。」又請于果州尋醫，並無疾患。」詔流崖州。

杜兼誣殺韋賞、陸楚；兼刺梁州。嘗怒賞、楚守職論事忤己之意，密奏二人煽動軍中。宣制杖殺之。賞進士擢第。楚，兖公象先之孫，皆名家，有士林之譽，以無罪受戮，天下冤歎之。王璠誣搆李德裕；德裕奉詔安排宫人。杜仲陽，漳王養女也。璠論德裕賂仲陽，結托漳王圖不軌，尋貶德裕。其年，李宗閔坐救楊虞卿，貶；李漢坐黨宗閔，貶。璠與李訓伏誅。文宗悟德裕為朋黨所誣，移滁州，遷賓客。度尚荆州刺史。偽上言賊入界，徵張磐交阯刺史。下獄，奏乞面對曲直，而尚受罪；胡、藍餘黨南走蒼梧。尚上言賊入荆州，徵磐下廷尉，會赦，不肯出獄。曰：「長沙賊入交阯，尚懼磐，先言，乞對曲直，尚不徵者，埋骨牢檻，終不虛出。」尚詞窮受罪。趙凱荊州刺史。誣奏非身破賊，徵楊旋零陵太守。檻車，噬臂書章，而凱受罪。旋梟斬猾賊。凱奏妄有功。旋噬臂出血，書衣為章，具陳破賊形勢，及凱所誣狀。潛令親屬詣闕達之。詔原旋，凱受誣人之罪。索嗣搆李暠于段業，而反被殺；嗣初為燉煌太守，暠稱薦于業。後搆暠于業，業以嗣為燉煌太守。暠與嗣結刎頸交，反為所搆，狀其罪于業，遂殺嗣。主父偃以奸事勸趙王自殺，而遂被族。趙王使人上書告主父偃受諸侯金。偃至齊，勸王自殺，武帝族偃。螫人，適以自螫矣。

王愷誣牽秀，而秀論愷穢行。與愷素相輕侮。誣奏秀載高平守士田興妻。秀即表訴被誣，論愷穢行。蕭遥欣侮劉季連，而連密表遥欣異迹。季連為遥欣長史。遥欣侮季連，季連憾之，密表遥欣有異迹。

欲去奸，而反為奸先害：京房欲退石顯，而顯告以誹謗棄市。李傑將繩王旭受贓，反為旭所搆。宋申錫謀除王守澄，守澄誣以謀立漳王湊出貶。劉憲欲因事繩來俊臣，反為所搆免。王章言王鳳不可任用，而為鳳所陷。

任廷浩誣縣吏結百姓欲劫庫。廷浩令文水聚斂。民欲陳訴，廷浩誣吏，晉高祖遣兵誅十餘家。尹重筠誣縣令欲殺刺史。尹稅賦不輸，令雒延賞答其莊吏。重筠乃詐為延賞與李守貞書，石公覇明之。

搆呂布者，陳珪。說布絶袁術婚而協操。又使子登言操圖布。搆嵇康者，鍾會。會憾康，言于文帝，遂因呂安事並害之。

陷馬援者，梁松。宿懷不平，遂因事陷之。搆劉乂劉聰大弟。者，郭猗。猗有憾于乂。密謂王皮、劉惇證二王反狀，粲以為信然。搆華廙者，荀勖。勖為中子求廙女，不許，為恨。密啟袁毅貨賕責所親一人，因指廙當之。免官，削爵土。

搆諸辛者，甄豐、甄邯。辛慶忌子通、遵、茂，不甚詘事兩甄，吕寬事起，莽誅衛氏，兩甄因言諸辛與衛伯子為心腹。陳崇奏其宗親辛興等侵淩百姓，莽遂按通父子兄弟。　搆斛律光者，祖珽。周章、韋孝寬忌光英勇，作謡言，珽續之，協謀啟帝。遣賜一馬，來謝，執之。光至，引入涼風堂，劉桃枝自後拉而殺之。

皮襲美在吴越，誣見相于黄巢。　張于韶居鹽官，謗用事于劉豫。

石介之死，夏竦疑其走西夏，勘驗之。　陳瑩中死，蔡京恐其輔方臘，體究之。

曲逆、第五倫盜嫂，皆謗也；鄭藻娶嫂，非謗也。看執柯者面耳。〈備吹〉

路粹之奏孔融。言：「融昔在北海，招合徒衆，欲圖不軌。又不遵朝議，禿巾微行。唐突宫掖，與白衣禰衡言論放蕩。」衡謂融：「仲尼不死。」融謂衡：「顔淵復生。」　承曹操之旨，而文致之也。　除官之誣李固。順帝時，諸除官多不以次，固奏免百餘人。此輩誣固曰：「大行在殯，路人掩涕。固獨胡粉飾面，搔頭弄姿。」遂策免之。　希梁冀之旨，而作飛章也。

李譚監營謁者。之奏耿恭承馬防之旨，恭討西羌，忤防。　而以為不憂軍事，被詔，怨望也。被徵下獄死。

離間

謝超宗間王瑩父子。瑩代超宗義興守。去郡與瑩交惡。既還，間于其父懋。懋言瑩供養不足，坐失郡。

谷永致王譚兄弟。譚當繼鳳輔政，尤與永善。王鳳病，因薦從弟音自代，帝從之，而譚位特進。永與譚書，遂讓不受職。由是譚、音相與不平。　郝廷玉、朱體微間朱滔、朱泚。廷玉與泚同鄉里，少友善。泚為節度，授平司馬；判官鄭雲逵忤廷玉，白黜録事，雲逵與滔善，因搆廷玉于滔。滔有事請泚，廷玉輒踈之。朱體微亦為泚親信，嘗與廷玉密言于泚，曰：「滔非長者，不可以兵權付之。」滔乃抗表，廷玉體微離間骨肉。泚亦歸罪廷玉，以悦滔。　周廷望間徐知詢、知誥。詢輕誥，數與争權。詢典客周廷望如江都，密輸欵于誥，亦以誥謀告詢。詢召誥如金陵，除父温喪，不許。詢責誥。誥曰：「爾挺劍待我，何敢往？」詢以廷望言告誥，誥曰：「以爾所為告我者，亦廷望也。」遂斬廷望。　高從誨間馬希廣、希萼。從誨節度荆南，送萼朗州。奏事官沈從進乞恩，命潭州。廣争立，厚賂朝廷。講不行，及從誨革面自新。又援萼求通于朝，欲離間潭、朗。詔萼、廣和解之。　張纘間湘東王繹、河東王譽。

周齊藏珍以張永德與李重進，互有間言。藏珍亦嘗遊説于重進。洎壽陽兵回，諸將中有以藏珍之言上奏者，世宗怒，斃之。蓋不欲暴其惡跡也。

丁謐間宣王。初，宣王推先曹爽，爽亦引身卑下。謐與畢軌等進用，數言宣王得民心，不可推誠委之。由是爽嘗猜防。

梁矜孫間庾黔婁。鄧元起刺益州，任庾黔婁、蔣光濟。矜孫志行不同，言于元起，曰：「城中稱有三刺史。」元起由是疏庾、蔣，而治迹稍損。　程遐間張賓。張披為遐委昵。賓舉為别駕，遐疾披去己。又惡賓權盛，譖披與賓為遊佚，非社稷之利，遂殺披。賓知間己，弗敢請。　吕祉間趙鼎、張浚。浚遣祉奏事，所言誇大，鼎每抑之。高宗曰：「他日張浚與卿不和，必吕祉也。」既而浚因請事，語微侵鼎，鼎言：「臣初與浚如兄弟，因吕祉離間，遂爾暌異。」

不能間者，太子肅宗。仁孝謹静，張垍、高力士常保護于上前，故林甫終不能間。　國忠言禄山召必不來，召之聞命而至，國忠之言不能入。以無罅可入也。

告訐

上變言韓信欲反狀者，舍人弟也。　上變言黥布謀反者，賁赫也。

江充告趙太子丹；告與同産姊，及王後宮亂。詔收捕，法至死。充後亦以巫蠱事誅。　朱安世告公孫敬聲。敬聲下獄，父賀請捕安世以贖罪。安世告敬聲與陽石公主私通，且埋偶人咒詛。賀父子死獄中。「巫蠱之禍」起自朱安世，成于江充。皆以房闓曖昧為誅。

馬超表彭羕；羕左遷，不悦。超曰：「當與孔明、孝直齊足並驅，寧當外圖小郡？」羕曰：「老革荒悖。」又曰：「卿為其外，我為其內，天下不足定也。」超出大懼，具表羕詞。收羕誅死。戴邈表周嵩；嵩以諫元帝忤旨，出守新安。臨發，與張嶷在邈座，褒貶朝士，又詆邈。邈密表之，召嵩付廷尉。習授白婁圭；圭字子伯，與曹公有舊，同授見出。授曰：「父子如此，何其快爾？」圭曰：「居世間，當自為之。而但觀他人乎？」授乃白之，遂見誅。崔暹告崔悛。悛以籍地自矜，暹出而啣之。高祖葬後，悛竊言：「黃頷小兒堪重任否？」暹啟文襄，悛要拜道左。怒曰：「黃頷小兒，何足拜？」鎖赴晉陽訊之。陳元康為言，文宣猶怒，曰：「金石可銷，此言不滅。」皆以失言取禍。

劉成告劉澤，齊孝王孫，謀與燕王旦起。雋不疑以聞。燕倉告上官桀，反謀。杜延年以聞。朱並告張儉以郡人為黨。二十四人，于是刊章討捕。牢修告李膺以誹謗朝廷。張成善風角，子弟殺人，膺案殺之。弟子牢修誣告膺等，黨獄遂起。梁郁告孔僖、崔駰，以誹謗先帝。駰詣吏受訊，僖上書自訟得免。韋雲起告裴寂；鞫之無端，釋之。高甑生告李靖。有憾，告靖以誣罔得罪。皆以謀反。

魏收啟盧斐、李庶，以謗史殺之。逞己之專也。王曾志不在温飽，范諷輒發其家粟數千斛，訐人之隱也。

以屬吏告黜陟使，王弘也。辛公義為揚州黜陟使，法無縱捨，弘自揚州長史，人言公義之短，竟去官。以部曲而告主將：陳峴也，告章大寶反叛，拜譙州刺史。韋岳也。岳，李位小將，告位大逆。推所告不實，杖死。

陳正，潁州鄉兵也，告指揮使王懷殷謀逆。詔本州決杖。　張景陽，郃陽州民也，詣闕訟節度使薛懷讓不公。　王昶，符離縣民也，訴縣令張洙業簡民田受贓。　賈鎮、趙元皋，皆萬年縣典也，誣告故統軍王仳。　男王正慕謀。詔杖殺之。　王再榮，于敏役人也，告敏父頔與梁正言錢以謀出鎮。

以客告主，杜弼家客。告弼謀反下獄，業治無實，久乃見原。

以奴告主：謝少莒奴沙橘。告少莒不軌。詔鞫不實，決流靈州。　垣崇祖監奴。作大形棺材，盛仗，使鄉人用之。有司奏，免官。天生截渡江北。監奴有罪，告之。按無實，見原。　又竇憲奴王當，王稷二奴，李嶼僕夫。俱詳《僕隸》。

相訐致兩敗者：戴長樂、楊惲也，長樂謂掾吏曰：「親見受詔副帝肆，蓋行天子事，習威儀于宗廟也。」或告長樂非所宜言。長樂疑惲教之，亦上書言惲罪：「引亡國，誹謗當世。」詔免長樂、惲為庶人。　嚴延年、府丞義也，義年老頗悖，素畏延年。延年本與俱為丞相。史無意噉傷也，饋遺甚厚。義自筮得死卦，言延年罪名十事，飲藥自殺。延年坐棄市。　李温美、馮繼勳也，温美家人與本縣主稅吏馮繼勳交惡。温美條白節度使符彥卿，言商稅不公，請下獄鞫劾。繼勳又言温美私過，彥卿推劾，伏罪，流勳貶美。　崔日用、薛稷也。爭事于上前，稷曰：「日用傾側附武三思，非忠臣；賣友邀功，非義士。」日用曰：「稷附張易之、宗楚客，非傾側而何？」上兩攏之。

告人而封侯者：樂説告韓信；賁赫告黥布。皆封列侯。　燕廣告楚王英逆謀，封折奸侯。　張章告霍禹，邪謀。封博成侯。　息夫躬告東平王，封宜陵侯。與孫寵謀上變，東平王雲等誅。寵亦封方陽侯。　告霍氏者：張章、董忠、楊惲、全安上、史高，皆封侯。

告人而得官者：賈智告毛謐，告謐等逆，靈太后嘉之。　除伏波將軍。　丘和發元胄，傾心附宇文述，又以發武陵公胄罪。拜代州刺史。趙釋柱告虞慶則，謀反。拜柱國。

告人而被法者：張君徹告簡王渾。及子汝留王煒謀反，詔推究之。渾自縊，特斬君徹等。皇甫希仁告皇甫無逸。上變云：「陰遣與王世充相知。」高祖覺其詐，斬希仁。邊彦温告安重誨。窮詰，具伏誣告，斬市。人告源賀。人告賀反。魏主曰：「朕為卿等保之。」訊驗果誣，乃誅告者。

希旨奏人：于承業奏柳奭。奭以高宗后舅，歷中書令。后寵既衰，出刺遂州，行至扶風，承業希旨，奏傳奭。漏洩禁中之語，復貶榮州。許敬宗搆上官儀。儀為武后所惡。敬宗搆儀云：「與梁王忠通謀。」下獄死。王叔邕奏崔位。位為節使姚南仲從事。南仲與監軍薛盈珍忿競，誣奏南仲為政之惡，皆位及同列贊助。故叔邕希旨奏之，殺位。

古事比卷之二十二

政事

道不拾遺者：自孔子宰中都而後；又田威之用種首備盜；商鞅之變法也。漢有何並之令長陵；卓茂之令密；滕撫之令涿；王渙之令洛陽；宋登之守潁川；袁紹之知臨安。晉潘京之令巴丘、邵陵、泉陵三邑。劉宋杜慧慶之刺交州。唐獨孤及之刺常州；郭元振之督涼州。宋曾亮之知鄭州。《叢談》

漢鄭弘令騶，邑人得遺寶，懸于道，求主得之。唐張允濟令武陽，有人夜遺錦袍，行十里方覺，曰：「此郡豈有拾遺者？」還取，果得之。漢樊曄為天水太守，道不拾遺，行旅夜聚衣裝于道旁，曰：「以付樊公。」王渙為溫令，商人露宿，有牧牛者曰：「以屬王稚子。」蘇瓊為清河太守，鄰郡寄置財物于其境，曰：「已寄蘇公。」繹，幕縣人。成氏富，為賊攻急，曰：「我物已付蘇公。」賊遂去。王猛為晉陵太守，富商野次，曰：「以付王府君。」猛，陳、隋間人。非景略也。羅衡為萬年令，路不拾遺，人家牛馬，皆繫道邊，曰：「此屬羅公者。」閻憲為綿竹令，縣民杜成夜行，得遺囊，有綿二十四，求其主還之，曰：「縣有明君，何敢負也？」

鄭子產，吏不能欺；宓子賤，吏不忍欺；西門豹、韓延壽，吏不敢欺；膠東相吴祐政崇仁簡，民不忍欺；陶侃在軍四十一年，識察纖密，人不能欺；劉晏，吏自不欺；賈敦頤，下無能欺；韋應物刺蘇州，民不忍欺；張全義明察，人不能欺。不欺同，而所以不欺異也。

崔鄘治陜，以寬；治鄂，則嚴。或問之，曰：「陜土瘠，民勞，撫之猶恐其擾；鄂土沃，民剽，非威莫治。」　柳仲郢為京兆，政尚嚴明；後出河南，政尚寬惠。或疑其不類，曰：「輦轂之下先彈壓；郡縣之治本惠養。」《唐書》　蘇頌知開封府頗嚴，謂：「京師浩穰，須彈壓，非潁、亳卧治之比。」　劉航歷知虞城、犀浦，虞城多奸猾，犀浦民弱而馴。航為政寬猛緩急不同，兩縣皆治。

吴隱之刺廣州，易貪水為廉水。　段成式刺處州，變惡溪為好溪。　李白令虞城，變苦泉為甘泉。《萬花谷》載白為《李錫頌》。錫字元勳。　孟嘗之官，去珠復還。　殷鈞在郡，山瘧遂絶。　褚祥為政，枯樹生枝。　房豹去郡，甘井復鹹。　孫謙解任，猛虎旋出。　感應之捷若此。《偶記》

虎避其治者：漢弘農守劉昆，全椒長劉平，視事三日，猛獸南渡。　九江守宋均，西郡守法雄，梁編令庾黔婁，猛獸渡臨沮縣江。　梁零陵守孫謙。猛獸絶迹。去官之夜，獸即害人。

張華原刺兖州，猛獸忽為六駁食。　梁長沙王業刺湘州，二猛獸自死。　桂陽王象湘州，四猛獸自死。業、象，皆宣武王懿子。　李繪為高陽内史，有三猛獸鬥死，人勸申上，繪曰：「猛獸鬥斃，自是偶然。貪此為功，人將窺我。」　元許維禎刺淮安，有二虎，一去、一死。　謝傑刺高州，祝神，數虎悉斃。　顧少連補登州主簿，移文虎不害。

蝗不入境者：卓茂之密。　魯恭之中牟。　戴封之西華。　宋均之九江。　劉虞之博平。　玉音宿。况之守陳留。蝗飛逝不集。　鄭弘之令騶。蝗至界不集。　陽球之令茂陵。　李孟元之令盧氏。　王方翼之肅州。刺史。　謝夷吾之壽張。　宋魯有開之確山。

蝗入境輒死者，趙憙于平原。　蝗飛赴海，化為魚蝦者，馬援之守武陵。　蝗入境，遇風退飛，墜水而盡者，趙抃之守青州。　因蝗自責，忽有飛鳥千羣食蝗殆盡，南北朝蕭循之刺梁、秦二州。《叢談》田鼠犬牙不入境者，北齊魏蘭根也。　設壇身禱而螟蟲自消者，公沙穆也。　又有魏孝子高式，蝗螟獨不食其麥。

捕蝗者：漢平帝詔捕蝗，以石斗受錢。　晉出帝募捕蝗，易以粟。　唐姚崇奏出御史捕蝗，盧懷慎議不可。崇曰：「昔楚王吞蛭而疾瘳，叔敖斬蛇而福降。今殺蟲救人，禍歸于崇，不以諉公也。」蝗訖息。　歐陽公有答朱寀《捕蝗詩》。

韓昌黎刺潮州，馴鰐魚。　胡叔獻穎。　檄潮州，殺大蛇。潮州寺僧有蛇，咎守不敬，守詣蛇出，大驚得疾卒。穎為廣州安撫，檄僧舁蛇至，曰：「爾有神靈，當三日見變怪。」及期益然，遂殺之。　孔道輔治寧州，殺神蛇。人治真武像，有蛇穿其前，數出近人，人傳以為神。道輔故率屬往拜，蛇出，舉笏殺之。

遭旱隨車致雨：漢徐州刺史百里嵩、鄭令鄭弘、宋荆門守陸九淵也。　自焚致雨：漢五官掾諒輔、西華令戴封、平輿令臨武張憙也。　引咎損御、賑窮、理冤，賢守令祈請事也。　積薪近浮屠家，脱天雨少緩，不幾煨燼乎？　蘇世長因民犯法，引咎自撻于市。　伍伯疾其詭，鞭之流血，不勝痛呼而走。

誰謂造化之巧不如伍伯耶？

明冤祭孝婦，而大旱大雨者：于公于東海孝婦。　孟嘗于上虞寡婦。二皆本郡。　劉曜時，呼延謨于陝婦人。

梁任昉守義興，禁民産子不舉，全活數千家。　宋陳粹知汀州，嚴溺子之令。　賈彪爲新息長，有劫盗而先案殺子者，曰：「賊寇害人常理，母子相殘，逆違道。」陳寔爲太丘長，有劫賊而往治不起子者，曰：「盗殺財主，何如骨肉相殘？」　孔融爲北海相，刑父喪不哀而賞盗麥進母者，是知所激揚矣。

柳州俗，以男女質錢，過期則没入，柳宗元出私錢贖之，歸其父母。　袁以男女爲隷，過期則没入之，韓愈計傭得贖，歸之父母。

宋世良守清河，獄内穭生，蓬蒿亦滿。衙門虚寂，訟者謂之神門代者至，莫不攀轅泣涕。　劉曠令平鄉，囹圄草生，庭可張羅。以義理曉諭訟者，皆引咎而去。　東漢劉平爲全椒長，刺史、太守行部，獄無繫囚，惟頌詔書而已。　魏清河守，宋世良。　郡無一囚，天保大赦，率吏拜詔而已。

縱囚事，非創自唐太宗，歐公于此發論，故特著耳。　前此，冬至放囚，則有宋東陽守王志、僧虔子。梁東陽守席闡文、始新令傅岐。　伏臘放囚，則有漢細陽令虞延、梁建安守何胤。　除夕放囚，則有晉臨淄令曹攄、宋南郡相謝方明、北齊兗州刺史張華原。《搜神記》：華原爲豫章守，囚依趙朔言，免死。　臨刑放囚，則有漢中山相戴封。　部送放囚，則有隋齊州參軍王伽。　因母死放囚，則有漢瑕丘令鍾離意；唐則有蘄州刺史吕元膺、萬泉丞唐臨。《事偶》

縱囚：又有漢元康初。王長文、江源令。晉范廣、棠邑令，遣劉榮。南齊傅翽、周蕭撝。刺史上元日放囚，三日赴獄。

遣囚妻入獄生子者：膠東相吴祐之于安丘男子毋丘萇。詢其無子，令妻入獄。有孕，然後行刑。萇泣曰：「生子當以吴為名。」漢蒼梧守陳臨于蒼梧遺腹子。子報父怨，繫獄。令其妻入獄，産男。然郅惲為友報怨，一縣令尚能出之，况為父母報仇，遇此賢守相獨不能免，何哉？堂邑〔二〕人防廣報父仇，繫獄，鍾離意狀聞，減死。此豈異代事？祐臨徒懃懃令獄中生子，為死者德哉？《事偶》

又晉隆慮令喬智明于張兑，鮑昱于泚陽趙堅，晉喬知古為大理，許囚徒以妻入獄生子。隋裴政亦然。是可高定國之門，而昌虞經之裔矣。

為民請苑者：應侯、秦饑，應侯請發五苑之蔬菜、棗、栗。昭襄王曰：「有功無功俱賞，亂之道也；發而亂，不如棄而治。」蕭何、請上林空地，民得田。上怒，械繫何。貢禹。請自城西南至鄠，皆復其田。詔省宜春，下以與貧民。

廣州不知燒瓦，守宋璟教之。廣州以竹茆為屋，屢有火災。璟改造店肆，無復延焚之患。九真不知牛耕，守任延教之。廬江不知牛耕，守王景教之。五原不知織績，守崔寔教之。五原冬月無衣，積細草卧其中。

牛僧孺刺鄂州，以賦磚當苦築。鄂土散，雖立垣墉。僧孺計岀賦磚，墉皆甃葺。韋景駿令肥鄉，改架柱為浮橋。肥界漳水，齊勢拓南數里築堤，改造浮橋。

辛公義革岷避疾之俗。岷俗，一人有疾，全家避之。辛為刺史，與置廳事醫治，諭以有命，而俗遂變革。高士廉改蜀畏鬼之風。父母病殆，以杖頭挂食遥哺之。高為都督，訓誘。其風頓改。李德裕變浙棄疾之弊。江嶺間有父母兄弟瘝疾者，舉室棄之而去。德裕觀察浙西，諭之以言，繩之以法，數年弊風頓革。

馮伉之訓百姓。醴陵百姓多猾。令馮伉為《訓蒙》十四篇，每鄉給一卷，俾其傳習之。　劉矩之告訟民。雍丘令劉矩，民有争訟，引之于前，告以忿恚可忍，使歸，尋思。訟者感之。　唐李栖筠之畫《孝友傳》。學校堂上，以賜諸生。　唐鄭志道、宋戚綸之為諭民。鄭知天臺，有《論民書》七篇。戚令太和，為《論民》五十篇。

仇季智覽。以《孝經》感母子相泣。為陽遂亭長，有陳元不孝。母詣覽言，覽呼元誚責，與《孝經》一卷，使讀之。元到母床下謝罪，曰：「少孤，為母所驕。」諺云：「孤犢觸乳，驕子罵母。」乞令自改，母子更相向泣。元後成佳士。　韋景駿以《孝經》感母子改悔。令貴鄉。有母子相訟者，謂曰：「錫類不仁，令之罪也。」因垂泣嗚咽，仍取《孝經》，令習讀之，母子感悟。　又房景伯化部民；梁彦先化焦通。見《德化》。

發奸摘伏，趙廣漢也。字子都，為京兆尹。以和顔接士，推功于掾吏，發于至誠。吏見者，輒輸寫心腹。廣漢精于吏事，尤善鈎距，以得民情。其發奸摘伏如神。　發伏禁奸，張敞也。字子高，治京兆。略循廣漢之迹，方略、耳目、發伏、禁奸，不如廣漢。　曉告以奸黠主名，尹翁歸也。守扶風，治如東海。奸邪、罪名，縣縣有籍。盗賊發，輒召其縣長吏，曉告以奸黠主名，教使用類推迹，常如翁歸言。　勘取盗賊名簿，韓雍州褒也。雍多盗賊，密訪豪右所為，悉召桀黠少年，署為主帥。盗發不獲者，以故縱論，莫不惶懼首伏。乃取名簿藏之。大榜州門，旬日間悉首，盡取名簿勘之，並原其罪，許以自新。由是羣盗屏息。　削投書主名，趙廣漢也。教吏為缿筩，及得投書，削其主名，托以豪傑大姓子弟所言。其後强宗結為仇讎。吏民相告訐，盗不得發，發又輒得。　得投書主名，魏國淵也。遷魏郡守。有投書誹謗者，淵請留其本書，而不宣露。書多引《二京賦》，淵敕功曹簡開解年少，欲遣就師功曹。差三人引見，訓以《二京賦》、《博物》之書，可求能讀者從受之。旬日，得能讀者。吏因請使作箋，比仿其書，與投書人同手，收攝案問，具得情理。

移書勞勉，薛恭、尹賞換縣，兩縣皆治。潁陽為敗郡湊，多盜賊。其令平陵薛恭職不辦；粟邑縣小，易治。其令鉅鹿尹賞，久郡用事吏，為樓煩長，遷粟。宣即以令奏賞與恭換縣。二人視事數月，而兩縣皆治。宣因移書勞勉之。條封顯責，楊湛、謝游異書，兩綬皆解。高陵令楊湛、櫟陽令謝游，皆貪猾。及宣視事，察湛有改節敬宣之效，條其奸贓，封與湛。湛知宣無傷害意，即時解印綬，為記謝宣，終無怨言。游自以大儒，輕宣。宣獨移書顯責之，游亦解印綬去。薛宣守馮翊之政也。

張京兆閱汙赭者，輒縛之。召偷長貰罪，令致諸偷以自贖。偷長願受署為吏。歸休置酒，小偷來賀，飲醉，偷長以赭汙其衣裾，吏閱汙赭輒收之。由是市無偷盜。虞朝歌，市有綵線縫裾者，輒擒之。潛遣人入賊中，以綵線縫賊裾。有入市者，輒擒之，賊皆駭散。劉昌裔令持縑者，輒斬之。唐安國寧謀以城降賊事洩。昌裔密計斬之。召其麾下千餘人賞縑二疋。伏兵諸要巷，令持縑者悉斬之，無一得脱。

黃潁川辨烏盜；有吏來謁，知其食道旁，為烏盜肉。猪祭為鄉人區處某所大木可以為棺，某亭猪子可以祭。而驚吏。齊彭城王湝分市鹿脯；刺滄州，有人從幽州來，驢馱鹿脯，至州界，脚痛行遲，偶會一人為伴，遂盜驢及脯去。湝令左右及府僚吏，分市鹿脯，不限其價。其主見脯識之，推獲盜者。詐市牛皮刺定州，有被盜黑牛，背上有白毛。湝乃詐為上符市牛皮，倍求價值。牛主認之，因獲其盜。而獲盜。

趙廣漢還謝亭長；有亭長來謁，知其路遇界上亭長寄聲謝我。邢邵追攝縣令。邵刺兗州。吏人奸伏，守令長短無不知之。定陶縣令妻日暮取人斗酒、束脯，邵逼夜攝令，未明而至，責其取受，舉州不識所以。是必寄耳目，資明敏者。

趙廣漢守潁川，設缿筩受吏民投書，使相告訐，以散奸止盜。隋趙照刺冀州，為銅斗鐵尺，置市以杜奸詐。

有一地而勞逸異者，巫馬期、宓子賤之治單父。宓子賤彈鳴琴，身不下堂，而單父治。巫馬期戴星而出，戴星而入，以身親之，而單父亦治。宓子賤答巫馬期曰：「我之謂任人，子之謂任力。任力者勞，任人者逸。」有一地而寬嚴異者，包希仁、歐陽永叔之治開封。　有一人一地而寬嚴異者，張伮之之治蜀。　有一人而寬嚴異者，柳諭蒙之治京兆、河南；崔鄲之治陝、鄂。

汲黯卧治淮陽。召守淮陽，伏謝不受印綬。曰：「願為中郎，出入禁闥補過拾遺。」上曰：「君薄淮陽耶？淮陽，吾股肱郡，得君卧而治之。」　景丹卧治弘農。陜賊蘇況攻破弘農。時丹病，帝强起領郡事。夜召謂曰：「賊迫近京師，但得將軍威重，卧以鎮之，足矣。」　裴度卧治北門。文宗曰：「卿雖久病，為朕卧治北門，可也。」　文潞公卧護北門。神宗批汪輔之奏，付彦博曰：「以侍中哲德，故煩卧護北門。」　寇萊公北門鎖鑰。鎮大名，對北使曰：「主上以北門鎖鑰，非凖不可。」

晉修范武子之法。　漢條賈誼、董仲舒之論。魏相奏請施行。

澤州刺史李鷃上《慶雲圖》，而唐太宗詔天下毋獻；知無為軍茹孝標獻芝草三百本，而宋仁宗誡天下勿獻。二君事同而治亂異，然祥瑞貢諛而已，何益于治？　光武每抑郡國所上；唐太宗有「怨咨多瑞」之言。足以鑒矣。

吴漢病篤，對光武曰：「慎無赦而已。」孟光責費禕曰：「赦非明世所宜有。」諸葛亮曰：「治世以大德，不以小惠。」故匡衡、吴漢不願有赦。　先主亦言周旋陳元方、鄭康成間，曾不語赦。　唐太宗曰：「古語赦者，小人之幸，君子之不幸。一歲再赦，善人喑啞。養稂莠者，害嘉穀；赦有罪者，賊良民。」後晉張允上《駮赦論》：「帝王遇天災多肆赦，謂之修德。赦，則曲者幸免；直者啣冤。冤氣乃所以致災也。」

周勃之生，薄太后救之也；亞夫之死，竇太后啣之也。一以成文之仁，一以遂景之刻。母后之係人國也，豈細故哉！

漢曹褒為射聲校尉，葬祭停棺百餘所。陳寵守廣漢，盡葬洛縣城南骸骨。後魏宋世良以御史使河北還，過汲郡，見城旁多骸骨，移文州郡，悉令收瘞，其夜甘雨滂沱。後周賀蘭祥刺荊州，亢旱，見古冢暴露者，命收葬之，即日澍雨。

齊傅僧綽與子琰並令山陰，世謂其有「治譜」。宋劉彝令朐山，惠民無不至，邑人紀其事，曰「治譜」。

宋种世衡令武功，追呼不使入鄉，但以片紙榜縣門，皆如期而至。寇準令成安，每期賦役，未嘗出符移，惟具姓名揭縣門，爭赴無稽違者。又燕肅令臨邛，削木為牘，民有連逮者，書其姓名，自召之，如期而至。

興學教人：行部必先即學宮，見諸生問以得失，然後人傳舍者，何武也。每行縣，止息亭，傳引學官祭酒及處士、諸生，執經對講者，劉寬也。每出行縣，以學官諸生飭行者，與俱使傳教令者，文翁也。漢以經術飭治，而循吏得人，非其效乎？大泌曰：「郡國立學校官，自蜀文翁始。何武、李忠、寇恂、衛颯、任延、秦彭、鮑德、昝丕，皆刺史、郡守、相，以興學著名。而邑令僅宋均調辰陽長，為立學校。」

任延為會稽都尉，聘嚴子陵為師，而飭候吏以見。龍丘萇、岑熙守魏郡，招聘隱逸，與參政事。

韓愈聘趙德為士子師，而潮人知學；常袞延歐陽詹等，而閩人文與中州比。在乎倡之而已。又如李平之刺相州，修太學。簡通儒，以充博士，選五郡子弟使教之，圖孔子及七十二弟子于講堂，親為立贊。又圖履虎尾、踐薄冰于客館，注頌其下，以杜奎使之侵漁者。元魏劉道斌之守恒農，立學館。建孔子廟堂，圖畫形像。故吏追立其形于孔像之西。

文翁守蜀而後，如衛颯守桂陽；下車修庠序之教。伏恭守常山；敦行學校，教授不輟。任延守九真；教耕。錫光在交阯；教民禮義，嶺南華風，始于二州。鄧訓守張掖、河西；哲俗頓改。欒巴守桂陽；幹吏卑末，皆令習讀程式，隨能遷授。寇恂守汝南；修鄉校，教生徒，聘能為《左氏春秋》者，從受學。蕭育刺冀州；以經學與士民講誦，以政事為吏民悦服。鮑德守南陽；修横舍，尊饗國老，觀者勸服。劉粱為北新城長；告縣人曰：「昔文翁在蜀，道著巴汶，庚桑瑣隸，風移碨磥。」乃大作講舍，朝夕勸戒，儒化大行。向朗歷守巴西、牂牁、房陵；引納後進。北魏寇雋刺凉州；立庠序，敎禮讓。隋何妥刺龍州；有遊學者，教授之。又作《刺史箴》，勒于州門。唐張鎰刺濠州。延經術士，教授生徒。俗皆為之一變。

雋不疑謂直指暴勝之曰：「凡作吏太剛，則折；太柔，則廢。威行，濟之以恩，乃可善後。」歐陽公數為郡，所至不擾而事不廢。嘗曰：「吾寬不為苛急，簡不為煩碎耳。」《史漁》

宋張掞知益都之罷用里長，趙良淳知分寧之不任胥吏；程明道知晉城之按籍命差，第其厚薄；梁何敬叔之榜門受餉，以代貧租。皆善政也。《蕞談》

「官物視如己物」，陳貫諭涇州僚屬語。「吏人間似野人」，處州民頌汪待舉語。又「官府間如僧舍」，歐陽公蒞揚、青、南京，皆然。前。

魏顏斐守雍州，治為「十郡最」。 魏朗守河内，政稱「三河表」。 梁樂法才令建康，積俸金五百金輸臺庫，武帝謂：「可為百城表。」 隋房恭懿令新豐，政為「三輔最」。

宋王元規知河清，軍民歌咏有「十奇」。 何執中知海鹽，邑人記其有「十異」。 子路治蒲，有「三善」。 魯恭治中牟，有「三異」。前。

「水精燈籠」者：宋孫道夫之知蜀州也；張中庸之知洋州也。 「照天蠟燭」者，宋田况也。時謂張乖崖之明，王文康之平，程文簡之肅，韓忠獻之愛，况皆兼而有之。

周武王克商，釋箕子囚，封比干墓，式商容閭。 漢延篤相平原，表龔遂墓。 宋王綸之守豫章，下車祭徐孺子、許子將墓，畫陳蕃、華歆、謝鯤像于廟堂。 元魏李安世刺相州，修西門豹祠，起廟堂，表進廣平宋翻、陽平路時慶，皆為名士。 宋王滌知潮州，一以韓昌黎為師，令新其廟，曾集南康，慕劉涣為人，修其墓亭。 滕甫守安州，始葬鄭獬。 王質知蔡州，首撤吴元濟祠，而祀狄梁公、李太尉。

唐李翱知隨州，文學為一方矜式；劉禹錫司馬朗州，暇即吟咏，巫祝夷歌，皆其所作；白居易刺蘇州，家傳户誦，皆白公詩；皮日休為蘇州從事，吏牘一清，日與陸龜蒙結社，有《松陵集》；韋應物刺蘇州，清標範俗，民不忍欺，暇則焚香賦詩。三吴文學，未必非數公力也。

漢鄭弘守臨淮，有白鹿夾轂。 陳劉竺守廬陵，有白鹿隨馭。 沈豐守巴陵，有三黄龍望府中。

漢黄霸守潁川，嘉禾生府，鳳凰集境。 王阜守益州，甘露降，神馬出滇池。 張堪守漁陽，桑無附枝，麥穗兩岐。　梁柳惲守吴興，嘉禾同穎。《北史》：孟業守東郡，麥一莖五穗，禾一莖九穗。唐獨孤及刺常州，甘露降庭。　齊宋世良守清河，醴泉出界内。　宋司馬欣知遂昌，教化大行，有瑞蓮、嘉禾之應。　吴在木知餘干，興利除害，有白翎雀、青毛鹿之祥。

漢仇香為蒲亭長，勸民生業。　唐韋維令河内，教民耕桑。　北周長孫儉行臺荆襄，務廣耕農，兼習武事，邊境以寧；魏鄭渾，邵陵令，所在奪民漁獵，課使耕桑；守魏郡，民乏木，課樹榆為籬，益樹五果，財足用饒。　龔遂守渤海，令民人種榆百本，薤五十本，葱一畦，韭三畒，家二母彘，五母雞。　沈瑀令建德，教民一丁種桑十五株，柿、梨、棗各四株。　北魏太和九年，詔人給田二十畒，課種桑五十樹，棗五株，榆三株。　張需守霸州，派户種粟、麥、桑、棗，孳畜、雞、豚之目。　童恢令不其，令民養一猪，四雌雞，以供祭祀、棺木。　黄霸在潁川，使郵亭鄉官，皆畜雞、豚，以贍鰥、寡、貧、死無以葬者。杜畿在河東，課勸耕桑，民畜牸牛、草馬，下逮雞、豚，皆有章程。　又龔遂勸民秋冬畜果實。　魏楊沛長新鄭，課民畜桑椹、豋豆，集千餘斛，以餉軍。　劉馥刺揚州，編草苫數千萬枚，貯魚膏數千斛，為戰守備，馥卒後，因以破走孫權。　士民以比董安于之守晉陽。

范純仁令襄城，課民種桑，人以其嘗為著作郎，遂呼其桑為「著作林」。　辛仲文知彭州，課民種柳，人以其嘗官補闕，目為「補闕柳」。後李順之亂，猶令無傷其樹。　又張詠令崇陽，令民拔茶植桑，以防官榷。後他縣民果以榷茶失業，而崇陽之桑利已成矣。

吴湊為京兆尹，易榆以槐。街樾稀殘，有司蒔榆，湊悉易以槐。及槐成而湊已亡。行人指樹懷之。　韋孝寬刺雍州，當堠置槐。文帝見之，令諸州一里種一樹。

漢皇甫嵩牧冀州，奏請一年租税，以賑饑民。　唐元結刺道州，以民困于賊，請免所負租税，及租庸使和市雜物十三萬緡。　宋李復圭知涇州，奏免折税。　蘇軾知杭州，奏免本路上供米三之一，以濟饑疫。　范堯夫知慶州，發封樁粟、麥濟饑，不俟得旨。　張溥知楚州，發上供倉廩活民，上章待罪。　又范文正興役惠貧。　陳文惠作糜食餓。　又李允則欲先發官廩賑潭州，請以家資質廩。　趙抃欲發廩勸民救越州，以家資先之。　又黄香守魏郡，分俸以贍貧民。　宋王居白知漢州，出俸以率僚吏。

隋公孫景茂刺息州，屬平陳征人多病，捐俸為粥藥賑之，全活千計。　宋蘇軾知杭州，遣吏督醫分坊治病，全活甚衆。

唐崔協攝上虞令，歲旱，傾家貲代輸。　何敬叔令長城，不通問遺。歲儉，忽榜門受餉，得米二千八百石，悉以代貧人輸租。　宋楊長孺誠齋子。守番禺，有俸錢七十緡，盡以代下户輸租。

秕政：唐節度有取孔明祠柏小枝為手版者，書《圖志》，為世非詆。　蔣棠守成都，有美政，止以伐江瀆廟木作銅壺閣，坐罷。見陸游《國寧觀古楠記》。

名損：漢黄霸為相，功名損于治郡時。霸才長于治民。及為相，號令風采，不及丙魏。　蜀吕乂為尚書令，名聲損于郡縣時。乂代董允，簡而不煩，然持法刻深，好用文俗吏，故居大官名損。　晉王渾居臺輔，較前所歷之職，聲望日減。　唐吕諲輔政，功名不及治郡。　宋龐籍為相，聲名減于治郡。　唐張齊賢曰：「向作宰相，幸無大過；今典一郡，乃招物議。正如監御厨三十年，臨老煮粥不了。」　元魏裴元儁刺幽州，五年考最，至吏部尚書，不能裁斷。　北周宋翻字飛烏。令河陰，威震京師，及尹河南，畏憚權勢，名大減損。

附 折獄

民訴盜割牛舌，令殺牛貨之，而盜遂出者：張詠也，知永興。包拯也，令天長。穆衍也。令華池。《偶記》

兩人爭牛，安固守于仲文令人微傷牛，而一嗟惋，一自若。　兩人爭絹，浚儀令范邵令各分一半，而一喜，一愠，遂得其情。　兩人爭絹，太守薛宣斷各與半，而一稱恩，一稱冤，拷問伏罪。《偶記》

高柔察焦子文殺竇禮。營士竇禮不還，捕没妻子，至稱冤。廷尉高柔問：「與人有怨乎？」曰：「無讎。」曰：「與人交錢財乎？」曰：「嘗出錢與同營士焦子文，求不得。」子文適坐事繫獄。柔察子文色動。遂曰：「汝殺竇禮？」叩頭具首，往掘得尸。　胡質察李若殺盧顯。質任東莞，顯為人殺。質曰：「此士無讎，而有少妻，所以死乎？」悉見其比居年少，書吏李若見而色動。

潁川有長婦、弟婦爭兒，黄霸令抱兒去兩婦十步，叱自取。長婦持之急，兒大啼；弟婦恐傷兒，因放與而心懷愴。霸曰：「此弟婦子也。」　壽春苟泰、趙奉伯爭兒，李崇置兒他處，詭言兒死。泰號咷不勝，奉伯咨嗟而已。崇乃以兒還泰。《偶記》

李惠刺雍州，有負鹽、負薪者爭羊皮。惠杖羊皮，見有鹽屑，乃罪負薪者。　傅琰令山陰，有賣鐵、賣糖者爭團絲。琰鞭絲見有鐵屑，乃罪賣糖者。又二老爭雞，琰破雞得粟，乃罪言豆者。　平章游顯

為明州分省，有銀店與鄰爭蒲團，顯杖蒲團，見有銀星，乃罪其鄰。《偶記》

顧憲之令建康，有爭牛者，解牛，徑還本宅，而盜伏罪。　隋于仲文守安固，有任、杜二家失牛，爭認，令兩家各驅牛，遂向任氏羣中，杜伏罪。　南唐江夢孫知天長，有爭馬者，孫曰：「管仲以老馬識路，王忳馬歸其主人。」縱馬，馬奔入主家，而訟遂息。

隋張允濟令武陽，以牸牛還婿家。　裴子雲斷李進，牛還其甥家。

漢王忳除郿令，夜抵斄亭，有女子稱冤：「涪令妻為亭長刺殺，埋樓下。」明旦，召亭長，詰伏。　漢何敞以交州刺史行部，宿奔鵠亭，夜有女子呼冤：「夫死，同婢竇繒；為亭長刺殺，埋樓下。」敞捕亭長，具伏。

金州使坐人以盜，而得隱錢之情；金移刺幹里朵為博州防禦使。先是有農人避賊入城，以錢三十千寄鄰家。賊平，索之不與，乃訴于州。幹里朵陽怒，械繫之。捕其鄰人，鬫以三木，詰之曰：「汝鄰人坐劫殺人，指汝同盜。」鄰人大懼，始自陳有欺錢之隙。乃責歸所隱錢而釋之。元胡長孺嗾盜誣兄，而得還弟所質物。永嘉民，有弟質珠步搖于兄者，贖焉，兄妻愛之，紿以亡于盜。屢訟不獲直，往告長孺。長孺曰：「爾非吾民。」叱之去。未幾，治盜，嗾盜誣兄受步搖為賕，逮兄赴官。長孺曰：「爾家信有是，何為誣耶？」兄倉皇曰：「有固有之，乃弟所質者。」趣持至，驗之，呼弟歸之。人情擇利莫若重；擇禍莫若輕。故兩罪相形，鞫者舉重以形輕，彼必且樂就其輕，而求釋其重，誠迫于情之不得不吐也。

唐李傑尹河南，有婦人訴子不孝，李察其非，而擒一道士殺之。　宋包恢知隆興府，有母訴子不孝，察而知與僧有私，密令截其藏僧之籠而後沉之。《智囊》

子産過東匠之閭，有婦人哭聲懼，執而問之，果絞殺其夫者；韓滉于潤州亦然；章遵于揚州道傍女子；金張大節于太原近郭男子被殺之妻。皆以其哭聲不哀而辨其奸。

柳慶問及同飲，而盜金之賊得。慶領雍州別駕，有賈人失金，主人誣服。慶疑，問：「與人同宿乎？」曰：「無。」「與同飲乎？」曰：「日與沙門再度酣醉。」遣捕獲金。高謙之偽枷一囚，而詐市人，馬之賊得。令河陰。有人嚢盛瓦礫作錢物，詐市人馬逃去。乃偽枷一囚立馬市。密察，有二人相見，欣然曰：「無憂矣。」執按，悉獲其黨。察視稻芒而考服廷掾，周紆之為召陵相也。廷掾憚紆嚴明，欲損其威。侵晨，取死人，斷手足立寺門。紆至死人邊，若與共語狀，陰察視口眼，有稻芒，乃察問守門人：「夕誰載藁入城？」對：「惟廷掾。」收考，具服。視左手持匕，而知為殺人，歐陽曄之治鄂州也。桂民爭舟，相毆至死，獄久不決。曄臨獄出囚，飲食之，獨留一人，曰：「食者皆右手持匕，而汝獨以左，今死者傷在右肋，此汝殺之。」囚泣曰：「我殺也。」訊以雜物而決為妖人，何執中之官台州也。州獲妖人，鞫鞫久不得，何以雜物置羊角其中。問之，至角，則閉不肯言。遂決其獄。曰：「是為師張角諱耳。」置麥掌中而失衣得還，胡汲仲之在寧海也。羣嫗聚庵誦經，一嫗失衣，命以牟麥置掌中，令合掌繞佛。汲仲閉目端坐，曰：「吾令神督之。盜衣者，行數周，麥當芽。」一嫗屢開視，遂縛之。以新燒猪驗殺者，殺者口中無灰，活者口中有灰。而妻殺夫者服，張舉之令句章也。

附　寬大

漢武帝除「挾詩書」之律；宋高宗除「私相傳習詩賦」之禁。始知荆舒之于暴秦，一也。

寺人披之斬袪，芋尹無宇之斷旌，其讎一也。披請見，而晉文讓之，無宇執人于宮，而楚靈赦之。楚靈之量優于晉文矣。漢高帝之赦季布，魏武帝之免梁鵠，吴景帝之遺李衡。皆有君人之量。曹參寄市獄，謝安不清逋竄。靖奸人也，使無行乞一科，恐世脊脊多事矣。

魏文侯篋藏謗書；樂羊子。孟嘗君削去怨牒；因譚拾子削去怨牒五百。光武不省王郎交關之章；斬郎，得吏民交關謗毀者數千章燒之，曰：「令反側，子自安。」曹操盡焚軍中通袁紹之書；破紹，得許下及軍中人書，皆焚之。曰：「當紹之强，孤猶不能自保，况衆人乎？」劉道規不發江陵内應之謀；刺荆州，斬桓謙，得江陵士庶與言城中虚實書，悉焚之。衆乃大安。蕭道成焚新亭詣投之刺；許公輿詐稱桂陽王在新亭，士民詣壘投刺者數千，道成皆焚之。登城謂曰：「劉休範已就戮，刺已皆焚，勿懼也。」郭威焚交通河中之書。克河中，得朝臣交通李守貞書，從王溥之諫，焚之，以安反側。噫！焚書是一大兵機，雅量云乎？齊崔慧景、江夏王寶元反，士民多往投集。慧景敗，收得朝野人名。東昏令燒之，曰：「江夏尚爾，豈可復罪餘人？」何意彼昏，竟與英主同慮。《事偶》

降者欲去皆聽，羊祜也。出鎮南夏，甚得江漢之心，與吳人開布大信。寇者見獲放還，周廣川公宇文測也。行分州事，地接東魏，數相抄竊。或有獲其為盗者，多縛送之。測命解縛，引與相見如賓禮，仍宴設放還。自是東魏人大慚，兩界遂通慶吊。

韓麒麟之刺齊州也，從事勸斬斷者，則云：「當以卿應之。」在事寡于刑罰。從事劉普慶說曰：「明公仗節方夏，無所斬戮，何以示威？」麟曰：「人不犯法，何所戮乎？若必須斬斷以立威名，當以卿應之。」普慶慚懼而退。陸象先之刺蒲州也，大吏爭可杖者，則云：「當以汝為始。」小吏有罪誡譴之，大吏爭以為可杖。象先曰：「謂被不曉吾言耶？必責者，當以汝為始。」大吏慚而退。此真仁人之言。《間奇》

王安期不推盜魚。安期為東海郡，吏盜池中魚，綱紀推之。王曰：「文王之囿，與衆共之。池魚復何足惜？」高柔請除捕鹿。魏殺禁地麋鹿者，身死，財産没官。柔上疏：「鹿殘生苗為害，惟使得捕鹿。」遂除其禁。

附苛察

李輔國置察事數十人，潛于人間聽察細事，即得推按。　高駢擢發吏百餘，號「察子」，令居衢閧間，凡民私鬩，隱語無不知。　陳敬瑄多遣人，歷縣鎮詗事，謂之「尋事」。

杜林曰：「吹毛索疵，果桃菜茹之饋，集以成贓。」　梁賀琛曰：「惟務吹毛求疵，擘肌分理，以深刻為能，以繩逐為務。」

杜黄裳曰：「始皇以衡石程書；魏明帝按行尚書；隋文帝衛士傳餐。皆無補于當時，取譏于後來。」

王導遣從事行郡國，還言二千石官長得失。顧和曰：「明公作輔，寧使網漏吞舟，何緣採聽風聞，以察察為政耶？」　范寧在豫章遣議曹下屬城，還問官長得失。徐邈與書：「足下聽斷明允，庶事無滯，豈須邑至里詣，飾其游聲哉？」

韓昭侯之明察；使騎于縣，見南門之外，有黄犢食苗，乃禁牛馬入人田中。吏皆悚恐。　唐宣宗之處分。密令韋澳纂次諸州境土風物，及諸利害為一書，號《處分語》。鄧州刺史薛弘宗曰：「上處分，本州事燃人。」　雖足驚人，而步隲所詆排陷之非。孫權用吕壹輩，舉罪糾奸，纖芥必聞，深按醜誣，排陷無罪。隲言權誅壹。　姜公望所論邏察之意。「夫婦醜詆之言，仇隙怒傳之語，增情飾狀，擿隱抉伏，何所不至？」不可不覺悟也。《史漁》

校記

〔一〕堂邑：原作「瑕丘」，據《後漢書·鍾離意傳》改。

古事比卷之二十三

歌頌

民之歌頌之者：「我有子弟，子産誨之；我有田疇，子産殖之。」鄭人頌僑也。「我有田疇，爰父殖置；我有子弟，爰父教誨。」漢人頌珍也。「我有枳棘，岑君伐之；我有蟊賊，岑君遏之。」魏郡人之頌岑熙也。

「大馮君」、「小馮君」，漢人頌立與野王也。兄弟守五原，「大鄭公」、「小鄭公」，齊人頌道昭與述祖也。父子刺兗州，「大南郡」、「小南郡」，劉之遴、之亨兄弟相代為守也。「大鴻臚」、「小鴻臚」，韓宣與曲阜韓暨前後治行相如也。「大僕射」、「小僕射」，袁樞與弟憲先後同官也。「大東陽」、「小東陽」，梁申英稱王承與弟穉也。

「召父」、「杜母」，信臣與詩也。詩守南陽，誅暴愛民，造作水排，用力少，見功多。時人方召信臣，歌曰：「前有召父，後有杜母。」「邵父」、「陳母」，曄與世卿也。宋邵曄知廣州，鑿內河通舟，颶風不為害。陳世卿代之，奏免廣南口鹽，歌曰：「邵父、陳母，除我二苦。」杜預號「杜父」，修信臣遺迹。賈彪號「賈父」。

後有「三王」；王駿為司隸校尉，奏免匡衡，成帝欲大用之，出為京兆尹。尹先有趙廣漢、張敞、王章、王尊、王駿，皆有能名。

語曰：「前有趙、張，後有三王。」後有「二君」。延篤為京兆尹，先是陳留遊殷為尹，亦有能名。語曰：「前有趙、張、三王，後有遊、延二君。」京兆之稱尹也。

宋李諮知隆興，人以況唐韋丹，曰：「前韋，後李。」　王晦叔知益州，奏復張詠糶米法，民謠曰：「蜀守之良，先張，後王。」　號「神君者」：公沙穆、相繒。荀淑、朗陵相。陸遜、海昌令。晉喬智明、為隆慮、共二縣令，二縣愛之。陳孔奐、晉陵守。漢崔瑗。汲令，號「神明君」。　「慈君」者，北涼張潭。和寧令。　「慈父」者：李桐客、刺通、巴二州。房彥謙、長葛令。蕭修。梁、秦二州刺史。　「神父」者：鮑德、南陽守。宋登。汝陰令。　「慈母」者：辛公義、刺岷州。趙抃、刺宜州。傅琰。歷武康、山陰令，又稱「傅聖」。　「聖君」者，晉曹攄。臨淄令。　「仁君」者：劉昆、南陽守。陸象先。刺蒲州。

廉范守蜀郡，民歌「來暮」。晳制，禁民夜作以防火。范至削其令，但儲水。歌曰：「廉叔度，來何暮？不禁火，民安作。昔無襦，今五袴。」　賈琮刺交阯，民歌「來晚」。歌曰：「賈父來晚，使我先反。今見清平，吏不敢飯。」

賈彪為新息長，民間生男女，以「賈」為名。　駱俊為陳相，民間生男女者，以「駱」為名。　鄭渾為邵陵令，民間生男女，多以「鄭」為字。　俞偉在閩，民間生男女，多以「俞」為姓。　任延守九真，民以「任」名子。　宗慶守長沙，民以「宗」名子。　孟宗守豫章，民以「孟」名子。　李冰守蜀郡，民以「冰」名子。　陽城刺道州，民以「陽」名子。　江祚守安南，民以「江」名子。　韓愈令陽山，民間生子，多以其姓為字。

不以歌頌著者，為官惟恐人知，不好立名稱，直不疑也。　居官無赫赫譽，所至稱治，高瑀也。

政尚寬簡，不為赫赫名，顧少連也。

遺愛

所居無赫赫名，去後常見思：何武也，傅嘏也，羊玄保也。在官無當時譽，去後為人思，謝安也。因祀而醉：韓稜也，令下邳，邳人立廟以祀。徵拜司空，平生不飲酒，一日侍上忽醉。曰：「臣今日降旦，郡人或奠酬耳。」遣訪，果然。狄仁傑也。刺魏州，民立生祠。及入朝，魏人月首皆往奠醱。是日有酒色。天后素知仁傑不飲，詰之，具以事對。驗問，乃信。

感而為之立祠者，石慶為齊相，邦人慕其家行，則有石相之祠。欒布常守燕郡，燕人服其廉，則有欒公之社。以至荀勖之遺愛；令安陽。童恢之異政；令不其。韋義之社獄屢空；王堂之削平羣盜；杜軫之專尚風化；池陽令，為雍州十一縣最。崔與之之拊循悦服。蜀人肖像仙遊閣，配張詠、趙抃為「三賢祠」。皆為立祠。

鄉而祠其父老，若庚桑楚尸祝畏壘；南陽樊人鄉里圖延篤于屈原之廟。邑而祠其令長，若葉于王喬；百姓立廟，祈禱無不應。若有違犯，亦能為祟。雒陽于王渙；民思其德，立祠安陽亭西。每食輒絃歌而薦之。密于卓茂。郡而祠其守相，若武威于張奂；俗多妖忌，凡二月、五月産子，及與父母同月生者，悉殺之。奂嚴加賞罰，風俗遂改。九真于任延；酒泉于姚馥；平昌于崔景真；嘗懸一蒲鞭，未用，士人思之。新安于伏暅。屬縣始新、遂安、海寧，並時為立生祠。州而祠其刺史：若魏州于狄梁公；徐、豫二州于夏侯亶。守吴興，吏民圖其像。後刺二州，民請立碑置祠。兖州于邢邵。繕修清風觀明月樓，而公私不擾。　下若于公獄吏，東海。　許楊都水掾，立鴻却陂。太守鄧晨為楊起廟，圖畫形像。　朱邑嗇夫，桐鄉。　陳衆從事。李憲餘黨聚衆屯灊山。衆白馬往説降之。灊山人立祠，號「白馬陳從事」。吏民皆奉若神明。

吏民詣闕，請立碑祠者：鄱陽内史陸襄也，民李峴等四百二十人詣闕，表求于郡中立碑。　荆州刺史長孫儉也，吏民表請，為構清德樓。及卒，民趙超等七百人詣闕，請立廟樹碑。　廣州刺史李勉也，在官累年，器用車服無增飾。耆老以可繼宋璟、盧奂、李朝隱，詣闕請立碑。　吴越鎮錢鏐也，杭州耆老，列狀建祠。　衢州刺史蘭欽、晉陵守陳王勵、豐州刺史鄭萬頃、徐州刺史侯安都討平留異。俱郡人表請立碑。

宋登為汝陰令，及卒，人配社祀之。　陸雲為浚儀令，去官，百姓追思，圖形畫像，配食縣社。

漢侯霸將去，淮平百姓至誠乳婦不得舉子，曰：「侯君還去，必不能全。」《北史》：宋世軌死，諸囚皆哭曰：「宋廷尉死，我等豈有生路？」

齊樂預為永世令，卒，有一嫗，年可七十，擔槲篏葉造市貨之，聞預亡，大泣，棄溪中，曰：「失樂令，我輩正應死耳！」　梁蕭昱為晉陵太守，卒，有女人夏氏年百餘歲，扶曾孫出郡，哭泣不勝。

鄒穆公死，遨童不謳歌，市舂不相杵，沽者不售其酒，屠者罷列而歸。　鄭子産死，大夫哭于朝，商賈哭于市，處女泣于室，農人哭于野。《集雋》、《説苑》：子産死，丈夫舍玦珮，婦人舍珠珥，夫婦巷哭，三月不聞竽瑟之聲。

五羖大夫死，秦國男女皆流涕，童子不歌謡，舂者不相杵。趙良語。　耿秉卒，匈奴剺面流血。　鄧訓卒，羌、戎以刀割面。戎俗：父母死，皆騎馬歌呼。訓卒，莫不吼號；或以刀自割。曰：「鄧使君已死，我曹亦俱死耳。」　魏倉慈死，西域以刀畫面。慈守燉煌，西域欲來貢獻，豪族多逆斷絕。既與貿遷，欺詐侮易，慈以府見物與共交市，民彝翕然。慈死，會聚發哀，或以刀畫面。　魏清河王懌卒，為元乂誣死。　彝人為之剺面。

漢朱邑病，屬其子曰：「桐鄉吏民愛我，必葬我桐鄉。後世子孫奉我，或不如桐鄉民。」　董仲舒墳在長安，人思其德，過者下馬，人謂之「下馬陵」。　羊祜常登峴山，祜歿，襄人刻碑其上，見者莫不墮淚，杜預因名「墮淚碑」。

延篤為龔遂立銘祭祠。　王商守蜀，為嚴君平、李弘立祠。　裴誼奏與韋丹江西觀察。立碑祠。　趙凝請與成汭荆南節度。于荆南廟貌。

漢宣詔祀有益于民者：蜀郡以文翁；九江以召父應詔。　漢桓毀諸方祠，事黄老。　特詔密縣存卓茂廟；雒陽留王渙祠。　宋鬻祠廟，張方平言留微子、閼伯二廟。

感而立祠者，南陽王模于丁紹也。臨漳被圍，紹率兵赴之，模賴以全，感紹，為立生祠。　恐而立祠者，單于于李貳師也。貳師降單于，衛律害其寵，遂屠貳師。罵曰：「我死必滅匈奴。」會雨雪，畜産死，人疫病，單于恐而立祠。　不肯立碑者，宋璟也。廣州吏民請為璟立「遺愛碑」。璟言：「在州無它異，欲革此風，望自臣始。」　自立碑者，貞陽侯明也。刺豫州，百姓拜表樹碑州門。及碑匠採石，出自肥鄉，明廣營厨帳，躬自率領到州，人笑之曰：「王自立碑，非其州人也。」　立碑而旋滅者，李林甫也。右相李林甫先為司業，見人好説司業時事。諸生乃希旨，建碑國學。林甫見之，蹙然曰：「林甫何功而立碑？誰為此舉？」意氣甚厲，諸生懼，通夜磨滅，瘞之南廊。林甫羞惡猶存。今不如林甫者多矣。

政有遺愛者：隋貴鄉長魏德深遷館陶，貴鄉父老詣闕請留，館陶民復請，相訟，斷從貴鄉。館陶民徙居貴鄉者數百家。　杜衍知乾州，以治行權鳳翔府，二邦之民爭界上。　永新與泰和爭郭奉世，而二縣皆治。　又請復留者：淮平王莽改臨淮為淮平。大尹侯霸、被徵，百姓攀使者車轅，曰：「願乞侯君復留期年。」潁川守寇恂、盜起，拜守；賊降，不拜。百姓遮道曰：「願從陛下復借寇君一年。」小黃令焦延壽、字子贛。舉最當遷，父老上書願留贛。東郡守耿純、請治一郡自效。拜守，坐事免。上過東郡，數千人號呼云：「願復得耿君。」　梁州刺史种暠。被徵當遷，吏人詣闕，請留，許復留一年。

漢侯霸去臨淮，百姓老弱號哭。　第五倫守會稽，及赴召，父老攀車號泣，日可行數里，倫陰乘船去。　南北朝申徽刺襄州，及代，攀轅百里不絕。　謝靈運守永嘉，不事鞭朴，秩滿，與諸父老叙別，無不攀衣泣下者。　唐姚崇刺荆州，及代，吏民泣留馬首，鞭、鐙皆截。　宋曾鞏罷齊州，州人絶橋杜門，抵夜，乘間乃得去。　王十朋知饒州，及徙夔州守，父老乞留不得，至斷其橋梁，乃從間道去。　丁諷知蔡州，及代，蔡人號泣請留，閉城，斷橋，不得行者累日。　又鄧攸去吴郡，百姓扳船不忍別。歌曰：「鄧侯挽不住，謝令推不去。」　宋吴及幾道。宰華亭，臨去，父老攀號者空邑，車不得前。《史漁》

刑　賞

晉文赦里鳧須，以安國中不附者。　漢高封雍齒，以安沙中偶語者。《偶記》

金錢愧心，漢文帝于張武也；賜絹愧心，唐太宗于長孫順德也。是以賞為刑也。

晉文賞不及介子推，子推隱去，從者作《龍蛇歌》懸書宫門。賞不及舟之僑，作《龍蛇歌》，歷階而去。此一事兩記耳。　屠岸賈之滅趙氏，未為淫刑也。董狐有言：「亡不越境，返不討賊。」則其罪可知也。　曹操之殺孔融，未為失人也。孔明有言：「來敏亂群，過于文舉。」則其人可知也。《偶記》

齊桓賞鮑叔，以薦管仲也。　晉文賞却子虎，因用趙衰之言以勝鄴，而衰則聞之子虎也。　命胥臣以先茅，賞舉却缺之功也。　賞士伯以瓜衍，以獲狄土之功也。

秦拜王稽河東太守，以范雎也。　漢賞魏無知，以陳平也。　唐賞常何絹三百疋，以馬周也。

韓患秦，下令曰：「有能得秦王者，寡人與之國。」大夫諫曰：「賞不可以若是其甚也。」韓王笑曰：「得秦王而寡人與之國，是賞有再乎？且得秦王矣，國人其憂無國哉。」　魏國患河，其邊之臣徙而决之趙，魏王賞之十縣。其相諫曰：「守邊而徙河，犯官也。從而賞之，王之臣無守職者矣。」魏王笑曰：「有功于魏者，有比于徙河者乎？魏無二河，則徙河之賞無再也。」《偶記》

子羔為獄吏，嘗刖人，後出奔，刖者引而逃之；子發令上蔡，嘗刑人，後出奔，刑者匿而逃之。不得已而刖之，而刑之，故不怨也。《偶記》

陳寵為辭曹，其所平决，無不厭服衆心。　郭弘為决曹掾，諸為所决者，退無怨情。　張文瓘兼大理卿，不旬日，斷疑獄四百，抵罪者無怨言。　崔仁師按獄青州，敕使更訊，諸囚皆曰：「崔公平恕，無枉。」無一人異辭者。　高宗嘗録繫囚，唐臨所處者獨無言，囚曰：「唐卿所處，本自無冤。」　韋仁壽為蜀郡法司書佐，所論囚，得罪者，皆自以韋君所論死不恨。　元巖封平昌郡公，蜀中獄訟，巖所裁斷，莫不悦服。其有得罪者，相謂曰：「平昌公與吾何怨焉？」

晉文公赦里鳧須，斬顛頡；漢高祖封雍齒，斬丁公，用此道。魏圖龐德憤怒于陵屋，而于禁慚死；孫權獲禁，送還魏文帝，先令謁陵，豫于陵屋畫關羽戰克，龐德憤怒，于禁降伏狀。禁見慚恚，發病死。唐館甄濟于三司，而令受賊官者列拜愧心。濟不受禄山偽職。旌別若此，曾無一于禁，何也？

武侯追論討平劉胄之功，而張翼賜爵關内侯；討胄未破被徵，曰：「豈可以黜退而廢公家之務？」于是統攝不懈。馬忠因翼成基以殄胄。丞相亮善之，追論功賞。皇甫嵩盛稱討平黄巾之功，而盧植復為尚書。稱植行師方略，嵩皆資用規謀，濟成其功。翼不廢公，植為盡力，非亮與嵩之公，安能雪乎？《史漁》　漢高與秦人「約法三章」；李特與蜀人「約法三章」；李雄僭稱成都王，除《晉法》，「約法七章」。　唐高祖入長安，「約法十二條」。《偶記》

為徙表、徙轅、徙石之令，而賞之如令，吴起欲伐秦也。　為徙木之令，而賞之如令，商鞅欲變秦法也。

賜争牛者以牛，而境内咸敦敬讓者，魏張長年也；賜盜蒿者以蒿，而盜愧過加刑者：隋趙煚也，惠也，費矣。《偶記》

魏孝明靈太后幸左藏，王公嬪主從者，令任力負布絹，多者至二百疋，惟長樂公手持絹二十疋，一云侍中崔光止取兩疋。世稱其廉。隋高祖賜公卿入左藏，任取多少，惟庫狄士文口御絹一疋，兩手各一疋，上異之。噫！多取者無論也，恩賞若此而不悟其非，二子安得賢？《偶記》

宋廣平之抑郝靈荃賞，非售功之道也。張益州之斬一錢吏，非刑罪之道也。《偶記》
王敬則守吴興，有十數歲小兒路取遺物，立殺之；孔琇之令吴，有十歲小兒偷刈鄰稻，竟罪之；張
詠鎮成都，有卒抱兒，兒忽怒摑其父，即殺之。噫！忍哉！教化土苴矣。《事偶》
嗇夫私賦民錢市衣進父，而太守吴祐原之；人有盜鄰麥進母，而孔融貰之；奴竊食祭先，而韓卓
免之；庾人盜秔米食母，而鐵哥貸之。觀過知仁也，雖然，貰則過矣。張岱母年八十，籍注未滿，岱
便去官，有司將欲糾舉，宋孝武曰：「觀過知仁，不須按也。」北齊房法壽以母老，不應州郡命，竊殺
猪、羊以供母。此亦在可矜者乎？
蒲鞭示辱，劉寬也；熟皮鞭示辱，《北史》崔伯謙也；裹碧頭巾示辱，唐延陵令李封也；懸一蒲鞭
而未用，平昌守崔景真也。幾刑措矣。《偶記》
漢秦彭守山陽，以禮訓人，不任刑罰。司馬朗為堂陽長，不施鞭朴，而民不犯禁。唐李日知為
司刑丞，不行捶楚。有令史受敕三日，忘不行，欲捶之。謂曰：「欲捶汝，天下人必謂汝能撩李日知嗔，受李日知杖，不得比于人，
妻子亦將棄汝矣。」吏皆感悦無犯。李封不捶一人。唐延陵令。吏人有罪，但令裹碧頭巾。着此者，以為大辱。竟去官，不捶一
人。徐有功不辱一人。蒲州司法參軍。民相約曰：「犯徐公杖者，必斥之。」訖代，不辱一人。曹彬踰年後杖。知徐州，
有吏犯罪，曰：「此人新娶婦，若杖之，彼姑必以為不利而惡之。吾故緩其事。」
污禄山命者，唐以六等定罪。污劉豫命者，宋鄧肅請三等定罪。
陶侃刺荆州，見戲敗人稻者，執而鞭之；見人持一把未熟禾，云：「行道所見。」侃怒不田而戲敗人稻，鞭之。張詠

為崇陽令，見人有買菜歸者，笞而遣之。怒曰：「汝居田里，不自種而食。何惰也？」百姓因勤于農殖，家給人足。二公為惠大矣。

縱盜飲酒，非翦盜之法；秦繆公。絶纓加賜，非防淫之具；楚莊王。漢文帝金錢之愧；唐太宗布絹之給。非刑賞之正道也。何孟春論。

附 恤亡

越有納官之令。越王令：「軍中有能助寡人謀而退吴者，吾與之共政。孤子、寡婦、疾疢、貧病者，納官其子，官仕也。」漢有羽林之制。漢取從軍死事之子孫，養羽林官，教以五兵，號「羽林孤兒」。北周有授官之詔。出師身殞戰場者，其即授父官。

漢北地都尉孫卬力戰死事，而子單封缾侯。漢文十四年。濟北相韓千秋擊南越死事，而子延年成安侯。南霽雲死事，而子承嗣七歲，授婺州别駕。

忠臣之子周苛子成封高景侯。紀信子通封襄平侯。或曰通，紀成子。

其臨法而不復推恩者：以蘇武之節，而不能貰其子元之死。以李泌之忠，而不能免其子繁死。以郭子儀之功，而不能貸其婿之罪。趙縱為奴告下獄。張鎰曰：「子儀冢土僅乾，兩婿前已得罪，縱復繼之，假犯法尚宜録勳從宥，况為奴所訴耶？」

附 刑法

子產鑄刑書，叔向非之。　趙鞅鑄刑鼎，仲尼非之。

貞觀四年，天下斷死囚者二十九人。　開元二十五年，天下斷死囚者五十八人。

秦刑棄灰。商君之法，步過六尺，棄灰于道，被刑。　周殺羣飲。禁遊飲食于市者，搏而戮之。　後漢私牛皮一寸抵死。　後周匿銅五斤以上罪死。　隋文時，人盜一錢，及四人共盜一榱桷，三人同竊一食，皆立決。　宋鬻偽茶至二十斤棄市，犯私麴至十五斤極刑。　張釋之曰：「廷尉，天下之平也。一傾，民安所措手足？」　李素立諫高祖，曰：「三尺之法，一搖，則民無所措手足。」　裴仁軌私役門夫，太宗欲斬之，李乾祐曰：「法者，陛下所與天下共也。坐輕罪而抵極刑，人無所措手足。」上悦，免死。

漢文帝欲殺犯蹕者，張釋之曰：「方其時，上使使誅之則已，今下廷尉，廷尉，天下之平，不可傾也。」犯蹕者罰金。　唐德宗怒玉工欺，誤毀一銙，私市他玉足之。詔京兆論死。　柳渾曰：「陛下遽殺之則已，若于法，當杖。」由是不死。　隋有主帥私令衛士出外，大理源師據法奏徙，帝令斬之。　師曰：「陛下初便殺之，自可不關文墨；既付有司，義歸恒典。」乃止。　戴胄爭詐冒事覺者，據法應流，曰：「陛下向以一朝殺之，既知不可而以屬臣，此忍小忿存大信也。」高宗時，權善才、范懷義誤斫昭陵柏，當除名，上命殺之。　大理狄仁傑曰：「法不至死而殺之，是法不信于人，臣羞見張釋之于地下。」遂貸之。　周縣令犯贓受絹，世宗欲置之死。　范質曰：「陛下殺之即可；若付有司，臣不敢署敕。」遂貸其命。　執法是矣。然如張、柳、源、范之言，啟人主徑殺之端，其義大有失當也。王肅、洪邁、楊時論之。　争之而不從者，柳莊。罪人依法合流，隋文帝處以大辟，據法執之。

廣州都督裴伷先抵罪，張嘉貞援姜皎例請杖之。皎得罪，嘉貞附會權倖，請加詔杖。俄而皎死。　張説以刑不上大夫，宜為士君子地也。彝州刺史楊濬坐贜，明皇命減死論杖，裴耀先以解體受笞，不當及于士人。監察御史蔣挺坐法，以監决杖稍輕。　詔决杖之。張廷珪以御史有譴，當殺殺之，不可辱也。三事先後皆開元時，而燕公之論，上尊國體，下流福于士大夫，抑亦弘矣。

宋陳居仁守建寧，有告羅殺人者，會赦免，居仁曰：「此亂民也。」遂誅之。　宋范義超殺常古真家十二口，古真子長大，擒義超訴官，有司引赦當原。上曰：「豈有殺一家十二口而可以赦論？」命斬之。朱晦翁帥潭，得報已立嘉王，取大囚十八人斬之，纔畢，而登極赦至。是猶未到也，與周紂、田式等異矣。

董仲舒坐私為《灾異書》，下吏。　劉向坐上《枕中鴻寶》不效，下吏。《備吹》

唐太宗命張士貴杖中郎將，怒其杖輕，下吏。魏徵諫曰：「將軍為國爪牙，執杖已非後法，况以杖輕下吏乎？」上亟釋之。宋璟坐監朝堂杖輕，貶睦州刺史。盧懷慎疾亟表言：「璟明時重器，所坐者小，望垂矜録。」上深納之。以杖輕而加罪大臣，失政刑矣。

明帝撞郎藥崧也，崧有「天子穆穆，諸侯皇皇」之諷。　安帝撲大司馬劉據也，左雄上「行有佩玉，動有庠序之儀」之諫。

張湯持法嚴，而何比干務仁恕。　北齊顯祖殘忍，有司訊囚，莫不嚴酷；蘇瓊以寬平為治。　武后時，周興、來俊臣競尚深酷，而徐有功、杜景儉獨存平恕。　又嚴善思為御史，平活八百餘人；劉允濟為酷吏所陷，善思力訟其冤，得免。亦武后時。

張文休盜運米給貧，應入大辟，而梁皇赦之。　永明壽盜庫錢生物，應入極典，而錢王釋之。　漢誅霍禹，罪不及光；唐誅房遺愛，罪不及玄齡。

陶侃敗于杜曾，王敦且引咎。　毛寶没于邾城，庾亮尚求貶。

齊荼野幕之弑，事起陽生，而罪歸陳乞。　楚靈乾谿之縊，禍因常壽，而罪歸公子比。　驂乘、御者不典衣、典冠兼罪。韓昭侯醉寢，典冠者加衣于君。覺而罪典衣，以為失其事；罪典冠，以為越其職。　驂乘、御者不罪。衛之驂乘者見御者之過，從後呼車。有救危之義，不被其罪。　先令、後令俱誅。舜使吏決鴻水，先令有功而殺之；禹朝諸侯，防風後至而斬之。先令者殺，後令者斬，則古者必貴如令矣。

叔向不坐弟虎；晉欒盈出奔楚，范宣子殺羊舌虎，囚叔向。祁奚説而免之。虎，叔向弟。　劉廙不坐弟偉。魏諷反。廙弟偉為諷所引，當坐誅。太祖令曰：「叔向不坐弟虎，特原不問。」偉與諷善，廙誡之不從。

田叔之奏梁詞；寒朗之救楚獄；狄仁傑之議越俘。出者累千命，完者累千家。

不肯殺人媚人：周敦頤也，南安司理。有囚，法不當死。部使欲深人之，力争得生。　錢即也，睦州理官。有大獄，部使以薦牘動之，不從，獄皆平反。　林積也，循州判官。嘗覈大獄，多平反。　沈畸也。蔡京遣鞫章綖，畸至蘇，即日决釋無左驗者七百人。歎曰：「傅會權要，殺人以苟富貴乎？」平反以叫，遂貶。

《爾雅》曰：夏曰「夏臺」，殷曰「羑里」，周曰「囹圄」；《博物志》曰：夏曰「念室」，殷曰「動止」，周曰「稽留」；《韓詩傳》曰：朝廷曰「獄」，鄉亭之繫曰「犴」，或曰「圜扉」。若「因諸」（《公羊傳》曰：「南里者，何因諸也。」）「尉氏」、（古獄名而名縣。）「居室」、（《漢書》頌繫或在寢室，或在居室。）「若盧」、（獄。）「共工」、（北寺獄，即「若盧」。）「發于」、（《崔瑗傳》東郡獄。）「東治」。（晉、宋東治亦有獄。）皆因官、因地而有獄也。

夏之《肉辟》，殷之《虔劉》，鄭之《刑書》，晉之《執秩》，趙之《國律》，楚之《僕區》，法銓愈備，奸偽滋多。

職官受杖：撞郎始于漢明，後因有杖屬官之法；曹操性嚴，掾屬公事，往往受杖；（韓宣以當受杖，豫脱袴，纏褌，面縛。）宋劉道錫為廣州刺史，杖治中荀齊文垂死；魏劉仁之監作晉陽城，杖前殷州刺史裴瑗、并州刺史王綽；幽州總管燕榮笞長史元弘嗣；（敕杖十已上，皆奏聞。榮笞不滿十，一日或至三數。）桓公在荆州，令史朱衣受杖；王濛為司徒左西屬，以有譴應受杖，固辭；南齊陸澄在官，積前後罰，一日並受千杖；（郎官舊有坐杖，有名無實。齊明帝用法嚴峻，坐杖罰者，皆即科行。）蕭琛密啟：「郎官，乞賜輸贖。」（琛啟：「江重欣杖督五十，無不慚懼，乞特賜輸贖。」納之。）是卑官未免箠楚也。惟孔覬鞭令史，為有司所糾。江蒨弟葺為吏部郎，坐杖曹中幹免官。

北魏法嚴，尚書郎輒加箠楚，及其末世，則有如高陽王雍之以州牧而枉殺職官；唐邕之以録尚書而撾撻朝士者矣。由韓、杜之詩考之，杖決止于簿、尉、判司。然張鎬杖殺亳州刺史閭丘曉，嚴武杖殺梓州刺史章彝，韓皋杖殺安吉令孫澥，柳仲郢杖殺南鄭令權奕。劉晏為觀察，刺史、六品以下得杖而

後奏，是唐亦不優于南北朝也。《日知録》

妖人闌入宮禁，固運氣之疵，亦法紀廢弛所致。如漢武帝征和元年，建章男子；上居建章宮，見一男子帶劍入中龍華門，命收之，捐劍走，逐之，弗獲。成帝建始三年，渭水虒上小女；陳持弓，年九歲，入横城門，入未央宮，至句盾禁中而覺得。綏和二年，鄭通里男子王褒；衣絳衣小冠，帶劍入北司馬門，上前殿，入非常室中。收考，下獄死。靈帝光和元年，德陽門白衣人；入德陽門，言：「梁伯夏教我上殿為天子。」還走，求索不得。四年，魏郡男子張博；送鐵盧詣大官博上峕室，殿山居屋，後宮禁收縛考問。晉惠帝太安元年，雲龍門人；自門入殿前，北面再拜曰：「我當作中峕監。」即收斬之。成帝咸康五年，柘杖絳衣人；詣止車門，上列為聖人，使求見天子，辭稱姓吕，名賜。其言：「王和女可，足下有七星，星有毛七寸，天令可為天下母。」奏即伏誅，並下晉陵誅可。苻堅時，明光殿人；有人入殿，大呼曰：「甲申、乙酉，魚羊食人，悲哉！無復遺。」堅命執之，俄而不見。陳東宮婦人；後主為太子時，婦人突入東宮，曰：「畢國主。」唐高宗永隆二年，萬年縣劉凝静；乘白馬，著白衣，入太史局，升廳坐問：「比有何災？」執之以聞，是夜彗見西方天市中，長五尺。武后神功元年，通天宮人；有人走入端門，又入則天門，至通天宮，閽者及仗衛不之覺。睿宗太極元年，狂人段萬謙；潛入承天門，登太極殿，升御床自稱「天子」，呼宿衛兵士稱「萬歲」。德宗貞元八年，許州人李狗兒；持杖人入含元殿，擊欄檻，擒得，伏誅。敬宗長慶四年，狂人徐忠信；闌入浴堂門，杖流天德。文宗開成二年，狂人劉德廣；突入含元殿，付京兆杖殺。宋高宗建炎二年，狂人；具衣冠，執香爐，携絳褻，拜于行宮門外，自言：「天遣我為官家兒。」帝以其狂，釋不問。孝宗淳熙十四年，紹興府狂人；突入恩平郡王第，升堂，踐王座，曰：「我，太上皇孫。來赴郡。」鞫訊，終不語。元順帝至正十年，麗正門樓斗拱内伏人。不知何自而至，鞫問惘若無知；答之，忽不知所在。《日知録》

附 執法

將吏卒入丞相魏相府，召夫人跪責殺婢事者，趙廣漢也；率吏卒入太尉龐參府，案其夫人殺前妻子者，洛陽令祝良也。俱坐辱宰相下獄，吏民守闕請代者俱萬人。是使漢以下不可得也。雖然，法固不撓，事亦近刻。趙坐腰斬，祝竟原刑。雖有時命，亦大臣量有不同。

「今日與故人飲酒之坐，明日公庭為使者檢鎮將之處。」源懷之語元尼須也。「今日與故人飲者私恩，明日按事者公法。」冀州刺史蘇章之語清河守也。「今日猶得與故人歡飲，明日則舒州都督治百姓耳。」張鎮周之語親故也。借以立名，非忍則刻耳。

斬太子之輈，擊太子之馬，荆廷理也。荆太子入朝，馬蹄踐霤，廷理斬輈戮御，太子入，為王泣。王曰：「社稷之臣也。」太子還走，避舍，露宿，北面請罪。又召太子，庭中有潦，太子驅車，至于茆門，廷理擊馬敗駕，太子入泣。王曰：「守法之臣也。」益爵二級。 追止太子、梁王毋入殿門，張釋之也。太子、梁王共車入朝，不下司馬門。釋之劾不敬，太后使使承詔，赦太子、梁王，然後得入。文帝由是奇釋之。

光武崩，藩王與太子雜止，趙憙横劍當階，扶下諸王，以明尊卑。 明帝崩，諸馬各争入宫，楊仁披甲持戟，遮敕宫門，不得令入。 《北史》：宣武崩，廣平王懷扶疾入臨，欲上殿見主上，崔光攘衰振杖，引趙憙事，遂寢。

魏咸陽王坦食驢無厭，崔暹彈之，削其官爵。陳安成王頊勢傾朝野，徐陵彈之，免頊侍中。趙王良叱張邯下車，鮑永以無藩臣禮劾之。　中常侍高梵迎太子，不齎詔書，种暠橫劍當車止之。　太子鼓吹入東掖門，劉毅劾奏之。　晉荀道將晞。　之殺其從弟也，曰：「殺卿者，兖州刺史；哭弟者，荀道將也。」晞從母求為將，晞曰：「吾不以王法貸人。」將毋悔，後犯法。　曲統制端。　之誅其叔也，曰：「斬副將者，涇原統制也；祭叔者，姪曲端也。」狄青之征儂智，有因貴近求從青行者，青曰：「擊賊有功，不敢不請。　若不能擊賊，軍中法重，青不敢私也。」聞者大駭。　失在于用，不在于殺，狄青為得之。　唐竇軌入蜀，呼其甥不時至，斬之。　劉昌守寧陵，甥張俊未嘗內顧，捽下斬之。　李勣擊高麗，欲與婿杜懷恭偕行，懷恭亡匿，曰：「欲以我立法耳。」刻薄之人，假至親以行法，立峻法以示威，惜兩甥無婿之見也。

柳公綽杖殺神策小將。　薛元賞杖殺神策將軍。　許孟容械繫神策軍吏。　李昱假富民錢不償，孟容執奏曰：「錢未盡輸，昱不可得。」

申屠嘉責鄧通殿中怠慢，天子為謝。　嘉召通至丞相府，責曰：「通，小臣，戲殿上不敬，當斬。」通頓首出血。　上度丞相已困通，使使持節召通，而謝丞相。　劉行本數夏侯福閣內褻慢，太子為謝。　福為太子勇所昵。　嘗于閤內戲，福笑聲聞外。　左庶子劉行本待其出，數之曰：「汝何小人，敢為褻慢？」因付執法者，太子為謝，本乃釋。

魏絳戮楊干僕。　晉侯之弟楊干亂行于曲梁，魏絳戮其僕。　魏舒斬荀吳嬖人。　晉中行穆子敗無終及群狄于太原，崇卒也。　將戰，魏舒曰：「彼徒，我車，所遇又阨，請皆卒。」乃毀車以為行。　荀吳之嬖人，不肯即卒，斬以徇。　祭遵格舍中兒。　遵為亚市吏，兒犯法，格殺之。　光武謂諸將曰：「當備祭遵。」　趙奢殺平原君用事者。　奢為田部吏，收租稅，平原君不肯出，奢殺用事者九人。　格殺湖陽公主奴者，洛陽令董宣也。　公主蒼頭白日殺人，匿主家。　主出，以奴驂乘。　宣于夏亭門叩車，以刀畫地，數主之失。　叱奴下車，因格殺之。　主訴帝，帝欲捶殺之。　宣請得自殺，以頭擊楹，流血被面，使叩頭謝主。　彊頓之不肯俯，因敕彊項，令出，賜錢。　棒破壽陽公主車，御史中尉高恭之道穆。也。　魏孝莊帝姊壽陽公主行犯清路，呵之不止。恭之令赤棒卒破其車。公主泣訴，帝曰：「高中尉清直人，彼所行者公事，豈可私恨責之也？」　斷還寺僧碾磑，太平公主與寺僧爭碾磑，竇懷貞促令改斷。元紘大署判後曰：「南山或可改移，此判終無移動。」及毀權要渠磑者，權要緣渠立碾，以害民田。元紘令吏人一切毀之，百姓大獲其利。　李元紘也。

霍光謝田延年就獄；　延年議立宣帝，止為詐增僦直盜錢，光窮究其事。有為解者，光曰：「謝田大夫，通往就獄，得公議之。」延年自刎。　韋澳械繫鄭光莊吏。　光，宣宗舅。莊吏恣橫，積年征租不入。澳擒而械繫之，上求重決貸死。徑入府杖之，徵逋數百斛，乃縱去。　法之行自貴近如此。　又郭尚父禁無故走馬，南陽夫人乳母之子抵禁，都虞候杖殺之，諸子泣訴，公叱而遣之，可謂不以私愛撓公法者矣。

高季昌杖倪可福。　遣福修江陵外郭，行視程緩，杖之。昌女為福子知進婦，謂婦語：「汝舅，吾欲威衆辦事耳。」以白金數百兩遺之。　劉仁贍斬幼子。　子崇諫夜泛舟淮北，為小校所執。仁贍命斬之，夫人亦不肯救。　高鄰于矯，劉入于忍矣。

漢武帝甥昭平君殺人，帝曰：「用親故撓先帝法，何面目入高廟？」卒去之。　昭平君是隆慮公主子，尚帝夷安公主。　隋文帝子秦王俊免官，帝曰：「法不可違。」卒誅之。　唐高宗不赦郇公孝協。　孝協坐贓，有司奏：「協父、叔良死王事，不可絕其嗣。」上曰：「畫一之法，不以親疏異制。」孝協竟自盡。　唐太宗不阿趙節；　長廣公主泣謝子趙節有罪，上亦拜泣曰：「法不阿親戚，以是負姊。」　不私寵相壽；　濮州刺史。坐貪污免，自陳嘗在秦幕府，賜帛遣之。　不赦高甑生。　後平期，李靖按之。誣靖反，減死，徙邊。不以秦府功臣寬。　唐代宗不貸薛華。　皇姨弟薛華因忿手刃三人，棄尸井中。事發前一日，賜自盡。　後周太祖不私葉仁魯。　帝之故吏，坐贓賜死。　唐宣宗不以工藝廢法。　流教坊祝漢貞于天德平，杖殺樂工羅程。

東漢楊秉捕罪常侍單超弟匡客任方；張酺捕治執金吾竇景家人；唐柳公綽杖躍馬衝導之神策小將；馮宿榜殺苑使姚文壽之部曲；李朝隱榜辱帝舅趙常之奴。皆京尹事。

宋治平中，知封駁韓維乞追還降黜呂誨等敕命。嘉祐中，知封駁何郯封還唐介出知荆南敕命。元祐中，給事劉摯乞追還除安燾知樞密院誥命。

附 濫刑

宣帝，漢英主也，以片言而殺楊惲。太宗，唐興王也，以單詞而殺劉洎；以奏罪不實而斬張蘊古。劉毅被誅，諸葛長民曰：「往年醢彭越，今年殺韓信，禍其至矣。」劉敬宣呈其書，裕殺之。張敬兒誅，敬兒女為超宗子婦。謝超宗曰：「往年殺韓信，今年殺彭越，尹李安民為丹陽尹。欲何計？」李安民啟之，賜死。有司請斬高熲。帝曰：「去年殺虞慶則，今茲斬王世積。如更誅熲，天下其謂我何？」終亦誅。何尚之請出范曄，文帝曰：「始誅劉湛，復遷范曄，人將謂卿等不能容才，朕信受讒言。」終以謀反誅。

望之言張猛，京房言石顯，而元帝殺之。王章言王鳳，而成帝殺之。王嘉、鄭宗言董賢，而哀帝殺之。李膺、陳蕃之徒言宦官，而靈帝殺之。長孫無忌、褚遂良、上官儀言武氏，而高宗殺之。張柬之、桓彦範言韋氏，而中宗殺之。孟昭圖言田令孜，而僖宗殺之。言出禍隨，赫赫王憲，祇藉以快忿洩怨，寧止太阿旁落而已哉！

漢景帝以怏怏而殺周亞夫。　曹操以重名而殺孔融。　晉武以卧龍而殺嵇康。　晉景帝亦以重名而殺夏侯玄。　宋明帝以族大而殺王彧。　齊後主以謡言而殺斛律光。　唐太宗以讖而殺李君羡。刺華州。布衣員道信自言能絶粒，曉佛法。君羡數相從，屏人語。御史奏與妖人交通，坐誅。　武后亦以謡言而殺裴炎。

楚靈滅蔡，用隱太子于岡山，繇無宇曰：「五牲不相為用，況于人乎？」　宋使邾用鄫子于次睢之社，子魚曰：「六畜不相用，況敢用人乎？」

許廣漢誤以他郎鞍被馬，下蠶室；司馬遷坐遊説沮貳師軍，下蠶室。罪皆不當宫刑，又除肉刑後。知有赦而斬罪人：漢渤海太守周紆，每赦令到郡，先遣使盡決刑罪，乃出詔書。坐徵廷尉免歸。　隋襄州總管田式，每赦書到，必先盡殺諸重囚，後宣讀。　唐來俊臣每有赦令，必先遣獄卒盡殺重囚，然後宣示。酷吏之所為也。

漢桓帝時，富賈張汎賂遺中官，得顯位，用勢縱横。岑晊、張牧勸成瑨收捕，既而遇赦，瑨竟誅之。並收宗族賓客二百餘人，然後奏聞。　小黄門趙津貪横，劉瓆使郡吏王允討捕，亦于赦後殺之。侯覽使汎妻訟冤，徵瑨、瓆死獄中。　河内張成推占當赦，教子殺人，司隸李膺收捕，既而逢宥，膺按殺之；宦官教成弟子牢修告膺部黨，誹謗朝廷。于是逮捕黨人，罪應死而遇赦不免，諸君子未免自坐抗命之愆，激成黨錮之禍。

崔法瑗、蔡暉抑真子融以罪在赦後，而臨刑怨訴；崔、蔡旋以病亡。北齊真子融贓貨為人所糾，齊主意在窮治，付瑗、暉共拷其獄。罪在赦前，抑為赦後，子融臨刑怨訴。後十五日，瑗無病死；年許，暉患病，脟肉爛墮方死。蕭望之令案韓延壽赦前之事，坐是棄市，而蕭望之身亦不免。延壽在東郡時，放散官錢。丙吉以更大赦，不須考。會御史問事東郡，望之因令並問，延壽亦訐望之陰私。又延壽治兵車，倣尚方，為御史所案棄市。豈非天道哉？

王允誅蔡邕而敗，蕭紀戮徐怦而亡。怦曰：「生兒悉如殿下，留之何益？」高演殺楊愔而亂。

周亞夫坐盜買尚方甲楯，死獄。韓延壽坐鑄作效尚方，棄市。

古事比卷之二十四

禮賢

問治民不對，而循口操衿抑心能喻者，齊桓公于復稾之君也。公曰：「與民共甘苦饑寒乎？以我為聖人，故不用言而喻，禮之千金。」　教以牆壞不築，牆枉不端，禁食園桃，食以糲飯而能悟者，魏文侯于箕季也。　教以置水拔薤，抱兒當户而能悟者，漢陽太守龐參于任棠也。　教以披頭洗盤，抱兒而能悟者，魏郡太守陳異于尹方也。　教以降階不答，瞪視而出而能悟者，高士廉于朱桃椎也。士廉曰：「祭酒其使我以無事治蜀耶？」

相見但視傳舍，不言而去，黄州隱士于蘇東坡也。坡曰：「豈非身世為傳舍耶？」以上《偶記》。

懸一榻，以待周璆，陳仲舉也。　別施一榻，以待孔休源，蕭晉安也。　陳又懸榻，以待徐穉。前。

魏文侯踞堂見翟璜，及見段干木立，倦而不敢息也。　漢武帝踞厠見衛青，及見汲黯，不冠不見也。

魏文帝不法服，不見楊阜。　北魏武帝袒露與廷臣戲狎，見王昕即正冠斂容。

使人主不冠服不肯見者，竇儀也。　使人主思之，至于不及朝服而見者，王曾也。

信陵執轡于侯生，從騎罵之；王商枉駕于樓護，主簿諫之。今人不為從騎、主簿者，鮮矣。《偶記》

倒屣相迎者：暴勝之于雋不疑。　竇憲于崔駰。　皇甫規于王符。　蔡邕于王粲。　何晏于王弼。　劉元章于薛調。　聞來謁，攬履而起者，曹操于邴原。

夜聽賈誼論鬼神而膝前席者，漢文也。　夜聽蘇綽陳政道而膝前席者，周文也。　王敦與庾亮譚論，不覺改席而前。曰：「元規賢于裴頠遠矣。」　秦孝公于商鞅，周明帝于寇儁，亦然。《偶記》

范孟博投版棄官，而陳仲舉謝之。執公版詣光禄陳蕃，蕃不止之，投版去。郭林宗言，蕃復謝。　裴澥三召不至，而李汧公禮之。澥為録事參軍。李勉觀察始至，及燕，三日不至。曰：「自有賓僚。某走吏也，安得同之？」汧公命恕訪之，置在賓席。

宋司城子罕之貴子韋也，入與共食，出與同衣；曹公之表先主為左將軍也，出則同輿，坐則同席；劉玄德之待客也，同席而坐，同簋而食；孫權使子登之接僚屬也，同輿而載，共帳而寢；夏侯湛與潘岳，每行止同輿接茵，時謂「連璧」。則友善之相親也。

隗囂與馬援共卧。問東方流言及京師得失。　關羽、張飛與先主同床。先主與二人寢則同床，恩若兄弟，而稠人廣坐，侍立終日。　孫權與魯肅合榻。合榻對飲，肅有鼎足江東之對。

肅宗與李泌為布衣交，及即位，事無大小皆咨之。　德宗以張涉為翰林學士，事無大小，皆咨之。

側行撤席，擁篲先驅，燕昭王于鄒衍。　却行為導，跪而蔽席，燕太子于田光。　虚左以迎，執轡愈恭，信陵君于侯嬴。　郊迎至舍，楚王于田忌。　延之于門，齊宣王于王斗。　避堂以舍，曹參于蓋公。　虚館以候，公孫度于管寧。

張翰就賀循船，同載入京。　劉惔覓張憑船，同載入府。

北海相孔融深敬鄭玄，告高密縣為玄特立一鄉，宜曰「鄭公鄉」；可開廣門衢，令容高車，號為「通德門」。　渤海苑康知名士，時為潁陰令，以荀氏子時號「八龍」，遂改所居西豪里為「高陽里」。

皇甫規不迎雁門太守，而驚接書生王符。　廉希憲坐不答都元帥劉整，而恭禮寒餓太學生。

趙簡子思周舍。舍立門三日三夜，曰：「願為諤諤之臣。」操筆牘，司君之過而書之。　楚共王之思芫蘇。犯我以義，違我以禮，然而有得。我死之後，爵之于朝。

劉表有荊州，養士愛民，從容自保，士之歸者以千數，安慰賑贍，皆得資全，故有土幾二十年。　士燮有交廣，謙虛下士，中國往依者以百數。竇融無以加，尉佗不足喻也。　故在郡四十年。

魏高堂隆守陳留，犢民酉牧年七十餘，有至行，舉為計曹掾，明帝嘉之，除牧郎中。　任延十九為會稽都尉，首聘嚴子陵為師，而敕候吏以見龍丘萇。　文翁治蜀，聘揚子雲為師，蜀人始知學。　牛述令外黃，禮爰延為廷掾，范丹為功曹，濮陽潛為主簿。　韓愈刺潮州，聘海陽趙德為士子師，潮人始知學。　晏殊知隨州，首禮范仲淹教書。　東漢岑熙守魏郡，招聘隱逸，與參政事，無為而化。　晉唐彬刺雍州，延致處士皇甫申叔、嚴舒龍、姜茂時、梁子遠等，幅巾相見，敬待之。　山濤刺冀州，甄拔隱屈，旌命三十餘人，皆顯名當時。

不禮賢：　梁惠王之志在「驅逐」、「音聲」。淳于髡曰：「吾前見王，王志在驅逐；後復見王，王志在音聲。」客以報王，王大駭。曰：「前有獻善馬者，後有獻善謳者。雖屏人，私心在彼，有之。」　唐昭宗與伶人調品篳篥。許寂久栖四明山。昭宗徵赴闕，召對內殿，方與伶人調品篳篥，事訖，方命坐，賜茶果，問《易》義。寂曰：「君在淫聲，不在政矣。」尋請還山。　衛獻公誠孫文子、甯惠子食，日旰不召，而射鴻于囿。　桑維翰事急求見，而帝方調鷹。

寵禮

明皇之于李白；徵就金馬，降輦步迎，如見綺皓，以七寶床賜食，御手調羹以賜之。沉香亭畔，木芍藥繁開，持金花箋，宣進《清平調》，妃子持玻璃七寶杯，酌涼州葡萄酒。又嘗撰詔誥，敕宫嬪執牙筆呵之。又嘗賦宫體詩，下筆醉甚，上令宫人張朱絲闌之。神宗之于王珪；王岐公在翰苑時，中秋有月，上命小殿賜酒，令宫嬪求詩，各取頭上珠花與學士潤筆。宴罷，輟金蓮燭，扶掖歸院。徽宗之于米芾；即米元章字學，于瑶珠殿張絹，設瑪瑙硯、李廷珪墨、牙管筆、金硯匣、玉鎮紙、水滴，召米芾，盡以賜之。真宗之于丁謂；晉公鎮金陵，真宗出周防《卧雪圖》，曰：「到金陵選一絶勝處張之。」遂張于賞心亭。高宗之于吴益。即益遊冷泉，野服濯足，以小詩召之。既至，九叠石引泉象飛來峰者，冷泉中揭盡一幅，乃圖吴野服濯足，且製一詩其上。因以賜之。寵遇可謂稀有。　他如張華進《博物志》，賜于闐青鐵硯、遼西麟角筆、南越側理紙；曾覿進《壺中天詞》，賜水精盆、金束帶、紫蕃羅；柳公權以隔風紗作《龍城記》、《八朝名品録》，賜剪刀麪、月兒羹；張斐裳以「異林花共色，别樹鳥同聲」，獲蛟龍錦；武平一以「飛埃結紅霧，遊蓋飄青雲」，獨插御花；姚鉉以「花枝冷濺昭陽雨，釣線斜牽太液風」，被寵；張蠙以「墻頭細雨垂纖草，水面回風聚落花」，見知。　玉柄麈尾，親授張譏；辟暑名犀，宣賜李訓；杜黄裳眷禮優崇，例外錫九龍之燭；張曲江風生論辯，光華升七寶之床；裴晉公在中書，得頒换骨之醪；白香山居禁近，曾賜防風之粥。俱用詞華，承人主優異，亦儒者之極榮也。《談薈》

金蓮炬送歸院：王珪也，蘇軾也。然太后與軾夜談，而妃嬪夜索珪詩，幾于褻矣。　又令狐綯、晁迥、錢僖、史浩，亦被此寵禮。　又賜雙燭送歸舍人院，鄭獬也。　夜召于亭，燭窮，宮人以蠟液濡紙，學士柳公權也。　太宗夜幸玉堂，宮嬪自窗格引燭入照，格上有火燃處，學士蘇易簡也。

劍履上殿：漢蕭何、晉汝南王亮也。　乘輿上殿，蕭望之子南郡守育，及鍾繇、華歆也。　房玄齡亦許肩輿上殿。　唐賜李綱步輿，乘至閤下。　晉賜山濤小輦，乘至東宮。　明皇以步輦召學士姚元崇。苦雨泥濘。　元魏明帝以御輿乘寇儁。

晉元帝引王導同坐，辭曰：「太陽俯同萬物。」　唐高祖引劉文靜同坐，辭曰：「太陽俯同萬物。」

唐憲宗以内庫二千緡，為魏徵孫稠贖徵故第；李師道請白居易言：「事闕激勸，合出朝廷。」　宋真宗出内庫錢贖呂端第，賜其家。未聞録用其子孫。豈亦房、杜之儔歟？《事偶》

李德裕平劉稹，拜太尉而辭，武宗曰：「恨無官酬公。」　姚崇在外，明皇詔徙居近四方館，崇以華不敢居，帝曰：「恨不處禁中，此何避？」　代宗召李泌至，舍蓬萊殿書閣。

漢王褒為諫大夫，後太子體不安，詔使褒誦讀奇文，虞侍太子；魏王褒與庾信齊名，帝每遊宴，命褒賦詩，談論，恒在左右。　名同，才同，寵遇亦同。

漢疏廣為太傅，以移疾告歸，公卿阻道東都門，皇太子賜黃金五十斤。　梁陸罩為中庶子，以母老求去，公卿阻道征虜〔一〕亭，皇太子亦賜黃金五十斤。

漢鄭弘為太傅，第五倫為司空，弘曲自卑，倫為弘舉主，班次在下。　帝聽置雲母屏風分隔其間。　吴紀隋為中書令，父亮為尚書令，詔以雲母屏風隔其座。　宋孝宗賜李如圭宴，父子。設珠簾隔之。　魏静帝人日登雲龍門，崔瞻彦通。與父倰俱侍宴為詩。詔問瞻何如父？邢邵曰：「倰詩弘麗，瞻作清新，並詞人之冠冕。」衆嗟賞云：「今日之宴並為崔瞻父子。」　楊玄感與父素俱為柱國，朝會則齊列，文帝命玄感降等。謝曰：「不意寵臣之甚，許以公庭展私敬。」

太守楊宣畫宋纖燉煌人。像于閣上，出入視之，作頌。　陸德明，唐太宗令閻立本寫其形，褚亮為讚。　唐李嗣真，后使閻玄静圖之，楊誌誠為讚，殷仲容書。《事偶》

范蠡浮五湖去，越王以良金寫范蠡狀而朝禮之。　柳晉，音辨。煬帝與同榻共卧，猶恨不能夜召，刻木偶像晉，置于座，與相酬酢。前。

唐太宗剪鬚為李勣和藥。　宋仁宗于吕夷簡，亦然。前。

光武解襜襦以衣來歙，解右驂以贈賈復，解佩綬以帶李忠。　陸遜擊走曹休，孫權以御蓋覆之，出入殿門。　又授周泰以御蓋。《江表傳》作賜御幘、青縑。又飲宴船樓上，值雷雨，令以蓋覆劉基。　清河王懌，暴雨令持蓋覆裴粲。粲後以無備，為賊耿翔害。　漢高祖解衣衣韓信。　魏太祖解裘覆高柔。柔擁膝抱文書而寢。太祖微行，見之。　漢肅宗持被覆馮豹。衍子，拜尚書郎。奏事伏省閤，或從昏至明。肅宗嘉之，使黄門持錦被覆豹，敕令勿驚。　德宗以袍覆韋綬。德宗幸翰林院，學士韋綬方寢，時適天寒，以從妃韋蜀纈袍覆之而去。　宋太祖解貂裘，賜王全斌。　齊高祖為崔暹授轡。賜之良馬，騎之以從，且行且語。暹下拜，馬驚走，高祖親為擁之而授轡。　齊世宗為崔暹回馬。世宗欲假暹威勢。出之東山，前驅為暹赤棒所擊，世宗回馬避之。

周文帝射堂新成，于惠竊歎親老，即日徙堂于惠宅。

魏徵寢疾，太宗將營小殿，遂輟。其材為造正堂，五日而就。《事偶》

漢張放娶皇后弟許嘉女，成帝為充乘輿服飾，長安號：「天子娶婦，皇后嫁女。」　蕭至忠以女妻韋后舅崔從禮子。帝主蕭，后主崔，時謂：「天子嫁女，皇后娶婦。」　仁宗謂于光獻曰：「朕為十三，英宗，仁宗從子。后為滔滔，宣仁后小字，獻甥也。使相嫁娶。」宮中謂：「天子娶婦，皇后嫁女。」《事偶》

天子為臣下作碑者：唐太宗為魏徵。　高宗為李勣。　玄宗為張說。　德宗為段秀實。　宋太宗為趙普。　仁宗為李用和。　神宗為韓琦。

賀知章歸，明皇餞之以詩。　白居易死，宣宗吊之以詩。

唐太宗御詩，敕褚遂良即虞世南靈座焚之。　文宗御札，敕中使及裴晉公門而度甍。

呼而不名，亦禮之至隆者：孫權于羣臣多稱字，惟呼張昭曰「公」，張紘曰「東部」。　魏文于薛夏推論書傳，呼之不名，而謂之「薛君」。　魏文成重高允，呼為「令公」而不名。　隋高熲，獨孤信，嘗賜熲姓。文帝每呼為「獨孤」而不名。　唐高祖待裴寂厚，稱為「裴監」而不名。優禮李綱，每手敕，未嘗稱名。引竇抗入卧內，呼為「兄」而不名。　唐憲宗尊任李吉甫，官而不名。　以杜佑年高重德，常呼「司徒」而不名。　又在禁中常以官呼裴垍而不名。　宋真宗于呂端，肅然拱揖，不以名呼。　宋辛次膺同樞密，孝宗呼其官而不名。　又對近臣言張浚，必曰「魏公」，未嘗斥其名。　若武后于狄仁傑，嘗謂之「國老」而不名，誠重之也。　唐昭宗延見崔胤，或不名，以字呼之，則德之也。　劉太后于曹利用，稱曰「侍中」而不名；度宗于賈似道，稱曰「師臣」而不名。則憚之也。

進見，對語之久：百里奚、秦繆公語三日。淳于髡、見梁惠王，一語連三日三夜。安期生、秦始皇請見，與語三夜。田蚡、每奏事，坐語移日。馬援、光武每接宴，語自夕至旦。張純、數被光武引見，一日或至數四。第五倫、光武見即異之，特召與語至夕。張天錫、為孝武所器，每入言論，無不竟夕。劉湛、宋文帝時，每入雲龍門，不夕不出。賀琛、進見梁武，語輒移晷，省中語曰：「上殿不下有負雅。」許詢、嘗詣簡文，不覺造膝叉手語達于將旦。韋渠牟。每奏事，輒五六刻乃罷。又光武于李通，相見共語移日，極歡。唐高祖于裴寂，留守太原，每延之宴語，通宵累日。唐太宗于宰相，每延英對宰相，率漏下十一刻。唐宣宗于蔣伸。每見必咨天下得失，三起三留。曰：「他日不得獨對卿矣。」遂拜相。

漢王拜韓信大將，自以為得信晚。漢主父偃、嚴安、徐樂上書言事，武帝召見曰：「公等皆安在，何相見之晚？」桓榮每朝會，敷奏經旨，光武稱善，曰：「得生幾晚。」蓋勳諫靈帝陳師平樂觀，出中藏物以餌士之非，帝善之，曰：「恨見君晚。」王肅奔魏，陳伐齊之策，魏主不覺促席移晷，自謂相得之晚。若李愬令鄭注見王守澄，促席恨相見晚。石敬瑭出見契丹主，執其手恨相見晚，則不倫矣。

《史漁》

北齊神武與司馬子如恩舊，子如有罪，歡以膝承其首，親為擇蝨。後周乙弗朗刺峽州，患積冷，文帝賜二石東生散。唐太宗時，李思摩中矢，為之吮血；李勣病，為之剪鬚。宋仁宗剪鬚賜呂夷簡，以療風眩。

衛柳莊之死也，獻公當祭，不釋祭服而往襚之；梁馮道根之死也，武帝畢祠，即幸其宅而臨之。君

臣義重，不妨吉凶，禮並。《説儲》

略考歷代之臨喪者：漢光武素服臨祭遵；又于李通臨吊送葬；又于杜林親臨喪。明帝變服臨桓榮。章帝于趙憙車駕臨吊；于牟融車駕臨喪。和帝于張酺乘輿縞素臨吊。順帝親臨梁商。晉武帝素服臨羊祜。唐太宗臨魏徵；為之慟。臨張公謹。郇公卒，上出次發哀，有司奏辰曰：「忌哭。」上曰：「君臣猶父子也。」遂哭之。周世宗臨王朴。以玉鉞卓地，哭數四，不能自止。宋太宗臨李穆；哭曰：「非穆之不幸，乃朕之不幸也。」又臨薛居正。問：「不肖子安在？」真宗臨楊礪。冒雨臨其喪，礪居委巷，車駕不能入，帝為步進。哲宗臨司馬光、呂公著，然與臨曾公亮不同。真宗又臨李沆、向敏中、王旦，俱哭之甚慟。

用人

黄帝之相風后以夢。高宗之得傅説，文王之遇臧丈人，亦以夢。唐明皇之相姚崇、宋璟，又以夢。夢二龍銜符自紅霧中來，上肆「姚崇」、「宋璟」四字，挂之兩大樹上。文王將田，史編布卜曰：「田于渭陽，將大得焉。」史疇為禹占，得皋陶。則以卜得賢，始于禹矣。見《六韜》

拔巖徒而相，恐其駭也，故夢以先之；載鈞老而師，恐其疑也，故卜以先之。聖人不得已而喻愚俗也。不知者，以為真。夢而娃嬴進矣；趙武靈王夢處女鼓琴，吴廣納其女娃嬴。筮而驪姬進矣。《偶記》

楚昭奚恤之對秦使，以子西、太宰。子敖、子高、葉公。子反司馬。為寶。齊威王之對梁惠王，以檀子、盼子、黔夫、種首為寶。 楚王孫圉對趙簡子不以白珩為寶，而以觀射父、左史倚相為寶。 孟獻子對晉宣子，舉顏回、兹無靈。 魏太子對經侯之問，舉徒師沼、郄辛、芒卯。

孔子之使馬圉，語繫馬之野人，以愚應愚也。 藝祖之遣殿侍押伴，以愚困智也。馬逸食稼，野人怒繫其馬。子貢卑辭而不得。馬圉往曰：「子不耕于東海，予不遊西海也。吾馬安得不犯子之稼？」解馬與之。江南徐鉉修貢，差官押伴。藝祖擇一不識字者，鉉詞鋒如雲。其人唯唯。數日，既無酬復，鉉倦且嘿矣。聖人達人之情，故能盡人之用。後世以文法束人，以資格限人，又以兼長望人，天下事豈有濟乎？

金日磾以父不降見殺，没入官，輸黄門養馬，上異而問之，即日拜馬監，遷侍中。 卜式不願為郎，令上林中牧羊，上奇其言，拜緱氏令，遷齊王太傅。

唐文皇為天策上將開府，置房、杜等十八人為學士； 楚王馬希範為天策上將開府，置廖光圖、徐仲雅等十八人為學士。事類而人遠矣。《偶記》

世祖二十八將，多仕王莽。 太宗十八學士，多陳、隋舊臣。 劉光世，童貫之將也。 韓世忠，梁師成之將也。

「士或負俗而立功名；跅跑者在馭之而已。」此漢武求賢詔也。「進取之士，未必有行；偏短者，庸可廢乎？」此魏武求士令也。 知用人之道者，二主也。《偶記》

唐李聽以穆宗東宫時不獻駿馬，為穆宗所知。 杜悰鎮鳳翔，以不獻白兔，為文宗所知。

姚賈曰：「使若卞隨、務光、申屠狄，人主豈得其用哉？」 魏無知曰：「今有尾生、孝己之行，陛下何暇用之乎？」

高帝拜韓信為大將，一軍皆驚；先主拔魏延為漢中督，一軍皆驚。高崇文之拜大將亦然。人人自謂當及而不及，驚安能免？

「仕者，高則望宰相；下則希牧守。錮人于聖世，不忍為也。」此漢袁安之言也。「仕者，大則望公卿，次則望侍從。奈何錮之于聖世？」此宋韓億之言也。庶幾乎惜才者。安為河南尹，未嘗以贓罪鞫人。韓公億執政，有奏擿拾官吏，小事者，輒不懌。《偶記》

周亞夫至洛，喜得劇孟。魏武不喜得荊州，喜得蒯越。異度通之後。周文不喜得河東，喜得柳敏。唐太宗不喜得遼東，喜得薛仁貴。慕容德不喜得青州，喜得封孚。至莒城，孚出降。蒙遜不喜克李歆，喜得宋繇。石勒不喜得幽州，喜得裴憲、荀綽。梁元帝曰：「晉氏平吳，喜獲二陸。今我破賊，亦得二周。」謂弘正、弘讓也。申徽對周文曰：「晉主滅吳，利在二陸。今平梁、漢，得一劉璠。」璠降達奚武，武先令赴闕。苻堅聘習鑿齒，與道安同載，曰：「晉氏平吳，利在二陸。今破漢南，獲士僅一人有半耳。」隋文帝指姚察曰：「我平陳，惟得此人。」宋太祖謂太宗曰：「我幸西州，惟得一張齊賢。」

宋文帝曰：「人仕宦，非唯須才，亦須運命，每有好官闕，未嘗不先憶羊玄保。」明皇曰：「每有好官闕，即望宰相論及蘇頲。頲為中書侍郎，仍供政事食。明日加知制誥，有政事食，自頲始。頲入謝，玄宗曰：「常欲用卿，宰相皆卿之故人，卒無言者，朕為卿歎息。」

孫策得太史慈，放還豫章，卒立奇功。　李愬得吴元濟將李祐，解縛用之，卒擒元濟。

許允為吏部，多用鄉里人。允曰：「鄉人，臣所知也。若不稱職，臣甘其罪。」　唐德宗問崔祐甫所用多涉親故，對曰：「選擇不敢不慎，苟平生之未識，何以諳其才行？」　憲宗謂宰相勿私親故，李絳曰：「崔祐甫言非親非故，不諳其才，但問其才器與官稱否耳。」　唐太宗曰：「聞竇易直為相，未嘗用親故果賢，避嫌而棄之，亦不為至公也。」　又杜錫為吏部郎，不敢用鄉親一人。

孟明視喪師于崤，秦穆公使復為政；荀林父敗績于邲，晉景公使復為政。善哉！使過乎！　范文正用士，多取氣節，而略細故，故如孫威敏、滕達道皆所素重，其為帥日多取謫籍，未牽復人，曰：「實有可用之材，不幸陷于吏議。不因事起之，益為廢人矣。」故所舉多得士。

魯莊公用曹沫，秦穆公用孟明，皆善于使過者。　宋太祖用趙普，唐太宗用李靖，皆善于使貪者。

寵參即擢于徒中。坐微法，羌、戎為患，樊準薦之，即擢。　漢景帝拾韓安國于徒中。坐法抵罪，拜梁内史。

宣帝徵張敞于亡命。

管仲射桓公中鈎，公復用之。　陸思鐸射莊宗中鞍，莊宗復用之。

文帝雖有鄧通、趙譚，而所信者賈誼、張釋之、袁盎也。　武帝雖有韓嫣、李延年，而所信者公孫弘、卜式、兒寬也。　開元雖有姜皎、崔滌，而所信者有姚、盧、蘇、宋也。

黄次侯霸。却督郵之譖，而全許丞之名。　龔少卿遂。拒功曹之誹，而得王生之力。　陳孟公遵。不顧尚書之期，而司徒馬公優之，位躋列侯。　龐士元不理耒陽之事，而相國孔明原之，權登上將。

苻堅用王猛，而樊世仇、騰席寶不悦。　魏鄭公勸太宗以仁義，而封倫不信。

丙吉得雲中之報于馭吏；龔遂獲長者之謦于議曹。可見酒失，未足深過；不則以難近棄季布，以罵座誅灌夫矣。《偶記》

張延賞為相，除吏千五百員，當省千餘，道路訕謗。　李德裕為相，罷縣吏二十員，舉官去者，皆怨。

傅嘏尹河南，郡有七百吏，半非舊也。嘏曰：「前尹司馬芝綱太簡，次尹劉靖目太密，後尹李勝毁法收聲。嘏立綱裁目，所毁以漸補之。」　崔祐甫作相，凡除吏八百，皆允當。

謝安屬門生數十人于趙悦，悦悉用之；王忱為吏部郎，僧彌改選草近半，忱甚以為佳；裴垍疏名士三十許人于李吉甫，悉薦之。主客皆可紀也。

漢高封雍齒，而功臣息喙；先主禮許靖，而蜀士歸心。皆予之以名，收之以實。

韓信擒李左車，問以下齊之策。　宇文邕擒高延宗，問以取鄴之策。

丙吉不罪吐茵之吏，而後知邊郾狀以對詔；吏醉嘔車上。吉曰：「以醉飽之失去士，此人復何所容？第忍之，不過污丞相車茵耳。」馭吏見驛騎持赤白囊，隨至公車刺取，知虜入雲中、代郡，遽歸白吉，曰：「恐邊郡吏有不任兵馬者。」吉召東曹，科條其人。未已，召問，吉具對，見謂：「憂邊思職。」郭進不殺詣闕之軍校，而得其死力鬥捷。軍校詣闕訟進，上遣令殺之。進令掩殺並寇，即薦于朝。其人踴躍赴門。　惟酬報之情迫中，故其長觸之而必試，激之而必竭。彼索過尋仇者，豈非大愚？

孟嘗君客鷄鳴、狗盗，而出秦難。　楚子發禮善偷者，而却齊師。

百里奚非愚于虞，而智于秦。　蹇叔處干而干亡，入秦而秦霸。

施師默夾袋。知樞密，搜訪人才，手書置夾袋中，每有除授，必列陳之。　呂蒙正夾袋册子。朝廷求賢，取之囊中。故百官稱職。　虞允文材館録。懷袖小方册，目籍人才為三等，一時得人之盛。有慶曆、元祐風。　梁燾薦士録。在鄂州作録，具載姓名。

温公曰：「宰相以道德佐人主。苟用例，則胥吏矣，條例司也。」　萊公用人不以次，曰：「宰相所以進賢，退不肖。若用例，一吏職耳，官例簿也。」　文正上《百官圖》，指其次第，曰：「進退近臣，不宜全委之宰相。」則因以規諷之也。

韓維之去，吕公著争之。　朱熹之去，趙汝愚争之。

太宗，一榜及第，為張齊賢也。　嘉祐殿試不復黜，因張元也。

魏兩用樓翟、吴起而亡西河；　湣王專用淖齒，而死于東廟。　無術以御之也。　文王兩用吕望、召公奭而王；　楚莊王專用孫叔敖而霸。　有術以御之也。

留侯以為高祖悉用蕭、曹故人。　郭伋對光武曰：「選補衆職，不宜專用南陽人。」　唐太宗嘗語及關中、山東人，意有同異。　張行成曰：「天子以四海為家，今有東西之異，示人以隘。」

韓滉之任故人子。滉節制三吴，所辟賓佐，隨其才器。有故人子投之，與宴，畢席端坐。公令監庫門，吏卒無敢濫出入者。

吴越王之使園卒。鏐見園卒陸仁、章樹藝有智，而志之。及淮南囿蘇州，使仁、章通信入城，果得報而還。鏐以諸孫畜之。按吏司馬福潛行水中入城，城中號令與援兵相應，敵以為神，疑即一事。天下無棄才，無廢事矣。張循，王之聽老卒。游後園，見老卒卧日中，蹴之，曰：「會甚事？」曰：「如回易類，亦粗能之。」曰：「汝需幾何？」曰：「五十萬。」壯之，恣其所為。乃造巨艦，市美女能歌舞者百餘，廣收奇玩，蒭紫衣吏十數輩，樂飲月餘，忽浮海去，逾歲歸。珍犀、香藥外，且得駿馬，獲利幾十倍。王咨嗟褒賚，問：「能再往乎？」曰：「此戲也，再往則敗矣。」願仍退為卒，老園中。使之從容展布，以盡其能。蓋不知其人，輕任之，與知其人不能專任，皆不足以有功。

卜相而金甌覆名，唐玄宗于崔琳、盧從愿也；卜相而琉璃瓶貯名，唐廢帝于崔居儉、盧文紀、姚顗也。二事俱出二氏，異哉！覆而不克相也；貯而挾以箸也。殆同戲耳。宣宗命相探中外有人望者三兩人姓名，撚之致香案上，焚香探丸，以命草麻。《偶記》

晏子前在東阿，屢托不行，而君罪之；後反是，而君賞之。西門豹為君治鄴，而奪之璽；為左右治鄴，而君拜之。故曰：「官無中人，不如歸田。」《偶記》

秦皇未見韓非，思並世而不可得；見則殺之。漢武未見相如，思並世而不可得；見則擯之。終文園令。貴其耳，賤其目。皆曰：「恨不得與此人同時。」《偶記》

漢文拊髀思頗牧。馮唐曰：「雖有頗牧，不能用也。」晉世祖思諸葛亮。樊建曰：「陛下知鄧艾之冤，而不能直。雖得亮，得無如馮唐之言乎？」唐憲宗恨無蕭、曹。韋處厚曰：「陛下有一裴度不能用，乃當饋而歎恨無蕭、曹。此馮唐所以有頗牧不能用之言。」

高澄見王偉為侯景檄，曰：「才如此，何不早使知也？」武曌見駱賓王為敬業檄，曰：「人有才如此，而使之流落不偶乎？」然正使早有薦達者，亦未必用。孔熙先望風吐欵，文帝奇其才，語何尚之

曰：「使熙先年將三十作散騎郎，那不作賊。」《偶記》

遼之興，以韓延徽；夏之興，以張元、吴昊。延徽嘗歸唐矣，以王緘之隙復奔遼；元、昊嘗刻詩自見矣，以韓、范二帥不能用，遂奔夏。元爲《鸚鵡詩》曰：「好着金籠收拾取，莫教飛去别人家。」宜以告當事者。《偶記》　使用人不遺，因能授職，則黄巢必不販私鹽；張榮必不爲阡能草檄；樊若水必不量江面；黄師宓必不爲儂氏謀；徐伯祥必不引交人以入寇；漢之中行説、翕侯趙信必不爲匈奴用也。

唐王僊芝以進士不第，竟亂而亡唐。　宋張元以殿試黜落，竟叛而禍宋。《偶記》

優孟似叔敖；虎賁似中郎；宣武似越石。以貌相士者，悖哉！　曾參殺人，而曾母投杼；毛遂墮井，而平原痛哭；秋胡調妻，而翟公拒婚。以名求人者，遠矣。《偶記》

董允卒，而黄皓用。劉禪延熙八年也。　李絳出，而承璀入。唐憲宗元和九年也。《偶記》

漢登丞相，而匈奴譏。　魏用三公，而孫權笑。　房琯之稱劉秩，關播之用李元平，至今以爲笑。

漢元寬弘盡下，然有一望之，卒使自殺，而委用恭、顯。　唐文恭儉儒雅，任一宋申錫，卒爲閹宦所誣，而委用訓、注。

漢元帝嘗任蕭望之、周堪矣，一制于弘恭、石顯，則不得行其志。　宋孝宗嘗任陳俊卿、劉珙矣，一間于陳源、甘昇，則不得盡其才。　李林甫、牛僊客與高力士相爲犄角，而玄宗之朝政不經。　賈似道、丁大全與董宋臣相爲表裏，而理宗之國勢不振。《問奇》

魚朝恩不能促唐，而促唐者，竇文場、霍僊鳴也。　李憲不能危宋，而危宋者，童貫也。　玄宗、神宗偶誤，而德宗、徽宗嗜毒而甘焉，禍不旋踵，宜耳。前。

漢武帝時，趙綰、王臧以儒敗。　唐德宗時，張涉、薛邕以文學敗。

穰苴，齊景之所用也，而齊景不强。　于威、公孫，吴闔閭之所材也，而闔閭反死于檇李。

信任之專，如神武信待杜弼，或造次不及書教，直付空紙，即令宣讀。　周文委任蘇綽，或出遊，嘗預署空紙授綽，有處分隨事施行，及還，啟知而已。

一代宗臣，君委國而聽之，必不使邪人參其間，不然必為所勝。唐若褚遂良、長孫無忌之遭李義府；許敬宗、張九齡之遭李林甫。裴度相憲宗，立淮蔡、青鄆之功，皇甫鎛一共政，則去不旋踵；迨穆、敬、文三宗，而元稹、李逢吉、宗閔更撼之，不得安厥位。　宋若趙普為盧多遜之所勝；寇萊公為丁謂所勝；杜祁公、韓范為陳執中、賈昌朝所勝；富韓公為王介甫所勝；范忠宣為章惇所勝；趙忠簡為秦檜所勝。大抵皆然也。《容齋》

人為中國用者：由余入秦，穆公以霸；金日磾仕漢，脱武帝五柞之厄；唐執失思力、阿史那社爾、李臨淮、高僊芝、渾瑊、李懷光、朱邪克用，皆立大功名，然在所以御之。否則，郭藥師矣。　出為敵國用者：賈季在狄，六卿以為「難日至」。　桓温不能留王猛，為苻堅用。　唐莊宗不能留韓延徽，為阿保機用。　張元、吴昊為曩霄用。《問奇》

富弼謂：「兇險之徒，不近舉業，宜作遺逸官之。」　蘇軾謂：「奸猾之黨，不能科名，當比任子用之。」

鄭覃病進士；李德裕薄進士。不獨金衛王也。

校記

〔一〕征虜亭：原作「征魯亭」，據《南史·陸杲傳》改。

古事比卷之二十五

理財

李翺平賦之書。謂：「人皆知重斂之可以得財，而不知輕斂之得財愈多。」　蘇轍豐財之言。「非求財而益之也，去事之所以害財者而已。」

周以冢宰制國用；唐以宰相兼度支。何陳平之對，謂：「當責之内史，韋賀之言。不宜兼于宰相。」東坡《試策》

衛文公、漢文帝、唐太宗，始由艱窘而終致天下之富。惟能節，故雖虚必盈。秦始皇、漢武帝、隋煬帝、唐明皇，始由豐厚而終致天下之貧。惟不能節，故雖盈必竭。

陸贄奏定徵税之期。言蠶事方興，已輸縑税；農功未艾，遽斂穀租。　韓滉作賦斂出入之法。

未有國家而市物者，市之名昉于周官之泉府，后世因之，曰「均輸」、曰「市易」、曰「和買」。未有國家而糴粟者，糴之説昉于齊桓公，魏文侯之平糴，後世因之，曰「常平」、曰「義倉」、曰「和糴」。古人恤民之事，后世反藉以累民矣。

唐李吉甫撰《元和國計簿》；宋丁謂作《景德會計録》。其后林特作于祥符，田況作于皇祐，蔡襄作于治平，韓絳作于熙寧，蘇轍作于元祐。總括出入之數，以歲計定國用，實有賴也。

張林言：「宜煮鹽，行《均輸法》。」朱暉以為非明主所宜行。　杜元懿欲增牛埭稅格，顧憲之議：「其為公買怨。」　裴匪躬嘗奏賣苑中馬糞，劉元軌曰：「恐后代非佳名。」又欲鬻諸苑果蔬，蘇良嗣曰：「未聞天子與人争利。」

德宗受諸道之獻，因李泌諫阻，諭令毋白宰相；憲宗受諸道之獻，因李絳諫阻，諭令毋申御史。是背卿相、近臣，而與藩鎮密也。藩鎮安得不橫？

程文簡不除稅目。議者患民稅多目，公以為合而没其名，一時之便。後有興利之臣必復增之，是重困民也。　王子野、彭季長，不進羨餘。子野遷荆湖轉運，獨不進羨餘。季長為荆湖轉運，曰：「裒民取貲，吾不忍為。」

倉吏歲終獻羨餘萬石。南唐主曰：「出納有數，苟非掊民尅軍，安得羨餘？」　宣和間，密州郭奉世進萬緡，向子韶劾曰：「一路財用，有餘、不足相補。不罰奉世，無以懲奸。」

闕止除橘籍，張忠定拔茶杜榷，慢煩民也。　何光遠減泰順鐵課序。　王堯臣不榷蜀井鹽。　何易于焚榷茶詔。　張復之弛鹽禁，救杭州饑。　蔡子思弛鹽禁，救密州饑。　李渤言免遠年逋欠。

盧攜乞停徵殘稅。言貧者磑蓬實為麵，蓄槐葉為齏。　後唐劉昫奏蠲逋租。

樊儵奏罷野王甘醪膏餳。　漢和帝時，唐羌狀免臨武荔枝、龍眼。交阯七郡。　唐孔戣華州刺史。奏免明州歲貢海蟲、淡菜、蚶蛤。　元稹亦奏免明州歲貢蚶蛤。

漢順帝詔文礱獻珠求媚，礱，桂陽太守，封珠還之。與唐太宗罪權萬紀，同一心也。萬紀言冶銀之利。太宗黜之曰：「欲以桓靈方我。」　宋真宗怒內侍裴愈進龍花蕊。因事至交州，俾其進。

李巽征課，加于劉晏。　程异勾檢簿籍，精于李巽。

州縣括户多張虚數，宇文融也。　別置庫虛張名數，裴延齡也。　按籍徵逋負，元載也。又察民有粟帛者，籍其所有而中分之，甚者什取八九，謂之「白著」。　議括富商錢以供軍費，韋都賓、陳京也。括僦櫃質錢，錢、帛、粟、麥，借四分之一。　勾校諸道稅外輸百萬緡斛，元友直也。

李錡刻剥，以事進奉。　李實京兆尹。徵求以奉上。　孔謙聚斂以求媚。　李兼在江西有月進。

韋皋在西川有日進。　杜亞、劉贊、王緯，以常賦入貢，名為羨餘。　裴肅以進奉遷觀察。　嚴綬以進奉拜員外。綬為宣歙判官，觀察劉贊卒，綬傾軍府資用進奉，徵拜刑部員外。　薛平以進絹拜節度。進絹萬疋，拜河中節度。

王播以獻銀器、綾絹，得相。文宗時。　王世充獻銅鏡、屏風，遷通守。　趙元楷獻異味，遷郡丞。

丘和隋雁門太守。以獻食甚精，遷職。

杜鴻漸以貢獻，留知政事；　閩余廷英獻錢，復召為相。詐稱受詔，采擇事覺，將以屬吏，獻買宴錢。　去鴻都西園不遠矣。

丁謂獻大龍團茶。　蔡襄獻小龍團茶。歐陽公歎曰：「君謨士人，何至作此事？」　錢惟演獻洛下牡丹。東坡詩：「洛陽相君忠孝家，可憐亦進姚黃花。」

藩鎮以進奉市恩。李兼在江西，有月進；韋皋在西川，有日進。　刺史幕僚以進奉，遷官。常州刺史裴肅遷浙東觀察；劉贊卒，判官嚴綬掌留務，竭府庫進奉，徵為刑部員外郎。

唐青苗錢，預徵畝十有五錢。宋青苗錢，貸錢權子母以為利。唐手實法，凡里歲終具民之年，與地之闊狹為鄉帳。又為計帳，具來歲課役，以報度支。宋手實法。呂惠卿制五等丁產簿，使民自供手實，尺椽寸土，檢括無遺。至雞、豚亦遍抄之。名類而實相遠矣。

唐之率貸。籍富商右族貲蓄，什取其二。　宋、元之撲買。通計坊務，該得稅錢。俾商出錢與官買之，然後聽其自行取稅。

禮制

季文子如晉，而求遭喪之禮。此不宜備者。　唐蕭楚材、許敬宗，以豫備凶事非宜，遂焚《國恤》一篇，由是凶禮遂缺。此不宜去者。

荀盈未葬，而樂屠蒯譏之。　穆后已葬，而燕叔向譏之。

後漢戴封光禄主事，遭伯父喪去官；譙玄遷太常丞，以弟服去職；晉嵇紹為徐州刺史，以長子喪去職；桓冲版王薈江州刺史，薈遭兄邵喪，將葬，辭不出；魏李岳居期之慘，未曾聽婢過前；南宋王景文為司徒長史，坐姊墓開不臨赴，免官。風俗猶近古也。至若在憂而起用之，所謂奪人之喪與自奪其喪，猶且被譏，況冒哀竄籍而應舉者，重于期功之格試而忍不顧，亦何心乎？

晉陳壽遭父喪，使婢丸藥，鄉黨以為貶議。楊旌有伯母服未除，應舉，姜鋋、韓光議以應貶。楊少仲有期之喪，而舉孝廉，甚致清議。荀愷從兄喪，自表赴哀，詔未下而造楊駿，左丞傅咸奏宜顯貶。王籍之居叔母喪而婚，顏含在叔父喪嫁女，梁龕明日除婦服，今日請客奏妓，周顗等同會劉隗，皆劾奏之。楊欣有姊喪，韓預强聘其女為妻，張輔為貶預。周伯仁有姊喪三日醉，姑喪二日醉，大損物望。王式繼母終式父喪，議還前夫家，卞壺奏是母以子出，王式廢棄終身。明帝國喪未期，梅陶私奏女妓，鍾雅奏宜放黜。晉世禮教凌夷，而法度之士猶正色引經，輒相舉正。其謹嚴猶愈于晚季也。

陳壽丸藥之罪，輕于阮咸之追婢。王式觀奕之辜，薄于阮籍之賭棋。

山濤欲以却詵為溫令，聞詵喪母不時葬，于室後假葬，詔處以清議。南齊烏程令顧昌玄父北征死，尸骸不返，而宴樂嬉遊，有司請加以清議。又右僕射劉朗之不贍給兄子，致隨母他家，付之清論。

陽侯殺繆侯而大饗，廢夫人之禮。禮非祭男女不交爵。自陽侯殺繆侯，而竊其夫人，故廢禮。劉琰撾胡氏，而妻母絕朝慶之儀。蜀劉琰妻胡氏美。入賀，太后留之經月。琰疑與後主有私，呼卒撾胡氏，以履搏面，琰坐棄市。

宋仁宗嘗以故事起復富弼，弼辭從其請，曰：「何必遵故事以逐前代之非？但當據禮經以行今日之是。」孝宗嘗以故事起復劉珙，珙辭，允其辭，曰：「身在草土之中，國無門庭之寇，雖冒金革之名，以私利祿之實。」唐睿宗起復蘇頲，固辭，使李日知諭旨，還奏，曰：「見其哀毀，不忍發言。」乃聽終制。富、劉二公之辭，知所以自處；李日知之奏，知所以處人。

唐王珪通貴，猶祭于寢，為有司所彈。文皇優容之，特置廟于永樂坊。韋陟以家人伐墓柏，亦為有司所彈，坐不相教免官。宋宣和間，馮熙載坐不省墳墓，言者論而黜之。熙載與王黼不協，事雖有為，罪不可辭。

韓退之以嫂服聞朝。退之少孤，鞠于嫂鄭。請為鄭服。　陶淵明以妹喪去官。　戴封以伯父喪去官。

漢制：斷二千石以上行三年喪，而楊仁為什邡令，兄喪去官；譙玄進太常，以弟服去職；陳重遷會稽守，姊憂去官。豈功令然歟？　漢丞相翟方進母葬三十六日，除服視事，不敢踰國典，而原涉行父喪三年，名彰天下；河間惠王行母喪三年，詔書褒稱。是則能行之者，貴之矣。　若薛宣為後母持服，而兄弟相駁不和者，尤為名教所不取也。宣為丞相，弟修為臨淄令。後母卒，修去官持服，宣駁不可，修竟行服。兄弟由是不和。

期功喪，去官：韋義以兄順喪去官。　楊仁以兄喪去官。　馬融遭兄子喪，自劾歸。　陳寔以期喪去官。　賈逵以祖父喪去官。

期功喪，亦謂之憂。范滂父字叔矩，博士徵，以兄憂不行。　劉衡為勃海王郎中令，以兄琅琊王相憂，即日輕舉。　圉令趙君，司徒楊公辟，以兄憂不至。　曹全遷槐里令，遭同產弟憂，棄官。　度尚除上虞長，以從父憂，去官。　楊著遷高陽令，遭從兄沛相憂，飄然輕舉。《日知録》

唐補闕薛膺，弟齊臨陣卒，不及請告，與弟褒、庠終喪。

宋王巖叟為涇州推官，聞弟喪，棄官歸養。　吕祖儉監明州倉，會兄祖謙卒，儉必欲終期喪，朝廷從之。

延篤、孔昱、劉焉，以師喪，去官。　荀淑卒，李膺自表師喪，不止心喪矣。

李訓之戎服；文宗以訓縗絰難入禁中，令戎服，號「王山人」。　蔡挺之衫帽。宋仁宗欲知契丹事，召對便殿。時有父喪，

聽以衫帽入。有喪者，不敢假公服也。《日知録》

大中朝，楊仁贍女弟出嫁，納函之日有期喪，仁贍不易其日，憲司糾貶參軍。居嫡母喪，宴會而削官安置者，于頔之子季友也。頔以不能訓子削階。　匿毋憂，賜自盡者，後唐孟昇也。

又見于聶嶼之敕：後唐明宗敕原州司馬聶嶼，喪妻未及于半年，別成姻媾；棄母動踰于千里，不奉晨昏，令本處賜死。　王方慶之奏。云：「有説齊衰而入大夫之門，停殯宫而召親朋之會者，至乃髽踴，方出衿縏已飾，敗禮傷教，日異月新。」益傷令式之墜前經矣。

國恤宴飲：春秋時，衛有孫文子；季札于戚出鐘聲，曰：「獲罪于此，君又在殯。」漢有王根；解光奏根：「先帝山陵未成，聘取故掖庭女樂，置酒歌舞。」免就國。兄子况免為庶人。晉有梅陶；明帝崩，尚未期月。陶聲伎絲竹之音，流出衢路。北魏有甄楷、張普惠；世宗崩，楷等飲戲，免官。唐有郭曖。與王公平，坐代宗忌日宴飲，免官。

名　分

李愬具櫜鞬出迎裴度，拜于路左，度將避之，曰：「蔡人頑悖，願因公使知朝廷之尊。」　柳公綽服櫜鞬候牛僧孺于館舍，將佐曰：「此禮太過。」公綽曰：「方鎮尊宰相，所以尊朝廷也。」　柳世隆遷護軍，王儉為衛將軍，修下官禮甚謹。世隆止之。儉曰：「將軍雖存弘眷，如王典何？」考六朝志，護軍官品雖卑，于諸將軍有上下分。蓋亦陳平護諸將之遺意也。

霍去病為驃騎將軍，河東太守郊迎，負弩先驅。　司馬相如為中郎將，至蜀，太守郊迎，縣令負弩矢先驅。

蕭遘升階之扶王鐸，並居相位，帝嘗召鐸，年高足跲，遘扶之。上曰：「卿善事長。」遘曰：「臣應舉時，鐸為主司。」　裴皞私第之見桑維翰。不迎不送，或曰：「我見桑公于中書，庶僚也；桑公見我于私第，門生也。」可謂兩出世態之外。

郭僕射祚。奏入宮騶唱，非盡敬之宜。　朱僕射仲遠。請在軍鳴騶，乃任情之舉。

晉文公定襄王，請隧焉。王曰：「天禍周室，余一人僅亦守府，班大物以賞私德，叔父實應且憎。」

司馬宣王奏曹爽，曰：「離間二宮，傷害骨肉，陛下但為寄坐，此非先帝詔陛下及臣升御床之本意也。」

事　制

漢有官簿，有儀品。　魏、晉有官品令。　唐有格令。　宋有班簿，有具員。

唐取旨，謂「候進止」。　宋取旨，謂「候指揮」。

奏對謂之「從容」，昭宗與崔胤從容是也。　機密謂之「委曲」，高駢子紿畢師鐸曰「已有委曲」是也。

太學規制，取戚正素宋城之模。戚同文生唐天祐間，歷五代及宋，皆不仕。　太學教條，取胡安定湖州之則。

齊作内政，而兵制變。　晉作執秩，而官制變。　鄭鑄《刑書》，而刑制變。

計吏，據其使人也。　計簿，據其文書也。

漢之《朝儀官制》，本秦規也。　唐之《府衛租庸》，本周制也。

律法始于魏之李悝。　國是倡于楚之孫叔敖。

宋用一私昵，必參以公議。　一人，謂之「帶過」；臺諫月課，意有覆護。又寢而不行，謂之「收過」。

宋末改號，仍高宗之建炎。　元末更號，仍世祖之至元。

《秦法》，輒上殿夷三族。當荆軻之變，竟莫有拒者，非夏無且以藥囊提荆軻，始皇幾不免。魏令云：「京城有變，九卿各居其府。」及嚴才之亂，魏武登銅雀臺遠望，無敢救者，非王修將官屬赴難，魏武亦幾不免。此由法急所致，足為永鏡已。雖然，宫闈邃穆之地，防禦寧密毋寧疏。有如輿臺猥冗，並得闌入宫門，且如市焉，恐亦非禁地所宜。

三桓諷魯作三軍；曹操諷漢議九州；晉曲沃莊伯用夏正。其事則然，其心實不然也。

有軍國政事，中書舍人各執所見，雜署其名，謂之「五花判事」。　李泌曰：「給舍分司押事。」故舍人謂之「六押」。（通雅）

慶賀

慶吊相隨，蘇秦、董生、蓋勳之言也。蘇秦説齊王，再拜，仰而賀，俯而吊。王曰：「是何慶吊之相隨也？」董生有云：

「吊者在門，賀者在閭。言憂，則福至，賀者在門，吊者在閭。言驕，則禍至。」蓋勳與董卓書曰：「賀者在門，吊者在廬。可不慎哉？」

不賀而吊，召平于蕭何拜相益封也。平曰：「以淮陰新反，有疑君心。置衛衛君，非以寵君，願讓封勿受，悉以家財佐軍。」上悦。

不吊而賀：柳子厚于王元參失火也。　公子晏于藏貨臺燒也。　公子成父于御廩災也。詳《火災》。

殺敵不受賀，劉表也。張濟自關中奔南陽，攻穰，中流矢而卒。表曰：「濟以窮來，主人無禮，至于交鋒，此非牧意。」

遷官不受賀：荀勖也，遷尚書令，甚悒。有賀者，勖曰：「奪我鳳凰池，諸君何賀耶？」岑文本也，拜中書令，有憂色。有賀者，輒曰：「今日受吊，不受賀。」向敏中也。除右僕射謝客，門闌悄無一人。

三輔吏士東逆更始，見劉秀，皆喜曰：「不圖今日，復見漢官威儀。」　桓温伐秦，民皆争持牛酒迎勞，曰：「不圖今日，復睹官軍。」　王猛長驅圖鄴，燕民各安其業，相謂曰：「不圖今日，復見太原王。」慕容恪也，死四年。今有王猛，猶再見恪。　趙岐副馬日磾撫慰天下，百姓皆喜，曰：「今日乃復見使者車騎。」　明皇至，自蜀士庶舞抃路側，曰：「不圖今日，再見二聖。」　廣平王入長安，老幼呼曰：「不圖今日，復見官軍。」　孔巢父見田悦，開曉其衆，皆喜，曰：「不圖今日，復為王人。」　唐崔謨為秦州刺史，人喜曰：「不意復見太平官府。」　宋太祖如西京，民曰：「不圖今日，復見太平天子。」

梁武帝時「三慶」：昭明太子生也，徐元瑜降也，蕭穎胄暴卒也。　張元一所謂「三慶」：旱而雨也，洛橋成也，郭弘霸死也。

稱呼萬歲：楚圍滎陽急，紀信乘王車出東門，曰：「食盡，漢王降楚。」楚皆呼「萬歲」。范羌固請迎耿恭，大雪，城中夜聞兵馬聲，羌大呼曰：「我，范羌也。漢遣軍迎校尉耳。」城中皆呼「萬歲」。李固詔赦出獄，京師市里皆稱「萬歲」。呂布刺董卓，出懷中詔版，吏士皆稱「萬歲」。郭汜兵遮橋，車不得進，既度，士卒皆稱「萬歲」。張祚見殺，城内咸稱「萬歲」。石勒論漢光武，羣臣皆頓首，稱「萬歲」。蒙遜哭，謂衆欲雪二父之恥，衆稱「萬歲」。源賀大呼，宿衛之士咸稱「萬歲」，遂誅宗愛均。王友貞謂龍虎軍戍大梁者，趨洛陽雪恥，衆皆踴躍呼「萬歲」。爾朱榮令軍士言：「元氏既滅，爾朱氏興。」皆稱「萬歲」。王世充索一人貌類密者，陣前譟曰：「已獲李密。」士卒皆呼「萬歲」。唐太上皇置酒未安宮，命頡利起舞，馮盎賦詩，上皇大悦，殿上皆呼「萬歲」。唐肅宗入西京，百姓奉迎，舞躍呼「萬歲」。韓滉運米至陜，德宗遣諭六軍，軍士皆呼「萬歲」。河東將佐勸劉知遠稱尊號，軍士争呼「萬歲」不已。真宗渡河，遠近望見御蓋，諸軍皆踴躍呼「萬歲」。柳元景釋遺降者，皆稱「萬歲」而去。晉王斬張彦及黨七人，餘無所問，衆皆拜伏，呼「萬歲」。若寶憲與車駕會長安，尚書以下議欲拜之，伏稱「萬歲」，則諂也。寇準與温仲舒並轡晚歸，有狂民迎馬首呼「萬歲」，張遜奏之，並貶，則訐也。竟陵王誕平，敕左右呼「萬歲」，則非宜也。蔡興宗曰：「今日應涕泣行誅，豈得皆稱『萬歲』？」

祭祀

狐突曰：「神不歆非類，民不祀非族。」《左傳》　甯武曰：「鬼神非其族類，不歆其祀。」　晏子曰：

「使神可祝而來，亦可禳而去。」

班倢伃曰：「修正尚未蒙福，為邪欲以何望？使鬼神有知，不受不臣之愬；如其無知，愬之何益？」　范滂曰：「皋陶，古之直臣。知滂無罪，將理之帝；如其有罪，祭之何益？」

杜宣白崔瑗祀太公。太公望為汲人。縣民杜宣白崔瑗曰：「君與高國同宗太公。今臨此國，宜正其位，以明尊祖。」于是立壇祀之。何其迂也？不虞人以崔杼致譏乎？　宋臣僚請仁宗祭嬰、杵。宋仁宗無子。有一臣僚上言：「程嬰、公孫杵臼共存趙宗，而血食永絶，所以後宫鮮胤。」乃詔封侯廟祭，仍遷此僚一官。　可為齒冷。

句容有盜，改置社稷而盜止。　下邳多盜，遷社稷于南山之上，盜亦衰息。陳后山《談叢》　岳州田鼠害稼，雍明遠曰：「迎猫之祭不修也。」祭之，鼠隨以斃。《范蜀公集》

高祖過魏，而祀信陵。　太宗越漢，而祭楊震。

王綸之守豫章，甫下車，先祭徐穉墳；劉損為吴郡，至昌門，便入太伯廟。能禮先賢矣。

唐試禮部，禱于石婆廟。　宋試禮部，禱于皮場廟。

以武成王配文宣，以張良等配顔、冉，固可訾。以韋宣文君代孔子，以曹大家等配顔、冉，尤可哂也。

唐祀李耼、皋陶，二祖也。　宋祀程嬰、杵臼，異姓也。嬰、杵二家在絳州太平縣之趙村。宋元豐中，吴處厚上言，始建廟，加封嬰為成信侯，杵臼為忠智侯。第因屢失皇子，而恐其為厲，則可笑矣。生存趙孤，以全忠義。豈死後剪他裔，以求血食耶？

崔子文一令耳，神而祀為亞嶽。　蔣子文一尉耳，神而祀為鍾山。　屈原歸州封清烈公，潭州封清潔侯。皆宋制也。

唐太宗為王珪立廟，愧之也。珪通貴，不營私廟，四時猶祭于寢，為法司所劾。太宗因為立廟，以愧其心。　為戴胄立廟，崇之也。胄卒，詔虞世南撰碑。又以胄宅敝陋，祭享無所，令有司特為造廟。

江油之民輒為鄧艾立祠；宋洪咨夔毀之，更祀諸葛亮。告其民曰：「毋事仇讎，忘父母。」汲郡肖像並及商紂。肖像「三仁」，並及商紂，謂之「四王」。推此類也，知淫祠之可毀者多矣。

古今之為淫祀，流俗相傳，不可得而究詰：道州鼻亭祠。唐刺史薛伯高毀之。　會稽秦始皇祠。王朗為會稽守，除之。　吳郡項王祠。相傳羽多居郡廳，太守不敢上。孔靖居之，不疑。蕭惠明守是邦，見一人張弓挾矢向惠明，既而不見，因生背瘡，旬日卒。從子琛後亦為此郡，凶室中有叱聲。琛厲色遷之于廟，竟不能害。《一統志》：含山霸王廟，金主亮欲渡江，乞杯珓不從，欲焚廟；俄有大蜂繞至，至梁殿後林中，鼓噪如數千兵，亮大懼。《山堂肆考》云：臨汝侯猷至任，每享神輒對飲盡歡，神像面亦色赭。烏程有項籍廟，號「卞王山」，足有石匜。陳郡殷康開之，風雨乃止。和州士人杜默過烏江，謁項王廟，据神頸拊其首而慟曰：「英雄如大王，而不能得天下；文章如杜默，而進取不得官。」又大慟。廟祝秉燭視像，垂淚亦未已。英靈如此，宜仁傑欲毀，而先以檄文施之也。　楚州孫皓祠。宋孝宗時，汪大猷使北庭還。言其威靈，故加封「靈感」。　蔡州吳元濟祠。王旦姪質知蔡州，毀之。　常山董卓祠。北齊魏蘭根伐其祠柏。　朗州梁松廟。方回云：「馬伏波為其所傾，理不當祀。」　鄴城石虎廟。南安王楨請雨，不得，鞭像一百，是月疽發背死。　無為州曹操廟。劉禹錫詩：「曹操祠猶在，濡須塢未平。」　澧州有崇驩兜廟。澧在隋為崇州。以上《樵書》。

蛇神：青州石鹿山神廟。梁刺史王神念以祈禱繁興，毀像壞舍，有一大蛇入海東。殷子春夢人來謁，欲憩此境，子春密記知之，因辦牲醑，請召安置一處。復夢一朱衣謝曰：「當以一州相報。」經月，子春破魏寇，授南青州刺史。 京口鄧艾廟。晉司馬恬夢老翁曰：「我鄧公，屋舍傾壞，君為治之。」訪知鄧艾廟在京口，為立瓦屋。隆安中，有人與女子會神座上，一蛇繞之數匝，檮祀不解而死。 武昌故神祠。晉明帝時，有大蛇居神祠空樹中。每出頭，從人受食，尋有王敦之逆。 陝西環縣青蛇神祠。唐楊朝晟下攻方渠之水，有青蛇降陂下，走視其跡，水從而流。朝晟使築防環之，遂為停淵。士飲仰足，事聞，詔置祠。俱《樵書》。

謚法

漢制：列侯比于春秋有謚，無爵不謚，故西漢雖嗣侯，亦謚；東漢雖三公不謚。 無爵而賢者，亦予之謚，自東晉始也。 處士之有謚，自苻秦之于張忠、晏道先生。公孫永崇虛先生。始也。 其有私謚也，則自春秋黔婁始也。謚康。 婦人從夫之謚也。其別謚者，則自周穆王之哀淑人盛姬始也。 戰國之臣死無謚，生有美號者，武信、武安、剛成諸君，文信侯之類是也。

衛靈公復國，賜北宮喜謚曰「貞子」；賜析朱鉏謚曰「成子」。是人臣生而謚也。 賈誼稱孝文為太宗；魏明帝有司奏帝制作興治，為魏烈祖。是人君生而謚也。 周桓王時，楚子熊通自立為楚武王，是楚之復稱王，且又生而自謚也。 又趙佗自立為南越武王。

蔡邕言漢母無謚，至明帝始建光烈之稱，于是請正和熹之號，不知元帝母許恭哀，高帝母媪已有昭靈之號。 楊侃謂公主謚始唐唐安，不知世祖之平陽、昭文公主與齊高帝女義興憲公主也。

張敖謚魯元王，子魯元王偃，猶楚懷王孫心也。

唐制：太常博士，凡王公以上，皆迹其功德而為之褒貶。無爵稱「子」，養德丘園。聲實並著，則謚曰「先生」。

晉陶潛，世號「靖節」。　唐杜甫，宋謚「文貞」。　裴子餘卒，謚「孝時」。　程行謚「貞」。張說曰：「二謚可無愧。」　權皋謚「貞孝」。　韋温謚「孝」。

謚之美者：周公殺三監，誅淮夷，晉重耳一戰而霸諸侯，武功盛矣，而皆謚曰「文」，蓋缺之恪德臨事；甯俞之忠于其國，文德豈不優？而並謚曰「武」。書法必稱其大，故言文不言武，言武不言文也。

《衍義補》

梁肅議楊綰以「文貞」。或謂綰為元載所薦，太常謚不當。肅議名既不備，事亦殊貫。若果在一名，則士文伯、孔文子無經緯天地之文，孟武伯、甯武子非克定禍亂之武。若以廢禮不稱其名，則臧孫辰縱逆祀，不得以「文」；管夷吾盜門反坫，不得謚「敬」。是知取長捨短，志大遺小。魏徵立言正色，其節大矣，而昧于知人。蘇瓌封詔沮邪，其志明矣，終不能守《春秋》為賢者諱過。《傳》稱：「不以一眚掩大德。」語曰：「無求備于一人。」魏、蘇二公所以為「文貞」也。　李清臣議歐陽修以「文忠」。引唐韓愈、李翺、權德輿、孫逖，宋楊億，皆謚「文公」，道德文章于教化治道為最多。進言立皇子，及兩預定策謀，有安社稷功，宜謚「文忠」。

二字之謚，源生衰周，施及戰國之君：漢蕭何「文終」，張良「文成」，霍去病、景桓、霍光「宣成」，猶褒不失人。　唐則魏徵「文貞」，褒而兩優；蕭瑀「貞」，褊褒而兼貶。　若杜如晦之「成」，王珪之「懿」，陳叔達之「忠」，温彥博之「恭」，岑文本之「憲」，韋巨源之「昭」。固以一字為褒也。出獨孤及議謚，吕諲為「肅」。

郭知運卒五十年，其子英乂請謚，崔夏駁其踰時，而獨孤及議：「宜褒以為『勸』。」以討平吐蕃。 宋祁卒，遺令其子勿請謚。張方平言其應得，而王皡請舉行以為勸戒。謚曰「景文」。

宋賜徐積謚曰「節孝先生」。 林逋謚曰「和靖先生」。

魏了翁、任希夷請謚周敦頤曰「元」，官止虞部郎中。程顥曰「純」，官止御史裏行。程頤曰「正」。以布衣薦為說書。 楊棟請謚羅從彦曰「文質」，官止主簿。李侗曰「文靖」。布衣名列理學。不從祀者羅、李，從祀者周、程。 賢者得謚，不問品位。布衣也，為請謚者，亦賢也。 博士孔璠奏謚李謚為「貞靜處士」。

謚之惡者：范弘之議謝石，謚曰「襄墨」；因事有功曰「襄」；貪以敗官曰「墨」。韓維之議陳執中謚以「榮靈」；責其不能正典禮之失。 白敏中謚「醜」；宋齊丘縊死。謚「醜繆」；沈約卒，謚「文」，武帝改曰「隱」；情懷不盡曰「隱」。北魏鄭羲卒，謚「宣」，詔加謚「文靈」。以羲雖有文業，而治闕廉清。此亦貶而莫易者。 若晉秦秀議賈充曰「荒」，充以外孫為嗣，秀引《春秋》莒人滅鄫之義。而武帝更曰「武」；又議何曾為「醜繆」，以其日食萬錢。而帝改曰「孝」；蔡充議梁王肜為「靈」，無臨節不奪之志。而改曰「孝」；袁思古議許敬宗為「繆」，以敬宗奏流其子昂于嶺，敬宗孫彦伯訟思古，與許氏有隙，而王福時以義不可奪。 而楊思敬請謚為「恭」。過而能改。 雖易，而惡不能掩也。

謚之最顛倒者：莫如夏竦之「文正」。劉原父持以為不可。曰：「天下謂竦邪，而陛下謚之『正』。」遂改「文莊」。 秦檜、史彌遠之「忠獻」。 又唐韋渠牟之「忠」。以狎取信。

請而不得者：趙正夫丞相。之薨，夫人乞于謚中加一「正」字不得。徽宗不許。 沈義儉之薨，其家乞于謚中原謚「恭惠」。帶一「文」字不得。　嚴郢以故吏，請增謚吕諲「忠肅」，而獨孤及止議為「肅」。京鏜卒，謚「文穆」，其子請避家諱，改「文忠」，而議者不從。

私謚者：漢楊厚謚「文父」。　何進移書，謚范丹為「貞節」。　赴吊者共刊石以立碑，謚陳太丘為「文範」。　朱暉子穆，輒加父以「貞宣」；穆死，蔡邕復以「文忠」被之。　晉索襲謚「玄居」。字偉祖，燉煌人。　唐張籍謚孟郊為「貞曜」。　蕭昕素卒，親故跡其行事，謚「貞文」。　趙元卒，其友魏元忠、孟詵共謚為「昭夷」。　朱仁軌卒，郭山惲、員半千、魏知古，共謚為「孝友」。　李華謚元德秀為「文行」。

庾詵謚「貞白處士」。　阮孝緒謚「文貞處士」。

門人謚者：張霸，「憲文」。翟酺與門人追録本行謚之。　王通，「文中子」。　元結父延祖，「太先生」。崔元翰，「貞文孝父」。　蕭穎士，「文元」。　劉峻，「玄靜」。　劉焯，「宣德」。

古事比卷之二十六

仕宦

驟貴者：一歲至大中大夫，賈誼也。二十餘為博士。　三日歷三臺，蔡邕也。署祭酒，補侍御史，又轉侍書御史，遷尚書。　九十五日至三公，荀爽也。董卓徵爽，爽欲遁。吏持之急，詔下郡，即拜平原相。行至茂陵，又追拜光祿勳。視事三日，策拜司空。起布衣至三公，凡九十五日。　三十六日擁麾蓋，南陽州泰也。泰頻喪考、妣、祖，九年居喪。宣王留缺待之。至三十六日，擢為新城太守。　一歲四遷，主父偃也。上書，朝奏暮召。　一歲九遷，田千秋也。以一言寤主，數月取宰相、封侯。　即日召拜平章事，張柬之也。為洛州司馬。姚崇曰：「其人已老，惟亟用之。」　未四旬遷四職，唐瑾也。轉荊州總管府長史，為吏部中大夫，歷御史納言、內史中大夫。　一歲四遷，蘇亮也。亮自大統以來，無歲不遷官。

張鎬以布衣，二期為相封侯。　柳粲及第，不四年為宰相。　喬琳為懷州刺史，上求人于不次之地，張涉舉琳為相。　劉展曰：「展自陳留參軍，數年至刺史，可謂暴貴。」　路巖自支使為御史，不出長安城，十年至宰相。　郭子儀帥河中，渾瑊佐之，不十年，繼踐台庭。

英年早達者：甘羅十二，為秦上卿。　介子推十五，為楚相。　子奇十八，為東阿宰。　張辟彊十五，為侍中。　賈誼二十餘，為大中大夫。　終軍十八，為博士。　霍去病十八，為侍中；二十四，為大司馬。　桑弘羊十三，為侍中。　陳咸十八，為左曹；二十餘，為御史中丞。　韋康成十五，為郡主簿。　董賢二十二，為大司馬。　鄧禹二十四，為大司徒。　諸葛恪三十二，領丹陽太守。　司馬元顯、高澄，俱十六，開府輔政。　崔英十七，為苻秦諫議大夫。　劉義康二十三，為司徒。　劉休仁二十三，為司徒。　蕭子良、元勰，俱二十六，為司徒。　西魏泉仚十二，鄉人皇平等請為縣令。　宇文泰二十七，為丞相。　張緬十八，為淮南守。　王僧綽二十九，遷侍中。　王儉十八，遷僕射，領吏部。　荀羨二十八，監徐州軍。　荀中郎二十，已為荊州都督。　楊炯十一，待制弘文館。　崔湜弱冠進士，執政方二十，至宰輔，年始三十。　安童二十一，為丞相。　王溥三十二，為平章事。　范宗尹三十二，為右僕射。　張俊三十二，為元樞。　康希憲三十，為中書平章事。〈談薈〉

將帥之少者：齊王憲十六，為益州總管。　霍去病十八，為嫖姚將軍，封侯。　鄧禹二十三，拜前將軍。　賀拔岳二十六，為大都督。　淮陽王李道玄十九，為洛州總管。　郯國公羅士信二十，為行軍總管。　盧祖尚二十三，拜光州總管。　杜伏威二十三，拜東南道大行臺。

高年居位者：伊尹、太公、畢召外，張蒼、范長生、夾谷、吾里補，俱近百歲，為丞相、國公。　北魏羅結代人。　百二十歲，始以長秋卿致仕。　衛武公九十五，為周卿士。　鬻熊九十，為文王師。　高允九十，為中書令。　來敏九十七，執慎將軍。　呂岱九十六，大司馬。　李光九十五，內都大官。　司馬孚九十三，太宰。　士燮九十三，交州牧。　王磐九十二，翰林學士。　劉寔九十一，太尉。　張儉八十四，衛尉。夏侯勝九十，太子太傅。楊統九十，光禄大夫。張萬福八十餘，工部尚書，九十卒。王裕之八十八，開府儀同三司。王起八十八，僕射同平章事。文彦博八十四，為相。郭丹八十五，司徒。郭伋八十五，華州牧。王祥八十四，太保睢陵公。郭子儀八十五，汾陽王。趙憙八十四，太傅。史浩八十四，太保。喬行簡八十五，少傅、平章軍國事。趙充國八十餘，後將軍。

出入將相最久者：周勃三十四年。灌嬰三十年。酈夼食其子。六十三年。張蒼五十五年。司馬宣王二十三年。司馬孚三十年。桓温二十七年。劉江夏、王義恭三十四年。長孫無忌三十六年。李勣垂五十年。郭子儀二十六年，滿中書令二十四考。裴度四為平章，三建節，一留守，凡二十五年。錢鏐四十年。張齊、王全義，凡四十年。馬楚王殷三十八年。趙普三為首相，三建節，一留守，凡二十九年。文彦博兩首相，一平章軍國，一首元樞，五换節，令兩鎮，垂五十年。蔡魯公京五拜相，凡二十三年。史浩三十二年。安童垂四十年。

宰相秉政之久：蕭何十四年。張蒼十四年。霍光二十年。王鳳十一年。吴漢二十年。曹操司空擅政至進魏王卒，凡二十五年。諸葛亮十四年。王導二十二年。謝廬陵安十二年。劉彭城王義康秉政至出督，凡十二年。魏長孫北平嵩四十年。高歡十六年。隋高齊王熲十九年。唐房梁公玄齡二十一年。李晉公林甫十九年。元進賢載十六年，誅。宋秦申王檜十七年。史衛王彌遠二十七年。賈魏公似道十七年，竄。

將相累任：蘇秦佩六國相印。　漢五利將軍欒大亦佩五利、天士、地士、大通、天道五將軍，及樂通侯，凡六印。　犀首佩五國相印。　唐王忠嗣佩四將印。　為六國上將者，魏公子無忌。　五國上將者，項籍。　宋歷三師三公者：符彦卿、李彝興、高保融、趙中令、王文正。　漢五為三公者，胡廣；四為三公者，楊賜；三為三公者：黄瓊、楊彪。　唐五入相者：蕭瑀、裴度、崔胤；四入相者：韋巨源、姚崇、韋安石；三入相者：武承嗣、武攸寧、豆盧欽望、武三思、李嶠、李懷遠、崔湜、劉幽求、張説、張延賞、王鐸、鄭畋。　五季三入相者，馮道。　宋三入相者：趙普、吕蒙正、吕夷簡、張士遜、文彦博；五入相者，蔡京；學士三入者：李文正、劉中山子儀、宋景文、范景仁；四入者，李邯鄲。

累世貴顯者：漢金日磾、張安世，七葉珥貂；楊震至彪，四世太尉；袁安至隗，四世五公。　唐蕭瑀逮遘，八葉宰相。　漢荀氏六葉九公，人所共知。　他若漢明帝時，張酺為三公；其子復為和帝侍講；曾孫濟位至司空；亦侍靈帝講讀；弟喜亦為司空。　俱封侯。　東漢耿氏自中興迄建安末，大將軍九人，卿十三人，尚公主三人，列侯十九人，郎將、護羌校尉，及刺史二千石數十百，與漢興衰。　梁冀一門，前後五侯、三后、六貴人、三大將軍、卿、將、尹、校五十七人。　魏太尉穆崇六世尚主，諸昆季尚主者又十餘人，七世掌機密，四為三公，二代封王。　陸凱家同時二相，五侯，將軍十餘人。　隋高祖受禪，李穆來朝，拜太師，子孫雖在繈褓，悉拜儀同，一門執象笏者百人。以上《談薈》、《宛委餘編》。

後漢應樞七世通顯。順、疊、柳、奉、劭、瑒、亨，凡七世。　晉王導亦七世通顯。導、洽、珣、曇首、僧虔、揖、筠，凡七世。

宋謝莊四代五人並為吏部尚書。莊子朏、孫瀹、曾孫瀵、舉。　宋何尚之祖孫五世為吏部尚書。尚之子偃，偃子戢，戢子昌寓，昌寓子敬容。 林甫、祥道、齊賢。 王彪之四世御史中丞。彪之子臨之，臨之子納之，納之子准之。 唐袁明遠祖滂為漢司徒，自滂至明遠十二世，司空者四世。

三世掌綸誥：李德林及百藥、安期。 徐齊聃，及堅、嶠。 孫逖及宿、簡。 張説及均、濛。 李昉及宗諤、昭述。

三世僕射，謝安至孫混也。 三世節度：宋吴琳及挺、曦也，史浩及嵩之、彌遠也。 四世節度：錢俶及惟演、景臻、忱也，鄭紳之及成之、藻、興裔也。 四世侍中，吴郡陸玩至仲元也。時方之金、張二族。

三世國子祭酒，王儉及暕、承也。 三世司業，孔穎達及志與惠元也。 三世京兆尹，梁顥及適、美也。 三世執金吾，趙才及道興與皎也。 三世益州牧，周訪及撫、楚也。 三世探花郎，李昭遘及杲卿、士廉也。宗諤子昭遘十八歲瑣廳及第，遘子杲卿，卿子士廉，皆不踰是歲。 三世山陰令，傅僧祐及琰、翽也。山陰大縣難為。僧祐在縣有稱，子琰武康令，遷山陰，尤明察。時云：「諸傅有治譜。」時劉玄明歷山陰令，為天下第一。琰子翽代玄明。問玄明，答曰：「我有奇術，卿家譜所不載。惟日食一升米飯而莫飲酒。」

三世四公：宇文裒祖孫也，裒，太尉；子測，少保；深，少師。深子孝伯，少冢宰。 荀勖祖孫也。勖，司徒；子萍，太保；組，太尉；萍子遂，太保。 三世三公：北魏李冲祖孫也，冲子延寔，延寔子彧。 西魏長孫雅祖孫也。雅，太師；子紹遠，大司馬；紹遠子，大司徒。 一門四人為三公，北齊賀拔允也。允，太尉；弟勝，太師；丘，太保；勝堂弟仁，太師。 一門三人為三公，後周于謹也。謹，太師；二子：寔，司空；翼，太尉。

三世為相：張嘉貞也，子延賞，孫弘靖。 蕭復也，復子寘，寘子遘。 崔祐甫也，父沔，子植。 呂蒙正也。姪夷簡；夷簡子公著。

三世五人〔一〕吴興守：梁謝覽與祖，宋中書莊；父齊太子詹事瀹；伯父司徒朏；侍中敬。三代五人為此郡。　五世河南尹，裴謂五世為之，謂座未嘗當正位。

三世知滑州：宋李復圭，祖若谷，父淑。　三世刺兖州，《北史》：鄭羲渾八世孫子道昭，孫述祖。

先後仕于一方者：有宋方慎從、慎言弟，再知漳州，適慎言守泉，旌旄相望，二州榮之。曾孫禧，殿中侍御史。初，慎從在嘉州手植荔枝于郡國。大觀中，禧持節按蜀。楊希元、希元祖淳化中，為安慶郡守；父天聖中，為通判；至希元，凡三至郡，建「三至堂」。曾紹堯。知泰州；子易占常知如皋縣；孫肇知泰州。三世守官海陽，有「三至堂」。　兄弟仕而同州，有賈敦實、敦頤。敦實為饒陽令；兄敦頤復為瀛州刺史。時制大功以上不得聯職，朝廷以其廉，謹特許。

父子宰相者：商伊尹子陟。　漢周勃子亞夫，韋賢子玄成，平當子晏，李郃子固，袁安子敞，王龔子暢。　唐戴胄子至德，蘇瓌子頲，韋思謙子承慶、嗣立，韓休子滉，李吉甫子德裕，房融子琯，劉祥道子齊賢，樂彦瑋子思，一作思晦。陸元方子象先，竇德玄子懷貞，李道廣子元紘，令狐楚子綯，崔鉉子沆，杜審權子讓能，徐商子彦相，崔慎由子胤，鄭珣瑜子覃朗。　北齊斛律金子光。　宋吕夷簡子公著。

父子貴顯：漢史丹九子並為侍中。　唐五竇：常、牟、羣、庠、鞏，皆左拾遺竇叔向之子。　宋五竇：儀、儼、侃、偁、僖，皆諫議大夫竇禹鈞之子。　宋陳去非子堯佐，而堯叟、堯咨兄弟狀元。　唐博陵崔倕六子：邠、酆、郾、郇、鄯、鄲，一登輔相；五任大僚；邠、郾，五知貢舉。　宋韓億子絳、維、縝，曹郴子璨、瑋、琮，各有顯官。　郭子儀八子，顯者四：曜、晞、曖、曙。俱國公。　李晟子十三人，顯者四：愿、憲、愬、聽。

父子對秉機政：晉王渾為尚書左僕射；濟為侍中治門下省。　吴紀亮為尚書令；子隲為中書令。　唐蘇頲，中書舍人；父瓌，同中書門下。　趙宗儒，翰林學士；父驊，秘書少監。

父子同官：公孫賀自太僕卿遷丞相，子敬聲代為太僕。　杜延年，周子，為御史大夫，居官府不敢當舊位。　李晟為太尉；子愬，亦太尉。杜牧贈詩：「家呼小太尉，國號大涼公。」　洪皓子适、遵、邁，父子兄弟俱學士。　胡質刺荆州；子威刺徐州。　崔鄲為陝鄂觀察；子瑶歷浙西鄧鄂觀察；瑾，湖南觀察。

父子刺史相代。　畢衆敬，子元賓，兖州。　韋端，子康，凉州。

宋父子狀元：張去華及子師德，安德裕及子守亮，梁顥及子固。　祖孫狀元，沈遘、孫晦。　兄弟狀元，孫僅、孫何。

兄弟通顯者：崔琳及弟珪、瑶，俱列棨戟，世號「三戟崔家」。羣從數十人，自興寧里謁大明宫，冠蓋騶從相望。　張儉封皖成公。及兄太師，武德男。弟延師范陽公。門，皆列戟，時號「三戟張家」。　李峘，禕子。弟峴，同時為御史大夫，弟嶧為户部侍郎，同居長興里，門列三戟。　王從易兄弟三人，開元中鳳閣舍人，號「鳳閣王家」。　張縉為中丞，兄纘為僕射。舊制坐為東西，百司就列，導騶分趨兩途，前代未有。　劉禕之為左司，懿之為給事中，兄弟並居兩省。　韋陟、弟斌、從兄由〔二〕、縚，同時列戟，衣冠罕比。　韋叔諧，庫部郎中；弟叔謙，吏部郎中；兄季武，主爵郎中，同省，時號「三列宿」。

兄弟同官：陽鳴鵠與弟季智前後並為幽州司馬。　吴道玄與兄通微同為翰林學士。　到洽遷尚書殿中郎，兄弟羣從遞居此職，時人榮之。　于休烈嗣子益，次子肅，相繼為翰林學士。

唐盧丞相渥伯仲四人，咸居顯列。　又張環兄弟七人並舉進士。　盧簡能，夏州掌書記；弟簡辭，河孟掌書記；弘正，昭義掌書記；簡求，鄂州掌書記。當記必擇文學有時稱者任之。兄弟四人，並當斯選，時無其比。

南齊柳元伯五子皆領郡，號「五馬」。

號萬石者：漢石奮及四子皆二千石，號「萬石君」。　嚴延年兄弟五人至大官，母號「萬石嚴嫗」。秦襲為潁川太守，羣從同時為二千石者五人，號「萬石秦氏」。　張文瓘為侍中，子潛，魏州刺史；沛，同州刺史；洽，衛尉卿；涉，殿中丞。父子兄弟五人皆三品，時謂「萬石張家」。　馮揚魏郡繁陽人，勤曾祖父。為弘農太守，有八子皆為二千石，趙、魏間榮之，號「萬石君」。　宋順昌廖剛四子：遲、過、遂、邊，皆秉麾節，號「萬石廖氏」。

蕭瑀子嵩、華，二子並為相。　顏師古、相時、勤禮，三人皆弘文館學士。　開元中，鄭齊景、齊丘、齊望兄弟並為著作郎。　牛僧孺二子蔚、聚，俱節度至尚書。

兄弟相繼：漢馮立與兄野王，相代為西河、上郡太守。　夏侯亶、弟夔，先後為南豫州刺史。　賈敦頤，洛州刺史；弟敦實，後繼鎮之。　韋嗣立代兄承慶為鳳閣舍人，承慶又代嗣立為天官侍郎，又代嗣立知政事。

兄弟草制：宋韓絳拜相，弟維草制；曾布拜相，弟肇草制。然絳與布俱附王安石，而維與肇俱賢。又相似也。　錢惟演拜相，從兄希白當制草麻，可謂榮遇。

晚遇者：公孫弘六十餘，賢良對策第一。張柬之七十餘，賢良對策第一。中公八十餘，以為中大夫。韋賢七十餘，為丞相。張柬之拜平章，年已八十。卓茂七十餘，拜太傅。漢桓榮六十餘，始辟大司農府。楊震五十，始仕州郡；子秉四十餘，乃應司空辟。晉楮䂮為縣吏，年垂五十；羊祜言于武帝，始被升用。柳登少嗜學，年近六十方從官。

仕宦，而人以巧目之者：司馬安也，四至九卿，昆弟以安同時至二千石十人。源乾曜也，為相十年，與張嘉貞、張說、李元紘、杜暹同秉政，居中廷議，未嘗可否。晚節唯唯聯署，務為寬平惇大，故鮮咎悔。楊再思也，居相十五年，阿匼取容。曰：「世路孔艱，直者先禍。不爾，豈全吾軀？」苗晉卿也，小心守位，以智自全。議者比漢之胡廣。孫廉也，便辟巧宦，高爽作展謎，譏其不計耻辱以取名位。鄧羨也，胡太后臨朝，羨曲附左右，故獲封安陽子。庾準也，昵于王縉，驟引至職方郎中。鄭權也。由他徑，不旬月致嶺南節度。

荀勖遷尚書令，曰：「奪我鳳凰池。」見《慶賀》。北齊時語馮、祖及趙：「穢我鳳池。」馮子琮子慈明，祖珽子君信及趙彥深子叔堅也。

孟舒、魏尚二人，皆以文帝時為雲中守，皆坐匈奴入寇獲罪，皆得士死力，皆用他人言復故官。田叔言孟舒；馮唐言魏尚。

仕本州者：嚴助守會稽。韓稜守南陽。特聽過家上冢。張柬之襄陽人，而刺襄陽。韓魏公相州人，而判相州。朱買臣，吴人。守會稽，武帝曰：「富貴不歸故鄉，如衣繡夜行。」景丹，櫟陽人，封櫟陽侯。光武謂之同武帝語。張既，高陵人。刺雍州。魏武曰：「還君本州，可謂衣繡晝行矣。」柳慶遠，河東解人。都督雍、梁、南秦、北秦〔三〕四州。高祖謂曰：「卿衣錦還鄉，朕無西顧之憂矣。」朱治，丹陽故鄣人。領吴郡，自表屯故鄣，父老故人詣門。諸葛恪，瑾長子，領丹陽太守。大帝命鼓吹導引歸家。蘇亮、武功人。岐州刺史，特給路車鼓吹，先還其宅。李遷哲、除真州刺史，即本州也。仍給軍儀鼓節。孫瑒、吴郡人，為吴郡太守。給鼓吹一部。張岱、吴郡人，為吴郡守。詔以家為府。吴僧珍、東平宛人。使為本州，乃授兖州刺史。劉之驎、南郡涅陽人，為南郡太守。高祖曰：「卿母年德並高，故令卿衣錦還鄉，盡榮養之理。」侯安都、始興人。父文得，始興内史，卒官，徵安都還京師，母求停鄉里。詔合廬陽、始興、安遠三郡為東衡州，以安都從兄曉為刺史；安都第三子秘，始興内史，並令在鄉侍養。甄琛、中山無極人。為定州刺史。衣錦晝遊，大為稱滿。李憲、趙郡平棘人。以母老乞歸養，拜趙郡太守。房士達、清河人。就家拜平原太守，轉濟南太守，不入京師，而頻為本州郡。田弘、平原人。授原州刺史，以弘勳望兼至，故以衣錦榮之。李穆、除原州刺史，兄賢子為平原郡守，遠子為平原縣令，並加鼓吹。穆自以叔姪一家，皆牧宰鄉里，固辭不許。王傑、金城人。為河州刺史。朝廷以勳望，重授本州。張鎮周、舒人，為舒州都督。馬遷、以朝之哲，齒以衣錦榮之，進爵隆山郡公。令狐整、時功臣多刺本州。晉公護曰：「一門之内，須有衣錦之榮。」乃以弟休為燉煌太守。劉雄、臨洮人。高祖曰：「富貴不歸故鄉，如衣錦夜行。今以卿為本州河州刺史。」田式、下邽人。祖安，父長樂，仕魏，俱為本郡太守。式仕周，又為本郡太守。姜謨、上邽人。平蒨仁杲，拜秦州刺史。高祖曰：「衣錦還鄉，古人所尚，今以本州本授，用答元功。」張士貴、弘農人，授虢州刺史。高祖曰：「欲卿衣錦晝遊耳。」王祐。知大名。太祖曰：「此卿之故鄉。」

再任，再為州牧：田叔于漢中。田叔守漢中，佐蕭何轉餉，後事趙王敖，隨至陛下，事白，復為漢中守。魏相于河内。黄霸于潁川。耿純于東郡。寇恂于河内。郭伋、梁習于并州。韓琦于相州。張詠于益州。趙抃于成都。陳蕃于樂安。陶侃于荆州。

晏平仲兩治阿。西門豹兩治鄴。

復任僊遊而醉吏坐法者，賈郁也。吏酗酒。郁曰：「合再來，重懲。」吏云：「此鐵船渡海也。」果至，吏復盗官錢。判云：「竊朝鎰以潤家，非因鼓鑄；造鐵船而渡海，不假爐錘。」 復刺相州，而發擿奸伏豪滑潛竄者，梁彥光也。彥光言于上曰：「前待罪相州，百姓呼為帶帽餳，請復為相州。」

李熹二代司隸。當官正色，不強悍禦。凡為二代司隸。 劉暾五為司隸。正色立朝。

司馬安四至九卿。 許商亦四至九卿。

馬融以博通典故，三入東觀。 徐堅多識典故，七入書府。 崔玄暐復拜天官侍郎，太后曰：「自卿改官，令史設齋自慶。此欲盛為奸貪耳，今還卿。」

官爵

尚書令，在漢為司牘小吏，而後世則為大臣所不敢當之穹官。 校尉，在漢為兵帥要職，而後世則為武弁所不願齒之冗秩。

《北史》裴植曰：「我不求尚書，尚書自求我。」夷辭也。植自言入門不後王肅，怪朝廷處之不高。及為尚書，欲以政事為己任，謂之云云。 任城王謂張普惠曰：「不喜君得諫議，喜諫議得君。」諛辭也。

蘇瓊對曹芝曰：「設官求人，非人求官。」芝異其對，署為參軍。 何尚之曰：「官當圖人，人安得圖官？」二人求為吏，尚之云云。顏延之在座，笑曰：「古者，官人以才，今官人以勢，勢之所求，又何疑焉？」

宰相須用讀書人，目竇儀也。 作宰相須用儒者，目盧多遜也。

以貲為郎，有司馬相如、為武騎常侍。 張釋之。為騎郎。 錢穀得官，有卜式、獻錢三十萬，拜郎中，至為御史大夫，封侯。　黄霸。以待詔入錢賞官，復以入穀沉黎郡，補左馮翊，至丞相。　漢入錢五百萬貫買司空。　元魏輸粟八千石，乃賞散侯矣。

鴻都門學士，君子恥與比。　北門學士，賢者羞為言。

劉向以治《尚書》，為都水都尉。　平當以明《禹貢》，領護河隄。

玄宗手書韓翃《寒食詩》，知制誥。　文宗口吟馮定《送客西江詩》，守太常。

丁邯以孝廉，恥為郎。　王坦之以過江第一流，恥為郎。

宋削藩鎮權，止設通判一員；定邊徼帥，止立巡檢一號。　近為猥員矣。

張湯為御史大夫，仍治獄。　劉晏為宰相，仍領鹽鐵。

京兆尹孫寶禮侯文，文固就東部督郵。　會稽都尉任延禮龍丘萇，萇固就議曹祭酒。

曹彬克江南，惜一節度使，曰：「太原未下也。」　狄青逐儂智高，靳一樞密使，曰：「西北未平也。」

楊城毁裴延齡之麻，由諫官而下遷司業。　易祓草蘇師旦之制，由司業而上擢諫官。

清流不選步兵，阮籍乞之；高士不為主簿，孫寶説之。張忠辟。　仕而不擇職，意有在也。

戴仲若求海虞令；王方平求烏程令。　不但陶淵明求彭澤令也。

傅祇為中書監，病風，使息暢為啟。　華廙為中書監，事多不洩，啟召子薈草詔。

仕宦歷台輔，名節表朝著，而其初起家為任子者，如汲黯為太子洗馬；蘇武、桓譚、張安世、高詡、趙孝為郎；伏湛為博士弟子；劉向，輦郎；馮野王，中庶子；黄瓊，太子舍人；吕端，千牛備身；范純仁，太祝；韓忠彦，監簿；吕好問，以蔭補官。

孝文不以嗇夫而易上林令。　光武却以曹吏張禹而易廷尉卿。

兩换其職者：毌丘儉鎮南將軍，諸葛誕鎮東將軍，誕戰東關不利，乃命對换。誕鎮南，都督豫州；儉鎮東，都督揚州。　常衮代相，請貶崔祐甫，换河南少尹。郭子儀等表祐甫不當貶。德宗謂衮誣罔，罷衮為河南少尹。以祐甫平章事，兩换其職。與薛宣令頻陽，薛恭，粟縣尹，嘗换縣，兩縣皆理；永新與泰和争郭奉世，而兩縣皆治者，不同。

周隱處之子。辭大不辭小。　葛洪辭大就小。

漢以尚書令、僕射出為郡守；鍾離意、黄香、桓榮、胡廣也。　郡守入為三公：虞延、第五倫、桓虞、鮑昱也。　汲黯以諸侯相秩居淮陽；馮野王以大鴻臚秩出為上郡守。此秩尊于守也。　京房守魏郡，以八百石；黄霸守潁川，以比二千石，後歸潁川，故官以八百石。此秩卑于守也。《通雅》　唐侍從近臣出親吏事：韋嗣立分典大郡；張孟侯出守東郡。　宋命朝臣守列郡：張方平知開封；張詠知益州。　唐黄門侍郎王中立、中書侍郎崔沔、禮部侍郎韓休等，出為刺史。《史漁》

張元殿試落第，往西夏。　儂智高三解不第，起兩廣。　黄巢、敬翔、李振，皆唐不第進士。　宜乎曹操、孫策，不甘以一孝廉老也。

漢官名因事乃見者：如「行冤獄使者」，因張敞殺絮舜而見；「美俗使者」，因何竝代嚴詡而見；「河堤使者」，因王延世塞决河而見；「直指使者」，因暴勝之而見。豈因事置官，事已即罷耶？《筆乘》

鄂千秋明蕭何功高，立封侯。　公孫戎明樊噲不反，立封二千户。

封爵有故，加以惡名者：羹頡侯劉信，漢高微時，過信。其母戛釜以却帝。不義侯子密，殺其主彭寵降。悖義將軍佞濁子苻承祖，元魏倖臣，以罪斥。違命侯李煜。宋以其不降附。它如宥罪、歸命、恩赦之類，亦多以降附封者，若紂世鬼侯，漢曲逆侯陳平，挾術侯劉昆。皆以國邑鄉名，封而不佳。

漢封功臣，皆曰：「蕭何徒持文墨議論，顧反居臣等上。」而高祖有「功狗」、「功人」之喻。　唐定勳臣，淮安王神通曰：「房玄齡、杜如晦專弄刀筆，功居臣上。」而太宗有「不可以私恩，濫與同賞」之言。

肅宗謂：「無官以賞郭子儀、李光弼。」李泌謂：「以官賞功有二害：非才，則廢事；權重，則難制。」　武宗謂：「無官可賞李德裕。」澤潞平，加德裕太尉、趙國公。

女子而有封爵者，齊辟司徒妻，封之石窌之邑。晉敗齊師。辟女子問曰：「君免乎？銳司徒免乎？」頃公以為有禮，乃封之。　宋孟懷玉鄱陽縣侯。母拜國夫人。　隋高凉女子洗綈。氏，册為譙國太夫人。世為南越首領，有功。　漢武帝封外祖母王臧兒為平原君。又封金氏王太后在民間所生女。為修城縣君。　晉封羊祜妻夏侯〔四〕氏為萬歲鄉君。　魏元乂妻封馮翊君，拜女侍中。

崔駰曾祖母師氏，王莽賜號「義成夫人」。　韋逞母宋氏，苻堅號為「宣文君」。

漢高帝兄伯妻封陰安侯。　吕媭樊伉母。封臨光侯。　蕭何夫人封酇侯。　霍顯封酇侯。　許負鳴，雌亭侯。　東海王彊三女皆封侯。　漢安帝封乳母王聖為野王君。　漢順帝封乳母宋娥為山陽君。　梁冀妻孫壽封襄城君。　董卓母封池陽君。　賈充妻郭槐封廣城君。　虞潭母孫封武昌侯太夫人。　唐契丹寇平州，刺史鄒保英妻奚氏率家僮女丁乘城不下。賊平，封敬誠夫人。　默啜攻飛狄，縣令古玄應妻高氏能固守。引去，詔封徇忠縣君。

叙封本生者，宋李昉。　贈官叔父、叔母者：王曾、歐陽修。

附 讓爵

以國讓兄弟者：韋玄成也，玄成陽為病狂便利，笑語昏亂，讓父賢爵于兄弘，因有司劾而受爵。鄧彪也，彪讓父邯侯爵與異母弟鳳。明帝高而許之。丁鴻也，讓父綝國于弟盛，因與鮑駿遇于東海，陽狂不識駿。駿止而讓之，乃還就國。劉愷也，愷讓父般居巢侯爵與弟憲。有司奏之，賈逵上書，宜蒙矜宥。和帝聽憲嗣爵，徵愷為郎。耿國也。當嗣牟平侯。言父愛少子霸。詔許其讓。

以階讓兄者，高隆之也。請減户七百，並降己四階，讓兄騰。　不受兄讓封者，陸彦師也。兄邛當襲父始平侯爵，以彦師最幼，讓封。彦師固辭而止。

以子官授弟，程務挺也。子齊之拜尚乘，泣請迴授其弟。

以爵迴授兄弟之子者：謝玄也，以功封康樂公，請以先封東興侯賜兄子玩。詔更封玩豫章伯。北齊魏蘭根也，邑七百户，啟授兄子同達。崔陵也，邑二百户，迴授第九弟隆之。封隆之也，表以先爵富城子轉授弟子孝琬。庚泳也。兄子仲容幼孤，泳養之。徐勉擬泳子晏為宫僚。泳垂泣曰：「兄子人才粗可，願以迴授之。」

例得一子釋褐出身，而啟授弟子：邢晏也，刺兖州。乃啟孤弟子子慎奉朝請，後為滄州，復啟孤兄子昕為府主簿，而其子並未從官。房亮也。刺荆州。不言其子，而啟弟子超奉朝請。

職變

由僧道舉進士，唐劉軻。　由僧徑拜大位：唐梁國公懷義；元太保參議中書省劉秉忠。　由道士徑拜大位：唐嵩山于什方同平章事；葉靜能，祭酒；鄭普思，秘書監；尹愔，諫議大夫。

授方外以官者：隋文帝以彥琮為翻經館學士。　宋廬陵王義真欲以慧琳為西豫都督。　唐以不空為開府儀同三司，試鴻臚卿。　宋太祖加口靄朝散大夫。　太宗加法賢試光禄卿。　法朗假節寧遠將軍，與徐子彥北伐，稱師為偏將軍。　曇逸從王玄謨北討，亦仕秦為衛將軍。《樊川集》云：「燉煌僧正除本州學博士；僧惠苑除臨壇大德。」

童貫為太師，用南漢龔澄樞故事。　林靈素為金門羽客，用閩王譚紫霄故事。

道士授封：後周武帝時，衛元嵩封蜀郡公。　唐元宗時，葉法善封越國公。

職之變者：田令孜以擊毬除陳敬瑄許州人，令孜兄。為西川節度。　唐莊宗以手搏除李存賢為盧龍節度。　王嗣宗與陳識角力，而得狀元。　唐周寶以擊毬獲頭籌，而授涇原。　宋羊玄保以棋賭郡，而補宣城守。　劉德願以哭殷貴妃，而得豫州刺史。　史宗立附太平公主，授鴻臚卿。　王衍以樂工嚴旭為蓬州刺史。　北齊封樂工曹妙達為王。

唐高祖以舞胡安叱奴為侍郎，而李綱爭之。言「樂工不與士齒。惟北齊封曹妙達為王，安馬駒為開府。有國者之殷鑒。今功臣行賞未遍，而先擢舞胡，非所以規模後世。」　鍾紹京典朝政，而薛稷言之。紹京嘗為司農録事。稷言京雖有勳勢，出自胥徒，超居元宰，恐失聖朝具瞻之美。　唐以醫工劉集補場官，而柳仲郢争之。　周以染工王神歡為大夫，而盧愷争之。　唐以樂工王長超授高爵，而馬周争之；以伶人陳俊、儲德源為刺史，而郭崇韜諫之；莊宗曰：「吾已許周匝矣。」敕醫工崔懷為司馬，鄭餘慶執詔封還。以諸道散將，無故受正員五品官，是開倖路。新羅人金忠義進至少府，蔭其子為兩館生，韋貫之持節不與。曰：「工商之子不當仕。」竟罷去之。　唐文宗以樂工尉遲璋為王府率，而竇洵直争之；優人李可及擢將軍，而曹確言之；「胥史濫章紱」，登封告成。　而張九齡謂張説言之。既果，得謗。

有内臣而為將相者：魚朝恩等之為軍容。　孫程等之封侯。　秦趙高、魏馮翊、王宗愛、唐李輔國、南漢龔托、宋童貫、廣陽王。　梁師成、元李邦寧之真為宰相。

儒臣而入為内臣者，太史公司馬遷為中書令。　内臣而出領儒職者，魚朝恩。　南漢自狀元及第及雅士、名儒，俱先下蠶室而後得入用事。抑何不幸也。

樂巴初以天閹為中黄門，後陽道開通，自言出列卿郡。　張平養子蚝通于平妾，因自割其勢，後事苻堅至大將封侯，號「萬人敵」。　楊素弟約少為查所傷，遂成宦者。後為内史令，封郡公。　樊叔略長九尺被腐，為高氏給使殿省；　走周，屢典大郡，封清鄉縣公。

漢中書令，本宦官也，至江左而為宰相。　唐樞密使，本宦官也，至五代而屬外朝。

以木石而榮以官：秦始皇封泰山松為「五大夫」。　漢武封嵩山柏五株為「大將軍」。　武后封嵩山柏三株為「五品大夫」。　錢越王號其幼所戲大木曰「衣錦將軍」。　陳封石三品。蔣山。　宣和五年，封石「盤固侯」。

鳥獸而官名者：高齊後主封鷹「凌霄郡君」；馬「逍遥郡君」；赤虎「儀同」。　南齊太祖號馬為「龍驤將軍」。　北漢劉崇封馬「自在將軍」。　唐明皇謚白騾為「將軍」。　司馬休之封騅為「揚武將軍」。　金主亮號馬為「小將軍」。　明皇封鸚鵡為「白衣使者」、「緑衣使者」，又呼黄鶯為「金衣公子」。　隋煬帝封芙蓉鷗「碧海舍人」。　唐昭宗，猴為「孫供奉」。　不獨齊雞「開府」，高緯鬥雞，號「開府」。　衛鶴「乘軒」也。

蝦蟆給官廩；晉惠帝聞蝦蟆聲，問：「為官為私？」賈裔曰：「在官地為官。」令曰：「可給廩。」先是有讖：「蝦蟆當貴。」犬、馬食縣幹。北齊幼主時，犬、馬、雞、鷹，多食縣幹。　夫木、石、鳥、獸，皆可加以爵禄，何足以榮士？

隨意設官，而近于戲：橘官長、漢武帝時交阯有橘官長一人，主貢御橘。　侍芝郎、平慮郎、孫皓時，有鬼目菜生工人黄耇家，有買菜生工人吴平家。東觀按圖名鬼目作「芝草」，買菜作「平慮草」，遂以耇為侍芝郎，平為平慮郎。　司風令史、宋明帝體肥憎風，夏月常著皮小衣，拜左右二人為司風令史。風起，輒先啟聞，虞愿為其官。　圍棋中正、齊明帝好棋，以建安王休仁為圍棋大中正；王諶、沈勁、庾珪、王抗為小中正。　控鶴監、武則天時，寵張昌宗官號。　探訪書畫史、開元時，張悱充知探訪圖畫史。天寶中，徐湛充探訪圖畫史。　陶隱居啟梁武帝：「願作主圖令史。」惜春御史。唐穆宗牡丹花開，置惜春御史掌之，號曰「括香」。

薦辟

所舉于晉國筦庫之士七十有餘家，趙武也。　所舉命世大才，終為卿相十數人，荀彧也。　為冀州甄拔三十餘人，或為侍中尚書，山濤也。　取筆疏三十人，當時稱李吉甫為得人，裴垍也。　薦起司馬光三十三人，陳襄也。　所薦甚衆，尤知名者王質等十餘人，富弼也。　所擢登輔相者前後十人，權德輿也。　嘗薦文武將吏三百餘人，李栖筠也。　統領三鎮，所辟士，親睹為將相者九人，嚴綬也。

魏無知薦陳平。拜為都尉。　吴公薦賈誼。召為博士。　暴勝之薦雋不疑。拜青州刺史。　羊陟薦趙壹。執其手曰：「良玉不剖，必有泣血以相明者。」乃與司徒袁逢共稱薦之。　樊準薦龐參。　孔融薦禰衡。皆引「鷙鳥累百，不如一鶚」之語。　蕭嵩薦張鎬。曰：「用之，則為王者師；不用，則幽谷一叟矣。」不數年出將入相。　陳蕃、胡廣薦徐稺、姜肱。曰：「必能增光日月。」　劉焜薦任尤。曰：「對揚紫庭，必能輔翼霜露。」　張説薦張九齡。可備顧問。　晏殊薦范仲淹。　吕夷簡薦包拯。　李沆薦王旦。　韓魏公薦歐陽修。謂：「修，今之韓愈。」

鮑叔牙曰：「君將治齊，即高傒與叔牙足也；君且欲霸王，非管仲不可。」　蕭何薦韓信，曰：「王欲長王漢中，無所事信；必欲争天下，非信無可與計事。」　房玄齡薦杜如晦，曰：「大王若終守藩，無所事如晦；必欲經營四方，舍如晦無可與立功者。」　狄仁傑薦張柬之，曰：「文章藴藉則蘇味道、李嶠，固其選矣。必欲取卓犖奇才，則有荆州長史張柬之。其人雖老，宰相才也。」

石顯之薦貢禹也，欲蓋其陷望之之惡也。　李德裕之薦白敏中也，欲沮樂天也。　曾公亮之薦王安石也，欲以間所尊也。　鄧綰之薦彭汝礪也，欲以並列方揚也。

曹節之聘姜肱為犍為守也，冀寵名賢，以弭己謗。　如童貫之薦楊時，蔡京之延張觷，亦同此意。　藺相如以繆賢薦而顯。　司馬相如亦以楊得意薦而顯。

有以薦為陷者，其毒甚于竄貶：公孫弘惡汲黯而薦為忠；惡董仲舒而薦為膠東相，猶未至死也。盧杞惡張鎰，而謂：「鳳翔將校，非宰相不可鎮撫。」惡顔真卿，謂：「舊臣名重，希烈可不勞而服。」惡李揆，謂：「諳練故事，揆行，則人不敢辭遠使。」致三公無一生還，痛哉！

鄧禹每有所舉，皆當其才。　龐統每所稱述，多過其才。

荀令君之舉善，不進不休。　劉穆之丹陽尹。凡所薦達，不納不止。

白樂天薦劉軻帖，令持謁庾集賢、杜拾遺、元金部；楊文公薦進士蔣堂帖與王魏公。二公好賢，汲汲如此。

同門相薦：　鮑駿言丁鴻。俱事桓榮，友善。上書言鴻經學、至行。　桓榮讓彭閎、皋弘。博士缺，明帝欲用。榮曰：「不如同門生。」

薦同郡之人：　會稽謝夷吾薦王充。才學。　扶風田弱薦法真。四徵不屈。　中山甄琛薦杜弼。簡試諸生，見弼策問，大為歎異，稱之于朝。

薦同邑之人：　陳頵薦焦保。　馮異薦銚期。城父人。　陸雲薦張瞻。吴人。　王基薦劉毅。　顧谞薦陸敘。吴郡。

薦同族之人，游雅薦族弟明根于太武。

薦本治之人：　中牟令魯恭薦王方。　內黄令高彪薦縣人申屠蟠等。　何武薦兩龔、兩唐。為楚内史，厚龔勝、龔舍；在沛郡厚唐林、唐遵。及為公卿，薦之。　張霸守會稽，表用顧奉公、孫松等。

薦免官之人：　不其侯伏湛策免就國，而杜詩上疏薦之。　張奂免官禁錮，以梁冀故吏交哲，莫敢為言。

而皇甫規薦之。疏七上，復為武威守。　寒朗守清河坐免，而太尉張禹薦之。為博士。　史弼免歸田里，而何休稱之。訟弼宜登台相，徵拜議郎。

異操而薦，韓安國之舉壺遂、臧固、郅佗也。安國嗜于財，然所推舉皆廉士，賢于己者，人以此稱慕之。

不識面而薦：胡銓之薦朱熹也。　孫抃之薦唐介、吴中也。未嘗與二人相識，後皆以風力聞。晚為執政。曰：「惟薦二臺官為無愧耳。」　張詠薦二能吏：張希顏、范延賞也。詠問延賞：「曾見好官？」言：「希顏善政。」詠曰：「天使亦好官也。」即日同薦于朝。

外舉不避仇：舅犯舉虞子羔也。晉文問可為西河守者。　解狐舉荊伯柳也。趙簡子問可為上黨守者。　祁奚舉解狐也。奚請老，晉侯問嗣焉。　王生舉張柳朔也。王生為范氏之臣，惡張柳朔，言諸昭子，使為柏人。昭子曰：「夫非爾讎乎？」曰：「私讎不及公好，不廢過惡，不去善。」　蕭何薦曹參也。參微時，與何善。及為相，有隙。至何死，所推惟參。　蔣欽薦徐盛也。盛收斬欽屯吏，常畏因事害己，而欽稱其善。孫權曰：「君欲慕祁奚耶？」曰：「大事未定，豈敢挾私恨以蔽賢能？」　呂蒙薦蔡遺也。蒙嘗為遺所白。及豫章守顧邵卒，蒙薦遺。大帝曰：「君欲為祁奚耶？」

内舉不避親：祁奚舉子午。使為中軍尉。　謝安舉兄子玄。破苻堅淝水。　魏舒舉子戊。舒庶子。以為梗陽大夫。　房堅千里。與陽尼各舉其子。《北史》：孝文令中正各舉所知。帝曰：「昔有一祁，今有二奚。」　狄仁傑薦子光嗣。為司空丞，稱職。武后曰：「祁奚内舉，果得人。」　韋貫之舉弟纁。舉弟自代監察御史。　蔣將明舉子乂。令入集賢院，編次圖籍。　蘇悦薦子逢吉。長安人(五)。　高元裕舉兄少逸。唐文宗時中丞。　李石舉弟福。才堪理人。　曹侍中舉子瑋。彬將薨，車駕臨問。對曰：「二子璨、瑋皆堪為將；璨不如瑋。」　呂文穆蒙正。薦姪夷簡。真宗祀汾陰，過洛，問：「蒙正諸子孰可用？」對曰：「有姪夷簡，宰相才也。」　程顥舉父表弟張載及弟頤。薦數十人，而以載、頤居首。

內舉者：又有耿純舉從弟植。純墮馬折臂，舉植將純營。龔勝為諫大夫。薦其弟舍及侯嘉。皆為諫大夫。周浚舉叔父子恢、馥。武帝問卿宗後生。答曰：「叔父子恢，稱重臣宗；從父子馥，稱清臣宗。」並召用。郗超舉兄子邁。堪為兗州刺史。王誕稱從弟惠。宋武帝以問，誕曰：「後來秀令，鄙宗之美。」桓冲表兄子石明。督荆江十郡軍事。柳元景言弟子世隆。得召見。杜攢薦族子杲。薦于朝。王敬弘薦從弟弘之。徵為常侍，不就。庾詠表族弟沙彌。應純孝之舉。李順言從弟孝伯。太武見而異之。高允言從孫僧智。聰字允言。與青州蔣少游皆有文情，由是同拜博士。蘇讓薦從弟綽。

溫嶠表稱姨弟劉羣，琨子。內弟崔悦、盧諶等。周捨〔六〕舉外弟徐擒。以為晉安王侍讀。王維薦弟縉。縉有五長，己有五短。宋胡宿舉姪宗愈。宗愈伯父宿，樞密，出守杭。英宗問：「子弟誰可繼卿者？」以宗愈對。

自薦者：郭隗、對燕昭王曰：「王必欲致士，先從隗始。」毛遂、平原君合從，于楚約客二十人，僅已得十九人，遂願備員而行。東方朔、上書文辭不遜，高自稱譽，令待詔公車。張敞、渤海、膠東盜賊並起，敞上書請自治之。王霸、光武過潁陽，霸上謁曰：「無公卿一言之薦，左右為容之助，臣不自陳，陛下何由知之？」舒元輿、獻文闕下，不報，自言：「漢主父偃以布衣上書，朝奏暮召。臣所上八萬言，拔犀之角，擢象之齒，豈偃可比？」趙充國、漢宣欲伐羌零。營平曰：「無踰老臣。」劉穆之、宋武急須軍吏，道和曰：「無見踰者。」晉袁甫。自言能作劇縣。

舉以自代：呂蒙舉陸遜。乃召拜都督。鍾皓舉陳寔。皓為郡功曹，辟司徒府。太守問：「誰可代？」皓曰：「明府必欲得其人，西門亭長陳寔可。」韓愈舉錢徽。云：「時名年輩，俱在臣前。」丙吉舉杜延年、明于法度，曉國家事。于定國、執憲詳，示天下不冤。陳萬年。事後母孝。丙吉病對上，上許之，相次用以為相。周瑜舉魯肅。病上疏曰：「肅智略足任。」諸葛亮舉蔣琬。密表曰：「臣若不幸，後事宜以付琬。」羊祜舉杜預。疾篤，舉預自代。王旦舉寇準。旦疾，上問以準對。歲餘卒，用為相。呂公著舉陳堯佐。堯佐遂大拜。

舉孝廉而讓于人，黄穆也。為郡主簿，太守荆寓舉穆孝廉，乃薦讓殷仲才，不聽。懷版入見，投版于地。出則卧病，寓知其不可移，從之。薦改官，而願先人，李常也。劉錡與常友善。楊佐欲薦常改官。常願先錡。佐曰：「不見此風久矣。」並薦之。不獨陳雷矣。

河南守舉賈誼；益州守舉王褒；河南守舉終軍。是郡國薦士也。太守舉張湯；四府舉辛湯；五府舉段會宗。是公府薦士也。暴勝之以直指而薦雋不疑；閻崇以執金吾薦龔勝；王商以衛將軍薦鮑宣。乃嚴延年舉獄吏，臧不入己，猶坐貶秩。陳勃舉茂才，不以實，猶坐削户二百。何武坐舉方正者盤辟失禮，有司以為詭衆虛偽而左遷。蓋漢薦舉之路廣，而同坐之法嚴也。《山堂考索》

掾為作答教，其文甚美，異而薦之，華譚也。譚為鄄城令，薦掾張延，及為廬江，延已為淮陽太守。小吏而擢為主簿，仍薦于僕射，裴鑒也。鑒為臨漳令，擢吏樊遜。何楨待楊囂生以不臣，遂貢之天朝。楨守弘農，囂生為郡吏，楨一見便待以不臣之禮。許允稱石苞為我輩，當相引在朝。苞求小縣，允曰「卿，我輩人」云。舉門下書佐：度尚也，為上虞長，見吳佐朱雋而奇之，薦于太守韋毅。楊洪也。洪守蜀郡，舉何祗有才策。祗為廣漢太守，洪尚蜀郡。

薦軍司録，杜衍也。孫甫字之翰。從衍辟永興軍司録。衍為樞密副使。又薦之，得秘閣校理。

辟舉者：吳公召賈誼致門下。漢自詔舉之外，其府、寺、郡、國皆吏，皆得自辟。孫寶明經，張忠辟寶為屬。

楊震辟杜喬。　胡廣辟李膺。　郭子儀辟杜黃裳。子儀入朝，使主留後。　桓温辟謝安。安弟萬廢黜，始有仕進志。温請為司馬；既到，温喜甚。言平生，歡笑竟日，問左右曰：「頗嘗見我有如此客不？」　皇甫公義引韋思謙。引為參軍。謂曰：「公非池中物，屈公為數旬客，以重此府耳。」

四薦不就，太守羊伊激諭以充歲貢，趙穆也。汲郡修武人。年三十七，伊以為四科之貢，宜盡國美。　三返乃應，薛戎也。年四十餘不仕，江西李衡辟幕府。　奏辟幕府：許孟容也，韓愈也。張建封治徐，性樂士，故其往如歸。諸府交辟，權德輿也。未冠以文章稱。韓洄、李兼、杜佑、裴胄交辟之。　署功曹不就，謫署亭長，不得已起視職役，李充也。督平署充不就，怒援充捐溝中，後同為博士，每會，常欲殴也。　時號「殺公掾」，而魏舒命之竟無他，周震也。頻為三公府辟，辟書下，公輒亡。

辟而不再應他人之命者：李恂于李鴻。太守李鴻署功曹，未到，而州辟從事。會鴻卒，恂不應州命，送鴻喪，起冢持喪。

杜之偉于蕭昂。為昂掌書記。昂卒，而廬陵王續代之，手教招引，偉不應命。送昂喪還京。

舉而受賞：郤缺、狄臣、王稽、鄂千秋、魏無知、常何。

舉而受罰：陳勃、削户。何武、左遷。廣陵守。舉孝廉徐淑，左雄詰之，坐免。

貢舉

裴皞三主禮闈。　唐王起四典貢舉。舉皆知名者。　宋趙安仁真宗朝。三典春闈。　唐賈餗三典貢舉。得士七十五人，多名卿相。

陸贄典貢舉，時號「龍虎榜」。歐陽詹、韓愈、李觀、李絳、崔羣、王涯、馮宿、庾承宣聯第。 李宗閔典貢舉，世謂之「玉筍班」。所取唐冲、薛庠等。 孫逖為考功，選貢士多得俊才。杜鴻漸至宰相；顏真卿為尚書；後拔李華、蕭穎士、趙驊。 柳公綽取士，多知名顯貴。如許康佐、鄭朗、盧簡辭、崔璵、夏侯牧、李拭、韋長。 鮑防知人。正元元年，策賢良方正，得穆質、裴復、柳公綽、崔邠、韋純、洪簡、熊執易等，世美鮑防知人。 和凝所取，皆一時之秀。

父子知貢舉：高鍇子相；于邵子允躬；崔郾子瑶。

不由科第掌貢舉：權德輿三年，門生相繼為公相。 李逢吉知貢舉，榜未放而入相，及第人就中書見座主。

唐宣宗留心貢舉，題殿柱曰：「鄉貢進士李某。」 唐文宗時，進士特盛，舉子語曰：「鄉貢進士，不轉上州刺史。」 李琪既貴為相，乃刻牙牌為金字，曰：「前鄉貢進士李琪。」常置之座側。

進士就試禮部，吏唱名乃入，李戡恥之。年三十，就禮部試唱名乃入，戡恥之。明日遂返江東，隱陽羨里。 進士試禮部，水炭、脂炬、餐具，皆自將，唱名乃得入。 舒元輿上書言之。宰相、公卿皆自此出。有司以隸人待之，非下賢意。

呂渭遷禮部，古柳復榮，令貢士賦。 楊於陵薦李程《五色賦》。 吴武陵薦杜牧《阿房宫賦》。

錢起試《湘靈鼓瑟詩》。起于月夜，聞有吟者，曰：「曲終人不見，江上數峰青。」視之，一無所見。及就試，李暐典衡。試題「湘靈鼓瑟」，即以鬼謠為落句。暐稱絶唱，登第。 林藻試《珠還合浦賦》。杜黄裳知貢舉，試《珠還合浦賦》。藻賦成，假寐，夢人謂曰：「賦甚佳，但未叙珠來去之意。」藻悟，乃足四句。其年擢第，黄裳謂曰：「若有神助。」

淡墨氈書，則被酒染筆也。進士榜頭貼黃紙四張，以氈筆淡墨書「禮部貢院」四字。唐李紆侍郎將放榜，吏暴卒，令史王昶終其事。昶善書，被酒染筆，濃淡不同，遂成故事。　色目榜花，則姓氏稀僻也。唐放榜，姓氏稀僻者，謂之色目人，亦曰「榜花」。

得舉：張鷟、陽嶠、陸元方、員半千，皆試中八科。　崔融擢八科高第。　顏杲卿與兄春卿，弟曜卿，並以書判超等。　孫逖舉手筆俊拔等科，又舉賢良方正；玄宗御洛城門，令蘇晉第其文異等。

吏部糊名考判求高才，惟劉憲、王適、司馬鍠、梁載言入第二等。　張說對第一。詔李景諶糊名較覈。說對第一，武后置乙等。　崔沔對第一。有司覈試，沔對益工，遂為第一。　杜正玄舉秀才。楊素怒曰：「周孔更生，尚不得為秀才，何忽妄舉此人？」使凝賦五篇，大驚曰：「誠好秀才。」　杜顗舉進士。賈餗曰：「得顗，足敵數百人。」　盧肇赴舉。先達曰：「袁出舉人耶？」答曰：「亦猶沉江鱉甲；九肋者稀。」肇云：「首冠蓬山。」曰：「頑石在上，巨鰲戴之，豈非首冠耶？」

覓舉。薛登曰：「方今舉士詔下，陳篇希恩，奏記誓報，俗號舉人，皆稱覓舉。禮部采名，故預投公卷。柳宗元上權德輿溫卷。後周竇儀請進士省卷，納五軸以上。崔郾試士，吳武陵以杜牧《阿房宮賦》予之，請以第一人處牧之。錢徽不聽，段文昌、李紳托而貶。蘇軾以題致李廌，而為二章得。可見科場采名，或以關節買舉，自昔然矣。

趨舉。楊虞卿善諧麗。署第注員，升沉在牙頰間。當時有蘇景胤、張元夫，而虞卿兄弟汝士、漢公，為人所奔向，語曰：「欲趨舉場問蘇、張。蘇、張猶可，三楊殺我。」

得舉之有早暮：裴令公與劉虛白也。同硯席。及公主文，虛白猶是舉子，簾前獻詩。　崔昭緯與張曙也。同赴舉，卜者言：「崔拜相，當于此時。」過堂後，果然。

不受賄托，韋夏卿也。韋執誼從祖兄夏卿為吏部侍郎；執誼受財，為人求科第，探懷中金納夏卿袖，夏卿攏袖引身而去。

請托皆黜，李昂也。

以勢利貪緣：如張奭倚子。之曳白；楊暄之高第；國忠子暄舉明經，不中。禮部達奚珣遣子撫見國忠。國忠詬，珣懼，即致暄高第。鄭薰誤以顔標為魯公後人；秦熺子塤。試進士，舉省、殿，皆第一。不第：唐張倬、柬之孫。舉進士不第，捧《登科記》戴之曰：「此千佛名經。」董方、九舉不第。沈彬、夢錦衣貼月，不中第。章孝標、下第，作《歸燕詩》獻庾承宣。李廌、蘇東坡之友，字方叔。黄巢。舉人下第：張元、不第，奔夏。梁師成、大觀三年，嘗中甲科。李振。舉進士不第，深疾縉紳之士。言于全忠：「此輩清流，宜投之濁流。」赴舉以求榮也，而先辱之，如舒元輿之言露頂跣足；舉進士，見有司鈎校苛切，上書言：「公卿由此出，而有司以隸人待之。維棟遮截，疑其為奸。又窮微探隱，士至露頂跣足，以赴科場。」金移刺履之惡探簡。初舉進士，惡探簡煩瑣去之。亦貪緣者之有以致此。

門生

袁氏四世門生。植恩四世，門生故吏遍于天下。《袁紹傳》　楊氏上下門生。嗣復領貢舉。父於陵入朝，乃率門生迎于潼關，置酒新昌里第，於陵坐堂上，嗣復與諸生坐兩序。始於陵擢浙東觀察，李師稷及第，時亦在焉。人謂：「楊氏上下門生。」裴皡兩重門生。皡官禮部，放三榜，四人拜相：桑維翰、竇正固、張礪、馬裔孫。後裔孫知貢舉，引諸生謁裴公。公以詩示，有「三主禮闈年八十，門生門下見門生」之句。

杜審權放盧處權，有戲之者曰：「座主審權，門生處權。」　崔沆放崔瀣，談者稱：「座主門生，沆瀣一家。」

李宗閔，「玉筍」。宗閔知舉，門生多清秀俊茂。唐仲、薛庠、袁郁輩，時謂之「玉筍。」　權德輿，「鸞鳳集門」。楊嗣復序《權德輿集》：「奉詔考定賢良，鸞鳳杞梓，舉集其門，登宰輔者十人。」　狄仁傑，「桃李在門」。或謂曰：「天下桃李，盡在公門。」薦張柬之，又薦姚崇、桓彥、范敬暉也。劉禹錫《放榜詩》有「滿城桃李屬春官」之句。

師生同知貢舉。歐陽公《歸田録》：「王禹玉乃余校理時所解進士，入翰林，同知貢舉。」　同任學士。李翰與座主和凝同任學士。凝作相，翰為承旨。適當批詔，次日輒開和相舊閣，悉取圖書器玩，留詩有：「玉堂舊閣多珍玩，可作西齋潤筆不？」人笑其疏縱。　並相。蕭遘與王鐸並相。嘗召鐸升階，足踏勾陳中，遘旁掖起，對曰：「應舉時，鐸為主司，臣中選門生也。」

王仁裕之受拜。知貢舉，年已高，諸孫並幼。每門生至，公與夫人受拜，酒饌餅餌，皆親手調品。出一詩，有「衰翁漸老兒孫小，他日知誰略有情」句。王溥、和凝、范質，皆其門生，後至宰相。　李石之獻印綬。唐李石釋褐，四年內，遂服金紫。長慶二年，座主庾公除右丞，始賜紫綬。石乃選紫綬金印以獻，識者榮之。　薛廷老之撰麻。唐翰林學士座主庾公拜兗海節度，廷老為撰《白麻》。時人榮之。　皆盛事也。

范文正公終身稱門生。以晏元獻薦入館，終身以門生事之。後雖名位相亞，亦不敢少變。

馬涓不稱門生。涓字巨濟。廷試日，劉器之作詳定官所取也。涓未嘗修敬，器之語客。涓曰：「殿試，天子自為座主，豈可復稱門生于他人？」器之歎服。

不及門生。封舜卿與門生鄭致雍同入翰林。致雍有俊才，舜卿思拙澁。對草《綸誥》，托致雍秉筆。議者謂座主辱門生。

不喜門生。晏公不喜歐陽公，公自分鎮敘謝，晏公占十數語，授書吏作報。客曰：「似太草草。」公曰：「答一知舉時門生，已過矣。」時歐守青，晏亦出殿宛邱。晏因歐《賦雪詩》，遂有語。

旁掖座主蕭遘。見本類。 曲躬舉主鄭弘。第五倫舉弘。弘為太尉時，倫為司空，班次在下。每正、朔朝見，弘曲躬自卑，詔聽雲母屏風分隔。

不替門生之禮，如歐陽修、與尹師魯、蘇子美，俱出杜祁公門。修雖貴不替。張芸叟：哀荆公詞云：「慟哭一聲惟有涕，故時賓客合何如？」又云：「今日江湖從學者，人人諱道是門生。」論門生之情，如白居易、詩云：「商人老皓雖休去，終是留侯門下人。」柳宗元。云：「凡號『門生』而不知恩之所自者，非人也。」世道之薄久矣，當誦此言。

校記

〔一〕三世五人：原作「五世」，據文意改。

〔二〕由：原作「宙」，據《舊唐書》、《新唐書》之《韋斌傳》改。

〔三〕雍、梁、南秦、北秦四州：原作「雍、凉、秦四州」，據《晉書·柳慶遠傳》改。

〔四〕夏侯：原作「夏后」，據《晉書·羊祜傳》改。

〔五〕長安人：原缺，《新五代史·蘇逢吉傳》、《舊五代史·漢書·蘇逢吉傳》均作「長安人」，據補。

〔六〕周拾：原作「周拾」，據《晉書·徐摛傳》、《南史·徐摛傳》改。

安徽古籍叢書萃編

古事比

下

清・方中德 撰
徐學林 校點

黄山書社

安徽古籍叢書

清·方中德 撰

古事比 下

徐學林 校點

黃山書社

古事比卷之二十七

同年

李固有同歲生，得罪于梁冀；魏武與韓遂父同歲孝廉；漢燉煌長史武班與金鄉長、河間高陽史恢等，同歲郎署孝廉；柳敏同歲，犍為趙臺公；晉陶侃與陳敏同郡同歲舉吏。私恩結而公義衰，非一世矣。《日知錄》

寇萊公準。與王魏公旦。同年。準在樞府，上欲罷之。準遣告魏公求一使相，曰：「朝廷有授，亦當懇辭，豈得私干？」上議與官，魏公曰：「準有才望，與一使相，使當方面。」翌日，降制，告謝感激。上曰：「王某知卿。」具道王言。公出曰：「王同年器識，非準所可測也。」又與向敏中同年。周屯田郎中復與曾子固父同年。俱天聖二年進士。

同姓、同年：李摯、李敏也，同姓、同歲、同門、同年登第。李亮工、李伯時、李元中也。同年登進士，號「龍眠三李」。

同郡、同年，葉祖洽、上官均也。邵武葉祖洽廷試第一，上官均次之。郡有瑞榴雙實。友婿同年，王懿恪、歐陽文忠也。拱宸、修同年進士，同為薛簡肅婿。然修心少之。為參政時，吏擬進拱辰僕射。修曰：「非曾任宰相者，不可。」改官，終身不至執政。蓋懿恪主李文靖，文忠主范文正。其黨不同。

同年俱少：黃台符、張濆也，台符十六歲，濆十八歲，同年登科，在鄭宣州幕。趙昌言、陳儀、竇儼、胡旦也。盡同年生，俱少年。梁顥與同幕五人，旦夕飲會于樞第，每乘醉方歸。諺曰：

「陳三更，竇半夜。」

劉禹錫云：「同年友當盛時，連轡舉鑣，旦絶九衢；今來落落，如晨星之相望。」 柳子厚云：「聯貢于京師，車必挂轄，席必交衽。」

李絳之私同年；元義方言絳私同年許季同。憲宗問絳，對曰：「同年乃九州四海之人，登科然後可識。若其有才，雖在兄弟、子姪，猶將用之。況同年乎？」桑維翰之厚同年子。王祐父徹與維翰同年。維翰入相，祐裁書自陳。維翰禮待甚厚。 宜也。乃有相惡，如王鐸、楊收之于薛逢；唐王鐸、楊收，皆薛逢同年。收作相，逢有詩，收怒之；鐸作相，逢又有詩，鐸又怒之。王黼之于聶昌也者。昺幸遠山與王將明甫同年，始甚歡。昺于樂籍中有所屬意，王亦昵之。每戒不令前，昺恨之，因而成仇。其後甫改名黼，為相。昺以蔡元長薦，改名昌，擢為侍從。黼用事，貶昌。靖康時，黼誅，昺有力焉。昺出使絳州被害。

同官

姚崇與盧懷慎同相，崇專斷議，而懷慎推之。 陸贄與趙憬同相，贄專裁決，而憬恨之。 蕭嵩薦韓休同相，後惡其守正不阿。 呂夷簡事王曾謹，曾薦為相，夷簡專決，而曾不能堪。遂俱罷。 趙挺之與劉逵同相，挺之每建白，務開其端，而使逵畢其議，逵亦欲自以為功。 直情不顧，受牒而獨得時譽，劉仁軌也。僕射劉仁軌、戴至德更日受牒訴。仁軌嘗以美言詢之；至德據理難詰，實有冤結者，則密為奏辯。由是時譽皆歸仁軌。 夕直而代坐被貶，竇參也。參為萬年尉，同舍當夕直者，岡親疾惶遽，參為代之。會失囚，京兆按直簿劾其人。參曰：「彼以不及調而往，參當坐。」遂被貶，人義之。 同在西府：韓魏公、范希文、富彥國也。上前爭事，議論各別，下殿各不失和氣。　三將協心，劉安世、張浚、韓世忠也。光世貽書二帥，二帥復書，交致其情。　同列怨望，汲黯也。黯為右内史，而公孫弘、張湯為小史。弘貴，與黯同位。弘至丞相，湯為御史大夫，黯時丞史，昔與同列，或尊用過之，不能無少望。　不得共坐，賈復也。復與段孝共坐，孝曰：「君將軍督，我大司馬督，不得共坐。」復曰：「俱劉公吏，有何尊卑？」　不與同列，關羽也。先主遣費詩拜羽前將軍，羽聞黃忠為後將軍，怒曰：「大丈夫終不與老兵同列。」詩曰：「蕭、曹與高祖少小親舊，而陳、韓亡命後至。論其班列，韓最居上，未聞蕭、曹以此為怨。可惜此舉，恐有後悔耳。」羽感悟受拜。　同列相輕，王羲之也。與王述齊名，甚輕述。先為會稽，以居母喪，羲之代之。一弔不復重詣，述以為恨。及述為揚州，周行郡界，而不過羲之。　同官相疏，何敬容也。尚書令何敬容用事，與羊侃同省，未嘗遊造。　以同官被嘲，王儉也。王敬則與儉同拜儀同三司。徐孝嗣嘲儉曰：「可謂連璧。」儉曰：「不意老子遂與韓非同傳。」　同列不平，劉文靜也。自以才略、功勳在裴寂之右，而位居其下，意甚不平。酒酣，拔刀擊柱，曰：「會當斬裴首。」　同列不樂，王仲舒也。召為中書舍人，視同列率新進少年，不樂曰：「豈可復治筆墨于其間哉？」　同官喧競，鄭畋、盧携也。同在中書，因議政喧競，撲碎硯。王鐸歎曰：「不意中書有瓦解之事。」　同列兩罷，李紳、韓愈也。紳為御史中丞，李逢吉忌其剛，而愈勁直。乃以愈為京兆尹兼大夫，免臺參以激紳。紳、愈果不相下，詆訐紛然。于是兩罷之。　同列相仇，李文定同丁晉公也。　同列平心，劉器之、蘇東坡也。與同朝。至元符末，各謫嶺海，始交歡。器之語人云：「浮華習盡去，非昔日子瞻也。」東坡則曰：「器之鐵石人。」

交代

代而無異前人者：曹參代蕭何。為相一遵何之約束。百姓歌曰：「蕭何為法，顜若畫一。曹參代之，守而勿失。」

黃霸代韓延壽。居潁川，因其迹而大治。　謝方明代前人。不易其政。必當改者，則以次漸移變，使無迹可尋。　楊於陵代袁滋。刺華州，不易袁公之政。　王曾代陳堯咨。繼知大名府，署圮者葺之，損者補之，無所改作；政有不便，悉掩其非。

馮京代趙抃守成都，悉循其舊；李及代曹瑋為陝帥，能謹守其規模；任中正代張詠，能守其規。可見，善于遵守者，正以見長。及與中正，皆王旦薦。

代而不同前人者，歐陽修代包拯。代知開封，拯以威嚴御下，公簡易循理，有以包公之政勵公者，曰：「凡人强其所短，勢必不逮。吾亦任其所長耳。」

代而不及前人者：任尚代班超。超曰：「水清無大魚，宜蕩佚簡易。」尚曰：「班君所言平平耳。」尚至數年，西域反亂，以罪被徵，如超所戒。　郎狐代陸俟。俟言狐必敗，高車必叛。

代而相按相怨者：韓延壽代蕭望之為左馮翊。望之遷御史大夫，會御史當問事東郡。望之因令問延壽放散千餘萬。延壽即按校望之在馮翊時，廩犧官錢，上各令窮竟所考。望之無事，延壽竟坐棄市。　王羲之代王述為會稽。事見同前。

因後官而稱及前官者：王章、王尊、王駿，京兆民稱曰：「前有趙、張，後有三王。」趙廣漢、張敞。　杜詩，遷南陽太守，治政清平。時方于召信臣，謂「前有召父，後有杜母」云。　鄧攸。去吳郡不受一錢，百姓數千人留牽攸船，不得進，乃夜中發去。吳郡歌曰：「鄧侯挽不來，謝令推不去。」

遭謗除代，江革也。為廬陵王長史，不與典籤趙道智坐。道智還都，言革惰事好酒，以王曇聰代。　為代懷怨，詹太和也。太和坐微累下大理。李傅正曰：「子嘴尖如此，誠奸人也。」因困辱之。後十年，傅正為轉運，太和自郎官出為代。傅正曰：「若有素者。」答曰：「風采堂堂，固非其所見。但不知比往時嘴不尖否？」傅正愧悟。

門生為代，范津也。津初薦傅燮，及津為漢陽，與燮合符交代而去。　同年為代，王曾、李迪也。罷相，皆領青，又為交承。

陸抗與諸葛恪換屯柴桑，抗臨去，皆更繕完，恪入屯若新，而柴桑舊屯，恪頗有毀壞，深以為慚。《吳志》　蔡凝中書侍郎遷晉陵太守，將之郡，更令修中書廨宇，曰：「庶來者無勞。」《南史》　王導治揚州廨宇，曰：「我正為次道治此。」《天中記》

僚屬

盧承業異江都尉婁師德，曰：「子台輔器，當以子孫相委，詎論僚吏哉？」　盧齊卿引張守珪，曰：「不十年，子當節度是州，願以子孫托，可僚屬相期耶？」　范述守永嘉，蕭景為永寧令，述雅服景為政，榜郡門曰：「諸縣有疑滯者，可就永寧令決。」

東海王越牧兗州，以江統為別駕，郄鑒為賢良，阮修為直言，陳收為方正。時謂知人。　漢王堂守汝南，簡覈才識，委功曹陳蕃；拾遺補缺，任主簿應嗣。郡內大治。

梁統不以官屬禮孔奮。奮在姑臧立節。統深相敬，常迎于大門，引入見母。　李栖筠待許鳴謙以異席。栖筠觀察湘西，許為判官，常待以異席，事多咨之。　陳蕃特為徐穉設榻。蕃守豫章，禮請穉為功曹。蕃不接賓客，惟穉來，特設一榻，去則懸之。

楊再思目徐堅「舍人樣」。留守東都，引堅為判官。堅屬文典雅，再思每目為「鳳閣舍人樣」。

喬琳稱任紹業「御史才」。琳謂參軍任紹業曰：「子紀綱一州，能劾刺史乎？」紹業出，條所失示琳曰：「能知吾失，御史才也。」

李崇義因裴琰之省決積案而驚稱。裴漼字琰之，為司户參軍。年少不主曹務，積案數百。崇義趣斷之，省決一日而畢。崇義驚曰：「子何自晦，成吾過耶？」名動一州，號「霹靂手」。　庾公見劉爰之坐榻與語而失望。殷中軍稱爰之于庾公，庾公取以為佐，與語殊不稱，遂名之為「羊公鶴」。善舞，客試驅之，氃氋不肯舞。

判官而後入相，李藩也。張建封鎮徐州，辟為判官。令新羅僧相李，降階迎曰：「是紗籠中人。」　從事而後入相，李逢吉也。從事振武日，金城寺僧見一人介冑持斧而入。俄報李來，故逢吉出入將相二十餘年。

舊交為僚屬：李獎謂宋遊道曰：「我年位已高，會用弟為佐史，令弟北面于吾足矣。」獎為河南尹，辟遊道為中正，使者相屬，以衣帢待之，握手歡謔。　杜畿與衛固少相侮狎，嘗博爭道，畿曰：「我今作河東也。」固褰衣罵之。及畿守河東，而固為郡功曹。

屬吏不肯苟循其上：李承之于太守。為明州司法。郡守任情縱法。承之曰：「事在公，公自斷之。若在有司，當循三尺法。」守憚其言而止。　張九韶之于監司。僉判鎮東，平民有冒鹺禁，事連旁郡者，公謂使者曰：「當坐者止數人。」監司辭旨侵公，公即投檄而歸。

蕭至忠答李承嘉曰：「御史若先白大夫而後彈事，如彈大夫，不知當白誰也。」　宋明道中，上謂執政曰：「若臺諫是大臣自除，則大臣過失，無敢言者。」

沈嵩依宋王劉昶，遇之無禮。　竇受徵謁孔勍于襄州，處之賓席，然薄于禮遇。

僚佐之傲誕者：光逸為博昌小吏。凍濕，解衣入令被中卧。令奇而釋之。　王子猷為桓沖參軍。沖曰：「府事當相料理。」子猷直高視，以手版拄頤曰：「朝來西山，致有爽氣耳。」又從沖值雨，便下馬入車中，曰：「豈有獨擅一車，不容國士乎？」　杜甫為嚴武參謀。常醉登武床，瞪目曰：「嚴挺之乃有此兒。」　王徽之參軍。桓沖問：「卿何署？」對曰：「時見牽馬來，似是馬曹。」　謝超宗驢府。失儀，出為南郡王司馬。人問：「何府？」超宗怨望，曰：「不知是司馬，為是司驢。既是驢府，正應為司驢。」　郝隆詩作蠻語。為南蠻參平。三月三日作詩，隆句有「娵隅」，曰：「蠻名魚。」温曰：「何故作蠻語？」曰：「千里投公，始作一蠻府參平，那得不蠻語？」　羅友逢鬼揶揄。云：「只見汝送人作郡，不見人送汝作郡。」温雖笑其滑稽，心頗愧焉。後以守襄陽。

長屬互奏：孫寶刺益州，廣漢守扈商不任職，寶親入山谷，諭告羣盜，遣歸田里，自劾矯制，奏商為亂首；由不任職，致有盜賊。商亦奏寶所縱有當坐者。商徵下獄，寶坐失死罪免。　楊憑，江南觀察，冒没于財，李夷簡為屬刺史，不為憑所禮，至為京兆尹，發其貪。憑貶，夷簡賜金紫。

檀敷，蒙令，以郡守非其人，棄官去。　巴肅歷慎令、貝邱長，皆以郡守非其人，辭病去。　貢禹為河南令，以職事為府官所責，免冠，遂去官。　卞延之為上虞令，太守孟顗裁之，脱幘投地，拂衣而去。　宗慈，修武令，太守出自權豪，取貨賂，遂棄官去。　橋玄，洛陽左尉。梁不疑為河南尹，以公事當詣府大對，恥為所辱，棄官。　楊章，平原令，國相徐曾，中常侍璜之兄，章恥與接事，托疾牧豕。　趙岐，皮氏長，中常左悺兄勝代郡，即日西歸。　孫堪為令，謁府，趨步遲緩，門亭長譴堪，便解印綬去。　陳蕃，刺史周景辟從事，以諫争不合，投傳而去。　范滂為光禄主簿，陳蕃為光禄勳，滂執公儀詣蕃，蕃不止之。滂懷恨，投板棄官。　陶謙，舒令，與郡守張磐有隙，委官去。　陶侃，武岡令，與太守呂岳有嫌，棄官。　侯霸辟閔仲叔，不問政事，以仲叔不足問，不當辟，辟而不問，失人，投劾而去。　故吏先達：華譚也，見《薦辟》。　楊洪也。洪為蜀郡守，舉門下書佐何祗。祗為廣漢太守，而洪尚在蜀。每朝會，祗次洪坐。洪曰：「君馬何駛？」祗曰：「故吏馬不敢駛，但明府未著鞭耳。」　故吏同列，權德輿也。作杜佑《墓誌》，嘗參府辟，晚聯台座。　輒避故吏，王戎也。故吏多至大官，相逢，戎輒下道避之。　故吏每避。胡廣與故吏陳蕃、李咸并為三司。蕃等每朝會，稱疾避廣。　故吏相繼。劉晏為轉運。其商榷財用之術，皆一時之選。故沒後二十餘年，韓洄、元琇、裴腆、包佶、盧貞、李衡，相繼分掌財賦。有聲者，皆晏之故吏也。　成就故吏。鞠詠以文受知王公化基。及王公知杭州，詠擢仁和縣，先以書詩寄王公不答，及至，略不加禮，課職事甚急，鞠大失望。于是專修吏幹，後王公參政，首以詠薦。曰：「詠才不患不達，所憂氣俊而驕，故抑之以成其德。」鞠咄，以為真相知。

宗資汝南守。以范滂為功曹；成瑨南陽守。以岑晊為功曹。謠曰：「汝南太守范孟博，滂字。南陽宗資主畫諾。南陽太守岑公孝，晊字。弘農成瑨但坐嘯。」杜恕舉劉毅。三魏稱曰：「但聞劉功曹，不聞杜府君。」外黃令史昭以爰延為嗇夫，人但聞嗇夫，不知郡縣。頌則頌矣，而權侵其上，豈可稱政？與齊諸州惟聞有籛帥，不聞有刺史，何以異？甚則如秦之婦人、嬰兒所言「商君之法」，莫言「大王之法」，商君反為主，而大王反為臣矣。范睢曰：「聞齊有孟嘗君，不聞有王；聞秦有太后、穰侯，不聞有王。」晉鄙說客魏王安釐。曰：「天下徒聞信陵君，不聞有王。」召聰對呂光曰：「但聞有杜進耳，不聞有舅。」光殺進。　權之有獨擅者，勢不得不歸之。

附
幕僚

竇憲置班固、傅毅幕下，以典文章。　魏武以陳琳、孔璋。阮瑀元瑜。為記室。　東海府中「三才」：劉輿，慶孫。長才；潘滔，陽仲。大才；裴遐，景聲。清才。太傅司馬越尚布衣之操，為中外所歸。　湘東府中「二協」：顏協、為記室。顧協。亦在藩邸，才學相亞。　孟昶府「三素望司馬」：阮萬齡、袁豹、江夷。

幕府之稱得人者：裴度充淮西招討，仍以馬總為副，韓愈為行軍司馬，李正封都官員外郎，馮宿禮部員外郎，李宗閔等為判官書記；錢文僖留守西都，謝希深為通判，歐陽修為推官，尹師魯為書記，梅聖俞為主簿。皆天下名士。

鄭從讜節鎮河東，奏用王調、劉崇龜、劉崇魯等，多名士，人謂之「小朝廷」。　李庭芝在淮南，辟陸秀夫置幕下，時得士多者，稱淮南為第一，號「小朝廷」。

孔融為北海相，以鄭玄為計掾，彭璆為計吏，邴原為計佐。　陶侃鎮武昌，殷浩、庾翼等為佐史，號為多士。　韓滉在二浙，所辟僚佐，各隨所長，無不得人。

武元衡節度劍南，雖淡于接物，而開府極一時之選。　王倕節度河西，所辟舉如王維、王縉、崔商等，皆一時之選。　元稹觀察浙東，所辟幕職，皆當時之士。　崔衍觀察宣、歙，所擇從事，多得名流。

李栖筠觀察浙西，幕府皆一時高選。　王質觀察宣、歙，任幕府者，若裴夷直、趙哲、李行方、劉蕡，皆一時高選。

王子師之辟荀、孔。東海王越以江統為兗州別駕，與書曰：「昔王子師為豫州，未下車，辟荀慈明；下車，辟孔文舉。貴州人士，有堪此者否？」統舉郗鑒、阮修、程牧。　烏重胤之羅温、石。鎮河陽，禮致石洪，因洪禮致温造。

兄弟同幕：楊收、楊嚴也，唐西川杜悰辟為判官。劉崇望也，兄弟四人同在崔安潛府。江革、江觀也。革為雍州記室參軍，觀兼書記。

鄭慤率賓僚避暑于使君林。林在歷城北。魏正始中，慤避暑于此，取大荷盛酒，刺屈莖噏之，名碧筩。　錢文僖遣厨傳勞客于龍門。謝希深、歐陽永叔同遊嵩山歸。暮抵龍門香山，雪作。留守錢文僖遣吏以厨傳歌伎至，勞之，曰：「山行良苦，當少留龍門，府事簡，無遽歸。」

院置起草，如李德裕于劉三復。三復長于章奏，德裕器之。平政之餘，與之吟咏私第，別置起草院，院有精思亭，每用兵詔令制置，即獨處亭中，凝然握管，左右無能與。　府號「蓮花」，如王儉于庾杲之。儉用杲之為長史。蕭緬曰：「庾景行，泛綠水，依芙蓉，何其麗也。」時以入儉府為「蓮花池」。

令狐楚、牛僧孺辟劉蕡為從事，待如師友。　楊於陵辟韋臯、李翱在幕府，咨訪得失。

陳遵日出醉歸。為公府掾吏，曹務數廢。　杜牧每夜逸游。牛僧孺辟為記室。後以拾遺召，僧孺以縱逸為戒。取一篋示之，皆街子報帖，云：「杜書記平善。」牧大感服。

桓温令郗超帳中卧。謝安、王坦之詣温論事。温令超卧聽，風動帳開。安笑曰：「郗生可謂入幕之賓。」　王丞相命許璪、顧和入己帳眠。俱丞相從事。嘗夜至丞相許戲，便命同眠。顧至曉回轉，不得快熟，許上床便咍臺大鼾。丞相顧諸客曰：「此中亦難得眠處。」

書記

孔稚圭與江淹對掌辭筆。　周弘直與東海鮑泉、南陽宗懍、平原劉緩、沛郡劉穀，同掌書記。

禰衡為黃祖作書記，輕重疏密，各得體宜。祖持其手曰：「處士，此正得祖意，如祖腹中之所欲言。」

李琪下筆，輒得梁太祖意。　王儉令任昉作一文，及見，曰：「正得吾腹中之欲。」

武宗會昌初，封敖作詔書，慰邊將曰：「傷居爾體，痛在朕躬。」如出帝意，賜以宮錦。　封敖常作李德裕制，德裕口誦，撫敖曰：「陸生有言，所恨文不逮意。如今此語，秉筆者不易措言。」解玉帶遺敖。

令狐楚，太原書記，節度鄭儋暴卒，軍中將欲為變。中夜忽數十騎持刀追楚軍門，令草遺表，楚在白刃中，搦管立成，讀示三軍，無不感泣。　司空頔為楊師厚判官，師厚卒，賀德倫初至，三軍亂。張彥馳騎召之，即操筆于白刃間，神氣自若，筆不停輟，連章數奏。

文案盈几，遠近書記日有數千，終日不倦，皆人人歡暢，莫不悦附，東海王長史劉輿也。　軍書羽檄，朝夕填委，一日之中，動逾百數，或機速競發，口授數人，文意百端，不加治點，李德林也。　于座答書，自旦至日中，得八十函者，朱齡石也；得百函者，劉穆之也。

諸葛恢為鎮東參軍。時四方多務，箋疏殷積，斟酌酬答，咸稱折中。　繁欽所與太子書記，發喉轉意，率皆巧麗。　房玄齡嘗典管記，每軍書表奏，駐馬立成，文約理贍，初無稿草。　李巨川，韓建書記，四方書檄，酬報輻輳，灑翰陳叙，文理俱愜。

趙知禮每占授軍書，下筆便就，率皆稱旨。　蔡景歷草檄，（高祖將討王僧辯，獨與侯安都等謀之。景歷弗之知。）援筆立成，辭義感激，事皆稱旨。

侯景初平，每事草創。孔奂甄明故實，問無不識，儀注體式，箋奏書翰，皆出于奂。　神武霸圖草創，軍國務廣，文檄教令，皆自楊愔作。

邱暹作書，而陳伯之降。（伯之在北，與魏平來拒。）　楊愔作祭文，而鄴城陷。（神武攻鄴未下，命愔作祭文，燎畢而城陷。）

李商隱能為古文，不喜偶對。　令狐楚（商隱為楚巡官。）能章奏，遂以其道授商隱。（商隱善為誄、奠之詞，與太原温庭筠、南郡段成式，時號「三才」。）　劉三復長于章奏，李德裕軍政之餘，與之吟咏終日。（德裕貶死，三復子鄴奏還德裕遺骨，兼賜贈官。詔從之。）

附　書問

馬季長與竇伯向書云：「孟陵奴來，見手迹，歡喜何量！次于面也。」　蔡伯喈云：「相見無期，惟是筆迹可以當面。」　孔文舉云：「每舉篇見字，欣然獨笑，如復睹其人。」

徐湛之善于尺牘，音詞流暢；　柳粲箋奏博洽；（朝廷托為箋奏，以其博洽，目為「柳篋子」。）　陳遵與人尺牘，皆藏弃以為榮；守河南，治私書，謝京師親故，口占數百，親疏各有意。陳咸求入帝城；滯郡守，數賂遺陳湯，與書曰：「即蒙子公宛轉力，得入帝城死不恨。」盧柔隨機報答。後周盧柔書翰往來，日餘百牒，隨機報答，皆合事宜。可見辭令之有用。

嚴光口授。侯霸使西曹侯子道奏書求報。光曰：「我手不能書，口授之。」使者嫌少。光曰：「買菜乎？求益也。」王平口授。蜀王平所識不過十字，而口授作書，皆有意理，使人讀史備知大義。

劉弘每有興廢，手書丁寧欸密，人皆感悅。陶侃為荆州，遠近書疏，莫不手答。

鄧訓好青泥封書。故吏于洛陽市藥，過趙國易陽井，載青泥至上谷遺訓。劉禹錫用緑盆麵糊。干預權門，書尺報謝，緑珠盆中，日用麵一斗為糊，以供緘封。

殷洪喬投之于水。守豫章，都下人士因其致書，次石頭，皆投之于水。胡安定投之于澗。讀書泰山，十年不歸。得家問有「平安」二字，投之澗中，不復展讀。張文潛之不觀。見親友書無月日，便擲于地，更不復觀。何曾之不報。曾性侈，人以小紙為書，敕記室勿報。潘炎之未嘗輒開。劉晏任權，炎乃其婿。雖書疏報答，未嘗輒開。時稱有古人節。

邴原之藏之以還。孫崧曰：「當以書相介，原以求師啟學，非若交際。待介而成，乃藏其書于家，單布負笈，苦身持行。歸以書還崧。」杜安藏之壁中。十三入太學，貴戚遺之書，安壁藏之。後以免禍。王惠聚之閣上。為吏部，人與書求官，聚閣上。及去職，印封如初。

方謹言焚關通丁謂之書。謂貶，遣籍其家，得士大夫書，悉焚之，不以聞。王旦焚與日者往來之書。日者上書言宫禁事坐誅，籍得有朝士所與往占吉凶說。真宗欲付御史。旦自取嘗所占問，願并付獄。帝意解。旦至中書，悉焚所得書。帝復悔，馳取，已焚矣。由是皆免。

不喜作書，嵇康也。康《絶交書》曰：「不喜作書。而人間多事，堆案盈几。不相酬答，則犯教傷義。欲自勉，則不能久。」

不數附書，李翺也。《答孤獨舍人書》：「所不數附書者，性頗慵惰，便切畫斷，祇作報書。」

元載之書。有丈人求官，贈以河北一書，私發視之，惟署名而已。不得已，試謁，判官立白節度使，遣大校以箱受書，館之上舍，贈絹千疋。　高逢休之書。顧雲，大順中同羊昭業等修史。時劉子長僕射有清名，求高逢休諫議書為先容，潛啟之，并不言雲，但云：「昭業等，擬將一尺二寸汗脚踏他龍尾道。」雲歎息而已。

席豫書，不作草字。　三國劉廙曰：「尊卑有分，不敢修草書。」

光武細書成文。手書賜方國，皆一札十行，細書成文。　晉元帝草書鳳尾。批諸侯箋奏，草書「諾」字，尾如鳳尾，故云「鳳尾諾」。

奸邪

趙高指鹿為馬，束蒲為脯。羣臣言鹿、言蒲者，皆陰誅之。　高德儒指野鳥為鸞。　蔡京以兩頭龜為魍魎。

李林甫專權十九年。　元載十六年。　蔡京二十三年。　秦檜十七年。　史彌遠二十七年。　賈似道十七年。

石顯探人主微旨。　梁冀近侍并樹所親，禁省起居，纖微必知。　朱异善刺人意。　裴矩，煬帝曰：「大識朕意。」　郭衍，煬帝曰：「心與朕同。」　楊國忠探知人主好惡。　李林甫餉遺左右，審伺微旨，至褻夫御婢，皆所欵厚，故上舉動必知之。　元載以貨納內侍董秀，上意所屬，載必先知之，承旨探微，言無不合。　李訓、鄭注，善事鉤採。　王欽若度帝厭兵。　童貫先意承旨，工哉引兑。安得不敗？

田蚡奉邑食鄃，居河北。時河決而南，鄃無水災，邑收入多，遂不復塞。武三思食邑在貝。時水災，議捐租庸。三思慮其封物，令韋巨源駁之。河朔頗多流散。小人爭利于甲蚤，貽國之患如丘山。

德宗稱盧杞忠貞强介；神宗稱吕惠卿進對時辨。小人易于惑主如此。

霍光謂蔡義可制，故引之。　林甫謂陳希烈可制，故援之。　闕播欲有所言，盧杞目禁乃止。

帝語王涯別與李訓官，李德裕摇手止涯，帝適見，不懌。

仇士良戒其黨曰：「人主不可使閒暇。」　楊戩戒其徒曰：「汝輩不可令天子罷修造。」

裴延齡引經義，惑憲宗；　王安石引經文，惑神宗。　一也。

自漢以來，賊臣竊國命，將欲移鼎，必先遷都以自便。　董卓以山東兵起，謀徙都長安，驅兵數百萬口，更相蹈藉，悉燒宮廟、官府，二百里内無復雞犬。高歡自洛陽遷魏于鄴，四十萬户，狼狽就道。朱全忠自長安遷唐于洛，驅徙士民，毁宮室，長安自是丘墟。卓不旋踵而死，曹操迎天子都許，卒覆劉氏。魏、唐之祚，竟為高、朱所傾。凶盜設心積慮，由來一揆。〈問奇〉

晉之篡魏，以賈充；其亡，亦以充。隋之平陳，以楊素；其亡，亦以素。立太子妃，易太子，亡兆也。　玄感之于素，猶徐敬業之于勣。煬、武氏立，素、勣力也。其子欲撲其燎，得乎？

裴延齡每奏對，恣為之詭譎。德宗欲修神龍寺，須五十尺松。延齡曰：「近見同州一谷，數千株。」

上曰：「開元、天寶間，求猶不得，今安得有之？」曰：「天生珍材，待聖君乃出。開元、天寶，何從得之？」宋高宗之相李綱也，顔岐言：「張邦昌為金人所喜，宜增其禮；綱為金人所惡，宜置閒地。」綱入見，願歸田里，上曰：「顔岐常有此言，朕告以朕之立，恐亦非金人所喜。」甚矣，小人之無忌憚也。欲諛其君，則不顧其君之有祖；欲黨逆而排正，以諛仇國，則不復知其有君。是而弗誅，朝無復可誅之人矣。《問奇》

曹丕既篡漢，曰：「舜、禹之事，吾知之矣。」乃以己而窺聖人，謂「篡」而文之以「遜讓」耳。丁謂嘗謂古忠臣、孝子，皆不足信，乃史筆緣飾，欲為後代美談。同前。

曹操飲鴆酒啖野葛；夏竦服硫黄、鐘乳粥。豈亦其所禀異耶？同前。

權勢

浮競甘進者，争出其門，勢焰可炙，韋渠牟也。當其黨盛，門若沸羹，王伾也。舉選者走門下，無不得所欲，升沉在牙頰間，楊虞卿也。慕容超時，内外無不憚之，公孫五樓也。王儼諂事五樅。語曰：「欲得侯，事五樅。」崔鉉權傾中外，時用事四人：鄭魯、楊紹、段復瓌、薛蒙也。語曰：「鄭、楊、段、薛，炙手可熱。欲得命通，魯、紹、瓌、蒙。」張嘉貞為中書令，剛躁自用，引進苗延嗣、吕太一、員嘉静、崔訓也。論政事，頗招權，號「令公四俊」。

周湯居二千石，所愛者，撓法活之；所憎者，曲法滅之。所欲活，則傅生議；所欲陷，則予死比。

《淡刑法志》　《趙壹傳》云：「所好，則鑽皮出其毛羽；所惡，則洗垢求其瘢痕。」　《朱暉傳》云：「運掌則使賤吏富于季孫；呼噏則令伊、顏化為桀、跖。」　《隋唐記》云：「忤意者，嚴霜夏零；阿旨者，膏雨冬澍。」　盧杞為相，朋附者，咳唾立致青雲；睚眦者，回盼已擠溝壑。　「君除吏盡未，吾亦欲除吏。」漢武帝謂田蚡也。　「未曉大將軍」，謂王鳳也。淡成〔二〕帝欲拜劉歆中常侍，左右云云，王鳳不可。　「寧拒至尊敕，不可違舍人命。」謂綦毋珍之也。齊廢帝寵倖珍之，擅取官物及役作，不俟詔旨。　「千敕萬令，不如荀公一命。」陳高帝時謂荀伯玉也。　「平章得無不可。」宋度宗謂賈似道也。幸景靈宮，將還，似道期雨止升輅。胡貴妃兄顯祖請升逍遙輦還宮，帝云云。顯祖紿云平章已允。似道大怒，帝乃攏顯祖，涕泣出貴妃為尼。

豪橫者：如竇憲奪沁園公主之園田。公主逼，畏不敢計。　來俊臣取士民之妻妾。有美者，百方取之。　虢國夫人撤韋嗣立之屋。帥工突入嗣立宅，撤去沓屋，自為新第。但授韋氏以隙地十畝。　李輔國置察士數十人，潛令于人間聽察細事，有所追索，諸司無敢拒者。　魚朝恩亦于北軍置獄，使坊市惡少年羅告富室，没其家貲。

梁冀之秦宮。冀愛幸監奴秦宮，出入冀妻孫壽所，托以言事，因與私焉。宮内外兼寵，威權大振，刺史、二千石皆謁辭之。　元載之卓英倩、李待榮。元載秉政，官由賄成。主書卓英倩、李待榮輩用事，勢傾朝列，官爵大者出元載，小者自倩、榮。齎貨殖求官者，道路相屬。　路巖之邊咸，巖親吏。巖通賄遺，左右用事，言者請破邊咸一家，可贍平二千。　與元和初，堂後主書結瑠之滑渙同。渙與樞密劉光琦相結。宰相杜佑、鄭絪，低意善視之。諸相議事，渙從旁指陳是非。鄭餘慶怒叱之。未幾攏相，李吉甫言賜死。

梁冀、義康、秦檜之權勢一也。梁冀之貢獻：四方調發，歲時貢獻，皆先輸上第于冀，乘輿乃其次焉。義康之進柑。大于供御者三寸。皆逼而無憚。檜之易魚，譎而多數。顯仁太后言：「子魚大者絶少。」王夫人對曰：「家有之，當以進。」檜明日進青魚百尾。顯仁拊掌曰：「我道這婆子村。」此冀、康卒誅，而檜幸保牖下也。

元乂與宦官劉騰表裏擅權。李義府勢傾朝野。公卿不由其門而進者，必被罪徙；附麗者，雖小人且為引重。李林甫包藏安忍。傾韋堅，族楊慎矜、李邕、裴敦復，并坐極法。王鉷父子權寵。雖李林甫亦畏避之。楊國忠貴震天下。林甫不利于太子，掎摭陰事，皆國忠發之。乘而為邪，得以肆意。吉溫為陳代李之策。李輔國勢傾朝野。代宗號為「尚父」。程元振顯禮自恣。人畏之甚于輔國。路巖、韋保衡，勢動于下。巖、衡當國，勢動于下。時目其黨為「牛頭」「阿旁」，言如鬼，陰惡可畏也。

五侯宗族賓客虐遍天下，民不堪命，起為盜賊。單超、徐璜、貝瑗、左悺、唐衡誅梁冀，同日封侯。四侯兄弟姻親，辜較百姓，與盜賊無異。單超卒，四侯轉横，競起第宅，金銀罽毦，施于犬馬。多取良人美女，以為姬妾，兄弟姻親，宰州臨郡。

梁冀，封邑取鄧禹，禮儀比蕭何，賞賜比霍光；韓侂胄除平章，軍國事比呂夷簡省「同」字，比文彦博省「重」字，三省印并納其第；王鉷兼二十餘使，文案堆積，胥吏求押一字，累日不遂；楊國忠領四十餘使，事務鞅掌，但署一字，猶不能盡；梁師成所領職局至數十百，階至開府儀同三司。隆禮兼官，總由專權一念所致。

赫赫一時者：如秦之「四貴」，穰侯、華陽、高陵、涇陽。漢桓之「四侯」，左回天，悺；具獨坐，瑗；徐卧虎，璜；唐兩塹，衡。晉之「三楊」，楊后父駿，及弟珧、濟用事，勢傾內外，時謂「三楊」。宋之「四貴」，蕭道成、袁粲、褚淵、劉彥節。南齊之「六貴」，始安王遥光、徐孝嗣、江祏、蕭坦之、江祐、劉暄。北魏之「八貴」，和士開與婁定遠、趙彥深、高文遥、綦連猛、高阿那肱、唐邕、胡長仁，同知朝政。北齊之「三貴」，韓長鸞與高阿那肱、穆提婆共處衡軸，號曰「三貴」。北齊鄴中之「四貴」。孫騰、高岳、高隆之、司馬子如，權勢熏灼，專恣驕貪。

本無爵位，而憑藉以逞者：如漢伯榮、安帝乳母王聖女，威儀翕赫，王侯、二千石為拜車下。慧琳、號「黑衣宰相」。孔顗曰：「可謂冠屨失所。」陸澄，揚州主簿顧測以兩奴就陸鮮質錢，鮮死，子暉誣為賣券。伯澄為中丞，測益為所抑。世以此少之。唐高力士。太子呼之為「兄」；諸王公呼之為「翁」；駙馬輩直謂之「爺」。又齊茹法亮、呂文度，勢傾天下。王儉曰：「我雖有大位，權寄豈及茹公？」周劉昉、封黃國公。鄭譯，封沛國公。朝廷傾矚，稱為黃、沛。語曰：「劉昉牽前，鄭譯推後。」宋王黼、故侍郎許將昭德坊賜第在左，黼奪之。又誘奪徽猷閣待制鄧之綱妾，反以罪竄之。朱勔。子汝賢等召呼鄉州官僚，頤指目攝，流毒州郡者二十年。

壅蔽

秦二世隱藏其身以信趙高，天下潛叛而不得聞；梁武信朱异，乃侯景向闕而不得聞；隋煬帝信虞世基，賊遍天下而不得聞。故曰：「君能兼聽，則奸人不壅蔽而下情通矣。」魏徵言。

李林甫恐對策斥言其奸，建言郡縣精試，送尚書省覆試。上欲廣求天下之士。元載恐奏事者攻訐其私，請百官奏事，先白長官，長官白宰相，然後奏聞。顔真卿上疏論之。鶡冠子曰：「兩葉蔽目，不見泰山；兩豆塞耳，不聞雷霆。」是之謂矣。

鮮于仲通討南詔大敗，楊國忠乃叙其戰功。　李宓全軍皆没，國忠更以捷聞。　劉法伐夏敗，為夏人追殺，童貫隱其敗而以捷聞。

章邯請事，使長史司馬欣。而趙高不見。留司馬門三日。　李斯獄中上書，而趙高棄去不奏。安為反辭，以相傅會。　郭子儀請益兵，使判官王延昌入奏。程元振遏之，竟不召見。

咸陽老父郭從謹曰：「事不至此，何由得睹陛下之面而訴之？草野知有今日久矣。」　秣陵老人遮梁武帝車駕曰：「為法急于庶民，緩于權貴。」　新店民趙光奇言：「詔令不信。」

冒濫

「竈下養，中郎將；爛羊胃，騎都尉；爛羊頭，關内侯。」更始時長安語也。　「貂不足，狗尾續。」趙王倫時諺也。　「補闕連車載，拾遺平斗量。欋欋俱反。椎侍御史，盌脱校書郎。」武后時語也。引見存撫使，所舉人無論賢愚，悉加擢用。　「員外常侍，路上比肩；咨議參軍，市中無數。」陳徐陵言永安時也。曰：「永安之時，聖朝草創，白銀難得，黄札易營，權以官階，代于錢絹。」　「騶子倡人，鳴玉曳履，與朝賢君子比肩而立，同坐而食。」馬周語也。　「陛下降不貲之澤，近戚〔二〕有無涯之請，臺寺之内，朱紫盈滿。」蕭至忠諫中宗也。

「牧守由將校以授，皆虎而冠。子男由胥徒以出，皆鶴而軒。」劉賓客語也。　「金紫佩士卒之身，符策委僕隸之門。」晉陳頵上言也。言：「今功無大小，皆以己亥格斷，非所以重名器。」　「銀青雜沓于胥徒，金紫喜施于輿皂。」唐陸贄奏也。　「緋衣衆于青衣，象板多于木笏。」武則天時劉知幾表也。　「僕隸皆不次除官，捉車人至虎賁中郎將，馬士至員外郎。」齊阮佃夫納賂也。

漢更始時，李軼、朱鮪擅命山東，王匡、張卬横暴三輔，其所授官爵皆羣小、賈豎，或有膳夫、庖人，多繡衣錦袴。　獻帝時，諸將競表拜諸營壁，民為部曲，求其禮遺。醫師、走卒，皆為校尉、御史。時西園弄狗者進賢冠帶、印綬。　晉趙王倫奴卒、廝役，亦加爵位。　宋泰始時，軍功既多，捉車者，郎將，騎馬者，員外。　梁天監時，有「都騎塞市，郎將填街」及「員外常侍路上比肩，咨議參軍市中無數」之語。　北齊蒼頭皆至開府。　唐張巡在雍邱，領一縣千兵，而大將六人，官皆開府特進，則大將軍告身易醉，誠有之矣。　德宗避難奉天，渾瑊之童奴黄芩力戰，即封渤海郡王；僖、昭之世，遂有「挺船郭使君，看馬李僕射」。　周行逢據湖、湘，境内有「漫天司空，遍地太保」之讖。　李茂貞在鳳翔，持管籥者亦呼為司空、太保。

延熹漢獻帝時。刻印不供，多以錐畫文。　建始趙王倫僭號。應侯者多鑄印不給，或以白版封之。

漢武帝置賞官名「武功爵」。令民入粟得買爵。大者封侯，小者郎吏。　三王誅趙王倫，制《己亥格》以賞功。

鼂錯策入粟拜爵。　漢安帝令吏人納錢穀，得至關内侯。　後漢募人奴婢得為郎。　宋文帝令入米七百石除郡。　漢靈帝開西邸納錢賣官。于西園立庫，以貯之。富者先入錢，貧者到官，然後倍輸。公千萬，卿五百萬，段熲、張温，雖有公勤名譽，皆先輸貨財，乃登公位。　唐玄宗納錢，賣僧尼、道士。　唐肅宗納錢，賣明經。

唐僖宗賣空名御史告身。以軍儲不足，貸富商錢穀。

漢之鴻都；靈帝于鴻都門內置學，敕州郡三公辟召，多無行趨勢之流。唐之斜封；安樂公主、上官婕妤，請謁受贓，屠沽臧獲，用錢三十萬，别降墨敕斜封付中書。時謂「斜封官」。大曆之債帥；自大曆以來，節度使皆以倍稱之息貸錢富室，以賂中尉，動逾億萬，然後得之。至鎮，重斂以償。及王沛薨，裴度、韋處厚以高瑀代之，中外相賀曰：「自今債帥鮮矣。」東、西之四銓；唐中宗時，西京、東都各置兩吏部。上官婕妤及後宫多立外第，出入無節。朝士從遊，政出多門，濫官充溢，人以為三無坐處，謂宰相、御史及員外官也。至德之賞功；肅宗至德中，專以官爵賞功。清渠之敗，復以官爵收散卒。大將軍告身一通，纔易一醉。至有朝士僮僕衣金紫，稱大官而執賤役者。長興之吏卒；長興以後，軍中卒伍使州鎮戍、胥吏，皆得銀青階，歲賜告身，至以萬數。至以寵餅多肉授御史；武后時。郁林羣小，黄紙疏名。廢帝為太孫，凡諸小人逆加爵位。以黄紙褒盛名號帶之。又其濫之所及者。

醫人以堂牒賣官。王昶遣醫人陳究，以空名堂牒賣官。后妃以教令賣官。蜀王衍、太后、太妃，每一缺出，入錢多者得之。

僭越

權不足以節制之，而後僭。其端啟于大臣、外戚、宦官。如張禹請肥牛田地。田蚡請考工地益宅。王譚借明光宫避暑。侯覽堂閣相望，僭擬宫省。張儉奏覽侵奪人宅三百餘所，起第十有六區。趙忠、張讓，第宅擬則宫室。馬防兄弟大起第觀，多聚羣樂，曲度比諸郊廟。王國寶起齋侔清暑殿。孝武惡之。　茹法亮廣開宅宇，杉齋光麗，與延昌殿相埒。　楊素家僮數千，第宅華侈，制擬宮室。　王黼、乘高為邪，多畜子女玉帛，自奉僭擬禁省。　朱勔園池擬禁籞，服食、器用，上擬乘輿。心無上矣。

蕭望之奏韓延壽在東都，兵車畫龍虎、朱雀，延壽衣黃紈方領。　梁天監四年，有司奏吳令唐庸鑄盤龍火爐、翔鳳硯蓋，禁錮終身。

宋宦者徐龍駒代帝畫敕。宋廢帝以駒為後閤舍人，常居含章殿。著黃綸帽，被貂裘，南面向案，代帝畫敕。　陳侯安都御座稱觴。坐于御座，賓客居羣臣位，稱觴上壽。啟借供帳水飾，載妻妾于中堂飲宴。　齊刀敕入殿，詆訶天子。東昏左右捉刀應敕之徒騎馬入殿，詆訶天子。　韓侂胄假冒升黜。假作御筆，升黜將帥。事關機要，未嘗奏稟。　時名孔休源慶緒。為「兼天子」。昭明太子亡後，召休源入宴。居殿，與羣公參定謀議，立晉安王為皇太子。公卿珥貂插筆，奏決于休源前。休源怡然無愧。　祖珽每同御榻論決政事。後主令韓鳳檢得其詐敕，受賜十餘事，以前與重誓不殺，出刺南徐。　曹汭醉衣黃衣。曹利用以從子汭醉衣黃衣，令人呼「萬歲」而讁。

趙忠葬父，僭為玉匣、偶人。朱穆剖棺陳尸出之。　董賢僮僕皆受上賜，及至東園秘器、珠襦、玉押，豫以賜賢。　貢獻先輸，梁冀。　方鎮先賂劉延〔三〕朗，後议贡献。啟奏、除授，一歸延朗，潞王不能察。

作經以擬聖者，其後儒之僭乎？揚雄《太玄》，擬《易》；晉王長文《通元》，擬《易》；劉向《洪範五行傳》，擬《書》；唐陳黯《禹誥》，擬《書》。　而虞卿《春秋》、呂氏不韋。《春秋》、《楚漢春秋》、陸賈。《吳越春秋》、趙曄。《晉春秋》、檀道鸞。《唐春秋》；吳兢。《漢尚書》、孔衍。《隋尚書》、王劭。《後漢尚書》、《漢魏尚書》；并孔衍。《續書》、王通。《續尚書》。唐陳正卿。　又擬《論語》者：揚雄《法言》、王通《中說》、宋尚書唐內人宋若莘。《女論語》。何紛紛也。《孝經》，孔子所論，郭良輔變為《武孝經》，唐。鄭氏唐侯莫陳邈妻。易為《女孝經》，以至《農孝經》、宋賈元道。《酒孝經》。不著撰人名氏。皆妄以稱。《爾雅》，周公所記，孔鮒轉為《小爾雅》；張楫又衍為《廣雅》，魏。以至《博雅》、張楫。《埤雅》。陸農師。皆襲其類。

漢南粵尉佗自稱武帝；晉豫章黃韜自稱孝神皇帝；宋儂智高僭號仁惠皇帝。生而有謚乎？既僭矣，焉問禮？《叢談》

躁進

躁進者：蘇易簡不勝寒冷。受太宗顧遇，罷參政，知鄧州，年纔逾壯。有「不勝寒冷」之歎，竟不登，强仕而卒。夏侯嘉正想知制誥。為館職，平生好燒銀。常曰：「吾得見水銀一錢，知制誥一日，無恨矣。」錢惟演想黃紙押字。自樞密使為使相，歎曰：「我于黃紙盡處押一字，足矣。」崔日知恨不居八座。為太常卿，起樓與尚書省相對，人謂「崔公望省樓」。王靖之求侍中而不果。為穆之所厚，就求侍中，如此非一。穆之曰：「卿若不求，久自得也。」何衍求侍中而不得。衍性躁動，除黃門郎，未拜；求司馬，得司馬；復求太子右率，拜右率。一二日，復求侍中，旬日之間，求進無已，以怨詈賜死。江淹以固求被黜。淹領東海郡丞，太守陸澄丁艱，自謂郡守應行郡事，因求之。建平王景素怒，黜為吳興令。杜亞以言議見出。德宗召亞，亞自揣必以宰輔徵，促程而進。與人言議，多話及行宰相政事，所在方面，咸以公事咨析，亞皆納之。帝微知之，出為陝州長史。

伏挺致書。罷武康，還東郊，築室，不能久事隱靖。徐勉以疾假還宅，挺致書，引「敬通之賞景卿，孟公之知仲蔚。」後尋出任。

何澤遣婢詣闕上章。七十餘，求進不已，見從榮隆盛，帝又多病，令婢宜子進狀，請立秦王為皇太子。明帝不悅，致從榮不軌，由澤啟釁。　舒元輿闕下獻文。自言：「馬周、張嘉貞代人作奏，卒為名臣。今臣自陳文章，五晦朔不一報。竊謂『才不後周、貞也。』」　和逢堯詣闕下上書。武后時，負鼎自言：「願助天子和飪百度。」　任贇冒闕獻策。稱「草澤臣」，且乞「召對」。辭多不遜，杖脊配役。

魏愷微自披陳。除青州長史，固辭不就，積年沉廢。遇楊愔于路，曰：「雖復𩅦雨自天，終待雲興四嶽。」遵曰，除霍州刺史。

胡裴意在章服。四鎮幕賓皆金紫，裴獨恥銀艾。莊宗餞別，裴度獻詩，意在章服。莊宗舉大鍾曰：「能釂此乎？」裴飲酒素少，一舉即釂。即解紫袍賜之。　武廷翰意在節鉞。久歷大郡，意在節鉞。謂和凝曰：「廷翰粗走大步，三十年，不離數百户郡將；在廷翰麾下，鳴鐘列鼎者多矣。相公獨無故人之情乎？」凝致謝而已。

蕭希甫遁而為僧。袁象先領青州，求為營記，署巡官不樂。俄棄母、妻，渡河易姓名，為皇甫校書，遂之鎮州。王鎔置參軍。希甫欲居賓席，一旦失望，屢有流言。鎮州惡之。復遁于易州百丈山落髮。　解元龜以道士而乞留守。明宗時，自西川至，稱年一百一歲。既而上疏，乞西都留守，修宮闕。帝曰：「老耄自遠來朝，反為身名，甚可怪。」賜號「知白先生」，賜紫衣，放還山。

廢滯

馮唐、顏駟白首為郎不調。　張釋之十年不調。　揚子雲三世不徙官。　桓典為侍御史，七年不調。　班固為蘭臺郎，二十餘年。　辛雍為御史，十年不遷職。　夏侯湛累年不調。《抵疑序》　駱賓王十年不調。《上裴侍郎書》　唐韋澳十年不調。

以後進先升：漢薛宣、朱博、翟方進、孔光，仕宦絶在陳咸後，皆先至公卿，而咸滯于郡守。咸，三公子，少顯名。　蜀鐔承、裴雋年資皆在孟光後，而登據上列，處光之右。光每直言，無所回避，為世所嫌。

同列淹速不侔者：張敞與蕭望之、于定國相善，後望之為御史大夫，定國至丞相，敞終不過郡守。　伏晅父曼容。與任昉父遥。并見知。齊末，昉已為司徒長史，晅猶滯參軍事。　高允與游雅等同徵，多至通官封侯，而允為郎，十八年不易官。　同列常出其下者，多以馳騖至顯官，而歸登起居舍人。與蔣武拾遺。退然不以淹速介意。　任愷薦魏舒，舒至三公，愷祇守散卿。

馮衍上疏自陳，猶以前過不用。屯太原不降。　桓譚上書言事失旨，不用。　賈洪以前為馬超作露布，故不即叙。

得罪權要而廢滯者：馬融忤鄧氏，滯東觀，十年不調。　韋義季節。上書貶刺竇氏，久抑不遷。廣都長。　江灌為桓温所惡，積年不調。　范弘之以桓、謝之故不調。弘之為博士，議謝石謚曰「襄墨」。又論殷浩宜加贈謚，不得以桓温所黜為國典，仍叙温移鼎之迹，故出為餘杭令。　杜黄裳為裴延齡所惡，十年不遷。　蔣沇以元載不徙官。元載秉政，守道者多不更職。沇以故滯于郎位。　劉迺以楊炎、盧杞不遷。迺意多醜正，以故五歲不遷。　張彝為僕射高肇所譖，停廢數年。　李繪質性方重，未嘗趨事權勢，以此沉屈。　盧景亮以廷諍得失，貶朗州司馬，遷謫二十年。　李季明性尤專固，不合于時，一為史官，十年不調。　李德林位望稍高，頗傷自任，争名之徒更相譖毀，十餘年竟不徙級。

何偃與顏竣隙，竣權傾朝野，偃不自安，遂發悸病，告靈不仕。　王羲之甚輕王述，後述檢察會稽，羲之深恥之，遂稱病，誓墓不仕。

龐晃以陵侮被譖，十餘年不得進。廣平王雄勢傾朝廷，晃每陵侮之。常于軍中卧，見雄不起，雄啣之；復與高熲有隙，二人屢譖，官不得進。　李揆以輕易啣恨，遷徙十餘州。揆秉政，苗晉卿薦元載，揆自恃門望，以載地寒輕易不納。戲曰：「龍章鳳姿之士不可見，麞頭鼠目之子乃求官。」載銜恨。及載登庸，揆當徙職，遂試秘書監。既無禄奉，家復貧匱，萍寄諸州，凡十五六年。

羊續以東園禮錢不能輸，故不登公位。靈帝欲以續為太尉。時拜「三公」，皆輸錢三萬。續舉葛袍示中使曰：「所資惟斯而已。」　張融以殷淑儀建齋，注䞋百錢，帝不悦曰「貧」。而出令封溪。

華廙以妻父盧毓典選，難舉姻親，不得調。

黜免

明皇問孟浩然詩，誦「不才明主棄」之句，帝曰：「朕未嘗棄卿。」因放還。　周世宗詢孟貫，誦：「不伐有巢樹，多移無主花。」世宗曰：「朕伐暴吊民，何謂『有巢』、『無主』？」終不録用。《事偶》

河間獻王子禮以取雞失侯。　王勃以檄雞去職。　王僧達坐屬疾，觀鬥鴨被糾。

李膺以不察孝廉去任。　胡廣以輕舉茂才免官。

朱熹劾提刑唐仲友，尋奪其命授熹，熹不拜。　包拯劾三司使宋祁，尋解其職授拯，拯不辭，歐陽修因參拯。

左雄之黜徐淑，黜其年也。　歐陽之黜劉幾，黜其文之怪也。

劉濤坐令子項代草誥命左遷。　李穆坐代秦王廷美草《朝辭笏記》被劾。

丁謂以山陵見貶。　章惇亦以山陵見貶。以兼哲宗山陵事，靈轝出陷淖中，踰宿而行。豐稷、陳次升、龔夬、陳瓘劾其不恭，貶。

元慶以退走徙。降梁，魏討之，望風退走。武帝責之曰：「言同百舌，膽若鼷鼠。」徙合浦。　盧昶以辱命黜。使齊，孝文南討，昶兄為別道將，齊遂酷遇之，以腐臭葅豆供，謁者張思寧死之。昶還，孝文曰：「不能長纓羈首，乃俛眉飲啄，自同犬馬，縱不遠慚蘇武，寧不近慚思寧？」　蕭瑀以反覆貶。因言房玄齡等朋黨，自請出家，既而悔之。太宗以瑀反覆，貶商州刺史。

張齊賢以元會微醺失容，謫安州。　韓僧壽觀達奚道妾王氏清歌，坐除名。

以博受罰：漢安邱侯張拾、邸其已反。　侯黃遂、樊侯蔡辟方，并坐搏揜，師古曰：「『搏』，或作『博』，『揜』，意錢之屬，皆戲而賭取財物。」免為城旦。　宋右衛將軍王景文，坐與奉朝請毛法蒲戲，得錢百二十萬，白衣領職。　員外郎劉康祖再坐摴蒱戲免。　《南史》司徒長史王質坐招聚博徒，免官。

有以不償債而免列侯者，漢河陽侯陳信也。坐不償人債，過六月。　以不償債而貶官者，唐龍武將軍李甚也。晟子。豪侈，積債數千萬。其子貸回鶻錢一萬餘貫，不償，為所訴，文宗貶司法參軍。

殷浩之書空，被黜，但終日書空，作「咄咄怪事」四字。　非若白樂天之主風月。對策直言，貶江州司馬。喜曰：「青山緑水中，為風月主人。」築草堂香爐峰北。　虞翻之歎青蠅，疏直，徙交州。雖處罪放，講學不倦，門徒數百人。曰：「死以青蠅為吊客。」不異柳子厚之伍猿鳥。吴武陵《與孟簡書》：「子厚擯斥十二年，程、劉、二韓，俱已收拭，獨子厚與猿鳥為伍。」

孔温裕鵲喜。以直諫貶柳州，有鵲喜迎于庭，墜方寸紙，上有「補闕」二字。未幾，徵還。　劉安世蛇迎。謫嶺外。行山中，扶母籃輿憩樹下。有大蛇若相迎，向器之不動。村民羅拜曰：「公，異人也。蛇，吾山之神，喜相迎耳。」　蕭遘神護。貶播州司馬，道三峽，有神人謂曰：「無恐！予為公呵護。」後謁白帝廟，見帝，類向所睹者。

張慄藏書「臺」字授張嘉貞；後數日，貶台州刺史。　道士劉遯吟《滄海》句，贈丁謂。謂南遷遯之厓州，與之泛舟海上。　是遷貶已有定數，可以前知。

蘇軾挈子自隨；安置惠州，少子過隨。　范純仁與客共臥；永州安置，客至，授一枕，使與對臥。　陸贄杜門抄方；貶忠州別駕，至以土塞其門，雖鹽米皆由狗竇入，惟集《古藥方》五十卷。　張九成倚柱觀書。謫南安平，結廬掃軌，倚柱觀書，庭磚雙趺之跡隱然。　得處困之道矣。

譴累

贄公之謫秦州，為從房琯遊也。　大慧之戍嶺表，為與張九韶友也。　竇憲誅，而班固、傅毅死。

王叔文誅，而柳宗元、劉禹錫貶。

為竇憲事下獄自殺者：尹勳、劉儒。　遭黨事禁錮者：延篤、符融、羊續、羊陟、孔昱、張奐。　自殺者：杜密、魏朗、張升。

坐李紳貶者：李吉甫搆。　龐嚴、蔣防。　坐李珏、楊嗣復黨貶者，魏謩。信州刺史。　坐與楊玄感遊欽徙邊者，虞綽。族人世南誡之不從，玄感妓沒官，以綽來往對。　坐高肇黨與者，甄琛。出刺營州。　坐與魚朝恩欽狎者，第五琦。朝恩誅，出刺處州。　坐皇甫鎛黨貶者，趙佶。永州司馬。　坐元載貶者：韓洄、王定、包佶、徐績、裴冀、王紀、韓會、王縉。載用事，縉卑諂之。坐李景儉貶者：獨孤朗、温造、李肇、王鎰。景儉醉侮宰相，貶刺漳州；馮宿、楊嗣復同史館，罰一季俸料，朗等坐貶。以薦人受累，李讓夷。薛廷老以酣醉罷職，夷實推拔之，坐罷守本官。坐劉晏貶者：杜亞、崔造。以門生被累，張仲方。會吕温、羊士諤誣告李吉甫陰事，俱貶。仲方坐温貢舉門生，出刺金州。

以草制受累：崔嘏坐草李德裕制，不盡言其罪，貶端州刺史。鄭畋坐草劉瞻制，路巖曰：「乃表薦劉相。」貶梧州刺史。制云：「安敢畝之居，仍非己有；却四方之路，惟畏人知。」

以朋友累：王仲舒、與楊憑友善，貶刺硤州。馮宿、韓愈論佛骨，時宰疑宿草疏，出刺歙州。李師素、與令狐楚親，楚貶，出刺賓州。韋弘景、張仲方貶李吉甫謚，憲宗怒，貶方；景坐與方善，出刺綿州。韋處厚、坐與韋貫之善，出刺開州。李翱、與李景儉善，景儉除諫議，薦翱自代。景儉獲譴，翱出刺朗州。魏玄同、坐與上官儀文章屬和，配流嶺外。薛元超、坐與上官儀文章欵密，配流巂州。鄧玄挺、屬文有名。坐與上官儀善，出為頓邱令。韋夏卿、坐與竇參等交游，左遷刺常州。高士廉。斛斯政當途，士廉與邀入幕，同床而寢。會政以猜懼，奔高麗。士廉坐謫朱鳶主簿。

因親戚受累：許紺、鮑宣婿。莽殺不附己者，宣與何武皆死；紺與辛興過宣一飯，坐下獄自殺。裴楷、子瓚娶楊駿女。駿誅，楷以姻親收付廷尉，賴傅祗救免，猶坐去官。卞粹、張華之誅，粹以華婿免官。張文琮、坐從母弟房遺愛，出刺建州。韋安石、妻薛氏暴虐，子婿有妄誣其厭蠱，迫以捶楚，投井死。憲司以聞，坐出刺蒲州。韋待價、坐江夏王道宗婿左遷。楊炎、與元載同郡。又元氏之出，謂載為舅。載誅，貶連州司馬。王佖、舅李晟既為張延賞媒孽，罷兵權，亦不用佖為將帥。郭映、坐子、婿卿佩于蔣州謀亂，削官于私第省過。王敏，因薦子婿陳南金為曹、孟二鎮掌記，奉職有闕，遂連坐。詔敕停住。王文康坐萊公貶；蘇子美坐祁公廢。皆為婦翁累。帖尾托人相花字，似是通人一蔽。

父為子累：公孫賀、子敬聲下獄，賀請捕朱安世贖罪。安世笑曰：「丞相禍及宗矣。」上書告，案驗，父子死獄中。薛宣、申咸毀宣不行喪服。宣子况賕客楊明砍咸宫門外。况從燉煌，宣坐免。李守、子通從光武舉兵，而莽殺守。崔烈、子鈞同袁紹起兵，董卓收烈。劉實、坐子夏賂，免官。王福畤、子勃，官奴曹達犯罪，為勃所匿，恐事泄，殺達滅口。會赦，除名，時坐左遷交阯令。盧從愿、坐子論〔四〕糴米入官，有剩利，為憲司所糾，出刺絳州。韋陟、坐當墳墓子孫破伐松檟不能禁，貶絳郡守。郭晞、坐子鋼奔吐蕃，免官。于頔、子駙馬都尉季友坐罪，敕頔不能訓子，削金紫光禄大夫一階。馬英翰、以男少游謀叛亂，英翰不言，于道州安置。張彝。第二子仲瑀上封事，排抑武人，羽林、虎賁將幾千人直造其第，曳彝捶辱，焚其屋宇。子始均救父，生投烟火中，仲瑀傷中走免。彝臨終上啟，官為收〔五〕捕羽林凶强八人，斬之。

校記

〔一〕漢成帝：原作「漢武帝」，據《漢書·元后傳》改。

〔二〕戚：原作「歲」，據《舊唐書·蕭至忠傳》改。

〔三〕延：原作「廷」，據《新五代史》、《舊五代史》之《劉延朗傳》改。

〔四〕論：原作「諭」，據《新唐書·盧從愿傳》改。

〔五〕收：原作「奴」，據《北史·張彝傳》改。

古事比卷之二十八

文學

王擒以隸事，奪何憲五花簟、白團扇；宋之問以賦詩，奪東方虬錦袍。然擒不受潘敞請托書；而之問為張易之奉溺器。人相遠矣。

劉芳號「劉石經」；陸乂亦號「石經」。　顧野王撰《御覽》三百六十卷，官人各念一卷，隨駕行人謂「著脚《御覽》」。　朱遵度奔楚，諸學士每為文先問首末于度，時號「幕府書厨」。　劉諒號「皮裹《晉書》」。　虞世南號「行秘書」。　杜鎬號「杜萬卷」。　朱遵度號「朱萬卷」。　朱昂號「小萬卷」。

古今博洽之士，有稱「府」者；傅昭、劉峻俱稱「學府」。有稱「庫」者；杜預號「武庫」；房暉號「五經庫」；谷那律號「九經庫」；隋公孫景茂號「書庫」；唐李涪號「周禮庫」。有稱「厨」者；王儉稱陸澄「書厨」；陳濟號「兩脚書厨」。有稱「簏」者；李善、傅迪。有稱「笥」者；楊玠「經笥」；許懋號「經史笥」；邊韶、任昉，俱號「五經笥」。有稱「篋」者；柳璨號「柳篋子」。有稱「神」者；鄭康成號「經神」。有稱「師」者；曹曾弟子稱曾曰「曹師」，為立祠。有稱「聖」者；劉臻精《漢書》，稱「漢聖」。有稱「癖」者；杜預。有稱「淫」者；皇甫謐、劉峻號「書淫」。有稱「痴」者；竇威。有稱「志」者；虞世南呼李守素「人物志」。有稱「譜」者；李守素多記氏族，號「肉譜」。有稱「秘書」者；虞世南，「行秘書」。有稱「總龜」

者；殷踐猷號「五經總龜」。有稱「海」者；何休號「學海」。有稱「苑」者；任末號「經苑」。有稱「倉」者；曹曾號「書倉」。有稱「樓」者。李磎號「李書樓」。

古今積學之士，靡弗以勤致者：絶韋。仲尼讀書，「韋編三絶」，「鐵摘三折」。滅漆。仲尼又「漆文三滅」。割席。管寧絶華歆事。下帷。董仲舒、崔祖虬、鄭鮮之、宋世景、李密、司馬光。穿榻。魏收讀書，坐一木榻，積久，榻板中穿。結繩。李充讀《尚書》，腰緊細繩十尋，每一遍作一結，計數萬餘遍。燃糠。顧歡。屑豆。朱倉代粃。擁絮。江革。墜冠。朱穆。負圖。董蔚，又李充，號「負圖先生」。擔笈。高允、劉晝。閉户。劉焯、劉炫、諸葛穎，各十年；馮偉節三十年餘；陶弘景、姚思廉、裴行儉、張衮、眘恭、劉晝、韋眇、孫敬。杜門。陸倕、諸葛穎。懸梁。孫敬。鑿壁。匡衡。寄廡。劉峻。居樓。張建章所居，有書樓。掘坎。游明根掘土坎為室，讀書其中。隳坑。劉峻讀書，周太朴作詩。掌録。董蔚録書于掌。世謂「仲玄掌録」。掌鈔。蘇秦、張儀同學，見異書，以掌題之。舌耕。黄安讀書，畫地成池。又賈逵事。舌學。董蔚抄書于掌，以舌舐之，掌為爛，號「舌學」。等身。賈黄中少聰悟。父取書與身等，令讀之，號「等身書」。刺股。蘇秦。折肢。樊深讀書，墜馬。損目。王錫讀書，致損右目。荷鋤。孔安國、常林、張紘、兒寬、崔逞。引杖。沈峻以杖自擊輒讀。鑄研。桑維翰鑄鐵研。據鞍。樊深。亡羊。王育。牧羊。王蒙。乘牛。李密。牧牛。張悕。棄豕。承宫聽經，棄豕不覺。驅驢。李固。却鹿。裴休。聚螢。車胤。伐薪。葛洪。拾薪。承宫。負薪。劉貞素。采薪。劉仁軌、董蔚。燃薪。范任、畢誠。爨薪。侯瑾代燭。賣薪。朱買臣。乞薪。郭瓊照書。截蒲。路温舒。折蒲。王育。熨瓜。鄭灼心熱，以瓜熨之。種瓜。步隲。拾葉。董蔚寫書。編柳。孫敬寫經。蔭樹。魏收坐床讀書。斷齏。范仲淹。流粟。朱買臣。漂麥。高鳳。失稻。顧歡。絶糧。王歆。燎麻。劉峻。畫荻。歐陽修。竊肉。王劭閉目精思，家人竊肉不復覺。　忘羹。劉恕。　節燭。郎茂讀書，家為節燭。　減油。沈約親為減油。　置燈。范純仁。　藏火。祖瑩藏火灰中。　廣抄異書。劉峻、袁淑。　竊讀官書。陽城。　獄中受書。黄霸、崔瑗。　陌上懷書。崔琦。　市肆閲書。王充、徐廣。　野地録書。董葤。　負板挾書。董遇。　採梠誦書。隗禧。　借讀人書。任孝恭、劉焯、劉恕、張方平。　留讀人書。鄭樵遇人書，必留讀。　卧用警枕。司馬光。　卧不畜枕。李鉉。　凝塵滿席。馮道、韋愛。　落燼數升。吕思禮。　為人傭書。闞澤、崔光、劉芳。　為人傭作。侯瑾、王延、衛颯。　為人都養。孔安國。　為人厮役。陳寔。　為人僕隸。王蒙。　為人僮奴。游明根。　誤入人家。劉臻、褚遂良。　不交人事。薛瑞、崔林。　不問家産。崔玄伯、譙周。　不啟家書。胡瑗。　不觀伎樂。王曕。　不通權貴。阮孝緒拒王晏不見。　不窺天子。韋愛。　不對吏人。狄仁傑。　日進三卷。唐太宗。　夜盡十卷。沈約。　東觀讀書。黄香。　秘閣讀書。張纘、李邕。　十年不歸。胡瑗。　七年忘返。樂羊子。　門庭著紙。左思。　户牖置筆。王充。　厠上誦詩。錢惟演。　厠上索文。歐陽修。　寒暑不輟。劉宣、徐曠、蔣乂。　晝夜不倦。鍾會、范雲、沈峻、李瑾、樊深、江總、庾仲容、温子昇。　盥櫛不御。虞世南。　寢食不思。郎茂、劉恕、譙周、皇甫謐。　慶吊不行。荀爽。　徵辟不就。褚陶、徐苗。　目不窺園。董仲舒三年，一云十年。桓榮十五年，何休十七年。以上《筆叢》。

經史

說經重席五十者，戴憑也。　重席至七八者，殷亮也。亮，建武中博士。《事偶》

雋不疑斷獄，引《春秋》。　楊萬里注《易》，引故實。　後漢鄭興數言政事，依經守義。

虞翻夢吞三爻而通《易》；陸希聲夢三聖人，而捨象數作傳。然翻未知「言有序」之戒；希聲未知「比匪」之訓。

治一經，非師說與衆攻之：若主父偃、張禹、彭宣、王駿、邴丹之于《易》。兒寬、龔勝、鮑宣、周堪之于《書》。王言、王式、匡衡、蕭望之、韋賢父子之于《詩》。董仲舒、公孫弘、彭祖、疏廣、貢禹之于《春秋》。

以《老》、《易》并稱者：嚴遵、禽慶、鍾繇、何晏、衛玠、阮修、殷浩、謝琨、伏曼容、仲長子光、高似孫之屬。

漢魯共王壞舊宅，得古文經傳。《漢書》：「魯共王好治宮室，壞孔子舊宅，以廣其宮。聞鐘磬琴瑟之聲，遂不敢壞。于其壁中得古文經傳。」 河內女子發老屋，得《易》、《禮》、《尚書》各一篇。《論衡》，宣帝時。

三年通一經。戴逵曰：「古之俊乂，必三年而通一經。」 百日習一經。魏舒四十餘，郡察孝廉，宗黨以舒無學業，勸令不就。舒曰：「試而不中，其負在我。安可虛竊不就之高，以為己榮乎？」于是百日習一經，對策升第。 賈逵通五家《穀梁》。謂尹更始、劉向、周慶、丁姓、王彥等。 樂詳并授五業。《魏略》：「時太學初立博士，備員而已。惟詳五業并授。其或難解，質而不解。詳無愠色，以杖畫地，牽譬引類，至忘寢食，以是擅名。」 楊充精究七經。《華陽國志》

匡鼎說詩。衡好學家貧，傭作以供資用，尤精力絕人。諸儒為之語曰：「無說詩，匡鼎來；匡說詩，解人頤。」 張禹為論。禹以上難數對已問經，為《論語章句》獻之。始有魯扶卿，及夏侯勝、王陽、蕭望之、韋玄成，皆說《論語》，篇第或異。禹先事王陽，後從庸生，采獲所安，最後出而尊貴。諸儒語曰：「欲為論，念張文。」由是多從張氏。 韓嬰與董仲舒論。燕、趙間言《詩》者由韓嬰。嬰亦以《易》授人。惟韓氏自傳之。武帝時，嬰常與仲舒論于上前。其人精悍，處事分明。仲舒不能難也。　江公與董仲舒議。仲舒通五經，能持論，善屬文。瑕丘江公吶于口。上使與仲舒議，不如仲舒，而丞相公孫弘本屬《公羊》學，比輯其意，卒用董生。

《大學》原不缺《格致》，而考亭故補之。　《衍義》原不缺《治平》，而丘瓊山故補之。　周禮原不缺《冬官》，而以《考工》補之。　《笙詩》本無辭，而束皙補之。

漢東平王宇求諸子及太史公書，王鳳以為不宜予。　唐吐蕃求《毛詩》、《春秋》、《禮記》，于休烈以使知權變，不與。；裴光庭以使漸陶聲教，于是賜以詩書。　宋夏諒祚求九經，仁宗詔賜。　淳化三年，高麗願賜板本《九經》，許之；天禧中，表乞陰陽、地理書、《聖惠方》，并賜之；元豐六年，請市《刑法》等書，詔惟賜《文苑英華》；元祐中，請書，蘇軾言，不聽。

子改父史，孫盛之子也。盛撰《晉陽秋》。桓温謂盛子曰：「枋頭誠失利，何至如尊君言？此史遂行，自是關卿門户事。」其子號泣請改。盛大怒不許，諸子遂私改之。盛已寫兩定本，寄慕容雋。　子襲父史，王銓之子也。銓私録晉事，未就而卒。子隱，詔撰晉史，文辭鄙拙，蕪舛不倫。是書次第可觀，皆其父撰。文辭混漫，義不可解者，隱之作也。繼世汗簡，見《父子類》。

魏收、收修《魏書》，多不平，時衆口喧然，號為「穢史」。　韓愈、《順宗實録》，議者閧然不息。卒竄定無完篇。　二人品相懸也，而修史則同為衆議所不善。　史誠難乎從事也。

陳壽曲筆。壽為亮書佐，得撻百下。後論武侯將略非其所長。又考壽父為馬謖被髡，諸葛瞻又輕壽，故壽為亮傳云云。

吳兢直筆。《實録》：「宋璟激張説使證魏元忠事。説陰祈兢改數字，兢終不改。」

六經之學：施、孟、梁、京，博于《易》；伏、夏、周、劉，博于《書》；齊、魯、毛、韓，博于《詩》；戴、曹、賀、賈，博于《禮》；公、穀、鄒、夾，博于《春秋》；劉、郭、張、曹，博于《爾雅》。若馬融、鄭玄、賈逵、王肅、劉炫、崔浩、穎達、德明，經籍兼該博。斯稱極。

諸史之文：左氏、馬遷、班固、范曄，博于正史；劉向、崔鴻、高峻、樂史，博于雜史；譙周、蘇轍、劉恕、羅泌，博于古史；蔣乂、蘇冕、王珪、李燾，博于今史。治史：則杜元凱之于《春秋》；張守節之于《史記》；顏師古之于《漢書》；裴松之之于《三國》；子玄之《通》；君實之《鑒》；伯恭之《節》；元晦之《綱》；綜兼諸子，并以博稱。他如兩司馬、彪、貞。劉氏父子、顒、臻。弟兄，敞、攽。歷世有人，未易枚舉。

子：則荀況、揚雄，儒之博；宋翟、田俅，墨之博；管仲、韓非，法之博；公孫、魏牟，名之博；鄒衍、惠施，辯之博；呂不韋、劉安，雜之博；孫武、尉繚，兵之博；氾勝、賈勰，農之博；張衡、郭璞，術之博；京房、管輅，數之博。漆園之評道術；太史之論六家；班氏之列九流；任宏之録四種；稚川之纂；仲容之《(子)鈔》；克構之《(子)林》；子原之《辯(林)》。皆博于子者也。

集：則屈、宋、唐、景，騷之博；楊、馬、班、張，賦之博；曹、陸、杜、韓，詩之博；任、沈、王、駱，文之博。若劉勰之《文心》，兼該體要；鍾嶸之《詩品》，歷溯淵源；蕭統之《銓擇》，鎔鑑古今；李善之註釋，詳備顛末，以至虞世南之采輯詞章；許敬宗之蒐羅藝館；李明遠之《英華》；郭茂倩之《樂府》。大溢千卷，小逾百軸，皆博于集者。

經之纖賾難明者，莫大于小學。小學之中，子雲、叔重、陽冰、楚金，博于文；景純、介甫、農師、元澤，博于義；野王、德明、休文、才老，博于音；懷瓘、永叔、景伯、明誠，博于賾；元章、長睿、世昌、順伯，博于考；嗣真、虔禮、彦遠、九成，博于評。總之，楊、許、顧、陸，覈字之源者也；張、李、米、黄，研字之用者也；楊、許，不明八法；張、李，靡達六書；米、黄，罔會七音；顧、陸，罕窺四體，至徵奇辯怪。若嵇康、束晳，又自名家，即小學一端，門徑十數，博洽罕兼，其可易哉！

史難悉于諸志：張衡、崔浩、劉炫、祖暅，博于星曆；郭璞、陸澄、賈耽、李昉，博于方輿；王弘、僧孺、李守、林寶，博于氏族；張説、蔣乂、楊侃、李燾，博于職官；蔡邕、徐堅、荀勖、陳暘，博于禮樂；杜預、牛弘、高熲、竇儀，博于刑法；桓寬、劉晏、田況、洪遵，博于錢賦；劉向、王儉、任昉、柳晉，博于藝文；鄭樵五略，第述前朝；張説六官，特詳近典；君卿、貴與，庶兼得之。

子之浮誇難究，莫如衆説。《齊諧》、《夷堅》，博于怪；《虞初》、《瑣語》，博于妖；令昇、元亮，博于神；之推、成式，博于鬼；曼倩、茂先，博于物；湘東、魯望，博于名；義慶、孝標，博于言；夢得、務觀，博于事；李昉、曾慥、禹錫、宗儀，又皆博于衆説者也。至郭憲、王嘉，全構虚詞。斯班氏所以致譏，子玄因之絶倒也。

集之靡冗難周，莫如類書：劉峻《類苑》、徐勉《華林》，博于名物；楊億《元龜》、李昉《御覽》，博于典故；樂天《六帖》、景盧《法語》，博于經史；敬宗《玉彩》、李嶠《珠英》，博于詞章。以上《筆叢》。

著述

陸賈有《新語》；顧譚亦有《新語》。賈誼有《新書》；虞喜亦有《新書》。桓譚有《新論》；夏侯湛、華譚、劉晝，各有《新論》。崔實有《政論》；王肅亦有《政論》。仲長統有《昌言》；王滂亦有《昌言》。賈山有《至言》；崔靈亦有《至言》。六朝好學漢類如此。

沈約撰《宋書》；裴子野更删為《宋略》。江淹有《齊志》，蕭子顯更為《齊書》。著《吴越春秋》者，漢趙曄、晉楊方也。著《西京雜記》者，晉葛洪、齊蕭賁也。漢劉熙作《釋名》；吴韋昭作《辨釋名》。漢劉向作《説苑》；唐劉貺作《續説苑》。（偶記）

董膠西、陶彭澤，皆著《士不遇賦》。崔子玉、白樂天、李至，皆有《座右銘》。作《蒼蠅賦》者，元順、元勰，永叔蓋倣之。揚雄作《反騷》，皮日休作《反招魂》。

綦毋民、成公綏、魯褒著《錢神論》。蕭綜著《錢愚論》。

東方朔《答客難》；班固《賓戲》，揚雄《解嘲》。張衡《應間》，崔駰《達旨》；蔡邕《釋誨》，郭璞《客傲》；夏侯湛《抵疑》。文雖不同，體裁則一。子夏《客譏》；子嵩《客咨》；陳思《客問》。數見不鮮矣。（偶記）

擬古人者：揚雄以經莫大于《易》，故作《太玄》；傳莫大于《論語》，作《法言》；史篇莫善于《蒼頡》，作《訓纂》；箴莫善于《虞箴》，作《州箴》；賦莫深于《離騷》，反而廣之；辭莫麗于相如，故作四賦。

晉陸喜自序云：「劉向省《新語》，而作《新序》；桓譚詠《新序》，而作《新論》。余感子雲之《法言》，而作《言道》；睹賈子之美才，而作《訪論》；觀子政《洪範》，而作《古今歷》；覽蔣子通《萬機》，而作《審機》；讀《幽通》、《思玄》、《四愁》，而作《娛賓》、《九思》。真所謂忍愧者也。」

王通準《論語》而作《中說》；準《春秋》而作《元經》。林幹樂清人。著《淵通》四十八篇，以倣《道德經》；著《覃思》十三篇，以倣《法言》。張慶之子善。擬《太玄》，作《測靈》。王長文德叡。擬《易》，名曰《通玄經》。同郡馬秀曰：「《太玄》晚遭陸績玄道，遂名《通玄經》；未遭陸績，君出耳。」學不及古人而妄擬，尚不免于訾，何況進比聖經，豈能止柳開之叱乎？胡旦造《春秋編年》，發明凡例，竊倖聖作，邀柳開于金山觀之，頗自矜。開仗劍叱曰：「丘明以下，公、穀、邢、鄭數子，止跡傳述，爾何敢竊聖經之名？」旦急投苲艦，鋒幾及之。

文人蹈襲：黃魯直云：「《解嘲》擬《答客難》；《進學解》擬《解嘲》；《晉問》擬《七發》。追逐前人，不能出其範圍。雖班孟堅之《賓戲》，崔伯度之《達旨》，蔡伯喈之《釋誨》，僅可觀焉，況下者乎？」洪景盧曰：「自屈原假為漁父、日者問答之後，作者悉相規倣。司馬相如《子虛》、《上林賦》，以子虛、烏有先生亡是公。揚子雲《長楊賦》，以翰林主人子墨客卿；班孟堅《兩都賦》，以西都賓、東都主人；張平子《兩都賦》，以憑虛公子、安處先生；左太冲《三都賦》，以西蜀公子、東吳王孫、魏國先生。皆蹈襲一律。晉人成公綏《嘯賦》，無所賓主，必假逸羣公子，乃能遣辭。枚皋《七發》，只以楚太子、吳客為言；而曹子建《七啟》，遂有玄微子、鏡機子。張景陽《七命》，有冲漠公子、徇華大夫之名，言語非不工也，而此習未之或改。

子厚《貞符》，擬子雲《劇秦美新》。　黄魯直《跛奚奴》文，擬王子淵《僮約》。

李華《吊古戰場》文，本于庾信《哀江南賦》。　韓愈《送窮文》，本于揚雄《逐貧賦》。唐宣宗時，有王振自稱紫邏山人《送窮辭》，引韓吏部為説。段成式有《送窮文》。李白《大鵬賦》，本于司馬相如《大人賦》。　皮日休《桃花賦》，殆出于舒元輿《牡丹賦》。　柳宗元《乞巧文》，劉禹錫《問大鈞》，則同時而暗合也。

庾信作詩，用《西京雜記》事，旋改曰：「此吴均語，恐不足用。」魏肇師曰：「古人托曲者，多矣。」然《鸚鵡賦》，禰衡、潘尼二集并載。《奕賦》，曹植、左思之言正同。　君房曰：「詞人自有好相採取。」魏尉瑾曰：「《九錫》，潘茂元作，或稱王粲；六代曹元首作，亦言陳思。」

漢高返沛，作《大風歌》；錢鏐倣之，作《還鄉歌》。曰：「三節還鄉兮挂錦衣，父老遠來相追隨。牛斗無孛人無欺，吴越一王駟馬歸。」雖其氣概不同，而語亦不類唐以下。

華廙集經書要事，名曰《善文》。免官，栖遲家巷，垂十載，教誨子孫，講誦經典。　漢景鸞作《易説》，兼取河洛，以類相從，名為《交集》。

王仲任著《論衡》，户牖牆壁，各置刀筆。閉户尋思，絶慶吊之禮。　左太冲賦三都，門庭、藩溷，皆著紙筆。思不好交遊，惟以閒居為事。

揚子雲作《法言》，蜀富人齎十萬錢，願載于書，不聽也。　穆伯長修。作《廟記》，亳豪士遺五百金，求載名，不許也。　裴均子以萬緡求韋貫之銘，不屑也。　南昌富人奉鈔五百，求虞伯生銘，不從也。　近時文士，賈人進十金，則諛墓矣。《偶記》

干寶撰《搜神記》，時謂「鬼之董狐」。　六朝人撰《酒經》，時謂「酒之南董」。　黄長睿號「書之董狐」。　魏李鶱謂：「浮屠中有執板筆者。」僧曰：「此是尸頭，專記人罪。」鶱曰：「便是僧之董狐。」

陸機為《詩草木疏》；劉杳為《離騷草木疏》；王方慶有《園庭草木疏》；李文饒有《山居草木疏》。

君子所以貴多識也。　然《爾雅》不識「蒢」、「菽」字；《書》不見「枏檟」。一物不知，學者以為耻。　又汜勝《九穀》之書；崔實四時之令。

陸澄著書，力殫于經年，文為學困也。　任昉屬辭，才盡于晚歲，詩為學屈也。　束晳、劉晝作賦，并見譏藝士，是禀賦所拘，非關學問之累。

潘緯十年而吟古鏡；何涓一夕而賦瀟湘。只論工拙，不論遲速也。　高適五十始作詩，為少陵所推；蘇洵三十始讀書，為歐公所許。歐公學書在半百外；王右軍書至五十三，乃稱成書。亦只論工拙，不論早暮也。　李白一斗百篇；杜工部改罷長吟；曹子建七步成詩；温庭筠八叉手成賦；孟浩然苦吟，鬚眉盡落；裴祐袖手，衣袖為穿；王維至走入醋甕；謝靈運半日吟詩百篇，頓落十二齒；歐陽公作《醉翁亭記》，初下筆幾十餘言，後則止存「環滁皆山也」句。亦只論工拙，不論甘苦也。（問奇）

遲：則相如濡筆而腐毫；揚雄輟翰而驚夢；桓譚疾感于苦思；王充氣竭于沉慮；張衡研《京》十年；左思煉《都》一紀。　速：則《淮南》崇朝而賦騷；枚皋應詔而成賦；子建如口誦；仲宣如宿成；阮瑀據案而製書；禰衡當食而草奏。

有所為而作：劉向《列女傳》為飛燕作；《洪範》、《五行傳》為王鳳作。　陶潛《詠荊軻》，憤劉裕也；韓愈祭田横，愧裴度也。《脩吹集》　太白《蜀道難》，刺嚴武也；陸暢《蜀道易》，諛韋皋也；岑參亦有《蜀道難》云。

有所感而作：劉向之《疾讒》及《世頌》，凡八篇。張猛自殺，更生傷之。依興古事，悼己及同類也。　楊終《晨風》之詩。坐事徙北地望松縣。母于蜀物故，自傷被罪充邊，作詩抒憤。　庾敳《鵩賦》。永嘉末，見王室多難，終知嬰禍，著賦以豁情，猶賈誼之《鵩鳥》也。　蕭綜作《鐘鳴落葉辭》。梁武帝子。自徐州奔魏，不得志。　馬裔孫《槐蟲賦》。未疾前，白虺緣于庭槐，驅之失所在。裔孫感賦鵩之文作賦。未幾，暴卒。

左思作《三都賦》，時人互有譏訾。張華令請序皇甫謐，于是先相訾者，莫不斂衽述贊。是借人以重文。孫興公作永嘉，郡人甚輕之；桓公令作《敬夫人碑》，郡人云：「故當有才。不爾，桓公那得令作碑？」是借文以重人。夫文章自有定價，世之耳目不足取信。士君子中蕴内晦，欲以求知皮相之士，豈不難哉？

文人而不免于譏刺者：李商隱，「獺祭魚」。為詩文，座上書册排比滿前，以資考用。時人謂之。　楊大年，「衲被」。為文章所用故事，常令子弟簡出處，既成，點綴所録而蓄之。時人謂之。　楊盈川，「點鬼簿」。為文連用古人姓名。如云：「張平子之略談，陸士衡之所記；潘安仁宜其陋矣，仲長統何足知之？」　駱賓王，「算博士」。好數對。如云：「秦地重關一百二，漢家離宮三十六。」　王禹玉，「至寶丹」。多用珍寶、黄金、白玉為對。

永叔撰《尹師魯墓誌》，自為論。　晁無咎作《求志賦》，自為釋，亦變體也。

為人作文：元結為左振作《去思表》。　孟浩然為韓思復立《頌德碑》。　葛龔代作。字元甫。有請襲奏干人，忘截其名，并寫襲名。語曰：「作奏雖工，宜去葛襲。」邢邵代作。洛下貴人拜職，多憑邵作謝表。有一貴勝，初授官。袁翻與邵俱在座，翻意托其為表，及命邵作之。告人曰：「邢家小兒，常自置黄紙寫送之。」

潘勖撰《魏公册命》，衆疑王粲所為。韓愈《諫佛骨疏》，人疑馮宿代筆。疑子建倩人。陳思王植善屬文。太祖曰：「汝倩人耶？」跪曰：「願當面試，奈何倩人？」謂子瞻代作。東坡云：「子由文實勝僕。《黄楼賦》或謂僕代作，尤可笑。」

代作，而遇人主之知：兒寬為張湯作奏，武帝問之；馬周為常何作奏，太宗識之；張嘉貞為張循憲作奏，武后識之；令狐楚作太原書記，德宗能辨其所為。諸公後皆為名臣，當時章奏自是出凡。

李後主能辨徐鉉文。盧郢代為文。主曰：「語勢似非卿所作。」鉉以實對。

相如《長門之賦》，陳后還宫，直不止千金矣；謝朓子謨尚公主，後主薄謨門單，令主更適。謨不堪歎恨，為書如詩贈主，帝見而矜慨，謨得還官。時以為沈休文筆。詞之足動人主如此。唐王皇后廢，王諲為作《翠羽帳賦》。

著作，而遇人主之知：司馬相如請為天子《游獵賦》，上令尚書給筆札。荀悦依《左氏傳》作《漢紀》，尚書給筆札。張華草《晉儀制度釐革敕》，有司給筆札。

陳壽《三國志》，詔洛陽令就家寫其書。劉知幾《史通》，詔河南就家寫其書。

以文事為佞：揚雄，《劇秦美新》。陳子昂有《周受禪頌》。燕公以《五君詠》佞許公。崔駰上《四巡頌》，以稱漢德。肅宗巡狩方岳。

范曄之《香序》；卞彬之《禽獸决録》，又《蝦蟆賦》；韋琳《䱇表》。以文章為雌黄，浮薄甚矣。

唐進士李為作《淚賦》，及「輕薄暗小」四賦；李賀作《樂賦》，多屬意花、草、蜂、蝶間。二子竟不遠大。

昔人以文字見分命之優劣。余謂禰正平之賦《鸚鵡》；張茂先之賦《鷦鷯》；駱賓王之《咏鵝》。亦足以占三子之分命矣。（《續問奇》）

《邯鄲師曲》，托于李奇；《士季論》，托于嗣宗；《慶虬賦》，托于相如；《曹冏論》，托于子建；張率托名于沈約。世盡耳食皮相也。《叢談》有云：「陸生托撰于孔明。」

《龍城記》，王銍作，假之柳宗元。《香奩集》，和凝作，嫁諸韓偓。梅聖俞作《碧雲騢》，托之魏泰。又作《靈鳥後賦》，知為梅，不虚也。

寶月盗東陽「柴廓」之什，其子幾成搆訟。延清宋之問。愛希夷之詠，至于殺人。魏收、邢劭交罵，為任昉、魏收大偷。沈約邢邵作賊。之賊。楊衡行卷為人竊以進取。至生剥少陵，撏撦義山，可供一笑。（《問奇》）

何法盛竊郄紹《晉中興書》；郭象竊向秀《莊子注》；虞預竊王隱《晉書》。名之立，行之亡也。之間殺希夷，而有其佳句；齊丘、沈譚峭而有其《化書》。何二宋一揆也！文章殃身，甚于懷璧。（《偶記》）

杜牧之《阿房宫賦》，盗陸傪《長城》、楊敞《華山》二賦句法。王勃《滕王閣序》，本庾信《馬射賦》句法。「落霞與孤鶩齊飛，秋水共長天一色。」庾賦已云：「落花與羽蓋齊飛，楊柳共旌旗一色。」至歐陽《集古録》，隋德川長壽寺《舍利碑》：「浮雲共嶺松張蓋，明月與巖桂分叢。」淺陋，相去遠甚。

文字中有以人名與字互用者：「宣尼悲獲麟，西狩泣孔丘。」劉越石詩也。「雖好相如達，不學長卿慢。」謝惠連詩也。游雅亦曰：「人自棄伯度，我自敬黃頭。」沈休文亦曰：「胡廣累世農夫，伯始致位卿相。」「黃憲牛醫之子，叔度名動京師。」名字互用，今人必為笑端。《偶記》《漢書》：「萬事不理問伯始，天下中庸有胡公。」「甑中生塵范史雲，釜中生魚范萊蕪。」至宋亦有「兒童誦君實，走卒知司馬」之句。

有以一人注一書：酈道元，《水經》；李善，《文選》；裴松之，《三國志》。有兩人前後注一書：杜預、林堯叟唐翁。注《左傳》；向秀、郭秀注《莊子》。有以數人注一書：服虔、徐廣之于《史記》；應劭、師古等之于《漢書》；呂向六臣之注《文選》。至以一人而注數書，獨朱晦庵之于《周易》、《毛詩》、《四書》、《離騷》。

杜子美三大禮賦，不滿十首；蘇明允《嘉祐全集》，詩二十餘篇耳。可傳不在多。劉孔才《皇覽》，陸士衡《要覽》，王韶《要略》，吳枋《野乘》，非不博也，而今皆不傳。

劉向《列女傳》傳，而《列僊傳》不傳；皇甫謐《高士傳》傳，而嵇康《高士傳》不傳；曾子固《洪範》卷》、《宋藝志》不傳；朱元晦《孝經刊誤》，今學宮不顯；張荊州作《荔枝賦》，舒元輿述之為《牡丹賦》；宋廣平作《梅花賦》，皮日休引之為《桃花賦》。皆不傳。甚矣，傳之之難也。蕭恭南平王偉子。云：「仰眠床上看屋梁而著書，千秋而後誰傳此者？」李旭嘗云：「文章之事不足流于後世。」故所作文章，了無稿草。韋哀晚節惟以體道、會真為務，舊所製作，咸削其稿。故文章雖多，并不存。蔡邕以董卓死，著《漢書》未就；班固以竇憲死，亦著《漢書》未就卒之。班得書成，昭勝于琰也。

陸澄欲撰《宋書》未成；陸平原欲作《子書》未成。臨亡曰：「古人貴立言，以為不朽。吾所作《子書》未成，以此為恨。」抱朴子曰：「仲長統作《昌言》，未竟而亡；後董襲撰次之。桓譚《新論》，未備而終；班固為成之。」今才士何不纘成陸公《子書》？

奉命編撰：漢，則《新語》、高祖謂陸賈：「試為我著秦所以失天下，吾所以得之者。」號其書曰《新語》。《建武注記》、詔馬嚴留仁壽闥，與杜撫、班固等雜定。《世祖本紀》、顯宗召班固，與陳宗、尹敏、孟異等共撰。《東觀漢紀》、桓帝召伏無忌，與黃景、崔寔等共撰。《漢紀》；漢獻帝以班固《漢書》文繁難省，令荀悦依《左氏傳》體為紀。魏，則《皇覽》；文帝使劉劭等撰集經傳，隨類相從。梁，則《華林編略》；劉峻《類苑》成，武帝命諸學士撰以高之。隋，則《區宇志》、大業初，敕竇威等撰。《十郡志》；敕威等著《丹陽風俗》，見以吳人為東夷，煬帝責威等各賜杖，乃修《十郡志》。虞世基總檢，先令各序一郡風俗，虞作序京兆，宣惠、尉陵敬序河南，杜寶序吳郡。唐，則《文思博要》、詔高士廉與房玄齡、魏徵、岑文本等撰。《東殿新書》、許敬宗、李義府奉詔修撰。《藝文類聚》、歐陽詢、令狐德棻、袁郎、趙弘智同修。《瑶山玉彩》、孝敬帝令許敬宗、許圉師、上官儀、楊師儉撰。《三教珠英》、武后命張昌宗、李嶠、崔湜、張説、沈佺期、宋之問、員半千同撰。《初學記》、張説類集要事以教諸王，徐堅、韋述、余欽、施本、張烜、李銳、孫季良撰次。《後漢書注》；章懷太子招集張大安、劉訥言、格希玄、許叔牙、成玄一、史藏諸、周寶等。宋，則《太平御覽》、李昉等所纂。《册府元龜》。楊億等纂定。一代之才，成一代之書。然《珠英》不免為著作之辱。《筆涉》

魏以王粲、衛覬集創朝儀，而魚豢、王沈、陳壽、孫盛，雖綴時禮，不足相變。晉以荀顗、鄭冲典禮，參考今古；羊祜、任愷、庾峻、應貞，并加删集。梁命羣儒裁成五禮，明山賓、吉。嚴植之、凶。陸璉、平。賀瑒、賓。司馬褧嘉。分撰。又命沈約、周捨、徐勉、何佟之參合其事，皆歷代禮儀之被命者。前。

被召刪定《九域志》，宋王存與曾肇、李德芻也。　奉命纂古今事，為《兔園策》，四十八門。虞世南也。前。

張説修《國史》，敕即軍中論撰。　宋祁修《唐書》，敕即郡中論定。　詔司馬光編集歷代君臣事迹，許自辟官屬，借以館閣書籍，在外聽以書局自隨。書成，賜名《資治通鑑》。得人，如《史記》、前後《漢》，則劉貢父；三國歷九朝而隋，則劉道原；唐迄五代，則范純甫。

隋詔魏澹別成《魏史》。魏收修《魏書》，時號「穢史」。澹體裁簡正，文帝甚喜之。　唐敕房、喬等撰《晉書》。以何法盛十八家未善，詔喬與褚遂良、許敬宗再加撰次。又命李淳風、李義甫、李延壽等分掌著述，敬播等考正類例；喬以《宣武紀》、《陸機》、《王羲之傳》；論，上所自為，故總題「御撰」。　又詔諸儒分入修諸史。姚思廉等次梁、陳史，李百藥等次北齊史，令狐德棻等次北周史，魏徵等次隋史，房玄齡總監。又詔于志甯、李淳風修五代史志。　宋詔宋祁、歐陽修修《唐書》。祁撰列傳，修撰紀、志。《筆涉》

梁武帝使周興嗣為《千字文》。按，漢章帝書有千文之語，則不始于梁。　南平王使蕭子範制《千字文》。　秦王俊令潘徽作《萬字文》。　周遜更撰《天寶應道千字文》。陳希烈問「枇杷」二字未翻破，遜不能對。　陳宋袁常製《千字文》。

私集撰者：淮南王之《鴻烈解》。　呂不韋之《呂覽》。皆資賓客之力以成。　顏真卿之《韻海鏡源》。為湖州刺史，招致名儒著三百六十卷。　杜臺卿之《玉燭寶典》。嘗採《月令》，觸類而編之，為書十二卷，奏之。臺卿患聾，不堪吏職，請修《國史》，許之。

白居易之《六帖》。以陶家瓶各題門目，命諸生求集事類投瓶中。倒取抄録成書，故記次無代。唐制取士各六科，所試條件，每一事名一帖，而《説文》極于六帖，白書命名取此。

詩文得力：劉孝綽以詩復侍郎。孝綽為詩曰：「塞上羣鳥返，雲中侶雁歸。」高祖見，大怒，即奪侍郎。又為詩二首，高祖嗟賞，復侍郎。沈約曰：「卿以詩失黄門，還以詩得黄門。」李日知以詩拜侍郎。安樂公主館第成，宴從官賦詩。日知卒章獨以規戒。他日，帝曰：「向時，雖朕亦不敢諫，非卿亮直，何能爾！」即拜侍郎。盧渥以詩卷擢第。宣宗微行，袖其詩卷。他日令主司擢第。王欽若以一聯召見。章聖尹開封，見其「龍帶晚煙歸洞府，雁拖秋色過衡陽」，愛之。後遂相。宋璟以賦見稱。劉禹錫云：「宋廣平沉下僚，蘇味道為綉衣直指，宋投以《梅花賦》，蘇盛稱之。自是則天知之。」王奇以續韻見異。贛縣人。少為吏。令題詩于屏，奇續韻，令異之。因激使學。後遊京師，真宗見所作詩，召見賜第。得受知人主，上也。次，則區惠恭，以詩賜錦；宋監典事區惠恭，本胡人。為顔思伯幹。顔為詩筆，輒偷定之。後造《獨樂賦》，語侵給主，被斥。及大將軍修北第，差充作長，時謝惠連兼記室參軍，惠恭作《雙枕詩》。謝曰：「可為謝法曹遺大將軍。」以錦二端賜謝。謝曰：「此公作長所製，請以錦遺之。」任濤以詩名免役；高安人。觀察李騭特免其役。咸通成進士。劉景以絶句見嗟；在鄭絪左右，給筆硯。絪欲題詩，見一絶為景作，戒子弟涵、瀚，與共處于學。凡再舉成名，子瞻亦及第。温憲以題壁見憫。憲，庭筠子。鄭相絪以其父傲毁朝士，抑而不録，遂題一絶于崇慶寺壁。後絪見之，憫然動容。趙崇知舉，召謂之，于是成名。亦足以侈一日之遇。《筆涉》

又鮑昭以詩賜帛。以詩謁臨川王，大奇之，賜帛三十疋。歐陽程以詩厚贈。道州人。為郡吏，太守于頔得《池亭詩》，有「寒影倒吞凌漢樹，水光高浴半天星」之句，厚贈遺歸，遂登第。參軍以詩反得薦。録事參軍衰老。張詠責之，求去。別以詩曰：「秋光多似宦情薄，山色不如歸興濃。」詠因慰而薦之。

以詩文免害：杜篤以誄。篤與美陽令請托不諧，相恨，令收篤送京師，會吳漢薨，詔諸儒誄之。篤于獄中為誄，辭甚高，賜帛免刑。　王建、與守澄有宗人之分。因飲語及漢桓、靈信任中官，守澄深恨其譏。曰：「宮詞天下皆誦，禁掖深邃，何以知之？」建賦詩有云：「不是當家頻向説，九重争得外人知？」乃脱其禍。　鮑當、景德中，為河南法掾。時薛尚書耿知郡，因事怒之，乃獻《孤雁詩》云：「天寒稻粱少，萬里孤難進。不惜充君庖，為帶邊城信。」薛大稱賞，時目為「鮑孤雁」。　晏幾道，鄭俠上書事作，下獄，悉所厚善者，幾道、叔原，皆在數中。俠家搜得叔原與俠詩，裕陵稱之，即令釋出。　以詩。

以文字取禍：楊惲以書。宣帝惡其《報孫會宗書》，坐腰斬。　薛道衡以頌。《上高祖頌》，煬帝曰：「此魚藻之義。」後竟縊之。　北魏裴澤、詠《石榴詩》，托諷，武成決杖，髡頭，除名。　蘇軾、言者謂其謗議朝廷，下獄。有「烏臺詩案」。　敖陶孫、字器之。趙汝愚貶，以詩哭之，韓侂胄惡之，編管嶺南。　王廷珪，胡銓貶嶺南，獨送以詩。檜怒，流辰州。　以詩。

討論

徐伯珍積學十年，究尋經史，徵士沈儼造膝談論，申以素交。　沈約，孔休源來，必虚襟引接，處之座右，商略文義。　裴胄採古今禮要，數從段文昌質所疑。　蕭勱、張纘，每討論墳籍，咸折衷于裴子野。　沈約、謝朓，問地理中不悉十餘事于崔慰祖，慰祖口吃無華辭，而酬據精悉。朓曰：「班、馬無以過。」　明山賓、賀瑒，疑不斷者，皆取決于司馬褧。

張華問蝌蚪書于束皙。　任昉考古文于劉顯。　任昉不識《尚書》古文，而王僧虔識之。　王僧虔不識竹簡古文，而江文通識之。

周公謹云：「杜子美不識陶詩；歐陽公不喜杜詩；蘇明允不喜揚子；坡公不喜《史記》。」 崔浩不許老、莊，謂其不近人情，必非老子之作。 王安石不信《春秋》，謂為「斷爛朝報」。

桂陽程鄉，任昉不憶，而劉士深誦楊元鳳「三重」、「五品」、「商溪」、「㯳里」之賦，昉簡楊記，言皆不差。昉問：「酒有千日醉，當是虛言。」士深曰：「桂陽有千里酒，飲之至家而醉，亦其例也。」昉大慙曰：「吾實不憶此。」士深曰：「出魏楊元鳳所撰《置郡事》。此卷乃載其賦。」云云。 張仲師及長頸二事，沈約問何所出？而劉杳記出《論衡》，仲師長尺二寸。 及朱建安《扶南記》。「長頸是毗騫王，古來至今不死。」約簡二書，一如杳言。

馬季長不解剖裂七事；鄭玄思得五。 何晏不解《易》中九事；管輅皆明。

公穀以尹氏卒為正卿；左氏以尹氏為隱公之母。

訂訛，則三家渡河。子夏曰：「己亥耳。」 志怪，則五老入昴。

相如不知「盧橘」為「枇杷」；鄭玄不知「櫨」之非「梨」；左思不知「玉樹」，以為假稱珍怪；《甘泉賦》：「玉樹似槐葉細。」 顏師古注《文選》，不知夷庚；注《本草》，不知「沙苑」；班孟堅不知士會即范武子之名；《計然》即范蠡之書名。 陸澄、鄭樵號稱「博洽」。澄坐不識「中丞糾劾例」，免官；樵誤以員半千為六朝人。 蔡謨不識蟛蜞；鄭立不識渠車；孝宗誤寫「龍齋」為「龍大淵」。學之必資辨核也，雖才士名儒，有所不能免。

劉向之議立左氏也，曰：「與其過而廢之也，寧過而立之。」彼不能匿其短，久將自廢也。 曾南豐之行《戰國策》也，曰：「明其說于天下後世，使其志之不可從。」

陳後山携所作謁曾南豐，因請改竄，南豐就取筆削。讀之，其意尤完，歎服，遂以為法。牛僧孺投贄于劉禹錫，飛筆塗竄其文。後牛出鎮漢南，枉道汝州，牛吟和詩，前意稍解。劉詩云：「猶有當時舊弓劍，待君三日拂塵埃。」牛云：「三日之事，何敢當？宰相三朝後主印，可以升降百官。」劉誡子雍曰：「吾成人之志，豈料為非？」故虚心者，宜待之以曾南豐；盛氣者，不宜待之以劉禹錫。《讀書鏡》

著書立説，不免于後之訾議：以《史記》為謬，而作《古史考》者，譙周也；以周為謬，而證不當者百二十二事，司馬彪也。　以《國語》為非，而作《非國語》，柳宗元也；以宗元為非，而作《非非國語》，虞槃也。　著《左氏條義》難杜，梁崔靈恩也；作《申杜難服》以答靈恩，虞僧誕也。

何休作《公羊》「墨守」、《左氏》「膏肓」、《穀梁》「廢疾」。鄭玄乃「發墨守，鍼膏肓，起廢疾。」　王元感著《尚書糾繆》、《春秋振滯》、《禮記繩愆》。　吴縝《唐書音訓》有《糾繆》一篇；洪容齋云：「作《唐書補過》。」縝又有《五代史纂誤》，恨不與修也。　《孟子》七篇與六籍并傳，乃世儒輒相指摘。　若王充《刺孟》，馮休《刪孟》，司馬光《疑孟》，李泰伯《非孟》，黄次伋《評孟》，晁説之著論詆孟子，鄭叔友亦著《崇政論》非孟子。　即人持一説，終是席上腐議耳。　余允文作《尊孟》，林慎思作《續孟》，劉軻、陸筠并有《翼孟》。　陳方之有《削荀》；吴申有《非荀》。

又王肅不好鄭氏。善賈、馬之説，集《聖證論》以譏短玄，玄門人孫叔然駁而釋之。　服虔駁何休。以《左傳》駁休所駁。　晉劉兆作《春秋調人》。兆以諸儒是非互為讎敵，乃思三家之異，合而通之，以《周禮》有調人之官，故以名書。　范升奏《左氏》之失；十四事。　又上太史公違戾五經，謬孔子言。　而陳元又駁范升。以年数小差，掇為巨謬；遺脱纖微，指為大尤。抉瑕摘釁，掩其弘美。所謂：「小辯破言，小言破道。」劉文儒章。刺王非柳；王充作《刺孟》，乃作《刺刺孟》；柳子厚作《非國語》，乃作《非非國語》。陳奇北魏。非鄭、玄。馬。融。因鄭、馬解經失旨，作注釋。

唐劉知幾撰《史通》。三為史官不得志，乃以前代書史序其體法，掇其得失，述作曲直，分內外篇。宋子京謂：「知幾工訶古人，而拙于用己。」 唐柳璨撰《史通析微》。以《史通》妄誣聖哲，評湯之德為「偽迹」；論桀之惡為「厚誣」；謗周公云「不臣」；褒武庚以「徇節」。甚至彈劾仲尼，因討論之。蕭統曰：「論則析理精微，故名《析微》。」 李大性撰《典故辨疑》。略舉數端，如梅堯臣《碧雲騢》，非堯臣所撰；孔平仲《雜録》，非平仲所述；《建隆遺事》以王禹偁名，而實非禹偁；《志怪》集《括異志》、《仙遊録》，以張師正名，而實非師正；《涑水紀聞》雖出于司馬光，而多所增益；《談叢》雖出于陳師道，而多所誤繆。以至王安石《日録》，蔡絛《國史後補》，又皆不足以取信。臣懼私史踳駁，或為正史之蠧，輒擷其事而正之。 鄭樵撰《通志略》。該括甚大。卷首序論譏詆前人，高自稱許。內五略，天寶以前，盡寫《通典》前文；天寶以後，不復陸續。又以《通典》細注，稱為己意，附其旁，而亦無所發明。疏略如此。夾漈譏子長全用舊文，間以里俗，采摭未備，筆削不遑。又譏孟堅全無學識，專事剽竊。自高祖至光武，盡竊遷書，不以為慚。至其所自為書，不堪檢點如此。然則著述，豈易言哉？

論史漢者：有唐司馬貞之《索隱》。據徐裴注糾正牴牾，援據密緻，如東坡辯宰我，未嘗從田常為亂之類。 王勃之《指瑕》。九歲得顏師古《漢書注》，讀之，作《指瑕》以摘其失。 宋余靖、王洙之《三史刊誤》。校定《史記》、《前》、《後漢書》，録其讎校之說。 三劉之《標注》。劉敞原父、弟攽貢父、子奉世仲馮撰《漢書》，自顏監之後，舉世宗之，未有能異其說者。至劉氏兄弟始為此書，多所辨正發明。又攽著《東(二)漢刊誤》，子奉世著《兩漢刊訛》。 黃公度之《漢書鐫誤》。 伏儼之《前漢糾繆》。 石文德之《辨駁》。連州人。弱冠讀范曄《後漢書》，摘其瑕百條，為之辨駁。

論《唐書》者：有孫甫之翰。之《要論》。以《唐書》煩冗，遺略，多失體法，乃修《唐史》。 吳縝及石介之《糾繆》。宋重修《唐書》，蜀人吳縝願預，歐公以其年少輕佻，拒之。逮書成，乃從其間指摘瑕疵，為《糾繆》一書，與《五代史纂誤》俱刊行之。又石介亦作《唐書糾繆》。

愛慕

孫晟畫賈島之像。呼賈島僊。　李洞鑄賈島之像。呼賈島佛。　魯直設東坡之像。

韋表微堂兄少卿胸刺張燕公詩。　荆州街子葛清身刺白舍人詩，陳至呼為「白舍人行詩圖」。

鄧魴、唐衢，皆好白香山詩而死。　張籍取杜甫詩一帙，焚取灰燼，副以膏蜜，頓飲之，曰：「令吾肝腸從此改易。」

唐太宗得王右軍諸人墨蹟，有三品：「神品」，二十有五；「妙品」，九十有八；「能品」，一百有七。

梁元帝記録有三品：忠孝全者，金管書之；德行精粹者，銀管書之；文章贍美者，班竹管書之。

江文通擬淵明，似淵明；擬康樂，似康樂。　韓退之誌樊宗師，似樊宗師；誌孟東野，似東野。

王丞相過江，以鍾繇書藏衣帶中。　王平南渡江，以索靖書四疊綴衣中。

漢章帝貴杜度草，詔使草書上事。　魏文帝重劉廣通草，亦令廣通草書上事。　唐高宗以絹素令裴行儉草書，選一部。

太史公晏嬰贊曰：「雖為之執鞭，所忻慕焉。」　唐班景倩自揚州採訪，入為大理少卿，郡守倪若水曰：「班公此行，何異登僊。為之騶殿，良所甘心。」

唐文宗命柳公權題聯句于殿壁。宋太宗寫楊徽之警句十聯于御屏。李益《征人》、《早行》等篇，天下皆施之圖繪。稽中散四言詩，為顧愷之所賞，嘗為之圖。

附 服善

李斯見穆王書，十日興歎。蔡邕觀鴻都碣，十旬不返。歐陽詢見索靖所書碑，曰："浪得虛名。"次日看，曰："名下定無虛士。"因宿其旁十日。閻立本見張僧繇舊蹟，曰："定虛得名耳。"又往，曰："名下定無虛士。"留宿其下十日。李陽冰見絳州碧落碑，驗其書是鄭虔；寢卧其下，數日不能去。白香山不序《元微之集》，而悉見于《通州論文書》。山谷終身服膺坡老之文，然未嘗為序，而見于題跋。

魏朗作《曹娥碑》，文未出，見邯鄲淳作而毀草；馬融欲訓《左氏春秋》，見賈逵、鄭衆注，而歎其精博，但著《三傳異同説》；陸機欲作《三都》，見左思而罷；夏侯湛欲作《魏書》，見陳壽所作而輒壞己書；張華亦謂當以《晉書》相付；蔡邕作《靈光殿賦》，見王延壽所作，遂爾輟翰；袁淑見謝靈運《赤鸚鵡》文，遂隱其賦；沈約歎裴子野之志；見《志略》曰："吾所不逮。"伯喈寫朱穆之文；穆所著二十篇，邕至其家自寫之。陳琳氣殫于張紘；鍾繇閣筆于王粲；君苗焚筆硯于陸機。服善哉。梁徐勉欲為子悱作《哀詞》，見悱妻劉三娘祭文，乃閣筆；蘭亭之會，王子敬詩不成，飲三觥；白樂天過巫山，因王無競、沈佺期、皇甫冉、李端有詩，竟不復作；劉夢得賦《金陵懷古》，詩成，而三人罷吟；孟浩然賦《秘省秋月新齋》，詩成，而諸英閣筆；晁補之作《錢塘七述》，以謁蘇軾，軾先欲賦此，見之閣筆；歐陽公作文，因及子瞻，歎曰：「三十年後，世人更不道著我矣。」古人矜慎處，正其高自位置處；服善處，正其甘苦自知處。《叢談》

魏孝文得彭城王勰《暮春應制詩》，為改一字，謝曰：「賴蒙神筆賜刊，得存令譽。」帝曰：「雖琱琢一字，猶是玉之本體。」 李相紳。讀《春秋》，誤呼叔孫婼音綽。為敕咎反，有小吏曰：「某緣師授，誤呼文字。」因檢釋文，果「敕略反」，公大慚，號為「一字師」。 楊誠齋在館中與同舍談及于寶，一吏進曰：「乃干寶也。」取《韻書》以呈，注云：「晉有干寶。」楊喜曰：「汝乃吾一字之師。」 僧齊己賦《早梅詩》，鄭谷改「數枝開」為「一枝開」，己下拜，以為「一字師」。 宋張詠詩：「獨恨太平無一事，江南閒殺老尚書。」蕭楚改「恨」字為「幸」字，公曰：「子，吾一字師。」

文人服善最難。平叔一見王輔嗣，改「注」為「論」；孟浩然「微雲」、「疏雨」兩語，遂令一席罷唱。楊汝士「蘭亭」、「金谷」兩語，元、白不敢復加。

服虔匿名聽講，而崔烈相與友善。虔字子慎，滎陽人。將注《春秋》，欲參考同異。聞烈集門生講傳，遂匿姓名為賃作食，至講時竊聽。既知不能逾己，稍共諸生叙其短長。烈疑之，明早往，未及寤，便呼：「子慎。」虔不覺驚應，遂相與友善。 服虔說己注《傳》，而鄭玄盡與其書。玄注《春秋》未成，與虔遇，宿客舍。先不相識，服在外車上與人說己注《傳》，多與玄同。就虔曰：「今當盡以所注與君。」遂為《服氏注》。

子固刪后山文一二百字。 虞集伯生刪元明善復初文一二百字。 鍾會定虞松表五字。 任昉為王儉定所作數字。　劉仁軌定任瓌表數字。　周昉之畫章敬寺神也，徹幄帘，聞人指摘，隨即改定。　戴逵之塑佛像也，坐帳中聽人論駁，時為增減。

互勝

宋公兼享晉、楚之大夫，趙孟為客，子木與之言，不能對，使叔向待言焉，子木亦不能對也。　殷浩與叔父融俱好《老》、《易》。口談，則浩辯勝；著論，則融勝。　東平太叔廣甚辯給，而摯仲治長于翰墨；廣談，仲治不能對；退著筆難廣，廣不能答。然廣無可記，虞多所録，以此為勝。　金陵希聲稱李觀尚辭，故辭勝理；韓愈尚質，故理勝辭。愈不能加觀之辭；觀不能逮愈之質。

谷永、樓護為五侯上客，長安號曰：「谷子雲之筆札，樓君卿之脣舌。」潘岳為樂廣作《讓河南尹表》，樂令善清言，而不長手筆。口授二百許語，潘安仁演之，遂為名筆。時人云：「廣不假岳之筆，岳不取廣之旨，無以成斯美。」唐裴光庭以閻麟之為心腹，每事麟之裁定，光庭下筆。時語曰：「麟之口，光庭手。」　又牛僧孺善為文，楊虞卿善言說，京師語曰：「少牢口，太牢手。」人之才具信自不同，合則雙美，離則兩傷。

枚皋文章敏疾，長卿制作淹遲。皆盡一時之譽。楊子曰：「軍旅之際，戎馬之間，飛書馳檄，用枚皋；廊廟之下，朝廷之中，高文典册，用相如。」　顔延之、謝靈運辭采齊名，而遲速懸絶。宋文帝嘗各敕擬《樂府北上篇》，延之受詔便成，靈運久之乃就。　秦少游對客揮毫。陳無己閉門覓句。　梁武時，臧盾以詩不成，罰酒一斗，飲盡顔色不變；蕭介染翰便成，文無加點。帝喜曰：「盾飲介文，席之美也。」韓安國不能完賦，罰酒三升；王子敬詩不成，亦飲三觥。

高仲舒博通典籍；齊澣練習時務。姚崇、宋璟每質所疑，歎云：「欲知古，問高君；欲知今，問齊君。」又崔琳明于政事，與高仲舒同為中書舍人，宋璟每所訪逮，嘗曰：「古事問仲舒，今事問琳，尚何疑？」宋蘇子容聞人語故事，輒令簡出處；温公聞人語新事，即使抄録。時謂：「古事莫語子容；今事莫告君實。」

盧思道子行。十六，讀劉松碑銘不解，感激讀書；後為文，以示松，松亦不能甚解。河東鄭興、東海衛宏，皆長于古學。杜林鄴子。既遇之，欣然言曰：「林得興等固諧矣；使宏得林，更有以益之。」宏見林闇然而服。濟南徐巡始師事宏，後更受林學。游肇治《易》，尤精《三禮》；王肅自謂《禮》、《易》為長，亦未能通其大義。

李延壽《南北史》出，而沈約、魏收不行。歐陽《唐》、《五代》成，而劉昫、盧遜咸廢。韓退之與孟東野唱酬，而李習之獨無詩。歐陽永叔與梅聖俞唱酬，而尹師魯獨無詩。《日知録》

妄作

孟喜東海蘭陵人。詐言田王孫傳災變書。詐言田生死時，枕喜厀，獨傳喜。趙賓蜀人。飾《易》文云：「受孟喜，喜為名之。《易》家不能難。」張吾貴後魏中山人。講《左傳》。先未多學，乃從酈詮受《禮》，牛天祐受《易》。吾貴覽讀一遍，便即別搆户牖，人競歸之，聚徒千數而不講《傳》。謂劉蘭為講三旬，吾貴隱括，杜服異同，後集講之。蘭仍伏聽，學者奇之。以辨能飾非，好為詭説，業不傳。且以為工于欺人也。

束皙文頗鄙俗。為《勸農賦》。 石曜言甚淺俗。為黎陽郡守，著《石子》十卷。 成霄景鸞。 文詠多鄙俗。與河東姜質等詩賦間起，知音之士共所嗤笑，閭巷淺識，頌諷成羣。 彼不自知其不可，何怪胡裝之題壁，曹國珍之上疏，王思同、胡僧祐之賦詩哉？四人詳《悖陋》。

衛瓘為左思作《三都賦序注》。《序》粗有文辭；《注》了無所發明，直為塵穢紙墨，不合傳寫也。 劉晝以《六合賦》呈魏收。收謂人曰：「賦名《六合》，其愚已甚。及見其賦，又愚于名。」又撰《高才不遇傳》。

隋張仲讓以言玄象坐誅。為太學博士，著書十卷。自云：「此書若奏，我必為宰相。」數言玄象，州縣列狀，竟坐誅。

唐東方震德州人。 以獻書被徙。開元中，與鄭帝臣獻書，詞理虚矯，徙于道州。

附 偽撰

贋書之作，有作于前代而世知之者：風后之《握奇》；岐伯之《素問》。 有作于近代而世反惑之者：卜商之《易傳》；毛漸之《連山》。 有掇古人之事而偽者：仲尼傾蓋而有子華；柱史出關而有尹喜。 有挾古人之文而偽者：伍員著書而有《越絶》；賈誼賦鵩而有《鶡冠》。 有傳古人之名而偽者：尹負鼎而湯液聞；戚飯牛，而《相經》著。 有蹈古書之名而偽者：汲冢發而師春補《檮杌紀》，而楚史傳。 有憚于自名而偽者，魏泰《筆類》。 有恥于自名而偽者，和氏《香奩》之類。 有襲取于人而偽者，法盛《晉書》之類。有假重于人而偽者，子瞻《杜解》之類。有惡其人，偽以禍之者，僧孺《行紀》之類。有惡其人，偽以誣之者，聖俞《碧雲騢》之類。有本非偽，人托之而偽者，《陰符》不言三皇，而李筌稱黄帝之類。有書本偽，人補之而益偽者，《乾坤鑿度》及諸緯書之類。又有偽而非偽者：《洞靈真經》本王士元所補，而以偽亢倉；《西京雜記》本葛稚川所傳，而以偽劉歆。有當時知其偽，而後世弗傳者，劉炫《魯史》。有當時記其偽，而後人弗悟者，司馬《潛虚》。公屬草未成，後人假補行世。見《紫陽語録》。有本無撰人，後人因近似而偽托者，《山海經》稱大禹。有本有撰人，後人因亡逸而偽題者，《正訓》稱陸機。

漢張霸、隋劉炫，皆篤學之士。漢成徵《古尚書》，而霸偽造《舜典》百餘篇上之；隋文求《古周易》，而炫偽造《連山》等百餘篇上之。後皆事發，霸幾死，而炫抵罪。然漢成卒以此奇霸，釋其罪，且不廢其經，而隋世不聞宥炫。

校記

〔一〕東：原作「兩」，據《宋史·劉敞傳》改。

古事比卷之二十九

夙　慧

柳惲子偃，年十三，梁武問：「讀何書？」曰：「《尚書》。」又問美句，曰：「德惟善政，政在養民。」　蘇世長京兆武功人。十餘歲，上書，周武帝問：「讀何書？」曰：「《孝經》、《論語》。」曰：「何言可道？」曰：「『為國者，不敢侮于鰥寡』；『為政以德』。」　崔英九歲，苻堅問：「讀何書？」曰：「《孝經》。」曰：「有何義？」曰：「在上不驕。」更問，曰：「上愛下，下敬上。」　于仲文九歲，于雲陽館見周文帝，問：「讀何書？」對曰：「資父事君，忠孝而已。」　中宗召蘇瓌子頲，語所通書可奏者，頲應曰：「木從繩則正，后從諫則聖。」　《南史》：西陽王大鈞七歲，武帝問學詩，即誦《周南》，因賜義之書卷。　宋李如圭七歲，孝宗問：「何業？」即誦《無逸篇》。

蔿賈尚幼，觀子玉治兵剛而無禮，知必敗。　王孫滿尚幼，觀秦師輕而寡謀，知必敗。

虞荔九歲，陸澄問五經十事，隨問輒應，無有遺者。　余國十二歲，房次律問葛洪《僊籙》中事近二百條，琅琊誦之不止。　陸雲公九歲，讀《漢書》略能記憶。　從祖倕，沛國劉顯質問十事，對無所失。　韋載正之子十一，隨從父稜見劉顯，問《漢書》十事，應答曾無疑滯。

張湛六歲，受業，號「聖童」。　張霸七歲，通《春秋》，號「聖童」。　楊收十三，吳人號「神童」，里人造門觀詩賦，至壓敗其藩。　杜安十五，入太學，號「神童」。　任延十二，入太學，號「聖童」。　祖瑩，内外呼「聖小兒」。　宗懔，鄉里號「童子學士」。　陸瓊、許善心、賈嘉隱、李泌、劉晏，皆有「神童」之號。

日誦千言：夏侯榮、孫思邈七歲，郎茂七歲，孔穎達八歲，日誦千餘言。　陸爽九歲，日誦二千餘言。　房彥謙七歲，誦數萬言。　王僧孺十歲，能讀十萬言。　韋温七歲，日念《毛詩》一卷。　昭明太子五歲，誦「五經」。　黄庭堅五歲，誦「五經」。　李德林數歲，誦《三都賦》。　宋璟七歲，誦《鵩鳥賦》，一遍即記。　到沆五歲，父教讀屏風古詩，一遍便能諷誦。　蔣乂七歲，讀庾信《哀江南賦》，數遍即能暗記。

謝元正八歲，賦《春日閒居詩》，有「風定花猶落」之句。　李義府八歲，進《烏詩》，有「上林如許樹，不借一枝棲」之句。文皇曰：「朕以全樹借汝。」　崔鉉兒時咏鷹。隨父元略訪韓滉，滉令咏架鷹，奇之。　王禹偁七歲，咏磨。畢文簡令咏，奇之，呼為「小友」。文簡入相，元之已掌誥命。　楊收十三，咏蛙與筆。兄發戲令《咏蛙》，又令《咏筆》，仍賦「鑽」字。　謝瞻六歲，為《紫石英讚》、《果然獸名。詩》。　陸從典八歲，見沈約《迴文硯銘》，援筆擬之；十三，作《柳賦》。　徐陵子份九歲，為《夢賦》。　顧歡七歲，作《黄雀賦》。　李泌七歲，賦《棋》。方圓動静。　徐勉六歲，為《祈晴文》。　李賀七歲，賦《高軒過》。　劉晏八歲，獻《東封頌》。　李珙十三，王鐸試以漢高祖《得三傑賦》。召其父穀宴于公署，密遣試之，援筆立成。　褚陶十三，作《鷗鳥》、《水礎》二賦。　王修十二，作《賢全論》。　顧野王十二，隨父之建安，撰《建安地記》二篇。　薛道衡十三，作《國僑贊》。　盛彦八歲，答戴昌詩。詣昌，贈詩，以觀之于座，答之，辭甚慷慨。　許善心十五，上父友箋。　蘇世長十餘歲，上書言事。　權德輿十五，為文數百篇，編為《童蒙集》十卷。　張率十二，為詩書，日限一篇，稍進作賦頌，至年十六，向二千許首。

童子拜官：漢順帝時，汝南謝廉、河南趙建，年十二，各能通經，拜為童子郎。　晉司馬朗十二，試經為童子郎。　袁憲十四，被召為國子生。　李安世，文成引見，簡為中書學生。　岑之敬除童子奉車。　崔倰九歲，舉秀才。　唐賈言忠七歲，以神童擢第。　劉晏八歲，拜秘書省正字。　宋蔡伯俙三歲，應薦，召入禁中，真宗授官正字。　孝宗朝，呂嗣興四歲，能誦書，面試吟詩，授右從政郎。　賈黄中七歲，通「五經」，童子及第。　譚昭寶七歲，應童子科。　元豐七年，朱天錫九歲，試禮部，「七經」皆通，賜五經出身。　咸平二年，邵焕十二，授秘書正字。　晏殊七歲，中童子科。　粟大用九歲，補登僊郎。　李如圭七歲，中童子科。　楊大年十一，授秘書省正字。　甘羅十二，出奇計，拜上卿。　周泉企年十二，豐陽三百人上書請為縣令，企治清浄，百姓安之。

呂光十歲，與諸兄弟遊戲，好為戰陣，羣童咸推為主，部分詳平。　趙犨幼與羣兒戲道中，部分行伍，指顧如將帥。後拒黄巢，為節度使。　錢鏐幼時，坐大石，指麾羣兒為隊伍號令，頗有法。　薛世雄兒時，羣輩遊戲，畫地為城郭，為攻守之勢，有不從令者，輒撻之。　宇文忻童時，與羣輩游，為部伍進止行列，無不用命。　宇文深數歲，纍石布置，皆有軍陣之勢。　李遠幼與羣兒戲，指麾使有軍陣之法。

安元信兒童時，與里中同輩為營陣，申明進退交擊之勢，宛成部分。　陳昕七歲，能騎射；十二，隨父慶之入雒，還京師，詣朱異，訪北間形勢，昕聚土畫地，指麾分別，異甚奇之。終為雲旗將軍。

曹冲稱象；孫權獻馴象二頭。魏太祖欲知其斤重。鄧王冲尚幼，乃曰：「置象大船，刻其所至，稱物以載之，可知也。」太祖大悅，即施行焉。曹彰頓象。南越獻白象子，任城王彰手頓其鼻，象伏不動。力亦與慧爭殊矣。

童子而能對客者：楊修、九歲，孔君平指楊梅為「君家果」。答曰：「未聞孔雀是君家禽。」張吴興、玄祖。八歲虧齒，先輩戲以狗竇。答曰：「正使君輩從此出入。」孔融、十歲，詣李元禮，稱「奕世通家」。陳韙曰：「小時了了，大未必佳。」融曰：「想君小時，必當了了。」王絢、字長素，王彧長子。五六歲讀「周監于二代」，外祖何尚之戲曰：「可改『耶耶乎文哉』？」絢曰：「尊者之名安可戲？寧可道『草翁風必偃』？」虞寄、數歲，客曰：「郎子姓虞，必當無智。」寄曰：「文字不辨，豈得非愚？」何妥、字棲鳳。八歲，游太學。助教顧良曰：「汝姓何，是荷葉之荷，為河水之河。」妥曰：「先生姓顧，是眷顧之顧，是新故之故。」賈嘉隱。七歲，以神童召見。李勣云：「此兒却是獠面，何得聰明？」嘉隱曰：「狐頭尚為宰相，獠面何妨聰明？」勣狐狀，且曹州離狐人。

蘇頲誦《枯樹賦》。《廣人物志》：「頲年五歲，裴談常過其父，頲方誦庾信《枯樹賦》，避談字諱，曰：「昔年楊柳，依依漢陰。今看摇落，悽悽江潭。樹猶如此，人何以任？」談歎異之。《明皇雜録》：「頲纔能言，有京兆尹過瓌。既去，瓌命頲詠「尹」字，乃曰：「丑雖有足，甲不全身；見君無口，知伊少人。」」宋璟誦《鵩鳥賦》。顔真卿撰《神道碑》。璟七歲，能屬文，一遍誦《鵩鳥賦》。八九歲時，嘗夢一大鳥啣[illegible]，吐口中而吞咽之，遂乘而直上，倏忽驚寤。猶若下在胸之間，自後而藻思日深，靈襟益爽。

强記

讀《漢書》，五日略遍，因飲謔倦，廣尋經史，五行俱下，一覽無遺者，邢邵也。　書無不讀，而經目弗忘者，唐王起也。　讀書數行并下，過目皆憶者，蕭統也。　讀書十行俱下，九流百氏，經目必記者，梁簡文也。　十行俱下者，河間王孝瑜也。　讀書五行俱下，凡所經覽，莫不暗記，録囚徒數百千人，其罪繫姓名、坐狀、輕重，無所遺脱者，後漢應奉也。　閱書市肆，一見能誦者，王充也。　該通羣籍，問以秘閣，四部之書，自甲至丁，各説一事，且叙述作者之體，齊何憲也。　學多闇記，湘東王執。　四部書目試之，自甲至丁，各對一事，且及作者姓名者，梁臧嚴也。　「三史」、「羣言」，經目則誦，元魏闞駰也。　讀書尤明後漢及晉代，客有執本而質者，隨問便對，略無遺失，張緬也。　與人一面，數十年不忘，部曲萬口，妻子盡識之，吴朱桓也。　讀書三復，終身不忘，士卒、居人一見，問其姓名，後無不識，唐張巡也。　求見秘書，未幾辭去，試問奥隱，了辨如響，唐李嶠也。　若夏侯榮《事文》作「淵」。賓客百餘人，寓目奏刺，其鄉里、名氏，遍談不謬一人。《世語》　傅昭，魏晉以來，仕宦薄伐姻婭，舉而誦之，無所遺失。　祖珽為參軍，神武口授三十六事，出而疏之，一無遺失。　顔真卿調犀浦主簿，常送徒益州，忘其籍，至廷，口記物色，凡千人無所差，陸象先異之。　唐崔仁師為度支郎中，常奏度支財物數千言，太宗令杜正倫齎本對唱，一無差殊。　漢陸續仕户曹史時，饑荒，太守尹興使續于都亭賦民饘粥，簡閲其人，訊以名氏，事畢口説六百人，無有差謬。　韓顯宗與沙門法撫校試，抄百餘人名，一遍隨即覆呼，顯宗了無誤錯。　《南史》：劉覽為尚書左丞，令史七百人，一見并記名姓。　蕭惠開嘗供(二)三千沙門，一閲其名，退無所失。　崔涓刺杭州，未盡識卒史，以紙署姓名于襟上，一閲數百人，呼指無誤。　魏明帝雖左右小臣官簿，姓行名迹所履，及其父兄子弟，一經耳目，終不遺忘。　唐邕在御前簡閲，多不執文簿，唱官名未嘗誤。　又孝昭閲簿令馮子琮口陳，子琮闇對無有遺失；神武馬上號令九十餘條，陳元康盡能記憶。皆天資之過人者。《談薈》

應奉記飲漿之胡奴，及半面之車匠。奉為上計吏。許掾許訓自發鄉里，凡所見長吏、賓客、亭長、吏卒、奴僕，訓皆密疏姓名，欲試奉。還郡出疏示奉，奉曰：「前食潁川綸氏都亭長胡奴名禄，以飲漿來，何不在疏？」座中皆驚。又嘗詣彭城相袁賀。賀時出行，閉門造車，匠于內開扇出半面視奉。奉後數十年于路見匠，識而呼之。　楊愔不忘半面之選人。有選人魚潤漠，愔云：「前在元子思坊，騎禿尾驢，見我不下，以方麴障面，何不識卿？」

試以《何遜集》，一覽便誦，元文遥也。濟陰王暉業大會賓客。有將《何遜集》入洛，召河間邢邵，試文遥誦之，始十餘歲。　竊窺而倒諷，盧莊道也。莊道造高士廉，會有獻書者，竊窺之。曰：「此某所作。」士廉怪之。諷之，果通。良久曰：「向竊記之耳。」取他文試之，一覽倒諷。　在王昕舍，相與賦詩數十章，在主人奴處。旦日，奴出，求詩不得，皆為誦之，邢邵也。　暗記而題壁，柳芳也。開元中，李幼奇以藝干柳芳，念百韻詩，芳暗記題于壁。曰：「此吾詩也。」徐曰：「相戲耳。」因謂幼奇：「更念所著。」皆一遍能記。　援筆而倒疏，魏奉古也。奉古授雍丘尉。九日，公宴。有客草序五百言。奉古援筆倒疏之，曰：「宿文也。」徐曰：「通覽記之，非宿習也。」

裴諏之嘗從常景借書百卷，十許日遂返。每卷策問，應答無遺。景歎曰：「應奉五行俱下，禰衡一覽便記，今復見之，裴生矣。」　延篤欲寫《左傳》無紙，堂溪典以廢牋記與之。篤以紙不可寫，借本諷之，糧盡辭歸，曰：「已諷之矣。」

武帝幸河東，亡書三篋，張安世識之，具作其事。　曹公問蔡文姬：「家墳籍，猶能憶識？」曰：「昔賜書四千卷，今所誦纔四百餘篇。乞給紙筆，真草惟命。」繕寫無遺。　陸倕借人《漢書》，失《五行志》四卷，乃暗寫還之。　太宗令虞世南伯施。寫《列女傳》，以裝屏風，于時無本，乃暗疏之，不失一字。　德宗登凌煙閣，左壁殘缺文記，蔣乂德源。曰：「此聖曆中侍臣圖贊。」即口誦以補其缺，不失一字。

〔事偶〕

柳慶曝書，父僧習取賦一篇，試之，千餘言，三遍即誦。　唐常敬忠、蘇頲千言一覽即誦。　宗愨取《史博》一卷，授欒藹，愨，藹引也。　藹略讀具舉。　王碩驗長孫紹遠讀《月令》數紙，一遍誦之若流。紹遠，魏太師稚之子。

韓衆服菖蒲十三年，日誦萬言。　陵陽子中服遠志二十年，覽書輒記不忘。

禰衡讀《蔡邕碑》，一覽能誦，惟第四行石缺二字不明。　王粲讀道旁碑，誦之不失一字。　楊修讀《陳寔碑》，誦之；馳使往勘，惟石缺二字不同。　禰衡與黄祖子射，共讀《蔡邕碑》，曰：「吾一覽即識，惟二字不明。」射校之不差。　南唐鍾謨自周徂秦見一豐碑，其詞不下數千字，卧荒塹中，為水潦所淹。謨解衣以手捫揣，默記其文，他日重經，發笥得舊録本，就讎校之，無一字誤。　又張建章以麥屑帛裹楷，摸太宗水中《征遼碑》，不失一字。　宋吕陶亦覽寺碑，書之不謬一字。　《老學庵筆記》：肅王與沈元用同使，館于燕山愍忠寺。有唐人碑，凡三千言。元用朗誦一再，肅王且聽且行，元用矜其敏，取紙追書之，不能記者，凡闕十四字。肅王取筆盡補所闕，又改謬誤四五處，元用駭服。　蕭穎士常與李華、陸據同遊洛南龍門，共讀路旁古碑。穎士一閲即誦，華再閲，據三閲。論者以三人才格，亦復如是。

若張沆之炫奇筆；記覽文史，好徵求僻事。公家應用時，出一聯，以炫奇筆。自是沆冠府朝。時雲為主簿。范雲之讀刻石。竟陵王子良刻《日登秦望山》。雲夜取《史記》，讀之上口，讀始皇刻石如流。未為强記也。

捷悟

鄭欽悅于鍾山壙中銘辭，三十里而悟。楊修與魏武看碑上題字，修一見即解，魏武行三十里乃解。

覆棋不差一道；王粲、到溉、高孝瑜、齊河間王。陸瓊八歲覆局。也。

魏武作府門題「活」字。修曰：「相國嫌門大耳。」唐賈躭鑿井，有父老來觀，曰：「近東，近西，近南，近北。」躭曰：「是言井大耳。」《佣記》

李彪解「習」字。《洛陽伽藍記》：魏孝文嘗宴羣臣。帝舉巵酒，曰：「三三横，兩兩縱，誰能辨之，賜金鍾。」李彪曰：「沽酒老嫗甕注坻，屠兒割肉與稱同。」甄琛曰：「吴人浮水自云工，妓兒擲袖在虚空。」彭城王勰曰：「臣始解此是『習』字。」高祖即以金鍾賜彪。人服彪聰明，琛和亦速。劉顯解「貞」字。《南史》：梁有沙門訟田，武帝大署曰：「貞。」有司遍問，莫知。顯曰：「文字為與上人。」帝忌其能，出之。

敏贍

立草制驚人者：中書岑文本草詔誥，令書僮六七人，隨口并寫，須臾悉成。王勮為中書，武后時，壽春五王出閤，同日受册，有司忘載册文，勴召五吏執管，口授分寫，須臾俱畢。　劉敞原父。直舍人院，一日追封皇子、公主九人，敞立馬却坐一揮，九制悉就。《事偶》

《任昉集》云：「鄧阿魯為郡小吏，送圖籍。奏乞書吏二十人，口占分授。吏曰：『告公緩之，腕將脱矣。』」　蘇頲因平内難，詔書填委，口占授功狀，吏曰：「丐公徐之，腕將脱矣。」前。

陳遵守河南，召善書吏十人于前，治私書，謝京師故人。憑几口占，且省官事，書數百封，親疏各有意。　劉穆之與朱齡石嘗于武帝座并答書，自旦至日中，穆之得百函，齡石得八十函，而穆之應對無廢。　左太冲為丞相府屬，一日之間，羽檄填委，動逾百函，口授數人，文意百端，不加點治。

魏文令東阿七步成詩。　魏孝文令彭城王勰作路旁大松詩，去帝十步，未至帝所而就。　柳公權從幸未央宫，帝曰：「邊戍賜衣，今仲春而衣已給，當賀公以詩。」權三步應聲成文；詔令再賦，復無停思。　史育開元中自薦能詩，試以《除夜》、《上元》等詩，五步應口而出。作王涯者非。

玄針子得石斧，銘曰：「天雷斧，速文步，敲石柱。」如其言，詩如雲蒸，千步千首。　王勃為文，先磨墨數升，引被而卧，忽起書之。　初不加點，率圍棋下四子成一首詩。　梁竟陵王嘗夜集學士，刻燭為詩，四韻則限一寸。　蕭文琰曰：「寸燭四韻，何難之有？」乃與丘令楷、江洪等共扣銅鉢，響絶成詩。　詩皆可觀。　謝靈運半日吟詩百篇。　符載陪韋西川飲摩訶池，請撰《二十四化》設醮青詞，命小吏十二人，分兩題緩步口占。　有人謁李賀，見其久而不言，唾地者三，俄而成文三篇；　温庭筠入試，凡八叉手，而八韻成。　然温、李終不成遠器。

徐勉為吏部，文案填積。坐客充滿，應對如流，手不停筆。又該綜百氏，皆為避諱。《梁紀》 徐紇終日治《事略》，無休息。時有急詔，令吏執筆，或行或卧，人别占之，造次俱成，不失事理。梁。 唐邕每有軍事，手作文書，口且處分，耳又聽受，三事并舉。 宋劉穆之内總朝政，外供軍旅，決斷如流，賓客輻輳，内外咨稟，目覽詞訟，手答牋牘，耳行聽受，口并應酬，不相參涉，六事悉皆贍舉。 隋劉炫左畫圓，右畫方，口誦，目數，耳聽，五事并舉，并無遺失。 元嘉左畫圓，右畫方，口誦經史，目數羣羊，兼成四十字詩，一時而就，足書五言一絶，六事齊舉。 南唐北海史虚白嘗對客奕棋，旁令學徒四五輩，各秉紙筆，先令題目，或為書啟、表章，或詩賦、碑頌，隨口而書，略不停綴。數食之頃，衆製皆就。 楊大年每欲作文，則與賓客、門人飲博，投壺、奕棋，笑語喧嘩，而不妨構思。以方紙細書，文不加點，門人傳録，疲于應命。頃刻成數千言。

文字敏速：梁武于華光殿宴羣臣，賦詩二百字。到沆三刻便成。又于武德殿餞中山王元略還北，賦詩三十韻。謝微二刻便成。 杜正言舉秀才，楊素欲試退之，使擬《上林賦》、《得賢臣頌》、《燕然銘》、《劍閣銘》、《白鸚鵡賦》，未時便了。 杜正藏舉秀才，蘇威令擬《過秦論》、《湯誓》、《連理樹賦》、《几賦》、《弓銘》，應時并就。 王泰刻燭賦詩文，文不加點。《南史·宋》 蕭介染翰便成，文不加點。梁武曰：「即席之美也。」 范雲屬文，下筆便成，未嘗定稿。 裴子野為文速，曰：「人皆成于手，我獨成于心。」 柳公權工詞賦，應聲便成。 李栖筠為文勁速。 陸扆工文辭，敏速如注射然。 曹氏父子上馬横槊，下馬賦詩。 齊明帝曰：「上馬能擊賊，下馬作露布，惟傅修期耳。」

太祖使阮瑀作書與韓遂，因于馬上具草。　桓宣武北征，袁虎時從，被責免官，會須露布文，喚袁倚馬前令作，俄得七紙。　房玄齡在秦府，每軍書表奏，駐馬立成，文約理贍，初無稿草。　唐太宗征遼，召許敬宗草《駐蹕山破賊詔》，立于馬前，俄頃而就。　薛收在秦府常馬上作檄，皆如宿構，初不竄定。

荀濟曰：「大丈夫盾上磨墨作檄文。」　江淹醉後草檄。　軍書日以百數，李德林口授數人，文意百端，不加治點。　詔書填委，蘇廷碩所口授，功狀百緒，無所差。　徵發指縱，千緒無端，一日之內，詔書數百。　陸贄揮毫起草，思如泉注，神若不經思慮，既成，莫不曲盡事情，中于機會。　鄭敏為中書舍人，詔令旁午，動無滯思，言皆破的。

神武西征，命李義深等作檄文，請以孫搴代。　神武乃引搴入帳，自為吹火催促之。　搴神色安然，援筆立就。　又伐劉蠡升，天寒雪深，使人舉氈，陳元康于氈下作軍書，颯颯運筆不及凍，俄頃數紙。　《北史》高恭之：孝莊夜到河內，命高恭之燭下作詔書，布告遠近。　于是四方知乘輿所在。

謝晦代刑獄參軍，車中一覽訊牒，隨問酬對無失。　王僧達六七歲，父弘為揚州時，遇有通訟者，竊見其詞，謂為有理，弘留左右，僧達遂為申理，闇誦不失一句。

博物

漢武時，得豹文鼠，孝廉郎終軍曰：「名鼮鼠，見《爾雅》。」賜絹百疋，人争受《爾雅》之業。　漢世祖大會靈臺，得鼠如豹文，異之，竇攸曰：「鼮鼠也，見《爾雅》。」賜絹百疋，詔諸侯子弟從攸受《爾雅》。

元康中，有人自嵩山下得竹簡一枚，上兩行蝌蚪書。張華以問束皙，皙曰：「漢明帝顯節陵中策文也。」檢校果然。

任昉嘗得一篇缺簡，文字零落，劉顯云：「是《古文尚書·删逸篇》。」昉檢《周書》，果如其說。

襄陽人開古塚得竹簡，王僧虔善識字體，亦不能諳。江淹以蝌蚪文推之，則周宣王之簡也。

張策知黄初鼎銘之謬。梁張策父名同，居洛陽敦化里。浚井得古鼎，銘曰：「魏黄初元年春二月，匠吉千。」策時十二，曰：「漢建安二十五年曹公薨，改元延康。是歲十月，文帝受禪，又改黄初。是黄初元年無二月。銘何謬耶？」

劉原甫知天寶硯刻之非。宋長安李觀察家藏一端硯，下刻云：「天寶八年冬，端溪東州石，刺史李元書。」劉原甫曰：「天寶自改元，即稱『載』，且是時州稱『郡』，刺史稱『太守』。」取《唐書》示之，莫不歎服。

策削髮為僧，既反初服為唐官，復副張涉押《傳國寶録》，録汚簡策矣。

龐莊敏籍。對「次公」，而終至入相。宋景祐中，有使臣何次公具獄進呈。上忽問：「此人名次公何義？」龐莊敏越次對曰：「黄霸字次公。此人必慕霸之為人。」上頷之，終至入相。

王過對「若川」，而改官編修。孝宗留心經術，顧問多致失措。有蜀人王過上殿，驟問：「李融字若川謂何？」過曰：「天地之氣，融而為川，結而為山。融之字若川，猶元結之字次山也。」詔改官密院編修。

崔曠對「羊腸」。曠從駕往泰山，詔問：「何處有羊腸坂？」對曰：「《漢書·地理志》：上黨壺關縣有羊腸坂。」上曰：「不是。」又案皇甫士安撰《地書》：太原北九十里有羊腸坂。帝曰：「是也。」

隋許敬宗對「帝丘」。高宗問：「濮陽何謂帝丘？」許敬宗躍馬前曰：「昔顓頊居此。」

李珽對「内黄」。梁朱晃問李珽：「何謂内黄？」曰：「河南有外黄、下黄，故北有内黄。」外黄，故城，在雍丘；下黄為高齊所廢，在今陳留。

殿前鐘鳴，而知有山崩：東方朔也，未央前殿鐘無故鳴三日夜，朔曰：「銅者，山之子。山恐有崩者。」居三日，南郡上言山崩。樊英也，順帝時，殿下鐘鳴，英曰：「蜀岷山崩。」蜀果上言，日月相應。張華也。魏帝殿前鐘不扣自鳴。華曰：「蜀郡銅山崩。」蜀郡尋上事，如華言。

東方朔知「怪哉」為憤氣所生。朔知甘泉之蟲怪哉為憤氣所生，取置酒中，須臾糜爛。留源言油囊為冤氣所結。梁劉知俊鎮同州，掘一物重八十餘觔，狀若油囊。留源曰：「此冤氣所結。」王世充據洛陽，亦獲此物，而遠祖記之，俊具酒饌，祝酹瘞之。諸葛恪知《白澤圖》之傒囊。恪守丹陽，出獵兩山之間。有物如小兒伸手引人，持去故地即死。恪曰：「《白澤圖》內曰名『傒囊』。」陸敬叔知《白澤圖》之彭侯。敬叔守建安，伐大樟樹，忽血至，有物人頭狗身，曰：「《白澤圖》曰『木之精如彭侯』。」

鄭夾漈見楊佺期《洛京圖》，方省張華之知千門萬户，見《漢宮室圖》也。華，晉人。問以漢之宮室，其應如響，時服其博物。見杜預《公子譜》，方覺武平一之知魯「三桓」、鄭「七穆」，見《春秋世族譜》也。平一，唐人。問以魯「三桓」、鄭「七穆」，春秋族系，無有遺者。時服其明《春秋》。

崔瓚知藍田玉人。藍田令王晏于藍田山得一玉人，長三尺四寸，著大領衣冠幘。詔問莫識。瓚曰：「魏大司農盧元明《嵩山廟記》曰：「有神人以玉為形像，長數寸，或出，或隱，出則令世延長。」東方朔知《火珠經》。元符中，日者奏太乙星不見。朔曰：「遊于世，為居民福壽。」是月，會稽奏有人丫角，面如玉色，乘一葉紅蓮，長丈餘，手持黄芑，自東海浮來，遺其芑，飄至亭側，進于帝。令朔驗之。朔曰：「此上界《火珠經》也。」彭權知「髦頭」。武帝問「髦頭」義，權曰：「秦時有奇怪，觸山截水，無不崩潰，推畏『髦頭』。」帝乃令虎賁之士戴之，以衛左右。林閭知「輶車使」。閭字公孺，臨邛人。古有輶車之使，但問其官，不詳其職。惟閭與嚴君平知之。曰：「使人主知天下風俗也。」揚雄問而師之，因作《方言》。歐獻乘陶範江陵城。裴宙鎮荆，掘地得一石，規模悉倣荆城。是春，淫雨不止。馳問獻乘，對以：「令陶鮀為江陵城。内廣六尺八寸，椄堞門閫無少差。于南門外八十步掘深六尺，埋之，當止。」宙始懲嘆。獻乘乃洛中道子，博學多聞。 禹鎸石塞水脈。《息壤記》：「茲有海眼，泛濫無恒，禹乃鎸石，造龍之宫室，寘于穴中，以塞其水脈。」

范德昭知石筍。荆南高太王請畫工李文才寫興義門雙石筍，兼徵其故實。道士范德昭曰：「乃蠶叢啟國鎮蜀之碑，中以鐵柱貫之，下以横石相理，埋于地際。上有文字，言歲時豐儉、兵革、水火之事。諸葛曾握驗之，真珠、椄基、海眼，皆非也。」 僧贊甯知海馬骨。徐鉉嘗直澄心堂，至飛虹橋，馬輒不進。捶之流血，擊轠却立。贊甯曰：「下必有海馬骨，水火俱不能毁。惟漚以腐糟隨毁。」斸之果巨獸骨脛，可長五尺，膝以下長三尺，以糟漚之，遂爛。 又知畫牛隱現。徐知諤得畫牛一幅，晝則嚙草欄外，夜則歸卧欄中，後主持貢闕下。太宗以示羣臣，無知者。贊甯曰：「南海水減，灘磧微露，倭人拾方諸蚌蜡中有餘淚數滴，得之和色著物，則晝隱而夜顯。沃焦山有石落海岸，得之滴水摩色染物，則晝顯而夜晦。」見張騫《海外異物記》。 竺法蘭知劫灰。武帝穿昆明池底，得黑灰。明帝時，竺法蘭來洛陽，乃追以問之。曰：「此燒劫之餘灰也。」 釋道安知鼎銘。苻堅時，藍田縣得一大鼎，容二十七斛，邊有篆銘。道安曰：「此古篆書，魯襄公所鑄。」乃寫為隸文。 又知銅斛。邊有篆銘。安曰：「此王莽自言出自舜。皇龍戊辰，改正即真。以同律量，布之四方。欲小大器鈞，令天下取平焉。」安多聞廣識。京兆語曰：「學不師安，義不中難。」 郭璞知罌鏡。王獻夫鏡，鏡在罌中，罌中纔數寸，而鏡尺餘。以問，郭璞曰：「此乃邪魅所為，使燒車轄以擬鏡，鏡即出焉。」

吾丘壽王辨汾陰之鼎，賜黄金十斤。《漢書》：汾陰得寶鼎，羣臣賀得周鼎。壽王曰：「矢祚有德，乃漢寶，非周寶也。」上曰：「善。」 束皙辨曲水之集，賜金五十斤。晉武帝問「三日曲水」之義？摯虞曰：「漢章帝時，平原徐肇三月初生三女，至三日俱亡。村人乃招攜之水濱洗祓。」束皙進曰：「虞不足知。昔周公城洛邑，因流水以汎酒，故逸詩曰：『羽觴隨波。』又秦昭王以三日置酒河曲，見金人奉心水之劍，曰：『令君制有西夏，因此立為曲水。』二漢皆為盛集。」帝大悦。

胡僧無畏，知大蛇出芒山，欲決水豬洛城。 孫盛知會孝秀而躃見，為吉祥。 何敞知漢時鳳見，徐鉉知為羽孽。　王高知雉集漢署，為成聽之不聰。　佛圖澄知馬入鄴宮而不見，為石災之將及。　嵐獸之為麟。　劉敞知梁丹黑獸之為駮。

附　隸事

以隸事而奪何憲五花簟、白團扇者，王摛也。　以徵事而奪王儉之巾箱、几案、雜物，陸澄也。　徐鍇與兄鉉憶猫事，鉉為疏二十餘。鍇曰：「適已記七十餘。」明旦又云：「夜來復得數事。」　宋子京與李邯鄲飲酒肆，隸事不勝者，輒飲之，座客皆潦倒而出。　多聞角勝，至如梁武之策錦被與徵栗事，蔡居安之徵瓜事。　劉孝綽、沈約、董彥遠反以見忌，益信當守之以愚矣。

沈約策劉顯十事，顯對其九。約曰：「老夫昏忘，聊試數事。」顯問其五，約對其二。　張緒受策百事，得九十四，第失六事，因呼「百六公」。六代文人之學，有徵事，共舉一物，各疏見岀，多者為勝。如孝標對被，王摛奪簟。有策事暗舉所知，令人射覈，中者為優。如沈約得二，劉顯失一。

《白氏六帖》疏略，廣為十二帖。

唐皇甫煥以辨博自處，每賓客及門，必延飲證事。屈者自引去，惟盛均終席。時謂「勍敵」。均病

附辨奇

李斯識周冢玉文八字。　叔孫通識周冢玉文二字。　嵇康識抱犢山中神書。　束皙識汲冢《周書》。　江淹識玉鏡竹簡古文。　劉顥識魏人遺梁古器隱起文。　王僧虔識蝌蚪書《周官》闕文。　范雲識《秦望銘》。　韓愈識《泉州石銘里誅蛟雷文》。　李協辨《漳泉界銘》。　東平李生識《石壁遺記》。　兖州魯生識古銅盎篆文。　張敞識美陽鼎文。　高佑識玉印文。　郭璞不識會稽鐘文。　王起不識「砻」、「角」二字。《談苑》作「砻角」。　段成式不識鹿鋌古文。　沈括不識漢《東雷》文。唐武宗製「䂨」、「㸦」二字，以試王起。起言：「三教書所不識，惟周穆王傳『砻』、『角』二字。」武宗曰：「向試卿耳。」

遊學

景鸞漢伯，梓潼人。少隨師學，經涉七州之地。　丁鴻篤志精鋭，布衣荷擔，不遠千里。　李固負笈追師。改易姓名，杖策驅驢，負笈追師。每到太學，密入公府，定省父母，不令同業知是郃子。　杜喬步擔求師。少好學，雖二千石子，常步擔求師。　崔瑗至京師，從賈逵，質明大義。逵善待之，因留遊學。　高允擔笈負書，千里就業。　戚衮遊學京師，受《三禮》于劉文紹。　薛瓆尋師長安，何妥見而異之，授以經業。

尹默之從司馬德操。益部多貴今文，而不從章句。乃遠遊荆州，從司馬德操、宋仲子等受古學。　徐遵明之往趙世業。知館陶趙世業家有《服氏春秋》，是晉永嘉舊本。乃往讀之。　盧思道之就魏收。借異書。

尋書問義，不遠數千里，崎嶇冒涉，期于必得，葛洪也。　負笈尋師，家貧勵節，遂博覽書傳，邢巒也。　少遊京師，積年不歸，衣資罄乏，又恥服故敝，盛冬止衣裌襦袴，賀德基也。

同遊學：李仁與同縣尹默俱遊荆州，從司馬徽、宋忠學。

馮元興隨任而就學。肥鄉人，世父僧㬢守平原，因就中山張吾貴、常山房虬學。　范晷遊學而徙家。南陽人。少遊學清河，遂徙家僑寓。

葉榆人張叔病俗不知學，負笈從相如受經，歸報之。

平康人尹珍自恨生于荒裔，負笈從許慎受經，歸教之。

唐昆明張志誠流寓西蜀，得右軍書法，以傳六詔。

程頤兄弟之遇治篾箍箍者于成都也；袁滋之見賣醬薛叟于眉、邛間也。皆蜀隱君子也，宜伊川之謂袁滋，曰：「《易》學在蜀。」

校　記

〔一〕嘗供：「供」字據《南史·蕭思話傳》補。

古事比卷之三十

讀書

貴顯，猶夜分讀書，杜佑也。　位台輔，猶讀書不輟，李德裕也。後貶潮陽，在蒼黄顛沛中，猶留心著述。　後魏祖瑩躭書，父母禁之，自藏火灰中，候父母寢，燃之讀書。　梁沈約少孤，讀書晝夜不釋卷，母嘗為減油滅火。　宋陳彭年，母以一子，禁其夜讀，彭年篝燈密室，不令母知。　范仲淹讀書，帳頂如黑色，夫人藏以示子孫。　匡衡家世農夫，至衡好學。　闞澤家世農夫，至澤好學。　家貧好學，以邑大姓多書，每與傭作，不求價，曰：「但願得主人書遍讀之。」漢匡衡也。　隨師無糧，常傭以自給，衛颯也。　寒微，于高悦家手抄口誦，不暇寢食，北魏李彪也。　貧不能得書，求為集賢院吏，竊院書讀之，晝夜不出户者六年，無所不通，唐陽城也。

家貧閲書于肆：王仲任也，常遊洛陽市肆，閲所賣書，一見輒能誦。　徐文遠也。兄休鬻書為事，文遠日閲書于肆，博覽「五經」。　家貧無書，每之人間所見篇牘，一覽誦記，荀悦也。

牧羊而好學：漢路温舒，少牧羊，取澤中蒲，截以為牒，用寫書。因通《春秋》，知法律，仕臨淮太守。　又王尊。少孤。諸父使牧羊澤中。尊竊學問，後尹京兆。　魏王家、為人牧羊，讀書不輟。楊俊嘉而贖之，累官常侍，詔撰《皇覽》。　晉王育、為人牧羊。好學，亡其羊，賣身以償。同郡許子章嘉而贖之，使與子同學，遂博經史，為武陽令。 北魏游明根。遭亂，為櫟陽王氏奴，使牧羊。以壺漿倩人作字，地上習之。游〔二〕雅典衣贖之，年十六歸，于白〔二〕渠坎為窟，讀字積歲。官至大鴻臚。

遭難而好學：黄霸于獄中，從夏侯勝受《洪範》。 杜篤于獄中，為《吴漢誄》。 崔瑗于獄中，考訊有間，輒問《禮》于獄掾。

擁書萬卷，無假南面百城者，李謐也。 行書數十卷，不易齊景公千駟者，劉晝也。

馬懷素、吕思禮、于休烈、李磎，仕宦不釋卷。 劉昺、魯肅、崔林、辛術、杜弼、弼在軍著《道德經》。 李襲吉，軍旅不釋卷。 向朗、徐廣、荀崧、沈攸之、傅昭、蕭德言、沈麟士、劉實、王起、趙逸、崔元翰，耄耋不釋卷。 司馬光童稺不釋卷。 裴皞亂離不釋卷。 皇甫謐、裴漢，疾病不釋卷。 唐裴炎補弘文生，休澣不廢書。 馬總為户部尚書，倥傯不去書。

殷仲堪云：「三日不讀《道德經》，便覺舌本間强。」 黄魯直云：「三日不讀書，便覺貌面可憎，語言無味。」 梁高祖重陳郡謝玄微詩，曰：「不讀謝詩，三日覺口臭。」 米元章云：「三日不讀書，便覺思澀。」

魏子擊好乘風《黍離》，而慈父感悟； 周磐誦《汝墳》卒章，而為親從仕； 王裒讀《蓼莪》，而三復流涕； 裴安祖講《鹿鳴》，而兄弟同食。 可謂興于詩矣。 李和伯柟。自言：「吾于《詩·甫田》悟進學，《衡門》識處世。」

曾子每讀《喪禮》，泣下沾襟； 尹子。 蒯徹讀《樂毅傳》，輒流涕； 《史記》揚雄悲屈原不容于世作《離騷》，讀其文未嘗不流涕；《漢書》梁武帝每讀《孝子傳》，不終軸而悲慟；《梁書》趙郡王子叡四歲喪父，讀《孝經》「資于事父」，輒流涕歔欷；北齊。楊歆舅子問歆：「讀《詩》至《渭陽》未耶？」歆便號泣。北齊。李密讀《項羽傳》，蘇舜欽讀《張良傳》，皆未嘗不泣。故曰：「讀《出師表》，而不墮淚者，其人必不忠；讀《陳情表》，而不墮淚者，其人必不孝；讀《祭十二郎文》，而不墮淚者，其人必不友。」

王寂讀《范滂傳》，未嘗不嘆挹。蘇軾讀《范滂傳》，請于程太夫人，願學之。黃魯直于九江郡署書《范傳》，不須簡史也。王僧孺五歲讀《孝經》，問授者此書所載述？曰：「論忠、孝二事。」曰：「若爾，常願讀之。」

張畯為吴大帝誦《孝經·仲尼居》，張輔吴以為鄙生，請誦《君子之事上》章。陸澄為齊武帝讀《孝經·仲尼居》，王衛軍儉。以為博而寡要，請誦《君子之事上》章。

誦經而祛邪：後漢公沙穆。家貧力學。嘗居建成山。一夕，忽暴風震雷，有聲自外呼穆，頃自牖入，音狀甚怪。穆誦經自若，妖亦尋滅。北齊權會。嘗夜乘驢出城。有一人牽頭，一人隨後，漸漸失路。會心怪之，誦《易經》上篇一卷，未終，二人忽散。

誦經而療疾：顧歡、有病邪者，歡命取《孝經》置病人枕邊，恭敬誦之。如言，果愈。徐份、父陵疾篤，份燒香涕泣，跪誦《孝經》，日夜不息，陵疾豁然。唐王漸。孝子王漸作《孝經義》成，鄉里有鬥訟，即詣門誦《義》一卷，反為慚謝。後有病者，即請漸誦之，尋亦得愈。讀文與聽談，亦足以愈病：馬后也，后有顛疾，得内傳孟召文讀之輒醒，語曰：「孟召文，差顛狂。」韓城鄰里也。宋張乖崖與傅逸人會于韓城，終夕談話，鄰里有病瘧者，皆不發。又陳琳之檄，可愈頭風。杜工部之詩，可愈瘧疾。誦「手提髑髏血模糊」句，瘧果愈。

日誦《孝經》二十遍，皇侃也。象九世孫，性至孝。　五歲讀《孝經》，必焚香正坐，岑之敬也。　每欲開「五經」，必束帶盥濯，危坐對之，蕭德言也。　孔子生日，陳《論語》、「五經」拜之，臧榮緒也。著《拜五經序論》。　好《左傳》，自為牧守，月讀一遍，魏賈逵也。

于厥考柩前誦《尚書》，五代周石昂也。父不喜佛。云：「此先人所欲聞。」　居喪誦《孝經》，馬元也。　命終日寫《堯典》一篇置前，東漢周磐也。字堅伯。　亡，以一卷《孝經》，一帙《老子》，陶華陽劍一口自隨，金樓子也。即梁元帝。

率諸生坐堂上講誦，賊至斂刃而退，宋章樵也。昌化人。　講《中庸》，而寇不敢來攻城，宋鄭霖也。雪巖先生。　則宋臬之多寫《孝經》，向栩之北向讀《孝經》，不足為謬矣。

曾文清幾。夙興誦《論語》一篇，終身未嘗廢。　王介甫有《詩正義》一部，朝夕不離手。

趙忠獻歸第讀《論語》。對太宗曰：「佐藝祖定天下，纔用得半部。尚有一半，可輔陛下。」　李文靖退朝讀《論語》。曰：「沉為宰相，『節用愛人；使民以時』兩句，尚未能行。」　韓魏公案止《論語》。

唐宣宗聞太康為平吳年號，曰：「天子大須博覽。」　宋太祖問乾德為偽蜀年號，竇儀對而知之。曰：「宰相須用讀書人。」

吳大帝勸呂蒙讀書。　宋太祖勸趙普讀書。

光武日引公卿講論經理，夜分乃寢，太子勸頤養精神，曰：「我自樂此，不為疲也。」　宋太宗讀書自巳至申，宋琪以勞瘁為諫。曰：「開卷有益，不為勞也。」 唐太宗于《周禮》一書，夜誦不倦。 宋太祖雖在軍中，手不釋卷。

沈攸之晚好典册，曰：「早知窮達有命，恨不十年讀書。」 孫覿曰：「吾之視浮溪，汪藻。浮溪之視石林，葉夢得。各少十年書。」 北齊盧潛與弟士邃為崔昂所知，云：「此昆季足為後生之俊。但恨其俱不讀書耳。」

魏武曰：「老而讀書，惟操與袁伯業遺。耳。」 傅亮曰：「殷仲文讀書，若半袁豹，士蔚。才不減班固。」

教人讀書而聽者：石勒、好使諸生讀《史》、《漢》諸书，時以意論得失。王平、使人讀《史》、《漢》紀、傳，聽之，備知大義。楊大眼、恒遣人讀书，聽之，悉皆記。 韋叡。雖老，暇日猶課諸兒以學。第三子稜尤明經史，每坐，稜便說书。其所摘發，猶弗之逮也。

目不見，教人讀而聽者：孫龍圖、莘老晚年病目，輒令二人更讀《左氏》、《西漢》等书于旁。 胡旦、字周父，渤海人。舉進士第一，喪明，猶令人誦經、史。 楊希閔。生而失明，令諸弟讀經、史。三子登進士。

李邕自言讀書未遍，願一見秘書，固請，乃假直。 李鎡以鄉里寡文籍，來京師讀所未見書。

王仲任好博覽，而不宏章句；阮瞻讀書不甚研求，而默識其要；李賢略觀大指。曰：「豈徒受業，至如忠孝之道，實銘于心。」此其中有淺深，未便以淵明之「不求甚解」，武侯之「觀其大略」藉口也。

尤袤曰：「饑讀之，以當肉；寒讀之，以當裘；孤寂而讀之，以當友朋；幽憂而讀之，以當金石、琴瑟也。」 韓退之平居，雖寢食未嘗去書，怠以為枕，餐以飴口。 葉廷珪四十餘年，未嘗一日釋卷，食以飴口，怠以為枕。

高彪云：「雜藝為庖厨，五經為府藏。」 傅幹與《蘇文師書》云：「六經為庖厨，百家為異饌。」 抱朴子云：「退隱之士，以《三墳》為金玉，《五典》為琴箏，講肄為鐘鼓，百家為笙簧。」 蔡洪赴洛，人問舊業，答云：「紙為良田，筆為鋤耒，墨為稼穡，義理為豐年。」

褚陶曰：「聖賢備在黄卷中，舍此何求？」 狄仁傑曰：「黄卷中方與聖賢對，何暇偶俗吏語耶？」漢東平王蒼曰：「讀書最樂。」 蒙養正云：「人生至樂，無如讀書。」 李光曰：「天下最善，可以益人神智，莫若書。」 蘇軾曰：「才分不同，而求無不獲者，其惟書乎？」 裴度常訓其子云：「吾輩但可令文種勿絶。」 山谷云：「士大夫子弟，不可令讀書種子斷絶。」 葉石林云：「後人但令不斷書種，為鄉黨善人，足矣。」 練兼善常對書太息曰：「吾老矣，非求聞者，姑下後世種子耳。」

好書者衆，而《倉頡》獨傳；好稼者衆，而后稷獨傳；好樂者衆，而夔獨傳；倕作弓，浮游作矢，而羿精于射；奚仲作車乘，杜作乘馬，而造父精于御。天下未有兩而能兼者也。《荀子》

甯越十五歲，不敢休，不敢卧。 董仲舒下帷三年，不窺園。 桓榮學長安，十五年不窺家園。法真、趙昱，歷年不窺園。 唐裴休經年不出墅。 何休十七年不窺門。作《公羊解詁》。 劉炫、劉焯、諸葛穎，十年不出户。 徐遵明六年不出户。 馮偉節三十年閉户。 關康之四十年不出門。以墳籍為務。

唐崔從同兄遇亂，至于絶食，飲水棲衡，而講論不輟，終日不出巖，如是者十年。　龍門寺僧鑿山巖為龕以居。　呂蒙正禁足不出者九年。舉廷試第一。　胡瑗與孫明復、石守道讀書泰山，十年不歸。得家問，見有「平安」二字，即投之澗，不復展閲。

管寧自遼海歸，坐一藜床五十餘年，床上當膝處皆穿。　魏收讀書，坐板床，板為鋭減。　張子韶無垢。　執書倚柱。向書十四年，磚上雙趺隱然。　楊龜山舉兩肘示胡澹叟，曰：「此肘不離案三十年。」

讀書燃蒿自照，任末也。詳《鈔書》。　燃松節及糠，顧歡也。　燎麻炬，劉峻也。　囊螢，車胤也。　燃木葉，柳積也。　映雪讀書：孫康、范雲也。　荷鉏讀書者：孔安國、常林、張紘、兒寬、帶經而鉏。皇甫謐、從鄉人席坦受書，居貧，躬自稼穡，帶經而農。　崔逞也。　下帷而讀者：崔祖虬、鄭鮮之、宋世景、李密、司馬光也。　采薪讀書者：劉貞素、劉文軌、董藹也。　采相負販而讀經者：董過、隗禧也。　截蒲讀書者，路温舒也。　讀書而亡羊者：臧也、王育也。　拾葉寫書者，董藹也。

燃薪讀書：晉范汪也，唐畢咸也。　折荻尺寸，燃之讀書，劉綺也。刺史勃之孫，早孤。　映月，宋陸佃也。　隨月光，齊江泌也。　負薪行吟，朱買臣也。　編柳寫經，孫敬也。　負薪自給，讀誦不輟，劉智也。劉寔之弟。　賣牛衣自給，手約繩、口誦書，劉寔也。　織簾讀書，手口不輟，沈麟士也。後居相位，歸養，人猶謂曰「織簾相公」。

司馬長卿作賦，意思蕭散，不復與外事相關；揚子雲有「夢腸」之談；陳思王有「反胃」之説；朱詹呑紙實腹，抱犬而卧；孫敬折柳寫經，睡則懸頭于梁；鄭灼患熱，以瓜鎮心，便起誦讀；賈島苦吟，不避京兆尹；騎驢賦詩，引手作推敲之勢，不覺逢韓愈。愈曰：「『敲』字佳。」或云吟「落葉」句，唐突劉栖楚，被絷一夕，放之。 孟浩然苦吟，眉毫盡落；裴祐袖手，衣袖就穿；王維至走入醋甕；鍾繇問蔡邕筆法于韋誕，誕惜而不與，挺胸嘔血，至死後發其冢而得之，精思卧畫，被穿過表，如厠終日忘歸；王右軍于嵩山石室得素書，八角垂芒，不食三日，乃大叫欣喜，若對數十人；張伯英學書，家之衣帛皆書而後練，臨池學書，池水盡黑；鄭虔學書無紙，知慈恩寺有柿葉數大屋，借居，日取紅葉學書，歲久殆遍；智永樓上學書，業成方下，所退筆頭，置于大甕，甕受一石，而五簏皆滿；唐明皇習羯鼓，打却鼓杖三豎櫃；白居易苦節讀書，至口舌成瘡，手肘成胝。天下事未有不苦不習而能精者。《談薈》

邴原過書舍而泣，孤也。師曰：「子苟有志，我不求貨。」 顧歡倚學牆而聽，貧也。兒寬為弟子都養。郡國選，詣博士，貧無資用為都養，時行賃作，帶經而鉏。 晉祁嘉亦為諸生都養。後教授，拜床下者二千人。 承宮為諸生拾薪執苦。徐子盛以經授諸生，宮過息廬下，因就聽經。請留門下執苦。 刁沖日直監厨。家世貴達，從師于外。自同諸生，悉日直監厨，雖有僕隸，身自炊爨。 庾乘為諸生傭，後能講誦，諸生日雠問之。由是以下坐為貴。 而學以有成。

董仲舒躭學，乘馬不知牝牡。 朱穆勤學，不知馬之幾足，每一精思，顛墜坑塹。 劉峻讀書不息，地有坑坎，每常倒蹶，然後始悟。 北周樊深好學至老，嘗據鞍讀書，馬驚墜地，損折肢體而不改。

周太朴作詩，屬思不續，墜落坑塹不覺。 宋杜常跨驢讀書，驢失道，觸木傷額。 葛洪躬自伐薪，以負紙筆，寫書誦讀，無所愛玩，不知棋局幾道，摴蒲齒名。

褚遂良為太守哀册文，自朝還家，馬誤入人家而不覺；崔融為則天哀册文，下直，馬過其門而不覺。古人撑霆裂月，精思如此。所謂子雲感夢，王譚病發，王充氣竭，良不虛也。

桓玄詩思不來，輒作鼓吹。李翰為文精密，用思苦澁，嘗從陽翟令皇甫曾求音樂，每思竭，則奏樂；神逸，則著文。

朱買臣孜孜修學，不知雨之流粟；《御覽》引《鄒子》。高鳳持竿誦經，不知雨之流麥。《後漢書》古人篤學如此。

蘇秦之刺股；張儀之視舌，天下傳之矣，而不知剪髮、書掌，二子之攻苦正同。一縱、一横，論者莫當其長，蓋不徒唇吻間也。《拾遺記》：二人同志好學，迭剪髮而鬻之以相養，或傭力寫書。遇見墳典行途無所題，以墨書掌及股裏。夜還而寫書，折竹為簡。二人每假食于路，剥樹皮編為書帙，以盛天下良書。

杜弼有言：「近資愚鄙，私備亡闕，止于門内，貽厥童蒙。」李琰之所以好讀書，「不求身後之名，但異見異聞，心之所願，欲罷不能耳。」

魯丕好學，杜絶交游，不答問候之禮。王充閉門潛思，絶慶吊之禮。周燮精《禮》，賀問不修。荀爽躭經，慶吊不行。

家學

班、馬皆以父子著述，乃成一書。裴松之注《三國志》，子駰注《史記》。劉知幾著《史通》，次子餗鼎卿。撰《史例》。　李善注《文選》，子邕補益之，父子兩書并行。　王愆期流寓江南，緣父接雅游。

本意，更注《公羊》。　王銓私録《晉事》，子隱依庾征西供紙筆，書乃成。

韋孟以詩禮傳楚，而郊廟之制，率正于玄成。　鄭玄以箋注師漢，而禪代之儀，卒集于小同。　賈誼以經術起，而嘉最好學；盧植以儒學用，而諶為祭酒。舊史咸以為榮。柳文。　王氏七葉名德，人人有集。王筠曰：「史稱安平崔氏、汝南應氏，累葉有文才。然未有七葉之中，名德重光，爵位相繼，人人有集，如吾門者也。」三曾一門三第，人自有集。劉辰翁論三曾曰：「一門三第，非世所少，惟人自為集，列為『三文』，大者見稱歐、曾。此大江以西，山水所聚，是以至此。」布謚「文肅」，鞏謚「文定」，肇謚「文昭」。

王方慶進其家二十五人各書帖一卷。自右軍以下，至僧虔至智永禪師各帖一卷。武后命崔融作序，謂之《寶章集》。

劉孝綽兄弟羣從有七十人，并能屬文。三妹并有才學。

序父集者，《顔之推集》，長子思魯為序。

刻父書者：《陸務觀詩》，子子虡刻之九江；《古文集》，子子遹刻之溧陽。

求序父集：韋處厚子正蕃纂修父集，求序于先執李翺，十年不得。竟以翺言別求于劉賓客禹錫，乃始得之。　謝氏有《蘭玉集》。謝安遷葬長興，子孫居其地者，以文學世其家。有集安石而下十六人為《蘭玉集》。　李氏有《花萼集》，李乂與兄尚一、尚貞文章同為一集。　竇氏有《連珠集》。竇常、牟、羣、庠、鞏集行之世。

兄弟著書者：晉虞預與兄喜。　胡安國傳《春秋》，修纂檢討盡出子甯和仲。手。　唐蘇冕與弟弁、袞，皆以友愛、文學見稱于時。弁元容。聚書，人稱「秘府」。

能世其學者：曹充習《慶氏禮》，子褒結髮傳父業。　崔駰子瑗鋭志好學，盡能傳其父業。　司馬耿少傳父燮家業。　劉昆桓公。子軼，傳昆業，門徒亦盛。　甄字子普，普三世傳業，諸儒歸服之。父子明經至丞相，韋賢子玄成也。　受父業，明經舉孝廉，劉寵也。除東平令。　世傳《魯詩》，高嘉孫容，容子詡也。

傳父業者：陳欽子元。　桓榮子郁。　宋京子慈。　劉瑜子琬。傳父業，明占候。　郭鎮。少習家業，明法律。

傳家學者：徐宣子憲，憲子防。　袁安祖父良。(子)袁京，(京)子彭，彭弟湯。　楊震子奉、秉，奉子敷，敷子衆，衆子賜，賜子彪。　伏黯明《齊詩》，章句繁多；子恭省減浮辭，定為二十萬言。　桓榮授顯宗《尚書》，子郁刪省成十三萬言。由是有桓君大、小之學。　賈徽元伯。受業于劉歆，作《春秋條例》；子逵景伯。作《左傳訓詁》。　王朗著《易傳》；子肅撰定，列于學宫。　姚珽著《紹訓》。曾祖察著《漢書訓纂》，後之注者多竊其義為己説，珽著《紹訓》，以發明㫖義。　陸瓊續成父雲公《嘉瑞記》。　盧辯兄景裕謂曰：「昔侍中注《小戴》，今汝注《大戴》，庶纘前修矣。」　韋叔夏，孝寬曾孫，博涉經史，叔父琨曰：「可以繼承相業矣。」

屢世著述：崔駰擬《解嘲》，作《達旨》；子瑗作《七蘇》；瑗子實作《政論》。　薛逢著《鑿混沌》、《真珠簾》等賦，大為時稱；子廷珪亦著賦數十篇，同為一集。故曰：「為克家志。」　皇甫謐子方回，遵其遺命，撰《帝王世紀》、《高士》、《列女》、《玄晏春秋》。　華嶠撰書十典未成而終，何劭奏嶠中子徹踵成之。又卒，後監繆徽又奏少子暢為佐著作郎，并草《魏》、《晉》紀、傳。　崔駰《家林》。孔僖拜臨晉令，駰以《家林》謂為不吉；崔篆所作，《易林》也。

王淮之曾祖彪之，練習朝儀，家世相傳，并諳江左舊事，緘之青箱。淮之究識舊儀，問無不對，世謂「王氏青箱學」。　黃瓊隨父在臺閣，習見故事，官曹及居職爭儀，莫敢抗奪。

班固之陳祖德，陸機之序家世，太史公自序，同也。

晚學

曾子七十，乃學《詩》；荀卿五十，以學《禮》；公孫子四十，方讀書；朱雲四十，始學《易》、《論語》；皇甫謐二十，始受《孝經》、《論語》。皆成大儒。　蘇洵二十七，始發憤力學。古人晚成如此。

向朗八十校書。自去長史，垂三十年，乃更潛心典籍。年踰八十，猶手自校書，刊定謬誤。　劉峻祈借異書。以少未開悟，晚更厲精。聞有異書，必往祈借。

宋纖八十，篤學不倦。　徐廣八十，猶歲讀「五經」一遍。　沈雲禎八十，尚火下細書二三千卷。　王休、蕭德言，晚年篤學，晝夜無休。　姚察專志讀書，白首不倦。　山偉愛尚文史，老而彌篤。　荀崧年老，孜孜典籍。　唐崔元翰七十餘，好學不倦。

齊王語閭丘卬曰：「士亦華髮墮顛，而後不用耳。」　李崖語其子曰：「不可以西夕之年，取笑于來今也。」

伏生在孝武世，年九十餘，能授《尚書》。　杜子春在永平初，年九十餘，能通《周禮》。

少好武，而晚好文者：唐彬也，字儒宗，鄒人。少便弓馬，晚乃敦悦經史。隨師受業，還家教授。谷渾也。父衮，膂力絶人。渾少有父風，晚乃折節受經業，遂覽羣⺮。

高達夫五十始學詩，即工。　杜祁公衍。七十始學草書，即工。

寫書

掌録者，董邁也。　掌抄者：蘇秦、張儀也，遇見墳典，以墨⺮掌及股裏，夜還而寫。劉向也，校⺮天禄閣，有老人著黄衣，植青藜杖，見向暗中獨坐誦⺮，乃出杖頭烟燃。見向，向受《五行》、《洪範》之文，恐忘之，乃裂裳及紳，以記其文，至曙而去。任末也。負笈不遠險阻，或依林木之下。編茅為菴，削荆為筆，尅樹汁為墨。夜則映星望月，暗則縛麻蒿以自照，觀⺮有合意者，題其衣裳，以記其事，門人更以净衣易之。河、洛秘奥，非正典籍所載，皆注記于柱壁及園林樹木。好學者來，輒寫之。時人謂任氏為「經苑」。

唐司業張參年老，手寫「九經」，以為讀書不如寫書。　宋景文自言手抄《文選》三過，方見佳處。洪景盧手抄《資治通鑑》三過，始究其得失。　躬自抄録，大小百餘卷，王筠也。「五經」、《左傳》凡三過〔二〕五抄；《山海經》、《本草》并再抄，子、史諸集，皆一抄。　手自抄録數十萬言，韋敬遠也。　手録書千餘卷，高頔也。　取九世所蓄書二十萬二千一百二十卷，撮為一書者，南唐馮贊也。　手抄名《海録》者，葉廷珪也。　目曰《野乘》者，吴枋也。　記録粘壁，合為一編，陳瑩中也。　好細抄，巾箱中有「五經」，梁衡陽王蕭鈞也。　從民得善書，必為好寫與之，留其真，漢河間獻王也。　桓譚《新論》，謂梁子初、楊子林，所寫萬卷，至于白首。　沈約年七十，手寫簿書。　傅隆年七十，猶手自書籍，躬加隱校。　南齊沈驎士年八十，火下細書，滿數十篋。　梁袁峻家貧無書，從人假借，手自抄寫，日課五十紙，數不登不休息。　抱朴子所寫，反覆有字。《金樓》謂：「細書經、史、《莊》、《老》、《離騷》等六百二十四卷在巾箱中。」後魏裴漢借異書，躬自録本，其勤與編蒲緝柳一也。彼藏書家至照軫充緗，不必披涉，視此不亦恧乎？

柳公綽「九經」、「三史」一抄，《北史》再抄，號「柳氏自備」。　温公手抄諸子，名曰「徽言」，所抄自《國語》而下六書，其目三百一十有二，端楷無一筆不謹。

劉穆之裁有閒暇，手自寫書，尋覽校定。　韋敻少愛人文史，留情著述，手自抄録數十萬言。

北齊郎基守潁川，惟頗令人寫書。潘子義謂：「在官寫書，亦是風流罪過。」　陽城家貧，不能得書，乃求為集賢寫書，竊官書讀之，夜不出房。六年，無所不通。　後魏李彪家世寒微，高悦家富典籍，彪于其家手抄口誦，不暇寢食。　北齊趙彦深初為司馬子如賤客，供寫書。子如善其無誤，薦之神武。

陸倕借人《漢書》，失《五行志》，暗寫還之。　宋劉芳邕子。為諸僧傭，寫經論，卷直一縑，如是一年。

吴闞澤家貧，為人傭書，所寫畢，誦讀亦遍。　梁王僧孺傭書養母，所寫畢，誦讀亦遍。

晉羊襲吉欣。勤于書寫，仡仡不倦。　梁武時，王泰仲通。好學，手抄寫計二千餘卷。　蕭大圜簡文子。《梁武集》四十卷、《簡文集》九十卷，江陵平後，藏秘閣。大圜入麟趾，周藏書處。方得見之，手寫二集，一年并畢。　北齊崔休弟子愍，長謙。青州司馬，賊圍城二百日，讀書不廢，凡手抄八千餘紙。　北周裴漢借人異書，必躬自録本。　五代林鼎慈溪人。所聚圖書，悉由手抄。　楊克讓歷官廉謹。少好學，手寫經籍。

借書

柳世隆借秘閣書。 江子一啟，求觀書秘閣。 皇甫謐表，就晉武借書。送一車與之。 李邕見特進李嶠，願一見秘閣書。 班嗣賜書；班斿受詔，進讀羣㞢，上器其能，賜以秘㞢之副。斿有子曰嗣。 黃香東觀。肅宗詔詣東觀，讀所未見㞢。 亦其類也。

左太沖自以所見不博，求為秘書。 劉孝標苦所見不博，聞有異書，必往祈借。 又匡衡、邑大姓家富多㞢，乃與客作。曰：「願得主人㞢遍讀之。」主感歎，給以㞢，後成大儒。 延篤、從唐溪典、李度受《左氏》，欲寫傳本，無紙，乃借本誦。久之，辭歸，曰：「已誦之矣。」袁峻。家貧，從人假借㞢，手自抄習。 携餅借書者，趙畯。子德進，宋城人。龔深甫《易解》新出，畯考城一士人家有之，徒步獨携餅餌以行。既至，求見主人。問以借㞢之事，頗以為難，而命之飯。辭曰：「欲見《易解》耳。非乞食也。」主人因館之一室，畯閉户晝夜寫録，饑則啖餅餌，數日而畢。 懷餅讀書者，郭宣徽。達少時日懷二餅，讀㞢京師西樓上。 投贄借書者，倪若水。㞢窗倪若水，藏㞢甚多。子弟值日看㞢、借㞢者，先投束修羊，然後借之。

晉齊王攸就人借書，必手刊其謬，然後返之。 陸龜蒙借人簡，編壞者緝之，文字謬誤者，刊之。

肯以書借人者：崔慰祖字悦宗，好聚㞢，來從假借，親自取與，未嘗為辭。 孫蔚、家世積㞢七千卷。遠近來讀者，恒有百餘人，蔚為辦衣食。 宋敏求、字次道。父綬繼，世掌史，住春明坊。 劉恕就次道觀㞢，次道日具酒饌。劉不受，抄旬而畢。 李承休。泌父。聚㞢，誠不出門。有求讀者，別院供饌。

不肯借人者：班嗣、家有賜書，桓譚欲借，嗣不進。盧尚書、王内史《借船帖》，盧尚書甚寶之。張賓護致書求借，答云：「只可就看，未嘗借人。」後忽有人持此帖詣張公求售，驚問之。云：「盧家郎竊出，遺寶耳。」張歎而却之。杜元凱、與子貺書，曰：「知汝頗欲念學，令同還車到副書，可案録受之，當别置一宅中，勿復以借人。」杜暹、藏書皆自題曰：「清俸買來手自校。子孫讀之知聖教，鬻及借人為不孝。」

因不借而後刻書者，毋昭裔。貧時，嘗借《文選》，其人有難色。發憤曰：「若富，當板以鏤書。」後蜀仕為相，遂踐其言。不就權勢借者，後魏崔亮。傭書。大業時，李冲當朝，從兄光依之。謂亮：「何不往就，彼家饒書，因可得學。」亮曰：「弟妹饑寒，豈可獨飽？自可觀書于市，安能看人眉睫乎？」

刻書

唐末，益州始有墨板，多術數、字學小書。　後唐詔儒臣田敏校「九經」鏤本于國子監。　宋初，廣諸義疏、音釋，令孔維、邢昺讎定頒布。

蜀毋昭裔板鏤《文選》；請刻板印「九經」。　「九經」板始于馮道。令田敏校定印賣。「九經」板始于唐明宗。長興三年，初刻印，賣之。　隋敕廢像、遺經，悉令雕撰。印書在隋已然。

穆伯長刻《韓柳集》。初得《韓柳集》善本，即自鋟板鬻于相國寺。曰：「但讀得成句，便以一部相與。」經年無售者。　周帥刻《筆談》。沈存中《夢溪筆談》，周帥刻之于學舍，購者衆多，頗為養士之利。　和凝自刻集，識者譏之。歐陽公言。

吴芾刻《姑溪集》。李端叔寓姑溪，有集。吴守太平，為之鋟板。

吴水心序陳同父《龍川集》，王琪刻《杜集》。守蘇郡，假省庫錢鏤板，士人争買之。既償省庫，羸餘以給公厨。而丘真長太守刻于州學，一時同志佐其役費。

蘇轍《徐州黄樓賦》，兄軾刻之。　令狐楚《河中白樓賦》，子綯刻之。

陸務觀詩，子子虡刻之九江；《古文集》，子子遹刻之溧陽。

藏書

張華徙居，載書三十乘。　摯虞撰《定官書》，皆資華之本以取正。世所稀有者，悉在華所。　任昉家雖貧，聚書至萬餘卷，率多異本。　武帝使賀縱、沈約勘其書，官無者，就其家取之。

唐丁度之祖顗，盡其家貲以置書，至八千卷。曰：「必有好學者為吾子孫。」後度嗜學，至參政。

李泌父承休聚書二萬餘卷，誡子孫不許出門，有求讀者，別院供饌，則鄴侯家多書有自來矣。

蔡伯喈有書近萬卷；後與王粲。粲亡，子洙預魏諷謀反，被誅，書悉入粲族人輔國，遂成名儒。　郭林宗有書五千卷；王修有書數百卷；魏破南皮，閱修家，穀不滿十斛，有書數百卷。太祖歎曰：「士不妄有名。」張華有書三十乘；崔慰祖萬卷；來從假借，親自取與。　范蔚一作孫蔚。七千餘卷；遠近來讀者，為辦衣食。　陸少玄父書萬餘卷；澄子。張率與善，盡讀其書。　沈約二萬卷；任昉萬餘卷；率多異本。昉卒，高祖使賀縱、沈約勘其家目，官所無者，就取之。　王僧孺聚書，率多異本，與沈、任埒。　張緬萬餘卷；孔休源七千卷；手自校理。　蘇弁三萬卷；手自刊校。時人言：「蘇氏書次于集賢芸閣。」韋處厚萬卷。手自刊校。　又姚察、父僧坦，每得供賜給察，察用聚圖書。　辛術、定淮南貲物，一毫無犯。惟大收典籍。王方慶、聚書不減秘閣。吳競、嘗自録《吳氏西齋書目》。王涯、倅子，書府。孫隲、趙凝、王都、張憲、買馥。聚書三千卷，手自刊校。皆富于典籍者也。

常爽性好墳籍，手自補治，躬加題帖，其家所有，垂將萬卷，覽讀不息，多有異聞。劉邕家有舊書，例皆殘蠹，手自緝輯，筐篋盈滿。曾鞏家藏二萬餘卷，手自讎對，白首不倦。

名山藏書者：嵩山石室。《嵩高山記》：一石室，有自然書，及飲食，九土文括略。會稽山石穴。石穴委曲。黄帝藏書于此，禹得之。《水經注》：「石山有金簡玉字書，禹發之，得治水之理。」包山洞穴。《吳地記》：「包山中有洞庭深遠。吳王夫差使靈威丈人入洞穴十七日，得玉葉，上列《靈寳經》二卷，使示孔子，曰：『禹書也。』」天承宛委。《吳越春秋》：「九山東南曰：『天承山』，號『宛委』，承以文玉，覆以藍石。其書金簡，青玉為字，編以金銀。禹登衡山，有赤繡衣男子自稱玄夷蒼水使者，謂禹曰：『欲得我簡書，知道水方，齋于黄帝之嶽。』禹乃齋，登石𥕞山，果得其文。周行天下，使伯益記之，為《山海經》。」荆州小西山石穴。《荆州記》：小西山上石穴中書千卷。相傳秦人于此而學，因留之。梁湘東王云：「訪小西之逸典。」是也。武陵天門山巖。中有書數千卷，見而不可取。皇天塢北古陶穴。伏滔北征，皇天塢古陶穴藏書二千餘卷。

曹氏積石為倉。曹曾慮先文湮没，乃積石為倉以藏書，故謂「曹氏書倉」。田弘正書樓。聚書萬餘卷。李鄘孫磎好學，家有書萬卷，號「李公書樓」。後周張昭遠好學積書，號「書樓張家」。宋孫抃眉山人。六世祖長孺藏書樓中。蜀人謂之「書樓孫氏」。周穆王至羣玉之山。先王所謂「策府」，古帝王藏書册之府。漢武開獻書之路。外有太常、太史博士之藏，內則延閣廣秘室之府。明帝詔求亡失。成帝使求遺書。使謁者陳農。壞孔子宅得《古文經傳》。漢魯恭王壞孔子舊宅，于其壁中得《古文經傳》。開魏王冢，得《穆天子傳》。《漢書》：魯開魏襄王冢。　河西得漆書。杜林于西州得漆書《古文尚書》一卷。雖遭艱困，握持不離身。　汲縣得竹書。王隱《晉書》云：「太康元年，汲縣民不準盜發魏王冢，得竹書漆字。」　符朗抱《符子》而趨。朗家楚，棄千金之劍，抱《符子》而趨。　太常負《周官》不捨。車胤奏書曰：「太常居家，雖流移苦寒，常自負《周官》，終不敢捨。」

柳氏昇平里西堂藏書，經、史、子、集，皆有三本：一本，紙墨籤束華麗者鎮庫；一本，隨行披覽；一本，子孫為業。　與宋次道春明坊、温公獨樂之園讀書堂，藏書，校讎，寶惜，可以為法。

宋謝僑素貴，常一朝無食，其子欲以班史質錢，僑曰：「寧餓死，豈可以此充食乎？」　唐杜兼積書萬卷，每卷後自題曰：「清俸寫來手自校，汝曹讀之知聖道，鬻及借人為不孝。」子孫念之，然與其封識而供蟫蠹，不若早遣而逢知己也。

書籍之藏：目録創于劉歆《七略》，而班固《六略》、王儉《七志》、阮孝緒《七録》、許善心《七林》，因之。　荀勖分為四部，而李光四部，謝靈運、王亮四部，任昉五部，因之。　唐之「四庫」，宋之「六閣」，則倣《隋書》。

殿閣所藏者：西漢三萬三千九十卷。石渠石室、延閣廣内，貯于外府。蘭臺及麒麟、天禄二閣，藏于内禁。　東漢萬三千二百六十九卷。藏于東觀仁壽閣。　晉二萬九千九百四十五卷。藏于秘書，中外三閣。　東晉存三千一十四卷。　孝武時，三萬六千卷。秘閣。　劉宋六萬四千五百八十二卷。藏總明觀。　齊萬八千一十卷。藏學士館。　梁二萬三千一百六卷。藏文德殿華林圃。　元帝江陵七萬餘卷。收文德之書，及公私經籍。

苻、姚二秦四千卷。中原戰争，文教之盛，苻、姚而已。　北齊三萬餘卷。藏于仁壽文林。　後周萬五千卷。藏虎門麟趾。　隋三萬七千卷。嘉則殿三十七萬，柳晉除其重復，止此。　唐四庫八萬九千卷；藏集賢院。十二庫七萬餘卷。秘閣。　宋三館秘閣三萬六千二百八十卷；崇文院三萬六百六十九卷；别藏龍圖閣大清樓。中興四萬四千四百八十六卷。

若士夫藏書，桓譚《新論》言：「漢梁子初、楊子林，手録萬卷。」梁任昉四萬；唐蘇弁二萬；李泌三萬。皆存總目。而阮孝緒之四萬，類例足徵。宋世家藏，各目俱不見，惟尤延之《遂初堂目》今傳。若《説郛》節本，則寥寥矣。　李淑二萬三千三百八十。　田鎬三萬。　晁、陳公武、直齋。二目最善，見《馬氏通考》，晁氏二萬四千五百。南陽井度傳録蜀中書甚富，舉以與公武，遂作《讀書志》。　周密謂：「陳直齋宦中得五姓之書，乃能至五萬一千八十卷。」又言：「前代杜兼萬卷；韋述二萬卷；吴兢西齋萬三千四百；周密家亦有四萬；濮安懿王之子宗綽蓄書七萬卷；南都王仲四萬三千餘；曾南豐及李氏山房亦一二萬；葉少藴之十萬，復也。」

書厄

詩書之厄：卷軸之富，莫過于隋；而兵火之厄，有甚于秦。一盡于王莽之末；盡被焚燒。一盡于董卓移都；自辟雍東觀、蘭臺、石室、宣明、鴻都諸藏，競其部散。王允所收而西者，裁七十餘乘，道遠浸棄其半；長安焚蕩，莫不泯盡。一盡于晉惠、懷之亂；靡有孑遺。一盡于齊末之兵火；延燒秘閣，經籍遺散。一盡于元帝自焚；周師入郢，咸自焚之。一盡于大業之焚：煬帝。一盡于砥柱舟覆：唐平偽鄭，盡收其圖書。命宋遵貴載之以船，泝河西上，將致京師，行經砥柱，多被漂没。有者十不一二。一盡于安禄山：天寶中，尺簡不存。一盡于黃巢：僖宗廣明。一盡于靖康之變：欽宗。一盡于紹定之災。理宗。牛弘表五厄：秦火也，王莽也，漢末也，永嘉南渡也，周師入郢也，而不載齊末之火。《筆叢》五厄：大業也，天寶也，廣明也，靖康也，紹定也，而不載砥柱之水與榮宫之火。祥符八年，榮王宫火一日二夜，所焚屋宇二千餘間，秘閣三館圖籍一時俱盡。蓋秦火之後，遭厄凡十有二，此在朝廷者也。魏了翁言：「江元叔所藏為僕竊入于安陸張氏者，亦焚。宋宣獻書，元符中焚。晁文元累世之書，政和甲午焚。」李端叔言：「宋綬家藏書為火所盡。」周密言：「無不厄于兵火者，其家藏亦失。」王仲言云：「葉少藴藏書于霅川，丁卯與宅俱火。」而李泰發家書亦是歲火。物聚必災，亦其理也。

碑版之厄：顔清臣《祖將軍碑》，九江守磨去，另刻「德政」，歐陽詹吊之。柳公權《何進滔德政碑》，太和尹磨去，另刻新製，周必大厄之。高齡鑿敗古碑銘，以為己文，水官譴之。許真君遜得古碑，磨去舊文，勒其新記，水官質之。出伊州，有班迢《紀功碑》，姜行本磨去其文，更刻頌陳國威德。

文章之厄：《李長吉詩集》為表兄所嫉，毁之；陳無己《編年書》為外家所懼，棄之。皆恨事。熙寧以來，蘇、黃之文集，范鎮、沈括之雜説，一切禁之。姚鉉謫居連州，常寫所著《文粹》一百卷，好事者于縣建樓貯之。官吏多遣吏寫録，吏以為苦，以鹽水噀之，冀其速壞，縱火焚樓。

書畫之厄：王逸少書門生棐几，其父刮盡。子敬門生以子敬書種蠶。蕭翼以計取辨才《禊帖》，久竟亡于獱夫。　王涯以計取張周封《清夜遊西園圖》，久竟落于粉鋪。

遺失之厄：顧長康之厨，封題如初。以一厨畫糊題其前，寄桓玄。玄發厨後取畫，顧見封題如初，直云：「妙畫通靈。」　柳公權之笥，扃緘如故。以銀杯一笥，付藏奎海鷗。竪竊之，扃緘如故。公權笑曰：「銀杯羽化耳。」　沈約失《晉書》第五帙。約撰《晉書》，條流雖舉，而採掇未周。遇盜，失第五帙。　陸倕失《漢書·五行志》四卷。暗寫還之。

碑志

金延廣《母子碑》，初無文字，但有人物。　《謝太傅碑》，不銘功德。

王儉曰：「石誌，但記姓名。」齊太子穆妃將葬，議立石誌。儉曰：「起于顔延之為王彌作《墓誌》，至魏繆襲理文父母墓。但令記姓名，歷官、祖、父、姻娅而已。」又王戎墓銘，有數百字，則魏、晉以來有墓誌。　漢杜子夏臨終作文，刊石埋墳前，恐因此始。

唐盧承慶誡子曰：「碑誌惟著官號、日月。」臨終誡子，不用虛文。

蔡邕曰：「惟《郭有道碑》不愧。」　高光禄為高中書立碑，曰：「以此文報德。」

溫、郗、王、庾諸公之薨，必須孫綽為碑文，然後刊石。　韓擇木、柳公權善書，當時大臣家碑誌，非其筆，人以為不孝。　張季友曰：「藏而不得韓君記，謂退之。猶不葬也。」

姜肱弟子追慕肱德，共刊石頌之。　庾衮叔衮。卒，門人感慕，為樹碑。

扶風王駿，西土為樹碑，長吏見碑無不拜。　蕭恭刺雍州有聲績，百姓立碑。聞大叫，明視之，碑湧起一尺。　羊祜没，襄人立祠刻碑，過者莫不流涕，杜預名為「墮淚碑」。

郭知運卒，詔張説記其功于墓碑。帝經訪盧懷謹墓，詔官為立碑。説嘗自為其父碑，帝為書其額，曰：「嗚呼！積善之墓。」 韓思復卒，天子親為題碑，曰：「有唐忠孝韓長山之墓。」 司馬承禎卒，帝親文其碑。

苗晉卿自為父碑文，有鵲巢碑上。 歐陽修自為父碑。

古之人主為大臣御製碑者：唐太宗于魏徵。 高宗于李勣。 明皇于張説。 德宗于段秀實。 宋太宗于趙普。 仁宗于李用和。 神宗于韓琦。

司馬君實與范景仁約，更相為傳。 韓退之為柳子厚作《墓誌》。 歐陽修為梅聖俞作墓誌。

韓退之作王仲舒碑，又作誌；蘇子瞻作司馬君實行狀，又作碑。 其事同，其詞各異。

白樂天為元微之作墓誌，元氏之老，具輿馬、縑帛、銀鞍、玉帶以謝。不納，因施香山寺。 范文正為范忠獻作銘，其子以金帛、書畫謝，悉不收，獨留《道德經》，還書誡之。曰：「為宗家惜之，毋為人得。」 曾子開為彭器資作銘，子以金帶、縑帛為謝，却之。

崔元亮遺誡，請白樂天為《墓誌》，以玉磬琴留别，情也。 姚崇遺令，請張説作神道碑文，盛陳服玩寶器，則術矣。

韓持國維。 為富鄭公《墓誌》，義不食言。 鄭公訃聞，神宗悼惜之，曰：「平生强項，誌其墓者，必强項人也，必韓維。」維弟絳遺報，維復書曰：「業已許之，不可食言。 因此獲罪，所甘心也。」 司馬温公為吕獻可《墓誌》，不顧時忌。有「倖臣家居，天子引參大政，獻可抗章條其過失」等語。 劉中通自請書石，見文遜回，子安世代書之。 蔡天申賂得，以獻王安石，欲中温公。安石掛壁間，曰：「君貺之文，西漢之文也。」

歐陽文忠為范文正作《神道碑》，言：「西事時，呂相擢用希文，盛稱公能釋憾而共戮力。」純仁削去，歐公聞之，甚不樂，曰：「我亦得罪于呂相者，惟其言公，可取信後世。」嘗叩范公自言：「平生無怨惡于人。」兼與呂公解仇書云：「相公有汾陽之心，某無臨淮之力。」為尹師魯作銘，不辨其獲罪之冤，但稱文章簡而有法，或以為不盡。公怒，詒書責之，曰：「于師魯之文不薄矣。」　王荆公為錢公輔母作銘，公輔意不滿，公復書曰：「鄙文自有意義，不可改也。」

崔廓為李士謙作傳。輸之秘府。　何劭敬祖。撰《荀粲》、《王弼傳》。

史孝章妻崔氏命其家老乞辭劉禹錫。　張園妻劉氏使女奴乞銘韓退之。

東坡辭不為趙瞻《神道碑》。　韋貫之不為裴均子雲。撰先銘。雲持萬縑請。貫之曰：「吾寧餓死，豈能為是？」

晏元獻以誌宸妃墓被參。　蔡忠惠以不書温成碑見頌。　孫沔亦不讀温成追册。

闡幽：漢曹娥痛父旴之溺，投江而尸出，邯鄲淳為之碑。　唐饒娥哀父勳之溺，不食死，震電而父尸亦出，柳宗元為之碑。

志其郡邑之事者：習鑿齒撰《襄陽耆舊傳》。襄陽公習郁之後。　唐陸廣微撰《吴地記》。郡人。　晉羅含君章，耒陽人。撰《湘中山水記》。范陽盧拯注其書。　宋范成大撰《吴郡志》。郡人，參政。　陳耆卿撰《赤城志》、郡人，司業。《續志》。郡人，吴子良。　曹器遠撰《永嘉譜》。太守孫楙屬郡人曹器遠裒集。　陳謙益之。撰

《永寧編》。郡人。　宋如愚撰《劍南須知》。眉山人。　唐林諝撰《閩中記》。閩人。　林光撰《建安志》。郡人。　談鑰撰《吴興志》。郡人。　晉常璩撰《華陽國志》。蜀人。　北平陽休之撰《幽州人物志》。

官于其地而志之者：樊綽安南宣慰使。撰《雲南志》。八詔始末、名號、種族、山川險易。　周淙彦廣。撰《臨安志》。府帥，吴興人。　董弅郡守，字令升。撰《新定志》。　洪遵撰《東陽志》。通判。　任弁，《梁益志》。遊宦成都，刊正《蜀記》之謬。　李琮，《相臺記》。郡守李琮命文學掾陳申之撰。　趙抃撰《成都古今記》。抃四入蜀，知蜀事為詳。　陳曄，郡守。《鄞江志》。俾昭武士人李皋為之，郡有鄞江溪。　馮拯，《番禺紀要》。謫知端州作。　莫休符，《桂林風土記》。唐融州刺史，權知桂州撰。　劉恂廣州司馬。撰《嶺南異録》。　范旻宰相質子，知邕州。撰《邕官雜記》。　王林，《涇川志》。林知涇縣，縣有水患，林改卜日留村。　趙善俊，郡守。《長沙志》。命教授褚孝錫等撰。　王剛中，郡守居正。《續成都古今記》。

書其所歷：辛顯怡撰《至道雲南録》。　晉王仁裕使高季興，作《南行記》。　張禮，《遊城南記》。段公路，《北户雜録》。唐萬年縣尉，鄴平公之孫。　唐房千里，《南行記》。一名《投荒雜録》，謫高州，既歸為此书。范成大，《吴船録》。出蜀作。　桂林《虞衡志》。府帥自桂移蜀道中追記。　孟元老，《東京夢華録》。幽蘭居士孟元老少遊京師，晚值喪亂之後，追述舊事，及國家典禮、里巷風俗。當時宫闕、橋道、坊曲尤詳。

編《春秋地譜》，宋楊湜也。　纂《輿地廣記》，歐陽忞也。自堯、舜至五代地理沿革，繫以今郡縣名。　撰《唐十道圖》，李吉甫也。　撰《太平寰宇志》，宋樂史等也。　删定《九域志》，宋王存等也。　成《方域志》，宋東陽布衣王希先也。父玲，本建寧人。進士試詞科不中，頗該洽，希先述其遺稿，以成此书。凡前代謂之譜，本朝謂之撰《襄沔記》，唐吴從政也。刪宗懍《荆楚歲時記》、盛弘之《荆州記》、鄒閏甫《楚國先賢傳》、習鑿齒《襄陽耆舊傳》、郭仲産《襄陽記》、鮑堅《南雍州記》，集成此書。景龍中人，自號「栖閒子」。志。譜序當時事實而注以今之郡縣。志述今日疆理，而系于古之州國，詳明無以過矣。

文字潤筆：作文受謝，晉以來有之，至唐始盛。李邕尤長碑頌，中朝衣冠及天下寺觀齎持金帛往求其文，受納鉅萬。杜子美詩云：「干謁滿其門，碑版照四裔。豐屋珊瑚鈎，麒麟織成罽。紫騮隨劍几，義取無虚歲。」韓退之撰《淮西碑》。憲宗以石本賜韓弘，弘寄絹五百疋；作王用碑，用男寄鞍馬并白玉帶。劉禹錫《祭愈文》云：「公鼎侯碑，志隧表阡，一字之價，輦金如山。」皇甫湜為裴度作《福先寺碑》，曰：「碑三千字，字三縑，何遇我薄？」度酬絹九千疋。李華晚不著書，惟家傳墓版，州縣碑頌齎金帛往請，乃强為應。王勃所至，托請為文，金帛豐積，人謂「心織筆耕」。其不受者：穆宗詔蕭俛撰成德王士真碑，辭曰：「王承宗事無可書，例得貺遺，若黽勉受之，則非平生之志。」帝從其請，此不異白范曾之却也。若胡汲仲之不以羅司徒之錠動心，尤與韋貫之同為有守矣。

潤筆之儀，古人不却。歐陽公倩、蔡君謨書《集古録序》，以古銅筆格、李廷珪墨、澄心堂紙潤筆。王岐撰《龐潁公神道碑》，以古書畫及杜荀鶴及第試卷潤筆。薛紹彭為米元章書《會稽公丹陽、襄陽二夫人誥》，以智永臨右軍帖潤筆。馬仲塗求蔡君謨，以精婢潤筆。又崔元亮遺誡，以玉磬琴留别白樂天，請為墓誌。元氏老壯以臧獲、輿馬、縑帛、銀鞍、玉帶之物謝樂天墓誌，且為當贊。樂天施之香山寺，為作記。

唐柳玭刺瀘州時，東川節度顧彥暉請書德政碑。玭曰：「若以潤筆為贈，即不敢從命。」隋鄭譯拜爵沛國公，位上柱國，高熲為制，戲曰：「筆乾。」譯曰：「出為方岳，杖策言歸，不得一文，何以潤筆？」一無一文可潤筆；一不受一文潤筆。二公俱高。

子美詩：「本賣文為活，翻令室倒懸。」言其無假借也。子雲作《法言》，蜀人賫錢十萬，願載其名，子雲却之。亳富人修佛廟成，守張知白召穆修為記，富人遺五百金求附名，修投金，曰：「不忍以匪人污吾文。」二子自負何如哉？彼售金求米，非惟人品徑庭，其書可知。《筆乘》：賣文為活，段湛事。

輯文

司馬子長之《史記》，則得其外孫楊惲。以傳。　昌黎之集，考亭之録，皆得其婿以傳。韓婿李漢，朱婿黃榦。　歐、蘇以子傳；子西、子由又得其弟與侄以傳。　白樂天至以僧傳。《長慶集別録》三本，一置東都聖善寺律庫中，一置廬山東林寺經藏中，一置蘇州南禪院。　鄭億翁更以井傳。　向秀、譚峭，乃以盜而益傳。

昌黎有子，小史傳其巍科，而訂校全集，乃在李漢。　坡公有集，人主為製其序，而過、邁無功。劉濟甫云。

何遜卒，集其文八卷，王僧孺也。　謝徵卒，集其文二十卷，友人王籍也。　崔湜卒，纂其遺文十卷，友人裴耀卿也。　司馬褧卒，晉安王長史。集其文十卷，庾肩吾也。晉安王命記室庾。　李廣卒，少與李迒齊名，為邢、魏之亞。集其文十卷，托魏收為之序，畢義雲也。廣曾薦雲于崔暹。集駱賓王文，郄雲卿也。編録蘇長公文集二卷，長公同年，龍圖之子劉沔也。

奉命為虞世南集序者，褚亮也。為唐彥謙序詩者，薛廷珪也。序詩數百篇，號《鹿門先生集》。為孟浩然集序者，韋縚也。云：「此詩不遇王君，乃數十張故紙耳。」王名士源。天寶中，獲《浩然集》，為之序。為亡友李賀刻遺詩，請杜牧為之序，曰：「想其人，詠其言。」沈子明也。集賢學士。編次柳子厚文，劉禹錫也。

諸葛璩所著文二十卷，門人劉曒集而録之。楊愔所著，誅後散失，門生鳩集所得者萬餘言。任嘏卒後，故吏程威、劉固、上官崇録其事，行及所著書，奏之，詔下秘書。盧藏用序友陳子昂文十卷。武平一纂友《宋之問集》十卷。

校 記

〔一〕游雅、白渠：原作「竇雅」、「自渠」，據《北史·游雅傳》改。

〔二〕三過：原作「三週」，據《南史》、《梁書》之《王曇首傳》改。

古事比卷之三十一

兵戰

黄帝「五陣」：直、鋭、圓、方、曲也；「八陣」：衝、軸、風、雲、虎翼、蛇蟠、飛龍、翔鳥也。太公「三陣」：天、地、人也。風后「八陣」：天、地、風、雲、虎翼、蛇蟠、龍飛、鳥翔也。孫子「八陣」：方、圓、牝、牡、衝直、方宜、車輪、雁行也。吴起「八陣」：曲、直、鋭、封、車廂、車扛、鵝鸛、衝陋也。孔明「八陣」：洞當、中黄、龍騰、鳥翔、連衡、握機、虎翼、折衝也。李靖「六花陣」，則中軍、外軍、左虞候、右虞候、左二廂、右二廂也；「十二陣」，則中軍遊奕大黑、大赤、青蛇、白雲、左空、右擊、前衝、後衝、推兇、决勝、破敵、先鋒也。《偶記》

竇憲以「八陣」擊北軍。馬隆以「八陣」攻涼州。

孟明之濟河焚舟也；項羽之沉船破釜也；慕容垂之濟河焚橋也；王鎮惡之登岸放舟也。祖武王之智也。武王伐殷，過隧斬岸，過水折舟，過谷發梁，過山焚萊。

蕭道成之刺沈攸之，楊堅之討尉遲迥，皆祖司馬懿之誅王凌、諸葛誕。

孔明遺司馬懿以巾幗；亮數挑戰，懿不出。因遺婦人之飾，表請决戰。魏主遣辛毗制之。北魏遺梁臨川王宏以巾幗；宏侵魏，諸將乘勝欲深入。宏聞魏援近，畏懦不敢進。且歌以蕭娘、呂姥。宏議旋師，呂僧珍曰：「知難而退。」魏遺以巾幗，歌以巾幗歌曰：「不畏蕭娘與呂姥，但畏合肥有韋虎。」宏逃歸。唐杜伏威遺陳稜以婦人之服，并致書，號為「陳姥」。稜不敢戰，伏威敗之。皆祖武侯也。

韓信用「背水陣」而破趙，本于武王背濟水向山坡而陣，以滅商。《尉繚子·天官》曰：「背水陣為絶紀，向阪陣為廢軍。」

晉王克用薨，梁兵壓境，莊宗决勝于夾寨；周太祖殂，契丹入寇，世宗接戰于高平。皆晉襄之志也。

曹操不必取孫吳而闇與之合。《曹植傳》語。　山濤論用兵，不學孫吳而闇與之合。　劉琨稱石勒：「雖不視兵書，闇與孫吳同契。」

漢武帝嘗欲教霍去病孫吳家法，對曰：「顧方略何如耳？不至學古兵法。」　夏侯稱父使讀兵書，曰：「能則自為，安能學人？」　晉武帝問：「誰能討涼州？」馬隆進曰：「臣能平之。」帝曰：「顧卿方略何如耳？」隆曰：「若能任臣，當聽臣自任。」　岳飛曰：「陣而戰，法也。運用之妙，存乎一心。」

趙充國不擊罕开，宣帝以辛武賢言促令進兵；王忠嗣不攻石堡，明皇以董延光言詔忠嗣助兵。兩將持之益堅，至拒愛子之諫，抵信將之說。然充國反覆上疏，必行其計者，恃魏相之內主也；忠嗣黽勉出兵，不敢抗言者，憂林甫之中制也。

高崇文之破劉闢也，以杜黃裳請專任，不設監軍也。崇文在長武城，練卒五千，常若寇至，及是中使之長武，卯時宣命，而辰時出師，五千器用無闕者。李愬之平吴元濟也，以裴度悉去中使監軍也。裘甫之亂，夏侯孜為相，能專任王式，以成浙東之功。儂智高之亂，龐潁公為相，能專任狄青，以成邕州之功。韓絳謂：「武臣不宜專任。」龐籍曰：「青起行伍，以文臣副之，則號令不專，不如不遣。」既而捷書至，帝喜曰：「青破賊，卿之力也。」自古大將立功于外，未有不本持朝議者。

昔人謂：「大江之險，天所以限南北。」故魏武困于居巢；曹丕困于濡須；拓跋困于瓜洲；苻堅困于淝水。而陸抗以為長江峻山，守國末務。杜預不嘗襲樂鄉乎？胡奮不嘗入夏口乎？賀若弼不嘗濟廣陵乎？曹彬不嘗渡采石乎？不特此也。鄧艾從劍閣緣崖躋攀入蜀，而成都守者猶不知；劉裕使王鎮惡乘舟溯渭，至咸陽破秦，而潼關守者猶不知。

周亞夫擊吴、楚，諸侯以為從天而降。　周世宗征南唐，李璟以為自天而下。

王彦章至滑州，置酒大會，酒半佯起更衣而趨，德勝城遂破。曹瑋用兵多奇計，一日張樂飲僚吏，中座失瑋所在，明日徐出視事，而賊首已擲庭下矣。狄青至賓州，儂智高守崑崙關，值上元，青張燈夜宴，樂飲徹曉，次夜二鼓，青忽稱疾，諭孫元規主席行酒，至曉馳報者云：「是夜三鼓，青已奪崑崙矣。」韓世忠上元節秀川張燈高會，引兵急趨潤州，兀朮南侵。及金兵至，則世忠已屯焦山矣。兵貴神速，諸將有焉。

三戰三勝者，田忌之伐魏也。　九戰九勝者，韓信之破秦也。

楊大眼勇冠六軍。大眼從車駕征宛、葉、襄、鄧、九江、鍾離之間，所經戰陣，莫不勇冠六軍。　傅豎眼頻致九捷。豎眼既出梁州，梁平所在拒塞。竖眼三日中轉戰二百餘里，甲不去身，頻致九捷。　吳漢八戰八克。與公孫述戰廣漢、成都間。　唐太宗八戰皆克。破宋金剛于雀鼠谷。　唐休璟六戰六克。吐蕃大將麴莽布支寇涼州。　師德八遇八克。與吐蕃戰白水澗。

曹操渡渭，馬超衝突不得立，地又多沙，不可築壘，用婁子伯之計，天寒起沙為城，以水灌之，一夜而成。魏文在廣陵，吳人大駭，乃臨江為疑城，自石頭至于江乘，車以木植，衣以葦席彩飾，一夕而成。梁韋叡救鍾離，于邵陽洲〔一〕掘塹，樹鹿角，截洲為城，比曉而營立。《北史》：太武征蠕蠕，司馬楚之伐柳為城，灌水令凍。時封沓亡入蠕蠕，説擊楚之以絶粮道。蠕蠕遣覘楚之軍，截驢耳而去。楚之曰：「必覘賊截之為驗，賊將至矣。」城立，賊至，不可攻。　隋何稠在遼左為帝制六合城，周八里，高千仞，四闕一觀三門，比明而畢。又造遼水橋，一日而就。可謂神功矣。

晉李存進造浮梁于德勝，以葦笮維巨艦，繫于土山巨木，踰月而成。　唐池州人樊若水詣闕，請造浮梁以濟，漁釣采石江上，乘小舟載緊繩維南岸，疾棹抵北岸，以度江之廣狹。　遣石全振往荆湖造船，自荆渚而下，移置采石，三日而成，不差寸尺。

唐張仁愿于河北築三受降城，凡六旬而三城就。　范仲淹請于朝，詔种世衡築青澗城。

岑彭攻公孫述荆門浮橋，以魯奇應募，風火敗之。　周瑜禦曹操，赤壁鬥艦，以黄蓋詐降，風火敗之。　韋叡與魏戰邵陽洲，以小船載草，灌之以膏，縱火焚其兩橋，風火敗之。

吳人于江磧要害處，以鐵鎖横截，又作鐵錐暗置江中，以逆拒舟艦。王濬作大筏，令善水者以筏先行，遇錐著筏而去，又作大炬灌以麻油，遇鎖燃炬燒之，須臾鎔液斷絶。　晉以鐵鎖斷德勝口，王彦章具舟楊村，命甲士持巨斧，載冶者，具鞲炭，乘流而下，舉火鎔鎖，因以斧斷浮橋，急擊南城，破之。

錢傳瓘擊吴，吴回船與戰。傳瓘使順風揚灰，吴人不能開目。傳瓘散沙己船，而散豆吴船，豆為戰血所漬，吴人踐之僵仆，因縱火焚吴船，吴人大敗。　楊璇守零陵，賊攻郡縣，璇制馬車，以排囊盛石灰，繫布索于馬尾，又為兵車，剋期會戰，乃令馬車居前，順風揚灰，賊不得視，因以火燒布，布燃馬奔突賊陣，弓弩亂發，羣盗駭散，追斬無數。

劉錡順昌之戰，戒甲士帶竹筒，實以煮豆。入陣則割筒，狼藉其豆，馬饑，聞豆香，低頭食之，又多為竹筒所滚，以故士馬俱斃。　畢再遇嘗引敵與戰。日晚，以香料煮黑豆布地上，復戰，佯敗，敵乘勢追逐，馬饑，聞豆香，就食，鞭之不前，反師攻之，大勝。

齊章子變其徽章，以雜于秦軍，而齊大勝。踵其智者：如韓信選輕騎入趙壁，拔趙幟，立漢赤幟，遂破趙。　李寶拔赤眉旗幟，更立己旗幡，而延岑乃敗還逢安。　馮異使壯士變服與赤眉同，伏于道側擊破之。　曹操選精鋭，用袁紹軍旗幟，銜枚縛馬，從間道至營屯，放火焚其粮穀，大破淳于瓊等。

韓世忠遣兵馳賊中軍，奪望樓，植旗而破劉忠。　唐太宗徵高麗，舉幟城上，見者以為唐兵已登。　漢趙暉偽為蜀兵旗幟，循南山，而王景崇出隋于仲文偽為尉遲迥旗幟，進金鄉，而徐善净出謁被執。

圍被殲。　晉將史建瑭、李嗣肱效粱軍旗幟服色，暮至營門，縱火大譟，而朱温夜遁。　唐王晙料奇七百，易悉兵服，夜襲敵兵營，大呼鼓角，吐蕃驚疑，自相鬥死者萬計。　達奚武從三騎，效高歡將士衣服，下馬潛聽，得其軍號，因歷營若警夜者，具知情狀而還。　假吳王為楚人，雜于楚人中以亂楚王，「趙幟」、「楚歌」，亦是法也。　岳少保夜令百人黑衣，混金營中擾之，使自相攻擊，亦祖此意。

宇文憲自陳曰：「我齊王也。」段暢聞之，揚鞭去，奪其氣也。　唐太宗自稱曰：「我秦王也。」竇建德追之，致其師也。

越王伐吳，徇于軍曰：「有父母耆老而無昆弟者，以告；有兄弟四五人皆在此者，以告；有眩瞀之疾者，以告。」　信陵勒兵下令曰：「父子俱在軍中，父歸；兄弟俱在軍中，兄歸；獨子歸養。」《事偶》

鮑永修鄉射禮，請董憲別帥彭豐會觀，而遂殺豐。　度尚北面設戲並在觀，而遂殲賊。

兵法有因人之情而施吾之計者：如宋太祖以佛法誤南唐。南唐主酷嗜佛法，乃選僧有口辯者見之，論性命之說，唐主信之，謂之「一佛出世」。由是不復以治國守邊為意。　劉元佐以佛汗致軍餉。汴州相國寺佛有汗流，節度劉元佐遽命駕自持金帛以施。明日，復起齋場，將吏、商賈，惟恐輸貨不及，因令官為簿，以籍所入，十日得錢巨萬，悉以贍軍資。　李抱貞賺老僧焚身藉資。抱貞鎮潞州，軍資匱闕，有老僧為郡人信服，乃令假為鞠場焚身，引鑿地道。乃升壇說法。抱貞率將吏膜拜其下，以俸施堆旁。由是士女駢填，捨財億計。滿七日，窒道焚之，乃藉所得以濟軍需。

「歸師勿掩」，賈詡以告張繡也，皇甫嵩犯之，而破王國。　「窮寇勿追」，趙充國以緩先零也，唐太宗犯之，而降薛仁杲。　「百里爭利者蹶上將」，孫臏以殺龐涓，趙奢犯之，而破秦軍；虞詡犯之，而破叛羌。　「强而避之」，周亞夫所以不擊吳軍之鋒也，光武犯之，而破尋邑；石勒犯之，而破箕澹。　「兵少而勢分者敗」，黥布以覆楚軍；曹公用之，拒紹而斬顏良。　「臨敵而易將者危」，騎劫以喪燕師也；秦君用之，將白起而破趙括。

賈詡策張繡，以精兵追軍而敗，以敗軍擊勝卒而勝；宋武先料譙縱備我，我出不意，然後攻彼之所不意；李光弼暫出野次，忽焉而歸，即降思明之二將。凡此皆非法之所膠也。《日知録》

魏思温勸李敬業直趨河、洛，此尹德毅之説蕭督，龍敏之獻策潞王從珂也。然非其人，張玄勸張温，孫堅勸皇甫規，安能用之？　金罍子曰：「魏元忠當仲大義，激孝逸以同敬業，灌嬰與齊連和以觀變。非耶？」

兵有正奇伏。秦之函關，吴之長江，蜀之劍閣，此正道也。　劉濞反，攻大梁，田禄伯請以五萬人别徇江淮，收淮南、長沙以與濞會武關。　岑彭攻公孫述，自江州泝都江破侯丹兵，徑投武陽，繞出延岑軍後，以精騎赴廣都，距成都不數十里。　李愬攻蔡，蔡悉精卒以抗李光顔，而不備愬，愬自文成破張柴，疾馳二百里，夜半到蔡，黎明擒元濟，此奇道也。　漢武攻南越，唐蒙請發夜郎兵，浮船牂牁江，道番禺城下，以出越人不意。　鄧艾攻蜀，自陰平，由景谷攀木緣磴，魚貫而進，至泊江而降馬邈，至綿竹而斬諸葛瞻，遂降劉禪。　田令孜守潼關，關之左有谷曰「禁」，而不之備，林言、尚讓入之，夾攻關，而關兵潰。此伏道也。《問奇》

孫臏于馬陵砍樹，白書：「龐涓死此樹下！」弩發，而涓自刎。　武侯于木門道，削大樹皮，題曰：「張郃死此樹下！」弩發而中，郃死。

蕭望之抑馮奉世；匡衡抑陳湯；宋璟抑郝靈荃，馘獻默啜，逾年始授郎將。以其時不欲尚邊功，种誼生禽鬼章，但轉一官為閤門使。　傅介子誅樓蘭王安歸；馮奉世誅莎車王呼屠徵；陳湯、甘延壽誅匈奴郅支，惟班超誅單于使而服鄯善，戮巫者而定于闐，可方也。

辛讜許杜滔以共生死，而卒共生。　南霽雲許張巡以共生死，而卒共死。

宋威以狗脊嶺之事，見中于楊復光，為殺降也。　李德裕以維州之事，見中于牛僧孺，為受降也。

以作賊佐朱溫者，李振也，為應進士舉不第。　以討賊佐錢鏐者，羅隱也，亦為應進士舉不第。

李廣之射，二十步而始發。　典韋之戟，五步而始發。

魏武討馬超、韓遂，日報敵益而喜。　太宗屯高墌，日報敵益而喜。

臧質之守盱眙也，佛貍受辱。　韋孝寬之守玉壁也，賀六渾坐窮。

趙奢救閼與，留二十八日不行而勝。　宋義救邯鄲，留四十六日不進而敗。

韓信取齊，不惜酈生之烹；韓信方擊齊，酈食其說田廣罷歷下兵守戰備，與食其日縱酒。韓信乃夜度兵襲齊，廣𠛬渼兵至，以為食其賣己，乃烹食其，引兵走。　李靖取頡利，不憐唐儉之死。靖往迎頡利，頡利潛懷猶豫。太宗遣唐儉等慰諭，靖揣詔使到彼。鹵必自寬，遂選精騎襲之。張公謹曰：「行人在彼。」曰：「時不可失。唐儉輩何足惜？」督軍疾進，頡利不虞官兵至也。靖軍將逼，始覺，先走，部衆潰散。　此嶢下秦連和，而張良因其懈擊之之計也。

孫權手指周泰創痕。權至濡須塢，會諸將酣樂。自行酒至周泰前，命解衣，指其創痕，問所起，泰記昔戰鬥處以對。明日，遣使授以御蓋。　又手拭凌統創處。統字公績。時孫權前部已發，魏將張遼奄至。統率親近三百人陷圍扶扞。權出，敵已毀橋，橋之屬者兩板。權策馬驅馳，統復還戰，橋敗路絕，被甲潛行。權既御船，見之，驚喜。統痛親近無返者，悲不自勝。權引袂拭之，謂曰：「公綋卿在，何患無人！」統創甚，權留于舟，賴得卓氏良药，故得不死。

唐太宗見士卒負擔，分其尤重。至遼東城下，見士卒負擔填塹者，分其尤重者，親于馬上持之。從官悚動，爭齎以送城下。

又見大將中矢，親為吮血。師次白崖城，大將軍李思摩中弩矢，帝親為吮血，將士莫不感動。

郭元振以誠信待婆葛。西突厥首領烏質勒欵塞通和。元振就其牙帳計事。時大雪，元振立帳前，與烏質勒言議。烏質勒年老，不勝寒苦，會罷而卒。其子娑葛以元振故殺其父，謀勒兵攻之。解琬勸夜遁，元振曰：「吾以誠信待人，何所疑懼？且深在寇庭，遁將安適？」乃安卧帳中。明日，親入其帳，哭之甚哀，娑葛乃感其意，復與元振通好如初。此誠信之孚也。

郭子儀以至誠感回紇。子儀屯涇陽，敵騎圍之數重。子儀率騎出没。回紇問曰：「郭令公？」曰：「令公誠存，安得而見之？」諸將諫勿往。曰：「至誠感神，況彼輩乎？」乃傳呼：「令公來。」回紇初疑，持滿注矢以待。子儀以數十騎徐出，免胄而勞之曰：「安乎？久㐫忠義，何至于是？」回紇皆捨兵下馬，齊拜曰：「果吾父也。」子儀召其首領，各飲之酒，與之羅錦，歡言如初。

輸攻墨守。公輸般為雲梯以攻宋，墨子解帶為城，以牒為械。般九設攻械之械變，墨子九拒之。般之攻械盡，墨子之守圉有餘。般詘而曰：「吾知所以拒子矣。吾不言。」墨子曰：「吾知子之所以拒我，吾不言。」楚王問其故，曰：「般不過欲殺臣，然臣弟子禽滑釐等三百人已持臣守圉之器在宋城上，而待楚寇。雖殺臣，然臣不能絶也。」楚王曰：「請無攻宋。」

葛攻郝守。魏郝昭築陳倉城。諸葛亮至，圍陳倉，使昭鄉人靳詳遥説之。昭曰：「我識卿，箭不識也。」亮起雲梯、衝車以臨城。昭以火箭逆射，梯燃，人皆燒死。昭以繩連石磨壓其衝車折。亮更為井闌百尺，以射城中，以土瓦填塹，欲直攀城。昭又于内築重牆。亮又為穴，欲涌出于城裏，昭于城内穿地廣截之，晝夜攻拒三十餘日，亮無計，救至，引退。

高攻韋守。高歡伐魏，至玉壁，圍而攻之，晝夜不息。韋孝寬隨機拒之。城外盡攻擊之術，而城中守禦有餘。歡智勇俱困，乃解圍去。

以功名為心，貪軍旅之寄，此自將帥習氣，雖賢者未能知止自斂也。廉頗既老，飯斗米，肉十觔，被甲上馬，以示可用，致困郭開之口，終不得召；漢武大擊單于，李廣老，數自請行，卒有東道失軍之罪；

先零羌反，趙充國年七十餘，馳至金城，雖全師制勝，而禍及其子卬；五溪蠻叛，馬援據鞍顧盼以示可用，果有壺頭之厄；李靖以足疾就第，吐谷渾寇邊，即往見房喬，請行，既平其國，而有高甑生誣罔之事；郭子儀節度不求退身，竟為德宗册罷。諸公皆人傑，猶不免此，况其下者乎？《問奇》

伯比羸師以張之；隨少師請追楚師。季梁曰：「楚之羸，其誘我也。」乃止。爲賈則累北以誘之。庸人叛，楚出師侵庸。七遇皆北，庸遂不設備，楚乃滅庸。至于田單，直請降矣。單令甲卒皆伏，使老弱、女子乘城，遣使約降于燕，燕軍益懈。乃收千餘牛，束刃于角，灌脂束菼于尾，燒其端，鑿城數十穴。縱牛，壯士隨後奔燕軍，燕軍大驚，殺騎劫。其詐彌深，其毒彌甚。勾踐以降吴，沼吴；姜維以降會，謀會。真降，且不可信，況詐乎？　漢王之誑楚，黄蓋之破曹，皆以降誘也。　岑彭、費禕，皆死于降人之手，降可不察哉？《智囊》

揚言得師而勝敵者：華登以吴師〔二〕救華氏。宋公欲出，厨人濮乃徇曰：「揚徽者，公徒也。」衆從之。華氏北，濮以裳裹首而荷以走，曰：「得華登矣。」遂敗華氏于新里。　桓玄既敗，留何澹之守湓口，設羽儀旗幟于一舟，而身寄他舟。何無忌曰：「揚言得帥，懼而薄之。」果一鼓而舟獲，唱曰：「斬何澹之矣。」賊以為然，竟瓦解。　李密與王世充戰，世充先索得貌類密者，戰方酣，牽以過陣前，譟曰：「已獲李密矣。」密軍亂，遂潰。

軍有先聲奪人，詭辭鼓衆者：如瑕叔盈以蝥弧登，周麾而呼曰：「君登矣。」　晉淝水之役，朱序在陣後大呼曰：「秦軍敗矣。」　唐周德威擊梁軍，鼓譟而進，曰：「魏滑軍走矣。」又揮其東偏曰：「梁軍走矣。」

孫臏强而示之弱；減灶。虞詡弱而示之强；增灶。祖逖、布囊盛土，以餽韓潛。檀道濟唱籌量沙。饑而示之飽；岳飛得曹成諜者，吏白糧盡。飛陽曰：「且反茶陵。」陰令逸之，計諜歸告，成必來追，即潛趣繞嶺。未明，已逼賊壘。飽而示之饑。皆以詭道。《智囊》

陸抗以舊將易夷兵而潰楊肇；步闡降晉，抗督兵赴西陵。晉楊肇來救，俞贊忽亡詣肇。抗曰：「贊知吾虚實，吾嘗慮夷兵不練。」是夜易而悉以舊將統之，肇果攻故夷兵處，抗擊之遁。狄青將「萬勝」旗號付虎翼軍而破黨項。青為延州指揮。黨項犯塞，時新募萬勝軍遇寇多北。青一日盡將萬勝旗號付虎翼軍出戰。敵望其旗易之，全軍徑趣，為虎翼所破。以攻瑕，餌之也。朱景徙表深淵而梁兵溺；梁之淮，表其可涉之津。霍兵守將朱景浮表于木，徙置深淵。及梁兵敗還，視表而涉，溺死大半。傅永燃火深處而齊兵溺。齊魯康祚侵魏。永曰：「南人好夜斫營，必于淮中置火，記淺處。」乃夜分兵伏于營外，以瓢貯火，密置深處，戒見火起，亦燃之。康祚果斫營，伏兵擊之。康祚趨淮，火競起，不辨淺深處，溺及斬不知其數。以涉淺誤之也。黄巾據宛，朱儁攻其西南，賊悉衆赴西南，儁自將精兵五千掩東北，遂乘城而入，攻其無備也。周亞夫擊吴、楚，吴奔壁東南陬，太尉使備西北，已而精兵果奔西北，不得入。料彼欲攻其不備而備之也。

朱温遣葛從周攻城，劉鄩料簡不足當敵者，出之于外。一日，副使王彦温踰城走，守陴者從之，鄩遣告曰：「非素遣者勿帶行。」又揚言曰：「素遣從副使行者即勿禁，其擅去者族之。」外軍果疑彦温，戮于城下，于是守軍遂固。爾朱榮使侯淵討韓樓，淵潛伏大破之，擒五千人，皆還其馬仗，縱使入城。度其已入，帥騎夜進。昧旦，叩其城門，樓果疑降卒為内應，遂走，追擒之。《智囊》

韓信擊魏，陳船欲渡臨晉，而伏兵從夏陽以木罌渡軍襲安邑，遂虜魏王豹。　高歡遣竇泰趣潼關，宇文泰軍廣陽，乃聲言欲保隴右，而潛軍東出，至小關，竇泰猝聞軍至，自風陵渡河，宇文泰擊破之，竇泰自殺。

縛藁為人：令狐潮圍睢陽，城中矢盡，張巡縛藁為人，披黑衣，夜縋城下，潮兵爭射之，得箭數十萬。其後，復夜縋人，賊笑不設備，乃以死士五百斫賊營。　畢再遇被圍六合，矢盡，令人張青蓋，往來城上，金人意主兵官，爭射之，獲矢二十餘萬。又嘗以水櫃敗我，再遇夜，縛藁人衣以甲冑，嚴立戎行，敵人急放水櫃，旋知其非真，意甚沮。急出師攻之，敵遂大敗。　沆州蠻叛，荆湖制置遣兵討之，乃束藁人羅列，蠻萬矢俱發，伺其矢盡，出兵攻之，直擣其穴。

求識賊將：張巡欲射尹子奇而不識，因剡藁為矢，中者謂巡矢盡，走白子奇，乃使南霽雲射之，一發中其左目。　黨項犯邊，有明珠族首領驍悍，种世衡欲以計擒之，聞其好擊鼓，乃造一馬持戰鼓，以銀裹之，密令諜者陽賣之，擇驍卒，戒見負銀鼓自隨者并力擒來。羌酋遂為世衡擒。

裴行儉討突厥，饋糧數為抄掠，行儉因詐為糧車，伏甲士齎陌刀、勁弩，以羸兵挽進，又伏精兵踵其後，敵果掠車，壯士突出，伏兵至，殺獲幾盡。自是糧車無敢近者。

陳將侯瑱逼襄州，賀善敦往救。土人密乘輕船，載米、粟、鷄、鴨以餉瑱。敦患之，乃偽為土人裝船，伏甲士于中，瑱軍競取，伏甲盡擒殺之。

因敗為功：鄭公子喜、伐宋。宋將鉏樂翟敗諸汋陂。宋師不儆，喜覆而敗之。《左傳》張繡、曹操征繡，忽引退，繡追之。

賈詡曰：「必敗。」繡不從，大敗而還。詡曰：「促更追之必勝。」遂大勝。繡還，問詡，曰：「曹公自斷後，將不敵，故知必敗。曹力未盡而退，必國內有故。既破將軍，速返，留將斷後，非將軍敵，故勝。」成都王穎、前鋒為趙王倫所敗。盧志曰：「敵勝必輕我，今宜倍道，出其不意。此用兵之奇。」從其言，破倫。唐莊宗、晉戰五柳坡，兵敗。閻寶曰：「勝而驕，此不失之時。」復戰，敗梁。宋太祖、與南唐皇甫暉戰于滁州，大敗。從趙學究計，夜出小路浮西硐以逼城，暉果不備，奪門而入。暉巷戰，三縱而三擒之。姚彝叔。《宋史》：姚平仲劫金人之寨，彝叔持不可。及敗，乃請再擊之。曰：「此所以必勝。」

請再戰而果雪前耻：沈攸之也，殷孝祖中流矢死，人謂攸之當代督。攸之請明旦一戰而大破南軍，進斬子勛。渾瑊也。敗于宜禄，請再見任，而大勝吐蕃，盡復所掠。

晉桓温伐李勢，戰于笮橋，不利，將退軍，誤鳴進鼓，遂克之。宋世祖伐元兇，戰不利，適劭將魯秀誤鳴退鼓，遂克之。若王辨、王世充討李密，辨已乘勝，世充鳴角收兵，翻為密所乘。皆誤也，而勝敗異，豈非天乎？若張亮之以怯而勝者，尤異矣。壁壘未固，高麗兵奄至，亮素怯，踞胡床直視不言。將士見之，更以為勇，相與擊破之。

兵以多而勝者：晉取吴二十萬，而所出之道六。隋取陳五十萬，而所出之道八。

王翦度用伐荆兵數。秦欲取荆。李信曰：「用二十萬人。」王翦曰：「非六十萬人不可。」遂使李信、蒙恬伐荆，荆人大破李信軍。始皇自馳謝王翦，于是將兵六十萬人擊荆，至堅壁而守之。荆數挑戰不出，乃引而東。翦因舉兵追之，大破荆軍。馮奉世度用破羌兵數。馮奉世曰：「羌虜背叛，願討之。」上問用兵之數。對曰：「六萬人。」丞相、御史以民方收斂，未可多發。奉世曰：「少發師而曠日，與一舉而疾決，利害相萬也。」固爭之。于是以將屯為名，先與羌爭地利，奉世具上地形、部衆多少之計呰奏。天子發兵六萬餘人，並進擊羌，遂大破之。

兵以少而勝者：淝水之役，謝幼度以八千人當苻堅百萬之衆。清口之役，楊行密以三萬人當朱温八州之師。陳慶之護元顥入北，提兵七千，破敵三十餘萬。高崇文以三千人破吐蕃三萬于寧州。李典以步騎八百，破敵十萬。馬璘在渭南，以百騎破敵五千；在洛陽，以五百士破史朝義十萬。李靖以三千而取定襄。劉錡以五千人戰順昌。韓世忠以八千人拒兀朮十萬于江中。虞允文以敗卒數百，破金主亮十萬于采石。隋煬自稱「呼韓稽顙屠耆接踵」，而敗于數百之高麗。曹操以三十萬青州之兵，而敗于三萬之周瑜。王尋、王邑以百萬，而敗于光武。兵能制勝，誠不在多：如班超以三十六人殺單于使者，而降鄯善；劉崇以一百二十人攻宛城，討王莽，則謀而濟之以勇也。《史漁》

虞詡貿易衣服；羌衆圍攻赤亭，詡兵不滿二千，令從東郭門出，北郭門入，貿易衣服，回轉入數周。羌更恐動，掩擊，大破之。臧宫回轉出入；駱越人謀叛，會屬縣送委輸車數百乘至。宫夜使鋸斷城門限，令車聲回轉出入。至旦，越人相告，以漢兵大至，牛酒犒軍。董卓潛軍近營；自嫌兵少，率四五日，輒夜潛出軍近營。明旦，大乘旗鼓而還，以為西兵復至。趙郭敬浴馬于津。周而復始，晝夜不絶。偵者以為趙兵大至，周撫懼，奔武昌。皆以少而詭為多以惑人。

以少勝敵：如謝玄之破苻堅；韓世忠之扼兀朮；虞允文之勝金師。彼衆雖百倍，然在我猶以萬計，以千計。若寥寥數人而成大功，誠古今所難。吴漢以二十騎斬苗曾。光武初拔邯鄲。更始幽州牧苗曾不肯應調。漢將二十騎先馳，曾出迎，漢收斬之。公孫瓚以數十騎刺鮮卑。行塞，見鮮卑數百騎，乃自持矛馳出刺胡。鮮卑不復入塞。呂布以數十騎破張燕。燕精兵萬餘，布馳突燕陣，斬首而出。曹仁以數十騎拔牛金。屯江陵。周瑜數萬衆來攻，部曲牛金被圍，仁披甲上馬，衝入賊圍，金等乃得解。　張飛以二十騎據水橋。長坂拒後，瞋目横矛。　胡藩率十二人徑往河北。宋高祖伐羌。慕風漂輜重，艦度北岸，藩乘小船逕往河北，賊騎五六百並笑之。藩善射，賊應弦而倒，賊皆奔退，悉收所失而還。　後周侯莫、陳崇單騎擒万俟醜奴。醜奴圍岐州，崇從賀拔岳力戰破之，逐北至長坑，馬上生擒。　又以七騎擒史歸。賀拔岳為侯莫、陳悦害，崇謀迎太祖。原州刺史史歸猶為悦守，崇將輕騎至城下，李遠兄弟在城内，中外鼓噪，擒歸。唐秦王以四騎遇竇建德兵。大呼曰：「我秦王也。」射斃其將。建德以六千騎來迎，秦王前後射殺數將，尉遲敬德亦殺十數人，追不敢逼。　白孝德擁二矛斬劉龍仙。史思明使劉龍仙挑戰，加右足馬鬣上，漫罵李光弼。光弼遣孝德擁二矛，瞋目曰：「我白孝德也。」躍馬前搏，城上大噪，五十騎繼進，龍仙繞堤而走，追斬其首。　錢鏐以二十騎蹂黄巢。巢攻掠浙西。鏐為董昌偏將，曰：「兵少賊多，宜出奇邀之。」率勁卒蹂之，斬首數百級。乃引兵趨八百里。八百里，地名也。告道旁媪曰：「兵屯八百里。」巢聞媪語，曰：「向十餘卒不可敵，况八百里乎？」遂急引兵過。　五代梁霍存以三十人破蔡賊張郅。在汴北。

劉亮將二十騎斬孫定兒。侯莫，陳悦之黨也，據幽州不下。亮馳入城中，麾兵斬之。太祖曰：「卿文武兼資，即孤之孔明。」本名道德，乃賜名「亮」，賜姓。侯莫，陳氏。　後周魏玄以五騎戰東魏獨孤永業。永業衆二萬，玄率與遇，即交戰，殺傷數十人，業遂退。　蕭摩訶率七騎戰齊衆。先入，手奪齊平大旗。　又領十二騎入周軍。宇文忻精騎數千，摩訶縱横奮擊。　李光顔將數騎破蔡賊。賊壓其營，光顔毁栅突入，返往一再，矢集如蝟，士争奮擊，賊潰。　南齊周盤龍父子兩騎敗魏軍。盤龍與子奉叔與魏平戰，縈繞數萬人，魏平大敗。　馬璘單騎擊賊。史朝義精兵十萬，璘單騎獨入，賊披靡而敗。

唐荔非元禮[三]從李光弼拒戰，料敵堅，收軍稍退，以怠其寇。光弼怒使人唤之，欲按軍令，元禮曰：「戰甚忙，唤作何物？」一鼓而勝。　王思禮從哥舒翰征九曲，後期，欲引斬之，續命釋之，思禮曰：「斬則斬耳。却唤何物？」諸將引之。

齊師、宋師次于郎。公子偃曰：「宋師不整，宋敗，齊必還。」乃自雩門竊出，蒙皋比而先犯之，大敗宋師。　城濮之戰，胥臣蒙馬以虎皮，先犯陳、蔡。　魏王襲克宛，房伯玉嬰内城固守，宛城東南有橋，魏主過之，伯玉使勇士衣班衣，戴虎頭帽，伏竇下，突出擊之，魏主人馬俱驚。　檀和之攻林邑，林邑傾國來戰，以具裝被象，宗慤曰：「獅子威服百獸。」乃制其形與象相拒，象果奔，遂克林邑。　朱滔圍深州，李惟岳以田悦援兵至，滔繪帛為狻猊象，使猛士百人蒙之，鼓譟，奮馳，賊馬驚亂，因擊破之。

楚鍼尹固以燧象奔吴師；田單以火牛克騎劫；後漢楊琁以火馬鼓灰散猾賊；晉江逌以火鷄破姚襄；宋趙遹以火猱攻卜漏。晏州夷。俱以致勝，一智而數變者也。　宋賊邵青亦用火牛，遂敗于王德。德曰：「古法可一，不可再。」　文彦博因賊王則用火牛而敗之。《偶記》

乘象而戰：林邑國也。以藤為甲，以竹為弓，乘象而戰。　真臘國也。有戰象五千頭，于背上以木作棲，止四人持弓箭。　波斯國也。　乘騾以戰，吴少誠也。少誠乘騾以戰，甲皆畫雷公星文，以厭勝詛詈王師。

狄青披髮，跣足，假玄武面入陣；蘭陵王假面入陣，龍虎助軍威；梁武之發雍州也，所乘艦恒有兩龍導引，進逼建康而東昏死；隋師之渡江也，陳欲燒隋艦，有五黄龍驤首連接，風浪大作，而陳軍大敗；漢武帝之取哀牢也，時鹿茤破哀牢，殺其六王，哀牢埋六王，虎跑而食之，哀牢驚怖，以為天誅，率種奉貢；陳武帝討侯景，有龍見水濱；宋太祖從周世宗征淮南，有龍自水中向太祖奮躍。此皆助軍威之龍虎也。　若曹操攻張魯，夜有野麋數千，突壞張衛魯弟。營，大驚，其夜高祚等誤與衛遇，以為大軍見掩，遂降；王僧辯討侯景，發鵲頭，中江而風浪，僧辯自拜告天，言訖風止，遂有羣魚躍水，飛空引導，賊望官軍上五色雲，雙龍夾艦，與景戰，大破之；楚王佃驅羣鹿千餘入谷，忽一大鹿人言曰：「族類盡困于此。」王釋之，曰：「獻一鹿。」後吴侵楚，萬鹿乘月黑，馳繞吴軍，吴軍驚遁，一大白鹿見王，叙報恩曲折，乃立廟。是能助者，不獨龍虎也。　至武王濟舟而大蜂集舟；宋高祖征鮮卑，而蒼鶻入帳；王審知夢吴安王，即伍員。而風雷暴起，見一物非魚非龍，止霽，已別開一港。以海口黄碕口為舟楫之患。夢金甲神許助開鑿。　柴克宏夢陳杲仁，及戰，而二黑獰衝突吴越軍，克宏繼進，大破之。亦其類也。《樵書》

戰勝不用兵刃：許褚之破賊也，以石。汝南葛陂賊萬餘攻褚壁。褚壁，褚令聚石如杆斗者，置四隅。褚飛石擲之，所植皆摧碎，以牛與賊易食。牛奔還，褚一手逆曳牛尾，行百餘步，賊懼而去。　賀齊之擊賊也，以棓。討黟、歙山賊。賊工禁五兵，乃多作勁木、白棓，殺賊。　後周王羆之却韓軌、司馬子如也，以一白棒。衆已乘梯入城，羆持一白棒大呼而出，敵見懼退。　隋達奚長孺之與契丹戰也，以拳。三晝夜，凡十四戰，五兵皆盡。士卒以拳毆之，手皆見骨，殺傷萬計。　哥舒翰之迎戰吐蕃也，以半段槍。所向披靡。　王智興之中罵者，以抛石。李同捷叛，遣一能言者，坐城上罵智興。有一卒抛石擊去其首，軍中歡呼。　又北齊郎基之守海西也，削木為箭，削紙為羽。梁吴明徹攻圍。基固守百餘日，圍解。　周世宗之攻兩淮也，截紙為甲。號「白甲軍」，大敗周師。　蕭道成之討張淹也，編櫻皮為馬具裝，折竹為寄生。軍容寡劣。乃夜舉火進軍，賊望，未戰而走。《樵書》

以長屨而破賊：吕文德也，文德屨長尺餘，趙葵舉為將，屢破金人。　陳道明也。道明棄屣。黄巢犯境，道明為大草屨標之三十里外。寇見，疑畏引去。

古以車戰：鄭莊公禦戎，始多用徒卒；晉中行穆子敗狄，始毁車以崇卒。　後世用兵車而勝者：

夏侯嬰以兵車破李由；公孫賀以輕車出雲中；馬燧以戰車威河東；衛青以武剛車擊單于；馬隆以偏厢車擊鮮卑；宋魏勝創如意戰車，擊金。　用兵車而敗者，房琯以車敗于陳濤斜。金以拐子軍勝；宋太原王之破葛榮，用棒；岳武穆之破兀朮，用斧。何須古法？

舟師自武王時已有之，蓋以濟河也；秦孟明濟而焚舟，非專以戰也；吳人始以舟師伐楚。　又越軍、吳軍舟戰于江，以船軍之教，比六軍之法：大翼者，當六軍之車；小翼者，當輕車；突冒者，當衝車；樓船者，當行樓車。走舸者，當輕走驃騎，伍子胥也。　為舟楫之具，謂之鈎拒，退而鈎之，進則拒之，公輸般也。　東南之師趨「三齊」者，自淮入泗而止，劉裕伐南燕，舟至下邳是也。趨河北者，自汴入河而止，桓温伐燕至枋頭是也。捨舟登陸，尚得半利，趨關中者，自河入，徑至長安，王鎮惡以蒙衝小艦至渭河，是也。水陸並進，可得全利。此皆以舟師進者也。　塞建平之口，使自三峽者不得下，此王濬伐吳，楊素伐陳之路。使自漢水者不得進，此何尚之所謂「津要根本之地」。守采石之險，「使自合肥者不得渡。」韓擒虎因以滅陳。防瓜步之津，使自盱眙者不得至，魏太武欲道以寇宋。此皆以舟師守者也。　周瑜敗曹操于赤壁；曹彬以浮梁伐南唐；韓世忠敗兀朮于黄天蕩；岳飛破楊么于洞庭。此皆以舟師勝者也。《博物典彙》

漢之昆明，魏之玄武，皆習水戰。

僧兵：北魏之沙門惠臻；孝武西奔，以五千騎宿湹西。臻負璽持千牛刀以從。唐少林寺之惠瑒、曇宗；秦王賜寺僧，教王世充叨竊，法師等擒彼兇孽勉終、茂功。是時立功千有三人，惟曇宗拜大將軍。宋之趙宗印；范致虛以僧趙宗印充宣撫司。宗印以僧為一軍，號「尊勝隊」，童子行為一軍，號「净勝隊」。真寶、靖康時，五臺僧真寶，欽宗召對便殿，命之還山，聚兵拒金。苦戰，為金所得，怡然受戮。常州之萬安僧。德祐末，僧起義兵。若唐崇山之圓净，直賊矣。與李師道謀反，吕元膺擒之。《日知録》

家兵：冉求以武城人三百為己徒卒。《春秋傳》後漢朱雋出守河内，將家兵擊却張燕。吕虔守泰山，將家兵到郡，郭祖公、孫犢等皆降。楚王瑋害汝南王亮，司徒王渾辭疾歸第，以家兵千餘人閉門拒瑋，瑋不敢逼。《日知録》

吴玠以黄柑遺敵；韓世忠以橘茗報敵。可比羊祜之藥矣。若賈似道之以荔子、黄柑遺伯顔，求如開慶約而不許，辱何如之？

庾信之棄軍；守朱雀航，見侯景軍皆著鐵面，退隱于門。信方食甘蔗，有飛箭中門柱，信手甘蔗應弦而落，遂棄軍走。蕭循之擊敗。王琳長史陸納叛，元帝使循討之。納攻，矢下如雨，循坐胡床方食甘蔗，略無懼色，大擊敗之。皆以食蔗。《筆涉》

軍食乏者：更始時，掘鳧茨。鄧禹為馮愔所敗，糧盡，軍士皆食棗葉。馮異軍悉以果實為糧。袁紹在河北，仰給桑椹。袁術在江淮，取給蒲蠃。獻帝至安邑，惟以棗、栗為糧。劉先主軍小沛，年荒衆饑，仰桑椹以為糧。郗鑒在兖州，共推為主，饑饉，掘野鼠、蟄燕而食之，終無叛者。石苞、周秦破吴將朱異，異卒餒甚，食葛葉而遁。侯景圍臺城，軍士煮弩薰鼠，捕雀食之。慕容儼守郢城，食盡，煮皮革等物，人無異志。庾域守巴西，魏製巴西，固守糧盡，將士吃草供食，無有離心。黄巢犯京師，僖宗出幸，漢陰令李康獻糗餌數百騾綱，軍士始得食，曰：「張濬教臣也。」魯炅保南陽郡，為賊圍，食盡，煮牛皮筋骨，鼠一頭，直四百文。　高歡以并、肆頻歲霜早，降户掘黄鼠而食之，請就食山東，汴軍圍滄州，鳥、鼠不能通，城中食盡，丸土而食，互相掠啖。　劉子羽保三泉，與士卒取草芽、木甲食之。　燕兵圍鄴，苻丕芻糧俱盡，削松木飼馬。　燕、秦相持經年，幽、冀大饑，慕容垂禁民養蠶，以桑椹為軍糧。　孫恩之亂，桓玄禁斷江路，東土公私匱乏，以杼、橡給士卒。

耿恭守疏勒，食盡，乃煮鎧、弩之筋革以食之，士無二心，卒以解圍。　劉弘守泉州，糧盡，乃煮犀角，腰帶而食之，城陷，士無離叛。　西羌寇犯狄道，為國固守，民饑餓，噉弩，煮履，以救倒懸之急。

被圍，殺愛妾以饗士，衆皆泣：臧洪也，張巡也。

祖逖將韓潛與後趙將桃豹相守四旬，逖以布囊盛土，使千餘人運以饋潛；又使數人擔米息于道，豹兵逐之，即棄走。豹以逖衆豐飽，宵遁。　檀道濟伐魏，食盡引還，魏人追之。道濟唱籌量沙，以所餘少米覆其上，夜，魏以道濟資糧有餘，斬告者。

周孫彦高為定州，突厥圍城，不敢詣廳，有文符于小窗接入，賊登壘，乃鎖堂門入櫃中，令奴牢掌鑰匙，來索勿與。　漢劉表攻西鄂，柏孝長聞聲閉户，牽被覆頭，半日稍敢出面，其明，側立而聽，二日出户問消息，至四五日負楯親鬥，曰：「勇可習也。」

周幽王舉烽，而諸侯不來；楚厲王擊鼓，而百姓不赴。戲也。

慕容熙攻遼東，城且陷，熙命：「俟剗平其城，朕與皇后乘輦而入。」城中得嚴備，不克而還。　高緯攻晉陽，城陷十餘步，敕召馮淑妃觀之，妃粧點不時至，周人以木拒塞之，城遂不下。　此豈止于兵氣不揚乎？　煬帝遣宇文述征高麗，詔：「《禮》七十行役，以婦人從。公宜以家累自隨。」項籍「虞兮」，即其故事。　按韋孝寬討尉遲迥，卧疾帳中，遣婦人傳命。此隋初年事，不近取制勝之，孝寬而遠引不祥之項籍，何也？

軍中不宜有女子：李陵之斬；搜得罪卒妻。李光顔之遣；韓弘飾名姝遺光顔，光顔遣之，將卒感激。王智興之徇，破姚海，獲美人三人，即斬以徇。是已。　然韋孝寬遣婦人傳教命，柴紹討黨項，令人彈琵琶，使二女子舞，亦未嘗不成功。因見梁湘東王出軍，有將婦從者，王曰：「才愧李陵，未能先誅女子；將非孫武，遂欲驅戰婦人。」徐君蒨應聲曰：「項籍壯士，猶有『虞兮』之愛；紀信成功，亦資姬人之力。況以女子而建軍功，古今有多人乎！」《筆涉》

出征得寶貨：陳湯素貪，所擄獲財物，入塞多不法。　劉真道與裴方明破仇池，斷割金銀諸寶貨。又藏氏寇楊難當善馬，下獄死。　高仙芝破石國，獲瑟瑟十餘斛，黄金五六槖駝，良馬、寶玉甚衆。李靖破突厥，蕭瑀劾靖御軍無法，突厥珍物擄掠俱盡，請付法司。上責而貸之。　侯君集破高昌，所得金簟甚精，御府所無。

「一日縱敵，數世之患。」先軫言于晉襄也。　「一日縱敵，終身之患。」王鑒言于晉元帝也。

養寇貽患：如彭樂之縱宇文泰；泰謂樂曰：「癡男子，今日無我，明日豈有汝耶？」樂乃還。慕容紹宗之不殺侯景；景使人謂曰：「景若就擒，公復何用？」乃縱之。僕固懷恩之不易置河北降將；恐賊平寵衰，奏留薛嵩等分帥河北，自為黨援。劉巨容、曹全晸之不追黄巢。巨容曰：「國家喜負人，不若留賊以為富貴之資。」其後，樂與恩以反誅；紹宗溺死；巨容為田令孜殺。

桓温驅袁真以叛，猶殷浩之激姚襄，謝尚之激張遇。

校記

〔一〕邵陽洲：原作「郡邵州」，據《梁書·韋叡傳》改。

〔二〕吴師：原作「華師」，據《左傳·昭公二十一年》「冬十月，華登以吴師救華氏」改。

〔三〕荔非元禮：原作「荔元非禮」，「荔非」為姓，「元禮」為人名，據《新唐書·李光弼傳》改。

古事比卷之三十二

良將

北邊良將，李牧也。　北間驍將，賀拔勝也。《叢談》

杜征南預。身不跨馬，射不穿札；羊鉅平祜。身不披甲，閤不施衛；韋懷文戰未嘗騎馬；陳慶之射不穿札，馬非所便，俱以將略稱。　魏太武指崔浩示高車渠帥曰：「此人纖尪懦弱，不能彎弓持矛，其胸懷乃踰于甲兵。」　又梁王辨射不穿札，而有凌雲之氣。

蕭何入咸陽，金帛無取，獨先藏圖書。　後周辛術定淮南，一毫無犯。惟大收圖籍。　漢張堪平公孫述，檢閱庫藏，悉條列上言，秋毫無犯。　蜀人大悦。　宋宗慤克林邑，多無名之寶，一毫無犯，惟有被、梳、枕、刷，此外蕭然。　文帝嘉之。　梁庾黔婁從鄧元起平成都，珍寶一無取，僅取書數篋，示不違衆。　後周唐瑾以元帥長史從南伐，惟取書兩車以歸。　文帝簡閱：「凡受人委任，當如此也。」　宋曹彬伐蜀還，槖中惟圖書、衣衾；平江南還，舟中惟圖書、衣被。　沈義倫隨軍轉運，却僞蜀珍寶；東歸，篋中圖書數卷。

唐宣宗謦畢諴曰：「不意頗牧近在禁中。」黨項寇河西，諴論破羌之狀。

宋真宗謦李迪曰：「不意頗牧在吾禁中。」記陝西兵糧數，迪即書數以進。

王翦、馬援、趙充國、王玄謨，以高年勝。　周瑜、謝玄，以妙齡而亦勝。

漢文帝勞軍，棘門灞上，軍直馳入；至細柳，前驅不得入。　周亞夫開壁門，天子按轡徐行，曰：「此真將軍。」　段志玄、宇文士及分統士衆，太宗夜使宦官至二人所，士及納之，志玄不納。曰：「軍門不可夜開。」竟留使者至明，帝歎為「真將軍」。　明皇講武驪山下而斬唐紹，諸軍震慴失次；惟薛納、解琬二軍不動，上遣輕騎召之，皆不得入其營，帝慰勉之，與細柳侔矣。

唐韓弘忌李光顔，遺以名姝，李曰：「戰士皆棄妻子，蹈白刃，奈何獨以女色為樂？」　吴玠服岳飛，飾名姝遺之，飛曰：「主上宵旰，豈大將安樂時？」《事偶》

留贊臨敵，必先披髮叫天，因抗音而歌，左右應之，乃進戰，戰無不克。　崔延伯臨陣，先令田僧超為壯士歌，然後所向無前。《偶記》

諸葛武侯于渭濱將戰，乘素輿，著葛巾，捉白羽扇，指麾三軍。　顧榮起兵攻陳敏，斂兵南岸，敏率萬餘人出，不獲濟，榮麾以羽扇，其衆潰散。　韋叡臨陣執竹如意；與魏戰。　唐永執角如意；數十戰未嘗敗。元魏中山王戰，乘素木輿，執白角如意。　非若蜀之王昭遠執鐵如意，自方諸葛武侯也。

祭遵在軍，雅歌投壺。　羊祜在軍，嘗輕裘緩帶。　唐永臨陣，每著帛展襦。

鼓蓋自隨，而殷孝祖以敗；軍中相謂曰：「殷統軍可謂死將。　若十手攢射，欲不斃，得乎？」是日，中流矢死。　裘帽自表，而李晟以勝。每戰必錦裘、繡帽前行，親自指導。　不去其旗，而衛侯以敗；衛懿公與狄人戰于滎澤，不去其旗，是以甚敗。特標其旗，而劉、岳以勝。劉錡敗金人于東山。賊望見，曰：「此順昌旗幟也。」即退去。又紹興元年，李成將馬進去筠州，兵設伏，以紅羅為幟，上刺「岳」字，選騎二百而前，賊易其少，薄之，伏發，賊敗走。四年，兀朮、劉豫囲廬州，飛提兵趨廬，張「岳」字旗與「精忠」旗，金兵一望而潰。又薛仁貴以白袍自表。趙藝祖臨軍必繫纓飾馬，鎧仗鮮明，曰：「吾固欲其識之耳。」李晟亦曰：「欲令見之，奪其心。」

斛律金望塵而知馬步多少。周德威字鎮遠，小字陽五。梁、晉之際，陽五勇聞天下。亦望塵而知敵數。然金嗅地而知軍遠近，更難。

墨子之詘公輸，九攻而九拒之。諸葛之服孟獲，七擒而七縱之。

韓信擒李左車，問以下齊之策。宇文邕擒高延宗，問以取鄴之策。

國子尼恥討封内之寇為功。孔明愧降漢氏之民為賀。

漢高祖平城之困，唐太宗安市之屈，失于黷也；陸機河橋之敗，房琯、陳濤之奔，失于易也。必如范蠡之審諦，馬服之不敢易言，王忠嗣之本不生事，而後可言「師貞」。

李牧之為趙將，吏得自置，財得自用，享士日擊數牛。後之任將，能專如是乎？募兵之精强，能引弓四鈞，挽弩九石，且及日中得五千五百人，如馬隆者乎？兵食豐饒，能六七年間積三千萬斛，為十萬衆五年之食，如鄧艾者乎？軍食夙具，能如吴漢朝受命，夕引道，無辦嚴之日乎？民兵可用，能如李抱真之招義步兵，教之三年，悉為精卒乎？過勇則輕，李陵也；過智則奸，侯君集也；過威則離，張飛也；過强則驕，李光弼也；過專則僭，王敦、蘇峻也；在中則吉，皇甫嵩、郭子儀足以當之。

增壘者：趙奢也，虞詡也。　減竈者，孫臏也。

田單托言「神師」。　高駢偽稱「神兵」。　尚父呼蒼光，以濟牧野之師。　田單禮天神，以堅即墨之守。

楚景陽救燕，營壁地已植表，乃令徙營。明日大雨山水，所營者，水皆滅表。　裴行儉討突厥，已立壍壕，更命徙營高岡，此夜風雨暴至，前占營所，水深丈餘。

田單復齊，而聊城久持不下；樂毅下齊，而莒與即墨亦不下。所謂「强弩之末，不能穿魯縞；衝風之餘，不能舉敗葉」也。

衛青之囚蘇建，非若王猛之縱徐成。　穰苴之斬莊賈，非若余玠之斬王夔。

吴起為將，卧不設席，行不騎乘，親裹贏糧，與士卒最下者同衣食，分勞苦。　王翦日休士洗沐，而善飲食，撫循之，親與士卒同食。

皇甫嵩能温恤士卒，每軍行頓止，須營幔修立，然後就舍，軍士皆食，爾乃嘗飯。　斛律光營舍未定，終不入幕；身不脱介胄，嘗為士卒先。

兩將相敵，則賢者勝；兩賢將相敵，則主之能任賢者勝。范蠡之于伍員也；田單之于樂毅也；白起之于廉頗也；王翦之于李牧也；韋孝寛之于斛律光也。主有任，有不任也。　諸葛孔明之于司馬懿也。皆任也，故功不能獨成。

士尹陁使于宋，子罕觴之。南面之墻犨于其前而不直；西家潦注于庭下而不止。南家恃輓而食，徙則求者不知其處，故不徙；西家高，吾宮卑，潦注吾宮也，故不禁。荆適舉兵攻宋，尹陁歸諫而止。孔子曰：「修之廟堂之上，折衝千里之外。其司城子罕之謂乎？」晉平公使范昭觀齊國政，景公觴之，范昭歸，曰：「吾欲戕其君，晏子知之；欲犯其樂，太師知之。」願得樽為壽，晏子命撤去之。願奏成周之樂，太師曰：「盲不習也。」于是輟伐齊之謀。孔子曰：「不出樽俎之間，而折衝千里之外，晏子之謂也。」《問奇》

財散士卒：李密、持軍戢，雖盛夏號令，士皆若負霜雪，然戰得金貲，盡散之。由是人為用。宇文泰、至上邽，府庫財貨山積，皆以賞士卒。左右以一銀甕歸，知而罪之，即剖賜將士。王琳。果勁絶人，又能傾身下士，所得賞物，不以入己。

軍法之嚴：取民間一笠者斬，呂蒙也。麾下士是汝南人，取笠以覆官鎧，蒙猶以犯軍令，不可以鄉里故廢法，垂涕斬之，軍中震悚。折逆旅匕箸者斬，高崇文也。軍至興元，有折匕箸者，斬以徇。有取民麻一縷以束芻者斬，岳飛也。奪逆旅菜一把者斬，狄青也。若哥舒翰啗民椹者，痛笞辱之，則不恤士也。

李光弼靴中之刀。發刀緅納靴，誓欲自刎。　曹彬匣中之劍。

料敵

韓信曰：「三秦可傳檄而定。」　耿弇曰：「天下可傳檄而定。」

陳恢踰城見沛公，乃以宛守為殷侯，引兵西，無不下者；與蒯通説武信君，封范陽令，下趙三十餘城，同意。

郭嘉策魏武十勝，袁紹十敗。　江淹策齊武五勝，沈攸之五敗。

薛公為黥布畫三計，曰：「必用下計。」　于謹為蕭繹畫三策，曰：「必用下策。」　姚樞為李壇畫三策，曰：「必用下策。」《偶記》

李密畫三計，而楊玄感以下計為上計。　王敦畫三計，而錢鳳以下計為上計，故敗。　公孫五樓為慕容超畫三策，而超不聽。前。

宋沈慶之不肯北伐，文帝强之，曰：「耕當問奴，織當問婢。陛下與白面書生謀，事何由濟？」師竟無功。　魏邢巒不欲圍鍾離，魏主詰之，對曰：「耕則問田奴，絹則問織婢。臣既謂難，必無克理。」城果不拔。前。

郭嘉之料孫策也，必死匹夫之手。　裴潛之料劉備也，足為一方之主。前。

簡子曰：「我卜伐衛，未卜與齊戰。」智伯曰：「我卜伐衛，未卜伐齊。」皆晉卿對齊，何語之似也？前。

條侯得劇孟，則喜諸侯之無憂。　寇恂誅皇甫文，則知高峻之速破。　劉裕得張綱，而慕容超即求稱藩。　李愬得李祐，而蔡州城非久即破。前。

吴奔壁東南陬，周亞夫使備西北；朱泚兵攻南城，韓遊瓌嚴備東北。既而有警，果若所料。　紀信之誑西楚；朱雋之破韓忠。料敵破奇，大都類此。

蕭頤謂柳世隆曰：「沈攸之沿江而東，不可制也。糜之留攻郢城，破之必矣。」及攸之起兵，世隆參軍焦度于城上肆言罵辱之，攸之怒，改計攻城，不拔，兵遂潰。　楊智積曰：「楊玄感欲西圖關中，則根本固矣。縻之使不得進，便可成擒。」玄感軍至，積登陴罵辱之，玄感怒攻城，數日，宇文述等至，合破之。

孔明出斜谷，仲達曰：「亮若勇者，當出武功，依山而東；若西上五丈原，則諸軍無事矣。」曹公攻鄴，袁尚以兵救之，公曰：「尚從大道來，且避之；若循西山，則成擒耳。」尚果循西山，一戰擒之。盧循攻建業，宋武曰：「若新亭直上，且當避之；回泊蔡州，則成擒耳。」果泊蔡州，一戰而走之。馬援聚米為山谷，説隗囂必破之狀，光武曰：「敵在吾目中矣。」劉裕伐南燕，過大峴，曰：「敵已入吾掌中矣。」韋叡救鍾離，曰：「魏人已墮吾腹中。」

孔明不用魏延直從褒中之計。孫桓不用朱桓夾石單車之計。桓温不用郗超徑造鄴城之計。韓信擊魏也，廣武君説成安君深溝高壘，願假奇兵三萬人從間道絶其輜重。使成安君而聽之，信未必能即下魏也。吴王之初反也，田禄伯願得五萬人别循江淮而上，先入武關，桓將軍亦欲西據洛陽武庫，食敖倉之粟。正趙涉説亞夫，以吴、楚所不料者。使田桓之策聽，亞夫未必能破七國也。劉裕之伐燕也，公孫五樓曰：「宜據大峴，然後精騎絶其糧道。」使超而聽之，裕未必能即破燕也。信聞成安之不用而喜；亞夫至洛陽而喜；裕過大峴而舉手指天。豈非倖哉！《史漁》

齊盧叔虎請伐周，曰：「宜立重鎮于平陽，與彼蒲州相對，深溝高壘，運糧集甲，彼來求戰，我則不應；彼若退去，我乘其敝；與我相持，農業且廢，不過三年，彼自破矣。」隋高熲對取陳之策，曰：「量彼收獲之際，聲言掩襲，彼必屯兵守禦，廢其農時；彼既聚兵，我便解甲。再三如此，彼必不信。猶豫之時，我乃濟師。斯蓋師吳之病楚也。」

晉、楚爭鄭，知罃曰：「詐之盟而還師以敝楚。」乃許鄭成。後三駕鄭而楚卒道敝，晉終得鄭。吳闔閭問伐楚，伍員曰：「為三師以肄，一師至，彼必皆出。彼出，則歸；彼歸，則出。楚必道敝，而後以三軍繼之。」楚于是乎始病。高熲取陳之策，曰：「量彼收獲之際，聲言掩集，彼必屯田，便可廢其農時；及彼聚兵，我還解甲。再三若此，賊以為常。後更集兵，彼必不信。出其不意，破賊必矣。」周德威往見張承業，曰：「王驟勝而輕敵。今去賊所限一水，若造橋薄我，衆立盡矣。不若退軍高邑，誘賊離營。彼出，則歸；彼歸，則出。別以輕騎掠其饋餉，不過踰月，破之必矣。」

范雎之策秦，曰：「王必親中國，以為天下樞，楚、趙必皆附。楚、趙附，齊必懼矣。如是，則韓、魏固可擄也。」王朴之策周，曰：「當今惟吳易圖。備東則撓其西，備西則撓其東。彼奔走以救弊，則我所向無前。江北諸州舉，江南亦不難下。吳、蜀既平，幽必望風而至，惟并必須力攻。然不足為邊患也。」其後宋興，卒如其策。

任環說李淵，曰：「關中豪傑，企踵以待義兵。義師自梁山濟河，鼓行而進，直據永豐。雖未得長安，關中固已定矣。」

李密說楊玄感，曰：「長馳入薊，直扼其喉。此上計也。鼓行而西，直取長安，收其豪傑，據險而守之，可徐圖也。」魏思温說徐敬業，曰：「公宜身自將兵，直趨洛陽。山東韓、魏知公勤王，附者必衆，天下指日定矣。」按任環之策，即李魏所說者，特太原用之而勝，二逆不用而敗耳。《智囊》

段會宗為烏桓所圍，陳湯屈指：「不過五日，當有吉語。」居四日，軍書至，言已解。裴潛還，為丞相理曹掾，料代必叛。後數十日，返問果至。一料其解，一料其敗。若操券然，知之審耳。

達奚武具知敵情。齊神武趨沙苑，周文遣武覘之，武從三騎皆衣敵人衣，至暮下馬，潛聽其軍號，歷營若警夜者，有不如法者，往往撻之。具知敵情，周文遂從攻之。　阿六拔揣知敵情。又韓果字阿六拔。善伺敵虛實，揣知情狀。有潛匿溪谷欲為間偵者，果登高望之，所疑處，往必有獲。從平竇泰于潼關，周文因其規畫，軍以勝返。賞真珠金帶一條。

楚之羸，誘我。楚侵隨，隨求成焉。鬬伯比曰：「請羸師以張之。」王毁軍而納少師。少師歸，請追楚師，季梁止之，曰：「楚之羸，誘我也。」　賊之羸，餌我。封常清討大勃律，一戰而勝，常清逐之。段秀實曰：「賊兵羸，餌我也。請備！」左右搜其山林，遂殲其伏。《駢志》

司馬懿共策料公孫淵，如薛公之籌黥布，陳湯之慮烏孫。

用間

晉欲伐虢，憚舟之僑，用荀息計，遺之美女，而之僑去，虢遂亡。　欲伐虞，憚宮之奇，用荀息計，遺之美男，而宮之奇去，虞遂亡。《偶記》

齊襄公賜范睢以金及牛酒也；秦繆公待由余以曲席傳器也；齊犂鉏、晉荀息、秦內史廖越、范少伯，皆用女樂也，皆用間也。前。

曹操與韓遂交馬語，不及軍事，而馬超等果疑之。遂業以此賺殺樊稠，乃復墮操計中耶？正與王東亭教殷荆州詣王緒，屏人論它事同。　唐張濬之賺晉守牧，亦祖此智。緒數譏仲堪于王國寶。殷求術于珣，從之。國寶問緒，緒曰：「無它所論。」國寶謂：「于己有隱。」譏言以息。」張濬討李克用軍潰，路由平陽，牧守姓張，王珂之大校，珂變詐難測。濬慮落其詭計，至平陽，牧守郊迎，令其升廳設食，自旦至暮，口中咀少物，遥觀一如交談之狀，珂問：「相國何言？」對曰：「並不交一言。」珂謂其不誠，戮之。

信陵勝秦，秦欲行間，使者頻問：「賀公子得立為王未也？」　樂毅圍莒、即墨，或讒之曰：「非其力不拔，欲仗兵威以服齊人而王耳。」

伍胥宣言：「楚用子常退子期。」吴遂破楚。宣言曰：「楚用子期為將，吾即得而殺之。子常用兵，吾即去之。」楚用子常，吴破楚入郢。　應侯反間趙，使括代廉頗，秦大破趙。反間于趙，曰：「獨畏馬服子趙括耳。」

馮旦使人操金，而東周立殺昌他。昌他亡之東周，旦使人操金間遺他。曰：「事不可成，亟亡。」東周殺他。　張魏公遺酈瓊蠟丸，而得書分隸其衆。瓊縛吕祉歸劉豫。魏公為蠟丸，遺死士遺瓊，言：「事可成，成之；不可成，速全軍以歸。」虜得之，疑瓊。　曹瑋怒叱顯言，而叛卒盡殺。瑋在秦州，有士卒十餘人叛，赴虜中。軍吏亟言之，瑋叱曰：「吾陰遣之去，汝再三顯言耶！」虜聞之，盡殺之。

陳平反間，而項王疑范增。　秦反間，而使魏代公子無忌。　田單縱反間，而燕使騎劫代樂毅。

軍號

唐末，軍人多以「都」為號：楊行密有鋭士五千，衣以黑繒、黑甲，號「黑雲都」。　田頵自料死士數百，號「爪牙都」。　劉仁恭發男子十五以上為兵，涅其面曰「定霸都」。　董昌有五千餘姓，當族誅，貸其死而厚養之，號為「感恩都」。　李嗣源有騎兵五百，號「橫衝都」。　朱瑾募軍中驍勇者，黥雙雁于頰，號「雁子都」。　李克用乃更選勇士數百人，號「落雁都」。　朱温選富家子之有材武者置帳下，號「廳子都」。　周世宗伐蜀，蜀軍涇斧形，號「破柴都」。

樂從訓彦禎子。聚亡命五百，為子將，比子侯。　《王式傳》：忠武戍卒服短後褐，以黄冒首，南方號「黄頭軍」。　臺城内募敢死士以攻侯景，謂之「僧騰客」。　尉遲迥軍緑巾、錦襖，號「黄龍兵」。　唐人聞周師至，操農器為兵，積紙為甲，時謂「白甲軍」。　契丹謂精兵為「鐵鷂」。　李克用軍皆衣黑，謂之「鴉軍」。　唐裴問守邢州，有募兵五百，號「夜飛」。

「黑社」、「白社」，譙郡賊號也。　「黄姓」、「黑姓」，突厥部落也。

代宗以射生軍靖難，而有「寶應」之稱。　德宗以涇軍煽逆，而有「定難」之號。

蒼頭，二十萬，卒也。　黄頭郎，習水戰者也。　黄巾、紅巾，賊也。　青巾，則吳丹陽卒也。

王莽募天下囚徒，名曰「猪突」，禦單于，則以之戰；元用死囚，名曰「拔都魯」，權牌攻安豐，則以之攻；吳起以棄城失守，欲除其醜者，聚為一卒，曰「軍之鍊鋭」；宣帝遣鄭吉將「免刑」田渠黎以攻車師；光武發馬援將十二郡「弛刑」四萬，佐擊五溪蠻；吳王僚罪人三千，先犯胡、沈、陳三國；勾踐「死囚」五百，屬劍前行；元用「拔都魯」斫權牌，攻安豐。則用此者，不乏也。

「昭義步兵」；李抱真在澤、潞，以射賞罰，遂號云。「山棚子弟」；吕元膺留守東郡，募撫山棚曰云云。「雄邊子弟」。李德裕節西川，三百户取一人教之，云云。唐之民兵也。咸平「保毅」；真宗命使陝西税人户，家出丁一，號曰「保毅」。陳傅良曰：「元昊叛，而西北有『保毅』；王倫起，而東南有『宣毅』。」景德「弓箭手」；曹瑋請給以閒田。康定「宣毅」；京東、西、淮、浙、江南、荆湖置「宣毅平」。慶曆「義勇」、「保捷」；簡河北强壯，刺手背為「義勇」。又簡陝西弓手為「保捷」。治平潮循「槍手」；廣東置。熙寧邕州「峒丁」；廣西置，以防遏交阯。元豐「保甲」；以諸路義勇，改為「保甲」。建炎「團結」、「巡社」；李綱募兵，詔諸平「團結」。旋即罷之。以諸路民兵為「忠義巡社」。紹興荆、鄂「雙丁」；詔淮、浙間取五户之雙丁。槍杖「子弟」；荆門守臣姚岳，籍民兵置槍杖，號「壯子弟」。乾道淮南「神勁」。則淮南弩營也。皆宋之鄉兵也。《通雅》

北府兵，京口兵也；「君子營」，義興人也；「吴中子弟」、「荆楚劍客」、「宣潤弩手」，皆東南兵也。劉牢之領精鋭，號「北府兵」。東晉謂「京口兵」可用。劉超為義興守，其人多義隨超，因以宿衛，號「君子營」，以越有君子六千人也。漢高祖用閩、越兵；孝景用東甌兵；武帝用會稽兵；光武用江夏兵；周瑜勝赤壁；謝玄勝淝水；虞潭以東方兵，共平僭亂；劉裕平南燕，入長安；陳蒨先以韶州兵平侯景。皆未嘗募之西北也。

宋大將有親軍，曰「背嵬」。趙擠以所領騎步為「親嵬選鋒軍」。唐藩鎮有牙兵，有銀都。皆親兵。

王智興徐州，置「銀刀都」。

隋之「擊磬」、唐之「綱鈴」，皆「羅闔」、「狗附」之類。隋設六合版城，次内布鐵蒺角，次内施蟄鞬，中施弩床，床桄插鋼錐，謂之「蝦鬚」，外又以繒，周迴一鈴、一柱，施槌磬連繒，名為「擊磬」。唐禦突厥，有綱設鈴，以犬護之。《國語注》：「去壘五十步而陳蹟弩。」注：「矢以誰何？謂之『羅闔』。」又二千人去壘三百步，畜犬其中，謂之「狗附」。皆昏設晨罷。

鎮定

陜虢軍亂，李泌單騎至鎮，有請屏人白事者，泌拒之，衆心自安。　宣武軍亂，董晉獨與傔從數十人赴鎮，不用武兵衛，至則盡去牙兵，物情遂安。

蘇茂雨射營中，中酒樽，王霸安坐不動。　袁譚流矢交集，而孔融隱几讀書。　張奂安坐帷中，講誦自若，潛誘烏桓，斬屠各渠帥。

張守珪在瓜州督衆築城，敵至，守珪置酒城上，令諸將作樂，敵疑有備，不敢攻，引去。　黨項寇邊，柴紹討之，敵據高射紹軍，紹使人彈琵琶，使二女子舞，敵疑之，紹伺懈掩擊。

清嘯吹笳而解圍免害：劉琨也，為胡騎圍，乘月登樓清嘯，賊聞淒然；中夜奏笳，賊皆流涕；曉又吹之，棄圍奔去。劉疇也。字王喬，避亂塢壁。賈胡欲害之，疇援笳為出塞、入塞聲，皆垂淚而去。吹篪退羌，北魏河間王琛也。琛有婢朝雲，善吹篪。琛刺秦州，羌叛，屢討不勝。琛令朝雲為貧女，吹篪而乞，羌聞之，皆流涕，即相尋而降。秦民語曰：「快馬健兒，不如老嫗吹篪。」

李陵遇敵，列地兀坐，而敵騎返旗。　李廣出塞，從騎僅百人，值敵數千人突至，乃悉衆下馬高卧，而敵不敢擊。

諸葛亮屯陽平，惟留萬人守城，司馬懿當亮垂至，亮意氣自若，令軍中仆旗息鼓，大開四城門，掃地却灑。懿疑有伏，引軍趨北山。　趙雲將數十騎，魏兵追至營下，雲入營開門，偃旗息鼓，魏疑有伏，引去。　謝艾拒石虎將麻秋，乘軺車，冠白帽，鳴鼓而行，秋馳擊之，艾下車踞胡床，指麾處分，賊不敢進。　魏師大集，刻日以攻濟南，太守蕭承之帥數百人拒敵，且掩兵開城，魏人見之，引去。　高歡使劉豐生追宇文泰，泰召王思政守恒農，思政入城，開門解衣而卧，示不足畏，豐生至，憚之，引還。　崔知温刺蘭州，黨項入寇，知温披闔不設備，羌怪之，不敢進。　劉錡在順昌，葛王褒與龍虎大王合兵薄城，錡令開諸門，金人疑，不敢進。　鄭君雄夜出，勁兵掩擊城北寨，高仁厚大開寨門，設炬火照之，賊見門開，不敢入，還去。　長孫子彦〔二〕逼晉州，薛修義開門，伏甲待之，子彦不測虛實，遂遁去。　突厥寇定州，霍王元軌命開門偃旗，敵疑有伏，懼而遁。　又馮道根命開城門，而魏軍退。　諸葛瑾言：「賊知吾闊狹，水乾，宜急去。」　陸遜言：「與諸將奕射。」曰：「且當自定」。乃密令瑾督舟船，遜徐整部伍，張拓聲勢，趨船，敵不敢干。　金兀朮自鄭抵白沙，僚屬入告計，宗澤對客圍棋，曰：「劉衍必能禦敵。」乃選精鋭繞出敵後，伏兵夾擊，金果敗。　孫堅與官屬會飲魯陽城東，董卓兵卒至，堅行酒譚笑，整頓部曲，徐罷，坐入城，卓見其整，不敢攻而還。　劉几保州方大會賓客，夜分忽告有卒為亂，几不問，益令折花勸客，几已密令人分捕，有頃擒至，几復極飲達旦。　宋安守忠知雄州，方晏飲，有軍校謀變，閽吏狼狽入白，守忠言笑自若，曰：「此輩酒狂耳。」即時擒獲。　張遼屯長社，軍中夜驚亂起火，遼謂左右曰：「勿動。」有頃，得首謀者斬之。

睦昭符刺常州，坐廳事雷雨暴至，金蛇繞案，昭符自若，撫案叱之，得百觔鐵索。　齊王崇在武昌閲士，鞠場旁古屋忽崩，聲震數里，崇指麾不失常度，比于夏侯玄、諸葛誕矣。

軍中夜驚，而堅卧不起者：周亞夫也，吳漢也，田豫也，楊公則也。東昏夜選勇士，攻公則柵，軍中驚擾，公則堅卧不起，徐命擊之。

項羽伏弩射中漢王。傷胷，乃捫足，曰：「虜中吾指。」　東昏縱神鋒弩射楊公則，矢貫胡床，左右失色，公則曰：「幾中吾脚。」譚笑如初。

膽略

隋資州刺史衛玄單騎造營，說以利害，而山獠渠帥感悅，解兵歸服。　唐桂州都督裴懷古飛書示以禍福，輕騎詣營而始安獠，賊衆大喜，嶺外悉定。　張浚單車入壘，諭以朝廷恩義，而大盜薛慶感服遂降。　張綱單車詣張嬰壘門，而嬰降。　徐敬業單騎至府，而蠻寇降。　馬燧披襟令射，而徐廷光李懷光將。感泣遂降。　張遼單身上三公山，而昌狶詣降。　曹王皋抵壁大呼，而王國良邵州賊帥。降。　郭子儀免胄釋甲，單騎見回紇，皆下馬羅拜而退。回紇驚曰：「僕固懷恩，言『令公即世』。」　薛仁貴免胄見突厥，相顧失色，下馬列拜。逡巡引去。突厥曰：「吅薛將軍流象州死矣。」仁貴脱兜鍪見之。　温造定興元之亂。興元軍亂，殺節度使李絳。命造往，斬首數百，醢殺絳者，以首級祭之。舉朝壯其風力。　李泌定陝州之師。達奚抱暉鴆節度張勸，邀求旌節。泌疾驅而入，將佐來迎，抱暉亦出謁。泌撫慰之，曰：「吾非愛汝而不誅，為我齎版幣祭前使，自擇安處，保無他也。」抱暉懼誅，亡命。

謁張彥澤曰：「上疏請殺太尉人李濤來請見。」　逆韓世忠曰：「擅殺陳彥〔二〕章人王德近馬頭請死。」

李抱貞之解甲卧王武俊帳中；段秀實之留宿郭晞軍中。誠也，亦智也。

盗賊

張敞為京兆尹，長安偷盗尤多，令偷長以赭污其裾，出輒收之。　虞詡為朝歌長，賊寧季等屯聚連年，令貧民以彩綫縫其裾，出輒擒之。

北周韓褒以盗督盗；刺北雍州。多盗，訪之，並州中豪右。褒陽加禮遇，悉召桀黠少年盡署主帥，與分地界，盗發不獲，即以故縱論，皆惶懼首伏，具列姓名。褒榜州門，盡今月不首者，戮之。旬月間，盗悉出首，原罪許自新，羣盗屏息。　魏元忠以盗詰盗；唐高宗幸東都，命魏元忠檢校車駕前後。元忠閲獄，得盗一人，神采語言異衆。命釋桎梏，襲冠帶以從，托之詰盗，比及東都，士馬萬數，不亡一錢。　王敬則以偷舉偷。守吴興，録得一偷，令長掃街路。久之，令舉它偷自代。諸偷恐，皆走。　俗儒以鷄鳴狗盗笑田文，過矣。

以寇攻寇：說回紇擊吐蕃；說王武俊擊朱滔。皆以敵攻敵。　田豫搆戎，使自讎敵。豫以戎、狄為一，非利，搆之使相攻伐，素利違盟出馬千匹與官，為比能所攻，求援于豫。豫恐兼并，為害滋深。乃進軍結營，多聚牛馬糞燃之，從地道引去。胡知，追到馬城圍之，豫使司馬建旌旗，鳴鼓吹，將步騎從南門出。胡人屬目往赴之，豫將精鋭自北門出，鼓噪而起，出敵不意，僵屍蔽地。　牽招搆彝，使相猜疑。招為雁門守。表復烏丸租調，使備鞍馬偵候。彝每犯塞，來輒摧破。又搆鮮卑大人步度根、泄歸泥等與軻比能為隙。勒令還擊，殺比能弟苴羅侯。及叛，烏丸歸義侯王同王等寄大結怨讎，招率歸泥等討比能于雲中，大破之。

漢盗宗廟玉環。　唐盗砍景陵門戟架。　元且盗仁宗慈聖后神主矣。　賈苞盗太廟靈衣及劍。為太廟吏，伏誅。　張明進中黄門。　盗内庫黄金、藥、金。

盗發冢墓，得寶物：胡安據發張駿墓，見駿貌如生。　得珍珠簾、琉璃榼、白玉尊、赤玉簫、紫玉笛、珊瑚鞭、瑪瑙鍾。吕纂誅安據黨，遣祭，修駿墓。　焦恭破古冢，得玉鎧。太守崔道固獻之，乃執繫恭。

盗馬：劉庫仁、為南郡大人時，國有白騧騮，庫仁盗之。　單超後。為少府監。嘗嘯聚惡少，以盗馬。

義縱與張次公俱攻剽為盗；畢義雲家在兖州北境，嘗劫掠行旅，州里患之；蘇侍御涣少喜剽盗，善用白弩，稱「白跖」；郭代公震尉通泉，喜盗鑄掠賣部中口；丘公信第後，以貧行劫；張悌以無供養行劫。亦南塘一出也。　畢衆敬少好弓馬，嘗于疆境盗掠為業。　石崇刺荆州，劫遠使商客致富。陳伯之數為劫盗。年十三四，著獺皮，帶刺刀，伺鄉里稻熟，偷刈之。年長，在鍾離為盗，嘗援面貌人船，船人斫之，獲其左耳。代人穆崇少為竊盗。　房法壽小名馬，清河人。　結羣小為劫盗。嘗盗殺猪、牛，以供其母。　王宜興果勁有膽力，為劫不須伴。郡縣討逐，圍繞數十里，終莫能擒。　黄回果勁，勇力兼人，在江西與諸楚子相結為劫盗。周王繼弘無賴為盗。攻剽閭里。　王君廓善行偷盗，日晚以竹器自後籠人頭，而奪其繒。

激而變者：王翃犒軍士以糲食，乃返戈大呼。李希烈圍襄城甚急。詔姚令言赴援，涇師望至京師厚賞，京兆尹王翃犒軍，惟糲食、菜茹而已。軍士憤怒，揚言：「往次滻水。」乃反戈大呼，鼓噪而還。令言不能戢。是日，德宗倉卒出幸，賊縱入府庫，搬運極力而止。　李絳給募卒以稟麥，乃噪聚趨府。李絳節度山南。文宗三年，南蠻寇西蜀，詔徵赴援。絳于本道募兵千人赴蜀，中路蠻退，募卒悉歸。絳諭而遣之，仍給以廪麥，皆怏怏而退。監軍楊叔元怨絳不奉己，因募卒賞薄，以言激之，乃噪聚趨府劫庫。兵以入使衙，絳方與賓僚會宴，出亂北走，登陴，衙將王景延戰死，絳為亂兵害。

趙元得盜于儔人中；《金史》：趙元同知薊州事，有賊殺人，聚觀甚衆。有田中釋耒而來者，元指曰：「此賊也。」叱左右縛之，遂伏。僚吏問故，曰：「偶得于眉睫間。」。 大懷貞識盜于數僧中。嘗以私忌，飯僧數人，就中一僧異常。懷貞問：「曾為盜殺人否？」對：「無之。」後三日詰盜，果引此僧。 夫得情眉睫，不可為訓。然幾古所謂「色」、「聽」，較得諸箠楚，孰優乎？

善捕盜者：唐蘇無名，太平公主寶物為盜所劫，限責兩縣。湖州別駕蘇無名上太后曰：「願無限日月。」仍以吏卒屬臣，至戒吏卒，見有胡人縗絰去北者，邸踵而報，果得之。因盡執而發冢，皆寶物也。問：「何策？」曰：「到都之日，此胡出葬，但不知其處。今當拜掃，計必有迹，哭而不哀，所瘞非人也。相視而笑，喜墓無傷也。」 宋桑懌。京西旱蝗，有惡賊二十三人。樞密召懌往捕。懌與數卒變為盜服，迹盜行處。獨一媼留為具飲食。又三日往，厚遺之，以實告。後三日，媼盡得其實，以告。明日，部分卒士盡擒諸盜。

掠家口者，則曰：「尹有德于民，尚忍侵犯？」《金史》：移剌子敬為興中尹，女婿懿州來興中省謁，遇盜剽掠且盡。既而還之。謝曰：「我輩初來，知為府尹家也。尹有德于民，尚忍侵犯耶？」 執州使者，則曰：「公為政素善，豈宜劫辱？」又龐迪為華州防禦使，軍變，被執。入山，已而賊衆悔，曰：「公為政素善，豈宜劫辱？」遂縱之。 孰謂盜心不可善格也。

賊為所感者：魏譚，為饑寇所獲，令主爨，暮輒執縛。賊有夷長公，密解其縛。對曰：「譚為諸君爨，常得遺餘，餘人茹草萊，不如食我。」義之，放遣，得俱免。 彭修。張子林作亂，修隨太守擊賊，中流矢死。賊殺中修者，悉降，曰：「自為彭君故降，不為太守服也。」 平原賊願降伏湛。徐異卿願降伏公。遣到平原，果降。 舞陰大姓李氏願降趙憙。欲得憙，乃降。 張霸守會稽，而賊歸附。謡曰：「棄我戟，捐我矛。」 應奉守武陵，而詹山降。 賊降房景伯，以不念舊惡也。賊束手降郭伋，伋勸歸農也。

置樓縣鼓以弭亂者：有北魏李崇，刺兖州。村置一樓，樓縣一鼓，盗發亂擊，諸村聞鼓各守要路。俄頃，聲聞百里，盗發便爾擒送。 宋薛季宣。從荆南帥辟，令武昌縣，鄉置樓，盗發伐鼓，瞬息遍百里。 獨向子韶執為不可，是亦一見。知吴江縣。太守孫公傑欲一保置一樓，盗發，則鳴鼓相聞。子韶曰：「鬥争自此始矣。」

渤海歲饑盗起，以龔遂為太守，乘傳至郡，郡發兵以迎，遂皆遣還，悉罷捕盗賊，吏敕：「持鉏鈎田器者，皆為良民；持兵者，乃為盗賊。」遂單車獨行至府，盗賊聞，遂教令即時解散。 蠻聚為寇，以徐敬業為刺史，州發卒郊迎，敬業盡令還，單騎至府，問賊在南岸，直入其營内，告云：「國家知汝等為貪吏所苦，可悉歸田。後去者為賊。」惟召魁首，杖而遣之，境内肅然。

太守疑謝侍中為「山賊」。靈運賜假東歸，嘗自始寧南山伐木開徑，直至臨海，從者數百。太守王琇駭為山賊。 人謂李客師為「烏賊」。烏鵲皆識，每出從之，翔噪。

桓玄謂馮遷曰：「汝何人？敢殺天子？」遷曰：「吾殺天子之賊耳。」遂斬玄。 王行瑜引兵歸長安，朱玫曰：「汝欲反耶？」行瑜曰：「吾不反，欲誅反者耳。」遂殺玫。

老人蘇恒奏修牛心山，而禄山伏誅。 太白山人謁刺史崔堯封，掘牛山，而黄巢坐敗。

賊有起于征役窮苦：如秦之陳勝、吴廣，漢武之羣盗，隋之王簿，宋之方臘。 妖術惑衆：如漢之張角，晉之孫恩，宋之王則，元之韓山童。 才能遺落：如唐之黄巢，宋之張元、吴昊、黄師密、徐伯祥。起于激發，如宋之阡能。

盗藉以起事之地：漢之琅琊、緑林，唐之司竹園、高雚泊、唐之山棚，東都西南境接鄧、虢，高山深林，民以射獵為生，人皆趫勇，謂之「山棚」。僧圓净故史思明將，為李師道謀買田伊闕、陸渾間，以舍山棚。吕元膺獲圓净殺之。并訾嘉珍門察，始知殺武元衡，乃師道也，非張晏等十八人也。宋之水滸。

宋江起為盗，三十六人。横行河、朔。知亳州侯蒙上言：「使討方臘，以自贖。」此宣和三年事。《淮安文獻志》有載三十六人名號，龔聖俞各為作一贊。楊行密起合肥，號「三十六英雄」。《徐温傳》云：「所與起事，劉威、周雅之徒。」元集慶路花山賊，三十六人。內一婦女尤勇，召募鹽徒，一鼓而擒之。

校記

〔一〕長孫子彦：原作「長孫子産」，據《魏書》、《北史》之《長孫道生傳》改。

〔二〕陳彦：原作「陳産」，據《宋史·王德傳》改。

古事比卷之三十三

豪爽

河東守田延年行縣，令文吏東，武吏西，尹翁歸伏不肯起，曰：「文武兼備，惟所設施。」前漢。 章帝令文郎居左，武郎居右，方儲正住中，曰：「文武兼備，惟所施用。」後漢。 以視「上馬横槊，下馬賦詩」，「上馬殺賊，下馬作露布」，孰優？

章帝以亂絲付方儲使理，儲拔佩刀三斷之，曰：「反經任勢，臨事亦然。」 齊神武使子各治亂絲，文宣高洋。獨抽刀斬之，曰：「亂者須斬。」《事偶》

擊蛟毁璧者，澹臺子羽也。 赴江刺蛟者，荆之佽飛也。 拔劍入水，三日三夜殺三蛟一龍者，東海勇士菑丘訢也。 没水劍斬江中蛟者，許遜也。 投水搏殺蛟者，周處也。 拔劍入水，蛟繞其足，揮劍截蛟，水為俱赤者，晉襄陽守鄧遐也。 持刀没水，江水盡赤，左手持蛟首，右手持刀，奮波而出者，隋趙昱也。《事偶》

裴之横不事産業，兄之高為狹被蔬食以激之，歎曰：「富貴必作百幅被。」後守吴興，竟成其志。 吉士瞻少時擲博無裩，為儕輩所侮，及平魯休烈軍，得絹三萬疋，乃作百裩，餘賜軍士。并《梁書》。

周穆王至巨蒐之國，以牛馬之湩洗王之足。　唐馬周入長安市，以酒洗足。　石裕以酒浴身。欲使毛節識其味。　段文昌以金蓮花盆盛水濯足。

裴鈞大宴裴弘泰，竭座上小爵至觥船，隨即置器于懷，有銀海受一斗，一飲而盡，索馬竟去，鈞使人問之，方箕踞而坐，稱所得銀器，凡二百餘兩。　蜀潘岏聘朱温，簇在席，器皿次第注酌，歸館，温使人偵之，岏簪笥韡冠，手稱所得酒器，令下人收之。　然為貪夫藉口者，多矣。《事偶》

贈以寶貨一船，即鞭奴婢，張建封也；建封貧時，詣尚書裴寬，寬察非常，以寶貨一船，及奴婢贈之。登岸，奴婢偃蹇，即鞭之。寬曰：「此必張建封也。」延燒七十餘艘，飲酒不止，張孺才也。孺才與侍中羊侃聯舟共飲，火延燒七十餘艘，飲酒不止，孺才猶不去。　如此氣量，可竪雄駿矣。

才士以豪爽見奇：陳子昂千緡破琴。十年居京師。有賣胡琴者，營千緡市之。曰：「善此樂，居宜陽里。」明日，集者百餘人，大張宴，語曰：「蜀人陳子昂有文百軸，馳走京轂，不為人知。此樂，賤工之役。」遂舉而破之。畀文案，遍贈會者，一日之內，聲華溢都。　顧長康百萬注疏。瓦官寺僧《請勾疏》曰：「宜備一壁。」往來月餘，畫維摩一軀。曰：「第一日觀者，請施十萬；第二日，請施五萬；第三日，任其施。」及開户，光照一寺，施者填集，俄而百萬。

簡傲

李白謁宰相，封一版，上題曰：「海上釣鰲客。」云：「以虹蜺為絲，明月為鉤，以天下無義氣丈夫為餌。」時相悚然。　張祐嘗謁李紳，自稱「釣巨鰲客」，云：「以虹為竿，月為鉤，短李相為餌。」紳默然，厚贈

之。李狂也直，張得無誕妄逼人耶？唐詩人秦系自稱「東海釣鰲客」。《事偶》

王衍不與庾敳交，敳卿之不置。　北魏邢祖信父遜，為李庶所卿，因詣庶曰：「暫來見卿，還辭卿去。」庶父詣杖，庶謝焉。　陸慧曉未嘗卿士大夫，皇甫真卿王猛，猛曰：「昨拜今卿，何恭慢相違耶？」

鄭果謂宋憬曰：「公奈何卿五郎？卿人信近簡傲哉？」前。

劉孝綽每朝集，公卿間無所與語，反呼騶卒訪道途間事。　謝幾卿遊宴不得醉而還，因詣道邊酒壚，停車褰幔，與車前三騶對飲。　郭恕先時與役夫、小民入市肆飲食，曰：「吾所與遊，皆子類也。」前。

蕭穎士不識王吏部而誚；有紫衣翁避雨，穎士侮之。雨止，呵殿而去，始知為王丘也。明日謝罪，引至廡下，坐而責之。侯泳不識豆盧相而侮；僧院獨坐一叟。泳自外入，殊不顧揖，傲岸據榻。見僕御肩輿方知，頁牋自陳乖疏。公亦恕其不識，留酒十盃，乃小懲也。　賈島不識宣宗，而奪其卷。　雖邂逅可原，而傲終凶德。

許敬宗多忘。性輕傲，或謂其不聰。曰：「卿自難記。若遇曹、劉、沈、謝，暗中摸索，著亦可識。」　沈昭略不識。王融詣王僧祐，因遇沈昭略，未相識。顧盼曰：「是何年少？」融殊不平，曰：「僕出于扶桑，入于暘谷，照耀天下。誰云不知，而卿此問？」昭略曰：「不知許事，且食蛤蜊。」融曰：「物以羣分，方以類聚。君生長東隅，應嗜此味。」　闞康之了不相盼。顏延之等候見，散髮披黃布帕，席松葉，枕白石一塊而卧，了不相盼。延之等咨嗟而去。　王恬散髮而出。謝萬嘗過恬，恬便入內，久乃沐頭散髮而出，據胡床曬髮，竟無賓主禮。萬悵然而返。　張敷卧不即起。謝亮叫其好學，過候之。敷卧不即起，亮怪而去。　丁謐交脚卧而不起。字彥清，斐子。嘗往鄴借人空屋。諸王亦欲借之，不知謐已得，直開門入，謐卧不起，呼奴促呵使去。還言明帝，收繫，以功臣子原出。

簡雍獨擅一榻，項枕卧語。在先主座，猶箕踞傾欹，適亮以下，無所為屈。謂「世間無可語」，李充也。號「負圖先生」。嘗餌菊术，經旬不語。曰：「世間無可食，亦無可語者。」謂「惟韓山一片石堪與語」，庾信也。愛温子昇《韓山碑》，曰：「餘若驢鳴、犬吠耳。」入太學，不與同郡符融言，仇覽也。竟不與座上客共語，羅含也。答主人曰：「相識已久，不煩復爾。」舉扇撝凡客，不與交言，蕭子顯也。在王敦座，惟歎謝長史鯤。可與言，都不盼敦，王澄也。在大將軍座，見衛玠，都不顧王，謝琨也。

劉巴不與張飛語。飛嘗就巴宿，巴不與語。謂諸葛曰：「丈夫當交英雄，何至與兵子語。」謝朓不與江祏詩。祏嘗詣朓，朓言有一詩，呼左右取。既而便停，祏問故，曰：「定復不急。」

大曆末，玄覽禪師住荊州陟岵寺，張璪嘗畫古松于壁，符載讚之，衛象詩之，亦一時「三絶」也。覽悉加堊焉，曰：「無事疥吾壁。」徐常侍聘齊，魏收録文集示徐傳之江左，徐濟江沉之，曰：「為魏公藏拙。」崔信明：「楓落吴江冷。」鄭世翼以他句不稱，投江。崔顥「十五嫁王昌」，得「小兒無禮」之呵。世固有好面折人過者。

孫子荆長揖石苞，曰：「天子命我參卿軍事。」袁淑謂始興王濬曰：「朝廷遣下官，本以光公府望。」

富人齎錢十萬，而揚子雲不肯載名。子雲作《方言》，蜀富人齎錢十萬，願載一名。子雲曰：「富人無義，正如圈中之鹿，欄中之牛，安得妄載乎？」富人遺五百金，而穆修不肯附名。張知白守亳。亳富人修佛廟成，白使穆修為記。富人遺五百金，求修附名。修投金庭下，曰：「吾不忍以匪人污吾文也。」

任誕

牛飲者：紂也，閩王曦也。　《新序》載桀亦然。《偶記》

晉嵇、阮、劉、畢為裸飲。　唐鄭愚、劉彦等為顛飲。　宋劉潛、石曼卿為巢飲、鱉飲，猶曰：「放達也。」　周伯仁露其醜穢，及元康貴游子弟為散髮飲，對弄妾、婢，何止貌不恭哉！前。

鄭泉曰：「願得美酒滿五百斛船，四時甘脆置兩頭，左右没飲之，憊即啖肴膳，酒減隨益，不亦快乎？」　畢卓曰：「願得酒滿數百斛船，四時甘味置兩頭，右手持酒杯，左手持蟹螯，拍浮酒船中，足了一生矣。」前。

飲不擇偶者，謝幾卿也。詳見《簡傲類》。　引兵帥共飲，謝奕也。　步屧郊野，道遇一人即與酣飲，袁粲也。　召豪吏接坐引滿，吏挾私白事，杖訖，復召與飲，何承裕也。為盩厔、咸陽二令。　與人飲酒，雜穢非類，劉公榮也。　嗜酒，所遇不擇士庶，羅友也。《偶記》

徑入人園林，不問其主，嘯咏自若者：王子猷也，子敬也，袁景倩粲。也。　子猷、景倩，皆為主人款留，而子敬獨為顧辟疆所數，驅之出門，何不幸也。《偶記》

漢陳遵與客飲，輒投轄井中閉門，有部吏奏事，值遵飲大窮，突入叩頭白遵母，恐誤尚書之期。母乃令從後門出。　齊高季式閉門，與司馬消難留飲一宿，乃出之。取車輪括消難頸，又自以一輪括頸。　又季式常醉殺孫搴。消難，子如之子，高祖婿。

居母喪，飲酒食蒸㹠，以步兵厨有酒三百石，乃求為步兵校尉者，阮籍也。　居母喪，飲酒騎射，以太常有音樂多美酒，復自中書令求為太常者，李元忠也。元忠蓋效籍也。《偶記》

裴休常披毳衲于歌妓院，捧鉢乞食。　韓熙載于歌妓院中，敝衣芒履，作瞽者持獨絃琴，俾舒雅執板挽之，隨房乞食。或曰：「裴逃禪，韓避禍。」《事偶》

王僧達守宣城，性好獵，受詞辯訟多在獵所。　任昉守新安，曳杖徒行邑郭，詞訟就路决焉。　蕭敏穎達子。守新安，好射雉，詞訟者遷于畝焉，後張弩損腰而卒。前。

辛洞簇酒。洞好酒，無資，常携榼登人門。每家取一盞投之，號為「簇酒」。　伊處士斂衣。處士從衆人求尺寸之帛，聚而服之，名曰「斂衣」。《代醉編》

阮籍聞喪，而圍棊快賭。既而飲酒二斗，吐血數升。　袁耽在艱，而變服就局。為桓温與債主一擲十萬，直至百萬。

韋玄成待祠，不乘駟馬而騎，有司劾奏。　顏延年罷官，乘馬出入里閭，世稱「放誕」。

袁山松每出遊，好令左右作挽歌，人謂「道上行殯」；張驎湛小字。酒後挽歌甚凄苦；桓車騎曰：「卿非田横門人，何乃頓爾至此。」顏延之入酒店，裸袒挽歌。又謝幾卿、庾仲容，每既醉，相與執鐸挽歌。諸子可謂失悲歡之常。

畢吏部盗樽。卓為吏部郎，比舍郎釀熟。卓因醉，夜至其甕間盗飲，為掌酒者所縛。明旦視之，乃畢吏部也。卓遂引主人宴于甕側。　裴御史携筋。《北史》：崔贍在御史臺，宅中送食備盡珍饈，別室獨餐，處之自若。有一河東人士，姓裴，亦為御史，伺瞻食，便往，瞻不與交言。又不命匕筯。裴坐觀瞻食訖而退。明日，自攜匕筯，恣情欲噉。瞻曰：「昔劉毅在京口冒請鵝炙，豈亦異是？君定名士。」遂與之同食。

顧子敦懷杯就酌。愼伯筠秋夜待潮于錢塘江上。露坐，設大酒尊，對月獨飲。子敦過之，亦懷一杯，就其尊對酌。伯筠不問，子敦亦不與語，酒盡各散去。　馮惟一不召自至。為太常。每朝士宴集，雖不召，亦常自至。酒酣，即彈琵琶；彈訖，賦詩；詩成，起舞。時謂「三絶」。

謝虎子攄。上屋薰鼠；王平子澄。上樹探鷇。人謂晉人達，余云「晉人定癡」。虎子薰鼠，胡兒無由知父為此事。聞人道：「癡人有作此者。」戲笑之。太傅安曰：「世人以此謗中郎，攄亦言我共作此。」胡兒懊熱，閉齋不出。太傅虚托，引己之過，以相開悟，可謂德教。王澄刺荆州，將之鎮，送者傾朝。澄見樹上雀巢，便脱衣上樹，探鷇而弄之。神氣肅然，旁若無人。

陳遵之曹事數廢。為司徒掾。日出醉歸，西曹以故事適之。侍曹白遵，遵曰：「適百。」乃相聞「滿百西曹」，請斥。大司徒馬宫優士，又重遵舉能治劇，補郁夷令。　蔣琬之衆事不理。琬為廣都長。先主嘗奄至，見琬沉醉，將加罪。諸葛亮曰：「琬，社稷器，非百里之才，為政以安民為本。」乃但免官。

孟郊以苦吟廢事。郊為溧水尉。縣南有投金瀨，瀨南有積水。郊日乘驢，領小吏徑坐水旁，苦吟到日西。曹務弛廢，令李卞急白府，以他尉代，分其俸以給之。　王績字無功。以嗜酒廢事。為六合丞。

桓冲謂：「騎兵參軍王徽之在府當相料理。」徽之初不酬答，直以手版拄頰。曰：「西山朝來，致有爽氣。」

庾亮問廬陵從事孟嘉風俗得失，嘉對還當問吏，亮舉麈尾掩口而笑。謂弟翼曰：「孟嘉，故是盛德人。」　張率不留心簿領，奏事問之，答云：「事在牒中。」高祖不悦。

阮嗣宗卧鄰婦之側，殊不自嫌；鄰家少婦有美色，當壚沽酒。籍嘗詣飲，醉便卧其側，籍不自嫌。其夫察之，亦不疑也。白樂天飲商婦之舟，了無所忌。樂天《琵琶行》蓋在潯陽為商婦作。商賈茶浮梁，婦對客奏曲，樂天移船，夜登其舟與飲。

縲以禮教，二子謝魯男遠矣。

傳詔不見，但于酒樓裸袒挽歌者，顏延之也。　與宗人圍酌大盆，有羣豕來便共飲之者，阮咸也。

温庭筠無行撿，過淮南丐錢。　楊子院為邏卒擊折齒。　謝鯤挑鄰家高氏女，女投梭折其兩齒。

王儉當朝，方宴樂遊苑，蕭琛著虎皮靴，策桃枝杖，直造儉座。　徐陵為吏，尚陳暄以玉瑁簪插髻，紅絲布裹頭，袍拂踝至膝，不陳爵里，直上陵座。

張纘不能對殘客。　阮宣子不喜見俗人。　阮籍盡哀哭兵女。　阮咸盛服追姑婢。

東方朔小遺殿上。　謝幾卿小遺閣省。　五代唐于嶠溺于時相直廬，因被長流。《叢談》

莊子妻死，登木而歌。　梁鴻父亡，捲席而葬。前。

好勝

周陽由為守，視都尉如令；為都尉，必凌太守。《史記》　甯成為小吏，必凌其長；為人上，必操下如束溼薪。　桓範妻曰：「君前欲斬徐州刺史，鄒岐。人謂君難為作下。今復羞為呂將軍昭屈，是復難為作上。」《曹爽傳》　羅立言倨下傲上。　陸遜謂諸葛恪：「氣凌其上，意蔑其下，能不敗乎？」　劉瑀性凌物護前，不欲人居己上。

田蚡坐其兄蓋侯東向，自西向，不以撓。　蓋寬饒入許伯第，從西堦上，東向坐，無所屈。

兩不相下：劉琨謂祖逖曰：「若四海鼎沸，豪傑并起，吾與足下當相避于中原。」 梅陶、鍾雅數説事，多辨語，祖納輒困之，曰：「君汝潁之士，利如錐；我幽冀之士，鈍如槌。持我鈍槌，捶君利錐。」陶雅並稱：「有神錐，不可捶。」納曰：「假有神錐，亦有神槌。」 殷浩語孫安國曰：「卿莫作强口馬，我當穿卿鼻。」孫曰：「卿不見决鼻牛，人當穿卿頰。」《箋説》 韓熙載奔吴，李穀送至正陽，痛飲而別。謂穀曰：「吴若用吾為相，當長驅以定中原。」穀笑曰：「中原若用吾為相，取吴如探囊中物耳。」

同藝相忌：王靈智以眘君謨射過己，謀欲殺之。 吴道玄以皇甫軫画過己，募人殺之。

人情之徇名而好勝也：輸攻而墨守；鶴飛而錫卓；鍾書而荀畫。羽芥而距金，駛牛豆粥，何益人？毛髮事，而兩不相下，遂成怨府，豈所謂「一棲不兩雄，一淵不兩蛟」乎？大泌。

嫉忌

鄧隲惡虞詡，則以為朝歌長。 梁冀惡張綱，則以為廣陵守。 孔融忤董卓，諷舉為北海相。

取稿投溷。李賀有表兄，與賀有筆硯之舊。恨賀傲忽。賀死，紿取其稿，盡投溷中。 文成碎碑。乾符中，顔標典鄱陽郡，鞠場公宇初搆，請姚巖傑紀其事。文成，標欲删去二字，不從。時已刊石，命碎其碑。 擅文獨步。梁安成王蕭恢博雅擅文章。柳信言差堪擬敵。一日間，恢卒，賓客往候，信言：「乃屈一脚。」跳出曰：「獨步來。」

李斯、姚賈毁韓非。 絳灌、馮敬之屬害賈生。 胡常心害翟方進。 江公嫉王式。式謏諸生曰：「本不欲來，竟為豎子所辱。」

胡瑗、孫復同為直講，復教養不及瑗，而治經過之。然二人論見多不合，常相避不見。

梁武策錦被事，咸言已罄。劉孝標忽疏十餘事，帝不覺失色，自是惡之。蔡攸徵瓜事，座客不敢盡言。董彥遠連徵數事，攸遂外補之。又沈約以疏栗事得罪梁武。盛世君臣讒德，乃末代竟至爭能。凡讒者必見其大，凡爭者必競其小。《偶記》

忌才而害之：如湘東王繹。之酖劉虬。使藥之，而厚其賻贈。宋齊丘之沉汪台符。使親信誘台符乘舟痛飲，推沉石城磯下。

忌名而害之：如賀瓌之殺謝彥章。瓌善將步兵，彥章善將騎兵。瓌惡其與己齊名。密譖于上，與朱珪謀，因享士伏甲殺彥章。晉王存勖喜，曰：「彼將帥自相魚肉，亡無日矣。」

唐玄宗因優人之魅戲而罷宋璟；宋寧宗因優人之峨冠而出晦庵。邪臣害正之計巧哉。《偶記》

唐孟詵以識藥金，左遷台州司馬。宋徐摛經、史、百家，應對如流，卒為朱异所忌，出為郡守。

李林甫怒李北海，宜也；姚崇亦嫉之。李輔國惡李鄴侯，宜也；常袞亦忌之。

令狐略沮馮衍之見；略，狼孟大姓。衍為長，以罪陷略。衍上書，光武將召見略。謂王護曰：「衍求見，欲毀君也。」遂共排，間不得入。王國寶沮王珣之見。王雅薦珣于孝武，常夜與國寶、雅相對，微有酒色，令喚珣。國寶自知才出珣下，因曰：「珣，今名流，陛下不宜有酒色見之。」遂不見。亦太宰之沮見也。子圉見孔子于商太宰。太宰曰：「已見，則視子猶蚤、虱。吾將見之于君。」子圉曰：「亦將視子猶蚤、虱也。」太宰因弗復見。

紿而中之者：翟酺詐孫懿以圖書。尚書缺，詔試高第者補之。酺自恃能高而忌懿，乃往候。既坐，惟涕泣，懿怪而問曰：「圖讖有漢賊孫登，將以才智為中官所害。觀君表相，似當應之。僕受恩，故悽愴耳。」懿遂移病不試，由是酬對第一。李林甫謂李適之以華山採金。適之、林甫不協。林甫陰賊，謂曰：「華山金採之可以富國。」適之性疏，為帝道之。以問林甫，對曰：「知之久矣。顧陛下本命王氣之舍，不可穿治。」帝以林甫愛己，而薄適之。謂盧絢子以憚遠請老。玄宗嘗陳樂勤政樓。絢垂鞭按轡而去。帝歎其醖藉。林甫召絢子，曰：「尊府素望，上欲任以交、廣。若憚遠行，且當請老。」絢懼，從之，因出刺華州，授詹事。由是廢于時。

詭而沮之者：甘茂詐秦惠王以「犀首」官名。公孫衍為之。告臣；甘茂相秦，惠王愛公孫衍，間有所言，曰：「將相子。」茂入賀王得賢相。王曰：「子安聞之？」曰：「『犀首』告臣。」王怒，逐衍。陳轅宣仲，即濤塗。勸申侯以城虎牢；轅怨申侯之召己于召陵。勸之城其賜邑，遂譖諸鄭伯，曰：「將以叛也。」申侯由是得罪。李林甫紿嚴挺之以稱疾。玄宗問：「挺之安在？」林甫召其弟損之道意，且許美官。因紿挺之稱疾，願就養京師。既奏，挺之有疾。

自矜

王微答始興王濬箋，袁陽源謂為訴屈，微與從弟僧綽書，反復辨之；歐陽永叔為尹師魯作《墓誌》，人有議其略者，歐復作論，述其文之法與意。人欲自居其是，抑之，而更伸之。

齊席毘嘲劉逖云：「君輩詞藻譬若朝菌，豈比吾徒千丈松，常有風霜，不可彫悴？」韓浦嘗輕洎，曰：「吾兄文如繩樞草舍，子文是造五鳳樓手。」六朝吴遠邁好自勝，而嗤鄙他人，檀超笑之，曰：「昔劉季緒才不逮于作者，而好詆訶人文章。季緒瑣瑣何足道？遠邁何為者乎？」

王元長謂劉孝綽：「天下文章若無我，當歸阿士。」袁淑謂謝莊曰：「江東無我，卿當獨秀！我若無卿，亦一時之傑。」丘靈鞠謂王令：「文章大進，何如我未進時？」杜必簡嘗語人曰：「吾文章當得屈、宋作衙官，吾筆當得鍾、王北面。」及病，謂宋延清、武平一等曰：「我在，久壓公等。但恨不見替人。」俱矜詡太過。

桓榮為太子少傅，輜車乘馬，謂諸生曰：「稽古之力也。」　北魏董徵詔教授京兆、清河、廣平、汝南四王，誡子弟曰：「此之富貴，勤學所致耳。」夫學非以梯榮也。如二公語似薄，然以勵子弟，亦無不可。

荀伯子以膺籍自矜。謂王弘曰：「天下膏粱，惟使君與下官爾。宣明之徒不足數也。」　崔㥄以籍地自矜。謂盧元明曰：「天下盛門，惟我與爾。傅、崔、趙、季，何事者哉？」崔暹凹而銜之。

劉惔曰：「極進故是第二流。」桓溫謂會稽王談更進，惔云云。溫曰：「第一復誰？」曰：「故在我輩。」　王坦之曰：「過江來，正用第二人。」江虨領選，將擬為尚书郎，坦之云。云：「何得以此見擬虨？」遂止。

郤詵曰：「猶桂林之一枝，崑山之片玉。」刺雍州，武帝于東堂會送，詵曰：「臣對策為天下第一。」云云。　鄭仁表曰：「天瑞，月五色雲；人瑞，有鄭仁表。」洎子。恃才傲物，以門第人物、文章具美，嘗云云。

劉晝曰：「使我數十卷書行于世，不異齊景之千駟。」舉秀才不第，撰《高才不遇傳》三篇，自謂博物奇才。每云云。

崔儦曰：「不讀五千卷書者，無得入此室。」字岐叔。負恃才，第忽略世人，大署其户云。　魏文帝為閱書觀，讀書千卷。登此觀，登者六人而已。

周顗答庾亮曰：「何乃刻畫無鹽，唐突西施？」亮謂「人以君方樂廣」，顗答之。　王儉答徐孝嗣曰：「不意老子遂與韓非同傳。」王敬則、王儉俱開府儀同。孝嗣嘲儉曰：「今日可謂連璧。」儉答之。

臧武仲自以為聖；白圭自以為禹；司馬長卿自以為相如；揚雄自以為孟軻；崔浩自以為子房。世終莫之許也。

後魏河間王琛。曰：「不恨我不見石崇，恨石崇不見我。」　張融答梁武帝曰：「非恨臣無二王法，亦恨二王無臣法。」又曰：「不恨我不見古人，恨古人不見我。」

櫟陽令謝游自以大儒有名。　薛宣鎸之九江守戴聖自以大儒有名，何武案之。

胡僧祐好書，愛緝綴，然鄙野而自矜伐。　隋崔儦以讀書為務，頗自負而忽人。

王僧虔《戒子書》曰：「開《老子》卷頭五尺許，未知輔嗣何所道，平叔何所說，馬、鄭何所異，指例何所明，便盛于麈尾，自稱譚士。」　皇甫持正湜。《與李生書》曰：「讀誦未有劉長卿一句，呼阮籍為老兵；筆語未有駱賓王一字，罵宋玉為罪人；書字未識偏旁，高談稷、契讀書；未知句讀，下視服鄭矣。」

唐王適自稱「奇男子」。　皮日休自號「間氣布衣」。

漢戴良答謝季孝曰：「我若仲尼長東魯，大禹出西羌，獨步天下，誰與為偶？」　禰衡曰：「大兒孔文舉，小兒楊德祖。」

漢高祖奉玉卮，為太上皇壽，曰：「始大人以臣無賴，不如仲力，今所就與仲孰高？」太上皇竟無一言。　朱温為節度使，其母王氏猶傭食蕭縣劉崇家，始迎以歸，温舉觴為壽，曰：「朱五經温父誠，以「五經」教授鄉里，號為「朱五經」。平生讀書，不登一第，有子為節度使，無忝于先人矣。」母惻然曰：「汝能至此，可謂英特，然行誼未必如先人也。」温母賢于太上皇遠矣。

不揣

楚王伐蕭，蕭人囚熊相宜僚及公子丙。王曰：「勿殺，吾退。」蕭人殺之，王遂滅蕭。楚伐莒，莒人囚楚公子平，楚人曰「勿殺，吾歸」而俘，莒人殺之，楚圍莒，莒潰，遂入鄆。齊侯伐魯，圍龍，頃公之嬖人盧蒲就鬼門焉，龍人囚之，齊侯曰「勿殺，吾與而盟，無入而封」，殺之，膊諸城上，齊遂取龍。莒，一小國；蕭，一附庸；龍，一邊邑，不度德量力，至于滅亡。

臧嚴作《棲鳳春秋》，以配獲麟，誇誕至矣。彼子雲之《太玄》擬《易》，《法言》象《論語》，王長文《通玄》之稱「經」，文中子《中説》之比例，尚不免于訾議，以土壤而并岱宗，亦何其不自量也。

李赤摹白，黄樂地摹樂天，荀鳴鴨摹鳴鶴。嘻！宋遊山乃宋遊道族弟，謔耳。蘇天年號「西坡」。

楊俊之曰：「家兄亦不知我是才人。」北齊并州士曰：「才華不為妻子所容。何況行路？」

董賢父曰：「我家何負天下？」馮聿亦曰：「我家何負四海？」

韓子論荀、楊之疵，而韓子之疵有甚于荀、楊。荀卿譏六子之蔽，而荀子之蔽不下于六子。班固論子長是非頗謬于聖人，而范曄論固以為自見毫毛而不見睫。東坡《私試策問》

性偏

何次道充。好佛，供給沙門，而不施貧乏。殷仲堪好道，不悋財賄，而嗇于周急。

崔浩不好《莊》、《老》之書，非毁佛法，焚釋典，捐灰厠中。因欲修服食師事寇謙之。謙之有《神中録圖新經》。唐武宗奮然除去浮屠之法，而躬受道教之籙，服藥以求長生。

公府掾吏，皆羸車小馬，不上鮮明，而司徒掾陳遵獨極輿馬衣服之好。　謝弘微居身清約，器服不華，而滋味盡其豐美。　王騫侈于味，而儉于服。　王子陽吉。家居布衣、蔬食，而好車服，極為鮮明。天下服其廉，而怪其奢。　辛慶忌食飲、被服尤節約，而好輿馬，號為「鮮明」。

桓曄父鸞卒，姑楊賜妻赴哀，止傳舍，整飭從者而後入，曄心非之，勞問終無所言。　袁忠乘船戴笠詣王朗，見左右皆著青絳彩衣，非其奢麗，即辭疾發而退。　橋玄逼致，姜岐堅卧不起。召為吏，稱疾不就。勒督郵尹益逼致之。若不至，逼嫁其母。岐堅卧不起，士大夫諫，玄乃止。　桓帝欲圖，姜肱韜面不見。以被韜面言感眩疾，不欲出風，竟不得見。

朱暉被劾去臨淮，屏居野澤，不與邑里通。　第五倫會稽免歸田里，身自耕種，不交通人物。　厙狄士丈，雖鄰里至親，莫與通狎；史圭杜絶人事，親故莫見其面。每遊外墅，乘婦氈車以自蔽。皆以固必而自任也。　王昶請與阮籍相見，籍終日不關一言；羊欣自非循省近親，不妄行詣，行必由城外，未嘗入六闕；有病不堪拜伏，辭不朝覲。高祖恨不識之。　王育行己任性，頗不偶俗，妻喪，吊者不過四五人。此皆孤行絶物，而無所顧忌也。

吴祐同僚無私書之問，上司無箋檄之敬，在膠東，書不入京師。此介而正者。

鉅鹿李孚，本郡饑困，嘗種薤，索者不與一莖，亦不自食。此介而過者。

楊軻非入室弟子，莫得親言。疏賓異客，音旨未嘗交也。弟子欲所論受，須旁無雜人。闞康之伯愉。獨處一室，不通賓客，弟子以業傳授。董遇教學者先讀百遍，而從學者少。治《老子》，作《訓注》。又善《左氏傳》，更為作《朱墨別異》，言學者當以「三餘」：冬者，歲之餘；夜者，日之餘；陰雨，時之餘。

王僧祐不見從祖弟。儉詣之不見。武帝閱《武獻講武賦》，儉借觀，不與。王裕之敬弘。尅日見兒孫。歲中一再見。子恢之請假還東定省，尅日見之，輒不果。假日將盡，于閤外拜辭，流涕而去。平常後魏人。別搆精廬，遠妻子。以三子不率父業，別搆精廬，置經籍其中，一奴自給。妻莫得而往，酒食亦不與同。有珍美，呼時老東安公、刁雍等共飲噉之。

附

立異

灌夫諸勢在己之右，必凌之；士在己之左，益敬與鈞。嚴延年為河南守，人言「當死者」，一朝出之；言「當生者」，詭殺之。若延年者，以微詞謬投，反易為人所中。

延年為吏，貧弱雖陷法，曲文以出之；豪傑侵小民者，以文納之。王温舒異是，則徇人情也。

古事比卷之三十四

尤悔

漢武感車千秋之言，而作思子宮。擢千秋為丞相，族江充家，焚蘇文于横橋上，及泉鳩里加兵刃于太子者。乃作思子宮，為歸來望思之臺于湖。　晉惠感閻纘之言，而作思子臺。愍懷太子之喪，大風、雷雹，幃蓋飛裂。帝感纘言，立臺。

因事思人：越后庸來聘，且言郕田，康子病之，言及子贛，曰：「若在，吾不及此矣。」　漢高至廣武赦劉敬，曰：「吾不用公言，以困平城。」　先主自猇亭還，諸葛亮曰：「法孝直在，必不使主上東行。」魏武自荆州還，曰：「郭奉孝在，必不使孤至此。」孫權因征遼，將士没于海，曰：「使虞翻在，此役不成。」何三雄一揆也！　唐太宗自遼左還，征高麗，不能成功。亦曰：「魏徵若在，朕無此行。」　彭城王鎮豫章，將南，歎曰：「謝述惟勸吾退，劉班惟勸吾進。」　宋文帝曰：「謝述若存，義康必不至此。」　魏主至瓜步，宋文帝曰：「檀道濟若在，事豈至此？」　蜀王秀。得罪，文帝曰：「元巖若在，吾兒豈有是乎？」　太子勇廢，上曰：「劉行本在，勇當不及于此。」　契丹圍雁門，煬帝曰：「使長孫晟在，不令至此。」　郄愔曰：「使嘉賓不死，鼠子敢爾？」

馬援曰：「念少游平生語，何可得也？」　蔣秀歎曰：「任功曹真人，吾違此讜言，以至于此。」秀為臨海郡將，貪不奉法，功曹任旭謝去。秀被收，旭狼狽營送。　李德裕謫袁州，歎曰：「門下愛我皆如杜顗，吾無今日。」德裕貴盛，賓客無敢忤，惟顗數諫止之。

越遷吴王甬東，夫差曰：「悔不用子胥之言。」　潁川盜起，光武悔不用郭子横之言。將征隗囂，郭憲言：「東方初定，不宜遠征。」　呂布襲下邳，先主恨不用陳羣言。羣說：「東與術爭，布襲其後，雖得徐州，事必無成。」　關右大叛，太祖悔不從衛顗議。鍾繇求以兵入關，顗以西方諸將厚加爵號，不受其變；若以兵入關，彼必驚擾。　洹水兵敗，爾朱兆叩心，謂慕容紹宗曰：「不用公言，以至于此。」以高歡統六鎮，歡請就食山東，紹宗諫曰：「高公雄略，又握大兵，將不可為。」　高歡臨終謂子澄曰：「吾不用陳元康之言，留患遺汝。」邙山之戰，元康勸乘勝追宇文泰。　垣護祖述弟榮祖之言。宋孝武使殺護祖。臨死，與榮祖書：「弟嘗勸我危行言遜，今果敗矣。」　梁王督失襄陽，乃恨不用尹德毅之言。德毅曰：「魏精鋭盡萃于此，若設享會，因而斃之，分命諸將，掩其營壘，收江陵百姓，撫而安之。然後朝服濟江，入踐皇極，晷刻之間，大功可立。」督不從。　歐陽紇恨不納袁敬言。歐陽頠卒，子紇有異志，敬諫不從，章昭達擒紇。　陳寶應悔不從虞寄計。寶應敗走，謂子扞秦曰：「早從虞公計，不至今日。」　曹王明坐法，遷黔中，曰：「吾愧不用孔長史言，以及于此。」不循法度，孔禎每諫不悦。

申屠嘉悔不斬鼂錯。　宋璟悔不殺張昌宗。

凡撰文字，是非毀譽，不宜草草。如陶穀悔作禪詔；孔文仲悔作伊川彈文；尹穡悔作張魏公彈文；朱文公悔作紫巖墓碑；陸放翁悔作《南園記》；姚雪坡悔作《秋壑記》。是也。近李西涯悔作《玄明宮記》。

李斯將死，而思東門牽犬；陸機將死，而思華亭鶴唳；諸葛長民將死，而思丹徒布衣；劉黑闥將死，而思家居鉏菜。晚矣。

馬援言王磐當屏居，果與蘇鄴、丁鴻連坐死。又謂吕种曰：「諸王賓客有大獄。」及收捕牽引，吕种豫其禍，歎曰：「馬將軍，神人也。」李沆謂王旦曰：「人主當使常懷憂懼，及西夏納款，遂封岱祀汾，大營宫觀。」旦歎曰：「李文靖，真聖人也。」范仲淹力免誅晁仲約，及弼富鄭公。按河北回，及國門，不得入，未測朝廷意，歎曰：「范六丈，真聖人也。」何曾謂諸孫必及于難，及綏被殺，兄嵩哭之，曰：「我祖，其殆聖乎？」宋欽臨刑歎曰：「高允，其殆聖乎？」允謂欽曰：「閔湛所營分寸，恐為崔門萬世之禍。」湛勸浩刊《國史》。

葉公勸子西勿召白公。及作亂，子西以袂掩面而死。吴王夫差臨欲伏劍，顧左右曰：「死必連臂組以罩吾目；羅繻三幅以為掩。」以巾覆面。

蔡允恭工詩，隋煬帝有所賦，必令吟諷，遣教宫人，恭甚恥之。韋誕奉命書凌雲觀扁，去地二十五丈，寫竟，鬚眉盡白，誡子孫勿學此法。

蕭子雲歎曰：「吾惟以筆迹得名，亦異事也。」王褒悔恨曰：「假使吾不知書，可不至今日耶？」此悔書者也。

閻立本、陸鴻漸，皆文士。一以奉詔畫鸂鶒，稱「畫師」；一為李季卿烹茶，稱「茶士」。小技有名，終身為累。至有誡子之詞；秦府十八學士，及凌煙閣功臣，並立本之跡。太宗與侍臣泛舟春苑，召立本，令寫，閤外傳呼「畫師」。立本時已為主爵郎中，俛伏池側，手揮丹粉，瞻望坐賓，不勝愧赧。退誡其子，勿習此末技。及為右相，姜恪立功塞外，立本惟善圖畫。時以《千字文》語曰：「左相宣威沙漠，右相馳譽丹青。」《毁茶》之論。羽嗜茶，著經三篇。言茶之原、之法、之具。時鬻茶者至，陶羽形，置煬突間，祀為茶神。有常伯熊者，因羽論，廣著茶之功。御史大夫李季卿宣慰江南，次臨淮，知伯熊善煮茶，召之。季卿為再舉杯。至江南，又有薦羽者，召之。羽衣野服，挈具而入。季卿不為禮，羽愧之，更著《毁茶論》。至若郎宗恥以占見知，而懸印而去；華陀慚以醫為業，而托疾以逃。不可謂智乎？可謂不自有其技矣。

范質之終，誡其子勿請謚，勿刻墓碑，悔迎拜宋祖之失也。王旦之終，誡諸子削髮、披緇以斂，婿蘇耆力排而止之。悔不諫天書之失也。《問奇》

陳平嘗言：「我多陰謀，道家所禁，吾世即廢棄，以吾多陰禍也。」傳國至曾孫，果以罪絶。李廣曰：「吾誘降者八百餘人，同日殺之。今恨獨此耳。」王朔曰：「禍莫大于殺已降。此所以不得侯也。」虞詡臨終謂子恭曰：「悔為朝歌長時，殺賊數百人，何能不有冤者。」自此二十餘年，家門不增一口。宋王彦超誡諸子曰：「吾累為統帥，殺人多矣。得免為幸，必無陰德以及後。汝曹勉為善事以自庇。」諸子果無達者。《餘冬序録》

楚公子比之亂，靈王聞羣公子之死也，自投于車下。既而曰：「余殺人子多矣，能無及此乎？」白起曰：「我何罪于天而至是？長平之戰，趙卒降者數十萬人，詐而坑之，是足以死。」蒙恬曰：「我何罪于天？無過而死乎？」良久曰：「起臨洮，屬遼東，城塹萬餘里，不能不斷地脈。此恬之罪也。」楚公子比之繼以惡終；始皇二世而亡。天道又有在矣。

王導料檢中書故事，見周顗表救己，執表流涕，告諸子曰：「我雖不殺伯仁，伯仁由我而死。」謝朓告王敬則反，妻嘗懷刃欲報，朓不敢相見。及臨誅，歎曰：「我雖不殺王公，王公因我而死。」

愧恨

韓安國之嘔血。屯漁陽，以匈奴入漁陽，徙東屯。衛青等有功益貴。安國疏斥，又失亡多，甚自愧，數日病，嘔血死。　于禁之發病。禁敗，降關羽，龐德不屈而死。孫權擒羽，禁復在吴，遣禁還，令詣鄴，謁高陵。預于陵屋畫關羽戰克，龐德憤怒，禁降服之狀。禁慚恚，發病，薨。　曹休之發癰。征吴不利，退還石亭。軍夜驚，棄甲兵輜重甚多。上書謝罪，慰諭禮賜益隆。因癰發背，薨。　張永之發病。休範作亂，永屯白下。使人覘賊，唱言臺城陷。永棄軍而走，朝廷以舊臣止削官爵。永愧歎，發病。　庾蓽之憤卒。鄉人樂藹素與不平。藹為中丞，蓽始得會稽行事。會徵有譴，使藹宣旨誨之。蓽大憤，卒。　范興話之憤卒。興話寒賤，選州主簿。元日朝賀，庾喬不肯就列，曰：「忝為端右，不能與小人范興話為雁行。」興話憤，卒。喬即蓽子。　以憤酬憤，亦奇。

鄭均以言不修太尉府被譴而發病。明帝欲修太尉府。西曹掾均以舊府自足相容，太尉趙憙表陳之。冬祀辟雍，歷二府壯麗，而太尉獨卑陋。帝歎曰：「椎牛縱酒，勿令乞兒為宰。」憙子世驂乘歸白，憙頻譴，均發病，亡。　蔣濟病言失信而發病。與爽書言：「宣王旨惟免官。」爽誅，病其言之失信，病卒。

盧諶以顯于石氏為辱。諶為石季龍所得，以為中書監，與崔悦、荀綽、裴憲、傅暢，俱顯于石氏，嘗以為辱。謂諸子曰：「身歿後，但稱晉司空從事中郎。」石氏誅，遇害。　韋斌、李彭年以授官于禄山為憤。相次而卒。見《患難》。　袁虎以伏滔同在桓府為辱。桓公每遊宴，輒命袁、伏。虎歎曰：「與滔比肩，何辱如之？」祖逖以蔡豹俱受征討為恨。逖刺徐州，豹為司馬。逖素易豹。後豹刺徐州，逖刺豫州，俱受征討之寄，逖甚恨之。

褚裒聞哭聲而慚恨。裒征討，行次代陂，為石遵將李菟所敗。還鎮京口，聞哭聲甚衆，問左右，曰：「代陂之役也。」呂文德置榷場而發疽。以許蒙古置榷場于樊城為恨。每曰：「誤國家者，我也。」疽發背，卒。慕容垂聞哭聲而慚憤。過參合陂，見積骸如山，設祭，軍士慟哭，聲震山谷，垂慚憤嘔血，殂于上谷。

王玄謨悔不與廢立。蔡興宗遣包法榮言廢立之事，玄謨不從。及明帝踐祚，玄謨責所親吏郭季産婿韋希真。季産曰：「蔡尚書所道，非不會機，但大事難行耳。」玄謨有慚色。劉穆之懼未遣九錫。高祖平雒陽，未遣九錫。王弘銜使諷朝廷。穆之既掌留任，而旨反從北來，懷懼病卒。

王處仲以如意擊唾壺；歌「老驥伏櫪」四語。張文詡以如意擊几。歎「老冉冉而將至」。《周書》皆意在所不適也。

自新

魏收好騎射，滎陽鄭伯調之，曰：「魏郎弄戟多少？」遂折節讀書。夏月坐板床，隨樹陰諷誦。積年，床板為之鋭減。邢邵少在洛陽，專以山水遊宴為娱，嘗因霖雨乃讀《漢書》五日，略能記之。後因飲謔倦，廣尋經史，一覽便記。姚元崇好獵，都未知書，聞相者言，其母勸令讀書，遂折節勤學，以挽郎入仕，竟至宰相。胡安國少桀驁，其父鎖之一室，有小木數百段，盡刻為人形，乃置書萬卷其中，三月覽盡，為世大儒。　張仲舉充。少好蹴踘走馬，作音樂，一旦易業，以詩文知名。　段成式多禽荒。其父文昌以年長不加面斥，請從事具述其旨，遜謝而已。翌日，復獵于郊原，鷹犬倍多，托從事各送兔一雙，其中徵引典故，無一事重疊者，乃知其藝文該洽。

周黨鄉佐常衆辱黨父。黨後輟講，尅期鬥傷，鄉佐服其義，輿歸養之。自此，勑身修志，州里稱其高。　王蒙少時放縱不羈，晚節始克己勵行。　柳亨性好獵，太宗誡之。後頗勖勵，勤于職事。

盧山遠法師嘗射得鶴雛，復將射，母觀之已死，破視，心腸寸絶，于是放弩，發心出家。　許遜嘗射一麀鹿，子墜，母猶舐之，未竟而斃，即折弓棄矢，尅意為學。　鄧芝射猿中之，猿拔箭，卷木葉塞創，芝乃歎息，投弩水中。

周處勵志于「三害」；處問「三害」，父老曰：「南山白額虎，長橋下蛟，與子而三。」處射獸斬蛟而還，勵志修身。　戴淵垂涕于行劫；淵劫陸機，機在舫屋上謂之，遂投劍相就。　甄琛慚感于蒼頭。琛初入都，頗以奕棋棄日。蒼頭秉燭時睡，加杖痛楚，曰：「讀書執燭，奴不敢非，圍棋杖罰，不亦非理。」琛慚感，從許赤虎假書研習。　俱以自新立業。　乃徐元直庶。　任俠擊劍，堊面被髮，而奮脱于吏刑，折節學問，遂與卧龍齊名。　皇甫士安二十不學，游蕩無度，而感激于叔母任氏，就鄉人席坦受書，帶經而農，卒皆成名士。　夫不學則老大徒悲，學豈有後時之嗟哉！

折節而向學者：　朱雲、少通任俠，年四十，乃變節從博士白子友受《易》。　裴憲、楷子，好交輕俠。弱冠更折節修尚儒學，足不踰閾者數年。　唐彬、少便弓馬，强力兼人。晚乃敦悦經、史，還家教授，嘗數百人。　谷渾、任俠好氣。晚乃折節受經業，被服類儒者。　楊固、少好劍客，二十六始折節好學。　崔肇師、亮孫，少時疏放。長遂變節，涉獵經、史。　虞愛則、櫟陽人。初以弋獵為事，中便折節讀書。王仁裕、少孤，不從師訓，惟以狗馬彈射為務。年二十五，方有意就學。元結、少不羈，十七乃折節向學。段綸、為益州總管，縱情多所凌傲。及太宗踐祚，遷秘書監，始折節閉門，鳩集史籍，披覽不倦。宋薛惟吉。太宗臨居正喪，問：「不肖子頗改節否？」自是讀書，親賢士，修飭為善，委以大藩，所在稱治。

恥為吏，遁而從學者：南陽馮良、年三十為尉，奉檄迎督郵，恥在厮役。因壞車殺馬，毁裂衣冠，遁至犍為從杜撫學。妻子求索，踪跡斷絶，發喪制服，十許年乃還鄉里。山陰趙曄、字長君。少為縣吏，奉檄迎督郵。恥于厮役，遂棄車馬，去到犍為資中縣，詣杜撫受《韓詩》，二十年不還。家為發喪制服。曄卒業乃還。外黄范丹。年十八為縣吏。奉檄迎督郵，恥之，遁去。遊南陽，受業于樊英。

吏而力學擢第者：唐湛賁、為吏，妻與彭伉妻兄弟。伉登第，妻族往賀，獨飯賁于後閤。賁自是力學，擢上第。伉過橋吅之，失聲墜驢。宋王奇、補小吏，令題雁詩一聯于壁，奇密續成之。令使遊學都下，真宗得詩，召見，立賜及第。宋歐陽程。道州人，為郡吏。太守于吏牘中得《池亭詩》，問知為程，厚贈遣歸，力學登第。

嗜酒而能戒者：晉元帝初至江東，以酒廢政，王導諫之，遂覆杯，終身不飲。唐明皇常以醉後傷一人，遂覆杯，四十餘年，永絶此味。洵改過不吝矣。又有于永、定國子。少嗜酒，多過失。年三十，乃折節修行。胡毋輔之、少擅高名，嗜酒，不拘小節。後為繁昌令，始節酒自勵，甚有能名。劉康祖、以浮蕩蒱酒為事，屢被劾免。後為孝武參平，折節自修。周山圖、好酒多失。明帝數加怒誚，後遂自改。庾袞、每醉恨曰：「廢先人之戒，何以訓人？」自于墓前自責三十。陶侃、每飲，並有餘，而限已竭。曰：「少有酒失，慈母見約，故不敢過。」宋蔡齊。每醉，母老憂之。賈存道誡以詩，遂終身不至醉。

好摴蒱而能改者：何尚之、小時好摴蒱。既長，折節蹈道，以操立見稱。朱异、十餘歲，好羣聚蒱博，頗為鄉黨所患。既長，乃折節從師，遍治「五經」。李安遠、父徹，朔方人。少好鷹狗，家富，數從博徒游，至破業。晚始折節讀書，勝己者傾心與交。

陳子昂。十七八與博徒遊，後慨然立志，專精經典。

遊俠亡賴而能遷善者：甘寧少好游俠，招合羣衆，挾持弓弩，奪人資貨。民聞鈴聲，即知是寧。至二十餘年，止不攻劫，頗讀《諸子》。畢義雲少麤俠，嘗劫掠行旅，州里患之，晚乃折節。蕭思話以博誕遊遨為事，好騎屋棟，打細腰鼓。侵暴鄰曲，莫不患毒之，折節數年，遂有令譽。好書史，善彈琴、騎射。高祖一見，許以國器。楊汪元度。少兇疏，好與人鬥拳，所毆擊無不顛踣，長更折節勤學。劉權世略。少有俠氣，藏亡匿死，吏不敢過門，後更折節好學。

有所激勵而改者：傅永二十餘不能答人書，為父弘仲讓，乃發憤讀書。趙武孟久游獵，以肥鮮供母，母不食，曰：「不好書而敖蕩，吾安望哉？」武孟感激力學，後拜御史。王頍字景文，頒弟。年二十，尚不知書，為兄顒所責怒，于是感激讀書。皇甫績三歲而孤，與諸外兄博奕，外祖韋孝寬督以嚴訓，感激自杖，孝寬對之流涕，于是困心好學。此則因乎教者也。賈淑終成善士；字子厚，有冠冕而性險害。郭林宗母憂，修吊，鉅鹿孫威直以林宗受惡人吊，不進而去，林宗追謝之。淑聞，改過自勵。宋果以烈氣聞；喜與人報仇，為郡縣所疾。林宗訓之義方，懼以禍敗。果感悔叩頭，改節自勵，後以烈聞。左原愧負前言。陳留人。為郡學生，犯法見斥。林宗遇諸路，為設酒肴以慰之，曰：「顏涿聚梁甫巨盜，段干木晉國大駔，卒為忠賢，責躬而已。」原納其言，後忽懷憤，結客欲報，愧負前言，因遂悵去。

此則因乎勸者也。

為吏先貪而後廉者：王述懷祖。初令宛陵，受贈遺，為州司所簡；後屢居州郡，清潔絶倫。謝覽在新安，頗聚斂；為吴興守，遂稱「廉潔」。丘仲孚仕齊為山陰令，頗有贓入；入梁為豫章內史，更勵清節。陸彰初歷數州，以聚斂為事；晚節修改，自行青、冀州事，甚有時譽。趙超宗為汝南守，多所受納；徙守河東，更修勵，清靜愛人。邢巒刺梁、秦二州，商販聚斂；後為安東將軍，志行修正，不復以財賄為懷。司馬子如初為尚書令，以贓免；行冀州事，能自改勵，甚有聲譽。尉景初刺冀州，大納賄；後刺青州，操行頗改，百姓安之。高閭漁陽雍奴人。在中書，好詈辱諸博士，有所干求者，受其財貨；及刺相、幽二州，更廉謹自謙，有良牧之譽。若長孫順德受財，太宗賜絹以愧其心，卒折節為政，號為「明肅」；為澤州刺史，長吏受饋者，糾摘一無所容。此一人也，前受饋，而後至禁他人使不受饋。豈非愧心之感哉？

為吏而改行更化者：穆羆、為虎牢鎮將，頻以不法致罪。後轉征東將軍，賞善罰惡，深自勉勵。張彥澤、為涇原節度，政苛。後為相州節度，頓悛前迹，正奉常人之外，一無所取。周寶安、文育子。監知晉陵郡事，尤聚惡少年。及文育繫于王琳，便折節讀書，與士君子遊，綏御文育士卒，甚有威惠。程昇。坐王叔文黨貶。後為御史，懲往坐，勵己在公。江淮錢穀之弊，多所剗革。

疑懼

涓濁石梁見己之影，以為鬼而驚死。　犁丘丈人見己之子，以為鬼而剸刃。《偶記》　秦巨伯殺兩孫，事類犁丘丈人。

桓温以景升牛況袁虎，袁至失色；《世說》：桓温入洛，與諸僚屬登平乘樓，眺矚中原，慨然曰：「遂使神州陸沉，王夷甫諸人，不得不任其責。」袁虎率爾對曰：「運有興廢，豈必諸人之過？」桓公懍然作色，曰：「劉景升有大牛，重千斤，噉芻豆十倍常牛，負重致遠，曾不若一羸牸。魏武入荆州，烹以饗士卒，于是莫不稱快。」意以況袁，四座既慫，袁亦失色。　武后以獅子驄況吉項，吉至拜伏求生。吉項與武懿宗爭趙州功。他日奏事，太后曰：「太宗有馬名獅子驄，無能調馭者，朕為宫女侍側，言能制之，然須三物：鐵鞭擊之；不服，則以鐵撾撾其首；又不服，則以匕首斷其喉。今日卿豈足污朕匕首耶？」項惶懼流汗，拜伏求生，乃止。　二子恇怯甚矣。

苻堅淝水之敗，聞風聲鶴唳，皆以為晉兵。　齊沈攸之東下戰敗，其子元琰守江陵；張敬兒軍至白水，元琰聞城外鶴唳，皆以為叫聲，心懼欲走。　李師道聞風動鳥飛，皆疑有變。

汲令應彬賜主簿杜宣酒，見杯中弩影，以為蛇；樂廣賜客酒，見杯中弓影，以為蛇。因而病後告之，故俱愈，疑釋也。《偶記》

李輔國大畏薯蕖，人示之，必眼中火出，毛髮瀝血。　蕭督畏見婦人。　王荆公惡新衣。　孟氏婦畏打銀聲。

商君載甲操戟。李暠一夕九徙，每出，劍戟自隨；李林甫重關複壁，仍一夕十徙，出入金吾清道。其視韓魏公之揭帷示刺客；郭令公赴魚朝恩宴，止家僮數十人。度量廣狹，何如哉？

懼之甚者：秦舞陽色變震恐。荆軻曰：「北番鄙人，未嘗見天子，故振慴。」　百姓聞孫郎至，皆失魂魄。孫策渡江，所向皆破。　唐廢帝至河陽，曰：「卿輩勿言石郎，敬瑭。使我心膽落地。」　丁謂謀誅周懷政，黜寇準，夜召楊億至中書，億懼，便液俱下。謂徐曰：「謂當改官，煩公為一好詞耳。」億乃少安。　王融欲奉竟陵王子良，魏準鼓成其事。及融誅，召準詰問，遂懼而死。舉體皆青，時以準膽破。

晉司馬流為韓晃襲，食炙不知口處。　宋韓絳行邊，聞夏人至，作書不知落筆處。　劉彥節奔石頭：齊高帝入屯朝堂，婦蕭强勸令食，彥節歠炎瀉胸中，手振不自禁，事敗被誅。李豐聞誅曹爽：宣王誅爽，與豐相聞，怖遽氣索，足委地不能起。柏孝長牽被覆頭：劉表攻西鄂，孝長在城中，聞兵聲恐懼，入室牽被覆頭。牛輔鐵鎖致旁：董卓既誅，婿牛輔恇怯，嘗抱辟兵符，以鐵鎖致其旁，欲以自强。王莽常持威斗。莽之敗也，避火宣室，火輒隨之，紺袀服帶璽紱，持虞帝匕首，旋席隨斗柄而坐，之漸臺，欲阻池水，猶抱持符命威斗。可謂瞻落。

無所容處：如揚雄之投閣。劉歆子棻、甄豐子尋，獻符命。莽誅豐父子，投棻四裔。雄恐不免，乃從閣上投下，幾死。顧劭之飲藥。為謝晦所知。廢立之際，與之參謀起兵，慮晦有禍。值晦見討，與劭謀，劭飲藥死。　王坦之之倒持手版。文帝詔桓溫依周公居攝故事。坦之持詔于帝前毁之。後溫新亭陳兵，呼謝安及坦之，流汗沾衣，倒持手版。　沈約之憑空頓户。高祖與張稷有隙。及稷卒，因言以約婚家相為，怒歸内殿。約懼，不意高祖起，猶坐如初。及還，未至床，而憑空頓于户下，因病。　索自通之墮水。清河人。末帝鎮河中，失于周旋，帝深銜之。及帝即位，憂悸求死，因涉雒水，陽墮而卒。　夏侯玄知不吾容。玄，曹爽姑子。爽誅後，宣王薨。許允曰：「無復憂矣。」玄歎曰：「此人猶能以通家年少遇我；子元、子上，不吾容也。」

樂廣竟以憂卒。成都王穎，廣婿。答長沙王乂：「豈以五男易一女？」乂猶以為疑。　薛萬均卒東堂。太宗幸芙蓉園，萬均屏人不盡，以之屬吏。萬均服石乳，及憂憤發疾，遂卒東堂。　韓馥如厠自殺。往依張邈。昭遣使有所計議，因共耳語。馥謂見圖，如厠自殺。　邢文偉遽自縊。貶珍州。嘗有制使至州境，以為有罪見誅，遽自縊。　趙遜憂懼。李忠臣婿。聞忠臣受朱泚偽宰相，憂懼自縊。　于鄴憂畏。初除工部郎中，往參尚書盧文紀，以鄴名其父諱，不之見。鄴憂畏太過，一夕醉歸，雉經于室。　趙在禮自絞。契丹入汴，在禮望塵致敬，咸倨受之。及詢劉繼勳已鎖，夜以衣帶就馬櫪自殺。　趙光裔病疽。内官楊希朗，復恭從子，授例理復恭舊業。光裔謂未經昭雪。希朗泣訴于帝，令見光裔言之，聲色俱厲。光裔為其所抑，慮摭他事危己。因病疽卒。張全義不食。秦明宗威名，請渡河招撫鄴都，及為亂兵所擁。全義憂懼不食，薨于雒陽。彼馮衍閉門自保；西歸故鄉。張湛閉門却掃崔浩禮之。浩誅，湛懼。者。亦幸矣。

嚴憚

漢光武臨朝，或有惰容，張湛輒諫。湛常乘白馬，上每見輒言：「白馬生且復諫矣。」魏主田獲麋鹿數千頭，須馬載，謂左右曰：「筆公必不與我。」尋，果得古弼表。明皇或宴樂遊獵，小有過差，輒謂左右曰：「韓休知否？」言終，諫疏已至。憲宗常欲近獵苑中，至蓬萊池西，謂左右曰：「李絳必諫，不如且止。」宋真宗謂李沆曰：「朝廷少有闕失，方在思慮，田錫之章疏已至矣。」

張昭容貌矜嚴，吴主嘗曰：「孤與張公言，不敢妄也。」薛聰不畏强禦，魏主有所寬貸，聰輒持之。魏孝文曰：「朕見聰不能不憚，何況諸人？」柳公綽杖殺神策小將，憲宗謂左右曰：「汝曹當作意，此人朕亦畏之。」李景讓，大臣、貴戚看街樓皆泥之，畏其糾彈。光武曰：「貴戚且斂手以避二鮑。」光武謂諸將曰：「當避祭遵，吾舍中兒犯法猶殺之，必不私諸卿也。」魏孝文謂馮誕曰：「大司馬安定王休。執法嚴，諸君不可不慎。」高歡與鄴下諸貴曰：「崔暹居憲臺，咸陽主司馬令獲罪，吾不能救，諸君其慎之。」宋祖誡戍卒曰：「當謹奉法，我猶赦汝，郭進殺汝矣。」李義，制敕不便輒駁正。貴幸有求官者，非有所靳，但李義不可，故耳。杜衍封還内降，仁宗曰：「凡有求于朕，告以杜衍，不可而止。」

顧雍性不飲酒，寡言笑，孫權曰：「顧公在座，使人不樂。」　蔡充為鄉族所敬憚，劉整恃才傲物，謂人曰：「遇子尼在座，終日不自安。」　人憚蘇純，相謂曰：「見桓公，純字。患其教責；久不見，又思之。」

王敦素憚周顗，每見顗面熱，雖值冬月，扇面手不得休。　安禄山獨憚李林甫，盛冬，常汗沾衣，林甫引坐，撫以温言，自解披袍以覆之，禄山忻荷，言無不盡。　桑維翰以威嚴自持，張彦澤契丹驍將。往候之，雖冬月，未嘗不流汗。　魏崔楷，摧折豪强。時語曰：「莫鶵獅，付崔楷。」　宋高祖，每除異己，必命丁旿拉殺。時語曰：「莫跋扈，付丁旿。」　齊高帝任桓康，時語曰：「莫輷張，付桓康。」　宋奚顯度，苛虐。時語曰：「勿反顧，付奚度。」　魏唐永，戰未嘗敗。時語曰：「莫陸梁，恐爾逢唐將。」《偶記》

漢甯成為關都尉，出入者曰：「寧逢乳虎，毋值甯成之怒。」　樊凖，守天水。人犯其禁，率不生出獄。《凉州歌》曰：「寧見乳虎穴，不入冀府寺。」　宋韓縝以鐵裹杖箠殺傅勍，知秦州，宴客夜歸，指使傅勍誤隨入宅，與侍妾遇，縝殺之。勍妻持血衣，撾登聞鼓。秦人語曰：「寧逢乳虎，莫逢玉汝。」縝字。　又李稷與李察皆苛暴，語曰：「寧逢黑殺，莫逢稷、察。」　又謡曰：「寧得建康壓額，不能受顯度拍。」奚顯度酷虐，時建康縣拷囚，用方材壓額。　「寧飲三斗醋，不見崔弘度。」隋襄州總管。吏人戰慄，時語云。　「寧食三斗葱，不見屈突通；寧食三斗艾，不見屈突蓋。」通，唐車騎將軍。親戚犯法不阿，弟蓋長安令，亦嚴整。時語曰。　「寧食三斗炭，不見楊德幹。」唐。　「寧飲三斗塵，無逢權懷恩。」唐萬年令。見惡輒取，時語云。　「寧作五年徒，不逐王玄謨；玄謨猶尚可，宗越更殺我。」宋王玄謨、宗越俱少恩，人語云。　「虜來尚可，尹來殺我。」漢尹就討益州叛羌，人言曰。　「曹公尚可，趙達殺我。」魏人語。　「蜀賊尚可，羅尚殺我。」晉羅尚為平西將軍，蜀人語云。　至唐語：「寧向儋厓、振白，不事江、滕、蔣、虢。」又以四王貪猥也。

匈奴為偶人像郅都，令騎馳射，皆莫能中。　蒼梧王為偶人像蕭道成，令左右射，皆莫能中。《偶記》

石勒將麻秋胡、宋劉錡、齊桓康、北魏楊大眼，又劉胡、隋麻叔謀、唐郝玭、遼耶律休哥，人皆以名怖小兒。　檀道濟，魏甚憚之，圖之以禳鬼。

病瘧者，呼桓石虔之石，無不立愈。　畫桓康之形于床壁，亦立愈。　取朱瑾墳上土，以水服之，亦即愈。　異哉！文潞公女見公花押必剪收，云能愈痁疾；聞王鎮惡名已瘧；誦杜子美詩「手提髑髏血模糊。」已瘧。

吳苦岑昏酷虐，孫皓嘗戲曰：「當以奴謝百姓。」左右因曰：「惟共起收殺之。」　宋苦奚顯度酷虐，廢帝嘗戲言曰：「比當除之。」左右因即日宣殺焉。《偶記》

以先聲而却盜者：清河五百人西戍還，路梗。李元忠遣奴為導，但道李元忠遣。如言，賊皆舍避。　五代李周送盧岳，盜從林中射岳，中馬，周大呼曰：「吾在此，孰敢爾？」盜聞聲，各潰去。

李靈曜衛送郭子儀之封幣。靈曜據汴州，公私財賦一皆遏絕，獨子儀之封幣經其境，必持兵衛送。　黃巢斂兵鄭棨之州境。棨刺廬州，移檄無犯州境。巢為斂兵，歲滿去，絹錢千緡，藏府庫。後他盜終不犯鄭使君錢。　丁零不入李孝伯之界。守趙郡，并州丁零悍不入境。賊于常山界得一死鹿，責其黨還送故處。郡謠曰：「詐作趙郡鹿，猶勝常山粟。」

西漢之末，能言者，惟王章、朱雲二人。章死而雲廢，則公卿皆持祿，保妻子，如張禹、孔光流耳。故王莽以斗筲穿窬之才盜取神器如反掌。開元之末，大臣守正不回，惟張九齡一人。九齡既以忤旨罷相，明皇不復聞其過，以致祿山之反。治亂之機，可不慎哉？《史漁》

董宣為洛陽令，豪強震慄。　周紆為洛陽令，貴戚跼蹐。

淮南王憚汲長孺。　李師古憚杜黃裳。

董閼于治法猶入澗，民莫敢犯；韓子：閼于為趙上地守。行石邑山中，深澗峭如牆，深百仞，問左右：「有人此者乎？」對曰：「無有。」喟然曰：「吾能治矣。使吾法猶入澗之必死，則民莫敢犯，何為不治？」嚴安之以手版畫地，犯此者死。玄宗嘗賜酺三日，上御五鳳樓，觀者喧溢，樂不得奏。金吾白挺如雨，不能遏止。高力士奏河南丞嚴安之為理。安之至，以手版繞場畫地，曰：「犯此者，死于是。」三日，指其畫以相戒，無敢犯者。　二人之治，令行禁止如此。雖然奉法循理，亦足為治，何必威嚴哉？

蒼鷹郅都。貴戚見都，側目而觀，號曰「蒼鷹」。　乳虎甯成。　臥虎董宣、搏擊豪強，京師號之。　蕭惠開。嚴用刑威。　臥彪李崇。在州十年，寇賊侵遊，所向摧破，號曰「臥彪」。賊甚憚崇。

殘忍

革囊盛血，仰而射之，名曰「射天者」：武乙也，宋王偃也。　作炮烙之刑者：桀、紂也。《偶記》

魏奚康生以天旱，使人拔西門豹舌；齊文宣以天旱，毀西門豹祠，掘其冢。何豹之不幸也？前。

坐中殺人，斷舌，斬手足，鑿眼目，宛轉杯案間，而飲食自若者，董卓也。　方食，斬人于前，言笑自若者，侯景也。　每宴殺人，庖宰一如羊豕，而取其膽以呑酒者，趙思綰也。為郭從義擒。　封剔支解人，血流盈前，而命樂飲酒自若者，漢蔡王信也。　殺供御囚者，高洋也。　殺俘為熟食者，苻登也。以人為糧，又謂啖醉人正如糟彘肉者，朱粲也。　奴婢死者，割肋食之，施州刺史獨孤莊也。　俘獲者，以手裂其耳，咀嚼久之，俘者痛楚叫號，談笑自若，王彥升也。　問疾者，倒行入口，因裂食之，劉鬫也。《偶記》

秦宗權叛，而官軍追躡之也，獲鹽尸數十車。　黃巢圍趙犫于陳州也，縻人之肉以為食。　程昱，東阿人。　太祖嘗乏食，昱略具縣供三日糧，頗雜以人脯，由是失人望。

袁紹殺臧洪、陳容，在座無不歎息，曰：「如何一日殺二烈士？」張敬兒殺邊榮、程邕之，三軍莫不垂泣，曰：「如何一日殺二義士？」張之貪殘，又非袁匹。《偶記》

王武子以錢十萬射賭。　王愷八百里牛，勝而殺牛。據胡床，叱左右速探牛心。　爾朱文略以好婢賭高歸彥七百里馬，勝而殺馬。　然文略併殺婢，以二銀器盛婢頭、馬肉，以遺歸彥。　何異豺狼？前。

東昏出遊，而剖孕婦；出游驅斥百姓。有一婦人當產，不去，剖腹看男女。　宋後廢帝出遊，欲剖孕婦，非徐文伯請鍼，又將剖之。帝診之，曰：「是女。」文伯診之，曰：「一男一女，男左青黑形，小于女。」帝便欲剖之。文伯曰：「刀斧恐其變異，請鍼之瀉足、太陰，補于陽明，胎立墮。」如其言。　不獨紂刳孕也，若紂斮朝涉之脛，宋康王事同。

晉靈公臺上彈人，而觀其避丸。　巢王當衢射人，而觀其避箭。　齊文宣以水沉人。殺濟陰王暉業，鑿冰沉尸。　滕王元嬰以雪埋人。出以彈彈人，將為笑樂。凝寒方盛，以雪埋人。　齊南陽王綽刺定州，在樓上彈人。　石虎好彈人。

漢呂后斷戚夫人手足，居鞠域中。名曰「人彘」。後后見蒼狗戟腋于軹道，卜云：「如意為祟。」　則天截王后、蕭良娣手足，投酒甕中。曰：「令二嫗骨醉。」後見二人披髮瀝血，移居蓬萊宮復見。

王溫舒會春，頓足歎。以九月至十二月，郡中無犬吠之盜。　田式會赦，未暇省。先殺重囚。

晉靈公嗾獒搏人。飲趙盾酒，伏甲將攻之。提彌明扶以下，公嗾獒焉。明搏而殺之。　南陽王綽奪兒飼狗。微行遊獵，有婦人抱兒走避。奪其兒飼波斯狗。婦人號哭，縱狗不食。塗婦人以兒血，乃食。

以人命為戲者：漢江都王建、淫虐。遊章華宮，令四女子乘小船，建蹈覆其舟，二人死。後游雷陂，大風，使兩郎乘船，覆溺宮人。有過瓢置樹上，或縱狼令嚙殺之。建觀而大笑。　齊文宣、楊愔雖宰輔，嘗置棺中，幾下釘者數四。羣臣多無故行誅。乃簡取罪人，隨駕，號為「供御囚」。　齊南陽王綽、言聚蝎置狙。帝即索蝎一斗置浴斛，使人裸臥斛中，呼號宛轉，帝與綽喜噱不已，讓綽曰：「如此樂事，何不馳驛奏聞。」　唐成王千里、使嶺南，取大蛇以繩縛口，橫于門限之下。州縣參謁，踏蛇驚仆，被繞數匝，良久解之，以為戲笑。又令人脫衣，縱龜及鱉嚙其體。其人痛號欲絕，以為玩樂。　漢劉龑、聚毒蛇水中，以罪人投，謂之「水獄」。　閩主曦、謂學士周維岳身小，何飲酒之多？左右曰：「酒有別腸。」曦命剖視之，或曰：「殺岳，無侍劇飲者。」乃舍之。　宋後廢帝、遊擊將軍孫超有蒜氣，剖腹觀之。　宋蒼梧王、即後廢帝。齊高為宋中領軍，蒼梧直入府，時暑熱。帝袒裼，蒼梧畫帝腹為射的。王天恩曰：「領軍腹大，是佳射的。一箭便死，後無復射，不如以雹箭射之。」　齊文宣。持矟擬斛律金胸。　虐有甚于此者乎？

劉表設大針于杖端；客有被酒，觸之以驗醉醒。　愍懷太子置針于坐氈中；惡杜錫亮，直刺之流血。　梁邵陵王綸之令吞鱣；刺南徐州。微服遊市里，間問賣鱣者：「刺史何如？」答言：「躁虐。」怒令吞鱣以死。　來紹之肉雷；宰郃陽。

創鐵𦇧千條，有問不承，急縛以手鎚手，每虐威一奮，百囚俱斷，聲震驚響，時號「肉雷」。　李匡遠之肉鼓吹。嘗聞捶楚之聲，曰：「此一部肉鼓吹也。」忍而刻矣。

殺婢妾者：石崇、宴集，令美人行酒，客飲不盡，斬美人。王敦故不飲，導勸敦使盡，敦曰：「彼自殺人，于我何與？」　杜大中。無情，雖妻有過，以公杖杖之。有愛妾才色俱絶，大中箋表皆出其手。嘗作《臨江仙詞》，有「彩鳳隨鴉」之句，大中見之，掌其面，折項而死。

汲桑斬扇者。盛暑中睡，重裘累茵，使十餘人扇，不得凉，斬扇者。　高昂斬枷使。昂與鄭嚴祖握槊，劉貴召嚴祖，昂不時遣，枷其使。使者曰：「枷時易，脱時難。」昂以刀就枷刎之，曰：「何難之有？」貴不敢校。　張詠就枷斬小吏。械其頸，恚曰：「非斬某，此枷終不脱。」怒斬之。

曹操斬小斛之主者，曰：「借君死以壓衆。」嘗討賊，廪穀不及，私謂主者。主者曰：「以小斛足之。」軍中言太祖欺衆，乃斬之，云云。　竇軌斬取漿之奴，曰：「借汝頭以明法。」誡家奴毋出外。忽遣取漿，既而悔焉。命斬奴，云云。　忍之甚哉！《問奇》

嚴延年在河南，號曰「屠伯」。　荀晞號「屠伯」。　羊祉天性酷忍，所經之處，人號「天狗」。

少年場。尹賞，長安令。治獄穿地深數丈，以大石覆口，名曰「虎穴」。乃部曹掾、亭長、伍人，雜居長安中，輕薄惡子悉籍記之，得數百人，一朝收捕内虎穴中。發視出瘞寺門垣東，令死者家各自發取。長安歌曰：「安所求子死，垣東少年場。生事諒不謹，枯骨後何葬？」　例竟門。則天于麗景門別置推事院，令來俊臣等按鞫，號為「新開門」，入者百不全一。王弘義戲謂「麗景」為「例竟」，言入此門者，例皆竟也。俊臣與朱南山輩造《告密羅織經》。

攻城者，號為「隰稍」。唐李希烈攻汴城，未陷，驅百姓、婦女及輜重以實濠塹。　輾囚者，號「肉餺飥」。唐敬羽謂：「以門關輾囚敗。」

以車輻考偽官。《北史》：畢義雲性嚴酷，齊文襄作相，令普勾偽官，專以車輻考掠，所獲甚多。然大起怨謗。　木手得奸款。中尉李彪嚴酷，以奸款難得，乃為木手擊其脇腋，絶而復屬者，時有焉。又慰論汾州叛胡，得其兇渠，皆鞭而殺之。及彪病，體上往往創潰，痛毒備極。

衛鞅之論囚渭水。步過六尺者，有罰；棄灰于道者，被刑。臨渭水，論囚七百餘人，渭水盡赤。　王弘義之對食叱斬。或告王安仁謀反，敕義按之，不服，即于枷上刎首。又捕其子至，亦刎其首。道過汾州，司馬毛公與之對食，須臾，叱毛公下階斬之。槍揭其首入洛，見者無不戰慄。時制置獄于麗景門內，入者非死不出。　燕榮之無過笞捶。為幽州總管。選荊堪為笞捶，取以試人，人自謂無咎。榮曰：「後若有事，當免。」及犯細過，人曰：「前日許有事宥之。」榮曰：「無過尚爾，況有過乎？」榜捶如舊。《隋書》

宗越之動用軍法。御衆嚴酷，睚眦之間，云云。

京師「三豹」，李嵩、李全嚴酷與王旭埒。里閈相詛曰：「若逆教，值三豹。」嵩為赤，全為白，旭為黑。　猶甯成之如狼牧羊，義縱以鷹擊毛摯也。

古事比卷之三十五

惑溺

漢文帝夢欲上天，有黃頭郎從後推之，遂幸鄧通；陳文帝夢登山，欲墮，陳子高推捧而上，遂幸子高。惑于夢矣。

乘羊車，宫人以鹽汁洒地，晉武也；乘羊車，潘淑妃以鹹水洒地，宋文也。二王之治無終，宜哉。

唐明皇春宴妃嬪，插豔花，帝親放粉蝶，隨所止而幸之。

李夫人卒，武帝令方士致之，步幄也；殷淑儀薨，宋武令巫召之，帳中也。嘻！世之好事者，有若此者乎？

隋煬帝刻木為柳訾；孫皓刻木為張美人。去越王金鑄范少伯遠矣。

宋殷貴妃薨，哭悲者厚賞；慕容熙符后死，百僚哭無淚者罪之。殊足捧腹也。

湘東王徐妃，以王眇一目，常作半面妝。其臣暨季語人曰：「蕭溧陽馬雖老，猶駿可騎。徐娘雖老，猶尚多情。」齊祖珽乘老馬，嘗自號「騮駒」；又與寡婦某通，嘗令左右呼「娘子」。其友人誚之曰：「老馬十歲，尚號『騮駒』，一妻耳順，强呼『娘子』。」

石衛尉崇殺身于綠珠；何廣州恢搆釁于耀華；喬左司知之失族于窕娘。故曰：「尤物移人，苟非德，又必有害。」

陶穀使江南，以假書為名，實覘之。既至，驕甚，與歌女秦弱蘭私焉，作《風光好》一闋。後數日，李主宴穀，出弱蘭，歌其詞以侑之，穀大慚，即日北歸。御史何郯謁告歸蜀，受密旨伺察文潞公。醉題舞妓《王宫花》頂帕。後至蜀，公出妓，歌其詞以侑觴。何為之醉，不敢措手而歸。陶妓一作任杜娘，何妓一作陽臺柳。韓璜往廉王鈇，鈇有妾為錢塘故娼，韓舊遊最歡者，于簾内歌昔所贈詩，韓心動欲見，醉索舞衫，涂抹粉墨，踉蹌仆地，扶掖歸船，酒醒覽鏡羞愧，即解舟還臺，旋遭彈劾。本欲媒孽人，而倒持太阿以授，亦何為者？

宋有眇娼，少年嬖之；元有啞娼，大賈悦之。嘻！士之遇合，豈必賢且才哉？以上《偶記》。

登徒子妻蓬頭、攣耳、齞脣、歷齒，旁行踽僂，又疥且痔，登徒子悦之，使有五子。兵部郎中朱前疑貌醜，妻有美色，家有婢蓬頭垢面，傴肩皤腹，而前疑悦之。乃知前世言宿瘤蒙愛，不虚也。

晉孝武立精舍，而不免張貴人之禍。拓拔燾立道場，亦殞于宗愛之手。

潘岳知負阿母，而不離賈謐。蕭至忠知善宋璟，而不能去太平公主。

董卓築塢于郿，積穀為三十年儲，自云：「事不成，守此可以畢老。」不知一敗掃地，豈容于郿塢耶？公孫瓚築京于易地，以鐵為門，樓櫓千重，積穀三百萬斛，以為足待天下之變。不知梯衝舞于樓上，城豈可保耶？曹爽為懿奏，桓範勸舉兵，不從，曰：「我不失作富家翁。」不知誅滅在旦暮，富可復得耶？　張華少子以中臺星坼，勸華遜位，不從，曰：「天道玄遠，不如靜以待之。」方事勢不容髮，而欲靜待，又可嗤也。

王凝之請大道借鬼兵殺孫恩；王世充令巫宣言周公欲令僕射急討李密。呂用之煩玄女，一力士殺畢師鐸類也。

元帝之于京房；成帝之于王章。皆親與之謀議，不旋踵而殺之，若急為奸人報仇者。《商語》

慕容冲于苻堅，有龍陽之嬖，而後直逼長安，欲取見代。冲年十二，與姊俱為苻堅所幸。後冲逼長安，堅責之曰：「奴何送死。」冲曰：「既厭奴，若欲取爾見代耳。」　長沙王韶與庾信有斷袖之歡，而後引宴，徑上韶床，踐蹋肴饌。韶童時，衣食皆信所給，遇客亦為傳酒。後韶刺郢州，信過之，韶踞青油幕下，引宴別榻。信不堪，徑上韶床，蹋踐肴饌，直視曰：「官今日形容大異。」韶甚慚。　所謂「男歡不敝軒」，豈惟寵人易弛，即寵于人者，眉睫仇敵也。

向魋、彌子瑕、安陵、龍陽、鄧通、董賢、林仁遇以色進外，張昌宗、張易之，以色進內，俱至卿相富貴者也。

太康以後，人顯外色，至多怨女，五行占以為災。　漢哀幾于禪位；董賢。　苻主竟成敵國；慕容冲。石季龍為之殺妻；聘郭榮妹為妻。寵優童鄭櫻桃而殺郭氏；更納清河崔氏女，櫻桃又譖而殺之。　王僧達遂將坑姪。從子確。其不終與王仲先、潘章異矣。

歐陽詹于太原悅一妓，聞其亡，一慟而卒。　薛宜僚于青州悅妓段東美，見其櫬，一慟而卒。《傭吹》

齊後主寵馮淑妃，周師攻晉陽，以帝方獵，欲還。妃更請殺一圍，城遂没。帝至，作地道攻之，城陷十餘步，將士乘勢欲入，帝敕且止，召妃共觀之，妃妝點，不獲時至，城遂不下。慕容熙寵苻后，從伐高句麗，為衝車地道以攻之，城且陷。欲與后乘輦而入，不聽將士先登，城守復完，攻之不克。

不終

蔡中郎以極言宦官，幾為曹節所魚肉，髡鉗亡命，而卒附董卓，以身殉之。元微之為分司御史，言事峭直，欲以立名，不讓仇士良，被擊敗面，當時壯之，中見斥廢，乃緣宦官以進得宰相，晚節沮喪，有「適從何來」之譏。寇萊公年十九舉進士，時太宗惡年少者，人教公增年，公曰：「吾初進，可欺君耶？」其後當拜相，而患年少，則服地黄、葫菔，以變其鬚。王濬冲少時，父為凉州刺史，卒官，故吏賻贈百萬，皆不受。及至台司，好興利，田園、水碓，周遍天下。李密為祖母陳情解官，而後以遷遲怨望獲罪。方望諫隗囂稱王，而後立劉嬰以死。劉殷孝子，而以二女奉劉聰。顔杲卿死禄山之難，而在湖州觀察時，為其妻索夫人脂粉錢。李迥秀為母出悍婦，而晚為張阿臧私夫。房玄齡妻為夫病剔目，而後以妬聞。李固忠直忤權，身死不惜，而胡粉傅面，搔頭弄姿。宋璟鐵心石腸，剛直難犯，而作《梅花賦》，喜擊羯鼓。朱浚守建寧為元兵所執，曰：「安有朱晦翁孫失節者？」遂自經以死，而方其諂事賈似道，每劄子必曰：「某萬拜。」人謂「朱萬拜」。漢光武建武中，羣臣請封禪，詔曰：「吾誰欺，欺天乎？上書虚美者，必髡令屯田。」然甫隔兩年，讀《河圖》、《會昌符讖文》，言：「九世當封禪。」遂為東封之舉。苻堅禁圖讖之學，尚書郎王珮以讖識被殺，及季年為慕容氏所困，讖識書云：「帝出五將，久長得。」遂出奔五將，為姚萇所得。一人行事，而初終迥若蒼素，人固可以一節定耶？《談薈》

陳萬年不受父教謟，後滯郡守，乃賂陳湯，徵為少府。馬季常韜迹南山，抗命于鄧氏，已乃猛然赴召，至頌東巡，頌西第，且為冀奏誅李固。非獨不終矣。

劉裕受禪，秘書監徐廣流涕慟哭，謝晦曰：「君為宋朝佐命，身是晉室遺老，悲歡之事，固不可同。」蕭道成受禪，宋主出就東邸，光禄大夫王琨攀車慟哭，曰：「老臣以壽為戚，不能先驅螻蟻，乃復頻見此事！」均有義矣。然宋除廣中散大夫，琨在晉已為郎中，入齊復為侍中，謂無宦情可乎？齊主被執，傅伏北面哀號，良久，出降于周；周後以為岷州刺史。陳滅，許善心衰服號泣；後為隋散騎常侍，而見殺于宇文化及。

隋受周禪，蘇威遁歸田里，可謂節矣，而終失身于僭偽之朝；金人議立異姓，秦檜抗言見執，可謂義矣，而終誤國于渡江之後。令終之難如此。

張天覺謂温公為大賢，在臺諫時論之，只是後生急要官做；汪彦章投李伯紀啟，贊美甚至，及官翰苑，草伯紀謫詞，極其醜詆，曰：「我啟自直一學士，彼不我用，安得不詆之？」尹穡杜門不求仕進，後以薦起，附麗湯思退，力排張魏公，以得諫議，後貶嶺南北歸，訪周益公，有「所得幾何」「破壞掃地」之語。穡猶知悔，張、汪無靦面目也。

臧質之守盱眙，奚減、耿恭、孔顗之清節，何愧羊續？袁顗之才氣，亦不下其舅蔡興宗，而卒以從亂誅。人固不可以本末論也。

邢恕嘗師伊川，而竟背去，為吾道巨害。鄧友龍本張南軒門人，而去附韓侂冑，且為開邊之議。陸棠，楊龜山所擇婿也。後陷范汝為之亂，坐大逆誅。高抑崇，龜山門人也。秦檜舉之為司業，而苟合取媚，不復少申程氏之學。小人不可保如此。《餘冬序録》

蔡薿以魏徵方了翁，晚欲殺之。張商英以周公方馬呂，後欲戮其墓骨。

崔休少而謙退，事後母孝謹，及子仲文納高陽王雍弟女，女妻元乂子雅舒，挾持二家，志氣微改，凌藉同列，李崇等皆憚下之。始休母欲以休女妻外孫邢氏，休違其母，議者非之。廉范，杜陵人。京兆、隴西二郡更請召，皆不應。後為蜀郡守，依倚竇憲，以此為譏。北齊許惇少純直，晚更浮動，與邢邵競中正，附宋欽道，出邵為刺史，朝議薄之。

待人不終，心隨事移：衛靈公于彌子瑕。始以餘桃為愛我，為母而犯刖罪稱之，而後以常矯駕君車罪之。孫皓于韋曜。曜素飲酒，不過二升。孫皓初見禮。異時，常為裁減，或密賜茶茗以當酒。至于寵衰，恒見逼强，輒以為罪。

愛移為憎：蒼梧王于楊玉夫。玉夫常得帝意，忽憎之，見輒切齒，為玉夫害。宋文帝于劉湛。初自西還宫，視日早晚，慮其將去。比亦視早晚，苦其不去。

謝朏推枕却宋，而後出為郡。張處虛説張温：陵之弟，楷之子。「不用隱魯陽山。」而後復至輪氏。

隱而復仕：袁衍出山干禄。景明中，清隱嵩山。延昌末，稍以出山干禄。孝明除散騎侍郎。高元海自啟求歸。為散騎常侍，願處山林。乃入林慮，經二年，志不能固。自啟求歸，徵復本任，便縱酒肆情，廣納姬侍。盧藏用專事權貴。往來少室、終南二山，時稱「隨駕隱士」。及登朝，奢靡淫縱，車服鮮麗，趨超詭佞，專事權貴，坐附太平公主，流嶺表。　崔貽孫厚奉李振。使江南回，營別墅于淡上，人以為高適。及李振貶均州，奉之甚厚。振復入，徵為丞郎。

趨名勢者，自不能保其初：宋翻名大減損。初為河陰令，威振京師。及為雒陽，畏憚權勢，更相承接。當世之名大致減損。　殷修時望減薄。少以通經入仕，所至稱理。晚年不能自固，急于大用，依附權倖云云。　周王進政聲頓減。歷汝、鄭防禦，甚有政聲。俄授相州節度，頓減于前。　孫騰志氣驕盈。早依神武艱危，恭謹見信。及置之術朝，寄以心腹，遂云云。後及禍。　馮子宗宿心頓改。微有識鑒，及位望轉隆，擢引匪類，縱子弟，官位不依倫次，婚媾歷選上門，例以官爵許之。　賈直言處身不侔。劉悟引為上介、正直之譽，頗洽羣聽。悟卒，子縱諫擅主留事，直言無一詞排遏。又為賓佐，遠近憐其前後不侔。　于頔晚歲頹敗。少有氣概，負奇節，好古，與當時賢士游。晚歲頹敗。　范雲頗通饋遺。為郡廉慎。及居貴重，通饋遺。　劉禕之受金得罪。孝友為士族所推，禄賜多散親屬。後坐受都督孫萬榮金，兼與許敬宗妾私通，得罪。　李愿聲色怠理。徐州節度。頗有討伐鄆師之功。及移鳳翔，頗怠于理，聲色之外，全不挂意。又拜宣武，為部將李介所逐，妻竇氏死于兵士之手，名姬、善馬、金、帛，盡為亞人所得，貶刺隨州。　元錫積貨財。初刺衢、蘇二州，咸有聲績。及移鎮宣州，乃積貨財，通權勢，尋以贓罪貶壁州。　殷侑急于大用。侑以通經入仕，所蒞有聲。晚年急于大用，稍通權倖。

母卒而驕恣，鄭善果。母崔氏有賢德，善果亦克己，號「清吏」。母卒後，驕恣，不如疇昔。　兄坐死而就舉，吉茂。同産兄黃，以趙溫故吏，違科奔喪，為鍾繇所收伏法。茂始有清名，以兄坐追義而死，怨怒不哭。歲終，繇舉茂時，以為兄不就，而茂就之。

傾險

李平腹中有鱗甲。　李義府笑中刀。　李林甫口有蜜，腹有劍。

蘭根善附會，多以計數為先。　蘇夔威子。傾險無行。　元敏才辨，而傾險多詐。擢守内史，而交通博徒，漏洩省中語。　斛律椿狡猾多事。　孔熙先曰：「殷鐵一言，而劉班碎首。」勢利相軋也。

有隙者，陽與善，陰報其禍，公孫弘也。　與人言，嘻怡微笑，而陰賊褊忌，凡忤意者，皆中傷之，李義府也。　好以甘言啗人，而陰中傷之，尤忌文學之士，陽與之善，而陰陷之，李林甫也。林甫城府深密，人莫窺其際。　探得人主微指，内深賊，持詭辨（辯），以中傷人，忤視睚眦，輒被以危法，石顯也。　刺人主意，陰導而陽合之，人莫敢探其膺肺，封倫也。

公孫弘嘗與公卿約議；至上前，皆背其約，以順上旨。　陸贄與趙璟約：至帝前，極論裴延齡。帝怒形于色，璟默而不言。　蕭瑀為僕射，每議事，封倫初堅定；至帝前，輒變易。由是有隙。始倫歸，瑀數薦之。

桓彦範、敬暉懼武三思讒間，推崔湜為耳目。湜每得桓、敬一言片議，皆以報三思。　崔昭緯性忌前達，内結中人，外連藩閫，每授托以凌人主，陰結王行瑜、李茂貞、杜讓能，朝發一言，二鎮夕必知之。

劉瑀先折節事顧邁，而後傾之。邁為始興王濬參平，濬待之甚厚。瑀乃折節，深布情款，家内婦人閒事，莫不倒寫備說，邁深相感信。濬所言密事，悉以語瑀。與邁共進射堂下，忽索衣幘，曰：「公以家人待卿，言無所隱。卿于外宣泄，使人無不知。我是公吏，何得不白？」溍大怒，啟文帝，徙邈廣州。陳少游初結元載，而後疏之。每年饋金帛十萬貫。後載以過犯，漸見疑忌。少游亦稍疏之。載子伯和貶官揚州，少游陰伺其過失，密以上聞，代宗以為忠。

令狐峘誘楊炎托己而言之。杜封，鴻漸子。求補弘文生，炎嘗出杜氏門下，托封于峘，乞署名以記。炎不意賣己，明日流言，迫臣以私。德宗問炎，具道所以。欲杖殺之，炎救解。王瑜誘劉承珪等賂己而奏之。瑜按察濮陽郡稅籍。既至，謂吏胡蘊、惠鶚曰：「余有處約之疾，為我致意縣尹，且求假貸。」于是鄄城令劉承珪、濮陽令王傳賨、臨濮令曹光裔、雷澤令張溍、范陽令范皋，聚錢五十萬，私贄而獻。瑜以贄上奏，二吏五令即黜，瑜進太尉少卿。鄭子默私誘王昕而啟之。文宣怒臨漳令稽曄、舍人李文師，以曄賜薛農浴，文師賜崔士順為奴。子默私誘昕，曰：「自古無朝士作奴。」昕曰：「箕子為之奴。」子默遂啟帝曰：「王元景比陛下于紂。」楊愔為解之，曰：「爾語皆元景所教。」

李敷不言李訢罪狀，訢反告敷隱罪。訢刺相州，兵民告言受財。敷與訢少長相好，或勸奏叫。敷不言。獻文徵訢考抵，有司諷訢告敷隱罪。訢婿裴攸言有馮闡者，為敷所敗。呼闡弟問之，訢從其言，敷坐得罪。卞峻免郤詵罪，詵終奏陷卞氏。鄉人卞峻清貞，以名理著稱。詵恃才凌傲峻兄弟，峻等亦以門盛輕詵。詵以楊駿故吏被繫，峻按其獄。詵懼不免，峻平心斷決正之，詵卒以免。後復奏陷卞氏。

小人之害君子，當庸闇之主，則顯擠之，恭顯之于蕭望之是也。當材明之主，則陰排之，賈克之于任愷是也。

附 反覆

長平故人移于冠軍，魏其客士歸于武安，猶積漸也。王珣兒昏，賓客甚衆，聞王雅拜少傅，迴車

者過半，則呼吸變遷矣。《偶記》

呂布事丁原，則殺原；事卓，則殺卓。　劉牢之事王恭，則反王恭；附道子，則反道子；事司馬元顯，則反元顯。　司馬消難事齊，則叛齊；事周，則叛周。　薛琡當元乂專政，則事元乂；元乂廢，則事李神軌。前。

邙山之戰，彭樂敗宇文泰，泰曰：「今日無我，明日豈有汝耶？」樂遂歸。渦水之戰，慕容紹宗敗侯景，景曰：「若就擒，公復何用紹宗？」遂縱之。劉巨容敗黃巢，曰：「朝廷喜賣人，不如留賊為富貴資。」遂釋之。而韓信當日，不用武涉、蒯通之説，以就烹，豈甘為走狗者耶？

事十主，以諛取貴，叔孫通也；事十主，以諛取寵，馮道也。諸王稱通為「聖人」；世諛道為「孔子」。鄉愿之媚于人如此。

公孫弘初諫通西南夷，置滄海，築朔方。武帝令朱買臣難以十策，弘乃謝曰：「山東鄙人，不知其便若是。」楊元素初言助役之害，王安石令曾布詰以十難，元素惶恐，請曰：「臣愚不知其便乃爾。」噫！此汲長孺、劉忠肅為錚錚也。前。

張商英在元祐時，上詩呂公著求進，極其諛佞；及紹聖初，請毁其碑石。周秩在元祐時，親定温公謚「文正」；紹聖初，乃乞斲棺戮尸。小人之反覆無忌憚若此。

陳宜中以附賈驟貴，捕鄭虎臣，論死，自是黨惡定局。獨恨其于江上之敗，疑似道已死，上疏請誅，營脱附奸之名，欲以終其劾丁大全之直聲，詭惡在黨賈以上。　章惇柄政，楊畏使人陰結所親，曰：

「畏跡在元祐，心在熙寧。」陰鷙反覆，以冒功名。姦哉！

黄瓊言周永昔事梁冀，見冀將衰，乃陽毁示忌，遂因姧計，亦取封侯。　又黄門協邪羣輩相黨，自冀興盛，腹背相親；臨冀當誅，復記其惡，以要爵賞。　韋執誼為叔文引用，既得位，欲掩其迹，且迫于公議，故時時為異同。　陳升之竭力為王安石用，甫得志，即求解條例司，又時為小異，若不與之同者。世譏之，謂之「筌相」。　欺世即工，終不能逃于識者。

馮道作《長樂老叙》時，有竇貞固、（唐莊宗朝，為石晉學士；漢司空；周加司徒、侍中。至宋用前三公赴闕陪位。卒年七十八，自為墓志。）　張昭、（事王師範，義不臣梁；事唐莊宗，勸張憲以死節，而身後倍之，歷顯官，以至宋吏部尚書，封陳國公。）　宋琪、（為契丹進士，事漢、周及宋，拜相兩朝。）　王易簡。（舉梁進士，至周顯德，位太子少保。宋初，加「少傅」、「三公」。）　貞固七十八，昭、簡俱七十九，琪作《多幸老民叙》，易簡搆「一鳴堂」、「二品樓」。　蓋不為長樂之見者，少矣。

均是不狃也，匿于魯，而淑于吴。　均是陽貨也，倨于季，而恭于越。　均是裴矩也，佞于隋，而忠于唐。

主父偃當路，人争譽之；及誅夷，則羣起而言其惡。　殷浩往豫章，送者甚衆；一至廢徙，而親舊無復相窺者。　王獻之兄弟一代名流，見郗愔甚修甥舅之禮，及超死而忽心生。

鄭朋初善蕭望之，而後毁之。　楊興初譽周堪，而後毁之。　諸葛豐前譽周堪、張猛，而後毁之。

唐坰初言《青苗法》不行，宜斬大臣異議者，安石喜之；後怒安石易己，乃叩陛請對，詆安石為李林甫、盧杞。　歐陽修議禮，為吕誨所詆，惟蔣之奇以修議為是，修薦之，衆目為奸；因薛良孺誣修，即上章劾修。

初附而終叛：邢恕于程正公。楊畏于吕汲公。吕惠卿、吴敏于王安石。安石薦惠卿參知政事。既得位，即叛安石。敏字元中，在辟雍時，試經義，盡用王氏《字説》。及為相，請復「春秋科」，反攻王氏。高聰傾身事趙修之；修之死，言必毀惡。茹皓之寵，聰又媚附。及皓戮，聰以為死晚；知高肇嫌之，側身承奉，肇待之如舊。邢恕為司馬光客，即陷光；附章惇，即背惇，而為蔡確及京、卞腹心。鄭愔附來俊臣；俊臣誅，附張易之；易之誅，附韋氏；韋氏敗，又附譙王重福，竟坐族誅。張濬因楊復恭以進；復恭中廢，更附田令孜。吉温因李林甫得進；及國忠恩遇寖深，遂去林甫，為國忠畫代李之策。斛律椿初事爾朱榮；榮死，歸汝南王悦；又背悦，歸爾朱兆。已知爾朱將敗，襲殺世隆、彦伯，并囚度律、天光，送齊神武；已，又與武帝謀伐神武。人心真九疑矣。

楊畏與吕大防、劉摯俱善，助大防攻摯。摯罷，蘇頌相，復攻罷頌，而欲相蘇轍；知轍不相，即上疏詆之。首背大防，薦章惇、吕惠卿。及李清臣、安燾與惇不合，畏又陰附安、李，天下目為「楊三變」。

諂佞

惇于髡以承意觀色為務；衛青以和柔自媚于上；樂松以俛眉承睫徼進；靈帝詔為松等圖像立贊，陽球曰：「斗筲小人，俛眉承睫。徼進明時，而形圖丹青。有識掩口。」陳元康為相府參軍。善希顔候意事人；韋渠牟特用憸巧中帝意；皇甫鎛以巧媚自固；袁悦以口才被遇；能短長説。作謝玄參軍還都。惟齎《戰國策》，説司馬孝文王，大見親待，幾亂機軸。俄見誅。孔崇弼以揚眉抵掌取悦；無他長，但能談笑，戲玩人物，揚眉抵掌，取悦于人。李齊運以柔佞得幸；德宗欲有所除授，遣中使就問之。和士開惟以諂媚自資。庸鄙不窺書傳。河清、天統以後，威權轉盛。好諛，故人得而中之。

李訓本名仲言。陰險，善計事；從父逢吉為留守，思復柄用。訓揣知其意，即以奇計動之，言與鄭注善。逢吉擐臂奮袂，即就其謀，遺金帛數百萬交結。因注委質王守澄。鄭注陰狡，善探人意旨；李愬得其秘藥，厚遇之。注詭賊陰狡，與朔籌畫，未嘗不暗會其機巧。然專作威福，軍府多害之。王守澄白愬，愬即令詣澄。初尚疑難，及延坐與語，機辯釋然，盡中其意。翼日反以誠款托注于愬。封德彝險詖，多狡算；諂事楊素。素妻以從妹營仁壽宮。文帝見之大怒。德彝曰：「后至必有恩詔。」明日，后勞之。德彝曰：「至尊性儉，故怒。然聽后言，后心既悦，聖慮必移。」素歎曰：「揣摩之才，非吾所及。」陳乂奸險，好陰計；始在梁事張漢傑，滅宗。莊宗時，佐郭崇韜伐蜀，而郭又覆族。朱弘昭拔用之。不兩月，弘昭及禍。其時僻政拙謀，乂有力焉。劉昉輕狡，有奸數；周宣帝即位，以技佞見幸。出入宫掖，寵冠一時。司馬德戡便辟，多奸計。德戡幼以屠豕自給。桑門釋粲通戡母和氏，遂教之解書計，從楊素討漢王諒，進止便辟，多奸計，大善之。以術取人，其居心必險，險未有不終敗者。

郭景讓善事權寵，世號「郭尖」。李世哲傾巧善事，人號「李錐」。《北史》

楊再思兩足狐。戴令言作《兩足狐賦》以譏再思，出為長社令。陳彭年九尾狐。性奸諂人，號「九尾狐」。

晉武登祚探策得「一」，不悦。裴楷曰：「天得一，以清；地得一，以寧；王得一，以為天下貞。」帝悦。桓玄篡位，御床忽陷，羣臣失色。殷仲文曰：「良由聖德深厚，地不能載。」玄大悦。南燕河凍皆合，而澠水不冰，燕主惡之。李宣曰：「良由逼帶京城，近日月也。」燕主大悦。宋文帝臨天泉池垂綸，良久不獲。王景文越席曰：「垂綸者清，故不獲貪餌。」北魏主至淮而退，齊高問：「何意？」張融時下坐，抗聲曰：「以無道而來，見有道而去。」齊武帝謂羣臣：「我没，當何謚？」庾杲之曰：「陛下壽比南山，與日月齊明，千載之後，豈是臣所度量？」梁朱雀門災，梁主曰：「門制卑狹。」欲搆，遂遭天火。何敬容曰：「所謂先天而天弗違。」有虎人郭，梁武不悦。王瑩斂板曰：「昔擊石拊石，百獸率舞。陛下膺籙御圖，虎象來格。」明皇將幸東都，而太廟屋壞。姚崇曰：「此苻堅故殿，木蠹而折，理無足怪。」此亦近于將順矣。

楚王后死，説者謂昭魚買五雙珥，令其一善而獻之，明日視珥所在，因請立之。薛公事齊王，王有愛姬，未知所立，乃獻七珥，而美其一，明日視美珥所在，而請立之。

高宗問立武后于李勣，勣曰：「此陛下家事，何必更問他人？」明皇問廢太子于李林甫，林甫曰：「此陛下家事，非臣等所預。」兩奸逢君一轍，可疾哉！宋元豐末，大臣嘗議請建儲，王珪輒語李清臣云：「他自家事，外庭不當管。」

張竦草奏，稱王莽功德。竦為陳崇草奏之。山偉奏記，贊元乂德美。乂欲用代來寒人，因奏立勳附隊令，各依資出身。自是北人悉被收叙，偉遂奏記。乂素不識偉，訪元順，因是稱薦之。

齊武帝改董巒名仲舒，謂：「今何如昔？」曰：「昔日出自私庭，今日降自天帝。」梁武帝謂主簿李膺：「今何如昔？」對曰：「昔事桓、靈之主，今逢堯、舜之君。」辛郁舊名太公，太宗問：「辛太公何如舊太公？」曰：「舊太公八十始遇文王，臣今十八已遇陛下。」

張竦為劉嘉作奏，王莽曰：「天下聞劉崇之反，先至者拂其頸，衝其胸，刃其軀，切其肌；後至者，撥其門，仆其牆，夷其屋，焚其器。」 郭霸自陳忠鯁于則天，曰：「往年徐敬業，臣欲抽其筋，食其肉，飲其血，絶其髓。」號「四其御史」。

希旨取媚： 王邵表上符瑞，又採歌謡，引圖讖、佛經，撰《皇隋靈感志》。 蕭吉見高祖好禎祥，遂矯迹上書。吉與楊儀不叶，由是擯落，欲乾没自進，遂矯其迹為悦媚，上書言：「朔旦、冬至、辛酉，至尊本命；甲子，夏至，皇后本命。三長應之者，吉。」帝大悦。 袁充見上信符應，遂希旨上進。時將廢太子勇。充曰：「比觀玄象，太子當廢。」文帝然之。 姚璹列國姓之奏。則天好符瑞。璹至嶺南，訪山川草樹名號有「武」字者，皆以上膺國姓，列奏其事，召拜天官侍郎。 迦葉志忠進《桑條之歌》。宗楚客諷趙延禧表陳符命《解桑條》，以為十八之符。 薛謙光獻豫州之銘。獻武后所製豫州鼎銘，末云：「上玄降鑒，方建隆基。」姚崇表賀。 陳希烈演《南華之對》。天寶元年，有神降丹鳳門，以為老子告錫靈符。希烈上言：「演南華對，德充于内，符應于外，今宜著顯祥。」

王温舒請復中尉脱卒。温舒坐法，免。帝方欲作通天臺，温舒請復中尉，脱卒，得數萬人作。武帝拜為少府。 裴蕴請括天下樂户。揣知上意，奏括天下樂家子弟，皆為樂户。及百戲萃樂府，高祖大悦。

王欽若獻芝草三萬餘本；丁謂獻芝草三萬七千餘本；杜佑呼「聖米」；佑鎮淮南。方旱，民至漉漕渠遺米自給。佑乃呼為「聖米」。 韓滉奏「瑞鹽」；上以秋霖水潦，不宜生瑞，命蔣鎮驗之。鎮奏與滉同，請置祠，錫號「寶慶靈應池」，庇滉，飾詐罔上。識者醜之。 楊國忠進「美禾」。明皇時，大雨敗稼。帝憂之，國忠擇美禾以進。曰：「雨不為災。」欺矣！

河澤班退，叩頭。嘗于内殿起居，班退，以笏叩額，北望而呼曰：「明主！明主！」叫者哂之。 宋許及之流涕，屈膝。諂事韓侂胄，居二年不遷。見侂胄流涕，叙其知遇衰遲，不覺屈膝。侂胄憐之，以為同知樞密院。

崔暹懷刺墜前。文襄寵琅琊公主，暹懷刺墜前，曰：「未得通公主。」文襄把暹臂入見，崔季舒語人曰：「暹嘗忿吾佞，及其自作乃過于吾。」　雲定興製服爭效。初定興女為太子勇昭訓。及廢，除夕配少府。定興先得昭訓、明珠絡帳，私賂宇文述。述炫耀于人。定興為製馬韉，後角缺方三寸，露白色，名「許公缺勢」。又天寒，製袂頭巾，令深柏陌耳，名「許公柏勢」，人爭效之。述曰：「雲兄作事可法。」

蘇循獻畫日筆。莊宗求唐室舊臣，循至魏帥廳，謂之「拜殿」。翼日，獻筆三十管，謂之「畫日筆」，莊宗悅。　陳惟善獻《賣鼎詞》。八月八日，賈似道生日。惟善有《賣鼎詞》，廖瑩中有《木蘭花慢》。　鄧洵武獻《愛莫助（之）圖》。因對言：「陛下（乃）神宗子，行新法以利民，非用蔡京不可。」又曰：「陛下方紹述先志，羣臣無助者。」乃作《愛莫助之圖》以獻。曾布與洵武見異，改付溫益，益欣然奉行，請相蔡京。　劉訥言撰《俳優集》。以獻太子賢。

鄭愔為來俊臣草定文狀。俊臣每有羅織文狀，密令愔草定，深情致其罪，取干俊臣。　宋之問、閻朝隱為張易之賦詩。所賦盡宋、閻所為。

武后好諂：襄州胡延慶之丹漆書龜腹。背曰「天子萬萬年」進之。李昭德以刀刮盡，奏請付法。則天曰：「此非惡心也。」　朱前疑之上書言夢。云：「夢見御宇八百歲。」即授拾遺。　獄牆之大人跡。繫因將決，共商于獄牆內外，作大人跡，夜分大叫：「有聖人現。」云：「汝等皆坐冤，天子萬年，即有恩赦。」后令把火照視，有巨跡，遂大赦，改元大足。　洛濱之赤心石。洛濱居民得石剖之，獻于后，曰：「是石有赤心。」李昭德曰：「其餘豈皆謀反耶？」　閻朝隱之代犧。后疾，遍祭神廟。朝隱當詣少室，親撰祝文，以身代犧，沐浴伏于俎盤。后愈特加賞賚。張元一乃畫《代犧圖》以獻。　霍獻可之請誅狄仁傑、裴行本。獻可希旨為忠，頭觸玉階，請誅狄、裴，遂至損額，故以帛裹巾下，嘗令露出，冀后見。　郭霸之自陳討徐敬業。見前。

王衍勸石勒稱尊號，遂有排牆之禍；韋祖思見勃勃恭懼過禮，致有弄筆之誅；皮日休為黃巢作讖詞，媚為「聖人」，「欲知『聖人』姓，田八二十一。欲知『聖人』名，果頭三屈律。」巢疑其相譏，遂害之。清流高士，何至媚逆，猶且不免。若骯髒一死，豈不千古骨香？

何敬容熨衣，宋武帝雖衣浣衣，而左右必須鮮潔。常怒侍臣衣帶如繩，欲何所縛？敬容希旨，嘗以膠清刷鬢，衣裳不整，伏床熨之。暑月，背為之焦。與周仁衣敝補衣，溺袴，期不為清潔。同出一想。君子惡其偽。

蔡京以父諂子。朝廷遣童貫偕子攸取《辭位表》，京失措，呼子為公。唐太子以君諂臣。呼高力士為兄。

小人思中人主之欲，其說必有所托而進：宋仁宗斥林瑀之言。瑀以仁宗時，合《易》之需，謂須頻宴遊，始合卦體，斥之。英宗削甄復著作佐郎。之官。獻《繼聖圖》，以天卄為降聖之兆，油紫為猶子之祥。再拆御名為繼照之義。英宗怒其妖妄，削官停住。神鑒若此，又何必藉明于指佞草，乞靈于觸邪獸哉？

與諸優為獼猴與狗鬥，文宣寵狎之，魏收也。據地作病驢，以諧煬帝，蘇世長也。為韓侂胄作犬吠，趙師羼也。或云趙字從善，號牆東，有吏才。鄭斗造犬吠事，以報撻武學生之憤。未知果否？

秦檜當國，四方饋遺日至，方滋德帥廣東，以蠟炬獻，宴客取用，異香滿室。察之，則自燭中來，大喜，待之益厚。鄭仲為蜀宣撫，格天閣畢工，鄭遺地衣一鋪，廣狹無尺寸差。檜默然，鄭竟得罪。取媚同，而一見厚，一見疑，則惡其偵伺之過耳。乃四川茶馬，以壁衣承塵地衣媚侂胄，修廣高下，與中堂等，而大喜者。又秦、韓城府之深淺不侔也。

劉義康之柑，大于供御者三寸；秦檜之子魚，大如宮中者百尾。皆以寵見媚也。唐代宗謂李泌曰：「路嗣恭獻琉璃盤九寸，以徑尺者遺元載，須其至議之。」賴泌言，嗣恭免，載竟誅。《偶記》

徐之才縱其妻通和士開。　紀處訥縱其妻通武三思。

或以納妾求知。程松。　或以售妹得府。倪、僎。　或以獻妻入閣。蘇師旦：「此華嶽《論韓侂胄疏》語也。」楊用修不知郭倪、郭僎為兩人。　蔡攸縱妻宋氏入禁掖。

朝士候和士開，為嘗黃龍湯，至今聞者猶為唾地，不知彼又何心，而淟涊為之？　歷稽古之無恥者：如舐秦王痔者；吮漢帝癰者；侯君集為元帥，而大總管趙元楷為之嗅病馬膿；張説拜相，往謝王毛仲，為之抱舞，而嗅靴鼻；閻知微起舞，嗅默啜靴鼻；張易之寵于武后，宋之問為之奉溺器；薛懷義方烝蠱，武三思為之御馬；張岌之掌擊黃幞伏地，為其馬鐙；趙履温之為安樂公主挽金犢車；褫朝服，以項挽車。丁謂之為大參拂鬚；崔公度之為相公拭帶尾垢；彭遜之為太尉濯足；曰：「足何香也。」李憲以足蹴其項。日陸眷為庫辱官家奴，會集皆持唾壺，庫辱官獨唾入陸眷口，悉咽之。曰：「願使主君之智慧、禄相，盡入腹中。」容悦是甘，而不顧褻穢，皆不有其躬者也。

大理正成敬奇視姚崇疾，置生雀數頭，一一手執而放之，曰：「願令公速愈也。」光禄卿翚申為王安石壽，以大籠貯雀詣客次，搢笏開籠，曰：「願相公一百二十歲。」然崇猶能惡敬奇，不聞安石與申忤也。

宋之遜為連州參軍，執笏立簾外唱歌，教刺史陳希古婢。　崔胤迎謁渭橋，奉觴為朱温壽，自歌以酹酒。

檀長卿為「沐猴舞」；以媚許伯揚。唐内史楊再思為高麗舞；媚張同休。同休，易之兄。嘗戲再思面似高麗，再思欣然剪穀綴巾上，反披紫袍，為高麗舞，舉動合節，滿坐鄙笑。國子祭酒祝欽明為「八風舞」；摇頭眩目，備諸醜態。盧藏用曰：「祝公五經掃地盡矣。」工部尚書張錫為「談容娘舞」；將作大匠宗晉卿為「渾脱舞」；左衛將軍張洽為「黄麞舞」。皆唐中宗宴。舞態愈工，醜態愈露也。

唐進士宇文翃以女妻竇璠。璠年逾耳順，方謀繼室。翃以其兄諫議有氣焰，遂妻以女。盧損納李琪盼妹。慕琪聲稱。聞其盼，納之，遂致仕進。

陸仲讓陽服，崔達拏之講《易》。暹子達拏十三，暹命儒者歡會，教其説《周易》兩行，達拏升高座開講。仲讓陽屈服之。暹喜，擢用為中郎。閔湛贊崔浩之注經。見浩所著《詩論》、《尚書》，上言：「馬、鄭、王、賈，雖著述六經，多疏謬，不如浩精微。」乞頒所注，命天下習業。

其遵奉也：張錫受張昌儀之狀；昌宗弟昌儀為洛陽令，請囑無不從。有選人姓薛，以金餅狀賂之。儀以狀授天官侍郎錫，數日失其狀，以問儀，儀曰：「我亦不記。但姓薛者，即與之。」錫懼，退索在銓姓薛者六十餘人，悉留注官。節度受元載之書。有丈人從載乞官。但贈河北一書，而遣之。私發視之，無一言，但署名而已。不得已試謁。判官聞有載書，大驚，立白節度使，遣大校，以箱受書，館之上舍，贈絹千疋。其造請也：詣張説之堂；説為承旨，士争趨之。富川王賀、吴興沈瀛，夙負聲譽，交以詣説為戒，衆聞而壯之。一日，賀潛往詣説，升堂，瀛已先在，相視愕然，竟迫清議而去。列和士開之門。齊盧思道久仕不達。或勸詣和士開，盧素自高，恐為人見，未明而行。比至其門，遥見一時名勝森然與槐柳齊列，因鞭馬疾去。其依附也：改令狐之姓；令狐綯奮自單族，每欲與崔、盧抗衡，不恡通族，至有姓胡冒令者。温庭筠詩曰：「自從元老登庸後，天下諸胡悉帶令。」又有不得官者，請改姓令狐。冒蔡京之族。崇寧末，策進士，蔡薿以阿附首選，往謁蔡京，認為叔父，命攸、修出見。薿亟云：「向者，大誤。二尊，乃諸父行也。」

諂宦寺者：杜宣猷之看墓。除宣城，中官力也。宣城為中官區藪，杜每寒食，遣祭諸宦先冢，時謂「敕使看墓」。竇懷貞之曲敬。畏奉宦者，或見無鬚者，誤為之禮。郭忠恕之盡剃長鬚，則戲矣。忠恕舍內侍竇神興家，長髯一夕竟剃之。神興驚問，曰：「聊以效顰耳。」王黼稱「恩府」。父事梁師成，稱為「恩府先生」。蔡京父子亦諂事焉。都人目為「隱相」。陳自强稱「恩王」、「恩父」。侂胄奸宄，自强表裏之。

漢靈帝崩，市民相聚為「宣陵孝子」者，詔皆除太子舍人。魏王叡之葬，士女假親舊縗絰，送者千餘人，時謂「義孝」。和士開母喪，富商丁鄒、嚴興等並為「義孝」。封孝琰謂人曰：「嚴興之南，丁鄒之北。有一朝士，號叫甚哀。」高力士母喪，金吾將軍程伯獻、少府監馮紹正縗絰而哭，甚于己親。劉騰薨，中官為義息者，縗絰四十人，閹宦縗縞者，以百數。梁師成妻死，蘇過、東坡子。范温純夫子。縗絰而往。兩人以名父之子，為此更奇。

殺人媚人：如周仁軌廣州都督。之斬韋月將；上書告武三思必為逆亂，中宗命斬之。宋璟争而流嶺南，為仁軌害。劉宗申之毒吴潛；賈似道銜潛，貶循州，以武人劉宗申為守。潛鑿井卧榻下，宗申移庖，不得辭，遂得疾。朱禩孫之殺丁大全。為賈似道殺全于新州。猶武威太守之殺梁颯也。梁慬父颯失竇憲意，憲鉗武威，太守承旨殺之。

弘農太守移良承樊豐之旨，而楊震之棺停留道側。章傑希秦檜之意，而趙鼎之家擊治不容。温益欲求用事者之知，而逐臣在境内者，無不困楚。錢鍪得韓侂胄之密諭，而趙汝愚之在衡州也，竟以暴薨。

為人謀害人，如公孫閲為騶忌謀害田忌。伐魏，田忌為將，大敗之。令人操金卜于市，曰：「我田忌之人也，欲為大事，吉乎？」因捕卜者，驗辭王所。田忌攻成侯。

為人訴人，如王縉附元載。與載同相，卑附不敢與忤。載所不悦，心希載旨，以言詞凌訴。

希意罪人，如毛若虚鞫謝夷甫。鳳翔馬坊押官為劫，謝夷甫捕殺之。其妻訟冤。李輔國素出飛龍廄，敕孫鎣、崔伯陽鞫之，無冤。又使毛若虚鞫之，希輔國意，歸罪夷甫。

媚而見惡：武后有疾，詔祭神廟，閻朝隱以身代犧，雖加厚賜，而后鄙其為人也。魏元忠病，郭弘霸請示便溺，染指嘗驗，而元忠惡其媚己也。姚崇疾，成敬奇懷生雀執而放之，祝公速愈，而崇惡其媚己也。本欲取悦，而反見疾，亦何益乎？　刁協之嘗疾。周伯仁在省内，夜疾危急，刁玄亮嘗救備至。明旦，仲知狼狽來，入户。刁對之大泣，説狀。仲知手批之，既前，直云：「君在中朝，與和長輿齊名，哪與佞人刁協有情？」逕便出。張洎之引故事。洎巧于將順，尤善事宦官。嘗引唐故事奏内供奉藍敏政為學士。太宗曰：「此弊政，安可蹈習轍？卿言過矣。」洎慚而退。武士彠之説夢。彠嘗云夢帝騎而上天。帝笑曰：「爾故王威黨也。以能攏綮劉弘基，且嘗禮我，故酬以官。今胡迁妄媚我耶？」　楊愿之噴飯。飲食動作悉效秦檜。檜嘗因食噴嚏失笑，愿亦噴飯而笑，檜厭之，諷御史排擊而去。　若傅遊藝請武后革命，進位宰相，期年中，歷衣青、緑、緋、紫，時謂「四時仕宦」，不及一年而誅；宗楚客亦以潛勸革命，進位宰相，不及一月而竄。豈武曌雄黠，亦有斬丁公意耶？

曾布初附章惇，贊紹述之説，而為惇所忌，不得入政府；邢恕初附章惇，肆羅織之謀，而為惇所忌，至于逐斥。小人依附權奸，甘為鷹犬，權奸未嘗不覷破之。故曰：「枉做小人。」

以飲食媚人：崔日用廣求珍味。日用為芮城尉。武后幸長安，宗楚客時刺陝州，日用供支頓使，廣求珍味，稱楚客之命，遍饋從官。楚客知而薦之。孫廉日進滋旨。謙從子。沈約、范雲用事，傾意奉之。黃睦之尤所結附。凡貴要每食，廉必日進滋旨，皆手自煎調。黎幹盛具辦饌。魚朝恩知國子監事。幹寫心佞事，動必求媚。每期將至監，則盛具數百人之饌，傾府史以辦之。

附 阿附

范宣子曰：「天子所右，寡君亦右之；所左，亦左之。」張湯，主意所不欲，因而毀之；主意所欲，因而譽之。即上意所欲罪，與監史深禍者；即上意所欲釋，與監史輕平者。杜周，上所欲擠者，取而陷之；上所欲釋者，久次待問而微見其冤狀。裴蘊善伺人主意，欲罪者，曲法順情，鍛成其罪；所欲宥者，附從輕典，因而釋之。楊再思為相，人主所不喜，毀之；所喜，譽之。王溫舒有勢家，雖有奸如山，弗犯；無勢，雖貴戚，必侵辱。

阿而遂非：漢惠帝作複道，叔孫通諫，欲廢之。通曰：「人君無過舉。壞此，則亦有過舉。」乃立原廟。唐高宗欲立太孫，王方慶不可。上曰：「自我作古，可乎？」乃曰：「三王不相襲禮，何為不可？」始諫而終遂之，先後若二人，不知何心？

善攝機宜曲得時譽，何尚之及子偃也。父子並處權要，時為寒心。會孝武即位，任遇無改。善循人事，不廢于世，劉類也。歷官宰守，苛懕尤甚。

陸機好遊權門。與賈謐親善。 房式出入李泌門。為其耳目。泌卒，除刺忠州。 李景儉有中助，不令赴郡。德宗時除澧州，延英辭曰：「景儉恃有中助。」因盛言己屈，退及月華門，遽宣不令赴郡。未一月，拜諫議。 鄭權由他徑，求致節制。權以家多僕婈，奉入寡薄。尋由他徑，不旬月，授嶺南節度。

庾準昵于王縉，驟引至職方郎中、知制誥。準素寡文學，以柔媚自進。 盧惎，宰相楊炎遇之頗厚，遷京兆大尹。惎無學術，然善事權要。

唐休璟因用事，為男娶宦人賀婁氏女。璟耄歸私第，年力雖衰，進取彌銳。時賀婁氏用事，璟為男娶其養女，因以自達，同門下三品。 荀緄慕勢，為子娶中常侍唐衡女。衡欲以女妻傅公明。公明不娶，轉以與彧，緄慕衡勢，為彧娶之。 盧損慕聲稱，納李琪女弟。琪有女弟眇，婚對不集。損慕琪聲稱，納之。及琪為相，致損仕進。

附親戚而遷拜：崔休、子仲文，納高陽王雍弟女；女妻元乂子雅舒。挾持二家，凌藉同列。 李崇、蕭寶寅、元欽，皆以雍、乂憚下之。 賀蘭祥、與宇文護中表，少相親愛。軍國之事，護皆與祥參謀。 鄭羲、歷年不轉，因請假歸。及李冲貴與羲姻好，乃就家徵為中書令。 中山王熙、英子，于忠婿。忠執政，故歲中驟遷。 畢義雲、時鄭子默正被任用。義雲之姑，即子默祖母，遂擢左丞。 穆建、妻爾朱榮之妹。嘗依附榮，榮入洛，後除鎮東將軍。 長孫雅、孝明時，侯剛寵任。江夏王繼及雅皆以女妻剛子。剛為元乂所厚，故雅驟得轉進。乂，繼子。 王翊、字士游。鋭于榮利，結婚于元乂，超拜左將軍。 郭逸、以二女妻崔浩，一女妻浩弟括。太武時，親用寵事，逸刺徐州。 叱列延慶、爾朱世隆姊婿。世隆得志，特見委重。 于暉。善事人，為爾朱榮所親，以女妻其子長孺，歷侍中。

附宗人而相援：高聰、刺并州，多不率法。又與太原守王椿有隙。御史舉奏，高肇每以宗私相援。 王鍔、附太原王翃為從子，以婚閥自炫。翃子弟多附鍔，以致名宦。 宋洪實。時宋弘昭勢焰尤盛。洪實以宗兄事之，意頗相協。

陳萬年善事人。贈遺外戚許史，傾家自盡。問丙吉疾，萬年獨留，昏夜乃歸。吉病甚，帝自臨問，吉薦及萬年。 裴武善俯仰。以吏才稱，粗有勞績。然善俯仰，能交結權右。 顔師伯善附會。王景文愛其諧敏，進之孝武；師伯善于附會，大被知遇。 劉紹珍藻子。善附會。好飲酒，結托劉騰，騰啟為郎中。 張烈武城人。相諂附。元乂父繼，曾刺青州。及乂當權，烈托故義之懷，遂相諂附，除前將军。 馮元興托交道。元興世寒，因元乂之勢，托其交道相用，為州主簿。論者以為非倫。 源文宗善附會。為秘書監。以貴遊子弟昇朝列，幹局見知。然好遊詣貴要之門，時論以善于附會。

何晏曲合曹爽。至正始，曲合爽，以才能用為散騎侍郎。 北齊許惇憑附宋欽道。同郡邢邵德望甚高，惇與邵競中正，遂憑附欽道，出邵為刺史。朝議薄之。 封德彝托附虞世基。見基幸于煬帝，而基不閑吏務，每承處分，多失事理。德彝托附之，密為指畫，宣行詔命，諂順主心。 丘和傾心宇文述。坐事除名。述方被任遇，和傾心事之。又發元胄罪，拜代州刺史。 畢義雲依附高元海。知其信向釋氏。嘗隨之聽講，為此款密，無所不至。 裴冕潛結李輔國。以輔國權重，奏輔國所親信劉烜為判官，潛結輔國。烜貶，連坐。 于頎曲事元載。好任機數，專候權要。朝列中無勢利者，視之蔑如也。曲事元載，載親暱之；載得罪，出為鄭州。 鄭珏依張全義。珏文章美麗，旨趣雍容，後進推服。復以全義之門人，權要獎遇之，召入翰林，轉禮部侍郎。珏自成名，至昇朝掌翰墨，皆全義為之提挈。 崔協附孔循。循任事。協因其門人求為輔相，成命將出。任圜曰：「協雖名族，本不讀書，較其識見，恐不及圜。」循忿其事，稱疾不朝。帝俾重誨諭之，乃入。翌日，降制拜平章事。 馮延已依附陳覺。與宋齊丘相交結，附覺。 李安民善結王儉。武帝時兼僕射，屢啟密謀見賞。

薛曜元超子。附會張易之兄弟。歷正諫大夫。 李迥秀傾心張易之兄弟。深為識正所譏。

自托太平公主者，蕭至忠。引為刑部尚書。 托附上官昭容者：崔湜、上官氏屢出，居外宅，湜托附之。 鄭愔。

呂諲之屈己。為哥舒翰判官。肅宗立靈武，諲馳赴行在，帝深遇之。朱光輝、李遵在君側，希旨論其善。諲亦屈己事輝、遵等，故驟拜中丞。進奏無不允從。　徐紘之傾身。與鄭儼俱為舍人。儼得幸靈太后，以紘有智數，仗為謀主；紘以儼寵幸，傾身承接，共相表裏，勢動內外。　韋覬之密跡。歷臺省，自元和以來，宰相若裴垍、李絳、崔羣，多與友善。後進有浮名者，亦游其門。及李逢吉專政，而覬之跡尤密，頗為時譏。

宋季雅市宅近呂僧珍。罷郡，市宅居僧珍側，問宅價，曰：「一千一百萬。」怪其貴，季雅曰：「一百萬買宅，千萬買鄰。」　侯天盛賂地與趙修。與修鄰居，宣武為修增邑舍，擬于諸王。其四面鄰居皆賂入其地，天盛兄弟越次出補長史大郡。　王叔文、王伾任事，十餘家之門客候見者，至宿其坊中餅肆酒壚下，一人得千錢，乃容之。

王淩奏文欽貪殘，徵還不治，以有曹爽也。欽守廬江，王淩奏徵還。爽以欽鄉里，厚養待之，不治欽事，遣還廬江，加冠軍將軍。　陸駿劾敬長瑜，表至不問，以有和士開也。瑜守廣陵，多所受納。駿將劾之，瑜貨賂執事和士開，以畫屏風，詐為長瑜獻，武成大悅，駿表尋至，遂不問，遷合州刺史。

家富于財，善附會勢要，少府監劉義節也。　家富于財，能交結豪右，丹州刺史劉景巖也。後五代人。

趙彥昭姑事趙巫。與女巫趙五娘托為姑姪。　陶穀舅事魏仁浦。穀自言出于魏氏，遂拜仁浦為舅。每見，望塵輒拜。

韋嗣立與張易之結為舅甥。

漢高伯振觀望王甫，道路之人皆漫罵之；宋洪芻阿附耿南仲，羣小擁其馬數之。皆諫臣也。

甘于阿附者：竇融以耿夔、任尚為爪牙；鄧疊、郭橫為腹心；班固、傅毅之徒，皆置幕府。　鄧颺、何晏、丁謐、李勝、畢軌，咸有聲名，曹爽叙任為腹心。　唐珣言：「王珪曲事王安石，無異厮僕；薛向、陳繹，無異家奴；張璪、李定，為安石爪牙；張商英為安石鷹犬；梁成大與莫澤、李知孝，共為史彌遠鷹犬。」成大詒事彌遠，家幹萬昕，昕言真德秀可逐，成大曰：「某若入臺，必辦此事。」遂擢御史，凡忤彌遠意者，三人必相繼擊之。

馬融草奏誣李固；懲于鄧氏，不敢逆忤勢家，遂為梁冀草奏，誣李固。　鍾毓作辭示夏侯玄。以玄名士節高不可屈，夜為作辭，涕以示玄。　心固不可昧也。　《朱子語録》云：「晁以道後來亦附梁師成。」

為人所阿附者：　元稹、為崔潭峻所禮，中人争與交，樞密魏弘簡尤相善，穆宗愈深知重。裴度言：「稹、簡為刎頸交，謀亂朝政。」乃罷稹内職，帝恩顧未衰，拜平章事。詔下之日，朝野無不輕笑之。　賈謐、以賈后勢開閤延賓。浮競之徒莫不盡禮事之。或著文章稱美謐，以方賈誼。石崇、潘岳等傅會于謐。　王雅、威權甚震。門下車騎嘗數百，善應接，傾心禮之。時王珣兒婚，賓客甚衆。會聞雅拜少傅，迴詣雅者過半。　和士開。天統以後，威權轉盛，朝士多相附會。甚者為其假子，與市道小人同在昆季行列。　如衛侯言計非是，而羣臣和者，如出一口；王導每發言，一座莫不贊歎。

附贊邪

文士以刀筆贊奸，甚于武夫以干戈佐逆，是以崔惔發憤于楊訓之表章；王彪之致譏于袁宏之錫文。

董賢拜大司馬，册文有「允執厥中」語，蕭咸以堯禪舜之辭也。　史彌遠拜相，制文有「昆命元龜」語，倪思以為舜命禹之辭也。　小人媚權，曷不至哉！

武后時，明堂災，姚璹云：「成周宣榭火，卜世盛隆。漢武建章災，盛德彌永。」曲諂如此。　汪彥章為張邦昌《雪罪表》云：「孔子從佛肸之召，本為尊周；紀信乘漢王之車，蓋將誑楚。」顛倒是非，助佑奸逆，正與璹類。

揚雄《劇秦美新》、《法言》曰：「自周公以來，未若漢公之懿也。」蔡中郎有《表太尉董公為相國》一表，謂：「卓生應期運，氣稟山岳，默廢頑凶，爰立聖哲，而辭疾讓位，宜益隆委任。」此與子雲無異。使邕不為此表犯卓之怒，不過死，死卓與死允一耳。懼勢畏死，乃卒不免，身名俱殞。悲夫！

丁謂稱曹、馬「聖人」；夏竦贊林甫「美相」。此猶王敦「可人」之稱。

陸宣公彈裴延齡之疏，趙憬洩之；陽城彈延齡之疏，李繁洩之。一同官，一故人之子。

王莽篡漢，劉歆為之著符命。　王世充篡隋，孔穎達為之草禪儀；桓法嗣為之進圖讖。

曹髦討司馬昭，王沈、王業奔告昭，昭遂弒髦。　袁粲欲討蕭道成，褚淵即以告道成，道成遂攻粲。

班固為竇憲銘燕然石；馬融為梁冀作《大將軍西第頌》；陸務觀為韓侂胄作《南園記》。　文人無行，以文字媚人也。　黨惡者，吉溫陰詭，嘗曰：「若遇知己，南山白額虎不足縛。」李林甫引用之，與羅希奭推鍛詔獄時，號「羅鉗」、「吉網」。　慶曆中，范仲淹、韓琦、富弼，相繼補外，造謗者公相慶，曰：「一網打盡矣。」　御史劉元瑜彈蘇舜欽等，謂賈昌朝曰：「與公一網打盡。」　王拱辰亦有「吾一舉網打盡」之語，乃諷御史魚周詢劾舜欽等十餘人。　祠神以伎樂娛賓事，因以傾杜衍也。

有王莽之篡弒，則有揚雄之《美新》；有曹操之禪代，則有潘勖之《九錫》。《世說》言：「潘元茂作魏公《冊

命》，人謂與訓誥同風。」故亂之所由生也，犯上者，為之魁；巧言者，為之輔。《日知録》

漢梁冀裁能書計，其誣奏李固時，馬融為冀章草。李林甫無學術，僅能秉筆，而郭慎微、苑咸代為題尺。高駢上書，肆為醜悖，脅邀天子，而吳人顧雲以文辭緣飾其奸。章惇用事，使林希典書，命逞毒于元祐諸臣上。

古事比卷之三十六

悖陋

「為爾寂寂，鄧禹笑人。」王融之言。「為爾寂寂，文景笑人。」桓温之言。充其心不至無上不已也。温尋卒，融亦被收。《偶記》

公遜述將僭號，夢十二為期。其妻曰：「朝聞道，夕死可矣。」李壽將僭號，筮得數年，曰：「朝聞道，夕死可矣。」《南史》：荀伯玉聞相墓者之言，欲得其暴貴也。范雲當梁武九錫之拜，欲速愈疾也。并為是語。小人侮聖言，可恨哉！若黄霸欲從夏侯勝受《尚書》，亦云「朝聞道」二語。皇甫謐耽玩典籍，忘寢與食，或箴其損耗精神，謐曰：「朝聞道，夕死可矣。」則異是。

博士買驢書券，三紙未有「驢」字。《顔氏家訓》　弓箭手，官命授弓矢，極力控弦不開。以語于「允文，允武」。愧矣。《宋史》：余延業人質么麽。太祖問：「在南漢為何官？」對為弓箭手。官命授弓矢，控弦不開。

毛嘉，魏明后父也，封北平鄉侯，語輒自謂「侯身」。三國。　胡慶字文亮，靈太后族孫也，與人言，自稱「僕射」。《北史》　張敬兒初徵為護軍，潜于密室，屏人學揖讓，答對空中俯仰，拜三司馬妾祈子祝神，自稱「三公」。

胡僧祐以鼓吹置齋中自娱，出遊自隨。　張敬兒初得鼓吹，差便奏之于新林姥廟。又嘗對嫂、妻曰：「我開黄閣。」因口自為鼓吹聲。

賀知章知禮部，挽郎取舍非允，子弟喧訴，乃以梯登牆首出决事。　楊國忠兼吏部，帷女兄弟觀選人，不問資序：短者，道州參軍；鬍者，湖州文學。簾内笑聲達于堂外。楊不足責，賀亦堪羞。

運勾厲聲問杜祁公前任，以坐末席也。　巡檢呵引問富鄭公官位，以策蹇不下也。

魏文帝既立為嗣，抱辛毗頸，曰：「辛君知吾喜否？」識者有以占其器之不宏。　唐莊宗入梁，引李嗣源衣，以頭觸之，曰：「吾有天下，卿父子之功也。天下與爾共之。」識者有以知其業之不遠。二君何足道？　先主得蜀，于涪置酒大會，謂龐統曰：「今日可謂樂矣。」統曰：「伐人之國而以為歡，非仁者之兵也。」先主襲奪璋土，權以濟業，昔人譬諸斷手全軀，何樂之有？而酣醺中失辭若此。

源休「火迫酇侯」。受朱泚偽官，自比蕭何。入長安，首收圖籍，時目云云。　郭將「尿汁諸葛」。宋南渡，有郭某為將，自比武侯。未幾，敗于江上，倉惶涕泣而匿。時謂云云。

孫恩攻會稽，王凝之入室請禱。　契丹寇天雄，王欽若閉門請齋。　馬希萼反長沙，希廣披緇念佛。　至王莽之「刻木校尉」、「燿金都尉」。　劉孝竭等之「六丁力士」、「北斗神兵」。　齊薛榮宗之遺斛律明月。　金烏古論先生之使軍士服器，祇增葫蘆。

王敦尚主，食澡豆，為婢所笑。　唐陸暢娶董溪女，婢進澡豆，沃水服之。

馮道作《長樂老傳》，自叙其無恥。　蔡京作《太清樓特宴保和殿延福宫典宴記》，自明其不臣。

元稹作《會真記》，鄭禧作《春夢録》，自失其失行。　牛僧孺作《周秦行記》，自陳其蕩志，讀之不能不抵案而作惡也。《行記》或云李德裕門人為之，嫁名于僧孺。《問奇》

李載仁署觀察推官，部曲相毆，怒取飯肉，令對餐之。　謝奕作剡令，有老翁犯法，以醇酒罰之。

宋梟刺梁州，患多寇、叛，欲多寫《孝經》，令家家習之，詔書詰責。　張角作亂，向栩言遣將河上，北向讀《孝經》，詔收北寺獄。　刺史諭俗，無功弭亂，猶足化誘來者；至欲以滅賊，真豎儒陋見矣。

節度董昌決訟，以骰子擲之，勝者為直。五代。　遼道宗晚年用人，令各擲骰子，以彩勝者官之。

醫術人羊志哭殷貴妃極嗚咽，孝武它日問之，曰：「卿那得此副急淚？」答人曰：「爾日自哭亡妾耳。」《北史》：封述對李士元打所供養像為誓，士元笑曰：「公何處得應急像？」

慕容熙后符氏死，有司皆含辛為淚。有淚以為忠。　殷貴妃薨，劉德願應聲便號。孝武以為豫州刺史。

羊叔子有鶴善舞，向客言之，氃氋而不肯舞，羊大失望。　彭淵材對客言：「鶴是胎生。」忽僮報家鶴生卵，彭曰：「鶴亦敗道耶？」　武后習猫與鸚鵡共處，出示百官，傳示未遍而猫饑，搏鸚鵡食之，后甚慚。

張敞以便面拊馬。走馬章臺。　王導以麈尾驅車。密營别館，以處衆妾。夫人劉氏將往，導恐其妾被辱，遽令命駕。

宋令約令軍士捕蟬，有鳴者，重笞之。　厙狄伏連患蠅，杖門者，曰：「何故放入？」

蘇世長引咎自撻。在陝，邑里犯法，不能禁。乃自撻于市廛。伍伯疾其詭，鞭之流血，不勝痛楚而走。　湛子文樸以狀自劾。令江夏，設有小愆，以狀自劾。使吏望闕呼名，己唯諾示改。范忠宣薦之。

虞嘯父為侍中，孝武問：「不聞有所獻替？」虞曰：「天時尚暖，鮆魚蝦鮭未可致，尋當上獻。」帝大笑。　蕭正德入北，侍中元乂欲為設茗，先問：「水厄多少？」北人謂茗飲為「水厄」。王濛好以茶飲人，亦有「水厄」之語。答云：「下官雖生水鄉，未遭陽侯之難。」舉座大笑。《事偶》

朱穆奏記梁冀，引「龍戰于野」之文，適黃龍見沛國，冀遂以穆言為應。　北齊源師以孟夏龍見請雩祀，高阿那肱問：「龍見所在？」宋王謂：「謝超宗殊有鳳毛。」劉道隆因請「鳳毛」見之。　三豎位登將相，而騃鄙乃爾。武夫益不足責。

唐吏部侍郎蕭炅讀「伏臘」為「伏獵」；炅為李林甫所引，林甫寫「弄璋」為「弄麞」，誦「杕杜」為「杖杜」。何粗夫氣類相合耶？　若宋謝悰以「祇授」為「抵授」，程覃以「昭執」為「昭熱」，金合周之「雀兒參政」，元赤盞之呼「陳岢」為「陳山可」，又奚怪乎？《合摭》　桓玄篡位，尚書誤「春蒐」為「春菟」。　韓昶吏部子，嘗為集賢校理。史傳「金根車」，悉改「根」為「銀」。

熊安生，周帝嘗幸其第，將通名，見徐之才、和士開，以徐諱「雄」、和諱「安」，乃稱「觸觸生」，羣公哂之。《北史》　王僧彥，父名師古，嘗自呼「硯」為「墨池」，謂「鼓」為「皮棚」。有李彥古者謁，題刺云「永州司户參軍李墨池皮棚，謹祇候參。」彥見大喜。

胡裝僻于題壁。裝學書無師法，工詩非作者，所至宫亭寺觀，必書窗里。識之不以為愧。　曹國珍好上章疏。經藝文學，非其所長。好自矜衒，多上章疏，文字差誤，數數為之。為縉紳所誚。　王思同喜為詩什。思同為都將，粗有文性，與人唱和，自稱「蔺門戰客」。　胡僧祐天水太守。公宴賦詩。性好讀書，不解緝綴，强賦詩，文辭鄙野，多被嘲謔，怡然自若，矜伐愈甚。

劉義綦封營道縣侯，始興王濬誦陸士衡詩，曰：「營道無烈心。」義綦曰：「吾初不識士衡，何忽見苦？」　張敬兒欲移羊祜墮淚碑置臺，人曰：「此羊太傅遺德，不宜遷動。」敬兒曰：「太傅是誰？我不識。」　彭城王義康素無學術，問袁淑年，答曰：「鄧仲華拜衮之歲。」不識。曰：「陸士衡入洛之年。」義康曰：「身不讀書，無為作才語相向。」　張由古無學術，歎班固文章不入選，或以《兩都賦》、《燕山銘》典引為言，曰：「此是班孟堅？」又謂同官曰：「昨買得《王僧孺集》。」誤「孺」為「褥」。　杜文範曰：「文範亦買得《佛袍集》」。倍勝「僧襦」。　宋党進聞人説韓信，曰：「對韓信亦説我矣。」　劉韞圖其鹵簿羽儀自玩，以示蔡興宗，曰：「正是我。」韞詳《身體》。

許惇無學術，與邢卲、魏收同列，諸人談核經、史，惇隱几而睡，為勝流所輕。北齊。　李德柔時號「李猫」。本無學術，詐稱博聞，每呼「馬」為「韓盧」，樂工為「伶倫」，「諂佞」為「謇諤」，以此貽譏。

陳元方刺冀州，問崔琰與崔杼遠近？曰：「如公與陳恒。」　崔皓問陳龍文與陳恒近遠？答云：「還如公與杼間密相似。」　崔正熊詣都郡，其將姓陳，問正熊：「君去崔杼幾世？」答曰：「如明府之去陳恒。」此以返詆者也。　何敬容在選日，一人姓吉，敬容問卿與丙吉遠近？答曰：「如明公之于蕭何。」此以順應者也。　唐林蘊見一朝士姓崔，自矜氏族，蘊曰：「崔子弑齊君，林放問禮之本。孰為優劣？」其人慚退。

薛榮宗使鬼：北齊薛榮宗自云能使鬼。行經古冢，元行恭戲之，曰：「林宗冢。」復問是誰？曰：「郭元貞父。」榮宗奏後主曰：「臣向見郭林宗從冢出，著大帽問臣，我阿貞來不？」熊安生號冢。在山東。或詆之，曰：「某村古冢是晉河南將軍熊光，去七十二世，皙有碑。」安生掘地不得，連年訟焉。鄭大譴判之，曰：「七十二世，乃是羲皇上人。」遂率族向冢大號。愚而蔽矣。

寡學者：晉王恭少學，雖善談，未免重出。盧損以高情遠致自許，儕類之中務欲自勝。然學涉不博，為人士所薄。

蘇良嗣奏改河東。荆州有河東寺，梁宣帝為兄河東王譽立。良嗣勶曰：「江漢間與河東何涉？」奏改之。李琪奏言真定。天成末，既平定州，自汴還雒。琪奏章中有「敗丹契之兇黨，破真定之逆賊」語。詔曰：「契丹既是兇亂，真定不是逆賊。」琪罰一月俸。李鏻、李瓊，不閑丹陽、竟陵封號。時有偽稱宗子，言世為丹陽、竟陵臺令，簡列陵園，無此封號。宗正鏻、少卿瓊，以不閑故實，謬補奸人左遷。

陳伯之目不識書；得文諜詞訟，惟作大諾而已。張奭終日不成一字；奭，倚子。苗晉卿主選擢首。禄山言：「召試終日，不成一字。」時謂「曳白」。臧希讓無學術；公卿間强引古言以自賢。而所出知多道途得之，發必差謬，為士子所笑。崔協不識文字。任圜曰：「天下皆知協不識文字，而有表號『没字碑』。」抱朴子曰：「懷空抱虚，有似蜀人『瓠壺』之喻；胸中無一紙之識，不過酒炙。」此其是矣。

康福擢自小校。暴為貴人。有疾，幕客謁問，福擁衾而坐。客退曰：「錦衾爛兮。」福召，怒曰：「雖生塞下，乃唐人也。何得以為『爛奚』？」有客姓駱，其先與懿祖來自金山府。福曰：「駱評事官卑，門族甚高，正沙陀也。」懿祖父皇父。庫〔一〕狄干、王周、斛律金，雖干署名。干署名逆上畫干，人謂之「穿錐」。周武將署名，先吉而後成外；金改名，猶苦難署，司馬子如指屋角，令況之。

崔文彦不以《王粲集》示諸儒。《家訓》：「吾與崔文彦説《王粲集》中難鄭玄尚書事。」崔轉為諸儒道之，曰：「文集豈當論經書事，且先儒中未出有粲也。」崔笑而退，竟不以粲集示之。　魏收取《韋玄成傳》擲博士。收議宗廟事，引據《漢書》。博士笑曰：「未出《漢書》得證經術。」魏取韋傳擲之，博士夜披尋之，達明來謝。

誤解「蹲鴟」。唐馬光庭校《文選》，解「蹲鴟」云：「今之『芋子』即是著毛蘿蔔。」蕭嵩出之，撫掌大笑。　誤用「蹲鴟」。《家訓》：「江南一權貴，讀誤本《蜀都賦》注『蹲鴟』，芋也，而為『羊』字。有人餉羊肉，答書云：『損惠蹲鴟。』舉朝驚駭。」　呼「鴿」為「鷃雀」。《家訓》：「竇如同從河州，得一青鳥，呼之曰『鷃』，吾曰：『鷃出上黨，色並黃黑。』檢《說文》：『鴿似鷃而青，出羌中。』」　呼「蓴」為「露葵」。蔡朗不學，呼「蓴」為「露葵」，齊李恕問梁使，曰：「江南有『露葵』否？」答曰：「『露葵是蓴』。卿今食者，綠葵菜耳。」

昏愚者：言秦寇至者，射之。戎強大，秦繆公遺之女樂。戎王大喜，有言「秦寇至」者，扞弓而射之。秦寇果至，戎王醉卧樽下，縛而擒之。　報齊寇至者，殺之。齊攻宋，宋王使人候齊寇所至還，言寇近者，殺之。後使人往，曰：「不知齊寇所至。」王大喜，多賜之金。寇至，王自投車上。

蜀後主喜笑自若。司馬文王與後主宴，為故作蜀伎，旁人感愴，而禪喜笑自若。王曰：「頗思蜀否？」曰：「此間樂，不思蜀。」郤正曰：「若王復問，宜泣答曰：『先人墳墓遠在隴、蜀，乃心西悲，無日不思。』」因閉其目。會王復問，對如前。王曰：「何乃似郤正語耶？」禪驚視，曰：「誠如尊命。」左右皆笑。　陳後主耽醉罕醒。既見宥，隋文帝給賜甚厚。每預宴，恐致傷心，為不奏吳音。後監守者奏言：「叔寶願得一官號。」文帝曰：「叔寶全無心肝。」監者又言：「叔寶常耽醉，罕有醒時。」

晉惠帝聞饑荒，曰：「何不食肉糜？」東昏侯見青樓施漆，曰：「何不施用琉璃？」故人主欲知稼穡之艱難。《南齊書》：世祖興光樓上施青漆，世謂之「青樓」。　惠帝又問蛙鳴。「為官乎？為私乎？」曰：「在官。」曰：「可給廪粱。」　盧陵王應見金鋌。問：「可食乎？」答曰：「不可。」曰：「既不可食，並特乞汝！」愚一至此乎？

有所闇蔽，遂明知而故犯：唐明皇于李林甫。曰：「林甫惡賢嫉能，以至此敗。」裴士淹曰：「陛下誠知之，何任之久耶？」帝默不應。　唐德宗于盧杞。曰：「人言盧杞奸，朕殊不覺。」李泌曰：「此所以為奸也。」　辛替否不改所為之疏。「陛下與太子當韋氏用事之時，切齒于羣兇。今幸而除之，乃不改其所為，臣恐復有切齒于陛下者也。」　王涯留心《太玄》，而有甘露之禍。《太玄》惟以進退消息為說，涯知其說而不能行，何也？

錯繆

侯景出鎮河南，與神武約：「賜書乞加微點。」神武卒，世子澄以書徵之，書背無點，遂不至，發兵反。　隋高祖與漢王諒約：「璽書『敕』字旁別加一點。」高祖崩，太子廣以書徵之，以「敕」字無點，遂不至，發兵反。

幽王舉燧擊鼓，不信。褒姒不笑，王無故舉烽火，諸侯皆至，姒乃大笑。及西戎至，王舉烽，諸侯不至。又《呂覽》：「周與諸侯約為高葆，置鼓其上。王欲褒姒笑，因數擊鼓，諸侯之兵數至而無寇。後戎寇至，幽王身走，死驪山下。」　田倉舉燧不實。《酉陽雜俎》：武溪夷田强遣長子酋居上城，次子某居中城，少子倉至下城，三壘相次，以拒漢兵。光武遣劉尚征之。尚未至，倉獲白鱉為臛，舉燧請兩兄，兄至無事。及尚平來，倉舉火，酋等以為不實，倉遂戰而死。

劉義宣敗還江陵，翟靈寶誡使慰諭衆賓：「昔漢高百敗，終成大業。」而宣誤云：「項羽千敗。」衆咸掩口。　高齊敗于晉陽，斛律孝卿請帝親勞將士，為帝撰詞，帝出不復記，遂大笑，左右亦羣咍。帝即高緯。

蔡文姬異域生子，歸復嫁董祀，而范曄傳之《列女》；賀知章八十六有疾，冥然，始乞鑑湖為道士，而宋祁傳之《隱逸》。蓋修史者悖節之臣，難退之士，故也。《宛委餘編》

汲黯之訟張湯，王章之訟王鳳，胡銓之訟秦檜，皆君子之誤。　寇準曾薦丁謂，張浚曾薦秦檜，歐公曾薦安石，皆君子之疏。

失策者，以小人驅小人，必禍國；何進呼董卓誅常侍，崔胤召朱全忠殺軍容，是也。　以敵驅敵，必禍國；唐用回紇擊祿山，宋和女直殺契丹，是也。

詔賜降人十縑，誤以十為百，漢明將笞之，鍾離意諫止；唐度支誤奏「漬」為「清」，承旨孫隱中足成之；宣宗怒，謫罰之。過誤，可矜也；漢尚書郎可貰也；比周以蒙端不可開也；唐樞密承旨不可原也。

劉臻性恍惚。有劉訥俱為儀同。臻謂從者如劉儀同家，至家不悟。　張思光詣何戢，誤通劉澄。

蕭穎士誤以店叟女為狐，而唾之。　趙子愚誤以張長史為狐，而鞭之。《脩吹》

閻玄一誤杖傳書人，取酒慰之，又誤。　張藏用誤杖鄰邑齎牒人，取酒慰之，又誤。《脩吹》

褚彥回于齊高前誤稱「下官」。　曹景宗于梁武前誤稱「下官」。

曾參殺人，人以告孔門之曾參，致慈母之投杼；野人毛遂墜井而死，或告為抗秦之毛遂，致平原君之興嗟；杜陵秋胡將婚翟氏，或斥為桑間之秋胡，致翟公之絶婚；齊黄公二女國色，謙言其醜，名播而人無有聘者。毀譽之淆，可畏也哉。

元帝問孫皓燒鋸賀頭于賀循。循父劭為孫皓殺。元帝問循：「孫皓燒鋸，截一賀頭是誰？」循流涕曰：「臣創巨痛深，無以仰答明詔。」元帝愧謝，三日不出。　孝武問床下牛鬥殷病于仲堪。仲堪父師失心虛悸，聞床下蟻動，謂是牛鬥。孝武不知，謂：「有一殷病如此不？」仲堪流涕曰：「臣進退維谷。」　郄昂誤答安石，而更犯吉、房。昂與韋陟善。因話宰相誰無德？昂誤答，曰：「韋安石也。」已而惶走，逢吉温，問：「何故倉惶？」答曰：「適與韋尚書話此，本欲言吉頊，誤言韋安石。」又鞭馬走，抵房琯，琯慰問之，復以房融為對。一日而犯三人。

明帝封詔，誤致王公。晉明帝函封手詔與庾公信，誤致于王丞相。王開詔云：「勿使冶城公知。」既視表，答曰：「伏讀明詔，似不在臣，臣開臣閉，無有知者。」帝愧數日。　蕭俛求醫，誤通給事。唐蕭俛求國醫王彥伯，誤造鄭居給事鄭雲逵家。鄭診之曰：「熱風頗甚。」又請藥方，鄭曰：「藥方不如東家王供奉。」蕭乃惶去。　丞相之讀詔，給事之診脈，俱堪絶倒。

阮嗣宗往哭鄰女。嗣宗鄰人女亡，往哭之。慟曰：「原不闕情，偶生于感耳。」　李文禮大慟姊亡。唐李文禮在揚州，吏自京還，得長史家書云：「姊亡。」李便大慟。吏曰：「是長史姊。」李徐問曰：「是長史姊耶？」既而曰：「我無姊。」

謝太傅引謗上屋薰鼠，而胡兒大悔。謝據好上屋薰鼠，男胡兒都不知。聞人道作此者，輒戲笑之，前後不一。謝公因語次謂曰：「世人以謗中郎，言我亦共為爾。」胡兒大悔失言。　靈運登車揚搉，而宣遠潸然。謝康樂父瑍，不慧，而靈運好臧否人。一日，同宣遠登車，盛欲揚搉，宣遠潸然曰：「秘書蚤世，外議亦互有異同。」靈運論遂衰止。

字之訛者，「帝」、「虎」，《抱朴子》以「魚」為「魯」，以「帝」為「虎」。「先」、「牛」。以「先」為「牛」。見劉向《序》。　史館進《唐書》，奏云：「頻分『温』『媪』之疑，仍懼『魯』『魚』之謬。」　劉向序《國策》誤脱，以「趙」為「肖」，以「齊」為「立」。　劉歆《七略》，古文或誤以「見」為「典」，以「陶」為「陰」。

因誤成誤：孫子荊，誤謂「王武子」。「枕流漱石」，曰：「所以枕流，洗其耳；漱石，礪其齒。」　楊愔典選，令吏唱名，誤以「盧士深」為「士琛」。深自名其名，愔曰：「盧郎朗潤，所以加『玉』。」

漢武誤用公羊復讎之說，而窮征伐；王安石誤用「國服取民」之說，而行青苗；唐太宗誤用《周官》「世子不會」之說，而詔太子承乾。用庫物，勿為限制。是皆泥古而藉口者。

《桃花源記》用「阡陌」字；《毛穎傳》用「浮圖」字。皆誤也。

李令伯《陳情表》：「少事偽朝。」乃「偏」字也。後人鏤板錯刻，亦猶「陰」「陶」，「帝」「虎」之謬也。觀孔明《後出師表》之「王業不偏安」；王猛與苻堅曰「晉雖偏安，實為正統」之語，益見「偏」字不妄矣。

愆失

馬融絳帳授道，所在以貨財為損。　戴聖《禮》經大儒，行治多不法之稱。　隋劉焯與弟炫俱大儒，犯法，縣吏不知，而予之枷。

韓歆事光武，指天畫地，帝不能容，至于自殺。白樂天諫憲宗，嘗曰：「陛下錯矣。」帝大怒，貶之。陳執中罷相，薦吴育自代，召之赴闕，因侍宴，醉而坐睡，忽驚顧拊床，呼其從者，仁宗愕然，遂斥不用。曹利用在簾前，每以手指繫腰帶，太后不悦，後亦貶死。歐陽公對太后，有「一婦人與臣等一二三措大」之語。諸公皆一時名士，言動偶失檢點，遂致得罪君父，身名俱損。可不慎哉？

東方朔嘗醉入殿中，小遺殿上，劾免。　張湛小遺朝堂。

師慧過朝而溺。　先軫朝，不顧而唾。　謝幾卿常于閣省裸袒酣飲，及醉，小遺下霑令史，為南司所彈。

夏侯勝誤謂「上」為「君」，或「相」字于上前，宣帝由是尤親信之。　鄧晨對世祖自稱曰「僕」，帝用以為笑。

灌仲孺夫。以行酒觸貴人，夫行酒至田蚡，蚡辭不能滿觴。夫嘻笑曰：「將軍，貴人也。」畢之。而令騎見留。蚡麾騎縛夫，劾以罵坐不敬，棄市。袁愍孫以勸酒辱佞人，愍孫即粲名。宋孝武帝臨宴東宫，粲勸顔師伯飲，不飲。因相裁辱，曰：「不能與佞人周旋。」而命引下席。孝武嫌粲以寒素凌師伯，將手刃之，久之，得釋。甚哉！酒之流生禍也。

疏略

費禕泛愛不疑，而郭循刺之。循欲刺帝不果，禕與諸將大會沉醉，循刺殺之。禕待新附太過，張嶷常引岑彭、來歙為戒，不從，故及。　甘卓不備王敦，而周慮襲殺之。卓散兵佃作。慮密承敦意，襲卓于寢室殺之。

師丹使吏書奏，吏私寫其草，丁傅子弟聞之，使人上書。言丹上封事，行道人遍持其書。大臣不宜漏泄。

陽城使李繁寫彈裴延齡《疏》，繁洩于延齡。

宋申錫欲誅宦官，王播漏其謀而貶。文宗與申錫謀。申錫引播，播泄其謀。鄭注、王守澄誣以謀立漳王，遂貶。

宇文融使李寅彈王禕，以平功有寵，融疾之。李寅洩于所親，而俱貶。禕聞，先以白上。明日，寅奏果入。

齊澣因餞，道禁中語。澣言：「葛福順不宜與王毛仲為婚，毛仲寵過生奸，恐成後患。」會麻察左遷，澣餞之，因道禁中語。

寇萊公因醉誤言。公探真宗意，欲廢章獻，誅丁謂、曹利用等。因醉誤言，利用白太后，詔罷政事。真宗上察傾險，遂奏之。

仙，遂投海外。其事有類上官儀者。

殷仲文許謁何無忌，而不過曲阿。時失志恍惚，無忌以為輕己，大怒。　劉賁戒帝漏言，而身誦詔于庭。《漢法》：漏泄省中語為大罪。如夏侯勝出道上語，宣帝責之。　京房與漢元論幽、厲事，至十問十答，出為鄭君言之，又為張博道其語，博密記之，後竟以此下獄，棄市。　王章與成帝論王鳳之罪，亦以王音側聽聞之，故曰：「臣不密，則殺其身。」

子貢説越王曰：「無殺人之志，而令人疑之，拙也；有殺人之意，使人知之，殆也；事未發而先聞，危也。」　蘇代見燕惠王曰：「無謀人之心，而令人疑之，殆；有謀人之心，而令人知之，拙；謀未發而聞于外，則危。」

晉襄公漏言，而狐射父殺陽處父。晉將使狐射父為將，陽處父不可。公謂曰：「吾始使盾佐汝，今汝佐盾矣。」公死，射父使人殺之。　唐高宗告武后，以上官儀教我廢汝。后使許敬宗誣奏儀謀逆，下獄死。

蔡邕被召對金商門也，曰：「願寢臣章，毋使盡忠之吏受怨奸仇。」已而更衣竊視，旋被髡鉗之禍。此君不密而失臣之效也。　陳蕃請除諸常侍，曰：「願出臣章，宣示左右，並令天下諸奸知臣疾之。」已而拔刀突入，甘受隕軀之戮。此臣不密，而失身之效也。

不密之害：趙卬之于辛武賢。初，卬語武賢，言：「張安世，上欲誅之，家將卬以為事孝武帝數十年忠謹，安世得免。」及武賢惱歸，故官深恨，告卬泄省中語。卬自殺。　李孟堅之于陸升之。李光在瓊，常作私史。仲子孟堅，為所親陸升之言之。升之訐其事，孟堅除名。

凌犯

何點捋梁武帝鬚，曰：「乃欲臣老子耶？」朱桓奉觴，捋大帝鬚。詣建業治病，還屯，曰：「願一捋陛下鬚。」權憑几前席，桓進前捋鬚，曰：「可謂捋虎鬚也。」權大笑。　此與嚴子陵之足加帝腹，李泌之枕帝膝，何異？　若崔暹以手版拍文宣背；蕭琛取栗擲帝中面；嘗預御筵，醉伏，上以棗投琛。琛乃取栗擲帝，中面，曰：「陛下投臣以赤心，臣敢報以戰栗？」韋貽範舉杯反上頤；嘗以大杯獻唐昭宗，帝不即持，遂舉杯直反上頤。李義府頸項俱張；上謂：「義府，卿子婿頗不謹。」義府勃然變色，曰：「誰告陛下？」優人敬新磨，批唐莊宗頰；李存賢于搏仆唐莊宗；謂：「勝當授蕃鎮。」徐知訓彈吴王；嘗與王為優，自為參軍，使王為蒼鶻。嘗泛舟，王先起，知訓以彈彈之。　裴伯茂慢章武王景哲。景哲啟，伯茂以梨擊案，旁汙冠服，禁庭之內，令人潔衣。　無上哉！

盛度見人拜，瞪視而詬詈之。　張詠預禁人拜，否則倨坐罵之。

智伯戲康子而侮段規，一言而侮人之君相。　灌夫曰：「今日斬頭陷胸，何知程、李？」

何曾凌駕人物。鄉里疾之如仇。　劉孝綽多所凌忽。　齊高德政恒以精神凌逼人。

謝萬以如意指四座。曰：「諸將皆勁卒。」　蕭子明舉扇一揮。為吏部，見賓客不與交言，衣冠切恨之。

楊嗣復逼武元衡大觥，不飲，遂沐之。　參軍共約戲賭于馮翊陸象先前。

周謨以蠟炬投兄。顗曰：「阿奴火攻，固出下策。」　王彬謂王敦曰：「卿昔歲殺兄，今又欲殺弟耶？」

張昇斥張貴妃為一婦人，仁宗不懌。　高熲謂獨孤后為一婦人，后銜之。

王導與子悦奕棋，悦争道。導曰：「微有瓜葛。」 周覆與齊高奕，抑上手，不許易行。

不誼

不顧夙夕之誼者：如韓信持鍾離昧首；昧與信善，敗亡歸信。詔捕之。高帝偽遊雲夢，或勸斬昧謁上。昧曰：「若欲捕我，自媚漢。吾今死，公隨手亡矣。」自剄，信持首謁陳，械信至雒陽。 樓護執吕寬；王莽子宇與妻兄吕寬謀以血塗莽第門，發覺，殺宇，而寬亡。寬父素與護相知，寬至廣漢，太守護執寬，封息鄉侯。 楊康發令狐愚事；愚與王凌謀立楚王彪。楊康、單固皆豫。及愚卒，康發其事，以辭參錯並斬。固罵康曰：「若令死者有知，汝何面目以行地下？」 寇彌害城陽王徽；彌為徽所親。徽避爾朱兆，歸命于彌。彌遣人加害。 斛斯椿〔二〕襲爾朱氏；與爾朱度律等敗于韓陵。曰：「若不先報爾朱，死無類矣。」令長孫稚、賈顯智襲斬爾朱世隆兄弟，懸首門樹，椿父見，曰：「汝與爾朱約為兄弟，寧不愧負天地？」仍傳首並囚度律、天光于齊獻武王。 楊寬邯鄲人。 執楊愔；見《義俠》。 温韜斬趙巖；莊宗入汴，巖恃韜與己素厚，遂奔許州。韜延之于第，斬首送闕下。 管融殺趙昱。融走廣陵。廣陵守趙昱待以賓禮。融利廣陵之衆，因酒酣殺昱，放兵大掠。 怵害趨利，而究何益乎？

薄于骨肉者：穆壽、太武時輔政，遇諸父兄弟如僕隸，夫妻並共食，而令諸父食餕餘。 李寶、凉王暠孫。入魏，因寶子沖寵遇，遂為盛門，而情禮淺薄，期功之服，殆無慘容，至于行乞，不加拯濟。 張彝。既貴，大起第宅。頗侮其疏宗舊戚，不甚存紀。

惟利是争而不顧者：劉祥之求還資；兄勱為廣州，卒官。祥就勱妻求還資。 李静之剥服玩；元護弟。兄亡未斂，便脱剥諸妓服玩及財物。 崔鍾貪財物，而誣子積非兄裔；兄敞亡後，貪其財物，誣敞息子積三人非兄之裔。辭訴累歲。爾朱世隆奏除其官。 王瑶争蒲帥，而列王珂為蒼頭。珂父重榮，河中節度，為部將害，推弟重盈。盈卒，推珂留後，盈子珙、瑶争帥，上章論列：「珂，蒼頭也，小字忠兒，安得繼嗣？」珂亦上章，昭宗詔諭珂。瑶又連兵攻河中，李克用擒瑶斬之，因以女妻珂。

若崔伯龍訟競，嫡庶若讎；崔僧淵妻房氏生伯驎、伯驥。後薄房氏，更納杜氏，生伯鳳、伯龍、伯鸞、伯糾，家于青州。驥與母居冀州。僧淵卒，伯驎奔赴，不敢入家，哭沙門寺。伯龍剛躁，與驎訟競，嫡庶若怨讎焉。李洪之兩宅母子如讎。微時，妻張氏助洪之經營。自貧至貴，有男女幾十人。後得劉氏，為兩宅別居。偏厚劉子，二妻妬競，互相訟誼，兩宅母子往來如讎。斯固僧淵、洪之所自致也。

陸定國兩子爭襲父爵。定國娶河東柳氏，生安保。後納范陽盧度世女，生昕之。二室俱為舊族，而嫡妾不分。定國亡後，兩子爭襲。李沖與度世子泉婚親，申助之承爵、尚主，安保沉廢，不免饑寒。盧玄庶子欲危嫡子。玄五子，嫡惟度世，淵、敏、昶、尚，皆別生。及度世以崔浩事難，其庶兄弟嘗欲危害之。及度世有子，誡令絕妾孽，至淵兄弟婢賤生子，雖形貌相類，皆不舉接。

隗囂之告其季父崔、(兄)義；囂季父崔與兄義聚衆，共推囂為上將軍。後更始徵至長安，崔、義謀欲叛，歸，囂懼並禍，即以事告之，崔、義誅死。遮弩之叛其兄守忠；突騎施可汗。張韶之負其舅渾釋之；俱見《譜報》。元景安之白其兄景皓。齊誅元族，景安請改姓高氏。從兄景皓曰：「丈夫寧可玉碎，不能瓦全。」景安白齊主，誅之。皆骨肉之賊。

司馬消難之棄妻。妻齊神武女。在鄴，敬重之；後入關，便相棄薄。消難赴郢州，高言于隋文曰：「滎陽公性多變詐，必不顧妻子，願防虞之。」消難入陳，而高母子獲免。房孺復之惡賤其妻。琯子。初娶鄭氏，惡賤其妻，多畜婢僕。保母言之，生斂保母。妻在產蓐未三日，遽令上船即路，數日，遇風而卒。于琳之害晉安王子懋。為子懋參軍，即子懋之母阮同產弟。子懋鎮潯陽，欲起兵赴難，報琳之為計。琳之因說裴叔業，取子懋。琳之從二百人拔白入齋，子懋罵，琳之以袖鄣面害之。羊鵾刺侯景。為景都督，景以其妹為小妻。景敗下海，鵾拔刀向海師，使向京口。景走入船中，鵾以矟刺殺之。秘瓊害董温琪家。瓊為琪指揮，倚以腹心。及琪平敗沒蕃，瓊害琪之家，一坎瘞之。積鏹悉竊藏其家。彭寵之子密，丁原之吕布也。

鄧曉聞李軌敗而舞蹈。為軌使長安，聞敗稱慶。高祖曰：「既不能留心于李軌，何能盡節于朕?」王綋從征劉仁恭為露布。緘先事仁恭。及從征幽州，既獲仁恭父子，莊宗命為露布。緘既起草，無所辭避，義士少之。

不恤兄貧，裴茂伯也。與兄景融別居。景融貧窮，茂伯了無賑恤，殆同行路。　僅存一弟而異居，韋子粲也。子粲兄弟十三人悉在西魏，以子粲陷城，不能死難，多致誅滅。歸國獲存，惟與弟道諧二人。粲富，令其異居，廪禄略不相及。　不贍兄子，劉朗之也。璿之子。坐不贍給兄子，致隨母他家，免官禁錮終身，付之鄉論。

韓曄以兄皋之言告王叔文。叔文貴盛，皋嫉之，曰：「吾不能事新貴。」從弟曄幸于叔文，以告，出皋刺鄂州。　李安以叔父璋之謀陰白丞相。璋與周趙王謀害丞相。安陰白之，王等伏誅。

李紳族子虞盡以紳密論李逢吉，疏告逢吉。　呂寶臣族子嘉問以寶臣欲論王介甫，疏告介甫。程伊川亦有族子名公孫，至愚，不足責。

聶嶼納郭崇韜子婦。嶼早依崇韜，致身朱紫。郭氏次子之婦孀居，嶼喪偶未久，忍而納帑。明宗與崇韜同詔賜死。　宋挺娶劉陶妾。陶，挺座主也。

李訢告李敷，而范檦證訢。與敷少長相好。及訢以貪黷被告，告敷隱罪。檦條列敷事狀，敷坐得罪。訢得免，訢信任檦，腹心之事，皆以告之。及明太后臨朝，人告訢外叛，引檦證，訢言：「爾不顧德而忍為此？」檦曰：「公昔忍于敷，檦敢不忍于公乎？」遂見誅。　劉守光囚父兄，而李小喜瞋目數之。守光泣訴曰：「教臣不早歸向者，由小喜。」召至，睨守光曰：「囚父殺兄，亦小喜教耶？」莊宗斬之。

無恥

劉德願、羊志急淚哭殷貴妃。宋世祖至貴妃墓，謂德願曰：「哭妃若悲，當加厚賞。」劉應聲號慟，即拜豫州刺史。志哭亦嗚咽甚哀，有問羊志：「那得此副急淚？」曰：「爾日自哭亡妾耳。」王元景無淚別劉孝綽。元景使梁。孝綽送之，泣下。元景謝劉曰：「別後當闌干耳。」謝公客亦然。有人別謝公，公流涕。此人不悲。左右云：「向客殊密雲。」公云：「非徒密雲，乃是旱雷。」

秦宗權自稱非反。蔡州秦宗權繼黄巢稱僭，既為朱全忠擒，檻送至京。京尹孫揆閱之，檻中舉首曰：「宗權非反。」京尹哀之。

廖恩供稱無過。熙寧中，福建賊廖恩出降，授殿直供脚色，云：「歷任以來，並無公私過犯。」

武后時「三疏」：紀先知彈劾謗訕；則天拜官不可勝數。張鷟為謡曰：「補闕連車載，拾遺平斗量。把椎侍御史，腕脱校書郎。」有沈全交續云：「評事不讀律，博士不尋章。麵糊存撫使，眯目聖神皇。」御史紀先知彈劾，宜付法。則天笑曰：「但使卿等不濫，何慮人語？不須與罪。」先知甚慚。杜肅懷肉上表；拾遺張德生男，私宰羊飲宴。同僚補闕杜肅懷肉上表以聞。后謂德曰：「朕禁屠宰，吉凶不預。卿自今召客，亦須擇人。」出表示之，肅大慚。彭先覺奏不察決杖。如意中斷屠。先覺巡草車，翻得兩腔羊，奏劉緬不覺察。批曰：「奏決劉緬，不須其肉，乞緬吃却。」彭慚。

李謹度唐御史中丞。不肯丁憂。遭母喪，訃到匿之。官僚令本貫瀛州申謹度母死，尚書牒御史臺，然後哭。張栖貞唐員外郎。詐遭母喪。被訟詐喪，不肯起對。

冒詩並冒表文，唐李播典蘄州。有李生來謁，獻詩皆播舊稿。曰：「某行江淮已久，今乞見惠。」問往江陵謁盧尚書，乃播表文。生曰：「承公假詩，則並江南表文，一時曲取。」播笑而遣之。偷詩，有盜楊衡文登第者。衡後亦登第，見其人，曰：「『一鶴聲飛上天。」此句在否？」曰：「此句知兄甚惜。」衡曰：「猶可恕也。」争詩。唐祭酒辛弘智詩：「妾如臺上鏡，照得始分明。」學士常定宗改「始」為「轉」，争云：「我作乃下牒見博士。」羅道宗判云：「昔五字定表，以理切稱奇。今一言競詩，取詞多為主。詩歸弘智，『轉』還定宗。」

假譎

王導制練布單衣，而庫中千端，端至一金。謝安捉蒲葵扇，而鄉人之五萬柄，價增數倍。《事偶》令狐楚屈指獨語，定價出糴，而富人競發所蓄，米價頓平。秦檜詭言得旨，盡廢見錢，而富家盡輦宿藏，争取金、粟，泉溢于市。譎而濟事，用世所不廢耳。前。

劉元佐因言佛流汗，自施金帛，復起齋場，將吏、商賈奔走輸貨，十日得錢巨萬，以贍軍資。《國史補》

李抱真詭令老僧鞠場焚身，士女捨財億萬，輦入軍資。前。

吕布騎得操，操曰：「乘黄馬者是。」騎捨之。桓振遇魯宗之，宗之給己前走而逸。前。

孫堅為董卓軍攻，脱赤罽幘，令祖茂著之。茂以幘冠冢間燒柱，因伏草中。騎圍近覺是柱，乃去。

趙王倫兵圍步熊，字叔熊。熊使諸生著己裘南走，圍者奔之。熊密北走，得脱。齊神武盡誅爾朱氏，敞年十二，宫中自竇走至大街，見羣兒，解綺羅金翠之服，易衣而逃。追騎執綺衣兒，究問知非，由是得免。前。

打五鼓，而賊奔遁者：宋廣陵相檀祗也，司馬國璠兄弟亡命，率百許人夜入廣陵。宋檀祗打五鼓，賊直謂為曉，乃奔散。梁武帝也，東昏餘黨孫文明夜燒尚書省，吕僧珍邀擊不得。上命打五鼓，賊謂已曉，乃散。捕斬文明。馮瓚也。上官進夜攻梓州。宋馮瓚未夜擊五鼓。賊悉遁去。未曉，撾鼓鳴角，而囚謂天曉者，金僕散忠義也。囚徒謀反。忠義使守更吏撾鼓鳴角，囚以天曉，自就桎梏。延漏四更，而賊擒者，段秀實也。王童之謀作亂，期以辛酉旦嚴。段秀實延漏，遂四更而曙。童之不果發，卒擒之。縮漏數刻，而賊潰者，王翃也。凌正謀乘夜作亂，河中節度留後王翃縮漏水數刻，以差其期。賊驚潰，擒正誅之。止擊二鼓，而賊遁者，曹翰也。《宋史》：吕翰約以三鼓攻嘉州，曹翰誡掌漏者，止擊二鼓，賊不集而遁。

王彦温踰城而奔，劉鄩遣人陽語，已而梁聞，疑温非實降，斬之。戍卒叛入夏國，曹瑋曰：「吾固遣之去。」夏即斬叛者。淮西統制酈瓊縛吕祉歸劉豫。魏公為蠟書遺瓊，虜果分隷其衆，困苦之。李允則不治為契丹民毆傷者，而他諜見殺。劉舜卿不問竊關鍵者，而盗得罪。《史取》

趙廣漢善為鉤距，以得事情。裴延齡廣為鉤距，以固帝幸。

給以乘馬人路被賊害，一嫗拊膺哭兒，而换靴之賊得者，任城王楷之刺并州也。下教云：「有人城東十里被殺，一老母行哭。」而劫絹之賊獲者，楊津之刺岐州也。《事偶》

顔師伯與宋武摴，得盧，遽斂子，曰：「幾得盧。」輸直百萬。韋叡與曹景宗摴，得盧，遽反之，遂作塞，輸直百萬。

孔熙先數與范曄博，故為拙行，以物輸之，由是情好款洽。宇文述與楊約飲博，楊不勝，以所賫金寶盡輸之，曰：「此晉王之賜。」秦王世民出私錢，使高斌廉與裴寂博，稍以輸之，乃以謀告，寂許諾。皆以博為餌也。

崔弘度詭問鱉美，皆曰：「美。」怒曰：「爾初未食，安知其美？」俱杖八十，官屬為之流汗，無敢欺隱。　唐太宗玩禁中樹，曰：「此嘉木。」宇文士及從旁美歎。帝正色曰：「我不知佞人為誰？意疑是汝，今果不謬。」　朱全忠坐柳下，獨言曰：「此木宜為車轂。」有客數人起應。忠厲聲曰：「若曹順口玩人，轂宜用夾榆，柳豈可為？」悉撲殺之。

張說罷，因作《五君詠》獻蘇頲，其一紀瓌也。候瓌忌日致之，頲覽嗚咽，見帝陳説忠謇，遂遷荆州。　子瞻獄中寄子由二詩，祝獄吏丁謂貶崖州，嘗作一書，深自克責，叙國厚恩，帝見感惻，遂徙雷州。致之，神宗見詩，欲從寬釋，卒得免。

魏太子丕以車載廢簏，納吴質，與謀。明日復以簏受絹。楊修白太祖而無人，太祖疑焉。　金亮妃定哥以大篋盛褻衣，閽者索見，便詰責之，乃載督與通家奴閻乞兒入宫中。

為雞鳴而出關，孟嘗君、燕太子丹也。孟嘗客為之，丹則自為之。

世祖安集河北，更始將謝躬以兵數萬屯鄴。光武忌之，乃好謂之曰：「吾行擊青犢必破，而尤來在山陽，勢當潰走。若以君之威力擊之，則成擒耳。」躬遂去鄴而趨尤來。世祖即命吴漢襲奪其城。　孫策渡江，廬江守劉勳貳于策，時豫章上繚宗民萬家保于江東。策語勳曰：「上繚，吾之疾也；取之，而路非便；以公之威臨之，無不克也。」勳行，而策拔廬江，盡降其衆。　慕容垂力贊堅之圖晉，而復燕祀，用是術也。

高祖自稱使者，入張耳、韓信壁；世祖自稱邯鄲使者，入傳舍。皆主父故智也。

齊明帝性猜忌，每出，將南，則詭之西；將東，則詭之北。　東昏侯率一月二十餘出，尉司常慮得罪，東行驅西，南行驅北。《駢志》

蕭誠詐作古帖，而李邕稱善。邕不許誠書，誠詐帖示邕，稱善。以實告之，曰：「細看亦未全好。」　唐太宗令虞世南補寫「戈」法，而魏徵對以逼真。太宗學虞監書。一日，書「戩」字，召世南補寫其「戈」。　北海眼力大遜鄭公，說好說歹，一味忌刻耳。

陽病而得歸者，甄濟也。孟成，定州無極人。居清巖山，環山化其仁，不敢畋漁，授范陽書記。察禄山有反謀，素善術，令齊祀密置羊血，至夜若嘔血狀，陽不支，舁歸舊廬。

詐死而得脫者：權臯也，士繇，洛陽人。度禄山且叛，獻俘京師，還過福昌尉仲暮。暮妻，臯妹也，密約以疾召之。臯陽瘖直視，暮斂之，臯逸去。吏以詔書還臯母，母慟哭。禄山歸，其母潛候于淇門，奉侍晝夜南奔。　范雎也，佯死。守者請出棄簀中死人，雎得去。　宋弘也，赤眉逼迫，渭橋投水。救出，佯死，獲免。　杜根也。盛以縑囊撲殺，載出。詐死三日，目中生蛆，逃為宜城酒家保。

呂布使人鼓箏帳中。袁紹遣壯士殺之，兵起而布已亡。　劉鄩縛芻為人，來往城上。李克用更令祭探，果芻人縛旗，以驢負之。鄩遁已二日。　畢再遇縛生羊置足鼓上。與金人對壘，一夕拔營去，留旗幟，縛羊置足鼓上有聲。金人覺，追之，已遠矣。

是而給以非是：安禄山遣段子光傳李憕、盧奕、蔣清首。顏真卿給諸將，曰：「吾素識憕等，其首皆非。」乃斬子光而藏三首。　李揆為盧杞惡，用為會盟使，蕃長曰：「聞有第一李揆，公是否？」揆畏留紿之，曰：「彼李揆，安肯來耶？」

王鍔之焚書，誓衆情也。節度淮南，常得無名書，納靴中。俄取他書焚之。異日，因以所告窮驗，衆以為神。　王韶之碎牒，熒君聽也。韶至邊，郭逵知其必生邊患，因備邊移牒取問。韶擲牒于地，徐納懷中，入而復出，對使碎之。逵奏其事，韶以原牒進，無一字損壞。上不悟韶計，不直逵言，凡逵論韶皆不報，而韶遂得志。

「三桓」諷魯作三軍，合《周禮》矣。其志乃欲卑宫室而奪之權。曹操諷漢復九州，合《禹貢》矣。其志乃欲廣冀州，而益其地。晉曲沃莊伯用《夏正》，合人統矣。其心乃欲自立。原奸人欲濟其邪謀者，未嘗不引經術也。《筆涉》採《唐庚論》

曹爽擅政，司馬懿謀誅之，詐稱疾篤。李勝將涖荆州，來候，懿使兩婢侍，言渴進粥，粥流霑胸，言今屈并州，并州近敵，吾死在旦夕，以師、昭為托，故亂其詞。勝告爽曰：「司馬公尸居餘氣，不足復慮。」爽不設備，尋誅。　安仁義、朱延壽，皆楊行密將，延壽又夫人弟，二人驕恣且謀叛。行密思除之，乃陽為目疾，故觸柱而仆，泣曰：「此天棄我，諸兒不足任事，得延壽付之，無恨。」朱夫人急召延壽，行密刺殺之，即出朱夫人，斬仁義。　孫堅舉兵誅董卓，檄南陽守張咨請軍糧，不與。堅遂詐稱急疾，遣所親説咨欲以兵付。咨詣堅營，堅臥見，設酒，酒酣，主簿入白：「軍資不具，太守稽留，請按軍法斬之。」所過郡、縣，皆陳糗糧以待堅軍。

詐偽

詐為扶蘇、項燕者：陳勝、吴廣也。自稱二人，以為天下倡。　詐為戾太子者，成方遂也。　詐為德宗生母沈氏者，高力士女也。蔣州崇善寺尼廣澄，按驗，乃故少陽院乳母。　詐為宋柔福公主者，女巫也。

王莽時，詐為成帝子劉子輿者，武仲也；更始時，詐稱成帝子劉子輿者，邯鄲卜者王郎也。　襲稱扶蘇、戾太子故智。

詐稱武帝曾孫劉文伯者，安定盧芳也。　詐稱元顯子秀熙者，滕羨奴勺藥也。道子為桓玄害，以臨川王寶子修之為嗣。秀熙至，修之歸第。宋高祖意其詐，案之，果滕羨奴也，棄市。　詐稱王子者，李子嬌也。開元十四年，詐稱皇子。云：「生于潞州，母趙妃。」太原尹張嵩以聞，敕嵩杖殺。　宋南渡，有詐稱徐王棣者，信王榛者，越王偲次子者，淵聖第二皇子者，榮德帝姬者，柔福帝姬者。莫不伏法。

詐稱梁守謙者，蕭文晟也。語蘇光榮子巨論云：「將拜節度。」許錢六萬貫，為人告，杖死。　詐稱太后弟者：蕭洪、蕭本也。洪、本，代北人；父名榮。初，文宗母有一弟，求訪未獲，洪詐云。帝喜，以為河陽節度。有福建人蕭本復稱太后弟，因仇士良以進，遂發其事，長流驩州。太后有真異母弟，孱弱，不能自理，本知之，就求得其內外族氏諱，復有權倖交證，帝不疑其詐。後流嶺表。

自言許孟容孫，許光義也。天祐初，將同姓人譙縣主簿名銜，選授蒙城簿，歷州、縣職官。

黄回詐稱江夏王義恭馬客。于宣陽門，與人相打。　陳文巨晉江人。應鄉貢，偽稱官階。哀帝二年，付河南府杖死。　張德温詐稱官。陝州百姓也。付河南府處死。　李圖偽稱萊州別駕。廣順二年，配北海縣重役。　丘珣稱前邢州觀察推官。宰相以除任無此姓名，流沙門島。

孫惠詭稱「南丘逸士秦秘之」。以書干東海王越。越榜書以求之。 胡旦為翟穎〔三〕改名馬周。作大言使上之，而李昉罷。

女子詐為男子者，唐昭義軍兵馬使、國子祭酒石氏。 唐朔方兵馬使、御史大夫孟氏。張詧妻。蜀司户參軍臨邛黄崇嘏。《南史》：東陽女子婁逞。 元和中，謝少娥更為男子服，而報父、夫之仇。

漢孝武微行，自稱平陽侯。 漢孝成微行，自稱富平侯家人。 宋蒼梧王微行，自稱劉統，或稱李將軍。

燕王好微巧，而棘猴之詐，得以饕其養。 新莽寡奇伎，而鳥人之誑，得以濫其職。

唐明皇好神仙，而張果自稱堯侍中；宋章聖悦幻妄，而賀元自稱晉水部。皆乘世主耳目壅蔽而售其欺侮。

陳勝書帛置魚腹；丹書帛曰「陳勝王」，卒買魚烹食，得書怪之。又令吴廣之次所旁叢祠中，夜篝火狐鳴，呼曰：「大楚興，陳勝王。」王世充書帛係鳥頸。道士桓法嗣上《孔子閉房記》，畫作大夫持一干以驅羊，云：「楊，隋姓。干一者王。王居楊後，明相國代隋為帝也。」又取《莊子·人間世》、《德充符》二篇上之，曰：「此相國名，當德被人間而應符命為天子。」世充再拜受之。世充又羅取雜鳥，書帛係其頸，自言符命，散之。或彈得來獻者，亦拜官爵。皆以惑衆起事。

孫秀使趙奉詐為宣帝神語，命倫早入西宮。又言宣帝于北芒為趙王佐助。《晉書》 王世充詐稱左軍衛士張永通。三夢周公令宣意世充，當勒兵相助。《左编》

詐服魏人衣。《北史》：韓雄為東徐州刺史。東魏雍州刺史郭叔略接境，頗為邊患。雄將十騎夜入其境，伏于道側，遣都督韓仕于略城，服東魏人衣，詐若自河陽叛投關西者。略出，馳之。雄自後射之，再發，咸中，遂斬略首。　詐衣敵人衣。齊神武趣沙苑，周文遣達奚武覘之。武衣敵人衣，至暮下馬，潛聽其軍號，歷營若警夜者，具知敵情。　變服同赤眉。馮異使壯士變服，伏道側。卒起，衣服相亂，赤眉潰。

吴漢偽為光武書。漢説漁陽太守彭寵附劉公擊王郎，見道中儒生言：「劉公為郡縣所歸。」漢即詐書移檄，使生齎以詣寵，令以所齎説之。寵遂決計。　冀儁偽為魏帝敕。周文志平侯莫陳悦〔四〕，令儁偽書與我也頭，也頭見敕，遣兵受節制。　楊㯳偽為周文書。㯳至建州，東魏軍漸盛。㯳以孤軍無援，謀欲拔還。復恐義徒背叛，遂偽為周文書，遣人若從外送來者。云：「已遣軍四道赴援。」因令人漏泄。又分土人義酋，令四出抄掠，㯳分遣訖，遂于中夜拔還邵郡。

吴公子光詐稱足疾。光伏甲士于窟室，而謁王僚，飲，僚陳兵于道，至光家，人夾持鈹，光佯為足疾，入于窟室，使專諸置匕首于炙魚中以進食，匕首刺殺王僚。　侯莫陳悦，詐云「腹痛」。説賀拔岳入營共論兵事，詐云「腹痛」，起而徐行，令其婿元洪景斬岳于幕中。　于顗卧閣詐疾。趙文表與顗素不協。顗因卧閣內，詐得心疾。表往候之，獨至顗所。顗欻然而起，抽刀斫殺之。唱言與尉遲迥通謀。　姚崇詐為足疾。曳踵為有疾狀，而出張説。　王欽若詐為足疾。亦曳足為有疾狀。　李林甫陽蹇獨後。玄宗欲還長安，裴耀言：「場圃未畢。」林甫獨對曰：「假令妨農，獨赦所過租賦可也。」上悦，即西。

先主聞魏伐吴，遣陸遜書，曰：「賊今已在江漢，吾將復東，使果欲東，當潛師襲之，安肯先使之知？」劉裕伐南燕，姚興使人謂之，曰：「已遣鐵騎十萬屯洛陽。」裕直折之，曰：「今能自送，便可速來。」卒不敢出師。不意先主之計，下與姚興等。

鍾會學荀勖手跡。會為勖從舅，學荀手跡，作書于母，取寶劍，因不還。　張翼寫羲之自書表。穆帝令寫，一毫不異，羲之詳看，歎曰：「小人亂真乃爾。」　張懷素換高正臣書。正臣為人書十餘紙，懷素戲換其五，齊視得三紙，餘不能辨。

蕭道成令僧真學己手跡。觀之曰：「我亦不能復辨」。《事偶》

曹操詐徐庶母書；操令庶母作書遺子。庶母不從，乃鈎母字跡作書。庶出母書至，遂詣曹公，母數庶之罪，自縊。庶終不與曹立功。　鍾會易鄧艾表。會善效人書。于劍閣要艾表文，皆易其字，令辭旨悖傲。　又毀司馬昭報書，手作以疑之。夏竦使婢學石介書；介嘗勸富弼為「伊周」改作「伊霍」。　蔡京偽作鄒志完諫疏。謂劉后殺卓氏而奪其子，鄒竄昭州。奸邪巧險，過于黎丘之鬼矣。　劉超自以職在近密，書跡與元帝相類，絕不與人交書，不通賓客。良是。

趙后詐言有娠。上牋奏成帝。帝喜動顏色。　良人詐有身。趙欽，充國孫。尚敬武公主，無子，教欽良人習詐有身，名他人子。欽薨，子岑嗣，岑父母求錢財無已。忿恨相告，岑坐免。　賈后詐為有身。取姊夫韓壽子慰祖，養之。

新垣平言闕下有寶氣。使人持玉杯上書，平言上曰：「闕下有寶玉氣。」果有獻玉杯者，刻曰「人主延壽」。又言：「候日再中。」頃之，日却復中。于是更元年。　少翁言牛腹有奇書。漢武帝拜少翁為文成將軍。居歲餘，其方益衰，乃為帛書以飯牛，陽不知，言牛腹有奇書，殺視得書，書言甚怪。天子識其手書，于是誅文成，隱之。

欺矯

公孫弘內服貂蟬，外衣麻枲，內厨五鼎，外膳一肴；　劉虞冠敝不改，就補其穿，而妻、妾盛綺絺；　郭賢歷刺史，衣服、飲食，雖以儉約自處，而居家豐麗，室有餘貲，時譏其詐；　馮拯自奉侈靡，及內司賓撫問者，還奏其家儉陋，被服甚質。此皆矯情而欺世，究不能掩。

石建之浣衣，周仁為垢汙。君子譏之。

許靖之浮稱播流；先主圍成都，靖將踰城降，先主以此薄靖不用。法正曰：「靖之浮稱播流四海，宜加敬重，以眩遠近。」諸葛瞻之溢譽過實；蜀人思亮，每一善政，雖非瞻所建，皆曰：「葛侯所為。」是以美聲溢譽，有過于實。謝萬之善自衒曜；故早有時譽。和跋之衒曜于時；羣臣皆敦尚恭儉，而跋好修虛譽。王綏之厚自矜遇；少有美稱，厚自矜遇。實鄙而無行。房琯之談論虛聲；琯善談論，用兵，非其所長。天子採其虛聲。琯既無廟勝，又以虛名擇將吏，以致于敗。李知損之浪得虛譽。在梁時，以譏刺篇詠，出入內臣之門，浪得虛譽，時目之為「李羅隱」。好虛名者，必盜名也。若劉仁軌之能為詭激；外示長者，內懷矯詐，對賓客破床敝席，粗飲冷漿，善候當途，能為詭激。每于稠人廣衆，撻一奸吏，縱一孤寡，淺識皆稱其美。公能之譽，動過其實。韋執誼之掩迹異同。初為叔文引用。既得位，欲掩其迹，故時為異同。尤暖昧，居心不可問矣。

張仁愿奏孫承景罔上。承景監清邊軍，戰還。畫戰圖以奏，每陣必畫承景躬當矢石，先鋒禦敵之狀。則天擢拜中丞，會張仁愿叙録立功人，先問承景對陣勝負，景不能對。又虛增功狀，仁愿奏景罔上，左遷崇令；擢仁愿都督。劉毅讓宗懷忠孝並無。初，懷父高之犯憲，懷願父釋罪，當終身菜食。高之理雪，故懷菜食，鄉里稱之，至是大進魚肉。劉毅譏之云。

裴延齡專以憸偽罔上。其進退，皆他人莫敢言，帝頗知其詐。陸贄、張滂等，皆言其譎妄，怒貶贄等。王世充詐為可喜事。突厥圍煬帝雁門。世充在軍，蓬首垢面，日夜不釋甲，卧必席藁，帝以為忠。宇文融辯給多詐。張說素惡融，融欲先事中傷之。張九齡謂說曰：「融新用事，辯給多詐，不可以忽。」說曰：「狗鼠何能為？」

曹昇之失綾縑；莊宗尚書郎。嘗徒步上省，以示清貧。忽遇盜，大失綾縑，時鄙其矯詐。李弘節家之賣珠；弘節以清勤顯。既没，其家賣珠。劉崇龜家之鬻珠翠；崇龜或干以財，但寫《荔枝圖》與之。既没，其家鬻珠翠羽。崔光韶之敝衣粗食；家足于財，而性儉恡。同里王莖遇盜，詔檢捕一方。至光韶宅，綾絹財帛，匹篋充積。議者譏其矯嗇。綦携之敗氈敝被。携性詐，賀拔勝出鎮荊州過携，別携，故見敗氈敝被，勝更遺之錢物。與向栩之鮮車良馬，栩性卓詭不倫。徵拜趙相，之官，人謂必當脱素從儉，栩更鮮車良馬。世始疑其偽。同一矯也。

京右偏，故有萑葦地數頃，裴延齡妄言：「長安、咸陽間，得陂芀數百頃，願以為內廐牧地。」按覆，果詐。王韶言：「渭源至秦州，良田不耕者萬頃。」竇舜卿檢索，僅得一頃。朱博斥罷諸病吏；桓温廢范汪終身。此皆處偽人法。

狎褻

漢文為鄧通謝丞相，曰：「此吾弄臣。」武帝謂金日磾，曰：「何怒？吾弄兒。」日磾殺其子。漢武踞厠，見大將軍衛青。齊文宣使楊愔進厠籌。范蠡吠于狗竇。劉子云云。按，文種過范蠡之門，蠡于狗洞作犬吠。文種曰：「狗當吠人。蠡乃以我為人。」回車至其門，入內而拜，薦為越相。光逸窺于狗竇。胡毋輔之輩閉門酣飲，光逸排户入，守者不聽。逸便于户外，脱衣露頭于狗竇中窺之，而大叫。輔之驚曰：「他人決不能爾，必我孟祖也。」遽呼入與飲。孫權以水灑羣臣；權于武昌臨釣臺，飲酒大醉。使臣以水灑羣臣，曰：「今日惟醉墜臺中乃止耳。」張昭正色不言，出外車中坐，遣人呼還，曰：「為共作樂耳，何為怒乎？」曰：「昔紂為糟丘酒池長夜之飲，當時亦以為樂。」權默然慚，遂罷酒。孫皓激水流宮人。皓每宴羣臣，無不令沉醉，置黃門為司過之吏，宴罷，奏其闕失。逆視謬言，大者加刑；小者輒以為罪。又激水入宮，宮人有不合意者，輒殺流之。權戲而皓虐矣。

漢成帝與張放，及趙、李諸侍中，共宴飲禁中。皆引滿舉白，談笑大噱。蜀王以韓昭、潘在迎顧在珣為狎客，陪侍遊宴，與宮女雜坐，或為艷歌相唱和，鄙褻無所不至。陳後主與孔範、王瑳等遊宴，謂之「狎客」，使妃嬪與共賦詩，互相贈答，採其艷麗者，被以新聲。煬帝于苑中，敕燕王倓、葉矩、宇文皛及高祖嬪御為一席；僧、尼、道士、女官為一席；帝與寵姬為一席，更相勸侑。姜皎預誅竇懷貞有功，常出入卧內，與后妃連榻宴飲。近乎瀆亂矣。

宋孝武于羣臣長短、肥瘦，皆有稱目，狎侮而已矣。顏師伯缺齒，號之曰「齴」；劉秀之儉吝，呼為「老慳」；宗靈秀體肥多所賜予，欲其瞻謝傾踣，以為笑。又寵一崑崙奴，令以杖擊羣臣。陳暄之通脱；以俳優自居，後主甚親昵而輕侮之。嘗倒懸于梁，臨之以刃，命作賦。魏收之獼猴；文宣末，敗于東山與諸優為獼猴與狗鬥，帝寵狎之。徐之才之戲狎；歷事諸帝得寵。和士開之鄙褻；有寵于齊世祖。言辭容止，極諸鄙褻。劉昉之輕狡。宣帝即位，以技佞見幸。出入宮掖，寵冠一時。寵昵而已矣。

至若朱桓捋帝之鬚；蕭琛投帝以栗；諸葛恪答食雞卵。因太子戲令食馬矢。答令太子食雞卵。云所出同耳。周覆與齊高帝奕棋，抑帝手不許易行；王顒與唐太宗有子陵之舊，嘗掣褌為戲，捋帽為歡。廷陛間豈尚有尊卑之分哉？

校記

〔一〕厙狄干：原作「厙狄干」，據《北齊書》改。

〔二〕斯椿：原作「律椿」，據《魏晉·斛斯椿傳》改。

〔三〕翟穎：原作「翟穎」，據《宋史·胡旦傳》改。

〔四〕陳悦：原作「陳説」，據《周書·冀儁傳》改。

古事比卷之三十七

器量

齊桓無大志，而有大慮。漢高明于大，而暗于小。光武小敵怯，而大敵勇。蕭何垣屋不治，而畫一漢法。杜黄裳小節不修，而經濟唐祚。吕端小事糊塗，而奠安宋鼎。君相成大忘小，類然矣。《偶記》

爰延對桓帝為「漢中主」，曰：「陳蕃任事，則治；中常侍黄門與政，則亂。可與為善，可與為非？」樂運對陳宣言「太子中人」，曰：「齊桓公是也。管仲相之，則霸；竪刁輔之，則亂。可與為善，可與為惡。」

婁師德薦仁傑，而仁傑不知；王旦薦寇準，而準不知。俱稱其盛德。北魏崔暹屢薦邢邵，而邵每于宣武前短暹無學術；宋盧多遜多毁李昉，而昉頗為解釋；史浩薦陳之茂，而之茂嘗毁浩。人之器量，相去遠矣。

朝廷之辱，莫大于大臣交訴：一則名位不相下而起者，劉文静、裴寂是也。文静自以才略功勳在寂上，位居其下。酒酣拔刀擊柱，曰：「會當斬裴首。」一則議論不相入而起者，鄭畋、盧攜是也。同中書，議政喧競，撲碎硯。王鐸歎曰：「不意中書有瓦解之事。」一則奸人挑之以連其門而起者，李紳、韓愈是也。李逢吉忌紳，以愈為京兆尹。免臺參以激紳。紳、愈果不相下，詆訐紛然，于是兩罷之。 獨韓魏公與范希文、富彦國同在西府，上殿相争如虎，下殿不失和氣。如御車然，心主于可行而已，豈為己哉？

謝安石晏游命駕，而却苻堅之師；從容就席，而撤桓温之兵。量以濟其謀者，大也。 郭子儀免冑以見，而回紇推其大人；羸騎以往，而魚朝恩服其長者。誠以運其材者，遠也。

淮陰侯能容胯下之少年，韓安國能容溺灰之獄吏，而李廣不能容灞陵之醉尉。 李文靖能容叩馬之狂生，狄武襄能謝詬駡之劉易，而霍光以王忽一言，至逼父殺其子。

曹孟德不能容崔琰、楊修，而劉寄奴能容鄭鮮之。 煬帝猜忌蘇威、薛道衡，皆以勝己，而獨能容庾自直。

韓休與蕭嵩同相，嵩寬博多可，而休峭鯁。 常衮與楊綰同執政，綰長厚通可，而衮苛細。

唐張玄素出自寒微，嘗為令史，太宗嘗問其門户，深以為恥。 孫伏伽嘗為令史，及貴，于廣坐自陳往事，一無所隱。 梁呂僧珍以販葱為業，逮貴封侯，兄子求官，僧珍曰：「汝等自存常分，但當速歸葱肆。」不聽其求。 王湛貴後，自説少時紡績，不諱微賤時事，亦世情所難。

王德用謂宜廣學問，而韓魏公感之；韓琦、宋祁同試中選，例當詣謝。德用曰：「少年更宜廣學問。」二公大不堪。後德用已薨，琦歎曰：「王公雖武人，激厲成就後學，意不可忘。」韓魏公謂毋廢書，而王荆公怨之。魏公知揚州，荆公為僉判。每讀書達旦，略假寐，亟上府。魏公意其夜飲，謂曰：「君年少，毋廢書。」荆公退曰：「非知我者。」故《熙寧日録》中短魏公為多。每曰：「形相好耳。」作《畫虎圖詩》譏之。及作《挽魏公詩》，猶不忘少年語。 德用非魏公匹，荆公能望魏公乎？

令狐綯以《南華經》一語而黜温庭筠；寇萊公以《霍光傳》當讀，而不罪張益州。度量何相遠也。

呂許公復相，則起范文正于饒州；文潞公復相，則起唐質肅于吴州。汪乎，大臣之度矣。庾亮、陶侃，因蘇峻而釋憾；郭子儀、李光弼，遇安禄山而解仇。總之為國之心乎？王德不怨詆己者，惜孔道輔為忠臣；狄青不怨詈己者，處劉易如平昔；狄仁傑不願知譖者名；對武后。呂蒙正不問言者姓名；曰：「吾知其姓名，則終身不能忘。」富弼不問詬者姓名。曰：「天下豈無同姓名者？」德宇邃矣。

郭子儀誅副使張曇；子儀鎮朔方，曇性剛率，常以武人輕己銜之。孔目吴曜為子儀所任，因搆怒，誣奏曇扇動軍衆，誅之。掌書記高郢力争，不聽，奏貶郢猗氏丞。既而僚佐多以病求去，子儀悔之。悉薦于朝，曰：「吴曜誤我。」遂逐之。李光弼斬侍御史崔衆。光弼入太原，有詔崔衆，以其衆付光弼。衆素狂易，見光弼長揖，不即付兵。光弼怒，斬衆以徇。曇之剛率，衆之狂易，而不容于二將。彼為大將軍而不拒揖客，不斬裨將者，何人也。

張率之謂：「壯哉！雀鼠。」率嗜酒，家務尤忘懷。在新安遣家僮載米三十石還宅，遂耗大半。問故，答曰：「雀鼠耗。」率笑云云，竟不問。唐柳公權之謂「銀杯羽化」。公權善書，公卿遺貺鉅萬，主藏奴或盜用。嘗貯杯盂一笥，縢識如故，而器皆亡。奴妄言叵測者，公權笑云云，不復詰。君子之去利以就義也，售盜賊之貪心焉奚居？

王夷甫為族人舉杯擲面而無言；嘗屬族人事，經時未行，遇飲宴語之。族人大怒，便舉杯擲其面。夷甫都無言，盥洗畢，率丞相臂，與共載去。為裴景聲肆言極罵而不動色。夷甫與景聲志好不同。故詣王罵，要王答己，欲以分謗，王不為動。王藍田為謝無奕罵而不動。以事不相得。謝性粗强，自往數藍田，藍田不敢動。夷甫之不忤于物，宜也。藍田忿急而復能有容，士固不可知。昔人有云：「嵇叔夜愛惡無迹，而致憎于鍾會。其死也，以忤物名。王藍

田褊躁有名，而能容于謝奕。其仕也，以忍性勝。難乎觀士矣！《問奇》

潘濬以設饌而輕樊伷；伷叛，濬曰：「伷嘗為州人設饌，日中食不可得，而十餘自起。此亦侏儒一節之驗。往，果擒之。閻隸以召客而譏范諷。宋有吏隸，中丞不賢，則直其挺。范諷為中丞，適報事，視其梃直矣。立召問，曰：「昨見召客，親諭庖人，指揮數四；去又呼之。大凡役人者，授以法而睹其成。若宰天下皆如此喋喋，不亦勞乎？」諷慚謝。故于潘濬之笑樊伷，可以知將；于閻隸之笑范諷，可以知相。《讀書鏡》

見事疾者：有智過、張孟談朝智伯而出，遇智過，過入見智伯，曰：「二主殆將有變。臣遇孟談，其志矜，其行高。」出見二主，入曰：「二主色動而意變，必背君，不如今殺之。不殺，則遂親之。魏桓子之謀臣曰趙葭，韓康子之謀臣曰段規，皆能移其君之計。君約破趙，封二子，則二主可不變而君得所欲。」不聽，出更其姓為輔氏。張孟談、見襄子，曰：「臣遇智過，其視有疑臣之心；入見智伯，出更其姓。今暮不擊，必後之矣。」襄子決水灌智伯軍，韓、魏翼而擊之，擒智伯。絺疵、謂智伯曰：「約勝趙而三分其地。城降有日，而二子無喜志，有憂色，非反而何？」智伯以告二子。絺疵入，曰：「君何以臣言告二子？其視臣端而疾趨，知臣得其情也。」諸葛亮。有客至昭烈所，談論甚愜。諸葛忽入，客遂起如厠。亮曰：「觀客色動而神懼，視低而盼數，必曹氏刺客也。」急追，已越牆遁矣。

見事遲者：穰侯、范睢謂王稽曰：「穰侯智士，其見事遲。」卿疑車中有人，忘索之。于是下車走，果使騎還索，無客乃已。翟方進、號遲鈍，不及事。先主、曹公船艦為劉備所燒，從華容道步歸。遇泥濘，既得出，大喜曰：「備，吾儔也。但得計少晚。向使放火，吾徒無類矣。」尋亦放火而無及。陳宮、郭嘉曰：「宮有智而遲。」袁紹、荀攸曰：「紹雖大志，而見事遲，多疑。」張說。姚崇曰：「張丞相見事，嘗遲于我。」

不修私隙以掩公義：王武恭德用。于孔道輔。王善撫士，狀貌雄偉動人。道輔因事為言恍樞密，又貶知隨州。道輔卒，王愀然曰：「朝廷亡一直臣。」　趙閱道于范鎮。以論陳恭公事有隙。熙寧中，介甫毀文忠于上。上他日問趙，對曰：「忠臣。」介甫曰：「不與景文有隙乎？」曰：「不敢以私害公。」　陳從易于寇萊公。公惡之，除知吉州。及公貶道州，從易為湖南轉運使，公至，以故相禮敬之。　文潞公于唐質肅。介論彥博專權植黨，交結宮禁。唐既貶，文亦罷相。未幾，召還位，即上言召介，尋至大用，同執政。又薦介子義問。　歐陽公于陳恭公。陳素不喜歐公，已而罷相。公當草制，云：「杜門却掃，善避權勢以遠嫌；處事執心，不為毀譽而更變。」陳大愜，喜曰：「恨不早識此人。」　又竇參短陸贄，而贄後反救之；陸贄出李吉甫，而吉甫後反與結歡；蘇轍與范忠宣素有異同，而忠宣反救之。

漢元帝、宋文帝、唐文宗，雖勤儉願治，而以優柔不斷，反召衰亂。　銳然而斷，如景帝殺亞夫；東京錮名士；苻堅代江左；梁武納侯景；隋文廢儲后；太宗征高麗；德宗和吐蕃。則又斷之害也。

謝靈運四人挈衣裾，三人捉坐席；淵明二門人一兒舁籃輿。風致何相遠也。

韓魏公、文潞公，俱常鎮北門，朝城令決一守把兵士悖駡，縣以解府，魏公問實，即判處斬，略不變色，但見投筆，方知有異；潞公時，復有外鎮解一卒，公震怒問之，亦判斬而擲筆。以此見二公之量不同。

附

雅量

《偶記》

項羽之不聽范增殺沛公也；曹操之不聽程昱殺先主也；苻堅之不聽王猛殺慕容垂也。有度哉。

丙吉不問吐茵之吏。見《用人》。　張安世不罪醉便之郎。郎有醉，小便殿上。主事白行法。安世曰：「何以知其不反水漿耶？」郎淫官婢，婢兄自言，安世曰：「奴以恚怒誣污衣冠。」其隱人過失，皆此類。　劉寬不怒翻羹之婢。　梁安成王秀不謂覆飯之厨人。　韓琦不易燎鬚之卒。前。

隋張文詡為醫者刀所傷，醫叩頭，文詡遣之。妻問之，曰：「吾落坑所致耳。」　唐歸登為金石藥所傷，幾死，人皆為怒，而登不愠也。前。

汲長孺以布被事廷詰公孫弘。弘謝曰：「有之。」唐介以金錦事廷責文彦博，彦博拜謝不已。二子品不同，其得大臣體，一也。前。

魏崔暹為瀛州刺史，單騎至邨，汲水婦人詈以「癩兒刺史」，而暹不怒也。唐楊再思為相，水沴閉坊門，車陷于濘者，詈以「癡宰相」，而再思不責也。二子，小人，然而有度。前。

裴行儉破阿史那都支，得瑪瑙盤，軍吏王休烈。碎之，叩頭流血，儉曰：「爾非故也，何至是？」韓魏公，有人獻玉杯二，行酒吏誤觸碎，懼伏罪，公曰：「汝誤也，非故也。」裴笑自若，韓色不變，墮甑不顧，不足言矣。或曰：「使獻公之不貪，有曹武惠之節，則都支遮匄之賚，不充于下陳矣。使魏公澹無嗜好，如范文正公，則墟墓間物，豈至為席上之娱哉？」　文潞公出玉杯勸酒，官奴碎其一，因温公書牘尾，笑釋之。云：「玉爵弗揮，典禮雖聞于往記，彩雲易散，過差可恕于斯人？」

韓皐病小瘡，醫傅膏藥不濡，云：「天寒膏硬。」公笑曰：「韓皐實是硬。」竟不以為事。　元絳知福州，有吏白事，公問：「如何行遣？」吏對：「合依元絳指揮。」公曰：「元絳未嘗指揮。」吏悚而退。《事

偶》

武元衡宴西川，從事楊嗣復逼武大觥，不飲遂沐之，武拱手不動，徐起更衣，終不令散宴。　陸象先守馮翊，參軍共約戲賭于前，象先如不見。　量勝而體隳，未為優也。

太原孫敬玉嘗通蔡興宗侍兒，被擒命杖，了無怍容。　興宗奇其言，因以侍兒賜之，位至尚書右丞。

李德林與楊素共執朝政，林子百藥夜入其室，私素寵姬，將斬之，令作詩立就，以妾與之，並資從數十萬。《事偶》

崔郊與姑婢通，每有阮咸之縱。　姑鬻婢于連帥，因寒食上冢，值郊立柳陰，馬上掩泣，郊贈之以詩，于公睹詩，召郊，遂命同歸。　有稱戎使君席上善歌者于襄陽，遽命召焉。　至令歌，乃戎使君送妓什也，公以繒帛贐行書謝于昱。　韓滉鎮浙西，刺史戎昱部内有官妓善歌，滉召至籍中，昱詞送之，妓至首歌此詞，滉即歸之。　于頔專陪資裝送妓妾還人，戎昱專靠詩詞得妓妾還己。　于信為大度，戎實厚幸耳。《事偶》

有頭甲白事，目寵姬，竟忘答對，後拒唐師陷陣斬級，而以姬酬賞之者，梁葛周也。　有湖州録事遇劫，以微服相遇，細詰其事，而遲明召往，授以官誥及黄娥，資以行裝赴任者，裴晉公也。

楚莊王賜宴燭滅，有引美人衣者，美人絶纓以告。　王曰：「奈何顯婦人之節，而辱士乎？」命皆絶纓，而後上火。　王韶出姬宴客，客醉挽姬，姬泣以告。　韶曰：「本出汝曹娱客，而令失歡？」命浮白罰之。

王戎與嵇康居二十年，游雅與高允游處四十年，俱云未嘗見其喜愠之色。　又謝太傅、無嗔喜。褚淵、喜愠莫見其際。　賈耽、家人近習不見喜怒。　尹知章、王珪。僕妾不見喜愠。

衛玠于人以情恕理遣，故終身不見喜怒之容。　劉訏自少至長，無喜愠之色，每于可競之地，以不競勝之。

班超之于李邑也，曰：「內省不疚，何恤人言？」　吕端之于李惟清曰：「直道而行，無所愧畏！」　宋李沆秉鈞日，有狂生叩馬獻書，歷詆其短，責以久妨賢路，公但于馬上踧踖再三，曰：「屢求退，奈上未允耳。」終無忤色。　金仲堪知曹州，有書生投謗書，仲堪延之上坐，曰：「使碩嘗聞斯言，庶乎寡過！」

趙抃過青城山，阻雪，逆旅人不知是趙，慢狎之，公頹然鼓琴不問。　富韓公致政，著布直綴跨驢，逢水南巡檢呵其前卒，公舉鞭徑去。

盗取王子敬齋中物都盡，王徐曰：「青氈，吾家舊物，可置之。」　盗竊楊再思衣裳，楊曰：「囊中檄，無所事，幸留之，他物可持去。」《談》

武后時，陸元方使嶺外，涉海遇風，舟人懼，元方曰：「吾受命不私，神豈害我？」趣濟而風息。

段希堯泛海使吴越，大風，左右皆恐，希堯曰：「吾平生不欺，汝等恃吾，可無恐也。」已而風止。

管寧自遼東渡海歸，同行船皆没，寧獨自若，夜晦，得神燈之助。　謝安與孫綽渡江，風起，舟人皆恐，安吟嘯自若。　唐介貶英州，渡海值風，介舟中吟詩自若，有曰：「平生仗忠信，今日任風波。」

趙孝從長安還，亭長灑掃待之。孝既至，長不肯納，不自名而去。　劉寵出京師，亭長灑掃待之。寵既至，吏不肯納，寵無言而去。《偶記》

唐臨吊喪，家僮妄持白衫，臨覺之，曰：「今日氣逆，不宜哀泣。」後煮藥不精，曰：「今日陰晦，不宜服藥。」王旦家人嘗投埃墨羹中，旦曰：「今日偶不喜肉。」又墨其飯，曰：「今日不喜飯。」雅度固如此。《偶記》

附　褊急

王思之驅筆蠅。思嘗作書，蠅集筆端，思怒自起逐蠅，不得，還取筆踢壞之。　王述之食雞子。述嘗食雞子，以筋刺之，不得，便大怒，舉以擲地。雞子圓轉不已，仍以屐齒碾之，又不得，復取納口中，齧破吐之。　陸鴻漸之縛茶奴。鴻漸採越江茶，使小奴看焙。奴失睡，茶焦灼，鴻漸怒，以鐵繩縛奴，投之水中。　王羆之擊吏。有吏狹私陳事，不暇捶撲，自取靴履，持以擊之。　李凝道膝被靴撥，而嚼棘流血。唐龍遊令李凝道乘驢街中。有騎馬人靴鼻撥其膝，毆之無及，遂嚼路旁棘子流血。　又餅餌誘致，而齧其甥。姊男七歲，故惱之，往逐不得，以餅餌誘致之，齩其腰背流血。　皇甫湜手為蜂螫，而碎窠絞津。湜嘗為蜂螫手，以善價購人，取蜂窠，命碎爛之，絞取津液，以酬其痛。又一字偶誤，而齧其子。又嘗令子松録所作詩，一字偶誤，詬詈且躍，手杖不及，齧腕流血。　卞急如此，不令人齒冷乎？

楚子之投袂。宋殺楚使者申舟，楚子投袂而起，屨及于室皇，劍及于寢門之外，車及于蒲胥之市。皆笑曰：「公孫之亟也。」《左》襄二十四年。　邾子之投床。閽以瓶水沃廷。邾子望見之，怒閽曰：「夷射姑旋焉。」命執之，弗得，滋怒，自投于床，廢于爐炭，爛，遂卒。莊公卞急而好潔，故及是。《左》宣三年。

穆甯以供饌杖子。甯為刺史。其子已為尚書給事，供饌稍不如意，必遭笞杖。一日，給事以熊、白鹿脯合而滋之，甯食之致飽，乃杖之，曰：「如此佳味，僔進之晚。」　石虎以呈事笞子。命太子邃總百揆，邃以事為可呈。呈之，恚曰：「小事何足呈？」時有所不咄，恚曰：「何以不呈？」誚責笞捶，月至再三，邃恨，遂謀逆。　劉子光斬石人。出征。道渴無水，見石人問之，不答，拔劍斬之。須臾，水出。　王閎罵伍胥。渡錢塘江，遭風欲溺。閎拔劍斫水，痛罵伍胥，風稍緩，獲濟。

後魏元子華褊急，口不擇言。鄭子湛，親友也畏其侮罵，遂去之。　後周張穎褊急，不容人小過，雖左右親近，亦皆怨之。

顏延之之肆意直言。褊急，兼有酒過，無所回避。　段文昌之介狹。客有眉睫之失，必致傾。　李固言之狷急。　陳子昂之褊躁。　張九齡之動輒忿罵。　蕭琚之乘罅切詆，辭旨疏躁。　薛逢之恃才褊忿。　賈餗之氣凌輩行，狹哉。

忤意者，輒加責辱，王弘也。　乖己者，輒肆意罵之，謝幾卿也。　峭急頗失縉紳之望，王淮之也。　褊隘頗失士君子之心，劉榮祖也。　為祭酒論難之際，高聲攘振，無儒者之風，李業興也。　高明強濟，所在有聲，但以性急為累，李品也。　居官清嚴，所至必理，然性介急，待官僚頗無禮節，崔棱也。侍己之清，見贓污者如此。　行峻潔清，其中狹隘，不能包容于尋常人，李元賓也。　峻急不能有所容，傅立也。

張籠性躁，辯儻蕩無檢，罕為正人所遇。　張嘉正彊躁，論者恨其不裕。　崔元翰剛褊，不能取容于時。

温造剛急，遇補闕李虞，恚不避，捕從者笞辱。班宏剛愎，議事稍不合，以竇參欺己。諸葛穎褊急，與柳䛒每相忿鬩；隋帝屢責怒之而尤不止。韓愈、李紳，性皆褊僻，為不臺參，移刺往來，紛然不止，俱左遷。

何天承褊促，文帝遣使，先誡："善候顔色。"如其不悦，無煩多陳。謝靈運褊激，多愆禮度，朝廷惟以文義處之，不以應賓相許。

公私

徇公而忘私：張陵劾梁冀。周舉劾左雄。俱見《恩怨》。

李憙不私姻親。憙在朝，姻親、故人與之分衣、共食，而未嘗私以官。何充不私親舊。所選用皆以功效。周行逢不從其婿。婿唐德求補吏，行(逢)曰："汝才不堪為吏，居官無狀。吾不敢以私貸汝。"與之耕牛、農具而遣之。故人求京兆判官，裴洎不可。曰："公才不稱此官。洎不敢以私害公。"李固言薦崔求為起居舍人，鄭覃不可。曰："宰相盡同，則事必有欺陛下者矣。"

宋昌曰："所言公，公言之；所言私，王者無私。"申屠嘉曰："使君所言公事，君且奏之；則私，吾不受私語。"

魏崔楷舉家之官。葛榮逼州城，將士爭奈，曰："崔公尚不惜百口，吾屬何愛一身？"周處從討齊萬年。朝臣惡處强直，使從夏侯駿西征。孫秀曰："卿有老母，可以此辭。"處曰："忠孝之道，安得兩全？"屈突通從討王世充。二子在洛陽。

曰：「今日正當先驅，二子死自其分。」

徇私而忘公：趙充曰：「國諸君便文自營，非為公家忠計也。」　王衍雖居宰輔，不以經國為念，而思自全之計。　楊國忠激安禄山使叛。禄山陰蓄異志，以玄宗待之厚，欲俟上晏駕，然後作亂。國忠屢言禄山且反，數以事激之，欲其速反，取信于上。　盧杞激李懷光使叛。懷光至奉天，言當請誅盧杞。杞懼，言于上，使乘勝取長安。懷光數千里赴難，咫尺不得見天子，怏怏引兵去，遂反。

張禹不言王氏：吏民上言災異，譏切王氏專政。車駕臨問，禹自見年老子孫弱，又與曲陽侯不平，恐為所怨。曰：「新學小生亂道誤人。」上由是不疑王氏。　劉巨容不追王巢。曰：「留賊以為富貴之資。」其縱寇等也。

李晟以私憾沮張延賞。晟成都戍還，延賞追其營伎高洪。上召延賞入相。晟陳其過惡，以為僕射。　張延賞以敢言出齊映。賞、映並相。映敢言，賞因言非宰相器，出刺夔州。　盧杞以私憾殺楊炎。　李林甫欲杜邊將入相之路。奏用禄山諸人。

公私兩全：趙文子曰：「隨武子利其君，不忘其身；謀其身，不遺其友。」　管子曰：「隰朋居其室，不忘公門；在公門，不忘其家；事君不二心，亦不忘其身。」

公私兩盡：桑維翰謁裴皡，皡不迎不送。云：「晓見維翰于中书，則庶僚也。維翰見晓于私館，則門生也。」　文潞公留西京，就第坐見監司，明日如常儀。曰：「未視府事，三公見庶僚也。既交印，河南知府見監司矣。」

漢丞相子猶不免戍邊。　唐王方慶，宰相子，為西川參軍。　宋初侯仁寶，趙中令普之甥，知邕州十年。　陳恭公父為參知政事，公自惠安知縣移知梧州，其後兩府子弟，終身不出京城者，多矣。〈問

奇》

附 公忠

有所舉薦，惟恐聞知者，孔光也；恥所薦賢來謝者，裴遵度也；有所薦，其人來謝，絶弗與通。有郎不調，自言絶不許，已而郎遷者，張安世也；喜用知名士，或不識其面，其人亦不知所薦，韓琦也。光特一端，偶同耳。

羊祜多所進達，而人不知，曰：「拜爵公朝，受恩私室，吾所不取。」 王曾每薦用人，不求人知，曰：「恩欲己出，怨使誰當？」 范純仁薦引人才以公議，其人不知，答人曰：「朝廷進用，不失正人，何必知出于我？」

宋王弘當朝，將加爵于人，每先呵遣；若美相接語者，必無所諧。李昉居宰輔，每求進者，材雖可用，必正色絶之，已而擢用；或不足用，必温語待之。與顔吏部峻。嗔與人官，謝吏部莊。笑不與人官者，同矣。弘答人曰：「王爵既加于人，又相撫勞，便成與主分功。若求者絶官叙之分，既無以為惠。又不微借顔色，即成大怨，亦鄙薄所不任。」昉答子孫曰：「用賢，人主之事。我若受其請，是市私恩也；若不用者，既失所望，又無美辭。此取怨之道也。」

北齊崔劼二子拱、撝并外任，弟廓之曰：「何不在省、府清華？」劼曰：「立身以來，恥以言自達。」卒無所求。唐源乾曜請出二息補外。宋章惇雖兇惡，而不肯以官爵私所親，四子登科，獨季子援為校書郎，餘皆銓仕州縣。范忠宣子平正當人遠，忠宣欲以恩例換近地，平正不肯。世之為大臣任其子者，當如崔劼、源乾曜、章惇。爲大臣任子者，當如范子夷也。

附 私交

藉外援，如繆留之語韓宣惠王。韓欲兩用公孫、公叔。留曰：「晉用六卿而國分；齊簡公用陳恒、闞止而見殺。魏用犀首張儀而西河之外亡。今君兩用之，其多力者，內樹黨；其寡力者，藉外權。內樹黨以驕主；外爲交以削地。君之國危矣。」交私議論，如莊助之結淮南。倚强藩爲援，以脅朝廷，如唐盧携之于高駢；崔胤之于宣武；朱温。崔昭緯之于豳、岐。陰結王行瑜、李茂貞爲之耳目。杜讓能朝發一言，二鎮夕必知之。人臣之義無私交，其謂之何？景帝爲太子時，召帝左右飲，而衛綰稱病，太子及山陽王以縑帛請，而鄭衆不往。魏文帝爲中郎將，賓客如雲，而邴根矩守道持常，其于儲貳且然。諸葛瑾聘蜀，與亮惟公朝相見，退無私面。秦郭辯使燕，語皇甫真以其兄典，及從子奮覆仕秦者相知有素，而真怒欲治之。燕梁琛使秦，其從兄奕問琛東事，琛不與私言。其于兄弟且然。

張美事周世宗，每有求取，美必曲爲供給。及即位，征討委賴，然以澶時淵事頗薄之，美亦自愧。此猶孫權之重呂範而薄周谷也。範典財計，權私有交，範必關白。權守陽羨，有所私用，策或料覈，谷輒傅著簿書。曹彬仕周，掌茶酒，太祖嘗從乞酒，自沽酒以飲太祖。及即位，曰：「世宗吏不欺其主，獨曹彬耳。」太祖克滁州，使竇儀籍其府庫，復取絹給麾下，儀曰：「今既著籍，乃公帑物，非詔不可取。」阮韜爲南兗州別駕，江夏王求資費錢，韜曰：「此朝廷物。」執不與。此不以私而廢公，其義甚正。又曹彬爲周引進使，宋太祖典禁旅，彬非公事未嘗造門，羣臣宴會，亦所罕預。對太祖曰：「為周至親，復忝內職，安敢妄有交結？」　宋太宗在藩邸時，嘗遺田重進酒炙，不受，曰：「為我謝晉王，我知有天子耳。」

齊晏嬰、晉叔向，以季世相語矣。叔向曰：「齊其何如？」嬰曰：「此季世也。齊，其為陳氏矣。」叔向曰：「吾公室，今亦季世也。公室將卑，其宗族枝葉先落。」　宋華元、楚子反，以國情相告矣。楚莊王圍宋，使子反乘闉而窺宋城。宋華元亦乘闉出見之，曰：「憊矣，易子而食之，析骸而炊之。」子反曰：「吾亦有七日之糧。」亦引師而去之。

曠達

除名徙郡，而怡然任命，郎茂也。恒山贊治王文同與茂有隙，奏茂附下罔上。蘇威、裴蘊成其罪狀。及弟楚之皆除名，徙且末郡。茂怡然任命，在途作《登隴賦》以自慰。十年，追還京兆。　赦還雒陽，而無心仕進，李敬義也。德裕孫。幼隨父貶連州。後赦還平泉別墅。自言未冠時為浙東從事。卓道士謂曰：「自此四十三年方大遇。」由是無心仕進，後為工部尚書。

周震號「殺公掾」，而魏舒辟之。陳留周震辟書既下，公輒喪亡，時號「殺公掾」，舒乃命之，而竟無患。　宅有怪變，而高樹生安之。宅數有赤光紫氣，僉謂「怪變不可居」。曰：「何知非善？」未幾，為北州都督。又李聽、李吉甫、樂廣、趙興，見後。

崔駰謂不吉，而孔僖有「凶吉由己」之言。僖拜臨晉令，崔駰以《易林》謂為不吉。僖曰：「學不為人，仕不擇官。凶吉由己，而由卜乎？」三年卒官。　郭璞欲為筮，而顏含有「無勞筮龜」之語。曰：「年任天，位在人，自有性命，無勞筮龜。」

蕭允曰：「性命自有常主，豈可逃而獲免？」臺城陷，出居京口。衣冠士族四出奔，允獨不行云云。乃閉門淨處，並日而食，卒免禍。　楊椿曰：「內外百口，何處逃竄？正當坐任運爾。」元顥入洛，椿子昱鎮滎陽，為顥擒，弟順等並從駕河北，為顥嫌疑，或勸携家避難。椿云云。

月犯執法，而劉勔不避。元徽初，月犯右執法，太白犯上將，或勸勔解職。勔曰：「吾執法行己，無愧幽明。天道密微，避豈能免？」　大星墜府，而王建立不撓。鎮潞州，疾作，有大星墜于府署，神氣不撓。召賓介草遺章，陳諫諷之意。

劉惔不許祈禱。為丹陽尹，病篤，百姓欲為祈禱，家人又請祭神。曰：「丘之禱久矣。」年三十六卒官。　胡國珍不為厭勝。靈太后之兄。巫覡勸為厭勝之法。曰：「吉凶有定分，惟修德以禳之。」景明三年薨。

病不就醫藥者：朱雲、病不呼醫。李勣、曰：「修短有期，寧就醫人求活？」賈敦實、年九十餘。崔涿、涿疾，子棁衣不解帶，勸進藥，不從。令狐楚、未終前三日猶賦詩，諸子進藥未嘗入口。吳湊。章敬皇后弟，卒年七十一。

子卒而不哭：魏舒、子混有才行，年二十七先卒。舒曰：「吾不及莊生遠矣。豈以無益自損乎？」卒不復哭。權會。一子幼，有成人之茁，不幸先卒，會惟一哭而罷。

隋章世康曰：「禄豈須多？防滿則退；年不待暮，有疾便辭。」　裴度曰：「雞、猪、魚、蒜，逢著則喫；生、老、病、死，時至則行。」

傅奕、裴晉公，自為墓誌。　東皋子王績。豫刻死日，自為墓誌。　杜牧夢書「白駒」字，自為墓誌。

顏給事蕘自草墓誌，有云：「與吳郡陸龜蒙為詩友。陸卒後，高丞之、陸扆二君于蕘至死不變。」　子瞻自惠移儋耳，秦少游自柳陽移海康，渡海相遇，少游因出自作挽詞，公曰：「每亦嘗為墓誌。」相與嘯詠而別。可謂達于生死者。《事偶》

淵明自作挽詞、祭文；白樂天、辛秘、李栖筠、王績、嚴挺之、柳子華、衛大經、李行之，皆自撰墓誌；顏魯公在蔡州，度必死，乃作遺表、墓誌、祭文。朱翌曰：「生前作誌，謂之達亦可，謂之近名亦可。處死若魯公，可也。」

吳范孝敬自為冢，名「長室」，引賓客入其中，鼓吹飲宴。姚泰、梁國兒于平凉作壽冢，將妻、妾入冢飲宴，升靈床而歌，後八十餘。司空圖為壽藏，引故人入其中，賦詩對酌，自為《壽藏圖》。季札、子產、晏嬰、叔向四像居賓位，自圖其像為主位，皆為贊頌者，趙岐也。自為壽藏于萬安山麓祖塋旁，刻石署兆曰「寂居穴」，墳曰「復真堂」，中劉土為臺，曰「化臺」者，姚勖也。崇之孫。製棺，題曰「永息庵」，置之寢室，右補闕正己也。

白樂天稱「醉吟先生」，自為墓表。郭祥正稱「醉吟先生」，自為傳。李行之臨終，口授墓誌。曰：「隴西先生，年將六紀，官歷四朝。雖碩德高風，有傾先構，而立身行己，無愧夙心。」張融臨終，與子書。「生平行善，自當凌雲一笑。三千買棺，無製新衾。以吾平生風調，何至使婦人行哭失聲。」裴令公臨終，告門人。「死無所繫，但午橋莊松雲嶺未成，軟碧池繡魚尾未長，《漢書》未終篇，為可恨耳。」

衛端木叔藉其先資，放意所為。及病，無藥石之儲；死，無瘞埋之資。禽滑釐笑其狂，而段干生以為德過其祖賜。漢楊王孫家故富飾，厚自奉養，及病且死，令其裸葬以反吾真。祁侯諫之弗聽，而班史氏以為賢于秦始皇。二人非知道者，欲矯世而已矣。

有能不拘牽于俗忌者，吾以達許之。夏侯詳刺湘州，城南有峻峰，舊傳刺史登此輒代。詳起臺榭，延僚屬，以表損挹之志。　李聽拜邠寧節度，邠署相傳不利治垣舍，聽亟使新之，卒無異。　李吉甫為相，政事堂有會食巨床，相傳徙者相臣輒罷，公令撤而新之。　羊祜督荊州時，長吏喪官，多毀舊府。祜以死生有命，禁之。　樂廣為河南尹，官舍多怪，前尹不敢居，廣居之。　李吉甫改柳、饒二州，會前刺史繼死，咸言牙城有怪物，吉甫命菑除其署以視事云。　淮南三節度，皆卒于鎮，人勸李珏易署寢，珏不從。　漢趙興下邳人。不恤忌諱，每入官舍，繕修穿移，子峻、孫安世〔一〕，三代為司隸校尉。　漢吴雄喪母，營人所不封土者，擇葬不問時日，醫巫皆言當族，而雄不顧，遂及子訢、孫恭三世廷尉。

天官時日之說，明者不執，闇者拘之，故往亡可以興師。宋武帝興兵，曰：「我往彼亡。」果克。　唐李愬將攻吴房，曰：「賊以往亡，謂我不來，正可擊也。」戰勝而歸。　按，「我往彼亡而克之」，已于武王伐紂，而後拓跋珪、劉裕皆效之。反支，可以通奏；漢明帝曰：「民既廢農，遠來詣闕，復避反支，是又奪其日而冤之也。」乃敕公車受章。四廢，可以拜爵；宋武帝將拜南蠻校尉，遇四廢日，佐史鄭鮮之還曰，不許。辰日，可以發哀。張公謹卒，太宗出次發哀，曰：「君臣之義情同父子，情發于哀，安避辰日？」彼避忌拘禁者，昧于義耳。

徐邈曰：「舊疑歲辰在卯，此宅之左，則彼宅之右，何得拘忌？」　宋仁宗曰：「東家之西，乃西家之東，太歲果何在？」將修東華門，太史言太歲在東。　藝祖修大內，不避太歲，亦有「東家之西，即西家之東，太歲何居」語。

識鑒

武臣自立為趙王，陳勝欲繫其家室。房君曰：「此生一秦。」乃使賀趙。　李密致書唐高祖，請會河内，高祖曰：「吾方定京師，未能東略。若不與，是生一隋。」作報書尊讓。

蘇代遺燕昭王書：「宋五千乘加淮北而齊并之，是益一齊也；齊北國加之以魯、衛，而齊並之，是益二齊也。」　鮑信謂曹操曰：「袁紹因權專利，將自生亂，是復有一卓也。」　諸葛恢曰：「借使慕容鎮軍能除石虎，乃復得一石虎也。」謂虩。　斛斯椿勸魏孝武伐高歡，請渡河，楊寬曰：「萬一有功，是滅一高歡，復生一高歡矣。」　狄仁傑拒張光輔，曰：「一越王死，百越王生。」　房琯鬭第五琦，曰：「一國忠死，一國忠生。」　司馬光論鬼名山，曰：「滅一諒祚，生一諒祚。」　王十朋曰：「權歸陛下，政出多門。是一檜死，百檜生也。」

楚子良生越椒，子文曰：「熊虎之狀，而豺狼之聲，必滅若敖氏。」後為令尹，果攻王，戰于皋滸，遂滅若敖氏。　叔魚生，其母曰：「虎目、豕喙、鳶肩、牛腹，必以賄死。」　叔向生伯石，即楊食我，其母夏姬之女。姑及堂，聞其聲，曰：「非是莫喪羊舌矣。」　子劭生，袁后使馳白帝，曰：「此兒形貌異常，必破國亡家。」卒以元凶為天下戮。《事偶》

桓温生，温嶠見，曰：「真英物也。」　代宗生，帝臨澡之，曰：「福過其父。」

譙周謂陳壽曰：「卿必以才學成名。當被損折，亦非不幸也。宜深慎之。」　陳摶謂种放曰：「子名將，起必有物敗之。子其戒哉！」孫登謂嵇康曰：「子才多識寡，難乎免矣！」僧苞謂謝靈運曰：「是子才有餘，識不足，將不免矣。」沙門惠遠謂盧循諶曾孫，孫恩妹夫。曰：「君雖體涉風素，而志不軌。」《筆涉》

衛姬知桓公之伐衛，曰：「見妾而有動色。」管仲知桓公之舍衛，曰：「見臣而有慚色。」絺疵謂韓、魏必反，曰：「城降有日，而有憂色。」又知智伯以言告二子，曰：「視臣端而趨疾，知臣得其情。」東郭牙所謂：「善意者乎？微乎？」齊桓謀伐莒，未發而聞于國。東郭牙曰：「君子善謀，小人善意，臣竊意之也。」

張裔曰：「人自敬丞相，長史男子張君嗣附之，疲倦欲死。」裔領留府長史，詣諸葛亮咨事。送者數百車，裔書與所親云。　何叔度曰：「送吏部郎耳。非關何彥德也。」宋何尚之告休，歸省，傾朝送別，及郡，父叔度謂之云。　高爽曰：「劉蒨自餉晉陵令耳。何關爽事？」爽嘗經晉陵，詣蒨，了不相接，銜之。俄代蒨為縣，蒨迎贈甚厚。爽受餉答書曰：「高晉陵自答。」人問故，云云。　韓子熙曰：「朝廷自不給祭酒兵，何關韓子熙事？」子熙遷祭酒，兵力止給二人，或令陳請，子熙云。

丙吉疾病，夏侯勝以吉未獲報，非其死疾，病果瘉。後五歲為丞相。吉當封，疾病，上憂吉不起。勝曰：「有陰德者必享其樂，以及子孫。今吉不獲報，而疾甚，非其死疾也。」蔡京病篤，晁冲之曰：「死牖下，豈天道？」已而果不死，至儋州之竄，而死于潭。宣和末，京病，人皆謂必死。晁冲之叔用曰：「此老若使晏然牖下，備極哀榮。豈復有天道哉？」善惡之報，未或有爽者。　封德彝討遼東，舟没。楊素曰：「封郎當至僕射，必不死。」果至僕射。素妻以姪女，常撫座曰：「封郎必居此座。」舟没，衆謂必死。素言不死。求之，封因抱一板泛海中，力盡，忽憶楊公言，勉力持之，板摩胞肉至骨，衆救得免。後官僕射。

李夫人曰：「不見帝者，政所以為家族也。」病，不肯面武帝。　平當曰：「不强起封侯者，政所以為子孫也。」不受侯印而死。

張燕公曰：「貴人可杖，吾等行當及之，非為救裴伷先也。」　范文正曰：「誅戮手滑，吾輩亦未可保，非為救晁仲約也。」

為識者所窺：或謂袁術曰：「孫堅若得洛，不可復制。」此為除狼而得虎。　李密請收山東之衆，羣臣諫曰：「李密狡猾，好反。今遣之如投魚于淵，放虎于山，必不返。」　陶侃謂荀崧曰：「杜曾凶狡，所謂鴟梟食母之物。」　潘滔目王敦，曰：「蜂目已露，但豺聲未振。若不噬人，亦為人所噬。」　周瑜言：「昭烈若蛟龍得雲雨，終非池中物。」　王猛言慕容垂：「龍虎，非可馴之物，借以風雲，不可復制。」　義恭言殷仲堪：「恐非池中物。」假兵函賨，尋害其族；孝伯推誠牢之，旋踵而敗臧質，今藉西楚，圖濟其私。　曹公答陳登曰：「吕布當如養鷹，饑則為用，飽則颺去。」　權翼言慕容垂曰：「猶鷹也，饑則附人，飽則颺去。」

有矯稱侍中止傳舍者，太守趙興欲謁之，功曹鮑永疑其詐，諫不聽，永乃拔佩刀截馬當胸，乃止。後數日，詔捕矯稱者。　竇憲免就國，太守行春欲謁之。　功曹周章曰：「憲勢傾王室，退就藩國，禍福難量。」不聽，章拔佩刀絶馬鞅，乃止。　及憲誅，太守幸免。　後漢馮緄父焕刺幽州，怨者詐作璽書，賜歐刀，緄知有異，焕上書自訟，果詐者所為。　晉有詐作大將軍符，收諸暨令。　紀瞻覺其詐，便破檻出之。

樊宏知申徒建獻玦之意。更始謀誅伯升，乃大會。更始取伯升寶劍視之，建隨獻玉玦。更始不能發，罷會。宏曰：「鴻門之會，范增舉玦。今建此意，得無不善？」伯升不應，果遇害。　山濤知太傅病卧之意。與石鑒共宿。濤夜起蹴鑒，曰：「今為何等時而眠耶？知太傅卧何意？」鑒曰：「宰相三不朝，與尺一令歸第，卿何慮也？」濤曰：「咄！石生無事馬蹄間耶？」投傳而去。未二年，果有誅曹爽事。

于事之相近，逆料不爽，則有曹參、聞蕭何死，告舍人趣治裝：「吾將入相。」頃之，果召。　張敞、京師抱鼓數起，使使者即家召敞，妻子恐懼。敞笑曰：「使者來此，天子欲用我也。」復拜冀州刺史。　陳元達、初不答劉元海之招。及僭號，曰：「不過三日，驛書必至。」果徵為黃門郎。人曰：「君殆聖乎？」鄧騫、魏人誅虞悝兄弟，而求騫甚急。騫笑曰：「欲用我耳。」乃往詣乂，乂曰：「君古之解揚也。」以為別駕。　熊安生、周人鄴，安生遽令掃門。家人怪問，安生曰：「周帝重道尊儒，必將見我。」俄，帝幸其第。　房玄齡。太宗幸芙蓉園，敕子弟汎掃門庭，曰：「乘輿且至。」果幸第，載玄齡還宮。

關東兵起，李邵欲徙居温，司馬朗曰：「君，國人之望，摇動民心。」不從，果亂。　太祖欲徙淮南民，蔣濟曰：「百姓懷土，懼必不安。」不從，江淮十餘萬衆皆驚走吴。

單于遣使，承宮以貌醜不可示遠，顯宗乃以魏應代，未之疑也。　及魏武捉刀以代崔季珪，而北使出，則曰：「彼床頭捉刀人，真英雄也。」宋孝武改服以觀張暢，而魏使李孝伯出，則曰：「張侯側有風骨，視瞻非常士也。」二主行事，實祖宮。　然被敵人識破，則反以中國為眩名矣。《叢談》

魏主父欲自略秦地形，觀秦王之為人，乃詐為使者入秦。已而秦昭王怪其非人臣之度，使逐之，而主父馳已脱關矣。　宇文泰請往并州觀高歡，歡謂：「此小兒眼目異。」將留之，未果，既而發上驛追至關，而泰已倍道出關矣。

蜀張裔在吳，未為孫權所知。及歸引見，有器裔之色，裔深悔不能陽愚。得出關，即倍道兼行，權果追之，裔已入永安界。《叢談》

附先見

用兵成敗，卒酬其言者：韓信登壇之對。　諸葛草廬之談。　王朴平邊之策。

蕭何計入漢中。　鄧禹計守南陽。　諸葛計定巴蜀。

羊祜曰：「平吳之後，當勞聖慮耳。」　劉惔曰：「但恐克蜀之後，專制朝廷耳。」

唐憲宗欲平藩鎮，張弘靖以為先淮蔡，而後魏博。周世宗欲平天下，王朴以為先江南，而後河東。卒如其言。

李湛比易之、昌宗為「海市蜃樓」。　張象比楊國忠為「冰山」。　張九齡見趨附楊國忠，曰：「此輩皆向火乞兒。」

東郭書知宋將亡，褰裼而過其朝，曰：「宋將有荆棘，故褰裼避之。」　子胥暮歸，舉衣出宫，曰：「宫中生草棘，霧露沾吾衣。」　伍被諫淮南王，曰：「子胥諫吳王：『見麋鹿遊姑蘇之臺。』臣今亦將見宫中生荆棘，露沾衣也。」

范蠡去越，尉繚去秦。皆以相法。

吴王賜子胥劍，子胥曰：「抉吾眼懸吴東門，以觀越寇之入也。」　靳準謀作亂于王延，延罵曰：「何不速殺我，以吾左目置西陽門，觀相國曜。之入也；右目置建春門，觀大將軍勒。之入也。」殺之。　楊安囚呼延實，實叱曰：「可速殺我，懸首上邽東門，以觀大軍之入城也。」怒殺之。　陳安獲魯憑，憑對安哭曰：「可懸吾頭秦州通衢，觀趙之斬陳安也。」延實、憑，皆仕漢者。　齊王冏殺王豹，豹曰：「懸吾頭大司馬門，見兵之攻齊也。」《事偶》

勸張温斬董卓者，孫堅也。　請除劉元海者，齊王攸也。　請斬安禄山者，張九齡也。

上書言霍氏者，徐生也。言霍氏太盛，宜以時抑制，書三上。後告霍氏者，皆封。人為徐生上書，乃賜帛十疋，後乃為郎。

上書言王氏者，梅福也。言漢興以來，社稷三危：吕、霍、上官，皆母后家。今尊寵其位，授以魁柄，使之驕逆，至于夷滅。書曰：「毋若火始庸庸，勢陵于君，權隆于主，然後防之，亦亡及己。」不納。

桓温聞趙亂，遣諸將經營北方。　褚裒表請伐趙，蔡謨曰：「恐更為朝廷憂。」裒果敗。　陳主聞周人滅齊，欲争徐、兖，詔吴明徹督軍北伐，蔡景歷曰：「師老將驕，不宜過窮遠略。」明徹果為周執。

涇上三女奔密康公，其母曰：「衆以美物歸，汝何德以堪之？」王滅密。　叔向欲娶于申公巫臣氏，其母曰：「甚美，必有甚惡，尤物足以移人。苟非德義，必有禍。」晉滅羊舌氏。

桓温請遷都洛陽，孫綽上疏止之，王述曰：「温欲以虚聲威朝廷耳，非實事也。」事果不行。　劉裕伐南燕，秦王興遣使曰：「今遣鐵騎十萬屯洛陽，晉軍不還，當長驅而進。」裕謂其使曰：「克燕之後，當取關、洛。」穆之尤裕此語，適以怒之。　裕笑曰：「彼張大之辭耳。彼見伐燕，自保不暇，何能救人？」

晉武既平吴，何曾知其將亂。　隋文既平陳，房喬知其必亡。

謝晦為宋臺右衛，還都寧家，賓客輻輳，兄瞻籬隔門庭，曰：「不忍見此。」　顔竣封侯貴重。父延之逢竣鹵簿，曰：「平生不喜見要人，今不幸見汝。」　王晏佐齊明廢立，為尚書令，從弟思遠勸其引決。富貴人所甚欲也，兄曾不以欲之其弟，父曾不以欲之其子。　褚淵奉璽綬詣齊宫，遂為司徒，從弟炤歎曰：「名德不昌，乃復有期頤之壽！」壽考，人所甚欲也。弟曾不以欲之其兄。

管輅與何晏、鄧颺語還，謂其舅曰：「與死人語，何所畏耶？」未幾，俱為司馬懿所族。　王尼謂人曰：「何綏將死不久。」人曰：「伯蔚聞言，必相危害。」尼曰：「比聞我言，已死矣。」未幾，果為東海王越所殺。《事偶》

外戚戒盈，如陰興之固辭封侯，興之言卒驗于其家；光武封陰貴人弟就為侯，復召就兄興，欲封之。興固辭，曰：「外戚家，苦不知謙退。嫁女欲配王侯，取婦睥睨公主，愚心實不安也。」貴人感其言，深自降挹，卒不為宗親求位。然至顯宗時，就子豐尚酈邑公主。公主驕妬，豐殺之，被誅。父母皆自殺。樊鯈之止求王女，鯈之言卒驗于其家。鯈弟鮪，為子賞求楚王英女。鯈聞而止之，曰：「建武中，吾家並受榮寵。一宗五侯時，特進一言：『女可配王，男可尚主。』但以貴寵過盛，即為禍患，故不為也。爾止一子，奈何棄之楚乎？」鮪不從。及後楚謀逆事覺，鯈已卒，顯宗念鯈，故諸子得不坐。知所戒矣，而猶不免，勢之所趨，情之所徇也。

先見之明者：漢高知吴王濞必亂東南。　孔恂及齊王攸識劉淵必亂。　王衍識石勒將為天下患。　潘滔知樹王敦江外而見賊。　衛玠知王敦非忠臣。　張九齡知安禄山必亂幽州。　王叔文知劉闢必亂蜀。　李弘知鄭注必為國患。曰：「奸滑無雙，卵鷇不除，使成羽翼。」　吕誨知王安石必誤天下。蘇老泉、李師中知荆國必亂天下。　陳瓘知蔡京為戕天下之大賊。

早知其無濟者：馬隆知楊欣必敗。欣失羌戎之和，隆陳其必敗。俄為羌滅。　皇甫規知馬賢必敗。賢擊西羌，規雖在布衣，見賢不恤軍事，乃上書言狀，賢果為羌所没。　華歆知王芬無成。芬與高傑謀廢靈帝。歆曰：「芬性疏而不武，此必無成。」果敗。　蒯越知何進必敗。求為汝陽令。　張緝料諸葛恪見誅不久。威震其主，功蓋一國。

知董卓難制者，盧植。何進召卓，植知兇悍難制，必生後患。不從。　知董卓必亡者，司馬朗。以賄遺卓用事者，求歸鄉里，舉宗東到黎陽。　知袁術無成者：周瑜、初見術，知終無所成，故求為居巢長。假塗東歸。鄭渾。知術必敗。華歆素與父泰善，乃渡江投歆。　以袁紹未知用人者，郭嘉。初見紹，曰：「智者審于量主，袁公欲效周公下士，而未知用人。欲與定業，難矣。」遂去之。　察桓温有大志而無成功者，薛强。乃勸王猛止。

晉文明后知鍾會不可大任。　郭奕知楊駿不可任社稷。　山濤知王衍必誤天下。　羊祜知甥王衍敗俗傷化。　劉寔知鍾會、鄧艾必破蜀，而皆不反。　杜預知衛伯玉必不免。　謝安石知劉牢之不宜獨任。　王味之不宜專城。牢之果以叛終，味之亦以貪敗。　袁粲知褚淵必亡宋。　梁何敬容知侯景終當亂國。　楊炎知李希烈不可用。　李吉甫知李錡必反，且謂錡「庸才」，但蓄亡命，討之必克。　姜公輔請誅朱泚，曰：「養虎無自貽患。」

先幾而審于去就者：魯肅舍袁術，而就周瑜。為術東城長。見術不足立事，乃携老幼南到居巢就瑜，東渡，同行。　許劭去陶謙，而投劉繇。南到廣陵，謙禮之甚厚。劭曰：「陶恭祖外慕聲名，内非真正。待吾雖厚，其勢必薄。」遂投繇于河曲，後謙果捕諸寓士。

賈詡去段煨，而往張繡。詡數知名。煨内恐見奪，而外禮甚備。詡陰結張繡，遣迎。或曰：「煨待君厚。」曰：「煨有忌詡意，我去喜結大援于外，必厚吾妻子。繡無謀主，亦願得詡。」遂往，繡執子孫禮；煨果善視其家。和洽去劉表，而渡武陵。曰：「不從本初，避争地也。昏世之主不可黷近，久而阽危，必有讒慝間其中者。」遂南渡武陵。毛玠舍荆州，而往魯陽。避亂荆州，未至，聞劉表政令不明，遂往魯陽，曹操辟以從事。裴潛去劉表，而南適長沙。避世荆州，表待以賓禮。潛私謂王粲、司馬芝曰：「劉牧非霸王之才。」遂南適長沙。

審去就者：如吕範之托孫策，周瑜之委心孫權，與孔明之事先主。識見同也。

歸心于魏者：荀攸去袁紹，而從曹操。度紹不能定大業。高柔避張邈，而舉家適河北。邈果叛操。郭嘉亦去紹，而依操。以袁公好謀無決，難與共濟大難。又有趙儼、曰：「曹鎮東必能濟華夏，吾知歸矣。」遂詣操。邢顒。聞操定冀州，遂裝還鄉里。

先幾引身而免害：鄭敬獨隱。為汝南守歐陽歙掾。歙欲舉督郵繇延，功曹郅惲言：「延貪邪。」敬素與惲厚，相招去，不從。敬獨隱弋陽山中，歙復召延。惲去從敬。王秀之辭疾不就。知桂陽王休範將反。江智遠請假先還。知竟陵王誕將為逆。李産范陽人。間行還鄉里。永嘉之亂，往依祖逖。逖弟約有大志，産微知其旨，率弟子間行還鄉。褚翜棄官，避地幽州。乂擅權，翜知内難方作。董養荷擔入蜀。永嘉中，雒陽東北步廣里中地陷，有二鵝，蒼者飛去。養歎曰：「周時盟會狄泉，即此地。白者，國家之象。」乃與妻子荷擔入蜀。張筠乞歸咸陽。筠居雒下，表乞歸。俄有張從賓之亂，獨免其難。王朴乞告東歸。依樞密楊邠，度其必危。未幾，李業等作亂，害邠，而朴獨免。竇威稱疾還田里。為蜀王秀記室，以秀不法，稱疾還。秀廢，惟威獲全。

傅昭為南郡王侍讀，無所參入。王嗣帝位，故時臣隸争求權寵。惟昭保身守正，竟不罹其禍。謝貞為始興王叔陵。主簿，未嘗參預。度叔陵有異志，每有宴遊，輒辭疾。俄，叔陵作逆，獨不坐。

張孝忠不赴李寶臣之召；寶臣殺李獻誠等，使召孝忠，曰：「孝忠懼死，不敢往，亦不敢叛，亦猶公之不覲于朝，慮禍而已，無他志也。」孝節泣曰：「兄不行，吾歸死矣。」曰：「偕則並命。吾留，若無患也。」及歸，果安。張全義免于梁祖之害。梁祖屠戮宿將。全義自柏鄉喪師後，每月獻馬鎧伏以補其罪；兵儲稍乏，則入粟為助。梁祖欲害，以服勤盡瘁而止。識有以自全也。

羊欣之疏桓玄；為玄參軍。欣欲自疏，時自漏密事，玄愈重之。欣拜職少日，稱疾自免。蒯欽之疏楊駿；欽，駿姑子。屢以正言犯駿，駿弟珧濟為之寒心。欽曰：「文長雖闇，猶知人，必當疏我，我得疏外，可不與俱死。」荀邃之疏刁協；與協婚親，欲引為吏部，深拒之。尋王敦討協，惟邃以疏獲免。江湛之疏義康、檀道濟。義康用事，人争求親暱。惟湛早能自疏。道濟嘗為子求婚，湛拒之。故不染二公之難。疏所不能疏者，而疏于朕兆未著，可謂「明哲」。王彰不就楊駿之辟；韋忠不就張華之辟。謂其藉后也。張穆之求外出；江湛、袁淑薦于始興王濬，穆之監其禍萌，思遠其難，求外出，得守交阯。柳機求出外；宣帝失德，屢諫不聽。恐禍及己，托鄭譯陰求出外。王儉求出。宋蒼梧暴虐，告袁粲求出，補義興守。出，唯恐不早也。

梁商酒闌歌涕，而周舉歎其哀樂失時；上已宴于雒水，酒闌繼以《薤露》之歌，座中皆掩涕，舉歎曰：「哀樂失時，殃將及乎？」商至秋，果薨。公孫恭立，而管寧謂亂所由起。康死，立弟恭。康孽子淵有異才，寧曰：「廢嫡立庶，下有異心，亂所由起。」乃將家屬乘海歸。李班立為太子，而李驤歎：「為亂自此始。」李雄將立兄蕩子班，驤諫，不從。退而流涕，曰：「亂自此始矣。」班為雄子殺。雩祭不行，而源師歎齊亡無日。師云：「龍星見當雩。」高阿那肱云：「漢兒强知星宿。」祭祖不設牲牢，墓前失石鹿，而昌義之歎：「蕭祚將盡。」宗廟不血食。齊王冏期年不朝，而庾衮歎：「禍亂將興。」石介為《慶曆聖德詩》。肆言臧否，卿相不少貸。孫明復謂：「禍自此始。」歐公不以為然，及朋黨論起，始悔其過。

侂胄所望節鉞，而葉適歎：「為禍自此始。」適以侂胄所望不過節鉞，而趙汝愚不從。皆先見也。

甘寧曰：「劉表慮既不遠，兒子又劣，非能承業傳基者。」　姚虞俊言張惠恕有覆家禍。華而無實，怨之所聚。　李崇國謂游肇曰：「伯緒即宋維。終傾宋氏。」　傅嘏言夏侯太初、何平叔、鄧元茂三人，皆將敗家。　仲長統言高幹：袁紹甥。「有雄志，而無雄才；好士，而不能擇人。」後果叛敗，并、冀之士以是異統。

魯肅棄淮、泗之産；韋丹盡貨田宅。答毛彪曰：「江東王氣盡矣。」為人所不欲為之事。蓋識超于人所未及之先也。

張昭遠以皇弟、皇子喜俳優、飾姬妾，而卜沙陀之不永。　張舜民見太孫好音樂、美姝、名茶、古畫，而知契丹之將亡。

虢敗戎于桑田，晉卜偃曰：「亡下陽不懼，而又有功；必易晉，而不撫其民矣。」晉滅虢。　石季龍死，蔡謨曰：「誠大慶，然將貽王室之憂。　度德量力，決非時賢所及，必將經營分表，疲人以逞志，財殫力竭，智勇俱困。」果有殷浩北伐之役。

諸馬既得罪，竇氏益貴盛。　第五倫上疏，願防其未萌，令憲永保福禄。　永元初，何敞亦上封事，未若倫之先見。　霍氏權勢驕奢，魏相奏封事，宜有以損奪其權，全功臣之世。　茂陵徐福，亦有「曲突徙薪」之謀，而相乃言之于早。

之事奏聞。

大體

為相得大體：漢魏相務在奉行故事，奏詔書凡二十三事；掾吏休告還府，輒白四方異聞，或逆賊、風雨、災變，相奏言之。　宋李沆在政府，有人上利害，一切不行。每朝謁，必以四方水、旱、盜賊、惡逆之事奏聞。

唐肅宗欲發李林甫冢，而李泌止之；上不悦曰：「此賊昔日百方危朕，奈何矜之？」對曰：「上皇出此敕，必以為用貴妃之故。萬一惭憤成疾，是陛下不能安其親。」上流涕被面。　德宗欲殺竇參，而陸贄止之；李公巽奏參交結藩鎮，上怒，欲殺參。陸贄曰：「事迹曖昧。若遽加重刑，駭動不細。」乃貶司馬。　武宗欲誅楊嗣復、李珏，而杜悰奔馬見李德裕，德裕極諫，竟釋之。武宗以立非宰相意，聽仇士良欲誅楊、李。悰曰：「天子年少，兹事不宜手滑。」　懿宗出宦官，請監國，奏當時宰相無名者，皆處以反法，而杜悰力沮之；悰謂宣徽使楊公慶及樞密曰：「主上新踐祚，豈得贊成殺宰相事？若習與性成，則中尉、樞密，豈得不自疑乎？」公慶色沮而去，帝怒亦釋。以忠厚存國大體，皆悰力也。　富弼欲誅晁仲約，而范仲淹爭之。宋慶曆中，劫盜張海過高郵，晁仲約令斂金帛、牛酒勞之，不為暴。事聞，弼欲誅之。仲淹曰：「祖宗以來，未嘗輕殺臣下。此盛德事，奈何欲輕壞之？他日主上手滑，吾輩亦未敢自保也。」仲約免死。　其所係于國體者，大也。

丁謂擅移皇堂于絶地，太后怒欲誅之。馮拯曰：「帝新即位，亟誅大臣，駭天下耳目。」神宗時，陝西用兵失利，内批斬一漕官，蔡確曰：「祖宗來，未嘗殺士人，不可自陛下始。」帝欲刺配之，章惇曰：「如此不如殺，士可殺，不可辱也。」拯、惇、確皆小人，而所執有大臣之節。商鞅刑及太子師傅，而射犯轘裂；確一發仁言，而免車蓋亭之禍，足以身全。故賊人者自賊，存人者自存。

元祐初，以蔡確詩為謗宣仁。吴慶厚以蔡確《安州車蓋亭詩》來。文彥博欲貶嶺嶠，范純仁爭之，曰：「聖朝寬厚，不可以言語文字曖昧之過誅竄大臣。今日舉動，宜與後來為法。此事不可開端。」卒貶新州。忠宣謂吕汲公曰：「此路荊棘已入十年，吾輩開，恐自不免。」哲宗朝，章惇得罪去，朝廷以其父老，欲畀便郡，既中止。范純仁請置往咎，而念及私情。徽宗朝，吕惠卿告老，執政欲罪之，范純禮曰：「惠卿嘗輔政，其人固不足重，然當存國體。」王安石薨，温公病中聞之，曰：「介甫無他，但執拗耳。贈恤之典宜厚。」諸公不惟盛德，而且知大體。可見仁人之用心也。　袁植乞誅黄潛善等九人，吕頤浩曰：「本朝輔弼，縱有大罪，止從貶竄。此言虧陛下好生之德。」乃出植知池州。此則于潛善有剩辜耳。《史漁》

陳應求告孝宗曰：「近時宰相罷去，則所用之人不問賢否，一切屏棄。此鈎黨之漸，非國家之福。」趙温叔多用蜀士，及罷相，有為飛語者，王季海言：「一宰相去，所用者皆去。此唐季黨禍之漸，豈盛世所宜有？然此為平時宰相善罷者言也。若權奸之去，正當洗腸滌胃，倘借温太真之事為小人開一線之路，借范堯夫之言，為君子憂後來之禍，則失之矣。」

宋高宗曰：「臺諫論事，不指摘纖瑕，豈惟陰德？亦可銷刻薄之風。」王素為諫官，言：「人才難得，無事之時，當為朝廷愛惜。」王縉每謂：「人才實難，多事之際，宜為朝廷愛惜。」高宗嘗稱：「得諫臣體。」慶曆中，余靖等力引石介為諫官。范文正曰：「介剛正，性亦好異。若使為諫官，必以難行之事責人主以必行。少拂其意，則引裾折檻，叩頭流血，無不為矣。」子瞻《温公神道碑》言：「人人自重，恥言人過。」古人非訐以為直，明矣。

傅堯俞除御史中丞，言：「陛下使臣拾遺補闕，以補盛德。若窺人之私，摘其細故，非臣之志也。」范蜀公鎮。知諫院，曰：「伺大臣之細故，發其隱微，以布己直，實不能也。」明道先生為御史，曰：「使臣拾遺補闕，裨贊朝廷，則可；掇拾臣下短長，以沽直名，則有所不能。」陳公瓘。遷司諫，嘗云：「人主托言者以耳目，不當以淺近見聞，惑其聰明。以訐為忠，無補于時，反傷治體。」廖剛拜御史中丞，言：「志在搏擊奸邪，當思大體。若收拾細故，矜一得于狐兔之微，則非臣之本心。」均可為識體要矣。

陳執中為相，范文忠嘗論其無學術。及執中嬖妾笞殺婢，御史劾奏，欲遂去之。公言：「閨門之私，非所以責宰相。」識者韙之。趙叔平與歐陽公同館，公意輕之，會公甥女淫亂事覺，時嫉韓、范者，皆欲文致公罪，云「與甥亂」，獄急，趙乃言：「修為近臣，不可以閨房曖昧之事輕加污衊。」所惜者，朝廷大體耳。《問奇》

附 見大

韓宣子為卿，則憂貧；而王質居相門，則以貧為竇。虞公求玉于虞叔，而子罕則懇辭于宋人。王翦為將，請美田宅乃行，而霍去病則曰：「何以家為？」李德裕誡子孫勿以一草一木與人，而孫叔敖碎玉玦，不以示後。張禹奏請肥牛亭地以治冢塋，而成子高欲擇不食之地而葬。所見不同，而得失亦相遠也。

太公之誅華士，孔子之誅少正卯。小人有才，而肯受君子之駕馭，未嘗無濟，君子亦必不概擯之。華士虛名無用，卯似大有用而實不可用。非大聖人不知其當誅也。

唐蕭瑀好奉佛法，太宗令出家；河南參軍鄭銑、朱陽丞郭仙舟投匭獻詩，玄宗敕曰：「觀其文，乃崇道教。」罷官，度為道士。此等作用，亦與聖人暗合。

漢高豁達，故下化而侈；賈、誼。董仲舒。之憂，乃在侈。唐宗多智，故下化而詭；魏、徵。李泌。之憂，乃在詭。宋祖寬厚，故下化而懦；蘇、子瞻。周茂叔。之憂，乃在懦。

好文，盛事也。程頤謂：「帝王之學不在文義，崇儉美德也。」柳公權謂：「天子之儉，乃其末節，躬親庶政，人以為勤。」杜黃裳有「人主不親細事」之說。威靈及遠者，人以為武，胡寅有「聖主不勤遠略」之議。

趙襄子賞有功，而高赦為首，曰：「在憂約中，不失君臣之禮。」哲宗貶元祐諸臣而不及蘇頌，曰：「頌知君臣之義。」汲黯守東海，擇丞史而任之，其治責大指而已。馬援守隴右，任吏以職，但總大體而已。謝安為政，務舉大綱，不為小察。羅友刺廣、益二州，在藩舉其宏綱，不存小察。源懷曰：「為貴人當舉綱維，何必事事詳細？」苗晉卿為政，舉大綱，不問小過。

子產謂子太叔「火烈水弱」，太叔不忍猛，于是鄭國多盜。武侯曰：「治世以大德，不以小惠。」及費禕政事姑息，而蜀遂以削。蓋寬猛必相濟而後可。商君刑及棄灰，過于猛者也。梁武見死刑輒涕泣而縱之。過于寬者也。《論語》：「赦小過。」《春秋》譏：「肆大眚。」合之，得政之和矣。

有士人假秦檜書者，檜曰：「有膽敢假檜書，必非常人也。」假其官資。　有人作韓魏公書，謁蔡君謨，君謨疑之，然與之三千，送致魏公。魏公曰：「士能為我書，又能動君謨，其才器不凡矣。」發書，令往見夏太尉，太尉竟官之。　吴味道假東坡名銜，封一巨卷，致京師蘇侍郎宅，公去其舊封，換題新銜，並手書子由一紙付之。明年，味道及第。檜又善待挾檜書于臨川守之陸元規，誦《黄陵廟絶句》，而待之如初。亦詭譎馭人之一端也。

儂智高之敗，有衣金龍衣者，而狄青不敢以貪功誣上。詳見《務實録》。　鬼丁之死，有識其衣服者，而盧秉不敢以疑似成欺。《宋史》：夏酋人多鬼丁之國，入寇，盧秉擊之奔潰。或言鬼丁已死，有識其衣服者，諸將請以聞。秉曰：「幕府上功，患不實。吾敢以疑似成欺乎？」他日物色之，果死。

齊師之敗而歸也，為晉所敗。辟司徒之妻問焉，曰：「君免乎？鋭司徒免乎？」鋭司徒主鋭兵者，是其父。「苟君與吾父免矣。可若何？」言餘人不可復如何？君子曰：「知所重為重，君父與夫也。」　齊王王建。使使者問趙威后，書未發，威后問使者曰：「歲亦無恙耶？民亦無恙耶？王亦無恙耶？」君子曰：「知所重為重，歲民與君也。」

嬉戲宫闈，微過也，金日磾果于殺子；賂醫酖后，大逆也，霍子孟甘于庇妻。卒之忍于子者，榮施七葉；不忍于妻者，禍至族滅。乃知日磾識遠慮長，勝子孟多多許。

趙普于投利害文字焚之。忠獻為相，于廳事坐屏後，置二大甕，凡有人投利害文字，皆置中，滿即焚之通衢。　李沆中外所陳利害，一切報罷之。曰：「惟此少以報國。朝廷防制纖悉備具，或徇所陳請，施行一事，即所傷多矣。」　韓魏公曰：「國家事，鎮之以靜。」　趙忠簡曰：「今日事，惟當静以鎮之。」

校記

〔一〕漢趙興、孫安世：原作「唐趙興」、「孫安毋」，據《後漢書·郭陳列傳》改。

古事比卷之三十八

智術

張丑、伍員之出奔也，皆以美珠之説，誑關吏而得脱。皆曰：「索我者，以我有美珠。今已亡。我且曰：『子奪而吞之』，恐而釋之。」《偶記》

楚恭王阨于陰陵，黄衰微舉足蹴之。　楚公子微服過宋，其僕操箠罵之。　周文宇文泰。阨于芒山，李穆以策擊而罵之。曰：「籠東軍士，汝曹主何在而尚留此？」　晉琅琊王睿出奔叔東安王繇為成都王穎害。河陽，為津吏所止，宋典以馬鞭拂之。謂曰：「舍長官禁貴人，而汝亦被駐耶？」

又袁覬子昂從沙門逃，關吏疑之，沙門杖之而免。　王廞子華從沙門曇冰逃，津邏疑之，沙門杖之而免。前。

晉明帝以錦鞭付老嫗給追者。微行至(于)湖，陰(察敦營(一))，王敦使五騎追帝。　桓玄亦以玉導與馮遷，止其追者。

王世充作難，皇甫無逸解所服金帶投地，追者競奪，得免。

晉胡彬為苻融所逼，糧盡，詐揚沙以示融軍。　宋檀道濟伐魏，叔孫建邀其運道，夜唱籌量沙，全軍而返。　陳侯瑱逼湘州，遏絶糧援，賀若敦聚土覆之以米，陽召村人訪問遺去。　韓潛與後趙將桃豹相守四旬。祖逖以布囊盛土，運以饋，潛又使人偽棄米而示豐飽，豹宵遁。　又魏軍攻圍南州，庾域封題空倉數十所，指示將士，云：「此中粟可支二年。」衆心以安。

渡河而為船人所疑，解衣佐刺而止，陳平也。　渡河而為船人所笑者：惠子也，西閭遇也，甘茂也。故曰：「不可小知。」《偶記》

倒用司農印，召韓旻兵而伐朱泚之謀者，段秀實也。旻襲奉天，詐為姚令言符令還。　倒用都統印，告諭諸軍而安蜀者，李崧也。　倒用都統印，以殺郭崇韜者，魏王繼岌也。　倒用留守印，詐作詔書以激諸將，魏仁浦勸郭威也。于是隱帝被殺。

齊君王后解環。秦昭王遣使遺玉連環，曰：「齊多智，而解此環不？」君、王后引錐椎破之，曰：「謹以解矣。」　兒說弟子解閉。《呂覽》：魯鄙人遺宋元王閉，兒說之弟子請解之。乃能解其一，不能解其一。曰：「固不可解也。」問之鄙人，曰：「我為之，而知其不可解也。今不為而知其不可解，是巧于我。故如兒說之弟子者，以不解解之也。」

周王亡玉簪，令吏求之，三日不得；周王令人求，而得之家人之屋間。　又周王索曲杖也，亦然。　于是吏悚懼，以為神明也。《偶記》　西門豹佯亡車轄，令吏求之不得，使人求，而得之家人之屋間。

商太宰使少庶子之市，反而問之曰：「何見？」曰：「南門之外，甚衆牛車。」于是召市吏誚曰：「市門外何多牛屎也？」　韓昭侯使騎于縣反，而問之曰：「何見？」曰：「南門之外，有黃犢食苗。」于是下令，曰：「牛馬何多入人田中也？」此以察察為明者。《偶記》

漢陰丈人抱甕灌園，子貢教以後重前輕之械，而丈人曰：「有機事，必有機心也。」　衛五大夫負缶

灌韭，鄧析教以重後輕前之械，而五大夫曰：「有機智之巧，必有機智之敗也。」賜與析，于是乎失辭矣。《偶記》

孔子遺秘書，曰：「後世有一男子，自稱秦始皇，上我堂，踞我床，顛倒我衣裳，行至沙丘而亡。」見《論衡》。又曰：「後世修吾書，董仲舒，獲吾車，拭吾履，發吾笥。」會稽鍾離意，璧有七枚〔二〕，伯藏其一，見《意別傳》。然沙丘之讖，《異苑》以為秦時童謡。前。

樗里子預知渭南章臺東有天子之宮。索靖預知姑臧城南當起宮殿。前。

秦遣士會還晉，秦大夫贈之以策，曰：「勿謂秦無人，吾謀適不用也。」吳遣于禁還魏，虞翻謂禁曰：「勿謂吳無人，吾謀適不用也。」

子犯之辭文公，曰：「從君巡天下，臣之罪實多矣。臣猶知之，而況君乎？請由此亡。」范蠡之辭勾踐也，亦曰：「主辱臣死，請從會稽之誅。」陽施陰翕之謀附耳、躡足之態，其君事後必醜之，且懼之矣。此二公之所以決于去也。武侯處先、後主；鄴侯事肅、代宗，自不至使人主有猜心也。前。

婁敬之脱輅衣裘，猶彭兼之登床責食也。敬之因虞將軍見漢高，即彭兼之因龐統見先主也。後李元忠飲酒割炙，從車上彈琵琶，以見高歡，亦用此法。大抵皆是英雄倉卒自達處。所謂使人不得不應之著也。前。

馳璧奪軍，非信、耳之疏，懼高祖之善將，而自弛以釋疑也。細柳按轡，非條侯之密，知文帝之厚遇將，而自嚴以振武也，則所遭者異也。

淮陰初見漢高，已灼見楚并于漢。孔明初見昭烈，言魏、吴在所當交，荆、益在所當取。已知鼎足之勢。魯肅見孫權，言：「漢室不可復興，曹操不可卒除，惟保守江東，以觀天下之釁。」李綱之禦金人，言：「可守而後可戰，可戰而後可和。」皆言得其要。　彼當光武之世，欲以一丸泥封函谷關；處石晉之季，而恃十萬横磨劍，不知量矣。

以殺止殺，西門豹投巫嫗、三老，而河伯不娶婦。　陳子亢欲以妻與子而殉，葬（弗）果用。陳子車死于衛。其妻與其家大夫謀以殉葬。子亢曰：「彼疾，當養者孰若妻與宰，吾欲以二子為之。」于是弗果用。

死諸葛，走生仲達。孔明卒軍中，楊儀振旅還。懿追之，姜維反旗鳴鼓，懿斂軍退。　死姚崇，算生張説。崇臨卒，誡諸子陳寶玩饋説，以神道碑請，冀石速鐫。數日索稿，碑已立。説悔云云。

温嶠擊錢鳳墜幘，而王敦不聽其讒，遂得出尹丹陽，忠而智者也。　高歡毆賀拔允折齒，而爾朱兆不疑其詐，竟得坐統六鎮，邪而智者也。　宦者趙同常害袁盎，盎患之，兄子種曰：「君與鬥，廷辱之，使其毁不用。」趙同參乘，盎伏車前，曰：「陛下奈何與刀鋸餘人載？」同泣下車。温、高，其襲此智乎？

善以無用為用：周陽侯嘗繫長安，張湯傾身事之。及出為侯，大與湯交，遍見貴人。　戴明寶被繫，黄回詐稱江夏王馬客，付右尚方。奉事竭心盡力，明寶得原啟回隨身，後為都督。　張既為小吏，家富。畜好刀筆及版奏，伺諸大吏有乏者，輒給與，以是見識，後為右職。《初涉》

幹局

汲黯過河南，以便宜發倉賑饑民。　晉鄧攸、郭默守東郡，隋張須陀為齊郡丞，先賑而後上狀。北魏楊逸刺光州，宋范純仁知慶州，亦然。　而庾域守巴西表不待報；第五訪守張掖，不奏；喬玄刺梁州，皆不表聞而開倉。　韓韶為嬴長，蘇章令武原，皆不上請而發粟。

王慈卿、許元之決練湖，曰：「便民，罪令可也。」　許仲宣之罷交兵，曰：「誅一族，活萬人，何恨哉？」

費禕為尚書令，省讀文書，舉日究意，終一不忘，接納賓客，飲食博戲，盡人之歡，事無廢閣。　韋叡督勵將士，晝接賓客，夜算軍書，張燈達曙，撫衆常如不及。

呂範釋構著袴褶，執鞭詣閣下啟事，而孫權即命領都督。　劉穆之壞布囊為袴，往見，而劉裕即署以軍吏。

孔明帥師，營壘井竈，藩籬障塞，皆應繩尺。又好治官府，次舍、橋梁、道路。　韋叡所至，頓舍館宇、藩牆，皆應準繩。

以盤盛粉置臥側，有所記則書盤中：　隋高熲也，至明録以入朝，行之。　吴越王鏐也。比老不倦。

石崇為客作豆粥，咄嗟便辦。　阮佃夫作數十人饌，造次便辦。　周浚獵，過李氏，絡秀與一婢宰猪、羊，作數十人飲食，事事精辦，不聞有人聲。

兵檄叢進，剖決如流，姚崇也。　功狀盈几，詳處無稽，張寶貞也。

蕭何獨收圖書。沛公至咸陽，諸將争走金帛、財物之府，分之。何獨先入，收秦丞相、御史律令、圖書。沛公具知天下阨塞、户口、强弱，以何得秦圖書也。　房玄齡獨收人物。玄齡征伐未嘗不從。衆争取怪珍。玄齡獨收人物致幕府，密相申結，人人願盡死力。王嘗曰：「漢光武得鄧禹，今我有玄齡，猶禹也。」

米鹽靡密，初若煩碎，然精力能推行之者，黄霸也。　根株窟穴，所在銖兩之奸皆知之，趙廣漢也。

陶侃竹頭、木屑，悉令舉掌。為荆州時，造船後，積雪始晴。廳事前猶濕，于是以屑布地。及桓温伐蜀，以侃前貯竹頭作釘裝船。其綜理微密類此。　王鍔竹頭、木屑，曾無棄遺。平州所用竹、木碎屑，無所棄。作事有程，儉而足用。

劉悛强濟有世調，善于流俗，武陵内史還都，送者數千百人，悛人人執手，係以涕泣，百姓感之，贈遺甚厚。　王導拜揚州，賓客數百人，並加霑接，人人有悦色。　周伯仁儀容弘偉，善于俛仰應答，精神足以蔭映數人。

費禕事無廢閣，及董允代之，旬日之間，已多愆滯，乃歎：「非吾所及。」　姚崇謁告十餘日，政事委積，盧懷慎不能决，崇既出，須臾裁决俱盡。

韋孝寬所經略布置，人初莫之解，見其成事，方乃驚服。　桑維翰隨事裁決，初若不經思慮，人疑其疏略，退而熟議之，然莫能易。　石曼卿視世事蔑若不足為，及聽其設施之方，雖精思深慮，不能過。

文宣帝曰：「唐邕强幹，一人當千。」　梁帝謂周捨曰：「柳惲分其才藝，足了十人。」　梁武帝曰：「經國一劉，係宗足矣。沈約、王融數百人，于事何用？」

異材不輕為世用：徐洪客、勸李密直取江都，密以書招之，莫知所之。辛讜、赴杜滔，而滅龐勛。宋張惟孝、字仲友。鍾蜚英異之，為姚希得解澧、鼎五州之圍。趙次張。獻策趙靳王，竟以讒死。

微能小慧，無益大事：宋蒼梧王之能鄙事。裁衣、作帽，遇目則能；未嘗吹篪，執管便韻。劉鋹以珠結鞍勒。為戲龍之狀以獻。宋太祖曰：「習巧之勤，移于治國，豈至滅亡？」若鄭舒以「三雋」覆宗；智伯以「五賢」滅國。才而累也，寧無才。

長短

子思曰：「聖人官人，猶匠之用木，取其所長，棄其所短。」唐太宗曰：「人不可以求備，必舍其所短，取其所長。」李夔所交，皆舍短取長，好成人之美。諸葛亮問任安所長，秦宓曰：「記人之善，忘人之過。」韓滉所辟僚佐，各隨其長，無不得人。房玄齡不以求備責人，不以己長格物。王褒不以己能責人不能。朱倨曰：「士苟有行，不必以己長形彼短，己清彰彼濁。」任昉序王儉曰：「立言必雅，未嘗顯其所長；持論從容，未嘗言人所短。」劉玄平謂霍王元軌：「無所短，何以稱其長？」樂廣但稱人之長，而其短自見。《北史》：陸卬不說人短，不伐己長。王仲祖稱殷淵源：「非以長勝人處，長亦勝人。」

後魏李諧形貌短小，兼是六指，因癭而舉頤，因跛而緩步，因謇而徐言。此善用其短者也。伊尹興土功，而長脛者蹋鍤，强脊者負土，眇目者準繩，傴僂者塗地。此善用人之短者也。

善于懷撫，短于控御，劉琨也。一日之中，雖歸者數千，而去者亦相繼。　長于支計，短于用兵，唐王思禮也。然立法嚴整，士卒不敢犯。　長于撫養，短于軍政，崔彥曾也。刺徐州。

周弘叔巧于用短。　杜方叔拙于用長。《世說》

王戎謂：「裴頠拙于用長；荀勖工于用短。」

裴景融雖才不稱學，而敏綴無倦，文辭泛溢，理會處寡。　夏侯道遷豫州刺史，雖學不周洽，而歷覽書史，閑習尺牘，札翰往來，甚有意理。

薛宣起佐吏，登宰相，及居大位，以苛察失名。　呂義為政，簡而不繁，號為「清能」，然居大位，名聲損于郡縣。《蜀志》　黄霸長于治民，及為丞相，風采不及丙魏，功名損于治郡。　褚翜以幹用稱，為縣史，事有不合，令欲鞭之，曰：「物各有所施，榱桷之材，不合以為藩落。」　宋太祖嘗以事怒周翰，將杖之，自言：「臣負天下才名，受杖不雅。」釋之。

中山王失之子期，而得之二士；魏公子失之范睢，而得之虞卿。　瑕瑜豈相掩哉？

文武

才兼文武，有穰苴、晏嬰薦曰：「文能附衆，武能威敵。」尹翁歸、田延年行縣，召故吏見，文者東，武者西。翁歸獨伏不起，曰：「翁歸文武兼備，惟所施設。」方儲、漢章帝使文郎居左，武郎居右，儲住中。曰：「文武兼備，惟所施用。」沈友、善屬文，兼好武事。嘗注《孫子兵法》。　張芝。以名臣子，文為儒宗，武為將表，徵辟不至，號「張有道」。

曹氏父子上馬橫槊，下馬賦詩。　北魏傅修期永。上馬擊賊，下馬作露版。　陳周羅㬋執筆賦詩，還如上馬入陣，不在人後。孔範語。

宋孝武嘗歡飲，令羣臣賦詩，沈慶之目不知書，口授顏師伯，曰：「微命值多幸，得逢時運昌。朽老筋力盡，徒步歸南岡。辭榮此聖世，何異張子房？」梁武帝宴羣臣，令各賦詩，曹景宗目不知書，惟餘「競」、「病」二韻，景宗操筆立成，曰：「去時兒女悲，歸來笳鼓競。借問行路人，何如霍去病？」宋太宗宴羣臣，各令賦詩，曹翰自陳，太宗笑曰：「卿宜以『刀』字為韻。」翰援筆立進。中一聯云：「曾因國難披金甲，不為家貧賣寶刀。」此與衛青之同賦；柏梁詔：「能詩者得上坐。」必青與諸臣同賦，不欲示短。　王智興之授毫；智興自言：「韜鈐發迹，未留心章句。今陪奉英髦，亦陳愚懇。」授毫得七言二十八字。　斛律金之作歌。金不識文字，高歡使作《勅勒歌》，歡哀感流涕。　寧有殊哉？

以將種起為世聞人：周條侯、蘇中郎、趙營平、辛虎臣。儒將，若祭遵、張奐、魯肅、張郃。

唐竇威家世勳貴，而威躭好文史；諸兄尚武，詆為「書癡」。　沈演之家世武弁，至演之折節好學。張欣泰好讀子史，褚淵問張長弓馬多少？曰：「性怯畏馬，無力牽弓。」淵甚異之。　苻習常山偏校，嘗遣子蒙與文士共處，經亭榭、祠廟，皆削柹染翰題詩而去。　漢郭涼雖武將，然通經書，尤曉邊事。

婁師德以紅抹額，應勇士詔。　崔圓好讀兵書，射策甲科，授執戟，自負文藝，獲武職頗不得意。　呂安國欣有文授。

武而能兼文事者：張桓侯注《易》。　後周韋孝寬參麟趾殿學士，考校圖籍。　唐薛仁貴著《周易新生本義》四卷。　《南史》：韋叡子稜，世稱該洽，叡每使説書，發摘尤精于稜。　梁羊侃少愛文史，梁武製《武宴詩》示侃，侃即席應詔。又自造《采蓮棹歌》兩曲，猶杜預癖《左傳》，馬援好篆文。皆武華也。　宋狄青著《平蠻記》、《戰陣圖》。

蜀將王平字子均。手不能書，所識不過十字，而口授作書，皆有意理。使人讀《史》、《漢》紀傳，備知大義。　石勒好使諸生讀《史》、《漢》諸書，時以意論得失。　魏將楊大眼不學，恒遣人讀書，聽之，悉皆記，口授露布，而竟不多識字也。　周將梁臺識字不多，而口占書啟，詞義可觀。

志願

顧凱之手植嘉樹于吏部庭，而憲之果為此職。　王祐手植三槐于庭，而旦果為「三公」。《偶記》

張良願封留。　丁鴻父綝願封本鄉。　朱靈願封高唐。

王勃求補虢州參軍，為藥草也。　葛洪求為勾漏令，為丹砂也。

鮑叔牙曰：「願公無忘在莒；管仲無忘束縛于魯時。」管仲曰：「願公無忘射鉤；臣無忘檻車。」馮異曰：「願國家無忘河北之難，小臣無忘巾車之恩。」魏徵曰：「願陛下無忘布衣；徵不忘叔牙之為人。」宋權邦彥曰：「願陛下無忘在濟時；臣無忘渡江時。」可謂安不忘危矣。　嵇紹曰：「臣願陛下無忘金墉；大司馬冏。無忘潁上；大將軍穎。無忘黄橋。」

韓淮陰葬母，行營高敞地，令其旁可置萬家。　于公高大門閭，令容駟馬高蓋車。　王濬起宅，門前路廣四十步，欲使容長戟、幡旗。後還益州。　宋孔甯子修宅，令門可容高蓋。　陳顒父訢立宅起門，顒曰：「當使容駟馬車。」後刺梁州。　段文昌嘗濯足于江陵大宅之渠中，曰：「我作江陵節度，必買此宅。」後果然。

錢鏐、司馬君實，皆為「警枕」。志可知矣。　蔡邕有《警枕銘》。

傅介子棄觚而歎，竟以斬樓蘭，封義陽侯；班超投筆而歎，竟以定西域，封定遠侯。古人不徒為大言如此。《偶記》

王敦每歌「烈士暮年，壯心未已」，以如意擊唾壺也。　張文詡每誦「老冉冉而將至，恐修名之不立」，以如意擊几也。　又蕭督每歌「壯士暮年」之句，輒盱衡扼腕。　宋王華閒居，常誦《登樓賦》，曰：「冀王道之一平，假高衢而騁力。」前。

司馬相如去蜀，題橋云：「不乘駟馬車，不復過此橋。」《華陽國志》：「相如初入長安，題市門曰：『不乘赤車駟馬，不過汝下。』」其郫西上有永年橋。　郭丹買符入函谷關，曰：「丹不乘使者車，不出此關。」後司馬持節諭蜀；丹持節歸南陽。　不獨終軍棄繻矣。　又吴起出衛郭門，與母齧臂盟曰：「不為卿相，不入衛門。」

周燮不讀非聖書，終以德行著名節。　柳公綽不讀非聖書，終以嚴重著名。

班超使西域，謂僚屬曰：「不入虎穴，不得虎子。」　吕蒙欲從軍，母止其行，蒙曰：「不探虎穴，安得虎子？」蒙竊隨姨夫鄧當擊賊。

郅惲恥以軍功取位。　郎宗恥以占驗見知。為吴令，占知京師當有大火，以博士徵之。恥以占驗見知，徵書到，夜置印綬通去。

裴之高曰：「我得州，必作萬通衣。」　裴之横曰：「我富貴，必作百幅被。」　胡旦誓不輸呂聖功第二人及第。　李師中對韓魏公曰：「第二人及第，固不難。」

馬援兄子少游曰：「士生一世，但取衣食僅足，乘下澤車，御款段馬，為郡掾吏，守墳墓，鄉里稱善人，斯可矣。」嵇康曰：「但願守陋巷，教于孫，時時與親舊叙契闊，陳説平生，濁酒一杯，彈琴一曲，志願畢矣。」二君徒托空言耳。

索靖之歎。曰：「大丈夫生當封侯，死當廟食。不然，閒居可以養志，詩書足以自娱，州縣之職徒勞人耳。」　蒯恩之歎。為縣差，伐馬芻，捨芻于地，曰：「大丈夫彎弓三石，奈何充馬士？」武帝聞之，即給器仗，後以軍功封都鄉侯。

不能為役：逢萌也，萌字子慶。給事縣中，為亭長，尉過迎候拜謁。既而擲盾，歎曰：「大丈夫安能為役？」遂之長安受學。　郭林宗也。貧賤，母令給事縣庭。林宗曰：「丈夫安從斗筲之役。」遂就屈宗彦學。　不事筆硯：班超也，家貧，傭書養母。嘗投筆歎曰：「大丈夫立功異域，以取封侯。安能從事筆硯間乎？」隋宇文慶也，受業東觀，既而曰：「書足記姓名而已。安能久事筆硯，為腐儒事耶？」隋趙來也。誦詩至踴躍用兵，捨書歎曰：「大丈夫安能區區筆硯乎？」後為名將。　不作章句儒：傅介子也，十四，棄觚而歎曰：「大丈夫當立功異域，何能坐事散儒？」馬燧也，與諸兄學，輟策歎曰：「丈夫當功濟四海，詎老一儒哉！」李靖也。常曰：「大丈夫遭遇，要以功名取富貴。何至作章句儒耶？」　不作博士：曹彰也，魏任城王彰曰：「大丈夫當為衛、霍，立功建號，何能作博士耶？」李瑒也，謂弟郁曰：「士大夫學問，稽博古今而罷，何用專經為老博士也？」後周宇文貴也，輟書歎曰：「男兒當提劍汗馬，以取公侯。何能為博士也？」北齊高昂也。每言：「男子當横行天下，以取富貴。誰能端坐讀書，作老博士也？」　安事一室，陳蕃也。室有穢，不除。父執薛勤曰：「孺子何不灑掃？」答曰：「大丈夫當掃除天下，安能事一室乎？」

蔡祐少與鄉人李穆齊名，相謂曰：「大丈夫當建立功業，以取富貴。安能久處貧賤？」言訖，各大哭。

梁馮道根不就郡簿，曰：「吾當封侯廟食。安能為儒吏耶？」《北史》：李賢九歲，從師受業，略觀大旨，或譏其不精。答曰：「賢豈能領徒受業？至忠孝之道，實銘于心。」李弼少有大志，屬魏亂，謂所親曰：「大丈夫生世，會須履鋒刃，平寇難，以取功名。安有碌碌依階以求仕乎？」段秀實舉明經，曰：「搜章摘句，不能立功。」乃棄去。

不拜乞錢，趙勤也。勤字益卿，劉賜姨子。幼有志操。賜國租適到，指錢示勤，曰：「拜！乞汝三十萬。」勤曰：「拜而得錢，非義所取。」終不肯拜。不受致禮，朱暉也。外戚陰就往候之，不見；致禮，亦不受。就曰：「志士也，勿奪其節。」不肯改業，桑維翰也。維翰字國僑。初舉進士，主司惡其姓「桑」與「喪」同，有勸其改業者，維翰著《日出扶桑賦》以見志。又鑄鐵硯，曰：「穿當改業。」不肯改姓，戎昱也。唐憲宗時，京兆尹李鑾欲以女妻昱，令其改姓，昱作詩不從。

志願未遂：李固云：「周觀天下，獨未見益州耳。」謝東山雅意在江湖。王羲之願遊蜀都，登汶嶺、峨眉，俱不遂其志，為沒身之恨。此皆無競之地、非爭奪者而猶不果，況功名之會所奔輳者乎？

世情

王播出鎮揚州，因訪舊遊，向之題者，皆以碧紗幕其詩。魏野與寇萊公常遊陝郊僧寺，後再至，寇詩用碧紗籠，魏詩塵滿，官妓以袖拂之。又羅向于廬州福泉寺隨僧飯，而業未嘗廢，二十年間持節歸鄉里，題壁賦詩，頗類王播，特寺僧微異耳。

飯後鐘，段文昌于江陵曾口寺，王播于揚州惠照寺。　周樸寓于閩中僧寺，晨粥卯食，携巾盂，厠諸僧下，裹飯而退，僧未嘗厭。視二公所遇亦幸矣。

盛度登第，父喜解頤；樊紀登第，父喜頤脱。其父可知矣。

鍾正甫勞問鄒志完，已知道君登極也。　劉景執禮謝景思，為得秦檜訃音也。

蘇秦曰：「此一人之身富貴，則親戚懼之；貧賤，則輕易之。况衆人乎？」　太史公曰：「汲、黯。鄭當時。之賢，有勢，則賓客十倍；無則否。况衆人乎？」　東郭先生當其貧困，人莫肯視；至貴也，乃争附之。《滑稽傳》　主父偃當路，皆譽之；及名敗身誅，争言其惡。　殷浩作豫章，送者甚衆；及廢徙東陽，親舊無復相窺。

玄齡董史，房彦謙擅美名。世南修書，虞荔、虞寄有嘉傳。未有不諛其親者。

唐令狐綯作宰相，而胡姓之人多冒「令」；温庭筠戲為詩，曰：「自從元老登庸後，天下諸胡悉帶令。」宋常褱為御史，而闔村之名概從「玉」。褱本農家子。既為御史，村人之常姓者，名皆從玉。雖走史鈴下，皆然。　甚哉！俗情之競攀附也。

待「王不留行」藥名。之餉，而致令速駕，則交誼薄矣。《世説》：術江州展在潯陽，有知故人投之，惟餉「王不留行」一斤。此人得餉，便命駕。李弘範聞之，曰：「家舅刻薄，乃復驅使草木。」　得令求「當歸」之命，而但有「遠志」，則子情絶矣。孫盛《雜記》云：初，姜維詣諸葛亮，與母相失。復得母書，令求「當歸」。維曰：「良田百頃，不在一畝。但有『遠志』，不在

「當歸」也。」

廉者不求，貪者不與，則物不虞失。《世說》：庾法暢造庾太尉亮，握麈尾至佳，公曰：「此至佳，那得在？」法暢云云「故得在耳」。　欲者不多，與者忘少，則餉不期豐。晉武帝每餉山濤，恒少。謝安以問子弟，玄曰：「當由欲者不多，而使與者忘少。」

岳飛冤死，而都人涕泣；范瓊罪死，張德遠所誅。而都人鼓舞。直道在人心也。　若魏人乃毀仁傑之祠；仁傑刺魏州，吏人立祠。及子暉為魏州參軍，貪暴，乃毀祠。越雋尚語張翕之愛。翕守越雋，有遺愛。子湍復為太守，蠻人喜迎，曰：「郎君儀貌類我府君。」後頗失其心。有欲叛者，耆老相曉，曰：「當為先府君故。」遂安。魏曾蠻人之不若矣。

覩于蕭穎士之于王丘，此前輩不可輕也。穎士憩于逆旅，風雨暴至。有紫衣翁避雨，穎士頗侮之。雨止，上馬呵殿而去，始知為吏部侍郎王丘也。明日造門謝罪，引至廡下，坐而責之。　崔湜之于張嘉正，此後輩不可輕也。嘉正始為中書舍人，湜輕之。後與議事，正出其上，湜曰：「此終君座耳。」後卒為中書令。　呂文穆之于胡旦，此同輩不可輕也。呂未第時，遊一縣，胡旦隨其父宰是邑。遇呂甚薄，有譽呂工詩者，舉「挑盡寒燈夢不成」。旦曰：「乃一渴（瞌）睡漢。」呂甚恨而去。明年首中甲科，寄語曰：「渴睡漢狀元及第矣。」胡答曰：「待我明年第二人及第，輸君一籌。」既而次榜亦首選。《問奇》

杜舍人制策登科，名振京邑，而寺僧笑曰：「不知。」與同輩遊覽，至一寺，禪僧擁褐獨坐，與語，咸出意表。問杜姓字，旁人以累捷誇之。笑曰：「皆不知。」鄭禮臣初入內庭，矜誇不已，而妓哂其德色。曰：「學士清貴，亦在人耳。至如李隲、劉承雍，亦常為之。豈能增其聲價？」韓退之名若山斗，而史不載其子為狀元。綰、兗皆擢第，兗為狀元。以此知科名之難恃也，而況不足以驚黃面頭陀，紅顏女子乎？《問奇》

有與悍者鄰，欲賣宅而避之，人曰：「是其貫將滿也，姑待之。」曰：「吾恐其以我滿貫也。」遂去之。

晉中行文子出亡，從者曰：「此嗇夫，公之故人。」文子曰：「以求容于我者，「好音遺鳴琴，好佩遺玉環。」吾恐其以我求容于人也。」乃去之，果收後車之乘。　王應勸父含投彬，曰：「江州當人强盛，能立異同；及睹衰危，必興慈愍。荆州豈能意外行事？」舒果沉含父子于江。　藺相如止繆賢走燕，曰：「趙强燕弱，故欲結君。今君亡趙走燕，燕必束君歸趙，不如請罪，則幸脱矣。」參觀足盡人情之隱。

好名

杜預鎮襄陽，刻碑，一置峴山上，一置漢水中，曰：「安知後世不為陵谷乎？」顔真卿刻姓名于石，或置之高山之上，或置之大洲之底，曰：「安知不有陵谷之變耶？」先哲之重名若此。

宋田況因奏事論政，仁宗頗以好名為非，退曰：「人主惟恐士不好名，好名則畏義，雖未能誠于盡忠，决不為不忠之事。」蔡襄曰：「忠臣論事，若避好名之嫌，則土木之人皆可為矣。」張忠恕言險佞之徒，于直言正論，指為好名歸過。令言者望風見疑，此為國之鴆毒也。」范純仁永州安置時，因疾失明，怡然就道，或謂其好名。純仁曰：「七十之年，兩目俱喪，萬里之行，豈其欲哉？若避好名之嫌，則無為善之路矣。」張繹曰：「鄒浩以極諫為罪，世歎其過直。」伊川曰：「君子當于有過中求無過；不當于無過中求有過。」嗚呼！以好名箝忠義之口，豈世之幸乎？《餘冬序録》

宋魏掞之與人交，後進以禮來者，苟有寸長，必推挽成就之。或訾其好名，曰：「使避此嫌，為善之路絶矣。」　元程思廉與人交，有終始，疾病、死喪，問遺賙恤，好薦達人物，或者以為好名，曰：「若避好名之嫌，不復敢為善矣。」前。

苻融以交結自期。仇香入太學，與融比宇。融曰：「今英雄四集，正志士交結之秋也。」香正色曰：「天子設太學，豈但使人游談其中耶？」高揖而去。郭泰使臧否相尚。延熹中，太學諸生二萬餘人。郭泰、賈彪為其冠，與李膺、陳蕃、王暢更相標榜，于是中外承風，競以臧否相尚。

梁大夫宋就夜為人灌瓜；五代馮道夜為人畊。非示恩，則沽名耳。

務實

楊瑒在官清白，吏請立石紀德。瑒曰：「事益于人，書名史氏，足矣。若碑頌者，徒遺後人作鎮一作「矴」。石耳。」《唐書》 秦孝王俊薨，寮佐請立碑，文帝曰：「欲求名，一卷史書足矣。何用碑為？若子孫不能保家，徒與人作鎮石耳。」《隋書》 若杜元凱之二碑，一在峴山之上，一沉萬山之下，非載諸史傳，後世何由知之？

狄青破邕州，斂賊屍為京觀，有衣錦龍者，又得全龍榍于其傍。衆言智高已死，當奏，青曰：「安知其非？」後智高果未死，走南詔被殺。吴都督孫歆戰敗，王濬表上已得孫歆頭，及杜預遣周旨襲樂鄉，乃生致歆，洛中以為大笑。蜀賊李順，王師破之，梟首，書功行賞。後廣州陳文璉生得李順解闕，朝廷不欲暴其事，但斬順賞璉。然則青寧失智高，不敢欺朝廷，亦知有孫歆、李順事耳。

心術

外疏而内親，周凱所以救茂弘者，君子忠厚之心也；先笑而後哭，鄭愔之所以弄武三思者，小人顛倒之術也。君子之心，惟恐人知；小人之術，欲使人惑，惟其恐人知。此茂弘所以再呼而反憾也；惟其使人惑，此三思所以不覺而登樓也。

堯天遭舟覆，顧子曰：「此豈章惇所為哉？」　子瞻舟覆，亦顧子曰：「此豈章惇所為哉？」

韓韶開倉賑流民，曰：「以此伏罪，含笑入地矣。」　温大雅曰：「若得家弟永康，我將含笑入地矣。」

汾陽上堂之拜，與光弼持泣。相如之心事也。　萊公蒸羊之逆，丁謂竄崖州，道出雷州。準以蒸羊逆之境上。欲見，拒之。家僮欲執仇，亟杜門縱博，俟行遠，乃罷。寇恂之微術也。賈復過潁川，恂敕屬縣盛供具。一人皆兼兩人之饌。恂出送于道，稱疾而還。

曹丕既篡漢，曰：「舜、禹之事，吾知之矣。」謂：「舜、禹亦只是篡，而文之以遜讓耳。」　李程曰：「舜、禹之事，吾知之矣。」

武三思嘗曰：「我不知何等名善人？」丁謂亦曰：「古今所記忠臣、孝子，皆不足信。」此狼心而梟音也。

主父偃曰：「吾生不五鼎食，死即五鼎烹耳。」偃後以罪誅。　桓温曰：「不能流芳百世，亦當遺臭萬年。」温後以逆終。

魏王遺楚王美人，王悦之，夫人鄭袖愛甚于王，知王以己為不妬也。謂之曰：「王愛子美，而惡子鼻，見王必掩鼻。」王以問鄭袖，曰：「似惡聞王之臭也。」王令劓之。袁術納馮方女，甚愛幸。諸婦思害其寵，語之曰：「將軍有氣節，當常愁涕以見欽敬。」馮氏從之，後諸婦絞殺，繫之厠，術疑不得志死也，遂不問。婦性陰險如此。小人陰類也，其賊正隱奸，有慘于妬婦之所為者：如公孫弘惡汲黯，而稱其忠；惡仲舒，而薦為王相。猶不罹其害也。至盧杞惡張鎰，則謂：「鳳翔將校，非宰相不可鎮撫。」惡顔真卿，則謂：「舊臣名高，希烈可不勞師而服。」惡李揆，則謂：「諳練故事，揆行，則人不敢辭遠。」使以譽為毀，而致三公無一生還者。痛哉！

平津擠仲舒于膠東；竇憲置何敞于濟南。意皆欲死之，而并受王敬禮。兩人無他禍，漢廷之上，不如王國矣。

喜功生事者：陸長源性剛刻，多更張舊事。王安石、薛考校一院之事，皆欲紛更之。張方平言。沈約聞人一善，如萬箭攢心。張商英詩：「每聞同列進，不覺寸心忭。」究何益耶？項籍之所以失天下，曰：「于人之功，不能記；于人之過，無所遺。」管仲論鮑叔牙：「視不己若者，不比于人；一聞人之過，終身不忘。」皆刻深之性。

丁謂為寇準拂鬚，蓋知敬準，而道州之謫，實準使酒為曹利用所中，而千古終以罪丁謂。準好以大白飲人，利用竟不濡唇。寇怒，曹亦厲聲，自此不協。章惇為蘇文忠公解蟄龍之誣。惇曰：「人臣皆可言龍。」及退，惇曰：「相公乃欲啜人家耶？」禹玉曰：「舒亶言爾。」惇曰：「亶之唾，亦可食？」至忤王禹玉，斥舒亶，而千古終以罪章惇。故君子惡居下流。

李豐依違懿、爽之間。　漢之籍福、韓安國之于田、竇。　宋之庾炳之于殷、劉。

「三桓」諷魯作三軍；曹操諷漢議九州；晉曲沃莊伯用夏正。其事則然，其心實不然也。

羅仇曰：「寧人負我，無我負人。」沮渠蒙遜伯父羅仇麴粥從呂光征河南。光平大敗，麴粥曰：「勒衆向西，凉州不足定也。」羅仇曰：「吾家累世忠孝，寧人負我，無我負人。」俄，皆為光殺。　司馬文王曰：「寧我負卿，無卿負我。」鄭小同嘗詣文王，有密奏未屏，如厠還問，曰：「未見。」文王云云。遂酖之。　曹操曰：「寧我負人，無人負我。」過呂伯奢，伯奢出行，五子皆備賓主禮，疑其圖己，夜殺八人而去。既而悽愴云云。　柳憕曰：「寧我負人，不人負我。」梁武帝舉兵至姑熟，憕與兄惲于小郊候接。時道路猶梗，憕云云。命左右燒逆旅舍，以絶後追。

王欽若初為三司判官，即奏除諸路逋負一千餘萬，繫獄者三千餘人。丁謂進用之初，即請罷兵撫蠻寇。此皆賢者舉動，一入政府，便若兩截，嗜進之志專，不難假仁以干譽；保位之謀勝，不憚肆志以求逞。其念一也。史以為改節易行，知之淺矣。

包孝肅峭直剛介，與人未嘗苟合，平時親黨，一切謝絶。然惡苛刻之吏，專尚敦厚。趙清獻以苦節著名，而其為政，乃務實，因俗施教，以惠和為本。故凡真正直者，立心必厚；真淳厚者，自處必廉。

附 厚薄

隋文帝給賜陳叔寶。每預宴，為不作吴音。叔寶嘗耽醉，使節其酒。既而曰：「任其性，不爾何以過日？」宋太祖為孟昶建第。五百間，于右掖門前，下臨汴水。又為李煜、錢俶作園宅。命作禮賢宅，以待李煜。謂煜稱疾，即以賜錢俶。自古待失國君，未有厚恤其私，曲體其情如二帝者。

吴鼎臣奏李京薦友之書，而京坐貶。京妻取鼎臣禱事數帖，索火焚之。段文昌言楊汝士、錢徽蔚章。貢舉關節，而徽等坐貶，徽取文昌、李紳屬書焚之。段文昌以楊渾之，李紳以周漢賓並屬徽榜出，皆不預。而及第者鄭郎，覃之弟；裴譔，度之子；蘇巢，李宗閔之婿；楊殷士，汝士之弟。文昌言「取士不公」。命王起、白居易覆試，黜朗等十人。錢蔚章之焚私書，不以倖免。是已難矣。李京妻之焚私書，不以修怨。不難之難乎？

舒亶以張商英手簡二紙，并王溈商英婿。所業一册，事涉干進繳進，商英落舘閣校勘。初，亶停廢，商英言其才可用，因得改官，至是乃爾。士論薄之。同時，呂吉甫亦繳王荆公私書。呂惠卿出荆公平日私書。有曰：「無使齊年知。」謂馮京與公皆辛酉生。又曰：「無使上知。」神宗始不悦荆公矣。彎弓成俗，何足多怪？按商英監鹽湖南，周師厚陰俾亶供給酒。張告蒲宗孟劾其事，周坐降官。又囑舉子干舒亶繳奏其簡，亦坐是奪官。可謂出爾反爾矣。令狐峘以楊炎署托。杜封奏炎，炎具道其事，德宗怒貶峘。峘為小人矣。

有要人以私事囑蘇頌，不聽。後當言路，極口詆公，或勸上其請托書札，頌笑曰：「訐人之私，吾豈為之？」皇祐中，李允言：「臣僚繳往還簡尺，遂成告訐之俗，自今非情涉不順，毋繳以聞。」從之。

不為人所厚，而報之以德者：朱勃于馬援。援為將軍，勃為縣令。援待以舊恩，而卑侮之。及援遇讒，勃上書訟冤。　徐平伯先。于諸葛恪。恪意甚薄。輔政待平益疏。恪被害，子建亡走，為平部曲所得，平使遣去。　紀僧真于蕭惠開。惠開性苛，僧真以微過見罰，既委任如舊。及罷益州還都，不得志，而僧真事之益謹。惠開臨終，歎曰：「僧真方當富貴，我不見也。」乃以僧真托劉康、周顒。

附 取舍

孝于其親，雖仇讎，願得以為臣，曹操之于畢諶是也。張邈劫諶母、妻，而諶逸去。　不愛其親，雖盜賊，不願以為婿，張魯之于馬超是也。超敗，奔涼州，操滅超，家屬奔漢中。

魏收謂李德父曰：「賢子文筆，終當繼温子昇。」高隆之大笑，曰：「魏常侍殊已嫉賢，何不近比老彭，乃遠求温子？」　裴度修福先寺，求碑文于白居易，判官皇甫湜怒曰：「近舍湜，而遠取居易，請從此辭。」裴謝之。　周僕射詣王公，既坐，傲然嘯咏，王公曰：「欲希嵇、阮耶？」曰：「何敢近舍明公，遠希嵇、阮？」　庾翼草隸與王羲之齊名，内外宗尚羲之，翼不平云：「兒輩輕家雞，愛野雉。」

寧取落韻之李迪，不取鑿説之賈邊。　寧取真言之蘇轍，不取險怪之劉幾。

陳餘不用李左車矣，韓信迎而師之。　袁紹已棄許攸矣，曹操跣而迎之。

子終食井上之李，而仲平不啖道傍之梨。許衡字仲平。嘗過河陽，渴甚，道有梨，衆争取啖之。衡獨危坐，曰：「非有而取之，不可。」人曰：「此無主。」曰：「梨無主，我心獨無主乎？」後庭有果熟爛墮地，童子亦不睨視。其家人化之如此。　子終辭楚相之徵。陳仲子，字子終。楚王聘以為相，逃去，為人灌園。而仲平輒喜集賢之命。衡為集賢大學士，親為擇蒙古弟子。俾為師，衡拜命，喜曰：「此吾事也。」二子取舍、進退，迥然懸絶。乃子終不免為堅瓠。《韓非子》曰：「仲無益人國，亦堅瓠類也。」仲平猶足為師表。人，顧可無益于世哉？

共卿言，不如共阿戎談。阮籍每適王渾，俄頃輒去。過王戎，良久後出，謂渾曰：「濬冲清賞，非卿倫也。」云云。與公言，不如共考使語。《北史》：房彦謙為秦州總管録事參軍，因朝集，高熲歷問河西、隴右官人景行，彦謙對之如響。熲謂諸州總管、刺史，曰云云。

附 疏密

梁柳守陽城，皇甫謐不送之，曰：「吾與柳貧時，迎送不出門。今遠送之，是重陽城太守，而輕梁柳也。」柳為謐從姑子。向柳與顔竣善，貴不加禮。曰：「吾與士遜心期久矣。安可一旦以勢利處之。」後柳繫獄，孝武對竣言，而竣不救，抑亦盡露世情矣。

許玄度停都一月，劉尹無日不往。歎曰：「幾成輕薄京尹。」　孔廣美容止，善吐論，王儉數巾車詣之。歎曰：「使我成輕薄祭酒。」

黄皓用事，唯樊建不與往來。　高肇為司徒，高綽送迎往來，封軌竟不詣。綽顧不見軌，歎曰：「平生自謂不失規矩。今日舉措，不如封生遠矣。」　諸葛思遠初統朝事，廖元儉欲與宗德豔共詣，豔不往，曰：「年踰七十，何求于少年，而屑屑造門？」　朱异用事，申英指异門曰：「此中輻輳，不至者惟大小王東陽耳。」時承與弟穉，及褚翔不至昇門。　杜密去官還家，每謁守令，多所陳托，同郡劉勝亦自蜀郡告歸，閉門掃軌，無所干及。

陳萬年候丞相丙吉，獨留衆人後，至昏夜乃歸。吉故薦之代于定國。盧詢祖曰：「我昨東方未明，過和氏謂士開。門外，已見二陸、兩潘，機、雲、岳、尼，謂：「士開當權，文士輻輳也。」森然與槐、柳並列。」謂彦師、仁惠與文宗、那延也。張説為承旨，王質、沈瀛以詣説為戒，已而質潛往説所，瀛已先在，相視愕然。裴均與崔太素俱事中人竇文場，太素嘗晨省文場，入卧内，自謂待之至厚，徐觀後榻有頻伸者，乃均也。樂朋龜謁田令孜而拜之。令孜召朝貴飲，張濬恥于衆中拜，乃先謁謝酒，令孜言，慚懼無所容。高澄納琅琊公主，崔暹懷刺墜前，崔季舒曰：「暹嘗忿吾佞，及其自作，乃過于吾。」沈約與范雲約，先期入，出懷中詔書。衍有受禪意，召范雲等告之。雲對略同約旨，雲出，語約明日復入，約曰：「卿必待我。」雲許諾，而約先入。蠅營蟻附者，不足責矣。乃外矯其迹，而競媚于昏夜，争而愈不能工。可羞，亦可憫也。

范純仁東鄰宦官陳衍園亭，衍每至不敢高聲。　王黼與宦者梁師成鄰居，密開後户，徽宗徘徊觀覽，偶見之，大不樂。　若却正與黄皓比屋；唐肅因丁謂遷居。俱見《宫室》。方見其善于自處。

殷洪喬為豫章守，都下人士附書百許函，既至石頭，悉擲水中，曰：「殷洪喬不能為置書郵。」劉禹錫干預大權，門吏接書尺日數千，一一報謝。緑珠盆中，日用麵一斗為糊，以供緘封。愚以為殷之宕蕩不情，終愈于劉之招權寡要。

校記

〔一〕至于湖：「于」字據《晉書·明帝紀》補。

〔二〕七枚：原作「七章」，據《後漢書·鍾離意傳》改。

小王東陽耳。」時承與弟穉，及褚翔不至昇門。　杜密去官還家，每謁守令，多所陳托，同郡劉勝亦自蜀郡告歸，閉門掃軌，無所干及。

陳萬年候丞相丙吉，獨留衆人後，至昏夜乃歸。吉故薦之代于定國。　盧詢祖曰：「我昨東方未明，過和氏謂士開。門外，已見二陸、兩潘，機、雲、岳、尼，謂：「士開當權，文士輻輳也。」森然與槐、柳並列。」謂彦師、仁惠與文宗、那延也。　張説為承旨，王質、沈瀛以詣説為戒，已而質潛往説所，瀛已先在，相視愕然。　裴均與崔太素俱事中人竇文場，太素嘗晨省文場，入卧内，自謂待之至厚，徐觀後榻有頻伸者，乃均也。　樂朋龜謁田令孜而拜之。　令孜召朝貴飲，張濬恥于衆中拜，乃先謁謝酒，令孜言，慚懼無所容。　高澄納琅琊公主，崔暹懷刺墜前，崔季舒曰：「暹嘗忿吾佞，及其自作，乃過于吾。」沈約與范雲約，先期入，出懷中詔書。衍有受禪意，召范雲等告之。雲對略同約旨，雲出，語約明日復入，約曰：「卿必待我。」雲許諾，而約先入。　蠅營蟻附者，不足責矣。乃外矯其迹，而競媚于昏夜，争而愈不能工。可羞，亦可憫也。

范純仁東鄰宦官陳衍園亭，衍每至不敢高聲。　王黼與宦者梁師成鄰居，密開後户，徽宗徘徊觀覽，偶見之，大不樂。　若却正與黄皓比屋；唐肅因丁謂遷居。俱見《宫室》。方見其善于自處。

殷洪喬為豫章守，都下人士附書百許函，既至石頭，悉擲水中，曰：「殷洪喬不能為置書郵。」劉禹錫干預大權，門吏接書尺日數千，一一報謝。緑珠盆中，日用麵一斗為糊，以供緘封。愚以為殷之宕蕩不情，終愈于劉之招權寡要。

之。燕樂毅伐齊，曰：「若不遂乘之，彼改過而撫民，則難慮也。」李斯說秦王曰：「今怠而不急就，諸侯復强，相聚約從，雖有黃帝之賢，不能并也。」晉羊祜勸伐吴，曰：「皓可不戰而克。若更直令主，雖有百萬之衆，長江未可窺也。」北周宇文忻勸武帝伐齊，曰：「若使更立令主，雖湯武之勢未易平也。」王者，安人而已。利人之虐，欲乘以為資，人之稱是師也，則謂之何？

天欲興項羽，而使秦殺項梁；天欲興光武，而使更始殺伯升。一家之中，本無異心，兩雄不並棲，天因假手他人耳。

會稽守通欲舉事，項梁借以召籍；沛令欲應涉，樊噲借以召劉季。英雄將出，必有庸人首謀，以動其機。

漢高方黥布以窮來歸，洗足不起以挫之。後以帳御、飲食、從官如漢王，令其大喜過望。此識先後著也。梁武方侯景以窮來歸，遽裂地而王之。其後景凡有所須，輒痛挫抑之。此以後著為先著也。然漢高踞床見酈生，而又延上坐以謝之；嫚罵以辱趙將，而隨以千户封之。其待人尤覺比跡。

事之萌也，李斯之誅，不在具五刑之日，而肇于諂二世之書。張湯之敗，不在對八使之時，而兆于摩謁居之足。魯謁居告李文，論殺之。張湯為謁居摩足，李文事下，減宣亦奏之，上以湯懷詐，遣使八輩，湯自殺。

漢亡于董卓，而兵兆于冀州。唐亡于黄巢，而禍基于桂林。龐勛。　河湟復，而唐衰。燕代割，而遼熾。

董卓誅，而賈詡勸賊李傕、郭汜、張濟于關東、西所在，復收兵攻長安，漢之亂，遂不可支；史朝義敗，而僕固懷恩請授降將薛嵩、張孝忠、李懷仙、田承嗣于河北分鎮，迄于唐亡，不可復取。詡倡禍，以成其功名也；懷恩養禍，以自固其威寵也。

周公居攝，而有漢王莽之謀。　東平輔政，而有晉「八王之禍」。

魯隱鍾巫之禍，齊襄無知之孽。　外戚禍漢，藩鎮亂唐，皆失于履霜之漸。

秦亡于匹夫，懲封建也。　東漢亡于閹豎，懲前之重三公也。　宋亡于敵，懲藩鎮也。　科目之浮，懲孝廉、中正之濫以偽也。　兩税之横，懲口分世業之淆以漏也。　傭役之慘，懲衙前弓手之派索也。　資格之滯，懲保舉超次之倖曠也。　義勇之苛，懲著籍冒名之虚耗也。《蒼崖·内、外篇》

燕郡甫割，旋納張瑴之降，則復圖金也。　京東甫復，遽狎趙范之謀，則復圖元也。　自啟其釁矣。前。

得失在呼吸之間：黄門常侍俱詣何進，惟所措置，袁紹勸于此時决之，進曰：「若輩机上肉耳。」紹曰：「事留變生，後機禍至，不知將軍税駕之所也。」　二張易之、昌宗。既誅薛，李昶謂柬之、敬暉曰：「産、禄猶在。」二人曰：「彼猶机上肉耳。」李昶曰：「吾不知死所矣。」

竇武收鄭颯等，陳蕃曰：「便當收殺，何復考為？」武不從而敗。　曹操聞召董卓，脅太后誅宦官，曰：「誅其元惡，一獄吏足矣。何必召外將？」　劉卞勸張華廢賈后，曰：「兩黄門力耳。」卞言泄，恐誅，飲藥卒。

何進誅宦官，不即决。張讓向其子婦為太后妹者叩頭，願得入辭太后。于是召諸常侍，皆復入直，進遂被害。

北齊趙王叡等謀出和士開刺兖州，山陵畢當就道。士開重賂婁定遠，願一辭覲二宮，于是得見後主及太后，出定遠，刺青州，殺趙王。

荀勖為賈充畫留内之策，而晉社墟。任愷請充鎮關中。充憂告勖，勖曰：「獨有結婚太子，不煩愬而自留矣。」既而皇儲當婚，遂不西行。　荀伯玉為蕭道成畫留外之策，而宋祚移。蕭道成徵為黄門侍郎，不欲内遷。伯玉教其遣數十騎入魏境，魏果遣遊騎入境上。道成以聞，使復本任。　王德儉為李義府畫留侍之策，而唐室危。義府斥璧州司馬。詔未下，問計德儉，曰：「上欲立武昭儀為后，君能建白，轉禍為福。」義府上表請廢后，立昭儀。召見，賜珠一斗，停詔留侍。

予君子以位，而心膂不寄，猶外也；置小人于散，而意念未忘，猶内也。故李絳罷，而吐突承璀入矣；蔡京用，而吕公著竄嶺南矣；丁大全用，而「六君子」之遠州矣。

曹操窘迫于張繡、吕布，幾死者數，幸成功者，惟在于奉迎獻帝，移駕幸許。　宇文泰、高歡之争魏主修，朱温、李茂貞之争唐昭宗，智咸踵操。

晉武平吴而怠。　隋文平陳而驕。　唐憲平蔡而侈。

宇文泰謂彭樂曰：「今日無我，明日豈有汝？」　李煜謂錢俶曰：「今日無我，明日豈有汝？」

速禍者：漢景欲削七國，而吴、楚遂反；與東漢疾横議而黨錮興、文宗急奸宄而訓注起，同轍也。

竇嬰助灌夫；趙廣漢脅魏相公；孫賀捕朱安世。有所不顧，而自禍益速。

事機之失：亡齊者后勝，非秦亡齊也。　亡趙者郭開，非秦亡趙也。　亡吴者伯嚭，非越亡吴也。

晉之篡位，以賈充；其亡，亦以充。　隋之平陳，以楊素；其亡，亦以素。立太子妃，易太子，亡之兆也。　玄感之于素，猶李敬業之于勣也。煬、武之立，素、勣力也。其子欲撲其燎，得乎？

寇萊公之復用也，以朱能《天書》；後丁謂發其詐，即以《天書》為萊公罪。　趙堯欲代周昌為御史大夫，乃薦昌為趙相；而呂后時，堯之御史大夫，即以其薦昌而罷。

德宗志在平藩鎮，遣三將，而生朱泚之變，終身不敢言，求節度則與節度，求宰相則與宰相。故藩鎮始于肅宗，而成于德宗。　文宗志在誅宦官，任訓注而生「甘露之禍」，終身不敢言，專制則聽其專制，詆辱則聽其詆辱。故宦官之禍，始于明皇，而成于文宗。

唐德宗時，張涉，以儒學入侍。　薛邕，以文雅登朝。　以贓敗，而帝心始疑，不復倚仗文臣。　周世宗違衆破北漢，自是政無大小，皆親決。

分王之策，戮于晁錯，而顯于主父。　均田之典便于蘇威，而乖于宇文融。　差役之議，拂于安石，而宜于朱晦庵。　除閹之權，難于訓注，而易于崔昌遐。　和好之盟，不當徇于秦檜，而當仍于韓侂胄時為之也。

夫贖人而不受金，則自今無贖人；《說苑》：子貢贖人于諸侯，而還其金。孔子云。　取麥而皆由寇，則明年樂有寇。齊攻魯，道由單父。單父之老曰：「麥已熟，請放民出獲。」宓子賤不許，季孫使人讓宓子，曰：「今茲無麥，自今可樹。若使不耕者獲，是使民樂有寇。」季孫赧然曰：「地若可入，吾豈忍見宓子哉？」聖賢之深憂，類此。

驪姬之愛篤，而晉獻之難深。　范蠡之恭誠，而吴國之沼速。　胥童之策智，而厲公之弒迫。　無極之見忠，而楚平之禍慘。《蒼崖·內、外篇》

藩鎮之勢，成于平安史之功。　神策之横，釀于平朱泚之難。

汴宋無日不以立法為事，而安石主更，司馬主仍。卒之，浸至靖康，「二聖」已北，而黨籍猶未除。南宋無日不以復仇為事，汪、秦主和，李、趙主戰，浸至德祐，樊、襄已破，而請幣猶未息。　元祐所守者，舊章；紹興所守者，亦舊章。　恢復之議，懲前轍；和好之議，亦懲前轍。　臨川愎而釀禍，然元祐司馬相矣；建中調停起矣。乃宣、仁之治，徒激紹聖之名；靖國所平，適深崇寧之厄。　逆檜奸而喪國，然隆興恢復鋭矣；嘉定北伐鼓矣。乃符離之敗，徒增守弱之戒；緣淮所招，祇增函首之羞。　為熙寧計者，在振仁考之蠱，而不必易祖宗之制。新法行，可也；不行，亦可。　為紹興計者，在固東南之資，而不必較西北之勝。和好議，可也；不議，亦可。　熙寧之弊，失于圖强開邊，啟異日京、貫之禍；免役青苗，其失無幾。紹興之弊，失于航海都越，喪江、淮形勢之險，納幣奉賄，其失無幾。以上《蒼崖》。

景德、建炎，不當退而退。　宣和、開禧，不當進而進。前。

奮激

重耳霸心生于曹。　勾踐霸心生于會稽。　齊桓霸心生于莒。荀省坐。　蘇秦若有負郭之田，必不佩六國之印。　主父不為親友所蔑，必不窺五鼎之食。　張儀不有下堂之恥，必無入秦之志。　范睢若無厠中之辱，不懷復魏之心。　甯越激而修文，卒為齊威之師。　班超憤而修武，終建西域之績。

劉子俱《淵海》

楊偉以別室督厲諸子。愔季父偉。謂諸子曰：「汝輩但如遵彥慎謹，自得竹林別室，銅盤重肉之食。」　宇文泰以別立，激諸牧守。命河東守裴俠別立。曰：「清謹奉公，有如俠者，可與共立。」

馬援以老更低頭激楊廣。援與隗囂將楊廣書：「今者歸老，更欲低頭與小兒曹共槽櫪而食乎？」　謝澹以比之為老激謝晦。晦刺宣州，頗有矜色諸叔，澹問年三十五，曰：「昔荀中郎年二十已為此府都督。卿比之為老矣。」晦有愧色。

高歡激六鎮殘兵以配奚；李淵激河西、太原以擊遼。皆詐為詔書，激民之怒，以成大事。

誹謗激坑焚之禍；標榜激黨錮之禍；臺諫激新法之禍；清流激白馬之禍。禍生于激，何代不然？《間奇》

料事

子房之料六國後；趙普之料各藩鎮；李沆之料少主；寇準之料渡河；王旦之料趙德明；范仲淹之料好水軍。是策事之智也。

楚禦郢人之師，莫敖請卜之，鬬廉曰：「不疑，何卜？」遂敗郢師于蒲騷。　唐時，隱巢之亂，秦王欲卜之，張公謹曰：「無疑，何卜？」果成平亂之功。

張融為封溪令，從叔永出冶渚送之，曰：「似聞朝旨，汝尋當還。」融曰：「不患不還，政恐還而復去耳。」　北朝元順領軍，徵為黃門侍郎，親友迎賀得入，順曰：「不患不入，政恐入而復出耳。」

事反所料：商之王也，以桑穀昌，以雉雊大。　宋之君以法星壽。　鄭以龍衰。　魯以麟弱。

白雉亡漢。　黄犀死莽。柳。　晉司馬侯曰：「齊有仲孫之難，而獲桓公，至今賴之；晉有里丕之難，而獲文公，以為盟主。」

伐謀

漢武帝時，嚴安上書：「今徇南夷，深入匈奴。此人臣之利，非天下之長策也。」　三國時，吴邊將多陳便宜，欲有所掩襲，顧雍曰：「此等欲邀功名，而為其身，非為國也。」陸抗亦曰：「夫争帝王之資，而昧十百之利。此人臣之奸便，非國家之長策也。」魏太武時，南邊將表請擊宋，崔伯深曰：「西北守將平赫連，破蠕蠕，多獲美女、珍寶；南邊將聞而慕之，皆營私計，為國生事，不可從也。」唐太宗時，突厥攻太原，鄭元璹持節往勞，曰：「突厥得唐地無所用；唐得突厥，不可臣而使。今掠資劫人，利歸臣下。豈若仆旌接好，則金幣一歸可汗。」頡利引還。太宗賜書曰：「知公口伐可汗也。」富鄭公對契丹主曰：「北朝與中國通好，則人主專其利。若用兵，則利歸臣下。故勸舉兵者，皆為身謀，非為國計也。」漢、魏諸公偉論，猶自為計耳。若鄭富之節，既不可奪，而識足以伐謀。宜乎其不辱命矣。

「衛青在位，淮南寢謀。」何武上封事之語。《辛慶忌傳》　「汲黯在朝，淮南寢謀。」韋處厚上疏之語。《裴度傳》

當局

趙括、嚴延年、潘岳之敗，其母知之；晁錯、顏峻、盧多遜之敗，其父知之；謝晦之敗，其兄知之；劉毅、崔胤之敗，其叔知之；韓侂胄之敗，其姪知之；伯宗之敗，其妻知之；吕禄之敗，其姑知之；符承祖之敗，其姨知之；張華之敗，其子知之；王仲舒之敗，其友知之；王晏之敗，其弟知之；蕭至忠之敗，其妹婿知之；潘炎之敗，其婦翁知之。至于主父偃、蔡京、丁謂之敗，則已亦知之，而終不易轍。甚矣，當局者迷也。

若重耳之霸，樂羊之學，老萊、北郭之隱，其妻成之；孟子之賢，雋不疑之能，陶士行之業，其母成之；陳了翁之抗直，其子成之；浮休居士之高，龔翠岩之誼，其女成之；張九齡之忠讜，鄒志完之敢諫，其友成之。雖樹立由己，端藉夾輔之助。向使前之諸人，借鑒旁觀，頓醒狂惑，何至身犯危機，卒罹奇禍也哉！《談薈》

梁、彤。趙倫。之亂，首執張華，華曰：「式乾之議，諫章具存，可覆案也。」收者曰：「諫而不從，何不去位？」華無以對。石崇被收，曰：「奴婢利吾家財。」收者曰：「知財為禍，何不早散之？」崇不能答。均無解于不見幾矣。

晁錯為內史，言事輒聽。及為御史大夫，權任出丞相右。張湯為御史，每朝奏事國家用日旰，丞相取充位，天下事皆決湯。蕭望之為御史，意輕丞相，遇之無禮。三人賢否雖不同，然均為非義。各以他事至死，抑有以致之耶！

北郭先生之辭相也，其妻勸之也。　韋世康之懸車也，其子福嗣贊之也。虞卿為趙畫策，何其工也；及不忍魏齊，卒困于大梁。春申君説秦昭王，何其智之明也；後至于李園，繆矣。馬援戒子之禍，智矣；而不能自免于讒言。豈非當局者迷乎？

善處

趙倉唐一使，而魏文侯為慈父，擊為孝子。倉唐緤北犬，奉晨鳧，文侯父子歡復如初。　漢田叔燒梁獄詞，而太后、景帝、梁王大喜，復如故。　李郃疏請順帝朝太后，而太后意安。　韓琦勸英宗盡孝，而帝不言太后之短。　史文惠浩。扣榻諫，孝宗逐諫官袁孚，自是兩宮慈孝無間。

衛太子殺江充。久之，田千秋訟太子冤，曰：「天子之子過誤殺人，當何罪哉。」帝大感悟，曰：「父子之間，人所難言，公獨明其必然。」巴東王子響殺僚佐，召戴僧静使領軍向江陵，僧静曰：「天子兒過誤殺人，有何大罪。」上不答，而心善之。事不可訓，而以感動上心，調停儲位，則誠善。惜兩武帝一太晚，一終不悟。　郅惲言廢郭后，曰：「夫婦之好，臣不敢言。願念其可否，無令天下有議。」光武曰：「惲善恕己量主。」遂（廢太子）以為中山王，太后以壽終。

史丹伏青蒲涕泣諫元帝，而太子定。　李泌誦《黄臺瓜詞》諷肅宗，而廣平王安。

程昱勸曹丕勿專軍事，而操以為善處父子之間。　王叔文勸東宮勿言宫市，而憲宗善其「恐有離間」之語。

李正己表獻錢三十萬緡，崔祐甫請以賜淄青將士，而正己慚服。契丹于封泰山時，別假錢幣，王旦曰：「于歲給内各借三萬。次年額内除之。」而契丹大慚。趙德明求粟，王旦請敕具粟京師，詔其來取，德明曰：「朝廷有人。」遂止。彼有謀而我伐之，安所得逞其狡乎？

呂夷簡之罷監軍。或請罷諸帥監軍。夷簡曰：「但擇謹厚者為之。」仁宗即委擇之。曰：「願詔都知押班，但舉有不稱者同罪。」翌日，都知叩頭，乞罷諸監軍。文彥博之使二司天官。富弼用李仲昌策，穿六漯渠。武繼隆令司天官抗言：「穿河北方，致上體不安。」二人又請皇后同聽政。彥博召曰：「何得預國家大事？汝罪當族。」二人懼，色變。曰：「未忍治汝罪，無得復然。」既而定六漯方位，復使二人往，更言六漯在東北，非正北也。

蘇軾欲奏押伴。高麗使者凌蔑州郡，押伴使臣乘勢驕横。軾使謂之：「慕化而來，乃爾暴恣，非汝導之不至是，不悛，當奏之。」押伴者懼，為之小戢。馬燧賂得旗章。賂回紇酋，得旗章為信，犯令者得殺之。至出境，無敢暴者。

郭子儀不聽元載之言，裴度却隱李賞之語，于方為元稹刺公。乃度中李逢吉之計而罷。子儀顧深服魚朝恩之心。使聽下衷甲，載復使人告軍容。此費無極所以惡郤宛于子常而殺之，漢劉粲所以誅其太弟乂也。

處危疑，在乎有識以定之：如東晉平蘇峻，宮室灰燼，温嶠議遷豫章，三吴之豪請都會稽，而王導獨謂：「古帝王必不以豐儉移都，宜鎮之以静，羣情自安。」宋，契丹得澶淵，王欽若請幸金陵，陳堯叟請幸成都，寇準獨謂：「其策可誅，惟大駕親征，敵當自退。」《叢談》

田叔為魯相，民訟王取財物，叔笞之，王發中府錢使相償之，相復曰：「王自償之。不爾，是王為惡，而相為善也。」

洛陽人有相仇者，賢豪居間不聽，曲聽郭解。解曰：「解奈何從他邑奪賢士大夫權乎？」屬曰：「俟我去，令洛陽豪居間。」善于處人，而後謂之善于處己也。

烈祖輔吴，群校多從禽，聚飲近野，搔擾民庶。上欲糾之以法，而方藉其材力。嚴求請敕泰興、海鹽諸縣，罷採鷹、鸇，可不令而止。期月之間，禁校無復游墟落者。馬軍指揮張旻下令太峻，兵謀為變。王旦曰：「罪旻，則帥臣何以御衆？急捕謀者，則震驚都邑。陛下數欲任旻以樞密，今若擢用，使解兵柄，反側者當自安。」

高帝詔陳平至軍中斬樊噲，私計召噲檻車詣長安。聞高帝崩，恐呂后及嬃怒，乃馳傳先去。詔與灌嬰屯滎陽。平立復馳至宮；哭殊悲，因固請得宿衛中。呂嬃讒乃不得行。劉表愛少子琮，琦懼禍，謀于諸葛亮，自請出守江夏。讒，禍一也，度近之，足以杜其謀，則為平；度遠之，足以消其忌，則為琦。

唐主畏太祖威名。遺書饋白金三千，太祖悉輸之内府，間乃不行。曹彬使吴越，不受饋遺，以輕舟追與之，彬盡籍其數，歸而獻之。世宗命受，盡散親識。

蘇軾拒高麗之僧；高麗僧壽介狀稱臨發，國母令齎金塔祝壽。軾密奏：「受而不報，彼得以為辭；受而厚報，是答無禮之饋。臣已退還其狀。如此處分，只是臣一面指揮，非朝廷拒絕其獻。」范仲淹焚西夏之書。知延州，移書元昊。復書悖慢，具奏其狀，焚其書不以上聞。以為「見之而不能討，則辱在朝廷，故對官屬焚之，使若朝廷初不聞者，則辱專在臣矣。」處之最為合宜。

附 不善處

張柬之不去武三思；趙汝愚不賞韓侂冑。事殊，而失一也。

鄭武姜之幸叔段；衛莊公之寵州吁。適所以害之。　子皮欲使尹何為邑，子產曰：「子之愛人，傷之而已。」

愛適為患：共叔之死，母實為之。　趙王之戮，父實為之。

劉表之傾宗覆族；袁紹之地裂兵亡。皆不善處之所致也。

朱平原之救辟陽也，陽拒之；周伯仁之救茂弘也，陽詈之。辟陽亦憾平原，而茂弘竟陷伯仁。行事過異者，禍之媒也。《裘談》

魏沈玠舟行遇風，旬日絕糧，從姚彪貸百斛鹽以易粟。彪命覆鹽百斛于江中，曰：「明吾不惜，惜所與耳。」勿與則已，而惡聲以辱之，不仁甚矣。晉王修齡貧乏，陶範載米一船遺之，卻曰：「若饑，當就謝仁祖索食，不須陶胡奴米。」勿受則已，而戾氣以詬之，無禮甚矣。皆不善處也。《玉屑》

樊系為朱泚草詔，草已，仰藥死；唐恪為立張邦昌議，書名，仰藥死。何如不草不書而死也！

張浚以王德為都統。岳飛曰：「德與瓊素不相下。一旦摳之在上，則必争。」瓊叛後，始悔。　趙汝愚遷韓侂冑防禦。葉適曰：「侂冑所望，不過節鉞。」汝愚不從，卒有「編管之禍」、「僞學之禁」。

權變

老聃至西戎，而效夷言；夏禹入裸國，而解下裳；墨子見荆王，而文錦吹笙。非苟違性，隨時所好也。

閻知微與默啜連手為戎蹋歌。富鄭公入穹廬，塗煤效契丹韻。

趙文子之忠，不敢愛其死，然亦不亡其身。大舜之孝，求之未嘗不在側，殺之亦不可得。蓋言全也。

狄仁傑含垢忍恥于偽周，卒成取日虞淵之功；吕好問辱身污迹于偽楚，張邦昌中書省。竟就敷天左袒之績。論者猶沾沾動喙，則夫受唾之師德，仰藥之唐恪，果何為哉？

使楚公子之僕不操箠而駡，門者必不出之；宋典不以馬鞭拂琅琊王馬，必不為河陽津吏所；釋曇冰〔二〕不捶王華廞子。而訶，津邏必疑而不免；李穆不以策扶宇文泰，追者必疑而不捨。其迹雖忤，其權有濟也。

管仲射鈎，鮑叔令公子僵而疾驅入國。漢王中弩，傷胸，乃捫足曰：「中吾指。」張良强起勞軍而馳入成皋。小白不僵而僵；漢王傷而不傷。一時之計，俱造百世之業。《智囊》

古人行事，有震驚天下後世，非尋常步驟可得而師者：如堯、舜以天下傳賢；伊尹放太甲于桐宫；伯夷、叔齊讓國而逃；柳下惠深夜覆寒女；魯仲連談笑却秦軍；程嬰、公孫杵臼以死而全趙孤；

田叔季主焚梁獄之詞；傅介子矯詔而斬樓蘭；汲黯矯詔而發倉廩；王霸之合河冰；諸葛孔明征孟獲，而七縱七擒；謝安當秦兵壓境，而圍棋賭墅；唐太宗縱死囚四百，而復來歸獄；郭汾陽之單騎降虜；韓昌黎之馴鰐魚；張忠定下馬呼萬歲，而靖蜀軍之叛；李文靖對使焚詔；寇萊公決策親征；虞允文不奉命出師，而成采石之功。若此者，誰得而師之？古之可師者，常也，經也。其不可師者，變也，權也。《問奇》

陳太丘吊張讓；讓父死，歸葬潁川。名士無往，陳寔獨吊。及誅黨人，讓以寔故，多所矜宥。郭林宗受賈淑吊；淑性險惡，邑里患之。林宗母喪，淑來修吊。既而孫威直後至，見受惡人吊，不進而去。林宗曰：「洗心向善，仲尼不逆互鄉。」後淑感愧，終成善士。王戎、王衍品孫秀，秀為琅琊郡吏，求品于鄉議。衍將不許，戎勸品之。及秀得志，有宿怨者皆被誅，而戎、衍獲濟焉。比諸陳、郭，或愧公道矣。

宋東川之賞不及軍士，黃震曰：「詔書稽留耳。」即給錢如西川，衆乃定。荆湖之賞不償勞，軍欲為變。趙方荆湖制置使。子葵年十三。曰：「此朝廷賜也，本司別有賞賚。」軍心一言而定。有赦詔至平江，乃偽詔也，苗、劉之變。度不可宣，而事已彰灼，卒徒急于望賜。懼有變，張浚曰：「發庫錢示行賞之意。」陰取故府所藏，登極赦書讀而張之，而散給金帛如郊賚時，人情乃定。

寇恂之盛供兼饌；賈復過潁川，恂敕屬縣盛供具。一人皆兼兩人之饌。恂出迎于道，稱疾而還。韋孝寬之多備酒肴；知尉遲迥有變，乃馳還。所經橋道皆令毀撤，驛馬悉擁自隨。又敕驛將曰：「蜀公將至，可多備酒肴、芻粟以待之。」迥果遣追，供設豐厚，所經停留，由是追者不及。元伯顏之争獻健馬。有告乃顏反者，詔伯顏覘之。多載衣裘與驛人，乃顏謀執之。伯顏逸去，驛人爭獻健馬得脱。備之甚善，而不動聲色為難能。

宋襄公之謂目夷；楚執宋公，公謂目夷曰：「子歸守國，子之國也。」曰：「國固臣之國也。」歸而守國。楚人曰：「不與我國，將殺子君。」宋人曰：「國已有君矣。」楚釋宋公。目夷曰：「國為君守之，曷為不入？」迎襄公歸。廉頗之訣趙王；秦王與趙王會于澠池。頗送至境，曰：「還，不過三十日；不還，願立太子。」王旦之請宣寇準。契丹犯邊，從幸澶州。雍王暴疾，命旦馳還。且請宣寇準至，曰：「十日之内未有捷報，當如何？」帝默然良久，曰：「立皇太子。」國有君而可制敵，目夷尤為善處。惜乎！效之者之難也。

呂頤浩側用印記；建炎之役，及水濟，術士懷家，流言，呂諭曰：「先及舟者，遷五秩。」署名而以堂印志之；其不遜倡率者，皆側用印記。事平，悉別而誅、賞之。周太祖督戰砍笠。六合之戰，周士卒有不致力者，太祖以劍砍其皮笠。明日，閲有劍迹者，悉斬之。此事異而智同。

倉卒應變，處之若無事然：李允則嘗晏軍，而甲仗庫火，允則作樂飲酒不輟。少頃火熄，密檄瀛州以茗籠運器甲。不浹旬，軍器完足，人無知者。真宗詰之，對曰：「兵機所藏，儆火甚嚴。方宴而焚，必奸人所為。若舍宴救火，事當不測。」祥符末，内帑災，縑帛幾盡。林特請和市于河外。王旦曰：「瑣微之帛，固應自至，奈何彰困弱于四方？」數日，外貢駢集，受帛四百萬，蓋旦先以密符督之也。杜紘知鄆州，嘗有揭幟城隅，著妖言其上，期為變。俄而，草場白晝火，或謂大索城中，紘笑曰：「奸計正在是，奈何墮其術中？」居無何獲盗，乃奸民為妖，誅之。蘇頌送契丹使宿恩州，驛舍火，左右請出避，頌不許；州兵欲入救火，亦不許，但令防卒撲滅之。初火時，郡中謂使者有變，救兵亦欲因而生事。賴頌不動而止。文彥博知成都，嘗大雪會客，從卒有誶語拆井亭燒以禦寒。公徐曰：「天實寒，可拆。」與之飲宴如故。明日，乃究問先拆者，杖而遣之。　薛長孺簡肅之姪。判漢州，戍卒閉營門放火，謀殺知州、兵馬監，長孺挺身諭之曰：「汝輩皆有父母、妻子，何故作此事？然不與謀者，各在一邊。」于是不敢動，惟本謀者八人，突門而出，散于村野，捕獲。　王罴知益州，戍卒有夜焚營為亂者，罴潛遣兵環其營，下令曰：「不亂者，斂手出門，無所問。」于是衆皆出。亂卒得十餘人，戮之。及旦，人皆不知。

晉武帝以夜火登樓，而愍懷太子牽裾入閤；《晉書》：宮中嘗夜失火，帝登樓望之。太子時年五歲，牽帝裾入閤中，曰：「暮夜倉卒，宜備非常。不宜令照見人君。」帝奇之。　宋仁宗以聞變遽起，而光獻皇后閉閤擁侍。《宋史》：衛卒數人作亂，夜越屋叩寢殿。仁宗遽起，曹后閉閤急呼王守忠，引兵入。后度賊必縱火，遣人挈水踵後，果舉炬焚簾，水隨滅之。所遣宦侍，后皆親剪其髮，曰：「行賞用是為驗。」故爭盡力。　誰謂宮閫倉卒無濟耶？

陳希亮告譯者。　于闐使者過秦州，壞傳舍什器，縱徒入市掠飲食。希亮使告譯者：「入吾境秋毫不如法，吾立斬。若取罪令狀以還。」使者至，無一人譁者。　蘇軾謂押伴使。　高麗入貢，使者凌蔑州郡，押伴使臣乘勢驕橫。軾判杭州，使謂曰：「慕化而來，乃爾暴恣。非汝導之不至，是不佞，當奏之。」為之小戢。

劉坦之斬鍾玄紹；　坦守長沙，王僧粲反，玄紹潛謀內應。坦佯不省，如常理訟。至夜，忽開城門以疑之。明旦，請坦問故，久留與語，遣親兵收其家書。玄紹尚在坐，因出以質，紹首伏，即斬之，而焚其書，以安餘黨。　張忠獻之誅范瓊。　瓊擁兵不來，來又不肯釋兵。忠獻與劉子羽密謀誅之。遣張浚渡江，若捕他盜者。因召瓊、浚及劉安世詣都堂計事，為設飲食。食已，子羽取黃紙舉以麾瓊，曰：「有敕詣大理置對。」擁置輿中，以浚兵衛送獄，使光世出抗其衆，且曰：「所誅止瓊，汝等固天子自將之兵也。」悉麾隸他軍，瓊伏誅。　皆不動聲色，而除不可制之害于肘腋間。非以膽識制勝者，不能措手。

哥舒翰為安西節度，差兵馬使張擢奏事，逗留不進。翰適入朝，擢懼，求楊國忠除西川節度，就第謁翰。翰數其罪，杖殺之，然後奏聞。仍賜尸，令翰决杖。太原節度王承業軍政不修。詔御史崔衆交兵于河東，衆侮易承業。李光弼聞之，素不平，至是交衆兵于光弼，出迎相接而不避。光弼怒其無禮，又不即交兵，令收繫之。中使至，除衆御史中丞，光弼曰：「衆有罪，繫之矣。若宣制命，即斬中丞。」中使寢之而還，翌日斬之。觀于張溫之不從孫堅斬董卓；溫以詔召卓，良久乃至，而詞對頗傲。堅耳語溫曰：「卓負大罪，而敢鴟張大言，其中不測，宜按軍法斬之。」溫不從。皇甫嵩之不用從子酈言。董卓拜并州牧，詔以兵委嵩。卓不從，酈說曰：「卓被詔委兵，而上書自請，是逆命也。大人仗國威以討之，此桓文之事。」嵩曰：「專命雖有罪，專誅亦有責。不如顯奏。」帝讓卓，卓愈增怨嵩，及秉政，嵩幾不免。益見翰、弼之能與識為不可及也。

郭威命白文珂代王守恩；威過洛陽，守恩肩輿出迎。威以為慢己，即以頭子命文珂代守恩。守恩猶坐客次，吏白新留守已視事于府。守恩狼狽而歸，家屬已逐出府矣。余玠以楊成代王夔。玠欲誅夔，謀于親將楊成，召夔計事，潜以成代領其衆。夔纔離營，而新將已單騎入矣。成以帥指曉之，遂相率下拜。夔至，玠斬之。此亦同召王駕鶴之事也。駕鶴久典禁兵，欲代之，恐其生變。崔祐甫召駕鶴與語，留連久之，代者白：「琇珪已視事矣。」琇珪更名志貞。《史漁》

張易以使酒止使酒；易通判歙州。刺史宋匡業使酒凌人，無敢犯者。易赴其宴，先故飲醉，就席，酒甫行，尋其少失，遽擲杯推案，攘袂大呼，詬責鋒起，匡業愕然，使吏掖就馬，自是不敢復使酒。張乖崖以嵩呼止嵩呼。守成都。一日，合軍大閱，始出，衆遂嵩呼者三。乖崖亦下馬，東北望而三呼，復攬轡行，衆不敢歡。勇尤勝石敬瑭矣。敬瑭斬三十餘人，猶不止。

風尚

漢高大度，故其時多魁傑不羈之才。　孝武好英風，故其時富瑰瑋立名之士。　孝宣精吏治，故其時萃循良核實之能。《陸宣公集》　六國合從，而辯說之材出。　劉項並世，而籌畫戰鬥之徒歸。　唐太宗欲治，而謀謨諫諍之佐來。《臨川集》

鄭伯好勇，而國人暴虎。　秦穆貴信，而士多從死。　陳夫人好淫巫，而民淫祀。　晉侯好儉，而民蓄聚。　魏侯好法律，而天下貴刑名。　魏文慕通達，而天下賤守節。　漢武好邊功，而勇鋭輕死之士充滿朝廷；好神仙，而燕、齊迂怪之徒多言方術；重農，而趙過之儔耕耘亦被其利。　唐肅、代喜陰陽鬼神，事無大小，謀之卜祝，故王璵、黎幹，以左道進。　蓋趣好殊而影表應，勢有必然者。

唐明皇好神仙，而張果老自稱堯侍中；宋章聖悦幻妄，而賀元自稱晉水部。　皆乘耳目壅蔽，而售其欺侮也。

齊桓好服紫，一國盡服；試勿衣，曰：「甚惡紫。」三日，莫有衣紫者。　鄒君好長纓，左右皆服；公斷其纓，而國中皆不服。

曹伯好田，則公孫彊出。彊，曹鄙人。以田弋説宋，執曹伯及彊，殺之。　陳侯好色，則儀行父至。　商辛淫酗，則惡來輩進。　周厲貪虐，則榮夷父起。　漢武殘剥四海，則桑弘羊擢。唐張或《弘羊論》：「上之所欲，下必有成之者。」

漢禁章奏浮詞。明帝詔：「先帝禁人上事言聖，自今若有過稱虛譽，尚書抑不省。」隋禁文章浮詞。隋文納李諤之諫，詔禁文章浮詞。泗州刺史司馬幼之上表，華艷不典實，付所司理罪。由是風俗稍改。唐誡表奏浮華。唐文宗曰：「諸鎮表奏太浮華，宜責掌書記以誡浮宕。」李石曰：「古人因事為文，今人以文害事。懲弊抑末，誠如聖訓。」

王師旦黜張昌齡、王公瑾；師旦知貢舉，唐太宗怪無二人名。師旦曰：「雖有辭華，然其體輕薄，終不成令器。二人有名無行，恐變陛下風雅。」王旦、李迪黜賈邊；迪以賦落韻，邊以當仁不讓于師。以師為衆，與注疏異。王旦曰：「迪犯不意，其過可略。邊立異說，漸不可長。」遂收迪，而黜邊。龐潁公懲范諷、石曼卿。范、石不守禮法。公奏以為不懲，則敗亂風俗，將為西晉之續。若是者，知所崇黜矣。

王旦抑兩及相門之張師德；曰：「吾于上前說師德，名家子，不意兩及吾門。榮進素定，當靜以待之。」馮京不妄詣韓琦。琦與富弼，弼，京婦翁，使往見之。京曰：「不妄詣，所以重公，豈傲哉？」馮高于師德，王高于韓矣。

沈巑之之令丹徒，云：「坐清以獲罪。」自以清廉，不事左右，浸潤日至，鎖繫尚方。武帝召問，曰：「臣坐清，所以獲罪，無以承奉要人。」「要人為誰？」曰：「此赤衣諸郎皆是。」重除丹徒令，入界曰：「我今重來，當以人肝代米，不然清名不立。」李端愿之移廬州，知抑豪強致毀。知襄郢轉運使，獻羨財數十萬，被賞。端愿言民不堪，即上其事。帝怒奪轉運使，移廬州。富弼曰：「肥上之政，何以減于襄陽？」端愿曰：「初官喜飾厨傳以干名；更事既久，知抑豪強，制猾吏，故毀隨之。」二人雖皆有激之言，然以是得罪。以是變節，豈少哉？故上慎所以風之者。

為一時所效者，則有王弘、凡動止、施為，及書翰、儀體，人皆依仿，謂「王太保家法」。范曄、性有思致，衣裳、器服，莫不增損制度，世人皆法學之。謝靈運、衣裳、器物，多改舊制，世共宗之，咸稱「謝康樂」也。陸繕。進退閑雅，趣步擯履，陳文帝使太子、諸王取則焉。

晉人重容觀，以故負美貌能清言，即雍容至顯位。然所推重，無如衛洗馬，少時乘羊車出市，觀者傾洛城，曰：「誰家玉人？」後渡江至建康，年二十七矣，尚為人看殺。次則杜弘治。右軍目之曰：「膚若凝脂，眼似點漆，此神仙中人也。」至于何晏、楷、王衍、潘岳、王濛之徒，皆以美貌聞。豈一時好尚之至，造物亦遂移嚮也。

范知璿獻所為文，宋璟判之，曰：「文章若高，請從舉選，不可別奏。」士人以書贄見趙抃，正色謂之曰：「朝廷有科舉，何不卒業，却與閒退之人說利害？」獻文自鬻者，可以止矣。

嗜癖

何晏食蒸餅，不折作十字不食；侯思正食籠餅，必令縮葱加肉；文王嗜菖蒲；武王嗜鮑魚；吴王僚嗜魚炙；屈到嗜芰；曾皙嗜羊棗；公儀休嗜魚；王莽嗜鰒魚；王右軍嗜牛心；宋明帝嗜蜜浸鱁鮧；齊宣帝嗜麵餅與鴨臛；高帝嗜肉膾；陳後主嗜驢肉；蕭穎士嗜白肉膾至三斗；後魏辛紹先嗜羊肝；唐魏徵嗜醋芹；陸鴻漸嗜茶；劉伯倫嗜酒；錢昆嗜蟹。此獨常味也。至鮮于叔明嗜臭蟲；權長孺嗜人爪甲；劉邕南康公。性嗜瘡痂；李楝之、周張褱肅、唐任正名之好服人精。異乎人矣。

周褒姒好裂繒聲。魏明帝好槌鑿聲。劉先主好結髦。嵇叔夜好鍛鐵。王粲、戴叔鸞母、王濛、張南渠好驢鳴。袁山松好唱挽歌。唐明皇好羯鼓。不好聽琴，召花奴：「取羯鼓為我解穢。」花奴，汝南王璡小字。唐莊宗好音樂。自言一日不聞樂，則飲食都不美。自傅粉墨，與優人共戲。優謂之「李天下」。梁簡文好觀陳伯之好著獺皮冠。謝靈運好戴曲柄笠。張華好帛纏鬚。阮孚好蠟屐。祖約好財。床上鼠跡。

沈文通喜吏事，資亟斷以療疾；韓持國喜音樂，藉曼聲以却暑。范德儒喜琵琶，需繁絃以就寢；桓玄詩思不來，輒作鼓吹；李翰用思苦澀，則求音樂；王筠好弄葫蘆，詩成則擲。每吟詩，注水葫蘆，傾已復注。必有待而後遣，所養可知矣。

李納性急，酷好奕棋。有時躁怒，家人密以棋具陳前，納便欣然改容，取子布算。王錫甚慕秦、漢碑刻，往往節口腹之奉以事之。孫何酷好古文，為轉運使，苛急，州縣求古碑文字磨滅者，釘于館中，孫至，辨識文字，往往至暮，不復省録文案。大凡人心有所癖，則下人得以其癖中之。鄭俠字介夫，自號「一拂居士」。好奕棋，自以左右手對局，左白右黑，精思如真敵，白勝則左手斟酒，右手引滿；黑勝，反是。

好潔者：庾炳之士大夫未出户，輒令人拭席，洗床。何敬容衣冠鮮麗，有不整，伏床熨之，暑月背為之焦。殷冲好净，小吏非净浴新衣，不得近左右。謝景仁居宇净麗，每唾輒唾左右人衣，事畢，聽一日浣濯。王思遠有客詣之，必形儀新楚，乃與促膝，去後猶令二人交帚拂其坐處。劉澄為遂安令，掃拂郭邑，路無横草，水翦蟲穢，民不堪命。王維好掃地，兩童專掌縛帚，而時不及。何佟之一日洗濯十餘遍，猶恨不足，人號「水淫」。蒲宗孟每日有小洗面、大洗面、小濯足、大濯足，一浴至湯五斛。王思微好潔，左右提衣，悉令白紙裹手；犬污屋柱，遂令易柱。米元章好潔，客去必濯其坐榻。過矣。

范藹畢之子。整潔衣服，竟歲，未嘗有塵點。　王思遠簪帽衣領，無不整潔。　何敬容性矜莊，衣冠尤事鮮麗。　封軌善自修潔，曰：「何必蓬頭垢面然後為賢？」　趙凝好自修簡，每整衣冠，必使人持巨鑑照之。

東坡唾硯，米元章遂棄與之；荆公跣登藤床，官物假用。吴夫人遂笑還之。皆潔病也。

晉人，如温太真、桓元子、袁彦道、宋武帝，皆好六博摴蒱。唐名相，如房玄齡、姚元之，微時亦皆為之。韓昌黎以道學文章自任，尤所篤好。張籍與昌黎書云：「願絶博塞之好。」杜工部有「博塞為歡娱」之詩，因歎習俗濡染，雖名流勝侶，有所不免。然偶爾嬉戲，其損猶細，至以是為事，廢時失業，温飽之貲化為烏有，紈袴之産轉瞬蕩然。撫心靦面，果何益乎？

王武子賭王愷八百里牛，勝而殺之。　爾朱文略賭高歸彦七百里馬，勝而殺之。

日以摴酒為事，王濟也。　好摴蒱飲酒，崔敬嗣也。

步兵厨有酒，阮嗣宗求為步兵校尉；大樂署焦革家善釀，王無功求為大樂署丞。是因官以求飲。

李元忠不受僕射；孟浩然不赴韓朝宗。是得飲而忘官。　皇甫亮三日不上省，對文宣曰：「一日雨，一日醉，一日病酒。」　李仲元月餘不之官。居成都圭里，起家縣令，鄉人餞之，共酣月餘，太守促行，答云：「本不之官。」

王温舒居廷，惛惛不辯，至于中尉，則心開。　張全義聲伎見之，未嘗笑，見佳麥、良繭則笑。

淵明拜火。　郗詵拜筆。　米芾拜石。

唐鄭瑤在嶺南象江得怪石，輦歸滎陽，費錢六十萬。　宋滎咨道嘗以錢三百萬貫。　虞世南《夫子廟初刻碑》，趙南仲過靈璧注視一石，李邦永以五百卒輦歸以獻。　李約見蕭子雲所書「蕭」字，梁武造寺，令子雲飛白大書一「蕭」字于壁。愛之，自江淮竭産致歸洛中，扁于小亭，號曰「蕭齋」。

寇萊公好舞柘枝，時謂「柘枝顛」。　何子華目陸鴻漸為「甘草癖」。謂：「羽溺于茗事，草中之甘，無出茶上者。」　范文正喜履霜操，時謂之「范履霜」。　唐僖宗善擊球。曰：「朕若應擊球舉，定作狀元。」　潘彥好雙陸。泛海船破，彥手抱局，口銜骰子，飄泊二日，夜方抵岸。兩手見骨，局終不捨，骰子亦在口。

晉張湛好為齋前種松柏，人謂「屋下陳尸」。　又袁山松每出游，好令左右作挽歌，人謂「道上行殯」。　又顏延之挽歌酒市。　桓伊善挽歌。

和嶠，「錢癖」；　王武子，「馬癖」；　王福時，「譽兒癖」；　唐李憕，「地癖」；善殖産。自郡至關口，田疇彌望，人謂之「地癖」。　杜牧，「睡癖」；　蔡師魯有「勇癖」；《杜詩》：「蔡子勇成癖。」張遼，「勇癖」。《東坡詩》：「張遼拳勇銳成癖。」皆無足貴。　惟杜預，「《左傳》癖」；　簡文帝自言七歲有「詩癖」；　楊欽，「文癖」；　白樂天，「章句癖」；《山中吟》：「我癖在章句。」杜子美，「佳句癖」；　李建中，「書癖」。李西臺，建中，師楊凝式書。作詩云：「我亦生來有書癖。」至于今稱之。　世謂楊敬之有「愛士癖」，更難得。　然李憕與李彭年吏部侍郎。皆有「地癖」，而憕遭祿山之難，視死如歸。豈區區「錢癖」可同日道哉？

姜師度喜渠漕，太史令傅孝忠以知星顯。　時語曰：「孝忠知仰天，師度知相地。」嘲所嗜也。　柳宗元謂崔翦曰：「好辭，工書，皆病癖也。吾不幸早得二病。」

陸續好越布。光武因敕會稽貢此布。　謝尚好衣刺文袴。諸父責之而改。　謝玄好佩紫羅囊。安戲賭，取焚之。　漢元帝、唐明皇，皆好搗鼓。　宋徽宗、金章宗，皆好捶丸。

《北史》：咸陽王坦好畋獵，鷹犬數百頭，自言：「寧三日不食，不能一日不獵。」　巢王元吉好畋獵，載網罟三十餘兩，嘗言：「寧三日不食，不能一日不獵。」俱不令終。　漢武帝曰：「能三日不食，不能一日無婦人。」

張直方好獵，洛陽飛鳥皆識之，見必羣噪。　李客師衛公弟。喜馳獵，所在鳥鵲皆噪，人謂「鳥賊」。

宋范廷召見鳥必射，所居絕鳥種。　又最惡驢鳴，聞之，輒擊殺。

魏世子好田獵。　崔琰請燔翳。惟燔翳捐褶，世子報翳已壞，褶亦去。　孫仲謀好射雉。　潘濬請撤翳。濬出，見雉翳故在，手自撤壞之。權自是不復射雉。

蔡君謨晚年多病，于茗不能飲而能玩。　呂行甫于墨，不解書而解啜。　嗜墨汁者，滕達道、蘇浩然也。　好蓄墨者，司馬溫公也。

喜焚香者：荀令君、至人家，三日坐席猶香。　劉季和、昶。　趙清獻公、所居，既去，香數月不絕。　梅學士。詢，時謂之「梅香」。

梁冀以貪園林斂怨，而亡其身。　道君以好花石病民，而喪其國。

書畫之癖：智永《蘭亭》。永有右軍《蘭亭》、神龜、如意三寶，傳弟子辨才。唐太宗命蕭翼誑得其寶，才以如意擊石棄之，促龜傷足。

趙子固《蘭亭》。孟堅，宋宗室。效米顛作寶畫船，嘗易得《五字不損本蘭亭》，至昇山，風起舟覆，子固立水中，持

《禊帖》示人，曰：「《蘭亭》已在，餘不足問。」　米元章《王略帖》。蔡攸舟中出帖示，元章求以他畫相易。若不見從，即投此江。大呼據舷，欲墜，攸遂與之。　蘇公好書畫。公言：「吾薄富貴，而厚于書；輕死生，而重于畫。」

彭淵材好古。游京師十餘年，歸挾一襲，乃李廷珪墨一塊，文與可墨竹一枝，歐陽公《五代史》草稿一束。

鍾繇盗掘韋誕墓，以取蔡邕筆法；温韜盗掘昭陵，以取逸少《蘭亭》。貪得而無所恤矣。

花癖：張籍、叫貴侯家有山茶一株，花大如盎。度不可得，以愛姬柳葉換之，人謂「花淫」。錢仁傑、吴越錢仁傑酷好種花，人號「花精」。梁緒。梨花時，折簪之，壓損帽簷，頭不能舉。

竹癖：王子猷、袁粲、李衛公。守北都，惟童子寺有竹一窠，纔長數尺。其寺綱維，每日報竹平安。

蕉癖：南漢瑺趙純節、性喜芭蕉，軒窗館宇咸種之。時稱「蕉迷」。懷素。緑天庵。

松癖：張湛、好于齋前種松。陶弘景。

嗜茶：王濛、人至輒飲之，士大夫每欲往候，必云：「今日有水厄。」王肅。一飲一斗，人號「漏卮」。

嗜酒：劉伶、荷鍤自隨。畢卓、北舍郎，釀酒熟，卓因醉，夜至甕間取飲。主者執而縛之，已知為吏部，方釋。周顗、能飲酒一石。姊喪，三日醉；姑喪，二日醉。王忱、一飲連月不醒。顔延之、遇知旧輒據鞍索飲。崔儦、一醉輒八日。孔羣、光禄卿。嘗與親旧書：「今年因得七百斛秫米，不了麴蘖事。」鄭泉、字文淵，陳郡人。仕吴，大中大夫，臨卒，語同輩曰：「必葬我陶家之側，庶化土見取為酒壺，實獲我心矣。」汝南王璡、取雲夢石甃泛春渠，以畜酒，作金銀龜、魚，浮沉其中，為酌酒具，自稱「釀王兼麴部尚書」。陳叔達叫之，曰：「給酒一斗。」號「斗酒學士」。种放。號「雲溪醉侯」。　王績、字無功。待詔門下省，曰：「良醖可戀。」

好丹術：李道古以服丹，嘔血死。　李抱貞以服金丹，不食死。　林彥振服丹砂，三年疽發。　宋薛居正服丹砂，遇毒。

歸登晚年服金石，藥發毒幾死。　以藥敗者，又有李虛中、李遜、遜弟建、孟簡、盧坦、李于。

皇甫謐服寒食散，委頓不倫，嘗悲恚叩刃，欲自殺。　李藩言太宗服天竺僧長年藥致疾。

劉向為時儒宗，乃以淮南黃白之法無效，下獄論死，得其兄陽成侯贖免。白樂天貶江州，亦為方士所惑，留意爐鼎，一夕而敗。宋潘逍遙獻方于太宗，及帝升遐，懼誅，削髮為僧。蘇子由亦曾試之，將舉火，見一大猫據爐而溺，須臾不見，術終不成。　富鄭公積黃白書一櫃，後為顒華嚴長老投之火中。至范文正得方于同舍，程明道得方于佛腹中，蘇子瞻得方于扶風僧，而皆不為，非卓然自信者，不能。

得而不敢服者：鄧郁居衡山，斷穀三十餘載，服雲母屑，為武帝合丹，帝不敢服，起五岳樓貯之。張進遠，文宣令合九轉金丸置之玉匣，云：「我貪世間作樂，不能仰飛上天，待臨死時取服。」

氣　類

吳奎相神宗，斥王安石，而親韓琦。　司馬光始事仁廟，斥張堯佐、郭承祐，而親唐介。

蕭傅殞，而恭顯薦貢禹。　王章誅，而欽永賀王氏。　九齡罷，而林甫引仙客、國忠。

子雲「美新」；伯喈「哭卓」；班固「銘竇」；華歆「諛丕」；宗元失之于叔文；龜山推轂于蔡京。比匪之傷，千古惜之。

柳宗元少年不自慎重，為王伾所知。　葉夢得少年不自慎重，為蔡京所知。

公孫弘之稱張湯。湯多詐，丞相弘數稱其美。　魚朝恩之謂元載。朝恩升座，講鼎覆餗以譏宰相，元載怡然。朝恩曰：「笑者不可測。」惟奸識奸也。

桓温以王敦為「可兒」；丁晉公謂曹馬為「聖人」；夏英公常美李林甫作相。可謂「奸雄知己」。

元載貨賄公行；王縉務聚財。二人相得甚歡。　崔光遠與楊國忠，以博徒相得。

校　記

〔一〕釋曇冰：原作「釋曇永」，據《南史·王華傳》改。而《宋書·王華傳》作「釋曇永」，姑録備考。

古事比卷之四十

嫌疑

馬援還自交阯，載薏苡一車，譖者以為明珠。後周唐瑾平江陵，歸載書兩車，或白瑾輜重悉梁朝珍玩，文帝密遣檢閱，墳籍而已。宋曹彬平蜀回，輜重甚多，或言悉奇貨，太祖令伺之，皆古圖書。向非二帝之察，又一伏波矣。漢吴恢寫書，子祐曰：「此書若成，載之兼兩。」馬援以薏苡興謗。王陽以衣囊儌名。嫌疑之際，誠先賢所慎。唐蕭廪侍父倣官南海，南海多穀紙，倣敕諸子繕補殘書，廪曰：「州距京師萬里，書成必貯囊笥，得無薏苡嫌乎？」乃止。北齊郎基寫書，潘子美遺書曰：「在官寫書，亦是風流罪過。」噫！況于書之外乎？《偶記》

郭子儀擁兵方鎮，奏除一縣官，不報，喜朝廷之不疑。渾瑊鎮河中時，奏事不下，私喜：「上不疑我。」此見二公精忠，然亦在人臣所處何如？承平之世，師保大臣不宜見輕于人主；艱難之日，握兵大將不宜見憚于朝廷。體不同也。

叔孫通諂漢，弟子百餘人，通無所言。孔光為相，弟子見師居大位，冀得其功力，光終無所薦。魯恭選辟，高弟至列卿，而門下耆生，不蒙薦舉。

杜襲為吏部，不敢用鄉曲一人，猶竇易直為相，未嘗用親故也。不欲人主觀史，因其有後戒，自改三語而上之者：房玄齡也，鄭有融也。

蕭何送子弟從軍；耿況遣子入侍；詔耿弇擊彭寵，弇以父況與寵同功。又況弟無在京師，求詣雒陽。光武詔：「以何嫌何疑而求徵？」況聞，更遣弇弟國入侍。霍光驂乘；為宣帝驂乘，帝若芒刺在背。李德裕奉册。為宣宗奉册，帝不覺毛髮灑淅。猜疑即禍萌也。

鄭衆不往太子及山陽王荆；漢明帝為太子，鄭興子衆以通經知名。太子及山陽王荆因梁松以縑帛請之。衆曰：「儲君無外交之義，藩王不宜私通賓客。」松曰：「意不可逆。」衆曰：「犯禁觸罪，不如守正而死。」遂不往，及松敗，賓客多坐，惟衆不染。邴原不謁五官中郎將；賓客如雲，原自非公事，不妄舉動。曹公微使人問之，曰：「吾聞國危不事冢宰，君老不奉世子。」曹公深重其言。王叔文不贊東宫言宫市。曰：「陛下在位歲久，如小人離間，謂：『殿下收人心，安能自解？』」太子曰：「苟無先生，安得聞此言？」嫌疑之際，人臣人子，皆所宜辨。

人臣立大功，負重望，久在君側，為所敬畏，其究必至于招疑毁。漢高祖有天下，韓信力為多，終至誅滅。霍光擁昭立宣，勢侔人主，欲傳禍萌驂乘。周亞夫平定七國，景帝怒其争栗太子，訖以無罪殺之。謝安却苻堅，晉室復存，功名既盛，險詖求進之徒，多毁短之。孝武稍以疏忌，又信道子之奸搆，至使避位出外，終以至亡。齊文宣篡魏，皆高德政之力，數强諫，不悦，曰：「德政常以精神凌逼人。」遂殺之。隋文帝受禪，高熲為相，每懷至公，積為獨孤后、漢王諒所譖罷，迨煬帝，竟以冤誅。郭子儀再造王室，德宗即位，自外召還朝，所領諸使悉罷之。李晟以孤軍復京城，不見信于庸主，使之晝夜泣，目為之腫，卒奪其兵，疑忌幾于不免。　李德裕佐武宗中興，宣宗立，罷之，終于貶死海外。若郭崇韜、安重誨，皆然也。

避嫌而改職者：傅隆徙率更令。為尚書左丞，以族弟亮為僕射。緦服不得相臨。　王球加「宣威將軍」。為義興守。從兄弘為揚州，以服親不得相臨。　馬炫轉刑部侍郎。左散騎，以弟燧司徒侍中，以親避。　楊注罷内職。宰相涉之弟。　獨孤郁罷學士。以權德輿之婿。　王起移他曹。兄播為僕射，起在選部，非便，移他曹，以集賢之職兼之。　趙光裔固辭近職。太常少卿。以兄光逢擢相，辭近職。　蘇頲表讓弟所授。頲弟詵拜給事中，頲為中書侍郎，表讓所授。玄宗曰：「近日卿父子猶同在中書，兄弟有何不得？卿言非至公也。」　李德裕避嫌不仕。元和初，以父秉國鈞，避嫌不仕。　杜從郁改授秘書丞。佑子崔羣等以父為宰相，而子為諫官，政有得失，不可使子論父。　鄭翰改博士。以父餘慶任僕射故。

民饑而食之，孔子不能使子路不見疑于魯相；韓非曰：「子路為郈令，魯以五月起衆為長溝，子路以其私秩粟為拯飯，要作溝者于五父之衢而食之。孔子使子貢往覆其飯，曰：「魯君有民，子奚為飧之？」言未卒，季孫使者讓曰：「肥也，起民而使之，先生弟子飧之，將奪肥之民耶？」孔子駕而去魯。　民寒而衣之，貫珠者不能使田單復用于齊。齊田單為相。嘗出見老人涉淄，寒不能行，解裘衣之。襄王惡曰：「單將欲取吾國乎？」巖下有貫珠者，曰：「王不如因以為己善。」下令曰：「寡人憂勞百姓，而單亦憂之，稱寡人意。單有善，而王嘉之；單之善，亦王之善也。」乃賜單牛酒。後又布令，求百姓寒者收穀之，使人聽于閭里。曰：「田單之愛人，嗟乃王之教澤也。」此非天乎？

不能避嫌：周勃令家人持兵。　楊惲治產業造室宅。

恩怨

虞丘子薦孫叔敖，丘子家干法，叔敖戮之，而虞丘子喜也；左伯豪雄。薦周舉，舉劾之，而雄悦也；崔良伯洪。薦却詵，詵糾之，而洪服也；詵劾洪曰：「惟官是視，各明至公。」洪叫而重之。楊越公薦棨毗，毗繩其左右，而素謝也；宣子舉韓厥，厥執戮其僕，而宣子喜也。宣子曰：「吾舉厥也，忠。吾乃今知免于罪矣。」並知有君乎？今舉主門生，互相噓拂，雖曰「不黨」，吾不信也。《偶記》

文廣休立。不薦程瓊，而瓊謂其不黨。晉武問淡故尚書程瓊，立對曰：「年垂七十，稟性謙退，故臣不敢舉。」邢子才專毁崔暹，而暹謂其不癡。《偶記》

咎犯與虞子羔有仇，晉文問誰可守西河者？咎犯薦羔，羔往謝之。咎犯曰：「薦子，公也；怨子，私也。子其去矣。顧吾射子也。」蓋勳與蘇正和有仇，梁鵠將殺正和，勳救止之，正和詣勳謝，勳不見，曰：「吾為梁使君謀，不為蘇正和也。」趙簡子時，解狐之舉荆伯柳；晉悼公時，祁奚之舉解狐，亦然。皆可謂直報矣。《偶記》

伯樂與尹鐸有怨，簡子以免難之賞賞鐸，鐸以其賞如伯樂氏，曰：「子免吾死，敢不歸禄？」辭曰：「吾為主圖，非為子也。怨自若焉。」　審配素與逢紀不睦，配二子為曹操擒，袁紹問紀，紀曰：「必不以二子在南為不義。」紹曰：「君不惡之耶？」曰：「先所争者，私情；今所陳者，國事。」　皇甫文備嘗誣徐有功，坐事下獄，有功出之。或曰：「彼嘗陷君，而今生之？」曰：「爾所言者，私忿；我所守者，公

法。」　王生惡張柳朔，言諸昭子，使為柏人。昭子曰：「夫非爾讎乎？」曰：「私讎不及公；好不廢過；惡不去善。」《事偶》

蘇章與故人飲，而明日按其罪也；源懷與故人飲，而明日竟劾之也。公矣，得微近險乎？《偶記》

董卓誅，而蔡邕歎；武曌遷，而姚崇泣。何其銜私恩，忘公義也。前。

袁盎之免于阨也，以盜侍兒之從吏；張説之脱于難也，以通侍婢之書生。見《姬御》。不獨絕纓事也。見《姬御》。可見委曲體人之情，自是美節。前。

顧榮分炙于行炙人，曰：「豈有終日執炙，而不知其味者乎？」趙王倫之敗，脱之于亂者，行炙人也。陰鏗授酒于行觴者，曰：「吾儕終日酣酒，而執爵不知其味，非人情也。」侯景之亂，救之于難者，行觴者也。故曰：「與不期衆寡。」前。

羊斟以羊羹不及，而敗宋也；華元殺羊食士，其御羊斟不與。及戰大棘，斟為政，遂為所敗。司馬子期以羊羹不及，而禍中山也。故曰：「不如公榮者，不可與飲。」又庾悦以鵝炙不及劉毅，而搆禍。東堂之射，悦厨饌甚盛。毅求鵝炙不答。後毅貴，表解悦官，深相挫辱。悦不得志，卒于豫章。《偶記》

梁葛周與寵姬飲，侍卒目視不輟，周並不言，竟以妻之。後拒唐師，奮勇凱旋。　環州酋蘇慕恩，部落最强。种世衡與飲入內，恩竊與姬戲，即以遺之，由是得其死力。《宋史》　金兀朮殺一卒而奪其妻，妻後因書寢持刀欲向，曰：「欲為夫報仇！」兀朮任于諸將中擇一人，即賜之。

邊軍于袍內得宮人詩，玄宗即以宮人賜得詩者，而邊軍感泣。　馬真于袍內得宮人詩，僖宗即以

宮人妻真，而後幸蜀，捍禦不離。《偶記》

須賈以綈袍賜范睢，遂得免死；錢勃以紈扇遺朱買臣，遂為上客。二子在賈、勃術中。前。

祁奚免叔向；貫高明趙王；辛慶忌救朱雲；是儀免刁嘉；呂壹誣嘉謗訕，儀獨云：「無聞。」得免。吳範免魏騰。急公之困，事殊心類。

李德裕引白敏中入相，而不用丁柔立。及貶，敏中詆之甚力，而柔立上疏訟其冤。宋李昉厚張洎而薄張泌。及罷相，洎草制深詆之，而泌朔望必詣昉。世之為立、泌者，何少哉？

劉滬嘗訟尹洙，文致其罪；因築水洛城事，而滬兄渙坐專殺一卒，尹洙上書論直，得復知滄州。牟子才嘗劾吳子明之兄子聰，而子才被御史劾其贓，仗子明言其清貧，事得解。均能不以私讎掩公論，難矣。

楚伐中山，有二人荷戈從中山君。君曰：「以一杯羹而亡國，以一飧而獲二死士。」君嘗捨飧以餔其父。父且死，曰：「中山君有事，汝必赴之。」晉文公出亡，箕鄭挈壺飧而從，與公相失，餓而不敢食，返國舉以為原令。趙盾于桑下見饑人，傾壺飧而餔之，名靈輒。靈公欲殺盾，輒為守門者，扶其車而出，問之，曰：「翳桑之餓人也。」吳邊邑卑梁女與楚邊邑鍾離小童爭桑，吳、楚遂相攻。秦穆公亡善馬，岐下野人食之，吏得三百人，公曰：「食善馬，不飲酒，則傷人。」乃賜之酒而赦之。與晉戰于韓，三百人爭死，脱穆公，擄晉君。楚宣王朝諸侯，魯、趙俱獻酒，趙厚魯薄。吏求賂，趙不與，乃以魯易趙，楚怒圍邯鄲。一壺飧耳，或以得死力，或以得于舉；一桑耳，或以之免難，或以之起爭；一酒耳，或以之報德，或以之買罪。故曰：

「恩不期多寡，期于當厄；怨不期淺深，期于傷心。」

張無盡商英。起舒亶于停廢，亶為縣尉，坐手殺人停廢。商英言其可用。而亶發無盡手簡；亶知諫院，以商英事涉干請，遂繳進手簡二紙，並其婿所業一册。王介甫倚吕惠卿為心膂，而惠卿繳介甫私書。彎弓反射，其後之薄道乎？

杜預與石鑒以宿憾相糾，而並免官。傅玄與皇甫陶以事爭譁，而並免官。

公孫賀不亟捕朱安世，或不至于父子俱死。灌夫不觸田武安，或不至于與魏其同戮。

趙王倫以宿憾收解系兄弟，梁王肜救之，倫曰：「我于水邊見蟹，且惡之。況此人兄弟輕我耶？」

桓伊嘗詣忠敬王遵，遵曰：「我聞人姓『木』邊，便欲殺之，況諸桓乎？」

河間王孝琬怨執政，為草人而射之。《北史》　齊安德王延宗為草人像武成，鞭而訊之。上。

楚師伐宋，師人多寒，楚子拊而勉之，三軍之士，皆如挾纊。楚子不能使人皆挾纊，而三軍為之暖，暖其言也。《左傳》　楚人有饋簞醪者，莊王投之于河，令將士迎流而飲之，三軍皆醉。楚王不能使河為酒，而三軍為之醉，醉其賜也。然則虛言詭賜，亦足以感士耶？《史記》

李賀不見元稹，薄其為明經也；後泥進士。　蘇子美不許李定預賽神會，鄙其為任子也；後興大獄。

虞雍公雅善汪聖錫，因目疾未親，遂稍相失。　劉仲通請為吕獻可書丹，見墓文復遲回，遂稍自損。

欒布為將軍，曰：「窮困不能辱身，非人也；富貴不能快意，非賢也。」常有德者，厚報之；有怨，必以法滅之。

李訓、鄭注，平生絲恩髮怨，無不報者。　楊炎以復恩仇為事。　桑維翰恩怨必報。故人韓魚通謁，奏授學士，置酒開懷，曰：「朱炳為吾召來，一如魚禮。」他日又曰：「姜岵。雖相鄙薄，君子不念舊惡。為吾作書召之，當與一官。」至，有吏忽執岵云：「謀反當斬。」岵大叫：「韓魚召我來，我何罪斬之？」魚告疾還鄉，翰一日見岵曰：「場屋譖謔，何報之深。上訴天帝矣。」不久，果死。

一飧之德必報，睚眦之怨必仇：范睢也，法正也，王猛也，南卓也。貧遊上蔡，牧待之為客。吏所沮，每宴集，即云：「卓以衣冠敝，不敢赴。」由是愈困，惟城南齋飯嫗待之不厭。後十七年，守蔡，遂刑吏而報嫗焉。

明皇因蕭嵩言用韓休為相，李林甫乃為休請。休德林甫，而與嵩有隙，休為林甫所弄也。何澹為周必大所厚，澹欲遷官，必大不即從，而留正遷之。澹憾必大而劾罷之，必大為正所形也。要之求進愈亟，故恩怨厚薄有時而移。《筆涉》

附 仇隙

晁錯、袁盎二人未嘗同堂語。盎素不善錯。錯所居坐，盎輒避；盎所居坐，錯亦避。　李光弼、郭子儀不交一言。俱為安思順牙門都將，二人不相能。雖同盤飲食，常睇目相視，不交一言。　李抱貞、馬燧不復相見。二人怨隙甚深。

趙溫與郭汜爭睚眦之隙。

李文欲傷張湯，有可以傷湯者，無不為，湯論殺文。　李敢傷大將軍，衛青。而霍去病射殺敢。

因怨以報怨：曹宣移孫堅收王叡。叡素輕堅，又與宣不相能。及叡舉兵討卓，宣慍，詐檄移堅收叡，叡刮金飲之而死。

盧杞引嚴郢發楊炎罪。貶炎崖州。楊炎用庾準殺劉晏。炎欲殺晏。知準與晏有隙，用準荆南節度。準上言，得晏與朱泚書，于是殺晏。　李逢吉用韓愈激李紳。逢吉忌紳剛，而愈勁直。乃以為京兆尹，免臺參，以激紳。果不相下，詆訐紛然，兩罷之。

本相善也，而仇：杜曾銜郭舒。舒少與杜曾善。曾嘗召之，不往，銜之。曾密襲舒，逃遁得免。　劉遜絶祖珽。遜、珽以文義相得，結雷陳之契，為弟俊聘珽女。珽之將免趙彥深也，先告遜，仍付密啟令奏。彥深頗知之，先自申理，珽疑遜告。及珽被出，遜遣弟離婚。其輕交易絶如此。　崔居儉報崔協。協父彥融與崔蕘素善。蕘見尺題在案，皆賂遺寺人者。後蕘為左丞，彥融除司勳，通刺不見，曰：「行止鄙雜。」丞相知之，改楚州刺史，卒任。誡其子曰：「世世無忘崔蕘。」協為兵部侍郎，與中書舍人崔居儉相遇，協厲聲曰：「崔蕘之子，何敢相見？」居儉亦報之，左降詹事。　公孫表銜封愷。表與愷友善。後為子求愷從女，不許，銜之。及封氏為司馬國璠所逮，表因證其罪，乃誅封氏。表後為王亮奏，縊殺帳中。

求交不得也，而仇：王智詬蔡邕。徙五原，赦還。五原太守王智餞之，酒酣起舞，屬邕，邕不為報。智，王甫弟也。素貴驕，詬曰：「徒敢輕我？」邕拂衣而去，智銜之。　孫禮害郎顗。顗隱居海畔，延致學徒，晝研精義，夜占象度。同郡孫禮積惡兇暴，慕顗名德，欲與親善。顗不顧，遂為所殺。　荀愷怒武茂。愷，世祖姑子。自負貴戚，要與茂交，拒而不答，由是見怒。楊駿誅，愷以茂駿姨弟，遂枉見殺。　顔竣恨沈璞。竣願交璞，璞不酬其意，竣以致恨。及世祖至都，譏璞奉迎之晚，横罹其禍。

謂其輕己也，而仇：何無忌傷殷仲文。無忌鎮東陽，仲文出為東陽守。許便道修謁，無忌令殷闡孔寧子，撰《義攉文》，以俟其至。仲文失志恍惚，遂不過府。無忌疑其薄己，中傷之。　王述恨王羲之。述為會稽，以母喪居郡境，羲之代述，一吊不重詣。述每聞角聲，謂當詣己，灑掃待之。羲之竟不顧，述深以為恨。及述為揚州，周行郡界，而不過羲之，臨發，一別而去。

有所求不許也，而仇：王鳳奏王商。商按問琅邪太守楊肜罪，鳳請之不聽。陰求商事，奏請訟獄，發病嘔血卒。 郭鐸銜欒運。鐸嘗以私事請托，運不許，銜之。及為丞相長史，遂左遷運為湿陽令。 元稹詆令狐楚。稹求楚薦之，不應。稹既得志，楚之再出，稹有力焉。復于詔中發楚宿事，以詆訾之。 謝靈運毀孟顗。顗守會稽，靈運求迴踵湖為田。又求始寧休崲湖為田。顗固執不與，靈運言論毀傷之，與顗遂搆讎隙。 胡諧之搆范柏年。諧之就柏年求良馬。柏年謂使人曰：「馬非狗子。」使人歸曰：「柏年云胡諧之是何傒狗無厭之求。」諧之切齒，言于帝，曰：「柏年欲擅一州。」又云：「見獸格，得而放上山。」于是賜死。

嗤鄙其文也，而仇：到洽銜劉孝綽。孝綽與溉、洽友善。孝綽自以才優于洽，每嗤鄙其文，洽深銜之。孝綽為廷尉，携妾入官府，洽劾奏免官。孝綽弟與書論不平十事，其辭皆鄙到氏。 劉鄴報鄭仁表。鄴少時，投文于洎子仁表，嗤鄙之。咸通末，鄴為相，仁表竟貶死南荒。 劉瑑出薛逢。瑑詞藝不逮逢，逢每侮之。瑑為相，出逢刺巴州。

互訾著作也，而仇：陳奇為游雅所惡。高允與奇讎溫古籍，稱「通識非凡學所窺」。雅謂允私奇，乃取奇所注《論語》、《孝經》燔于庭內。雅製《昭皇太后碑文》，奇刺發其非，雅有屈焉。 魏收、邢邵相訾毀。收常譏陋邵文。邵曰：「任昉文，收大偷竊。」收曰：「伊常于《沈約集》中作賊。」

嘲誚也，而仇：喬琳與畢燿。琳好譏詣侮謔僚列。同院畢燿初與琳嘲誚往復，因成釁隙。 謝朓與江祏。嘗詣朓。朓言有一詩，呼左右取，既而便停，云：「定復不急。」祏以為輕己。後祏及弟祀、劉渢、劉晏候朓，朓曰：「可謂帶二江之雙流。」以嘲弄之。祏轉不堪，搆而害之，收朓。 甄琛與邢巒。琛拜官，諸賓悉集。巒晚至，琛以言戲巒，巒變色銜忿。

親戚也，而仇：謝安為婿王叔寶搆。 王鉷告楊慎矜。 柳勣告杜有鄰。以上見《親戚》。

宗人也，而仇：劉覽劾孝綽。覽無所私。姊夫御史中丞褚湮、從兄吏部郎孝綽，在職頗通臟貨。覽劾奏，並免官。孝綽曰：「犬嚙行路，覽噬家人。」沈豫害穆夫。沈穆夫及父警坐孫恩事逃匿。先是宗人沈豫素無士行，為警所疾。至是告官，警父子遇害。朱漢賓報友謙。朱友謙入朝，明宗以故人置酒于第。漢賓以大觥奉友謙，曰：「與公在梁朝，以宗姓相厚。自公入朝，三發單函候問，略無報復，忽于卑位，不已甚乎？」不數日，謙赤族。崔季舒領暹。暹嘗于朝堂屏人拜之，曰：「若得僕射，皆叔父之恩。」

其交惡也：朱買臣、張湯。買臣與嚴助俱貴用事。湯尚為小吏。湯以廷尉治淮南獄，排陷助，買臣怨湯。及買臣為長史，湯行丞相事，故凌折之。買臣遂告湯陰事，湯自殺，武帝亦誅買臣。戴長樂、楊惲。人上書告長樂，長樂疑惲教之，亦上書告惲罪。孔融、郗慮。與融互相長短，以至不穆。許邵、李逵。邵邑人。壯直有高氣。邵初善之，而後為隙。徐宣、陳矯。宣，廣陵人。與同郡陳矯並為紀綱，齊名，而私好不協。孫禮、盧毓。禮，涿郡人。與毓同郡時輩，而情好不睦。楊儀、劉巴。不睦。劉瑀、何偃。瑀、偃有隙。瑀發背癰，偃亦發背疽。瑀疾已篤，聞偃亡，歡躍叫呼，亦卒。顏師伯、沈慶之。慶之預朝政，師伯不與參懷。曰：「沈公爪牙。」慶之聞而切齒，乃洩其謀，尋伏誅。魏收、王晞。收副昕使梁，不叶。昕弟晞親密。孝昭令陽依之，典詔誥，留收在鄴，蓋晞所為。收大不平，及除祖珽，欲以代收。李愔曰：「詔誥悉歸楊子列，著述復遺祖孝徵，文史頓失，恐魏公發背。」楊纂、蕭瑀。纂副瑀河東巡察。與瑀不叶，屢相表奏，瑀因以獲罪。吳道元、陸贄。道元與贄等同視草，爭寵，頗相嫌恨。贄性褊急，屢于上前短道元。贄攏內職，皆道元譖之。聶嶼、呂敬怡、呂夢奇。嶼與怡、奇不足，同搆嶼，殺之。魏收挫崔㥄。求人修《起居注》，或曰：「魏收。」㥄曰：「收輕薄徒耳。」引祖鴻勳，收銜之。收聘梁，過徐州，㥄備鹵簿出迎，使人相聞，曰：「勿怪儀衛多，稽古之力也。」報曰：「崔徐州建義之勳，何稽古之有？」收挾宿憾，故以此挫之。㥄不平此言。及收典國史，㥄恐被惡言，乃悅之，曰：「昔有班固，今則魏子。」收縮鼻笑之，而憾不釋。楊寬案柳慶。寬與慶有隙。及慶除宜州，寬囚慶故吏，案驗六十餘日，終無所言。楊炎撾李大簡。先是李大簡因酒辱炎，至同在河西使府，炎執縛大簡，以鐵鞭撾之。

衛瓘斥帳下督榮晦，而難及子孫。瓘為司空，帳下督榮晦有罪，斥遣之。及難作，隨兵討瓘，故子孫皆及于難。後劉繇上言誅晦。　潘岳撻小吏孫秀，而禍夷三族。岳為琅琊內史。小吏孫秀狡黠，數撻辱之。及倫輔政，秀遂誣岳謀奉淮南王、齊王為亂，夷三族。

李含終為皇甫商所中。含為河間王顒長史。商諂顒，含曰：「商，倫之信臣，不宜數與相見。」商恨之。及商還都，顒置酒餞行，商因與含忿爭，顒和釋之。顒表含為河南尹，商復被長沙王乂任用，說乂殺含。　崔暹終為司馬子如所傷。子如以贓賂為暹所劾。文宣赴晉陽，子如通狀，由是季舒及暹徙北邊。

兄弟同被仇害：解結議孫秀罪應誅，秀致恨，及兄系被害，結亦同戮。　江祏謀廢立，事發，使袁文曠取祏，以刀環築其心，祏、祀同日被殺。

弟糾人，而兄受害：高道穆糾李世哲，大相挫辱。而神軌啟殺謙之。哲弟神軌為靈太后寵任，值道穆兄謙之為家童訴，神軌啟詔賜死。

報怨于身後：楊駿議鄭默之贈官。駿欲以女妻默子豫，默辭之，駿深為恨。默卒，衛瓘奏宜贈三司。駿議不同，遂不施行。　王晏執王儉之謚。晏與儉有隙。儉卒，議謚「文獻」，晏執宋末不加素族。　鍾嶸品沈約之詩。嶸求譽于約，約拒之。約亡，嶸品約詩云：「辭密于范，意淺于江。」蓋追宿憾也。

因絕婚而成隙：束璆、晳兄璆娶石鑒從女，棄之。鑒以為憾，諷州郡不辟，故晳等久不得。　王珣、王珉。兄弟皆謝氏婿，以猜疑致隙。安既與珣絕婚，又離珉妻。由是二族遂成仇隙。

婚媾，而不平：何尚之與劉湛也。　崔浩與李順也。見《親戚》。

當雠，而不雠：褚淵、江斆子湛娶淵姑，被遣。淵引斆為長史。　吉茂。同產兄黃為鍾繇所收，伏法。歲餘，繇舉茂，而茂就之。

附報仇

楚平王殺伍奢，收其二子。尚棠君。謂胥曰：「子其行矣，我其歸死。我能死，子能報。」胥貫弓執矢，使者不敢進，卒報父讎。宋廢帝殺沈慶之，收其二子。文叔謂文季曰：「我能死，子能報。」文季揮刀馳馬，收者不敢追，亦卒報父讎。二事何奇合哉？胥與文季，後又俱以冤死。《偶記》

以吴伐楚，鞭平王尸而報父讎者，伍員也；以隋伐陳，焚武帝尸而報父讎者，王頒也。頒不及員，然其義較員尤正。前。

楚悼王死，宗室大臣作亂，攻吴起，起走之，王尸而伏；擊起者並中王尸。太子立，請誅射吴起，而並中王尸者。齊大夫刺蘇秦，齊王求賊不得，秦且死，謂王曰：「車裂臣以徇于市，臣之賊必得矣。」如其言，而殺蘇秦者果自出。身死而能以術自報其讎。《智囊》

趙憙報兄讎，伯陽，宛人。從兄為人殺，年十五，結客復讎。值其病不殺，俟其愈乃殺之。陳剛為友報讎，值其醉不殺，醒乃殺之。義哉！前。

漢明帝時，司馬叔持白日于都市手劍父讎，視死如歸，命班固為誄。趙娥父安為李壽所殺，娥帷車袖劍，白日刺壽于都亭，尹解印，縱娥，娥不肯去，遂强載還家。《魏志》孝女王舜，父子春為從兄長忻所殺。舜時年七歲，撫兩妹及長，各持刀踰牆，殺長忻夫婦，詔特原之。《北史》衛無忌父為鄉人衛

長則所殺，無忌甫六歲，逮長，于從父坐抵以甓殺之，太宗原其罪。《唐書》

諸葛靚父誕為晉文誅，終身不向朝廷而坐；王裒父儀為晉文誅，終身未嘗西向。意不忘仇也。

蒲弓木戟，狐黶所以成子崔之孝也。師覺授《孝子傳》云：「仲子崔者，仲由子也。子路赴蒯聵之亂，衛人狐黶時守門，殺子路。子崔既長，欲報父讎。黶知之，曰：『夫君子之勇，不掩人不備，須後日于城西決戰。』黶持蒲弓木戟，與子崔戰而死。」

脱衣與擊，襄子所以成豫讓之義也。衣盡出血，襄子亡。

已死之軀，殺賊報怨：周虓也，虓字孟威。為苻堅所獲，守節不屈。堅曰：「殺之，適足成名。」乃苦拷楚，不食而卒。堅剖棺臨視，虓尸歘迴眸屬堅。陸超之也，晉安王子懋被殺，子琳之勸逃，超之曰：「非惟孤晉安之眷，亦恐田横客笑人。」端坐俟命，超之門生謂：「殺超之當得賞。」密手刃之，頭墜而身不僵，門生亦助舉棺，棺墜壓首，折頸而死。裴坦也。偽蜀節度王宗黯貪賄。巫山令裴坦無所獻，黯誣以他事，生沉灩澦堆，三日屍不流，卓立水面，正視衙門。黯得疾，暴卒。

報讎，而見原：漢董黯、字叔達，鄮人。仲舒六世孫。事母孝，鄰王寄無行，二母相見，各言其子，寄銜之。伺黯出，毆其母，竟不起。黯哀毀廬墓，俟王母卒，葬，斬寄頭，祭母墓。事聞，和帝釋其罪。魏朱朗、永興人。父為烏傷長陳頵所殺。朗志在報讎。頵死，朗至其家，刺其子，殺之。魏出其勇，擢為揚武將軍。齊聞人敻、吴興人。年十七，父為讎家所殺，遂散財結客，手刃父讎，自繫縣獄。有司上其事，齊高帝赦之。朱謙之、錢塘人。數歲母亡，假葬田側，為族人幼方燎火所焚。年長，手刃幼方，詣獄自繫。別駕孔稚圭、記室劉璡左、西掾張融與豫章王嶷上言之。世祖嘉其義。幼方子惲伺殺謙之，謙之兄選之又刺殺惲，悉赦之。後趙思舉、絳州人。父為人殺。思舉長而手殺讎人，高宗原之。刁彝、協子。少遭家難。王敦誅後，彝斬讎人黨，以首祭父墓，詣廷尉請罪，朝廷特宥之。王談、父為鄰人竇度殺。談密布利鍤若耕鉏者，度嘗乘船經橋下，談以鍤斬之。歸罪于有司，太守孔巖義其孝勇，列上宥之。坦閬、母墓為東阿寺道人曇雒等所發，與弟閎殺雒等五人，詣官歸罪，見原。宋越、父為蠻所殺。殺其父者出郡，越于市中刺殺之。太守夏侯穆嘉其意，擢為隊主。錢延慶、吴興長城人。父仲期為同縣吴慶恩殺。慶出馳還于庚浦埭，逢恩手刃殺之，自繫烏程縣獄。太守郗顒表不加罪，許之。成景雋、范陽人。父安樂仕魏，常邕和殺安樂，以城附梁。景雋謀復讎，因殺魏宿預城主，以地南入購人刺殺邕和，重購邕和家人鴆殺其子弟。武帝義之，每為屈法。梁張景仁、廣平人。父梁為同縣韋法殺。景仁年長，遇法于公田渚，斬其首以祭父墓，詣郡自縛，太守蔡天起上言，原罪。李慶緒、廣漢郪人。父為人害。慶緒白日手刃其讎，自縛歸州，州將義而釋之。元郎、父東阿公順。「爾朱之亂」為陵户鮮于康奴所害。郎年十七，枕戈潛伏積年，手刃康奴，以首祭順墓，詣闕請罪，朝廷嘉而不問。孫益德、母為人害，童幼為母復讎。文明太后以其幼而孝，決又不逃罪，特免之。杜叔毘、初為梁蕭修參軍。兄君錫從子映、晰為曹策害，叔毘志在復讎，恐坐及母。母曰：「曹策朝死，吾以夕殁，亦所甘心。」遂白日手刃策于京城。面縛請戮，太祖特命赦之。王君操、即墨人。父隋末為鄉人李君則毆殺，則亡命。貞觀初，遂詣州府，君操密袖白刃刺殺之，取其心肝，咀食立盡。詣刺史具自陳告，甘從刑憲。太宗特詔原免。賈淑。介休人。為叔宋瑗報讎，捕繫當死。鄉人郭泰請縣令應操陳其蹈義。郡上言，乃得原。亦不可常施之典也。

報讎，而減死：梁悦、富平人。為父殺讎人秦杲，自投請罪。敕從減死之法。韓愈獻《復讎議》。康買德、父憲，為張泣乘醉拉，憲氣息將絶。買德年十四，以木鍤擊泣首，後三日致死。孫革奏，減死一等。高弘超。洺州平息人。父暉為鄉人王感殺。超挾刃報之，遂携其首自陳，李殷引康買德、梁悦事，減死一等。

報讎，而不原：張琇、父審素為楊汪搆成其罪，斬之。琇與兄瑝坐徙嶺外，逃歸。汪轉侍御史，改萬頃，瑝、琇候于都城殺之，繫表于斧刃，逃奔，為捕者所獲。張九齡欲活之，裴耀卿、李林甫言法不可縱。玄宗以為然。瑝、琇既死，士庶為作哀誄，斂錢葬北邙。又恐萬頃家發之，並作疑塚數具。徐元慶、下邽人。父爽為縣尉趙師韞所殺。元慶手刃父讎，自囚詣官。陳子昂議誅元慶，然後旌其閭。柳宗元駁之。余訔安。衢州人。父及叔為方全所殺，訔安年十七，乃報殺之。刺史元錫義之，表請百僚詳議。詔死，時歎其冤。

報讎，而見殺：杜詩、坐遣客為弟報讎被殺。楊孝邕。父為爾朱天光害，匿蠻中。潛結渠帥，謀應北齊，為人所告。爾朱世隆收付廷尉掠殺。

為父報讎：劉鯉、更始子。怨劉盆子殺其父，結客報殺盆子。蘇不韋、扶風人。父謙案李暠贓，暠為司隸，收謙，掠死，又刑其尸。不韋夜鑿地達暠寢室。值暠在厠，殺其妾及小兒，暠懼，布棘于室，以板藉地，一夕九徙。雖家人莫知其處，每出，劍戟隨身。不韋知暠有備，乃掘暠父阜冢，斷阜頭，以祭父墳。暠捕不韋不能得，憤恚嘔血死。龐會、父德，為關羽殺。會隨鍾、鄧伐蜀，盡滅關氏家。韓暨、同縣陳茂譖暨父兄，幾至大辟。暨庸賃積資，結死友擒茂，首祭父墓。沈勁、字世堅。父充敗為吳儒殺，當坐誅。鄉人錢舉匿之，得免。後竟殺儒。朱昌、父軌為王廙將。及趙琇為杜曾所殺，周訪執曾，既斬昌，與琇息裔臠其肉而噉之。桓温、父彝為韓晃害，涇令江播與焉。播終，子彪兄弟居喪，温年十五，詭稱弔客得進，刃彪于廬中，遂追二弟殺之。殷簡之、父仲堪，為桓玄害。隨義軍躡玄，玄死，簡之食其肉。申孝叔、父令孫為薛安都從子索肥所殺。肥兵敗，孝叔斬之。蘭道恭、益州人。父為刺史劉季連殺。季連還都，同出建陽門，道恭殺之。侯瑱、父弘遠，世為西蜀酋豪。賊張文蕚據白崖山，弘遠討之，戰死。瑱固請復讎，每戰必先鋒陷陣，遂斬文蕚。吳悉達、父母為人所殺，四時號墓。及長，報讎。荀瓊、十五報父讎于成都市。陽球、漁陽泉州人。郡吏有辱其母者，結少年殺吏，滅其家。沈林子、林子與沈預有讎。預慮林子報讎，因節日，大會子弟。林子兄弟挺身直入，斬預首，祭父祖墓。柳雄亮、父檜，為賊黄衆寶害。後衆寶歸朝，雄亮白日手刃于長安市車中。淳于誕、興宗子。年十二，隨父向揚州，父為盜害。誕雖童稚，傾貨結客，旬朔之內，遂得復讎。劉悛召為主簿。謝小娥。夫段居正與父為盜殺。夢神告殺父者申蘭；殺夫者申春。乃詭服男子，殺蘭、春。

為伯叔報讎：原涉、季父為茂陵秦氏所殺。涉為谷口令，自劾去官，欲報讎。谷口豪傑為殺秦氏。來護兒。世父為鄉人陶武子害。護兒因其有婚禮，結客直入，引武子斬之，以其頭祭伯父墓。

為兄弟報讎：劉賜、子琴，光武族兄。兄顯報怨殺人，吏捕殺之。賜與顯子信賣田宅，結客報吏。崔瑗、兄章為人殺，瑗手刃，報讎。晉孫資、兄為鄉人害。資手刃，報讎。索綝、嘗報兄讎，手殺三十七人。朱綽、兄憲為袁真將佐。真疑憲兄弟與溫潛通，殺之。綽逃歸溫，壽陽平，真已死，綽發棺戮尸。唐高季輔、兄元道為汲令。縣人從賊，元道被害。季輔率黨出門，擒殺兄者，斬之，持其首以祭。魏朗。兄為鄉人殺。朗白日操刀，報讎于縣。

為夫報讎：孫翊妻徐氏。嬀覽、戴員殺翊，覽欲逼徐氏，紿之曰：「晦日設祭，除服聽命。」潛語翊舊將孫高、傅嬰等置户內，使人召覽入。高、嬰殺覽，即就外殺員，奉首祭墓。孫氏男玉。夫為零陵人所殺。男玉以杖毆殺之。獻文特原之。

殺妻報母，崔達拏。尚安樂公主。文宣問達拏：「于汝何似？」答云：「甚相敬重，惟何家憎兒。」顯祖召達拏母入內殺之，投尸漳水。齊滅，達拏殺主以報讎。殺奴報父，鄭思明。父連山嚴暴，為奴所害，乘馬北逝。思明追執至家，臠而食之。

請而得報者：獨孤修德、武德中，高祖徙王世充于蜀，修德以讎人請而殺之。高勳。張彥澤害其家屬。及入汴，訴于耶律氏，尋誅彥澤，雪其家恥。與而得報者：張永德、父穎峻刻，部曲曹澄謀執殺之。世宗征淮南，遣江南李璟執澄等賜永德，俾戮之。謝混。父琰討孫恩，兵敗，帳下督張猛于後斫琰。後宋高祖擒猛送混，混刳肝生食之。

因人以報讎：田疇引曹操平烏丸，泣辭官爵。疇忿烏丸殺其郡冠蓋，欲討而力不能。操北征，辟疇隨軍。及還，論功封亭侯，固讓。龔壯勸李壽取成都，堅守聾痺。父、叔為李特害。壯積年不除喪，及李壽戍涪中，與李期有嫌。期，特孫也。壯欲假壽以報，專率衆討期，克之，説稱藩于晉，不從，遂稱聾。

族人相報：周智壽、雍州人。父永徽初，為族人安吉士司害。壽及弟爽候于塗，擊殺之。兄弟相率歸罪于縣，爭為謀首。爽伏誅，頓絶中衢。又收爽尸，舐血食之，皆盡。傅靈越、靈慶匿山澤中，從叔乾愛為蕭斌參軍。斌遣乾愛誘呼之，密令壯士隨執靈慶殺之。後俱還建康，靈越嘗欲為兄報讎，知乾愛嗜食雞肉菜，求食，乃為作之，下以毒藥。乾愛還而卒。劉士幹。節度劉元佐養子。有樂士朝亦為佐養子，素與幹隙。佐薨，或云朝酖，幹密以奴持刀伏于喪位殺之。幹坐是，賜死。

鄭虎臣拉殺賈似道，雖私而公。德祐中，放似道循州，遣使監押。鄭虎臣以其父嘗為似道所配，欲報之，欣然請行。至漳州木綿庵，虎臣曰：「吾為天下殺似道，雖死何憾？」即厠上拉殺之。陳宜中捕虎臣，斃于獄。桑維翰之召斬姜岵，私也，而身償之。見《恩怨》。

因報讎，而聚衆：琅琊海曲吕母、子為吏，犯小罪，宰論殺之。母密聚客，窺以報讎。因入海招亡命數千，自稱將軍，攻海曲，執宰斬之，以其首祭于墓。趙跋扈。兄震動富于財。太守樊文茂求之不已，聚其族誅之。跋扈亡命，聚黨至社樹，咒之曰：「欲報文茂，事克斫處更生。」三宿、三栟，生十丈餘。傳以為神，附者十餘萬。既殺文茂，求降。李廣斬醉尉。從人田間飲，還至霸陵，尉醉呵止。廣曰：「今將軍尚不得夜行，何故也？」無何，召為北平，請尉與俱，至軍斬之。沈瑀鞭富吏。為餘姚令。始至，富吏皆鮮衣美食以自別。瑀怒，悉令芒鞋粗布侍立，蹉跌輒加鞭箠。蓋瑀微時，嘗至餘姚鬻瓦器，為富吏所辱，故報之。

附　快仇

彼為讎所快者：秦白起賜死，諸侯酌酒相賀。楚殺子反，晉文公為之側席而坐，曰：「莫余毒也已。」宋殺檀道濟，魏人喜曰：「吴子不足復憚。」齊殺斛律光，周武帝為赦其境内。唐武則天殺程務挺，突厥為所在宴樂相慶，仍為立祠，出師攻戰，即致禱焉。宋殺岳飛，金人酌酒相賀。嗟夫！毁干城以資敵國，策有謬于此者乎？

王甫父子應時馘截，路人、士女，莫不稱善。吕布刺董卓，百姓歌舞于道。吐突承璀降為軍器使，中外相賀。　裴延年卒，中外相賀。　來俊臣棄市，讎家争噉，斯須而盡，抉眼剥面，披腹出心，騰踏成泥，士民相賀于路，曰：「自今眠者始帖席矣。」　貶皇甫鎛為崖州刺史，市井相賀。　王澄發孟玖奸，勸成都王穎殺玖，士庶莫不稱善。　京兆尹李實掊斂，及貶，市里歡呼，皆袖瓦礫遮道伺之。　朱粲斬洛水上，士庶競投瓦礫以擊其尸，須臾封之若冢。　路巖出鎮西川，出城之日，路人以瓦礫擲之。

朱全忠殺崔胤，市人争投瓦礫擊其尸。　賈明觀坐魚朝恩當死，元載納賂，遣效力江西，將行，居民數萬，懷瓦石候擊之。　貝州刺史嚴正晦將去官，州民相率手瓦石須其出擊之。賴參軍李楚金立木，署曰：「刺史出，敢觀者殺之木下。」懲告，散去。

附 報德

有德于人，而獲報。報于其身者：　桓冲厚報羊主。冲少，母患，須羊。桓温以冲為質羊主，言：「幸為養賈德郎。」冲小字也。及為江州，出射，識羊主，遂厚報。　王鎮惡報李方。關中擾亂，嘗寄食澠池人李方家。曰：「當厚相報。」方曰：「願見用，為本縣令足矣。」從隨高祖北伐，授方澠池令。　陳伯之報鄧善、戴承忠。並有舊。經藏伯之息，免禍。及為江州，用善為別駕，承忠記室參軍。　劉煦報賈少瑜。避難河朔，匿北山蘭若，少瑜為僧，輟衾袍以温燠之。及官達，至少瑜進士，為御史。　華譚報周馥。為廬江内史，與上司多忤。刺史劉陶素與不善，因法收譚。周馥理而出之。及甘卓討馥，譚更移近，卓嘗為東海王越所捕，投譚而免及此役也，卓使人求之，譚答不知。復求之，已亡矣。　李大亮于張弼。大亮為李密所獲，張弼見而釋之。及貴，求弼，弼自匿不言。大亮塗遇，持弼而泣，言于帝，帝為之擢中郎將。時賢大亮不負恩，而多弼之不伐。　王思禮于張光晟。思禮敗于潼關。騎卒張光晟下馬授之，不告姓名而去。思禮陰求不獲，有譖代州刺史辛雲京者，光晟在京麾下，請見而解之。思禮執手曰：「吾求子久矣。雲京過亦不細。今特為故人捨之。」即擢晟為兵馬使。 秦穆公之勝晉也，以食善馬之野人。 趙簡子之勝翟也，以食白騾之胥渠。 魏顆之敗秦也，以結草之老人。 趙宣子得翳桑之餓人。 中山君得壺餐之二士。

報之于其子：陶侃于張夔、范逵、劉弘。都督荊州，命夔子隱為參軍，逵子珧為湘東守，辟弘曾孫安為掾屬，凡微時所荷一餐，咸報。 張融于張興世。興世討義宣，官軍欲殺融父暢，興世以袍覆坐而免。興世卒，融著高屐，負土成墳。興世子欣時坐罪當死，融乞代欣時。 竇希瑊于徐有功。瑊，孝諶子。諶妻龐氏奴誣告，當斬。有功明其無罪。有功卒，瑊請以官爵讓有功子倫，以報昔恩。 韓朝宗于張嘉貞。嘉貞薦朝宗為御史。嘉貞卒後十數歲，朝宗奏宰相子孫在朝，惟嘉貞晚年一子未登官序。帝遽召，賜名「延賞」。 呂琦于趙玉。劉守光陷滄州，趙玉負琦逃禍。玉卒，子文度孤幼，琦誨之，尋升官路，琦力也。 李晟于譚元澄。澄有德于晟。澄貶死岳州，晟上疏理之。澄三子，撫待勤至。

報之于身後者：王談理孔巖之墓。談報父讎，太守孔巖列上宥之。後巖父子為孫恩害，談移居會稽，修理巖父子墳墓。 呂玄伯守王慧龍之墓。宋文帝遣玄伯刺慧龍，探懷有尺刀。舍之，終身守龍墓不去。 韋弘祀應詹。追趙氏，祀嬰、杵之義，祭之終身。 張紘祭趙昱。昱察紘孝廉。及紘在東郡，遣主簿至琅琊設祭，並求為後。

張蒼于王陵：當斬，陵請赦之。及貴，父事陵。陵死，後為丞相。嘗先朝陵夫人上食，然後歸家。 狄青于韓忠獻。青隸公節下，為公所知。後任樞密，每至公家，必拜廟廷下，人拜夫人甚恭。 温公謂：「受人恩而不忘，其為子必孝，臣必忠。」二公有焉。

荀罃之善視賈人：罃之在楚，鄭賈人有將寘諸褚中以出，既而楚人歸之。賈人如晉，罃善視之，如實出己。 庚冰之欲報郡卒：蘇峻反，冰為吳郡。郡卒以船載送山陰魏家得免。冰欲報卒，卒曰：「使酒足餘年，畢矣。無所復須。」冰為起大舍，市奴婢，使門內有百斛酒，終其身。李泌之思報長者。德宗曰：「誰與卿有恩？朕為卿報之。」泌言：「臣為元載所疾，謫官江西。路嗣恭與載厚，臣常畏之。會與嗣恭子廳並驅，馬嚙其脛，廳秘而不言。勉起見父，臣常謂其長者，思有以報。」即加廳檢校屯田郎中。不忘其報也。

没而制服，以申報者：鄧綏于其伯攸。攸棄其子，而以弟子綏奔江東。攸卒，綏服喪三年。袁昂于其兄彖。昂幼孤，為從兄彖養。彖卒，乃制期服。顏協于其舅謝暕。協幼孤，養于舅氏謝暕。暕卒，居喪如伯叔之禮。周翼于其舅郗鑒。永嘉喪亂，鄉人以鑒名德，傳共飴之。兄子邁、外甥周翼並小，常以飯著頰還吐與二兒。翼後為剡令，解職席苦，心喪三年矣。

韓愈于其嫂鄭氏。少孤，育于嫂。嫂卒，為服期以報。

蘇秦為六國相，以百金償貸百錢者；又遍報諸所嘗見德者。朱買臣為會稽守，悉報故人與飲食，嘗有恩者。王珪既貴，皆厚報故饋遺者；其人亡，必酬贍其家。陶侃鎮武昌，微時所荷一飧，皆報之。《裴談》

以己之爵讓，以為報者：長孫稚、生而母亡，為姨兄元洪超所養。後為太傅，封開國子，表請迴授超子惲，許之。李守德。為武衛將軍，遇故主于道，迎之至第。請解己官授之。帝嘉其志，擢為郎將。

有德于禽獸，而獲報。銜珠以報者：隋侯之蛇；藥傅斷蛇而銜珠徑寸。噲參；療被射之玄鶴，後報以雙明珠。效轂令張禧以甘草洗負矢之鶴，飛去，銜赤玉珠二枚置庭事。之鶴；漢武帝、去昆明池大魚之鉤，而得明珠一雙。宋劉樞被恐，二魚舁致江中，夢二人各執一珠。及曉，在枕。之魚；蔡嘉大奴之鼠。景平中，永康蔡嘉大奴飴浮水之鼠。後捧青囊裹三斛珠，著奴床前。銜玉環以報者，楊寶之雀。幼見雀為梟搏墜地，收養瘡愈飛去。後化黃衣童子銜玉環，曰：「令君子孫世世潔白，位列三公。」

又有晉孔愉、買龜放之中流，左顧者三。後封愉不亭侯，三鑄印，龜皆左顧。揚州嚴泰、陳宣帝時，泰江行以錢五千贖龜五十，放之。其父母在家，夜見烏衣五十人印門還其錢。唐劉彥回父父刺湘州。有下僚于銀坑得一龜，持獻，自送至坑所。後十餘年，彥回將家屬之官，山水泛溢。俄有大龜來引路，隨行乃至平地。其夕，夢龜云：「報先使君之德。」之龜。黃德璟家人、放鱉。後患熱，得鱉途泥身上而瘥。宋傅慶中舍婢事同。之鱉。山陽、人為象牵出巨刺，而象掘長牙。西域僧拔象脚竹刺，後與佛牙。之象。漢歐寶、匿藏走虎，送鹿助祭。晉郭文舉去虎口横骨，置鹿室前。之虎。宋京師酒匠之蠅。救酒内蠅。後被罪，蠅集筆端，疑有冤而出之。吴董昭之蟻。渡錢塘江，救短蔗胃蟻。後被横緊。蟻嚙械，穴獄得脱。

龐企遠祖之螻蛄。廬陵太守龐企自云：「遠祖緊獄，投螻蛄飧，後掘壁得出。」孫吴時，李信純及晉太和中廣陵楊生之犬。皆濡水救草中醉卧之主人，信純犬名「黑龍」。孫思邈之龍。救青龍子，後報以龍宮方。

毛寶戍邾城，軍人放龜江中。及赴江也，覺如墮石上，竟得登岸。即所放之龜浮而送之。彭蠡李進勍放魚江中。販魚至金陵，凹船内有千萬人誦經聲。察之，乃船内魚，遂放之。及進勍之墮江也，足下如有所履，竟以獲濟。改業販薪，遇風沉没，乃見大魚數百頭于進勍足下，乘之，竟得登岸。一念好生，感及鱗介。人亦何故而必好殺？

有德于鬼神，而獲報者：史萬歲之改葬樊噲也；宅有鬼怪，居者輒死。萬歲夜見人，曰：「我樊噲也。墓近厠，苦穢。」因為改葬。後為隋將，每遇賊，便覺鬼兵助己。張嘉祐之葬尉遲迥也；相州刺史宿宅，嘉祐見一女子，因葬迴合家骸骨，入拜大金吾。桓恭之鮭飯投穴也；恭在丹徒廨床前一穴，視是古墓。食常先以鮭飯投穴中。后見一人，云：「吾没此七百餘年，感德無已，依君籍當為寧州刺史。」胡生之茶酬古墳也；生以鉸釘為業，居雲溪，近白蘋洲，有古墳。胡生每茶必酬。嘗夢人曰：「吾姓柳，常銜子惠，欲教子為詩。」後搆思果有冥助。剡縣陳務妻之茶祀古冢也。務妻好飲茶。宅中有古冢，每飲，輒先祀之。夜夢一人云：「吾止此三百餘年。賴相保護。」及曉，于庭中獲錢十萬。亦可謂死者有知矣！

死而為子報德者：輔氏老人也，晉魏顆父有嬖妾。父卒，嫁之。及輔氏之役，見老人結草以亢杜回。夜夢老人曰：「所嫁婦人之父也。爾用先人之治命。」《左傳》項縣姚牛父也。牛報父讎，官長深矜孝節，推遷其事。

附 負德

伍子胥進伯嚭，伯嚭卒讒子胥；殷景仁引劉湛，湛卒毀景仁；楊慎矜引王鉷，鉷飛語告慎矜；韓愈薦李紳，紳卒詆愈；李德裕起牛僧孺，僧孺卒排德裕；寇準任丁謂，謂卒陷準；王安石用呂惠卿，惠卿卒叛安石；王黼因何執中進，乃欲去執中；呂大防厚楊畏，畏卒叛大防；張浚、趙鼎舉秦檜，檜卒害浚、鼎。小人之不可信如此。

白敏中于李德裕。見《恩怨》。　李彪于李沖。見《朋友》。　竇羣于李吉甫。武元衡、李吉甫，皆愛重之。後與呂温、羊士諤等黨比，欲陷吉甫。

附 和解

項羽鴻門之會，項莊拔劍起舞，欲以擊沛公，而項伯亦拔劍起舞，以身蔽之。　呂蒙宅舍之飲，凌統持刀起舞，欲以殺甘寧，統怨寧殺其父。而呂蒙亦持刀起舞，以身分之。

漢獻帝遣馬日磾、趙岐和解關東。公孫瓚與袁紹戰，紹乃破瓚，並其衆。　唐德宗使韓滉和解李晟、張延賞。引延賞，詣晟。因飲盡歡，晟表延賞為相。　善，則如光武之于賈復、寇恂；不善，則如中宗之于崔琬、宗楚客、紀處訥矣。

高鳳字文通。叩頭解爭。授業西唐山中。鄰里有爭財者，持兵而鬥。往解之，脱巾叩頭，爭者投兵謝罪。　呂布中戟解兵。袁術遣紀靈攻劉備。布令軍候植戟，曰：「中戟小肢，當各解兵。」一發正中。　管幼安置器分汲。以息爭井鬥訟之風。　胡昭遜辭以解。馬超叛，避兵入山者饑乏，漸相劫略，昭嘗遜辭以解之，所居三百里，無相侵暴者。

陳無宇桓子。于欒子旗，欒施也。高。子尾之子子良，高彊也。無宇和二家如初。　籍福于田竇。惡魏其、武安有隙，乃謾好謝蚡。　賈詡于李、郭。郭汜、樊稠與李傕互相猜戾。詡以道理責之，頗受詡言。

于禁、屯潁陰。樂進、屯陽翟。張遼，屯長社。任氣不協，而趙儼喻之。儼為太祖司空掾，並參三軍。每事訓喻，遂相親睦。　郭秀、滎陽太守。與將陳撫、郭重搆怨攻擊，而褚裒裒從父兄。解之。雒陽覆没，裒與秀共保萬民塢，秀不能綏衆。裒謂撫等曰：「秀誠失禮。若內自潰，賊來掩襲，雖殺秀無解。」撫等悔悟，與秀交和。　大帝怒張昭，而胡綜和協之。遼東之事，張昭諫，言辭切至，大帝亦大怒。其和協彼此，使之無隙，綜有力焉。　何充與武陵王不平，而顧衆會通之。遂得和釋。　張嘉貞罵張説，而源乾曜、王晙共和解之。説位在嘉貞下。及嘉貞弟嘉祐贓汙事發，嘉貞出刺幽州，説代為中書令。後嘉貞還益州長史，敕就中書省與宰相會宴，嘉貞既恨説擠己，因攘袂勃罵。　袁術與何顒不平，而宗承解之。術嘗數顒三罪。後與承會于闕下。術發怒，承曰：「何生英俊之士，足下善遇之。」術乃止。　張永與蕭思話有隙，而義宣各以書勸之。與思話書，勸與永坦懷。又使永從兄暢與永書：「當遠慕廉、藺在公之德，近效平、勃忘私之美。」　李嗣昭為人間諜于莊宗，而任圜申理之。圜為嗣昭判官，奉使來常申理之，克成友于之道。

魏延與楊儀爭論，舉刃，費禕入座諭之。　張遼與武周有隙，感胡質之言而平。　虞集、元明善，初相得，至京師乃復不相下，董士選解之，歡好如初。

附

釋憾

鉅野李曼成、典。張文遠遼。不睦。及與權戰，曰：「可以私憾忘公義乎？」庾亮奔温嶠，見陶侃引咎自責，暾薤留白，風止可觀，侃不覺釋然。子儀、光弼素不相能。及子儀代宏思順，光弼懼見誅，子儀下堂執手涕泣，曰：「國亂主遷，豈懷私忿時耶？」周張永德與李重進不相悦。重進一日單騎詣永德營，曰：「幸以肺腑，俱為將帥，奚相疑若此之深耶？」永德意解，與廉、藺、寇、賈儔矣。

陸贄秉政，貶李吉甫。及贄貶忠州，吉甫為刺史，昆弟門人咸為贄憂，吉甫至，以宰相禮事之，後遂為深交。陳恭公不喜歐陽公，及陳罷，歐公草制，詞頗美陳。周益公初在後省，曾覿格其制不下，奉祠而去。後入翰林，覿還除節鉞，人謂公不草制，公竟草之。

何武行部，廉得戴聖罪，聖懼自免。後聖毁武于朝，武終不較；而聖子賓客為盗繫獄，聖以必死，武平心决之，卒得不死。楊敏嘗謂蔣琬憒憒不及前人。後敏坐事繫獄，衆懼必死，琬心無適莫，敏得免重罪。皇甫文備嘗誣徐有功縱逆黨。文備坐事下獄，有功出之。蕭儼疏攻馮延己。會儼坐失入人死罪，鍾謨等欲殺之，延己上言，已會赦，宜從寬宥。

李邑毁班超，漢帝以邑赴超，超遣之不留也；高遵陷伊婁謙，周主以遵付謙，謙待之如故也。忠而恕哉。軍校詣汴，誣郭進不法事，宋祖送進，進不殺也，而且令赴敵致捷。《偶記》

晉文公赦里鳧須，皆曰：「里鳧須且不誅，我何懼也。」　漢高帝封雍齒，諸將曰：「雍齒尚為侯，我屬何患也？」

魏武免梁鵠。　昭烈用劉巴。

韓信在淮陰，市中少年胯下辱之。及為楚王，召為中尉。　韓安國坐法抵罪，獄吏田甲辱之。及拜二千石，田甲亡去，安國曰：「甲不就官，吾滅爾宗。」甲肉袒謝罪，卒善遇之。　王敬則嘗與暨陽縣吏鬥，後補暨陽令，吏亡去，敬則勒令出，卒厚遇之。　陳寔少為吏，有殺人者，同縣楊吏疑寔，縣官逮繫考掠，無驗出之。及為督郵，反密托許令，禮召楊吏。　朱宗慤鄉人庾業家富，賓客、方丈而為慤設粟飯、菜葅。慤封侯，遷豫州刺史，業為慤長史，慤待之甚厚。　房景伯為清河守，郡人劉簡武曾失禮，聞房臨郡，闔家逃亡，景伯捕之，即署其子為西曹掾吏，山賊聞房不念舊惡，一時俱下。　石勒初與李陽鄰居，爭漚麻池相毆，既至襄國，召陽酣謔，拜參軍都尉。　元文遥初自洛遷鄴，惟地十餘頃。有人冒相侵奪，即以與之。及貴，此人將家逃竄，文遥撫慰，彼此讓為閒田。是真可謂不念舊惡者矣。

任讓少無行，太常華恒黜之。及讓為蘇峻將，蘇逸欲殺恒，讓盡心救護，恒乃得免。《晉書》　隋王板、鄧元起為從事，庾蓽不可，元起恨之。及梁武平齊，大軍至都，先遣迎，蓽厚遺之。語人曰：「庾別駕若為亂兵所殺，我無以自明。」《事偶》

吕蒙嘗為江夏守蔡遺所白，後薦遺奉職佳吏。　會稽守淳于式表陸遜枉取民人，後詣朝稱式佳吏。《事偶》

崔暹言邢邵宜親重，邵遂毀暹，文襄不悦。曰：「卿説子才長，子才專言卿短，此癡人也。」暹曰：「皆是實事，不為癡也。」　王太尉旦。薦寇萊公為相，萊公數短太尉，而太尉專稱其長。上曰：「卿雖稱其美，彼專言卿惡。」太尉曰：「臣在位久，缺失必多，準無所隱，益見其忠。」《事偶》

狄仁傑入相，婁師德密薦之。及為同列，頻擠之，則天因取薦表十許，通以示，仁傑大慚，退歎曰：「婁公盛德，我為其所容。」寇準求為使相，王旦曰：「吾不受私請也。」準深憾之。已而同平章，入謝曰：「非陛下知臣，不至此。」帝具道旦所以薦者，準愧歎，以為不可及。貪天之功有之矣。若盡其實，而避其名，不誠難哉！前。

温嶠奏庾敳聚斂，而敳更舉嶠。　隋韋雲起面指柳述驕豪不便，述尚蘭陵公主，怙寵使氣。而述後舉雲起，除舍人。　楊政數衆毀樂恢，而恢舉政子為郎。

潞公薦唐介；蕘夫薦种古。不報怨，即干譽亦可取。

魏田豫、宗艷妬害孫資，資不以為言，終無恨意，豫等慚服，求釋宿憾，結為婚姻，乃為長子宏娶其女。　魏張既嘗為徐英字伯濟，馮翊著姓。鞭三十，既貴，英終不肯求于既，既猶欲與和，因酒欲親狎英，英遂不復進用。　時善既不挾舊怨，而壯英不撓。

楊豐黨附田豫等，專為孫資搆造謗端，怨隙甚重，豐子後為尚方吏，帝以職事譴怒，欲致之法，資請活之。

橋玄素與陳球有隙，及為司空而薦球為廷尉。　王華與張邵有隙，邵刺雍州加都督，華實舉之。袁異式辱劉仁軌，而軌後薦為司元大夫，然異式欲殺軌以媚義府。其人豈足污薦牘，不較是直，薦拔以邀長厚之稱，不情哉。

劉銖、李洪建，皆梟首。郭威曰：「銖屠吾家，吾復屠其家。怨讎反覆，庸有極乎？」由是數家獲免。 初賈延徽屢譖魏仁浦于隱帝，欲併浦所居以自廣。幾至不測。至是，有擒延徽以授仁浦者，對曰：「因亂而報怨，吾所不為也。」

呂夷簡再入相，帝諭范仲淹使釋前恨。謝曰：「向論國事于夷簡，無怨也。」 范蜀公鎮。以時論不合，求致仕，或遂欲謫之，趙清獻抃。不從，曰：「吾方論國事，何暇恤私怨？」抃攻陳恭，鎮力救之。趙並劾范。范復論御史以陰事誣人，請斬趙。 陳公弼不易東坡《凌虛臺記》。笑曰：「吾視明允猶子也，某猶子孫也。平日不以聲色假之者，恐其年少太滿而不勝也。」

馬燧悦李晟之言，造李抱貞營，相與釋恨結歡。李、馬素以事相恨。及王武俊逼趙州，抱貞分麾下戍邢州，燧怒，引欲兵歸。晟曰：「李尚書以邢、趙連壤，分兵守之，誠未有害。公遽引去，衆謂公何？」 周德威感克用之言，力戰解李嗣昭圍，相見歡好如初。德威與嗣昭有隙。克用臨終謂存勗曰：「進通不出重圍，吾死不瞑目。」德威感泣，由是戰甚力。 陶謙輕張温，行酒衆辱之，或説温釋憾，而温待之如初。温于公門見謙。謙仰曰：「謙自謝朝廷，豈為公耶？」温曰：「恭祖癡病尚未除耶？」王珣與王國寶有隙，王恭欲殺國寶，而珣止之。曰：「罪逆未彰，先事而發，必失朝野之望，况擁强兵。竊發于京輦，誰謂非逆？」温能除恨，珣不徇私也。

以德報怨者： 馮素弗于韓業。嘗詣左丞韓業請婚，業怒拒之。及素弗為宰輔，待業彌厚。 孔季恭于虞嘯父。

嘯父為會稽内史。季恭求為府司馬不得。及定玄，以季恭代為内史，季恭便舟夜還，叩扉，嘯父本玄所授，岀玄敗，開門請罪。季恭慰免。　蔡興宗于邱景先。初，吴興邱珍孫言論常侵興宗，珍孫子景先人才甚美，興宗與之周旋。景先為吴喜殺，興宗致其喪柩，累家東還。　褚淵于江斆。斆子湛娶淵姑，被遣。後淵慕斆為人。先通旨意，引為長史。　王修于劉獻。獻數毁短修。後獻以事當死，修理之，得免。　南唐王輿于甄庭堅。堅與輿不協。或告堅通境外，使中使縶大理。輿密見堅，曰：「可乘輕舟自歸幽庭。」從其計，獲免。

因人之義，而自解其怨者：狄仁傑請代同僚鄭崇簡，乃藺仁基素與司馬李孝廉不協，因相謂曰：「吾輩豈可不自愧乎？」遂相與輯睦。　吴詠為馬賢辟，後為龐參掾，參、賢相誣，罪應死，各引為證。詠計理無兩直，遂自刎；參、賢慚悔，兩釋。

先彈之，而後又引之：唐趙憬鎮湖南，令狐峘、崔儆以部使者不法被彈，二人遺客暴憬失于朝。及為相，而擢引之，人以為賢。　袁盎言周勃非社稷臣，後乃救勃。

古事比卷之四十一

辭受

魯人以土鉶薄膳進孔子，悦而受之；楚漁者以魚獻孔子，拜而受之；齊景公致廩丘為養，則不受。儀不及物也。《偶記》

受絲而藏之閣，山巨源也；受魚而餒之門，傅昭也；受魚而懸之室，羊續也；受瓜而置于梁，蘇瓊也；受潤筆物而藏之梁，王安石也。夫禮有辭受，矯而好名，亦非中道。且陰杜何如明拒耶？前。

宗少文人有餉遺，並受之。　何琦凡有贈遺，亦不苟讓。

嚴君平不受羅冲車馬、衣食之饋。　公孫弘偏受鄒長倩芻絲、撲滿之遺。

雷義嘗濟人死罪，謝以金二十斤不受，默投金于木事上，後葺屋見之，金主已死，乃付縣曹。

黄巾起，黄雋被徵失期，梁鵠欲奏之，蓋勳言得免，謝以黄金二十斤。勳曰：「吾以子罪在八議，吾豈賣評哉？」終不受。

阮孝緒覆王晏之醤；陳無己却趙挺之之衣；廉希憲斥阿合馬之糖。庶幾士懷耿介，不蔭惡木者矣。《偶記》

岳飛之辭營第，竇熾之辭造第，周明帝。與霍去病之辭治第，同也。

僖負羈饋盤餐，置璧；晉公子重耳受餐，反璧。　衛屠伯饋羹，一與篋錦；叔向受餐，反錦。《駢志》

劉寔罪免，鄉人載酒肉候之，輒共啖而反其餘，與向子平受饋，取足而反其餘，無異也。

張良以玉斗饋范增，增碎之。　王敦以玉環、玉椀遺周訪，訪抵之。

温公以不革新法，固辭樞副；韓魏公以不改青苗，請辭安撫。皆行人所不能行。

楊大雅遭風遇拯，不受丁謂贈衣；陳無己不著趙挺之綿襖，至于凍死。皆可能也。　劉道原不受温公衣襪；徐節孝不受胡安國饋食。不可能也。

劉永齡受晉王饋，貯廳西舍一年，封識宛然。　向常之不受皇甫侃書，瘞臨江傳舍，數年封識如故。

段秀實家人拒朱泚饋綾不遂，而秀實置之司農治堂之梁。泚反，事覺，而綾封猶新。　宋劉温叟為中丞，光義賫錢送之。明年送角黍、紈扇，見其前錢封識宛然。

漢桓曄一餐不受于人。曄初避地山陰故魯相鍾離意舍。太守王朗餉給無所留。臨去，屋中尺寸物，悉疏付主人。　王悦之羲之曾孫，為吏部郎。　鄰省遺餅一甌，亦不受。　魯恭辭趙憙之酒糧。居太學閉户講誦，憙遣子問，辭不受。　范丹還尹臺之麥。捃拾得麥五斛，臺遺一斛，囑兒莫道，丹知之。以為已雜，並還六斛。　陶潛麾檀道濟之粱肉。潛偃卧瘠餒。江州刺史檀道濟往候之，饋以粱肉。潛麾而去之。　姚察却門生之布練。察為吏部，門生送南布一端，花練一疋。察曰：

「吾所衣止是麻布、蒲練。」此人逐請，察厲色驅出。王修齡却陶胡奴之米。修齡在山東甚貧乏。陶範為烏程令，以一船米遺之。答云：「王修齡若饑，自當就謝仁祖索食，不須陶胡奴米。」範小字胡奴，侃第十子。庾易不受臨川王映之餉麥。字幼簡。映獨重之，餉麥百斛，不受。宗測辭魚腹侯子響之贈遺。曰：「少有枉疾，尋山採藥，遠來至此。甘腹而進松朮，度形而衣薜蘿，澹然已足。豈容當此橫施？」

令狐綯不受畢諴之麗姝，宣宗嘗許相諴，綯忌之。諴至太原求麗姝，盛飾使獻綯。曰：「太原于我無分。今以是餌，將破吾族矣。」與李光顏之却韓弘，岳飛之却吳玠。誠偽不同。皆遺以名姝。

賜没入生口，受而嫁之者，魏司徒華歆也。家無擔石，禄賜以施親故，嫁没入生口。陳羣歎曰：「華公可謂通而不泰，清而不介。」賜美女十人，並以歸其父兄，北齊岐州刺史魏蘭根也。從蕭寶寅破定川，賜美女。曰：「縣界强敵，故成背叛。今當恤其饑寒，奈何令充僕隸。」

清修

行己之清者：范丹候姊，姊飯之，留百錢而去；郝子廉過姊家飯，留五十錢而去。清而過者也。

《偶記》沐德信則嘗過姊，設食而不留。

顧協為廷尉，正冬服單薄；蔡子度欲解襦與之，憚其清嚴，不敢發口。李廙為尚書左丞，門簾甚弊，妹夫劉晏製竹簾贈之，三携至門，不敢發言。又傅欽之欲饋陳師道金，竟不敢開口。欽之名堯俞，師道即後山。

人以硯獻孫之翰，曰：「呵之水流。」翰曰：「人日呵一石水，止直三錢。」人以鑒獻呂文穆，曰：「照二百里。」文穆曰：「面不過碟大，安用照二百里？」不貴異物，二公有焉。　蘇東坡亦有辭人購端溪硯事。《偶記》

桓曄客揚州從事屈豫室中，從者皆知其志，橘樹實熟落地，以繩繫之枝也。　許衡客姚樞齋中，童子皆肅其化，果熟墮地，亦不睨視也。

飲馬渭水，每投三錢者，安陵清者項中山也。　每行飲水，嘗投一錢者，太原郝子廉也。

周燮非其身所耕漁，則不食。　徐穉非其力不食。　蠶而後衣，耕而後食者，皇甫方回也。避亂荆州，不入城府。

非其織不衣，非其耕不食，王延也。廬墓。　蠶而衣，耕而食，馮偉也。　家貧躬耕，計口而田，度身而蠶，王裒也。有助之者，不聽。

售鐵燈檠，視之為金，訪主還之者，許遜也。　買漆燈檐，拭之知銀，訪主還之，幽州從事温璉也。

家人賣物，多得絹五疋，訪主還之，魏寇雋也。曰：「得財失行，吾所不取。」　中子嘗貸官絹，捶之，市絹還官，庾冰也。

口不言錢：王衍也，蔡撙也。　口不言財利：張緒也，晉崔遊也。　晉崔洪口不言貨財，手不執珠玉，不執汝南王琉璃酒鍾。　宋王曇首手不執金玉，婦女亦不得以為飾玩。

李仲謙治衣不出。止有一布衫，或須浣濯補紉，必俟休暇日。若賓客見訪，使子致謝，曰：「家君治衣不可出。」　宋江湛澣衣稱疾。為吏部，無兼衣餘食。常為上所召，值澣衣，稱疾，經日，衣成始進。

蕭何不治産宅，曰：「使後世賢，師吾儉；不賢，無為勢家所奪。」唐河間王孝恭嫌其居壯麗，別營一區，曰：「子也才，易以守；不才，不為他人所利。」裴昭明曰：「一身之外，亦復何須？子孫不才，我聚彼散。若能自立，不如一經。」柳世隆曰：「一身之外，亦復何須？子孫不才，將為争府；如其才也，不如一經。」徐勉雖居要職，不營産業，俸禄分贍親族。曰：「人遺子孫以財，我遺子孫以清白。子孫才也，自致輜軿；如其不才，終為他有。」楊震公廉，不受私謁。子孫常蔬食步行。曰：「使後世稱為清白吏子孫，以此遺之，不亦多乎？」房彦謙為涇陽令。所得俸錢，皆以周恤親友。曰：「人皆因禄富，我獨以官貧。所遺子孫，在于清白。」達者之言，故自吻合。

劉真長辭餐；王仲祖同行，日旰未食。有相識小人貽餐，肴案甚盛。真長辭焉。曰：「小人不可與作緣。」王悦之辭餅。為吏部郎，鄰省行遺之餅不受。曰：「所費甚小，然少來不敢當人之惠。」愚謂小費不欲當人惠，正恐小人不可與作緣。

孔覬見弟道存、從弟徽多營産，偽喜，而燒輜重十餘船；顧覬之見子綽多收責善誘，而焚文券一大櫥。世稱「二覬清風高義，真堪千古。」

田仁不受魯百金也，曰：「義不傷先人名。」茨田叔為魯相卒，魯以百金祠，少子仁不受。杜暹子不受賻也，以行父志。唐杜暹為禮部尚書卒，故吏致賻。蔡沈謝却遺金也，曰：「吾不忍累先人。」沈從父元定謫道州，没，徒步護喪以還，有遺之金者。曹修古季女不受賻錢也，曰：「奈何以是累吾先人。」修古知興化軍，卒官，賓佐賻錢五十萬。季女泣白母，拒不受。程氏不受賻錢也，曰：「不可以此污吾夫。」太康主簿蔡君山卒，縣人以錢為賻，妻程氏泣拒。先德之所化者，深矣。《問奇》

辭父賻千萬以上者，漢原涉也。　辭故吏贈賻數百萬者，王戎也。　辭中表贈賻者，管寧也。
辭諸方贈遺贄者，陸贄也。　辭种世衡汝州田十頃以持父喪者，張正議也，而世衡子復以父命不受，致荒廢者五十年，朝廷命還种氏。　又十年而辭故吏千縑之贈者，唐郝處俊也。　辭父令汲時吏人賻送數百萬者，張禹也。　辭姑夫楊賜祠父具者，相曄也。　逃辭公孫述之賻者，李業也。述質殺其父業。

二十喪父，家無擔石，而不受賻遺者，吳祐也。《裒談》

吳興義故遺錢〔二〕二百萬不受者，晉顧衆也。　故吏遺錢百萬，閉門不受者，漢楊秉也。秉以諫白馬令李雲不當罪，免歸。貧窶，并日而食。任城故孝廉景畚餉錢百萬，又閉門不受。《裒談》

出繼而不受遺財：謝弘微也，繼從叔混，惟受數千卷書，遺財千萬，一無所取。混妻晉陵公主薨，女夫殷叡好摴蒱，弘微內人皆無爭。　阮孝緒也。繼從伯胤之。胤之母周氏卒，遺財百餘萬，孝緒悉以歸胤之姊王晏之母。乳人竊留玉羊、金獸等物與之。孝緒仍啟父彥之送還王氏。

第五倫生遭饑饉，米石萬錢，不過從兄飯。　庾袞藜羹不糝，門人進飯，則曰：「食已訖。」　陽城歲饑，屑榆為粥，屏跡不過鄉里，其奴都兒亦方介自約，或與食不受，與糠覈，乃受之。

滅竈更炊，不因人熱者，梁鴻也。　人助種藍，拔之以拒其後者，楊震也。　諸生密為刈麥，棄之不受者，王裒也。　僮妾因亂竊鄰人墓樵爨火，即不食，撤屋更炊者，阮季緒也。　妻以斷縷屬糴米，即對米不食者，劉勤也。

董威輦不受金帛，而受碎絮。　李元凱不服新麗，而服垢䘲。　王子陽之好增其累耳。

陳重得承塵上遺金，而送之縣；　甄彬得長沙寺苧中金，而歸之寺。彬，中山人。還寺質庫錢苧束金五兩。與牧者不取遺路之金；五月披裘負薪，豈拾遺金者乎？　管寧不顧園中之金。同耶？别耶？

魯仲連不受平原解圍之金；　張載不受吴奉投園之金；　尉遲公不受隱太子一車金器。何其高也。而劉乂以韓愈弟子，持韓愈金數金以去，且曰：「此諛墓中人所得，不若與劉君爲壽。」妄矣。

子罕寶宋人之寶玉于里；《左傳》後魏崔挺送林邑之美玉于都。可謂以不貪爲寶者。

漢李敬遷趙相，得鼠穴中珠璫。送付前相，前相乃還所去婦。　黄向得路中珠琪囊，可值三萬，求主還之，主以半謝，委之不顧。

陸龜蒙貲無十日計。　曹彬帑無十日蓄。

入仕之廉者，單車就徵：漢孔奮之令姑臧也，羌胡斂牛馬器物追送之，一無所受。　單步之官，魏崔林之除鄔令也。　單騎赴職，馮元淑之令浚儀、始平也。　單車之郡，魏裴潛之守代，欲以計撫烏桓也。《裴談》

晉胡威刺荆州，自謂清不如父，曰：「臣父清，畏人知；臣清，惟畏人不知。」　唐陸長源刺汝州歸，送車二乘，曰：「吾祖罷魏州，有車一乘，而圖書半之。吾愧不及先人矣。」

東漢張堪去蜀，乘折轅車，囊一布被而已。　唐賈敦頤刺滄州，每盡室入朝，惟敝車一乘，羸馬數匹，羈勒有缺，以繩爲之。

不燃官燭者：漢巴祇也，宋杜祁公也。　又劉宋朱修之去荆州，以私錢六十萬償在州以來燃油，及牛、馬食官穀草。　又宋林孝澤視事清漳，不肯以官燭用之私室。

巴祗刺揚州，不迎妻子。　何並守潁川，妻子不至官舍。　漢王良為大司徒司直，妻子不入官舍。司徒史鮑恢以公事便候其家，夫人猶布裙曳柴。　魏裴潛每官不將妻子。妻子貧乏，惟織藜芘以自供。

晏子相齊，妻不衣帛，馬不食粟。　長孫道生為三司，衣不華飾，食不兼味。　庾冰鎮武昌，室無妾媵，家無私財。

仕宦而妻子不免饑寒者：蜀鄧芝之為大將軍也。　謝瞻之守晉陵也。　劉宋申祐之頻處州郡也。　齊庾蓽之為荆州别駕也。　北齊祖鴻勛之守高陽也。　唐盧懷慎之相玄宗也。　妻子不免凍餒者，魏楊沛之宰歷城也。　妻子不粒食者，北魏高允之拜中書令也。　妻子僅免饑寒者，唐崔祈父之為刺史也。　妻子不贍者，晉劉超之封零陵伯也。　妻子糠豆不贍，短褐不完者，漢貢禹之徵為諫大夫也。　妻子自親釜竈者，漢周澤之令澠池也。　相從百口，飦粥不給者，唐顔泉明之為長史也。

家貧兒病，無以市藥者，晉李胤之官司徒也。

劉寔雖處榮寵，居無室第。　張緒、山濤，位三公，屋第十間，子孫不相容，帝為立室。　元魏裴佗宣慰蠻酋，乞老還，宅不過三十步。　張融為司徒長史而無宅，權牽小船于岸上居。　孫謙仕齊錢塘令、江夏守，去官無私宅，借空車廄以居。

吴隱之在度支，以竹蓬為屏風，生無氈席。　孫謙歷二邑、五郡，而床施蘧除屏風，冬則布被、莞席；夏無幬帳，而未嘗有蚊蚋，人多異之。　宋韓忠獻公轉運河北，王太夫人坐太平車，以葦席為棚。

吴隱之守南海，冬月無被。　阮長之守臨海，常擁敗絮。　裴佗宣慰蠻彝回，暑不張蓋，寒不衣裘。　唐韓滉為相，暑不執扇。

漢羊續守南陽，一布幬穿敗，時或補之。　齊虞玩之釋褐時買一屐，三十年，高帝賜新屐不受。曰：「蓍簪敝履，復不可遺。」　到溉官吏部尚書，冠履十年一易，朝服或至穿補。　梁范岫令長城時，有梓材巾箱，數十年經貴不易，在晉陵作牙管筆一雙，猶以為費。　韓滉雖宰相子，衣裘茵袵，十年一易。　寇準一青幃，二十年不易。

晏子相齊，食脱粟飯。　公孫弘為丞相封侯，食一肉、脱粟之飯。　荀爽為三公，食不過一肉，飯脱粟。　孫叔敖為令尹，糲飯菜羹。　李固為太尉，食麥飯。　左雄刺冀州，食乾飯。　劉懷慰守齊郡〔二〕，有獻新米一斛者，劉出麥飯示之，曰：「食有餘，幸不煩此。」　梁蔡撙守吴興，自種紫茄、白莧，為常餌。　何遠守東陽，食不過乾魚數片。　元魏裴俠守北郡，惟食菽麥、鹽菜，罷俱郡漁獵夫三十人，曰：「以口腹役人，吾所不為。」　宋姚希得知靖江，日惟啖菜，一介不通，嘗易錦幕以布，曰：「吾起家書生，何可用此？」

隋趙軌為齊州別駕，東鄰桑椹落其庭，拾還之；軌謂子曰：「吾非〔三〕以此求名，意非機杼物，不願侵人。汝等宜以為戒。」猶之張元南，鄰杏熟落園中，悉取還之。後周人。　夫椹與杏特微物耳，而清節之士，終不以少易其操。

唐柳玭為嶺南節度副使，廨中橘熟，食之，納值于官。　蕭倣〔四〕為嶺南節度，家人病，取槁梅于官廚以和劑，做知，趣市還之。　張磐為太守，令獻柑一奩，卒以兩枚與其小兒，磐奪兒柑，鞭卒曰：「何得行賄吾子？」　張戩監鳳翔府司竹監，舉家不食筍。

廉吏尤著者：劉寵去會稽，老叟五六人持百錢以送，曰：「自明府下車以來，狗不夜吠，民不見吏。」寵為受一錢。　彭城王漱去滄州，老叟數百人具饌以餞，曰：「自殿下至此五六載，人不識吏，吏不欺人。」漱為食一口。　唐李素立為燕然都護，夷落率馬、牛為獻，惟受其酒一杯。　唐杜暹，婺州參軍，秩滿歸，吏以紙萬番賚之，止受百番。衆曰：「此與受一錢者何異？」時號「百紙參軍」。按，劉廟在會稽，王叔能賦詩云：「劉沆清名舉世傳，至今遺廟在江邊。近來仕路多能者，也學先生揀大錢。」

蔣復進鴻臚卿，日本使遺以金帛，峻拒不納，惟受紙一番。　陸贄罷尉歸，張鎰餉錢百萬，請為母夫人一日費，贄惟取茶一串。　梁謝瑗去東陽，人送錢一萬，止留二百錢，曰：「數多，劉寵更以為愧。」元魏陸馥刺湘州七年，至貧約，召為常侍，却吏人布帛之遺。吏人乃為起佛寺，曰「長廣公寺」。

魏裴潛在兖州作一胡床。及去官，以挂柱。宋江秉之守臨海，作一書案。及去官，以付庫。留櫝、留床，猶曰：「器物非其有者，不取也。」唐李大亮在越州，寫書數百卷。及去，留都督府。豈非以在官寫書，亦是風流罪過乎？　《北史》：潘子義遺郎基書語，以基在官曾寫書也。

楊震東萊守。所舉茂才王密昌邑令。夜懷金遺震，曰：「無知者。」震竟却之。褚淵為吏部尚書，人袖金賂之，曰：「無知者。」淵竟撝之。楊公真畏「四知」，彥回偶存小節耳。　前趙范隆為太尉，絶所薦之遺金。

李商不受金。督廣州還，或裒金以贈。曰：「吾自性分不可易，非畏人知也。」　賈郁不受果。曰：「今君兄知，弟知，子知，携來者知，是知倍古人也。」

龐參為漢陽太守，郡人任棠置水一盂，以曉其清。　隋趙軌為齊州別駕，郡中父老奉水一杯，以餞其清。

蕭倣刺廣州，俸外不入其門；南海雖富珍奇，月俸之外，不入其門。家人疾，治藥須烏梅，左右于公厨取之，倣知而命還，促買市中。　盧鈞刺廣州，市舶一不干預。南海有蠻舶之利，舊帥靡不捆載而歸。鈞為政廉潔，請監軍領市舶使，自貞元以來，衣冠流放嶺表者，子孫貧不能還，鈞減俸為營醫藥，殯殮、婚嫁，此數百家。　與隱之、馮立媲美矣。

第五倫受俸裁留一月。《後漢書》：第五倫拜會稽太守，躬自斬芻養馬，妻執炊爨，受俸，裁留一月，餘皆賤貿與民之貧羸者。

第五頡不炊或至十日。《三輔決録》：頡字子陵。歷桂陽、南陽、廬江三郡太守、諫議大夫。洛陽無主人，鄉里無田宅，客止靈臺中，或十日不炊。左雄、張衡、朱建、孟興，皆各致禮餉，頡終不受。

李浩嶺右歸，余靖廣州歸，皆治裝無南物。　包拯為端州，不持一硯歸。　宋淩冲令含山歸，視裝中有一硯，曰：「非我來時物。」取還庫。　張舜民令襄、樂，惟取一石硯，後猶追恨。　唐李勉自嶺南節度入召，盡搜家人所蓄，投之江，曰：「毋令吴隱之笑我。」　晉吴隱之刺廣州歸，妻取沉香，命投之江。

王方慶于崑崙舶，秋毫無所索。　盧鈞于海舶，不賤售其珍。

馮伉不受遺帛，德宗因而授令。《唐書》：澤潞節度李抱貞卒，伉為吊贈使，遺帛數百疋，表奏不受。屬醴泉闕令。帝曰：「前使澤潞不受財帛者，此人必清，可以授之。」　牛僧孺不受送物，穆宗因而命相。又韓弘入朝，以宣武舊事人多流言。子公武厚賂權幸及多言者。俄，父子俱卒，孤孫紹宗幼，穆宗命中使閲其宅簿，以付家老，簿有納賂。惟僧孺官側朱書「不受」。穆宗甚悦，無何命相。　杜瑾以百綾餉韓思復，方併日食，而百綾完封不發。　趙孟頫為羅司徒致鈔百錠，請胡汲仲銘父墓，是日正絶糧，汲仲却愈堅。

張奐遺金悉還，威化大行。後漢羌豪帥感奐恩德，上馬二十匹；先零酋長又遺金鐻八枚。奐以酒酹地，曰：「使馬如羊，不以入廄；使金如粟，不以入懷。」悉還之。羌性貪而貴吏清，威化大行。　梁毗遺金悉還，蠻夷感悟。《北史》：毗刺西寧州，先是蠻夷酋長服金冠，以金多者為豪，遞相凌辱，每尋干戈。毗因酋長以金遺之，慟哭曰：「此饑不可食，寒不可衣，汝等以此相滅。今將此來，欲殺我。」一無所納，于是蠻夷感悟，遂不相攻。《蔚志》

田豫刺并州，鮮卑密懷金以獻，張袖受之，悉付外，具以狀聞，詔褒之。　杜暹使突厥，以金遺暹，受而陰埋幕下，出境移文，俾取之。　吴越饋遺曹彬，籍數歸獻，世宗命取，始拜受，悉散親識。

陸績為鬱陵太守，罷秩歸，舟輕不可越海，用巨石重之。　江革除都官尚書還，一舸偏欹，不得安卧，或請濟江，徙重物以迮輕漕，乃于西陵岸取石十餘片以實之。　吴矩為廬江太守徵還，船輕載土。時歲暮，逐除者就乞，所獲甚少，矩乃語之，逐除人見之而去。　白樂天守杭、代還，取天竺片石；後守吴門，復取洞庭雙石，一以支琴，一以貯酒。　唐張祐知南海，但載羅浮石以歸。　洪規罷會稽，不欲人知其清，以船載黄土。

《間奇》

吴隱之刺廣州，石門有貪泉，酌而飲之，清操愈勵。　馮立授廣州都督，至貪泉劇飲之，惠愛甚深。

時苗為壽春令，之官乘薄畚車、黄牸牛，歲餘生一犢，及去留犢，曰：「淮南所生也。」《魏志》 羊祜子篇〔五〕為鉅平侯，有私牛于官舍産犢，及遷而留之。 王遜遷上谷太守，私牛、馬在郡生駒、犢，秩滿付官，云：「郡中所産也。」《晉書》：苗壽春平生大節，不特此一事。此一事則當時已赧縮于郡吏之一言。逮元太祖閲之，笑曰：「彼官生子，亦肯留否？」則苗之心事，蓋漏于是矣。故君子不為過中之行。 又裴休去河北，官馬成羣，一無所取。

薛惇為北海長史，家貧，坐無完席。後漢。 衛良拜尚書，罷官，家無完席，賓客坐桑下。上。 吴隱之刺廣州返，坐無完席，以竹篷為屏風。

公儀子之却魚也；公儀休相魯，有饋之魚不受。曰：「叫君愛魚，故饋魚，何故不受？」曰：「吾愛魚是以不受，受魚而失相，則不復得魚。」晏子之辭邑也。齊侯分慶氏之邶殿，以與晏子，弗受。曰：「慶氏之邑足欲，故亡。吾邑不足，益以邶殿，乃足欲。不受，非惡富也，恐失富也。」是皆以廉持富者也。世知以少得為多得乎？其幾矣！

楊綰為相，奏請加京官俸，此舉是也。常衮為相，欲辭堂封，此意非也。官冗則當裁，有官則俸不可省；位過，則當退；居位，則禄不可辭。故原思為宰，不受禄；子貢贖人，不取金。聖人皆無取焉。非不取其廉也，以己之廉而成人之不廉，君子不為也。

交阯太守張恢坐臟伏法，以資物頒賜羣臣，鍾離意得珠璣而不拜。帝歎其清，乃更以錢二十萬賜。 没入祖吉臟錢，分賜法吏，向敏中引鍾離意委珠事，獨不受。 唐介倅潭州，分珠獄發，巨賈私藏蚌胎，為闌吏所搜，太守而下，輕其估，悉自售焉。 仁宗曰：「唐介必不肯買。」案覆，果然。《問奇》

王郢饋僑士，獨錢徽無有。徽居穀城，令王郢善接僑士。遊客以財、帛饋，坐是得罪。觀察使樊澤視其簿，獨徽無有。

宰執皆受忽辛家財，張雄飛獨無。　近臣皆受阿合馬賂遺，完澤獨無。

南唐昇元初，許百僚入内藏隨意取金、帛，蔣廷翊獨持一縑還家；後周武帝夜飲，大賜縑帛，韋敻惟取一疋。不惟李崇傷腰，元融損脚者多慚，即崔光之止取兩疋，庫尺夜切。狄士文之口、手俱足，亦當少遜矣。

廖德明為廣東提舉，欲薦一主簿，因置酒，觴豆甚盛，悉假富人。曰：「一主簿乃若是侈耶？必貪。」于是追還薦章。　仇悆守四明，欲薦一幕官，問以十口之家，日用二千。驚曰：「安得不貪？」乃止。

〈間奇〉

一魚鮓也，孟宗母以見寄非避嫌；陶侃母以見遺為增憂。一瓷器也，許屯田失名。令浮梁而不買；程嗣宗少卿。作饒州而不置。可見，官箴凜如，微至纖芥，不容苟取。

王晉平「恐富求歸」；王秀之為晉平守，期年便求去。曰：「山資已足，豈可久留，以妨賢路？」人謂云。　孔姑臧脂膏不潤。姑臧長。惟老母極膳，妻子但食葱、菜。答人曰：「身處脂膏，不能自潤。」正以富與潤之有以累人也。

漢董宣卒官，惟布被覆尸，大麥數斛。帝歎曰：「宣之廉潔，死乃知之。」王敦籍周顗家，得數簏故絮，酒五甕，米五石而已。梁毛惠素以讒為武帝誅，家徒四壁，帝乃悔。元魏陽固終，室徒四壁，親故為棺斂。衛尉卿李元忠卒，有米三石，酒數斛，質絹乃斂。齊郡刺史韓麒麟卒，惟有俸絹數十疋。唐劉晏死，簿録其家，惟雜書兩乘。皆以死而實見其清。

賚貽

漢賞賜多用黃金。如周勃賜五十斤。霍光前後所賜至七千斤。黃覇、嚴訢、尹翁歸等，動至百斤。　晉賞賜多用絹布。如阮瞻千疋；温嶠、庾亮、荀松、楊珧，皆五千疋；周復、唐彬、琅琊王仲，皆六千疋；王渾、杜預，皆八千疋；賈充前後九千疋；王濬、張華、何舉，皆萬疋；王導前後二萬疋；桓温前後三萬疋。

光武以所乘驪馬，及繡被、衣物賜李忠；又解所佩綬帶以贈忠；以七尺貝劍賜馮異；解左驂以賜賈復。

齊高帝賜張融衣。　周文以所服冠、履、衣、被賜史甯。《北史》　魏文帝以所著冠帶、袍袴賜薛端。《北史》　齊明帝以諸葛亮筩袖、鎧帽二十五石弩射之，不能入。賜殷孝祖。

魏太祖平柳城，班所獲器物。以素屏風、素馮几賜毛玠。　齊高帝以簏盛靈産，上靈臺占候。以白羽扇、素隱几餉孔靈產。珪父。　明帝以漆盒、燭盤賜傅昭。昭器服率陋，嘗插燭板床。　梁昭明太子以瓠食器賜劉杳。皆曰：「君有古人之風，故賜古人之物。」　又陸修静以白鷺羽麈尾扇遺張融，亦曰：「異物以奉異人。」　唐太宗以彩緞遺姚思廉，曰：「景相節誼，故有是贈。」　周武帝以竹策賜楊素，曰：「方欲大相驅策，故用此物賜卿。」　德宗以持鞭賜張建封，曰：「節誼不踰，故用此以贈。」　唐文皇以鐘乳一劑賜高馮，曰：「卿進藥石之言，朕以藥石相報。」又賜金背鏡一面，以表其精鑒。　唐穆宗常賜牛僧孺彝樽、龍杓，詔曰：「精金、古器，以比君子。」　宋明帝賜謝朏床、帳、褥、席，旌其素概。　唐玄宗賜宋璟金筯，以表其直。

梁月給陶弘景朱砂。　隋月給荀法藏茯苓。　魏明元賜崔浩御縹醪十斛，水晶鹽一兩，曰：「朕味卿言，有如此鹽、酒矣。」　唐憲宗賜李絳酴醾酒；　賜白居易防風粥，七日口香；　賜鄭平李林甫婿。甘露羹，一夕髮黑。

劉宋文帝謂戴顒好音，以正聲伎一部遺之。　趙宋真宗謂魏野好畫，以秘閣畫一篋遺之。

陸遜破曹休，吴主以鈎絡帶賜之。　侯莫、陳順破趙青雀，魏帝以玉梁帶賜之。

唐太宗親解貂裘，賜韋挺。　宋太祖親解貂帽，賜王全斌。　梁武賜陶弘景鹿皮巾。　高帝賜明僧紹竹根如意笋籜冠。　宋文帝賜臨川王義慶竹節如意。義慶啟事云：「恩旨賜臣犀鈚竹節如意，目所未睹。」

孔子脱驂于舊館人。遇舊館人之喪，使子貢脱驂而賻之。　馬援遺馬于杜林。林與援同里親厚。援南方還，林馬適死，援令子持馬遺林，受之。數月，遺子奉書曰：「將軍内施九族，外存賓客，望恩者多。林父子兩人食列卿禄，常有盈餘，今送錢五萬。」援受之，謂子曰：「人當以此為法。」

王儉餉宗測蒲褥、笋席。　陸魯望貽皮襲美竹夾膝。　鄒長倩遺公孫弘撲滿。　皮日休送魏不琢養和。　竟陵王以嵇叔夜酒杯、徐景山酒鎗遺何點。

燉煌汜潜善醸酒，每節送一壺與胡叟。　太樂署焦革善醸酒，王績求為丞，革死，妻送酒不絶。

謝安以扇送袁宏，宏曰：「輒當奉揚仁風，慰彼黎庶。」　唐太宗五日賜長孫無忌、楊師道飛白扇，曰：「庶動清風，以揚美德。」

魏文帝賜劉楨郭絡帶。　李德林與于翼、高熲同修律令，事訖，賜九環金帶。　唐太宗賜房玄齡黄銀帶。　李靖破蕭銑，賜于闐玉帶十二條。　明皇賜寧王紅玉帶。　唐憲宗賜裴度通天御帶。　李德裕解所賜玉帶贈封敖。進太尉敖草制。

魏武賜楊彪七香車。　晉武給魏舒四望車。

吕虔以佩刀贈王休徵。　王猛以佩刀贈慕容垂。　王紀以刀贈劉璠。

晉武以于闐青鐵硯、遼西麟角筆賜張華，芟《博物志》；以大秦國密香紙賜杜預，寫《春秋釋例》。

杜甫乞草堂資于嚴武。　符載乞買山錢于于頔。　邢君牙贈張汾五百縑。　于頔贈牛僧孺五百絹。　顔延之為淵明留酒錢。

生芻一束：一吉事，鄒長倩贈公孫弘；一凶事，徐穉吊郭林宗之母。

賂遺

山濤為吏部，鬲令袁毅遺絲百斤；王戎為侍中，南郡太守劉肇賂以筒中細布五千端。雖一則封印如故，一則知而未納，然而苞苴行矣。

杜預數餉洛中權貴，曰：「非所以求益也，欲免禍耳。」　孟蜀時，潘在廷以財結權豪，或戒之，乃曰：「非是求援，不欲其以冷語冰人耳。」　苟晞之千里牛，哥舒翰之白駱駝，豈能已乎？

郭崇韜頗受藩鎮饋遺，欲安其心耳。曰：「梁季賄賂成風，藩鎮皆梁舊臣。若拒其意，能無懼乎？」祀南郊，獻勞軍錢十萬緡。　諸方鎮先賂劉延朗，後議貢獻。朗為樞密副使，啟奏除授，一歸延朗。方鎮賂之，潞王不能察。　後唐袁象先朱温甥。入朝，遍賂權貴。中外爭譽之。　温韜厚賂權貴，復遣還鎮。入朝賜姓，名李紹忠。　淄青李納厚饋竇參。外示嚴畏，實賂帝親近為間，故左右爭毀短之。　和士開以美女、珠簾賂婁定遠，得不出。　劉君世鑄金蛇獻梁冀。种暠劾之，蛇輸司農。　譙王重福贈崔湜黃金寶帶。帝為太子，李慶遠頗弄權勢，湜以餉之。慶遠以罪被録，湜密謂：「勿疑此帶，使汝無事。」厚賂筲者，冀殺慶遠以滅口。　邢巒以所得女口與元暉。巒初定漢中，有威惠。後掠人，為元暉所持。乃以所得巴西守龐景仁女化生等二十餘人與之，皆絶色也，暉悦而止。

主父偃，大臣畏其口，賂遺累千金。　劉晏饋謝四方名士，有口舌者，以利啖之，使不得有所訾短。

李聽素以賂遺得權幸心，故多為助力。

賂而得官者：　河間王琛賂金寶巨萬，劉騰言于太后。　得刺秦州。　鄭雲賂紫纈，得安州。雲諂事劉騰，賂紫纈四百疋，得安州刺史。晚詣封回，問：「安州興生，何事為便？」回曰：「卿為方伯，宜思方略，以濟百姓。封回不為商賈，何以相示？」大慚而去。　陳少游獻五萬緡，改宣歙。除桂管觀察，惡其道遠。時宦官董秀掌樞密，請歲獻五萬緡，又納賄路于元載子仲武，遂改宣歙。　孟佗一斛，得涼州。　陳咸賂遺陳湯，王音輔政，信用湯。徵入為少府。予書曰：「即蒙子公湯字，得入帝城死不恨。」　宋穎納貨，劉騰得刺涼州。　王潛輸納權倖，拜涇原節度。　裴林納金帛，元乂除鎮遠將軍。　鄧羡行貨于北海王詳，轉司農少卿，刺郢州，在州鋭于聚斂，納賄于忠，徵為黃門侍郎。　廉康本商胡。　賂遺楊國忠，拜將軍。　又請用私財簡較山南一道。仍加侍御史。　崔寧以賂，擢御史中丞。寧見蜀地饒財，乃痛誅斂。使弟寬居京師，以賂厚謝權貴，驟擢。　後漢侯益以賂，行開封尹。厚賂執政及史弘肇等，兼中書令，行開封尹。　鄭愔私鑄錢百萬，以遺武三思。　宋季雅以金錢一千賀呂僧珍生子，得刺衡州。往侯天盛賂地趙修，補長史。與修鄰居，貿，署函曰：「錢一千緡。」門人少之，强之乃進。僧珍親發，乃金錢也。遂言于帝。宣武為修增邑舍，四鄰皆賂入其地。天盛兄弟越次補長史大郡。李德裕以珍玩數床贈監軍，得柄用。獨延監軍楊欽義、陳珍玩贈之。後得柄用，義有力焉。又借錢十萬貫與李國澄赴闕，尋除中尉。謂監軍澄曰：「何不以近貴取事？」澄曰：「如貧何？」乃許借錢，促赴闕。及立，咸果如其諾。市舶張苑進篤耨香，拜學士。時號「篤耨學士」。漢雍仲連進南海香，拜洛陽尉。號「香尉」。吳越以瓜子金為海味，獻宰相趙普。可恕也。王孫師羿以金葡萄綴珠為果核，媚宰相韓侂胄。可恨也。翹關負米，以誚崔湜。選人曰：「能翹關負米。」曰：「何不去兵部？」曰：「人言崔侍郎門下，有氣力者即得。」靴帶繫錢，以譏鄭愔。曰：「當今之選，非錢不行。」

附 賄敗

衛蒯聵出奔己氏也，曰：「勿殺我，吾與汝璧。」曰：「殺爾，璧其焉往？」唐杜孺休見攻沈肇一作粲。也，曰：「勿殺我，吾與汝金。」曰：「殺爾，金其焉往？」梁蕭紀以金擲樊猛，曰：「顧卿送我。」曰：「殺足下，金其何之？」《偶記》石崇臨收，曰：「奴婢利吾財耳。」齊曹武臨收，曰：「諸奴利吾財貨、妓女耳。」前。魯褒、綦母民、成公綏作《錢神論》，以疾時。蕭綜豫章王。作《錢愚論》，以譏蕭宏。臨川王。

趙彦昭因獲《納賄疏》而貶官。彦昭附巫媪趙氏。及誅，自其家獲彦昭《納賄疏》，故貶。　史圭由獻遺籤目而減譽。為博陸令，嘗結交要人李葯，葯得罪，有主所獻遺籤目在焉，善譽稍減。

宋楊九鼎刻剥，莫簡倡亂，殺鼎，剖腹實以金銀，曰：「使其貪腹飽飫。」　淳化中，王小波作亂，殺縣令齊元振，剖腹實之以錢，以其平日愛故也。《事偶》

智氏不知機，貪伐趙之利，而忘榆次殺智伯于鑿臺，在榆次。之禍。　吴不知機，貪伐齊之利，而忘干隧夫差自刎處。之敗。　虞貪晉之璧馬，卒也璧馬不可得，而虞以不臘。　楚貪秦商於之地，許閉關絶約，卒也商於不可得，而楚且割地。

李夷簡為京兆尹，發楊憑江南觀察貪。夷簡為屬刺史，不為憑所禮。　太平公主發宋之問知貢舉，時賕餉狼籍。　張説與張嘉貞不平，貞弟嘉祐贓發，左遷，嘉貞、李義府索長孫延無忌孫。謝錢七十萬。　楊行穎白其贓，詔按有狀，流雋州。　蔡撙在臨海，有楊元孫以婢采蘭貼與黄權生子，酬乳哺直，權死，妻吴氏背約，撙受金釧，而判與吴，元孫撾登聞，撙以為恥。

鄒鳳熾之被流，絹為之祟。請粲終南山樹，山樹雖盡，臣絹未窮。後坐事流瓜州，赦還，子孫貧乏。　馬暢第宅之見廢，杏為之祟。馬燧子暢，以第中大杏饋竇文場。文場以進，德宗令中使就封杏樹。暢懼進宅，發為奉誠園。

晉王戎少以父卒，辭賻百萬顯名。　及官侍中，以受南郡守，筒中細布五十端，被糾。　北齊高德正進忠文宣，多所弘益。晚以家有寶物四床被斬。　北周達奚武不肯先元子孝為柱國，後以取庫中萬釘金帶，為時所鄙。　辛術所在有惠政。　及定淮南，多收顧、陸名畫、二王法書以饋遺貴要，物議少之。

北魏韓秀，文成時，掌機密，侍左右，而子務刺郢州，獻七寶床、象牙席。詔謂：「有乖風素，可付其家人〔六〕。」《裟談》

校記

〔一〕遺錢：原缺「錢」字，據《宋書·顧衆傳》補。
〔二〕齊郡：原缺，據《南齊書·劉懷慰傳》補。
〔三〕非：原作「北」，據《隋書·趙軌傳》改。
〔四〕蕭倣：原作「蕭傲」，據《舊唐書·蕭倣傳》改。
〔五〕羊祜子篇：原作「羊祐子兄篇」，據《晉書·羊祜傳》改。
〔六〕侍左右：原缺，據《魏書》、《北史》之《韓秀傳》補。

古事比卷之四十二

富殖

宣曲任氏之折節為儉；《家約》：「非田畜所入，弗衣食；公事不畢，不得飲酒食肉。」以此為閭里率，故富而主上重之。張安世之治產業；尊為公侯，食邑萬户，身衣弋綈，夫人自紡績。家童七百，皆有手技，作事累積纖微，是以能殖其貨。樊重之有法度。三世共財，子孫朝夕禮敬，常若公家。課役童隸，各得其宜，故能上下戮力，利財歲倍。此善有其富者也。馬燧貲貨甲天下，而子暢財產並盡；暢為豪幸邀取，中尉曹志廉諷令獻田園、第宅。暢殁，諸子無室可居，以至凍餒。奉誠園即暢舊第。王鍔家財富于公藏，而子稷死于軍亂。鍔薨，二奴告其子稷逍表，匿所獻家財。憲宗欲遣中使簡括，裴度諫止。稷為德州刺史，節度李至略利其貨而圖之。致本州軍作亂，殺稷，納其室女。此不善有其富者也。

唐翁仲孺、有異行，天雨金十斛于其家，遂富埒侯王。唐熊衮、父喪不能葬，號泣。忽空中落錢數萬，畢喪。以所剩告入官庫，人稱「忠孝雨錢」。黃尋，大雨，天忽飛錢落庭中無數，因致富。皆雨金錢以致富。

馮大亮，見樵叟八人，各出枅木一枝，纔五六寸，曰：「栽庭中，經尺，則家財百萬。」旬日而樹凌空，金玉自至。則神助以富。

以貴而富，其最著者：秦魏冉、吕不韋，楚黃歇，漢霍光、張安世、張禹、王鳳等五侯，董賢、梁冀、董卓、曹騰等，魏曹洪，晉石崇、王愷、王濟、徐湛之、阮佃夫，梁蕭宏、朱异、羊侃，北魏元禧、元雍、元琛、元融、李崇，隋楊素，唐裴寂、李林甫、楊國忠、郭子儀、韋宙、裴冕、元載、李德裕、王涯、楊收，吴越孫承祐，蜀李昊，宋蔡京、梁師成、韓世忠、張浚、楊沂中、史彌遠、韓侂胄、賈似道，元燕帖木兒、伯顔、朱清、張瑄。其無譏者，僅郭汾陽、韓蘄王耳。　若能自力致富者：陶朱公、白圭、猗頓、巴寡婦、臨邛卓王孫、程鄭、宣曲任氏、茂陵袁廣漢、平陵士孫億、東海糜竺、平邑王氏、洛陽劉寶、長安王元寶、王酒胡、鄒鳳熾，即鄒駱駝。《談薈》

僮奴之多者：范蠡家僮閑算術者，萬人。　卓王孫家僮千餘人。　郭况家僮四百人。　程鄭、折國、石崇，俱八百人。　袁廣漢，九百人。　王氏五侯、刁達、楊素，各數千人。　高陽王，六千人。　郭汾陽，三千人。　吕不韋、糜竺，萬人。

穆子之論慶封得朱方也，曰：「善人富，謂之賞；淫人富，謂之殃。天其殘之也，其將聚而亡旃。」　晏子之不受慶氏封邑也，曰：「無功之賞，不義之富，禍之媒也。我非惡富，恐失富也。」《叢談》

先貧後富者：猗頓、魯之窮士，聞術陶朱公，大畜牛羊于猗氏之南，十年貲擬下公。　杜周、始為廷史，有一馬。及列三公，家貲累鉅萬。　嚴震、本農家子。以財役里閈。　王處回。家甚貧。周玄豹曰：「此子貲精也，當大富。」

先富後貧者：鄧通、賜蜀嚴道鑄錢，後竟寄死人家。　馬暢、善殖財，晚為豪幸侵牟。　鄒鳳熾、坐事流瓜州，赦還，子孫貧乏。　張允。家貲鉅萬，後凍餒而卒。

陰識祖子方以黄羊祀竈而富。至識三世，而遂繁昌。　張鋑因黄雀銜錢而富。在雍州，出遊近郊，忽黄雀銜一銅錢置前而去。衙院晝卧，見二燕各銜一錢落錢首，三錢常秘巾箱。同光末，爲西都知府，魏王繼岌至渭南，自經蜀川，珍貨、女妓、寶馬爲錢所有。

王酒胡之百杵。修安國寺，上幸之，爲擊十杵，施錢萬緡。酒胡乘醉入，連撞百杵，徑輦十萬緡。　馬盎之一舸。入朝，載舍一舸自隨。

石崇與王愷爭豪。愷以粭澳釜；崇以蠟代薪。愷作紫絲步障四十里；崇作錦步障五十里。崇塗壁以椒；愷塗壁用赤石脂。

河間王琛。欲與高陽王雍。相敵。雍居第匹于帝宮，白壁、丹楹，窈窕連雲，僮奴六千，妓女五百，隋珠照日，羅衣迎風。出則鳴騶御道，鐃吹笳聲；入則歌嫗、舞女擊築、吹笙。琛欲敵之，造文柏堂、徽音殿、迎風館，窗户之上列錢青瑣，玉鳳銜鈴，金龍吐珮。又陳女樂及諸名馬，引諸王案行府庫，錦罽珠璣，冰紈霧縠充牣其內。曰：「不恨我不見石崇，恨石崇不見我。」

以財致禍者：石崇、曹武而外，有梁之富人虞氏。陳酒擊博，俠客相隨而行樓下。博者射中，兩掩而笑。飛鳶適墜其腐鼠，而中俠客。俠客曰：「我不侵犯，又辱我以腐鼠。」乃聚衆攻滅其家。出《列子》。　梓州之陳子昂。解官歸，縣令段簡貪暴，欲害之。家人納錢二十萬，簡薄其賂，捕死獄中。　滄景節度王鐸。爲樂彦禎子從訓劫殺于高雞泊。

奢侈

楚王馬希範作九龍殿；閩王王鏻作九龍帳。皆一時事。　同安公主九鸞釵；安樂公主百鳥裙。《偶記》

武帝置麗娟于明離之帳。　昭烈置甘后于白綃之帳。《偶記》

起昌陵，土與穀同價，漢成也；起承華，土與穀同價，慕容熙也。安得黃金與土同價乎？《偶記》

寇準家不爇油燈，雖庖匽必燃炬燭；蒲宗孟曰：「燃燭三百。」宗孟不足道也，準累盛美矣。前。

石崇以蠟代薪。　伽盧國以香木為爨。　東京以繒絹為薪，則遭變也。

王涯投寶玉、真珠于井，供飲。　李文饒雜珠玉、寶砂于釜，煮汁。

何曾日食萬錢，猶云無下箸處。而子劭一日之供，限錢二萬，又倍乃父矣。　任愷日食萬錢，猶云無下箸處。　唐韋陟食厨所棄，猶不減萬錢。　愈侈愈靡矣。　和嶠日三萬錢。　高陽王元雍一食數萬錢。李崇曰：「高陽一食，敵我千日。」　杜岐公悰。日五食，一食萬錢。　李德裕至一盃羹二萬錢。　韋侍郎陟以鳥羽擇米，至厨中遺棄不減萬錢。

梁臨川王宏所幸江無畏，服玩侔于齊東昏潘妃，寶屧直千萬；好食鯖魚頭，常日進三百。　張元厚庖百品，有蔡機缸二十，盛貯皆滿。　元載飲食，冷物，用硫黄碗；熱物，用泛水瓷器，有三千事。蔡京厨婢數百人，每殺鶉子，輒千餘。　唐諸王貴主日會宮中，各進珍食，日至千盤，一盤不下千緡。

郭子儀入朝，上令魚朝恩、元載迭為主，一宴至費錢十萬緡。

吴越王時，孫承祐每一飯宴，凡殺物命千數，常膳亦數十品。承祐居室中，爇龍腦日不下數兩。從俶北征，以橐駝負大斛，貯水養魚自隨。至幽州南，日已旰，西京留守石守信與其子保吉，及近臣十餘人，尚未食，承祐即延所止幕舍，膾魚具食，窮極水陸。　宋蒲宗孟每旦封羊、豕各十。宗孟每夜燃燭三百。常日盥潔，每用婢子數人，一浴至湯五斛。　昔人以儉稱者，食惟脱粟之飯，炙三弋、五卵、苔菜，不是過也。　後人奉養之豐，一至于此。

隋虞孝仁、宋孫承祐從征，皆以駱駝負水養魚。　丁謂從東封，以大車盛水養魚。　豪侈哉！　拓跋

燕不食河南水，以駱駝負河北水，不足異矣。《偶記》

晉王濟家以人乳飲豚，蒸食甚美。　唐侯君集家二姬不火食，止食人乳，顔色殊美。　驕奢至此乎？

唐鄭璠在嶺南象江得怪石，輦歸滎陽，費錢六十萬。　宋滎咨道以錢三十萬，買虞世南《夫子廟初刻碑》。

晉武服火浣布，幸石季倫；季倫身衣敝服，從奴五十人，悉衣火浣。　爾朱文略赴諸王邀，敝衣而往，從奴五十人，皆駿馬侯服。

《南史》：安成公何勖，無忌子，臨汝公孟靈休，昶子也，以肴膳、車馬相尚。都下語曰：「安成食，臨汝飾。」　湛之徐。美兼何、孟，襄陽魚弘亦以豪侈稱。府中謡曰：「北路魚，南路徐。」　許欽明、郝處厚家醜陋盛飾。時語曰：「衣裳好，儀貌惡，不姓許，便姓郝。」

秦苻郎來降，謝安設宴，朝士盈座。　朗欲自誇，每唾令小兒跪而張口，既唾而含出，是以智示雄于上國。　宋謝裕性潔，居宇净麗，每唾左右人衣，事畢，即聽一日澣濯。每欲唾，左右争來受之。　是以癖見愚于下人。

唐申王每與人博，以妓為局中之馬，號「人雙陸」。　南唐孫晟為司空，每食，使妓各執一器，號「肉臺盤」。　晉武帝幸王武子第，侍婢數百人，各執琉璃器供膳食。　封涉家宴，使婢各執一燭，四面行立，呼為「燭圍」。　唐寧王燈婢，申王燭奴，皆刻香木為之。

王毛仲扈從東封，牧馬數萬，每色為一隊，望如雲錦。　幸華清宮，楊國忠姊妹五家扈從，每家為一隊，如百花之煥。

劉威碩琰之車服聲樂；威碩在蜀，車服侈靡，黷妾數十，能為聲樂，悉教誦《靈光殿賦》。謝靈運之衣裳器物；門故恒數百人，室宇華曠，盡山泉之美，車服鮮麗，衣裳、器物多改舊形，世共宗之。徐湛之之伎樂衣服；湛之產業甚厚，宇舍、園池，貴游莫及，伎樂之美，冠絶一時。門生千餘，皆三吴富人子，姿質端美，衣服鮮麗。每出入遊行，塗巷盈滿。徐君蒨鯤之絃歌聲色。君蒨為湘東王咨議，文冠一府，新聲艷語，人多諷習。尤長部言，問無不對。善絃歌，好聲色，侍妾數十皆被金翠，曳羅綺。服玩悉以金、銀，閉門盡日酣飲。有時載伎游行。荆楚山川靡不遊踐。四君比之王、石，尚為黔婁，第文士酸寒，得此亦足以豪矣。

唐太宗鋪錦，引流泉。　王元寶穿錢，甃花徑。

隋煬帝幸江都，以錦為帆纜。　錢鏐宴故老，以錦覆山林。　吴甘寧住止，嘗以繒帛維舟，去或割棄以示奢。　唐杜亞鎮淮南，泛九曲池，曳繡為帆。

梁魚容以象齒、沉檀造眠床，作金蓮花，捧琥珀龜以負床脚。　唐元載造芸暉堂，搗芸香塗壁，以沉檀為梁棟，以金、銀飾户牖。　都中巨豪王元寶以金銀壘為屋，紅泥泥之，別置禮賢堂，以沉香為軒檻，以鍮鐵甃地面，以錦文石為柱礎。

隋秦王俊為妃作七寶罩籬。　唐明皇起安禄山宅，有金飯甕、銀陶盆、銀絲笊籬之屬。

齊武至劉悛家，帝與悛同直殿内。悛以金澡罐受四升者與帝，帝後使悛刺益州，又作金浴甕，還都欲獻而帝崩，幾為鬱林王所誅。亦可類焚身之象齒矣。　金人擊宋之砲石，皆宋太湖、靈璧假山之所為也；禦宋之樓櫓，皆宋宮中芳華、玉溪之木之所為也。孰謂花石綱之預為盜資乎？以上《叢談》。

儉約

晏子一狐裘三十年；《禮記》張儉一敝袍三十年；《遼史》：儉方冬奏事便殿，聖宗見衣袍敝惡，密令近侍以火夾穿而記之，屢見不易。帝問其故，對曰：「臣服此袍已三十年，時尚奢靡，故以此微諷諭之。」卞彬所著冠，十二年不改易；南齊彬著鼠冠，以大瓢為火籠，什物多諸詭異。虞玩之所躡屐，二十年不辦易；南齊太祖鎮東府，朝野致敬，玩之猶躡屐造席。太祖取視之，訛黑斜銳，蒵斷以芒接之。問：「此屐已幾載？」玩之曰：「初釋褐拜征北行佐買之，著已二十年。貧士竟不辦易。」太祖善之。長孫道生一熊皮障泥，數十年不易；北魏司空。身為三司，而衣不華飾，食不兼味。寇準一青布幃，二十年不易。諸人儉德，足挽靡風。《說儲》

漢文帝弋綈為裘，集上書囊為帳。宋高祖床頭有土障，壁上挂葛燈籠，麻繩拂于陰室。《南史》：宋有司奏東、西堂施局床脚金塗釘，武帝不許，使床釘用鐵。齊高帝毀主衣玉介導，後宮器物以銅為飾者，皆改用鐵；內殿施黃紗帳，宮人著紫皮履，華蓋除金華爪，用鐵迴釘。陳高祖瓦器蚌盤，肴核充事而已。唐太宗留柞木梳、黑角篦于寢宮。宋太祖幕用青布，服浣濯衣，有穿者，皆命紬補以進。宋太宗服麻縷布裳，不用黃金裝肩輿。仁宗用黃絁被、漆唾壺。

景帝官輸物不過十笥。隋文用享不過一肉。唐憲宗躬服澣濯。晉武青絲代靷。程據上雉頭裘，而晉武焚之。湘州進文綾布，而隋文焚之。

齊庾杲之食惟韭葅、瀹韭、生韭。任昉戲曰："誰謂庾郎貧，食鮭常有二十七種。"北魏李崇富傾天下，食止韭葅。李元祐語人云："李令公一食十八種。"庾貧而清，李富而鄙。

公孫弘布被，人或譏之。祭遵、（為征虜將軍。）王良、（為大司徒。）布被，瓦器。張堪（為漁陽太守。去職之日，乘折轅車，布被、囊而已。）布被，人或美之。又周勃、周昌、尹齊、（前漢酷吏。）韓愈、魏元忠。

裴坦子娶楊收女，齎具多飾金玉，（果櫐乃卧魚犀。）坦命撤去，曰："亂我家法。"范仲淹子娶婦，或傳以羅為帷幔，公聞曰："安得亂吾家法？持至，當火于庭。"（《問奇》）劉摯《家法》儉素，"凡冠服自先世以來，常守一法，不隨時增損，子弟望而知為劉氏也。"

房太尉家無半臂。崔樞夫人婦妾不許時世妝。

茅季偉以草蔬與客同飯。欒頤之菜葅為客設食。

韓滉堂無夾廡，弟洄稍增補之，滉見撤去。（曰："先君容焉，安敢改作，以傷儉德？"）李義琰無正寢，弟義璡為市堂材，琰辭不受。（曰："既處貴仕，又居廣宇，非有令德，必受其殃。"）李文靖治第，僅容旋馬，其誡子與誡弟者同意。

朱博自微賤至富貴，食不重味。高允兄弟惟草屋數間，而被緼袍，厨中鹽菜而已。崔鄲處庫陋，至霖潦，則客蓋屐以就外位。盧懷慎風雨至，舉席自障，日宴設食，蒸荳兩器。

裴公美兄弟同學于濟源別墅，兄弟炰鹿召共食，公美曰："今日食肉，翌日何繼？"獨不食。石守道寓學南郡，王侍郎以盤餐遺之。守道曰："止修一餐，明日何以復繼？不敢當賜。"留守以厨食饋范文正，曰：「食粥已久，遽享盛饌，後日豈能食粥？」　東坡謫齊安，日用不過五十，貯用不盡者以待賓客，云：「此買耘老法也。」

李若谷康靖公。為長社令，日懸百錢于壁，用盡即止。

貪黷

貪而不避貪之迹者：趙在禮也，在宋州不法，百姓苦之。有制移鎮永興，相賀眼中拔釘。在禮聞之，遽上表更求宋州一年，于是歲籍「拔釘錢」。　張崇也。崇帥廬州不法，常入覲。廬人幸其改任，曰：「渠伊必不復來。」崇歸，計口索「渠伊錢」。明年，又入覲，道路捋鬚相慶，崇又征「捋鬚錢」。　貪而自謂不貪者，魏王元誕也。刺齊州，曰：「齊州七萬家，吾每家未得三升錢，何得言貪？」

以雞卵賦人，收雞數千、數萬頭者：吳興守謝朏也，新昌令夏侯彪之也。

王黼庫中黃雀鮓，自地積至棟，滿三楹。　童貫敗，籍其家，得中劑丸數千斤。　賈似道果子庫，糖霜數百甕，比元載之鐘乳五百兩，胡椒八百斛。

慕容評鬻水。屯兵潞川，以拒王猛。障固山泉，鬻水與軍，入絹一疋，得水二石。積錢帛如山，士卒怨憤而敗。　夏侯彪之養竹。取錢買筍，謂里正曰：「且林中養之，至秋竹成，貢得十倍。」　鄭仁凱之竊鞋。刺密州，家奴告鞋敝，即呼吏新鞋者上樹摘果，俾奴竊鞋，吏訴之。仁凱曰：「刺史不是守鞋人。」　祖孝徵之匿金叵羅、銅疊。魏神武宴僚屬，失金叵羅，令飲者脫帽，果在孝徵髻中。又藏司馬世雲銅疊三面，為廚人搜出。　蘇監察之捏佛。張林奏毀佛寺，有蘇監察者，斂天下廢寺。凡銀佛，皆袖歸，人號「蘇扛佛」。溫庭筠笑曰：「好對密陀僧。」 曹翰之押扛羅漢。翰下江南日，盡取金帛、寶貨，連百餘舟，私盜以歸。無以為名，乃取廬山東林寺羅漢，每舟載十餘獻之。時謂之「押扛羅漢」。 王鎮惡之盜偽輦。既破姚泓，盜府庫無算。劉裕念其功不問。又盜泓偽輦。裕使人覘之，鎮惡剔取其金銀，棄輦垣側，裕大笑。 竇知範之科錢造像。唐瀛州饒陽令有一里長死，知範集二百人為之造像，既納錢二百千，曰：「我造得一像，且以貸之。」僅五寸許。 安重霸之取油客子金。蜀簡州刺史。有油客子，姓鄧，能棋。安召與對敵，只令立侍，每落子，俾其退立，候算路乃進。久立饑倦不堪，或諷鄧獻效而求退。鄧以中金數錠獲免。 庾炳之之乞燭盤、佳驢。居選部，好詬罵賓客，且多納貨賂。見人有燭盤、佳驢，無不乞丐。何尚之陳其受賂之過。

王伾之作大櫃。以納賄為事，作大櫃貯金、帛，夫婦寢其上。

元暉餓虎將軍。 盧昶饑鷹侍中。魏右衛將軍暉、侍中昶，皆有寵于魏主而貪縱。 元暉為吏部尚書，用官皆有定價，選者謂之「市曹」。 元修義為吏部尚書，官之大小，皆有定價，呼為「京師白劫」。

陳湯之受金。皇太后同母弟。苟參死，子及求封，湯受金五十斤，許為求比上奏。弘農守張康坐臟，湯為訟罪，得踰冬月，許謝錢二百萬。 阮佃夫之賂絹。佃夫權亞人主，非賂不行。人有餉絹二百疋，嫌少，不答。

鄧琬之婢僕。既執大權，父子賣官鬻爵，使婢僕出市道販賣。 王縉之親戚。縱親戚尼姑納財賄，猥屑相稽若市價。

元載之子弟。關通貨賄，凡仕進干謁，不結子弟，則謁主者。 豆盧革之父子。百官俸錢，皆折估。革父子獨受實錢。

漢殤帝時之諸將。多斷盜牢廩，私自潤人，皆珍寶、貨賂左右。

崔湜之一門。湜為吏部，兄憑弟力，父挾子威，贓污狼籍。父挹為司業，受選人錢，湜不知也。長名放之。其人訴之，曰：「公親將賂去，何不與官？」湜曰：「所親為誰？吾捉取鞭殺。」曰：「鞭即遭憂。」湜大怒慚。 裴佶之姑夫。唐裴佶少時，姑夫為朝官，有雅望。佶至宅，會其退朝，歎曰：「崔照何人？衆口稱美，必行賄也。」門者報蔣州崔使君候謁，怒呵門者，良久，束帶强見。須臾，命茶，又命酒饌，又命秫為飯。及入門有德色，出懷中一紙，乃贈官絁千疋。

杜黄裳除吏，不甚別流品，通饋謝，無潔白名。　杜兼擢河南尹，裒執財資。　韓安國，漢名宰，而資貪。　杜淹貴重于朝，而乏清白。

李訓貪沓，鬻官射利。　李師望，裒積無厭。　嚴礪山南節度。貪沓苟得，士民不勝其苦。　殷仲文常若不足。桓玄篡，以佐命親貴窮極綺麗，絲竹不絶。家累千金，常若不足。　王僧達聳取無餘。與兄錫不協。錫罷臨海郡還，奉禄百萬，僧達一夕命奴聳取之無餘。

丘和受林邑珠犀。和守交阯林邑，諸國遺明珠、文犀、金寶，故和富埒王者。　喻士珍陰掠蠻口。貪獪，陰掠兩林，縛賣之，以易蠻金，故開門降南詔，盡殺戍卒，而士珍遂臣于蠻。

于翬隱官錢。為奉天令。憲宗起山陵，翬與吏韋正收同隱官錢十五萬，不給工徒，事發誅。　李全暉減刻蕃部買馬錢。為禮賓使。罷，流房州。

韋貽範為債家所譟。為相，多受人賂，許以官。既而以母憂罷。去日，為債家所譟。　韋綬耄而貪。山南節度。入辭，請門戟十二以行。又乞賜錫錢二百萬，官子元弼太常丞，帝以哲恩許之。　蘇逢吉求賂。求賂，許以一州。王筠，晉末使楚，以其橐裝之半獻之，而不得州。《五代史》

後魏胡太后幸藏庫，見布絹充盈，恣從官所取，章武王融與陳留侯李崇負絹過任，遂至顛仆，崇傷腰，融損足，太后奪其絹，令其空出。　燕宋該，太祖欲厭其貪，賜布百疋令自負歸，重不能勝，乃至僵頓。

高從誨利賜予。南漢、閩、蜀，皆稱帝。從誨利其賜予，所向稱臣，諸國謂之「高無賴」。　張璪利賙給。故事：死于使者，兩朝賑給甚厚。璪使契丹，老病强行，在道求病，卒不死。

貪而被褫，北齊尉景也。厙狄干請作御史中尉。神武曰：「何意下求卑官？」干曰：「欲捉尉景。」神武大笑，令俊人石董桶戲之，剥景衣，曰：「公剥百姓，董桶何為不剥公？」　貪而被戲，宋江夏王義恭也。遍求古物，何勘已送。徵索不已，何行道中，見狗枷、敗犢鼻，飾以箱篋，曰：「承復需古物，今奉李斯狗枷，相如犢鼻。」

劉承胤倚被囊，而神不相酬；承胤少有淹雅之度。王導、庾亮、温嶠共載看之，劉倚被囊，了不與言，神味亦不相酬，賓退甚怪此意。温曰：「承胤好賄，必有珍寶。」當有市井事。」令人視之，果見向囊皆珍玩，正與胡父諧賈。　祖約障小簏，而意不能平。祖約好財，阮孚好屐。有詣約，見正料財物。客至，屏當不盡，餘兩小簏，以著背後，傾身障之，意未能平。有詣阮，正見蠟屐，因自歎曰：「知一生當著幾量屐？」神色甚閑暢。　未嘗不以殖貨為羞。　若劉、祖之末路，劉為郭默害，祖為石勒害。所為倚囊、障簏者，竟安在哉？《説儲》

利他人之有者：宇文述利李渾之國賦。中國公李穆孫筠卒，穆第十子渾，規欲紹之。述即其妻兄。渾曰：「若得襲封，當以國賦之半，每歲奉公。」述即白奏。　馬從斌據霍氏之資業。女適霍彦成子承暉，俱亡。有息女一人，斌收養之，霍氏資業並為斌所據。

曹邱生數招權顧金錢。　杜密多陳托守、令。　梁松數為私書，請托郡縣。

陳壽覓米，為作佳傳。丁儀、丁廙有盛名于魏。陳壽謂其子曰：「可覓千斛米見與，當為尊公作佳傳。」不與，竟不立傳。

魏收遺金為作佳傳。爾朱文略大遺收金，請為父榮作佳傳。收因論榮比韋、彭、伊、霍。收修國史，得楊休之助，因曰：「無以謝德，當為卿作佳傳。」

宇文述兒呼商賈。貪鄙。知人有珍異物，必求取之。富商大賈，皆恩接之，呼之為兒。

王守恩課率行丐。貪鄙。喪車非輸錢不得出城，下至抒厠行丐之人，不免課率。有富室娶婦，守恩與俳優數人往為賀客，得銀數錠而返。

桓玄蒱博而取。玄貪鄙，珠玉不離于手。人士有法書、好畫及佳園宅悉欲歸己，皆蒱博而取。

宇文化及與屠販者遊。見人子女、狗馬、珍玩，必求之。嘗與屠販者遊，以覘其利。

僧皓戲不擇人。好産業，藏鏹鉅萬，身服布裳，而婢妾紈綺，尤好蒱奕，戲不擇人。

穰田者，以豚肩斗酒祝曰：「甌窶滿篝，汙邪滿車。」淳于髡笑其持者狹而所欲者奢。　以隋侯之珠，彈千仞之鵲，莊生誚其所用者重，所要者輕。

鄙吝

曹虎在雍州，得見錢五十萬，伎女食醬菜，無重肴。每有好景，輒開座拍張向之，齊主疑虎舊將兼利其財，見殺。《南史》　厙狄伏連好藏斂，妻病，以百錢買藥，每自恨之；家口百餘，盛夏，人料倉米二升，不給鹽、菜；冬至，親表稱賀，妻設豆餅、典馬掌食人，並加杖罰；死時，惟著敝褌，而積絹二萬，並歸天府。　五代張允家資萬計，自繫衆鑰于衣下，後凍餧而卒。　唐徐岱倉庫管鑰，皆自執掌。　臨沮鄧差巨富，而自奉菲薄，道逢估人，呼與美食，歸宰鵝自食，方動筯，骨梗其喉而死。　鄴城王叟積粟萬斛，而夫妻儉嗇，粗糲充腸，偶見客盤餐，歸為美食。夢神責曰：「何得妄費軍糧？」後討安慶緒，盡發餉軍。　梁朱异四方饋遺充積，未嘗散施，厨下珍饈腐爛，每月嘗棄十數車，雖諸子別房，亦不分贍。

王導帳下甘果爛敗，令棄之，云：「勿使大郎悦知。」

埋錢數百斛，其母使堇，惜錢不買，後魏崔和也；子尚公主，在家佐事十餘日，辭還，惟賜一盃酒，段韶也。好利者，惠或及于他人，而刻每始于骨肉。

王琨酒漿手賦。儉嗇過人。家人雜事，皆手自掺執，設酒不過兩杯，酒漿悉置床下，手自賦之。　王熊秤量酒肉。為驃騎大將軍，每至享會，親自秤量酒、肉，分給將士，時尚其均平，嗤其鄙碎。

韋莊數米而炊，稱炭而爨，錙銖是嗜者，雖瑣而甘之。

王筠外服粗敝；家累千金，所乘馬嘗餉以青草。　沈衆衣服破裂。財帛以億計。監起太極殿，携乾魚、蔬菜、餅，獨噉之。

恐人之名以有餘也。

鄭義刺兖州，多所受納。禮餉者，不與杯酒、臠肉。西門受羊酒，東門酤賣之。　符蒙與人交，不過觴酒、豆、肉。秘瓊之亂，財貨掃地無餘矣。　陳保極奉身但蔬食。每與人奕，敗則手亂其局。卒，無妻、兒，橐中白金為他人所有。

古事比卷之四十三

出處

尹三聘而出，有負鼎之誣；亮三顧而起，有結旺之譙。好事之口，可畏哉！《偶記》

黄憲初舉孝廉，又辟公府。暫到京師，即還。周燮、馮良載至近縣稱疾。《備吹》

曹操嘗徵諸葛亮矣，亮自陳不樂出，遂謝遣之，曰：「義不使君辱于污君之朝也。」桓温嘗請王猛俱南矣，猛師曰：「子與桓温不並世也。」遂止，不行。操不迫亮，温不强猛，有度哉。今人曰：「操失亮，温失猛。」不學之過也。《偶記》

李令伯之陳情，以退為進也，于遷遲怨望知之。沈休文之謝病，以去為留也，于有志台司知之。同前。

「四皓」對漢高曰：「陛下輕士善罵，臣等義不辱。今聞太子仁孝恭敬，故臣等來耳。」荀恁對顯宗曰：「先帝時，秉德以惠下，臣可不來；驃騎執法以檢下，故臣不敢不至。」李熹對景帝曰：「先公以禮見待，熹得以禮進退；明公以法臨下，故不敢不來。」劉殷答齊王冏曰：「先王至德輔世，故殷希以一夫而拒千乘；殿下嚴威滋肅，殷若復爾，恐招華士之誅。」

有勸李賀舉進士者，賀不從。　有勸桑維翰無舉進士者，維翰不從。　公孫弘為丞相，上書乞骸骨，避賢者路，上報疾瘳，弘復視事。　石慶為丞相，上書乞骸骨，避賢者路，上報，不從，慶復視事。

樂廣子謨召為郡中正，稱父命不就。　庾珉子怡召為廷尉平，稱父命不就。

貢禹為府官所責，為河南令歲餘。免冠，謝曰：「冠一免，安可冠也？」　晉汜騰去官灌園，張軌徵之，曰：「門一杜，其可開乎？」

尚書左丞孔戣上書去官，韓愈奏留之，不聽；其去，不報。　明年正月，戣薨。　祭酒鄭穆請老，范祖禹言之：「無輕聽其去。」不報，明年卒。

山濤一心求退，表疏數十上，久乃見聽；白樂天自刑部侍郎以病求分司，自是不復出，中間一為河南尹，期年輒去；再除同知、刺史，不拜。二公功名心淡，故能容與于去就愛憎之間。

蕭〔一〕嵩乞骸骨，為相，與韓休不協。曰：「幸陛下未厭，臣得以乞身。」　龐莊敏籍。請老，曰：「必待明主厭棄，豈『止足』之謂？」　李白知乞骸骨，不謀于家。

范增之卒逐項羽，何如方望之先辭隗囂乎？　崔浩之終隕元魏，何如劉因之始謝世祖乎？

叔孫通定禮，招魯諸生，獨兩生不至。　張子房定太子，應曜與四皓俱徵，曜獨不至。

出而為山人者，李泌也。衣白者山人。　不出而為侯者：漢王玄也，景帝就其山封侯。王興五子也。北平侯王譚，不同王莽之政，子興生五子，隱西山，光武封為五侯。　山人而自號為侯者，雲溪醉侯种放也。種秫自釀，每曰：「空山清寂，聊以養和。」人號為「白衣尚書」者，鄭均也。帝東巡，幸均舍，敕賜尚書，祿以終身。人號為「山中宰相」者，陶弘景也。隱茅山，梁武帝每有征討大事，輒以咨訪。時謂「白衣宰相」者，令狐綯之子滈也。以白衣領尚書僕射職者，王球也。宋文帝曰：「昔周伯仁終日飲酒而居此職。蓋所以崇素德也。」

漢楊彪以魏黄初四年拜光禄大夫，時年八十二，又二年死；魏王祥以晉泰始元年為太保，時年八十，又五年死；宋王琨以齊建元元年加侍中，時年八十一，又三年死；周竇熾以隋開皇元年拜太傅，時年七十五，又五年死。四公俛首反面，逃死也。死可免哉？漢龔勝曰：「年老旦暮入地，豈以一身事二姓？」晉辛勉曰：「豈以數年之命，而虧高節事二姓？」四公不及也。

楊龜山受蔡京之薦；胡安國為秦檜所留。未免受污。

吴虔裕曰：「我縱僵仆殿階下，斷不學王彦超七十致仕。」王嗣宗忿宋白、郭贄、邢昺七十不致仕，晚歲病甚，徘徊曰：「僕惟此一事，未能免物議。」

李鄘得相，不願拜。鄭珣瑜因會食棄相，歸卧不肯出。以不能人間事去職，不復應命，楊倫以不能取容當世免官，終身不仕，張摯也。字長公，釋之子。陳留東昏人。

先隱後仕：盧植、隱羣都山，仕為尚書。諸葛亮、隱隆中，仕為丞相。李渤。隱嵩山，出就拾遺。

先仕後隱：陶潛、彭澤令，八十日解印去縣，往廬山。何胤、齊中書令，居會稽。劉慧斐、安西參軍。遊廬山遇處士張孝秀，因不仕，居東林寺。又搆離垢園山北。陳韋載、太子右衛率，以疾去官，築室嵊縣白山，屏絶人事。武攸緒、登封年，扈從封岳，便棄位，隱嵩山。鄭薰、再知禮部舉，引寒俊。後告老，號所居為「隱巖」。司空圖。禮部員外郎。棄官歸中條山。至周顒、彥倫隱鍾山，後應詔出為海鹽令。欲再至此山，孔稚珪作《北山移文》以却之。盧藏用、子潛，范陽人。隱終南山，召授右拾遺。李渤、濬之。隱廬山，徙少室。詔以右拾遺，不拜。韓愈移書始出。种放，明逸。有別業在豹林谷。往見陳希夷，作樵夫，拜于庭下。希夷曰：「二十年後，當為顯官。」張齊賢薦為右司諫，來朝歸山。則與充隱之皇甫希之，入山之杜淹，偽隱之宋齊丘，無異也。

陶弘景之挂冠。與從兄書曰：「昔期四十左右作尚書郎，投簪高逝。今年三十六，方奉朝請，頭顱可知。」遂挂冠神武門。張褒之焚章。天監中，不供學士職，御史劾之。褒曰：「碧山不負吾。」乃焚章長嘯去。趙光逢之棄官。唐昭宗時御史中丞，以世亂棄官洛陽，杜門絶人事。

先出世而後入仕，及還俗者：劉孝標、與母出家為尼、僧。梁天監中，召入西省，後免官。魏高允、十歲，祖喪，推財與二弟而為沙門。後仕至中書令。唐賈島、初為浮屠。舉進士，為長社簿。劉軻、先緇後黃，復舉進士，以史材直史館。馬嘉運、少為沙門。後還俗，預修《文思博要》。許淹、少為僧，還俗以《文選》教授。韋渠牟、初為道士，復為僧。韓滉奏授校書郎。成汭、先為僧，後為郭禹襄陽州牧。李罕之、先為僧，後為州牧。康仁傑、少為僧。陳德誠薦至金陵，補溧陽尉。上官儀、幼為沙門，仕至學士。聶嶼、鄴中人。少為僧。鄭珏再主禮闈，嶼與鄉人趙都納賄，赴鄉薦。都登第，嶼詬來人以嚇之。珏懼嶼成名。宋湯惠休、宋蔡京、樊若水、祝髮為僧，廬于采石，引絙度江面，亡走京師上書。楊法持、為僧。建元初，為寧朔將軍，封州陵縣男。北魏李洪之、少為沙門。晚還俗，仕至安南將軍。查道、早寓常州琅山寺，衣巨衲，不洗濯。晚年待制龍圖閣，朝列服其重德，謂之「查長老」。又有嫁故人女及還金釵事。元劉秉忠、有僧聰書在慶壽寺。世祖召見，所言稱旨，授以官，位至太保。五代趙鳳、張策、劉繼顒、宋法崧。

先入道而後仕者：第五倫、初號「道士」。北魏李昭徽、初為道士。中年應詔，舉為高唐尉。大業中，將妻子隱于嵩山，號「黃冠子」。魏徵、始為道士。盧程、後為唐丞相。葉法善、精于符籙之術，拜鴻臚卿。孫晟、初名鳳，密州人。少為道士，居廬山。後易儒服，謁唐莊宗于鎮州，用為著作郎。五代郭無為。

暫為緇黃而復入仕者：梁伏挺、字士標。蕭希甫、王鎔參軍。亡之易州，為僧，居百丈山。莊宗建國，李紹宏薦為魏州推官。徐安貞、久居中書省，常參李右丞議，恐其罪累，乃隱衡山岳寺，為行者。李北海至，飾以簪裳，同載北歸。徐孝克、起家博士。侯景亂，乃為沙門，後歸俗。潘閬。坐盧多遜黨，亡命。僧服入中條山。

唐末，張榮常為僧，後還俗應舉，為趙崇凝所抑。或曰：「劉軻、蔡康非僧乎？」趙曰：「劉、蔡作僧，未為人知。翻然貢藝，有何不可？張榮衣冠子弟，無故出家，不能參禪，訪道，乃于旃前進詩。如此行止，豈掩人口？」鮮于鳳以逸才為薛能、柳玭所愛。鳳之為僧，薛實使之，後返初服，柳遂拒之。玭亦崇凝之見耶？富鄭公居洛，喜人出家；東坡以蓄髮為參寥子弟，而子由以削髮為俞才老勸。吾不知其何心也？

有所托而為之者，邊錡。馬希崇求救于吳，命錡將兵救之，實伐之也。錡至，崇遂降。先是吳以錡多藝，使詐為僧。

先仕而後出世者：漢陽城侯劉善俊二百六十人。南齊劉勰、出家燔鬢髮，法名慧地，一年而卒。梁劉之遴、張纘、纘為執政方岳之遴官禁秘。以侯景亂，削髮。尋皆為湘東王酖。魏元大興、以西河王衛尉卿，削髮，名僧懿。南史張孝秀、母為賊殺，遣妻妾入山學道，居東林寺。唐劉總、盧龍節度使，棄官為僧。楊元琰、敬暉等為武三思搆，元琰知禍，乃詭計請祝髮事浮屠，故全。宋饒德操、如璧。江西進士，少年嘗投書于曾子宣，論新法不合，乃祝髮，改字德操，號「依松道人」。有僕亦祝髮，名「如琳」。左譽、天台人。去為浮屠，著《筠菴長短句》。僧揮、安州進士，姓張氏，棄家為僧，居杭州吳山。有詞七卷。

杜伯升，名遹。成都進士，出家。見《東坡集》。吴元常、元中丞相之弟，名叙。能詩，除敦宗院教授。忽棄官為僧，法名王光。晚主衢之烏巨寺。元顧阿英。讀釋氏書有悟，遂祝髮，號金粟道人。

疾武則天，出家嵩山者，僧一行，即張燧也。剡國公謹之孫，武功令檀之子。出家至天台國清寺，得算術。玄宗迎入光華殿，辭官，定《大衍曆》，從幸新豐，端坐而逝。年四十四，謚大慧大師。又有一行大師，為張曲江公季子，則没于元和間。後周以美官誘之，誓七不可者，無名僧，即梁補闕宗殆也。俱見《通雅》。尉遲之子為奎禪師。

先仕而後入道者：賀知章、禮部侍郎。鄭銑、河南參平。郭仙舟、朱陽丞，以獻詩授官。李播、淳風父。為高唐尉，棄官為道士。吴筠。玄宗召至京，筠請隸道士籍，入嵩山。召見，仍還嵩山，不復仕。

杜襲禮，「寰外許卿」。水部。不臣于朱温。趙孟僩，「三教遺逸」。宋宗室，黄巖人。常遊歐陽守道、劉辰翁之門，為文天祥從事，僣行僅五十日，而大事已去，孟僩遂隱為道士。又為僧，因自號「三教逍逸」。子孫遂家華亭。著《湖山汗漫集》。陳陶，「三教布衣」。

遊覽

許詢、劉畝，有濟勝之具。

簡文帝入華林園，謂左右曰：「會心處不必在遠，翳然林木，便自有濠、濮間想。」王彧與謝孺子宴桐臺，孺子吹笙，或自起舞，曰：「使人飄飄有伊、洛間想。」

永叔守滁，亭標豐樂。魏公刺定，園美衆香。

太史公二十，南游江、淮，北涉汶、泗。二十而南游江、淮，上會稽，探禹穴，闚九疑，浮于沅、湘，北涉汶、泗，過梁、楚以歸。

宗少文西涉荆巫，南登衡岳。歎曰：「老病俱至，名山恐難遍睹。惟澄懷觀道卧以遊之。」凡所遊履，皆圖之于室，曰：「撫琴動操，欲令衆山皆響。」　吴立夫萊。東出齊、魯，北抵燕、趙。每遇中原奇絶處，及昔人歌舞戰鬥之地，慷慨高歌，呼酒自慰，謂：「有司馬子長遺風。」曰：「胸中無三萬卷書，眼中無天下奇山水，未必能文。縱文，亦兒女語耳。」

山簡每臨習家池。漢侍中習郁于峴山南作池，池邊高隄種竹，芙蓉緣岸，菱、芡覆水，是游宴名處。簡每臨此池，未嘗不大醉而還。曰：「此是我高陽池也。」襄陽小兒歌之。　羊祜每造峴山。祜樂山水，置酒言詠，終日不倦。

李白登華山落雁峰，曰：「此山呼吸，想通帝座，根不携謝朓驚人詩來，搔首問青天耳。」又登眉州象耳山。留題云：「夜來月下卧醒，花影零亂，滿人襟袖。疑如濯魄于冰壺也。」　劉伯壽登嵩山頂。洛陽九老中一人也。築室嵩山下，每登，筆記歲月。王輔道學士與其孫之浄游嵩，有「笑對松窗談祖德，當年七十四同游」之句。　焦光、仲遜共游陸渾。遜謂光曰：「冥冥花樹，攪人離思。」　羊元對翠屏。當户山峰奇秀，每據胡床，終日笑傲。謂客曰：「此翠屏宜晚對，爽人心目。」顔魯公名其山。

謝安坐石室。往臨安山中，臨濬谷，歎曰：「此亦伯夷何遠？」

李固之周觀天下。與弟書：「今年五十有七，鬢髮已白。所謂容身而遊，滿腹而去；周觀天下，獨未見益州耳。昔嚴夫子言經有五，涉其四；州有九，游其八。欲類此子矣。」　却詵之洗盡塵土。數月山行，喜聞樵語牧唱。曰：「洗盡五年塵土、腸胃。」欣然倚驂臨水，久之，乃去。

陶弘景每經澗谷，坐卧吟咏，盤桓不已。謂門人曰：「望高巖，瞰大澤，雖知此難立止，直恒欲就之。」　張子偉所過，必窮搜極覽。少不婚宦，得刁景純廢圃，嘯傲長松修竹之下十有餘年。一日，登廬阜，泛彭蠡，經洞庭，南至衡山，所過隨輒書録，名曰《山水漫遊記》。

劉歆之登危履險，必盡幽遐。人莫能及，歎其有濟勝之具。　劉訏之每遊山澤，留連忘返。嘗著穀皮巾，破衲衣，在林谷之間，意氣彌遠。遇者皆謂神人。　柳子厚之無遠不到。云：「上高山，入深林，窮迴溪、幽泉、怪石，無遠不到。到則披草而坐，傾壺而醉；醉則更相枕以卧，意有所極，夢亦同趣。」　此亦王右軍之不遠千里。游東中諸郡名山，泛滄海，歎曰：「我卒當以樂死。」許遠遊遊改名。　之遐栖表志。所在往而不返也。

庾詵特愛林泉，十畝之宅，山池居半。　王敬弘所居舍亭山，林澗周環，備登臨之美。　謝安于土山營壘樓館，林木甚盛，每携中外子姪往來遊集，肴饌亦費百金。

孫興公之賦天台，韓昌黎之序滕王閣，身未嘗至其地。　人知王右軍蘭亭修禊為盛事，不知裴晉公洛濱修禊，其勝不減蘭亭，所集少長似覺過之。

韓昌黎登華山，華陰令百計取之，方下。《國史補》：韓文公登華山之巔，顧視其窮極幽險，心悸目眩不能下，發狂號哭，投書與家人訣別。華陰令百計取之，方能下。　杜少陵游嶽廟，耒陽令棹舟迎之，乃還。《舊唐書》：嚴武鎮成都，杜甫依之。武卒，甫無所倚。及郭英乂代武，武人粗暴，無能刺謁，乃游東蜀，依高適。既至而適卒。是歲，崔寧殺英乂，楊子琳攻四川，蜀中大亂。甫以其家避亂荆、楚，扁舟下峽，未維舟而江陵亂，乃泝沿湘流，游衡山，寓居耒陽。甫嘗游嶽廟，為暴水所阻旬日，不得食，耒陽聶令知之，自棹舟迎甫而還。出《駢志》。

栖逸

嚴光不為光武用也；蘇雲卿不應張浚命也。自料才不能有為，而護短也。古之隱士，往而不返，未嘗無意。　魏郡牛牢，立志不與光武交，風節又峻于嚴光矣。《偶記》

昔武陵桃源人，不知有漢、魏也。　宋順昌山中人，但知有熙寧也。前。

魏之作蝸一作瓜。　牛廬者：焦光也，饑則出，為人客作，飽食而已。不取其值。　楊沛也。沛，曾辛歷城，家無餘積。

周續之、劉遺民、陶淵明，號「三隱」；阮孝緒、劉歊、劉訏，亦號「三隱」。　臧榮緒、關康之，號「二隱」。榮緒自灌園以供祭祀，自號「被褐先生」，與康之俱隱京口。　何點、何求、何胤，號「何氏三高」；鄭雲叟與李道殷、羅隱之為「三高」。　漢綺里、字季。　角里先生、周術字元道。　夏黃公、崔廣字少通。　東園公、唐秉字宣明。　號「四皓」；齊徐伯珍兄弟亦號「四皓」。九巖山，淡龍丘萇隱處，家甚貧，白首相對。

劫李業以毒酒，公孫述也；劫辛勉以毒酒，劉總也。　述竟聽其自裁，聰反嘉其貞節。　兩人所以異成敗也。

袁閎十八年之土室。閎字夏卿。黨錮事起，欲投跡深林，以母老，乃築土室，不為戶，自牖納飲食。母思時，往就視；兄弟、妻子莫得見。　范粲三十六年之車。陽狂不言，寢車，足不履地。　關康之，字伯愉，河東人。　四十年之一室。以墳典為務，四十年不出門，不應州、府辟，獨處一室，稀與妻子相見，不通賓客。　宗炳曰：「吾栖丘飲谷三十年。」　褚伯玉居瀑布山三十餘年。　杜夷寓居汝、潁間，足不出門十載。　王微足不踰閾十餘年。

朱百年擭箬置道頭，人知為朱隱士所賣，留錢而去。　朱桃椎芒屩置道上，見者曰：「居士屩也，為鬻米易之。」

費冠卿隱九華，誠也。　宋齊丘隱九華，偽也。

李伯陽柱下史五十四年不遷，時目為「吏隱」。　龔舍為「蜘蛛隱」。隨楚王朝未央宮，見蜘蛛羅網，有蟲觸，不得出，即挂冠而去。　東方朔為「人隱」。　嚴子陵、仲長子光為「天隱」。　伯夷、太公為「地隱」。　劉遺民為「名隱」。不求名而隱也。　周續之、何點為「通隱」。　王瓚之、王僧祐，「朝隱」。　許寂仕蜀，好修煉，號「黃扉隱士」。　盧藏用為「假隱」，又號「隨駕隱士」。　唐唐暢江西從事，不親公牘。稱「仕隱」。　山濤則吏非吏，隱非隱也。　若皇甫希之，桓玄徵為著作郎，令其不受，人稱為「充隱」；唐杜淹因蘇威以幽人得美官，乃與友韋福嗣共入太白山為不仕者，文帝惡之，謫戍江表。　又有杜執「假隱」；任轂居懷谷；桓冀徵聘，而蒲輪不至，因入京探訪，人目為「羞山隱」。

嚴遵賣卜成都市，日得百錢自給，則閉肆下簾。　扈謹一作謙。居攝山，每筮一卦百錢，日限五卦，以三百供母，二百飲酒。

李彊喜得嚴君平，揚雄曰：「彼人可見而不可詘也。」雄少從君平遊學。仕京師，數稱君平。彊素善雄，為益州牧，喜謂雄，雄答之。及至蜀相見，卒不敢詘為從事。歎曰：「揚子雲誠知人。」　庾亮欲表薦翟湯，張玄曰：「此君卧龍，不可動也。」亮臨江州，聞翟湯之風，束帶躡屐而詣，禮甚恭。湯曰：「使君直敬其枯木朽株耳。」表薦之，主簿張玄云云。

蔡謫仙之養鼠；會稽鍾山有人姓蔡，養鼠數千頭，呼來即來，遣去便去，時謂「謫仙」。　盧度世之養魚；有道術。隱居西昌三顧山，鳥獸隨之。有池養魚，以名呼之，次第來去取食。　顧景怡之集鳥，每旦出户，山鳥集掌取食；唐李約之養猿；猿名山公，常以之自隨。　陶淡之養鹿；養一白鹿，以自偶。　馬樞之馴燕；隱茅山。白燕一雙，馴狎欄廡，時至几案，幾三十年。　樓惠之乘驢；有道術。明帝敕出，住華林園。忽乘白驢向臨安。尋而唐寓之賊破郡。　唐郭休之喚鐵；隱太白山，居有白雲亭。客至，則擊一片，鳥獸羣集亭下，以為玩，號「喚鐵」。　高太素之啼猿。隱商山清心亭。每一時至，則有猿啼于庭下，謂之「報時猿」。 隱而近乎仙矣。

王君公之儈牛；平原人。為郎，言事不用，自污與官婢通，免官。佯狂儈牛，口無二價。語曰：「避世牆東王君公。」翟莊之弋釣；及長不復獵，曰：「獵自我，釣自物，故先節其甚者，且貪餌吞鉤，豈我哉？」胡剛廣六世祖。之屠肆。王莽居攝，解衣冠懸府門而去，亡命交阯，隱于屠肆之間。且托跡焉，而不以隱名也。

邵康節寒不出，暑不出，風不出，雨不出。然唐孔拯遇坊叟，已有此四不出矣。朝回避雨借油衣叟，對孔不覺頓忘宦情。

竹林七賢：嵇康與陳留阮籍、籍兄子咸、河内山濤、向秀、琅琊王戎、沛國劉伶也。 竹溪六逸：李白、孔巢父、韓準、裴政、張叔明、陶沔也。居徂徠山，曰「沉醉」。

五柳先生，陶潛也。門栽五柳。 七松處士，鄭薰也。字子溥。告老，號所居曰「隱巖」，蒔七松于庭。

申屠蟠之因樹。知橫議之禍，絶跡梁、碭間，因樹為屋，自同傭人。 司馬德操之採桑。龐統二千里往候之，遇德操採桑。士元曰：「丈夫當帶金佩紫，焉有屈洪流之量而執絲婦之事？」曰：「子適知邪徑之速，不慮失道之迷。」 劉子驥之條桑。桓車騎請為長史，劉固辭，車騎因到其家。劉于樹條桑，曰：「使君既枉駕光臨，宜先詣家君。」乃造其父，父使子驥于內，自持濁酒、蔬果供賓。車騎勸人代之斟酌，父辭曰：「若使從者，便非野人之意。」車騎歎美，至暮乃退。

隱而姓名不著者：延陵季子見牧者，曰：「子皮相之士也，何足與語姓字哉？」 光武見野王二老辭而去，莫知所在。 張温與漢濱老父言，問其姓字，不告而去。 張升欲與陳留老父語。見升與友人班草而坐，相抱而泣，植杖太息，曰：「龍不隱鱗，鳳不藏羽，網羅高懸，去將安所。」不顧而去，莫知所終。 龔勝不食十四日死，有彭城老父來哭。既而曰：「薰以香自燒，膏以明自煎。龔生非吾徒也。」趨出，莫知其誰？ 江陵守崔鉉問楚江漁者，不言姓氏。 衡陽王義、季蒐于郢，有野老帶苫而耕，擁耒而對，問其名，不言而退。 麥邱老人之遇齊景公，有三祝也；閭邱老人之遇齊宣，有三望也。

隱而絶迹，不與人相見者：安邱望之、持《老子經》，號「安邱上人」。成帝欲見之，避不肯見。 法真、順帝欲致之，四徵不出。郭正曰：「名可聞，身難得見。」譙秀、字元彦，巴西人。知亂，豫絶人事，兄弟親舊不與相見。李雄及驤蒋，辟命，皆不就。常冠鹿皮，躬耕山藪。 夏統、字仲御，會稽人。每採梠求食，或至海邊，拘螊蠘以資養。宗族勸之仕，曰：「聞君子之說，不覺寒毛盡戴，白汗四布，顔如渥丹，心熱如炭，舌縮口張，兩耳壁塞。」遂不與宗族見。 陶淡、于長沙臨湘山中結廬，養一白鹿以自偶。親故有候之者，輒移渡涮水，莫得近之。 張廌、隱居頤志，家有苦竹數十頃，中為屋居。王右軍造之，廌避竹中，不與相見。永嘉一郡號為「竹中高士」。 阮孝緒、所居以一鹿床為精舍，竹樹環繞。任昉尋其兄履之，欲造而不敢。望而歎曰：「其室則邇，其人甚遠。」宋纖、太守楊宣畫其像于閣上，頌曰：「身不可見，名不可求。」酒泉太守馬岌造焉，拒而不見。岌歎曰：「先生，人中龍也。」銘詩于壁，曰：「室邇人遐，實勞我心。」沈顗。獨處一室，人罕見其面。從叔勃就見，顗送迎不越于閾。勃歎曰：「吾乃今知貴不如賤。」

雖見而不言者：焦光、字孝然。關中亂，獨竄河渚間，食草飲水，無衣履，自作蝸牛廬，不肯妄語。太守賈穆之官，過其廬，與語不應，與食不食。河東太守杜恕嘗以衣服迎見而不與語。司馬景王使安定太守董經過視，又不肯語。後野火燒其廬，露寢遭雪，袒卧不移，人以為死，就視如故。 扈累、伯重，京兆人。隨青牛先生遊。婦喪，獨居道側，以瓦礴為障，施一厨床，食宿其中，夜則仰觀星宿，吟咏内書。人或問之，閉口不言，行傭作，以裨糲。 石德林、關中亂，入漢中，還長安，遂癡愚不復識人。問其姓字，口不肯言，故因號「家貧」。 宗測、廬山止祖舊宅，辭魚復侯子響贈遺，曰：「滄然已足，豈容當此横施？」響造之，測避不見。後不告而至，不得已，巾褐對之，竟不交言。響不悦而退。 仲長子光。字不曜。傭力自給，絶妻子，庵河渚間以息身，賣藥為業。汾陰生一見，曰：

「東方朔、管輅不如也。」由是顯重。守令來謁，先生辭以痼疾，未嘗交語。若朱桃椎，則實軌遺以衣服，口竟無言，棄衣于地，逃入山中。楊伯醜召與語，竟無所答，常賜之衣，至明堂捨之而去。

隱而居處、衣食不與人同者：臺佟、孝威，鄴人。隱武安山，鑿穴為居，採藥自業。矯慎、仲彦，茂陵人。因穴為室，汝南吴蒼甚重之。後忽歸家，自言死日。後人有見于燉煌者。孫登、于汲郡北山為土窟居之。夏則编草為裳，冬則披髮自覆，撫一絃琴，或投諸水，輒大笑。張忠、巨和，中山人。隱泰山，依崇巖幽谷，鑿地為窟。弟子亦以窟居。五日一朝，其教以形，不以言。王嘉、安陽人。不食五穀，隱于東陽谷。鑿崖穴居，弟子數百人，亦皆穴處。郭瑀、燉煌人。隱臨松薤谷，鑿石窟而居。張天錫遣孟公明備禮徵之，深逃隱迹。公明拘其門人，乃就還南山。翟法賜、母喪後不還家，不食五穀，以獸皮結草為衣，家人至石室尋求，因復遠赴。張孝秀、嘗冠穀皮巾，躡蒲屐，手栟櫚皮麈尾，服寒石散，盛冬卧石上。徐則、絶粒。所資惟松术。隆冬沍寒，不服綿絮。朱桃椎、結庵澗曲。夏則裸形，冬則樹皮自覆。何點、不簪不帶，或駕柴車，躡草屐，恣心所適，致醉而歸。董京。威輦，在洛隱居白社。以殘絮纰帛為衣，號「百結」。郭延卿道服陶尊，留錢文僖：居水南。一日，留守錢惟演徒步訪之，欣然延接，道服對談，留對花小酌，遂進陶尊果蔌。文僖為引滿，延卿送之，曰：「老病不能造謝。」魏了翁葛巾野服，長揖寇萊公。野號「草堂居士」。萊公鎮洛，三邀不至。暇日訪之，葛巾、布袍長揖。則又高而不拘形迹者。

古之高尚，擇名由勝地而處者：龐德公，鹿門。梁鴻，灞陵。陸通，峨眉。夫妻游名山，隱蜀。梅福，玉笥。棄官，隱洪厓及玉笥。胡昭，陸渾。劉峻，紫巖。以疾去官，因遊東陽紫巖山，築室居焉，為《山栖志》。淳于恭，黔陬。隱琅琊黔陬山數十年。劉慧斐，廬山。居東林寺，又于山北搆一園，號「離垢」，謂「離垢先生」。蕭眎素，攝山。築室獨居，非親戚不得至其籬門。韋逢泰，雲陽。入山採藥不返。馬瑶，汧山。以兔罝為事，號「馬牧先生」。許邁，懸霤。立精舍于懸霤，而往來于茅嶺之洞室，改名「玄」，字遠游，與婦孫氏告別。徐伯琛，九巖。後淡龍丘萇隱處。移居之，門前生梓樹，一年便合抱。館東石壁，夜忽有赤光洞照，白雀一雙，栖其户牖。論者以隱德之感。 沈麟士，吴羌。餘干。 褚伯玉，瀑布。錢塘人。隱剡之瀑布山三十餘年。王僧達為吴郡，苦禮致之，停郡信宿，才交數言而退。丘彌孫謂其滅影雲栖，抗高木食。太祖禮迎，辭疾。敕于白石山立太平館處之。晚以弟疾還鄉里，遂居七臺山。 徐則，天臺。絶粒養性，所資惟松朮而已。隆冬沍寒，不服綿絮。太傅徐陵為之開山立頌。 司空圖，中條。王官谷，建休休亭。 泰系，九日。 盧鴻乙，嵩山。 田游巖，箕山。于許由廟東築室而居，自稱「許由東鄰」。 史德義，武邱。崑山人。鹿裘、葛巾，琴書自適。或騎牛帶瓢，出入郊郭。欲詣洛陽，稱疾歸。 高太素，商山。有六逍遥館。 陶淡，臨湘。結廬養一白鹿。 孔祐，四明。嘗見山谷中有錢數百斛，視如瓦石。 郭文，大滌。去猛獸横骨，報以一鹿。

隱白鹿山者：馬嘉運、盧大翼、高和仁、服餌于汲郡白鹿山。 王恭、鄧世隆。

鄭次都，蟻陂；去吏隱蟻陂之陽，逢陰就、虞延，並避不行。同郡鄧敬因折芰為坐，以荷薦肉，瓠瓢盈酒，言談彌日，蓬廬蓽門，琴書自娱。 鄭朴，子真。 谷口；居褒邪谷中，耕石巖下。 周黨，伯况。 澠池；莽時杜門，遂將妻子居澠池。 孫登，蘇門；阮籍遇登，與商略栖神道氣之術，登皆不應。籍因長嘯而退，至半嶺，聞有聲若鸞鳳之音，乃登之嘯也。一作宜陽山，籍作《大人先生論》。 王弘之，大川；字方平。從兄敬弘嘗解貂裘與之，即著以採藥。好釣，始寧大川有佳山水。弘之又依巖築屋。 劉訏，東澗；與族兄歊聽講鍾山諸寺，共卜築宋熙寺之東澗。 鄭修，九谷；北海人。少隱岐南九谷中。依巖結宇，屏迹人事，耕食水飲，皮冠草服；雅好經、史，專意玄門。 盧太翼，茱萸澗；河間人。隱白鹿山，徙居林慮山茱萸澗。 元結，瀼濱；自稱「浪士」。 武攸緒，龍門；盤桓龍門沙室間。冬蔽茅椒，夏居石室，所賜金銀鐺鬲、野服，王公所遺鹿裘、素障、癭栝、塵尾，皆不御。晚年目瞳有紫氣，晝能見星。 郭瑀，薤谷。隱臨松薤谷，張天錫徵之，不應。 地以人傳矣。

司空圖居禎貽溪。溪上結茅屋，命曰「休休亭」。　蘇雲卿結廬東湖。披荆畚礫為圃，藝樹，灌溉，皆有法度。雖隆暑極寒，土焦草凍，圃不絶蔬。

董養入蜀。賈后殺楊駿，廢太后。養歎曰：「大亂將作。」乃與妻荷擔入蜀，莫知所終。　何求歸吴。求居般若寺。足不踰户，人不見其面。明帝召至都，除永嘉太守。乞于野外受詔。忽一夜乘小船逃歸吴。

孔淳之與戴顒、王弘、王敬弘共為人外之遊。　李泌流放江南，與柳渾、顧況為人外之交，吟咏自適。　劉昫初隱居上谷大寧山，與吕夢奇、張麟結庵共處，以吟誦自娱。　謝靈運與族弟惠連、東海何長瑜、潁川荀雍、太山毛璿之，以文章賞會，共為山澤之遊，時謂「四友」。　許邁不務仕進，王羲之每造之，彌日忘歸，相與為世外交。　孔淳之隱居剡山，嘗遇桑門法崇于三山，披襟領契，自以為得意之交。

一家同隱：戴顒也，仲若。父逵，兄勃，并隱遁，有高名。　劉凝之也，志安，枝江人，小名長年；父期公，衡陽守；兄盛公，高尚不仕。凝之推家財與弟及兄子，立屋于野外，非其力不食。　翟湯也，字道深，子莊，莊子矯，矯子法賜。四世隱居。　劉歊也。不娶不仕，與族弟訏并隱居，以山水、書籍相娱，謚「貞節」。

陸羽自號「桑苧翁」。獨行野中，慟哭而歸。人比今之接輿。　王績自號「東皋子」。字無功，絳州人。性簡放，不喜拜揖。有田在河渚間，種黍釀酒。欲見兄弟，輒渡江還家。游北山東皋著書。　張志和自稱「烟波釣徒」。釣不設餌，志不在魚也。刺史顔真卿以其舟敝漏，請更之。志和曰：「願為浮家泛宅。」往來苕霅間。肅宗嘗賜奴、婢各一人，志和配為夫婦，名曰「漁童」、「樵青」。　陸龜蒙號「天隨子」。字魯望，居松江甫里。以舟載茶、竈、筆、床、釣具，往來江湖，號「江湖散人」。又號「天隨子」、「甫里先生」；又自比「涪翁」、「漁父」、「江上丈夫」。　司空圖自號「耐辱居士」。居中條山王官谷，作亭名「休休」。天祐中，詔徵入見，陽為衰野，墜笏失儀，放還山。　陳摶號「扶摇子」。隱居華山雲臺，卧經月餘不起。　陶弘景自號「華陽隱居」。人間書札，即以隱居代名，築三層樓，自處其上，弟子居其中，賓客居其下。　白履忠號「梁丘子」。隱居古大梁城。　种放自號「雲溪醉叟」。終南山豹林谷。　鄭雲叟號「逍遥先生」。高祖禮徵不起，賜號。　楊播，「玄靖先生」。至德中賜號。　韋夐，「逍遥公」。周明帝賜號，敕有司日給河東酒一斗；所居之宅，枕帶林泉。十徵不出。　魏舒，賜號「清逸」。　陳摶，賜號「希夷」。

不應徵辟者：五辟公府，三徵博士，皆不就，晉劉兆也。　諸府五辟，詔十至，堅卧不起，唐甄濟也。字孟成，定州人。好學，居青巖山。苗晉卿表薦之。　四徵不出，法真也。漢順帝欲致之。　郡守二十命皆不就：沈道虔也，居石山精廬，與諸孤兄子共釜庾之資。受琴于戴安道。王敬弘深貴重之。　徐伯珍也。叔父璠之與顏延之友善。還袪蒙山，立精舍講授。伯珍從學十年，太守王曇生、張淹禮辟，應召便退。如此凡十二焉。　前後十見徵辟，皆不應，韋夐也。字敬遠。所居之宅枕帶林泉。周明帝號曰「逍遥公」，敕有司曰：「給河東酒一斗。」　徵辟九命，皆不就，晉何琦也。母卒，遂隱。　姜岐隱居，喬玄辟為吏，不就。玄怒，士大夫競勸，乃止。　竇常隱居二十年，王武俊奏辟，不應。

龐萌將家屬浮海，客遼東；後歸，不受光武辟。　管寧將家屬浮海，客遼東；後歸，不受魏辟。　范丹避侍御之命，遁于梁、沛賣卜。　朱冲聞徵書至，逃入深山。時以為梁鴻、管寧之流。　翟法賜不就徵，鄧文子表言：「若逼以王憲，束以嚴科，馳山獵草，以期必獲。恐致顛隕，有傷盛化。」乃止。　戴逵累徵不就，郡、縣敦逼不已，逃匿于吴。　謝玄上疏，言：「逵自求其志，今王命未回，將罹風霜之患。既已愛而器之，宜使其身名並存。」許之。

宗測答徵召曰：「性同鱗羽，愛止山壑；眷戀松雲，輕迷人路。」　田游巖對高宗曰：「臣所謂泉石膏肓，烟霞錮疾。」　唐潘師正曰：「茂松清泉，臣所須也。」

雖就徵，而不拜者：盧鴻乙也，隱嵩山。玄宗至東郡，謁見不拜。公孫鳳、公孫永也。鳳隱九城山，永隱平谷南山，俱為慕容暐徵至鄴，不言，不拜。　伏而不謁，周黨也。　稱名不稱臣，王霸也。

莊生指泥龜以辭使；楚威王聘莊周。周釣于濮水，持竿不顧。曰：「楚有龜，巾笥而藏之廟堂之上。此龜寧為留骨而貴乎？寧生而掉尾于泥中乎？」陶隱居畫兩牛以獻帝；永明中，脱朝服，挂神武門，止于句曲山。梁武帝屢聘不至，惟畫兩牛：一牛散放水草間；一牛著金籠頭，有人執鞭驅之，獻于帝。帝笑曰：「此人欲效曳尾之龜，豈可致之？」郭瑀字元瑜。指翔鴻，以示使。隱于臨松薤谷。張天錫備禮徵之，瑀指翔鴻示使人，曰：「此鳥安可籠哉？」其不可屈一也。

接輿、陳仲子、老萊子、北郭先生，皆楚聘，皆其妻却之。

不應辟者：戴良、將妻子入江夏山中。申屠蟠、會葬。黄瓊一生與語，臨行言及聘徵，振手而去。徐穉、黄瓊辟，不就。魏桓、數徵不屈。袁弘、耻其門族貴執，變名徒步從師，不應徵辟。韋貫之、不見李寔，不應舉〔二〕。荀爽、不應袁逢舉。鄭朴、字子真。王鳳以禮聘之，不出。龐德公、居峴山南，劉表數延請，不出。索襲。陰澹曰：「雖黔婁高遁，莊生不顧，蔑以過也。」

向子平因婚嫁畢，遂敕斷家事；蕭惠開須婚嫁畢，欲歸老舊廬。可謂嘉遯矣。余謂猶有所未至，以有待也。

介之推母子俱隱，其曰：「身將隱，焉用文之？」子辭母也。种放亦母子俱隱，其曰：「身既隱矣，何用文為？」時放以材行見知。其母恚曰：「嘗勸汝勿聚徒講學，云云。果為人知，我將棄汝，深入窮山。」後放于京城賜第，晚節頗飾輿服，廣置良田。母規子也。之推終隱介山；放晚節未免貽譏。二母則無愧賢媛矣。

不就張緒辟為主簿，劉訏也。字彥度。本州刺史張稷辟為主簿。彥度挂檄于樹而逃。　不就劉毅辟為主簿，宗炳也。曰：「吾栖丘飲谷三十年，豈于王門折腰為吏耶？」　高鳳文通。　爭田自污，以免徵辟。屢辟徵辟，恐不能免，乃與寡嫂爭田以自污。

王烈彥方。　為商自穢，以免長史。太守嘉其行，欲以為長史，為商賈自穢，乃免。

蜀漢時，杜微稱聾閉門。後拜諫議大夫，以從其志。　陳末，王笠詐聾不仕。隱嵩山。隋文帝召之，不起。

沈警謝病。為謝安參軍，謝病歸。安固留不止，曰：「使君以道御物，所以懷德而至。既無用佐時，故遂飲啄之願耳。」　明山賓稱疾。不就徵，曰：「不食周粟，而食周薇，古猶發議。」齊高帝欲見之，遁還攝山，建栖霞寺而居之。帝謂慶符曰：「卿兄高尚其事，亦堯之外臣。朕夢想幽人，固已勤矣。」所謂「徑路絕，風雲通」。仍賜竹根如意、筍籜冠。　王長文嚙餅。州辟別駕，乃微服竊出。後于市中蹲踞嚙胡餅。刺史知不屈，禮遣之。　沈麟士答張永。永欲請為功曹，使人致意，曰：「明府德履素冲。留心山谷，是以被褐負杖，忘其疲病，必欲飾渾沌以蛾眉冠越客于文冕，走雖不敏，有蹈東海而死耳。」　索紞辭陰澹。太守澹欲命為西閤祭酒，曰：「少不習勤，老無吏幹，濛汜之年，弗敢閤命。」　郭文答温嶠。曰：「山草之人，安能佐世？」　張忠字巨和，中山人。　答苻堅。曰：「山栖之性，情存嵓岫，乞還餘齒，歸死岱宗。」堅以安車送之。達華山，歎曰：「我東岳道士，死于西岳。」及關而卒。

宗測答府召。豫章王嶷徵為參軍。云：「何為謬傷海鳥，橫斤山木？」又遺書請之，曰：「性同鱗羽，愛止山壑，眷戀松筠，輕迷人路，縱宕嵓流，有若狂者。而今鬢髮已白，豈容課虛責有，限魚慕鳥哉？」　劉虬答竟陵王子良。「四節卧病，三時營灌，暢餘陰于山澤，托慕情于魚鳥。」　沈麟士答人勸仕。「魚縣獸檻，天下一契。聖人在悟，所以每履吉先。」　宋吴慶之答王琨，吴興守。　召為功曹。曰：「若欲見吏，是畜魚于樹，栖鳥于泉。」

李文德越巂太守。欲令公卿薦延篤，叔堅。而篤以書止之。　李雄欲以嚴君平為從事，而不敢言，歎子雲之知人。　崔浩欲屈睦夷以位，不能發言。　庾亮欲薦翟湯，而張玄以為不可動。　江湛舉王景元微。為吏部郎，湛與書告絕。　桓車騎欲以劉子驥為長史。　王茂弘欲招禮李廞，而云茂弘，乃復以一爵加人。

校　記

〔一〕**蕭嵩**：原訛為「肅嵩」，據《舊唐書》、《新唐書》之《蕭嵩傳》改。

〔二〕不見李賁，不應舉：原缺，據《新唐書》、《舊唐書》之《韋貫之傳》補。

古事比卷之四十四

禎孽

夜徑澤中斬蛇，而老嫗夜哭，欲笞之，不見，漢高也。 伐荻新洲斬蛇，而童子搗藥，叱之，皆散，宋高也。

武王白魚入舟；宋明于華林亦然。 光武流澌冰合；慕容德于黎陽亦然。 瑞應同，而隆替異，豈不在德哉？〈偶記〉

李叔堅家狗作人言，又戴冠而行，又于竈前種火，而卒無纖芥之異；龔紀家牝雞晨雊，犬巾幗而行，猫拱手而人言，而卒有登第之祥。 妖不勝善行乎？ 又盧光馬升廳事，登床，食器無故自破，光不以介懷，亦卒無事。前。

晉孔愉封侯鑄印，三鑄，而龜俱左顧。 梁王瑩拜儀同，鑄印，六鑄而龜俱毀。前。

陷城郭為湖；邛都、武强以蛇；由拳、歷陽以城門血；合肥、雷州以食牛與魚。 有老嫗者五，而獨免者四。 得毋抄說乎？〈事偶〉

后稷之棄也，鳥翼之。 鬬伯比通䢵子之女，生子文，棄諸澤中，虎乳之。 齊頃公生，妾蕭同叔子所生，字曰「無野」。 母棄之，有狸乳，而鶻覆之。 烏孫王昆莫生，棄于野，烏嗛肉蜚其上，狼往乳之。前。

元獻皇后，楊氏。 神人長丈餘覆藥鼎，而肅宗生；章敬皇后，吴氏。 神人長丈餘操劍器，而代宗產。此固呵護也。

崔仁冀父詢妻娠，欲飲以藥，夢人曰：「恐傷僕射。」詢搆火者藥，鐺上有蛇覆藥。 吕公弼母娠，而疾將去之，醫陳遜夢金甲人持劍叱之，曰：「本朝宰相，汝何敢以毒加害！」

高麗王侍婢云：「有氣如雞子，故有身，生子名東明，善射。 王欲殺之，走至淹水，以弓擊水，魚鱉浮為橋，既渡解散，追兵不得渡，因都王夫餘。」《論衡》 夫餘王得河伯女，日照有孕，生子名朱蒙，善射。臣謀殺之，走遇大水，魚鱉成橋，既渡解散，追騎不得渡，後居紇升骨城，為高句麗。《隋書》

「蛟妾」桀宮中女化龍，復為婦。 桀命為蛟妾，告桀吉凶。 與「龍漦帝后」相似。

石而有文者，元后在家有燕銜白石，中有文，曰：「母天地。」後為后，謂為「天璽」。《西京雜記》 張掖大柳谷口有蒼石立水中，白石畫之，為馬、牛形象，文曰：「大討曹。」《漢晉春秋》 滎陽人尹千于嵩山見石墜地，石開，有玉璽，方三寸，文曰：「戊丁之人與道俱，肅然入草應天符，掃平河洛，清魏都。」《南史》 張軌時，臨松山有石如張掖字，又文曰：「初祚天下，西方安萬年。」《十六國春秋》 唐齊王元吉于晉陽宮獲青石，丹書：「李淵萬吉。」《廣德神異記》 開元末，古函谷關得白石，赤文成「乘」字，識者解之「四十八」也，幸蜀之來，歲四十八矣。《開元傳信》 王璠初在浙西繕城，掘得方石，有字云：「山有石，石有玉，玉有瑕，瑕即休。」後果赤族。《舊唐書》 唐王哲治第，掘得一石，朱書曰：「修此不吉。」其月哲卒。

《雜俎》　唐末，馬殷得石碣，文曰：「龍舉頭，猳掉尾，羊為兄，猴作弟，羊歸穴，猴離次。」後果驗。　天福末，宣州得石，記云：「天子，冀州人。」時李景據江表，名子曰「冀」，及太祖登基，方悟「冀」，趙舊地。

荆南高從誨得石，有文云：「此去遇龍即歇。」建隆中，改鎮徐州。

木而有文者：大曆中，成都樵獲木理成字，曰：「天下太平。」　梁柳思安伐木為柵，一木中朱書隸文，曰：「天十四載，不進。」徐鴻以丙申年當有石字王此地者，果然。　偽蜀時，成都人唐季明破一木，中紫文隸書「太平」兩字。　金人伐香巖寺木造舟，木中有文成詩。見《浙川縣志》。

何準生女之夕，羣烏夜啼，女為穆后。　則天初誕之夕，雌雉皆雊。

果實剖而有蛇：唐李崇真，刺益州。有柑樹大如雞子，剖之，一赤班蛇長丈餘。真後為兵殺。　李昇，本徐氏。先是其家梨樹結實，大如升，剖之，有赤蛇走其母榻下不見，母遂孕知誥也。　唐惠卿。荆州庭中橘，一實甚大，剖之，有赤蛇蟠于中。

雉集武庫，張華以為蛇。　魚集武庫，王肅以為物妖。

後魏天安中，兖州黑螘與赤螘鬥，赤螘盡斷頭；東魏武安中，鄴下黄螘與黑螘鬥，黄螘盡死。　然則檀蘿之夢，非虚矣。

火災

晉平公藏貨臺燒，公子晏束帛而賀。曰：「王者藏于天下，諸侯藏于百姓，農夫藏于囷庾。今百姓乏于外，而賦斂無已，天降災于藏臺，是君之福也。」《韓詩外傳》　王進士參元失火，柳子厚致書而賀。曰：「人言足下家有積貨。今為天所蕩滌，黔其廬，赭其垣，以示其無有，而足下之才，乃可以顯。自是祝融、回祿之相吾子也。」

魏文侯御廩災，而公子成父入賀。文侯不悅，曰：「御廩，寳之所藏，今火災，羣臣皆吊，子不吊，猶入賀，何為？」成父曰：「天子藏于四海，諸侯藏于境內，大夫藏于其家，士、庶人藏于篋櫝。非其所藏者，不有天災，必有人患。今幸無人患，不亦善乎？」文侯曰：「善！」

周廟燔，孔子對景公，知其為釐王。《說苑》

魯桓、僖宮災，孔子以為桓、僖親盡當毀。

遼東高廟及高園便殿災，董仲舒以為高廟不當居郡國，便殿不當居陵旁。

魏崇華殿災，高堂隆以為天以臺榭宮室為戒。王文康因玉清昭應宮災，上疏語。

遭喪失火，伏棺號哭，而火為之滅：古初、蔡順、何琦、劉殷。見《孝誼》。

魯燒積澤，北風南面，哀公將衆救火，人盡逐獸，而火不救，下令曰：「不救火而逐獸者，比入禁之罪。」火遽救。

越焚宮室，民莫救火，越思報吳，大夫種曰：「何不試焚宮室。」下令曰：「救火而死者，比死敵之賞。」民走火者，左右三千人。

家失火，疑為人所爇者，沈冲母也。冲與兄淡，並歷御史中丞，被按抑者多怨。母在東，鄰家失火，疑為人爇，大呼曰：「二兒與人豈有善者，方恐肌分骨散，何但焚如？」論者曰：「沈母致懼，中丞其戒深矣。」

路遇新婦，知為天降災者，糜竺也。竺從洛歸，路有新婦求寄，曰：「我天使，去當往燒東海糜家。」固請之。曰：「不可，君快去。我緩來。」竺乃急行達家，便出財物，日中而火大發。

黃平夢舍中馬舞而火起。

魏文帝三夢芻狗而失火。周宣言之而驗。

禍福

「齒以剛亡，舌以柔存。」常樅語老子也，老萊子語子思也，孔子語子路也。《偶記》

宋之盲父子，得無乘城也；家無故黑牛生白犢；一年，父無故而盲，其牛復生白犢；一年，子無故而盲。後楚攻宋，丁壯者乘城而戰，以父子有疾，皆免。及圍解，而疾俱復。塞上之跛父子，得免戰死也。塞翁馬無故亡入胡。翁曰：「安知非福？」其馬將駿馬而歸，曰：「安知非禍？」其子騎墮而折臂，曰：「安知非福？」後胡兵大出，丁壯者戰死，子以跛得父子相保。此以禍免禍也。前。

冉閔失赤龍而擒；閔乘馬曰「赤龍」，日行千里，躍馬潰圍。馬無故死，為慕容恪所擒。王珣得青馬而貴。《元史》：珣善騎射。嘗遇道士，曰：「君相甚奇，它日因一青馬貴。」居歲餘，有以青馬來鬻，珣乘以戰，進退周旋無不如意。然則，所乘馬能禍福主人乎？祥、覽受虔刀為公卿；呂虔有佩刀，工相之，必登「三公」。謂王祥曰：「卿有公輔之量，故以相與。」祥以授弟覽，曰：「汝後必興，足稱此刀。」王雙獲買刀為魏將；雙買一刀。賣者曰：「得者貴。」因不見，雙得佩之。後與曹真。王珣得古刀而成功。元王珣嘗行凌水濱，得一古刀。其背銘曰：「舉無不克，動必成功。」常佩之，每有警，必先鳴。故所向皆捷。然則所佩刀能昌隆主人乎？《說儲》

鵩入賈誼舍，誼以為不祥，壽果不長；有梟鳴于張率更㾓。庭，㾓曰：「急灑掃，吾當改官。」賀者已在門。豈非禍福由人召也。

班固誅以竇憲。逮竇氏賓客，死獄中。盧仝死于王涯。仝留宿涯第，遂預「甘露」之禍。仝老無髮，閹人于腦後加釘，人以為添丁之讖。《月蝕詩》讖元和逆黨意者，羣閹以此害之。

王鎔養張文禮為子，而族滅于文禮；王處存養劉雲郎為子，而族滅于雲郎。此叔孫、豎牛之禍也。

李勣勸立武后，而後為武后族。　郭崇韜請立劉氏為后，而後竟為劉氏所殺。　安重誨進王德妃于上，竟為德妃所中而死。

隋煬恃驍果為衛，而司馬德戡首建反謀。　周寶私後摟兵，及其敗也，後摟兵先亂。

李斯曰：「斯乃上蔡布衣，上不知其駑下，遂擢至此。吾未知稅駕所也。」楊國忠曰：「吾本寒家，一旦緣椒房至此，未知稅駕所也。」小人死權，無異猩猩死酒。《偶記》

宋順帝泣而彈指，曰：「願後身世世勿復生天王家。」宋始平王子鸞且死，曰：「願自今勿生王門。」越王侗且死，曰：「願不生帝王家。」向長曰：「貴不如賤。」信哉！

范滂臨刑，謂子曰：「吾勸汝為惡，惡不可為；勸汝為善，我不為惡。」劉湛被收，謂弟素曰：「相勸為惡，惡不可為；相勸為善，政見今日！」韋儁為于忠所害，歎曰：「吾一生為善，未蒙善報；嘗不為惡，今為惡終。」三人湛愧于為善多矣。　長孫皇后疾，太子請大赦，后曰：「若修福可延，吾不為惡；使善無效，我尚何求？」

才人而死于本籍之吏：陳拾遺子昂為縣令段簡所收。　王龍標昌齡為刺史閭丘曉所殺。章仇大夫兼瓊為陳拾遺子昂雪獄。高侍御適為王江寧昌齡申冤。

齊文襄得梁襄州刺史蘭欽子京，以為膳奴，故見刺。　唐降李密為光祿卿，當進食，故謀反。

韓信為連敖，坐法當斬，仰視滕公，曰：「上不欲定天下乎？何為斬壯士？」滕公壯而釋之，後封王。　張蒼坐法當斬，王陵見其美，乃言于沛公，赦之，後封侯。　暴勝之將斬王訢，仰言而貰之，後封侯。　梁沈炯不赴侯景將宋子山召，將斬，或救之，後至散騎常侍。　王僧辯獲周鐵武，將烹，呼曰：「侯景未滅，奈何殺壯士？」奇而宥之，後封侯。　唐高祖將斬李靖，靖呼得釋，後封衛國公。　李密擒李大亮，賊將張弼異之，獨釋，引與語，後為代州都督。　魏元忠為來俊臣所搆，將刑，敕免，亦不改容，後為中丞。　狄梁公為人誣告，閻立本一見即驚，曰：「足下可謂海曲之明珠，東南之遺寶。」特薦之。　張守珪欲棒殺安禄山，大呼曰：「大夫不欲滅兩蕃也，何為打殺禄山？」壯而釋之。　郭子儀常犯法，當斬，李白遊并州，見而奇之，為救免。　晉符存審犯法當死，主將愛妓思得善歌，召而悦之，位至使相。　岳飛犯法，宗澤見而奇之。《事偶》

黥而後貴者：漢英布，五代周行逢，宋狄青，周狄貴，而不欲去其文。　刖而至將相者：孫臏、司馬臏。　自刖者，鬻拳。　自宫者，刁竪。《宛委餘编》

石車騎之禍，起于绿珠；喬左思之族，階于碧玉；孫秀、武承嗣以漁色而族人，一何慘也。然绿珠墜樓，碧玉墜井，亦不負二子之死。　何恢之罷，為張耀華。齊何恢有妓張耀華，阮佃夫求之，不可得，諷有司彈恢之。

褒姒育于戎，幽王為之死于戎；貴妃生于蜀，明皇為之幸蜀。女禍之應如此。

漢武帝夢木人，果得木人；明帝夢金人，果得金人。與叔孫豹夢竪牛，得竪牛；趙武靈王夢吴娃，得吴娃；文帝夢鄧通，得鄧通；唐明皇夢玄元皇帝，得玄元皇帝像。皆祅夢也。

武王伐紂，大風折蓋；陸機討長沙王乂，始臨戎而牙旗折，被譖誅死；王澄將赴國難，而飄風折其節柱，散衆不進；謝安出鎮廣陵，始發而金鼓自破；宋武討盧循，麾竿折，旛沉于水，攻栅，循走衆降；哥舒翰牙旗竿折，遂降賊，翰子曜牙竿折，收賊。周晃以獻旗節，竿折，非吉也，而陸機、王澄、哥舒翰則敗；武王、劉裕、哥舒曜則勝。然則在其人與時也。　春秋晉、楚戰于城濮，晉中軍風于澤，亡大旆之左旃；桓玄至姑熟，儀衛整肅，而龍旆竿折；趙王倫祀太廟，大風飄折麾蓋；齊文宣受魏禪，李貽上省，大風暴起，壞所御車幰；鄭注鎮鳳翔，出都門，旗竿折；童貫出師，牙旗竿折，時蔡攸為副，自建二旗為卒盜去；端平入洛之師，全子才牙旗亦為風折；賈似道督師江上，帥旗為風所折。無非敗徵。

宋公為宋萬南宫長萬。曰：「始吾愛子，今子魯囚也。為魯獲，宋人請之。吾不愛子矣。」萬病之，遂殺宋公。《左傳》孝武帝謂張貴人曰：「汝以年，亦當廢矣。」遂被殺。《晉史》皆以片言之不當而嬰禍。出口興戎，可畏哉！

子犯之謀，重耳醒而後知之；子皙之戈伯有，醒而後知之。禍福皆一醉耳。

因才致禍者：子路以勇死；萇弘以智困；晁錯以智死。《桓譚傳》　奸人多才必為患，故酇舒以俊死，而鄧析以辯亡。

楊修以料事見忌。為丞相主簿，嘗出行。籌曹操有問外事，逆為答記。敕守舍兒依此通之。操怪其速，廉之知狀，忌修。因事殺之。　沈約以隸事見忌。以徵栗事。

驪姬之譏申生，譽其才名。　戾太子巫蠱之獄，亦以深得百姓。數諫用兵平刑，深得百姓之心。　北海敬王睦以聲色狗馬對，識微哉！　煮豆、種瓜，不幸而以才名見也。

因言致禍者：晉伯宗以好直言，每朝，其妻必誡之。後為三郤害。成十五。　絜舜以私語，曰：「五日京兆耳。安能復按事？」張敞聞，收絜獄死。　司馬遷以救李陵，武帝以為陵遊說，下遷腐刑。　孔融以對吴使，以對孫權使有誹謗之言，坐棄市。　許攸以驕慢，嘗于衆座呼曹操小字，曰：「非我不得冀州。」操因不樂，後竟殺之。　杜甫以醉語，登嚴武床，瞪視曰：「嚴挺之乃有此兒。」武欲殺之，將出，冠鉤于簾，左右白其母，奔救，得止。　至莫題謂道武珪。為「三歲犢」。初，拓跋窟咄伐珪，莫題以珪年少，潛以箭遺窟咄，曰：「三歲犢，豈能勝重載。」至是以箭示曰：「三歲犢果何如？」題父子對泣，明日斬之。　崔悛謂文襄澄。為「黄頷小兒」；悛竊言：「黄頷小兒，堪重任否？」後拜道左，文襄怒曰：「黄頷小兒何足拜？」鎖赴晉陽，訊之。　王墮罵董龍為「雞狗」；或謂董公貴幸，公宜降意接之。墮曰：「董龍是何雞、狗，而令國士與之言乎？」會有天變，龍言于秦主：「宜以貴重臣應之。」乃殺墮。　賀若弼謂高熲、楊素「噴飯」。帝謂之曰：「我以二人為相，汝言惟堪噴飯，是何言？」下獄。所謂傷人之言，深于矛戟。

禰衡以傲致禍。曹操送之劉表，表又送之黄祖，為祖殺。　嵇康以無禮致禍。康好鍛。鍾會，貴公子也。往造，康不為禮，而鍛不輟。良久，會去，謂文帝曰：「康，卧龍，不可起。」帝遂害之。

潘孟陽為翰林學士，一京尹不得見，遺閽者三百縑。　劉夫人知之，遽勸避位。　王涯女請貨一玉釵，須七十萬錢，王曰：「豈于汝惜？此妖物也，必與禍相隨。」數月，釵為馮外郎球妻首飾，果及于禍。　一閽者耳，一見而三百縑；一外郎耳，一釵而七十萬。　無妄之福，其可久乎？不衷之災，其能免乎？

黄公御虎，卒為虎所傷；費長房役鬼，卒為鬼所殺；烏獲之絶臏；舉鼎。廣陵王胥之陷胸。搏獸。皆以力死。語曰：「好游者溺，好騎者墮。各以其好，反自為禍。」《説儲》

附 倚伏

始皇東遊會稽，僩然謂「子孫萬世」，不知項籍已縱觀其旁，劉季起喟然之歎于咸陽矣。曹操芟夷羣雄，日夜窺伺漢鼎，不知司馬懿已入幕府矣。梁武殺東昏，覆齊祚，山家小兒，見《寶誌公讖》。而侯景以是年已生于漠北矣。唐太宗殺建成、元吉，遂登天位，武德丙戌。而武后二載之前已生于并州矣。宣宗之世，無故而復河隍，藩鎮順命，而朱温生矣。齊桓公七年始霸，十四年陳完奔齊，亡齊者已至矣。漢宣帝甘露三年，呼韓來朝，而王政君已在太子宮矣。藝祖建隆三年，女真來貢，而宣和之禍已作于國初矣。秦昭王五十一年滅周，而是歲漢高祖已生于沛矣。《談薈》

田齊之禍兆于桓；三晉之禍兆于文。皆盛君也。

鄭文公之子十餘人，多不得其死，惟賤妾燕姞生穆公，獨繼父有國，子孫與鄭存亡。薄姬入漢王宮，歲中生文帝，自後希見，故得之代，卒之成漢大業者，文帝也。景帝召程姬飾侍者唐兒夜往，生長沙王發，漢宗室十有餘萬人，而中興者，發五世孫光武也。元帝為太子，良娣死，擇后宮家人子五人中一人，乃王政君，一幸生成帝，自後希見。然歷漢世，為天下母六十餘載，王政君也。四后妃可謂承恩有限，而光華啟佑與同輩遼絶。徽宗有子三十人，惟高宗再復大業。顯仁后在宮掖時，亦不肯與同列争進，甚類薄太后云。

附 隆替

李斯長男由為三川守；諸男尚秦公主；女悉嫁秦諸公子。由告歸咸陽，斯置酒于家，百官長令皆前為壽，門庭車騎以千數，斯慨然而歎，物禁太甚，其後卒及于禍。吴陸遜為丞相；子抗大司馬；抗子機為大都督。後軍敗被譖，父子兄弟皆死。唐杜審權位至宰相；子讓能位太尉、平章事；讓能子曉，朱梁時為禮部尚書、平章事。讓能賜死，曉為亂兵所殺。漢之蕭、曹，唐之房、杜、姚、宋，身佐英主，手造王圖，帶礪之盟，宜及百祀；而曹至子削封；蕭五世絶祀；房喬次子遺愛與公主謀反誅；杜如晦次子荷説承乾建大事誅；姚崇長子彝，次子奕，奕子閑，為牛仙客幕府，見仙客疾，亟逼仙客為表薦奕為相，仙客妻以聞，玄宗杖殺之；宋璟七子渾、尚、恕、華、衡，俱以臟敗。再造之功，若汾陽，三四傳不能復振，裔孫元亨僅為永興軍助教；狄梁公子景暉，魏州參軍，恣行暴横，人患焉，遂廢梁公生祠神像；曾孫飄泊岷、漢，干謁侯王。宋相三李：文正公昉、文靖公沆、文定公迪，子孫相繼宦達；數世之後，亦復蕭條，無一人在仕版者。曹翰子孫至于乞丐。由此觀之，非必其祖德之不長，亦由其后嗣之不類。柳玭誡子弟有云：「名門右族，莫不由祖先忠孝勤儉以成立之。成立之難，如升天；覆墜之易，如燎毛。」可畏哉！（談薈）

當逍遥公隆盛之日，大官載酒，奉常抱樂，泉谷見誇于諸公。韋公去此才數世耳，向者逍遥之地，至于「賣供官稅不如灰」。王建《逍遥溪亭詩》：「逍遥公在此徘徊，帝改溪名起石臺。車馬到春常借問，子孫因選暫歸來。稀疏野柳人移折，零落蕉花雨打開。無主青山何所直，賣供官稅不如灰。」 當柳子厚無恙之日，所遊愚溪，皆一時名士，而子厚物故未久，乃至「殘陽寂寞出柴車」，是何墮廢。劉禹錫詩：「草聖數行留壞壁，木奴千樹屬鄰家。惟見里門通德榜，殘陽寂寞出樵車。」《問奇》

附 雜料

吉凶禍福之事，蓋未嘗不先見其祥；然固有知之、信之，而翻取害者：漢昭帝時，昌邑石自立，上林僵柳復起，蟲食葉，曰：「公孫病已立。」眭孟上書言：「當有從匹夫為天子者。」勸帝索賢人而禪位。孟坐妖言誅，而其應乃在孝宣。 哀帝時，夏賀良以漢衰，當更受命，遂有陳聖、劉太平皇帝之事，賀良坐不道誅。及王莽篡，竊自謂陳後，而光武實應之。 宋文帝時，孔熙先以天文圖讖，知帝必以非道晏駕；由骨肉相殘，江州當出天子，遂謀奉義康。熙先既誅，義康亦被害，而帝竟有子禍。孝武帝乃以江州起兵而即尊位。 薄姬在魏王宮，許負相之，當生天子，豹因奔漢致滅，而其應乃在漢文帝。 劉焉聞相者言，吴后當大貴，遂為子瑁納之，而不知吴后竟歸昭烈。 唐李錡據潤州，相者言丹陽鄭氏女或云爾朱氏女。當生天子，錡納為侍人，錡敗，没入掖庭，得幸憲宗，而生宣宗。 五代李守正子崇訓婦符氏，術者聽聲，驚為天下母，守正决反，而符氏乃為周世宗后。 又有患禍之來，鬼神陰惑之，以徵兆吉祥，卒歸凶敗者：晉安重榮之叛于成德軍也，堂前有揭旛竿，重榮彀矢曰：「我必有天命，一發而中。」

果中，左右拜賀，後終于斬首、漆顱。　漢李守貞叛于薊州，執弧矢指《一虎舐舌圖》曰：「我若有非常之事，當中虎舌。」一發中之，左右拜賀，終于舉家蹈火。　《南史》：張敬兒妻尚氏云：「吾昔夢一手熱，而君得南陽；元徽中，夢一髀熱，得本州；建元中，夢半體熱，君得開府。今復舉體熱矣。」敬兒遂有異志，終為武帝所誅。《談薈》

鄭詹縛于晉，終亦無死。　鍾儀南音，卒獲返國。　叔向囚虜，自期必免。　范痤騎危，以生易死。　蒯通擄鼎耳，為齊上客。　張蒼、韓信伏斧鑕，終取將相。　鄒陽獄中，以書自活。　賈生斥逐，復召宣室。　兒寬擯死，後至御史大夫。　董仲舒、劉向下獄當誅，為漢儒宗。柳。

圖讖星緯之學，豈不或中；然要為誤人，聖賢所不道也。「當塗高」之讖，漢光武以詰，公孫述、袁術、王浚，皆自以姓名，或父字應之，以取滅世，而其兆為曹操之魏。「兩角犢子」之讖，周子諒以劾牛仙客，李德裕以議牛僧孺，而其兆為朱温。　隋煬帝謂：「李氏當有天下。」遂誅李金才之族，而唐高祖乃代隋。　唐太宗知「女武當竊國命」，遂濫五娘子之誅，而阿武曌幾易姓。　武后謂「代武者劉」，劉無强姓，殆流人也，遂遣六道使者悉殺之，而劉幽求佐臨淄，平内難，韋、武二族皆殄滅。　晉張華、郭璞、魏崔伯深，皆精于天文卜筮，言事如神，而不免于身誅、家族，況其下者乎？《問奇》

始皇備匈奴，而亡秦者，少子胡亥。　漢武殺中都官詔獄繫者，而即帝位者，皇曾孫病已。　苻生殺魚遵，而代生者，東海王堅。　宋廢帝欲南巡湘中，而代子業者，湘東王彧。　齊神武惡見沙門，而亡高者，宇文。　周武殺紇豆陵，而篡周者，楊堅。見《隋書·王劭傳》。　隋煬族李渾，而禪隋者，李淵。

唐太宗誅李君羨，而革唐者，武后。　周世宗代張永德，而繼周者，藝祖。

休咎上

休咎之見于天文者，則有：禹時，天雨金三日。又周成王時，咸陽雨金。　漢世，天雨金十斛。翁仲儒家貧力作，居渭川。一旦，天雨金于其家。　禹時，天雨稻。　吕后二年，天雨粟。又漢宣帝時，江淮饑，人人相食，雨粟三日，秦、魏地亡穀二千頃。吴桓王時，金陵雨五穀于民家，富者則不雨。又漢武時，慶陽縣雨麥。　永平二年，天雨草。漢元帝時。　元始三年，天雨草。平帝時。《京房傳》：「君吝于禄，信衰賢去，天雨草。」

氣成樓閣。肅宗為奉天而北，夕次永壽，有白雲起西北，如樓閣之狀，議者以為天子之氣。　水變芳醪。唐宣宗在藩時，常從駕而誤墜馬。人不之覺，時天雪寒甚，會巡駕者至，大然。上曰：「我光王也。困且渴，為我求水。」駕者于旁近得水，遂委而去。上良久起，舉甌將飲，顧甌中水，盡為芳醪矣。

三日相承。晉愍帝二年，出于西方而東行。　兩月相承。梁武太清二年正月朔，相承如鈎，見于西方。《駢志》評曰：「閲《吕氏春秋》，有衆日並出，小月承大月，大月承小月，嘗誕而不信，睹晉季諸異，始信而有徵矣。」　三日並照。劉聰時，各有兩珥，五色甚鮮。　兩日俱見。梁元帝承聖元年。　日出于夜。元帝大興元年冬，劉曜僭位于赤壁。十一月乙卯，日夜出。　日中有若飛燕。晉惠帝元康九年正月，數日乃消。又懷帝永嘉五年三月。　日隕于地。晉愍帝二年辛未辰時。　日中有三足烏。穆帝永和八年，張重華在涼州，形見分明，五日乃止。　月暈在角。《北史》：天興五年，晁崇奏占為角蟲將死。帝既剋姚，平于柴壁，以崇言之徵，遂焚罕而反。牛果大疫，麋鹿亦多死。

虹貫牛山，管仲諫桓公無近妃宮。　虹投嘉德殿，楊賜諫靈帝無親閹嬖。

休咎之見于地理者，則有江陵九十九洲。古老相承云：「滿百當出天子。」桓玄刺荆州，鑿破一洲，隨而崩散。宋文帝在藩，一洲自立。後遇元凶之禍，此洲還没。太清末，枝江陽之𡿨浦復生一洲，明年帝即位。承聖末，其洲與大岸相連，惟九十九云。

贛石二十四灘。灘多巨石，行旅以為難。陳武帝之發，水暴起，三百里間巨石皆没。

泰山石立。孝昭元鳳三年，泰山、萊蕪山南有大石自立。眭孟私以為大石自立，僵柳復起，當有從匹夫為天子者，勸漢帝宜索賢者，禪以帝位。孟竟以妖言誅。

瓠山石立。東平煬王雲，哀帝時，無鹽危山土自起，覆草，如馳道狀。又瓠山石轉立，雲並祠之。建平三年，息夫躬、孫寵等因董賢以告，下有司逮王驗治。

野人與塊。晉公子重耳過衛，不禮焉。出，于五鹿乞食于野人，野人與之塊。公子怒，欲鞭之，子犯曰：「天賜也。」受而載之。

蜀王報土。《華陽國志》：蜀王獵谷中，與秦惠王遇。惠王以金一笥遺蜀王，王報珍玩之物化為土。王怒，羣臣賀曰：「將得蜀土地。」乃作石牛五頭，朝瀉金其後。曰：「牛便金。」蜀使請牛，乃遣五丁迎石牛。既不便金，怒遣還之，嘲秦人曰：「東方牧犢兒。」秦人笑曰：「雖牧犢，當得蜀也。」

武威郡天寶山石化為麵。唐明皇時，王倕奏。

雲、藍、代三州石化為麵。太和中，柳公綽奏。

周靈王時，穀洛水鬥。

宋紹興中，樂平水鬥。

洛竭。周幽王二年，西周三川皆震。伯陽甫曰：「昔伊、洛竭而夏亡。今山崩，川竭，亡之徵也。」

淮竭。宋泰始季年，岷、益有山崩，淮水竭。明僧紹謂其弟曰：「昔伊、洛竭，而夏亡；河竭，而商亡；三川竭，岐山崩，而周亡；五山崩，而漢亡。今宋德如四季。」竟如其言。

秦武王三年時，渭水赤三日。

秦昭王三十四年時，渭水赤三日。劉向以為近火沴水也。《駢志》評曰：「衛鞅一日臨渭而論囚七百餘人，渭水盡赤。蓋武昭渭赤之異，至此驗已。」

河赤于龍門三日。梁惠成王四年。

河赤于龍門三里。晉昭公元年，京房易占：「河水赤，下民恨。」

水赤如血。陳太建十四年秋，自建業至荆州。

水黑如墨。陳禎明二年，郢州南浦。

石言于魏榆。昭公八年，師曠曰：「作事不時，怨讟動于民，則有非言之物而言。」

石言于平陽。晉愍帝時，帝蒙塵，亦

在平陽。又《載記》：石言于陝，若言勿東者。　石燃于泰山，八日而滅。《載記》：石季龍時。　土燃于關中，月餘不滅。又初秦之未亂也，關中土燃，無火而烟，方數十里。

城見血而去。由拳。秦長水縣《童謡》：「城門當有血，城陷没為湖。」老嫗日往窺，門將欲縛之，言其故，門將煞犬塗門，嫗見去，不敢顧。忽有大水，幹入白令，令曰：「何忽作魚。」幹曰：「明府亦作魚。」遂乃淪陷。　閫有血便走。歷陽老嫗。有二書生謂：「當没為湖，視東城門閫有血便走。」嫗往視門，吏問之故。殺雞塗閫，嫗視便上北山，邑没為湖。又武强縣有途得小蛇養之，名擔生。長而噬人，里人遂捕繫獄。擔生負而奔。邑淪為湖。古巢縣淪為湖，獨一老嫗見石龜目赤，登山而免。

吳臨平湖開，而晉滅吳。　陳臨平湖開，而隋滅陳。

休咎之見于人事者：子大之生，母見一疋練。《論衡》：虞子大，陳留東莞人。其生時，以夜，母見其上若一疋練狀徑上，人曰：「貴氣與天通。」位至司徒。　文伯之生，父見一木杖。又公廣文伯，河東蒲坂人。其生以夜半，有人呼其父名。父出，見一木杖植其門。占曰：「吉。」位至廣漢太守。　虎乳。若敖娶于䢵，生伯比，從其母，畜于䢵，淫于䢵子之女，生子文焉。䢵夫人使棄諸夢澤中，虎乳之。䢵子田見之，懼而歸。夫人以告，遂使收之。楚人謂「乳穀」，謂「虎于菟」，故命曰「鬬穀于菟」，以其女妻伯比，實為令尹子文。　狼乳。《漢書》：大月氏攻殺難兜靡，子昆莫新生，傅父布就翎侯抱亡，置草中，為求食還，見狼乳之。又烏銜肉翔其旁，以為神，遂持歸。　猪噓。橐離國王侍婢有氣，大如雞子，從天而下，有娠，産子。捐猪溷中，猪噓之；徙馬欄中，馬復噓之，不死。王令其收取，奴畜之，名東明，善射。王欲殺之，東明走，南至淹滤水，以弓擊水，魚、鱉浮為梁，東明得渡，因都王夫餘國。　寤生。鄭莊公。　寢産。《載記》：苻堅在孕，母胡掖氏因寢而産于被中。　靴迹留石。唐劉山甫言：「高祖龍潛時，往來洛郊，曾踐二石，靴迹見于石中。高祖令鑿之，其迹愈明。」　蝸迹成天。睿宗為冀王時，寢齋壁上蝸迹成「天」字，遽掃之，經數日如初。　以夢搏，占晉勝。城濮之役，晉侯夢與楚子搏，楚子伏，已而鹽其腦。子犯曰：「我得天，楚伏其罪。吾且柔之矣。」　以彗門占晉勝。晉將與楚戰于城濮，彗星出楚，楚操其柄，咎犯曰：「以彗門，倒之者勝。」　耕時聞鞞鐸音。石勒方力耕，每出輒鐸之音。母曰：「作勞耳鳴，非不祥也。」 **山中聞傳漏響**。晉世祖避難揭陽山。有白雀來集，出山中有清聲，傳漏響。 **王長孫卜火光為吉事**。光武生于濟陽宮，皇考為濟陽令。時夜無火，室內自明。皇考怪之，使功曹充蘭問卜，王長孫曰：「此吉事也。毋多言。」 **蘇伯阿望鬱鬱葱葱為佳氣**。光武到河北，見問曰：「卿前過春陵，何用知其氣佳？」曰：「見其鬱鬱葱葱耳。」 **板幹一夜自移**。《魏土地記》：盧植言代城之初築也，板幹夜移此。故代西南五十里大澤中，營城自護，結苃為九門。于是就以為治城，更名，其故曰「東城」。 **六梁一時躍出**。《晉書》：周筵于姑熟立屋五間，而六梁一時躍出，墮地，衡獨立柱頭零節之上，甚危，雖以人功，不能然也。 **臨洮長人**。《五行志》：秦始皇二十六年，有大人長五丈，足履六尺，凡十二人，見于臨洮。是歲，初并六國，反以為瑞。銷天下兵器，作金人十二，以象之。《水經注》：秦鑄金人皆銘其背，漢自阿房徙未央前，俗謂翁仲。王莽夢銅人立，惡之，鐫滅所夢銅人膺文。後董卓毁其九為錢，存者三。魏明帝欲徙之洛陽，重至霸橋西停之。或言金狄泣，故留。石虎取置鄴宮。苻堅又徙長安，毁二為錢。其一未至，而苻堅亂，百姓推置陝北河中。 **宕渠長人**。始皇時，有長人二十五丈，見宕渠胡毋敬，曰：「後五百年，有異人為大人者。」及李雄之王，祖世出自宕渠。 **陳焦埋六日，更生**。吴孫休時，民陳焦死，埋六日，更生，穿土中出。 **柳榮死二日，忽言**。《搜神記》：臨海松陽人。柳榮從張悌在揚州。榮病死船中二日，忽大呼，言：「人縛軍師。」問之，曰：「上天北斗門下卒，見人縛張悌，不覺大呼。」其日，悌戰死。

霍禹第門自壞。禹第中鼠暴，多與人觸，以尾畫地，鴞數鳴殿前樹上。第門自壞，霍禹里宅中門亦壞，巷端人共見有人居霍屋上，撤瓦投地，就視亡有。 **董賢第門自壞**。哀帝為賢起大第，窮極技巧，柱檻衣以綈錦，上方珍寶。其選物上第，盡在董氏，乘輿所服，乃其副也。賢夢井水溢流庭下，竈居樹上。賢第新成功堅，大門無故自壞。後賢夫妻自殺，家徙合浦。 **襄平北生肉**。《魏志》：公孫淵家數有怪，犬冠幘絳衣上屋，炊有小兒蒸死甑中。襄平北市生肉，長圍各數尺，有頭目口喙，無手足而動搖。占曰：「有形不成，有體無聲，其國滅。」 **平陽北生肉**。《載記》：劉聰時，流星落平陽北。視之，則有肉長三十步，廣二十七步，肉旁常有哭聲。聰甚惡之。 **南陽市生肉**。新莽時，南陽市中生一肉塊，斫刺不入。其長道曰：「此物一名『肅』，二名『伏』，中有鐵券，長三尺六寸。」云：「王家衰，劉家當興。須得七歲女子尿之，可開也。」莽試之，果然。《搜神記》 **涿郡鑄鐵，鐵飛上。**《漢五行志》：征和二年，涿郡鐵官鑄鐵，鐵銷皆飛上去。 **沛郡鑄鐵，鐵不下。**又和平二年，沛郡鑄鐵不下，隆隆如雷聲，工懼走，還視，地陷數尺。爐中銷鐵，散如流星。 **銅人生毛。**漢宣帝甘露元年，建章、未央、長樂宮鐘簴、銅人皆生毛，一寸許，時以為美祥。

金像生毛。《洛陽伽藍記》：太常民劉明兄弟以屠為業，猪忽唱乞命聲。四鄰謂：「兄弟相毆。」觀之，乃猪也。即捨宅為歸覺寺。普泰元年，此寺金像生毛，眉髮悉具。魏季景曰：「張天錫有此事，其國遂滅。」至明年，廣陵王被廢，死。 **平等寺石像舉頭。**《北史》：永熙二年，平等寺浮屠成，孝武會萬人于寺，石佛低舉其頭終日乃止。 **平等寺金像垂淚。**《洛陽伽藍記》：平等寺金像一軀，孝昌三年，兩目垂淚，遍體皆濕。時號「佛汗」。明年，爾朱榮入洛，誅戮百官。永安二年三月，此像復汗。五月，北海王入洛，莊帝北遷。七月，北海大敗，所將江淮子弟五千盡被俘虜。永安三年，此像悲泣如初。爾朱兆入洛，莊帝崩于晉陽。按，宋嘉祐中，邕州佛寺塑像手忽震動，晝夜不止。未幾，交阯入寇。其後又動，而儂智高反，屠其城。熙寧元年，又動，郡守錢師孟知其不祥，亟取投之江中，遂無他。又江東宣州大火，幾焚其半。前此有鐵佛座，高丈餘，而身忽迭前迭却，若俯就人者數日，既而火作。

李意其示先主敗徵。仙人李意其，蜀人。先主欲伐吳，遣問吉凶，意其不答；求紙、筆，畫作兵馬、器仗數十紙，復裂壞之。又畫一大人，掘地埋之，徑去。先主征吳，大敗，忿恥發病死。 **王子年示苻堅敗徵。**苻堅南征，遣問王嘉。嘉曰：「金剛火強。」乃乘使者馬，正衣冠，徐徐東行數百步，而策馬馳返，脱衣服，棄冠履而歸。下馬踞床，一無所言。使者還，告堅，不寤。復遣問，曰：「世祚云何？」嘉曰：「未央。」明年癸未，敗于淮南。所謂「未年而有殃也」。

休咎之見于草木者： **則有松變為青牛。**嵩嶽有大松樹千歲，其精變牛。 **梓化為青牛。**秦文公伐大梓樹，不克。夜有鬼曰：「若使三百人披頭，以絲繞樹，豈不敗汝？」明日，人言于秦王，依此言伐之，中有青牛，逐之入澧水。 **上林僵柳自起。**昭帝元鳳二年。 **曲阿倒柳復生。**晉康帝初為吳王。成帝咸和六年，曲阿柳樹倒地六載，忽復起生。九年，吳雄家桃、榆復生。又孝武帝四歲，哀帝興寧三年，西昌縣修明家佃栗復生。

柳葉成文。上林佃柳生枝葉，蟲嚙成文，曰：「公孫病已立。」

大木書文。梁開平二年，使李思安攻潞州營于壺關，伐木為柵，破一大木，中朱書六字：「天十四載石進。」思安表上之，羣臣皆賀。徐鴻謂所親曰：「丙申歲當有石氏王此地者。」「天」字取四字中兩畫加之于旁，則「丙」字也，移四字外，囗以十貫之，即「申」字也。至丙申歲，晉高祖以百姓起并州，如鴻言。

李氏瑞槐。唐李公福河中永樂有宅，庭槐一本，抽三枝直過當舍屋脊，一枝不及。同堂兄弟三人：曰「石」、曰「程」，皆登宰執，惟福一人歷鎮使相而已。

趙氏瑞棗。石晉趙令公瑩家，有㮄棗樹，婆娑異常。有望氣者曰：「此家合有登宰輔者。」後中令由太原判官大拜，前言果效。

槐木再枝葉。唐虢州刺史蕭佑奏，湖城縣永房鄉閻鄙五代同居。家內一槐再枝葉。

荊樹重榮茂。京兆田真兄弟三人共議分財。庭前一株紫荊樹，共議砍，願三片。其樹即枯死。真見，憮謂弟曰：「樹木同株，聞將分砍，所以顦顇。是人不如木也。」因悲，不復解樹，樹應聲榮茂。兄弟相感合財，遂為孝門，仕至大中大夫。

陸地生蓮。傅喜生時，其家陸地生蓮華。又范甯守豫章，表新塗縣廳事，陸地生蓮。

閣下生蓮。齊太和二年。

柱生柏枝。巴郡有柏柱，乃公孫述時梜柱，所斫之處，忽生枝而不朽。

柱生槐枝。韓偓宅，一柱忽生槐枝，期年通體皆變。偓處廢廊，儲居節制，人以為應「三槐」之朕。

桑生于朝，一暮大拱。亳有祥，桑、穀共生于朝，一暮大拱。太戊懼修德而祥，桑枯死。

桑生于宮，數日而枯。晉惠帝九年，有桑生于宮西廂。曰：「長尺餘，數日而枯。」無何，愍懷太子廢。

斷樹，復立故處。漢建昭五年，兖州刺史浩賞禁民私立社。山陽㟁茅鄉有大槐樹，吏伐斷之。其後樹復立故處。

僵樹自立故處。哀帝建平三年，零陵有樹僵地，民斷其本，三月，樹卒自立故處。《京房易傳·棄正》作：「淫厥妖木斷自屬，妃后有顓，木僵反立。」

樹生支人頭。漢成帝永始元年，河南街郵樗樹生支，如人頭，眉、目、鬚皆具。

柱生支如人形。哀帝建平三年，汝南西平遂陽鄉柱仆地生支如人形，有鬚髮。

稗化為稻。孫亮五鳳元年，交阯稗草化為稻。昔三苗將亡，五穀變種。此草妖也。其後亮廢。

桑化為柏。晉太康元年，壯武國有

桑化為柏，而張華遇害。壯武，華封邑也。 北原山下，草木有鐵騎。石勒所居武鄉北原山下，草木皆有鐵騎之象。父老及相者皆云：「此胡不可㞢。」 八公山上，草木皆類人形。苻堅登城，望八公山上，草木皆類人形，顧謂融曰：「此亦勁敵也。」初凷堅入寇，會稽王道子求助于鍾山山神，及堅之見，神若有力焉。

休咎之見于鳥獸者，則有鳳凰下郡國。宣帝時，凡五十餘所。 郡國送蒼麟。石季龍時，前後送蒼麟十六，白鹿七，命張昌柱調之，以駕芝蓋。 鸞止學宮。《東觀記》：王阜為重泉令，為張雅樂，擊磬，鳥擧足垂翼，應聲而舞。 鸞棲槐樹。辛繕字公文，隱居華陰。光武徵，不起，有大鳥棲繕槐樹，旬時不去。太守以聞，詔問百僚。蔡衡對曰：「多赤色者，鳳；青者，鸞；黃者，鵷鶵；紫者，鸑鷟；白者，鵠。今此鳥多青，乃鸞，非鳳也。」 羊伏廳下。會稽都尉禮文伯時，羊伏廳下，後遷東萊守。 麕入府中。又都尉王子鳳時，遷丹陽。俱《論衡》。 樵所得貂蟬。江淹十三采薪，得貂蟬一具。母曰：「休徵也，留待得侍中著之。」果如母言。 冠上集飛蟬。朱异除中書郎時，秋日始拜，有飛蟬止集异武冠上，時謂「蟬珥之兆」。 雙劍化龍。張華誅，干將失所在。雷煥子華持莫邪經延平津，忽躍出墮水，見兩龍蟠縈。華歎曰：「先君化去之言，張公終合之論。此其驗乎？」 二鯉化鐵。《晉南蠻傳》：林邑奴文，嘗牧牛澗中，獲二鯉魚化成鐵，用以為刀，對大石斫之，即瓦解。

三馬食槽，兆晉之興。魏氏嘗夢三馬同食一槽，惡之，謂丕曰：「司馬懿非人臣也。」丕與懿善，每相全佑，故免。又氏池縣大柳谷口夜激波聲如雷，曉而有蒼玉立水中，白石畫之為十三馬，一牛，一鳥，皆隆起，其文曰：「大討。」曹惡其討也，鑿去。宿昔而白石滿焉。至晉初，其文愈明，馬象皆煥徹如玉。 射馬為戲，兆晉之亡。恭帝在藩國，令善射者射馬。有云：「馬者國姓，自殺之，不祥。」帝悟，甚悔。 白額駒為李氏休徵。涼武昭王李暠嘗與呂光太史令郭麘，及其同母弟宋繇同宿，麘起謂繇曰：「君當位極人臣。李君必有國土之分，家有騧黃馬生白額駒，此其時也。」及呂光末，馮翊等以昭王溫毅推為寧朔將軍，王初難之。繇曰：「兄忘郭麘言耶？白額駒今已生矣。」 白狗子為庚氏凶徵。庾冰，郭璞筮其後嗣，曰：「諸子並貴。然有白龍者，凶徵至矣。」後冰子藴為廣州刺史，妾房内忽有一狗，莫知由來。藴入見，狗異于常，將出共視，忽失所在。藴曰：「殆白龍乎？」龜生毛，兔生角。《述異記》：紂時，兵甲將興之兆。烏頭白，馬生角。燕太子丹質秦。狗生角。漢文帝後五年，齊雍城門外。雞生角。晉安帝四年。秦昭時，牡馬生子。秦孝公三十一年，有馬生人。昭王二十年，牡馬生子而死。劉向以為皆馬禍也。一曰：「諸畜生非其類，子孫必有非其類者。」漢哀帝時，牡馬生駒。建平二年，定襄牡馬生駒三足，不任用之象。豕生兩頭。晉永嘉中，蘄春城内生而不活。周馥取而觀之。豕生八足。又建武元年。豕生兩首。唐京師人家，豕生兩首如足。竇參曰：「此為豕禍。安可上聞？」命棄之。牛生六足。又郊牛生犢，有六足者。太僕周皓白宰相請奏。李泌戲答以遺之。兩足獸。晉武帝太康六年，南陽獻兩足猛獸。四角獸。太康七年，見于河間。輅軨中，雌雞化為雄。漢宣帝黄龍元年，未央殿輅軨中。府史家，雌雞化為雄。又元帝初元中，丞相府史家。牛化為虎，羊化為狼。《述異記》：周幽王時。魯定公時，鼷鼠食郊牛。十五年。魯哀公初，鼷鼠食郊牛。元年，又成公七年，食角。鼠舞。漢昭帝元鳳元年，燕有黄鼠，銜其尾舞。鼠巢。成帝建始四年，長安城南有鼠銜黄蒿、柏葉，上民冢柏及榆樹上為巢，桐、柏尤多。白黑烏鬥。漢景帝三年，有白頸烏與黑烏羣鬥楚國吕縣，白頸不勝，墮泗水中死。吴、楚反。蒼白鵝出。晉懷帝永嘉元年，洛陽東北步廣里地陷，有蒼白二色鵝出。蒼者飛翔冲天，白者止焉。董養曰：「步廣，周之『狄泉盟會』地，白者，金色，國之行也。蒼為狄象，其可盡言乎？」蒼鵝入帳。廣固之役，夜忽有鳥大如鵝，蒼黑色，飛入帝帳裏。胡藩賀曰：「蒼者，狄色，大吉之象。」明旦，攻城，陷之。内蛇與外蛇鬥鄭南門中。魯莊公時，内蛇死。鄭厲公自外劫大夫傅瑕，使僇子儀。外蛇與中蛇鬥孝文廟下。漢武帝太始四年，趙有蛇從郭外入，與邑中蛇鬥孝文廟下，邑中蛇死。後二年，有衛太子事，自趙人江充起。二梟鳴牙中。後趙攻凉州，張重華遣謝艾逆戰，夜有二梟鳴于牙中。艾曰：「六博得梟者勝，克敵之兆也。」大破之。魚見武庫上。嘉平四年，魚二見于武庫屋上。王肅曰：「失其所也。殆將殆有棄甲之變乎？」雉雊武庫中。張華曰：「此必蛇化為雉。」果有蛇蜕。**鯉集武庫屋。**太康中，有二鯉見。**野鳥入室，主人將去。**賈誼為長沙傅，有鵩飛入誼舍，誼自傷悼，以為壽不得長，乃為賦以自廣。有云云。**野獸入家，主人將去。**凉後主歆用刑頗嚴，又繕築不止。張顯諫曰：「野獸入家，主人將去。今狐上南門，亦災之大也。」按《論衡》云：「楚王英宮樓未成，鹿走上階，其後果薨。魯昭公旦出，鸜鵒來巢，其後季氏逐昭公奔齊，遂死不還。昌邑王時，夷鴣鳥集宮殿下，王射殺之。龔遂曰：「野鳥入宮，亡之徵也。」其後昌邑王竟亡。盧奴令田光與公孫賀等謀反，狐鳴光舍屋上，事覺，坐誅。

休咎之見于鬼神者：則神光興于殿旁。漢宣帝即位，尊孝武為世宗，郡國皆立廟。西河築世宗廟。神光興于殿旁，有鳥如白鵠，廣川國世宗廟殿上，有鐘音，夜有光，殿上盡明，乃下詔赦天下。**神光滿于壇上。**梁武帝永熙五年春，祀南郊，奏樂迎神畢，有神光四滿壇上。

呼萬歲者三。漢武至中岳獲駁麃，見夏后啟母石。翌日，親登嵩高，卌呼「萬歲」者三。**稱萬歲者三。**《北史》：開皇十三年，廓州界連雲山響，稱「萬歲」者三。**又武德初，太行山大聲。**唐國興，理萬年。

夢天謂己：「道成是我子。」《南史》：參平崔靈運夢天謂己：「蕭道成是我第十九子。」考自三皇，受命之次，至帝為十九。**聞空中言：「唐公是天子。」**唐高祖鎮并州時，武士彠聞空中有言：「唐公是天子。」**神人呼太宗：「我令汝作天子。」**唐太宗嘗夜于嘉猷門見神人呼曰：「我當令汝作天子。」**玉像呼睿宗：「爾後當為天子。」**睿宗初生含涼殿，則天于殿內造佛氏玉像。及長，閒觀其側玉像，忽言：「爾後當為天子。」

岸側人言：「顧吴郡。」顧琛，景平中為朝，請假還東，日晚至方山。于時，商旅悉泊岸側，有一人玄衣介幘，執鞭屏諸船，云：「顧吴郡部伍尋至，應泊北岸。」俄有一假裝至，事力甚寡，仍泊向處。人問何船？曰：「顧朝請耳。」莫不驚怪，琛意知為善徵，因誓曰：「若得郡，當于此立廟。」果為吴郡，乃立廟方山，號「白馬廟」。**塹中兒呼「蕭丹陽」。**沈攸之于荆州舉兵。武帝時，鎮溢城，新吳侯蕭景先夜乘船。忽岀塹中有小兒呼：「蕭丹陽。」試問，空中應曰：「賊尋當平。」明旦白帝，尋而攸之首至。及永明三年，詔以景先為丹陽尹，謂曰：「此授欲驗往年滋城塹空中言耳。」梁武帝行次熨斗洲，有人長八尺餘，容貌衣冠皓然皆白，緣江呼曰：「蕭王大貴。」

探札得符。 赤眉求景王後，惟劉盆子與兄茂，及劉孝最為近屬。樊崇仍[illegible]札為符，曰「上將平」。又以兩空札置笥中，設壇祠景王，列盆子三人，以年次探札。盆子最幼，後探得符。

鑄銅成像。 爾朱榮事，別見。

古事比卷之四十五

休咎下　休徵

武王渡河，火流為烏。　秦伯出獵，火化白鵲。

泰山、萊蕪山南大石自立，後五年宣帝即位。　遼東襄平社大石丈餘，下三小石為足，公孫度子康遂據遼土。

唐明皇之布卦也，一箸無故自起。《南部新書》：明皇為潞州，嘗有平士韓凝禮，自謂知五兆，因以食箸試之。既而布卦，一箸無故自起。凡三偃，三起。　周世宗之問卜也，一蓍卓立不倒。《五代史補》：世宗在民間，與鄴商頡跌貿易，至江陵，詣王處士問卜，方布卦，忽一蓍躍出，卓然而立。卜者大驚，曰：「吾家筮法十餘世矣。先人遺命，凡卜筮而蓍自躍出者，其人貴不可言。況又卓立不倒，得非為天下主乎？」　光獻后之戲也，一錢旋轉三日。陸游《避暑漫鈔》云：「光獻在父母家時，與羣女共為撚錢戲，一錢輒獨旋轉盤中，凡三日而止。」

長安有張氏，鳩飛入懷，得一金帶鉤，自後子孫昌盛。　常山張顥為梁相，有鵲墮地，化為圓石，椎破得一金印，文曰：「忠孝。」後果封忠孝侯。　王溥穿井得鐵印，有「一王三田」之讖，而掌北軍壘門。

李畋為國子直講，巾上兩燄火起，而得榮州。　後漢虞升初生，有物若匹練上升于天，後至太尉。

宋璟未第時，于日中覽鏡，鏡影忽成「相」字，果入中書。

盧携夢人贈句曰：「若問登庸日，庭椿不染風。」後拜相，而庭下古椿雖狂風驟雨，不淫不搖。　孫偓堂前一柱，長槐枝壞屋上衝，而偓處巖廊，儲居節制。　李固言見九烈君以柳汁染衣而及第。　范陽李少忠有蘆三節生于居室，而傳節鉞三人。　婺源尉朱愛源庭中生蓮，築堤汲水迴之，遂成大池，而入為大理評事。　秘書少監崔行功見鸜鵒銜魚袋鉤，而加大夫侍中。　紀昌睦初生，有白燕一雙出屋，既表素質，宦途亦通。　任城魏肇之初生，有雀飛入其手，占為封爵之祥。　張鐩少年時，有飛鳥若尺鷃銜青錢墜懷，而累財鉅萬。　鄭絪昭國坊宅蟢子滿室，懸絲去地一二尺，不知其數而拜相。　朱异飛蟬集冠，旋服蟬珥。　術者相牛僧孺青蠅拜賀，方能及第。及第歸家，蟬作八行立數萬，折躬再三。　蝦蟆如三斗釜，兩目朱，見于中堂，而李揆大拜。　固未能枚舉也。

江陵洲滿百，當出天子：宋文為宜都王，一洲自立，而文帝即位。　梁太清末，枝江陽之閣浦復生一洲，明年湘東即位。　宋泰始中，益州市橋忽生小洲，而始興王鑑刺益州。　殷仲堪游江濱，見流棺葬焉，旬日，門前之溝忽起為岸，而仲堪果臨荆州。　張興世初生，門前沔水忽生洲，而後為方伯。　河南伊闕縣前大溪，僚佐有入臺省者，水中先有灘出。　牛僧孺為尉，一日灘出，有雙鸂鶒飛下，不旬日，詔拜西臺。

石季倫、衛伯玉之及禍也，飯俱化為螺。　裴楷家炊黍變螺，或變為拳，又炊飯化為蕪青。　謝靈運飯中欻有大蟲。　東陽劉寵飯變為蟲，寵為徐龕殺。　張周封築牆，炊飯躍出著牆。　唐中宗時，毛婆羅炊飯，一夕化血。

慕容超禮南郊，大風晝晦，羽儀、帷帳毀裂。　隋煬帝祀南郊，大風，御馬疾馳而歸。　趙王倫親祠太廟還，遇大風，飄折麾蓋。

王敦在武昌，鈴下儀仗生蓮花，五六日而落。《搜神》　宋郭仲産以竹為窗欞，竹遂漸生枝葉，後被誅。《述異》　梁武陵王紀僭號于蜀。　柏殿柱繞節生花，後為元帝誅。《南史》　齊王子罕母疾，祈禱，以竹為燈纘，經宿枝葉茂盛，母疾尋愈，則又孝感所致矣。

王涯井中銀熨斗沸；　李宗周榻前銅熨斗跳。　皆咎徵也。　照鏡不見其頭者：吴巨也，甘卓也，殷仲文也，蕭謩也，石虎也，初衣衮冕，照鏡大恐，自貶為王。　唐越王貞也，羅立言也，為李訓連坐，誅。　綦臣也。蒼梧太守，不恭王命，步騭斬之。

桓玄之篡也，御床陷地。　侯景之篡也，床亦陷地。

張寔夜寢，忽見屋梁間有人像無頭。　王徽之之交州，割炙投地為己頭。　謝靈運見謝晦手提其頭來，血色淋漓。　謝安夫人劉氏見狗銜安頭，失所在，謝是月薨。

石季龍之敗，太武殿壁畫古賢悉變形，其頸皆縮入頭，佛圖澄對之流涕。　梁武帝太清元年，捨身光嚴，重雲殿上遊仙、化生，皆震動三日，未幾，有侯景之亂。

王莽之軍困于昆陽，先數日有雲如壞山，當營而墮。　後燕太子寶之敗于參合陂，先亦有黑雲如堤來壓其軍。　爾朱世隆晝寢，妻奚氏見一人持世隆首去，不久被誅。　王綏夜中梁上人頭墮床，血流淋灕，俄坐父愉之謀，與弟納並被誅。　吴戍將鄧喜殺猪祀神，懸之，忽見一人頭往食肉，引弓射之，繞屋三日。　陳後主時，船下人言，視之死嬰兒無頭，明年陳亡。　周文育嶺南市鬧兒啼土下，掘得木棺，俄而見殺。　夏侯玄為景王殺，玄族設祭，見玄來，脱頭置旁，取果實納頸中，還自安。　太平公主召醫人，見一鬼撮鳳閣侍郎周允元頭，果夜半卒。　進士鄭知白見大鬼執相國岑羲頭，果伏法。

鏡中見一婦人披髮抱嬰兒，驚怖至卒，魯思郎女也。　既殺于吉，見吉在鏡中大叫，創皆崩裂而死，孫策也。　惟中宗居房陵，鏡中人語「作天子」為休徵。

渾瑊第有樹湧出，樹枝皆戴蚯蚓。　李適之鼎中夜躍出相鬥，不解，鼎耳及足皆損。

謝安夢遇白雞。曰：「吾夢乘温輿，代其位也。行十六里，今十六年。見一白雞，今太歲在酉，吾疾殆不起。」　杜牧夢書白駒。夢書「皎皎白駒」字，俄炊甑裂，牧自為誌，取平生文焚之，未幾卒。

附 讖兆

始皇時，盧生奏圖録書曰：「亡秦者胡。」乃使蒙恬發兵擊胡，而不知亡秦者，胡亥也。　文宣時，愚

僧阿秃師云：「阿那環破汝國。」乃封蠕蠕主阿那環，而不知亡齊者，高阿那肱也。故曰：「憂不在外，而在腹心。」《偶記》

魏武忌「三馬食槽」之讖，而竟任司馬懿父子。　唐太宗忌「女主武得天下」之讖，而武才人已侍左右。　隋文帝盡滅宇文氏之族，而不知大業之禍，實漏一述，江都之弑，述子化及為之。　石虎忌「滅石者陵」之讖，石閔徙封蘭陵，虎惡之，改為武興，然終為閔滅。

周子諒劾牛仙客援讖書。　李贊皇譏牛僧孺亦援讖書。後朱温應「兩角犢子」之讖。

紂之宫以「傾」名；煬帝之樓以「迷」名；天寶之曲以「破」名；宣和之曲以「犯」名。其于亡也，若讖。《偶記》

漢有愁眉妝、墮馬髻、折腰步、齲齒笑；齊有破後帽；東昏有逐鹿帽、散叛髮；唐有淚妝、囚髻、抛家髻；王蜀有危腦帽、醉妝；宋有上馬裙、淚裙。豈惟服妖，亦為言不從矣。前。

王莽將敗，逢蒙首戴瓦盎哭于市，曰：「新乎！新乎！」　吕布將殺董卓，有道士書「回」字曳布于市，負而歌曰：「布乎！布乎！」　宇文護時，强練持瓠于門，呼曰：「瓠乎！瓠乎！剞破子苦矣。」前。

夢筆點額，而以為當作主者：熊循于孫權；王曇哲于高洋。　魏文帝為王時，夢日墮地，分得三分，己得一分，納懷；陳文帝微時，夢亦然。後俱為三分之主。前。

唐高祖仕隋，郭弘道善相，曰：「天中伏犀，非人臣相。」　高祖取銀盆置地，謂曰：「向言有驗，一發中之。」應弦而中。　晉高祖使張穎陰招安重榮，重榮立箭百步射之，曰：「石公為天子則中。」又立一箭曰：「吾為節度，則中。」俱一發而中。

光武微時，在南陽鄂山得一劍，文曰：「秀霸。」　魏武于幽谷得一劍，金字銘曰：「孟德王。」　石勒微時，得一刀，銘曰：「石氏昌。」

睦固既殺楊醜，屯于射犬，巫誡之，曰：「將軍字『白菟』，兔見犬必驚。」司空曰：「兔入犬城，旦當取。」遂進軍，固為曹操斬。　凉張駿遣張植伐龜兹，焉耆國王要之于遮留谷，或曰：「谷名遮留，殆將有伏。」植馳擊之。　唐馬燧討李懷光，至埋懷村，大喜，後竟誅光。　耶律德光伐晉北歸，至湯陰，登愁死岡，至欒城得疾，卒于殺虎林。　周世祖大舉入幽州，至病龍臺而晏駕。　宋吴璘敗金人于殺金坪。

柏人者，迫于人，漢祖幾中貫高。　武帝微行，至柏谷，遂為老父所窘。　彭亡，岑彭亡于刺客。　苻堅伐晉，攻陷項城，羣臣勸堅停項，不從，故敗。以初有「堅不出項」之諺也。　竇建德至牛口峪，以先有「豆入牛口」之謡也。　李密歸唐，封邢國公，後叛而斬于邢公山下，山側有邢公厄也。　唐太宗營獻陵于唐朱里，及朱氏篡立，即唐朱之驗。而後唐莊宗中興，乃知「里」者「李」也。　朱梁温韜進金龜，而後主搆金龜堂，莊宗立，入汴，見之曰：「金龜宫今歸我也。」

車之泥河：《趙州志》：晉臨邑有泥河，李左車與韓信戰，敗至此，問之，曰：「泥河。」左車曰：「車入泥河不能行矣。」果被擒。　餘之釣盤：《趙州志》：臨城東南五里有釣盤山。相傳韓信敗陳餘于此。餘問其地，曰：「釣盤。」餘曰：「魚入釣盤，吾其亡矣。」後果被害。　楊之狼牙村：《遼史》：楊繼業在宋，以驍勇聞，人號「楊無敵」，首建梗邊之策。至狼牙村，心惡之，欲避不可得。

既擒，三日死。太武殿之棘子。石虎享群臣于太武殿，佛圖澄曰：「殿乎，殿乎！棘子成林，將壞人衣。」虎令發殿下石，視之，有棘生焉。蓋冉閔小字棘奴云。皆以兆亡，數之前定，奇矣。

「兩角女子」，讖禄山也。「兩角犢子」，讖全忠也。

漢臨江王以罪徵，車軸折，老父泣曰：「吾王不反矣。」吳越王俶朝京師，老父作保俶塔，曰：「吾王不反矣。」《傭吹》

鳳凰之兆，陳奪齊；鸜鵒之謡，魯逐晉。漢亡于「當塗高」；後唐亡于「郭門高」。

魏時，造安世殿，而晉武居之。安世，晉武字也。會稽王道子造靈秀山，而孫恩據之。靈秀，孫恩字也。《傭吹》桓玄起蟠龍齋，而劉毅居之。盤龍，毅小字也。仁宗作亭曰「迎曙」，英宗應之。哲宗制堂曰「迎端」，徽宗應之。道君起端邸。北魏王椿，太原人，起宅高壯，人戲云：「此是太原王宅，豈是王太原宅？」未幾，太原王爾朱榮居之。蜀王衍嘗幸舅徐延璚宅，書「孟」字壁上，後孟知祥至蜀，正館于其第。

宋太宗征河東，得將曰宋捷；高宗航海，得起居人曰趙不衰。皆言讖也。

唐天寶有「楊安史」之謡。宋嘉定亦有「楊安史」之謡。

童謡曰：「青絲白馬壽陽來。」應侯景也。童謡曰：「黄斑青驄馬，發自壽陽溪。」應韓擒虎也。

李順、吳曦之僭王于蜀也，其數皆至促，而名實兆之。析「順」字者謂曰：「居川之傍，一百八日。」析「曦」字者謂：「王十八日，我乃被戈。」自即偽位以逮就擒，時日不爽。異哉！王繼恩克成都，順就擒，安丙梟曦。

唐以廣明建號，或拆之曰：「唐去『丑』、『口』，而入黃。」遂有黃巢之禍。　宋以宣和建號，或拆之曰：「一日宋亡。」遂有北狩之事。《樵書》

《燕尾謠》。漢成帝時，童謠曰：「燕燕尾涎涎，張公子時相見。木門倉琅根，燕飛來，啄皇孫。皇孫死，燕啄矢。」其後，帝為微行出遊，常與富平侯張放俱稱富平侯家人。過河陽主作樂，見舞者趙飛燕而幸之，故曰：「燕燕尾涎涎。」美好貌也。張公子謂富平侯也。「木門倉琅根」，謂「宮門銅鍰」，言將尊貴也。後遂立為后，弟昭儀，賊害後宮、皇子，卒皆伏辜，所謂「燕飛來，啄皇孫。皇孫死，燕啄矢」也。　《黃爵謠》。又成帝時，謠曰：「邪徑敗良田，讒口亂善人。桂樹華不實，黃爵巢其顛。故為人所羨，今為人所憐。」桂，赤色，漢家象；華不實，無繼嗣也。王莽自謂「黃象」，「黃爵巢其顛也。」

周舒答當塗之讖。舒曰：「當塗高者，魏也。」譙周曰：「自漢已來，名官盡言曹，吏言屬曹，卒言侍曹。此殆天意。」　譙周廣杜瓊之言。周曰：「春秋晉侯太子曰『仇』，弟曰『成師』。」師服曰：「怨耦曰仇，今君名子，始兆亂矣，兄其替乎？」漢靈帝名二子曰「史侯」、「董侯」，後皆免為侯。先主諱「備」，其訓「具」也，後主諱「禪」，其訓「擅」也。如言：「劉已具矣，當授與人。」

潘安仁詩讖。孫秀誣石崇、潘岳為亂。至市，岳曰：「可謂白首同所歸。」岳《金谷詩》：「投分寄石友，白首同所歸。」乃成詩讖。

劉希夷詩讖。一名庭芝。嘗為《白頭翁詠》云：「今年花落顏色改，明年花開復誰在？」既而自悔，曰：「我此詩讖與『白首同歸』何異？」更作云：「年年歲歲花相似，歲歲年年人不同。」歎曰：「此句復似向讖矣。」詩成未周歲，為人殺。　李蕘賦讖。唐乾寧中，夏潦峽漲，蕘自蜀沿流將之江陵，郡牧以水勢正惡，止之不能，才鼓行橈，盤渦呀裂，吸其船而倒卓，一家溺死。初龐西文賦中有《金釵墜井賦》，至是讖焉。

董卓名讖。時謠曰：「千里草，何青青，十日卜，猶不生。」又有《董逃之歌》。　曹丕名讖。闞澤曰：「不及十年，丕其没乎？以字言之，不十為丕。」果七年而崩。

又梁武帝詩讖。《冬日》詩：「雪花無有蒂，冰鏡不安臺。」後果臺城失守。　宋徽宗詩讖。「日射晚霞金世界。」又定知金帝來為主，後果有金人之禍。

附　兆亡

感不祥之兆而亡者：顏子、卜商之修文地下也；晉蘇韶死而蘇，云：「顏淵、卜商，地下為修文郎。」李賀之賦玉樓也；《唐書》：李賀夢人緋衣赤虯，持版召曰：「天帝新作白玉樓，請君為記。」遂卒。《宣室記》：賀母夢賀曰：「上帝近遷都丹圃，建白瑤宮，召某為記。又作凝虛殿，使某輩纂樂章。」蕭貫之夢綠衣中人也；召至帝所，賦《禁中曉寒歌》。黃伯思之夢帝命典司文翰也；尹思貞之夢天官麟臺交辟也；遂卒。　宋黃伯思之夢帝命典司文翰也；伯思頗好道家，自號「雲林子」，別字「霄賓」。一日夢人告曰：「子非久人間，上帝有命，典司文翰。」李朝之把玩玉魚也；貞元中，司勳郎中李朝夢二黃衫引至一所，曰：「時未至，須玉魚下。」後朝當龍尾道上，見一玉魚把玩。至家，數日卒。　喬執中之畀騎都尉誥也。宋喬執中知鄆州，夢神人畀以騎都尉誥，且為客言之，談笑而逝。　許攸之為北斗君也；許攸夢烏衣吏奉六封書，曰：「府君當為北斗君。陳康伯為主簿。」明年同日而卒。　歐公子純仲之為長白山主也；純仲嘗語東坡，夢道士告：「上帝命汝為長白山主。」後一年，卒。　邵康節之旌旗、鶴、雁導往也；康節夢旌旗、鶴、雁自空而下，導神往。果卒。　韓文公之夢神人金鎧持戟也；寢疾，夢神人金鎧持戟，自稱「大聖」，謂韓曰：「唯邃骨稅國世與韓為仇，討之不能，如何？」韓曰：「願從討焉。」不旬日，薨。　薛存誠之夢僧童持寶幢也；御史中丞薛存誠夢僧童數十人持寶幢，謂吏曰：「中丞原是維摩，謫來五十年，是故來迎耳。」未幾，卒。　丁度之為芙蓉館主也；慶曆中，朝士曉起見美人三十餘，麗服靚妝，兩兩並馬而行觀文，丁度擁轡其後，問之，曰：「迎芙蓉館主耳。」俄卧丁卒。　石曼卿之主芙蓉城也；曼卿卒，有人夢見言：「今為仙，所主芙蓉城。」言訖，乘青騾如飛。　孫孟觀之祠山神也；民有夢從者甚多，迎祠山神出，視之，則孫孟觀也。　呂端之吞清涼丹也；端知安州日，忽見碧衣童子曰：「上帝南遊，命子糾正羣仙。炎帝苦熱，賜清涼丹一粒，公取而吞之。」未幾，卒。　李愬之登天津橋也；凉武公李愬詔徵還京。其牙將在洛，夢公登天津橋。有人乘馬持幡幟，曰：「我迎仙安公知宰相。」月餘卒。　司馬承禎之白雲車也；承禎形狀類陶隱居，天降車，曰：「賜司馬承禎。」尸解去，白雲滿庭，人謂車為白雲。　高懌之白鹿洞主也。夢道士持素書來聘而卒。　或以夢，或以見，謂之影響。信乎，否耶？《談薈》

劉聰預知作遮須國王。　韓擒虎豫聞作閻羅王。　寇萊公豫聞為閻浮提王。

見表而料其亡，王禹偁之守黃州也。上表云：「宣室鬼神之問，敢望生還？茂陵《封禪》之書，正期身後。」帝曰：「禹偁其亡乎？」不久卒。　過客訛傳其死，蘇軾之謫黃州也。嘗病赤眼，踰月不出。過客遂訛傳死矣。范景仁自許昌遣人矙其家，子瞻發書大笑。

譴報

王敦臨病，夢白犬噬之，又見刁協來執之；趙普將死，見廷美來縛之；呂后見蒼狗入腋，遂生瘡而死。又如顏延之見妾排屏風而病；石普見醉縛投河之奴而病。則悔而成祟也。

景王白晝于項城厲責賈充，並及荀勖。　簡文白晝于陵上嚴詰桓温，並及殷涓。温見先帝與涓而疾死。

齊明帝遣莫智明殺衡陽公諶，至秋，智明見諶為祟死。　又遣蕭季敞誅諶弟誅，季敞刺廣州，白日見誅，將兵收之，少日，果為周世雄所襲，敗奔山中，為蛭所食，肉都盡，村人斬之。蓋季敞生受諶恩，此真慘報矣。

陸抗誅步闡，百口皆盡。及機、雲見害，三族無遺。崔浩構殺李順，而浩亦殺于太武。高隆之構害崔孝芬、任集、元晏，終至家門殄滅。褚遂良誣害劉洎，又與長孫無忌誣害江夏王，卒俱貶死。段頵以私忿殺蘇不韋，漢義士也。而頵亦殺于陽球。閭丘曉以私意害王昌齡，唐英才也。而曉亦害于張鎬。楊炎以夙忤死劉晏，而炎亦死于盧杞。新州守張隸以怨訕誣竄胡銓而得擢提舉，至官一日遽殞。英州守倪督以阿意捕洪皓家奴釀罪，未行先殂。章惇擢土豪為轉運，令殺劉元城，中夜而斃。高肇枉酖彭城王勰，後誅于其室。是以齊襄之死，以彭生；駟帶、公孫段之死，以伯有；田蚡之死，以灌竇；袁盎之死，以晁錯；胡种之死，以王宏。宏與种有隙。及宏下獄，种迫殺之。後見宏以杖擊之，病死。冤仇作祟，自心亦不昧也。石普醉縛一奴，令投之河。其人哀而私縱之，後普病為祟。其人呼奴示之，而祟自愈。是心有不慊，無祟尚為祟，況真祟乎？魏其笞田蚡；秦主刺姚萇。

鍾繇求蔡邕筆法于韋誕，不與，搥胸嘔血。誕死，繇盜發其冢得之。而繇之甥宋翼學蔡書，繇弗告也。後有人破繇冢，翼又得之。

周宣王殺杜伯，後見伯射王中心而死。漢王濟殺不從婢，奸之左右，後見其人而病死。

後漢末，張楊為楊醜殺，睦固殺醜，固又為曹操所斬。

五代秘瓊殺董温，范延光殺瓊，楊光遠殺延光，光遠又為李守貞殺。唐李懷仙殺史朝義，朱希彩殺懷仙，李懷瑗殺希彩。先是朝義殺思明，思明殺慶緒，慶緒殺禄山，而禄山、思明為賊首，則皆殺于其子。彰義李希烈為陳仙奇〔二〕，又為吴少誠殺。

楊惲告霍氏，息夫躬告東平，初以此侯，亦以此誅。張亮事李密，以告反得幸，事太宗，又告侯君集反，卒亦為人告反，坐死。

秦之破楚也，王翦至蘄南殺項燕；楚之滅秦也，陳涉起于蘄大澤。同此地也。路巖為相，密奏賜死，取結喉以驗，後自罹其禍，所死之處，乃楊收賜死之榻也。《問奇》

焦令諶不可見段太尉，一夕自恨死。羅願汝楫子。拜鄂州岳忠武廟，登時卒像前。

錫慶院側之驢，腹下白毛成字；宋天聖中，馮拯薨。錫慶院側人家生一驢，腹下白毛成「馮拯」二字，馮氏以金贖之。惠州雷震之娼，脇下朱書。又元和六年，惠州一娼，蓋是李林甫後身。雷震死，脇下有朱書「李林甫」。冥報灼然，可為骨寒毛竪。林甫快矣，不知拯何以得此譴？拯自奉侈靡，及内司賓者撫問，還奏其家儉陋。由此推之，生平或多陰謀否耶？

欽宗時，檀州雷擊之男子。背上書「賊臣章惇」。紹興元年，漢陽震死蔡氏之女。有文曰：「唐相李林甫。」張璞父死不葬。後璞死未幾，子令發其墓，取金帶抵罪。陳彭年執政，號「九尾野狐」。彭年死，再傳孫達發其墓，亦以取金帶抵罪。不善之報，曾爽乎哉？

管子無後于齊，蓋利不可與民争也；桑弘羊滅族，韋堅、王鉷、楊慎矜之徒，皆不免于禍；孔循誅死，劉晏自盡，宋李諮、元陳恕、林特，俱不免非命。其剥下益上，陰責最重耶？《續問奇》王介甫之「青苗」，卒亦無後；北宋之亡，實由于安石也。

田蚡之疾也，見魏其侯與灌夫共笞之；則天亦頻見王后、蕭良娣披髮瀝血如死時狀；羽士姜道玄為趙韓王普。叩幽都，乞神語，神曰：「某冤累不可避。」隨示以一牌，僅識末二「火」字，道玄以告，公曰：「我知之，必秦王廷美。」若此者，皆其心自為祟也。昔王韶取熙河時，多所殺戮，晚年悔之，每舉因果問，即有相慰藉者，疑終不解。一日，與刁景純譚次。刁曰：「但打過賢心下否？」誠恐不得。若打得過，自不問也。」田蚡諸人直是心下打過不得。

陳大方見王惟忠而死。余晦誣奏惟忠。大方鍛煉其事，遂斬。未幾，大方入朝，恍惚與惟忠相見，遂病。劉昌國見李好義而死。昌國，本吳曦將。好義與之酬酢，心腹暴痛卒，而昌國遁矣。後昌國白日見好義持刀刺之，⿰忄然仆，疽發而卒。

狄靈慶為袁粲門人，而抱首粲子者，慶也；周某史失其名。親為陸超之門人，而手斬超頭者，周也；陶穀親為晉相李崧所録用，而搆成崧族誅者，穀也。究也狄被噬于㹀狗，周折頷于墜棺；陶之死，墓門屢遭雷殛，而骸骨不少留。彼其仇視恩地，不祥莫大焉，鮮克令終，固其所已。

安庭柏有口給，尤善離間彼此。庭柏亦自負其術，晚年兩頰連頤，背生毒瘡，困苦不勝，以至于死。劉貢父好滑稽，多所嘲謔，發人陰事，人皆疾之。貢父乃以自誇，晚年遂得惡瘡，鬚眉墜落，鼻梁崩塌，困劇而死。司馬申好陷害正人，晝寢尚書省，惡鳥飛集其身，啄其口吻，血流被席而死。王景亮結社相嘲，號「猪牚關」，吕惠因中傷之，舉社盡黜。黄魯直好作艷語，詩詞盛傳，而秀公以為當受泥犂業報。魯直名庭堅，號「山谷」，列于二十四孝之後。而後嗣亦不昌，坐此累也。然猶彼直取快一時，而人非鬼責，或難終逭也。

勝于東坡之子拜閹宦梁思成，為乾兒，則斯文掃地矣。

昌陵之德，其子不食，宋是以有靖康之禍，以啟孝宗。　漢陽諸姬，楚實盡之，金是以有海陵之禍，以殲夷裔。　楚靈王在乾溪，人殺其二子，歎曰：「予殺人子多矣。」　宋禪齊，順帝彈指而泣，王敬則曰：「官先取司馬家，亦是如此。」

魏甄后之死，郭后糠窒其口。　及郭后之戮，亦以糠窒其口。　朱温賊主，假手蔣玄暉，昭宗繞柱而走，創之及于柱者三；　温子殺温，亦假手馮廷諤，温亦繞柱而走，創之，及于柱者亦三。

周之亡也，母氏臨朝，號稱「顯祐」；　宋末之名號暗符。少帝德祐元年，名㬎，同號「恭帝」。　母后之垂簾不異。

金入宋，開封尹徐秉哲驅宋宗室、妃、主，降金。　元入金，金元帥崔立驅金宗室、妃、主，降元。

北齊武成殺昭帝子百年，而異時後主亦殺武成子高儼。　涼風臺之且行且擊，與大明宫之反接蒙頭，不異。

白起之喪杜郵，坑趙卒也。　李廣之不封侯，殺降卒也。　曹彬子孫貴盛，曹翰没未久而子孫有乞丐者，以腰斬江州守將胡則，而盡屠其民也。《叢談》

周文通紆。　守渤海酷虐，父子伏誅。　荀道將晞。　督青、兖刻苛，兄弟見坐。

以酷制酷：　張湯死于減宣。　義縱死于甯成。　周興伏于來俊臣。

以權傾權：　楊國忠于李林甫。　史彌遠殺韓侂胄。

附 身受

為法自敝：商鞅之亡也，欲舍客舍，曰：「商君之法，舍人無驗者坐之。」　章惇之敗也，問舍于民，曰：「前蘇公來，為章丞相破我家，不可得也。」　宋王鎮惡圍劉毅，毅夜走投牛牧寺，僧拒曰：「昔亡師昌保藏桓蔚，為劉衛君所殺。」毅歎：「為法自敝。」遂縊。　唐嚴郢貶趙惠伯于費州，後鄭畬亦貶郢于費州，道逢惠伯之柩，忽卒。　盧多遜流崖州，遇老嫗曰：「本中原士大夫家，失丞相盧多遜意，盡室南竄，彼盧相恣行，終當南竄。」多遜默然，撫心自問，悔焉，否乎？

楚王欲取息，佯善蔡侯，與謀取息，旋又取蔡，諸國不恨楚之取蔡，而恨蔡之與楚謀息也。　唐鞅為宋君謀曰：「無辨其善與不善，時罪之，則羣臣服矣。」無何，宋君殺鞅，宋羣臣無不以殺鞅為當者。

欲賊人，而身受其禍：　周興教來俊臣以炙炭，日未昃而己先入甕。　魚保家請鑄銅匭，受四方密奏，亡何怨家告為徐敬業作兵器，而身且誅死。　索元禮作鐵籠箍囚首，後下吏，吏曰：「取公鐵籠。」乃服罪，死獄中。　唐張嗣明造大枷，後遣逆賊徐真北投突厥事敗，自著此枷，百姓快之。　五代閩薛文傑為王鏻造檻車，以鐵芒內向，動輒觸人，成，即送文傑軍中。文傑誣殺吴英，後因英平士憤怒，即以檻車送之。　夏竦欲發石介棺，以驗虛實。　竦死，吴奎曰：「竦多詐。」仁宗命去面幕而視之。　朱全忠圖李克用于上源，克用縋城得出。　楊彦洪曰：「見乘馬則射之。」是夕，洪乘馬適在忠前，忠射之。　吴張俶多所譖白，置彈射二十人，吏民各有愛憎，互相告訐，至是俶奸利事發，車裂之。

長孫無忌奏制長流，以為永例。後趙公犯事，長流嶺南，至死不回。　崔日知處分左降流移人，不許暫停，後貶歙縣丞，被縣吏催，求與妻子別不得。

李符求見趙普，改盧多遜春州，月餘，符坐事，即知春州而卒。丁謂欲貶寇萊公崖州，後謂貶，馮拯遂擬崖州。丁謂逐李迪，宋綬請罪名，謂曰：「春秋無將，漢法不道。」宋綬草謂詞，即用「無將」、「不道」之語。謂以「無將」、「不道」為寇責詞，宋後草謂詞曰：「無將之戒，深著于魯經；不道之誅，難逃于漢法。」乃知為法之弊，不獨一商君知悔也。語曰：「張機者中于機，設檻者中于檻。」吁！可畏哉。

劉禹錫言張九齡建言，放臣不宜與善地，悉徙五溪不毛處。然九齡自内職出始安，有瘴厲之歎，罷政守荆州，有拘囚之思。議者以為開元良臣，而卒無嗣。忮心不恕，陰責最大。趙德麟云：「陸贄忌才太甚，如誣于公異家行不修，賜《孝經》一卷，公異坎壈而死。忠州之貶，不無天譴。劉、趙雖有激之言，亦異世之公論也。李晟露布，乃于公異所作。

袁盎陷鼂錯，但云：「獨有斬錯耳。」遂至同産無少長，皆棄市。主父偃陷齊王于死，武帝欲勿誅，公孫丞相争之，遂族偃。郭解客殺人，吏奏解無罪，弘議，遂族解。漢固輕用刑，如盎、偃皆不得其死，弘亦八十自剄。天道好還，不虚哉！

突騎施可汗守忠弟遮弩叛，突厥請為嚮導伐守忠，默啜遣兵擊守忠，虜之而還，謂遮弩曰：「汝叛其兄，何有于我？」遂並殺之。僕固懷恩敗歸朔方，渾釋之將拒之，其甥張韶以其謀告懷恩，殺釋之，而收其軍，既而曰：「釋之，舅也，彼尚負之，安有于我？」杖之頸折而死。昔人為將，忍于杯羹，君賞功而疑其心，由不仁也。彼夫自疏骨肉，而傾肝瀝膽以向他人者，能毋受疑乎？

毒厲

慕容儁擒冉閔，至龍城斬于遏陘山，左右七里草木悉枯，蝗蟲大起，五月不雨。至十二月，儁遣祀，謚「武悼天王」，其日大雪。劉裕送姚泓于建康市斬之，百里外草木皆焦死。《事偶》

牛哀化虎，乃食其兄；《淮南子》：哀病七日化虎，其兄啟户而入，搏而食之。封邵化虎，乃食其民。《述異記》：邵為宣城守，化虎食民。謠云：「無作封使君，生不治民死食民。」凶氣所化，不仁一至于此。

張巡死，願為厲鬼以殺賊。丘寀死，願為猛將以滅敵。張興曰：「吾能哀彊死，兵敗賊衆。」

杜伯操朱弓、朱矢射宣王；宣王殺杜伯，而無辜。後二年，宣王田于圃，日中，杜伯起于道左，朱衣、朱冠，操朱弓、朱矢射王，中心，折脊死。楊收朱弓、彤矢射楊玄价。唐楊收之死，𤰞容楊玄价有力焉。收有子為蔣牧，見收乘白馬，臂朱弓、彤矢，有朱衣天吏控馬，曰：「上帝許我讎楊玄价，我射中之必死。」俄，玄价暴卒。二人死不以罪同，没為厲鬼以報，亦同。

校記

〔一〕陳仙奇：原缺，據《新唐書》、《舊唐書》之《李希烈傳》補。

古事比卷之四十六

命遇

賈誼二十為大中大夫；楊震五十始應辟；馮唐白首，郎署；董賢未二十，而為「三公」；唐馮元常取錢多，官逾進；盧懷慎貴為卿相，而終于貧。早暮窮達，有定命也。

田千秋以一言取相；阮千里以三語辟為掾；樊曄以一筒餌拜都尉；孟他以五斗酒博刺史。即事而較之，千秋其優乎？千秋猶能悟主，第不當以此遽至相位耳。

有鉗徒相衛青封侯，青笑曰：「生得無笞罵，足矣。」方貧賤時，豈惟人不信，己亦不自信。韓世忠嗜酒尚氣，人呼「潑韓五」，有日者言當作「三公」，以為侮己，毆之。己且不自信，而何望于人？石勒在田中，每聞鞞鐸之聲，歸告其母。母曰：「作勞耳鳴。」固不期為祥徵也。王敬則母謂人：「敬則生時，胞衣紫色，應得鳴鼓角。」人笑之，為「人吹角」。母固期之，笑者固不信也。

張濟之事解瀆侯；龍淵善相，相濟以財得「三公」。會解瀆侯往相，淵謂濟可厚事之。濟為儥債數百萬，桓帝無嗣，侯入為太子，而濟遂為司空。孔静之結宋高祖。静晝卧，有神人謂曰：「起，天子在門。」静出與帝遇，延入結交贈遺。及定京邑，擢為會稽內史。亦塵埃之物色也。

杜牧之《阿房宫賦》，今古絶唱，當時場中不取，以吴武陵先容覆閲，才置上第。　陸宣公主試，韓愈卷亦黜不取。次年主試，復出是題，愈復出舊作，一字不易，宣公奇其文，遂首薦。宣公藻鑒亦非遽變于前，出處顯晦，自有司命者存，非人所能為也。　宋劉幾程試為第一，怪險之語翕然成風，歐陽公深惡之。知貢舉，有舉子論曰：「天地軋，萬物茁。」公横抹之。後為御試考官，劉幾更名輝，試賦，公大稱賞。及唱名第一，果幾也。　鄭獬自負才名，國子監第五人送，意甚不平，主司銜之。廷策復為考官，必欲黜落，既而發卷，則獬乃第一人。《問奇》

東坡知貢舉，李方叔就試，坡緘封一簡送方叔，為章子厚二子援、持竊視携去，而方叔竟下第，拂鬱而卒。　淳熙中，汪玉山知貢舉，與一布衣友約會富陽蕭寺，密語冒中用三「古」字，其人病未就試，乃一假寓蕭寺者，夢一女告之，求葬。用其言，果叨前列。此與錢起之寓驛舍，聞人咏「江上峰青」之句，《試湘靈鼓瑟詩》同遇矣。前。

孔甲取萯山之子田于萯山，大風晦盲，孔甲入于民室，主人方乳。以歸，曰：「以為余子，誰敢殃之？」而後折斧斫足，遂為守門者。　漢文以蜀嚴道賜鄧通鑄錢，曰：「能富通者，我也。」而竟寄死人家。前。

唐王顒與太宗有舊。及登極，召其子皆授五品，顒獨不及。帝曰：「卿無貴相，朕豈為卿惜也。」房玄齡曰：「何不試與之？」與以三品，賜紫袍、金帶，是夜卒。　王無㝵，太宗微時與蒲戲。及登極，召至，令于春明門外待諸州麻車，三日並與之，㝵惟得三車，頻請五品。帝曰：「非不與卿，惜卿不勝也。」許之，其夜遂卒。《事偶》

金宣宗聞温敦太平卒，曰：「屢欲授一職，每以事阻。今僅授之，未數日而亡。豈非天耶？」章宗聞張萬公卒，歎曰：「朕迴將拜丞相，而竟不起，命也。」操一世予奪之柄者，蓋亦不能由人，天命所在，人亦何以有心為哉？　王慶乞叙功賞，唐莊宗曰：「知慶有功，但每見則心憒然，安得更有賜予之意？」人也，亦天也。

蘇易簡先在禁林，李沆後入，既而沆除參政，蘇不悦，上《步虚詞》以見意。上即日俾參大政，拜命不數日卒。李繼凝因召對，太宗許以大用。歸與兄弟言之大喜，醉後忽感風眩卒。義命所無，一日不可得，况傾人取位者乎？

唐劉言善歌詩，世以比李賀，王武俊奏授棗强令，不就；李夷簡請為從事，或勸宜重以賓署，公曰：「豈惜幕間一足地，為惜其壽耳。」表奏，詔下之日，無恙而卒。　後周扈載、王朴薦于李穀，久而不用，曰：「恨命薄，不能勝。」及為學士，居歲中病卒。《事偶》

宋太宗與陳學究善，即位以左司諫召之。官吏大集其門，一夕醉飽而死。　唐許孟容知貢舉，以陳存能久屈場屋，欲與一第。是夜，遽中風不能言。

顔駟曰：「文帝好文，臣好武；景帝好美，臣貌醜；陛下好少，臣已老。」武帝拜為會稽都尉。　盧照鄰自以為當高宗時尚吏，己獨儒；武后尚法，己獨黄、老；后聘賢士，己病廢。著《五悲文》以自明。與親屬别，自沉潁水。　杜篤為文學掾，以目病，二十餘年不窺京師，篤外高祖辛武賢以武略稱，篤嘗嘆曰：「杜氏文明善政，而篤不任為吏。辛氏秉義經武，而篤又怯于事。内外五世，至篤衰矣。」

王沐以再從兄涯執相權，至京，經三十餘月，始得一見。適涯敗伏法，沐方在私第，遂並收斬。舒守謙，元輿之族，元輿禮遇頗厚，偶以非過怒之，辭往江南，始達昭應，忽聞元輿之禍，遂免于難。《代醉編》

盧渥于滻水逆旅，遇宣宗微行，呼與相見，袖詩卷而去。他日令主司擢第。温庭筠遇宣宗于逆旅，傲然詰之，明日謫方城尉。二人皆遇宣宗，而一擢一謫。雖其自取，亦有幸，不幸矣。

孟浩然見明皇，誦：「不才明主棄，多病故人疏。」明皇曰：「卿自棄朕，朕何嘗棄卿？」孟貫見周世宗，誦：「不伐有巢樹，多移無主花。」世宗曰：「朕伐暴吊民，何謂『有巢』、『無主』？」二子皆不蒙録用。李泌薦薛勝進其《據一作「狀」。河賦》，以「天子玉齒對金錢」，德宗不悦，數薦皆不從。王欽若少寒窘，章聖尹開封，見其一聯云：「龍帶晚煙歸洞府，雁拖秋色過衡陽。」甚愛之，召見與語，遂擢至上相。由是知人之遇、不遇，命也。奚得而强哉？

有軍校與趙韓王普同年月日時生，韓王有一大遷除，軍校則有一大責罰；小陞轉，則軍校亦微有譴呵。東都有貨粉鄭氏子，歲月日時與蔡魯公京同，其家大喜，年十八出遊，馬忽躍入波中溺死。甲子合，而相遠若此。

韓退之以磨蝎為身宫；蘇子瞻以磨蝎為命宫。《星書》謂：丑宫為磨蝎，斗牛之宿在焉。《韓詩》曰：「我生之辰，日宿南斗，牛奮其角，箕張其口。」《蘇詩》曰：「生時直宿斗牛箕。」故文名相類而遇于時亦同。張燕公作詩，言有「耗磨日」。

孔文舉天骨，金多木少。　朱用晦星命，官多禄少。張南軒知星命，判晦翁云云。

盧懷慎、張説同相，張富而盧貧。盧疾革，夫人謂：「冥司有爐三十，為説鼓鑄横財，我無一焉。」　福有厚薄，安可比哉？故李德裕、張齊賢皆食萬羊；李嶠為相，卧無裀褥，上命賜之，通夕不能寐。　張文瓘分無堂食，或强之食，輒患心腹痛。天予之以相，而不予之以福。固各有分也。

雖君相亦不能造命：如魏徵之二典事；一人曰：「我等官職，總由此老翁。」一人曰：「總由天上。」徵作書，遣「由此老翁者」送至侍郎處，與一好官。其人不知，出門心痛，憑「由天上者」送書。明日引注『由天上者』得留」，問知，歎息。　宋仁宗之二近侍；甲言：「貴賤在命。」乙言：「貴賤在至尊。」帝以二金盒，各書數字，曰：「先到者，保奏。」封秘甚嚴，先命乙携一往，度及半道，命甲携一繼往，無何，内東門司保奏甲推恩。問之，乃乙至半道足跌傷，甲遂先到。　金海陵時之二護衛；一曰：「富貴由天。」一曰：「由君所賜。」海陵詔授言「由君所賜」者以五品職。其人以疾，竟不及授。　上蔡答「不謁執政」，曰：「安能陶鑄我？自有命在。」于此益信。

王安石之問化成；乞罷未許，唤老僧化成作課，曰：「不疑何卜？」去意遂决。　秦檜之問王倸。倸曰：「果欲告老，擇可任事者居相位。」檜默然。　其意雖同，而一决去，一默然，其人自别哉。《問奇》

自古無望之禍，玉石俱焚，然固自有幸、有不幸。　漢武以望氣者言「獄中有天子氣」，遣使皆殺之，獨郡邸獄繫者賴丙士得生。　煬帝令嵩山道士潘誕煉金丹，云：「得童男女膽髓。」帝怒，斬誕。　太宗以女武當王，欲取疑似者盡殺之，賴李淳風諫而方士言李氏當為天子，勸盡誅海内李姓，不行。

止。前。

天下美難兼得也。夏侯嘉正喜丹竈，又欲知制誥，二願竟不遂而卒。 白樂天棄冠冕而歸，鍛煉丹竈未成，除書已到。 錢惟演自樞密為使相，歎曰：「使我于黃紙盡處押一字，足矣。」 劉子儀二入黃堂，望大用，稱疾，曰「虛熱上攻」。 石文定云：「只消一服清涼散。」意謂兩府方得用涼轍也。

公孫弘擠董仲舒相膠西；盧杞使顏真卿諭李希烈；李逢吉遣韓愈宣撫王庭凑；呂夷簡誘富弼往契丹。皆欲殺之也。三子皆免，而真卿獨死，天也。 若漢末諸賢死于黨錮；唐末諸臣死于「甘露之變」。皆天也。 秦檜將終，猶起大獄，惡張浚、李光、胡寅等五十三人異己，謀欲殺之。檜死，而諸賢不及于禍，亦天也。《問奇》

韓休為虢州刺史，乘輿所至，常税廐芻，請均賦它郡。張説曰：「免虢而與它州，此守臣為私惠耳。」休復執論，訖如休請。 盧杞為虢州刺史，奏言：「官豕為民患。」德宗曰：「徙之沙苑。」杞曰：「同州亦陛下百姓。」帝曰：「守虢而憂它州，宰相材也。」踰年拜相。兩人皆以虢守言公事，休受疑于名相；杞受知于猜主。遇合信有命哉。《問奇》

瀕危不死，而後大貴者：漢竇廣國、少為人略賣，入山作炭。夜卧崖下，百餘人壓死，廣國獨脱。之長安，出皇后新立，上書自陳，封章武侯。 宋李遵勖、少馳馬，馬逸，墮岸下，徐起亡恙，後尚萬壽公主。 宋太祖、嘗與韓令坤博士室中，雀鬥户外，競起掩雀，而室隨壞。 劉穆之、出有叫聲，晨出陌頭。久之反，室壞。 徐孝嗣也。晝卧齋下，夢童子云：「移公床。」起行數步，壁壞壓床。

徐苗神告得免。宿亭舍，有神告亭壞，遽出得免。《晉史》載苗父華事。　李曉鼠噬，得免。衣冠為鼠所噬，不成行，得免河陰之難。　夏侯藻當門狐嘷。淳于智善《易》，曰：「速歸，當狐嘷處啼哭，一人不出勿止。」母亦扶病出，堂屋五間拉然而崩。　却士美鄂州觀察。因鼠舞而免毒蛇。晨興視事，束帶已畢，忽巨鼠拱手而舞，因擲靴以擊，有毒蛇在靴中。　柴再用龍武統平。因鼠揖而免梁折。嘗在廳坐。忽一鼠拜揖，自起逐鼠，廳梁忽折。

文章之遇、不遇，詩能窮人：唐李白號「謫仙」，然以樂府忤妃子，卒阨窮不振。　劉夢得坐「種桃」句，黜連州；白樂天坐《新井篇》，黜佐溢浦；孟浩然、賈閬仙輩，俱有能詩聲，然以詩忤明皇、宣宗，終坎壈州縣。　乃詩又能達人：陳簡齋與義，徽宗見其《墨梅詩》，召對，擢掌符璽。　王欽若，章聖見其「龍帶晚煙」一聯，遂致上相。

景帝與晁錯議削七國，七國起兵，而錯為袁盎所中，送首以解；昭宗委杜讓能征討汴、岐二鎮，兵起，而讓能為崔昭緯所中，賜死以解。然錯當漢道方興，身死而國難以平；讓能當唐祚將移，身死而社稷以墟。冤憤同情，得失異效，所遇然矣。彼袁、崔二子見危不救，因而除其所仇，有天道哉？

國家有一代之變，必成就數人，皆天命之預定者也。王敦之變，死其事者：戴淵、周顗、郭璞；成其事者：王導、郄鑒。蘇峻之變，死其事者：卞壺、桓彝；成其事者：温嶠、陶侃。侯景之變，死其事者：張嵊、沈浚；成其事者：王僧辯、陳霸先、陸法和。安禄山之變，死其事者：張巡、許遠、盧奕、顔杲卿；成其事者：郭子儀、李光弼。朱泚之變，死其事者：段秀實、高重捷；成其事者：李晟、渾瑊。成者，功業垂竹帛；死者，節義炳日星。非不幸也。

附 才命

一、貧困：顔淵簞食瓢飲。　原憲藜藿不糝。　子夏衣若懸鶉。　列子不足嫁衛。　莊周貸粟監河，枯魚自擬。　黔婁被不覆形。　東方朔苦饑欲死，願比侏儒。　司馬相如家徒壁立，典鷫鸘裘。　陽昌家傭酒。　太史公無賂贖罪，乃致就腐。　匡衡為人傭書。　東郭先生履行雪中，足指盡露。　王章病，無被，卧牛衣中。　王充游市肆，閲所賣書。　范史雲釜中生塵。　第五頡無田宅，寄止靈臺中，或十日不炊。　郭林宗以衣一幅障出入，入則護前，出則掩後。　孫晨有稿一束，暮卧旦捲。　吴瑾傭作讀書。　趙壹言：「文籍雖滿腹，不如一囊錢。」　束皙債家相敦，乞貸無處。　王尼食車牛，竟餓死。　董京殘絮覆體，乞丐于市。　夏統采梠求食。　却詵養雞、種蒜，以給治喪。　陶潛饑驅乞食，思效冥報。　應璩屠蘇發徹，機槍見謀。　香道元《與天公箋》，言：「布衣粗短，伸脚足出，攣捲眷露。」　張融寄居一小船，放岸上。　虞龢遇雨，舒被覆書，身乃大溼。　王智深嘗五日不得食，握莞根食之。　劉峻家有悍室，轗軻憔悴。　裴子野借官地二畝，蓋茅屋數間。　盧叟每作一布囊，至貴家飲噉後，餘肉餅付螟蛉。　杜甫浣花蠶月，乞人一絲兩絲。　鄭虔：「履穿四明雪，饑拾山陰橡。」　蘇源明燃薪照宇，垢衣生蘚。　陽城屑榆作粥，不干鄰里。　賈島歎鬢絲如雪，不堪織衣。　孟效苦寒，恨敲石無火。　盧仝長鬚赤脚，灌園自資。　周朴寄食僧居，不能娶婦。

二、嫌忌：屈原見忌上官；孫臏見忌龐涓；韓非見忌李斯；莊周見忌惠子；荀卿見忌春申；賈誼見忌絳灌；董仲舒見忌公孫弘；蔡邕見忌王允、邊讓；孔融、楊修，見忌魏武；曹植見忌文帝；虞翻見忌孫權；張華見忌荀勖；陸機見忌盧志；謝混見忌宋祖；劉峻見忌梁高；薛道衡、王胄，見忌隋煬；柳晉見忌諸葛穎；張九齡、李邕、蕭穎士，見忌李林甫；顏真卿見忌元載；武元衡見忌王叔文；韓愈見忌李逢吉；李德裕見忌李宗閔；白居易見忌李德裕；温庭筠、李商隱，見忌令狐綯；韓偓見忌崔胤；楊億見忌丁謂；蘇軾見忌舒亶、李定；石介見忌夏竦。或以材高畏逼，或以詞藻慚工。大則斧質，小猶貝錦。

三、玷缺：《顏光禄家訓》云：「自古文人多陷輕薄。」屈原顯暴君，過宋玉，見遇俳優；東方曼倩滑稽不雅；司馬長卿竊貲無操；王褒過彰《僮約》；揚雄德敗《美新》；李陵降辱絶塞；劉歆反覆莽世；傅毅黨附權門；班固盜竊父史；趙元叔抗竦過度；馮敬通浮華擯壓；馬季長佞媚獲誚；蔡伯喈同惡受誅；吴質詆訶鄉里；曹植悖慢犯法；杜篤乞假無厭；路粹隘狹已甚；陳琳實號粗疏；繁欽性無檢格；劉禎倔强輸作；王粲率疏見嫌；孔融、禰衡，傲誕致隕；楊修、丁廙，煽動取斃；阮籍無禮敗俗；嵇康凌物凶終；傅玄忿鬥免官；孫楚矜誇凌上；陸機犯順凌險；潘岳乾没取危；顏延年負氣摧黜；謝靈運空疏亂紀；王元長凶賊自貽；謝玄暉侮慢見及。雖天子有才華者，漢武、魏太祖、文帝、明帝、宋孝武，皆負世議。予謂顏公談尚未悉，如儀、秦、代、厲，權謀翻覆。韓非刻薄招忌；李斯諛虐覆宗；劉安好亂亡國；陸賈納賂南荒；枚皋輕治媒殘；楊惲怨望被刑；匡衡阿比中貴；劉向誣罔黄白；谷杜宗傳戚里；王充狂誕非聖；陳壽售米史筆；劉琨少没權游；孫綽人稱穢行；王儉市國取相；沈約乘時徼封；張纘杯酒殺人；謝超宗鯤鮓納間；伏挺納賄削髮；魏收淫婢徵賄；江總獻諂麗詞；世基從諛荒君；世南遨遊二帝。「四傑」皆競輕浮；沈、宋並馳險獪。李嶠浮沉致責；蘇味道模稜充位；張説大肆苞苴；賀知章縱心沈湎；王維、鄭虔，陷身逆賊；柳宗元、劉禹錫，躁事權臣；劉長卿怨懟多忤；嚴武驕矜無上；李白見辟狂王；崔顥數棄伉偶；元稹改節奥援；李德裕樹黨掊擊；王建連姻貂璫；李益感恩藩鎮；楊億謔侮同舍；曾鞏陵轢維桑；歐陽修乖名《濮議》；蘇軾取攻蜀黨；王安石元豐斂怨；陸游平原失身。人主如梁武、隋煬、湘東、長城，違命昏德，不足言矣。以唐太宗之賢，而閨門之内不可三緘。況其他乎？即如吴邁遠、杜必簡之流不能盡徵，皆負此聲者，内恃，則出入弗矜；外忌，則攻摘加苦，故爾。然寧為有瑕璧，勿作無瑕石。

四、偃蹇：孫卿垂老蘭陵，避讒引却；孟氏再説不合，徬徨出晝；長卿為郎數免，婆娑茂陵；仲舒既罷江都，衡門教授；賈生長沙卑溼，作《鵩賦》；東方朔久困執戟，作《客難》；揚雄白首校書，作《解嘲》；馮衍老廢于家，作《顯志賦》；陳壽以謗議，再致絀辱；孫楚以輕石苞，湮廢積年；夏侯湛中郎不調，作《抵疑》；郤正三十年不過六百石，作《釋譏》；潘安仁三十年一進階，再免，一除名，一不拜，作《閒居賦》；卞彬擯棄形骸，仕既不遂，作《蚤蝨蝸蟲賦》；劉峻為梁武所抑，不見用，作《辨命論》；何儁宦游不進，作《拍張賦》；盧思道遲滯，作《孤鴻賦》；盧詢祖斥修邊堠，作《長城賦》；王沈為掾鬱鬱，作《釋時論》；蔡凝為長史，不得志，作《小室賦》；劉顯六十餘，曳裾王府；丘靈鞠不樂武位，欲掘顧榮冢；劉孝綽前後五免；蕭惠開仕不得志，齋前悉種白楊；庾仲容、王籍、謝幾卿，俱久不調，沉酣以終；伏挺十八出仕，老而不達，其子以恚恨從賊；侯白欲用輒止，得五品食，旬日而終。「四傑」惟盈川至令長；李、杜淪落吴、蜀。孟浩然以禁中忤旨，放還終老；薛令之以苜蓿致嫌，奪官；蕭穎士及第三十年纔為記室；王昌齡詩名滿世，栖遲一尉；賈島、温飛卿，皆以龍鱗、魚服，顛蹶不振。孟郊、公乘憶、温憲、劉言史、潘賁之徒，老困名場，僅得一第，或方鎮一辟，憔悴以死。至有「揶揄路鬼」、「憔悴波臣」、「獼猴騎土牛」、「鮎魚上竹竿」之喻。噫！其窮甚矣。

五、流貶：流徙，則屈原、吕不韋、馬融、蔡邕、虞翻、顧譚、薛縈、卞鑠、諸葛宏、張温、王誕、謝靈運、謝超宗、劉祥、李義府、鄭世翼、沈佺期、宋之問、元萬頃、閻朝隱、郭元振、崔液、李善、李白、吴武陵；貶竄，則賈誼、杜審言、杜易簡、韋元旦、杜甫、劉允濟、李邕、張説、張九齡、李嶠、王勃、蘇味道、崔日用、武平一、王翰、鄭虔、蕭穎士、李華、王昌齡、劉長卿、錢起、韓愈、柳宗元、李紳、白居易、劉禹錫、吕温、陸贄、李德裕、牛僧孺、楊虞卿、李商隱、温庭筠、賈島、韓偓、韓熙載、徐鉉、王禹偁、尹洙、歐陽修、蘇軾、蘇轍、黄庭堅、秦觀、王安中、陸游。

六、刑辱：孫臏刖足；范雎折脇；張儀捶至數百；司馬遷腐刑；申公胥靡；禰衡鼓吏；劉禎尚方磨石；張温幽繫；馬融、蔡邕、班固之流，至謝莊、崔慰祖、袁象、陸厥輩，咸髡鉗短後，城旦鬼薪。諸葛勖有《東野徒賦》；酈炎有《遺令》四帖；高爽有《鑊魚賦》；杜篤有《吴漢誅》；鄒陽、江淹，俱有上書。皆是囚繫中成者。

七、夭折：揚烏七歲預玄文，九歲卒；夏侯榮七歲屬文，十三歲戰殁；范攄子七歲能詩，十歲卒；

王子晉十五對師曠，十七上賓于帝；周不疑、蕭子回，十七被殺；林傑六歲能文，十七歲卒；夏侯稱、劉義真、蕭鏗、陳叔愼、陳伯茂，俱十八，義真及鏗俱賜死；袁著十九，陸瓚、邢居實二十，王寂、蕭瓛二十一，徐份九歲為《夢賦》，與何炯俱二十二，劉宏二十三，王弼、王修、王延壽、王絢、何子朗，俱二十四，袁耽、劉景素，二十五，禰衡、王訓、李賀，俱二十六，衛玠、王融，俱二十七，酈炎、陸厥、崔長謙，俱二十八，楊經、沈友、王勃，俱二十九，陶丘洪、阮瞻、到鏡、到沆、劉苞、歐陽建，俱三十，梁昭明、劉訏，俱三十一，顏淵、陸績、劉歆、盧絢祖，俱三十二，賈誼、王僧綽，俱三十三，陸琰三十四，蕭子良、謝瞻、崔慰祖，俱三十五，駱統、王洽、劉琰、王錫、王僧達、謝朓，俱三十六，謝晦、王曇首、謝惠連、蕭緬、陸玠，俱三十七，王珉、王儉、王肅，俱三十八，王濛三十九，嵇康、歐陽詹，俱四十，蘭摧玉折。信哉！

八、無終：韓非、蒙毅、晁錯、楊惲、京房、賈捐之、班固、袁著、崔琦、蔡邕、孔融、楊修、禰衡、邊讓、張裕、周不疑、酈炎、夏侯玄、高岱、沈友、韋曜、賀邵、嵇康、呂安、張華、裴頠、石崇、潘岳、孫拯、歐陽建、陸機、陸雲、符朗、謝混、顏峻、劉義真、劉景素、沈懷文、謝朓、劉之遴、王僧達、王融、檀超、丘巨源、謝超宗、荀丕、蕭鏘、蕭鑠、蕭鋒、蕭賁、崔浩、荀濟、王昕、宇文弢、楊汪、陸琛、王昕、楊愔、温子昇、盧綽、傅縡、章華、王胄、薛道衡、劉逖、歐陽秬、張蘊古、劉禕之、李福業、王無競、王劇、王勔、范履冰、苗神客、陳子昂、王昌齡、李邕、王涯、舒元輿、盧仝、姚漢衡、劇燕、路德延、汪台符，以冤。　李斯、劉安、主父偃、息夫躬、何晏、鄧颺、隱蕃、桓玄、殷仲文、傅亮、謝晦、謝靈運、范曄、孔熙先、謝宗、伏知命、張衡、鄭愔、宋之問、崔湜、蕭至忠、薛稷、蘇渙、江為、宋齊丘、鄭首，俱以法。　屈原、杜篤、周處、劉琨、郭璞、任孝恭、袁淑、袁粲、王孫綽、陳叔慎、許善心、駱賓王、張巡、顏真卿、温庭皓、周朴、孫晟、陳喬、文天祥、余闕，以義。　陳遵、鍾會、蔣顯、夏侯榮、衛恒、曹攄、王衍、庾敳、袁翻、袁山松、殷仲堪、羊璿之、沈警、沈穆之、鮑昭、袁嘏、張纘、江簡、鮑泉、尹式、孔德紹、王由、韋諛、蕭瓛、王頍、祖君彦、虞世基、皮日休，以亂。　王筠以井。　王延壽、何長瑜、盧照鄰，以水。　張始均以火。　伊璠以猛獸。

九、無後：叔向之鬼既餒，中郎之女僅存；劉瓛、劉璡，並廢蒸嘗；劉歊、劉訏、何胤、何點，先虚伉儷；李太白、蕭穎士，有子而獨，孫女流落，俱為市人妻；崔曙一女，名星；白一姪曰龜；王維四弟無子；陽城三昆不娶；孔融子女髫年被刑；機、雲、會、曄，期功駢戮；王筠闔門盗手。神理荼酷，于斯極矣。以上《藝苑卮言》。

十、惡疾：伯牛病癩。　長卿消渴。　趙岐卧蓐七年。　朱超道歲晚沉疴。　玄晏善病至老。　照鄰惡疾不愈，至投水死。　李華以風痺終楚。　杜臺卿，聾廢。　祖珽、胡旦，瞽廢。　少陵三年瘧疾，一鬼不消。此一條《問奇》增。

數定

聞謦蹕聲，又聞鬼呼「王相」而盡節者，范雲也。　入室竟有雲氣而特敬異梁武者，張弘策也。　聞鼓角聲，又見五彩光而推誠陳武者，到仲舉也。　聞墓中鬼呼「蜀王」而委心王建者，晉暉也。　荒墓寄宿，聞人云：「善人止此。」錫山民蔣容也。《西樵野記》

華歆嘗宿人門外，主人夜産，鬼謂子當三歲，又呼歆為公也；魏舒嘗詣野人，主人夜産，鬼謂子當十五歲，又呼舒為公也。年之修短，位之崇下，稟命定矣。内熱何為？陳仲舉嘗宿黄申家，主人夜産，有叩門者云：「門内有貴人。」

蔡州之戰，趙昌死而甦，夜聞點兵聲，千人應之，不及昌也；成都之亂，艾延祚匿積尸間，夜聞唱死者名，不及祚也；虜人之亂，施榮伏積尸間，夜聞唱死者名，不及榮也；臨安之敗，劉宣重傷卧死人中，夜有官吏持簿遍閲，至宣而扶起之也。人固無誤死者。《偶記》

王烈得石髓，以半與嵇康，即凝而為石。孔祐見山谷中積錢，樵人取之，即成沙礫。張氏後漢長安張功曹。之金鉤，蜀客得之，亦窮厄；返之，張氏復昌。敬王之珪，陰不佞將賣之，則為石；敬王得珪，復為玉。

尉遲敬德微時，許貸書生二十金，後封公，賜金少二十金，篋底有書生券也；趙雄貧時，老母掃舍，拾金一錠，後拜相賜金，少一錠。夢庫神告曰：「某年，相公先借用一錠也。」達此，可以免鬼揶揄矣。

丁晉公治第，楊杲宗為督役，巨麗無比。丁後籍没，而杲宗以外戚起家貴顯，乃以其第賜杲宗。錢思公嫁女，令銀匠龔美造妝奩器皿，既而美以國戚拜官，思公以為妹婿，向者器皿，乃歸美家。衛青服役平陽主家，後為大將軍，主仳𠑽擇配，大將軍迄尚之。王詵為侍禁三班院，監修主第，不踰時，詵尚主，竟居焉。《談薈》

熊博本津吏，崖崩得一古冢，旁有石銘，曰：「欲陷不陷被藤縛；欲落不落被沙閣。五百年後遇熊博。」博與老僧率錢葬之。　唐將軍王果被責，出刺雅州，江中泊船，仰見巖腹一棺，緣峰觀之，得銘曰：「欲墜不墜逢王果，五百年中重收我。」果葬之。　後魏高流之刺滁州，潭沱水繞城，破一古冢，得銘曰：「吾死後三百年，背後生流泉，賴逢高流之，葬我在高源。」流之為葬之。《談薈》

欲抑之，而反伸之者：畢士安，一作向敏中。有婿皇甫泌，縱放不羈，欲面奏之，值有警報，不終其說，竟轉大中丞。　術者言：「王安國當相。」神宗聞而怒，欲遲用，來春竟相。　李吉甫惡吴武陵，榜至先問主司，即注武陵姓名。　狄仁傑貶，路經汴州，開封令霍獻可追逐，當日出界。及為相，會擇御史中丞，惟記霍獻可，遂奏之。　孔英行醜而才薄，桑維翰惡之。崔棁知貢舉，辭于維翰，維翰語簡，止曰：「孔英來。」棁性純直，不復稟覆，放英及第。

忌欲除之，而非其人，害仍不除者：李林甫夢其身長白晳而髯者將奪己位，以侍郎裴寬貌類所夢，即斥去之。既而代者，乃楊國忠也。　魏道武以神巫之言，滅清河一郡，手刃萬人，而見弑者，乃妾萬人清河王也。　李德裕以白馬之厄，親族中外無敢畜白馬者，而害己者，乃白敏中與馬植也。

宣宗屢欲用李景讓為相，至撚名探丸，竟探不著，終以辱臺病免。　唐馬待封伎巧無倫，造皇后鏡臺，又造指南車，欹器數事。屢欲召見，即值宫中有事，竟不得官。　董羽為太宗四壁畫龍，半年始成，方希厚賜，乃上與妃嬪登樓，皇子方幼，見龍怖號，亟令圬墁，卒不獲賞。《談薈》

劉元成安世。貶梅州，章惇必欲殺之。郡有土豪以貲得官，見惇言能殺元成，即除本路判官。及境郡守遺告，元成略處置後事，與客笑語飲酒以待之。至夜半，忽聞鐘聲，則其人已嘔血死矣。　秦檜一夕秉燭，獨入小閣治文書，欲盡殺張德遠、胡邦衡十一人，明早奏行之。四更忽得疾，數日而卒。檜父嘗為古縣令，守帥胡舜陟欲為立祠于縣，縣令高堂堅不奉命，舜陟反致其罪，送獄鍛煉不堪。未數日，舜陟忽殂，登乃獲免。

劉伯龍將營什一，羅友送人作郡，俱為鬼揶揄。富與貴之不可强也，鬼且鄙之。

李文饒夢人謂：「平生命享萬羊。」　張齊賢微時，遊嵩山，夢人驅羣羊，曰：「此張相公食羊料。」飲啄前定，此語非誣。

郭景純披髮銜刀，褌于厠中；楊慎矜裸袒桎梏，褌于叢棘。皆卒不免。

鹿鳴，而嚴震一家死。　鹿膽中得珠，而朱克融全家戮。

劉禪降一年，而魏國亡。　王衍誅一月，而莊宗死。

路巖貶新州，死于楊收死之榻。　劉摯貶新州，死于蔡確死之房。

謝康樂為孟覬表其異志，太祖知其誣，不罪矣；陸士衡為齊同誣，作倫禪文，成都救之，免死矣。後皆卒不免。

厙狄伏連家財鉅萬，妻子不免饑，至死惟著敝褌，而積絹至二萬疋，其後藏蓄，並歸天府。　臨沮鄧差巨富，而自奉菲薄，道逢估人呼與共食，頗極珍美。問之，曰：「人生止為身口，終不如臨沮鄧差為守錢虜也。」差歸，宰鵝自食，方動筋，骨硬其喉而死。　鄴城王叟積粟萬斛，而夫妻儉嗇，偶見一客盤餐頗盛，歸語妻為美飲食，夜夢神責曰：「何得妄費軍糧？」後討安慶緒，盡發叟積餉軍。

唐李淳風對太宗「女主代王」之讖，曰：「兆在宫中，當四十年而王，夷唐子孫幾盡。」太宗欲求殺之，曰：「天之所命，不可去；殺之，恐生新者，陛下子孫無遺種矣。」此則天也。　李筌刺鄧州，夜見東南隅有異氣，明日呼吏取視，得村婦牧羊胡氏産子，筌慘容，曰：「此假天子也。」坐客勸殺之，曰：「殺之，恐生真者。」此禄山也。

附　巧合

蕭相之謁邵平；邵平之謁蕭相。成敗貴賤何常？

晉納賈充女為后以壬辰歲，而劉聰入洛以丙子。　宋納賈似道女為妃，亦以壬辰歲，而元人入臨安，亦以丙子。　錢俶以八月二十四日生，亦以八月二十四日卒。　房琳以七月七日生，亦以七月七日受誅。《談薈》

張説自中書舍人拜禮部侍郎；子均亦自中書舍人拜禮部侍郎。　孫濛復自中書舍人拜禮部侍郎。　宋石守信以檢校太師使相，領陳州節，年五十七，卒于鎮；子保吉亦檢校太師使相，領陳州節，年五十七，卒于鎮。《談薈》

宋趙丞相鼎，庚申生；繼之者，韓平原，壬申生；繼平原者，史衛王，甲申生；繼衛王者，鄭太傅清之，丙申生。每一相，各長一紀。《談薈》

宋時狀元生多同歲：徐奭、梁固，皆生于己酉。　王曾、張師德，皆生于戊寅。　吕溱、楊寘，皆生

于甲寅。　賈黯、鄭獬，皆生于壬戌。　彭汝礪、許安世，皆生于辛巳。　陳堯咨、王整，皆生于庚午。《談薈》

先仲尼稱「聖」于魯者，臧紇；後仲尼稱「聖」于魯者，展禽。　楊震在漢稱「夫子」，而李固弟子亦七十二人。　蕭穎士在唐稱「夫子」，而權德輿門生亦七十二人。

孔安國撰孔明弟子七十二人；劉向傳《列仙》，亦七十二人；皇甫士安撰《高士》，亦七十二人；陳長文撰《耆舊》，亦七十二人；柳子厚遺書何蕃，書云：「曾參徒七十二人，致禍負芻。」《樵書》何七十二人之多同也？

范質舉進士，主文和凝，謂曰：「君文宜冠多士，屈居十三，欲傳老夫衣鉢。」和以第十三登第。和入相，封魯公，終太傅；質亦拜相，封魯公，終太傅。此師弟相同也。　李德裕父吉甫年五十一，出鎮淮，而五十四自郡復相。及德裕鎮淮，而後大拜，一如父之年。此父子相同也。

武元衡與吉甫齊年同日拜相，比出鎮，二人分領揚、益。迨吉甫入，元衡亦還，吉甫先一年，以元衡生月卒；元衡後一年，以吉甫生月卒。一何吉凶符合乃爾？

元和元年十一月一日，斬劉闢，西川之亂平；二年十一月一日，斬李錡，浙西之亂平；十二年十一月，斬吳元濟，淮西之亂平。皆同月日伏誅。

秦亡于嬰，而莽立嬰以嗣平，速漢之亡也。　漢亡于陳留王，而昭立陳留王以繼髦，速魏之亡也。

困辱

蘇季貸布于鄰子。淮陰受辱于胯下。田仁、任安，難恨于家監。步隲、衛旌，困食于征羌。隲避難江東，與旌種瓜自給。焦征羌，矯，郡之豪族，憚其見侵，共修刺奉瓜，矯身享大案，坐隲、旌牖外飯，惟菜茹。隲致飽而出。劉穆之依外家江氏，求檳榔而見譏。劉毅于庾悦留射，乞鵝炙而不答。宗慤苟餐于庾業。業設菜葅，慤致飽而退。後為慤長史，待之甚厚。沈約覆米于宗人。于宗黨得米數百斛，為宗人所侮，覆米而去。王敬則不羈，而縣吏唾面。吉士瞻擲博以無襌見侮。駱賓王被凌汴令。為浚儀令崔賢首所辱，感激游長安。崔彦昭取慢外昆。裴度遭窘武士，高固貽笑儕類。嗚呼！貧賤見欺，古今常態。不困亦烏能激乎？

丁謂惡寇準，遣中使齎敕，就賜以錦囊貯劍揭馬首，示殺之之意。丁大全劾董槐，夜半調隅兵，露刃圍其第，給輿至大理寺，出北關，棄之，叫呼而散。

晉裴秀母賤，年十歲時，賓客詣父徽，出則過秀。嫡母宣氏使其母進饌于客，見者皆起。魏崔道固母賤，嫡兄攸之等輕侮之。道固為諸王參軍，長史以下詣之，諸兄逼其所生自致酒炙于客前。道固驚接，客咸拜母。

漢兒寬為弟子都養。寬以郡國選，詣博士受業孔安國。貧無資用，嘗為弟子都養，時行賃作，帶經而鋤，休息輒讀誦。晉祈嘉亦為書生都養。師古曰：「都，凡衆也。養，主給烹炊。」刁冲直諸生監厨。冲家世貴達，從師于外，自同諸生。于時學制，諸生悉日直監厨。冲雖有僕隸，不令代己，身自炊爨。庾乘為諸生傭。後能講誦，自以卑第，每處下座，諸生皆日讎問之。由是學中以下座為共。

竇正固，漢隱帝相也，歸洛陽，常與編户課役，正固不能堪，訴于留守向拱，不聽。李中師銜富鄭公。中師尹河南，神宗嘗稱其治狀。公以中師厚結中人，因曰：「陛下何從知之？」師銜其沮己。及再尹河南，公已老，乃籍其户，令出免役錢，與富民等。君子失勢，小人易而侮之如向、李，固不乏也。

游民根遭亂，為櫟陽王氏奴。陰士隆被徙，為士人徐能奴。索敞訴理得免。劉峻八歲為人所略，中山劉實以束帛贖之。石勒、欒大為人掠賣為奴于燕。竇少君為人掠賣十餘家。魏齊置范睢簀中，溺之。齊文宣怒崔叔瓚，以溷汁沃其頭。蒯恩舍馬芻而歎。見《志願》。許靖以馬磨自給。為從弟劭排擯。度尚為宦者侯覽視田。尚，湖陸人。家貧不修學行，困窮，乃為同郡侯覽視田，得為郡上計吏，後至荆州刺史。

附不振

齊房文烈為吏部郎，霖雨絶糧，遣婢糴米，逃竄三四日方還，竟無捶撻。倖人足贍，至絶糧遣婢，偷懦少立，即此幾婢子，足困房氏矣。王起三任節鎮，而昧于理家，倖入盡為僕妾所有。耄年寒餒，至與伶人分月俸以自給。齊周洽歷句容、曲阿、上虞、吴令，卒無以殯。吏人為買棺器。武帝聞而非之，乃敕不給贈賻。北海曹昇官至祭酒，以餒卒于鄴。姚顗為僕妾欺，心亦察之，而不能面折，不知錢百之為陌，黍百之為銖。凡家人市貨，入增其倍，出減其半。雖為司空圖所器，以女妻之，亦何足稱？夫豎儒一身，不自樹立，至不免以饑寒迫己，生死聽人，人何賴焉？

患難

荀爽南遁漢濱；遭黨錮，隱海上，又南遁十餘年。崔琰周旋兗、豫；就鄭玄學，避亂不其山。穀乏，玄罷謝諸生，琰既
受遣，而寇盜充斥，西道不通，周旋青、徐、兗、豫之郊，去家四年乃歸。岑晊亡匿齊、魯；為成瑨功曹，收捕張況，遇赦，竟誅之。
侯覽使況妻訟冤，徵瑨下獄死。晊亡匿齊、魯間。李琪藏跡荆、楚；昭宗播遷，因自晦其迹，號「華原李長官」。郅惲南遁蒼
梧；知莽必再受命，上言繫獄。會赦，乃與同郡鄭敬遁蒼梧。申屠剛轉入巴、蜀；對策言王莽。莽篡，避地河西，轉入巴、蜀，
往來二十許年。盧程避地河、朔。朱梁弑逆，衣冠多罹其毒。避地河、朔，客遊燕、趙數年。或衣儒服，或服道服，深為涿州牧、衡
唐令所厚。與蔣沇之潛竄；不屈于朱泚，奔行在，為賊所拘，絶食，不應命，竄伏里中。元結之逃猗玕洞；避禄山亂。盧
植之詭道；董卓廢立，植抗議不同，以老病求歸。懼不免禍，乃詭道從轘轅出。卓果追之不及。高岱之易道；許貢囚其母，岱
入見，好自陳謝。貢登時出其母，岱出，便將母乘船易道而逃。貢須臾追之，使與岱錯，遂得免。張裔之倍道。雍闓縛送孫權。鄧
艾使吴，請裔。臨發即便就船，倍道兼行，權果追之不及。及吴漢販馬；莽末亡命至漁陽，以販馬自業，往來燕、薊間。所至，交結
豪傑。趙岐賣餅；忤唐衡兄玹，與從子戩逃避，匿姓名，賣餅北海市。安丘孫嵩見，曰：「我北海孫賓石也。」告母，得死友。藏複
壁中數年，作《戹屯歌》。諸唐死赦出，遭黨錮十餘年。何進舉守燉煌，為賊邊章所執，詭辭得免。至陳倉復遇亂兵，裸身得免。在草中
十二日不食。李燮為傭；年十三，姊文姬告父固門人王成，將燮入徐州，為酒家傭，而成賣卜，燮從受學。酒家知非恒人，以女妻
之。摯虞拾橡；轉入南山，糧絶，拾橡實而食。步隲種瓜；避難江東，單身窮困，與衛旌同年相善，俱以種瓜為業。翟酺牧
羊；以報舅仇，當徙。日南，亡于長安，為卜相工。後牧羊涼州，遇赦還。後唐劉岳丐食；兩都喪亂，流寓青、齊，丐食業文，厲

心苦節。紀瞻解船棄車牛；與顧榮俱徵為尚書郎。世亂不行，刺史得東海王越書，以軍禮發遣，與榮及陸玩各解船棄車牛，一日一夜三百里，得還揚州。裴楷單車入城；楚王瑋以楷與亮、瓘婚親，遣討。楷以有變，單車入城，匿妻父王渾家，與亮小子一夜八徙得免。盧柔棄船山行。與賀拔勝至襄。齊神武遣侯景邀之。棄船山行，冒險經數百里，秋霖凍餒幾死。皆瀕危于不測之地而獲免，為幸。

陷賊者：崔玄伯為叛將所縶。初仕苻堅。堅亡，避難齊、魯，為司馬昌明叛將張願所縶。郝軒歎曰：「不因扶搖之勢，而與燕雀飛沉。豈不惜哉！」賈彝為叛羌所拘。詣溫陽療病，為叛羌所拘，執送姚興，數年遁歸。又為屈丐執，與語，悅之。陰道方為蠻所掠。為李神儁參軍。向新野處分軍事，路為蠻掠送之梁武，囚之尚方。華溫琪為黃巢掠。巢敗，投白馬下流，俄浮淺處，救免。登桑自經，枝折墮地，不死。至夜昨縣界，有田父見非常人，遂匿于家，經歲餘。劉昫為契丹俘。逃而獲免，隱居上谷。韋斌、李彭年，為安祿山所得。授斌為黃門侍郎，彭年工部侍郎，憤歎，與斌相次而卒。鄧攸陷石勒。逃至新鄭，投李矩。後密捨矩，投荀組，矩深恨，久乃送家屬還攸。竇熾父子沒于葛榮。熾隨父略，榮疑略，將熾隨軍。榮破，乃將家并州。崔器沒于賊。賊將崔乾祐使騎捉器，器走靈武。

又有送書入城之范雲。沈攸之圍郢，雲父抗入城固守，留家屬居外。雲為軍人得，攸之令送書入城，或欲誅之。雲曰：「老母弱弟懸命沈氏。若其違命，禍必及親。今日就戮，甘心如薺。」柳世隆素與雲善，乃免之。輿至闕下之賀琛。侯景陷城，琛被創未死。賊輿至闕下，求見王克、朱异，勸開城納賊，克等讓之。臺城不守，琛逃歸鄉里。其年賊寇會稽，復執琛，逸出。將過城堡之劉炫。賊起，與妻子相去百里，聲問斷絕。門人多隨賊，哀炫窮乏，索炫與之。炫為賊所將過下城堡，賊敗，投城不納，凍餒而死。輾轉軍中之李百藥。煬帝被弒，輾轉沈法興、李子通、杜伏威軍中，備嘗艱苦。後勸伏威入朝，狐疑中悔，將害百藥，乃飲以石灰酒，因大洩痢，而宿病皆除。伏威與輔公祏書，令殺之，賴王雄誕救免。出城採樵之徐文遠。為李密所及。密敗，歸王充。其子士會狂悖，委棄文遠，王充絶其廪食，大餒將死，復因採樵，遇羅士信候騎，送入京師。　**矯詔遣使之庾肩吾。**侯景陷京都，矯詔遣肩吾使江州，因逃入建昌界。

被拘，賊將聞名獲免，姚增坦也。侯景將侯子鑒素聞其名。　**被劫，賊聞其名，獲免，平原劉郁也。**　**因吐蕃背盟而陷没者：嚴懷志、**懷志居吐蕃中十餘年，逃入以西諸國，為所掠賣。又脱走，經十餘國，至天竺、占波國，泛海而歸。德宗以懷志處番久，不欲令出外，因之仗内，順宗釋之。　**呂温。**温以小吏事崔漢衡，吐蕃將殺之。温趨往以背受之，吐蕃義之，俱免。漢衡歸，獨居蕃中，因求為僧，久之乃得歸。亦以習吐蕃事因焉。　**回紇驕恣而鞭辱者：李進、韋少華。**皇儲為元帥在陝，回紇恃功而驕，敢恣狼戾，進、華為皮鞭所辱。

壽陽降魏，而裴邃被驅。裴叔業以壽陽降魏，州之豪族皆被驅，掠邃隨衆北徙。　**青州陷魏，而劉峻被略。**詳見《困辱》。

遇賊：杜林、莽末，賊起。林與弟成及范逡、孟冀等將細弱俱客河西，道逢賊掠奪，欲殺之。曰：「赤眉百萬，卒至破滅。今不行仁恩，而反遵覆車，不畏天乎？」遂釋。　**陸通。**幼從父政在原州，逢寇難，與政相失。

父被賊害，而逃難者：孫盛、父恂守潁川，遇賊被害。盛年十歲，逃難渡江。　**謝方明、**父冲為孫恩害，購求方明甚急，以母姓奔東陽，由黄蘗嶠出鄱陽，附還都，寄食國子學，流離險厄屯苦備經。　**路敬淳、**父文逸。凶門遇盗，潛匿草澤，晝伏夜行，自傷窮梗，閉口不食，同侶食之。　**來濟、**護子。宇文化及之難，凶門遇害，濟流離艱險。　**王凌。**叔父允誅董卓，卓將李傕、郭汜殺允。凌及兄晨時年皆少，踰城得脱。

父誅而竄：沈約、父璞，元嘉末被誅。約尚幼，潛竄得免。　**袁昂、**父顗，奉子勛，事敗，誅死。昂年五歲，乳媪抱匿廬山。會赦，得出。　**郭祚、**父洪之，坐崔浩誅，竄免。太原王希逸妻以女。　**劉芳、**父邕同劉義宣死彭城。出後伯父，隨伯母房逃竄青州。

劭元遜為沈文秀殺，芳母子入梁、鄴。李孝祖、祖敞以罪誅，孝祖年小，藏免。張格。丞相濬子。濬為梁太祖害，格竄山谷，易姓名入蜀。

父誅被繫，江謐。父徽為太祖殺，謐尚方。孝武平京邑，乃出。以聚徒繫獄，劉昆。教授五百餘人。莽以自聚徒衆，繫昆及家屬于外黃獄。莽敗，得免，避難河南負犢山中。

蘇軾赴獄，與子約：不測，則送以魚。誤進之，而大駭。趙汾鼎子。赴獄，與族約：有赦，則送肉笑曆一盤。進之，而轉大驚。

夏馥謂：「以禍見追。」張儉亡命，連引布天下，馥歎曰：「一人逃死，禍及萬家。」乃剪髮變形，入林慮山中，隱匿姓名，為冶家傭。弟静載縑帛追之涅陽市中，遇馥不識，聞聲乃拜，避不與語。客舍共宿，夜呼静曰：「奈何載物相求，是以禍見追也。」范滂謂：「相隨重禍。」繫黃門寺獄，事釋南歸，同囚鄉人殷陶、黃穆衛侍于滂。滂曰：「今子相隨，是重吾禍也。」

受害權要：耿恭忤馬防。下獄免。翟酺于權貴。權貴誣以交通屬托，減死歸家。復被章云與張楷謀反，逮廷尉。杜真上書訟之，得釋。欒恢于竇憲。劾憲黨王調、李阜。又上疏痛言。皇甫規、對策，梁冀怒其刺己，幾陷死。李固、杜喬于梁冀。固奏高陽臧，冀千里移檄，而固持愈堅，欲立清河王蒜，冀立質帝，使人誣奏固。冀小女死，令公卿會喪，喬不往。桓帝納冀妹，欲令厚禮，喬執舊典。又屬用汜宮，喬以臧罪不用。左悺、唐衡譖之。盧植、皇甫嵩于董卓。植抗議，忤卓，幸蔡邕解，卓追之不及。嵩破涼州賊，卓慚恨。上書討卓，卓秉政，欲殺之。嵩子堅壽叩頭流涕，卓乃免嵩囚。王義方于李義府。高宗陰德義府，為抑義方。顏真卿于盧杞。薦使李希烈。石介于夏竦。李宗諤、李士衡于王欽若。劉安世、范祖禹、蘇軾于章惇。許將等于蔡確。逮捕械繫。陳瓘于蔡京、蔡卞、曾布。胡銓、胡師古、陳剛中于秦檜。

受害中官：朱穆于趙忠。忠葬父安平，僭為玉匣。穆案驗得罪，徵詣廷尉。 王允于張讓。允發讓奸狀。讓以事中允，檻車徵以減死；論赦，獨不宥；三公為言，明年得釋。 楊震于樊豐。震因地震上疏，豐等因星變譖震，策收太尉印綬。 周堪、劉更生于石顯。廢錮。 蔡邕于王甫。甫弟智欲害之，乃亡命，往來泰山羊氏積十二年。 張儉、滕延于侯覽、段珪。段奏覽侵奪人宅，起第僭擬宮省。覽誣為鉤黨，珪、覽僕客劫掠百姓，延捕殺數十人。儉亡命，延詣廷尉，免。 裴冕、來瑱于程元振。冕貶施州，瑱流播州。 柏良器于竇文場。惡之，左遷。 郭子儀于魚朝恩。 李光弼于程元振。 至于李輔國、田令孜、仇士良輩，所傾害者，指不勝屈。

遭水厄，而免者：王懿暴水獲濟。同兄叡起義兵，與慕容垂戰，敗。懿被重創，卧林中。忽有青衣童携食與之，食畢，水潦暴至，一白狼至前銜衣獲濟，南奔。翟遼追之，夜行，有炬火前導，隨行百里，乃免。 朱修之泛海近岸。陷魏，妻以宗室女。潛謀南歸，妻流涕問意，終不告。奔馬弘。時魏屢伐弘，弘遣修之歸，求救。遂泛海，遇猛風，桅折，垂以長索，船乃復正。海師望見飛鳥，知其近岸。須臾至東萊。 周豫玄船覆。年十四，與父弘正乘小船渡岸，見藤花。弘正挽之，船覆俱溺。弘正僅免，豫玄遂得燃疾。 魏義通舟壞。黔中觀察。行至涪州泝灘，舟壞沉，失其所持節及賜馬。 黃蓋墮水。于赤壁中流矢墮水，為軍人所得，置厠床中。蓋自强，以一聲呼韓當解衣，得免。 朱弘昭絆木。軍有朽甲，詔投漢水，登城以視，墜鐘格木朽墮。弘昭至城障，絆之于木，幸無損。 諸葛誕、杜畿試船。試船陶河，遭風覆没，俱溺。虎賁浮河救誕，誕曰：「先救杜侯。」誕飄岸復蘇。 王味之墮水。張進之為味之吏。進之有罪，當見收，避投進之。味之墮水，進之投水拯救，危而得免。

為僧而免者：徐孝克、侯景寇亂，京邑餓死者十八九。孝克養生母陳氏饘粥不給。密陳意景將孔景行，逼迎妻臧氏，孝克又為僧，改名法整，兼乞食以充給。 吕温、吐蕃背盟，留蕃中，因求為僧。久之，乃得歸。 趙鳳、燕帥劉守光率十夫囧為軍伍，而黥面為文，儒者患之，多為僧。鳳亦落髮。 劉之遴、侯景以正德為帝，將使之遴授璽紱，剃髮披法服，乃免。 伏挺、因事納賄，懼罪。

遂變服為道人，遇赦，乃出天心寺。**裴彥先**、屬元愉作逆，徵兵郡縣。彥先不從，為愉拘執。踰獄得逸，仍為沙門，潛行至雒。**上官儀**、父弘家于江都，為陳稜所殺。儀年幼，藏匿獲免，因私度為沙門。**柳晟**、德宗西幸，晟受密詔，說其偽將。事泄，逆黨械繫于獄，鑿垣宵遁，遂為僧，間道達行在。**房從吉**。為宋守太原，孝文討平之。尋隨奔從吉夫婦，異路剃髮為沙門，改名僧達，投其族叔延佳。

為道士而免者：爾朱敞。詐為道士，變姓名，隱高山。間行微服，西歸于周。

詐死而免者：杜根、以安帝年長，宜親政事，上書直諫。太后怒盛，以縑囊撲殺之。載出城外，得蘇，詐死三日，目中生蛆，因逃竄。為宜城山中酒家保，積十五年，酒家厚待之。**劉聖公**、結客犯法，吏繫聖公父子張。聖公詐死，吏乃出子張。聖公因自逃匿。**沈懷文**、元凶劭使作符檄，固辭。劭怒，投筆于地，殷冲申救得免。托疾落馬，間行奔新亭。**權皋**、察祿山有異志，使京師回，過福昌尉仲謨，皋從父妹婿也。詐以疾，亟召謨而瞑。謨逸皋，而葬其棺。祿山不疑，許其母歸。皋微服匿跡，候母于淇門，南去渡江，祿山已反矣。**楊愔**、從兄幼卿忤旨，愔懼，發疾。郭季致書，恐之，愔棄衣冠水濱，若見沉者。**廖化**。關羽敗，屬吴思歸先主，乃詐死，携持老母，晝夜而行。

變服而免者：王林卿、殺人埋冢舍。又使人剥寺門鼓。長陵令何並追之急，令奴代乘車，變服間徑馳去，並殺其奴。**魏婁圭**、坐藏亡命被繫。踰獄出，捕者追之急，乃變衣服，如助捕者，得免。**北周白進福**、將謀竄迹，偽言與家人追遊日晚，妻女皆服男子服遁去。**爾朱敞**。年十二，自竇而走，見童兒戲者，解所衣綺纈金翠之物易衣而遁。追騎至，執綺衣兒，究問，知非。會日暮，免。

變姓名而逃者：王允、張讓中允，得釋。懼不免，乃變姓名，轉側河內、陳留間。**陳羣**、隨父紀避難徐州，變姓名，隱居沓陽山中。**許楊**、莽篡，變姓名為巫醫。**徽宗**、本姓李，遭亂，更姓，隱會稽，躬耕。**高恭之**、字道穆。莊帝以兄事見出，道穆懼禍，乃携家趨濟陰，變易姓名，往來于東平畢氏，以避時難。**楊愔**、自稱劉士安，入嵩山與沙門曇謨徵等屏居削迹。又東至田橫島海隅，謂之劉先生。樊深、因避難墜崖傷足，遂改易姓名，遊學汾、晉之間。源雄、父纂，為高氏誅，脱身變姓名，歸長安。權皋、永王璘亂，皋懼見迫，變名易服以免。李密、詣淮陽舍，變姓名稱劉智遠，聚徒教授。虞綽、變姓名，自稱吴卓，抵辛大德。孫晟、為朱守殷幕賓，贊成其事。城陷，朱氏被誅，晟乃匿跡，更名，棄妻子亡命。孫惠。為成都王穎參軍。擅殺牙門將梁儁，懼罪，改姓名以遁。

倖免者：魏收、爾朱榮濫害朝士，收亦在圍中。以日宴獲免。崔勉、被收之際，在外逃免。于後乃出見齊獻武于晉陽。高士廉、元肅謀殺太守丘和，被族。士廉坐與交通。和子行淹保明之，獲免。馬總、坐姚南仲貶。觀察柳冕希旨欲殺之。遣穆贊鞫總，贊稱無狀，總方免。楊侃。爾朱榮入雒，侃時休沐，遂潛竄，歸華陰。

智全者，段秀實。邙山之敗，荔非元禮為麾下殺。將佐遇害，而秀實獨以智全。

德免者：樊宏、劉賜女弟為宏妻。伯升起，湖陽收其妻子，令出悖伯升，不返，欲殺之。長吏曰：「樊重子父恩德行鄉里，罪且當在後。」漢兵勝，得免。張玄素、竇建德攻陷景城，被執，將戮。縣民千餘號泣請代，釋之。賈逵。郭援攻河東，逵堅守絳城。城潰，劫之以兵，吏民聞將殺逵，皆乘城呼：「殺我賢君，寧俱死。」遂免。

遇宗人，劉皞。歸唐莊宗，為梁將劉鄩所俘，髡其髮。謝彦章訊知儒學，謂劉去非曰：「為公得一宗人。」詢其閭里，乃親族也。

依族人：薛綜、字敬文。少依族人，避地交州，從劉熙學。陸遜、少孤，依從祖康。袁紹將攻康，康遣遜及親族還吴。刁整。以母老，河北喪亂，時族弟雙刺兗州，携家依焉。

遭亂而依親戚：裴儁、潛弟。姊夫為蜀長史，儁送之，年十餘歲，遭亂不得還。來敏、漢末大亂，姊夫黄琬是劉璋祖母之親，璋遣迎琬妻，敏遂與姊入蜀。江總。侯景陷臺城，總避難，崎嶇累年至會稽。總第九舅蕭勃先據廣州，總又自會稽往依焉。

同鄉人避難：徐邈、東莞人。永嘉之亂，與鄉人臧琨等南渡江，家于京口。司馬朗。以河內戰爭之地，東到黎陽，同縣趙咨俱往。

避地而講授：承宮、教授。將諸生避地漢中。竇章、避難東國，講誦不輟。劉宣、字子高，知莽篡，變名姓，抱經書，隱避林藪。桓榮。亂時，抱經書逃匿。

遭難而著述：趙壹為《窮鳥賦》。藏孫岐複壁中，作《戹屯歌》十二章。高爽為《鑊魚賦》。爽為晉陽令，坐事繫治，作賦自況。卒皆得免。崔液，《幽征賦》。坐兄配流，逃匿郢州胡履虛家。李百藥，《省躬賦》。輾轉沈法興、杜伏威亚中，備嘗艱苦，嗜賦。荀爽以著述為事。隱海上，遁漢濱。顧譚，《新言》。為全琮父子所搆，徙交州。發憤著《新言》三十篇。其《知難篇》，蓋以自傷也。王勃，《採蓮賦》。往交阯省父，道出江中，為賦以見意。未幾，溺死。是亦不異《戹屯》也。盧照鄰，《釋疾文五悲詞》。以疾居陽翟之具茨山作。

避地而猶恤人：楊俊、兵亂方起，扶持老弱詣京密山間。同行者百餘家，振濟貧乏，親故為人略作奴僕，皆傾財贖之。許靖、許貢、王朗與靖有舊，故往保焉。孫策渡江，皆走交州，以避其難。靖身坐岸邊，先載附從，疏親悉發，乃從後去。郗鑒。所在饑荒，中州士素感其恩義者，相與資贍。鑒復分所得以恤宗族、鄉曲，獲濟者甚多。

避地而感化人：庾兖、携妻子入林慮山，事其新鄉如其故鄉。期年，而林慮之人歸之，咸曰：「庾賢。」石勒攻林慮，相與登大頭山。孔愉。避亂入新安山中，改姓孫氏，以稼穡讀書為務，信著鄰里，後忽捨去。皆謂為神人，而立祠。

避難而拯困：趙憙、為赤眉囮，踰屋亡走，與所善韓仲伯携小弱出武關。仲伯以婦美，慮己受害，欲棄之。憙以泥塗婦面，載以鹿車，身自推之，遇更始親屬，皆裸跣塗炭，饑困。憙所裝縑帛資糧悉與之。顏泉明。見《義俠》。

于獄中受書，黄霸也。

于獄中問禮，崔瑗也。

于獄中上書，鄒陽、江淹也。

古事比卷之四十七

年齒

裴晉公問郎中庾威年甲，云：「與公同是甲辰。」公曰：「郎中便是雌甲辰。」或以槐癭遺晉公，威曰：「此是雌樹生者。」偶及年甲，對云。　程文惠與龐公同戊子。程已貴；龐尚小官。程戲龐曰：「君乃小戊子。」後龐大拜，程曰：「大戊子却為小戊子矣。」　蘇子瞻與沈達叔同丙子。　劉夢得與白樂天同年，謂「同甲子」。　張果老自言：「生堯之丙子。」

宋哲宗十二月七日生，避禧祖忌，改八日。　宋徽宗五月五日生，避俗忌，改為十月十日。　金熙宗七月七日生，改正月十七日。　漢高與盧綰同日。　《北史》：宇文孝伯與武帝同日。　周公瑾與孫伯符同年。　鍾瑾與李膺同年。瑾，膺姑子，而妹夫也。　許遠與張巡同年生。　文潞公同司馬光三人皆七十八，嘗為「同甲會」。

人主壽者：漢武帝七十餘；梁武帝、宋高宗，八十餘。　人臣貴而壽者：公孫弘、韋賢、匡衡，拜相封侯；胡廣、周歷，三公。弘、賢、廣，皆八十。　郭伋、張皓、貢禹、蔡義、趙充國、趙憙、張儉、張昭、王祥、喬行簡，八十餘。　夏侯勝九十；來敏、吕岱、士燮、劉寔，俱九十餘。　高允為中書令，年九十八。　范長生為丞相，年百餘歲。　楊素將相二十載。　唐李百藥、劉仁軌、虞世南、郭子儀、柳公權，皆八十餘。　張萬福、王琚、李客師，靖弟。俱九十。　僕射王起，年八十八。　尚書白居易，年七十六。　宋周必大拜相，年七十九。

李濬與李宗諤，生死各差一日。　李摯與李行敏，四般皆同。

謝莊自言家世無年，後果四十六亡；韓退之言父兄皆康彊早亡，卒亦止五十七。早衰先落。信有種耶？　趙鳳投蓍而歎曰：「吾家世無五十者，吾年五十為將相，豈有遐壽？」　齊廣寧王孝珩歎曰：「自神武皇帝以來，吾家諸父兄弟無一人至四十者，命也。」

王彪之年二十，鬚鬢皓白，後卒年七十三；杜衍四十餘，鬚鬢盡白，卒壽八十。則早衰未嘗不壽。　貢禹壯年仕不遇，棄官歸。至元帝初，乃召用，遷光禄。奏言：「犬馬之齒八十一。」　朱暉在章帝朝自太守拜僕射，復為太守。自繫曰：「行年八十，得在機密，當以死報。」帝遷為尚書令。　平津對策，六十有二矣。　子雲擬經，七十有三矣。

文人早夭者：夏侯榮七歲屬文，十三歲戰没。　林傑六歲能文，十七歲卒。　夏侯攸，十八歲卒。　袁著，十九歲。　邢居實，二十。　王勃，二十一。　何炯，二十二。　王延壽，二十四。　袁佗，三十五。　禰衡、王訓、李賀，俱二十六。　衛玠、王融，俱二十七。　邵炎、陸碩，俱二十八。　沈友，二十九。　阮瞻、到鏡、孔熙先、劉訏、歐陽逮，俱三十卒。

文人而壽者：沈麟士八十，猶火下細書。　伏生九十，令女口誦《尚書》，傳晁錯。

知命

陶弘景、刻逆亡日。南齊盧度、逆知死年月，與親友別。任文公、會子孫設酒，食後三日卒。折像、自知亡日，召賓客九族，飲食辭訣，忽然而絕。郭鳳、自知死期，令子市棺殮具。吴範、先知死日。謝夷吾、豫尅死日。矯慎、七十竟不娶，後忽歸家，自言死日。陸續、豫知亡日。顧歡、尅死日，卒于剡山。郭文、病甚，萬寵問：「幾日？」文三舉手，果以十五日終。張忠、行達南山，歎曰：「東嶽道士没于西嶽。」行五十里，及關，卒。趙達、自歎，算盡某年月日。鄭相如。師事鄭虔。自謂有官三年，死衢州。此自知其亡之月日者。

嵩真七十三，定安嵩真，成帝時人。自算其年壽七十三。管輅四十八，曰：「天與我才名，不與我年壽。恐四十七八，不見女嫁男娶也。」額上無生骨，眼中無守精，鼻無梁柱，脚無天根，背無三甲，腹無三壬，皆不壽之驗。譙周七十三，嘗語陳壽曰：「孔子七十二，劉向、揚雄七十一没。吾年過七十，恐不出後歲。」泰始六年冬卒。卜珝四十一，謂郭璞曰：「大厄在四十一歲。」為劉聰將軍，卒奔，為元帥殺。杜牧五十五。自撰《墓誌》曰：「五十五，斯壽矣。」此自知其亡之算者。

賈緯自言來春，緯左遷，妻惋傷病，留京師。緯訃候之，曰：「來春與子同歸獲鹿。」緯死，訃至，妻亦一慟而卒。果雙柩北歸。鄭玄夢告辰巳，玄夢，孔子告以今年歲在辰，來年歲在巳，蓋歲在龍、蛇，賢人嗟，玄以讖合之。知命當終。淳于智自言辛亥，智能易筮，自言短命。曰：「辛亥歲，有挾道術者死，吾當應此。」裴子野自尅戊戌。自尅死期不過戊戌歲。時年六十二。此自知其亡之甲子者。

郭璞知命盡今日日中，王敦將舉兵，使璞筮之，不吉。大怒，曰：「卿壽幾何？」曰：「命盡今日日中。」敦斬之。皇甫玉知不過日午。指文宣，謂妻曰：「殿上者不過二年。」妻以告斛律洪慶妻，洪慶啟帝，帝怒，召玉，玉每照鏡，自言兵死。及召，謂妻曰：「過日中得活。」既至，正中，遂斬之。此自知其亡之時者。

筮卦與劉著作同年，阮孝緒也。杳卒，孝緒曰：「吾其幾何？」十月卒。豫筮死日，先鑿墓，自為誌文，衛大經也。自筮死日，豫具棺斂，如言，李嗣真也。逆剋亡日，仍為《告逝詩》，陶弘景也。豫知終日，命薄葬，自誌其墓，王績也。

非命

以餓死者：趙主父、探雀鷇之食，餓死。鄧通、寄死人家。周亞夫、不食。王尼、依王澄。荆州止一子，無居宅。惟蓄露車，有牛一頭。俄而澄卒，荆土饑荒。尼乃殺牛壞車，煮肉噉之。既盡，父子餓死。摯虞、還洛，人饑相食，虞餒死。梁武帝、臺城餓死。蕭子雲、侯景寇逼，東奔晉陵，餒卒于顯靈寺僧房。蕭賁、竟陵王子良孫，餓死。劉炫、河間賊起，門人多隨賊。炫饑，投縣城，長史意炫與賊相知，不納，因凍餒而死。萬寶常、妻竊貲逃，寶常餓死。元德秀、為魯山令，退居安陸縣南，去家數十里，大雨水漲，七日不通飲食，餒死空室中。姚况、德宗幸奉天，况發車仗、器械送行在。京師平，拜太子中舍人。况未嘗言其功，旱蝗，俸寡不自給，竟以餒終。叔孫、穆子、不食死。宋纖、不食而卒。盧叔虎。范陽城陷，以寒餒致斃。

以寒死者：石文子、叔愆子、同往楚，衣寒糧乏，二人推衣、糧與革子而死。左伯桃、雨雪饑寒，並衣、糧與羊角哀而死。戎夷、天寒，解衣與弟子而死。陳無己。侍祠郊丘，不肯假趙挺之衣，寒死。

以溺死者：曹旴、五日溺死曹娥江。叔先、尼和、溺死成瑞灘。衛敬瑜、何長瑜、廬陵王參軍，行至板橋，暴風溺死。王延壽、有異夢。王昂、河中節度。貶連山，墜峽江卒。王勃、渡海。蘇世長、出刺巴〔二〕州，覆舟溺死。杜畿、居守許昌，受詔作御楼船，于陶河試船，風没。明帝為之流涕。李蕘、唐學士，死于夔州。王筠、死于井。孔宜。雍熙北征，涉拒馬河溺死。若自投于水者：彭咸、見《離騷》。屈原、汨羅江。慕容紹宗、魏王思政據潁州，紹宗堰洧水以灌之。舟纜斷，飄徑向敵城，自知不免，遂投水。盧照鄰、以惡疾，自投潁水。蔡廷玉。朱滔誣其間隙，貶柳州司户。遣吏護送，廷玉疑送滔所，自沉于河。

以醉死者：丁冲、與曹操善。過諸將飲醉，爛腸死。孫謇、司馬子如與高季式召謇飲酒，醉甚而卒。唐龐嚴、京兆尹。無檢操，因醉而卒。李成、乾德中，術融岡名。召之，酣飲，死客舍。王忱、一飲連日不醒，遂以此死。王質。悲憤劇飲，大醉。素病，益以酒，遂卒。

以食異味死者：五利將軍食馬肝死。李希烈食獨肝牛死。

死于盜賊：陳遵、使匈奴還，會更始敗，遵留朔方，為賊所殺。姚光、玄菟太守龐亦承偽璽旨，殺之。夏侯愔、謝仲、皆為孫恩殺。王玄、字眉子，術子。荀藩用為陳留守。玄有豪氣，荒弊之時，人情不附，將赴祖逖，為盜所害。王筠、亦宅先為賊所焚，寓蕭子雲宅。夜有盜攻之，驚懼墜井，家人同寓害。李德饒、孫宣雅等聚衆渤海，以德饒信行遣奏。若使德饒來，相率歸首。于是遣諭，會他盜攻陷縣城，遂見害。劉世徹、大業末，所至之處，輒為所忌，竟為兖州賊帥徐四朗所殺。崔賞、夜黑，誤至當縣西壕，為賊所殺。李象、為羣盜殺。隋陸從典、顔愍楚。朱粲引為賓客，合家為賊殺。

死于亂兵：張彝、第二子仲瑀上封事，排抑武人，由是謗讟盈路。羽林虎賁將幾千人直造其第，曳彝捶辱，焚其屋宇，始均回救其父，羽林等生投烟火中。官為捕羽林八人斬之。陸長源、為宣武司馬。節度使董晉卒，汴州兵亂，殺長源，仍臠食之。胡瀫、節度使証子。証與賈餗善。及李訓敗，禁軍利瀫匿餗乃破其家，執瀫人左軍，仇士良斬之。瀫弟湘為太原從事，忽白晝見録表人無首，血流被地。翼日，溆凶問至。**崔季柔**、崔模在宋，生子仲智、季柔。及入北，娶金氏，生幼度，隨慕容白曜、季柔守濟南，將降，先馳馬赴白曜軍，幼度令左右覘迎，不相值，為兵亂所害。**王蹈**、寓居潁川。孝静天平初，元洪威搆逆，大軍攻討，為亂兵所害。**杜曉**、友珪篡位，為平章事。及袁象先討珪，禁兵大縱，曉中重創死。**李班**、均王平內亂，班與李振皆北走，遇羣卒于禁外，振中傷，而班尤甚，卒。**李建福**、瓜州固鎮兵馬都監。至撲馬谷遇害。鋪卒建福曾笞辱之，尋亦自刎。**李絳**、楊叔、元潁募卒為亂，被害。**張鎰**。李楚琳作亂，被殺。

欲靖難，而身先受禍：景帝與晁錯議削七國，七國起兵，而錯為袁盎所中，送首以解。昭宗委杜讓能征討，汴、岐二鎮兵起，而讓能為崔昭緯中，賜死以解。

死于枉横：**孔巢父**、為李懷光殺。**盧仝**、死于王涯第。**車胤**、會稽世子元顯逼令自裁。**張華二子偉、韙**、與父同時遇害。**劉琨子羣**、冉閔敗後遇害。**衛恒**、瓘為楚王殺，子恒𡲾變，以何邵嫂之父從牆孔中詣之，問消息。邵知而不告，恒還，經厨下，收人正食，因而遇害。**皇甫方回**、謐子。**陳子昂**、段簡致死獄中。**王昌齡**，刺史閭丘曉殺。**李儒以壓**，世景子。寢室壞，壓隕。年二十五。**侯敦以墜馬**，安都長子，年十二，墜馬卒。**蕭權以矢激**。與少子凱射戲。凱矢激中之而死。

死于僕婢：**王崇**、封扶平侯，為傅婢所毒。**高幼成**、性猜狂，為奴害。**孫壹**。奔魏，以貴人邢氏妻之。邢美而妬忌，下不堪命，共殺壹而及邢氏。

死于獄：**歐陽歙**、坐贓罪，死獄。禮震上書。**桓曄**、死合浦獄。**張鈞**、上書，頤斬中常侍，死獄中。**酈炎**、風病發動。妻產篤死。妻家訟之，繫獄死。盧植為之讀誄。**班固**、种兢捕，死獄。**向栩**、張角亂，疏譏刺左右，死北寺。**謝朓**、為江祏搆，下獄死。**謝才卿**、為父超之門生所告，死獄。**王融**。欲立子良，獄死。

死于酖：**鄭小同**、詣司馬文王，有密奏未屏，如厠還，問曰：「未見。」文王曰：「寧我負卿，無卿負我。」遂酖之。**牛金**、琅琊恭王將。因「牛繼馬後」之讖而酖之。庾懌、以成帝小舅復爾之言而飲藥。孟昶、勸徵慕容超，而盧循入寇，引罪仰藥。沈慶之、攸之，慶之從子。廢帝令齎藥賜死。慶之不肯飲，攸之以被揜殺之。王彧、明帝賜死。劉瞻。劉鄴置酒，瞻歸而死。又楊震、飲酖。方儲。言天變。

死于刺客：靳尚、楚國人。蘇秦、死于齊。扁鵲、為秦太醫李醯刺。孫策、許貢奴客。因其出獵，伏箄竹中射之，中頰創甚。袁盎、梁王使人刺殺。岑彭、公孫述遣人刺之。來歙、蜀將王元使人刺之。費禕、為郭循刺。武元衡。為李師道客刺。

以累及禍者：楊修以袁紹之甥而殺。曹操慮為後患，因事殺之。武茂以姨弟，枉殺。楊駿被誅，荀愷以茂，駿之姨弟，遂枉見殺。賈匪之等以門客，並殺。王僧綽為劭害，並殺賈匪之、司馬文頤、司馬仲秀等。殷叡以妻父王奂，並害。奂刺雍州，以叡為鎮北長史。奂誅，叡並見害。李延賞以外戚，見害。莊宗舅。爾朱兆入洛，害之。崔忻以鄭儼之甥，遇害河陰。李存乂以郭崇韜子婿，及禍。存乂為鄜州節度，莊宗異母弟，崇韜婿也。崇韜被殺，故及。張貽肅以妻父王章，見殺。章與史弘肇、楊邠為李業圖害。貽肅為郭允明持刀殺之，頭血逆柱，見者異之。

誣死：有功，而以謀反誅，閻稜也。輔公祏之敗，閻稜功居多。及擒公祏，誣與己通謀。又杜伏威及稜家產在賊中者，合從原放。孝恭乃皆籍沒。稜訴理之，遂以謀反誅之。以私忿殺之，而誣云謀亂：胡裝也，同光四年，洛陽變擾。劉訓以私忿嫉胡裝，誣奏云：「欲謀亂。」士人冤之。殷涓也。浩子。桓溫誣與武陵王晞謀反，害之。殺之，而誣謂畏懼自縊，王濟于獨孤造也。為淄青巡官大將。王濟縊殺之。揚言為李師古立廟，破用絹錢，畏懼自縊。殺之，而誣與妻通，令狐建于郭士倫也。士倫傭教于羽林將軍令狐建。將棄其妻，誣與士倫通，立榜殺之。士倫母痛亡。

譖死：張彫武為韓長鸞譖誅。其戮也，子德沖在殿廷執事，目見冤酷，號哭殞絶，久之乃蘇。劉暄為茹法珍等譖誅。東昏曰：「領軍是我舅。」徐世摽曰：「明帝是武帝同堂，尚滅害都盡。舅復焉可信？」乃誅之。劉淑為宦官譖死。下獄自殺。

矯制，而殺之者：庾亮于南頓王宗。成帝問常曰：「白頭翁何在？」亮對以謀反伏誅。帝泣曰：「舅言人作賊，便殺之。人言舅作賊，當何如？」　于忠于郭祚。遠近惋惜。

以直，見殺：韓歆、光武不能容，自殺。周朗、言事切直。沈懷文。直諫忤旨，俱為宋孝武殺。范廷策為高行珪奏戮。節度使高行珪為政貪猥，廷策强制之，不止，入奏倐于闕下。行珪見敕，銜之轉深。故因懷順兵叛，奏廷策為同謀，父子俱戮。譚善達為西方鄴誣殺。節度使西方鄴貪虐。善達每箴其失。鄴令左右告善達受人金，拷死獄中。未幾，寢疾，見善達入户，俄卒治所。崔周度為慕容彦超怒斬。為判官，敢言事。彦超拒命，周度直言諫之，大忿。令抄司馬固弘畚家財不盡，斬市。

以疑隙，見殺：嵇含為郭勵掩殺。劉弘卒，或欲留含領荆州。含素與司馬郭勵有隙，疑含將為己害，夜掩殺之。王緒為景延廣奏誅。有隙。奏與楊光遠通謀，有詔棄市。

不從逆，被害：楊軻、天水人。劉曜僭號，徵拜太常不起。秦人西奔凉州，軻弟子以牛負之，為戍卒追擒，並為所害。劉琨之、竟陵王誕叛，以為參軍。辭曰：「忠孝不得並。琨之老父在，將安之乎？」誕殺之。劉鄴、崔沆、豆盧瑑。黄巢亂長安，鄴從愬不及，與崔沆、豆盧瑑匿金吾張方家。夜竄，為賊所得，迫以僞命，稱疾不應，俱為賊所害。

死而不得其所：唐樊系為朱泚草詔，明日，仰藥死。宋唐恪，金人逼立張邦昌議，書名，仰藥死。

誤死：韓馥、邢文偉，俱見《疑懼》。黃鍔。六平萬姓，欲甘心于黃潛善，而鍔以同姓，誤當之。

安貧

王恭曰：「恭作人無長物。」戴伯康曰：「人生一飽之外，皆為長物。」　崔寔之販鬻取足。父瑗卒，剽貲田宅，起冢立碑，貲產竭盡。因以酤釀販鬻為業。時多譏之，寔終不改，亦取足而已。　向長之受饋取足。貧無資食，好事者更饋焉。受之，取足而返其餘。

絶食，不以告人，崔從也。字子乂。與次兄能同隱太原山居，至于絶食，不以告人。　茅屋不容妻子，吴隱之也。刺廣州，歸京師，數畝小宅，籬垣仄陋，內外茅屋六間，不容妻子。宋高為起宅，固辭。　資無經日，而琴書為樂，沈道虔也。年老菜食，恒無經日之資。文帝敕郡縣隨時資給。　衣食乏絶，而清操逾厲，李文博也。薛道衡知其貧，每延于家，給以資壯。

倫輩華盛，而獨居貧素，黎景熙也。字季明，鄴人。為著作佐郎。于時倫輩皆位兼常伯，惟季明獨以寒素居之，而無愧色。　諸父貴盛，而獨守貧，庾袞也。字叔褒。躬親稼穡，以給供養，與弟子樹籬，跪以受條。　其兄貴盛，而貧約一不改者，虞世南也。兄世基。

盧紹避地江左，雖生計屢空，未嘗以事干侯伯。　李愚避難，東歸洛陽，往依德裕孫道古平泉舊墅，子弟親採梠負薪以給朝夕，未嘗干人。

常林不取于人。少單貧，自非手力，不取之于人。　程堅不受人施。磨鏡自給。　范丹捃拾自資。鹿車載妻子。

施延字君子。種瓜自給。母老，愸力供養。　李恂織席自給。守武威，免步歸鄉里，潛居山澤，結草為廬，獨與諸生織席自給。　裴潛織藜芘自供。貧乏。

教授樂道，韋彪也。病免，復歸教授，安貧樂道，恬于進退。　講讀不輟，竇章也。字伯向。遭羌寇，家于外黄，蓬户蔬食，躬勤孝養，講讀不輟。

躬耕者：謝淵也，字休德。躬秉耒耜，既無戚容，又不易慮。由是知名。　陳元達也。躬耕讀書，樂道行詠。年四十不與人交通。　沈慶之也。荒擾之後，鄉邑流散，躬耕隴畝，勤苦自立。

晉劉炏少孤，織芒屩養母，蓽門陋巷，晏如也。　阮修家無擔石之儲，雖當世富貴而不肯顧，晏如也。　阮宣百錢挂杖，至酒店便獨酣暢，家無儲石，晏如也。　陶淵明有《五柳先生傳》，環堵蕭然，不蔽風雨，短褐穿結，簞瓢屢空，晏如也。　耒陽羅含就桓温別駕，于江陵城西誅茅以居，織葦為席，布衣蔬食，晏如也。　梁劉歊并日而食，冬或無氈絮，處之晏如，人不覺其饑寒也。　唐楊綰獨處一室，左右圖史，凝塵滿席，晏如也。　宋忠孝狀元鄭獬，家徒四壁，晏如也。　范仲淹判河中，士子執經問難無虚日，貧者割俸周之，諸子易衣而出，晏如也。　孫夢觀官祭酒，特立不阿，敗屋數間，布衣蔬食，晏如也。《裘談》

傷逝

周舉卒，詔曰：「公叔見誅，翁歸蒙述，今舉性侔夷、魚，忠踰隨、管。其會吊，賜錢十萬，以旌素絲

任昉卒，武帝聞問，方食西苑緑沈瓜，投之于盤，悲不自勝。　杜如晦薨，太宗因食瓜美，愴然悼

攸之卒，琅琊王徽與偃書，曰：「吾與義興真恨相知之晚。嘉我小善，矜余不能，惟賢叔爾。」　何偃叔

徐原好直言，吕岱有失，輒諫，原死，哭之，曰：「德淵，岱之益友，今不幸，復于何聞過？」

不由西州路，常醉至州門，以馬策叩扉，咏曹子建詩：「生存華屋處，零落歸山丘。」痛哭而去。

王濬冲經黄公酒壚下，謂：「昔與嵇、阮酣飲，今日視此雖近，邈若河山。」　謝太傅亡後，羊曇彌年行，

作傳，輸之秘府。　向秀經嵇吕舊廬，鄰人有吹笛者，追思往昔，感音而歎，為之作賦，名曰《懷舊》。

玄度，對酒思公榮。」　李概死，荀仲舉因望其宅，為詩十六韻以傷之。　李士謙死，崔廓哭之慟，為之

裴伯茂殯于家園，友人嘗景，李騫等十許人設祭哀哭，各賦詩一篇，寄示魏收，收作詩云：「臨風想

感路人。

謝述喪還，殷景仁、劉湛同乘迎赴，望船流涕。　封孝琬櫬歸，邢邵、王忻送于郊外，悲哭悽慟，有

將王廙字。　復至于此。」

書：「不意『三陸』機、雲、耽。一旦湮滅，國喪雋望，悲豈一人？」　晉明帝與温嶠書：「痛謝鯤未絶口，世

諸葛亮與蔣琬書，曰：「令史失賴尤，掾屬喪楊顒，亮垂泣三日。為朝中損益多矣。」　孫惠與朱誕

明太子悼王規，曰：「金刀掩芒，長淮絶涸。」

之曰：「山陽王弼風流長逝，潁川荀粲零落無時。」　王融銘豫章王，曰：「半岳摧峰，中河墜月。」　昭

之節。」　褚中郎向卒，謝舉銘其墓曰：「弘治推華，子嵩慚量，酒歸月下，風清琴上。」　柳弘卒，楊素誄

之，遂輟食，遺奠，詔虞世南為碑文。　唐德宗城鹽州，復故池，忽思李晟，因致新鹽于晟靈座。

王武子喪，孫子荆後來，慟哭畢，作驢鳴，賓客皆笑，子荆舉頭謂人曰：「諸君不死，而令武子死乎？」　李士廉終于家，趙州士女莫不流涕曰：「我曹不死，而令李參軍死乎？」　尹師魯以書別范仲淹而卒，仲淹哭之，復與語。　呂獻可以銘委司馬君實而卒，君實呼之，復與語。

崔皓死，睦夷為素服，受鄉人吊唁。　竇夢微卒，劉贊與楊凝式為位，服緦麻而哭。

齊樂預令永世卒，有一媪年可七十，擔斛蔌葉造市貨之，聞預亡，大泣，棄溪中，曰：「失樂令，我輩正應死耳。」　梁蕭昱守晉陵卒，有女人夏氏年百餘歲，扶曾孫出郡，哭泣不勝。《偶記》

以綿上為介推田。介之推隱而死，晉侯求之不獲，以綿上為之田，曰：「以志吾過，且旌善人。」　環會稽為范蠡地。蠡游五湖，越王命工以良金寫蠡之狀，而朝禮之，更環會稽三百里為范蠡地。

郗超恐父愔之見思也，令門人呈箱，而父哭旋止；超黨桓温，父忠王室，箱中悉與桓往反密計，死後令門人呈之。愔曰：「小子死恨晚矣。」　劉瑱恐其妹之傷夫也，妹為齊鄱陽王妃，伉儷甚篤。王為明帝所誅，妃追傷成疾。令殷蒨繪圖，瑱令蒨圖王與寵姬共照鏡，狀如欲偶寢者，密示妃恩情即歇。而妹病遂痊。　怒有所觸，則哀有所忘，固必至之情也。

王仲宣、王武子好驢鳴，而悼亡者為作驢鳴；　顧彥先、榮。王子敬獻之。好琴，而傷逝者為鼓琴。哀心所感，不異生存。　古人之用情真矣。

齊侯躬吊杞梁之室。齊侯遇杞梁之妻于郊，使吊之。辭有：「先人之敝廬在，乃吊諸其室。」　齊侯親推無存之車。齊侯謂夷儀人曰：「得敝無存者，以五家免。」乃得其尸，公三襚之，與之犀軒與直蓋，而先歸之。坐引者，以師哭之，親推之三。

楊礪之喪，真宗降輦。　富弼母卒，仁宗罷宴。　石勒哭張賓，曰：「天不欲成吾事乎？何奪我右侯之早也。」　苻健哭苻雄，曰：「天不欲吾平四海耶！何奪我元才之速也。」　王猛卒，苻堅謂宏曰：「天不欲使我平一六合耶！何奪我景略之速也？」　代宗痛楊綰，曰：「天不使朕致太平，何奪綰之速也？」　公孫夏之《歌虞殯》；昝伐齊，夏命《歌虞殯》，送葬歌，示必死也。　周勃以吹簫樂喪，莊子所云《紼謳》。引紼有歌，為用力不齊也。　則挽歌非始于田橫也。

喪葬

劇孟母死，遠方送喪者千乘。　陳寔卒，海内奔赴者三萬餘人。制縗麻者以百數。　郭泰卒，四方會葬千餘人。　范丹死，會葬者二千人。　鄭玄卒，自郡守以下受業者，縗絰赴會千餘人。　嵇紹死，門生故吏為行服，畢三年喪者三十餘人。

李士謙卒，會葬者萬餘人。　楊愔罹家難，以喪禮自居，解職還葬，會者萬人。

秦王攻齊，禁向柳下季壠樵採。　唐武后至門鄉，禁龍驤王濬墓樵採。

詔賚牛酒、釋服者：趙憙也，張酺也，桓榮也。　逼迫詔命，自力就職者，山濤也。　送還印綬，催使攝職者，傅咸也。

固請終制者：張九齡也，母喪。　解琬也，武后朝。　李涵也，代宗朝宗室。　富弼也，劉珙也，宋庠也。　强起視事者：于志寧也，太子詹事。母喪，詔起本官。房玄齡也，母喪，起復。杜暹也，母喪奪服，拜安西太尉。山濤也，母喪，詔奪情，為吏部尚書。張華也，母憂。魏解弘也，父喪，有軍事當行，辭疾。帝怒，收廷尉，高柔請之。來瑱也，母喪，祿山叛，張垍薦之，拜汝南太守。鄭元璹也，母喪，突厥攻太原，起元璹持節。歐陽詢也，母喪，詔奪哀入朝，徒跣及門，夜直藉藁以寢。田布也。墨縗，元戲。若如阮籍圍棊：居喪。韋高彈琴：姚興時人。慕阮籍為人，居喪彈琴、飲酒，黃門郎古成詵欲斬之。持劍見高，懼而逃走。劉邠召伶人作樂：南漢劉龑在殯。李緘匿喪典軍：父抱貞卒。桐門右師之縗絰，擊鐘：宋子明謂曰：「吾猶縗絰，而子擊鐘何也？」退曰：「已縗絰而生子，余何故捨鐘？」趙宣之廬墓，孕育：宣五子皆服中所生，太守陳蕃遂致其罪。甄邵之匿喪，受封。邵為鄴令。有同歲生得罪梁冀，亡奔邵，偽納而陰告冀，捕殺之。邵遷郡守，會母亡，邵埋葬馬屋，先受封，然後發喪還洛。河南尹李燮遇之，使卒投車溝中，笞捶亂下，大署帛于背，曰：「諂貴賣友，貪官埋母。」乃具表狀，遂廢錮終身。天予以至性，而喪之。豈僅失禮？

助喪：如郭震之與資錢。震字元振。年十六為太學生，家送資錢四十萬。有縗服者叩門，自言五世未葬，願假以治喪。震舉與之，不質名氏。范堯夫之贈麥舟。到姑蘇船麥五百斛見石曼卿，言三喪未葬，堯夫以麥舟付之。柳仲塗之罄資。有書生貧，未能葬父母。仲塗之罄其貲，得白金百萬，錢數萬以遺之。陳遵之賻助。友人喪親，遵賻助甚豐。同郡王丹懷縑一匹陳于主人前，曰：「如丹此縑，出自機杼。」遵有慚色。

不受賻贈：原涉、父為南陽守，死官。賦斂送葬皆千萬以上，讓還之。魯恭、父為武陵守，卒。公年十二，郡中賻贈一無所受。袁閎、父賀，彭城相，卒。兄弟迎喪，不受賻贈。管寧、十六喪父，中表愍其孤，共賻贈，悉辭不受。劉基、年十四，居父喪。故吏饋餉，一無所受。王戎、父渾卒涼州。故吏贈數百萬，辭而不受。宋游道、父季預，渤海守，亡。吏人贈遺，一無所受。郝處俊、父刺滁州，卒，俊十餘歲。故吏賻送甚厚，悉辭不受。

著論薄葬者：有楊王孫《報祁侯書》；家業千金，厚自奉養。及病，令其子欲贏葬。祁侯與書，報曰：「將以矯俗也。靡財殫弊，腐之地下，肢體絡束，口含玉石，欲化不至，鬱為枯臘。堯之葬也，窾木為匵，葛藟為緘，其穿，下不亂泉，上不泄殠，故聖王生易尚，死易葬。」　趙文楚《遺子孫敕》；有云：「戰國法度，衰毀上下僭雜，終使晉請隧，秦伯殉葬；陳大夫設參門之木，宋司馬造石椁之奢，暴秦國貲糜于三泉，人力單于驪墓。」又云：「王孫裸葬，墨夷露骸，伯鷟父沒，卷席而葬。身亡不反其尸，告致吏朱祇、蕭建，使薄斂素棺，藉以黃壤。」子胤奉行。　何並病，作《先為令書》；曰：「告子恢：吾素餐日久，死雖當得法賻，勿受。葬為小椁，亶容下棺。」恢如父言。　皇甫規遺命；「地底冥冥，長無曉期，而復纏以纊綿，牢以釘漆，為不喜耳。幸有前奄，朝殞夕下，措尸靈床，幅巾而已。」　張奐遺命；「幸有前奄，朝殞夕下，措尸靈床，幅巾而已。奢非晉文，儉非王孫，推情從意，庶無咎吝。」范丹遺令，敕子；斂以時服，斂畢便穿，穿畢便埋。其明堂之奠，乾飯寒水。知我心者，李子堅、王子炳也。今皆不至，制之在爾。」魏沐德信並。　豫作終制誡子；誡云儀等以儉葬。云：「含珠鱗，押玉床，象衽，殺人徇以壙穴之內。錮有紵絮，藉以蜃炭，千載僵燥，托類神仙。豈復識古有衣薪之鬼，而野有狐狸之齗。」王祥遺令訓子孫；「氣絕，但洗手，不須沐浴，勿纏尸，皆澣故衣。賜山玄、玉佩、衛氏玉玦、綬笥，皆勿以斂。西芒上土自堅貞，勿用甓石，勿起墳隴。」皇甫謐著《篤終論》；有云：「桓司馬石椁不如速朽；魯季孫、璔璵比之暴骸；宋文公厚葬，春秋以為華元不臣；楊王孫親土，《漢書》以為賢于始皇。今粗為之制，奢不石椁，儉不露形，時服幅巾，遽蒢裹尸，惟齎《孝經》一卷，示不忘孝道。」子童靈、方回，遵其餘命。　晉安平王孚遺令；曰：「有魏貞士不伊、不周，不夷，不惠，當以素棺單椁，斂以時服。」其家遵遺旨，所給器物一無施用。　杜夷遺命；命子晏曰：「吾少不出身，頃雖見羈錄，冠舄之飾未嘗加體。其角巾、素衣，斂以時服，殯葬之事務從簡儉，亦不須苟且矯異也。」劉歊著《革終論》；有云：「禮樂之興，出于澆薄，俎豆綴兆，生于俗弊。欲令孝子有追思之地，何補于已遷之神乎？子羽沉川，漢伯方壙，文楚黃壤，士安麻索，四子得理忘教。張奐止用幅巾；王肅惟盥手足；范丹斂畢便葬；爰珍無設几筵；文度故舟為椁；子廉牛車載柩；叔起誡絕墳隴；康成使無卜吉。不須復魂，盥洗而斂，載以露車，歸于岱山，埳足容棺，不須磚甓，不勞封樹，勿置几筵。」顧憲之士思。　臨終為制，以敕其子；

「莊周澹臺，達生者也。王孫、士安，矯俗者也。吾進不及達，退無所矯。衣周于身，棺周于衣，止設香燈，使致哀者有憑，朔望祥忌，惟下素饌，勿用牲牢。」謝貞之遺疏告族子；以母憂病亟，告凱曰：「今在憂棘，晷漏人盡，斂手而歸，何所多念。可用薄板周身，載以露車，覆以荪席，坎山而埋之。」周弘直遺疏敕家；曰：「七十餘年，頗經豐足。啟手告全，差無遺恨。斂以時服，古人通制。但下見先人，必須備禮，可著單衣、裙衫、故履，既應侍養，宜備紛悅，或逢善友，又須香烟，棺内惟安白布、手巾、粗香爐而已。」韋夐敬遠。年老，豫誡其子；曰：「士安以籧篨束體；王孫以布囊繞尸。二賢高達，非庸才能繼。吾死之日，可斂舊衣，勿更新造。汝輩之情，可朔望一奠，勿設牲牢。」令狐楚臨終，誡諸子；曰：「吾生無益于人，無請謚號，無受平府贈賻；葬以布車一乘，無或加飾；無用鼓吹。銘誌能叙事者，則為之，無擇高位。」沈麟士自為終制。「單衣、幅巾，不須沐浴、含珠。依士安用《孝經》，不須旐冢；祭奠惟清水一盂。」子彝奉行。達哉！

臨終敕裸葬者：楊貴、字王孫。盧植、敕子葬土穴，不用棺槨，附體單帛而已。袁閎、敕子勿設殯棺。但著疏布、單衣、幅巾，以五百塹為藏。傅奕、誡子裸葬，汝宜行之。符融。妻亡，貧無殯斂，鄉人欲具棺服，不受。曰：「妻子可以行志。」即土埋葬而已。

遺命薄葬者：朱雲、棺周于身，土周于槨。龔勝、衣周于身，棺周于衣。勿隨俗動吾冢，種柏，作祠堂。王堂、河南守，瓦棺以葬。祭遵、牛車載喪，葬洛陽。鄭玄、馬融、趙岐、敕子：「死日，墓中聚沙為床，布簟、白衣，散髮其上，覆以單被，即日便下，下訖便掩。」鄧訓三子悝、弘、閶、弘病遺言：「不得用錦衣、玉匣。」悝、閶相繼病卒，遺言薄葬，不受賵贈。杜安、巴郡守，卒官。薄斂，素器不漆。裴潛、墓中瓦器數枚。王觀、上印綬，薨于家。遺令：「葬足容棺，不設明器，不封樹。」郝昭、誡子凱：「吾數發冢，取其木為攻戰具，知厚葬無益死者。」謝夷吾、下邳令。將卒，敕子曰：「漢末當亂，必有發掘露體之禍。」使懸棺下葬，墓不起墳。呂岱、「殯以素棺、疏巾、布褠。葬送之制，務從約儉。」子凱奉行。石苞、預為終制：「斂以時服，不設明器，不起墳，種樹，斷親戚、故吏設祭。」徐苗、淳于人。遺命：「濯巾、浣衣、榆棺、雜磚，露車載尸，荪席、瓦器而已。」顏含、素棺，薄斂。庾峻、敕子珉：

「朝卒夕殯，幅巾、布衣。葬勿擇日。」王徽、義興太守。固辭，病卒。遺令薄葬，不設轜旐、鼓挽之屬，施五尺床為靈，二宿便毀。王秀之、朱服不得入棺，祭則酒脯而已。王敬裔、遺命薦菔籍下，藍輿載尸，還忠侯大夫墜中。外甥許惠紹以聞，詔外、內易棺。張緒、薦菔轜車，不設祭。孔休源、光禄大夫，遺令：「薄葬，節朔薦蔬菲而已。」劉杳、「露車還葬舊基。隨得一地，容棺而已，不得設祭酹。」其子遵行。薛淑、僕射。臨終敕子：「斂以時服，踰月便葬。自制喪車，但用麻為流蘇，繩為網絡。」宋游道、遺令薄葬：「不立碑、表，不求贈謚。」薛端、遺誡：「薄葬。州、府贈遺，勿有所受。」姚崇、遺令：「斂以常服、四時衣。」姚察、柳霞、蘇瓌、皆遺令薄葬。李彥、斂以時服，葬于墝埆之地，勿用明器塗車。朝廷嘉焉，不奪其志。樊宏。遺敕薄葬，光武善其令，曰：「今不順壽張侯，無以彰其德。」

高士廉遺命：「墓中惟置衣一襲，及生平所好之書。」蕭瑀遺言：「著單衣一通，以克小斂。」到溉臨終，托友張綰、劉之遴，敕子孫薄葬之禮。劉苞臨終，呼友劉之遴，托以儉率。劉訏臨終，執從兄敦手，卒于敦舍。曰：「氣絶便斂，斂畢即埋，不立靈筵，無求繼祀。」司馬朗刺兖州，征吴至居巢，遇疾，臨卒，謂將士：「布衣、幅巾，斂以時服。」

樊宏遺令：「薄葬，使與夫人同墳異葬。」蕭琛遺令諸子：「與妻同墳異葬。」

不起祠堂：張酺、敕子：「可作蒿蓋廡，施祭其下而已。」吴漢。夫人先死，薄葬小墳，不作祠堂。

古之厚葬者：如齊桓公、景公、墓有水銀池，金蠶數十簿，珠襦、玉匣、繒綵不可勝數。晉曹嶷刺青州，建興中，發齊景公及管仲冢，尸並不朽，繒帛可服，珍寶巨萬。宋文公、葬用蜃炭，益車馬，始用殉，椁有四阿，棺有翰檜，君子謂：「華元樂舉，不臣。」季平子、卒，將以君之璠璵斂，增以珠玉。孔子止之，曰：「送死以寶玉，是猶暴尸于中原。」吴王闔閭、王冢，發士十萬人，穿土為川，積壤為丘，池廣六十步，銅棺三重，澒地六尺，黃金、珠玉為鳧雁，葬三日，金精上騰，為白虎蹲踞于上，因名虎丘。秦始皇、葬驪山，起墳高五十丈，下錮三泉，周囿七百步，以明月珠為日月，人魚膏為燈燭，水銀為大海，金、銀為鳧、鵠。**霍光**。夫人顯，改光自造塋制，而侈大之。起三山闕，築神道，北臨昭靈，南出承恩，盛飾祠室，輦閣，通屬永巷，而幽良人、婢、妾守之。**董賢**、哀帝為起冢塋，旁内為便房，側柏題湊，外為徼道，周垣數里。門闕罘罳，及東園秘器、珠襦、玉匣，預以賜賢。及賢自殺，父恭不悔過，復以紗畫棺作四時之道：左蒼龍，右白虎，上著金銀、日月、玉衣、珠璧。**原涉**、自以讓南陽賻送得名，而先人墳墓儉約非孝。乃大起冢舍，周閣重門。初，京兆尹曹氏送茂陵，民謂其道為京兆阡，涉慕之，買地開道，立表，署曰「南陽阡」。人不肯從，謂之「原氏阡」。**崔寔**。父瑗，濟北相，卒。寔剽賣田宅，起冢立碑，資産竭盡。因以酤釀販鬻為業。**桓温葬女**。冢中有金巾箱，織金篋為嚴器。又有金蹤、銀繭等物。南齊宜都王鏗鎮姑熟時，人發冢得之。**後魏趙修葬父**。百僚、王公無不吊祭，酒、犢祭奠，填于京師。為制碑銘、石獸、石柱，皆發民車牛傳致，財貲悉自公家。**李義府改葬祖父**。三原令。李孝節私課丁夫、車、牛，為其載土築墳，晝夜不息。高陵令張敬業不堪其勞，死于葬所。其羽儀、導從、輀輴、器服，窮極奢侈，會葬車馬、祖奠、供帳，自灞橋屬于三原七十里間，相繼不絶。**李先進葬母**。葬京城南原，將相致祭凡四十四幄，城内士庶觀者如堵。

有喪不葬：**孫莘老**、入相不一年而罷，坐父死不葬。後莘老作家廟碑自辨。**張璞**、少為盜。貝丘之役，應募坎窟得官。後被重疾，忽叩頭乞三年葬畢死，未幾，疾已。一日蜕殼如蟬，竟三年亦不葬，遂死。不歲餘，其子令發其墓，取金帶抵罪，世謂「不葬之譴」。**却詵**、山濤啟為温令。尋又啟詵喪母于所居屋，後假葬，請更遷之。衛瓘以其不應除服而議。詵云：「此方下溼，惟城中高，故遂葬于所居之宅。」**陳泊**、三司副使。卒後，婢子附語，坐不葬父母，今作賤鬼。**陳靖**。為吏部員外郎。卒附婢子語，答薛向云：「甚有官蔭，以不葬父母，乃被勊折。」俱《樵書》。

附 塋兆

孫叔敖將死，曰：「葬我于廬江陂，後當為萬户邑。」樗里子葬渭南章臺東，曰：「後百年，當有天子之宮夾我墓。」及漢興，長樂宮在東，未央宮在西，武庫直北。　秦夏太后葬杜陵東，曰：「後百年，旁當有萬家之邑。」　韓信葬母，令其旁可置萬家。按《水經注》：「淮陰城東有兩冢：西漂母，東即信母也。」

霍去病冢象祁連山；即天山。　李靖冢象積石山；即鐵山。　李思摩冢象白道山；李世勣冢象高麗三山。皆旌功也。《偶記》

秦叔寶陪葬昭陵，太宗詔琢石為人馬，立墓側，以旌戰功。　丘行恭，貞觀中，詔斵石為人、馬，像拔箭狀，立昭陵闕前，以旌武功。

得石椁銘者：飛廉也，《銘》曰：「帝令處父，不與殷亂，賜爾石棺。」死，遂葬霍太山。處父，飛廉別號。　衛靈公也，卜葬沙丘，掘得石椁，《銘》曰：「不憑其子，靈公奪而有之。」趙主父、秦始皇，皆卒此。」滕公也。夏侯嬰死，送葬至東都門外，掘得石椁，《銘》曰：「滕公居此室。」　常指葬處，乃古冢，獲銅碑、漆燈者，沈彬也。

《冢中銘》言「筮龜」者：宋浦陽江琵琶圻之古冢。圻有古冢，墮水甓有隱起字，云：「筮吉龜凶，八百年落江中。」謝靈運取甓詣京傳視，乃驗龜繇，古冢已八百年矣。　東京豐都市之冢。掘得《銘》云：「筮道居朝，龜言近市。五百年間于斯見矣。」當時達者參驗，是魏黃初二年所葬也。　任昉所得之古墓銘。《銘》云：「龜言土，筮言水，甸服黃鐘啟靈趾，瘞在山上庚，墮遇七十已，六千三百浹辰交，二九重三四百圮。」歷代無知者，至唐鄭欽悅始辨之。

孔子母冢，遇雨而崩。　王季前和，遭泉而出。

楚王仲先、吳潘章之共枕樹。為友，篤于伉儷，偕沒葬羅浮山，生一梓樹，柯條相抱，號「共枕樹」。　陸東美之雙梓墓。妻朱氏夫婦合葬，冢上生梓樹，同根相抱。孫權封里曰「比肩」，墓曰「雙梓」。

扁鵲墓土可愈疾。　朱瑾墓土、宋李餘慶墓土，皆可愈瘧。　昭君墓草獨青。　貴妃死馬嵬坡上，土白如粉。

亭灣羞墓。朱買臣妻投于河，即葬亭灣。　建康穢冢。秦檜墓碑不鐫一字。孟珙滅金，回屯平墓所，令平士糞溺墓上。

季孫蒲團東門之六櫝。季孫樹櫝東門外，欲自為櫬也。　安定真北邙青隴之孤櫝。善算術。成帝時，自算其「年十三，北邙青隴上，孤櫝之西，吾葬地也」。依言，得古空槨。

張禹年老，請平陵肥牛亭地以治冢。　王樵自號「贅世翁」。　預卜為窌，名「繭室」。中置石榻，刻石其上，曰：「生前投軀，以虞不備。没後寄魄，以備不虞。」

曹植登魚山，臨東阿，有終焉之志，遂營為墓。　李白至姑熟，悦謝家青山，欲終焉，卒葬山之東麓。

魏田豫國讓。求葬西門豹側。言：「所履行，與我適等，死而有靈，必與我善。」　梁伯鸞求葬要離冢旁。皋伯通曰：「要離烈士，伯鸞清高，可相近也。」　曹子臧求葬遽伯玉側。魏中山恭王衮曰：「瑗葬濮陽，吾想其遺風，願托賢鄰，以蔽疑齒。」　杜元凱求葬祭仲冢邊。見以儉自全注。　傅永欲葬附杜預。嘗登北邙，奮矟躍馬，盤旋瞻望，遠慕杜預，近好李冲、王肅，欲葬附其墓，買地數頃。敕子叔偉曰：「此吾之永宅也。」　此與范滂願埋首陽山側；謝翺幸附嚴陵，同一慨想。　昔趙文子觀于九京，曰：「死者如可作，吾誰與歸？其隨武子乎？」信不虚語。

孫葬鶴飛之地。孫鍾設瓜，三異人示葬地，已而化鶴飛去。鍾葬其母，後權、亮四世鼎峙于吳。　章稱羊眠之墳。章得象母練氏嘗活建州一城之命，子孫衣冠相繼。世傳：「白羊眠處鷓鴣啼。」章家墳是也。　陶侃見一老父。微時丁艱，將葬。忽失牛，見一老父曰：「前岡一牛眠，其地若葬，位極人臣。」又指一山：「當世出二千石。」言訖不見。俄，尋牛得之，因葬其處。以所指地與周訪，訪父子葬焉。果三世為益州。　袁安逢三書生。父没，求葬地，逢三書生指一處，曰：「當世為三公。」　皆默有以相之。　裴休聞葬桑東。世為方伯。　唐智興葬母門側。道士以竹葉表曰：「兩世方伯。」　葬師為种放指地，曰：「後出名將。」放不娶，侄世衡為將帥，有聲。　葬師為富室指地，曰：「後出名將。」蒼頭黄進私之後為旗卒，兒至防禦。　聞也。

羊祜祖墓，相者云：「有帝王氣，鑿之則無後。」祜遂鑿之而絶。　祜何忍于無後？惡夫帝王氣之言聞也。

張裕曾祖當葬父，郭璞為占，曰：「葬某處，年過百歲，位至三司，而子孫不蕃；葬某處，年幾減半，位裁卿校，而累世貴顯。」澄遂葬其劣處，而位光禄，年六十四，子孫遂昌。　澄非不欲壽，貪夫子孫之世貴顯也。《問奇》

管輅過毋丘儉墓下，而言其四危。曰：「林木雖茂，無形可久；碑誄雖美，無後可守；玄武藏頭，蒼龍無足；白虎銜尸，朱雀悲哀。四危已備，法當滅族。」　蕭吉見楊素冢上，而謂有兵禍。煬帝謂：「玄感改葬，托言遼東未滅，不遑私事。」未幾，謀反，族。

徐勣初卜葬，繇曰：「朱雀和鳴，子孫盛榮。」張景藏曰：「所謂朱雀悲哀，棺中見灰。」後敬業反，斫英公棺焚尸。　李傕等葬董卓于郿，大風暴雨，漂其棺槨。　楊承勳光遠子。驅范延光墮水，曹午獲其尸，已葬墓輒崩破，棺槨、頭顱皆碎。

漢高祀信陵以少牢，為置五家守冢；唐太宗祀比干以少牢，為給五户灑掃；漢文修趙佗祖墓于真定；光武修竇融祖塋于扶風；謝詢請為諸孫置守冢；趙抃奏為諸錢置守冢；孟昶于王建世墓為之厲禁；張全義諫莊宗伐梁，墓亦如之。　夫帝王為盛德事自易，而漢文、光武，感化尤捷。詢，一吴令耳；

抔，一杭守耳。足為厚誼之勸。

徐穉醊黃瓊之墓；負笈徒步二千里。顧劭表徐穉之墓；劭起豫章，首表穉墓。墓在郡南白社。吴太守徐熙于墓隧種松，太守謝景立碑，晉太守夏侯嵩立思賢亭。何點酹卞壺之冢；植花卉于側，每飲必酹之。延篤表龔遂之墓；朱文公訪劉凝之之墓；為立門牆，以限樵牧。吏民常祀延陵季子冢；在毘陵縣暨陽鄉。士禱扁鵲冢；在盧越東。元魏時，針藥之士以卮臘禱之，所謂「盧扁」。彼酹橋太尉墓；曹操斗酒沃酹。奠白太傅冢。葬龍門山。過者必奠以卮酒，冢前方丈之土，常成泥濘。寧異情乎？

漢明帝遣使祀蕭何、霍光墓。漢和帝遣使祀蕭、曹墓。魏太祖遣掾修盧植墓。唐太宗遣使祭鄭國僑、漢陳寶墓。

劉超死蘇峻之難，成帝痛念之，詔遷高顯近地葬之；吐蕃劫盟，將士骸骨不藏，劉昌瘞之。具叫，下詔哀痛，分建二冢，大將曰「旌義」，士曰「懷忠」。恤其死國事也。

漢曹褒為射聲校尉，葬停棺百餘所。漢陳寵為廣漢太守，盡葬洛縣城南骸骨。

始興王鑑得古冢，遣功曹何佇為之起墳。刺益州，于囹地得古冢，珍寶甚多。遣佇起墳，一物不犯。宜都王鏗發古冢，使長史蔡約自往修復。鏗為豫州人。發桓温女冢，金物甚多。鏗曰：「今往取物，後取今物，如此循環，豈可熟念？」使約修復，纖毫不犯。如殷仲堪葬徐伯玄，游江濱，見流棺，葬之。門前溝忽起為岸，夕有人自稱徐伯玄，云：「感君莫報，水中有岸名洲，君將為州。」後果臨荆州。鄒湛葬甄舒仲，嘗見一人自稱甄舒仲。悟曰：「予舍西積土敗瓦中，必有死人。」果然，厚葬之。夕夢來謝。與欲破流棺，而為立祠者，異矣。《地道志》曰：「遼西人見水有浮棺，欲破之。語曰：『我，孤竹君也。爾破我何為？」因為立祠。」又有徐州刺史高流之，決滹沱河水，得《墓銘》曰：「吾死後三百年，背底生流泉。賴逢高流之，遷吾上高原。」侍御史郞載，見道傍古冢，水潰其穴，遷于高原，得《銘》云：「爾後一千年，此地化為泉。賴逢郞侍御，移我向高原。」亦與發冢得志之張恩不同。魏張恩盗發，得《冢志》云：「我死後傳子孫二千年，困于恩。」恩得古鐘磬，皆投于河。

不知父母墓，求而得葬者：杜羔也，羔父死河北，不知父墓。晝夜哀慟，它日舍佛祠，觀柱間有文字，乃其父臨死記墓所在。羔往，亦有耆老識其隴，因得葬。伊謹也，喪母，將合葬，不知父墓。晝夜哭，夢若有導者，既發之，窆誌可按也。乃得葬。趙來章也，父矜客死，十七年，求其喪不得。野哭再旬，卜人秦詗為筮，遇老人問之，得矜墓，遂歸葬洪安。呂向也。少喪母，失墓所在。將葬，巫者求得之。

曹操作疑冢七十二處。慕容德死，作十餘棺，分出潛葬。高澄虛葬獻武于漳水西，潛鑿鼓山石穴，藏柩，殺其羣匠。桓温繆處；葬姑孰，不為封域。石勒虛葬；夜瘞山谷，莫知其所，備文物虛葬，號「高平陵」。石虎偽陵。皆祖操也。

王祥遺令西邙，勿起墳壠。李建勳誡，勿封土立碑。

葬以儉自全者，晉杜預也。遺令：「邢山有冢。云是祭仲，或云子産，千載無毁，儉之制也。吾表營雒陽城東，首陽之南為兆域，東奉一陵，西瞻宫闕，北望夷齊，儀制取法鄭大夫，欲儉自全耳。」以厚免禍者，宋張侍中耆也。耆遺言厚葬，晏殊遺言薄葬。俱在陽翟。元祐中，同為盗發，侍中壙金玉、犀珠充塞，盗不近其棺，列拜而去。丞相壙中但瓦器數十，盗怒，不酬勞，斫棺取金帶，帶亦木也，遂以斧碎其骨。厚葬免禍，薄葬致禍，王孫之計疏矣。

齊太祖遺詔，以闕康之點定《五經》入幽宫。唐太宗密語高宗，以王羲之《蘭亭》真蹟入幽宫。

虞翻遺令，葬殉以《老子》二卷。　皇甫謐遺令，葬殉以《孝經》一卷。　令終日寫《堯典》一篇置前，東漢周磐字堅伯。也。　亡，以一卷《孝經》，一帙《老子》，陶華陽劍一口自隨，梁元帝也。

智永筆冢。晉僧智永有笞筆頭數石，瘞之，號「退筆冢」。　劉蛻文冢。為文，不忍棄其草，聚而封之，為作《文冢銘》。

李元賓瘞硯。觀有硯，行于褒谷，役者劉胤誤墜地毀焉。不忍棄，乃匣歸，埋于京師。韓愈作《銘》。　許芝瘞墨。妙墨八厨，巢賊亂，瘞于善和里第，事平取之，惟古石塼匣存焉。

求歸葬者：　韋玄成、父賢，葬平陵。玄成後徙杜陵病，因使者白乞骸骨，歸葬父塋，上許焉。　温序、光武賜葬洛陽城旁，長子壽夢序告思鄉里，壽即棄官上書，乞骸骨，歸葬舊塋。　李德裕、見夢令狐綯曰：「公幸哀我，使我歸葬。」綯白于帝，得以喪還。柳子厚。歸葬皆出觀察使、河東裴行立。

不欲歸葬者：　李固、為梁冀誣，自殺。敕素棺三寸，殯于墝埆之地，不得還墓塋，污先公兆域。　楊震。酖卒，布單蓋形，仍歸冢坎。

不歸葬者：　梁鴻之傍要離。　朱邑之葬桐鄉。　張霸葬梁縣。遺敕：「蜀道阻遠，可止此葬。足藏髮齒而已。」諸子遂家焉。　諸葛亮葬定軍山。因山為墳，冢足容棺，斂以時服，不須器物。　崔瑗留葬洛陽。命子寔曰：「何地不可藏形體？勿歸鄉里。」　至考亭之于建安；　二蘇之于郟；　君子以為孟之歸魯也；　孔子之合防也；　太公之返周也；　季子之葬嬴博也。　皆是也。

卒官，即葬其地：　孔僖、臨晉令，卒官，遺令即葬。二子長彥、季彥曰：「載柩而歸，則違父令，捨墓而去，心所不忍。」遂家華陰。　陸思鐸。典陳郡，誡子曰：「藏骨于宛丘，使我栖魂于所理之地。」乃葬于陳。

發墓而葬，陳始興王叔陵也。晉世王公多葬梅嶺。叔陵生母彭氏卒，乃發太傅謝安舊墓，棄去安柩，以葬其母。奪山而葬，宋朱勔也。勔父冲殂，勔護喪歸里，傾城出送，而潘兑獨不往。兑先塋近冲新阡，勔諷求不得，訴上奪之。

何承天識甄邯墓中之銅斗；沈彬獲古冢之銅牌。上有鐫篆。非掘，何由出人間耶？玉匣殮尸；渼赤眉發掘諸陵，取其寶貨，遂污辱吕后尸。凡有玉匣殮者，率皆如生。玉璧藉尸。吴景帝時，戍將于廣陵掘一大冢，內有重閤，高可乘馬。又銅人數十，執劍列侍，破棺，人髮已斑白，面體如生，棺中雲母厚尺許，以白玉璧三十枚藉尸。故致後之發丘中郎，摸金校尉。

啟顏魯公棺，爪透手背。發卞壺墓，爪甲透指背。義熙間盜發。吴人發長沙王吴芮冢，以其磚于湘臨，為孫堅立廟。容貌如生，後見吴綱，曰：「甚類長沙王也。」計隔四百餘年。綱，芮十六世孫。盜發鄱陽忠烈王冢，後見蕭穎士，穎士，瓜洲舟中有二少年，熟視。曰：「甚肖鄱陽王也。」穎士是其曾孫。

戴熙墓占有王氣，掘之，得一物，是水牛，青色無頭脚。黄巢墓占有王氣，掘之，得一黄腰獸，一劍，自撲死。

曹魏發冢，得霍光婿范明友家奴。元魏發冢，得崔涵字子洪。父暢母，魏不敢認也。菩提寺沙門達取磚，得一人。

得女子于墓中而復生者：魏之發漢陵周王冢也。得殉葬宫人，有氣，數月能語，年可二十。郭太后愛養之，十餘年，后崩，哭泣而死。太原之發冢也。破棺，得一生婦人，送之京師。問其本事不知，視其冢上樹，可三十歲。漢杜錫冢之婢也。婢祔葬十餘年而生。嫁之，有子。晉琅琊陳朗之婢也。朗婢已葬，更活，開土取之，強健如常。于寶之開父壙竇建德之發鄴中墓也。得魏文帝宮人，年可二十餘。賓父塋有寵婢。塋亡，母生，葬于墓，後十餘年，母喪開墓，而婢如生，嫁之，有子。 元康中，梁國女子也。許嫁而夫不歸，女家强以適人。尋病亡，夫還，竟至墓所開棺，女遂活，與俱歸。後夫詣官爭之。王導曰：「此不可以常理爭，宜還前夫。」 初平中之武陵女子也。李娥年六十餘死，瘞，有行人聞冢中有聲，告家人出之。死凡十四日，復活。一云蔡仲發冢。 漢杜嘏婢也。嘏家葬而婢誤入。後十餘年開冢祔葬，而婢尚生。初埋時，年十五六，開後猶十五六也。嫁，生子。 魏奚儂息女也。曹休中郎將謝璋部曲奚儂息女，年四歲，埋五日復生。 王玄象之發冢也。見發，得金寶注。

死而復生者：漢之田無嗇、哀帝時，山陽方與女子孕未生，兒啼腹中，及生不舉，葬之陌上，三日有人過，聞兒啼聲。母掘養之。 趙春、平帝時，廣牧女子死六日，出在棺外，自言見亡夫。 桓氏、獻帝時，長沙有姓桓，人死月餘。其母聞棺中聲，開之，乃生。 顏畿、病死復活。弟含絕棄人事，侍養，足不出户十有三年。 陳留考城史姁，字威明。嘗病，臨死謂母：「當復生。埋我以竹杖挂墓上。若杖拔，掘出。」如言，七日視之，果然，出活如故。 漢末，發范明友冢奴。奴猶活。明友，霍光聓。 元魏時，崔涵。菩提寺僧發冢取磚，得一人，自言：「崔涵字子洪，在地下十二年，如醉人時。」後行遊，不甚辨了。 唐之趙雲容。開元中，內趙雲容問申元之乞延生藥，與絳雪丹一粒。曰：「死百年復生。」至元和末，果再生。 五代之賀克。石晉時人，死而復生。真宗封泰山，出謁不省，訪東坡亦未之奇。 發而見金箱之書，漢茂陵也。武帝遺詔，以《道書》三十卷置棺中，貯之金箱。後河東太守張純以書進宣帝。典書冉登流涕，曰：「此先帝殯時物。」宣帝愴然驚愕，視茂陵宛然如故。庾信賦：「茂陵之書空聚。」謂此。 掘而見玉匣之殮，漢五陵也。漢帝王葬，皆有珠襦、玉匣，匣鏤蛟龍。赤眉掘諸陵，惟文、宣、礪、杜二陵獨完。五陵在北，二陵在南也。 發而得珍寶者：始興王鑑也，鎮蜀，于州園地得古冢珍寶甚多。金、銀為蠶形數斗。又以朱砂為阜，水銀為池。 王玄象也。玄謨從弟。垣內有一冢，發之，有金蠶、銅人百數，一女子年可二十。曰：「我東海王家女，資財願相奉，幸勿見害。」見女臂有玉釧，斬臂取之，女復死。　發而風生者，越王勾踐也。欲移允常冢，冢中風生，飛沙射人，即止。
雷吼者，白茅冢也。盜發白茅冢，棺内大吼如雷，穴内火起，盜被燒死。　聲如雷者，鮑靚墓也。盜發其棺，惟一大刀。欲取，凶兵馬聲，刀亦有聲如雷，驚懼乃止。　發而兩人張燈對棋，蜀先主墓也。各飲以一杯，與玉帶數條。盜出，口已黍矣。帶乃巨蛇，視其穴如舊。　盜發而以黶黑捕獲者，晉王李克用墓也。金時，盜發之。郡守夢王告云：「墓中有酒，盜飲之唇皆黑，可驗此捕之。」明日獲盜，寺僧居其半。　有人發冢，以酒墨其唇，驗而擒之，王樊也。盜開冢見樊與人樗蒱，以酒賜盜，見有牽銅馬出冢者，夜有神至城門言，云云。

却方回葬婦，使壞古墳，聞冢内鼓角聲。　發張騫墓，聞鼓角聲。《南史》：梁州有古墓，或曰「寢墳」。欲發者輒聞鼓角與外相拒。蕭歎求自監督。及開，惟有銀鋌、銅鏡、方尺。　諸葛誾墓，則陰雨輒聞絃歌聲。

章蔡欲發司馬光墓，而許將曰：「發人之墓，非盛德事。」哲宗曰：「朕與卿同。」又有周秩乞斫司馬棺。噫！甚矣。　夏竦欲發石介棺，而呂居簡謂中使曰：「萬一尸在，即是朝廷無故剖人墳墓。」令介親屬及門人姜潛結狀保證，仁宗亦悟，赦介妻子還鄉。

郭子儀不怨魚朝恩毁墓。　楊行密亦不怨蔡儔毁墓。　唐高祖父、祖墓被隋臣暴發，亦不問。

蘇峻子碩發庾亮父母墓，剖棺焚尸。　蘇不韋掘李暠父阜冢，取阜頭以祭父墓。

塹杜氏山岡；杜正倫與京兆宗派不同，常蒙輕遠，公銜之。宦達後，因事塹斷杜陵山脈，由是諸杜數代不振。　塹鮮于祖墳。鮮于仲通兄弟，閬州新井縣人。崛起，俱登將壇。望氣者以其祖墳有異氣，降敕塹斷之。裔孫有岳者，幼年寢處席底有一小地，家人以為奇。壯亦自負，終安岳縣。其徒戲之曰：「鮮于地也。」以是知地脈之不可絶。

漢景帝殺臨江閔王。榮坐侵廟堧地，自殺。　燕數萬啣土置冢上。

王莽掘丁姬定陶太后。冢，燕數千啣土投穿中。　宋都泰玄青州刺史。葬時，燕數千啣土于冢。亦異事。

校記

〔一〕巴州：原作「已州」，據《新唐書》、《舊唐書》之《蘇世長傳》改。

古事比卷之四十八

術藝

累丸以五而不墜爲難，及王僧虔之累博棋也，至十二而不墜，亦不重作，可謂累棋者絶技。魏文帝善彈棋，用手巾角拂之，無不中；時一書生，又能低頭以所著葛巾自拂棋，妙踰于帝。此可謂彈棋者絶技。

侯景試麴紹與郭生卜伏牛，郭曰：「赤者先起。」紹曰：「青者先起。」郭以火赤，紹以烟青也。魏璘與王白策馳馬，王曰：「赤者勝。」璘曰：「青者勝。」王以火赤，璘以烟青也。紹、璘言皆中。詹何坐，弟子侍，有牛鳴于門外，弟子曰：「黑牛白題。」何曰：「黑牛也，而白在其角。」視之，果黑牛而布裹其角。以何之察而與愚童子同功。故曰：「前識有道之華也，而愚之首也。」

飛衛之教紀昌以射也，先學不瞬。泰豆氏之教造父以御也，先觀吾趨。北山黄公，其善醫也。先寢食，而後鍼藥。汾陰侯生，其善筮也。先人事，而後説卦。《文中子》

噀酒救火者：郭憲之于齊也。憲從駕南郊，忽向東北含酒三噀，曰：「齊國失火。」後齊上火災，與郊日同。樊英、欒巴于成都也。英因暴風從西方起，含水西向噀之，曰：「成都失火甚盛。」後有從蜀來者，云是日大火，有黑雲從東起，大雨火滅。

巴正旦大朝，得酒，向西南噀之，曰：「成都失火。」驛問，雨從北來，有酒氣。召信臣于南陽也。南陽遭火熱，時少府召信臣在丞相匡衡座，含酒東向，噀之，遭火處見雲西北來，大雨酒香。佛圖澄于幽州也。佛圖澄與石季龍升中臺，忽驚曰：「幽州當火。」取酒噀之。遣驗，云火起西南，黑雲來，雨滅之，有酒氣。成武丁于臨武也。淡成武丁年初元會日，于周昕座，以酒向東南噀之，曰：「臨武縣火。」縣人張濟上書，稱：「元日火，見雲自西北，大雨，有酒氣。」

作三日霧者，蚩尤也。黃帝與蚩尤戰，尤作百里大霧。作數里霧者：沐胥國之尸羅也，燕昭七年，沐胥國來朝，有道術人，名尸羅，噴水為霧數里。作五里霧者，張楷也。楷字公超，霸子。能作五里霧。作三里霧者，裴優也。妖賊豐盈也。桂州賊豐盈能作數里霧。自以不如，從楷學。楷避不肯見。後作賊，被考，引楷，無驗，見原。作十二里霧者，宋蘄賊中道士也。萑搏。獲，斬之。大霧而失所在者，欒巴也。巴為尚書郎，正旦天大霧，失巴所在。尋問之，曰：「其日還成都。」霧起而使騎自相殺者，李曠也。先主取李曠先生。先生起霧半天，備騎自相殺。先生乃人吳，字祖和。

唐居士呼女貼月壁上，朗如張燭。長慶初，楊隱之訪唐居士，留楊止宿。夜呼其女貼月。王先生召女刻紙狀月，施于垣上，洞然一室。弘農晦之謁王先生，留宿。召其女七娘，刻紙狀月。翟天師月規半天，瓊樓、金闕皆滿。翟天師乾祐，江岸與弟子玩月，曰：「可隨吾指觀見月。」數息間不見。周生懷中出月，一室盡明。中秋與客會，月色方瑩，因取筯數百條，絙而梯之。曰：「梯此取月。」俄，天地陰晦，因懷中取月，一室盡明。韓生持杓取月，秋毫皆睹。桂林韓生抱一籃，持匏杓取月。及至，邵平共坐江亭上，市酒取籃一揮，月色秋毫皆睹。趙知微登峰，月色如畫。中秋積陰不解，衆惜良辰。知微曰：「可備酒肴，登天柱峰玩月。」飲至月斜方歸，下山，則陰雨如前。」

葛仙翁與客語，時大寒，因吐氣，火從口出，客皆熱。《列傳》　庾肩吾嘗夏會客，向室大噓，氣盡成

雪。《廣異記》 周靈王時，乘雲二人，一引氣飛雪，一即席為炎。《拾遺記》

漢桓帝時，劉褒畫《雲漢圖》，見者覺熱。又畫《北風圖》，見者覺寒。 唐張藻嘗以手握雙筆，一時齊下，一為生，則潤含春澤；一為枯枝，則乾裂秋風。

鍾繇問蔡邕筆法于韋誕，誕惜不與，搥胸嘔血，曹操以五靈丹救活之。誕死，繇掘其墓得焉。 趙達得九宮一算之術，孫權求之不得，乃録問其女。及發達棺，無所得。守一藝死，貽掘冢暴骸之禍，抑何愚也！

羿善射，而卒以射見殺；彭祖善御女，而卒以晚妻妖淫敗道死；蘇秦游説，而卒以口見刺；扁鵲、為秦太醫李温刺。文摯、為齊湣王烹。華陀，為曹操殺。善醫，而卒以醫亡；郤雍善視盜，而身死盜手；黃公赤刀制虎，及衰老，而為虎所食；費長房以符治鬼，後失其符，而見殺于鬼；法師騎龍致雨，而卒為龍所掀，身如裂帛；唐周邯奴水精，善于探水，卒以入汴州井為大金手所攫；陶峴奴摩訶善泗水，卒以入江，肢體磔裂；劉交女舞竿上，竟遭撲殺。擇術不慎，終取滅亡。

蔡君謨夢為虎逼。翌日，道人謁而異之。夢一人救之，曰：「公貴人。但頭角不正，手為按之。」翌日，李士甯道人謁，狀乃夢中逐虎者。 蘇東坡夢虎來噬，旦有道士謁而叱之。知揚州，夢一紫袍黃冠叱虎使去。旦有道士投謁，公叱曰：「豈不知夜來術也。」慚懼而退。

市中耗瓜；徐光常行幻術于市。從人乞瓜，弗與，索瓣種之。俄而，瓜蔓成實。向者返，視所賣，皆耗矣。 座上種瓜；馬湘有道術，嘗于江南刺史馬植座上，冬月，以酒杯盛土，種瓜。須臾，引蔓花實，食之甚美。 許元長致榴；唐金陵許元長善變幻。

武宗謂曰：「先朝明崇儼取羅浮山柑子，萬里往來，止于旬日。東都石榴已熟，今日當致十顆。」及旦，寢殿始開，金盤貯石榴致于御榻。俄有使奉進，亦以所失之數上聞。**董元素致柑；**唐宣宗朝，有術者董元素自江南來。上召，語曰：「南中柑橘正熟，能致之否？」請安一盒于御榻前。數刻時，有微風入簾，元素啟盒，柑滿其中。奏曰：「此江陵枝江縣柑也。」上嘗之，嘆歎。**羅浮先生《軒轅集》致荳蔻、荔枝；**上因語京師無荳蔻花及荔枝。俄頃，二花皆連枝葉，凡數百。《杜陽編》**左慈引鱸魚；**《後漢書》：慈字元放。少有神道。嘗在曹操座，操曰：「今日珍饈略備，少松江鱸魚耳。」慈求銅盤貯水，以竹竿餌釣。須臾，引一鱸魚出。操曰：「一魚不周座席。」乃更釣之，皆長三尺餘，生鮮可愛。鱠之周浹會者。操又曰：「得魚，恨無蜀薑，恐即近所取。」因曰：「吾前遣人買錦，可敕增市二端。」語頃，蜀薑並獲。操前使報命，後使返，驗問增錦之狀，及時日早晚，若符契焉。**介象餌鯔魚。**仙人介象，字元則。有方術。吳主徵到武昌，敬之，稱為「介君」，從學蔽形之術，莫有見者。共論鱠魚，象曰：「鯔魚為上。」吳主曰：「此出海中，安可得？」象乃令人于殿庭中作方埳，汲水求釣餌，垂綸埳中。須臾，果得。吳主曰：「得蜀薑作虀甚好。」象曰：「易得。」吳主指一人以錢五十付之。象書一符，著青竹杖中，使行人閉目騎杖。須臾，至蜀市買薑。于時吳張溫先在蜀市中相識，作書寄家。此人促書負薑，騎杖閉目。須臾，還，到吳廚下，切鱠適了。裴松之曰：「神仙之術，詎可測量？臣之臆斷，以為惑眾。所謂『夏蟲不知冷冰耳。』」**何其時之近，而事之同？**

李郃知使星入蜀郡。和帝分遣使至州、郡。二人當到益州，投館吏李郃舍。郃問：「朝廷二使何時發？」問：「何以知之？」郃指二星向益州分野。**徐路識驛馬流冀州。**路繫冀獄，曰：「昨夜驛馬星流，計赦應至。」俄至。**單颺知譙有王者興。**熹平末，黃龍見譙，單颺曰：「當有王者興。不及五十年，亦當復見。」至四十五年，黃龍復見。**殷馗言譙、沛間有真人出。**桓帝時，有黃星見楚、宋分。馗言：「五十年有真人起于譙、沛之間。」**董扶言益州有天子氣。**謂劉焉言之。

管輅弟辰嘗欲學卜及仰觀事，輅言：「卿不可教。《孝經》、《詩》、《論》足為三公，無用知之也。」子

弟無能傳其術者。　譙周曉天文，有從學術者，曰：「天下事當學者尚多，何必天文？」　蜀杜瓊善識緯，不視天文，答譙周曰：「欲明此術甚難，復慮漏洩，不如不知。」　游雅數以災異問高允，允曰：「知之甚難，復恐漏洩，不如不知。天下妙理至多，何遽問此？」　北齊權會明風雨、玄象，學徒有問不言，曰：「此術可知，不可言。」有一子，亦不授也。　晉索紞明天文、術數，人問吉凶，紞曰：「攻乎異端，戒在害己。」惟以占夢，為無悔吝。

技獨擅長于其一者：張南本與孫位並學畫水，皆得其法。南本以為同能不如獨勝，遂專意畫火，獨得其妙。　張長史學吳畫不成，而為草。　顏魯公學張草不成，而為正。　吳道子學書于張顛、賀知章，不成，因工畫。　時楊惠之亦學畫，見吳道子藝高，更為塑工，亦名擅天下。
羿之射；造父之御；奚仲之斵削；市南宜僚之弄丸；丈人之承蜩；梓慶之削鐻；公孫大娘之舞劍；昭明之鼓琴。凡一技之擅長，皆得其獨以有成。

羿中右目，而愧終身，或使射雀左目，誤中右目，俯首而愧。在他人，將謂奇矣。　顏息射敵中眉，而謂無勇。曰：「吾志其目也。」在他人，已足矣。　觀于二子，學者自處，可稍恕乎？

庖丁解牛，目無全牛；伯樂相馬，所見無非馬；紀昌視蝨，大如車輪，射之貫心而懸不絕。皆心之所寄也。　朱子言：「劉晏見錢流地上，是其會計之熟所致。」

術藝而不應于理者：名醫邢氏為韓侂胄診脈，曰：「所憂者，夫人耳。」洎出疆，甫數月而報卒。是診夫而知其妻也。　僧智緣為王荊公診脈，言有子登科甲之喜，而雩果登第。是診父而知其子也。

泓師為韋安石弟縚葬殤男，而後縚為太常卿。是葬子而蔭其父也。　梁丁貴嬪薨，昭明太子求得善地，有賣地者，許閹人俞三副百萬，密啟：「今地于帝吉。」則又葬妻，而欲蔭其夫矣。《樵書》

附書法

唐太宗絶重鍾、王筆蹟，貯之陵中，卒為温韜所發。　甘露宰相王涯。鈎取名書畫，鑿垣納之，卒為人剔取，奩軸、金玉而棄于路。

蔡伯喈入嵩山學書，于石室得一素書，乃李斯并史籀用筆勢。　鍾元常入抱犢山學書三年，盜掘韋誕墓，得伯喈筆法。繇與胡昭並師劉德升草書。世傳「胡肥、鍾瘦」。繇臨終，探囊授子會，曰：「吾精思學書，學其用筆。若與人居，畫地廣數步；卧畫被穿破表，如厠至于忘歸，見萬類皆畫像之。」《禊帖》藏昭陵，為賊所劫。　定武真刻藏向若水墓，又為賊所劫。

陳征北軍人于丹徒發郤曇墓，大獲鍾、王遺跡，多賜始興王伯茂。　唐節度使温韜發太宗昭陵，大獲鍾、王墨跡，多歸廬山隱士鄭元素。

王日華畫掌學書，遂工篆法。　虞世南被中畫腹，遂精于書。　而坐則畫地，卧則畫被，先有鍾繇學書三十年。

韓擇木當肅、代世，以八分得名。　天下欲銘其先人，非其筆不得言孝。　柳公權，當時大臣家碑誌，非其筆為不孝。　東陽守蕭子雲為百濟國使，停舟三日，書三十餘紙。　高麗、雞林遣使求歐陽詢

書。　柳公權，宣宗賜器幣，詔自書謝章，無限真草。外國貢者，別署貨貝購求柳書。《事偶》

「黄家元祐脚」者，陳無己紀魯直之善書也。「柳家元和脚」東坡作「手」字。者，劉夢得美子厚之能書也。《示兒編》

唐盧知猷文詞美麗，尤工書，落簡操翰，人争模倣。　又歐陽詢筆力險勁，為一時之絶，人得其尺牘文字，咸以為楷範焉。

師宜官工楷，大者，一字徑丈；小者，方寸千言。　劉穆之教武帝書，一字徑尺。　隋慧日僧，一字方丈。

書家父子最著者：魏太傅鍾繇、司徒會，晉右軍將軍王羲之、尚書令獻之，唐率更令歐陽詢、蘭臺侍郎通，宋禮部員外郎米芾、敷文閣學士友仁。　然不知人主有魏武、陳思，晉元、晉明，簡文、孝武，宋文、宋武，齊高、齊武，梁武、簡文，唐文、唐高、睿、玄，宋高、宋孝。　人臣，則漢崔寔、子瑗，魏韋誕、子熊，晉桓温、子玄，宋張茂度、子永，王僧綽、子儉，齊王僧虔、子慈，梁蕭子雲、子特，陳蔡景歷、子徵，元魏王世弼、子由，唐宋令文、子之悉，王知敬、子友真，徐嶠之、子浩，史白、子惟則，宋錢淑、子惟治，蘇軾、子過，徐林、子臧，元趙孟頫、子雍，鮮于樞、子必仁，揭曼碩、子泫。　三代以書名者：杜僕射畿、子幽州恕、恕子征南預，衛太保瓘、子黄門恒、恒子侍郎璪、洗馬玠，王丞相導、子中書令洽、洽子中書令珉，郄太尉鑒、子司空愔、愔子北海超，崔黄門潛、子白馬公宏、宏子司徒浩，盧長史諶、諶子偃、偃子宏，房不害、子令名、令名子郎中仲容。　兄弟善書者：漢韋康、韋誕，張芝、張昶，晉衛璪、衛玠，謝安、謝尚，王悦、王洽，陸機、陸雲，庾亮、庾翼，王徽之、凝之、操之、獻之，六朝王慈、王志、王彬，唐鄭遷、鄭邁、鄭遇，秦景通、秦暐，王維、王縉，張從申、從儀，竇蒙、竇泉，宋蘇舜元、舜欽，徐兢、徐琛。

筆之以人得名者，張芝著。　墨之以人得名者：韋仲將、李廷珪著。　紙之以人得名者：張永義、右軍所用。蔡侯、倫。　左伯、子邑。　謝公、十色箋。　薛濤、李氏澄心堂著。蕭子良答王僧虔書云：「子邑之紙，妍妙輝光；仲將之墨，一點如漆；伯英之筆，窮神盡思。妙物遠矣，邈不可追。」　能書家，每欲兼而用之。如韋仲將云：「用張芝筆，左伯紙，及臣墨，兼此三具，又得臣手，然後可以盡徑丈之勢，方寸千言。」歐陽通詢之子。　自矜能書，必象牙、犀角為管，貍毛為心，覆以秋毫，松烟為墨，末以麝香，紙必須緊薄白滑，乃書之。　豈欲善事者，固必先利器乎？

王右軍有撥鐙法。　太宗有堆垛法。

鐵鉤鎖，柳誠懸法也。　金錯刀，李煜法也。

張愛賓云：「王獻之能為一筆書；陸探微能為一筆畫。」

鍾會書善效人。《世説》：「會善效人書。于劍閣，要鄧艾章表白事，皆易其言，令辭旨悖傲，多自矜伐。又毀文王報書，手作以擬之。　劉超書蹟類帝。《晉書》：「超以職在近密，而書蹟與元帝手筆相類。乃絶不與人交書。時出休沐，閉門不通賓客。由是漸得親密。

張芝臨池學書。王羲之與人書云：「張芝臨池學書，池水盡黑。使人耽之若是，未必後之也。」　江夏王鋒倚井為書。《南史》：「鋒好學書，幼匿母張家，無紙札，乃倚井欄為書，書滿則浣之，更書。又晨興不肯拂窗塵，而先畫塵上，學為書字。」

懷素書芭蕉。陸羽作《僧懷素傳》，曰：「貧無紙可㞢，常于故里種芭蕉萬餘，以供揮洒。」　鄭虔書柿葉。好㞢無紙，慈恩寺貯柿葉數屋。遂往，日取葉肆㞢，歲久殆遍。　李琪書樹葉。琪，唐御史。昭宗播遷，因與弘農楊玢藏蹟荆、楚間。楊即泝蜀，琪盤桓夷道，之清江，晦蹟號「華原李長官」。其堂兄光符宰宜都，嘗厭薄之。琪每臨流、跋石，摘樹葉而試草制詞，吁歎怏悵而投于水中。梁祖受禪，尋登廊廟，後宜都之子彬羈旅渚宮，因省相國，乃數厥父之所短而遺之矣。　少孤，學書無紙，以箬葉、甘蕉及地上學之，則徐伯珍也。

歐陽詢不擇紙筆。褚遂良問虞監曰：「某㞢何如永師？」曰：「吾聞彼一字直五萬，官豈得若此？」褚曰：「何如歐陽詢？」曰：「聞詢不擇紙筆，皆能如志，官豈得若此？」褚曰：「既然，某何更留意于此？」虞曰：「若使手和筆調，遇合作者，亦深可貴尚。」褚喜而退。　裴行儉不擇筆墨。工草㞢。唐高宗嘗以絹數百卷，令草㞢《文選》八部。賜帛五百疋，嘗曰：「褚遂良非精筆佳墨，未嘗輒㞢；不擇筆、墨而妍捷者，惟余與世南耳。」

《樂毅論》，王著所書；李白狂草，葛叔紞所書；《絶交書》，李懷琳所書。天地間僞物，亦有不可磨滅者。

附　繪事

畫家「三祖」：晉以來顧長康、陸探微、張僧繇也。　畫師「三靄」：沙門元靄、金波處士李靄之，及李靄也。　又顧、陸、張、吴為「五經」；楊、鄭、董、展為「三史」；餘為百家。

王獻之、謝安石、陶弘景、黄長睿、司馬温公、晁元咎、張伯禹，皆善畫，不以畫行，然勝以畫行。

畫至通神：北齊楊子華畫馬于壁，每夕必蹥蹛長鳴，如索水草；圖龍于素卷，舒之輒雲氣縈集。有人牽馬訪醫，稱馬患脚求治。醫曰：「大似韓幹所畫者。」忽值幹歸，視所畫馬脚，有一點墨缺。《雜俎》　寧王畫馬，花萼樓下壁有《六馬滚塵圖》，最愛玉面花驄，謂：「無纖悉不備。」後壁惟五馬，其玉面者失去。　吴道子畫驢僧房，一夕有踏藉破迸之聲。訪僧不禮，遂畫壁上，物具皆破。僧懇告塗去，乃已。　北齊高孝珩封廣寧王。于廳壁畫蒼鷹，鳩雀不敢近。　張僧繇于潤州興國寺東壁畫鷹，西壁畫鷂，鳩、鴿不敢復來。　厲歸，真異人也，畫壁鷂，而雀、鴿引避。于洪州信果觀。　郭忠恕，神仙也，圖風鳶，而醇酎難酬。　張僧繇畫龍，點睛，則飛去。于金陵安樂寺。又天皇寺。又于會稽禹廟梅梁畫龍，一日風雨，飛入鏡湖。　沈明遠畫一魚，被童子點睛，躍去。　李思訓畫一魚，被風吹入池水，躍去。　王摩詰所畫奇石，飛至高麗，則天竺飛來峰不足奇也。

徐邈畫鯖致獺。　徐景山畫鯔。

何尊師畫猫，則鼠遠避。　石恪作飛鼠，則鼠不入室。　王瓊取瓦片畫龜甲，懷之，少頃成龜，循行庭下，乃幻術也。《筆涉》　魏武游青溪，見一赤龍，命曹弗興圖之。至宋文帝時，亢旱，取畫置水上，應時蓄水成霧，經日滂沱。　王維為岐王畫一大石。一日，雷電交作，忽拔石去。憲宗朝，高麗使言：「大風雨神嵩山上飛一石，有王維字印，遣使奉獻。」以維手蹟，校無毫髮差謬。　黄魯直云：「異哉！李伯時貌天厩滿川花，放筆而馬徂矣。」　王逢賦韓幹卷，亦云：「三馬同日死。」豈前代亦有此事？　米元章《畫史》載：「嘉祐中，有使江南者，渡采石，風大作，夢水府神告以留馬當相濟，遂獻所藏韓幹馬。已而風止得渡。」

張舜民臨江而居，其妻遺十素綾鯉魚，但未畫鱗甲，芸叟舜民。試點染，便躍入江中。俱《樵書》。

畫可愈瘧：顧光寶畫獅子，令于外户榜之。而陸溉經年之瘧愈。夜聞户外有窸窣聲。明日，獅子口血淋漓，溉病遂愈。宋子虔畫二獅子于金陵延祚寺殿，患人坐壁下，有愈者。蒲延昌翰林待詔。摹宋展子虔。獅子，進王昭遠，而公妾患店頓減。與桓石虔名、桓康形、朱瑾墳土、潞公花押，比神矣。俱見《嚴悍》。摩詰《輞川圖》愈秦太虛病。韓幹為鬼使畫馬。明日，有人送素縑百疋，不知其來。唐韋叔文夢華嶽廟天王求二馬。曰：「來春改名而第。」獻之，果第。

張平子潛以足指畫獸。建州浦城縣山有獸，名「駭神」。平子往寫之，去紙筆，拱手不動，潛以足指畫之，今號「巴獸潭」。始皇工人潛以脚畫海神。魯班潛以脚畫忖留神。見《神怪》。

顧愷之于瓦官寺畫維摩，神光滿室，累日方散。尉遲偓《金陵六朝記》　王定之于白馬寺畫釋迦，視之如生。

唐王維工詩，又精于畫。東坡曰：「摩詰詩中有畫，畫中有詩。」　諸葛武侯父子、右軍、大令，皆長于畫，世所不知。將毋以功業，書名掩之乎？

畫與父齊名：戴逵之勃。袁倩之質。姚曇度之惠覺。張僧繇之善果。李思訓之昭道。馬遠之麟。遠多于己畫題麟名，欲麟得譽。

唐明皇忽思嘉陵江山水，假吳道玄驛遞往貌，還于大同殿圖之，一日而就；衛將軍李思訓亦畫大同殿，數月方畢。上曰：「李思訓數月之功，吳道玄一日之迹，各極其妙。」思訓兼畫掩障，上曰：「夜聞水聲。」

曰：「以此知遲速間，非所以程工拙。」

漢武帝賜霍光畫《周公負扆圖》。　齊世祖使毛惠秀畫《漢武北伐圖》。

畢宏見張璪，問筆法所受，璪曰：「吾外師造化，中得心源。」宏驚歎而已。　明皇令韓幹師陳閎，對曰：「内廐馬，皆臣之師也。」　鄭法士求楊契丹畫本，曰：「宫闕衣冠、車馬，是吾畫本也。」

黄荃畫鳥飛　頸、足皆展，非飛鳥也。　戴嵩畫牛鬥，角、尾同掉，非鬥牛也。　圖昭君鹵部，戴帷帽，以據鞍，閻立本之病也。　圖梁武南郊，有衣冠而跨馬，王知慎之疏也。　張僧繇畫霅公祖二疏，而兵士有著芒屩者。芒屩，非京華所有也。

蜀郡太守高朕繕文翁學堂，圖畫古人聖賢于壁。　檀州韋機修學館，畫孔子七十二弟子，自為讚。

趙岐圖季札、子産、晏嬰、叔向四像居賓位，自圖其像于主位。　宗測寫祖少文，作《尚子平圖》于壁。

侍中王秀之令陸探微畫宗測與己相對，曰：「古人有圖畫僑札輕相方耳。」　司空圖作休休亭，悉圖唐興節士、文人。　李渤隱廬山，摭古高蹈者：楚接輿、老萊、黔婁先生、於陵子、王仲豫、梁鴻六人圖像，贊其行以自儆。

曹不興為吴大帝書屏風，誤筆成蠅。　楊德祖為魏太祖畫扇，誤筆成蠅。　王子敬為桓温畫扇，誤筆就成烏駮牸牛。　唐戴嵩畫牛，筆墮為烏。

楊子華居禁中，號「畫聖」，非詔不得與外人畫，北齊世祖時也。　吴道子授内教博士，非有詔不得畫，玄宗時也。　戴琬為人所索，封其臂不得私畫，徽宗時也。

陶弘景佩《五岳真形圖》。　梁令瓚寫《二十八宿真形圖》。

天皇寺一作江陵人皇寺。以壁有畫盧舍那佛像，及孔子七十二弟子像，後周因得不毀。　甘露寺以殿有明皇銅像，會昌因得不廢。

附

善射

見石以為兕，射之，矢飲羽，養由基也。　見石以為伏虎，射之，没金飲羽：熊渠子也，李廣也。見石以為伏兔，射之，鏃入寸餘，后周李遠也。　宋景公之餘力逸勁，猶飲羽石梁，其弓精也。百步一發，便中刀鐶，追騎乃散，晉慕容翰也。投宇文，既而逃歸，遣勁騎百餘追之。　百步一發，中盜手中箭，資而遣之，慕容盛也。

曹丕善左右射。《典略》：文帝自叙，善左右射。　董卓善左右射。膂力少比，雙帶兩鞬，左右馳射。　又曹平、善左右射。雖滅燭，亦能中。　張士貴。唐虢州人。

王栖曜先以一箭射空，再發中之。《南部新書》　宋康保裔握矢三十，引滿以射，筈鏑相連而墜。紀昌學射于飛衛，謀殺飛衛，以矢相觸而投弓。　王靈智學射于呰君謨，謀殺君謨，謨以口承而齧鏑。　彼逢蒙之殺羿，是亦羿未精耳。

李廣以大黃射匈奴，大黃參連，前放一矢，後放三矢也。　諸葛長子用元戎，二十矢俱發，謂之羣鴉。　虞詡亦使二十彊弩共射一人。

賈堅之附膚落毛，所貴不中。燕烈祖取一牛，置百步，上召堅使射，一矢拂脊，再矢磨腹，皆附膚落毛，上下如一。恪曰：「能中之乎？」堅曰：「所貴者，不中為奇，中之何難？」一發斃之。　明月之麗龜達腋，何須獲多。北齊斛律羡、光，並工騎射。每出畋，光獲雖少，必麗龜達腋。羡獲者多，非要害之所。

射猿、《呂覽》：荆王有神白猿，王自射之，則搏樹而嬉。使養由基射之，始調弓矯矢未發，猿擁樹而號。　射蜻蜓者，養由基。楚莊王使射，願生得。援弓射之，挂左翼。　射梅者，柳惲。嘗與琅邪王瞻博飲，嫌其皮闊，乃摘梅貼烏珠之上，發必命中。

射蔗者，蕭鏗。齊宜都王鏗善射，常以棚的太闊，乃以甘蔗插地百步，射之，十發十中。

一矢落雙鵰者，高駢也。　落三烏者，宋范廷召也。

二狐俱獲。《南史》：山強工騎射，從獻文獵方山。有兩狐起御前，詔強射之，百步內二狐俱獲。　雙雁俱落。文襄出野，見雁雙飛，使斛律光馳射之，以二矢，俱落焉。光又從世宗于洹橋校獵，見一大鳥雲表，光引弓射之，正中其頭，乃大鵰也。邢子高歎曰：「此射鵰手。」號「落鵰都督」。　二箭下雙鴟。後魏秦王翰弟幹從明元于白登，有雙鴟飛鳴于上，帝命射之。幹以二箭下雙鴟，號「射鴟都將」。　一發貫二鵰。《南史》：突厥攝圖愛長孫晟，每共游獵。嘗有二鵰飛而爭肉，固以箭兩隻與晟，請射取之。晟馳往，遇鵰相摶，遂一箭雙貫。　見二鹿授箭。爾朱榮曾送臺使，見二鹿，授兆二箭，令取供食，構火待之。俄，射獲其一，榮欲誇使人，責兆不盡取，杖之五十。　又尉迥嘗從周文北狩雲陽，見五鹿俱走，迥獲其三。　見雙梟授弓。賀拔勝從宴昆明池。有雙梟游池上，周文授弓矢于勝，勝射之，一發俱中。　又魏孝武即位，蠕蠕諸蕃遣使朝貢。帝臨軒宴之，有鴟飛鳴殿前，帝素知賀熾善射，因欲矜示遠人，給箭兩隻，命射之。應弦而落。

七札皆徹。潘尫之黨與養由基蹲甲而射之，徹七札焉，以示王曰：「二君于此，何憂于戰？」王怒曰：「大辱國，詰朝爾射死藝。」　五甲洞貫。薛仁貴領兵擊九姓突厥于天山。高宗出甲試之，曰：「古善射，穿七札，卿且射五重。」仁貴射而洞之。一矢復命。晉呂錡夢射月，中之，退入于泥。及戰，射共王，中目。王召養由基，與之兩矢，使射呂錡，中項伏弢，以一矢復命。　三箭懾敵。薛仁貴擊九姓，驍騎數十人逆來挑戰。仁貴發三矢，射殺三人，餘並坑殺之，擒其將葉護兄弟三人而還。軍中歌曰：「將軍三箭定天山，壯士長歌入漢關。」

金宗雄接矢射兔；方逐兔，撻懶亦從後射。已發矢，大呼曰：「矢及矣。」雄反顧，手接矢，射兔，中之。　宗亨奮鎚擊豕。宗亨擊鞠為天下第一。馬方馳，投杖馬前，側身附地取杖去。與海陵行，遇羣豕，奮鎚追擊，中其腹，穿入之。　驍技一也，而雄以榮名終，亨以見忌死，則在善用其勇與否耳。

宗雄射中二麞，馬蹶，而控弦如故，復獲其一麞。《金史》　迭里特射虎，馬跌，而弓猶不弛，復獲其一鹿。遼太祖嘗思鹿醢解酲，迭里特乘内廐馬逐鹿，射其一，復欲射，馬跌而斃。迭里特躍而前，弓猶不弛，復獲其一。帝歎甚，曰：「吾弟萬人敵。」　二子以顛蹶之餘，不廢挽强，命中，非第巧力兼絶，亦可以占膽定。

《家語》：更羸射雁，摇弓而落。　五代朱漢賓射雁，隨矢而落。　甘蠅彎而獸伏鳥下。　養由基矢未發，而猿抱樹以泣。　紀昌射蝨心，摘蟣肝，其視小如大，則以奇為中。　賈堅射牛，以不中為奇。　石雄以中白鷺目。　卜成功、安重榮，以連中百步外立箭，歸晉高。

養由基百步穿楊葉，百發百中。　後周豆盧寧與梁仚定遇于平凉川，百步射懸莎，七發五中，仚定贈遺甚厚。

李克用百步中針。　魏元忠彈桐葉，嘗出一孔；擲棗、栗而彈之，十中七八。　劉洪射風中鵝毛，無不中者。

呂布一發中戟枝，以解先主之圍。唐崔詢一發中瓶竇，再發中瓶嘴，以屈蕃使之射棚。薛仁貴以三箭定天山。李晟一矢殪吐蕃悍首。馮益七矢退羅竇洞獠。「射離都尉」，曹幹也。「落鵰都督」，斛律光也。「落鵰侍御」，高駢也。「射鵰都將」，拓跋幹也。

以人為射的：術，則尚父于丁侯。侯不朝，乃畫于策。病請為臣妾，拔箭病愈。畏，則匈奴于郅都，為偶人像都，令騎馳射，莫能中。烏桓于公孫瓚。拜降狄校尉，烏桓更相告語：「避白馬長史。」畫作瓚形，射之，中者，咸稱萬歲。怨，則時苗于蔣濟，謁濟不見。刻木人，書「酒徒蔣濟」，以弓射之。河間王孝琬于執政，為草人而射之。和士開與祖珽語之云：「草人，擬聖躬也。」宋葉延之射姜聰，父為羌首所刺。延十歲縛草為人，號為「姜聰」，射之。百姓于沐堅。堅字壁强。石勒時，監作水田，百姓怨毒，乃為堅形，以矛刃砍刺，咒令倒斃。尋病，遂殞。妄，則夜郎于漢吏，漢河平中，夜郎王興與鉤町王禹漏卧侯俞舉兵相攻，遣張匡持節和解。興等刻木像漢吏，立道旁射之。王弼于鄭玄。《書樵》云：「弼注《易》，刻木偶為鄭玄像，見其所誤，輒呵斥之。」虐，則宋王于秦王，秦以宋委于齊，曰：「宋王無道，為木人以寫寡人，而射其面，王能破之，自得之。」蒼梧于齊高矣。畫腹為的，王天恩諫，以骲箭射之。又刻木為帝形，命左右射中者，加賞，皆莫能中。

附醫

因親患疾而工醫者：殷仲堪也，父師病積年，衣不解帶，躬學醫術，究其精妙。李元忠也，以母多病，專心醫藥。李密也，母患積年，洞閑針藥，母疾得除。許智藏、祖道幼也，以母疾，究極醫方。王勃也，曰：「人子不可不知醫。」時曹元

李逢吉也，父顔
有秘術，勅從遊，盡得其要。甄權也，以母病，與弟立言究習方書。王燾也，母有疾，收從高醫游，遂窮其術。
有痼疾，自料醫劑，遂通方書。杜鵬舉也。以母疾，與崔沔同受醫蘭陵蕭亮，遂窮其術。

晉侯病，使醫緩治之，夢二豎避于肓之上、膏之下。緩曰：「不可為也。」 隋秦孝王俊病，召許智藏治之，夢亡妃崔氏避于靈府。智藏至，曰：「不可救也。」 扁鵲治秦武王，左右曰：「君之病在耳之前，目之下，除之未必已也。」扁鵲怒而投石。 扁鵲望見威王，退走，曰：「病在骨髓。」

病有激之使怒，而愈者：文摯之療齊王也，《呂覽》：摯至，視王之疾，謂太子曰：「王之疾，必可已，已則必殺摯。」期而將往，不當者三。齊王固已怒，文摯至，不解屨，登床履王衣，問王之疾，王怒而不與言；文摯因出辭以重怒王，王叱而起，疾乃遂已，王怒烹文摯。 華陀之療郡守也。一郡守病篤，陀以為盛怒則差。乃多受其貨，而不加功，棄去。又留書罵之，太守果大怒，令人追殺陀。不及，因嗔恚吐黑血數升而愈。 亦有聒之使狂而愈者，耶律敵魯之療斜軫妻也。《遼史》：斜軫妻有沉疴。敵魯視之，曰：「心有蓄熱，非藥食所及，當以意療。因其聵聒之使狂，用泄其毒，則可。」于是大擊鉦鼓于前。翌日，果狂，叫呼、怒罵，力極而止，遂愈。 此當是對治法，設以語，庸醫則駭矣。

虢太子死，扁鵲礪鍼砥石而有間。扁鵲入診，曰：「尸蹷也。」乃使弟子子陽礪鍼砥石以取外三陽五會。有間，太子蘇。乃使子豹為五分之熨，以八減之，齊和煮之，以更熨兩脇下，太子起坐。 石勒子斌暴死，佛圖澄楊枝沾水咒之，而遂蘇。勒愛子斌暴死。勒以告佛圖澄。澄取楊枝沾水灑而咒之，熟執斌手，曰：「可起矣。」遂蘇。

華元化針死胎。有李將軍妻病，陀曰：「傷身，而胎不去。」將軍言：「已去百餘日。」復動，更呼陀，陀曰：「似兩胎，先生者去血多，故兒不得出也。」乃為下針，並令進湯，曰：「死胎，勢不自生。」使人探之，果得死胎。 徐文伯針雙胎。宋後廢帝出樂遊苑門，逢一婦人有娠，帝亦善診，曰：「此腹是一。」文伯曰：「腹有一男一女。」帝欲使剖之。文伯曰：「刀斧恐有變，請針之。」立落，如其言。

水灌滿百數。有婦人長病經年。冬月中，陀令坐石槽中，平旦用冷水汲灌。云：「當滿百。」始七八灌，會戰欲死，灌者懼，欲止，陀令滿數。將至八十灌，熱氣乃蒸出；滿百灌，陀乃欲燃火温床，厚覆，良久，汗洽出，著粉，汗燥便愈。

水澆盡百斛。房伯玉患冷，夏日常複衣。徐嗣伯曰：「伏熱。應以水發之，非冬月不可。」至冰雪大盛，令二人夾提伯玉，解衣坐石，取冷水從頭澆之。盡二十斛，伯玉口噤氣絶，家人啼哭，請止。嗣伯遣人執杖防閤，敢有諫者，撾之。又盡水百斛，伯玉始能動，背上彭彭有氣。俄而起坐，曰：「熱不可忍，乞冷飲。」嗣伯以水與之，一飲一升，病都差。自爾，冬月猶單褌衫。

為氣徙癰。《南史》：薛伯宗善徙癰疽。公孫泰患背，伯宗為氣封之，徙齋前柳樹上。明旦，癰消，樹起一瘤。二十餘日，瘤大膿爛，樹為之萎損。

作氣出鏃。陳頵達與桂陽賊戰，矢中左目，而鏃不出。地黄村潘嫗善禁，先以釘釘柱，嫗禹步作氣，釘即出，乃禁頵達目中，鏃出之。

服雄黄，吐誤食之髪。唐有尼明律，年六十，患心腹鼓脹，身體羸瘦，已經二年。甄立言診脈，曰：「腹内有蟲，當是誤食髮為之耳。」因令服雄黄。須臾，吐一蛇，如人手小指，惟無眼，燒之猶有髮氣，其疾乃愈。

薰防風，療不語之證。陳柳太后病風不言，醫治不愈，脈益沉而噤。許胤宗曰：「口不可下藥，宜以湯氣薰之。」乃造黄蓍防風湯數十斛，置于床下，氣如煙霧，其夜便得語。

龍化為老翁求治。孫登寓湯陰真人社，值旱禱得雨。登曰：「此病龍雨。」嗅之，水腥。龍時背生疽，詣登言，化老翁求治。曰：「病痊有報。」不數日，果大雨。石上忽裂一井，其水湛然。

鬼請為芻人求療。徐秋夫仕至射陽令，夜有鬼呻聲悽愴。秋夫問：「何須？」曰：「患腰痛死。雖為鬼，猶難忍，請療之。」秋夫曰：「云何厝法？」鬼請為芻人，按孔穴針之。如言，為灸四處，又針肩井三處，設祭埋之。明日，見二人謝恩，忽不見。

技高而殺身：扁鵲為李醯刺。扁鵲過邯鄲，聞貴婦人，即為帶下醫；過洛陽，聞周人愛老人，即為耳目痹醫；入咸陽，聞秦人愛小兒，即為小兒醫。秦太醫令李醯自知技不及扁鵲，使人刺殺之。

華陀為曹操殺。陀為人性惡難得意，恥以醫名。曹操苦頭風，召陀，後求歸取方，因妻疾失期，操累書呼之，陀恃能厭事，猶不肯至。操大怒，殺之。臨死，出書一卷與獄吏，曰：「此可以治人。號《青囊經》。」吏畏法，不敢受，陀索火焚之。

《扁鵲傳》云：「病有六不治。」一驕恣，不論于理；二輕身，重財；三衣食不能適；四陰陽並臟氣不定；五形羸不能服藥；六信巫，不信醫。　郭玉云：「療有四難。」自用意，而不任臣，一難；將身不謹，二難；骨節不能使藥，三難；好逸惡勞，四難。

狄梁公再造廬陵，而其未第也，亦嘗假一匕以扶危。　陸宣公力挽奉天，而其謫也，亦嘗集古方以惠世。

殷浩妙解經脈，而悉焚經方。有常所給使叩頭流血：「母垂百歲，若蒙一診，便有活理。」一劑便愈，于是焚方。　崔彧冀州別駕。少善醫術，而廣教救療。弟子趙約、郝文法、子景哲，以醫術知名。

水火治病：《清波雜志》云，倭國人遇疾，第裸病人就水濱杓水通身淋洗面，四方呼其神，誠禱即愈；《職方外紀》云，哥阿島曩國人盡患疫，有醫名依卜加得令城內外遍舉大火，燒一晝夜，火息而病亦愈。一治以水，一治以火，亦陰陽之至理也。　《六帖》云：「石藏用、劉寅俱善醫。石喜熱藥；劉喜用冷藥。」京師曰：「藏用匣中三斛火；劉寅匣內一壺水。」亦近于用水、用火者也。《樵書》

「聖火」，有晉元時之季氏，王離妻將洛陽哲火南渡。病者將此火煮藥，及炙，病皆愈。及季氏卒，火亦滅，人號所居為「聖火巷」。　南齊之沙門。永明中，自北齎火而至，色赤于常火。以療疾，多驗，云「聖火」。　「聖水」，有唐亳州之浮屠。詭言水可愈疾，號曰「聖水」，李德裕捕絕之。　水火而號曰「聖」，徒欺妄耳。　至水寧之井，洋縣之「聖泉」，扶風之「醴泉」，合水之「聖公泉」，又靈臺保巖山之「溫涼泉」，皆可愈疾。　事或有之，未可遂以為神也。

以水治疾者：華陀、以冷水灌病婦八十斛，熱氣蒸出，燃火溫床卧，冷汗出而愈。徐嗣伯。以水澆房伯玉百斛而差。

水火不侵者，道士仲都。漢元帝廣求方士。漢中送仲都昆明池上，環水而馳。御者衣裘寒戰，而仲都卧池窐自若。夏大暑日，使曝坐，環以十爐火，亦不言熱。《樵書》

附卜

卜之奇中者：有著瓦還鹿。有捕鹿者，鹿被盜。管輅卜曰：「汝巷中第三家，發其東第七椽，以瓦著其下，當送還。」其夜盜者父病，詣輅卜，令擔鹿皮肉著故處，盜從之，乃令鹿主舉椽，棄瓦，病者果痊。窮丘得牛。輅為鄰婦卜失牛，當在西面窮丘中懸首向上。尋之，果得。崩屋免禍。晉淳元智能易筮，譙人夏侯藻母病，詣卜。忽有一狐當門，向之嗥。藻馳告智，智曰：「速歸，在嗥處拊心啼哭，令家人驚怪。大小畢出，一人不出，哭勿止。」藻如其言，母亦扶病出。堂屋五間，忽然崩頹。懸鞭得財。鮑瑗貧苦，不信卜筮。淳于智為作一卦，曰：「君安宅失宜，故貧。入市，有人賣馬鞭者，買之，以懸舍東大桑樹，三年當暴得財。」瑗如其言，後浚井得錢十萬，銅二十觔。追豚得婦。有人失妻，管輅卜令候牽豚人共門。其豚走逸，即共追之，當得婦。果追豚人舍，突破主人大甕。其婦自甕中出。折葽獲奴。唐杜生善易，有亡奴問所從。曰：「自北行，逢使者懇丐其鞭，不可，則以情告。」果值使者，曰：「去鞭無以進馬，可折道旁葽代之。」乃往折葽，奴伏其下，獲之。堂西死男子。信都令家多病。管輅筮曰：「君堂西有兩死男子：一持矛，一持弓箭。矛者，主刺頭痛；弓者，主射心胸痛。」發，果得之，疾者皆愈。野火燒人。步熊善卜，舍側有人燒死，吏持熊，謂失火。熊卜使從道南行，有一人來，即縛之。果言草惡難耕，故燒之。偶風起延燒，不知草中有人。馬融卜鄭玄，土下水上，而據木必死，遂罷追；玄辭融歸，融心忌之，玄亦疑有追，乃坐橋下，在水上據屐。融果轉式逐之，曰玄在「土下水上」云。張華原卜盜，腹上水深三尺，背卧黃沙，必投水死，更不用尋。華原為豫章守，善卜，人不敢犯。有盜剋日欲誅，放歸，別經趙朔家，朔令三遍渡河，取竹筒盛水三尺，安股上，黄沙中臥三日，一如朔言。華原果卜為死。

卜神矣，即有失其所以神者，果可執乎？

陳炤臨終，謂妻子：「詔使龔負吾金。」炤善《易》，妻子如其言，以所書手板告之。詔使筮之，有金五百斤，青瓷埋堂屋東，入地九尺也。《國史補遺》唐桑國師為失牛，村人卜卦，曰：「賈相國偷置巾笥。」賈耽為地上發笥，取試盤據鞍，知牛在大槐樹食草也。　己不用其長，復因人而驗所占，隗則善于隱矣。　桑未免贅。

奏不出三年，必克洛陽，偽漢太史令宣于修之也。　言漢必中興，令莽復辟，郅惲也。　知漢家有自匹夫起者，睦孟也。　獻所畫卦，言宋將中微，宜更年號，徽宗時孟翊也。

卜而射得鼠胤三雄、兩雌，蔡鐵也。宋劉義宣置一白鼠函中，使鐵卜之，兆成，笑曰：「鼠胤三雄、兩雌。」剖腹如言。卜而射得鼠，入一出四，袁天綱子客師也。高宗置一鼠于奩，令術家射之。客師曰：「入則一，出則四。」發之，生三子。

季札以樂卜；趙孟以詩卜；襄仲、歸父以言卜；子游、子夏以威儀卜；沈尹氏以政卜；孔成子以禮卜。其應也如響，精誠而已。陸龜蒙《雜說》

季布卜得「屯」，先難後利。　蔡順占得「需」，先凶後吉。《叢談》

唐馬周卜得「晉」，而獻策。　隋李綱筮得「鼎」，而知退。前。

南蒯將叛，占得「坤」之六五「黄裳元吉」，「子服惠伯」，曰：「忠信之事，則可；不然，必敗。」後蒯果敗，此內蓄邪謀也。　穆姜徙居東宮，筮遇「艮」之「隨」，「元亨利貞」，穆姜曰：「有四德者，隨而無咎，我則取惡，能無咎乎？」後姜果薨。此躬多隱惡也。

附相

善相者：田文長安中。與韋賢、魏相、丙吉，微時會，曰：「皆丞相。」　唐張憬藏相姚崇、李迴秀、杜景銓，皆宰相。　婺州陳昭見房琯、崔涣，云：「並為宰相。」　高智周與來濟、郝處俊、孫處約，同遊揚州石仲覽傳舍，引以見相工，曰：「皆宰相。」後如其言。　又張鄧公、士遜〔一〕。寇萊公、準。張齊賢、王隨，同詣卜肆，卜者大驚，曰：「一日有四宰相。」　韓莊敏縝。〔二〕與冲卿、王禹玉同詣天禄山人卦鋪，云：「三人皆宰相。」　沈攸之賤時，與吳郡孫超之、全景文，共乘一小船出都，共上引埭，有一人止而相之，曰：「君三人皆當至方伯。」後攸之為郢、荊二州，超之刺廣州，景文刺南豫州。《事偶》

張憬藏之奇魏元忠也，曰：「君相在怒中，當位極人臣。」元忠質通塞，不答，怒拂衣去。　袁天綱之異李嶠也，以龜息知之。　相竇軌，亦以龜息。伏犀貫玉枕。

術士在錢希白座上，知王欽若即日宰相。　楊醇叟在沈醇仲邸中，知蔡元長太平宰相。　日者在劉禹錫座識段文昌。

春秋有姑布子卿，術神獨擅，即相孔子于衛東郭門者。　梁有唐舉，相蔡澤壽此以後四十三年。　漢有龍淵，相聽音聲，識解濆侯于微時。　魏有朱建平，相文帝壽八十，舉晝夜。

又有因人事而變者，裴晉公狀渺小。相者云：「當餓死。」後以帶還婦人，復相見者云：「前途萬里也。」　葫蘆生始不許白中令敏中。大貴，復因還婦人所遺寶帶，謂：「近種陰德，位極人臣。」　西僧始言：「大宋庠。不失甲科，後因渡蟻，謂丰神頓異，如活數百萬命；小宋祁。今歲首選，公不出其下。」禮部奏祁第一，庠第三。章獻不欲弟先兄，擢庠第一。今人盡以禍福委定命，可乎？

楚州犁善相人，襄王召而問之，曰：「臣非能相相也，能相人之行也。」其人敦龐質厚者，富；弘毅疏通者，貴；愷悌寬舒者，壽；淨嘿溫良者，安。其人譎詭佻達者，貧；曲鄙黟濫者，賤；蕩散弦暴者，夭；險側刺鋭者，危。楚人有善相人，莊王見而問其情，曰：「臣非能相人，能觀人之友也。」觀布衣者，其交皆孝悌、篤慎、畏令；其家必日益，身必日安，此謂吉人。觀事君者，其交皆誠信，有行好善，事君日益，官職日進，此謂吉臣。主明臣賢，左右多忠，主有失，皆敢分争正諫；國日安，主日尊，天下日富。此謂吉主。

桓修令晉陵韋叟相劉裕，曰：「當得邊州。」退而告裕曰：「君相貴不可言。」周明帝遣趙昭視楊堅，詭對曰：「不過作柱國耳。」陰謂堅曰：「公當為天下君。」呂公、老父之物色塵埃，豈亦有不謬之術耶？

鉗徒相衛青，貴至封侯。青父鄭季與陽信公主家僮衛媪通，生青。在建章宮時，鉗徒相之，曰：「貴至封侯。」青曰：「人奴之生，得毋笞罵足矣。安敢望封侯？」相工指兒寬秩至三公。《論衡》：韓太傅為諸生時，借相工五十錢，與俱入辟雍中相：「誰當貴者？」指寬曰：「當秩至三公。」韓通刺寬，結膠漆之交，徙舍從寬，深自附納之。寬至御史大夫，州郡承旨，召請擢用，舉在本朝，遂至太傅。相者以薛大鼎當任方岳。泗州刺史。隋時常坐事没為奴。貞觀初，詣乙弗弘禮，曰：「觀其頭目，直是賤人。」解衣視之，曰：「自腰已下，當為方伯之任。」

相裴冕以兵起得相。裴冕為祠部郎中。金梁鳳謂曰：「半年間兵起，郎中不拜中丞，即宰相。」冕曰：「公乃狂言。」曰：「有一日向東京，一日向西蜀，一日來向朔方，此時公得相。」後安禄山反，哥舒翰奏冕為御史中丞。潼關失守，玄宗幸蜀，肅宗北如靈武，冕會之，勸成册立，果為中書平章事。相呂諲，須大驚得相。金梁鳳謂諲曰：「判官骨相，合得宰相。須一大驚怖，乃得。」後至驛，責讓，驛長榜之。驛吏武將性粗猛，持弓矢突入射謼，幾中。謼踰牆得免。逾年，知政事。

相之不吉者：管輅六無。輅言：「吾額上無生骨，眼中無守精，鼻無梁柱，脚無天根，背無三甲，腹無三壬，皆不壽之相。」李寬三無。寬為常侍，門下士姓盧善相，曰：「據其面部，無子、無宅、無家。」有數子，皆先卒；有宅，未嘗還鄉居，死于池州。乘舟歸，舟破，沉其骨。　許負相周亞夫，縱理入口。後不食死。　陳訓相甘卓，赤脈入目。卓頭低視仰，相法名曰「盼刃目」，有赤脈，兵死。

相不驗者：庾翼之狀貌豐美。順頰開張，人皆謂必為方伯。及魏克江陵，卒餓死。　褚蘿之縱理入口。面甚尖危，竟保衣食而終。　柳宜城渾相夭，反貴。　衛公孫呂衛靈公臣。身長七尺，面長三尺，眉廣三寸，而名動天下。　楚孫叔敖突禿長左軒較之下，而以楚霸。　葉公子高微小短瘠，行若將不勝其衣，誅白公，定楚國如反手。《淵海》

婁師德之濟江也，袁客師識其為貴人。曰：「舟必無虞。」　李沆之濟江也，王校識其為真相。曰：「舟可無懼。」

朱建平善相人，相魏文帝壽八十，謂晝夜也。夏侯威〔三〕刺兗州，年四十九，十二月上旬得疾，念建平之言，自分必死，豫作遺令。至下旬轉差。三十日日昃，設酒，曰：「明日〔四〕雞鳴，年便五十。建平之戒，真必過矣。」疾動，夜半遂卒。應〔五〕璩六十一為侍〔六〕中。直省內，欻見白狗，問之衆人，悉無見者。于是數聚會，並急游觀，飲宴自如。過期一年，六十三卒。曹彪封楚王，年五十七，坐與王淩通謀，賜死。　又善相馬。文帝將出，取馬外入。建平道遇之，曰：「此馬今日死。」帝將乘馬，馬惡衣香，驚齧文帝膝，怒殺之。

相物者：陳君夫相馬。　留長孺相彘。　滎陽褚氏相牛。　又有浮丘伯，《相鶴經》。　甯戚、高堂隆，《相牛經》。　嚴助，《相貝經》。　師曠，《禽經》。　伯樂、周穆王、諸葛穎、徐成，《相馬經》。

古善相馬者，皆以馬之一節，知其駑、良。而丹丘國人輒聽馬鳴，別胸色：赤者最上，日行萬里。黃，日行千里。青，嘶呦數百里。黑，入水毛鬣不濡。並良；色白者，最下。多力而駑。斯其術，奚啻出牝牡驪黃之外乎？

相牛。《西陽雜俎》：相牛法，歧胡有壽；膺匡欲廣，毫筋欲横，蹄後筋也；常有聲，有黄也；角冷，有病；旋毛在珠泉，無壽；睫亂，觸人御烏；角偏，防主；毛少骨多，有力；溺射前，良牛也；疏肋難養。

相馬。古之善相馬者：寒風氏相口齒；麻朝相頰；子女厲相目；衛忌相髭；許鄙相𦟝；投代翔相胸、脇；管青相𦞦、吻；陳非相股、脚；秦牙相前；君贊相後。

相印。許允善相印。將拜出為鎮北，以印不善，使吏刻之者三，曰：「印雖始成，而已被辱。」問，果懷之墜厠。相印法本出陳長文。長文語韋仲將，印工楊利從仲將受法，以語許士宗。

相板。庾道愍精于相板。宋明帝時，山陽王休祐屢以言忤，以己板令道愍占之，曰：「甚貴。然使人多悠忤。」休祐以褚彦回詳密，求換其板。他日，彦回侍明帝，自稱「下官」，帝甚不悦。休祐具言，帝意乃解。又綦母珍之在西州時，有一手板。相者云：「當貴。」每以此言動帝。又圖黃門郎，帝嘗問：「西州時手板何在？」曰：「此是黃門手板，官何須問？」

相笏。有李參平善相笏，知休咎必驗。又有龍復本無目。凡象、簡、竹、笏，以手檢之，必知官禄年壽。

周宣相夢。宣為郡吏，太守楊沛夢人曰：「八月一日，曹公當至，必與君杖，飲以藥酒。」使宣占之，是時，黃巾賊起，宣曰：「杖起弱者，藥治人病。八月一日，賊必除滅。」至期賊破。文帝曰：「夢殿屋兩瓦墜地，化雙鴛鴦。」曰：「後宮當有暴死者。」帝曰：「吾詐卿耳。」曰：「夢者意耳。苟以形言，便占吉凶。」言未畢，黃門令奏：「宮人相殺。」帝復問：「昨夜夢青氣自地屬天。」曰：「有貴女子冤死。」是時，帝遣使賜甄后璽書，聞宣言而悔之，遣人追使者不及。帝後問夢摩錢文，欲令滅而更愈明。宣悵然不對，重問之，曰：「此自陛下家事，雖意欲爾，而太后不聽。」時帝欲治弟植之罪，偪于太后，但加貶爵。魏太史嘗問宣曰：「夜夢芻狗。」曰：「得美食。」果遇豐膳。後又問復夢芻狗。曰：「君宜墮車折脚。」頃之，果如宣言。又問復夢芻狗。曰：「君家欲失火。」俄，遂火起。語宣曰：「前後皆不夢，聊試君，何以皆驗？」宣曰：「此神靈動君使言，故與夢無異。」「又占不同，何也？」曰：「芻狗，祭神之物，故始當得飲食。祭祀即訖，則芻狗為車所轢，故當墮車折脚。轢後必載以為樵，故後憂失火也。」　趙直占夢。魏延夢頭上生角，直詐曰：「麒麟有角，而不用。此不戰賊破之象。」退告人曰：「角之為字，刀下用也。刀下用刀，其凶甚矣。」蔣琬見推之後，夢一牛頭在門前流血，意甚惡之。直曰：「見血者，事分明也。牛角及鼻，公字之象，君位必當至公。」何祇嘗夢井中生桑，直曰：「桑非井中物，會當移植，然桑字四十八，君壽恐不過此。」祇笑：「得此足矣。」後為犍為郡，年四十八卒，如直言。

善察聲者：後魏末，吴士目盲，聞劉桃枝聲，曰：「當代侯王將相死于其手，然如鷹犬，為人所使。」聞趙道德聲，曰：「貴人也。」聞太原公洋聲，曰：「當為人主。」聞澄聲，不動。崔暹私掐之，謬言亦國王也。果如其言。《三國典略》　有梁十二者，李無言暮引入宅，乃著黄衫，令客著紫代梁，謂客曰：「聞公語聲，未有官禄。」黄衫乃是三品。《定命録》　李守貞出其家人，使術者聽之，聞崇訓婦符氏，驚曰：「天下母。」後世宗納為繼室。《五代史》　耿聽聲者，聞聲知夏震必貴，遂以女妻其子；子復娶其女；謂郭棣曰：「君部中三節度：周虎、彭輅、夏震也。」《癸辛雜志》　耿聽聲又嗅宫人扇，知别上扇、后扇與貴妃故扇。　貞觀時，骨相山人之捫杜循，即謂：「杜長秀才，位極人臣。」《叢談》　宋龍復本開成中人。善聽聲，揣骨知人官禄、壽夭。揣蕭寘笏，曰：「宰相笏。」揣宋祈笏，曰：「長官笏。」後皆驗。

前知

前知者：顧覬題柱。覬以元嘉中寄居東府，忽題柱云：「三十年二月二十一日。」後元凶弒逆，是其日也。 柳世隆題簾。齊永明初，世隆曰：「永明九年，我亡；丘山崩，齊亦季矣。」命典籤李黨取筆，及高齒屐，題簾箔旌曰：「永明十一年。」謂曰：「爾當見，吾不及見也。」永明九年，隆卒。十一年，齊王賾殂。 孫紹引辛雄曰：「與卿猶享富貴。」後魏孫紹引辛雄曰：「此中人當死盡。惟吾與卿，猶享富貴。」未幾，有河陰之難，紹喜推禄命，知者異之。 崔冏字法峻。謂李德林，中書侍郎。一人更應富貴。冏為齊散騎，從幸晉陽。謂德林曰：「文武相表俱盡，惟弟一人更應富貴。當在他國，不在本朝。吾不得見也。」 山偉同官偕行，一尼望，歎曰：「此輩緣業同日而死，君一人當作好官。」河陰之禍。 卜玥知禍為卿將；郭璞知禍在江南。玥見璞曰：「吾四十一，位為卿將，當受禍耳。」璞曰：「吾禍在江南，不能免公吏，猶子不能免為卿將也。」玥為劉聰平將，敗死。璞以公吏，為王敦殺。 康節知少年之秉筆。邵謁富韓公，顧左右：「更取一胡床來，日中當有緑衣少年候公。公薨後，此人當秉筆記公事。」既午，范祖禹來迎，人間勞，且曰：「他時筆削，累君。」後修撰公傳。 道月囑武穆以風波。岳武穆至金山，僧道月送之。登舟，囑云：「風波亭下浪滔滔。」秦檜果陷飛于風波亭下。洪邁《夷堅志》載：辛次膺至武昌，飛執手，曰：「前夕，夢中丞被旨推勘，他日願公救護。」後數年，故部將王貴迎檜意，告飛謀叛，繫獄。命新除中丞何鑄治其事，方悟所夢。

韓愈族子湘知愈有藍關之役。 鄭虔族子相如知虔有台州之遷。 任文公推數，知當大亂，乃課家人負物百斤，環舍趨走，日數十倒。後兵寇並起，大小負糧健步，悉得完免。

丁晉公留一篋光州郡帑。曰：「候五十五年，有姓丁來此作通判，可發之。」啟視，貯一端硯也。即晉公孫。 寇忠定出一書，至鹿頭關付僧。曰：「乙卯年七月二十六日，請官司發之。」啟視，貯一真容，即捐館日。　桑道茂未陷朱泚之日，先乞汗衫于西平王；竇庭芝未陷朱泚之時，先求生路于鬼谷子。謂李鄴侯。

術士判人食物，先定食糕糜，服橘皮湯，李栖筠也。平明召對，上以金盤盛糕糜賜之。既歸，病，諸物皆絶口。飲橘皮湯二十碗，方得愈。　吏知三品以上食料，先疏于紙，食糕糜，服橘皮湯，韓滉也。滉在中書，詔命大官進食，有糕糜一器，以半賜滉，退而腹脹，服橘皮湯，疾愈如吏說。　與客謁華陰令，客能推人飲食，曰「今日必食椒薤」者，唐李宗回也。果然。

知裴令公亭餐鱠，而紫衣不得鱠。太府崔潔與進士陳彤同往尋親。陳有前知術，曰：「當于裴令公亭餐鱠，遂買魚升亭。俄頃，紫衣三四人至，曰：「某善此藝。」鱠將就，忽有人呼曰：「駕幸龍首池，喚第一部。」此人携衫帶而走。既餐，有延陵尉李耿與崔中外親舊，探知在亭，子來辭，鱠盡，只有清炎。乃喫半碗而已。　知街西亭子置鱠，而主人不得吃。貞元中，萬年縣捕賊官李公于亭置鱠。一客至，曰：「善知人食料。」曰：「今日惟足下不得吃。」因促饌將就，一人來云：「京兆尹召。」李奔馬去，使報諸客，但餐，語庖人留鱠。良久，走馬來，脱衫就坐，忽屋上壞枋數尺墮落，食器碎，鱠雜糞埃。乃厚謝術士。　至知房琯没，因魚鱠更奇。邢和璞云：「房琯没時，必因食魚鱠。既没，當以梓木為棺。」後譴閬州，居紫極宫卧疾，使君具鱠，邀于郡齋，食畢而歸，暴卒，以梓木為棺殮云。

鄭相如預知鄭虔被禄山之玷；申屠生先惜喬琳攖朱泚之刑。失節亦定命歟？

麴思明尚書趙冬曦注昭應縣令；馬遊秦侍郎裴光庭補昭應縣録事。二事同。昭應尚名會昌時，二人已預知。　李淳風知武氏代有天下，而謂殺之當復生。有《秘記》云：「唐三代後即女主武王。」太宗密召淳風詢其事，欲盡殺之。淳風曰：「王者不死。今若殺之，即當復生，變為男子，更四十年，少壯嚴毒。陛下子孫無遺類矣。」太宗遂止。

李筌知羌雛為假天子，而謂：「殺假，恐生真。」筌刺鄧州，夜占星宿，見東南有異氣。明晨，詢之，有牧羊羌婦生子，筌曰：「此假天子也。」客勸殺之，筌曰：「殺假，恐生真也。」時禄山生于漁陽。

史萬歲征南寧，見孔明《紀功碑》，云：「萬歲後勝我者過此。」《隋書》狄青破儂智高，見孔明《紀功碑》，云：「後有功在吾上，立石于右。」《山川紀異》：青果立碑其右，後為雷所擊。曹彬伐蜀，謁武侯祠，謂：「孔明不得為武。」欲拆毀之。俄報中殿摧塌，有石碑出，云：「測我心腹事，惟有宋曹彬。」《蜀古蹟記》，彬云：「孔明雖忠于漢，然疲竭蜀之罷民不能復中原之萬一。」見石碑後，彬令郡守新其祠宇，為文祭之而去。孔明歷歷前睹，事頗近怪，不知理有前徵，即聖人不諱言也。不然，秦始之據床，董子之修書，鍾離意之拭履，張伯之藏璧，仲尼不遺之讖書矣。

佛圖澄聞寺鈴鳴，云：「當擒段末波。」相輪鈴音，云：「軍出捉得劉曜。」塔鈴音，云：「國有大喪。」石勒果死。

孫守榮聞鼓角聲，曰：「有士人起而典郡者。」尋潘丙作亂。王元春以告變功，果典郡。術能前知，特托鈴角以著驗耳。

附 精鑒

易牙知淄、澠之合。見後。蒲元知江、涪之雜。元鑄刀言：涪水鈍弱。命人于成都取江水以刀畫，言雜涪水八斤，取水者叩頭。李德裕知石頭城下水，非金山泉。有奉使京口。德裕曰：「金山、揚子江水，各置一壺。」其人醉忘，至石頭，乃汲一瓶。李飲之，曰：「似石頭城下水。」其人謝過。　陸羽鴻漸。知揚子江臨岸水，非南濡。李季卿逢陸鴻漸，命軍士取南濡水。水至，陸以杓揚水，曰：「似臨岸者。」傾盆至半，曰：「自此南濡者矣。」　有僧言：「京師昊天觀井與惠山泉脈通。」李以昊天一瓶，惠山一瓶，雜以八瓶，遣僧辨析，僧取昊天、惠山，餘八乃同味。德裕為停水遞。　魏買鏘有奴于黃河中流接河源水。以匏瓠接河源水八升，經宿如絳，以釀酒，名「崑崙觴」。

李德裕辨天柱峰茶。有人授舒州牧，德裕曰：「天柱峰茶可惠三數角。」李閱而受之，曰：「可消食毒。」　蔡君謨辨能仁石嵓白。建安能仁院有茶，生石縫間。寺僧造八餅，號「石嵓白」。以四餅遺君謨，以四餅密遺王禹玉。君謨訪禹玉，命于茶筒精品碾待，君謨捧甌，曰：「此極似能仁石嵓白。」《事偶》

劍工惑劍之似莫邪者，惟歐冶能名其種。　玉工眩玉之似碧盧者，惟倚頓不失其情。　薛燭、庸子見若狐甲子劍，而利、鈍識矣。　臾兒、易牙淄、澠水合，嘗一洽水，而甘苦知矣。《淮南子》

後梁劉彦齊善畫竹，為時所珍，世重其鑒別，所藏名跡不啻千卷，暑伏曬曝，一一躬自卷舒，能自品藻，無非精當。故識者謂：「唐朝吳道子手，梁朝劉彦齊眼也。」《見聞志》

妖妄

軒轅崩葬，著于《本紀》，而世有「鼎湖」、「騎龍」之說。留侯卒謚，見于《世家》，而世有「辟穀」、「輕舉」之說；王子晉十七殀亡，而世有「緱氏乘鶴」之說。淮南王安謀逆自刭，而世有「雞犬同升」之說。漢武曰：「天下豈有仙人？盡妖妄耳。」《事偶》

以妖術惑人，而不免于刑戮者：漢有甘忠可、劉向奏：「忠可罔上惑衆。」下獄，病死。劉揚光、造讖云：「赤九之後，癭揚為主。」揚病癭，欲以惑衆，與真定縣曼賊交通，遣耿純誅之。馬元義。張角之大方也。收荆、揚數萬人。元義數來往京師，以中常侍封諝、徐奉為內應。未及作亂，而角弟子唐周告之，車裂洛陽。吳有于吉。吉作符水療病。孫策于城樓會賓客，吉盛服趨度門下，諸將賓客下樓拜之，禁不能止。策令收斬，懸首于市。齊龔玄宣、始安郡民。云：「神人與玉印、玉版，書不須筆，吹紙便成字。」自稱「龔聖人」。裴昭明為內史，付獄治罪。司馬休符、徐州妖人。自稱「晉王」，煽惑百姓，刺史尉元斬之。李脫。明帝時，為道士。自言八百歲，故號「李八百」，以鬼道療病。又署人官位，弟子李弘養徒潛山，云「應讖雷王」。大寧二年，斬于建康市。唐公孫嘗、河東人。劉道安、衛州人。嘗自言好養生，能黃白之術。時道安自言頭有肉角，隱見不常。人多信附，遂授官建號，期舉兵反。嘗通知其謀，會太宗以他事召嘗，懼自殺。弟節告其事，道安等伏誅。姚閎、元崇孫。自云能通鬼道，預知休咎。牛仙客惑之，疾甚。閎為祈禱，逼作遺表，薦閎叔奕，及盧涣代己。閎為起草表上，玄宗覺而怒之，左遷奕、涣，賜閎死。李廣弘。小字軟奴。自稱見五獄四瀆，神言為天子。董昌誘魏循、李傪等行君臣之禮，循、傪上變，捕誅。梁叔高、自廣州來。授書楊於陵，使為己輔。執以告，杖殺之。柳泌、本姓楊，名仁，少習方術。憲宗銳于服餌，皇甫鎛、李道古薦泌及僧大通。泌動多詐誕，盛言天台多靈草，假郡縣權以求之，授台州刺史。歲餘，無所得，懼罪，潛入山谷，捕送京師。鎛等保其能：憲宗服泌藥，竟為所誤。穆宗即位，泌、通並杖死。泌曰：「皆古道教我，時謂必能隱化。」及解衣就刑，惟炙灼之痕浹體而已。崔履行、暹孫妻父魏稜刺冀州，竇建德攻之。履行白有禳敵之術，設壇衣縗，登樓慟哭。城陷，哭猶不輟。呂用之、鄱陽人。事九華山道士牛弘徽。求驅役、考召之術，客廣陵，用符藥以給衣食。高駢鎮京口，求不死之藥，俞公楚薦之。駢既篤信，訪以時事，用之，悉能苟合。駢悉將俞公楚悉排斥散地，駢遂孤立，左右咸用之所樹。由是賄賂公行，駢從子澞疏用之罪，為用之所搆。駢每召用之，書一「雲」字，點畫之間，密有辨認。初，襄王偽授用之廣南制置使，開幕建牙，號曰「二府」。駢稍悟，不能奪其權。及畢師鐸舉兵，遂宵遁。後遇楊行密，械而鞫，斬之。楊千郎、魏州賤民。自言傳墨子術，于婦、翁能役使陰物，帽下召食物、果實。又蒲必勝人，掌握之物，以法必取。又煉丹乾汞，易人形，破扃鐍，鄴都貴要奇之，白于莊宗，官至尚書郎。人有憑之而仕宦者。皇弟存乂、存渥、元行欽，嘗朋淫于家。存乂伏誅，千郎亦被其禍。**僧誠惠**、能會皮骨、三命。人初歸向，自云能投毒龍致風雨。其徒號曰「降龍大師」。京師旱，莊宗迎至雒下，親拜之，禱祝略無徵應。或謂將加焚燎，誠惠懼迫慚恚而終，徒還果建塔，請謚賜號「法雨大師」。**劉唐**。鄴都妖人。莊宗時，張憲奏：「唐為河漲上幡竿捨身。」孫岳令人囹竿，謂曰：「捨身救人，即投于竿下。」唐求哀，命鞭背，投于流水，減三尺。

惑于妖妄者：**張豐**、涿郡守，自稱「無上將軍」。祭遵擊之孟衣，執豐降。豐好方術，有道士言：「豐當為天子。」以五綵囊裹石，繫豐肘云：「石中有玉璽。」遵為椎破，乃知被詐。**張津**、孫策曰：「昔南陽張津為交州刺史，嘗著絳帕頭，鼓琴、焚香、讀邪俗道書。」云：「以助化。」卒為蠻夷所殺。**王凝之**、會稽內史。世事五斗米道。孫恩攻會稽，方入靜室請禱，遂為恩害。**殷仲堪**、荊州刺史。少奉天師道。桓玄來攻，猶勤請禱，為玄兵獲，自殺。**李仲文**、沙門志覺謂仲文曰：「公五色光見，有金狗自衛。」仲文答曰：「若為計，今其時也。」唐儉言于高祖，仲文自謂應讖。及言龍附己，置龍游府，娶陶氏，以應《桃李之歌》。高祖誅仲文。**高駢**、有呂用之、張守一、諸葛殷，皆江、吳醫祝之輩，咸升之劇職。跨河起迎仙樓。又起迎和閣，賓僚、將吏，無復偶其面者，政事一委用之。**劉仁恭**、師道士王若訥，于大安山營造臺觀，娶美婦，為黃帝房中之法。**王處直**、信李應之起第博陵坊，面開一門，動皆鬼道。將校慮先罹禍，會燕，師假道伏甲備不虞。因囹第，應之死于亂兵。**後魏穆紹**、李肅初陷附元暉。後以左道事紹。嘗裸身披髮，畫腹御刀于隱屏之處，為紹求福，故紹愛之。**崔浩**、師事道士寇謙之，禮拜甚謹。**獨孤陁**。獻皇后弟，性好左道。其外祖母高氏先事猫鬼。已殺郭沙羅，因轉入其家。會獻皇后及楊素妻鄭氏有疾，醫曰：「猫鬼疾。」帝忌陁所為，按之，陁婢徐阿尼言：「猫鬼殺人者，所死家財物潛移。」畜猫鬼家，將賜死，弟整求免。陁未幾卒。

校　記

〔一〕士遜：原缺，據《宋史·張士遜傳》補。

〔二〕縝：原缺，據《宋史·韓縝傳》補。

〔三〕威：原作「盛」，據《三國志·朱建平傳》改。

〔四〕日：原作「年」，據《三國志·朱建平傳》改。

〔五〕璩：原缺，據《三國志·朱建平傳》補。

〔六〕侍中：原作「郎中」，據《三國志·朱建平傳》改。

古事比卷之四十九

音聲

《廣陵散》求得于杜猛，杜夔妙于廣陵散，嵇康就其子猛求得此聲。見劉潛《琴議》。則不從夢授也。《異苑》：夢中黄帝伶人所傳。後傳于賀思令，則不自康絶也。《幽明録》：會稽賀思令善彈琴。嘗在月中臨風鳴絃，忽有人從中庭稱善。云是嵇中散，因授以《廣陵散》。

禰正平為魏武擊鼓，則蹀躍而前，容態有異，聲節悲壯，聽者莫不慷慨；王處仲為晉武擊鼓，則振袖而起，音節諧捷，神氣豪上，舉座歎其雄爽。二子者，或肆志于輕脱，或寄傲于游戲，其無恥均焉。若戴安道之不為王門伶人；嵇延祖之不欲操執絲竹。君子曰：「知恥。」

鍾子期聽伯牙之鼓琴也，知其志在高山，志在流水。淳于髡之見梁惠王也，知其志在馳逐，志在聲音。《偶記》

閔子聞孔子鼓琴，知其為幽沉之聲。孔子曰：「向見猫捕鼠也。」蔡邕聽客彈琴，知其有殺心。客曰：「向見螳螂向鳴蟬也。」精于音矣。雖然孔子，豈以猫鼠易其聲？前。

聞絃絶，而知其為第二絃、第四絃者，蔡琰也。聽擊鼓，知其回颿撾者，王應也。聽笛，知其卧吹，王令言也。　逢車鐸，知為宮聲振之，而得鐘于地者，李嗣真也。　路逢趙賈人牛鐸，識其聲者，荀勖也。　精琵琶于池上，彈《蕤賓調》，躍出方響一片，乃蕤賓鐵，樂工廉郊也。　聞馬嘶，而知其主將墜；聞佩聲，而知其婦將離者，裴知古也。　聞黃鐘，而知其有爭者起于禁中，王仁裕也。　聞太極殿鐘聲嘶，知有銅滓而鑿去之者，宋張永也。

宋文帝賜何承天銀裝箏，承天善箏者也。　齊武帝賜褚淵金鏤琵琶，淵善琵琶也。

有以山水而助琴之致者，蕭思話從登鍾山北嶺，有盤中清泉，宋文帝使石上鼓琴相賞，有松石間意。　戴顒隱黃鵠山，林澗甚美，嘗憩澗中，劉義季宋衡陽王名。亟從之，因為鼓琴是也。　有以琴而通山水之靈者，鄭師文叩羽絃，川地暴沍，叩徵絃，堅冰立散，命宮而總四絃，醴泉湧。　漢武帝撫落霞之琴，歌《青昊春波》之曲，遍山傳響是也。

張尚不為孫皓鼓琴，而皓不能强。　戴逵不為武陵王晞鼓琴，而晞不能害。　嵇紹不為齊王鼓琴，而冏莫能難。　范曄不為宋主彈琵琶，必待宋主歌乃彈，歌止而彈亦止。

桓譚為漢光武鼓琴，而宋弘責之。弘對曰：「譚以鄭聲悦上，臣薦之罪也。」　宋太祖召歐陽迥奏長笛，而劉文叟言之。太祖曰：「迥宰司尚習此伎，欲驗言者。」

技之精也，通乎天、人。　師開鼓琴，以東方、西方之聲，而知室之朝夕。　師曠吹律，以南風、北風之聲，而知軍之勝敗。　李龜年嘗至岐王宅，聞琴，曰：「此秦聲。」良久又曰：「此楚聲。」入問，則前彈者，隴西沈妍；後彈者，揚州薛滿。　宋沆璟孫。訂樂，指一琵琶者，曰：「此人大逆殘忍。」指一笙者，曰：「此人魂飛墟墓。」潛察之，琵琶者為同輩告訐，六七年前父自縊，不得端由；箠者，乃憂恐不食卒。

唐章懷太子作《寶慶曲》，李嗣真曰：「宮不召商，君臣乖也；角與徵戾，父子疑也。若國家無事，太子任其咎。」俄而太子廢。　明皇時，凉州獻新曲，寧王曰：「宮不勝，則君勢卑；商有餘，則臣事僭。恐一旦有播遷之禍。」果有「安史之亂」。　煬帝將幸江都，王令言子彈琵琶作翻調《安公子曲》。令言曰：「宮聲往而不返，幸無從行。」竟被弒于江都。　萬寶常聞祖孝孫所定新樂，泣曰：「淫厲而哀，天下不久相殺盡。」及大業之末，卒驗其言。　王仁裕餞客，樂作，訝曰：「樂舉羽，而有宮聲，得無憂乎？」筵散，范延光引賓客大獵，為奔馬所墜。　胡瑗改鑄王朴所用編鐘，劉羲叟曰：「此與周景王無射鐘無異，必有眩惑之患。」未幾，仁宗得疾。

楊渥欲取錢塘，遣人聽鼓角，回曰：「錢塘不可輕動。」錢武肅時，聽者曰：「錢塘鼓角，子子孫孫王爵。」　孫守榮遊吳興，聞譙樓鼓角聲，曰：「旦夕，士有起而典郡者。」尋，王元春以告潘丙變功，果典郡。

漢武置協律，歌天瑞，非不美也，不能免哀痛之詔；王莽建義和，考律呂，非不精也，不能救漸臺之禍；晉武帝製笛尺，調金石，非不詳也，不能弭平陽之笑；梁武帝立四器，調八音，非不察也，不能免臺城之辱。舉輕明重，較然矣。

未央鐘鳴，東方朔言：「山恐有崩。」　銅澡盤鳴，張華言其與洛鐘宮商相諧。

宋之衰也，作為千鐘；魯之衰也，作為大呂；楚之衰也，作為巫音。侈則侈矣，而失樂之情。《呂氏春秋》

聽琵琶，而知其為琵聲多琶聲少者，漢中王李瑀也。　瑀又聽笛，而知其卧吹。

吹笛煖谷者，鄒陽也。　吹笛止雨者，周穆王也。

漢張安世十五為成帝侍中。鼓琴為《雙鳳離鸞》之曲。　又劉道强為《單鵠寡鳧》之曲。

師曠鼓琴，玄鶴來集。　顧參軍彈琵琶，鸜鵒立聽。　杜鴻漸酣奏羯鼓，鳥驚飛，猿鳴嗷，羣羊躑躅，二犬俯仰。

瓠巴鼓琴，而鳥舞魚躍。　伯牙鼓琴，而六馬仰沫。　趙女鼓瑟，而鳳舞。《六帖》：趙女，楊惲婦也。

又東漢楊皐擊磬，而鸞舞。令重泉，鸞集學宫。

宫　室

赤樓，公孫述十層樓也。　青樓，齊武帝興光樓也。　白樓，孫興公、許玄度談處也。　黄樓，蘇子瞻、子由賦處也。　紅樓，蜀先主所造也。

楚莊王為匏居之臺，宴者、相者、贊者，而皆賢者。　楚靈王為章華之臺，宴者、相者、贊者，皆非賢者。

裴度、趙抃，皆建緑野堂。　韓琦、章得象，皆建晝錦堂。

蜀胡氏，「寶墨」名亭。　王晉卿，「寶繪」名堂。　米元章，「寶晉」名齋。

元魏郡皆立學，實由高允。　漢守建學，獨有文翁。

范甯立庠序于豫章。　庾亮起講舍于鄂渚。

王右軍聞成都有漢時講堂，慨然遠想，欲一遊目。　朱考亭塑白鹿洞像，説往成都文翁講堂取古坐式。　文潞公立宗廟，入長安訪杜祁公之舊；訪鐵券于錢王之裔。亦其類也。

狄梁公之毁淫祠，止留大禹、泰伯、延陵、伍員四廟。　張文定之存國體，乃免閼伯、微子二祠。

晏子毁君所築室。　向戌不毁兄所築室。

楊損不以廐與路巖廣宅。　謝混不以宅與桓玄作營。俱見《方正》。　李訥建子。不以冗舍與楊收廣第。

晉武帝觴杜預曰：「非君，此橋不立。」　漢明帝思意曰：「鍾離尚書若在，此殿不立。」

宋國學纔二百楹；唐千二百間；漢二百四十房，千八百室，生徒三萬人。漢于是乎為盛矣。

登牆騎屋窺闞，盧仝遭惡少也。　梯牆首出決肯，賀監知章。喧門蔭也。

居室取容，高堂廣厦皆剩物也。　嘗愛徐勉《誡子書》，曰：「吾清明門宅。西邊既施與宣福寺，不復方幅，亦逆旅舍耳。何事須華？常怪時人謂是我宅。」此謂真達。　趙韓王宅園侔于禁省，西京留守。于秦隴市材營西宅，詔諂蜊，乘小車一遊。以太師歸第，百日而薨。子孫皆家京師，故園以扃鑰為常。　陳秀公升之。治第于潤州，極為閎壯，宅成，惟得肩輿一登西樓。　郭從義造第洛中，僅得秉燭一觀。從義鎮河陽，于洛中造大第，以香柏為柱，文梓為梁。被召還都，暮抵其第，秉燭一覽，侵晨而行，至東都卒。

孟昶有六鶴殿。　蔡京有六鶴堂。

漢之飛廉館，公孫卿成之。　魏之靖輪宮，寇謙之成之。

蕭何之治未央。　楊素之營仁壽。

漢博望苑之誤開。　唐文學館之繆立。　一也。

李德裕平泉山居著《草木記》，誡曰：「鬻平泉者，非吾子孫。」後經世變，遺裔竟不能守。　昔桓玄欲以謝安宅為營，其孫謝混曰：「召伯之仁，猶惠及甘棠；文靖之德，更不何五畝宅耶？」玄慚而止。　唐曹王皐鎮襄陽，有張柬之園林在州西，欲買之。馬彝曰：「漢陽遺業，當百世共保。奈何令其子孫自鬻？」遂不復取。　石家金谷園，其身不能守。　馬家玉杯宅，不復留身後。　今日如此者，又何道焉！　魏徵第，太宗用殿材成其正寢，後嗣不能守。　白居易以為言，朝廷贖而賜之。　宋邵康節天津之居，本官也；熙寧初，法當斥賣，人不忍買，溫公諸人為集錢買之。　有欲為范文正公買綠野堂者，公不肯，曰：「寧使敝壞，及他人有之，己則不可取也。」　范文正公在杭有退志，子弟請治第洛陽，以為逸老地，公曰：「西都士大夫園林相望，主人莫得常遊。誰獨障吾遊者，豈有諸己而後為樂耶？」《問奇》

士茁懼知襄子之室。曰：「高山峻原不生草木，松柏之地。其土不肥。今土木勝，臣懼其不安人也。」三年，而知氏亡。

蓋寬饒歎許伯之第。仰屋歎曰：「此如傳舍，閱人多矣。惟謹慎為能久。」　陽固答王顯之宅。北魏中尉王顯起宅，大宴。問陽固曰：「吾宅何如？」固曰：「此同傳舍耳。惟有德者能卒。」　觀向戍之言，則有家者，不可重為令聞之累。宋向戍見孟獻子尤其室，曰：「子有令聞而美其室，非所望也。」對曰：「我在晉，吾兄為之，毀之，重勞，且不敢問。」　觀韓滉之言，則嗣業者不可輕棄祖父之故。滉堂無挾廡，弟子洸增補之。撤去曰：「先君容焉，安敢改作，以傷儉德？」

蔡廓起二宅，以東宅與兄軌，軌送錢五十萬，白母不宜收者，蔡興宗也。　營別宅，而從兄衍悅之，即以與衍者，裴楷也。　起長梁齋，而叔僧虔不悅，即日毀之者，王儉也。

趙清獻還鄰翁居，不取直；所居甚隘，弟、姪厚以直，易鄰翁居。公命亟還，而不追其直。　蘇文忠還屋、焚券，不須金；卜居陽羨，以五百緡買一宅。夜聞老婦人哭，問故，其居即所買者。乃取券焚之，不索其直。　徐鉉增宅價；自南唐入京，市宅。歲餘，見宅主貧甚。召之曰：「得非售宅虧價致此耶？余近獲二百千，可償汝。」命左右付之。　王義方酬樹直。買宅，指庭中青桐樹一雙，曰：「此無酬直。」召宅主付之錢四千。　此皆今人所難者。

周瑜推道南大宅以舍孫策。升堂拜母，有無相共。　郈成子隔宅以居右宰穀臣之妻子。見《義俠》。

漢宣時「冠蓋里」。峴山南至宜城百餘里，卿士、刺史數十人大會。刺史行部見之，因名。　張嘉貞所居，時號「鳴珂里」。嘉貞為相，弟嘉祐左金吾。昆弟上朝，軒蓋盈閭巷。　劉仁軌所居，時號「三柱里」。以子姪三人並授上柱國。

唐昭宗改錢鏐所居營曰「衣錦」。以平董昌後又改城。　宣宗題崔鄯所構堂曰「德星」。倕子。六人同居。

李楷五子之子，分居巷東、巷西。　汝南周少卿燕子號「五龍」，各居一里。

陸機、陸雲各住一頭。　到溉、到洽共居一齋。

魏了翁築室白鶴山下。　余玠讀書白鹿洞中。　左思退居宜春里，專意典籍。賈謐請講《漢書》，謐誅，思退。

張思光融。舟居非水，陸居非屋，牽船岸上。　第五子陵雒陽無主人，鄉里無田宅，寄止靈臺。

為太尉長史，在高陵城西起大宅，郭洋也。世稱「長史宅」。　為荊州別駕，于城西小洲上立茅屋，織葦為席而居，羅含也。以廨舍喧擾。

焦光、楊沛之蝸廬也。　李愚之蝶庵也。　王肩望樵。之繭室也。

邵康節有安樂窩，又有安樂行窩。　陸放翁有老學庵，又有老學行庵。　非若段文昌煉珍堂，又有煉珍行厨也。

地因所居而著名者：荀之西豪。潁陰荀淑八子，號「八龍」，居西豪里，令渤海苑康改曰「高陽」。　謝之烏衣。弘微與族子靈運、瞻、晦、曜，以文義賞會，常共宴處，居在烏衣巷，故謂之「烏衣之游」。　王氏馬糞。僧虔居建康禁中里馬糞巷。僧虔門風寬恕，志尤惇厚。賓客游其門者，專蓋其過，而稱其善，時號「馬糞」。諸王為長者。　劉之居巢。劉知幾兄弟六人俱有名。人號其鄉曰「高陽里」，曰「居巢」。　李之廉讓。交州李祖仁兄弟十人，並慈孝、廉讓，因名其江曰「廉讓」。宋明帝問范柏年：「卿宅何在？」曰：「梁州有廉泉、遜水，臣居廉、遜之間。」　韓之桐木。子華兄弟為宰相，所居第有梧桐，京師稱「桐木韓家」，以別康公。　韋之花樹。族人遠來為一會，以合族。古人有「花樹韋家宗會法可取。」　王之三槐。祐嘗手植三槐于庭，曰：「吾子孫必有為三公者。」已而文正果相，天下謂之「三槐王氏」。

紀瞻立宅于烏衣巷。　楊汝士父子並為公卿。居靖恭里。「靖恭楊家」。　田游巖自號「許由東鄰」。任華曰：「東山謝安作鄰里。」

三人共宅，劉繪、張融、周顒也。時語曰：「三人共宅夾清漳，張南周北劉中央。」　兩雋同巷，何妥、蕭眘也。妥字栖鳳，居白楊巷；眘居青楊巷。時號「兩雋」。　並居交讓瀆，陸慧曉、張融也。其間有池，池上有兩株楊柳。何點歎曰：「此池便是醴泉；此木便是交讓。」舊傳交讓瀆，因張、陸也。

謂宅南柳郎可為儀表，謝瀟于柳惲也。惲字文暢，惔弟。與瀟鄰居，相友善。瀟稱之云。　謂彼中有人焉，不復叫，呼顔延之于張鏡也。鏡與客談，延之從籬邊坐聽。

張用與李瓊卜鄰。凹其至孝。　王荆公欲與司馬公卜鄰。元澤言：「大人意以其事，事可為子弟法。」　郤正與黄皓比屋；三十餘年，澹然自守。既不為皓所愛，亦不為皓所憎。　唐肅與丁謂宅相對。丁有弼諧之命，唐遷居州北，自謂入則大拜，數與往還，事涉依附。經旬不見，情必猜疑。故避之也。　而善于自處，非若王黼與梁師成連牆穿門矣。

侯天盛賂地與趙修；宋季雅市宅呂僧珍側；俱見《阿附》。　趙彦昭與巫媪趙氏鄰，因托為姑姪。　斯為下矣。

張霸博覽《五經》，諸生孫林、劉固、段著等。　市宅其旁以就學。　張楷隱居弘農山中，學者隨之，所居成市。華陰遂有公超市。　吴差山中，學者數十百人從沈麟士聽講經，各營屋宇依止其側。　吴下士人為戴顒築室。　江祐、徐孝嗣，共為吴苞立館于鍾山下教授，朝士多到其門。　邢和璞居終南山，好道者多卜築依之，崔曙年少亦隨焉，伐薪、汲泉，都是名士。

張楷父黨、宿儒皆造門，車馬填街，黄門、貴戚之家，皆起舍巷次，以候過客往來之利。　藏書以宋次道家為善本，士大夫多僦居其側，以便借觀。當時，春明坊宅子僦值比他處常多一倍。

相傳「精舍」本佛所居竹林，晉孝武因立精舍于殿內，引沙門居之。　然後漢包咸、劉淑、檀敷，傳儒者立精舍講授《江表傳》。　于吉立精舍，燒香讀道書，製符水。　後漢趙昱請處士綦毋君公、楊奇于緱氏界；周磐自重合令還，張奂在扶風，俱立精舍教授。　則儒與道俱可用。　但不宜俗地耳。　姜氏兄弟亦曰「精廬」；徐庶折節學問精舍；阮孝緒以鹿車為精舍；徐伯珍立精舍蒙山；陳寔立精舍講授；戴顒立黃鵠山竹林精舍；張漢直弟出精舍遇之。古人于其居也，蓋亦以是名之。

李林甫宅為「玉杯」。　牛僧孺宅為「金盞」。　唐僧泓師云：即相張說宅者。「永寧坊東南是『玉杯地』，馬燧宅；安邑里西是『金盞地』，王鍔宅。」後王宅賜袁弘、史憲誠等，所謂「金盞破，猶可再成。」馬宅後為「奉誠園」，所謂：「玉杯破，不復完。」　浮屠泓又相張説宅。誠無穿東北隅。它日，怪宅氣索然，視隅有二坎。憱曰：「富貴一世而已。諸子將不終。」説將平之，曰：「客土無氣，與地脈不連。」

何裔于秦望山別為小閣。山有飛泉，乃起學舍，即林成楹。因巖為堵，別為小閣，室寢處其中，躬自啟閉，僮僕無得至者。

陶弘景于句曲山築三層樓。自處其上，惟一家僮得侍其所。弟子處其中，賓客處其下。　王敬弘所居林澗周環，備登臨之美。時謂之王東山。　庾詵特愛林泉，十畝之宅，山池居半。　蕭思話于曲阿起宅，有閒曠之致。　阮卓不之官，居里舍，修山池、卉木，招致賓友，以文酒自娛。　白居易居東都履道里，疏沼種樹，創石樓，鑿龍門八節灘，為游賞之所。　洛陽十九名園，有司馬溫公獨樂園。　趙畯隱居杜門，鄉人目為獨樂園。晚娶，劉器之戲為少石山人。　至賈秋壑後樂園，安可頡頏乎？

漢武帝為太子立思子宮，何如文帝為太子立思賢苑？苑以招賓客，中有堂皇六所。

公孫瓚以鐵為門，鐵非不固也。　董卓以金為塢，金非不多也。

漢梁冀夫婦對街立宅；宋蔡京父子分門立户。亦人倫之乖盭也。

魏明帝營宮室，王朗諫曰：「建始之前，足列朝會；崇華之後，足序內官；華林、天淵，足展游宴。」

北魏高宗起太華殿，高允諫曰：「永安前殿，足以朝會；西堂、温室，足以宴息；紫樓，足以臨望。」

鄭子産責晉必崇大諸侯之館，魯叔孫婼必葺牆屋，去之日如始至。彼其于鄰國，且蒙難而猶若是。漢諸葛亮好治官府、次舍、橋梁、道路，所至營壘、井竈、圊溷、藩籬、障塞，皆應繩墨，一月之行，不改其初。彼其僻在一隅，奔命日不暇給，而猶若是。　蔡凝自中書選晉陵，更令左右修中書廨，曰：「庶來者無勞。」　陸抗與諸葛恪換屯柴桑，抗臨去，更繕完城圍，居廬、桑果，不得妄敗。恪入屯，儼然若新。而恪柴桑故屯，頗有毁壞。彼其代去，而猶若是。

宅有不利主人者：吴丁奉宅，孫皓流徙其身；晉初為周顗、蘇峻宅，後為袁真道宅；又為司馬秀宅，皆以凶終。後給臧壽，亦遇喪禍。　王僧綽以正達自居，請以為第，始就築，未及居而敗。　唐淮南三節度，皆卒于鎮。　宣宗朝，李珏領淮南節，疾亟没于官。　忻州刺史是天荒闕，歷任多死。　官舍果有蛇怪。　餘干令舍亦凶。

宅未有不易主者：奉慈寺本虢國夫人宅，本中書令馬周宅。《津陽門》詩：「八姨新起合歡堂。」　右相李林甫宅，本李靖宅。　林甫死後，改為道士觀。　李靖廟已為嬖人楊氏厩。此固王承福之所歎也。　張齊賢宅，乃裴晉公緑野堂。　考緑野堂乃李龜年故第。

姑蘇錢廣陵王園，王元之欲乞作醉鄉堂，後賜蔡魯公。　又廣陵王園，蘇子美已買作滄浪亭，後歸章子厚。同池、同時，不知孰是？

會稽泰寧寺，宋毁為寧宗攢宫；錢塘龍華寺，宋毁為南郊圜丘。元皆復之。

捨宅為寺者：蘇州虎丘寺，名雲岩。晉王珉兄弟別業也。嘉興真如寺，唐裴休洲嶼也。金陵蔣山太平興國寺，王安石府第也。梁何敬容捨宅為伽藍。周李士謙捨宅為伽藍。元懷捨宅為平等、大覺二寺。元雍捨宅為高陽王寺。元懌捨宅為冲覺寺。俱《洛陽伽藍記》。晉戴顒捨宅為乾元寺。一曰「招隱」。朱明捨宅為朱明寺。宋張岱捨宅為慈悲寺。梁陸僧瓚捨宅為重玄寺。顧彥先捨宅為永定寺。張融捨宅為宴聖寺。俱《吳地記》。張頻捨宅為玄法寺。《南部新書》王右軍捨宅為歸宗院。王維捨輞川為守寺。明僧紹捨宅攝山，為栖霞寺。戴叔倫宅，今為薦福寺。潤州人。卜居鐃之東湖三十載。

六如亭，子瞻葬朝雲處。六真院，蔡確賦詩，傷琵琶伎處。

器用

藜床，床之為杖也。呼子先惟倚藜杖，閉目少頃。陸麟遂名之曰「藜床」。桃笙，笙之為簟也。阿錫，錫之為布也。藻井，井之為言板也。玉巵無當，當之為言底也。

王羲之有巧石筆架，名「扂班」。獻之有斑竹筆筒，名「裘鍾」。《黔類》

武侯之木牛流馬；攻祁山造，轉運晝夜不絕。解飛為舂車木人；飛為石虎侍中，作碓車上，動則人踏碓，行十里，成米一斛。祖冲之造千里船；于新亭江試之，日行百里。又作一器，不因風水，施機自運。張衡之地動儀；銅鑄，形似酒尊，牙機隱在尊中。如有地動，則龍吐丸而蟾蜍銜之。嘗一龍機發，數日驛至，果地震隴西。陶弘景之渾天象；以機動之，悉與天會。李淳風之渾天儀；以銅為之，表裏三重。馬鈞之構輪。大木雕構若輪，潛以水發，設為女樂舞象，木人跳丸，擲鈎，緣絙倒立，百官行署，舂磨、鬥鷄，變巧百端。出《魏志》。皆器也，而神于藝矣。

王度寶鏡，人見紫服神人，曰：「我鏡精也，為謝王公。」王宗壽鐵鏡，人見青衣小兒，曰：「鐵鏡衶物，宜見還。」周靈王火齊鏡，向之語，鏡中影應聲而答。唐中宗得一古鏡，向之照，鏡中影語，曰：「即作天子，得無是耶？」

農人耕地，得破山劍，以指石，而光頓盡。符載寶劍，以截後戴，而鋒忽頑。

朱瑾以笏擊徐知訓；王繼鵬以笏擊薛文傑。皆師段司農耶？

羲之書蕺山下老嫗六角竹扇十許，人競市去。東坡書負綾絹子白團夾絹扇二十許，人爭取去。

鵲化金印，鳩變金鈎，皆張氏之祥。

漢文帝為郡守造銅虎符。煬帝以樊子蓋守東都有功，曰：「今為公别造玉麟符。」

宋皇帝登封，仍御唐高宗玉輅。宋大行晏駕，每假文宣王玉圭。

李違命之金錯刀也。張文懿之玉畫叉也。

陶穀以沉香噴飯。丁謂以沉香煮湯。

陳元龍卧床上，卧客地下。張伯大卧床上，鄧子敬自卧榻下。

李允則雄山鑄銀爐展城。陳述古蒲縣鑄鐘鐵辨盜。

岐陽石鼓，韓昌黎以為宣王鼓；韋蘇州以為文王鼓；或以為成王頌。又或以為宇文周時物。聚訟矣。

長安民獻秦武公羽陽宮瓦。　雍、耀間，耕夫得漢武帝益延壽觀瓦，皆可研。　庾嶺灌將軍嬰廟瓦鑿為研。以上《傭吹》。

袁象贈庾翼蚌硯。　劉道友以浮碴為硯。

仁宗賜王珪殘硯。　米芾拜御硯，求神宗賜。

墨上有小道士如蠅而行，自稱「黑松使者」。　硯上有小世子如蟻而獵，自稱「紫石龍潭」。

張華鐵硯。　桑維翰鐵硯。　劉守璋賜洪厓先生揚雄鐵硯。

任末削荆為筆。　賈逵剥桑為牒。

蒲序墨、潘衡墨，皆在奚易水之前。

晏元獻答奏，率用方寸小紙。　曾文正遺故人子，皆書簡後殘紙。

羅隱喜筆工萇鳳，以雁頭箋百幅為贈。　士大夫聞之，懷金問價。　王右軍為會稽令，謝公乞箋，庫中惟有九萬，故悉與之。

雷孔璋曾孫穆之有殘筆與祖書，乃桑根紙。

齊高帝嘗造銀光紙賜王僧虔。　杜暹為婺州參軍，秩滿，州吏以紙萬張贈之，暹惟受百番。

管子文謁李林甫，俄化為筆去。　敬元穎謁陳仲弓，俄化一鏡去。鵝秀才謁葉法善更佳耳。

謝尚夢父告以刻塔杖上，可以禦災。　縻竺葬枯骨，夢婦人與一青蘆杖，可以焚火。

宋香燭以龍涎、沉腦屑和蠟為之。　唐仙音燭以露寶為之，燃則花鳥玲瓏，皆響動。

曹王皋得二捲，杜鴻漸得二杖，不如馬嵬始得一履，賀懷智得一巾也。

錢惟演以笏起草。　余安道以所奏事書笏。

飲　食

仁宗夜半思羊肝，而不宣索。　高宗神御用羊胃，而命別味代之。

著《酒經》者，王無功也。　著《茶經》者，陸鴻漸也。　刺史崔喜請見無功，卒于不詣。　御史大夫李季卿召鴻漸煮茶，挈具而往。彼不負酒，此為茶玷矣。《偶記》

何曾著《食疏》。又有《安平公食單》。　韋僕射巨源有《燒尾宴食單》。　馬琬、盧仁宗、竺暄、劉休有《食經》。　盧悰有《食方》。　謝諷有《食經》。　孟蜀有《食典》。　崔浩著《食經》。　梁大官有《食經》、《食法》。　隋大業有《淮南王食經》、《食目》。　唐趙氏有《四時食法》、《蕭家法饌》。　楊曄有《膳夫經手録》。　黄克明有《江飧饌要》。　段文昌有《食經》號《鄒平公食憲章》。

食飯而知勞薪所炊者：師曠也，荀勖也。　食而知鹽味小生，食雞而知栖恒半露，食鵝而知黑白之處，符朗也。　食餅而知鹽生，劉子陽也。　食麥知杏、李、柰三味兼者，皇甫玄晏也。《偶記》

齊王好食雞跖，日進雞七十。　楚王希聲慕梁太祖好食雞，日烹雞五十。　臨江王妃江無畏好食鯽魚頭，日進鯽魚三百對。前。

日食萬錢，何穎昌曾。也；一日之供以二百萬錢為限，曾子邵敬祖。也。故曰：「貽厥孫謀。」可不慎哉！前。

一食萬錢：任愷也，高陽王雍也，韓晉明也，軌子，魏東萊王。招引賓客，一席必至萬錢。邠公杜悰也，李德裕也，趙犨子巖也。韋陟庖中所棄，不減萬錢。侈哉！

李德裕嘗食萬羊，夢牧羊者十數，迎拜曰：「此侍郎平日所食羊也。」杜悰為相，有人見牧羊滿山，詰之，曰：「供相公食耳。」悰一日費嘗萬錢；德裕一杯羹至二萬錢。雖云厚福，未免豪汰。〈偶記〉

初尚主，誤食塞鼻棗及澡豆者，王敦也。　初娶董溪女，誤食澡豆者，陸暢也。〈偶記〉

好食人精者：周舒州刺史張懷肅也，唐左司郎中任正名也。　嗜人爪者，權長孺也。　嗜臭蟲一名蟠蟲。者，劍南節度鮮于叔明也。〈偶記〉

劉邕好食瘡痂，孟靈休褫取未落者，貽之。特欲好飲人血，左右姬妾刺臂吮之。然邕于南康國吏二百許人，不論有罪無罪，遞鞭成瘡痂，以給膳，尤是奇事。前。

漢于定國飲酒數石不亂，讞獄益精明，民自不冤。　周裴正飲酒數斗不亂，剖決如流，獄無冤濫。前。

邵平種瓜長安城東，瓜美，世謂「東陵瓜」。　魏高聰、高肇之黨罷廢，修營園果，世稱「高聰梨」。然聰初傾身趙修，修死言必毀惡。又媚附茹皓，皓死以為死晚。偶種梨一事同耳。

紂以車行酒，馬行炙。　西郡賊陳輕騎以行魚，騰酒車以斟酌。　隋諸葛昂、高瓚爭為豪侈。昂屈瓚串長八尺，餅濶丈餘，餤粗如柱，酒行自作《金剛舞》以送之。瓚以車行酒，馬行炙，碓斬鱠，碾蒜韲，自唱《夜叉歌》以送之。

羊斟不及，華元受其謀；黿羹不均，子家肆其禍；熊燔不熟，殺宰夫，而趙穿弑靈公。雙雞易鶩饋子雅，而蒲癸殺慶舍。乾餱之愆，可謂口腹為細故乎？

曹參為相，主者欲有言，輒飲以醇酒。羊祜督荆州，將帥有欲進譎計者，輒飲以醇酒。換酒，解金龜者，賀知章也。換酒，解金貂者，阮遥集也。

取南濡水，蹶倒而以臨岸水增之，能辨者，陸鴻漸也。取中泠水，醉忘，而以石城下水代之，能辨者，李文饒也。取釀泉蹶倒，而以豐樂之紫薇泉代之，能辨者，歐陽永叔也。

師曠、荀勖、皇甫謐，妙于味者也。彭鏗、易牙、毛德祖、虞悰、曲良翰、彭湘潔、余媚娘，工于味者也。魏文、齊武、隋煬、吴質、何曾、何劭、和嶠、王愷、王濟、石崇、劉穆之、徐湛之、何勖、阮佃夫、朱异、羊侃、元維、元琛、崔瞻、爾朱文略、韋安石、韋陟、裴冕、元載、段文昌、李德裕、趙雄武、孫承祐、陶穀、蔡京、張俊、張鎡，侈于味者也。廉頗、樊噲、王鸑、典韋、李勳，勇于味者也。宋明、山濤、劉道真、江淹、蕭穎胄、鹿宜孫、馬郁、杜悰、廖易之、張齊賢、張愨、趙雄，洪于味者也。張昌宗、張易之、韓縝，酷于味者也。羅友、陳仲潛，猥于味者也。鄭子公御、司馬子期、胡紘嗛、朱晦翁，無隻雞斗酒之供，釀成偽學之禁，小人于味者也。《宛委餘编》

飲量之弘者，漢于定國飲酒至數石不亂。鄭康成飲酒一斛。袁紹嘗餞之，會者三百人，皆使離席行觴，飲三百杯，而温克之容無怠。　盧植、魏舒，能飲一石。　山巨源飲八斗。　周顗，一石。劉伶，一石五斗。　前燕皇甫真飲石餘不亂。　後魏劉藻，一石不亂。　南齊沈文季飲至五斗，妻王錫女飲亦至三斗，對飲竟日，而視事不廢。　鄭元起飲至一斛不亂。　《北史》：柳謇之一石不亂。孔珪飲至七八斗。　滿寵、馬融、傅玄、劉京，皆至石餘。　裴鈞與裴弘泰，賭飲酒器，請在座銀器盡斟酒滿之，隨飲以賜，抱持而出。　劉潛、石曼卿，尤豪于飲。　歐陽永叔、梅聖俞，可盡百杯，每為劉石所困，飲酒石餘不亂。　又有華歆、孫策每大會，歆能飲至石餘不亂。人常以其整衣冠為異。　馮跋、小字乞直。　張才。鄖謂部人。

元德秀居陸渾，好事者載酒餚過之，不擇賢不肖，與之對酌。　羊曼不問貴賤。

宋蘇舜欽、石延年，飲名有五：曰「鬼飲」、夜不燃燭。「了飲」、飲次挽歌，哭泣而飲。「囚飲」、露頂囚坐。「鼈飲」、以槀自束，引首出飲，復就束。「巢飲」、飲于木杪，一名「鶴飲」。　余戲益之六：曰「號飲」、阮籍喪母終，飲酒二斗，舉聲一號，是也。「偷飲」、畢吏部盜樽，是也。「跪飲」、劉伶跪祀飲酒，是也。「枷飲」、北齊高季武留司馬消難飲，索車輪括消難頸，又索一輪自括頸，仍命酒引滿相勸，是也。「牛飲」、商辛為酒池，迴船糟丘，牛飲者三千人餘，是也。「狗飲」。　胡毋輔之輩閉室酣飲，阮逸脫衣露頂，狗竇中大叫，遂得入飲，是也。

庾袞父在，常戒以酒，後每醉，輒自責于墓前，自責三十。　陶士行每飲酒，量有餘而限已竭。曰：「少有酒失，慈母見約，故不敢過。」

邴原素能飲，出遊，見師友，一滴不入口。　及相別，原曰：「本能飲酒，但以荒思廢業，故斷之耳。」

今當遠別，遂一飲譙。」

馬周濯足以酒。　秦叔寶飲馬以酒。

食量之弘者：廉頗七十餘，一飯斗米，秤肉。　山濤飲至八斗，醉後餟餔，折筯不休。　苻堅、拂蓋郎、夏默等三人，每食一石，肉三十斤。　宋明帝噉白肉至二百斤。　蜜漬鱁鮧一頓數金鉢。　蕭穎胄噉白肉鱠至二斗。　馬希聲日食五十鷄。　南燕慕容德時，逢陵長王鸞賜食，立盡一斛。　范汪噉青梅一斛。　宋張齊賢一食肥猪肉十餘斤。　趙丞相雄奏事，上命内侍捧玉海容三升者進之，凡七賜，皆釂，繼以籠炊百枚，遂食至盡。

晉平飽蔬食菜羹之享，君子賢之，謂其公侯而甘藿食也。　井丹却麥飯、葱葉之食，君子非之，謂其以寒畯而羨侯鯖也。建武末，沛、輔等五王請井丹不能致，陰就乃詭説五王求錢千萬，約定致丹，而別遣人要劫之。丹既至，就故為設麥飯、葱葉之食。丹推去之，曰：「以君侯能供甘旨，故來相過，何其薄乎？」更設盛饌，乃食。

趙岐以避仇賣餅。　陳敬暄以家貧賣餅。

徐肺、沈脾。徐晦嗜飲，沈傳師善餐，恒無患。楊嗣復戲曰：「徐家肺、沈家脾，大是安穩。」　可對李目方口。唐方干唇缺，嘗與龍丘李主簿同酌，李目有翳，干作令，曰：「措大喫酒點鹽，亚將喫酒點醬。只見門外著籬，未見明中安障。」李曰：「措大喫酒點鹽，下人喫酒點鮓，只見半臂著襴，不見口唇開胯。」一座大笑。

曹元理知有蒸㹠、荔枝。嘗詣陳廣漢，設食甚薄。曰：「有倉卒客，無倉卒主人。」元理以匕箸算曰：「俎上蒸㹠，厨中荔枝，何不設？」廣漢大慚。　趙達知有美酒、鹿肉。嘗過知故，食畢，謂曰：「倉卒乏酒，又無嘉餚。」達取隻著，再三縱横之，言：「卿東壁有美酒一斛，鹿肉三斤。」主人慚曰：「欲相試耳。」

豫章王嶷盛饌饗賓，問：「今日餚饍有所遺否？」虞悰曰：「恨無黄頷臛。」何曾《食疏》所載也。 孫承祐吴越王妃兄，在浙右節度。嘗饌客，指盤筵，曰：「今日座中無不畢備，可謂『富有小四海』。」謂南蝤蛑，北紅羊，東鰕魚，西棗、栗。 尸子亦有「四海」之目。尸子曰：「桀、紂必南海之葷，北海之鹽，西海之菁，東海之鯨。」

李預餐玉七十枚。預得《餐玉法》，採訪藍田，躬往攻掘，乃椎七十枚為屑，食之。 李德裕杯羹，錢三萬。雜珠、寶玉煎汁，三煎即棄其滓。

一笥餅，得都尉。世祖微時，嘗以事拘新野。樊曄為市吏，饋餅一笥。後徵為河東都尉，賜御服食。戲之曰：「一笥餅得都尉，何如？」 一斛酒，得凉州。孟佗以葡萄酒一斛遺張讓，即拜凉州刺史。于時詩：「將軍百戰竟不侯，伯良一斛得凉州。」

晉人多言飲酒，至于沉醉，非直在酒，時艱懼禍，托以醉，以遠世故。陳平日飲醇酒，曹參以酒杜人，已用此策。而嵇、阮、劉伶之徒，遂用此為保身計。此意惟顔延年知之，故《五君詠》云：「劉伶善閉關，陶情滅聞見。韜精日沉飲，誰知非荒宴？」溺酒者，以嵇、阮為口實，可笑哉。文中子稱劉伶「古之閉關」；人稱陶元亮：「幾于閉關。」

蔡京厨婢數百人，庖子六十五人。 段丞相有老婢名膳祖，四十年閲百婢，僅九婢可嗣法。 孫節度承祐一宴，殺物命千數。 蔡京每殺鶉子輒千餘。

何太宰每宴不食尚方食，晉武令就其家取之；幸王武子第，侍婢數百，各持琉璃器，食蒸豚有異，乃以人乳飲之。 齊武帝幸芳林園，就虞悰求味，獻粣及雜餚數十輿，求方不得，後體不快，僅獻醒酒鯖鮓一方。

陳叔達日給王績酒一斗。績待詔門下省，給酒日三升。或問何樂？曰：「美醞可戀。」叔達聞之，日給一斗，時稱「一斗學士」。

後周明帝日給韋敻河東酒一斗。號曰「逍遥公」。

劉毅冒請鵝炙。就庾悦求子鵝炙。　羅友冒求羊羹。桓宣武為王車騎集别，友進坐良久，辭出。曰：「友聞白羊肉美，故冒求前耳。無事可咨，不復須駐。」了無慚色。　裴御史自携匕筯，恣情飲噉，所謂「飲食之人」，當時以為名士。吾不信也。

晉武帝就和嶠求李。嶠性至儉，家有好李，帝求之不過數十。帝嘗幸其宅，供饌甚豐，悉貯琉璃器中，蒸㹠甚美。問故，答曰：「以人乳蒸之。」帝色甚不平，食未畢而去。　齊武帝就虞悰求味。見前。　杜畿不與劉勳大棗。勳貴震朝廷。嘗從畿求大棗，拒以他故。後勳伏法，太祖得其書，歎曰：「可謂不媚于灶者也。」桓崖不與桓玄好桃。玄素輕崖。崖在京下，有好桃，玄求之不得佳者。玄與殷仲文書，以為嗤笑，曰：「德之休明，肅慎貢其楛矢。如其不爾，雖籬壁間物亦不可得。」和恡、虞秘，畿避貴幸，崖恨輕己也。

張蒼食人乳而壽。《史記》：蒼免相後老，口中無齒，食乳。女子為乳母，妻、妾以百數。嘗孕者不復幸。蒼年百有餘歲。

侯君集亦服人乳而誅。君集以反伏誅。録其家得二美人。太宗問其狀，曰：「自還以來，常食人乳，而不食。」

范雲命取孔休源嘗膳，止有赤倉米飯、蒸鮑魚。休源寓宗人孔登。雲到少府，登備水陸之品，雲駐箸。　盧叔虎留魏收食，但有粟飧、葵菜、木碗片脯。　彼胡紘以無隻鷄斗酒，而嗛晦庵啟偽學之禁。真小人哉！

晏子相齊，食脱粟飯。　公孫弘封侯，猶食脱粟飯。　孫叔敖為令尹，食糲飯、菜羹。　李固為太尉，食麥飯。　左雄刺冀州，食乾飯。

陶元亮有《乞食詩》。　顏魯公有《乞米帖》。　梅堯臣有《貸米詩》。　庾杲之食惟三韭，或曰：「誰謂庾郎貧，食鮭，嘗有二十七種。」李崇食惟二韭，人曰：「李令公食，嘗十八種。」庾貧而清；李富而鄙。

留守以厨食饋范文正，曰：「食粥已久，遽享盛饌，後日豈能啗粥？」　王濟授盤餐，石徂徠曰：「今日固好，明日如何？」

晉惠帝走洛陽，宫人持秔米飯、燥蒜、鹽豉以進。　愍帝時，太倉有麴數十餅，麴允為粥以供。成帝時，蘇峻反，大官惟有燒餘米數石。　德宗奉天供御，纔有糲米二斛，縋人採蕪菁根而進之。

魚弘述職西上，道中乏食，緣路採菱以給所部。《梁書》　晉羊敦守廣平，歲饑，家饋不至，拔藕而食，朝廷賜穀千斛。　隋文帝如洛陽，遣視民食，得豆屑、雜糠，帝為不御酒、肉期年。　侯景之亂，江南旱蝗相繼，芰實、荇花，所在皆罄，草根、木葉，為之凋殘。　李密至淮陽，歲饑，削樹皮以食。　崔慎由寓居太原，與仲兄能力學，屬歲兵荒，採梠拾橡實，飲水栖衡，講誦不輟。　長安掖庭宫女猶有數百，更始敗後，幽閉殿内，掘蘆菔根，捕池魚而食之，死相埋于宫中。　晉王重貴既出塞，契丹無復供給，從官、宫女，皆採木實、草葉而食之。　盧携乞停徵殘税，云：「貧者磑蓬實為麵，蓄槐葉為齏。」

古事比卷之五十

衣服

韓康伯數歲，母為作襦，令持熨斗，謂行作複袴。康伯曰：「火在斗中，而柄熱，今既著襦，下當自暖。」　張兼少時，母欲為作袴，兼曰：「且作襦，如熨斗著火，其柄自熱。」

謝朓大雪候江革，脱所著襦，並割半氈充卧具而去。　宋韓忠獻、李康靖同行應舉，到别，割氈為二分之。

周文王伐崇，至黄鳳墟，襪繫解，自結之；晉文公與楚戰，至黄鳳陵，自結履繫。皆以先君之臣無可使。　武王至殷郊，繫墮，自為繫；張釋之為廷尉，王生謂曰：「為我結襪。」釋之跪結之。此與圯上納履，奚異耶？

吕不韋使異人，莊襄王。以楚服見后。后悦之曰：「吾楚人，而子字之。」乃更其名曰「子楚」。　叔孫通服短衣楚製，見漢高祖。漢王喜。《樵書》

妺喜衣男子之衣，卒以亡國。　何晏服婦人之服，亦以禍身。　程元振衣婦人之衣，私入長安，即被安置。叫代宗還宫，復規任用，京兆擒之以叫，江陵安置。

謝玄好佩紫羅囊；謝尚好服刺文袴；周弘正錦髻、紅裩，緑絲布袴繡假鐘。則服妖矣。路巖鎮成都，風貌秀美，載妓巾裘出游，時民間見炫服者，曰：「汝欲效路侍中耶？」然與折角巾、穿角履，徑庭矣。

北齊宗室道暉學為儒宗，好著高翅帽、大屐。蜀王衍好著尖巾，狀如錐。高昂好著小帽，世稱「司徒帽」。裴冕自製巾甚工，世效「僕射巾」。

王莽屋幘，為頭禿也。晉元帝服幘，掩其壯髮也。沈慶之著狐皮帽，患頭風也。

冬無袴者：賈逵、逵世為著姓，少孤，家貧。冬嘗無袴，過其妻兄柳孚宿，著孚袴去。馮驩、齊乞士，經冬無袴，面有饑色。黃香、字文礨。父兄舉孝廉，家貧無僕，香躬執勤苦。冬無袴被，而親極滋味。吴良、字大儀，臨淄人。為郡議曹掾。正旦，吏人賀太守，良曰：「明府無受其觴，盜賊未弭，人民困乏，今曹椽尚無袴。」太守曰：「此生言是也。」秦護。清廉不受禮賂，衣服單露，人歌曰：「冬無袴，有秦護。」

織屨給食者：陳仲、字子終。楚王欲以為相，妻曰：「子織屨以為食，恬澹而無為，樂在其中矣。」乃謝使者。翟方進母。方進游學京師，後母隨之，織屨以給其用。

「為呂氏右袒，為劉氏左袒。」周勃之令軍中也。前此有淖齒弒齊王，王孫賈入市中，呼曰：「欲與我誅淖齒者，袒右。」市人從者四百人。陳勝起兵，徒屬皆袒右，是先有以袒右令衆者。吴人入楚，陳懷公召國人，曰：「欲與荆者左，不與荆者右。」齊桓公立管仲為仲父，令諸大夫曰：「善吾者入門而右，不善者入門而左。」則是法亦已久矣。弇州曰：「勃知衆心歸劉，不能無疑于呂氏之有黨。欲誅之以令衆，如楊素、朱滔之舉耳。豈至此而始覘人心之向背哉？」

趙隱拜官，北齊封宜陽王。不脱朝服見母，榮親也。　曹王皋罷官，不脱朝服見母，安親也。

陽城以處士賜緋；李泌以山人賜紫。特恩也。

阮長之守武昌，常擁敝絮。　任昉守義興，不備裙衫。

柳惔婦隔幔出妓，妒也。　夏侯亶隔簾奏伎，慳也。

諸葛遺司馬懿巾幗。　高敖曹遺高乾以布裙。

漢文賜尉佗三褚。上褚、中褚、下褚，各三十衣。　孫權賜周瑜百領。寒暑衣，皆百領。

黄巢僭位，畫皁繒為衮衣。　賊立朱乙為天子，取嵩嶽神衮冕以衣之。

公孫弘丞相布被，汲黯譏之。　王良大司徒布被，鮑恢傳之。　宣秉中丞布被，光武賢之。

逢萌挂冠東都城門。　陶弘景挂冠神武門。　袁本初挂節于上東門。　丁鴻挂縗絰冢廬。

管寧皁帽，漢制也。　陶潛葛巾，東晉制也。　左元放葛巾。

霍獻可裹緑帛。　李子慎著緋衫。皆無渭陽情者。

優孟衣叔敖之衣冠。　靖郭君衣宣王之衣冠。

朱修之不肯以巾褠到殷景仁之門。　陳暄以玉帽簪插髻，紅絲布裹頭，上徐陵座。　蕭琛著虎皮靴，策桃竹杖，造王儉座。

宋子京宴于錦江，微寒，命索半臂。　洪景盧三伏中賜對翠寒堂，戰栗不可久立。上笑，被以北綾半臂。　關文衍畫《九華山圖》于白綾半臂。

王章妻之念牛衣，與元載妻之念牛衣不同。

杜衍致仕，或勸為居士服，衍曰：「老而謝事，尚可竊高士名耶？」　邵雍居洛，司馬公勸服深衣，雍曰：「為今之民，應服當時之服。」　張齊賢改秘書致仕，筶子請衣羽服，曰：「且作白頭老秘書而眠，何必學賀監作流沙之服？」

任光冠服鮮明，幾見殺奪。淡平至宛，平人見光冠服，將殺而奪之。劉賜至，視光容貌長者，乃救全之。　王晞溫服膏粱，行侶見尤。晉陽陷敗，與同志避周兵，惟有土賊，而晞溫服膏粱不廢。晞曰：「莫尤我行事。若悔，久三公矣。」

尹愔衣道士服視公事。　蘇軾以僧衲衣襯朝服。

沈休文革帶移孔。《與徐勉書》言：「凋竭。」　張思光革帶寬至髀。王敬則見。　王敦入石崇廁，脱故著新。石崇奢豪矜物，有客如廁，皆易新衣而出。客多羞，而敦意氣無怍。　齊高賜張融衣，雖故勝新。曰：「衣服粗故，誠乃素懷，久爾繿縰，亦虧國體。今送一通故衣，意謂雖故，乃勝新也。是吾所著，已令裁稱卿體。」

披裘拾穗。林類年且百歲，方春披裘，拾穗于後畦，並歌並進。　披裘負薪。延陵季子見路有遺金，命取之，曰：「五月披裘，豈拾遺金者哉？」

馬援衣皮袴。以牛羊散與故舊。　婁師德衣皮袴。檢校豐州都督，率士屯田。

董威輦不受全帛，而受碎絮。　李元愷不服新麗，而服垢穢。　王子陽之好，增其累耳。

譬人于衣：　謝超宗詣東府自通，其日風寒。高帝謂四座曰：「此客至，使人不衣自暖。」　孔融薦邊讓于魏武曰：「讓為九州之被則不足，為單衣襜褕則有餘。」衛人將殺右宰穀，穀曰：「余狐裘而羔袖。」乃赦之。言一身盡善，惟少有惡。

珍寶

子罕却玉，韓起辭環，有無窮之名。季氏之璵璠，向魋之夏璜，有無窮之惡。故曰：「惟善以為寶。」

楊邁，精金也，林邑以為名。蒙古，白金也，元主以為號。《脩吹》

唐昭宗賜李亞子鸂鶒卮、翡翠盤。柴世宗得楊行密瑪瑙枕、翡翠瓶。

霍光車較上有金鳳，夜常飛去。沈攸之妾馮月華臂上玉馬，夜常失之。有白駒入廐，羣馬皆驚。漢元鳳中，宮中欲毀趙婕妤釵，開匣惟見白燕飛去。唐大曆中，日林獻龍角釵，賜獨孤妃，有雲起釵上，惟見二龍飛去。孫亮屏上琉璃鳳，觸之，飛去。

周世宗毀佛鑄錢。梁南平王偉毀襄陽銅佛為錢。武帝東下，用度不足。會昌毀佛像，鑄開元錢。顯德毀佛像，鑄周通錢。

孫皓穢竺乾金像，東昏碎獅子國能像，為妃釵釧。秦金人十二，董卓錢其九，苻堅泉其二，一沉于河。

珍物為水神求者：王榮老過揚子江，風濤暴作，投黃山谷書。韋應物詩扇，水光如鏡。嘉祐中，貴人携韓幹馬渡采石，風大作，獻之，風止。　元豐初，安燾、厚卿。陳睦、和叔。奉使渡海，波濤洶湧，舉佛經折紙，剪字投之，風濤恬息。　呂端奉使過洋，風濤忽作，沉金書《摩詰經》，聞絲竹聲起舟下。　陳堯咨泊三山磯下，夢老叟江湖奕神。求《金光明經》。　王荆公夢小龍求夾注《維摩經》。　海神借看永叔《隴阡表碑》。

燕昭王招涼珠。常懷此珠，盛暑體自清涼。　李輔國迎涼草。夏挂窗户間，涼風自至。　元載却塵褥。却塵，獸毛為之。　同昌公主却寒簾。却寒，鳥骨為之。　明皇辟寒犀。　文宗辟暑犀。又辟塵犀。　沈隱侯辟塵爐。　謝客兒辟塵帳。　李文饒有白龍皮，浸之，夏月入室生涼。　張希復校理有獅子尾拂，夏月蠅蚋不敢集其上。

石晉貢契丹一磁盆，貯水，所畫二鯽即躍。　曾訥得廣南一瑪瑙盆，盛水，二魚自然即躍。

劉悛奉齊武帝金澡罐。　明皇賜安禄山銀笊籬。　馮道家有滑樣水晶不落。　劉虬家藏龜兹國澡罐。　盧昂有瑟瑟枕。　懿宗賜公主瑟瑟幕。

唐懿宗賜優人李可及酒，皆珍珠也。　宋真宗賜宰相王旦酒，皆珍珠也。　吴越王送趙普海物，皆瓜子金也。

王濟以錢甃地，號曰「金溝」。　唐王元寶以銅線穿錢，甃花徑中，泥雨不滑，時名「富窟」。

石室人唾悉是金。《述異記》：雩都縣西沿江有石室，名「夢口穴」。嘗有船遇一人，通身黄衣，擔兩籠黄瓜求寄載過岸。此人唾盤上，徑下崖，直入穴中。船主初甚忿之，見其入石，始知異，視盤上唾，悉是金矣。　長沙牛糞是金。金牛崗在長沙。　漢武時，一田父牽赤牛欲渡，及半江，牛𡚁于船，漁父怒其污，撥𡚁棄水，欲盡，方覺是金。躡之，但見人、牛入嶺，掘之莫能及。　北海牛糞是銀。建武二十一年，有人騎白牛，曰：「吾北海使，將看天子登封。」遂乘牛上山，惟見牛跡，遺𡚁為銀。明年，世祖封禪。　鮫人泣，則出珠。鮫人室水如魚，不廢機織。其眼能泣，則出珠。

王陽能作金；王陽好車馬、衣服。及遷徙，不過衣囊，天下服其廉而怪其奢，故《風俗傳》云。　婁敬能種金；《永壽志》：建信侯婁敬晚居好畤明月山北，能種金。其地曰「種金坪」。後人往往得金云。　白水種金；藍田種玉。　然則金玉固有種乎？《續博物志》：襄、趙間，故春陵白水之地多得金。土人謂之柹子金。或曰：「此婁敬所種，藥金最良。」

漢武帝吉光毛裘。《十洲記》：西國王獻色黃蓋、神馬之類，入水不沉，入火不焦。　唐敬宗浮光裘。《杜陽雜編》：高昌國進。一日從禽。忽值暴雨，略無沾濕。

漢明帝以赤瑛盤盛櫻桃，賜羣臣，月下與盤同色，皆疑是空盤。　董偃以水晶盤貯冰，與盤同色，侍者以誤拂墜盤。

地中藏金：晏子城、湖州九龍山下，至今耕者每得黃金如菱，中有「齊」字。《吴地志》董卓宅、洛陽永和里邢𥢢家，嘗掘得丹砂及錢數十萬。後卓夜中隨𥢢索，不與，經年𥢢卒。《伽藍記》蘇秦宅。大統中，南有高𩔰略宅，掘得黃金百斤，銘云：「蘇秦家金。」人謂此地是蘇秦舊宅。　又蕭穎胄之取龍；穎胄字雲長，長沙寺僧。鑄黃金為龍，埋土中，稱為「黃鐵」。穎胄固取此以充軍實。《南史》隗昭之書板。善《易》，臨終書板授妻，後五年有詔使龔，負吾金，至期責之。使者筮卦，歎曰：「妙哉！隗生，知吾善《易》，故書板寄意。金五百斤，盛以青瓮，覆以銅柈，埋在堂屋東頭。」掘，果得金。

唐《開元寶玩録》載有張説記事珠。紺色有光，或有闕忘之事，持弄此珠，一無所忘。　明皇賜楊國忠游仙枕。龜兹國進。枕之，則十洲、三島、四海、五湖，盡在夢中。　内庫有自暖盃。鍐金字，云：「自暖。」取酒注之，温然有氣如沸。

七寶硯爐。冬寒硯凍，置爐上，冰自消，不勞置火。葉法善鐵鏡。疾病照之，見肺臟所滯之物，療之痊瘥。郭休拄杖。色如朱漆，叩之有聲。夜則有光，可照十步之内，涉險未嘗失足。蘇頲錦文花石筆架。每天欲雨，即津出如汗。虢國夫人夜明枕。光照一室，不假燈燭。岐王玉鞍。冬月，在座如温。

鬼神

阮瞻著《無鬼論》，見鬼曰：「僕便是鬼。」施續門生著《無鬼論》，見鬼曰：「僕便是鬼。」宗岱、常秉，皆作《無鬼論》，而見鬼。

黎丘丈人惑于鬼似子者，而殺其真子；丈人醉歸，鬼效其子扶而道苦之。明日之市，醉，其子迎之。望其真子，拔劍而刺之。琅琊巨伯秦姓。惑于似孫者，而殺其兩孫。蓬山鬼化為巨伯之孫。凡似之亂真，未有不反為真害者。

胡毋班從泰山君，乞得父為社公。蔣子通濟從泰山令，乞得子為録事。蔣濟婦夢亡兒，曰：「為泰山伍伯困辱。今孫阿召為泰山令，可屬阿轉我樂處。」濟見孫阿真語其事，曰：「欲得何職？」曰：「隨地下樂者與之。」月餘，兒復夢曰：「已轉為録事矣。」

江淹書云：「梧丘之魂，不愧于沉首。」齊景公畋于梧丘。夜夢五丈夫，晏子曰：「昔靈公出畋，五丈夫驚獸，悉斷其頭而埋之。」公令厚葬之。鵠亭之鬼無恨于灰骨。交州刺史何敞行部至蒼梧，宿鵠奔亭。夜半有女子呼曰：「妾本廣信縣蘇娥。夫死，有雜繒帛，與婢日暮止此，為亭長龔壽刺死，埋樓下。」敞掘之，果得尸，拷問具服，奏斬之。

狐突見申生于曲沃，冤抑之鬼也。齊襄公見彭生豕立而人啼，强死之鬼也；魏顆見老人結草以抗杜回，報恩之鬼也；伯有為厲殺駟帶公孫段，報怨之鬼也；漢武帝見李夫人于帳中，妖淫之鬼也；王弼與人墓中談《易》，文章之鬼也；隋煬帝見陳後主于雷塘，亡國之鬼也；陳喬衣黄半臂而過廊，忠義之鬼也。凡死于刀兵、水火，其魂魄不散，皆能為鬼，以至「陰房鬼火」、「天陰鬼哭」，高明之家「鬼瞰其室」，皆不可誣者。

呂后之殺如意；武安之殺竇灌。不以其罪，心未嘗不歉。故臨死時，窮則反本。呂后遂以為如意據其左掖；武安遂以竇灌俱坐床頭。二人之見，生于歉也。武帝溺愛李夫人；明皇溺愛楊貴妃。雖死而未嘗不冀一遇。故少翁得假為鬼物，使武帝能見之；鴻都道士得構其魂魄，使明皇能見之。二人之見，生于溺也。

慕容垂贈唐文宗以詩。　隋煬帝遇陳後主于苑中。飲煬帝酒。　盧多遜逢李後主于海上。

陰子方見竈神，以黄羊祠之。　張成見蠶神，以白粥祀之。

沈文通地下與楊樂道同曹，僧文捷知之。　石延年鬼仙召范補之偕往，友張生夢之。　天曹召孫復與涂楷同為要職，亦然。

段文昌夜行，有雙燭引前。　劉沔月黑捉生，有雙燭授之，影在雙旌上。　許楊夜歸，天大陰晦，道中若有火光照之。　管寧海中遇暴風，時夜晦冥，望見有大光，輒趨之，得島。

袁本初遇度朔君，殺之，似驢。　公路家有老羊作怪，自呼高山君。別又云：「同度朔君于廬山，食白李，不知同者為誰。」又云：「度朔山即神荼鬱壘所居。」

劉玘自言：「我死當為神。」　蔣子文自言：「我骨青，死當為神。」劉祠在君山上，蔣祠金陵。

娶鬼神女：柳毅、柳子華，俱娶龍女。　赤城袁相、狼碩，天臺劉晨、阮肇，俱遇二仙女。　望帝娶武都山精。　廪君射陽鹽神女。　杜蘭香下嫁張碩，可十六七。　成知瓊下嫁弦超，自言年七十，然如十五六。

樊夫人仙術與夫劉綱争衡。　楊隱之女仙術與父争衡。

裴立静是李言之妻。　威逍遥乃蓟尋之婦。《傭吹録》

崔女郎墓中贈盧充一金椀。　吴女郎墓中贈崔羅什一玉環。前。

張璞女為廬山子婦。　曹著，廬山女婉妻之。前。

唐楊鑣與大姑作偶。鑣，收相之子。少年為江西推巡，屬秋祭，請祀大姑神。鑣悦大姑容，偶有言。祭畢，迴舟，見雲霧中一女子呼云：「家姊幸蒙採顧，便希回棹成禮。」苟或中輟，恐不利于君。」楊懇希從容一月，處理家事，倉卒而卒。　史光澤與泰山作兒。又登州節判史在德郎中子光澤自别墅歸，乘醉入泰山廟，謂神曰：「與人作第三郎，得否？」自是歸家，精神恍惚，踰月而殂。《駢志》

神　怪

在位無所發明，没而降語其家者，崔協也；在位不聞議論，没而語其婢者，馬胤孫也。生不能言，死而後語，其鬼賢于其人矣。　又劉晝没而降語其幼女。元魏李庶妻夢庶言托生劉氏為女，求得之。

盧充與鬼女崔氏交，而生子，至二千石。　鄭亞與亡妻之魂交，而生子，至宰相。

晉王弼數侮鄭康成，忽夜聞履聲，見玄至閣，數其妄譏之罪，俄而弼死。　魏劉蘭排毀董仲舒，忽有人葛巾野服直入，數其見凌之非，俄而蘭卒。鄭數王曰：「君少年，何以穿鑿文句，而妄譏老子？」董數劉曰：「君自是學士，何為苦相排毀？義理短長，竟誰在而無禮見凌也。」

楊國忠水晶屏上美女，悉下通名，叱之，皆復歸屏。　元和初，士人見古屏上婦人，悉于床頭踏歌，叱之，復上屏。

汝南有鮑君神，後鮑魚主言之，始歇；有李君神，後植李者言之，始歇；有石賢士神，後遺餠，母言之，始歇。何汝南人易惑乎？　邴原于遼東亦辨神樹之誤。行得遺鈔，以繫樹枝。繫者愈多，謂之神樹。原惡其由己，辨之，里中斂錢以為社供。

萇弘之血化為碧也；被放歸蜀，刳腸而死。蜀人以匵藏其血，三年化為碧玉。淳于伯之血逆柱而上二丈也；斛律光之血著地不滅也；搏胥之殺，無血，惟白氣衝天也。皆冤為之也。　譚氏婦血入磚不滅，磨毀益顯，義烈為之也。　宋劍州小常村民婦，尸所枕籍跡不滅，每雨則乾，晴則濕，削去復見。楊就寇南劍州，民婦不屈遇害。臨海王貞婦血書石上，陰雨墳起，如始書時。元兵入浙東，貞婦被執不屈，防守甚嚴，還至嵊縣青楓嶺，婦伺守者少懈，嚙指出血，書字山石上，投崖下而死。

女鬼彈琴作歌者：紫玉也，劉惠明女也，青溪小姑也，盧山夫人女婉也，陳阿登也。

嵇中散夜彈琴，有一鬼械而長歎，舉其手抉，曰：「君一絃一調。」與琴彈之，聲清冷，疑是蔡邕。

會稽賀思令善彈琴，常月中鳴絃，忽有一人形貌甚偉，著械，有慘色，自云是嵇中散，因以《廣陵散》授之。

南州吏亡犀簪于宮亭廟，後鯉躍入舟，剖之，得簪。　估客遺書刀于宮亭廟，後鯉躍入舟，剖之，得書刀。　王昌齡遺金錯刀于馬當，後鯉躍入舟，剖之，得金錯刀。　潘惠延白馬墜失算囊，後剖魚腹得之。　宋之問馬當誤置金刀，後剖魚腹得之。　又杜子恭就人借瓜刀，至嘉興，魚躍入舟，其主剖之，得刀，則術也。

永康大龜，為人擔而纜舟于岸，老桑呼之曰：「諸葛恪敏明，禍必及予。」明日，其人獻龜，煮之不死，恪曰：「須得老桑為薪。」煮之，果爛。　燕昭王墓前班狸，欲化為書生，詣張華墓前，華表曰：「非但喪子，千年之質，亦當深誤老表。」明日詣華，華疑其魅，雷煥曰：「千年枯木。照之，則形見。」果化為班狸。

蘇峻之亂也，庾亮于白石祠祈福許賽。及峻平，而牛未解，故鬼考之而亮病。　苻堅之入寇也，會稽王道子求助鍾山之神，奉以相國之號。及堅之見草木若有力焉。

王僧辯討侯景，進師尋陽，軍人多夢周、何二神，云：「助討賊，並乘朱航。」俄而返，曰：「已殺景。」《南史》　李矩禱子產祠，使巫陽言子產當遣神兵相助，而衆踊躍争進，掩擊劉暢，暢僅以身免。　周武帝克晉州，齊有石像，汗流濕地。　安禄山之亂，哥舒翰與賊將崔乾祐戰，見黄旗軍數百隊，忽不見，是日昭陵石馬皆流汗。　武帝時，魏軍攻鍾離，蔣帝神許扶助，既而無雨，淮水暴長，遂挫敵，廟中人馬脚盡有泥濕。　臨汝侯蕭猷守吴興，與楚王廟神交飲，神影亦有酒色。後刺益州，齊狗兒反，遥禱請救，是日田老見一騎浴鐵從東方來，猷果大破狗兒。廟中祈請，見侍衛土偶皆泥濕如汗。　陸法和討任約，江陵多神祠，自法和軍出，祈禱無驗，人以為神皆從行也。　高歡破爾朱兆，未戰前，章武人張紹夜踰城，一大將軍敕紹為軍導。及戰爾朱，軍人見陣外士馬四合，蓋神助也。　史萬歲改葬樊噲墓，後萬歲為隋將，每遇賊，便覺鬼兵助己，戰必大捷。《兩京記》

南唐柴克宏救常州，有隋末陳果仁祠，見夢曰：「陰兵相助。」及戰，果有黑牛二頭，衝突越兵，克宏繼之，大敗越人。宋康王南渡，金人躡之，忽一白馬躍出，乘而宵遯，行七百里。天曙，視之，乃石馬也，因葬之，在崇德縣。然則神人助陣，容有之者。　若王凝之恃大道鬼兵，見殺孫恩；王欽若守天雄，修齋誦經，以祈退敵。則可笑甚矣。《説儲》

劉裕見童子搗藥，叱之，皆散，收藥傅金瘡並驗。　劉涓子見小兒搗藥，叫突並走，得藥，塗創者隨愈。

劉曜見二童子獻劍一口，時隱管涔山。《事偶》

為神致書者：秦時人，為江伯致書觀亭。《南越志》　臨淄蔡支為泰山致書天帝。《列異記》　南燕末，邵敬伯為吴江使，通問濟伯。但于杜林中取樹葉投之。出《酉陽雜俎》。　後魏樊元寶為同營虎賁洛、子淵附家書。《伽藍記》　儀鳳中，柳毅為洞庭龍君女寄書，後以女妻毅。但于社脯中解磁帶擊之。李朝威《柳毅傳》　後漢胡毋班，為太山府君致書女婿河伯。《搜神記》　開元初，三衛為華嶽新婦寄書北海。《廣異記》

嵇中散見鬼，吹火滅，曰：「恥為魑魅争光。」　阮德如侃嘗于厠見鬼，曰：「人言鬼可憎，信然。」

又胡茂見鬼。　夏侯綜見鬼。

神能飲酒者：越軍臨三江口，立壇，刑白馬，祭子胥，杯動酒盡。　李冰為蜀守，江神歲取童女為婦，冰勸神酒，酒杯澹澹。　蕭猷與楚王廟神相飲，神飲，亦有酒色。　北朝夏侯夬與南人辛諶、庾遵、江文遥等終日酣飲。及夬亡，上巳諸人靈前共飲，日晚見夬在座執杯。　又有和州士人杜默醉謁項廟，升座拊其首，大慟曰：「英雄如大王，而不得天下；文章如杜默，而進取不得官。」廟祝秉燭，視神像，垂淚未已，尤異。

海神為始皇作石橋，帝求見，曰：「我形醜，莫圖我形。」入海四十里，工人潛以脚畫其狀，神怒負約，始皇馬還，僅登岸，畫者溺死。　石柱橋舊有忖留神，與魯班語，曰：「我貌醜。」班潛以脚畫地，忖留遂投水，故置其像于水上，後橋為董卓所焚。魏武修之，乘馬驚，又命下之。

陳倉媪指陳寶。陳倉人掘地得物，獻秦穆公。道逢二童子，曰：「媪媪也。」媪媪曰：「此二童名陳寶，化為雉，獵得之，化為石。」文公為立陳寶祠。　永康時服劉。趙王倫于殿上得異鳥。向夕，宫西有素衣小兒，言是服劉鳥。倫使並鳥閉置牢室。明旦開視，並失人鳥。倫目上有瘤，時以為妖。

附神語

神異語以至尊者：劉裕客下邳，遇沙門，曰：「江表當亂，安之者君乎？」又以黄藥愈裕手瘡。蕭衍經牛渚，一老人謂曰：「天下方亂，安之者君乎？」忽不見。　姚萇至梓潼嶺，見神人，曰：「秦無主，其在君乎？」言訖不見。　神武獵，追兔入屋，怒射狗斃，二人持襟甚急，其母呵曰：「何故觸大家？」更訪之，本無人居也。

神語以他人至尊者：賀拔岳忽見一翁，曰：「賀拔終無成，有一宇文家從東北來，後必大盛。」言訖不見。　武士彠嘗聞空中言，曰：「唐公是天子。」

神呼其官爵者：顧琛日晚至方山，先有一人玄服、介幘，執鞭屏諸船，云：「顧吴郡部伍尋至。」　蕭景先夜乘城，聞塹中小兒呼「蕭丹陽」。　李靖過華山廟，出門，聞大聲曰：「李僕射好去。」　吴少誠貧賤時，獵人獲獸，方欲聚食，聞空中有言，曰：「待吴尚書。」　段文昌就靈池縣，日已昏黑，忽有兩炬前引，更呼曰：「太尉來。」　唐張寶藏見獵者割鮮而歎，有一僧曰：「六十日官登三品。」以乳煎蓽茇，瘥太宗痢，授鴻臚。　張去逸獵，遇雨雹，聞空中曰：「勿驚僕射。」又曰：「勿驚司空。」又曰：「勿驚太尉。」後以女貴，三贈官。女，肅宗后也。　段暉師事歐湯，有一童子與暉同志，辭歸，從暉請馬，戲作木馬與之，童子悦，曰：「吾泰山府君子也。煩子厚贈，子後位至封侯。」　李固言行古柳下，聞彈指聲，曰：「吾柳神九烈君也，已用柳汁染子衣矣。」

莊公二十三年，有神降于莘，虢公享焉，錫之土田。　孫權時，羅陽縣有神自稱王表，言食與人無異，不見其形。　前凉張祚時，有神降于玄武殿，與人交語。　陳後主時，有神自稱老子，與人對語，而不見其形。　唐廢帝將返，有瞽者張濛自言：「太白山神崔浩也，吉凶無不中。」帝使問而决，及後即位，皆驗。

華歆嘗宿人門外，主人婦夜産，頃兩吏詣門，相謂曰：「公在此。」乃向歆拜，共語曰：「當三歲。」後三歲來問兒，果死矣。歆自知當為公。　魏舒微時，嘗詣野王，主人妻夜産，俄聞車馬聲，相問曰：「男十五以兵死。問寢者為誰？」曰：「魏公。」舒後如期來問，兒因條桑斧傷死，魏自知當為公。

陳仲舉宿産家，神報兒十五墮屋死；王智興宿産家，神報兒五歲金瘡死。皆貴徵也。

幻化

鯀化黄熊；禹亦為熊。　望帝為杜鵑。　褒君為龍譙木。　封邵、牛哀為虎；江寧猛人能化虎。　黄母為黿。　宣武為鼈。　徐伯為魚。　彭生為豕。　王次仲為大鳥。　意而子為玄鳥。　杜預為蛇、魚。　周詢為蛇。　鄭奉、解先，皆為牛。　丁令威、蘇耽為鶴。　鄭愚為猪。　周穆王南征一軍，君子化為猿、鵠；小人化為沙蟲；女子化為蠶。　楚莊王宫人化為蛾。　儋耳有兄弟二人捕魚，化為石。

婦人化為石者：禹之后也，秦遺蜀之五女也，武昌山北之貞婦也。　童子化為石，陳倉祠也。老子化為石，穀城祠也。

人化為龍者：隋宣城令，潁上張路斯及其九子也，梁武之郗后也。　人化為虎者：淮南之牛哀也，漢宣城太守封邵也，唐李儼之故人李微也，晉豫章郡吏也，李勢之宫人鄭美人也，唐涪州里正游章也，涪州裨將藺庭雍之妹也，劍州男子李忠也。　人化為鹿者，鄱陽樂安姓彭人也。　人化為羊者：

左慈也，萬壽年中長安李審言也。　人化黿者：漢江夏黄氏母也，吴丹陽宣騫母也。　人化為蛇者，李勢宫人張氏也。

拾巨卵歸，得嬰兒，韓媼也，字曰「撅」，變蛇，令媼舉灰識後，而築城立就。　拾鵠卵破之，洱海漁者也。　長為宗模師，能以符呪水土為酒食，千萬人皆醉飽。　銜卵歸，生小兒者，獨孤老母犬，名「鵠蒼」也，長而為徐王偃。

哀牢之先，觸沈水而孕。　周宫人遇龍漦而孕。　楚王夫人納凉，抱鐵樹而孕。　史滿女飲書吏盥手水而孕。　女子國婦人浴黄池而妊。

葛仙翁所憑几化為三足鹿。　聶文悌一梓樹化為白鹿，射中之，箭著樹上。

陶侃遇異人指牛眠處而化鶴去。　南昌洗馬池美女化白鶴去。　剡人賈傅于鏡湖芳荷中，見二叟立語，化白鷺飛去。　錢塘姓杜士人，日暮見女子，載之，化白鷺去。　宋時浙州人見二子，一兄，一妹，化鴛鴦去。　張確游霅上白蘋洲，見二碧衣女子化翡翠飛去。　漢楊寶見黄雀變黄衣年少。　劉交居若耶溪，見十餘女子化為龜入水。　謝康樂入沐鶴溪，見二女浣紗，答詩云是潭中鯽。

琴高騎鯉化為石。　王子喬騎象遊荷山，化為石。

中機械變人，仍化為虎者：一長沙之亭長；一雍州之道士。

苻堅時，蠅變小青衣傳赦。堅密議甘露堂，親為赦文。有一大蠅集于筆端，俄有小青衣，大呼于市，曰：「官今大赦。」須臾不見。　貞觀中，鵲變玄衣素衿人傳赦。黎景逸居空青山。有鵲巢庭，每以餘食飼之，後景逸出仕，被誣下獄。有鵲喜噪，已而叫赦，將下有一玄衣素衿人報赦，始悟其鵲噪也。

秦始皇遣徐福等浮海採藥，于波中見樓觀參差，公侯第宅，皆咸陽也；光武封泰山，是日山靈秉成宮室；班超在渾耶國，平旦見天際宮館，儼列侍臣右右，悉漢家也；杜光庭《録異記》：益陽去長沙三百里，縣治東望，時見長沙城隍。此非海市蜃樓比耶！

晉咸和初，徐精遠行，夢與妻寢，有身。明年歸，妻果産，則兒有不必形交生者。晉安帝義熙中，魏興李宣妻樊氏懷妊，過期不孕，而額上有瘡，兒穿之以出，名「胡兒」，長為將。則兒有不必坼副孚逼反。生者。俱《異苑》。

女子化為丈夫：魏襄王十三年；漢末女子徐登；化為丈夫，有幻術。晉安豐女周世甯；八歲漸化為男，至十七八，遂能御女。寧康初，江陵女唐氏；劉聰時，内史女人；唐光啟二年，鄖縣女子；宋乾道三年，永州支氏女；慶元三年，袁州黄念四女；《括異志》廣州蕭氏女、大娘子，並化為男。

丈夫化為女子者：武都丈夫化為女子，蜀王寵之，至亡國。漢哀帝建平中，豫章男子化為女，嫁人生一子。獻帝建安七年，越雋男子化為女子。劉曜時，武功男子蘇撫、陜男子伍長平，並化為女。

達摩葬熊耳山，魏明帝啟壙，惟存一革履。介象死，吴主發棺視之，惟存一符。《史記》：黄帝葬橋山，空棺無尸，惟劍舄在。《叢談》

抱朴有蛇蝎化龍。　白帖大鯉登龍門化龍。　費長房竹杖化龍。　雷焕子佩劍至延津化龍。

陶侃漁雷澤得織梭，挂壁上化龍。　史出得紅葉化龍。　呼子仙與酒母騎二狗化龍。

古事比卷之五十一

仙道

葛稚川所師者，鮑玄。　許遠遊所師者，鮑靚。皆南海太守。

「有鳥有鳥丁令威，去家千年今來歸。城郭如故人民非，何不學仙冢累累。」此遼東事。「城郭是，人民非，三百甲子一來歸。我是蘇耽，彈我何為？」此桂陽事，皆化鶴者也。　又徐玄卿，皆遭弓矢。

《偶記》

王喬飛舄，乃鳧也。顯宗時，鄴令覲闕。　又鮑靚之雙燕；夜訪葛洪，達旦乃去。　盧耽之白鵠。

唐楊收讀書廬山，有道士曰：「子貌可仙，如仕即至宰相。」收謝不能，遂去。後竟竄南荒之殛。　夏竦，道者謂：「有仙骨，不爾，位極人臣。可惜墮落耳。」收、竦，皆江州人，皆相。　五代黃損與桑維翰、宋齊丘遊廬山，有道者謂曰：「子容可仙，即仕，不過州從事。」損怒罵之，遂趨去。　李林甫弱冠，一道士愛之，曰：「已列仙籍，如不欲，則二十年宰相。」李後頓忘教誡之語。　李泌少時，幾欲白日升天，母以蒜齏潑之，仙樂頓散。　盧杞隨麻媼至水精宮，約定為仙。及期，杞忽厲聲曰：「為中國宰相。」

鄧郁為武帝合丹，帝不敢服，起五岳樓貯之。　張遠遊為文宣合九轉金丸，文宣不服，云：「貪世間作樂，不能仰飛上天，待臨死時取服。」以玉匣置之。

淮南王與八公飛昇。蘇飛、李尚、左吴、田由、雷被、毛被、伍被、晉昌。　李泌遇八人來過。泌在表兄鄭叔則家，有八人來過，泌欲隨去，曰：「姑與他作宰相耳。」

費長房學仙，入深山，仙翁以朽索懸萬斤石于心上，衆蛇來齧索，長房不移。　劉偉道學仙嶓冢山，積十二年，仙人以白髮懸十萬斤石，使偉道卧其下，顏無變色。乃知學道人，非至心不退轉，道不可幾而得也。

賀知章請為道士，居鑑湖。　吴筠請為道士，居嵩山。　宋齊丘請為道士，居九華，則詐也。

文章之士，稱以仙去者：淮南王與八公上昇。　東方朔為華陽洞主。　司馬季主委羽托化。《黄粱夢》：一曰雲房于純陽；一曰吕翁于盧生。《偶記》

南華、冲虚各備仙職。　嵇康、郭璞，並著兵解。　曹植為遮須國王。　蔡邕為修文郎。　劉楨、徐幹、王粲，俱為侍中。　王茂弘為尚書令，陶隱居為蓬萊都水大監。　魏鄭公為太陽都録大監。　杜佑、馬總，為六押大都統。　白居易為海山院主。　韓退之為真官。　寇萊公、蔡忠惠，俱為閻浮提王。　龐籍為王屋山君。　韓魏公為紫府真人。　石曼卿為芙蓉城主。　陳無己，杏園。　葉亦愚，通明殿相。　王平甫為靈芝館仙官。　蘇子瞻為奎宿，一云紫府押衙。　劉景文為雷部掌事。　沈文通為地下曹司。　杜少陵生前為文星典吏，及其殁也，與李青蓮輩俱優游江湖，稱散仙。　又周顗為鬼官司命。　季札為北明公。　賈誼為西明都禁郎，以治馬融事不當，謫遷泰山司馬。　郗鑒為南門亭長。　臧洪為北斗天門亭長。　紀瞻為北天修文郎，與虞譚更直守天門。　顧和為執蓋郎。温太真為監海伯。　杜預為長史。　王嘉、徐庶、何晏、殷浩，俱侍帝宸。　庾亮為北太常前中衛大將軍。　孔融為後中衛大將軍。　陶侃為西河侯。　蔡謨為長史。　荀彧為北明公賓友。　謝幼輿為老副監。〈談薈〉

釋宗

佛國澄左乳下一孔，以絮窒之，夜欲讀書，發絮，則光照一室，時出腸胃滌之，後納于内；唐西域僧伽居薦福寺，頂上有穴，常以絮窒之，夜出絮，烟氣芬芳滿室；比丘尼浴，先以刀剖腹，次斷手足；慧侃于窗中伸臂，長數十丈。　神異哉！〈偶記〉

虞行者擲衣鉢于石上，道明提掇不起。　陳尊宿挂隻履于城門，黄巢令人竭力舉之，不動。　又疏勒獻釋迦袈裟，猛火焚之，經日不燃。　慧能置傳衣于石，惠明力舉之，不能起。　僧稠投袈裟于地，齊宣使數十人舉之，不能動。　僧照三衣，亦重若泰山。〈合攟〉

達磨弟子：道副得其皮；尼總持得其肉；道育得其骨；慧可得其髓。　讓弟子：常浩得其眉；知達得其眼；坦然得其耳；神照得其鼻；嚴峻得其舌；道一得其心；得髓為二祖；得心為馬祖。〈偶記〉

五祖謂慧能，曰：「逢懷即止，遇惠且藏。」能遂隱懷集、四會之間。　素禪師謂道欽曰：「承流而行，逢徑即止。」欽遂駐錫于徑山。　六祖謂道明曰：「逢袁可止，遇蒙即居。」明遂往袁州蒙山。　韜光之師曰：「遇天可前，逢巢即止。」遂住巢溝塢，而友樂天。前。

虎嚙柵，脱之者，開達也。　手摩虎顱者，耆域也。　噀杖為虎者，普聞也。　叱虎為馭者，黄衣和尚也。　以錫杖解虎鬥者：僧稠也，空如禪師也。　格虎救鹿者，無了禪師也。　羣虎就食者，明净也。　虎為跑泉者，性空也。　二虎名大空、小空侍側者，善覺也。　名大青、小青者，德聰也。名叩光、澡光者，古佛也。　三虎侍側者，慧忠也。　跨虎而游者，牧庵也。　虎載迎還者，志逢也。前。

誦經而免于難者：晉張崇也，劉度也，畢覽也，毛德祖也，竺長舒也，法智也，劉霽也，蕭瑀也，唐孝廉也，趙安也，陸康成也。

王縉、杜鴻漸、王子明，皆遺令祝髮。　唐代、肅，皆喜陰陽鬼神，上病甚，令僧剃髮，遺令為塔以葬。

李邕子為僧，號玄晏。　一行，華嚴寺僧；張燧，公謹孫，檀之子，即定《大衍曆》者。　一行，張九齡季子，青龍山僧也。

智永，師逸少之孫。　智永：一唐書僧，一宋畫僧。　皎然師，靈運之後。

駱賓王為靈隱僧。　黄巢為雪竇禪師。　姚泓為南岳僧。　明馬兒為封禪寺僧。　守能、姚平仲為廬山僧。　李重進，圓通僧。巢于黄蘗入寂，脚下有「黄巢」二字。重進，四通入寂，膊上有「李重進」三字。重進，非巢比，君子趨之。

草木

顧覬之手植嘉樹于吏部庭，而憲之果為此職；王祐嘗植三槐于庭，而旦果為三公。願斯遂矣。
白樂天為郡植檜，人自為「白公檜」；又植柳龍昌寺。 歐陽公于揚州蜀岡手植一柳，大明寺堂前。人謂
「歐陽柳」；寇準知巴東縣，手植雙柏，民謂之「寇公柏」。亦「甘棠」之愛也。 薛嗣昌于大明寺相對，
亦樹一柳，自榜「薛公柳」，去後人伐之。豈不足嗤！
所居有樹為休徵者：蜀先主之桑。舍東南角籬上有桑樹長五丈餘，遥望幨幨如小蓋。或謂當出貴。先主少時，戲
言：「吾必乘此羽葆車蓋。」 齊太祖之桑。武進宅南，有桑高三丈，横出四枝如車蓋。太祖數歲，游其下，從兄敬宗謂曰：「此樹
為汝生也。」 高熲之柳。勃海公熲，孩孺時，家有柳高百尺許，亭亭如車蓋。里中父老曰：「此家當出貴人。」 石晉趙瑩之
棗。家有檽棗樹，婆娑異常，四遠俱見。望氣者曰：「此宅合有登宰輔者。不在其人，必在其子孫。」後令公拜相。
以進果得官，王方言也。拾得林檎進，高宗種之苑中。上大重之，賜方言階文林郎，又名「文林果」。 以曉樹數見
知，虞延也。光武巡狩至外黄，問園林柏樹株數，延悉曉之，由是見知。
枯樹復榮，人以為瑞者：有漢上林之僵柳。復生，兆宣帝之立。 唐高宗故第之枯柿。景雲二年復生。 紐士雄家之
禁中之枯松。禄山之亂，枯松復生，肅宗再興。 中書省之枯柳。建中末，枯死。德宗自梁還，復榮。
枯槐。《南史》：紐回以孝聞，及卒，子士雄廬墓，庭有槐，先甚榮茂，士雄居喪，槐忽枯死。服闋還宅，枯槐復茂。 賈循宅之枯

桑。母亡，將葬，宅有枯桑，一夕復生，人以為瑞。

如王普曜晏父。　齊前柏樹，忽成梧桐；論者以為雖有栖凰之美，而失後凋之節，後晏果不終。　唐懿宗時，咸通十四年。成都李實變為木瓜。時以李國姓，變者，奪于人之象。　則不祥之著矣。

武侯成都之桑。對後主曰：「臣成都有桑八百株，薄田十五頃，子弟衣食自有餘饒。」　李衡武陵之柑。丹陽守李衡遣人于武陵龍陽洲上作宅，種柑。臨死敕兒：「洲有千頭木奴，不責汝衣食，歲止一疋絹，亦足矣。」樹成，歲得絹數千。　李襲譽近京之田與桑。謂子孫曰：「性不好貨財，遂至貧乏。然近京城有賜田十頃，耕之，可以充食；桑若干株，可以充衣。」子孫足以資生，正不在多。

柳玭節度嶺南，食廨中橘，納直于官。　薛戎觀察浙東，橘未貢，先鬻者死，弛禁于民。

王戎不食道旁李；與羣兒戲，不食。曰：「樹在道旁，多子必苦。」　許衡不食道旁梨；少時不食，曰：「梨無主，吾心獨無主乎？」楊愔不顧庭前柰；柰實落地，羣兒争之。愔頹然獨坐。　虞愿不取園中橘；數歲，園中橘熟，諸兒競探。獨愿不取。　王泰不探祖母栗。數歲，祖母散栗，羣兒競探之。泰曰：「不取，當自得。」皆慧也。　嚴遵不取蜀郡栗，則慎也。蜀郡獻橘、栗，光武賜公卿，使各以手所及，取之。遵獨不取，曰：「今賜無所主，是以不敢取。」

蓍草生義文墓上，以氣得其靈也；模木生周公冢上，其葉春青、夏緑、秋白、冬黯。　以色得其正也；楷木生孔子冢上，其幹枝疏而不屈。　以質得其正也。　故知義文為萬世作《易》，而墓草效靈；周、孔為萬世楷模，而冢木表正。《問奇》

延津之酸棗；《説儲》云：「周、秦間，河南雨酸棗，遂以名縣。」今延津是也。樹至今存。　大別之柏；大別山陽，相傳大禹手植。曲阜之檜；孔廟前柏葉松身，樹高五六丈，相傳夫子手植。顏墓之楠。顏子墓有二楠，相傳顏子手植。木固有久而不朽者。

東平之柏西靡；漢東平思王在國，思歸京師，故其冢上松柏皆西靡。摩頂之松東向；玄奘法師取經，手摩巖寺松，曰：「吾西去可西長，東歸便東向。」一年，忽東向，師還。太原之葭南指；五代漢高祖為節度時，太原葭薦最盛，葉皆南指，明帝遂即位。岳武穆墓之樹枝皆南向；曹娥冢木若抱父屍；明妃冢草經寒自青。孰謂草木無情耶？《問奇》

長樂室之草皆殷。《地志》：未央殿東北二里許，相傳呂后殺韓淮陰(于)長樂鐘室故處也。有隙地丈餘，草色皆殷赤。椒蘭殿之草通赤。《癸辛雜識》：洛陽椒蘭殿故基之前傳是朱溫弒昭宗處，尋丈間，生草皆赤色。

杜荀鶴科名草，何若康成之書帶草？處仲旌節花，不如陸澄之雒如花。《備吹》

李固之擣椒也，以爭竇后之配。何其忠！鍾繇之餐椒也，以忿嬖妾之降。何其舛！

夜見花神者：崔元徽于東洛宅中。入嵩山種朮苓回，春夜風月清爽。忽有白衣引綠裳者，曰：「姓李。」一曰：「陶氏。」又緋衣少女石錯錯。又有封家十八姨。乃命坐月下，色皆殊絕，滿座芳香襲人。《天寶遺事》趙師雄于羅浮林間。隋開皇中，遷羅浮，日暮，于林間酒肆旁舍見美人素妝出迎。與語，言極清麗，芳香襲人。與之扣酒家共飲。一綠衣童子歌于側，師雄醉寐，東方既白，起視大梅花樹，上有翠羽、剌嘈相顧，所見蓋花神也。

漢有風聲木；太初二年，東方朔自西那國還，得風聲木。有武事，則如金革；有文事，則如琴瑟。唐有音聲樹；尚書省有古槐，夜深有絲竹之聲，俗謂音聲樹。宋余靖得笛聲之柏，以為枕。知桂州，州境有林木，每月盈之夕，輒有笛聲，遣人尋之，自一大柏樹中出。伐以為枕，笛聲如期而發。亦異矣。

嵩山天封觀古柏三株，武后封五品大夫；與泰山松五株，始皇封為大夫。同為清節累也，多矣。

嵩山古柏五株，下一石刻，曰：「漢武時封大將軍。」　吴越王錢鏐號其幼所戲大木為「衣錦將軍」。

楊惲南山詠豆；劉禹錫玄都觀賦桃。皆以詩歌取禍。《脩吹》

史佚以剪桐葉封唐叔。　李泌以破桐葉比李懷光。懷光未平，德宗遣詢泌，取桐葉搏破，獻之，曰：「陛下與懷光君臣之分，如此葉，不可復合矣。」遂破懷光。

文與可見竹輒笑，自畫竹亦笑。　劉後村見梅花輒怕，見畫梅花亦怕。

沈義天上見老君，賜棗二枚，大如雞子。　李少尹游海上，見安期生食棗，大如瓜。　張麗英入金精山，獲二桃，得道。　劉晨、阮肇入天台山，啖數桃遇仙。

彭淵材以海棠不香，比曾子固不能詩。　蘇子瞻以海棠好，比李宜不得詩。

菊有落，有不落，介甫笑歐陽九不學也。　海棠不香，而昌州者香，淵材惜李丹易郡也。

泣竹筍生：孟恭武宗。為母。　丁固為母。　劉殷為曾祖母。

魏文帝以蔗為杖擊之。與鄧展共飲酒酣。方食蔗，便以為杖，下殿數交，三中其臂。　齊宜都王鏗以蔗為的射之。百步射之，十發十中。

童子寺竹，李文饒問之。　大安園竹，李晟伐之。

梁武母張氏見菖蒲生花，旁人皆不睹，吞之生武帝。　趙隱之母蔣氏見菖蒲開花，旁有神人守護。

朱孺子溪邊見二花犬，逐得枸杞根，食之，身輕。　女子周少夫鄰家見一菊實，摘食之，身輕。

鄭珏拜相，兆閣下生麻。　韋寅遷翰林，夢掌中抽草。

花有含笑花，王冀公詠之。　豆蔻為含胎花，杜樊川詠之。

戎王子見于杜工部詩。　日結子見于右軍帖。

石榴出大夏，張騫得之。　葡萄出大宛，李廣利得之。

夜郎之王產于竹節；高昌之祖妊于樹癭。怪哉！以上《脩吹録》。

吴黄武中，士燮交阯太守。獻橘十七實，同一蒂；晉庾亮平西將軍。進橘十二實，共一蒂；梁王僧辯得橘，一蒂二十五子，獻元帝，當時咸以為瑞。果何應耶？《史涉》

《荔枝曲》，天寶十四載六月，貴妃誕辰，奏新曲，會南海進荔枝，因以曲名《荔枝香》，是年禄山叛。《荔枝圖》。白居易刺忠州，為《木連荔枝圖》，寄朝中親友。劉崇龜鎮番禺，京國親知貧乏者，願俟濡救。但畫《荔枝圖》，自作賦以遺之。

五柳先生，陶潛也。　七松處士，鄭薰也。　大樹將軍，馮異也。　枯松太保，王仁裕也。

池上二柳。《南史》：陸慧曉與張融並宅。其間有池，池上二柳，何點歎曰：「此池便是醴泉；此樹便是交讓。」　館東三柳。唐李錫為虞城令，蠡丘館東有三柳，錫往來憩之，飲水則去，行路勿剪，比于「甘棠」。

有以人名名者：劉燼草、燼，青州人。以此草塞無臟鹿，鹿活得名。吉利草、吉利，李侯奴。侯喝酒遇毒，以此草服，遂解，得名。　良耀草、梁氏子名耀，得之，故名。　銀杏名平仲、平仲種之。　綿絲名杜仲，杜仲種之。亦劉寄奴之醜也。

晉法潛隱剡山，或問其勝友，指松曰：「此蒼髯叟也。」　鮮于伯機嘗得怪松一株，移置齋前，呼為「支離叟」。此與張湛之好于齋前種松，陶弘景之庭院植松，同一癖也。

鳥獸

信陵捕擊鳩之鷂，得三百餘，自案問之，一鷂低頭不能仰視，乃殺之，而縱其餘。　童恢捕殺人之虎，得二焉，恢自祝之，一虎低頭震懼，即殺之，而釋其一。《癸辛雜志》：燕京有一雄象，傷死數人，官使殺之，乃明其罪，遂帖就殺。《偶記》

唐京兆尹温璋聞挽鈴之鴉，命吏隨鴉，果有人探其雛，遂斃之。　宋張次山知秦州，有鸛集戒石前，令兵官隨往，果有烹其二雛者，為斷治，始飛去。

獬豸見門不直者，觸之。　窮奇見門不直者，煦之。《備吹》

韓愈在潮州，為文祭鱷魚，遂不為害。　陳堯佐通判潮州，且捕得鱷魚，為文示諸市而烹之。前。

蘇武自匈奴還，郝經自宋還，俱以雁足帛書。然武也，詭言之；經也，實有之。其繫書詩曰：「霜落風高恣所如，歸期回首是春初。上林天子援弓繳，窮海纍臣有帛書。」前。

黑衣人傳赦，蠅也。晉明時，苻堅時，蒼蠅報赦。　玄衣素襟人傳赦，鵲也。

李伯陽騎青牛，尹喜遇之。　封君達騎青牛，皇甫隆遇之。

鱣集講堂，楊伯起也。　異鳥如鶴，紅色集講堂，何子季也。

衛濟川養六鶴，可使銜書。　季高珩畜一犬，每令取箭。

賈誼感鵩鳥之集而作賦。　張臻因戴鵀之巢陰而援琴。　鄒志完南遷，而巖狐鳴。永州倍山歲有馴狐。凡貴客至則鳴。寺僧出迎，志完詰其故，以狐鳴對。　劉器之謫嶺外，而山蛇迎。村民羅拜曰：「官異人也。蛇，吾山之神，見官喜相迎耳。」

山猿迎王介甫，不接程伯子，詩所謂「毛蟲亦世情」也。　五色雀看余安道，亦看蘇子瞻，詩所謂「珍禽不隨俗」也。

求人血而療鶴：李衛公也，見鶴傷脚，人血即愈。世間人最少，一老翁宣臂刺血，塗之，即愈。裴沆也。見病鶴，得三世是人之血即愈。一老人云：「惟洛中胡蔫生。」裴至洛，即塗鶴。　李松刺血塗鶴瘡，曰：「世間人至少，公不是。」《傭吹》

唐寧王善識馬：馬牙人魏神奴呈二馬：一千緡；一五百緡。鞭策馳驅，顧千緡者曰：「緩急百返，跪下不起纖塵。」金移刺善識馬。閱馬于市，雖羸瘦，輒與善價。　相士者，如寧王，人無逃鑒矣；求士者，如移刺，野無遺賢矣。

納鵶死懷中，《通鑑》載：唐太宗于魏徵。按白樂天《續虞人箴》云：「宋璟諫玄宗，鵶死握中。」

景帝曰：「郅都人則擊彘，都不行，為賈姬也。」　景帝假轅固利兵，下圈擊豕，應手而倒，為竇太后也。

贊皇命：「止食萬羊耳。」杜邠公悰客有見牧羊，遍滿山谷，幾千萬口，曰：「自鄜夏來供相公食。」

郭忠恕逢人無貴賤，口稱「猫」。　唐明皇宮中自稱呼曰「鴉」。

齊景公之反爵鷇，晏子賀之。　秦西巴之縱鹿麑，孟孫傳之。

徐修仁勉。掌伐魏軍書。數旬還家，羣犬驚吠，歎曰：「吾憂國忘家至此。」　邢邵居小屋，接賓劇談，自云：「畫入内閣，為犬所吠。」撫掌大笑。

王晞被犬傷，辭辟命。　房幼愍太守為家羣犬所噬，卒。

步廣里中雙鵝，一白，一蒼，永嘉時事。　洛陽溝中雙鵝，皆金色，交頸長鳴，義熙時事。

臨海獵人遇蛇求助，曰：「白帶者我；黄帶者彼。」　宣城令張路斯為龍，與龍神戰，喻助九子，曰：「絳綃者我，素綃者敵。」明日，射中之，九子皆化龍去。　程靈洗夢篁墩湖蜃曰：「吾為吕湖蜃厄，若助必相報。束帛練者，我也。」明日射之。後有一道，教洗求善墓地，隨陳武帝有功。　蜀郡守李冰與江神戰，曰：「白綬者，我也。」

葉公驚真龍。　尹旻駭真虎。　劉累忘龍。　梁鴛忘虎。尹旻一日殺三十一虎，皆彪也。故怯。

江泌不忍蝨饑，取著衣中；查道衣不浣濯，以育蚤蝨；沈倫恣蚊蚋嗜膚，不肯揮箑，幾于蔽也，愚矣。然江泌後終身不復生蝨，可謂誠格。　若吴猛不驅蚊蚋，則恐其去而噬親也。

王克將殺羊宴客，羊投一客跪拜。　王固使魏，請停殺一羊，羊亦于固前跪拜。　唐黄載字元吉，諸生醵會市羊以備饌，載夢一羊前跪請命，晨出，見羊跪伏如所夢，載以己緡償諸生，而畜其羊。

戴良母、王仲宣，皆好驢鳴。　若宋范廷召，則最不喜驢鳴，必殺之。人情不同如此。《偶記》

討蝗不勝者：劉聰之靳準；苻堅之劉蘭。　勝者，姚崇。前。

趙高以鹿為馬。　張湯以鶩為梟。　高德儒以野鳥為鸞。　蔡京以兩首龜為象罔。前。

北齊後主緯號馬「逍遥郡君」；波斯狗為「赤虎儀同」、「逍遥郡君」。　北漢主崇號馬「自在將軍」。

南齊太祖號馬為「龍驤將軍」。金主完顏亮號馬為「小將軍」。明皇謚白騾為「將軍」。封泰山，益州進乘而登降，無疾而殪。封鸚鵡為「緑衣使者」。因楊崇義妻與鄰李弇通，謀殺義，鸚鵡作聲屈，云云。呼黃鶯為「金衣公子」。唐昭宗猴為「孫供奉」。

梟號「少卿」。鶡鴠名「内史」。蟋蟀字「王孫」。黃鵠稱「烏孫公主」。

隋李士謙家犬生子，交相乳。唐北平王家猫生子，交相乳。隋郭世儁家犬豕交相乳。前。

江陵李姥浦、梁武帝荆州、高齊會稽徑山、潼川護聖寺，皆無蚊。孫謙夏無幬帳，而夜卧無蚊，盛德所感也。馬自然泊舟之處，至今無蚊，仙術所致也。前。

不以怪為怪，韋叔堅家犬為畜火，曰：「兒婢皆在田中，狗助畜火。此又何惡？」魏元忠猿為守火，曰：「恐我乏使，為我爨，不亦美乎？」

禽獸亦有至性：德清之鵝。天寶末，德清沈朝家有鵝，欲卵而腸出以死。其雛悉鳴，啣草若祭奠，長吁數聲而死。涪陵、鄧艾征涪陵，見猿射之。子為拔箭，取木葉塞創。艾投弓水中。吉州之猿。有殺母猿皮，並其子賣之，龍泉蕭氏示以母皮，跳躑號呼而死。婺州之鷹。州治古木上鷹巢，一卒探取，其子飛下攫卒巾去。太守推問，杖卒，逐之。入蜀部伍所得之猿母。桓温入蜀，部伍中有得猿子者，母緣岸哀號數百里不去，死。視腹中，腸皆寸斷。慧遠所射之鶴母。遠射得鶴雛，鶴母不動，視之，已死，腸皆寸斷。陽曲之雁。金元好問過陽曲，見獵者二雁：一死，一脱網去，悲鳴投地亦死。遂贖二雁瘞之。

衛氏、柳氏之燕。衛敬瑜妻王所繫紅縷之燕，王死，燕至墳所亦死。又元燕人柳陽佐家之貞燕，以雄死悲鳴。

禽獸有義：李貴家之白犬。康定中，侍禁李貴妻為吳賊所擄，家中白犬頗馴，祝之曰：「爾能送我歸乎？」犬俯仰而聽命，隨之。有牿，則伏道間；渴，則濡身而返。凡六七日得脱。**張彪之黄蒼**。陳文遺章昭達購之，黄蒼憐吠，嚙一人，中喉死。彪被害，號叫尸側。**問安之鸜鵒**。宋徽宗之鸜鵒，問郭浩以上皇安否？答以崩，則哀鳴不已。又關中商得隴山鸜鵒，放之。有同輩過隴，必于林間問其安否？

物于夢中求救，而放生者：柏邈大兒、夢四烏衣人請命。覺，見鴨將殺，救之。旋夢四人來謝。**衛鎬**、夢烏衣婦人引十數小兒乞命，催食。悟為烏雞，命解放，復夢感謝。**後漢裴安祖**、放鷙鳥所逐之雉，夢丈夫縞衣曲領來謝。**潯陽守宗淵**、守潯陽，得十龜，付厨曰：「每日以二頭作臛。」夜夢十丈夫皂衣袴褶求哀。明夜夢八人求命。悟，放之，夢八人來謝。**宋周昭達**、買放龜數百，妻夢甲士數百來謝。**偽蜀李延福**、夢烏帽三十人乞命。覺，獻鼈三十者，遂放之。**餘杭尉范達**、夜夢甲冑七人拜于庭，比覺，有獻蝤蛑七枚者，因縱之江。**梁南郡劉之亨**、夢二人姓李乞命。有遺生鯉二頭，亨放之。又夢來謝。**廣陵龍潭寺僧**、夢數百人求濟。翌日，見擔螺、蛤，贖放于潭。忽于潭上獲一盆。貯物，一夕，皆充牣。**李德裕**、宰新繁，鑿東湖。夢一老父曰：「某潛形其下，幸庇之。明府富貴，今算來七九之數。」後于土得一蟆，徑數尺。德裕以六十三卒。**隋長安趙文若**、憩驛，夢一青衣婦人乞命，憐痛，乃驛長將殺青牸羊也。即贖放之。**吴仲庶**。作守金陵，有三大石。吴夢三舉子求哀。詰，旦視牒狀申乞燒三醜石為灰，供修造。公悟，敕寺僧愛護。

泉陽之龜見夢于宋元王：神龜至泉陽，漁者豫且舉網得之。夜見夢宋元王，曰：「我為江使于河，泉陽豫且得我。」王有德義，故來告訴。」**高陸之龜見夢于佐高**。苻堅時，高陸縣民穿井得龜，背文負八卦。堅以石為池，養之而死。取其骨以問吉凶，名為「客龜」。太卜佐高夢龜言：「我歸江南，不遇，死于秦。」夢中自解，終必亡國之徵。**宋以興，苻以敗**。

因物而免害：漢高與羽戰，遁，以鳩出井中，及蛛網蔽井得免。《風俗通》：厄井在汜水縣東。高祖敗，遁入井，追者見有雙鳩飛出，得免。又滎陽有厄井，高祖為雍齒迫，投匿井中。有蜘蛛結網，蔽其井口得脱。汲黯守滎陽，立神蛛廟。

宋太祖反陳橋，家人亦以蜘蛛結網得免。

又有王懿之狼。懿戰敗，忽水潦暴至，一白狼銜衣獲濟。後立祠。　孫堅之馬。西華失利墮馬卧草中，馬馳還營，踣地鳴呼，將士隨馬得堅。　穆崇之狼。《北史》：道武避窟咄，遣崇還察人心，微服入營，火光見識，驚匿坑中，竊馬奔走。有白狼向號，隨馳獲免。道武命世祠焉。

又先主樊城潛遁；蒯越、蔡瑁欲因劉表宴會取備。覺之，偽如厠。　賴的盧一躍而過檀溪；　慕容垂追劉寂之，有馬跨跳五丈澗而得脱。　所謂：「真堪托死生矣。」　孫權征合肥，為張遼所襲，乘駿馬上津橋，橋板撤丈餘，超度得免。

主將危，而所畜之物若有知者：檀道濟之孔雀。將入朝，所養孔雀來銜其衣，後一年伏誅。　諸葛恪、孫峻謀殺恪。恪出，犬銜其衣，還坐復起，犬又銜其衣，令從者逐犬，升車。　劉巨鱗之犬。嘗夜迎使，犬遮護不欲令出。出咋一從者喉，死者懷得利匕首。　司馬休之、休之奔廣固，慕容超欲害之。休之所乘騅馬忽連鳴不食，注目視鞍。因試騎，出門便馳，行十里所住，已有救兵至矣。　侯景之馬。每戰將勝輒鳴。石頭之役，卧不肯動。　慧遠之鵝。講經即入堂伏聽，說他事則鳴翔而出。忽哀叫，而遠卒。

黿産黄河，知桓玄之近死。　鯉生兖郡，識劉昶之將奔。

送書從行者：唐太宗之「白將軍」。鶻。　曲阜令郭禹家之鴿。　張九齡之「飛奴」。鴿。　長安民郭行先女紹蘭之雙燕。　陸機之「黄耳」。犬。　元藏機之「轉言」。二鳥似黄鸝，呼之即至，令受人語，謂之「轉言鳥」。

哥舒翰白駱駝，日行五百里。　王君夫牛，日行七百里。　苟晞牛，日行千里。　杜光庭犬，名吠云。日行萬里。

裴耀卿勤于政事，嘗養一鶴，每夕更初漏盡則鳴，裴呼為「知更雀」。　商山隱士高太素，每一時有一猿詣庭而啼，目為「報時猿」。

附 鳥獸語

辨雀語：白蓮水邊，有車覆粟，收之不盡，相呼共啄者，公冶長也。　見二雀飛鳴，知城西民家有粟可共食者，白龜年也。　見羣燕云「有送食」者：漢桓帝時高僧安清也，安息國王太子。　解鳥語：見白雀與羣雀同行，歎為將亂，遂披髮入山者，侯瑾也。　為太史，曉鳥語者，魏尚也。　見雀噪，知有寶物至者，宋孫守榮也。　知百鳥之言，與之語皆應者，梁秦仲也。　聞雀鳴，知東市輦粟車覆者，成武丁也。即郴中人。成子耶？成子。見《桂陽先賢傳》。　聞雀噪，知向夕有口舌者，張子信也。　知羣雀相呼「食覆車粟」者，楊宣也。　見鵲鳴，知東北有婦殺夫；聞鳴鳩，知有老翁攜酒豚來候主人者，管輅也。

聞牛鳴，知生三犧者，介葛盧也。　乘騖馬，鳴聲相聞，而知駕野馬之目眇者，廣漢楊翁也。　乘赤馬，見人白馬先鳴，而知寄語其黃駒之目盲速來者，李南一作赤馬尋子。也。　知牛鳴為黑牛，而白裹其蹄，詹何也。　識南山虎嘯，云「國有邊事，當選人丁」，梁沈僧照也。　秋暑納涼，逢牝豕引諸豚，知其遇官槐止而飼羣子者，渤海僧隆多羅也。　聞二雀啾唧，知呼食城西民家餘粟；聞馬嘶，知槽中料熱不可食；見羊鞭之不動，知羊言腹有羔將産者，白龜年也。

宋末，海多大魚也。能言。　元初，角端能言。

駝語：《投轄録》有駝房使臣夜坐，聞户外偶語云：「舍人來日，當有萬里之役。然遂免此苦，吾將奈何？」答云：「諫議願自寬，會當免耳。」竊窺之，乃二駝也。次早有旨，差一駝載軍衣入蜀，遂死蜀中。

燕呼元道康字曰：「景怡，我為上帝所罪，暫為禽耳。」　燕語程迥曰：「我真娘子也，偶至此耳。」

宋元嘉中，朱氏《述異記》朱修之。有犬歌詩曰：「言我不能歌，聽我歌梅花。今年頗復可，奈汝明年何？」陳將亡，有鳥畫詩曰：「獨足上高臺，茂草變為灰。欲知我家處，朱門當水開。」夫犬痾雞禍，能言者有矣，今且能為詩，異哉！

唐路巖所乘馬忽作人言，曰：「蘆荻花，此花開後路無家。」遂及于禍。　軍容嚴遵美發狂，猫謂犬曰：「軍容改常也，顛發也。」犬曰：「莫管他，從他。」遂以乞休免禍。　晉張騁所乘牛言，曰：「天下將亂，乘我何之？」騁懼而還。犬又曰：「歸何蚤也？」　鼠語王周南曰：「日中當死。」大抵不能言而言，或馮焉。晉昭時，石言于晉魏榆。晉愍時，石言于平陽。又言于陜。師曠之言：「其即京房之占歟？」

古事比卷之五十二

古今事相類

《談薈》曰：「吐哺握髮，必歸周公。」先此，「大禹一饋十起，一沐三握髮。」　能使人主前席者，賈誼；不知有商鞅、蘇綽、寇儁。　持竿誦經，高鳳不知雨之漂麥；先此，朱買臣不知雨之漂粟。　韓信從漂母乞食；先此，伍子胥從擊綿女子乞食。　被甲上馬，以示可用，馬援；先有廉頗。　葬母擇萬家之地，韓信；先有秦太后。　「日暮途遠，倒行逆施」，主父偃；先有伍子胥。　「高鳥盡，良弓藏」，韓信；先有范蠡。　「飲醇酒，近婦人」，陳平；先有信陵君。　「敗軍之將，不可語勇」，廣武君以此語韓信；范蠡亦以此語越人。　「不知佞人為誰？」唐文宗以斥宇文士及；魏帝亦以此斥高歡。　聖主時，投水有卞隨、務光，又有北宮無擇。　騎青牛，有老子，又有封君達。　楚孫叔敖憂國，乘馬三年不知牝牡；漢董仲舒勤學，亦乘馬三年不知牝牡。　晉秦中竇滔妻蘇氏作回文詩，八百一十二字；唐范陽盧母王氏作天寶回文詩，亦八百一十二字。　蔡琰有《胡笳十八拍》；王昭君亦有《胡笳一十一拍》至《三十六拍》。　孔安國傳孔子弟子，七十二人；劉向傳列仙，亦七十二人；皇甫士安撰高士，亦七十二人；陳長文撰耆舊，亦七十二人。　庾杲之貧，人云：「誰謂庾郎貧？食鮭常有二十七種。」李崇河澌冰富而吝，食惟二韭，人云：「李令公食常十八種。」　白魚入舟，人知周武王；不知宋明帝。　獻胙加毒，以讒賜死，人知晉太子申生；不知秦孝文王子西蜀侯惲。　鳳雛，人知龐統；不知顧劭。　思妾令方士致魂，人知漢武于李夫人；不知宋武于殷淑儀。　治阿譽聞，而阿不治，人知齊宣王之大夫；不知景公之晏子。　夢寐求相，人知高宗之傅說；不知文王之臧丈人。　妻棄夫，人知朱買臣；不知太公望。　掘地得石椁，人知有滕公；不知有衛靈、飛廉。　倚柱讀書，雷震不輟，人知夏侯玄；不知諸葛誕。　綵衣娛戲，人知老萊；不知伯瑜。　飲千日酒，發冢而醒，人知劉玄石；不知趙英。　記半面，人知楊愔；不知應奉。　放龜得報，人知毛寶之卒；不知劉彥回。　下第獻燕詩座主，以明年登第，人知章孝標；不知于化成。　少孤，門生廢《蓼莪》，人知王裒；不知顧歡、孟元方。　奕棋覆局，人知王粲；不知到溉。　即位御床陷地，人知桓玄；不知侯景。　一箭落雙鵰，知斛律光；不知拓跋幹、高駢。　入山妻二仙女，知天台之劉晨、阮肇；不知剡縣之袁桓、狼碩。　祭賽，忘書，刀在廟，鯉魚為送，知馬當之王昌齡；不知洞庭湖之估客。　雞鳴留犢事，知時苗；不知羊篇。　入水戮蛟，知周處；不知澹臺子羽、荆佽飛、菑丘訢、趙昱。　雪中高卧，袁安；又胡定。　感虎渡水，弘農太守劉昆；又九江太守宋度闕，孟嘗君；又燕太子。　暮夜却金，闕西楊震；又燉煌紹昭。見《前燕志》。　投筆封侯，班超；又傅介子。　輿疾人殿，均。　伏棺止火，汝南蔡君仲；又長沙古初。　決争牛之訟，宋顧憲之；又于仲司徒傅祗；又太傅王導。　躬導母輿，潘岳；又崔邠。　妻勸隱居，陸通；又老萊子。　圍文。　折梅遺使，陸凱；又諸發。

棋却賊，謝安；先有費褘。　帛書傳雁，漢蘇武；又元郝伯常。　作《非非國語》，有江端禮；見王應麟《困學紀聞》。又有虞槃。見《元史》。　居官給雞卵于部民收雛牟利者，有宋孝武時吴興守謝朏；又唐益州新昌令夏侯彪。　母齧指而心痛，曾參；又蔡順。　强索人妾，有孫秀、阮佃夫；又武承嗣。　長頸烏喙，有夏禹；又越勾踐。　號鳳毛者，謝鳳子超宗；又王導子劭。　佩六印，蘇秦；又欒大。　以石為虎，射之没羽，李廣；又李遠、熊渠子。《論衡》云是養由基。　乳生潼，元德秀；先有李善。　還帶陰德至相位，裴中令；又白中令。　駱駝負水養魚軍中，南唐孫承祐；又隋虞孝仁。　誤食澡豆，王敦；又陸暢。　金蓮歸院，知蘇軾；不知王珪、令狐綯、史浩。　賜行酒人炙，顧榮；又陰鏗、何遜。　羊羹不遍致敗，華元于御斟；不知中山王于司馬子期。　看竹不問主人，知王徽之；不知袁粲。　沉江負父尸，知曹娥；不知泥和女絡。　以酒賜妒婦飲之無恙，知太宗于房玄齡；不知莊宗于任圜。　誓墓不仕，知王羲之；不知何偃。　食不死之藥而巧言以免，東方朔于漢武帝；先有中射士于楚王。　一字直千金，知淮南子；不知孫子。弘著。　讀《易》至損益而歎，知向平；不知孔子。　獲偷侍兒人，試文不殺，因以賜之，知楊素于李百藥；不知蔡興宗于孫敬玉。　題壁作《龍蛇歌》，知介之推；不知舟之僑。　秦許楚地而倍之，知張儀于懷王；不知馮章于楚王。　侍婢環執飲饌，知王武子；不知楊國忠、孫晟、忠晟，又俱號「肉臺盤」。　智囊，知晁錯；不知樗里子、魯匡、支遁、桓範、杜預、王德儉。許敬宗甥。　宴席噀酒救火，知欒巴；不知樊英、召信臣、佛國澄、成武丁。　御膳中有髮，自數三罪以免死，知晉平公庖人；不知光武之陳正。　發冢類遠祖貌，知蕭穎士于鄱陽王；不知吴綱于長沙王。　倒用印，知段秀實之阻朱泚；不知李崧之安蜀。　杯中蛇影，知樂廣；弓。不知南皮令應郴。弩。　因病賞糞，知勾踐于夫差；不知郭弘霸于魏元忠。　倉頡、沮誦，共造文字，但知倉頡；不知沮誦。　李冰、王壘，同穿二江，但知李冰；不知王壘。　郭林宗遇雨巾角折，人遂為折角巾；獨孤信馳馬，帽微側，人遂為側帽。　兖州刺史李恂郡園小麥、胡麻，悉付從事；揚州刺史費遂郡園小麥、胡蒜，悉付從事。　申鳴援枹而進戰，為賊殺，其父功成而自殺；趙苞援枹而進戰為賊殺，其母功成而嘔血死。　孫權得諸葛恪，而以老桑熟龜精；張華得雷煥而以老桑辨狐精。　燕太后不肯以少子質齊，因陳翠愛少子之説而許；趙太后不肯以少子質秦，因左師觸龍愛少子之説而許。　王濟以錢千萬與王愷賭射八百里牛，一勝而探牛心；爾朱文略以好婢與高歸彦賭射千里馬，一勝而截馬頭。　晉平公出言而不當，師曠舉琴撞之，跌衽宮壁；魏文侯出言而不當，師經舉琴撞之，中旒潰之。　魏文帝為王時，夢日墜地，分為三分；陳文帝微時，夢亦然，後俱為三分之主。　醫緩脈，晉平公而曰：「病在膏之上，肓之下。」秦武王示扁鵲病而曰：「病在耳之前，目之上。」皆以色致也。　歐陽率更見索靖碑，初看，曰：「浪虚得名。」次日看，曰：「名下無虚士。」坐卧其下，十日不能去；閻立本見張僧繇畫，亦然。

楊素出見客，挾侍姬紅拂，因奔李靖；郭子儀出見客，亦挾侍姬紅綃，因奔崔氏。一見《虬髯客傳》；一見《崑崙奴傳》。二人又劍俠也。　東方朔知赤物為「怪哉」，飲酒十石；李章武知鐵斧為「厭物」，飲血三斗。懷素習書，盡數畝芭蕉；鄭虔習書，盡數室柿葉。　宋彦師伯與孝武摴蒲，孝武擲得雉，謂必勝；師伯次得盧，亟取子斂之，曰：「幾作盧。」遂輸直百萬；梁韋叡與曹景宗摴蒲，景宗擲得雉，叡次得盧，遽取子反之，曰：「異事。」遂作塞，亦輸直百萬。　梁劉之遴在告常寄居南郡，忽夢前太守袁某曰：「卿後為折臂太守。」即居此中，後牛奔墮車，右手不能屈伸，既而連典此郡；晉羊祜葬親遇術者，曰：「墓于法，當得天子。」祜惡之，遂掘損其墓，術者再過之，云：「尚留出折臂三公。」祜後墮馬折臂，果至三公。

吳大帝夢人以筆點頭，能循賀以為當作主；齊文宣夢人以筆點額，王曇哲賀以為當作主。　左慈擲杯，屋棟欲落不落，舉座看杯，已失慈矣；許遜、吳猛擲杯梁上，飛繞梁間，舉目看杯，座中隱身。　逐兔墮馬折肋而俎，而齊主高演；不知燕主慕容皝。　一日殺二義士，知袁紹于臧洪、陳容；不知張敬兒于邊榮、程邕之。　御屏隔座，知漢鄭弘、第五倫；不知紀亮、紀隲父子。　殺孝婦大旱三年，知前漢之東海；不知後漢之上虞。　萬石君知石奮；不知秦襲、張文瓘、馮揚。　食脱粟，知公孫弘；不知晏嬰。　《錢神論》，知魯褒；不知胡毋氏、成公綏、陳蕃。　下榻知徐穉；不知周璆。　夢贈筆，知江淹；不知王彪之、王珣、紀少瑜、陸倕、李白、和凝、馬裔孫。　乘羊車游后庭，鹽水灑地，知晉武帝；不知宋文帝。　即席盡器飲酒，歸而尚醒，秤所得器，知裴弘泰于裴鈞；不知潘沆于朱梁太祖。　刻石高山深谷，知杜預；不知顏真卿。　錦纜事，知煬帝；不知甘寧。　燃臍為燭，知董卓；不知滿奮。

辨勞薪，知荀勖；不知師曠。　聞鼓角聲，加敬，知范雲于梁武；不知到仲舉于陳武。　通他心觀，知忠國師于大耳三藏；不知普寂于柳中庸。　製《千字文》，知周興嗣；不知蕭子範；隋潘徽撰《萬字文》。　贈柳妾，知韓翃；不知李還古。　殯逆旅書生，知王忳；不知鮑子都、廖有方。　橋神貌醜，以足畫之，知定周之張平子；不知忖留神之魯般。　殺負心僕，知張詠；不知柳開。　齊侯景出鎮河南，謂神武曰：「今握兵在遠，人易為詐，所賜書背乞加微點。」神武卒，世子澄以書徵之，見書背無點，遂發兵反；隋高祖與漢王諒約，凡敕書徵召，字傍加點，高祖崩，太子廣以書徵之，敕字無點，遂發兵反。　何法盛竊郗紹《晉中興書》；郭象竊向秀《莊子注》。　齊張融、梁武帝撰《金海》；王應麟撰《玉海》。　魏夏侯惇為流矢傷左目，每照鏡恚怒，輒撲鏡于地；蜀張裕曉相術，每舉鏡自知刑死，未嘗不撲鏡于地。　趙襄子殺智伯，漆其頭以為飲器；單于以老上單于所破月支王頭為飲器。　張崇帥廬州入覲，民捋鬚相慶，崇索捋鬚錢；趙在禮自宋移永興，人曰：「眼中拔却釘矣。」後還，每日索拔釘錢。　戴封、張憙，俱以旱禱請無應，積火自焚，火起而雨大至。　古道始、何琦，俱以鄰火伏父棺哭，屋獨得全。　神農時，有赤松子；黄初平亦號赤松子；赤松子，神農時為雨師；赤將子輿，黄帝時人，仕堯為火正；赤須子，秦穆公時為主魚吏；張子房欲從赤松子遊；張君房迎赤須子而師之。　唐文皇為天策上將，開府，置十八學士房、杜等；楚王希範亦為天策上將，開府，幕僚拓跋恒、李弘皋、廖匡圖、徐仲雅等十八人，亦授學士。　任圜傳崔協不識文字而虛有儀表，號没字碑；安叔千狀貌堂堂而不通文字，時謂没字碑；趙崇凝重清介而不為文章，號無字碑。　孫臏臏于魏，而為齊帥；司馬喜臏于宋，而為中山相。　胡廣五月五日生，父母棄于江，後父得而養之，廣後不持本生服；胡寅少亦不為父所舉，伯父安國舉之，後亦不持父服。　雋不疑，劉德大將軍光先，後欲以女妻之，俱辭不敢當，俱為青州刺史、京兆尹，俱多所平反。　宋徽宗時，山東賊宋江等三十六人；元順帝時，花山賊畢四等亦三十六人。　重耳駢脅；張儀亦駢脅。　伍子胥眉間廣一尺；列仙莫邪眉間亦廣一尺。　姜維死，魏人剖之，膽如斗大；張郢州世傑海上覆舟，獲尸焚化，膽如斗大，而焚不化。內有增及者。　不改義熙年號，知陶潛；不知楊盛。　《筆涉》：十四月而生，知弗陵與堯同；不知其父武帝。又不知堯以前人率十四月。　蘇武齧雪；不知段熲破羌，晝夜食雪四十日。　人知馮道歷五朝八姓；不知五代鄭韜七十載，事真僞十一君。　鄭條興古文在歐陽修前，今人不知有鄭條。　診脈治劑，人知有岐伯；不知有僦貸季，為伯之師。　馬良白眉；不知劉曜亦白眉。　邵平種瓜；不知步隲早年種瓜自給；郭平原亦種瓜。　吳羌同梅福避莽亂，人指所居山名之，知子真；不知吳羌。　劉禪有北地；王諶、姚泓有念佛事相類。　辭尚主，不知宋嘉。　懷刺不輕投，禰衡；先有井丹。　殺妾饗士，張巡；先有臧洪。　二陸，不知陳陸瑾、陸瑜。　猿臂，知李廣；不知后羿、郭知運、太史慈、劉淵、李存孝。　立試萬言，人知李白；不知前有袁虎，後有劉原父。

張茂先曰：「鸚鵡夢為鷙鳥搏。」　楊太真白鸚鵡亦夢為摯鳥搏。　史取讀書不窺園，知董仲舒；不知桓榮。　避世不受人推戴，知周市；不知梁統。　易子立孤，知程嬰、杵臼；不知鮑廣父梁買子。　去國，謂其民何患無君？民往從之，知太王；不知楚昭。　願借一年，知寇恂；不知耿純。　喜聽驢鳴，知有戴良之母；不知張子厚。　稱為仲父，知管仲；不知秦宓。　辭不尚公主，知宋弘；不知宋嘉、尉遲敬德。　佩韋自緩，知西門豹；不知范史雲。　好長嘯，知孫登；不知向栩。　抱姪棄子而避賊，知鄧伯道；不知劉平及武康之民。　題《鸚鵡賦》，知禰衡；不知杜正玄。　死而浮江，知伍胥；不知司馬子期。　家貧，妻求去，知朱買臣；不知王歡。　量沙，知檀道濟；不知晉胡彬。　去後見思，知河武；不知羊玄保。　韓信破齊田横，烹酈生；耿弇破齊，張步殺伏隆。　張德輿捃裴晉公，與皇祐中言者摘王德用同。　夏人殺楊定，與孫臏斬龐涓同。《宛委餘編》：郭子儀以尚父、太尉、中書令、汾陽王；馮道以太師、中書令、瀛王。終俱八十餘，又有女俱配龍王，皆許之而死，塑骨于廟。亦大奇。

相反

孔子不飲盗泉；《列子》吴隱之飲貪泉。　高、文、景，宫女不過十餘人；武帝多娶好女，至數千人。《貢禹疏》　宣帝詔書，好言祥瑞；元帝詔書，好言災異。《珩璜論》　唐太宗謂：「李世勣、道宗不能大勝，亦不大敗；薛萬徹非大勝，則大敗。」　孔子高孔穿字。理勝于詞；公孫龍詞勝于理。《周赧王紀》　裴頠拙于用長；荀勖工于用短。王戎《人倫鑑識》　西門豹性急，故佩韋以自緩；董安於性緩，故佩弦以自急。《韓子》　漢以羽林為南軍，金吾為北軍；唐以金吾領南衙，羽林統北衙。　魯褒作《錢神論》；蕭綜作《錢愚論》。　阮籍作《達莊論》；王坦之作《廢莊論》。　崔祐甫為相，所用多涉親故；《太宗紀》竇易直為相，未嘗用親故。《文宗紀》　于志寧為僕射，修史，恨不得學士；來濟為學士，恨不得修史。《南部新書》　李白為《蜀道難》；陸暢為《蜀道易》。《禹錫嘉話》　胡元禮在此，人莫覓活；李日知在此，人莫覓死。《隋唐嘉話》　韓魏公用家資如國用；曾魯公惜官物如己物。《晁氏客話》　蔡君謨言文章，不言政事。　歐公言政事，不言文章。

杜祁公一生，未嘗作真字；張文孝公一生，未嘗作草字。王子敬欲以工書求勝其親；謝安問：「君書何如家尊？」曰：「故當不同。」安曰：「外論不爾。」曰：「人那得知？」李含光不欲勝親，而至輟筆。或曰：「筆跡過其父。」一聞此語，終身不書。二子操心，何殊致也。

甯戚《南山白石歌》；《淮南子》：甯戚欲干齊桓公，無以自達，將任車以商于齊。暮宿郭門外，桓公迎客，夜開門，辟任車，爝火甚衆。越飯牛車下，擊牛角而疾商歌，桓公聞之，命後車載之。楊惲《南山種豆歌》。漢楊惲《報孫會宗書》南山之歌一也，戚以致齊桓公之異，惲以取漢宣之誅，遭際何常？詎可謂戚工，而笑惲拙也？

樂羊子以有功見疑；《韓非子》：樂羊為魏將，攻中山。其子在中山，中山之君烹其子，而遺之羹。樂羊子啜之，盡一杯。文侯謂堵師贊曰：「樂羊以我故，而食其子之肉。」答曰：「其子而食之，且誰不食？」樂羊罷中山，文侯賞其功，而疑其心。秦西巴以有罪見信。又孟孫獵得麑，使秦西巴載歸其母，隨之而啼，弗忍而與之。孟孫歸而求麑，大怒，逐之。居三月，復召，以為其子傅。其御曰：「曩罪之，今召以為子傅，何也？」孟孫曰：「夫不忍麑，又且忍吾子乎？」故曰：「巧詐，不如拙誠。」

呂範以忠誠見信；周谷以能欺不用。孫策使呂範典主財計。權私從有求，範必關白，不敢專許。當時以此見望。權守陽羨，常有所私用，策或料覈，功曹周谷輒為傅著簿書，使無譴問，權臨時悅之。及後統事，以範忠誠，原見信任；以谷能欺，更簿書，不用也。

灌瓜，合梁、楚之交。梁大夫宋就為邊縣令，與楚鄰界。梁亭、楚亭皆種瓜。梁亭數灌其瓜，瓜美；楚田窳而稀灌，瓜惡。楚令怒瓜惡，夜竊搔梁瓜；梁亭亦欲來報。宋就曰：「是召禍也。今為楚亭夜灌其瓜，令勿知也。」楚旦而往，瓜則已灌，瓜日以美。怪而察之，則梁亭之為也。楚令以𡿨楚王，曰：「此梁之陰讓也。」乃謝以幣，而請交于梁王。**争桑，搆吴、楚之戰。**《吕氏春秋》：楚邊邑曰「卑梁」，其處女與吴之邊邑處女桑于境上，戲而傷卑梁之處女，卑梁人以讓吴人。吴人應之不恭，怒殺而去之。吴人往報之，卑梁公舉兵攻之，吴王夷昧使人舉兵侵楚之邊邑。吴、楚以此大格，實為「雞父之戰」。

道經九折坂。漢王陽為益州刺史，至卭僰九折坂，歎曰：「奉先人遺體，奈何數乘此險？」後以病去，及王尊為刺史，至坂問吏曰：「此非王陽所畏道邪？」叱其馭曰：「驅之，王陽為孝子，王尊為忠臣。」**敕入鳳莊門。**《宋史》：明帝敕謝莊子朏，謝瓜子超宗從鳳莊門入。超宗曰：「君命不可以不往。」乃趨而入。朏曰：「君處臣以禮，進退不入。」時人兩稱之，以比王陽、王尊。

婁敬不敢易衣。漢婁敬戍隴西。過洛陽，高帝在焉。敬脱輅見齊人虞將軍，曰：「臣願見上，言便宜。」虞將軍欲與解衣，敬曰：「臣衣帛衣帛見，衣褐衣褐見，不敢易衣。」**叔孫乃變其服。**又漢王從五諸侯入彭城。叔孫通降漢王。通儒服，漢王憎之。乃變其服，短衣楚製，漢王喜。

思菫，哭澤便生。劉殷曾祖母盛冬思菫。殷時九歲，乃于澤中慟聲耳不絶者半日，忽若有人云：「止止！」收淚，視地便有菫生。因得斛餘而歸，食而不減，至菫生時乃盡。**思菫，惜錢不買。**《北史》：崔和位平昌太守，家巨富而性吝，埋錢數百斛。其母季春思菫，惜不買。後其子軌盗錢百萬，背和逃去。

庾彦達分秩奉姊。《南史》：庾彦達為益州刺史。携姊之鎮，資給供奉中外秩禄，西土稱焉。**朱修之未曾贍姊。**又朱修之儉刻無潤。貴為刺史，未曾供贍其姊。往姊家，姊為設菜茭粗飯以激之。修之曰：「此是貧家好食。」進之致飽。

不欲婿為張掖守。張禹為成帝所敬厚。禹言：「老臣有四男一女，愛女甚于男，遠嫁為張掖太守蕭咸妻，不勝父子私情，思于相近。」上即時徙咸為弘農太守。**特乞婿為徐州長。**《北史》：崔光曾啟其女婿彭城劉敬徽云：「敬徽為荆州五隴戍主，隨夫行，常慮寇抄，南北分張，乞為徐州長兼别駕，暫集京師。」明帝許之。

古事比　一二〇四

所居塵埃滿積。《南史》：「周捨性儉素。每入官府，雖廣厦華堂，捨居之，則塵埃滿積，以荻為障，壞亦不修。」　輒令拭席洗床。又庾仲文性好潔，士大夫造之者，未出户，輒令人拭席洗床。陳郡殷冲亦好净，小吏非净浴彩衣不得近。士大夫小不整潔，每容接之。仲文好潔，反是，每以此見譏。

一日供也：何曾日食萬錢；任愷一食萬錢。而相齊者，日僅三弋；晏子食脱粟之食，炙三弋、五卵、苔菜。相漢者，食止一肉。公孫弘食一肉、脱粟之飯。一熒燈也：寇萊公不點油燈；燃燭達旦。而杜祁公不燃官燭。何奢儉相懸若此？

武侯忠漢，能使後主不疑；而周公之勤王家，反不見信于其君。羊叔子不鴆，能使敵國不疑，而曾參之不殺人，反不見諒于其母。讒蔽其明，愛惑其聰，無足怪者。古之聖人有能和萬邦，而不能使胤子無傲虐；能來重譯，而不能使昆弟無流言。一身而有通窒，可畏哉！

夏無且以藥囊提荆軻；詳見《史記》。孫慮以藥杵椎愍、懷。何忠逆之懸甚也。《晉書》：賈后使太醫令程據合巴豆、杏仁丸。矯詔使黄門孫慮齎至許昌，以害太子。太子不肯服，因如厠，慮以藥杵椎殺之。

趙明與西夏戰，中書賞功，而密院降約束；郭達方修堡栅，中書褒詔，而密院行詰問。滕甫言。是中書欲戰，密院反欲不戰也。

路巖罷相出城，路人以瓦礫擲之。京兆薛能，巖所擢也。巖曰：「頃以瓦礫相餞。」能曰：「向來宰相出無例，發人防衛。」

劉瞻罷相賜環入長安，兩市人率錢顧百戲迎之。瞻聞改期，由他道。

附

自相反

梁武帝手得江左，而亦自失之；唐明皇手定唐亂，而亦自亂之。無垢說。　唐明皇始年焚錦繡、珠玉，晚年乃喜淫侈；憲宗始年四方無得進奉，晚歲乃喜羨餘。上。　百里奚居虞，而虞亡；在秦，而秦霸。《史記·韓信傳》　叔孫通在秦，則為諛士；在漢，而直諫。　裴矩在隋為佞人，在唐，而亦直諫。無垢說。

韓非作《說難》之書，而卒死于《說難》。楊子明問。　嵇康著《養生論》，而自以事坐誅。　阮籍口不臧否人物，而作青白眼。

黄霸為相，功名減于治郡時。　王尊乍賢乍佞。並漢。　王吉天下服其廉，而怪其奢。　劉晏能廉于臨財，而不能廉于取名。並《廉吏傳》。

司馬相如口吃，而善著書。　韓非口吃，而著《說難》。

光武却祥瑞不暇，而受圖讖。　武宗除去浮屠，而躬受道家之籙。　崔浩不信佛法，而好道家。

王衍高談物理，見石勒而下拜。　王坦之剛鯁自許，見桓温而倒執手版。　退之常譏人不解文字飲，而自敗于文技；常戒人服金石藥，而自餌留黄。孔毅夫《新論》

李太白識郭子儀之為人，而不能識永王璘之為無成；書之美者，莫如顏魯公，然書法之壞自魯公始；詩之美者，莫如韓退之，然詩格之變自退之始。東坡說。

古事比 一二〇六

杜子美詩冠古今，而無韻者，殆不可讀；曾子固以文名天下，而有韻者，輒不工。秦少游說。 梅聖俞云：「前史言退之為人木强，若寬韻可自足，而輒旁出；窄韻難獨用，而反不出。」歐公《詩話》

郗超聞有能辭榮拂衣者，為起屋宇，作器服，畜僮豎，費百金而不吝。然以父位在謝安下，憤憤遂與謝氏不穆。 費充位居人上，智居人下。《三國淵海》

史鰌「三反」，不仕而敬上，不祀而敬鬼，直能曲于人。可謂善用其反。 若後之郗公「三反」，方于事上，好下佞己；治身清貞，大修計較；自好讀書，憎人問學。 王肅「三反」，方于事上，好下佞己；性嗜榮貴，不求苟合；治身不穢，尤惜財物。 李嶠「三戾」，性好榮遷，憎人昇進；性好文章，憎人才筆；性好貪濁，憎人受賂。

徐仲車「二反」，獨行如于陵子，而詩文怪放；耳聵甚，終日面壁坐，而四方事皆知。

崔暹為御史中尉，尚書移牒，索御史監選不與，及暹為僕射，還索御史。宋遊道判云：「崔僕射昔在憲司，籠架北省。今居禮閣，控制南司。」遂不與。《北魏書》 王荊公在侍從時，每言唐太宗令諫官隨宰相入閣；後世當行，入司政事。孫莘老列奏請行，荊公不可，是自相反也。 鄭餘慶議僕射上日儀制，不與隔品官亢禮，竇易直時為御史中丞，奏駁所議；及易直為僕射，却行隔品致敬之禮。時論非之。

顛倒

相反者，事之不同也；顛倒者，理之不順也。如盜跖以孔子為偽；蘇軾以程頤為奸；李淮以董卓為忠；田承嗣以安、史為聖。跖、淮、嗣，不足道；軾亦為是言，君子之不仁。悲夫！富鄭公以馮道為大人；王舒王以馮道為伊尹。

欲黜鄭豸之羿兀，而豸第一。　欲黜劉幾之怪險，而幾第一。

考官白樂天，宰相以為不公。　考官歐陽永叔，進士以為不公。白得牛僧孺。歐陽得蘇氏兄弟。

北齊敕道士剃髮為沙門。　宋宣和中，敕沙門著冠為道士。　南漢羣臣先為宦官。宦官之橫，凡羣臣有才能，及進士狀頭，皆先下蠶室，然後得進。　符融鎮燕，起學舍，為有司所糾。　范甯守豫章，起學臺，為刺史王凝之所糾。

元祐焚《史記》于國子。　尹天民為教授，取《史記》至《歐陽集》焚講堂下。　政和間，著令士庶習詩賦者，杖一百。

刺史謂臺孝威身苦，臺曰：「如使君，乃為苦耳。」　王尊謂東平王曰：「王安能勇？如尊乃勇耳。」

白樂天謂鳥窠禪師危，師曰：「如尚書，乃為危耳。」　張昇對仁宗曰：「臣不孤，陛下乃孤耳。」　徐橋對理宗曰：「臣不貧，陛下乃貧耳。」　嚴遵謂富人羅冲曰：「子奈何以不足奉有餘？」冲勸遵：「士為具車馬、衣服。」遵云云。怪問之，曰：「吾見子之家，人定而役不息，未嘗有足。我以卜為業，常有餘錢。豈非我有餘，而子不足耶？」冲大慚。

梁武堰淮水，役人疫死相枕，堰壞，漂十餘萬人。乃祭祀以麵為犧牲，禁織官、仙人、鳥獸之形。齊文宣醉則殺人，肢解燔灼；又非禮殺二王。乃以肉為斷慈，遂不復食肉，禁民間取蝦、蟹、蜆、蛤之類。悖哉。

劉陶訟朱穆曰：「中官近習，竊持國柄運，賞則使餓隸富于季孫；呼噏則令伊、顏化為桀、跖。」何尚之曰：「恩之所霑，恒在程、卓；法之所設，必加顏、原。」柳子厚曰：「激者曰：『天之殺，恒在善人，而祐不肖。』」《哭張後餘辭》

孔奮清潔為衆人所笑；羊祜不附權貴，荀勖、馮紞之徒惡之。《傳》所謂己則無禮，而討于有禮者，曰：「汝何故行禮，居邪而惡正者類，然也？」

羅尚性貪少斷，蜀人言曰：「尚之所愛，非邪則佞；尚之所憎，非忠則正。」李林甫每議及公直之事，則如癡醉之人，未嘗問答；或語及阿徇之事，則響應如流。張曲江謂：「如醉泼腦語。」王凌、毋丘儉、諸葛誕，忠于魏者也，而以叛晉族。袁粲、沈攸之、劉彥節，忠于宋者也，而以叛齊誅。

明皇一日殺三子，太子瑛、鄂王瑤、光王琚。而大理奏，幾致刑措。徐嶠奏死刑五十八，獄院鳥巢其樹，百官稱賀。布衣無一及第，而宰相李林甫。賀野無遺賢。恐草野之士對策，斥其奸惡，至者皆試以詩賦。

唐有不求聞達科，而應之者走馬入都；宋有高蹈丘園科，而應之者投狀求試。所謂白之戀，而黑之募也。林子山三詔不起，賦《出山詩》曰：「尺書中夜至，清曉即揚鞭。」

徐孝嗣識曰「老姥」。　韓蘭英婦人也，宮中呼為「韓公」。齊武帝時。

劉聰謂陳元達曰：「卿當畏朕，而反使朕畏卿耶？」元達卒自殺。　魏孝莊帝謂高恭之曰：「朕以愧卿，卿反謝朕。」恭之棒破蔣陽公主車。後見帝，免冠謝。

有投詩孫覽者，曰：「伏惟笑覽。」覽曰：「君無笑覽，覽合笑君。」　王介甫掩扇笑呂獻可，呂曰：「丞相笑某，天下却笑丞相。」

本懼人也，而有時人反見懼。齊文宣時，周人常懼齊人西渡。冬月，守河椎冰。武成即位，齊人椎冰，懼周人之逼。

欲毒人也，而時己反中毒。李百藥少多病，故以百藥為名。勸杜伏威歸唐，中途悔，欲殺之，飲以石灰酒，大痢瀕死，已而宿病皆愈。伏威入朝，尊寵，好神仙，餌雲母，被毒，暴卒。

袁紹在冀州時，黃金滿市，而無斗粟。　永嘉末，珠玉、金銀填委市中，而無粟、麥。漢《童謡》云：「持金易粟，貴于黃金。」又《洛中謡》云：「曾有千黃金，無如我斗粟。斗粟自可飽，千金何所直？」彼有貴人，身被珠玉而死，同餓莩者，亦必悔多藏之無益。然恨晚矣。

秦始皇伐湘君湘山樹，却望祀虞舜于九疑山。　宋封程嬰、杵臼侯爵，而黜閼伯、微子廟宇。

張廷範，唐賊，且優人也，跋歐陽率更帖。　朱考亭學魏武書，劉恭文譏之。

事之尤不類者：夫子履與王莽骷髏共藏武庫。　文宣、王圭與霍山神玉帶並借升遐。　弘農王粹館宇圖《莊周垂綸像》。命嵇含為讚，含援筆云：「畫真人于刻桷之室，載退士于進退之堂，可謂托非其所。」

法通，石樓僧也，自稱「山客」。　孫蔚，文士也，世號「惠蔚法師」。　胡惠齋、李易安，皆士女也，而稱「居士」。　又元劉尚溫，「居士」。　秦檜妻王氏賜號「冲真」，婦人也，而號「先生」。

子承父廕，禮也。而有父承子廕者，趙李同死事，封其父為李侯。妻從夫爵，宜也。而有夫從妻爵者，張敖尚魯元公主，賜謚為「魯元王」。

中常侍封諝、徐奉為黄巾内應，張讓反誣向栩與角為内應，死北寺。　張鈞言斬十常侍，御史誣奏鈞學黄巾道，掠死獄中。　詔舉刺史二千石為民害者，靈帝光和五年。許馘、張濟虚糾小郡清修，有惠化者，吏民詣闕陳訴，悉拜議郎。官竪持枋，佞人承旨，宜逆施乃爾。

公羊高以祭仲逐君為行權；曾子固以揚雄合箕子之明夷；王安石以雄之仕莽，合無不可之義。此與謂秦檜于宋有再造功，邱瓊《山説》皆議論之顛倒者也。

張晏之為北徐州，崔武子至得百姓《清德頌》數篇，歎曰：「本求罪狀，反聞頌聲。」　狄仁傑為并州參軍，為吏誣訟，黜涉使閻立本召訊，特異其才，曰：「觀過知仁。」薦之。

同　異

迹同而處之異：申屠嘉欲殺鄧通，文帝使通詣嘉，久乃為通請之；姜維啟後主欲殺黄皓，後主亦敕皓詣維謝。然通詣嘉，使通有不可免之懼，此為政在大臣；皓詣維，使維有不免之懼，此為權歸閹竪矣。

王裒門人為本縣所役，步擔乾飯，從者千餘人，送别涕泣，令即放遣。裒不屬之以言，而劫之以名，蓋甚乎爾也。　隋文中子居家，鄉人有水土之役，則操畚鍤以往。　唐張志和築室越州，縣令使浚渠，志和執畚無忤色。

周伯仁之救王茂弘，亦平原君朱建。之救辟陽侯。齊其食。始辟陽侯亦以君為倍己，大怒；既出，乃大驚，惜茂弘之失之也。

曲端、王庶之不相能，亦猶楊儀、魏延也；孔明能用儀、延于交鬩紛争之中，而魏公畢以庶言殺端，不逮孔明懸矣。端之不救李彦仙，非賀蘭進明乎？

古人不容易拜人，亦不容易受人拜。惟父友則拜之，為人父友則受其子弟之拜；事父友而不拜，與為人父友而不受其子弟之拜，皆薄也。　荀勖諸子謂解系應向我公拜。系答勖，以若先君相厚，往日哀頓，宜垂書問，遂不拜。　庾衮與諸兄同過陳準；衮獨不拜其母，此不拜人者也。　侯王丹，迎拜車下，丹答拜，曰：「君房有是言，丹未之許。」此不受拜者也。　梁松候馬援，獨拜床下，援不答。　晉虞駿與桓彝俱為吏部郎，彝遣溫拜駿，駿使子谷拜彝；范雲使子孝才拜劉孝綽。此拜父友，與父友受拜也。　柳公綽子仲郢下馬拜張正甫，張止之不獲，言于公綽，作色不應。謂客曰：「張正甫與公綽往還，欲使兒于街中馬衝公綽。」張聞而謝過。此不拜父友，與父友不受子弟之拜也。　侯霸遣子昱

金人入洛，禁勿犯司馬光宅；張商英輩乃欲發其棺。　虔盗謝達葺東坡白鶴故居，而吕惠卿之徒乃欲置之鼎鑊。見華吉甫《天恩集》。

東坡在嘉祐，立論務在更變；在熙寧，立論務在安静；在熙寧，力排募役；在元祐，乃主免役。蓋

惟是之從，而不徇時之好惡。　楊畏在熙寧，則從熙寧；在元祐，則從元祐；在紹聖、元符，則從紹聖、元符。時人目之曰「楊三變」。蓋不顧是非，而惟時是徇。

周勃下獄，賜金盡予薄昭，為言太后，以語文帝，得釋。　王恢下獄，行千金于田蚡，于言太后告上，竟誅恢。

杜伏威為陳稜偏裨射額，伏威奮擊獲射者，令拔箭，然後斬首，携入稜軍中，稜遂大敗。　契苾何力隨太宗征遼，至白雀城，腰中賊矟，拔城，得行矟者高突鵜鸛，捉付何力，令自殺，曰：「彼為其主，捨之。必殺射我者，見伏威之勇；不殺刺我者，見何力之度。」

事同而禍福異者：晉文公圍曹，聽輿人之謀，曰：「稱舍于墓，師遷焉。曹人兇懼，因其兇也，而攻之。」遂入曹。　燕將騎劫攻齊，田單縱反間，懼掘冢墓。燕軍乃盡掘冢墓，燒死人。齊人望見，怒自十倍，出戰，遂敗燕軍。　周亞夫、鄧通縱理入口，竟以餓死。　唐裴晉公亦縱理入口，而位登宰輔。《南史》：水軍都督褚蘿縱理入口，竟保衣食而終。　柳宜城相夭，反貴。　唐李克用討幽州，占云不利深入，克用不從，果為所敗。　莊宗入汴，司天監云：「歲時不利深入。」莊宗不從，卒有天下。　足下龜文：「法當溺死。」于太常卿程遜則驗；于太尉李固則不驗。　五星聚箕，齊桓以霸，而禄山以亡。

星孛大角，始皇以帝，而項羽以敗。　孫叔敖見兩頭蛇，恐人復見，殺而埋之，後為楚國相。　御史韋君見白花蜘蛛，恐其毒人，殺之，須臾為一小者所齧，手潰背腫，遂信宿而死。

毁祠，一也，狄梁公享福，而顧劭掇禍。　毁佛，一也，博弈無恙，而崔浩族誅。　未央馬瘦，厩令以此受知。上官桀曰：「聖體不安，殆懼意不在馬。」泣下，上以為忠。 甘泉道蕪，扶坐之棄市。義縱為內史，上怒曰：「縱以我為不行此道乎？」遂坐以它事。 袁紹誅宦官，無須多誤死。 冉閔殺戎、羯，多須多濫死。 應侯相秦，必殺其辱己者。 韓信王楚，反官其辱己者。 趙高指鹿為馬，陰中其異己者。 朱溫指大柳宜車轂，反撲殺其佞己者。 碑生金，在賈梁道廟，以為晉中興之兆，而庾氏為滅族之候。《談薈》

高遵惠，宣仁族也，不與蔡京之禍。 韓同卿，恭淑父也，不與侂胄之禍。惠能遠嫌自保，同卿不敢干政。

王沐一見王涯，遂並被收。 舒守謙辭元輿往江南，遂免一難。 宋苗劉之禍，內侍秦同老被命至荊楚，前一日還行在，尚未得對，遽死焉。 又有蕭中道，日侍左右，忽得罪絀外，當前一日出城，遂免死。

李懷光解奉天之圍，不得見德宗，則逆而叛上。 李克用定三鎮之亂，不得見昭宗，則順返國。

為令自焚得雨，而張憙、字智，令平輿。因旱積薪自焚。主簿宗小吏張化智焉，靈雨澍應。 戴封字平仲，令西華。亦自焚，天雨滅火，官至太常。 一死一生。

蘇子瞻云：「張湯宜無後，以達賢有後。 揚雄宜有後，以盜名無後。」雖有為言之，自足警世。

附録

序一

阮爾詢

昔者，春秋之教，屬辭比事。釋之者曰：「春秋多記諸侯朝聘會同，有相接之辭、罪辯之事，比次褒貶，是比事也。」然則記事之法具是矣。夫天下之道不外乎君臣、父子、夫婦、兄弟、朋友五者，而人行乎其中，情緒萬變，巧歷不能記其數。故曰：「古今異，宜常變異勢。」然其間固有事同而情異，勢變而理合。之噲之禪讓也，跡似唐虞，而適以釀亂；王莽之謙恭也，行類姬旦，而適以行暴。故曰：「以魯男之不可，學柳下惠之可。」嗟乎！通此義者，可以讀史矣。

吾友方子依巖，以名家子，遭罹世變，抱其恢奇磊落之材，鬱不得施。周流乎藝林，馳騁乎史苑，取古今事之相符者，類而比之，名曰《古事比》。數千百年之間，世代懸殊，人物互異，忽焉若相謀于一堂。噫！異矣。

方子之尊君先太史公，與余先大夫己卯同譜也。而太史旋登巍科，入禁近，風流儒雅，傾倒一世。遭明末造孤忠，大義凜然，全歲寒之節。方子周旋庭闈，濡染家學，老而不倦；流離困厄中，手編不輟，淵源所自，豈耳食者所可擬哉？且其五世家學，及太史公所著書，殆將數百餘卷，世多有未盡見者。異日歸老故園，抽其秘藏，兀坐讀之，盡宇宙之菁英也。茲編問世，先河後海，亦其一端也夫。

康熙丙戌宛陵世弟阮爾詢序

序二

方中通

壬申冬一夕，伯兄呼通小飲，偶及伯兄所著《尚論參觀》、《古事比》二書。通曰：「是一經、一緯也。」伯兄鼓掌稱快，曰：「一語道盡。」隨出《事比》翻閱，俾為之序。通辭之弗獲，敢復暢其經緯之説，可乎？

夫經、緯，非一端也。在天，以宗動為之經，以七政為之緯；在地，以山川為之經，以萬國為之緯；在歲時，以春、夏、秋、冬為之經，以五運、六氣為之緯；在人身，以脈理、經絡為之經，以五臟、六腑為之緯。至于學亦然，以性命為之經，以經濟為之緯；至于文亦然，以經、史為之經，以諸子、百家為之緯。故凡萬類不齊，莫不以錯綜交互為經緯，而其道出始周而無遺則。夫經緯之説，寧獨于史而云然乎，而論及于史，抑又有説。《廿一史》，經也，必以《通鑒》為緯；《通鑒》，經也，必以《綱目》為緯；《綱目》，經也，必以《紀事本末》為緯；倘以《本末》為經，不更以《廿一史》為緯乎？信若是，則有經緯而無經緯矣，奚其可？顧經緯本可互用，而經中之緯，緯中之經，尤屬微至。此吾伯兄所以通經緯而獨見之于史也。

伯兄既好史學，古今論史者不一人，書不一種，藏不一家，聞輒假之讀。雖在千百里外，務必多方致之，博采搜羅，逮數十年，露抄雪纂，成帙者盈案，而後歎曰：「古人往矣。後人論其事而不知其世；論其世，而不知其人。古人且有毀譽古人者矣，況今人居毀譽之後乎？即曰無毀譽矣，所論之人同，而其論殊，過與不及，賢者不免，保無有不毀之毀，不譽之譽乎？」因分編為三：曰《論人》、《論世》、《論事》，然後于古人所遇、所處、所行之曲折、隱見、反正、真贋，詳為審度，而古人之是非于是乎定，黑白于是乎不淆，心曲于是乎不匿。史學至此，亦可以無憾矣。伯兄復歎曰：「《尚論》一人、一世、一事，而不更以一人、一世、一事相比，則所謂若合符節者，莫由以見。故或同世而人事相比，或異世而人事相比，甚至人與世俱不相比，而事或相比。比者一二人，以及三四人，為之分門別目，匯其事之比者而觀之。是無異五金雜糅，一經爐煹，而金、銀、鉛、鐵、銅、錫，各從其類以出。為津梁，為龜鑒，操往古之權衡，利萬世之從違，藏彌于綸，寓大于小，莫此為善矣。」蓋《參觀》者，《尚論》之經也；《事比》者，《尚論》之緯也。經之難，難于集古今之議論，而折衷于大公至正，不少偏倚；緯之難為特甚：初難于全史之融會，繼難于全史之蹂躪，終難于全史之區畫。條分縷析，而貫串乎其中。是又緯也統之以經；經也釋之以緯。如珍珠船，如多寶塔，使人望之而慕，遊之而無窮。如是告于人曰：紀人者，《廿一史》也，而《尚論》有焉；紀世者，《通鑒》也，而《尚論》有焉；紀事者，《本末》也，而《尚論》有焉。至若賞罰者，《綱目》也，《參觀》著其義于前，《事比》申其義于後。一經、一緯，相為表裏，則《參觀》為全史之功臣；《事比》又為《參觀》之功臣矣。孰不謂史學之集大成也歟！

獨是譙周議《史記》，而司馬彪又議譙周；柳子厚《非國語》，而虞槃又非子厚。後之議前，口語相踵。戴斛峰曰:「《十三經》疏于漢儒,而亦莫謬于漢儒;井田封建廢于暴秦,而亦莫可易于暴秦。前之人未必盡是,後之人未必盡非。」讀是書者,何必天下後世,人人知己,亦惟自信其有裨于天下後世而已。曹子建云:「文之佳惡,我自得之。」杜子美云:「得失寸心知。」豈必取信于他人哉?我昆季性耽典籍,承累世家學,頗能上下兩間,馳驟百代,歷風雨寒暑,疾病患難不少輟。惜乎素北蚤逝,通又餬口四方,息肩無日。今年以老母晉八袠,天涯歸祝,始得手足聚處。貧家無他善狀,舉相欣慰,惟讀書為度日,養生之具,商略問難,取之門内,實為至樂。從兹以往,彼此携其著述以遊。「饑讀之,以當肉;寒讀之,以當裘;孤寂讀之,以當友朋;幽憂讀之,以當金石琴瑟。」尤袤斯言,誠不虚矣。序既畢,相與引滿,復進一觴,曰:「率子弟讀書以壽母,雖貧賤,何傷?雖聚散,何傷?」

嘉平既望仲弟中通拜書于陪居之復樓

序　三

黄虞稷

古今人之不相及也,生乎千載之上與千載以下之人,有時而其事同,其情同;生乎千載而下與千載以上之人,有時而其事同,其情異。若是乎,同者固當求其所以同,而同之中又當求其所以異。何也?倫類親疏,出處、興廢、刑賞、順逆、禍福之著于事,賢否、好惡、巧拙、誠僞、恩怨之見于情,其狀萬殊,其端千變,非有以别之,而又有以通之,則白黑混淆,瑕瑜相掩,終不可以辨。善讀書者取而櫜括之，復從而錯綜之，條分縷析，而各歸其宿，若形影、聲響之不待求而得，是不亦藝林之快事也哉！此吾友方子田伯有古事之比也。

比之義，有似乎類，至曲折微細，晰如毫髮，則類之中又有類焉。統而舉之，則儆懿範，是為師古；不謀而契，是為暗合；曉然事理，是為見同；承襲往跡，是為踵智。此其同焉者也。揖讓，聖人之義，奸雄攘以飾名。是非天下之公，僉壬亂以顛倒。一言而忠佞無異辭，一舉而賢不肖或共轍。此其同而異焉者也。視其外，若江、漢之同流也，中有淄、澠、涇、渭之宜析，當于古人之同而求其異。權其分，若金、羽之重輕也；合之，五雀、六燕則均，又當于古人之異而求其同。要之，以古人之事而衡古人，尤可以古人之事而準後世，一比之而靡有不合也。斯足貴也。

田伯生長屢世公卿之後，能躬為韋布之行。余昔進履密之先生之門，獲與田伯定交，見其服勤守約，以善奉親志，大類范伯孫、邵子文為人，余尤心折而敬之。余既潦倒風塵，而田伯患難破巢之餘，饑驅南北。頃歲，余以辟召史館，田伯適為人延攬授經而至黄金臺畔，握手言歡，一見即出《古事比》稿本相示，俾為之序。余披覽之，欣然有當于心也，故不禁其娓娓如此。

田伯上承四世之學，昆季皆以著作大業為聞人；且有七丈夫子，能操筆各有纂述，前史所謂「一門之内，人人有集」是也。顧不盛歟！田伯所著《事比》而外，更有《尚論參觀》、《諸儒集要同姓名記讀史指掌課孫》二書諸編，誠不愧為碩儒之裔，名父之子，猶且自視欿然，以為身丁多難，未遑攻苦，孜孜廣益，老而彌勤。求之吾郿細席中，未易比肩也。余初抱微志，頗有意于立言，而蹉跎未竟，深負師資。

今也雖給尚書之筆札，縻大官之廪禄，其夙昔之願，猶待異日，能不因是而為之愾歎也哉！

康熙壬戌春季温陵同學弟黄虞稷拜撰

序　四

陳至言

原夫虞卿失路，托著述于《春秋》；賈傅難歸，寄孤懷于辭賦。韓吏部《潮陽》諸作，窮且益堅；衛武公《淇澳》一篇，耄而猶學。況夫炎劉紀事，偏成于蠶室之人；芈楚《騷》經，多作自江潭之客。蓋老成之筆削，總令石亦能言；憂患之編摩，能使鬼皆夜哭。此依巖先生《事比》之輯所為作也。

先生浮山望族，皖水昌宗，綬笥蟠蛇，代有插貂開府；玉環銜雀，世多吐鳳詞林。尊府君密之先生通籍西清，列班東觀。杜元凱胸涵武庫，陸彦淵腹藴書厨；文章振金石之聲，「八家」後殿；詩賦擅虬鸞之譽，「四傑」前驅。詎期金鏡沙崩，翟泉鵝出，珠囊瓦解，蜀道鵑啼。蛾賊關東，鼓鼙動地，鴉軍河北，旗幟成雲。不肯帝秦，魯仲連甘心東海；終難存宋，謝皋羽灑血西臺。于是鷓鴣奮翼南飛，轉徙于蠻煙瘴雨；杜宇悲鳴北向，流離夫象郡、鬼方。既而海角飄蓬，青山終老，天涯剗草，白社全歸，苦節一時，甚可畏也；孤忠千古，亶其難乎！

時則依巖先生遭李燮之覆巢，幸能完卵；同張儉之亡命，僅得逃生。陟岵增悲，痛讀《哀江南》之賦；無家生感，苦吟《垂老别》之詩。人號伏鸞，自有亡書三篋；志同隱鵠，何須《封禪》萬言。縱老至而不知，未嘗閒過白日；雖欲罷而不可，偏教癖在青箱。所輯《事比》一書，起例發凡，搜惟往事，會同纂要，旨在合符。上下數千年，是非常變，經緯成文；縱横幾百代，美惡妍媸，伍參取義。總有異趣，究惟一致；觀其數節，便識兩端。即如堯祚禪虞，輕九州于撮土；舜基授禹，藐萬乘而行雲：斯帝德之揖讓可比也。放履癸于南巢，商湯伐罪；殪受辛于牧野，周武吊民：斯王道之征誅可比也。張子房扶漢開基，甘心辟穀；李鄴侯匡唐復業，決意歸山：斯相度之高明可比也。師行減竈，馬陵鐵弩齊張；神計鑿城，即墨火牛盡出：斯將略之决勝可比也。至若龍烹，梅醢，諍主之臣；閔絮、曾梨，順親之子；陶嬰黄鵠哀痛，無異于英、娥；元伯素車久要，即猶夫羊、左。凡茲忠孝節義之倫，莫不相比而同符也。亦有名雖相似，實則不倫，旦輔、王莽攝帝，則正逆之攸殊；貌若可侔，性難吻合，舜三眸，羽重瞳，則仁暴之各異。雖曰方以類聚，非等于肆考叢書；縱或標以羣分，迥别夫《搜神》、《志怪》。蓋比其形跡，還比其心思，燎如指掌；比其設施，更比其隱曲，炳若列眉。較夫中壘校尉，《七略》遜其分明；方之記室新書，百門無斯匯集。譬彼明皇書籤，四色薰以都梁；亦猶湘東筆品，三校裝之琰琬。豈若蕭梁《文選》，徒勞太子之心；詎同《吕氏春秋》，盡出門生之手云爾哉。猗歟！是書也，採摭古人，舉綱無遺珠之憾；開陳來學，燃犀若攬鏡之明。君為世上高風，書偕人貴；寶是寰中奇賞，人並書傳矣。

僕也，誼重通家，學慚後乘，高山仰景，莫申楷模之懷；流水序言，定引秕糠之誚。噫嘻！鬼神難問，寧須論通塞于風塵；天地有知，只令留姓名于典籍。

康熙丙戌秋七月穀旦越東年家子陳至言拜撰

序五

江皋

吾友方子田伯讀萬卷書，老而忘倦，抉發古今奇穎光怪之書，勾稽前人瑰異詭特之事，聚而通之，符而合之，引其端而辨其緒，曰《古事比》。日抄十數葉，積十餘年，成書五十餘卷。將以問世，屬余序之。

余思人生載籍極博之後，讀書著述其大端已然，著者為難，述者尤不易。著者蓋有得于心而言也，則其詞不索而獲，或思焉而得，或感焉而得，或觸焉而得。其言無所不通，而用意固有所在。故聖人之言，包舉《六經》，溯源而注，非素有所蓄，時取而應之也。迨理日紛而文日以華，求其端而不得。于是博觀天地萬物之品族巨細，雜取天下奇怪可喜之事，較量其本原之分合，義利之淺深，以窮極古今之變，未嘗不期自附于《六經》，行之天下後世，求伸其立言之意也。豈徒求工于曲學、小數哉？然古人之事往矣，境遇之來至賾矣，設施肆應之途變幻靡窮矣。當其常變往還，經權互出，治亂相循，升沉遞降，或格于天，或阻于地，或困于遇，或因于時。機智若不相謀，遭逢各有其數；偶異代而同揆，更後先而合轍。在古人當日率意而行之，深慮而出之，即迫之有不得已之情，謀之為適然之數，非有所取則于前人，垂法于後代，萬有不齊，猝焉而合，雖欲比之，烏得而比之哉？

或曰：「比者，詩之義也。比物連類，以達其情也。」《易》曰：「比，輔也，下順從也。」剛中而上下應，比之所以吉也。由一人以及數人，因一事以及數十事，連類貫通，因端竟委，儼揖古人于一堂，而申其辨難焉。立一善于此，而衆善為之歸；考一德于彼，而羣德相為應。道衍其原，學遵其統，先民之矩度，昭其緒矣。豈第傲世以所不知，而辨人之所不釋已哉？

方子于此，蓋由博覽以造其深微，引伸以窮其變化也。從來文字以廣涉而愈奇，理義以變通而愈出。況三才萬類，成毁興壞，物態人情，荒忽詭變，其理其事，無非古人已陳之迹。感而動焉，觸而通焉，思而深焉，無在不為我心之所得也。其言又何所不通哉？雖述也，而深于著矣。是可知其用意之所在也。

康熙丙戌相月穀旦同里同學弟江皋撰

序六

王梓

《古事比》一書，乃桐山方依巖夫子所作也。夫子家學淵源，承諸數世，尤篤嗜墳籍，力探古人奥窔于古今是非得失，罔不瞭然洞晰其故。以史局三長鎔鑄千古，旁搜遠紹，攻苦數十年而成是書。斷制經緯，直可以驅策風雲，奔走造化，匪第分門列户，侈靡誇多，為白氏、歐陽之《品彙》已也。

是書之作，莫善乎舉一而得十，因此而識彼，審同而辨異，溯流而窮源，舉人事之紛拏繁賾，由綱維以逮瑣屑，胥剖其仁暴、忠奸、貞淫、賢否之辨，博綜事機之吻合，心理之同符，引伸觸類，比事屬詞，猶聚腋以成裘，引繩而削木也。其事賅，其論約，其辭文，其旨遠，無賞罰予奪之柄，而出褒刺之微言，寓勸懲之隱意。借鏡于古，實以垂範于今。深心苦志，未易一二為流俗人言也。

夫子以天挺之資，遭逢不偶。自尊君太史公出世，遂絶意仕進，鋭志著書。遊履所至，名公卿罔不折節恐後，提躬孝友，至性過人。當明季南渡時，柄國者欲陷太史公而甘心焉。夫子方髫年，奔抗吉翊之疏，得脱烈焰，時論韙之。太夫人疾，夫子年已六十矣，嘗藥視寢，衣不解帶者百餘日，至埒于黔婁萃佑之孝。鄉里言之，多感歎流涕者。嘗以千金腴產，讓諸同氣，雖貧窶，宴如也。蓋其正直光大樂善慕義之誠，衷諸天性，以故著述在在具有根底。豈徒于古人挈長較短，搜奇抉異，自逞其詞鋒筆鍔也哉？

梓于丁巳歲識夫子于楚之竟陵。謬以國士見許，引諸門牆，因得側觀所著《尚論參觀》、《詩古文集》甚夥。時方輯是編，手出草創見示。中間晤語，未之卒業。越十年復聚首華山之下，盤桓經歲，誨益愈深。嘗語梓曰：「《事比》一書，吾先子志也。析薪鳴鶴，予不敢忘。子倜儻士也，慷慨兼風雅，屬當為我成之。」梓敬受命，迄今未嘗去懷。當牧澴川時，與夫子尺一往復，將請是書壽之梨棗。會丁先太孺人憂，未果。迨補授武夷，乃得以是書，凡若干卷，捐俸錢鋟板行世。讎校既竣，因歷叙夫子之著書與夫子之為人如此。世之君子讀其書，想見其為人，則夫子撰述之苦心，操行之大概，悉于是書見之。庶梓之數十年受知于夫子，而思以表彰之者，始無負夙願也夫。

康熙丙戌暢月穀旦關中門人王梓拜題于崇安公署之景獻堂

序七

錢勖仍

今夫名山大川之在域中，而古今稱為鉅觀，推為名勝者，固山川之巍峨奇特，震盪澎湃，自為觀之鉅而以勝名也。苟不有魁梧奇偉瑰異之人，以文章名于天下而為之賞識流覽，著為古文、詩賦、傳誌、紀載，以表而出之。雖華岳河海，亦山焉水焉已耳；付之樵漁庸衆，游焉，息焉，相與忘焉已。夫文章之在人者，亦如山之聳拔，川之泛濫，相為肆映，而山之烟霏霞綺，川之氣蒸波撼，鍾其靈秀，以為文章者，一一標奇搜異，如富貴人出其家珍于什襲，而筆為歌，墨為舞焉，實兩相得益彰也。豈獨山川為然哉？

友人方子依巖，自高、曾以來，理學傳家，是宇内之名山大川，古今來無不推為鉅觀名勝也。傳書萬卷，以實不以虛，其由來尚已。依巖好學深思，自少而壯而老，無一瞬之或間，不特平居雨風、暑寒、晦明以為常；即車船逆旅，顛沛造次，無不如是也。夫豈誇多而鬥靡哉！潛心乎學，而務期于博，殆不欲虛襲其名，深有得于「詳説反約」之旨也。所著書不一，皆紹述其先志，而垂裕乎後昆，不欲以之問世。惟《古事比》一書，久為學人抄録流傳，景仰以為崧高，而朝宗以為海者。舉天經、地緯、人官、物曲、心性、倫常，以及事物之怪異、險阻、順逆、歲時、風俗、家國、時代，靡不援引古事而比之，求其有裨于今，而于學問之道實有所裨益也。非是者不與焉。

朱子訓「比」之為義，曰：「以彼物比此物也。」夫就此以言此，雖充其義類之盡，以至乎其極，不過得乎此之端委而止；若比事屬辭，比物連類，則足此通彼，以會其旨歸，挹彼注茲，以得其統滙。極之事事物物之萬有不齊而殊途者，無不歸于一致也。夫自儀象遞分之後，陰陽老少，無有奇而不偶者，亦無有孤而無輔者。比之為言，偶也，又輔也。是蓋于山見泰山之高，于水見河海之大且深；猶之文章，形于外者，無不有諸内也。合外于内，而一之為道也。其先世講學之區曰「崇實會館」，意旨大可知矣。是誠不欲剽竊虛聲，高談性命，以誤來學，必求踐履篤實，猶升堂入室者，必有其徑路崖岸，未可以超越也。夫道有先後矣，學山而至于山，初不辭乎一簣；學海而至于海，始不擇夫涓流。天下、國家、身心、意知，無不從格物始也，自非以虛為實者得而襲取貌假焉。

吾讀是書而亦為之比焉。比之觀海，比之登山，而所見之非小者，由其所處之大而且博，搜羅之廣且衆耳。或曰：「川有獺，以祭魚；山有鷹與豺，以祭鳥獸。」積少成多，由微致鉅，道之所必然也。然而祭也者，聚以類也，非比也。比則有彌綸之道焉：既選擇條理之，又終竟聯合之，非類聚者所可同日語矣。吾因是為太息焉。夫依巖之為學也，其心苦矣。又斯道之勞人也，雖世躡通顯而為華胄哉。其生也已晚，自時移代異，文忠公入山惟恐不深，習坎忘其履險，依巖無不從焉。山之巔，水之涯，險阻艱難，其嘗已備。凡身之所際，駭心怵目，而為口所不能言者，悉比之于古，以示事之未可以概者，未始不可以概也。後之視今，詎異今之視昔乎哉？當世自不乏魁梧奇偉瑰異之人，其為文章以稱道乎？高山大川之為巨觀名勝者，吾不知仰止望洋之為何似也已！若忘其固陋，忝竊生同里，少同研席，長同貧賤，以至于今老矣，性情嗜好梗概無一之不同，而有言焉。抑又何敢？

康熙戊子仲夏同里同學弟錢勵仍撰，時年八十

責任編輯·楊應芹　班　古
裝幀設計·王國亮　班　古
責任校對·賈正蘭　尚　穩

安徽古籍叢書（第十五輯）

古事比(上下)
[清]方中德　撰　徐學林　校點
吴孟復　何慶善　審訂
安徽省古籍整理出版規劃委員會
安徽古籍叢書編審委員會　編
黄山書社出版(合肥市金寨路 283 號)　新華書店經銷
安徽師範大學印刷廠印刷
開本:850×1168　1/32　印張:39.5　字數:1080,000
1998年10月第1版　1998年10月第1次印刷
印數:0001－1500

ISBN7－80630－310－3K·145　定價:(精)70.00元

《安徽古籍叢書萃編》書目

定本莊子故
康輶紀行　東槎紀略
北山樓集
疑庵詩
方望溪遺集
識小録　寸陰叢録
東萊詩詞集
明太祖集
王侍郎奏議
朱楓林集
敬孚類稿
施愚山集（全四册）
吴敬梓吴烺詩文合集
張孝祥詞箋校
竇山公家議校注
翠微南征録北征録合集
阮大鋮戲曲四種
老子注三種

杜詩説
朱書集
論語解注合編
郭祥正集
皖人詩話八種
續學堂詩文鈔
唐詩評三種（上下）
鈍齋詩選
老子注譯
莊子詮詁
説文假借義證（全五册）
劉銘傳文集
包世臣全集（全三册）
田間易學
莊屈合詁
田間詩集
田間文集
古事比（上下）
安徽出土金文訂補

道聽途説
蘭茗館外史
青泥蓮花記
秋崖詩詞校注
舌華録
明語林
夜雨秋燈録（上下）
包拯集校注
毛詩後箋（上中下）
壹齋集（上下）
孟子講義
楊仁山全集
不得已（附二種）
歙事閒譚（上下）
惜抱軒詩集訓纂
張孝祥詩文集
吴汝綸全集（全六册）
青溪集
藏山閣集

田間詩學（上下）
俞正燮全集（全三册）
皖人戲曲選刊　鄭之珍卷
詠懷堂詩集
所知録
文選箋證（上下）
七頌堂集
程瑶田全集（全四册）